# Aushangpflichtige Gesetze und andere wichtige Vorschriften im Gesundheitswesen 2013

D1719511

Forum
GesundheitsMedien

Bibliografische Information der Deutschen Bibliothek

Die Deutsche Bibliothek verzeichnet diese Publikation in der
Deutschen Nationalbibliografie; detaillierte bibliografische Daten
sind im Internet über http://dnb.ddb.de abrufbar.

© by

Forum
GesundheitsMedien GmbH
Postfach 13 40
86408 Mering

Tel.: 08233 / 381-410
Fax: 08233 / 381-255
E-Mail: service@gesundheitsmedien.de
Internet: www.gesundheitsmedien.de

# Vorwort

Eine Vielzahl von rechtlichen Bestimmungen verpflichten den Arbeitgeber zur Bekanntgabe bestimmter Gesetze, Verordnungen, einzelner Regelungen und Mitteilungen. Diese ergeben sich insbesondere aus dem Arbeitsrecht und dem Arbeitsschutzrecht.

Gegenstand des vorliegenden Bandes sind deshalb Vorschriften aus den Bereichen Arbeitszeit, Gleichbehandlung und Schutz bestimmter Arbeitnehmergruppen.

Wir haben uns bei der Auswahl der Vorschriften vorrangig auf solche beschränkt, die von nahezu allen Betrieben und Dienststellen in geeigneter Form betriebsöffentlich gemacht werden müssen oder von besonderer Wichtigkeit sind. Dabei haben wir bewusst auch solche Vorschriften in diesem Band zusammengetragen, die nicht aushangpflichtig sind oder nur Bestimmungen enthalten, die zur Bekanntgabe einzelner Hinweise verpflichten.

Wir möchten darauf hinweisen, dass neben den ebenfalls in allen Betrieben auszuhängenden Unfallverhütungsvorschriften der jeweiligen Berufsgenossenschaft für bestimmte Branchen noch weitere gesetzliche Vorschriften ausgehängt werden müssen, so z. B. die Verordnung über den Schutz vor Schäden durch Röntgenstrahlen, die Verordnung über Arbeiten in Druckluft, die Gefahrstoffverordnung und anderes mehr. Falls Ihr Unternehmen zu einer Spezialbranche gehört, empfehlen wir, sich bei der Gewerbeaufsicht über die für Sie geltenden Aushangpflichten zu informieren.

Die Form der betrieblichen Bekanntmachung ist auf unterschiedliche Weise vorstellbar. Naheliegend ist der Aushang am „Schwarzen Brett". Auch ein anderer allgemein zugänglicher und von jedem Arbeitnehmer frequentierter Ort, wie z. B. die Stechuhr, kann für die Auslage oder den Aushang in Frage kommen. Besonders praktisch für den Aushang erweist sich bei der vorliegenden Textsammlung die Lochung am linken oberen Rand sowie die zusätzliche Intranetversion.

Es liegt nahe, dass sich die vorgeschriebenen Bekanntmachungen nicht allein in einem gut lesbaren Zustand befinden müssen, sondern auch in diesem Zustand zu erhalten sind. Unleserliche oder sogar verschwundene Aushänge oder Auslagen sind also baldmöglichst durch neuwertige in einwandfreiem Zustand zu ersetzen. Darüber hinaus wird der Arbeitgeber angehalten, stets die aktuellen Fassungen der aushangpflichtigen Vorschriften bereitzustellen. Die genaue Beobachtung der Tätigkeit des Gesetzgebers in diesem Bereich wird dem Arbeitgeber daher empfohlen.

Die Erfüllung der Aushangpflicht wird von den Gewerbeaufsichtsämtern überprüft. Eine Verletzung dieser Pflicht – auch in Unkenntnis – stellt eine Fahrlässigkeit dar, die gewöhnlich als Ordnungswidrigkeit mit einer Geldbuße (im Falle des Arbeitszeitgesetzes z. B. bis zu 2.500 Euro) geahndet werden kann.

Der Verlag
Merching, im Februar 2013

# Inhalt

# Inhalt

# Aushangpflichtige Gesetze, Verordnungen und Vorschriften für Einrichtungen im Gesundheitswesen

# Gesetz zur Umsetzung europäischer Richtlinien zur Verwirklichung des Grundsatzes der Gleichbehandlung

### (Allgemeines Gleichbehandlungsgesetz – AGG)

Vom 14. August 2006
(BGBl. I S. 1897, 2006)

Zuletzt geändert durch Art. 15 Abs. 66 des Gesetzes
vom 5. Februar 2009
(BGBl. I S. 160)

Der Bundestag hat das folgende Gesetz beschlossen:

## Artikel 1
## Allgemeines Gleichbehandlungsgesetz (AGG)

### Abschnitt 1
### Allgemeiner Teil

### § 1 Ziel des Gesetzes

Ziel des Gesetzes ist, Benachteiligungen aus Gründen der Rasse oder wegen der ethnischen Herkunft, des Geschlechts, der Religion oder Weltanschauung, einer Behinderung, des Alters oder der sexuellen Identität zu verhindern oder zu beseitigen.

### § 2 Anwendungsbereich

(1) Benachteiligungen aus einem in § 1 genannten Grund sind nach Maßgabe dieses Gesetzes unzulässig in Bezug auf:

1. die Bedingungen, einschließlich Auswahlkriterien und Einstellungsbedingungen, für den Zugang zu unselbstständiger und selbstständiger Erwerbstätigkeit, unabhängig von Tätigkeitsfeld und beruflicher Position, sowie für den beruflichen Aufstieg,

2. die Beschäftigungs- und Arbeitsbedingungen einschließlich Arbeitsentgelt und Entlassungsbedingungen, insbesondere in individual- und kollektivrechtlichen Vereinbarungen und Maßnahmen bei der Durchführung und Beendigung eines Beschäftigungsverhältnisses sowie beim beruflichen Aufstieg,

3. den Zugang zu allen Formen und allen Ebenen der Berufsberatung, der Berufsbildung einschließlich der Berufsausbildung, der beruflichen Weiterbildung und der Umschulung sowie der praktischen Berufserfahrung,

4. die Mitgliedschaft und Mitwirkung in einer Beschäftigten- oder Arbeitgebervereinigung oder einer Vereinigung, deren Mitglieder einer bestimmten Berufsgruppe angehören, einschließlich der Inanspruchnahme der Leistungen solcher Vereinigungen,

5. den Sozialschutz, einschließlich der sozialen Sicherheit und der Gesundheitsdienste,

6. die sozialen Vergünstigungen,

7. die Bildung,

8. den Zugang zu und die Versorgung mit Gütern und Dienstleistungen, die der Öffentlichkeit zur Verfügung stehen, einschließlich von Wohnraum.

(2) Für Leistungen nach dem Sozialgesetzbuch gelten § 33c des Ersten Buches Sozialgesetzbuch und § 19a des Vierten Buches Sozialgesetzbuch. Für die betriebliche Altersvorsorge gilt das Betriebsrentengesetz.

(3) Die Geltung sonstiger Benachteiligungsverbote oder Gebote der Gleichbehandlung wird durch dieses Gesetz nicht berührt. Dies gilt auch für öffentlich-rechtliche Vorschriften, die dem Schutz bestimmter Personengruppen dienen.

(4) Für Kündigungen gelten ausschließlich die Bestimmungen zum allgemeinen und besonderen Kündigungsschutz.

### § 3 Begriffsbestimmungen

(1) Eine unmittelbare Benachteiligung liegt vor, wenn eine Person wegen eines in § 1 genannten Grundes eine weniger günstige Behandlung erfährt, als eine andere Person in einer vergleichbaren Situation erfährt, erfahren hat oder erfahren würde. Eine unmittelbare Benachteiligung wegen des Geschlechts liegt in Bezug auf § 2 Abs. 1 Nr. 1 bis 4 auch im Fall einer ungünstigeren Behandlung einer Frau wegen Schwangerschaft oder Mutterschaft vor.

(2) Eine mittelbare Benachteiligung liegt vor, wenn dem Anschein nach neutrale Vorschriften,

Kriterien oder Verfahren Personen wegen eines in § 1 genannten Grundes gegenüber anderen Personen in besonderer Weise benachteiligen können, es sei denn, die betreffenden Vorschriften, Kriterien oder Verfahren sind durch ein rechtmäßiges Ziel sachlich gerechtfertigt und die Mittel sind zur Erreichung dieses Ziels angemessen und erforderlich.

(3) Eine Belästigung ist eine Benachteiligung, wenn unerwünschte Verhaltensweisen, die mit einem in § 1 genannten Grund in Zusammenhang stehen, bezwecken oder bewirken, dass die Würde der betreffenden Person verletzt und ein von Einschüchterungen, Anfeindungen, Erniedrigungen, Entwürdigungen oder Beleidigungen gekennzeichnetes Umfeld geschaffen wird.

(4) Eine sexuelle Belästigung ist eine Benachteiligung in Bezug auf § 2 Abs. 1 Nr. 1 bis 4, wenn ein unerwünschtes, sexuell bestimmtes Verhalten, wozu auch unerwünschte sexuelle Handlungen und Aufforderungen zu diesen, sexuell bestimmte körperliche Berührungen, Bemerkungen sexuellen Inhalts sowie unerwünschtes Zeigen und sichtbares Anbringen von pornographischen Darstellungen gehören, bezweckt oder bewirkt, dass die Würde der betreffenden Person verletzt wird, insbesondere wenn ein von Einschüchterungen, Anfeindungen, Erniedrigungen, Entwürdigungen oder Beleidigungen gekennzeichnetes Umfeld geschaffen wird.

(5) Die Anweisung zur Benachteiligung einer Person aus einem in § 1 genannten Grund gilt als Benachteiligung. Eine solche Anweisung liegt in Bezug auf § 2 Abs. 1 Nr. 1 bis 4 insbesondere vor, wenn jemand eine Person zu einem Verhalten bestimmt, das einen Beschäftigten oder eine Beschäftigte wegen eines in § 1 genannten Grundes benachteiligt oder benachteiligen kann.

## § 4 Unterschiedliche Behandlung wegen mehrerer Gründe

Erfolgt eine unterschiedliche Behandlung wegen mehrerer der in § 1 genannten Gründe, so kann diese unterschiedliche Behandlung nach den §§ 8 bis 10 und 20 nur gerechtfertigt werden, wenn sich die Rechtfertigung auf alle diese Gründe erstreckt, derentwegen die unterschiedliche Behandlung erfolgt.

## § 5 Positive Maßnahmen

Ungeachtet der in den §§ 8 bis 10 sowie in § 20 benannten Gründe ist eine unterschiedliche Behandlung auch zulässig, wenn durch geeignete und angemessene Maßnahmen bestehende Nachteile wegen eines in § 1 genannten Grundes verhindert oder ausgeglichen werden sollen.

## Abschnitt 2
## Schutz der Beschäftigten vor Benachteiligung

## Unterabschnitt 1
## Verbot der Benachteiligung

## § 6 Persönlicher Anwendungsbereich

(1) Beschäftigte im Sinne dieses Gesetzes sind

1. Arbeitnehmerinnen und Arbeitnehmer,

2. die zu ihrer Berufsbildung Beschäftigten,

3. Personen, die wegen ihrer wirtschaftlichen Unselbstständigkeit als arbeitnehmerähnliche Personen anzusehen sind; zu diesen gehören auch die in Heimarbeit Beschäftigten und die ihnen Gleichgestellten.

Als Beschäftigte gelten auch die Bewerberinnen und Bewerber für ein Beschäftigungsverhältnis sowie die Personen, deren Beschäftigungsverhältnis beendet ist.

(2) Arbeitgeber (Arbeitgeber und Arbeitgeberinnen) im Sinne dieses Abschnitts sind natürliche und juristische Personen sowie rechtsfähige Personengesellschaften, die Personen nach Absatz 1 beschäftigen. Werden Beschäftigte einem Dritten zur Arbeitsleistung überlassen, so gilt auch dieser als Arbeitgeber im Sinne dieses Abschnitts. Für die in Heimarbeit Beschäftigten und die ihnen Gleichgestellten tritt an die Stelle des Arbeitgebers der Auftraggeber oder Zwischenmeister.

(3) Soweit es die Bedingungen für den Zugang zur Erwerbstätigkeit sowie den beruflichen Aufstieg betrifft, gelten die Vorschriften dieses Abschnitts für Selbstständige und Organmitglieder, insbesondere Geschäftsführer oder Geschäftsführerinnen und Vorstände, entsprechend.

### § 7 Benachteiligungsverbot

(1) Beschäftigte dürfen nicht wegen eines in § 1 genannten Grundes benachteiligt werden; dies gilt auch, wenn die Person, die die Benachteiligung begeht, das Vorliegen eines in § 1 genannten Grundes bei der Benachteiligung nur annimmt.

(2) Bestimmungen in Vereinbarungen, die gegen das Benachteiligungsverbot des Absatzes 1 verstoßen, sind unwirksam.

(3) Eine Benachteiligung nach Absatz 1 durch Arbeitgeber oder Beschäftigte ist eine Verletzung vertraglicher Pflichten.

### § 8 Zulässige unterschiedliche Behandlung wegen beruflicher Anforderungen

(1) Eine unterschiedliche Behandlung wegen eines in § 1 genannten Grundes ist zulässig, wenn dieser Grund wegen der Art der auszuübenden Tätigkeit oder der Bedingungen ihrer Ausübung eine wesentliche und entscheidende berufliche Anforderung darstellt, sofern der Zweck rechtmäßig und die Anforderung angemessen ist.

(2) Die Vereinbarung einer geringeren Vergütung für gleiche oder gleichwertige Arbeit wegen eines in § 1 genannten Grundes wird nicht dadurch gerechtfertigt, dass wegen eines in § 1 genannten Grundes besondere Schutzvorschriften gelten.

### § 9 Zulässige unterschiedliche Behandlung wegen der Religion oder Weltanschauung

(1) Ungeachtet des § 8 ist eine unterschiedliche Behandlung wegen der Religion oder der Weltanschauung bei der Beschäftigung durch Religionsgemeinschaften, die ihnen zugeordneten Einrichtungen ohne Rücksicht auf ihre Rechtsform oder durch Vereinigungen, die sich die gemeinschaftliche Pflege einer Religion oder Weltanschauung zur Aufgabe machen, auch zulässig, wenn eine bestimmte Religion oder Weltanschauung unter Beachtung des Selbstverständnisses der jeweiligen Religionsgemeinschaft oder Vereinigung im Hinblick auf ihr Selbstbestimmungsrecht oder nach der Art der Tätigkeit eine gerechtfertigte berufliche Anforderung darstellt.

(2) Das Verbot unterschiedlicher Behandlung wegen der Religion oder der Weltanschauung berührt nicht das Recht der in Absatz 1 genannten Religionsgemeinschaften, der ihnen zugeordneten Einrichtungen ohne Rücksicht auf ihre Rechtsform oder der Vereinigungen, die sich die gemeinschaftliche Pflege einer Religion oder Weltanschauung zur Aufgabe machen, von ihren Beschäftigten ein loyales und aufrichtiges Verhalten im Sinne ihres jeweiligen Selbstverständnisses verlangen zu können.

### § 10 Zulässige unterschiedliche Behandlung wegen des Alters

Ungeachtet des § 8 ist eine unterschiedliche Behandlung wegen des Alters auch zulässig, wenn sie objektiv und angemessen und durch ein legitimes Ziel gerechtfertigt ist. Die Mittel zur Erreichung dieses Ziels müssen angemessen und erforderlich sein. Derartige unterschiedliche Behandlungen können insbesondere Folgendes einschließen:

1.  die Festlegung besonderer Bedingungen für den Zugang zur Beschäftigung und zur beruflichen Bildung sowie besonderer Beschäftigungs- und Arbeitsbedingungen, einschließlich der Bedingungen für Entlohnung und Bendigung des Beschäftigungsverhältnisses, um die berufliche Eingliederung von Jugendlichen, älteren Beschäftigten und Personen mit Fürsorgepflichten zu fördern oder ihren Schutz sicherzustellen,

2.  die Festlegung von Mindestanforderungen an das Alter, die Berufserfahrung oder das Dienstalter für den Zugang zur Beschäftigung oder für bestimmte mit der Beschäftigung verbundene Vorteile,

3.  die Festsetzung eines Höchstalters für die Einstellung auf Grund der spezifischen Ausbildungsanforderungen eines bestimmten Arbeitsplatzes oder auf Grund der Notwendigkeit einer angemessenen Beschäftigungszeit vor dem Eintritt in den Ruhestand,

4.  die Festsetzung von Altersgrenzen bei den betrieblichen Systemen der sozialen Sicherheit als Voraussetzung für die Mitgliedschaft oder den Bezug von Altersrente oder von Leistungen bei Invalidität einschließlich der Festsetzung unterschiedlicher Altersgrenzen im Rahmen dieser Systeme für bestimmte Beschäftigte oder Gruppen von Beschäftigten und die Verwendung von Alterskriterien im Rahmen dieser Systeme für versicherungsmathematische Berechnungen,

5.  eine Vereinbarung, die die Beendigung des Beschäftigungsverhältnisses ohne Kündigung zu einem Zeitpunkt vorsieht, zu dem der oder die Beschäftigte eine Rente wegen Alters beantragen kann; § 41 des Sechsten Buches Sozialgesetzbuch bleibt unberührt,

6.  Differenzierungen von Leistungen in Sozialplänen im Sinne des Betriebsverfassungsgesetzes, wenn die Parteien eine nach Alter oder Betriebszugehörigkeit gestaffelte Abfindungsregelung geschaffen haben, in der die wesentlich vom Alter abhängenden Chancen auf dem Arbeitsmarkt durch eine verhältnismäßig starke Betonung des Lebensalters erkennbar berücksichtigt worden sind, oder Beschäftigte von den Leistungen des Sozialplans ausgeschlossen haben, die wirtschaftlich abgesichert sind, weil sie, gegebenenfalls nach Bezug von Arbeitslosengeld, rentenberechtigt sind.

### Unterabschnitt 2
### Organisationspflichten des Arbeitgebers

### § 11 Ausschreibung

Ein Arbeitsplatz darf nicht unter Verstoß gegen § 7 Abs. 1 ausgeschrieben werden.

### § 12 Maßnahmen und Pflichten des Arbeitgebers

(1) Der Arbeitgeber ist verpflichtet, die erforderlichen Maßnahmen zum Schutz vor Benachteiligungen wegen eines in § 1 genannten Grundes zu treffen. Dieser Schutz umfasst auch vorbeugende Maßnahmen.

(2) Der Arbeitgeber soll in geeigneter Art und Weise, insbesondere im Rahmen der beruflichen Aus- und Fortbildung, auf die Unzulässigkeit solcher Benachteiligungen hinweisen und darauf hinwirken, dass diese unterbleiben. Hat der Arbeitgeber seine Beschäftigten in geeigneter Weise zum Zwecke der Verhinderung von Benachteiligung geschult, gilt dies als Erfüllung seiner Pflichten nach Absatz 1.

(3) Verstoßen Beschäftigte gegen das Benachteiligungsverbot des § 7 Abs. 1, so hat der Arbeitgeber die im Einzelfall geeigneten, erforderlichen und angemessenen Maßnahmen zur Unterbindung der Benachteiligung wie Abmahnung, Umsetzung, Versetzung oder Kündigung zu ergreifen.

(4) Werden Beschäftigte bei der Ausübung ihrer Tätigkeit durch Dritte nach § 7 Abs. 1 benachteiligt, so hat der Arbeitgeber die im Einzelfall geeigneten, erforderlichen und angemessenen Maßnahmen zum Schutz der Beschäftigten zu ergreifen.

(5) Dieses Gesetz und § 61b des Arbeitsgerichtsgesetzes sowie Informationen über die für die Behandlung von Beschwerden nach § 13 zuständigen Stellen sind im Betrieb oder in der Dienststelle bekannt zu machen. Die Bekanntmachung kann durch Aushang oder Auslegung an geeigneter Stelle oder den Einsatz der im Betrieb oder der Dienststelle üblichen Informations- und Kommunikationstechnik erfolgen.

## Unterabschnitt 3
### Rechte der Beschäftigten

### § 13 Beschwerderecht

(1) Die Beschäftigten haben das Recht, sich bei den zuständigen Stellen des Betriebs, des Unternehmens oder der Dienststelle zu beschweren, wenn sie sich im Zusammenhang mit ihrem Beschäftigungsverhältnis vom Arbeitgeber, von Vorgesetzten, anderen Beschäftigten oder Dritten wegen eines in § 1 genannten Grundes benachteiligt fühlen. Die Beschwerde ist zu prüfen und das Ergebnis der oder dem beschwerdeführenden Beschäftigten mitzuteilen.

(2) Die Rechte der Arbeitnehmervertretungen bleiben unberührt.

### § 14 Leistungsverweigerungsrecht

Ergreift der Arbeitgeber keine oder offensichtlich ungeeignete Maßnahmen zur Unterbindung einer Belästigung oder sexuellen Belästigung am Arbeitsplatz, sind die betroffenen Beschäftigten berechtigt, ihre Tätigkeit ohne Verlust des Arbeitsentgelts einzustellen, soweit dies zu ihrem Schutz erforderlich ist. § 273 des Bürgerlichen Gesetzbuchs bleibt unberührt.

### § 15 Entschädigung und Schadensersatz

(1) Bei einem Verstoß gegen das Benachteiligungsverbot ist der Arbeitgeber verpflichtet, den hierdurch entstandenen Schaden zu ersetzen. Dies gilt nicht, wenn der Arbeitgeber die Pflichtverletzung nicht zu vertreten hat.

(2) Wegen eines Schadens, der nicht Vermögensschaden ist, kann der oder die Beschäftigte eine angemessene Entschädigung in Geld verlangen. Die Entschädigung darf bei einer Nichteinstellung drei Monatsgehälter nicht übersteigen, wenn der oder die Beschäftigte auch bei benachteiligungsfreier Auswahl nicht eingestellt worden wäre.

(3) Der Arbeitgeber ist bei der Anwendung kollektivrechtlicher Vereinbarungen nur dann zur Entschädigung verpflichtet, wenn er vorsätzlich oder grob fahrlässig handelt.

(4) Ein Anspruch nach Absatz 1 oder 2 muss innerhalb einer Frist von zwei Monaten schriftlich geltend gemacht werden, es sei denn, die Tarifvertragsparteien haben etwas anderes vereinbart. Die Frist beginnt im Falle einer Bewerbung oder eines beruflichen Aufstiegs mit dem Zugang der Ablehnung und in den sonstigen Fällen einer Benachteiligung zu dem Zeitpunkt, in dem der oder die Beschäftigte von der Benachteiligung Kenntnis erlangt.

(5) Im Übrigen bleiben Ansprüche gegen den Arbeitgeber, die sich aus anderen Rechtsvorschriften ergeben, unberührt.

(6) Ein Verstoß des Arbeitgebers gegen das Benachteiligungsverbot des § 7 Abs. 1 begründet keinen Anspruch auf Begründung eines Beschäftigungsverhältnisses, Berufsausbildungsverhältnisses oder einen beruflichen Aufstieg, es sei denn, ein solcher ergibt sich aus einem anderen Rechtsgrund.

## § 16 Maßregelungsverbot

(1) Der Arbeitgeber darf Beschäftigte nicht wegen der Inanspruchnahme von Rechten nach diesem Abschnitt oder wegen der Weigerung, eine gegen diesen Abschnitt verstoßende Anweisung auszuführen, benachteiligen. Gleiches gilt für Personen, die den Beschäftigten hierbei unterstützen oder als Zeuginnen oder Zeugen aussagen.

(2) Die Zurückweisung oder Duldung benachteiligender Verhaltensweisen durch betroffene Beschäftigte darf nicht als Grundlage für eine Entscheidung herangezogen werden, die diese Beschäftigten berührt. Absatz 1 Satz 2 gilt entsprechend.

(3) § 22 gilt entsprechend.

### Unterabschnitt 4
### Ergänzende Vorschriften

## § 17 Soziale Verantwortung der Beteiligten

(1) Tarifvertragsparteien, Arbeitgeber, Beschäftigte und deren Vertretungen sind aufgefordert, im Rahmen ihrer Aufgaben und Handlungsmöglichkeiten an der Verwirklichung des in § 1 genannten Ziels mitzuwirken.

(2) In Betrieben, in denen die Voraussetzungen des § 1 Abs. 1 Satz 1 des Betriebsverfassungsgesetzes vorliegen, können bei einem groben Verstoß des Arbeitgebers gegen Vorschriften aus diesem Abschnitt der Betriebsrat oder eine im Betrieb vertretene Gewerkschaft unter der Voraussetzung des § 23 Abs. 3 Satz 1 es Betriebsverfassungsgesetzes die dort genannten Rechte gerichtlich geltend machen;

§ 23 Abs. 3 Satz 2 bis 5 des Betriebsverfassungsgesetzes gilt entsprechend. Mit diesem Antrag dürfen nicht Ansprüche des Benachteiligten geltend gemacht werden.

## § 18 Mitgliedschaft in Vereinigungen

(1) Die Vorschriften dieses Abschnitts gelten entsprechend für die Mitgliedschaft oder die Mitwirkung in einer

1. Tarifvertragspartei,

2. Vereinigung, deren Mitglieder einer bestimmten Berufsgruppe angehören oder die eine überragende Machtstellung im wirtschaftlichen oder sozialen Bereich innehaben, wenn ein grundlegendes Interesse am Erwerb der Mitgliedschaft besteht,

sowie deren jeweiligen Zusammenschlüssen.

(2) Wenn die Ablehnung einen Verstoß gegen das Benachteiligungsverbot des § 7 Abs. 1 darstellt, besteht ein Anspruch auf Mitgliedschaft oder Mitwirkung in den in Absatz 1 genannten Vereinigungen.

### Abschnitt 3
### Schutz vor Benachteiligung im Zivilrechtsverkehr

## § 19 Zivilrechtliches Benachteiligungsverbot

(1) Eine Benachteiligung aus Gründen der Rasse oder wegen der ethnischen Herkunft, wegen des Geschlechts, der Religion, einer Behinderung, des Alters oder der sexuellen Identität bei der Begründung, Durchführung und Beendigung zivilrechtlicher Schuldverhältnisse, die

1. typischerweise ohne Ansehen der Person zu vergleichbaren Bedingungen in einer Vielzahl von Fällen zustande kommen (Massengeschäfte) oder bei denen das Ansehen der Person nach der Art des Schuldverhältnisses eine nachrangige Bedeutung hat

und die zu vergleichbaren Bedingungen in einer Vielzahl von Fällen zustande kommen oder

2.  eine privatrechtliche Versicherung zum Gegenstand haben,

ist unzulässig.

(2) Eine Benachteiligung aus Gründen der Rasse oder wegen der ethnischen Herkunft ist darüber hinaus auch bei der Begründung, Durchführung und Beendigung sonstiger zivilrechtlicher Schuldverhältnisse im Sinne des § 2 Abs. 1 Nr. 5 bis 8 unzulässig.

(3) Bei der Vermietung von Wohnraum ist eine unterschiedliche Behandlung im Hinblick auf die Schaffung und Erhaltung sozial stabiler Bewohnerstrukturen und ausgewogener Siedlungsstrukturen sowie ausgeglichener wirtschaftlicher, sozialer und kultureller Verhältnisse zulässig.

(4) Die Vorschriften dieses Abschnitts finden keine Anwendung auf familien- und erbrechtliche Schuldverhältnisse.

(5) Die Vorschriften dieses Abschnitts finden keine Anwendung auf zivilrechtliche Schuldverhältnisse, bei denen ein besonderes Nähe- oder Vertrauensverhältnis der Parteien oder ihrer Angehörigen begründet wird. Bei Mietverhältnissen kann dies insbesondere der Fall sein, wenn die Parteien oder ihre Angehörigen Wohnraum auf demselben Grundstück nutzen. Die Vermietung von Wohnraum nicht nur vorübergehenden Gebrauch ist in der Regel kein Geschäft im Sinne des Absatzes 1 Nr. 1, wenn der Vermieter insgesamt nicht mehr als 50 Wohnungen vermietet.

### § 20 Zulässige unterschiedliche Behandlung

(1) Eine Verletzung des Benachteiligungsverbots ist nicht gegeben, wenn für eine unterschiedliche Behandlung wegen der Religion, einer Behinderung, des Alters, der sexuellen Iden-

tität oder des Geschlechts ein sachlicher Grund vorliegt. Das kann insbesondere der Fall sein, wenn die unterschiedliche Behandlung

1.  der Vermeidung von Gefahren, der Verhütung von Schäden oder anderen Zwecken vergleichbarer Art dient,

2.  dem Bedürfnis nach Schutz der Intimsphäre oder der persönlichen Sicherheit Rechnung trägt,

3.  besondere Vorteile gewährt und ein Interesse an der Durchsetzung der Gleichbehandlung fehlt,

4.  an die Religion eines Menschen anknüpft und im Hinblick auf die Ausübung der Religionsfreiheit oder auf das Selbstbestimmungsrecht der Religionsgemeinschaften, der ihnen zugeordneten Einrichtungen ohne Rücksicht auf ihre Rechtsform sowie der Vereinigungen, die sich die gemeinschaftliche Pflege einer Religion zur Aufgabe machen, unter Beachtung des jeweiligen Selbstverständnisses gerechtfertigt ist.

(2) Eine unterschiedliche Behandlung wegen des Geschlechts ist im Falle des § 19 Abs. 1 Nr. 2 bei den Prämien oder Leistungen nur zulässig, wenn dessen Berücksichtigung bei einer auf relevanten und genauen versicherungsmathematischen und statistischen Daten beruhenden Risikobewertung ein bestimmender Faktor ist. Kosten im Zusammenhang mit Schwangerschaft und Mutterschaft dürfen auf keinen Fall zu unterschiedlichen Prämien oder Leistungen führen. Eine unterschiedliche Behandlung wegen der Religion, einer Behinderung, des Alters oder der sexuellen Identität ist im Falle des § 19 Abs. 1 Nr. 2 nur zulässig, wenn diese auf anerkannten Prinzipien risikoadäquater Kalkulation beruht, insbesondere auf einer versicherungsmathematisch ermittelten Risikobewertung unter Heranziehung statistischer Erhebungen.

## § 21 Ansprüche

(1) Der Benachteiligte kann bei einem Verstoß gegen das Benachteiligungsverbot unbeschadet weiterer Ansprüche die Beseitigung der Beeinträchtigung verlangen. Sind weitere Beeinträchtigungen zu besorgen, so kann er auf Unterlassung klagen.

(2) Bei einer Verletzung des Benachteiligungsverbotes ist der Benachteiligende verpflichtet, den hierdurch entstandenen Schaden zu ersetzen. Dies gilt nicht, wenn der Benachteiligende die Pflichtverletzung nicht zu vertreten hat. Wegen eines Schadens, der nicht Vermögensschaden ist, kann der Benachteiligte eine angemessene Entschädigung in Geld verlangen.

(3) Ansprüche aus unerlaubter Handlung bleiben unberührt.

(4) Auf eine Vereinbarung, die von dem Benachteiligungsverbot abweicht, kann sich der Benachteiligende nicht berufen.

(5) Ein Anspruch nach Absatz 1 und 2 muss innerhalb einer Frist von zwei Monaten geltend gemacht werden. Nach Ablauf der Frist kann der Anspruch nur geltend gemacht werden, wenn der Benachteiligte ohne Verschulden an der Einhaltung der Frist verhindert war.

## § 23 Unterstützung durch Antidiskriminierungsverbände

(1) Antidiskriminierungsverbände sind Personenzusammenschlüsse, die nicht gewerbsmäßig und nicht nur vorübergehend entsprechend ihrer Satzung die besonderen Interessen von benachteiligten Personen oder Personengruppen nach Maßgabe von § 1 wahrnehmen. Die Befugnisse nach den Absätzen 2 bis 4 stehen ihnen zu, wenn sie mindestens 75 Mitglieder haben oder einen Zusammenschluss aus mindestens sieben Verbänden bilden.

(2) Antidiskriminierungsverbände sind befugt, im Rahmen ihres Satzungszwecks in gerichtlichen Verfahren als Beistände Benachteiligter in der Verhandlung aufzutreten. Im Übrigen bleiben die Vorschriften der Verfahrensordnungen, insbesondere diejenigen, nach denen Beiständen weiterer Vortrag untersagt werden kann, unberührt.

(3) Antidiskriminierungsverbänden ist im Rahmen ihres Satzungszwecks die Besorgung von Rechtsangelegenheiten Benachteiligter gestattet.

(4) Besondere Klagerechte und Vertretungsbefugnisse von Verbänden zu Gunsten von behinderten Menschen bleiben unberührt.

## Abschnitt 4
## Rechtsschutz

### § 22 Beweislast

Wenn im Streitfall die eine Partei Indizien beweist, die eine Benachteiligung wegen eines in § 1 genannten Grundes vermuten lassen, trägt die andere Partei die Beweislast dafür, dass kein Verstoß gegen die Bestimmungen zum Schutz vor Benachteiligung vorgelegen hat.

## Abschnitt 5
## Sonderregelungen für öffentlich-rechtliche Dienstverhältnisse

### § 24 Sonderregelung für öffentlich-rechtliche Dienstverhältnisse

Die Vorschriften dieses Gesetzes gelten unter Berücksichtigung ihrer besonderen Rechtsstellung entsprechend für

1. Beamtinnen und Beamte des Bundes, der Länder, der Gemeinden, der Gemeindeverbände sowie der sonstigen der Aufsicht des Bundes oder eines Landes unterstehenden Körperschaften, Anstalten und Stiftungen des öffentlichen Rechts,

2. Richterinnen und Richter des Bundes und der Länder,

3. Zivildienstleistende sowie anerkannte Kriegsdienstverweigerer, soweit ihre Heranziehung zum Zivildienst betroffen ist.

## Abschnitt 6
## Antidiskriminierungsstelle

### § 25 Antidiskriminierungsstelle des Bundes

(1) Beim Bundesministerium für Familie, Senioren, Frauen und Jugend wird unbeschadet der Zuständigkeit der Beauftragten des Deutschen Bundestages oder der Bundesregierung die Stelle des Bundes zum Schutz vor Benachteiligungen wegen eines in § 1 genannten Grundes (Antidiskriminierungsstelle des Bundes) errichtet.

(2) Der Antidiskriminierungsstelle des Bundes ist die für die Erfüllung ihrer Aufgaben notwendige Personal- und Sachausstattung zur Verfügung zu stellen. Sie ist im Einzelplan des Bundesministeriums für Familie, Senioren, Frauen und Jugend in einem eigenen Kapitel auszuweisen.

### § 26 Rechtsstellung der Leitung der Antidiskriminierungsstelle des Bundes

(1) Die Bundesministerin oder der Bundesminister für Familie, Senioren, Frauen und Jugend ernennt auf Vorschlag der Bundesregierung eine Person zur Leitung der Antidiskriminierungsstelle des Bundes. Sie steht nach Maßgabe dieses Gesetzes in einem öffentlich-rechtlichen Amtsverhältnis zum Bund. Sie ist in Ausübung ihres Amtes unabhängig und nur dem Gesetz unterworfen.

(2) Das Amtsverhältnis beginnt mit der Aushändigung der Urkunde über die Ernennung durch die Bundesministerin oder den Bundesminister für Familie, Senioren, Frauen und Jugend.

(3) Das Amtsverhältnis endet außer durch Tod

1. mit dem Zusammentreten eines neuen Bundestages,

2. durch Ablauf der Amtszeit mit Erreichen der Altersgrenze nach § 51 Abs. 1 und 2 des Bundesbeamtengesetzes,

3. mit der Entlassung.

Die Bundesministerin oder der Bundesminister für Familie, Senioren, Frauen und Jugend entlässt die Leiterin oder den Leiter der Antidiskriminierungsstelle des Bundes auf deren Verlangen oder wenn Gründe vorliegen, die bei einer Richterin oder einem Richter auf Lebenszeit die Entlassung aus dem Dienst rechtfertigen. Im Falle der Beendigung des Amtsverhältnisses erhält die Leiterin oder der Leiter der Antidiskriminierungsstelle des Bundes eine von der Bundesministerin oder dem Bundesminister für Familie, Senioren, Frauen und Jugend vollzogene Urkunde. Die Entlassung wird mit der Aushändigung der Urkunde wirksam.

(4) Das Rechtsverhältnis der Leitung der Antidiskriminierungsstelle des Bundes gegenüber dem Bund wird durch Vertrag mit dem Bundesministerium für Familie, Senioren, Frauen und Jugend geregelt. Der Vertrag bedarf der Zustimmung der Bundesregierung.

(5) Wird eine Bundesbeamtin oder ein Bundesbeamter zur Leitung der Antidiskriminierungsstelle des Bundes bestellt, scheidet er oder sie mit Beginn des Amtsverhältnisses aus dem bisherigen Amt aus. Für die Dauer des Amtsverhältnisses ruhen die aus dem Beamtenverhältnis begründeten Rechte und Pflichten mit Ausnahme der Pflicht zur Amtsverschwiegenheit und des Verbots der Annahme von Belohnungen oder Geschenken. Bei unfallverletzten Beamtinnen oder Beamten bleiben die ge-

setzlichen Ansprüche auf das Heilverfahren und einen Unfallausgleich unberührt.

## § 27 Aufgaben

(1) Wer der Ansicht ist, wegen eines in § 1 genannten Grundes benachteiligt worden zu sein, kann sich an die Antidiskriminierungsstelle des Bundes wenden.

(2) Die Antidiskriminierungsstelle des Bundes unterstützt auf unabhängige Weise Personen, die sich nach Absatz 1 an sie wenden, bei der Durchsetzung ihrer Rechte zum Schutz vor Benachteiligungen. Hierbei kann sie insbesondere

1. über Ansprüche und die Möglichkeiten des rechtlichen Vorgehens im Rahmen gesetzlicher Regelungen zum Schutz vor Benachteiligungen informieren,

2. Beratung durch andere Stellen vermitteln,

3. eine gütliche Beilegung zwischen den Beteiligten anstreben.

Soweit Beauftragte des Deutschen Bundestages oder der Bundesregierung zuständig sind, leitet die Antidiskriminierungsstelle des Bundes die Anliegen der in Absatz 1 genannten Personen mit deren Einverständnis unverzüglich an diese weiter.

(3) Die Antidiskriminierungsstelle des Bundes nimmt auf unabhängige Weise folgende Aufgaben wahr, soweit nicht die Zuständigkeit der Beauftragten der Bundesregierung oder des Deutschen Bundestages berührt ist:

1. Öffentlichkeitsarbeit,

2. Maßnahmen zur Verhinderung von Benachteiligungen aus den in § 1 genannten Gründen,

3. Durchführung wissenschaftlicher Untersuchungen zu diesen Benachteiligungen.

(4) Die Antidiskriminierungsstelle des Bundes und die in ihrem Zuständigkeitsbereich betroffenen Beauftragten der Bundesregierung und des Deutschen Bundestages legen gemeinsam dem Deutschen Bundestag alle vier Jahre Berichte über Benachteiligungen aus den in § 1 genannten Gründen vor und geben Empfehlungen zur Beseitigung und Vermeidung dieser Benachteiligungen. Sie können gemeinsam wissenschaftliche Untersuchungen zu Benachteiligungen durchführen.

(5) Die Antidiskriminierungsstelle des Bundes und die in ihrem Zuständigkeitsbereich betroffenen Beauftragten der Bundesregierung und des Deutschen Bundestages sollen bei Benachteiligungen aus mehreren der in § 1 genannten Gründe zusammenarbeiten.

## § 28 Befugnisse

(1) Die Antidiskriminierungsstelle des Bundes kann in Fällen des § 27 Abs. 2 Satz 2 Nr. 3 Beteiligte um Stellungnahmen ersuchen, soweit die Person, die sich nach § 27 Abs. 1 an sie gewandt hat, hierzu ihr Einverständnis erklärt.

(2) Alle Bundesbehörden und sonstigen öffentlichen Stellen im Bereich des Bundes sind verpflichtet, die Antidiskriminierungsstelle des Bundes bei der Erfüllung ihrer Aufgaben zu unterstützen, insbesondere die erforderlichen Auskünfte zu erteilen. Die Bestimmungen zum Schutz personenbezogener Daten bleiben unberührt.

## § 29 Zusammenarbeit mit Nichtregierungsorganisationen und anderen Einrichtungen

Die Antidiskriminierungsstelle des Bundes soll bei ihrer Tätigkeit Nichtregierungsorganisationen sowie Einrichtungen, die auf europäischer, Bundes-, Landes- oder regionaler Ebene zum Schutz vor Benachteiligungen wegen eines in § 1 genannten Grundes tätig sind, in geeigneter Form einbeziehen.

## § 30 Beirat

(1) Zur Förderung des Dialogs mit gesellschaftlichen Gruppen und Organisationen, die sich den Schutz vor Benachteiligungen wegen eines in § 1 genannten Grundes zum Ziel gesetzt haben, wird der Antidiskriminierungsstelle des Bundes ein Beirat beigeordnet. Der Beirat berät die Antidiskriminierungsstelle des Bundes bei der Vorlage von Berichten und Empfehlungen an den Deutschen Bundestag nach § 27 Abs. 4 und kann hierzu sowie zu wissenschaftlichen Untersuchungen nach § 27 Abs. 3 Nr. 3 eigene Vorschläge unterbreiten.

(2) Das Bundesministerium für Familie, Senioren, Frauen und Jugend beruft im Einvernehmen mit der Leitung der Antidiskriminierungsstelle des Bundes sowie den entsprechend zuständigen Beauftragten der Bundesregierung oder des Deutschen Bundestages die Mitglieder dieses Beirats und für jedes Mitglied eine Stellvertretung. In den Beirat sollen Vertreterinnen und Vertreter gesellschaftlicher Gruppen und Organisationen sowie Expertinnen und Experten in Benachteiligungsfragen berufen werden. Die Gesamtzahl der Mitglieder des Beirats soll 16 Personen nicht überschreiten. Der Beirat soll zu gleichen Teilen mit Frauen und Männern besetzt sein.

(3) Der Beirat gibt sich eine Geschäftsordnung, die der Zustimmung des Bundesministeriums für Familie, Senioren, Frauen und Jugend bedarf.

(4) Die Mitglieder des Beirats üben die Tätigkeit nach diesem Gesetz ehrenamtlich aus. Sie haben Anspruch auf Aufwandsentschädigung sowie Reisekostenvergütung, Tagegelder und Übernachtungsgelder. Näheres regelt die Geschäftsordnung.

## Abschnitt 7
## Schlussvorschriften

## § 31 Unabdingbarkeit

Von den Vorschriften dieses Gesetzes kann nicht zuungunsten der geschützten Personen abgewichen werden.

## § 32 Schlussbestimmung

Soweit in diesem Gesetz nicht Abweichendes bestimmt ist, gelten die allgemeinen Bestimmungen.

## § 33 Übergangsbestimmungen

(1) Bei Benachteiligungen nach den §§ 611a, 611b und 612 Abs. 3 des Bürgerlichen Gesetzbuchs oder sexuellen Belästigungen nach dem Beschäftigtenschutzgesetz ist das vor dem 18. August 2006 maßgebliche Recht anzuwenden.

(2) Bei Benachteiligungen aus Gründen der Rasse oder wegen der ethnischen Herkunft sind die §§ 19 bis 21 nicht auf Schuldverhältnisse anzuwenden, die vor dem 18. August 2006 begründet worden sind. Satz 1 gilt nicht für spätere Änderungen von Dauerschuldverhältnissen.

(3) Bei Benachteiligungen wegen des Geschlechts, der Religion, einer Behinderung, des Alters oder der sexuellen Identität sind die §§ 19 bis 21 nicht auf Schuldverhältnisse anzuwenden, die vor dem 1. Dezember 2006 begründet worden sind. Satz 1 gilt nicht für spätere Änderungen von Dauerschuldverhältnissen.

(4) Auf Schuldverhältnisse, die eine privatrechtliche Versicherung zum Gegenstand haben, ist § 19 Abs. 1 nicht anzuwenden, wenn diese vor dem 22. Dezember 2007 begründet worden sind. Satz 1 gilt nicht für spätere Änderungen solcher Schuldverhältnisse.

**Artikel 2**
**Gesetz über die Gleichbehandlung der Soldatinnen und Soldaten**
**(Soldatinnen- und Soldaten-Gleichbehandlungsgesetz – SoldGG)**

**Abschnitt 1**
**Allgemeiner Teil**

**§ 1 Ziel des Gesetzes**

(1) Ziel des Gesetzes ist es, Benachteiligungen aus Gründen der Rasse, der ethnischen Herkunft, der Religion, der Weltanschauung oder der sexuellen Identität für den Dienst als Soldatin oder Soldat zu verhindern oder zu beseitigen.

(2) Ziel des Gesetzes ist es auch, Soldatinnen und Soldaten vor Benachteiligungen auf Grund des Geschlechts in Form von Belästigung und sexueller Belästigung im Dienstbetrieb zu schützen. Der Schutz schwerbehinderter Soldatinnen und Soldaten vor Benachteiligungen wegen ihrer Behinderung wird nach Maßgabe des § 18 gewährleistet.

(3) Alle Soldatinnen und Soldaten, insbesondere solche mit Vorgesetzten- und Führungsaufgaben, sind in ihrem Aufgabenbereich aufgefordert, an der Verwirklichung dieser Ziele mitzuwirken. Dies gilt auch für den Dienstherrn, für Personen und Gremien, die Beteiligungsrechte nach dem Soldatenbeteiligungsgesetz wahrnehmen, und für Gleichstellungsbeauftragte und deren Stellvertreterinnen.

**§ 2 Anwendungsbereich**

(1) Dieses Gesetz findet Anwendung auf

1. Maßnahmen bei der Begründung, Ausgestaltung und Beendigung eines Dienstverhältnisses und beim beruflichen Aufstieg sowie auf den Dienstbetrieb; hierzu zählen insbesondere Auswahlkriterien und Einstellungsbedingungen sowie die Ausgestaltung des Dienstes,

2. den Zugang zu allen Formen und Ebenen der soldatischen Ausbildung, Fort- und Weiterbildung und beruflicher Förderungsmaßnahmen einschließlich der praktischen Berufserfahrung,

3. die Mitgliedschaft und Mitwirkung in einem Berufsverband oder in einer sonstigen Interessenvertretung von Soldatinnen und Soldaten, einschließlich der Inanspruchnahme der Leistungen solcher Organisationen.

(2) Die Geltung sonstiger Benachteiligungsverbote oder Gebote der Gleichbehandlung wird durch dieses Gesetz nicht berührt. Dies gilt auch für öffentlich-rechtliche Vorschriften, die dem Schutz bestimmter Personengruppen dienen.

**§ 3 Begriffsbestimmungen**

(1) Eine unmittelbare Benachteiligung liegt vor, wenn eine Person wegen eines in § 1 Abs. 1 genannten Grundes eine weniger günstige Behandlung erfährt, als eine andere Person in einer vergleichbaren Situation erfährt, erfahren hat oder erfahren würde.

(2) Eine mittelbare Benachteiligung liegt vor, wenn dem Anschein nach neutrale Vorschriften, Kriterien oder Verfahren Personen wegen eines in § 1 Abs. 1 genannten Grundes in besonderer Weise gegenüber anderen Personen benachteiligen können, es sei denn, die betreffenden Vorschriften, Kriterien oder Verfahren sind durch ein rechtmäßiges Ziel sachlich gerechtfertigt und die Mittel sind zur Erreichung dieses Ziels angemessen und erforderlich.

(3) Eine Belästigung als Form der Benachteiligung liegt vor, wenn unerwünschte Verhaltensweisen, die mit einem in § 1 Abs. 1 oder 2 genannten Grund in Zusammenhang stehen, bezwecken oder bewirken, dass die Würde der betreffenden Person verletzt und ein von Einschüchterungen, Anfeindungen, Erniedrigungen, Entwürdigungen oder Beleidigungen gekennzeichnetes Umfeld geschaffen wird.

(4) Eine sexuelle Belästigung als Form der Benachteiligung liegt vor, wenn ein unerwünschtes, sexuell bestimmtes Verhalten, wozu auch unerwünschte sexuelle Handlungen und Aufforderungen zu diesen, sexuell bestimmte körperliche Berührungen, Bemerkungen sexuellen Inhalts sowie unerwünschtes Zeigen und sichtbares Anbringen von pornographischen Darstellungen gehören, bezweckt oder bewirkt, dass die Würde der betreffenden Person verletzt wird, insbesondere wenn ein von Einschüchterungen, Anfeindungen, Erniedrigungen, Entwürdigungen oder Beleidigungen gekennzeichnetes Umfeld geschaffen wird.

(5) Die Anweisung zur Benachteiligung einer Person aus einem in § 1 Abs. 1 genannten Grund gilt als Benachteiligung. Eine solche Anweisung liegt in Bezug auf § 2 Abs. 1 Nr. 1 bis 3 insbesondere vor, wenn jemand eine Person zu einem Verhalten bestimmt, das eine der in § 6 genannten Personen wegen eines in § 1 Abs. 1 genannten Grundes benachteiligt oder benachteiligen kann.

### § 4 Unterschiedliche Behandlung wegen mehrerer Gründe

Erfolgt eine unterschiedliche Behandlung wegen mehrerer der in § 1 Abs. 1 genannten Gründe, so kann diese unterschiedliche Behandlung gemäß § 8 nur gerechtfertigt werden, wenn sich die Rechtfertigung auf alle diese Gründe erstreckt, derentwegen die unterschiedliche Behandlung erfolgt.

### § 5 Positive Maßnahmen

Ungeachtet des § 8 ist eine unterschiedliche Behandlung auch zulässig, wenn durch geeignete und angemessene Maßnahmen tatsächliche Nachteile wegen eines in § 1 Abs. 1 genannten Grundes verhindert oder ausgeglichen werden sollen.

### Abschnitt 2
### Schutz vor Benachteiligung

### Unterabschnitt 1
### Verbot der Benachteiligung

### § 6 Persönlicher Anwendungsbereich

Dieses Gesetz dient dem Schutz von

1. Soldatinnen und Soldaten,

2. Personen, die zu einer Einberufung zum Wehrdienst nach Maßgabe des Wehrpflichtgesetzes heranstehen oder die sich um die Begründung eines Wehrdienstverhältnisses auf Grund freiwilliger Verpflichtung bewerben.

### § 7 Benachteiligungsverbot

(1) Die in § 6 genannten Personen dürfen nicht wegen eines in § 1 Abs. 1 genannten Grundes benachteiligt werden. Dies gilt auch, wenn die Soldatin oder der Soldat, die oder der die Benachteiligung begeht, das Vorliegen eines in § 1 Abs. 1 genannten Grundes bei der Benachteiligung nur annimmt.

(2) Jede Belästigung, sexuelle Belästigung und Anweisung zu einer solchen Handlungsweise ist eine Verletzung dienstlicher Pflichten und Soldatinnen und Soldaten untersagt.

### § 8 Zulässige unterschiedliche Behandlung wegen beruflicher Anforderungen

Eine unterschiedliche Behandlung wegen eines in § 1 Abs. 1 genannten Grundes ist zulässig, wenn dieser Grund wegen der Art der dienstlichen Tätigkeit oder der Bedingungen ihrer Ausübung eine wesentliche und entscheidende berufliche Anforderung darstellt, sofern der Zweck rechtmäßig und die Anforderung angemessen ist.

## Unterabschnitt 2
## Organisationspflichten des Dienstherrn

### § 9 Personalwerbung; Dienstpostenbekanntgabe

Anzeigen der Personalwerbung sowie Dienstposten für Soldatinnen und Soldaten dürfen nicht unter Verstoß gegen § 7 Abs. 1 bekannt gegeben werden.

### § 10 Maßnahmen und Pflichten des Dienstherrn

(1) Der Dienstherr ist verpflichtet, die erforderlichen Maßnahmen zum Schutz vor Benachteiligungen wegen eines in § 1 Abs. 1 genannten Grundes und zum Schutz vor den in § 1 Abs. 2 genannten Handlungen zu treffen. Dieser Schutz umfasst auch vorbeugende Maßnahmen.

(2) Der Dienstherr soll in geeigneter Art und Weise, insbesondere im Rahmen der Fortbildung, auf die Unzulässigkeit solcher Benachteiligungen und Handlungen hinweisen und darauf hinwirken, dass diese unterbleiben. Hat der Dienstherr sein Personal in geeigneter Weise zum Zwecke der Verhinderung von Benachteiligungen geschult, gilt dies als Erfüllung seiner Pflichten nach Absatz 1.

(3) Bei Verstößen gegen die Verbote des § 7 hat der Dienstherr die im Einzelfall geeigneten, erforderlichen und angemessenen dienstrechtlichen Maßnahmen zur Unterbindung der Benachteiligung zu ergreifen.

(4) Werden in § 6 genannte Personen bei der Ausübung ihrer Tätigkeit durch Dritte nach § 7 benachteiligt, so hat der Dienstherr die im Einzelfall geeigneten, erforderlichen und angemessenen Maßnahmen zu ihrem Schutz zu ergreifen.

(5) Die Vorschriften dieses Gesetzes sowie die Vorschriften des Abschnitts 6 des Allgemeinen Gleichbehandlungsgesetzes sind in den Dienststellen und Truppenteilen der Streitkräfte bekannt zu machen. Die Bekanntmachung kann durch Aushang oder Auslegung an geeigneter Stelle oder durch den Einsatz der in den Dienststellen und Truppenteilen üblichen Informations- und Kommunikationstechnik erfolgen.

## Unterabschnitt 3
## Rechte der in § 6 genannten Personen

### § 11 Beschwerderecht

(1) Soldatinnen und Soldaten, die sich von Dienststellen der Bundeswehr, von Vorgesetzten oder von Kameradinnen oder Kameraden wegen eines in § 1 Abs. 1 oder 2 genannten Grundes benachteiligt fühlen, können sich beschweren. Das Nähere regelt die Wehrbeschwerdeordnung.

(2) Die in § 6 Nr. 2 genannten Personen können sich wegen einer in § 1 Abs. 1 oder 2 genannten Benachteiligung bei der für ihre Einberufung oder Bewerbung zuständigen Stelle der Bundeswehr beschweren. Diese hat die Beschwerde zu prüfen und das Ergebnis der beschwerdeführenden Person mitzuteilen.

### § 12 Entschädigung und Schadensersatz

(1) Bei einem Verstoß gegen das Benachteiligungsverbot ist der Dienstherr verpflichtet, den hierdurch entstandenen Schaden zu ersetzen. Dies gilt nicht, wenn der Dienstherr die Pflichtverletzung nicht zu vertreten hat.

(2) Wegen eines Schadens, der nicht Vermögensschaden ist, kann eine in § 6 genannte, geschädigte Person eine angemessene Entschädigung in Geld verlangen. Die Entschädigung darf bei Begründung eines Dienstverhältnisses drei Monatsgehälter nicht übersteigen, wenn für die geschädigte Person auch bei benachteiligungsfreier Auswahl kein Dienstverhältnis begründet worden wäre.

(3) Ein Anspruch nach Absatz 1 oder 2 muss innerhalb einer Frist von zwei Monaten schriftlich geltend gemacht werden. Die Frist beginnt im Falle einer Bewerbung oder eines beruflichen Aufstiegs mit dem Zugang der Ablehnung, in den sonstigen Fällen einer Benachteiligung zu dem Zeitpunkt, in dem die in § 6 genannte Person von der Benachteiligung Kenntnis erlangt.

(4) Im Übrigen bleiben Ansprüche gegen den Dienstherrn, die sich aus anderen Rechtsvorschriften ergeben, unberührt.

(5) Ein Verstoß des Dienstherrn gegen das Benachteiligungsverbot des § 7 begründet keinen Anspruch auf Begründung eines Dienstverhältnisses, auf eine Maßnahme der Ausbildung oder einen beruflichen Aufstieg, es sei denn, ein solcher ergibt sich aus einem anderen Rechtsgrund.

### § 13 Maßregelungsverbot

(1) Der Dienstherr darf eine in § 6 genannte Person nicht wegen der Inanspruchnahme von Rechten nach diesem Abschnitt oder wegen der Weigerung, eine gegen diesen Abschnitt verstoßende Weisung auszuführen, benachteiligen. Gleiches gilt für Personen, die eine in § 6 genannte Person hierbei unterstützen oder als Zeuginnen oder Zeugen aussagen.

(2) Die Zurückweisung oder Duldung benachteiligender Verhaltensweisen durch betroffene, in § 6 genannte Personen darf nicht als Grundlage für eine Entscheidung herangezogen werden, die diese Personen berührt. Absatz 1 Satz 2 gilt entsprechend.

(3) § 15 gilt entsprechend.

### § 14 Mitgliedschaft in Vereinigungen

(1) Die Vorschriften dieses Abschnitts gelten entsprechend für die Mitgliedschaft oder die Mitwirkung in

1. einem Berufsverband der Soldatinnen und Soldaten,

2. einer sonstigen Interessenvertretung von Soldatinnen und Soldaten, insbesondere wenn deren Mitglieder einer bestimmten Verwendungsgruppe angehören, wenn ein grundlegendes Interesse am Erwerb der Mitgliedschaft besteht,

sowie deren jeweiligen Zusammenschlüssen.

(2) Wenn die Ablehnung einen Verstoß gegen das Benachteiligungsverbot des § 7 Abs. 1 darstellt, besteht ein Anspruch auf Mitgliedschaft oder Mitwirkung in den in Absatz 1 genannten Vereinigungen.

### Abschnitt 3
### Rechtsschutz

### § 15 Beweislast

Wenn im Streitfall die eine Partei Indizien beweist, die eine Benachteiligung wegen eines in § 1 genannten Grundes vermuten lassen, trägt die andere Partei die Beweislast dafür, dass kein Verstoß gegen die Bestimmungen zum Schutz vor Benachteiligung vorgelegen hat.

### § 16 Unterstützung durch Antidiskriminierungsverbände

(1) Antidiskriminierungsverbände sind Personenzusammenschlüsse, die nicht gewerbsmäßig und nicht nur vorübergehend entsprechend ihrer Satzung die besonderen Interessen der in § 6 genannten Personen im Rahmen einer Benachteiligung nach § 1 Abs. 1 oder 2 wahrnehmen. Die Befugnisse nach den Absätzen 2 bis 4 stehen ihnen zu, wenn sie mindestens 75 Mitglieder haben oder einen Zusammenschluss aus mindestens sieben Verbänden bilden.

(2) Antidiskriminierungsverbände sind befugt, im Rahmen ihres Satzungszwecks in gerichtlichen Verfahren, in denen eine Vertretung durch Anwälte und Anwältinnen nicht gesetzlich vorgeschrieben ist, als Beistände der in § 6 genannten Personen in der Verhandlung aufzutre-

ten. Im Übrigen bleiben die Vorschriften der Verfahrensordnungen, insbesondere diejenigen, nach denen Beiständen weiterer Vortrag untersagt werden kann, unberührt.

(3) Antidiskriminierungsverbänden ist im Rahmen ihres Satzungszwecks die Besorgung von Rechtsangelegenheiten der in § 6 genannten Personen gestattet.

(4) Besondere Klagerechte und Vertretungsbefugnisse von Verbänden zu Gunsten von behinderten Menschen bleiben unberührt.

## Abschnitt 4
## Ergänzende Vorschriften

### § 17 Antidiskriminierungsstelle des Bundes

Abschnitt 6 des Allgemeinen Gleichbehandlungsgesetzes über die Antidiskriminierungsstelle des Bundes findet im Rahmen dieses Gesetzes Anwendung.

### § 18 Schwerbehinderte Soldatinnen und Soldaten

(1) Schwerbehinderte Soldatinnen und Soldaten dürfen bei einer Maßnahme, insbesondere beim beruflichen Aufstieg oder bei einem Befehl, nicht wegen ihrer Behinderung benachteiligt werden. Eine unterschiedliche Behandlung wegen der Behinderung ist jedoch zulässig, soweit eine Maßnahme die Art der von der schwerbehinderten Soldatin oder dem schwerbehinderten Soldaten auszuübenden Tätigkeit zum Gegenstand hat und eine bestimmte körperliche Funktion, geistige Fähigkeit oder seelische Gesundheit wesentliche und entscheidende berufliche Anforderung für diese Tätigkeit ist. Macht im Streitfall die schwerbehinderte Soldatin oder der schwerbehinderte Soldat Tatsachen glaubhaft, die eine Benachteiligung wegen der Behinderung vermuten lassen, trägt der Dienstherr die Beweislast dafür, dass nicht auf die Behinderung bezogene, sachliche Gründe eine unterschiedliche Behandlung rechtfertigen oder eine bestimmte körperliche Funktion, gei-

stige Fähigkeit oder seelische Gesundheit wesentliche und entscheidende berufliche Anforderung für diese Tätigkeit ist.

(2) Wird gegen das in Absatz 1 geregelte Benachteiligungsverbot beim beruflichen Aufstieg verstoßen, können hierdurch benachteiligte schwerbehinderte Soldatinnen oder Soldaten eine angemessene Entschädigung in Geld verlangen; ein Anspruch auf den beruflichen Aufstieg besteht nicht. Ein Anspruch auf Entschädigung muss innerhalb von zwei Monaten, nachdem die schwerbehinderte Soldatin oder der schwerbehinderte Soldat von dem Nichtzustandekommen des beruflichen Aufstiegs Kenntnis erhalten hat, geltend gemacht werden.

### § 19 Unabdingbarkeit

Von den Vorschriften dieses Gesetzes kann nicht zu Ungunsten der Soldatinnen und Soldaten abgewichen werden.

### § 20 Übergangsvorschrift

Erfolgen Benachteiligungen in Form sexueller Belästigungen nach dem Beschäftigtenschutzgesetz vor dem 18. August 2006, ist das zu diesem Zeitpunkt geltende Recht anzuwenden.

## Artikel 3
## Änderungen in anderen Gesetzen

(1) Das Arbeitsgerichtsgesetz in der Fassung der Bekanntmachung vom 2. Juli 1979 (BGBl. I S. 853, 1036), zuletzt geändert durch Artikel 105 des Gesetzes vom 19. April 2006 (BGBl. I S. 866 ), wird wie folgt geändert:

1. § 11 wird wie folgt geändert:

   a) Dem Absatz 1 wird folgender Satz angefügt:

      „Zulässig ist auch eine Vertretung durch Vertreter der in § 23 des Allgemeinen Gleichbehandlungsgesetzes bezeichneten Verbände bei der Geltendmachung eines Rechts wegen eines Verstoßes gegen das Benachteiligungsverbot nach § 7 Abs. 1 des Allgemeinen Gleichbehandlungsgesetzes, wenn diese Personen kraft Satzung oder Vollmacht zur Vertretung befugt sind."

b) In Absatz 3 Satz 2 wird die Angabe „Satz 2 bis 5" durch die Angabe „Satz 2 bis 6" ersetzt.

2. § 61b wird wie folgt geändert:

a) Die Überschrift wird wie folgt gefasst:

„§61b
Klage wegen Benachteiligung".

b) Absatz 1 wird wie folgt gefasst:

„(1) Eine Klage auf Entschädigung nach § 15 des Allgemeinen Gleichbehandlungsgesetzes muss innerhalb von drei Monaten, nachdem der Anspruch schriftlich geltend gemacht worden ist, erhoben werden."

c) In Absatz 2 Satz 1 wird die Angabe „nach § 611a Abs. 2 des Bürgerlichen Gesetzbuchs" durch die Angabe „nach § 15 des Allgemeinen Gleichbehandlungsgesetzes" ersetzt.

(2) Artikel 2 des Arbeitsrechtlichen EG-Anpassungsgesetzes vom 13. August 1980 (BGBl. I S. 1308), das durch Artikel 9 des Gesetzes vom 24. Juni 1994 (BGBl. I S. 1406) geändert worden ist, wird aufgehoben.

(3) § 75 Abs. 1 des Betriebsverfassungsgesetzes in der Fassung der Bekanntmachung vom 25. September 2001 (BGBl. I S. 2518), das zuletzt durch Artikel 5 Nr. 2 des Gesetzes vom 18. Mai 2004 (BGBl. I S. 974) geändert worden ist, wird wie folgt gefasst:

„(1) Arbeitgeber und Betriebsrat haben darüber zu wachen, dass alle im Betrieb tätigen Personen nach den Grundsätzen von Recht und Billigkeit behandelt werden, insbesondere, dass jede Benachteiligung von Personen aus Gründen ihrer Rasse oder wegen ihrer ethnischen Herkunft, ihrer Abstammung oder sonstigen Herkunft, ihrer Nationalität, ihrer Religion oder Weltanschauung, ihrer Behinderung, ihres Alters, ihrer politischen oder gewerkschaftlichen Betätigung oder Einstellung oder wegen ihres Geschlechts oder ihrer sexuellen Identität unterbleibt."

(4) § 67 Abs. 1 Satz 1 des Bundespersonalvertretungsgesetzes vom 15. März 1974 (BGBl. I S. 693), das zuletzt durch Artikel 8 des Gesetzes vom 14. September 2005 (BGBl. I S. 2746) geändert worden ist, wird wie folgt gefasst:

„Dienststelle und Personalvertretung haben darüber zu wachen, dass alle Angehörigen der Dienststelle nach Recht und Billigkeit behandelt werden, insbesondere, dass jede Benachteiligung von Personen aus Gründen ihrer Rasse oder wegen ihrer ethnischen Herkunft, ihrer Abstammung oder sonstigen Herkunft, ihrer Nationalität, ihrer Religion oder Weltanschauung, ihrer Behinderung, ihres Alters, ihrer politischen oder gewerkschaftlichen Betätigung oder Einstellung oder wegen ihres Geschlechts oder ihrer sexuellen Identität unterbleibt."

(5) § 8 Abs. 1 des Bundesbeamtengesetzes in der Fassung der Bekanntmachung vom 31. März 1999 (BGBl. I S. 675), das zuletzt durch Artikel 19a des Gesetzes vom 19. Februar 2006 (BGBl. I S. 334) geändert worden ist, wird wie folgt gefasst:

„(1) Die Bewerber sind durch Stellenausschreibung zu ermitteln. Ihre Auslese ist nach Eignung, Befähigung und fachlicher Leistung ohne Rücksicht auf Geschlecht, Abstammung, Rasse oder ethnische Herkunft, Behinderung, Religion oder Weltanschauung, politische Anschauungen, Herkunft, Beziehungen oder sexuelle Identität vorzunehmen. Dem stehen gesetzliche Maßnahmen zur Förderung von Beamtinnen zur Durchsetzung der tatsächlichen Gleichstellung im Erwerbsleben, insbesondere Quotenregelungen mit Einzelfallprüfungen, sowie gesetzliche Maßnahmen zur Förderung schwerbehinderter Menschen nicht entgegen."

(6) § 27 Abs. 1 des Sprecherausschussgesetzes vom 20. Dezember 1988 (BGBl. I S. 2312, 2316), das zuletzt durch Artikel 174 der Verordnung vom 25. November 2003 (BGBl. I S. 2304) geändert worden ist, wird wie folgt gefasst:

„(1) Arbeitgeber und Sprecherausschuss haben darüber zu wachen, dass alle leitenden Angestellten des Betriebs nach den Grundsätzen von Recht und Billigkeit behandelt werden, insbesondere, dass jede Benachteiligung von Personen aus Gründen ihrer Rasse oder wegen ihrer ethnischen Herkunft, ihrer Abstammung oder sonstigen Herkunft, ihrer Nationalität, ihrer Religion oder Weltanschauung, ihrer Behinderung, ihres Alters, ihrer politischen oder gewerkschaftlichen Betätigung oder Einstellung oder wegen ihres Geschlechts oder ihrer sexuellen Identität unterbleibt."

(7) Das Erste Buch Sozialgesetzbuch – Allgemeiner Teil – (Artikel 1 des Gesetzes vom 11. Dezember 1975, BGBl. I S. 3015), zuletzt geändert durch Artikel 2 des Gesetzes vom 24. April 2006 (BGBl. I S. 926), wird wie folgt geändert:

1. In der Inhaltsübersicht werden nach der Angabe „§ 33a Altersabhängige Rechte und Pflichten" folgende Angaben eingefügt:

„§ 33b Lebenspartnerschaften

§ 33c Benachteiligungsverbot".

2. Nach § 33b wird folgender § 33c eingefügt:

„§ 33c
Benachteiligungsverbot

Bei der Inanspruchnahme sozialer Rechte darf niemand aus Gründen der Rasse, wegen der ethnischen Herkunft oder einer Behinderung benachteiligt werden. Ansprüche können nur insoweit geltend gemacht oder hergeleitet werden, als deren Voraussetzungen und Inhalt durch die Vorschriften der besonderen Teile dieses Gesetzbuches im Einzelnen bestimmt sind."

(8) § 36 Abs. 2 des Dritten Buches Sozialgesetzbuch – Arbeitsförderung – (Artikel 1 des Gesetzes vom 24. März 1997, BGBl. I S. 594, 595), das zuletzt durch Artikel 2 des Gesetzes vom 20. Juli 2006 (BGBl. I S. 1706) geändert worden ist, wird wie folgt geändert:

1. In Satz 1 werden die Wörter „oder ähnlicher Merkmale" gestrichen.

2. Satz 2 wird wie folgt gefasst:

„Die Agentur für Arbeit darf Einschränkungen, die der Arbeitgeber für eine Vermittlung aus Gründen der Rasse oder wegen der ethnischen Herkunft, der Religion oder Weltanschauung, einer Behinderung oder der sexuellen Identität des Ausbildungssuchenden und Arbeitssuchenden vornimmt, nur berücksichtigen, soweit sie nach dem Allgemeinen Gleichbehandlungsgesetz zulässig sind."

3. In Satz 3 wird das Wort „,Religionsgemeinschaft" gestrichen.

(9) Das Vierte Buch Sozialgesetzbuch – Gemeinsame Vorschriften für die Sozialversicherung – in der Fassung der Bekanntmachung vom 23. Januar 2006 (BGBl. I S. 86, 466), zuletzt geändert durch Artikel 3 des Gesetzes vom 20. Juli 2006 (BGBl. I S. 1706), wird wie folgt geändert:

1. In der Inhaltsübersicht wird nach der Angabe „§ 19 Leistungen auf Antrag oder von Amts wegen" folgende Angabe eingefügt:

„§ 19a Benachteiligungsverbot".

2. In § 1 Abs. 2 wird die Angabe „§§ 18f und 18g" durch die Angabe „§§ 18f, 18g und 19a" ersetzt.

3. Nach § 19 wird folgender § 19a eingefügt:

„§ 19a
Benachteiligungsverbot

Bei der Inanspruchnahme von Leistungen, die den Zugang zu allen Formen und allen Ebenen der Berufsberatung, der Berufsbildung, der beruflichen Weiterbildung, der Umschulung einschließlich der praktischen Berufserfahrung betreffen, darf niemand aus Gründen der Rasse oder wegen der ethnischen Herkunft, des Geschlechts, der Religion oder Weltanschauung, einer Behinderung, des Alters oder der sexuellen Identität benachteiligt werden. Ansprüche können nur insoweit geltend gemacht oder hergeleitet werden, als deren Voraussetzungen und Inhalt durch die Vorschriften der besonderen Teile dieses Gesetzbuches im Einzelnen bestimmt sind."

(10) Das Neunte Buch Sozialgesetzbuch – Rehabilitation und Teilhabe behinderter Menschen – (Artikel 1 des Gesetzes vom 19. Juni 2001, BGBl. I S. 1046, 1047), zuletzt geändert durch Artikel 5 des Gesetzes vom 20. Juli 2006 (BGBl. I S. 1706), wird wie folgt geändert:

1. In § 36 Satz 3 werden nach den Wörtern „den Arbeitsschutz," die Wörter „den Schutz vor Diskriminierungen in Beschäftigung und Beruf," eingefügt.

2. § 81 Abs. 2 Satz 2 wird wie folgt gefasst:

„Im Einzelnen gelten hierzu die Regelungen des Allgemeinen Gleichbehandlungsgesetzes."

(11) Das Bundesgleichstellungsgesetz vom 30. November 2001 (BGBl. I S. 3234) wird wie folgt geändert:

1. § 4 Abs. 7 wird aufgehoben.

2. § 5 wird wie folgt geändert:

   a) Absatz 2 wird aufgehoben.

   b) Die Absatzbezeichnung „(1)" wird gestrichen.

3. In § 19 Abs. 1 Satz 1 werden die Wörter „des Beschäftigtenschutzgesetzes" durch die Wörter „des Allgemeinen Gleichbehandlungsgesetzes im Hinblick auf den Schutz vor Benachteiligungen wegen des Geschlechts und sexueller Belästigung" ersetzt.

(12) § 3 Abs. 1 des Soldatengesetzes in der Fassung der Bekanntmachung vom 30. Mai 2005 (BGBl. I S. 1482) wird wie folgt gefasst:

„(1) Der Soldat ist nach Eignung, Befähigung und Leistung ohne Rücksicht auf Geschlecht, sexuelle Identität, Abstammung, Rasse, Glauben, Weltanschauung, religiöse oder politische Anschauungen, Heimat, ethnische oder sonstige Herkunft zu ernennen und zu verwenden."

(13) Dem § 73 Abs. 6 des Sozialgerichtsgesetzes in der Fassung der Bekanntmachung vom 23. September 1975 (BGBl. I S. 2535), das zuletzt durch Artikel 9 des Gesetzes vom 20. Juli 2006 (BGBl. I S. 1706) geändert worden ist, werden folgende Sätze angefügt:

„§ 157 Abs. 1 der Zivilprozessordnung gilt auch nicht für Mitglieder und Angestellte der in § 23 Abs. 1 des Allgemeinen Gleichbehandlungsgesetzes genannten Vereinigungen, die im Rahmen des Satzungszwecks der Vereinigung als Bevollmächtigte von Beteiligten tätig werden. Den in Satz 5 genannten Vereinigungen ist im Rahmen ihres Satzungszwecks die Besorgung von Rechtsangelegenheiten Beteiligter gestattet."

(14) Die §§ 611a, 611b und 612 Abs. 3 des Bürgerlichen Gesetzbuchs in der Fassung der Bekanntmachung vom 2. Januar 2002 (BGBl. I S. 42, 2909, 2003 I S. 738), das zuletzt durch Artikel 123 des Gesetzes vom 19. April 2006 (BGBl. I S. 866) geändert worden ist, werden aufgehoben.

(15) Das Soldatinnen- und Soldatengleichstellungsgesetz vom 27. Dezember 2004 BGBl. I S. 3822) wird wie folgt geändert:

1. § 4 wird wie folgt geändert:

   a) Absatz 6 Satz 1 wird wie folgt gefasst:

   „Eine unmittelbare Diskriminierung von Soldatinnen ist gegeben, wenn diese auf Grund ihres Geschlechts in einer vergleichbaren Situation eine weniger günstige Behandlung erfahren als Soldaten erfahren, erfahren haben oder erfahren würden."

b) Absatz 7 wird aufgehoben.

2. § 5 Abs. 2 wird wie folgt gefasst:

„(2) Bei Verstößen der Dienststellen gegen die Benachteiligungsverbote bei Begründung eines Dienstverhältnisses und beim beruflichen Aufstieg findet § 12 des Soldatinnen- und Soldaten- Gleichbehandlungsgesetzes Anwendung."

3. § 16 wird wie folgt geändert:

a) In Absatz 5 Satz 1 wird die Angabe „3" durch die Angabe „4" ersetzt.

b) Absatz 8 Satz 2 wird wie folgt gefasst:

„Sie dürfen nicht zugleich Vertrauensperson nach dem Soldatenbeteiligungsgesetz sein oder einer Schwerbehindertenvertretung angehören."

c) Absatz 10 wird wie folgt geändert:

aa) In Satz 3 werden nach dem Wort „sein" die Wörter „,wobei eine ehrenamtliche Richterin oder ein ehrenamtlicher Richter Unteroffizier, die andere ehrenamtliche Richterin oder der andere ehrenamtliche Richter Stabsoffizier sein muss" eingefügt.

bb) Satz 4 wird wie folgt gefasst:

„Die Reihenfolge der Heranziehung richtet sich nach der einheitlichen Liste der ehrenamtlichen Richterinnen und Richter für Verfahren nach diesem Gesetz, in der die verschiedenen Teilstreitkräfte angemessen zu berücksichtigen sind; § 74 Abs. 8 der Wehrdisziplinarordnung gilt entsprechend."

d) Absatz 11 Satz 2 wird wie folgt gefasst:

„Absatz 10 gilt entsprechend."

e) In Absatz 12 wird die Angabe „2" durch die Angabe „1" ersetzt.

4. § 19 Abs. 1 Satz 1 wird wie folgt gefasst:

„Die Gleichstellungsbeauftragte hat den Vollzug dieses Gesetzes in der Dienststelle zu fördern und zu unterstützen; dies gilt auch für das Soldatinnen- und Soldaten-Gleichbehandlungsgesetz in Bezug auf das Verbot von Benachteiligungen auf Grund des Geschlechts in Form von Belästigungen und sexuellen Belästigungen."

(16) In § 15a Abs. 1 Satz 1 des Gesetzes betreffend die Einführung der Zivilprozessordnung in der im Bundesgesetzblatt Teil III, Gliederungsnummer 310-2, veröffentlichten bereinigten Fassung, das zuletzt durch Artikel 49 des Gesetzes vom 19. April 2006 (BGBl. I S. 866) geändert worden ist, werden der Schlusspunkt durch ein Komma ersetzt und folgende Nummer 4 angefügt:

„4. in Streitigkeiten über Ansprüche nach Abschnitt 3 des Allgemeinen Gleichbehandlungsgesetzes."

### Artikel 4
### Inkrafttreten, Außerkrafttreten

Dieses Gesetz tritt am Tag nach der Verkündung in Kraft. Gleichzeitig tritt das Beschäftigtenschutzgesetz vom 24. Juni 1994 (BGBl. I S. 1406, 1412) außer Kraft.

# Arbeitsgerichtsgesetz

(ArbGG)

In der Fassung der Bekanntmachung vom 2. Juli 1979
(BGBl. I S. 853, ber. S. 1036)

Zuletzt geändert durch Art. 4 des Gesetzes
vom 21. Juli 2012
(BGBl. I S. 1577)

Auszug:
§ 61b  Klage wegen Benachteiligung

### § 61b Klage wegen Benachteiligung

(1) Eine Klage auf Entschädigung nach § 15 des Allgemeinen Gleichbehandlungsgesetzes muss innerhalb von drei Monaten, nachdem der Anspruch schriftlich geltend gemacht worden ist, erhoben werden.

(2) Machen mehrere Bewerber wegen Benachteiligung bei der Begründung eines Arbeitsverhältnisses oder beim beruflichen Aufstieg eine Entschädigung nach § 15 des Allgemeinen Gleichbehandlungsgesetzes gerichtlich geltend, so wird auf Antrag des Arbeitgebers das Arbeitsgericht, bei dem die erste Klage erhoben ist, auch für die übrigen Klagen ausschießlich zuständig. Die Rechtsstreitigkeiten sind von Amts wegen an dieses Arbeitsgericht zu verweisen; die Prozesse sind zur gleichzeitigen Verhandlung und Entscheidung zu verbinden.

(3) Auf Antrag des Arbeitgebers findet die mündliche Verhandlung nicht vor Ablauf von sechs Monaten seit Erhebung der ersten Klage statt.

### Hinweis zu § 61b ArbGG:

In Betrieben, in denen in der Regel mehr als fünf Arbeitnehmer beschäftigt sind, ist ein Abdruck der §§ 612, 612a des Bürgerlichen Gesetzbuches sowie des § 61b des Arbeitsgerichtsgesetzes an geeigneter Stelle zur Einsicht auszulegen oder auszuhändigen (siehe Art. 9 des 2. GleiBG vom 14. Juni 1994, BGBl. I S. 1406 und § 12 AGG).

Die §§ 611a, 611b und 612 Abs. 3 des Bürgerlichen Gesetzbuchs in der Fassung der Bekanntmachung vom 2. Januar 2002 (BGBl. I S. 42, 2909; 2003 I S. 738), das zuletzt durch Art. 2 Abs. 1 des Gesetzes vom 25.06.2009 (BGBl. I S. 1574) geändert worden ist, wurden aufgehoben.

# Arbeitszeitgesetz

## (ArbZG)

**Vom 6. Juni 1994**
**(BGBl. I 1994, S. 1170)**

**Zuletzt geändert durch Art. 15 des Gesetzes**
**vom 21. Juli 2012**
**(BGBl. I S. 1583)**

## Erster Abschnitt
## Allgemeine Vorschriften

### § 1 Zweck des Gesetzes

Zweck des Gesetzes ist es,

1. die Sicherheit und den Gesundheitsschutz der Arbeitnehmer bei der Arbeitszeitgestaltung zu gewährleisten und die Rahmenbedingungen für flexible Arbeitszeiten zu verbessern sowie

2. den Sonntag und die staatlich anerkannten Feiertage als Tage der Arbeitsruhe und der seelischen Erhebung der Arbeitnehmer zu schützen.

### § 2 Begriffsbestimmungen

(1) Arbeitszeit im Sinne dieses Gesetzes ist die Zeit vom Beginn bis zum Ende der Arbeit ohne die Ruhepausen; Arbeitszeiten bei mehreren Arbeitgebern sind zusammenzurechnen. Im Bergbau unter Tage zählen die Ruhepausen zur Arbeitszeit.

(2) Arbeitnehmer im Sinne dieses Gesetzes sind Arbeiter und Angestellte sowie die zu ihrer Berufsbildung Beschäftigten.

(3) Nachtzeit im Sinne dieses Gesetzes ist die Zeit von 23 bis 6 Uhr, in Bäckereien und Konditoreien die Zeit von 22 bis 5 Uhr.

(4) Nachtarbeit im Sinne dieses Gesetzes ist jede Arbeit, die mehr als zwei Stunden der Nachtzeit umfasst.

(5) Nachtarbeitnehmer im Sinne dieses Gesetzes sind Arbeitnehmer, die

1. auf Grund ihrer Arbeitszeitgestaltung normalerweise Nachtarbeit in Wechselschicht zu leisten haben oder

2. Nachtarbeit an mindestens 48 Tagen im Kalenderjahr leisten.

## Zweiter Abschnitt
## Werktägliche Arbeitszeit und arbeitsfreie Zeiten

### § 3 Arbeitszeit der Arbeitnehmer

Die werktägliche Arbeitszeit der Arbeitnehmer darf acht Stunden nicht überschreiten. Sie kann auf bis zu zehn Stunden nur verlängert werden, wenn innerhalb von sechs Kalendermonaten oder innerhalb von 24 Wochen im Durchschnitt acht Stunden werktäglich nicht überschritten werden.

### § 4 Ruhepausen

Die Arbeit ist durch im voraus feststehende Ruhepausen von mindestens 30 Minuten bei einer Arbeitszeit von mehr als sechs bis zu neun Stunden und 45 Minuten bei einer Arbeitszeit von mehr als neun Stunden insgesamt zu unterbrechen. Die Ruhepausen nach Satz 1 können in Zeitabschnitte von jeweils mindestens 15 Minuten aufgeteilt werden. Länger als sechs Stunden hintereinander dürfen Arbeitnehmer nicht ohne Ruhepause beschäftigt werden.

### § 5 Ruhezeit

(1) Die Arbeitnehmer müssen nach Beendigung der täglichen Arbeitszeit eine ununterbrochene Ruhezeit von mindestens elf Stunden haben.

(2) Die Dauer der Ruhezeit des Absatzes 1 kann in Krankenhäusern und anderen Einrichtungen zur Behandlung, Pflege und Betreuung von Personen, in Gaststätten und anderen Einrichtungen zur Bewirtung und Beherbergung, in Verkehrsbetrieben, beim Rundfunk sowie in der Landwirtschaft und in der Tierhaltung um bis zu eine Stunde verkürzt werden, wenn jede Verkürzung der Ruhezeit innerhalb eines Kalendermonats oder innerhalb von vier Wochen durch Verlängerung einer anderen Ruhezeit auf mindestens zwölf Stunden ausgeglichen wird.

(3) Abweichend von Absatz 1 können in Krankenhäusern und anderen Einrichtungen zur Behandlung, Pflege und Betreuung von Personen Kürzungen der Ruhezeit durch Inanspruchnahmen während der Rufbereitschaft, die nicht mehr als die Hälfte der Ruhezeit betragen, zu anderen Zeiten ausgeglichen werden.

(4) *(aufgehoben)*

### § 6 Nacht- und Schichtarbeit

(1) Die Arbeitszeit der Nacht- und Schichtarbeitnehmer ist nach den gesicherten arbeitswissenschaftlichen Erkenntnissen über die menschengerechte Gestaltung der Arbeit festzulegen.

(2) Die werktägliche Arbeitszeit der Nachtarbeitnehmer darf acht Stunden nicht überschreiten. Sie kann auf bis zu zehn Stunden nur verlängert werden, wenn abweichend von § 3 innerhalb von einem Kalendermonat oder innerhalb von vier Wochen im Durchschnitt acht Stunden werktäglich nicht überschritten werden. Für Zeiträume, in denen Nachtarbeitnehmer im Sinne des § 2 Abs. 5 Nr. 2 nicht zur Nachtarbeit herangezogen werden, findet § 3 Satz 2 Anwendung.

(3) Nachtarbeitnehmer sind berechtigt, sich vor Beginn der Beschäftigung und danach in regelmäßigen Zeitabständen von nicht weniger als drei Jahren arbeitsmedizinisch untersuchen zu lassen. Nach Vollendung des 50. Lebensjahres steht Nachtarbeitnehmern dieses Recht in Zeitabständen von einem Jahr zu. Die Kosten der Untersuchungen hat der Arbeitgeber zu tragen, sofern er die Untersuchungen den Nachtarbeitnehmern nicht kostenlos durch einen Betriebsarzt oder einen überbetrieblichen Dienst von Betriebsärzten anbietet.

(4) Der Arbeitgeber hat den Nachtarbeitnehmer auf dessen Verlangen auf einen für ihn geeigneten Tagesarbeitsplatz umzusetzen, wenn

a)    nach arbeitsmedizinischer Feststellung die weitere Verrichtung von Nachtarbeit den Arbeitnehmer in seiner Gesundheit gefährdet oder

b)    im Haushalt des Arbeitnehmers ein Kind unter zwölf Jahren lebt, das nicht von einer anderen im Haushalt lebenden Person betreut werden kann, oder

c)    der Arbeitnehmer einen schwerpflegebedürftigen Angehörigen zu versorgen hat, der nicht von einem anderen im Haushalt lebenden Angehörigen versorgt werden kann, sofern dem nicht dringende betriebliche Erfordernisse entgegenstehen. Stehen der Umsetzung des Nachtarbeitnehmers auf einen für ihn geeigneten Tagesarbeitsplatz nach Auffassung des Arbeitgebers dringende betriebliche Erfordernisse entgegen, so ist der Betriebs- oder Personalrat zu hören. Der Betriebs- oder Personalrat kann dem Arbeitgeber Vorschläge für eine Umsetzung unterbreiten.

(5) Soweit keine tarifvertraglichen Ausgleichsregelungen bestehen, hat der Arbeitgeber dem Nachtarbeitnehmer für die während der Nachtzeit geleisteten Arbeitsstunden eine angemessene Zahl bezahlter freier Tage oder einen angemessenen Zuschlag auf das ihm hierfür zustehende Bruttoarbeitsentgelt zu gewähren.

(6) Es ist sicherzustellen, dass Nachtarbeitnehmer den gleichen Zugang zur betrieblichen Weiterbildung und zu aufstiegsfördernden Maßnahmen haben wie die übrigen Arbeitnehmer.

### § 7 Abweichende Regelungen

(1) In einem Tarifvertrag oder auf Grund eines Tarifvertrags in einer Betriebs- oder Dienstvereinbarung kann zugelassen werden,

1.    abweichend von § 3

    a)    die Arbeitszeit über zehn Stunden werktäglich zu verlängern, wenn in die Arbeitszeit regelmäßig und in erheblichem Umfang Arbeitsbereitschaft oder Bereitschaftsdienst fällt,

   b) einen anderen Ausgleichszeitraum festzulegen,

2. abweichend von § 4 Satz 2 die Gesamtdauer der Ruhepausen in Schichtbetrieben und Verkehrsbetrieben auf Kurzpausen von angemessener Dauer aufzuteilen,

3. abweichend von § 5 Abs. 1 die Ruhezeit um bis zu zwei Stunden zu kürzen, wenn die Art der Arbeit dies erfordert und die Kürzung der Ruhezeit innerhalb eines festzulegenden Ausgleichszeitraums ausgeglichen wird,

4. abweichend von § 6 Abs. 2

   a) die Arbeitszeit über zehn Stunden werktäglich hinaus zu verlängern, wenn in die Arbeitszeit regelmäßig und in erheblichem Umfang Arbeitsbereitschaft oder Bereitschaftsdienst fällt,

   b) einen anderen Ausgleichszeitraum festzulegen,

5. den Beginn des siebenstündigen Nachtzeitraums des § 2 Abs. 3 auf die Zeit zwischen 22 und 24 Uhr festzulegen.

(2) Sofern der Gesundheitsschutz der Arbeitnehmer durch einen entsprechenden Zeitausgleich gewährleistet wird, kann in einem Tarifvertrag oder auf Grund eines Tarifvertrags in einer Betriebs- oder Dienstvereinbarung ferner zugelassen werden,

1. abweichend von § 5 Abs. 1 die Ruhezeiten bei Rufbereitschaft den Besonderheiten dieses Dienstes anzupassen, insbesondere Kürzungen der Ruhezeit infolge von Inanspruchnahmen während dieses zu anderen Zeiten auszugleichen,

2. die Regelungen der §§ 3, 5 Abs. 1 und § 6 Abs. 2 in der Landwirtschaft der Bestellungs- und Erntezeit sowie den Witterungseinflüssen anzupassen,

3. die Regelungen der §§ 3, 4, 5 Abs. 1 und § 6 Abs. 2 bei der Behandlung, Pflege und Betreuung von Personen der Eigenart dieser Tätigkeit und dem Wohl dieser Personen entsprechend anzupassen,

4. die Regelungen der §§ 3, 4, 5 Abs. 1 und § 6 Abs. 2 bei Verwaltungen und Betrieben des Bundes, der Länder, der Gemeinden und sonstigen Körperschaften, Anstalten und Stiftungen des öffentlichen Rechts sowie bei anderen Arbeitgebern, die der Tarifbindung eines für den öffentlichen Dienst geltenden oder eines im wesentlichen inhaltsgleichen Tarifvertrags unterliegen, der Eigenart der Tätigkeit bei diesen Stellen anzupassen.

(2a) In einem Tarifvertrag oder auf Grund eines Tarifvertrags in einer Betriebs- oder Dienstvereinbarung kann abweichend von den §§ 3, 5 Abs. 1 und § 6 Abs. 2 zugelassen werden, die werktägliche Arbeitszeit auch ohne Ausgleich über acht Stunden zu verlängern, wenn in die Arbeitszeit regelmäßig und in erheblichem Umfang Arbeitsbereitschaft oder Bereitschaftsdienst fällt und durch besondere Regelungen sichergestellt wird, dass die Gesundheit der Arbeitnehmer nicht gefährdet wird."

(3) Im Geltungsbereich eines Tarifvertrags nach Absatz 1, 2 oder 2a können abweichende tarifvertragliche Regelungen im Betrieb eines nicht tarifgebundenen Arbeitgebers durch Betriebsvereinbarung oder, wenn ein Betriebsrat nicht besteht, durch schriftliche Vereinbarung zwischen dem Arbeitgeber und dem Arbeitnehmer übernommen werden. Können auf Grund eines solchen Tarifvertrags abweichende Regelungen in einer Betriebs- oder Dienstvereinbarung getroffen werden, kann auch in Betrieben eines nicht tarifgebundenen Arbeitgebers davon Gebrauch gemacht werden. Eine nach Absatz 2 Nr. 4 getroffene abweichende tarifvertragliche Regelung hat zwischen nicht tarifgebundenen Arbeitgebern und Arbeitnehmern Geltung, wenn zwischen ihnen die Anwendung der für den öffentlichen Dienst geltenden tarifvertraglichen Bestimmungen vereinbart ist und die Arbeitgeber die Kosten des Betriebs überwie-

gend mit Zuwendungen im Sinne des Haushaltsrechts decken.

(4) Die Kirchen und die öffentlich-rechtlichen Religionsgesellschaften können die in Absatz 1, 2 oder 2a genannten Abweichungen in ihren Regelungen vorsehen.

(5) In einem Bereich, in dem Regelungen durch Tarifvertrag üblicherweise nicht getroffen werden, können Ausnahmen im Rahmen des Absatzes 1, 2 oder 2a durch die Aufsichtsbehörde bewilligt werden, wenn dies aus betrieblichen Gründen erforderlich ist und die Gesundheit der Arbeitnehmer nicht gefährdet wird.

(6) Die Bundesregierung kann durch Rechtsverordnung mit Zustimmung des Bundesrates Ausnahmen im Rahmen des Absatzes 1 oder 2 zulassen, sofern dies aus betrieblichen Gründen erforderlich ist und die Gesundheit der Arbeitnehmer nicht gefährdet wird.

(7) Auf Grund einer Regelung nach Absatz 2a oder den Absätzen 3 bis 5 jeweils in Verbindung mit Absatz 2a darf die Arbeitszeit nur verlängert werden, wenn der Arbeitnehmer schriftlich eingewilligt hat. Der Arbeitnehmer kann die Einwilligung mit einer Frist von sechs Monaten schriftlich widerrufen. Der Arbeitgeber darf einen Arbeitnehmer nicht benachteiligen, weil dieser die Einwilligung zur Verlängerung der Arbeitszeit nicht erklärt oder die Einwilligung widerrufen hat.

(8) Werden Regelungen nach Absatz 1 Nr. 1 und Nr. 4, Absatz 2 Nr. 2 bis 4 oder solche Regelungen auf Grund der Absätze 3 und 4 zugelassen, darf die Arbeitszeit 48 Stunden wöchentlich im Durchschnitt von zwölf Kalendermonaten nicht überschreiten. Erfolgt die Zulassung auf Grund des Absatzes 5, darf die Arbeitszeit 48 Stunden wöchentlich im Durchschnitt von sechs Kalendermonaten oder 24 Wochen nicht überschreiten.

(9) Wird die werktägliche Arbeitszeit über zwölf Stunden hinaus verlängert, muss im unmittelbaren Anschluss an die Beendigung der Arbeitszeit eine Ruhezeit von mindestens elf Stunden gewährt werden."

### § 8 Gefährliche Arbeiten

Die Bundesregierung kann durch Rechtsverordnung mit Zustimmung des Bundesrates für einzelne Beschäftigungsbereiche, für bestimmte Arbeiten oder für bestimmte Arbeitnehmergruppen, bei denen besondere Gefahren für die Gesundheit der Arbeitnehmer zu erwarten sind, die Arbeitszeit über § 3 hinaus beschränken, die Ruhepausen und Ruhezeiten über die §§ 4 und 5 hinaus ausdehnen, die Regelungen zum Schutz der Nacht- und Schichtarbeitnehmer in § 6 erweitern und die Abweichungsmöglichkeiten nach § 7 beschränken, soweit dies zum Schutz der Gesundheit der Arbeitnehmer erforderlich ist. Satz 1 gilt nicht für Beschäftigungsbereiche und Arbeiten in Betrieben, die der Bergaufsicht unterliegen.

### Dritter Abschnitt
### Sonn- und Feiertagsruhe

### § 9 Sonn- und Feiertagsruhe

(1) Arbeitnehmer dürfen an Sonn- und gesetzlichen Feiertagen von 0 bis 24 Uhr nicht beschäftigt werden.

(2) In mehrschichtigen Betrieben mit regelmäßiger Tag- und Nachtschicht kann Beginn oder Ende der Sonn- und Feiertagsruhe um bis zu sechs Stunden vor- oder zurückverlegt werden, wenn für die auf den Beginn der Ruhezeit folgenden 24 Stunden der Betrieb ruht.

(3) Für Kraftfahrer und Beifahrer kann der Beginn der 24stündigen Sonn- und Feiertagsruhe um bis zu zwei Stunden vorverlegt werden.

### § 10 Sonn- und Feiertagsbeschäftigung

(1) Sofern die Arbeiten nicht an Werktagen vorgenommen werden können, dürfen Arbeitnehmer an Sonn- und Feiertagen abweichend von § 9 beschäftigt werden

1. in Not- und Rettungsdiensten sowie bei der Feuerwehr,

2. zur Aufrechterhaltung der öffentlichen Sicherheit und Ordnung sowie der Funktionsfähigkeit von Gerichten und Behörden und für Zwecke der Verteidigung,

3. in Krankenhäusern und anderen Einrichtungen zur Behandlung, Pflege und Betreuung von Personen,

4. in Gaststätten und anderen Einrichtungen zur Bewirtung und Beherbergung sowie im Haushalt,

5. bei Musikaufführungen, Theatervorstellungen, Filmvorführungen, Schaustellungen, Darbietungen und anderen ähnlichen Veranstaltungen,

6. bei nichtgewerblichen Aktionen und Veranstaltungen der Kirchen, Religionsgesellschaften, Verbände, Vereine, Parteien und anderer ähnlicher Vereinigungen,

7. beim Sport und in Freizeit-, Erholungs- und Vergnügungseinrichtungen, beim Fremdenverkehr sowie in Museen und wissenschaftlichen Präsenzbibliotheken,

8. beim Rundfunk, bei der Tages- und Sportpresse, bei Nachrichtenagenturen sowie bei den der Tagesaktualität dienenden Tätigkeiten für andere Presseerzeugnisse einschließlich des Austragens, bei der Herstellung von Satz, Filmen und Druckformen für tagesaktuelle Nachrichten und Bilder, bei tagesaktuellen Aufnahmen auf Ton- und Bildträger sowie beim Transport und Kommissionieren von Presseerzeugnissen, deren Ersterscheinungstag am Montag oder am Tag nach einem Feiertag liegt,

9. bei Messen, Ausstellungen und Märkten im Sinne des Titels IV der Gewerbeordnung sowie bei Volksfesten,

10. in Verkehrsbetrieben sowie beim Transport und Kommissionieren von leichtverderblichen Waren im Sinne des § 30 Abs. 3 Nr. 2 der Straßenverkehrsordnung,

11. in den Energie- und Wasserversorgungsbetrieben sowie in Abfall- und Abwasserentsorgungsbetrieben,

12. in der Landwirtschaft und in der Tierhaltung sowie in Einrichtungen zur Behandlung und Pflege von Tieren,

13. im Bewachungsgewerbe und bei der Bewachung von Betriebsanlagen,

14. bei der Reinigung und Instandhaltung von Betriebseinrichtungen, soweit hierdurch der regelmäßige Fortgang des eigenen oder eines fremden Betriebs bedingt ist, bei der Vorbereitung der Wiederaufnahme des vollen werktägigen Betriebs sowie bei der Aufrechterhaltung der Funktionsfähigkeit von Datennetzen und Rechnersystemen,

15. zur Verhütung des Verderbens von Naturerzeugnissen oder Rohstoffen oder des Mißlingens von Arbeitsergebnissen sowie bei kontinuierlich durchzuführenden Forschungsarbeiten,

16. zur Vermeidung einer Zerstörung oder erheblichen Beschädigung der Produktionseinrichtungen.

(2) Abweichend von § 9 dürfen Arbeitnehmer an Sonn- und Feiertagen mit den Produktionsarbeiten beschäftigt werden, wenn die infolge der Unterbrechung der Produktion nach Absatz 1 Nr. 14 zulässigen Arbeiten den Einsatz von mehr Arbeitnehmern als bei durchgehender Produktion erfordern.

(3) Abweichend von § 9 dürfen Arbeitnehmer an Sonn- und Feiertagen in Bäckereien und Konditoreien für bis zu drei Stunden mit der Herstellung und dem Austragen oder Ausfahren von Konditorwaren und an diesem Tag zum Verkauf kommenden Bäckerwaren beschäftigt werden.

(4) Sofern die Arbeiten nicht an Werktagen vorgenommen werden können, dürfen Arbeitnehmer zur Durchführung des Eil- und Großbetragszahlungsverkehrs und des Geld-, Devisen-, Wertpapier- und Derivatehandels abweichend von § 9 Abs. 1 an den auf einen Werktag

fallenden Feiertagen beschäftigt werden, die nicht in allen Mitgliedstaaten der Europäischen Union Feiertage sind.

### § 11 Ausgleich für Sonn- und Feiertagsbeschäftigung

(1) Mindestens 15 Sonntage im Jahr müssen beschäftigungsfrei bleiben.

(2) Für die Beschäftigung an Sonn- und Feiertagen gelten die §§ 3 bis 8 entsprechend, jedoch dürfen durch die Arbeitszeit an Sonn- und Feiertagen die in den §§ 3, 6 Abs. 2 und §§ 7 und 21a Abs. 4 bestimmten Höchstarbeitszeiten und Ausgleichszeiträume nicht überschritten werden.

(3) Werden Arbeitnehmer an einem Sonntag beschäftigt, müssen sie einen Ersatzruhetag haben, der innerhalb eines den Beschäftigungstag einschließenden Zeitraums von zwei Wochen zu gewähren ist. Werden Arbeitnehmer an einem auf einen Werktag fallenden Feiertag beschäftigt, müssen sie einen Ersatzruhetag haben, der innerhalb eines den Beschäftigungstag einschließenden Zeitraums von acht Wochen zu gewähren ist.

(4) Die Sonn- oder Feiertagsruhe des § 9 oder der Ersatzruhetag des Absatzes 3 ist den Arbeitnehmern unmittelbar in Verbindung mit einer Ruhezeit nach § 5 zu gewähren, soweit dem technische oder arbeitsorganisatorische Gründe nicht entgegenstehen.

### § 12 Abweichende Regelungen

In einem Tarifvertrag oder auf Grund eines Tarifvertrags in einer Betriebs- oder Dienstvereinbarung kann zugelassen werden,

1. abweichend von § 11 Abs. 1 die Anzahl der beschäftigungsfreien Sonntage in den Einrichtungen des § 10 Abs. 1 Nr. 2, 3, 4 und 10 auf mindestens zehn Sonntage, im Rundfunk, in Theaterbetrieben, Orchestern sowie bei Schaustellungen auf mindestens

acht Sonntage, in Filmtheatern und in der Tierhaltung auf mindestens sechs Sonntage im Jahr zu verringern,

2. abweichend von § 11 Abs. 3 den Wegfall von Ersatzruhetagen für auf Werktage fallende Feiertage zu vereinbaren oder Arbeitnehmer innerhalb eines festzulegenden Ausgleichszeitraums beschäftigungsfrei zu stellen,

3. abweichend von § 11 Abs. 1 bis 3 in der Seeschifffahrt die den Arbeitnehmern nach diesen Vorschriften zustehenden freien Tage zusammenhängend zu geben,

4. abweichend von § 11 Abs. 2 die Arbeitszeit in vollkontinuierlichen Schichtbetrieben an Sonn- und Feiertagen auf bis zu zwölf Stunden zu verlängern, wenn dadurch zusätzliche freie Schichten an Sonn- und Feiertagen erreicht werden.

§ 7 Abs. 3 bis 6 findet Anwendung.

### § 13 Ermächtigung, Anordnung, Bewilligung

(1) Die Bundesregierung kann durch Rechtsverordnung mit Zustimmung des Bundesrates zur Vermeidung erheblicher Schäden unter Berücksichtigung des Schutzes der Arbeitnehmer und der Sonn- und Feiertagsruhe

1. die Bereiche mit Sonn- und Feiertagsbeschäftigung nach § 10 sowie die dort zugelassenen Arbeiten näher bestimmen,

2. über die Ausnahmen nach § 10 hinaus weitere Ausnahmen abweichend von § 9

   a) für Betriebe, in denen die Beschäftigung von Arbeitnehmern an Sonn- oder Feiertagen zur Befriedigung täglicher oder an diesen Tagen besonders hervortretender Bedürfnisse der Bevölkerung erforderlich ist,

   b) für Betriebe, in denen Arbeiten vorkommen, deren Unterbrechung oder Aufschub aa) nach dem Stand der Technik ihrer Art nach nicht oder nur mit erheblichen Schwierigkeiten möglich ist,

bb) besondere Gefahren für Leben oder Gesundheit der Arbeitnehmer zur Folge hätte,

cc) zu erheblichen Belastungen der Umwelt oder der Energie- oder Wasserversorgung führen würde,

c) aus Gründen des Gemeinwohls, insbesondere auch zur Sicherung der Beschäftigung, zulassen und die zum Schutz der Arbeitnehmer und der Sonn- und Feiertagsruhe notwendigen Bedingungen bestimmen.

(2) Soweit die Bundesregierung von der Ermächtigung des Absatzes 1 Nr. 2 Buchstabe a keinen Gebrauch gemacht hat, können die Landesregierungen durch Rechtsverordnung entsprechende Bestimmungen erlassen. Die Landesregierungen können diese Ermächtigung durch Rechtsverordnung auf oberste Landesbehörden übertragen.

(3) Die Aufsichtsbehörde kann

1. feststellen, ob eine Beschäftigung nach § 10 zulässig ist,

2. abweichend von § 9 bewilligen, Arbeitnehmer zu beschäftigen

a) im Handelsgewerbe an bis zu zehn Sonn- und Feiertagen im Jahr, an denen besondere Verhältnisse einen erweiterten Geschäftsverkehr erforderlich machen,

b) an bis zu fünf Sonn- und Feiertagen im Jahr, wenn besondere Verhältnisse zur Verhütung eines unverhältnismäßigen Schadens dies erfordern,

c) an einem Sonntag im Jahr zur Durchführung einer gesetzlich vorgeschriebenen Inventur, und Anordnungen über die Beschäftigungszeit unter Berück-

sichtigung der für den öffentlichen Gottesdienst bestimmten Zeit treffen.

(4) Die Aufsichtsbehörde soll abweichend von § 9 bewilligen, dass Arbeitnehmer an Sonn- und Feiertagen mit Arbeiten beschäftigt werden, die aus chemischen, biologischen, technischen oder physikalischen Gründen einen ununterbrochenen Fortgang auch an Sonn- und Feiertagen erfordern.

(5) Die Aufsichtsbehörde hat abweichend von § 9 die Beschäftigung von Arbeitnehmern an Sonn- und Feiertagen zu bewilligen, wenn bei einer weitgehenden Ausnutzung der gesetzlich zulässigen wöchentlichen Betriebszeiten und bei längeren Betriebszeiten im Ausland die Konkurrenzfähigkeit unzumutbar beeinträchtigt ist und durch die Genehmigung von Sonn- und Feiertagsarbeit die Beschäftigung gesichert werden kann.

### Vierter Abschnitt
### Ausnahmen in besonderen Fällen

### § 14 Außergewöhnliche Fälle

(1) Von den §§ 3 bis 5, 6 Abs. 2, §§ 7, 9 bis 11 darf abgewichen werden bei vorübergehenden Arbeiten in Notfällen und in außergewöhnlichen Fällen, die unabhängig vom Willen der Betroffenen eintreten und deren Folgen nicht auf andere Weise zu beseitigen sind, besonders wenn Rohstoffe oder Lebensmittel zu verderben oder Arbeitsergebnisse zu misslingen drohen.

(2) Von den §§ 3 bis 5, 6 Abs. 2, §§ 7, 11 Abs. 1 bis 3 und § 12 darf ferner abgewichen werden,

1. wenn eine verhältnismäßig geringe Zahl von Arbeitnehmern vorübergehend mit Arbeiten beschäftigt wird, deren Nichterledigung das Ergebnis der Arbeiten gefährden oder einen unverhältnismäßigen Schaden zur Folge haben würden,

2. bei Forschung und Lehre, bei unaufschiebbaren Vor- und Abschlussarbeiten sowie bei unaufschiebbaren Arbeiten zur Behandlung, Pflege und Betreuung von Personen oder zur Behandlung und Pflege von Tieren an einzelnen Tagen, wenn dem Arbeitgeber andere Vorkehrungen nicht zugemutet werden können.

(3) Wird von den Befugnissen nach den Absätzen 1 oder 2 Gebrauch gemacht, darf die Arbeitszeit 48 Stunden wöchentlich im Durchschnitt von sechs Kalendermonaten oder 24 Wochen nicht überschreiten.

### § 15 Bewilligung, Ermächtigung

(1) Die Aufsichtsbehörde kann

1. eine von den §§ 3, 6 Abs. 2 und § 11 Abs. 2 abweichende längere tägliche Arbeitszeit bewilligen

   a) für kontinuierliche Schichtbetriebe zur Erreichung zusätzlicher Freischichten,

   b) für Bau- und Montagestellen,

2. eine von den §§ 3, 6 Abs. 2 und § 11 Abs. 2 abweichende längere tägliche Arbeitszeit für Saison- und Kampagnebetriebe für die Zeit der Saison oder Kampagne bewilligen, wenn die Verlängerung der Arbeitszeit über acht Stunden werktäglich durch eine entsprechende Verkürzung der Arbeitszeit zu anderen Zeiten ausgeglichen wird,

3. eine von den §§ 5 und 11 Abs. 2 abweichende Dauer und Lage der Ruhezeit bei Arbeitsbereitschaft, Bereitschaftsdienst und Rufbereitschaft den Besonderheiten dieser Inanspruchnahmen im öffentlichen Dienst entsprechend bewilligen,

4. eine von den §§ 5 und 11 Abs. 2 abweichende Ruhezeit zur Herbeiführung eines regelmäßigen wöchentlichen Schichtwechsels zweimal innerhalb eines Zeitraums von drei Wochen bewilligen.

(2) Die Aufsichtsbehörde kann über die in diesem Gesetz vorgesehenen Ausnahmen hinaus weitergehende Ausnahmen zulassen, soweit sie im öffentlichen Interesse dringend nötig werden.

(3) Das Bundesministerium der Verteidigung kann in seinem Geschäftsbereich durch Rechtsverordnung mit Zustimmung des Bundesministeriums für Arbeit und Soziales aus zwingenden Gründen der Verteidigung Arbeitnehmer verpflichten, über die in diesem Gesetz und in den auf Grund dieses Gesetzes erlassenen Rechtsverordnungen und Tarifverträgen festgelegten Arbeitszeitgrenzen und -beschränkungen hinaus Arbeit zu leisten.

(3a) Das Bundesministerium der Verteidigung kann in seinem Geschäftsbereich durch Rechtsverordnung im Einvernehmen mit dem Bundesministerium für Arbeit und Soziales für besondere Tätigkeiten der Arbeitnehmer bei den Streitkräften Abweichungen von in diesem Gesetz sowie von in den auf Grund dieses Gesetzes erlassenen Rechtsverordnungen bestimmten Arbeitszeitgrenzen und -beschränkungen zulassen, soweit die Abweichungen aus zwingenden Gründen erforderlich sind und die größtmögliche Sicherheit und der bestmögliche Gesundheitsschutz der Arbeitnehmer gewährleistet werden.

(4) Werden Ausnahmen nach den Absätzen 1 oder 2 zugelassen, darf die Arbeitszeit 48 Stunden wöchentlich im Durchschnitt von sechs Kalendermonaten oder 24 Wochen nicht überschreiten.

### Fünfter Abschnitt
### Durchführung des Gesetzes

### § 16 Aushang und Arbeitszeitnachweise

(1) Der Arbeitgeber ist verpflichtet, einen Abdruck dieses Gesetzes, der auf Grund dieses Gesetzes erlassenen, für den Betrieb geltenden Rechtsverordnungen und der für den Betrieb

geltenden Tarifverträge und Betriebs- oder Dienstvereinbarungen im Sinne des § 7 Abs. 1 bis 3, §§ 12 und 21a Abs. 6 an geeigneter Stelle im Betrieb zur Einsichtnahme auszulegen oder auszuhängen.

(2) Der Arbeitgeber ist verpflichtet, die über die werktägliche Arbeitszeit des § 3 Satz 1 hinausgehende Arbeitszeit der Arbeitnehmer aufzuzeichnen und ein Verzeichnis der Arbeitnehmer zu führen, die in eine Verlängerung der Arbeitszeit gemäß § 7 Abs. 7 eingewilligt haben. Die Nachweise sind mindestens zwei Jahre aufzubewahren.

### § 17 Aufsichtsbehörde

(1) Die Einhaltung dieses Gesetzes und der auf Grund dieses Gesetzes erlassenen Rechtsverordnungen wird von den nach Landesrecht zuständigen Behörden (Aufsichtsbehörden) überwacht.

(2) Die Aufsichtsbehörde kann die erforderlichen Maßnahmen anordnen, die der Arbeitgeber zur Erfüllung der sich aus diesem Gesetz und den auf Grund dieses Gesetzes erlassenen Rechtsverordnungen ergebenden Pflichten zu treffen hat.

(3) Für den öffentlichen Dienst des Bundes sowie für die bundesunmittelbaren Körperschaften, Anstalten und Stiftungen des öffentlichen Rechts werden die Aufgaben und Befugnisse der Aufsichtsbehörde vom zuständigen Bundesministerium oder den von ihm bestimmten Stellen wahrgenommen; das gleiche gilt für die Befugnisse nach § 15 Abs. 1 und 2.

(4) Die Aufsichtsbehörde kann vom Arbeitgeber die für die Durchführung dieses Gesetzes und der auf Grund dieses Gesetzes erlassenen Rechtsverordnungen erforderlichen Auskünfte verlangen. Sie kann ferner vom Arbeitgeber verlangen, die Arbeitszeitnachweise und Tarifverträge oder Betriebs- oder Dienstvereinbarungen im Sinne des § 7 Abs. 1 bis 3, §§ 12 und 21a Abs. 6 vorzulegen oder zur Einsicht einzusenden.

(5) Die Beauftragen der Aufsichtsbehörde sind berechtigt, die Arbeitsstätten während der Betriebs- und Arbeitszeit zu betreten und zu besichtigen; außerhalb dieser Zeit oder wenn sich die Arbeitsstätten in einer Wohnung befinden, dürfen sie ohne Einverständnis des Inhabers nur zur Verhütung von dringenden Gefahren für die öffentliche Sicherheit und Ordnung betreten und besichtigt werden. Der Arbeitgeber hat das Betreten und Besichtigen der Arbeitsstätten zu gestatten. Das Grundrecht der Unverletzlichkeit der Wohnung (Artikel 13 des Grundgesetzes) wird insoweit eingeschränkt.

(6) Der zur Auskunft Verpflichtete kann die Auskunft auf solche Fragen verweigern, deren Beantwortung ihn selbst oder einen der in § 383 Abs. 1 Nr. 1 bis 3 der Zivilprozessordnung bezeichneten Angehörigen der Gefahr strafgerichtlicher Verfolgung oder eines Verfahrens nach dem Gesetz über Ordnungswidrigkeiten aussetzen würde.

### Sechster Abschnitt
### Sonderregelungen

### § 18 Nichtanwendung des Gesetzes

(1) Dieses Gesetz ist nicht anzuwenden auf

1. leitende Angestellte im Sinne des § 5 Abs. 3 des Betriebsverfassungsgesetzes sowie Chefärzte,

2. Leiter von öffentlichen Dienststellen und deren Vertreter sowie Arbeitnehmer im öffentlichen Dienst, die zu selbständigen Entscheidungen in Personalangelegenheiten befugt sind,

3. Arbeitnehmer, die in häuslicher Gemeinschaft mit den ihnen anvertrauten Personen zusammenleben und sie eigenverantwortlich erziehen, pflegen oder betreuen,

4. den liturgischen Bereich der Kirchen und der Religionsgemeinschaften.

(2) Für die Beschäftigung von Personen unter 18 Jahren gilt anstelle dieses Gesetzes das Jugendarbeitsschutzgesetz.

(3) Für die Beschäftigung von Arbeitnehmern auf Kauffahrteischiffen als Besatzungsmitglieder im Sinne des § 3 des Seemannsgesetzes gilt anstelle dieses Gesetzes das Seemannsgesetz.

(4) aufgehoben

### § 19 Beschäftigung im öffentlichen Dienst

Bei der Wahrnehmung hoheitlicher Aufgaben im öffentlichen Dienst können, soweit keine tarifvertragliche Regelung besteht, durch die zuständige Dienstbehörde die für Beamte geltenden Bestimmungen über die Arbeitszeit auf die Arbeitnehmer übertragen werden; insoweit finden die §§ 3 bis 13 keine Anwendung.

### § 20 Beschäftigung in der Luftfahrt

Für die Beschäftigung von Arbeitnehmern als Besatzungsmitglieder von Luftfahrzeugen gelten anstelle der Vorschriften dieses Gesetzes über Arbeits- und Ruhezeiten die Vorschriften über Flug-, Flugdienst- und Ruhezeiten der Zweiten Durchführungsverordnung zur Betriebsordnung für Luftfahrtgerät in der jeweils geltenden Fassung.

### § 21 Beschäftigung in der Binnenschifffahrt

Die Vorschriften dieses Gesetzes gelten für die Beschäftigung von Fahrpersonal in der Binnenschiffahrt, soweit die Vorschriften über Ruhezeiten der Binnenschiffsuntersuchungsordnung in der jeweils geltenden Fassung dem nicht entgegenstehen. Sie können durch Tarifvertrag der Eigenart der Binnenschifffahrt angepasst werden.

### § 21a Beschäftigung im Straßentransport

(1) Für die Beschäftigung von Arbeitnehmern als Fahrer oder Beifahrer bei Straßenverkehrstätigkeiten im Sinne der Verordnung (EG) Nr. 561/2006 des Europäischen Parlaments und des Rates vom 15. März 2006 zur Harmonisierung bestimmter Sozialvorschriften im Straßenverkehr und zur Änderung der Verordnungen (EWG) Nr. 3821/85 und (EG) Nr. 2135/98 des Rates sowie zur Aufhebung der Verordnung (EWG) Nr. 3820/85 des Rates (ABl. EG Nr. L 102 S. 1) oder des Europäischen Übereinkommens über die Arbeit des im internationalen Straßenverkehr beschäftigten Fahrpersonals (AETR) vom 1. Juli 1970 (BGBl. II 1974 S. 1473) in ihren jeweiligen Fassungen gelten die Vorschriften dieses Gesetzes, soweit nicht die folgenden Absätze abweichende Regelungen enthalten. Die Vorschriften der Verordnung (EG) Nr. 561/2006 und des AETR bleiben unberührt.

(2) Eine Woche im Sinne dieser Vorschriften ist der Zeitraum von Montag 0 Uhr bis Sonntag 24 Uhr.

(3) Abweichend von § 2 Abs. 1 ist keine Arbeitszeit:

1. die Zeit, während derer sich ein Arbeitnehmer am Arbeitsplatz bereithalten muss, um seine Tätigkeit aufzunehmen,

2. die Zeit, während derer sich ein Arbeitnehmer bereithalten muss, um seine Tätigkeit auf Anweisung aufnehmen zu können, ohne sich an seinem Arbeitsplatz aufhalten zu müssen;

3. für Arbeitnehmer, die sich beim Fahren abwechseln, die während der Fahrt neben dem Fahrer oder in einer Schlafkabine verbrachte Zeit.

Für die Zeiten nach Satz 1 Nr. 1 und 2 gilt dies nur, wenn der Zeitraum und dessen voraussichtliche Dauer im Voraus, spätestens unmittelbar vor Beginn des betreffenden Zeitraums bekannt ist. Die in Satz 1 genannten Zeiten sind keine Ruhezeiten. Die in Satz 1 Nr. 1 und 2 genannten Zeiten sind keine Ruhepausen.

(4) Die Arbeitszeit darf 48 Stunden wöchentlich nicht überschreiten. Sie kann auf bis zu 60 Stunden verlängert werden, wenn innerhalb von

vier Kalendermonaten oder 16 Wochen im Durchschnitt 48 Stunden wöchentlich nicht überschritten werden.

(5) Die Ruhezeiten bestimmen sich nach den Vorschriften der Europäischen Gemeinschaften für Kraftfahrer und Beifahrer sowie nach dem AETR. Dies gilt auch für Auszubildende und Praktikanten.

(6) In einem Tarifvertrag oder auf Grund eines Tarifvertrags in einer Betriebs- oder Dienstvereinbarung kann zugelassen werden,

1. nähere Einzelheiten zu den in Absatz 3 Satz 1 Nr. 1, 2 und Satz 2 genannten Voraussetzungen zu regeln,

2. abweichend von Absatz 4 sowie den §§ 3 und 6 Abs. 2 die Arbeitszeit festzulegen, wenn objektive, technische oder arbeitszeitorganisatorische Gründe vorliegen. Dabei darf die Arbeitszeit 48 Stunden wöchentlich im Durchschnitt von sechs Kalendermonaten nicht überschreiten.

§ 7 Abs. 1 Nr. 2 und Abs. 2a gilt nicht. § 7 Abs. 3 gilt entsprechend.

(7) Der Arbeitgeber ist verpflichtet, die Arbeitszeit der Arbeitnehmer aufzuzeichnen. Die Aufzeichnungen sind mindestens zwei Jahre aufzubewahren. Der Arbeitgeber hat dem Arbeitnehmer auf Verlangen eine Kopie der Aufzeichnungen seiner Arbeitszeit auszuhändigen.

(8) Zur Berechnung der Arbeitszeit fordert der Arbeitgeber den Arbeitnehmer schriftlich auf, ihm eine Aufstellung der bei einem anderen Arbeitgeber geleisteten Arbeitszeit vorzulegen. Der Arbeitnehmer legt diese Angaben schriftlich vor."

### Siebter Abschnitt
### Straf- und Bußgeldvorschriften

### § 22 Bußgeldvorschriften

(1) Ordnungswidrig handelt, wer als Arbeitgeber vorsätzlich oder fahrlässig

1. entgegen §§ 3, 6 Abs. 2 oder § 21a Abs. 4, jeweils auch in Verbindung mit § 11 Abs. 2, einen Arbeitnehmer über die Grenzen der Arbeitszeit hinaus beschäftigt,

2. entgegen § 4 Ruhepausen nicht, nicht mit der vorgeschriebenen Mindestdauer oder nicht rechtzeitig gewährt,

3. entgegen § 5 Abs. 1 die Mindestruhezeit nicht gewährt oder entgegen § 5 Abs. 2 die Verkürzung der Ruhezeit durch Verlängerung einer anderen Ruhezeit nicht oder nicht rechtzeitig ausgleicht,

4. einer Rechtsverordnung nach § 8 Satz 1, § 13 Abs. 1 oder 2 oder § 24 zuwiderhandelt, soweit sie für einen bestimmten Tatbestand auf diese Bußgeldvorschrift verweist,

5. entgegen § 9 Abs. 1 einen Arbeitnehmer an Sonn- oder Feiertagen beschäftigt,

6. entgegen § 11 Abs. 1 einen Arbeitnehmer an allen Sonntagen beschäftigt oder entgegen § 11 Abs. 3 einen Ersatzruhetag nicht oder nicht rechtzeitig gewährt,

7. einer vollziehbaren Anordnung nach § 13 Abs. 3 Nr. 2 zuwiderhandelt,

8. entgegen § 16 Abs. 1 die dort bezeichnete Auslage oder den dort bezeichneten Aushang nicht vornimmt,

9. entgegen § 16 Abs. 2 oder § 21a Abs. 7 Aufzeichnungen nicht oder nicht richtig erstellt oder nicht für die vorgeschriebene Dauer aufbewahrt oder

10. entgegen § 17 Abs. 4 eine Auskunft nicht, nicht richtig oder nicht vollständig erteilt, Unterlagen nicht oder nicht vollständig vorlegt oder nicht einsendet oder entgegen § 17 Abs. 5 Satz 2 eine Maßnahme nicht gestattet.

(2) Die Ordnungswidrigkeit kann in den Fällen des Absatzes 1 Nr. 1 bis 7, 9 und 10 mit einer Geldbuße bis zu fünfzehntausend Euro, in den Fällen des Absatzes 1 Nr. 8 mit einer Geldbuße

bis zu zweitausendfünfhundert Euro geahndet werden.

### § 23 Strafvorschriften

(1) Wer eine der in § 22 Abs. 1 Nr. 1 bis 3, 5 bis 7 bezeichneten Handlungen

1. vorsätzlich begeht und dadurch Gesundheit oder Arbeitskraft eines Arbeitnehmers gefährdet oder

2. beharrlich wiederholt, wird mit Freiheitsstrafe bis zu einem Jahr oder mit Geldstrafe bestraft.

(2) Wer in den Fällen des Absatzes 1 Nr. 1 die Gefahr fahrlässig verursacht, wird mit Freiheitsstrafe bis zu sechs Monaten oder mit Geldstrafe bis zu 180 Tagessätzen bestraft.

durch Tarifvertrag zugelassene Betriebsvereinbarungen sowie Regelungen nach § 7 Abs. 4 gleich.

### Achter Abschnitt
### Schlussvorschriften

### § 24 Umsetzung von zwischenstaatlichen Vereinbarungen und Rechtsakten der EG

Die Bundesregierung kann mit Zustimmung des Bundesrates zur Erfüllung von Verpflichtungen aus zwischenstaatlichen Vereinbarungen oder zur Umsetzung von Rechtsakten des Rates oder der Kommission der Europäischen Gemeinschaften, die Sachbereiche dieses Gesetzes betreffen, Rechtsverordnungen nach diesem Gesetz erlassen.

### § 25 Übergangsvorschriften für Tarifverträge

Enthält ein bei Inkrafttreten dieses Gesetzes bestehender oder nachwirkender Tarifvertrag abweichende Regelungen nach § 7 Abs. 1 oder 2 oder § 12 Satz 1, die den in diesen Vorschriften festgelegten Höchstrahmen überschreiten, bleiben diese tarifvertraglichen Bestimmungen bis zum 31. Dezember 2006 unberührt. Tarifverträgen nach Satz 1 stehen

# Bürgerliches Gesetzbuch

## (BGB)

Neugefasst durch Bekanntmachung vom 2. Januar 2002
(BGBl. I S. 42, 2909; 2003 I S. 738)

Zuletzt geändert durch
Art. 1 des Gesetzes vom 20. Dezember 2012
(BGBl. I S. 2749)

Auszug:

## § 612 Vergütung

(1) Eine Vergütung gilt als stillschweigend vereinbart, wenn die Dienstleistung den Umständen nach nur gegen eine Vergütung zu erwarten ist.

(2) Ist die Höhe der Vergütung nicht bestimmt, so ist bei dem Bestehen einer Taxe die taxmäßige Vergütung, in Ermangelung einer Taxe die übliche Vergütung als vereinbart anzusehen.

(3) (weggefallen)

## § 612a Maßregelungsverbot

Der Arbeitgeber darf einen Arbeitnehmer bei einer Vereinbarung oder einer Maßnahme nicht benachteiligen, weil der Arbeitnehmer in zulässiger Weise seine Rechte ausübt.

### Hinweis zu §§ 612, 612a BGB

In Betrieben, in denen in der Regel mehr als fünf Arbeitnehmer beschäftigt sind, ist ein Abdruck der §§ 612, 612a des Bürgerlichen Gesetzbuches sowie des § 61b des Arbeitsgerichtsgesetzes an geeigneter Stelle zur Einsicht auszulegen oder auszuhändigen (siehe Art. 9 des 2. GleiBG vom 14. Juni 1994, BGBl. I S. 1406 und § 12 AGG).

Die §§ 611a, 611b und 612 Abs. 3 des Bürgerlichen Gesetzbuchs in der Fassung der Bekanntmachung vom 2. Januar 2002 (BGBl. I S. 42, 2909; 2003 I S. 738), das zuletzt durch Art. 2 Abs. 1 des Gesetzes vom 25.06.2009 (BGBl. I S. 1574) geändert worden ist, wurden aufgehoben.

# Gesetz zum Schutz der arbeitenden Jugend

### (Jugendarbeitsschutzgesetz – JArbSchG)

**Vom 12. April 1976
(BGBl. I S. 965, 1976)**

**Zuletzt geändert durch Art. 15 des Gesetzes
vom 7. Dezember 2011
(BGBl. I S. 2592)**

## Erster Abschnitt
### Allgemeine Vorschriften

### § 1 Geltungsbereich

(1) Dieses Gesetz gilt für die Beschäftigung von Personen, die noch nicht 18 Jahre alt sind,

1. in der Berufsausbildung,

2. als Arbeitnehmer oder Heimarbeiter,

3. mit sonstigen Dienstleistungen, die der Arbeitsleistung von Arbeitnehmern oder Heimarbeitern ähnlich sind,

4. in einem der Berufsausbildung ähnlichen Ausbildungsverhältnis.

(2) Dieses Gesetz gilt nicht

1. für geringfügige Hilfeleistungen, soweit sie gelegentlich

   a) aus Gefälligkeit

   b) auf Grund familienrechtlicher Vorschriften

   c) in Einrichtungen der Jugendhilfe

   d) in Einrichtungen zur Eingliederung Behinderter

   erbracht werden,

2. für die Beschäftigung durch die Personensorgeberechtigten im Familienhaushalt.

### § 2 Kind, Jugendlicher

(1) Kind im Sinne dieses Gesetzes ist, wer noch nicht 15 Jahre alt ist.

(2) Jugendlicher im Sinne dieses Gesetzes ist, wer 15, aber noch nicht 18 Jahre alt ist.

(3) Auf Jugendliche, die der Vollzeitschulpflicht unterliegen, finden die für Kinder geltenden Vorschriften Anwendung.

### § 3 Arbeitgeber

Arbeitgeber im Sinne dieses Gesetzes ist, wer ein Kind oder einen Jugendlichen gemäß § 1 beschäftigt.

### § 4 Arbeitszeit

(1) Tägliche Arbeitszeit ist die Zeit vom Beginn bis zum Ende der täglichen Beschäftigung ohne die Ruhepausen (§ 11).

(2) Schichtzeit ist die tägliche Arbeitszeit unter Hinzurechnung der Ruhepausen (§ 11).

(3) Im Bergbau unter Tage gilt die Schichtzeit als Arbeitszeit. Sie wird gerechnet vom Betreten des Förderkorbes bei der Einfahrt bis zum Verlassen des Förderkorbes bei der Ausfahrt oder vom Eintritt des einzelnen Beschäftigten in das Stollenmundloch bis zu seinem Wiederaustritt.

(4) Für die Berechnung der wöchentlichen Arbeitszeit ist als Woche die Zeit von Montag bis einschließlich Sonntag zugrunde zu legen. Die Arbeitszeit, die an einem Werktag infolge eines gesetzlichen Feiertags ausfällt, wird auf die wöchentliche Arbeitszeit angerechnet.

(5) Wird ein Kind oder Jugendlicher von mehreren Arbeitgebern beschäftigt, so werden die Arbeits- und Schichtzeiten sowie die Arbeitstage zusammengerechnet.

## Zweiter Abschnitt
### Beschäftigung von Kindern

### § 5 Verbot der Beschäftigung von Kindern

(1) Die Beschäftigung von Kindern (§ 2 Abs. 1) ist verboten.

(2) Das Verbot des Absatzes 1 gilt nicht für die Beschäftigung von Kindern

1. zum Zwecke der Beschäftigungs- und Arbeitstherapie,

2. im Rahmen des Betriebspraktikums während der Vollzeitschulpflicht,

3. in Erfüllung einer richterlichen Weisung.

Auf die Beschäftigung finden § 7 Satz 1 Nr. 2 und die §§ 9 bis 46 entsprechende Anwendung.

(3) Das Verbot des Absatzes 1 gilt ferner nicht für die Beschäftigung von Kindern über 13 Jahre mit Einwilligung des Personensorgeberechtigten, soweit die Beschäftigung leicht und für Kinder geeignet ist. Die Beschäftigung ist leicht, wenn sie auf Grund ihrer Beschaffenheit und der besonderen Bedingungen, unter denen sie ausgeführt wird,

1. die Sicherheit, Gesundheit und Entwicklung der Kinder,

2. ihren Schulbesuch, ihre Beteiligung an Maßnahmen zur Berufswahlvorbereitung oder Berufsausbildung, die von der zuständigen Stelle anerkannt sind, und

3. ihre Fähigkeit, dem Unterricht mit Nutzen zu folgen,

nicht nachteilig beeinflußt. Die Kinder dürfen nicht mehr als zwei Stunden täglich, in landwirtschaftlichen Familienbetrieben nicht mehr als drei Stunden täglich, nicht zwischen 18 und 8 Uhr, nicht vor dem Schulunterricht und nicht während des Schulunterrichts beschäftigt werden. Auf die Beschäftigung finden die §§ 15 bis 31 entsprechende Anwendung.

(4) Das Verbot des Absatzes 1 gilt ferner nicht für die Beschäftigung von Jugendlichen (§ 2 Abs. 3) während der Schulferien für höchstens vier Wochen im Kalenderjahr. Auf die Beschäftigung finden die §§ 8 bis 31 entsprechende Anwendung.

(4a) Die Bundesregierung hat durch Rechtsverordnung mit Zustimmung des Bundesrates die Beschäftigung nach Absatz 3 näher zu bestimmen.

(4b) Der Arbeitgeber unterrichtet die Personensorgeberechtigten der von ihm beschäftigten Kinder über mögliche Gefahren sowie über alle zu ihrer Sicherheit und ihrem Gesundheitsschutz getroffenen Maßnahmen.

(5) Für Veranstaltungen kann die Aufsichtsbehörde Ausnahmen gemäß § 6 bewilligen.

## § 6 Behördliche Ausnahmen für Veranstaltungen

(1) Die Aufsichtsbehörde kann auf Antrag bewilligen, daß

1. bei Theatervorstellungen Kinder über sechs Jahre bis zu vier Stunden täglich in der Zeit von 10 bis 23 Uhr,

2. bei Musikaufführungen und anderen Aufführungen, bei Werbeveranstaltungen sowie bei Aufnahmen im Rundfunk (Hörfunk und Fernsehen), auf Ton- und Bildträger sowie bei Film- und Fotoaufnahmen

   a) Kinder über drei bis sechs Jahre bis zu zwei Stunden täglich in der Zeit von 8 bis 17 Uhr,

   b) Kinder über sechs Jahre bis zu drei Stunden täglich in der Zeit von 8 bis 22 Uhr

gestaltend mitwirken und an den erforderlichen Proben teilnehmen. Eine Ausnahme darf nicht bewilligt werden für die Mitwirkung in Kabaretts, Tanzlokalen und ähnlichen Betrieben sowie auf Vergnügungsparks, Kirmessen, Jahrmärkten und bei ähnlichen Veranstaltungen, Schaustellungen oder Darbietungen.

(2) Die Aufsichtsbehörde darf nach Anhörung des zuständigen Jugendamtes die Beschäftigung nur bewilligen, wenn

1. die Personensorgeberechtigten in die Beschäftigung schriftlich eingewilligt haben,

2. der Aufsichtsbehörde eine nicht länger als vor drei Monaten ausgestellte ärztliche Bescheinigung vorgelegt wird, nach der gesundheitliche Bedenken gegen die Beschäftigung nicht bestehen,

3. die erforderlichen Vorkehrungen und Maßnahmen zum Schutze des Kindes gegen Gefahren für Leben und Gesundheit sowie zur Vermeidung einer Beeinträchtigung der körperlichen oder seelisch-geistigen Entwicklung getroffen sind,

4. Betreuung und Beaufsichtigung des Kindes bei der Beschäftigung sichergestellt sind,

5. nach Beendigung der Beschäftigung eine ununterbrochene Freizeit von mindestens 14 Stunden eingehalten wird,

6. das Fortkommen in der Schule nicht beeinträchtigt wird.

(3) Die Aufsichtsbehörde bestimmt,

1. wie lange, zu welcher Zeit und an welchem Tage das Kind beschäftigt werden darf,

2. Dauer und Lage der Ruhepausen,

3. die Höchstdauer des täglichen Aufenthaltes an der Beschäftigungsstätte.

(4) Die Entscheidung der Aufsichtsbehörde ist dem Arbeitgeber schriftlich bekanntzugeben. Er darf das Kind erst nach Empfang des Bewilligungsbescheides beschäftigen.

### § 7 Beschäftigung von nicht vollzeitschulpflichtigen Kindern

Kinder, die der Vollzeitschulpflicht nicht mehr unterliegen, dürfen

1. im Berufsausbildungsverhältnis,

2. außerhalb eines Berufsausbildungsverhältnisses nur mit leichten und für sie geeigneten Tätigkeiten bis zu sieben Stunden täglich und 35 Stunden wöchentlich

beschäftigt werden. Auf die Beschäftigung finden die §§ 8 bis 46 entsprechende Anwendung.

### Dritter Abschnitt
### Beschäftigung Jugendlicher

### Erster Titel
### Arbeitszeit und Freizeit

### § 8 Dauer der Arbeitszeit

(1) Jugendliche dürfen nicht mehr als acht Stunden täglich und nicht mehr als 40 Stunden wöchentlich beschäftigt werden.

(2) Wenn in Verbindung mit Feiertagen an Werktagen nicht gearbeitet wird, damit die Beschäftigten eine längere zusammenhängende Freizeit haben, so darf die ausfallende Arbeitszeit auf die Werktage von fünf zusammenhängenden, die Ausfalltage einschließenden Wochen nur dergestalt verteilt werden, dass die Wochenarbeitszeit im Durchschnitt dieser fünf Wochen 40 Stunden nicht überschreitet. Die tägliche Arbeitszeit darf hierbei achteinhalb Stunden nicht überschreiten.

(2a) Wenn an einzelnen Werktagen die Arbeitszeit auf weniger als 8 Stunden verkürzt ist, können Jugendliche an den übrigen Werktagen derselben Woche achteinhalb Stunden beschäftigt werden.

(3) In der Landwirtschaft dürfen Jugendliche über 16 Jahre während der Erntezeit nicht mehr als neun Stunden täglich und nicht mehr als 85 Stunden in der Doppelwoche beschäftigt werden.

### § 9 Berufsschule

(1) Der Arbeitgeber hat den Jugendlichen für die Teilnahme am Berufsschulunterricht freizustellen. Er darf den Jugendlichen nicht beschäftigen

1. vor einem vor 9 Uhr beginnenden Unterricht; dies gilt auch für Personen, die über 18 Jahre alt und noch berufsschulpflichtig sind,

2. an einem Berufsschultag mit mehr als fünf Unterrichtsstunden von mindestens je 45 Minuten, einmal in der Woche,

3. in Berufsschulwochen mit einem planmäßigen Blockunterricht von mindestens 25 Stunden an mindestens fünf Tagen; zusätzliche betriebliche Ausbildungsveranstaltungen bis zu zwei Stunden wöchentlich sind zulässig.

(2) Auf die Arbeitszeit werden angerechnet

1. Berufsschultage nach Absatz 1 Nr. 2 mit acht Stunden,

2. Berufsschulwochen nach Absatz 1 Nr. 3 mit 40 Stunden,

3. im übrigen die Unterrichtszeit einschließlich der Pausen.

(3) Ein Entgeltausfall darf durch den Besuch der Berufsschule nicht eintreten.

(4) (weggefallen)

### § 10 Prüfungen und außerbetriebliche Ausbildungsmaßnahmen

(1) Der Arbeitgeber hat den Jugendlichen

1. für die Teilnahme an Prüfungen und Ausbildungsmaßnahmen, die auf Grund öffentlich-rechtlicher oder vertraglicher Bestimmungen außerhalb der Ausbildungsstätte durchzuführen sind,

2. an dem Arbeitstag, der der schriftlichen Abschlussprüfung unmittelbar vorangeht,

freizustellen.

(2) Auf die Arbeitszeit werden angerechnet

1. die Freistellung nach Absatz 1 Nr. 1 mit der Zeit der Teilnahme einschließlich der Pausen,

2. die Freistellung nach Absatz 1 Nr. 2 mit acht Stunden.

Ein Entgeltausfall darf nicht eintreten.

### § 11  Ruhepausen, Aufenthaltsräume

(1) Jugendlichen müssen im voraus feststehende Ruhepausen von angemessener Dauer gewährt werden. Die Ruhepausen müssen mindestens betragen

1. 30 Minuten bei einer Arbeitszeit von mehr als viereinhalb bis zu sechs Stunden,

2. 60 Minuten bei einer Arbeitszeit von mehr als sechs Stunden.

Als Ruhepause gilt nur eine Arbeitsunterbrechung von mindestens 15 Minuten.

(2) Die Ruhepausen müssen in angemessener zeitlicher Lage gewährt werden, frühestens eine Stunde nach Beginn und spätestens eine Stunde vor Ende der Arbeitszeit. Länger als viereinhalb Stunden hintereinander dürfen Jugendliche nicht ohne Ruhepause beschäftigt werden.

(3) Der Aufenthalt während der Ruhepausen in Arbeitsräumen darf den Jugendlichen nur gestattet werden, wenn die Arbeit in diesen Räumen während dieser Zeit eingestellt ist und auch sonst die notwendige Erholung nicht beeinträchtigt wird.

(4) Abs. 3 gilt nicht für den Bergbau unter Tage.

### § 12  Schichtzeit

Bei der Beschäftigung Jugendlicher darf die Schichtzeit (§ 4 Abs. 2) 10 Stunden, im Bergbau unter Tage 8 Stunden, im Gaststättengewerbe, in der Landwirtschaft, in der Tierhaltung, auf Bau- und Montagestellen 11 Stunden nicht überschreiten.

### § 13  Tägliche Freizeit

Nach Beendigung der täglichen Arbeitszeit dürfen Jugendliche nicht vor Ablauf einer ununterbrochenen Freizeit von mindestens 12 Stunden beschäftigt werden.

### § 14  Nachtruhe

(1) Jugendliche dürfen nur in der Zeit von 6 bis 20 Uhr beschäftigt werden.

(2) Jugendliche über 16 Jahre dürfen

1. im Gaststätten- und Schaustellergewerbe bis 22 Uhr,

2. in mehrschichtigen Betrieben bis 23 Uhr,

3. in der Landwirtschaft ab 5 Uhr oder bis 21 Uhr,

4. in Bäckereien und Konditoreien ab 5 Uhr

beschäftigt werden.

(3) Jugendliche über 17 Jahre dürfen in Bäckereien ab 4 Uhr beschäftigt werden.

(4) An dem einem Berufsschultag unmittelbar vorangehenden Tag dürfen Jugendliche auch nach Abs. 2 Nr. 1 bis 3 nicht nach 20 Uhr beschäftigt werden, wenn der Berufsschulunterricht am Berufsschultag vor 9 Uhr beginnt.

(5) Nach vorheriger Anzeige an die Aufsichtsbehörde dürfen in Betrieben, in denen die übliche Arbeitszeit aus verkehrstechnischen Gründen nach 20 Uhr endet, Jugendliche bis 21 Uhr beschäftigt werden, soweit sie hierdurch unnötige Wartezeiten vermeiden können. Nach vorheriger Anzeige an die Aufsichtsbehörde dürfen ferner in mehrschichtigen Betrieben Jugendliche über 16 Jahren ab 5.30 Uhr oder bis 23.30 Uhr beschäftigt werden, soweit sie hierdurch unnötige Wartezeiten vermeiden können.

(6) Jugendliche dürfen in Betrieben, in denen die Beschäftigten in außergewöhnlichem Grade der Einwirkung von Hitze ausgesetzt sind, in der warmen Jahreszeit ab 5 Uhr beschäftigt werden. Die Jugendlichen sind berechtigt, sich vor Beginn der Beschäftigung und danach in regelmäßigen Zeitabständen arbeitsmedizinisch untersuchen zu lassen. Die Kosten der Untersuchungen hat der Arbeitgeber zu tragen, sofern er diese nicht kostenlos durch einen Betriebsarzt oder einen überbetrieblichen Dienst von Betriebsärzten anbietet.

(7) Jugendliche dürfen bei Musikaufführungen, Theatervorstellungen und anderen Aufführungen, bei Aufnahmen im Rundfunk (Hörfunk und Fernsehen), auf Ton- und Bildträger sowie bei Film- und Fotoaufnahmen bis 23 Uhr gestaltend mitwirken. Eine Mitwirkung ist nicht zulässig bei Veranstaltungen, Schaustellungen oder Darbietungen, bei denen die Anwesenheit Jugendlicher nach den Vorschriften des Jugendschutzgesetzes verboten ist. Nach Beendigung der Tätigkeit dürfen Jugendliche nicht vor Ablauf einer ununterbrochenen Freizeit von mindestens 14 Stunden beschäftigt werden.

## § 15  Fünf-Tage-Woche

Jugendliche dürfen nur an fünf Tagen in der Woche beschäftigt werden. Die beiden wöchentlichen Ruhetage sollen nach Möglichkeit aufeinander folgen.

## § 16  Samstagsruhe

(1) An Samstagen dürfen Jugendliche nicht beschäftigt werden.

(2) Zulässig ist die Beschäftigung Jugendlicher an Samstagen nur

1. in Krankenanstalten sowie Alten-, Pflege- und Kinderheimen,

2. in offenen Verkaufsstellen, in Betrieben mit offenen Verkaufsstellen, in Bäckereien und Konditoreien, im Friseurhandwerk und im Marktverkehr,

3. im Verkehrswesen,

4. in der Landwirtschaft und Tierhaltung,

5. im Familienhaushalt,

6. im Gaststätten- und Schaustellergewerbe,

7. bei Musikaufführungen, Theatervorstellungen und anderen Aufführungen, bei Aufnahmen im Rundfunk (Hörfunk und Fernsehen), auf Ton- und Bildträger sowie bei Film- und Fotoaufnahmen,

8. bei außerbetrieblichen Ausbildungsmaßnahmen,

9. beim Sport,

10. im ärztlichen Notdienst,

11. in Reparaturwerkstätten für Kraftfahrzeuge.

Mindestens zwei Samstage im Monat sollen beschäftigungsfrei bleiben.

(3) Werden Jugendliche am Samstag beschäftigt, ist ihnen die Fünf-Tage-Woche (§ 15) durch Freistellung an einem anderen berufsschulfreien Arbeitstag derselben Woche sicherzustellen. In Betrieben mit einem Betriebsruhetag in der Woche kann die Freistellung auch an

diesem Tage erfolgen, wenn die Jugendlichen an diesem Tage keinen Berufsschulunterricht haben.

(4) Können Jugendliche in den Fällen des Absatzes 2 Nr. 2 am Samstag nicht acht Stunden beschäftigt werden, kann der Unterschied zwischen der tatsächlichen und der nach § 8 Abs. 1 höchstzulässigen Arbeitszeit an dem Tage bis 13 Uhr ausgeglichen werden, an dem die Jugendlichen nach Absatz 3 Satz 1 freizustellen sind.

## § 17 Sonntagsruhe

(1) An Sonntagen dürfen Jugendliche nicht beschäftigt werden.

(2) Zulässig ist die Beschäftigung Jugendlicher an Sonntagen nur

1. in Krankenanstalten sowie Alten-, Pflege- und Kinderheimen,

2. in der Landwirtschaft und Tierhaltung mit Arbeiten, die auch an Sonn- und Feiertagen naturnotwendig vorgenommen werden müssen,

3. im Familienhaushalt, wenn der Jugendliche in die häusliche Gemeinschaft aufgenommen ist,

4. im Schaustellergewerbe,

5. bei Musikaufführungen, Theatervorstellungen und anderen Aufführungen sowie bei Direktsendungen im Rundfunk (Hörfunk und Fernsehen),

6. beim Sport,

7. im ärztlichen Notdienst,

8. im Gaststättengewerbe.

Jeder zweite Sonntag soll, mindestens zwei Sonntage im Monat müssen beschäftigungsfrei bleiben.

(3) Werden Jugendliche am Sonntag beschäftigt, ist ihnen die Fünf-Tage-Woche (§ 15) durch Freistellung an einem anderen berufsschulfreien Arbeitstag derselben Woche sicherzustellen. In Betrieben mit einem Betriebsruhetag in der Woche kann die Freistellung auch an diesem Tag erfolgen, wenn die Jugendlichen an diesem Tage keinen Berufsschulunterricht haben.

## § 18 Feiertagsruhe

(1) Am 24. und 31. Dezember nach 14 Uhr und an gesetzlichen Feiertagen dürfen Jugendliche nicht beschäftigt werden.

(2) Zulässig ist die Beschäftigung Jugendlicher an gesetzlichen Feiertagen in den Fällen des § 17 Abs. 2, ausgenommen am 25. Dezember, am 1. Januar, am ersten Osterfeiertag und am 1. Mai.

(3) Für die Beschäftigung an einem gesetzlichen Feiertag, der auf einen Werktag fällt, ist der Jugendliche an einem anderen berufsschulfreien Arbeitstag derselben oder der folgenden Woche freizustellen. In Betrieben mit einem Betriebsruhetag in der Woche kann die Freistellung auch an diesem Tag erfolgen, wenn die Jugendlichen an diesem Tag keinen Berufsschulunterricht haben.

## § 19 Urlaub

(1) Der Arbeitgeber hat Jugendlichen für jedes Kalenderjahr einen bezahlten Erholungsurlaub zu gewähren.

(2) Der Urlaub beträgt jährlich

1. mindestens 30 Werktage, wenn der Jugendliche zu Beginn des Kalenderjahres noch nicht 16 Jahre alt ist,

2. mindestens 27 Werktage, wenn der Jugendliche zu Beginn des Kalenderjahres noch nicht 17 Jahre alt ist,

3. mindestens 25 Werktage, wenn der Jugendliche zu Beginn des Kalenderjahres noch nicht 18 Jahre alt ist.

Jugendliche, die im Bergbau unter Tage beschäftigt werden, erhalten in jeder Altersgruppe einen zusätzlichen Urlaub von drei Werktagen.

(3) Der Urlaub soll Berufsschülern in der Zeit der Berufsschulferien gegeben werden. Soweit er nicht in den Berufsschulferien gegeben wird, ist für jeden Berufsschultag, an dem die Berufsschule während des Urlaubs besucht wird, ein weiterer Urlaubstag zu gewähren.

(4) Im Übrigen gelten für den Urlaub der Jugendlichen § 3 Abs. 2, §§ 4 bis 12 und § 13 Abs. 3 des Bundesurlaubsgesetzes. Der Auftraggeber oder Zwischenmeister hat jedoch abweichend von § 12 Nr. 1 des Bundesurlaubsgesetzes den jugendlichen Heimarbeitern für jedes Kalenderjahr einen bezahlten Erholungsurlaub entsprechend Absatz 2 zu gewähren; das Urlaubsentgelt der jugendlichen Heimarbeiter beträgt bei einem Urlaub von 30 Werktagen 11,6 vom Hundert, bei einem Urlaub von 27 Werktagen 10,3 vom Hundert und bei einem Urlaub von 25 Werktagen 9,5 vom Hundert.

## § 20 Binnenschifffahrt

In der Binnenschifffahrt gelten folgende Abweichungen:

1. Abweichend von § 12 darf die Schichtzeit Jugendlicher über 16 Jahre während der Fahrt bis auf 14 Stunden täglich ausgedehnt werden, wenn ihre Arbeitszeit sechs Stunden täglich nicht überschreitet. Ihre tägliche Freizeit kann abweichend von § 13 der Ausdehnung der Schichtzeit entsprechend bis auf 10 Stunden verkürzt werden.

2. Abweichend von § 14 Abs. 1 dürfen Jugendliche über 16 Jahre während der Fahrt bis 22 Uhr beschäftigt werden.

3. Abweichend von §§ 15, 16 Abs. 1, § 17 Abs. 1 und § 18 Abs. 1 dürfen Jugendliche an jedem Tag der Woche beschäftigt werden, jedoch nicht am 24. Dezember, an den Weihnachtsfeiertagen, am 31. Dezember, am 1. Januar, an den Osterfeiertagen und am 1. Mai. Für die Beschäftigung an einem Samstag, Sonntag und an einem gesetzlichen Feiertag, der auf einen Werktag fällt, ist je ein freier Tag zu gewähren. Diese freien Tage sind den Jugendlichen in Verbindung mit anderen freien Tagen zu gewähren, spätestens, wenn ihnen 10 freie Tage zustehen.

## § 21 Ausnahmen in besonderen Fällen

(1) Die §§ 8 und 11 bis 18 finden keine Anwendung auf die Beschäftigung Jugendlicher mit vorübergehenden und unaufschiebbaren Arbeiten in Notfällen, soweit erwachsene Beschäftigte nicht zur Verfügung stehen.

(2) Wird in den Fällen des Absatzes 1 über die Arbeitszeit des § 8 hinaus Mehrarbeit geleistet, so ist sie durch entsprechende Verkürzung der Arbeitszeit innerhalb der folgenden drei Wochen auszugleichen.

## § 21a Abweichende Regelungen

(1) In einem Tarifvertrag oder auf Grund eines Tarifvertrages in einer Betriebsvereinbarung kann zugelassen werden

1. abweichend von den §§ 8, 15, 16 Abs. 3 und 4, § 17 Abs. 3 und § 18 Abs. 3 die Arbeitszeit bis zu neun Stunden täglich, 44 Stunden wöchentlich und bis zu fünfeinhalb Tagen in der Woche anders zu verteilen, jedoch nur unter Einhaltung einer durchschnittlichen Wochenarbeitszeit von 40 Stunden in einem Ausgleichszeitraum von zwei Monaten,

2. abweichend von § 11 Abs. 1 Satz 2 Nr. 2 und Abs. 2 die Ruhepausen bis zu 15 Minuten zu kürzen und die Lage der Pausen anders zu bestimmen,

3. abweichend von § 12 die Schichtzeit mit Ausnahme des Bergbaus unter Tage bis zu einer Stunde täglich zu verlängern,

4. abweichend von § 16 Abs. 1 und 2 Jugendliche an 26 Samstagen im Jahr oder an jedem Samstag zu beschäftigen, wenn statt dessen der Jugendliche an einem anderen Werktag derselben Woche von der Beschäftigung freigestellt wird,

5. abweichend von den §§ 15, 16 Abs. 3 und 4, § 17 Abs. 3 und § 18 Abs. 3 Jugendliche bei einer Beschäftigung an einem Samstag oder an einem Sonn- oder Feiertag unter vier Stunden an einem anderen Arbeitstag derselben oder der folgenden Woche vor- oder nachmittags von der Beschäftigung freizustellen,

6. abweichend von § 17 Abs. 2 Satz 2 Jugendliche im Gaststätten- und Schaustellergewerbe sowie in der Landwirtschaft während der Saison oder der Erntezeit an drei Sonntagen im Monat zu beschäftigen.

(2) Im Geltungsbereich eines Tarifvertrages nach Abs. 1 kann die abweichende tarifvertragliche Regelung im Betrieb eines nicht tarifgebundenen Arbeitgebers durch Betriebsvereinbarung oder, wenn ein Betriebsrat nicht besteht, durch schriftliche Vereinbarungen zwischen dem Arbeitgeber und dem Jugendlichen übernommen werden.

(3) Die Kirchen und die öffentlich-rechtlichen Religionsgesellschaften können die in Abs. 1 genannten Abweichungen in ihren Regelungen vorsehen.

### § 21b

Das Bundesministerium für Arbeit und Soziales kann im Interesse der Berufsausbildung oder der Zusammenarbeit von Jugendlichen und Erwachsenen durch Rechtsverordnung mit Zustimmung des Bundesrates Ausnahmen von den Vorschriften

1. des § 8, der §§ 11 und 12, der §§ 15 und 16, des § 17 Abs. 2 und 3 sowie des § 18 Abs. 3 im Rahmen des § 21a Abs. 1,

2. des § 14, jedoch nicht vor 5 Uhr und nicht nach 23 Uhr, sowie

3. des § 17 Abs. 1 und des § 18 Abs. 1 an höchstens 26 Sonn- und Feiertagen im Jahr

zulassen, soweit eine Beeinträchtigung der Gesundheit oder der körperlichen oder seelisch-

geistigen Entwicklung der Jugendlichen nicht zu befürchten ist.

### Zweiter Titel
### Beschäftigungsverbote und -beschränkungen

### § 22 Gefährliche Arbeiten

(1) Jugendliche dürfen nicht beschäftigt werden

1. mit Arbeiten, die ihre physische oder psychische Leistungsfähigkeit übersteigen,

2. mit Arbeiten, bei denen sie sittlichen Gefahren ausgesetzt sind,

3. mit Arbeiten, die mit Unfallgefahren verbunden sind, von denen anzunehmen ist, dass Jugendliche sie wegen mangelnden Sicherheitsbewusstseins oder mangelnder Erfahrung nicht erkennen oder nicht abwenden können,

4. mit Arbeiten, bei denen ihre Gesundheit durch außergewöhnliche Hitze oder Kälte oder starke Nässe gefährdet wird,

5. mit Arbeiten, bei denen sie schädlichen Einwirkungen von Lärm, Erschütterungen oder Strahlen ausgesetzt sind,

6. mit Arbeiten, bei denen sie schädlichen Einwirkungen von Gefahrstoffen im Sinne des Chemikaliengesetzes ausgesetzt sind,

7. mit Arbeiten, bei denen sie schädlichen Einwirkungen von biologischen Arbeitsstoffen im Sinne der Richtlinie 90/679/EWG des Rates vom 26. November 1990 zum Schutze der Arbeitnehmer gegen Gefährdung durch biologische Arbeitsstoffe bei der Arbeit ausgesetzt sind.

(2) Abs. 1 Nr. 3 bis 7 gilt nicht für die Beschäftigung Jugendlicher, soweit

1. dies zur Erreichung ihres Ausbildungszieles erforderlich ist,

2. ihr Schutz durch die Aufsicht eines Fachkundigen gewährleistet ist und

3. der Luftgrenzwert bei gefährlichen Stoffen (Abs. 1 Nr. 6) unterschritten wird.

Satz 1 findet keine Anwendung auf den absichtlichen Umgang mit biologischen Arbeitsstoffen der Gruppen 3 und 4 im Sinne der Richtlinie 90/679/EWG des Rates vom 26. November 1990 zum Schutze der Arbeitnehmer gegen Gefährdung durch biologische Arbeitsstoffe bei der Arbeit.

(3) Werden Jugendliche in einem Betrieb beschäftigt, für den ein Betriebsarzt oder eine Fachkraft für Arbeitssicherheit verpflichtet ist, muss ihre betriebsärztliche oder sicherheitstechnische Betreuung sichergestellt sein.

### § 23  Akkordarbeit; tempoabhängige Arbeiten

(1) Jugendliche dürfen nicht beschäftigt werden

1. mit Akkordarbeit und sonstigen Arbeiten, bei denen durch ein gesteigertes Arbeitstempo ein höheres Entgelt erzielt werden kann,

2. in einer Arbeitsgruppe mit erwachsenen Arbeitnehmern, die mit Arbeiten nach Nummer 1 beschäftigt werden,

3. mit Arbeiten, bei denen ihr Arbeitstempo nicht nur gelegentlich vorgeschrieben, vorgegeben oder auf andere Weise erzwungen wird.

(2) Absatz 1 Nr. 2 gilt nicht für die Beschäftigung Jugendlicher,

1. soweit dies zur Erreichung ihres Ausbildungszieles erforderlich ist oder

2. wenn sie eine Berufsausbildung für diese Beschäftigung abgeschlossen haben und ihr Schutz durch die Aufsicht eines Fachkundigen gewährleistet ist.

### § 24  Arbeiten unter Tage

(1) Jugendliche dürfen nicht mit Arbeiten unter Tage beschäftigt werden.

(2) Absatz 1 gilt nicht für die Beschäftigung Jugendlicher über 16 Jahren,

1. soweit dies zur Erreichung ihres Ausbildungszieles erforderlich ist,

2. wenn sie eine Berufsausbildung für die Beschäftigung unter Tage abgeschlossen haben oder

3. wenn sie an einer von der Bergbehörde genehmigten Ausbildungsmaßnahme für Bergjungarbeiter teilnehmen oder teilgenommen haben

und ihr Schutz durch die Aufsicht eines Fachkundigen gewährleistet ist.

### § 25  Verbot der Beschäftigung durch bestimmte Personen

(1) Personen, die

1. wegen eines Verbrechens zu einer Freiheitsstrafe von mindestens zwei Jahren,

2. wegen einer vorsätzlichen Straftat, die sie unter Verletzung der ihnen als Arbeitgeber, Ausbildender oder Ausbilder obliegenden Pflichten zum Nachteil von Kindern oder Jugendlichen begangen haben, zu einer Freiheitsstrafe von mehr als drei Monaten,

3. wegen einer Straftat nach den §§ 109h, 171, 174 bis 184g, 225, 232 bis 233a des Strafgesetzbuches,

4. wegen einer Straftat nach dem Betäubungsmittelgesetz oder

5. wegen einer Straftat nach dem Jugendschutzgesetz oder nach dem Gesetz über die Verbreitung jugendgefährdender Schriften wenigstens zweimal

rechtskräftig verurteilt worden sind, dürfen Jugendliche nicht beschäftigen sowie im Rahmen eines Rechtsverhältnisses im Sinne des § 1 nicht beaufsichtigen, nicht anweisen, nicht ausbilden und nicht mit der Beaufsichtigung, Anweisung oder Ausbildung von Jugendlichen beauftragt werden. Eine Verurteilung bleibt außer Betracht, wenn seit dem Tage ihrer Rechtskraft fünf Jahre verstrichen sind. Die Zeit, in welcher der Täter auf behördliche Anordnung in einer Anstalt verwahrt worden ist, wird nicht eingerechnet.

(2) Das Verbot des Absatzes 1 Satz 1 gilt auch für Personen, gegen die wegen einer Ordnungswidrigkeit nach § 58 Abs. 1 bis 4 wenigstens dreimal eine Geldbuße rechtskräftig festgesetzt worden ist. Eine Geldbuße bleibt außer Betracht, wenn seit dem Tage ihrer rechtskräftigen Festsetzung fünf Jahre verstrichen sind.

(3) Das Verbot des Absatzes 1 und 2 gilt nicht für die Beschäftigung durch die Personensorgeberechtigten.

### § 26 Ermächtigungen

Das Bundesministerium für Arbeit und Soziales kann zum Schutze der Jugendlichen gegen Gefahren für Leben und Gesundheit sowie zur Vermeidung einer Beeinträchtigung der körperlichen oder seelisch-geistigen Entwicklung durch Rechtsverordnung mit Zustimmung des Bundesrates

1. die für Kinder, die der Vollzeitschulpflicht nicht mehr unterliegen, geeigneten und leichten Tätigkeiten nach § 7 Satz 1 Nr. 2 und die Arbeiten nach § 22 Abs. 1 und den §§ 23 und 24 näher bestimmen,

2. über die Beschäftigungsverbote in den §§ 22 bis 25 hinaus die Beschäftigung Jugendlicher in bestimmten Betriebsarten oder mit bestimmten Arbeiten verbieten oder beschränken, wenn sie bei diesen Arbeiten infolge ihres Entwicklungsstandes in besonderem Maß Gefahren ausgesetzt sind oder wenn das Verbot oder die Beschränkung der Beschäftigung infolge der technischen Entwicklung oder neuer arbeitsmedizinischer oder sicherheitstechnischer Erkenntnisse notwendig ist.

### § 27 Behördliche Anordnungen und Ausnahmen

(1) Die Aufsichtsbehörde kann in Einzelfällen feststellen, ob eine Arbeit unter die Beschäftigungsverbote oder -beschränkungen der §§ 22 bis 24 oder einer Rechtsverordnung nach § 26 fällt. Sie kann in Einzelfällen die Beschäftigung Jugendlicher mit bestimmten Arbeiten über die Beschäftigungsverbote und -beschränkungen der §§ 22 bis 24 und einer Rechtsverordnung nach § 26 hinaus verbieten oder beschränken, wenn diese Arbeiten mit Gefahren für Leben und Gesundheit oder für die körperliche oder seelisch-geistige Entwicklung der Jugendlichen verbunden sind.

(2) Die zuständige Behörde kann

1. den Personen, die die Pflichten, die ihnen kraft Gesetzes zugunsten der von ihnen beschäftigten, beaufsichtigten, angewiesenen oder auszubildenden Kinder und Jugendlichen obliegen, wiederholt oder gröblich verletzt haben,

2. den Personen, gegen die Tatsachen vorliegen, die sie in sittlicher Beziehung zur Beschäftigung, Beaufsichtigung, Anweisung oder Ausbildung von Kindern und Jugendlichen ungeeignet erscheinen lassen,

verbieten, Kinder und Jugendliche zu beschäftigen oder im Rahmen eines Rechtsverhältnisses im Sinne des § 1 zu beaufsichtigen, anzuweisen oder auszubilden.

(3) Die Aufsichtsbehörde kann auf Antrag Ausnahmen von § 23 Abs. 1 Nr. 2 und 3 für Jugendliche über 16 Jahre bewilligen,

1. wenn die Art der Arbeit oder das Arbeitstempo eine Beeinträchtigung der Gesundheit oder der körperlichen oder seelischgeistigen Entwicklung des Jugendlichen nicht befürchten lassen und

2. wenn eine nicht länger als vor drei Monaten ausgestellte ärztliche Bescheinigung vorgelegt wird, nach der gesundheitliche Bedenken gegen die Beschäftigung nicht bestehen.

## Dritter Titel
## Sonstige Pflichten des Arbeitgebers

### § 28 Menschengerechte Gestaltung der Arbeit

(1) Der Arbeitgeber hat bei der Einrichtung und der Unterhaltung der Arbeitsstätte einschließlich der Maschinen, Werkzeuge und Geräte und bei der Regelung der Beschäftigung die Vorkehrungen und Maßnahmen zu treffen, die zum Schutz der Jugendlichen gegen Gefahren für Leben und Gesundheit sowie zur Vermeidung einer Beeinträchtigung der körperlichen oder seelisch-geistigen Entwicklung der Jugendlichen erforderlich sind. Hierbei sind das mangelnde Sicherheitsbewusstsein, die mangelnde Erfahrung und der Entwicklungsstand der Jugendlichen zu berücksichtigen und die allgemein anerkannten sicherheitstechnischen und arbeitsmedizinischen Regeln sowie die sonstigen gesicherten arbeitswissenschaftlichen Erkenntnisse zu beachten.

(2) Das Bundesministerium für Arbeit und Soziales kann durch Rechtsverordnung mit Zustimmung des Bundesrates bestimmen, welche Vorkehrungen und Maßnahmen der Arbeitgeber zur Erfüllung der sich aus Absatz 1 ergebenden Pflichten zu treffen hat.

(3) Die Aufsichtsbehörde kann in Einzelfällen anordnen, welche Vorkehrungen und Maßnahmen zur Durchführung des Absatzes 1 oder einer vom Bundesministerium für Arbeit und Soziales gemäß Absatz 2 erlassenen Verordnung zu treffen sind.

### § 28a Beurteilung der Arbeitsbedingungen

Vor Beginn der Beschäftigung Jugendlicher und bei wesentlicher Änderung der Arbeitsbedingungen hat der Arbeitgeber die mit der Beschäftigung verbundenen Gefährdungen Jugendlicher zu beurteilen. Im übrigen gelten die Vorschriften des Arbeitsschutzgesetzes.

### § 29 Unterweisung über Gefahren

(1) Der Arbeitgeber hat die Jugendlichen vor Beginn der Beschäftigung und bei wesentlicher Änderung der Arbeitsbedingungen über die Unfall- und Gesundheitsgefahren, denen sie bei der Beschäftigung ausgesetzt sind, sowie über die Einrichtungen und Maßnahmen zur Abwendung dieser Gefahren zu unterweisen. Er hat die Jugendlichen vor der erstmaligen Beschäftigung an Maschinen oder gefährlichen Arbeitsstellen oder mit Arbeiten, bei denen sie mit gesundheitsgefährdenden Stoffen in Berührung kommen, über die besonderen Gefahren dieser Arbeiten sowie über das bei ihrer Verrichtung erforderliche Verhalten zu unterweisen.

(2) Die Unterweisungen sind in angemessenen Zeitabständen, mindestens aber halbjährlich, zu wiederholen.

(3) Der Arbeitgeber beteiligt die Betriebsärzte und die Fachkräfte für Arbeitssicherheit an der Planung, Durchführung und Überwachung der für die Sicherheit und den Gesundheitsschutz bei der Beschäftigung Jugendlicher geltenden Vorschriften.

### § 30 Häusliche Gemeinschaft

(1) Hat der Arbeitgeber einen Jugendlichen in die häusliche Gemeinschaft aufgenommen, so muss er

1. ihm eine Unterkunft zur Verfügung stellen und dafür sorgen, dass sie so beschaffen, ausgestattet und belegt ist und so benutzt wird, dass die Gesundheit des Jugendlichen nicht beeinträchtigt wird, und

2. ihm bei einer Erkrankung, jedoch nicht über die Beendigung der Beschäftigung hinaus, die erforderliche Pflege und ärztliche Behandlung zuteil werden lassen, soweit diese nicht von einem Sozialversicherungsträger geleistet wird.

(2) Die Aufsichtsbehörde kann im Einzelfall anordnen, welchen Anforderungen die Unter-

kunft (Absatz 1 Nr. 1) und die Pflege bei Erkrankungen (Absatz 1 Nr. 2) genügen müssen.

### § 31 Züchtigungsverbot; Verbot der Abgabe von Alkohol und Tabak

(1) Wer Jugendliche beschäftigt oder im Rahmen eines Rechtsverhältnisses im Sinne des § 1 beaufsichtigt, anweist oder ausbildet, darf sie nicht körperlich züchtigen.

(2) Wer Jugendliche beschäftigt, muss sie vor körperlicher Züchtigung und Misshandlung und vor sittlicher Gefährdung durch andere bei ihm Beschäftigte und durch Mitglieder seines Haushaltes an der Arbeitsstätte und in seinem Hause schützen. Er darf Jugendlichen unter 16 Jahren keine alkoholischen Getränke und Tabakwaren, Jugendlichen über 16 Jahren keinen Branntwein geben.

### Vierter Titel
### Gesundheitliche Betreuung

### § 32 Erstuntersuchung

(1) Ein Jugendlicher, der in das Berufsleben eintritt, darf nur beschäftigt werden, wenn

1. er innerhalb der letzten 14 Monate von einem Arzt untersucht worden ist (Erstuntersuchung) und

2. dem Arbeitgeber eine von diesem Arzt ausgestellte Bescheinigung vorliegt.

(2) Absatz 1 gilt nicht für eine geringfügige oder eine nicht länger als zwei Monate dauernde Beschäftigung mit leichten Arbeiten, von denen keine gesundheitlichen Nachteile für den Jugendlichen zu befürchten sind.

### § 33 Erste Nachuntersuchung

(1) Ein Jahr nach Aufnahme der ersten Beschäftigung hat sich der Arbeitgeber die Bescheinigung eines Arztes darüber vorlegen zu lassen, dass der Jugendliche nachuntersucht worden ist (erste Nachuntersuchung). Die

Nachuntersuchung darf nicht länger als drei Monate zurückliegen. Der Arbeitgeber soll den Jugendlichen neun Monate nach Aufnahme der ersten Beschäftigung nachdrücklich auf den Zeitpunkt, bis zu dem der Jugendliche ihm die ärztliche Bescheinigung nach Satz 1 vorzulegen hat, hinweisen und ihn auffordern, die Nachuntersuchung bis dahin durchführen zu lassen.

(2) Legt der Jugendliche die Bescheinigung nicht nach Ablauf eines Jahres vor, hat ihn der Arbeitgeber innerhalb eines Monats unter Hinweis auf das Beschäftigungsverbot nach Absatz 3 schriftlich aufzufordern, ihm die Bescheinigung vorzulegen. Je eine Durchschrift des Aufforderungsschreibens hat der Arbeitgeber dem Personensorgeberechtigten, dem Betriebs- und Personalrat und der Aufsichtsbehörde zuzusenden.

(3) Der Jugendliche darf nach Ablauf von 14 Monaten nach Aufnahme der ersten Beschäftigung nicht weiterbeschäftigt werden, solange er die Bescheinigung nicht vorgelegt hat.

### § 34 Weitere Nachuntersuchungen

Nach Ablauf jedes weiteren Jahres nach der ersten Nachuntersuchung kann sich der Jugendliche erneut nachuntersuchen lassen (weitere Nachuntersuchungen). Der Arbeitgeber soll ihn auf diese Möglichkeit rechtzeitig hinweisen und darauf hinwirken, dass der Jugendliche ihm die Bescheinigung über die weitere Nachuntersuchung vorlegt.

### § 35 Außerordentliche Nachuntersuchung

(1) Der Arzt soll eine außerordentliche Nachuntersuchung anordnen, wenn eine Untersuchung ergibt, dass

1. ein Jugendlicher hinter dem seinem Alter entsprechenden Entwicklungsstand zurückgeblieben ist,

2. gesundheitliche Schwächen oder Schäden vorhanden sind,

3. die Auswirkungen der Beschäftigung auf die Gesundheit oder Entwicklung des Jugendlichen noch nicht zu übersehen sind.

(2) Die in § 33 Abs. 1 festgelegten Fristen werden durch die Anordnung einer außerordentlichen Nachuntersuchung nicht berührt.

### § 36 Ärztliche Untersuchungen und Wechsel des Arbeitgebers

Wechselt der Jugendliche den Arbeitgeber, so darf ihn der neue Arbeitgeber erst beschäftigen, wenn ihm die Bescheinigung über die Erstuntersuchung (§ 32 Abs. 1) und, falls seit der Aufnahme der Beschäftigung ein Jahr vergangen ist, die Bescheinigung über die erste Nachuntersuchung (§ 33) vorliegen.

### § 37 Inhalt und Durchführung der ärztlichen Untersuchungen

(1) Die ärztlichen Untersuchungen haben sich auf den Gesundheits- und Entwicklungsstand und die körperliche Beschaffenheit, die Nachuntersuchungen außerdem auf die Auswirkungen der Beschäftigung auf Gesundheit und Entwicklung des Jugendlichen zu erstrecken.

(2) Der Arzt hat unter Berücksichtigung der Krankheitsvorgeschichte des Jugendlichen auf Grund der Untersuchungen zu beurteilen,

1. ob die Gesundheit oder die Entwicklung des Jugendlichen durch die Ausführung bestimmter Arbeiten oder durch die Beschäftigung während bestimmter Zeiten gefährdet wird,

2. ob besondere der Gesundheit dienende Maßnahmen erforderlich sind,

3. ob eine außerordentliche Nachuntersuchung (§ 35 Abs. 1) erforderlich ist.

(3) Der Arzt hat schriftlich festzuhalten:

1. den Untersuchungsbefund,

2. die Arbeiten, durch deren Ausführung er die Gesundheit oder die Entwicklung des Jugendlichen für gefährdet hält,

3. die besonderen der Gesundheit dienenden Maßnahmen,

4. die Anordnung einer außerordentlichen Nachuntersuchung (§ 35 Abs. 1).

### § 38 Ergänzungsuntersuchung

Kann der Arzt den Gesundheits- und Entwicklungsstand des Jugendlichen nur beurteilen, wenn das Ergebnis einer Ergänzungsuntersuchung durch einen anderen Arzt oder einen Zahnarzt vorliegt, so hat er die Ergänzungsuntersuchung zu veranlassen und ihre Notwendigkeit schriftlich zu begründen.

### § 39 Mitteilung, Bescheinigung

(1) Der Arzt hat dem Personensorgeberechtigten schriftlich mitzuteilen:

1. das wesentliche Ergebnis der Untersuchung,

2. die Arbeiten, durch deren Ausführung er die Gesundheit oder die Entwicklung des Jugendlichen für gefährdet hält,

3. die besonderen der Gesundheit dienenden Maßnahmen,

4. die Anordnung einer außerordentlichen Nachuntersuchung (§ 35 Abs. 1).

(2) Der Arzt hat eine für den Arbeitgeber bestimmte Bescheinigung darüber auszustellen, dass die Untersuchung stattgefunden hat, und darin die Arbeiten zu vermerken, durch deren Ausführung er die Gesundheit oder die Entwicklung des Jugendlichen für gefährdet hält.

### § 40 Bescheinigung mit Gefährdungsvermerk

(1) Enthält die Bescheinigung des Arztes (§ 39 Abs. 2) einen Vermerk über Arbeiten, durch deren Ausführung er die Gesundheit oder die Entwicklung des Jugendlichen für gefährdet hält, so darf der Jugendliche mit solchen Arbeiten nicht beschäftigt werden.

(2) Die Aufsichtsbehörde kann die Beschäftigung des Jugendlichen mit den in der Bescheinigung des Arztes (§ 39 Abs. 2) vermerkten Arbeiten im Einvernehmen mit einem Arzt zulassen und die Zulassung mit Auflagen verbinden.

## § 41 Aufbewahren der ärztlichen Bescheinigungen

(1) Der Arbeitgeber hat die ärztlichen Bescheinigungen bis zur Beendigung der Beschäftigung, längstens jedoch bis zur Vollendung des 18. Lebensjahres des Jugendlichen aufzubewahren und der Aufsichtsbehörde sowie der Berufsgenossenschaft auf Verlangen zur Einsicht vorzulegen oder einzusenden.

(2) Scheidet der Jugendliche aus dem Beschäftigungsverhältnis aus, so hat ihm der Arbeitgeber die Bescheinigungen auszuhändigen.

## § 42 Eingreifen der Aufsichtsbehörde

Die Aufsichtsbehörde hat, wenn die dem Jugendlichen übertragenen Arbeiten Gefahren für seine Gesundheit befürchten lassen, dies dem Personensorgeberechtigten und dem Arbeitgeber mitzuteilen und den Jugendlichen aufzufordern, sich durch einen von ihr ermächtigten Arzt untersuchen zu lassen.

## § 43 Freistellung für Untersuchungen

Der Arbeitgeber hat den Jugendlichen für die Durchführung der ärztlichen Untersuchungen nach diesem Abschnitt freizustellen. Ein Entgeltausfall darf hierdurch nicht eintreten.

## § 44 Kosten der Untersuchungen

Die Kosten der Untersuchungen trägt das Land.

## § 45 Gegenseitige Unterrichtung der Ärzte

(1) Die Ärzte, die Untersuchungen nach diesem Abschnitt vorgenommen haben, müssen,

wenn der Personensorgeberechtigte und der Jugendliche damit einverstanden sind,

1. dem staatlichen Gewerbearzt,

2. dem Arzt, der einen Jugendlichen nach diesem Abschnitt nachuntersucht,

auf Verlangen die Aufzeichnungen über die Untersuchungsbefunde zur Einsicht aushändigen.

(2) Unter den Voraussetzungen des Absatzes 1 kann der Amtsarzt des Gesundheitsamtes einem Arzt, der einen Jugendlichen nach diesem Abschnitt untersucht, Einsicht in andere in seiner Dienststelle vorhandene Unterlagen über Gesundheit und Entwicklung des Jugendlichen gewähren.

## § 46 Ermächtigungen

(1) Das Bundesministerium für Arbeit und Soziales kann zum Zwecke einer gleichmäßigen und wirksamen gesundheitlichen Betreuung durch Rechtsverordnung mit Zustimmung des Bundesrates Vorschriften über die Durchführung der ärztlichen Untersuchungen und über die für die Aufzeichnungen der Untersuchungsbefunde, die Bescheinigungen und Mitteilungen zu verwendenden Vordrucke erlassen.

(2) Die Landesregierung kann durch Rechtsverordnung

1. zur Vermeidung von mehreren Untersuchungen innerhalb eines kurzen Zeitraumes aus verschiedenen Anlässen bestimmen, dass die Untersuchungen nach den §§ 32 bis 34 zusammen mit Untersuchungen nach anderen Vorschriften durchzuführen sind, und hierbei von der Frist des § 32 Abs. 1 Nr. 1 bis zu drei Monate abweichen,

2. zur Vereinfachung der Abrechnung

    a) Pauschbeträge für die Kosten der ärztlichen Untersuchungen im Rahmen der geltenden Gebührenordnung festsetzen,

b) Vorschriften über die Erstattung der Kosten beim Zusammentreffen mehrerer Untersuchungen nach Nummer 1 erlassen.

### Vierter Abschnitt
### Durchführung des Gesetzes

### Erster Titel
### Aushänge und Verzeichnisse

### § 47 Bekanntgabe des Gesetzes und der Aufsichtsbehörde

Arbeitgeber, die regelmäßig mindestens einen Jugendlichen beschäftigen, haben einen Abdruck dieses Gesetzes und die Anschrift der zuständigen Aufsichtsbehörde an geeigneter Stelle im Betrieb zur Einsicht auszulegen oder auszuhängen.

### § 48 Aushang über Arbeitszeit und Pausen

Arbeitgeber, die regelmäßig mindestens drei Jugendliche beschäftigen, haben einen Aushang über Beginn und Ende der regelmäßigen täglichen Arbeitszeit und der Pausen der Jugendlichen an geeigneter Stelle im Betrieb anzubringen.

### § 49 Verzeichnisse der Jugendlichen

Arbeitgeber haben Verzeichnisse der bei ihnen beschäftigten Jugendlichen unter Angabe des Vor- und Familiennamens, des Geburtsdatums und der Wohnanschrift zu führen, in denen das Datum des Beginns der Beschäftigung bei ihnen, bei einer Beschäftigung unter Tage auch das Datum des Beginns dieser Beschäftigung, enthalten ist.

### § 50 Auskunft; Vorlage der Verzeichnisse

(1) Der Arbeitgeber ist verpflichtet, der Aufsichtsbehörde auf Verlangen

1. die zur Erfüllung ihrer Aufgaben erforderlichen Angaben wahrheitsgemäß und vollständig zu machen;

2. die Verzeichnisse gemäß § 49, die Unterlagen, aus denen Name, Beschäftigungsart und -zeiten der Jugendlichen sowie Lohn- und Gehaltszahlungen ersichtlich sind, und alle sonstigen Unterlagen, die sich auf die nach Nummer 1 zu machenden Angaben beziehen, zur Einsicht vorzulegen oder einzusenden.

(2) Die Verzeichnisse und Unterlagen sind mindestens bis zum Ablauf von zwei Jahren nach der letzten Eintragung aufzubewahren.

### Zweiter Titel
### Aufsicht

### § 51 Aufsichtsbehörde; Besichtigungsrechte und Berichtspflicht

(1) Die Aufsicht über die Ausführung dieses Gesetzes und der auf Grund dieses Gesetzes erlassenen Rechtsverordnungen obliegt der nach Landesrecht zuständigen Behörde (Aufsichtsbehörde). Die Landesregierung kann durch Rechtsverordnung die Aufsicht über die Ausführung dieser Vorschriften in Familienhaushalten auf gelegentliche Prüfungen beschränken.

(2) Die Beauftragten der Aufsichtsbehörde sind berechtigt, die Arbeitsstätten während der üblichen Betriebs- und Arbeitszeit zu betreten und zu besichtigen; außerhalb dieser Zeit oder wenn sich die Arbeitsstätten in einer Wohnung befinden, dürfen sie zur Verhütung von dringenden Gefahren für die öffentliche Sicherheit und Ordnung betreten und besichtigt werden. Der Arbeitgeber hat das Betreten und Besichtigen der Arbeitsstätten zu gestatten. Das Grundrecht der Unverletzlichkeit der Wohnung (Artikel 13 des Grundgesetzes) wird insoweit eingeschränkt.

(3) Die Aufsichtsbehörden haben im Rahmen der Jahresberichte nach § 139b Abs. 3 der Gewerbeordnung über ihre Aufsichtstätigkeit gemäß Absatz 1 zu berichten.

### § 52 (aufgehoben)

### § 53 Mitteilung über Verstöße

Die Aufsichtsbehörde teilt schwerwiegende Verstöße gegen die Vorschriften dieses Gesetzes oder gegen die auf Grund dieses Gesetzes erlassenen Rechtsvorschriften der nach dem Berufsbildungsgesetz oder der Handwerksordnung zuständigen Stelle mit. Die zuständige Agentur für Arbeit erhält eine Durchschrift dieser Mitteilung.

### § 54 Ausnahmebewilligungen

(1) Ausnahmen, die die Aufsichtsbehörde nach diesem Gesetz oder den auf Grund dieses Gesetzes erlassenen Rechtsverordnungen bewilligen kann, sind zu befristen.

Die Ausnahmebewilligungen können

1. mit einer Bedingung erlassen werden,

2. mit einer Auflage oder mit einem Vorbehalt der nachträglichen Aufnahme, Änderung oder Ergänzung einer Auflage verbunden werden und

3. jederzeit widerrufen werden.

(2) Ausnahmen können nur für einzelne Beschäftigte, einzelne Betriebe oder einzelne Teile des Betriebs bewilligt werden.

(3) Ist eine Ausnahme für einen Betrieb oder einen Teil des Betriebs bewilligt worden, so hat der Arbeitgeber hierfür an geeigneter Stelle im Betrieb einen Aushang anzubringen.

### Dritter Titel
### Ausschüsse für Jugendarbeitsschutz

### § 55 Bildung des Landesausschusses für Jugendarbeitsschutz

(1) Bei der von der Landesregierung bestimmten obersten Landesbehörde wird ein Landesausschuss für Jugendarbeitsschutz gebildet.

(2) Dem Landesausschuss gehören als Mitglieder an:

1. je sechs Vertreter der Arbeitgeber und der Arbeitnehmer,

2. ein Vertreter des Landesjugendrings,

3. ein von der Bundesagentur für Arbeit benannter Vertreter und je ein Vertreter des Landesjugendamts, der für das Gesundheitswesen zuständigen obersten Landesbehörde und der für die berufsbildenden Schulen zuständigen obersten Landesbehörde und

4. ein Arzt.

(3) Die Mitglieder des Landesausschusses werden von der von der Landesregierung bestimmten obersten Landesbehörde berufen, die Vertreter der Arbeitgeber und Arbeitnehmer auf Vorschlag der auf Landesebene bestehenden Arbeitgeberverbände und Gewerkschaften, der Arzt auf Vorschlag der Landesärztekammer, die übrigen Vertreter auf Vorschlag der in Absatz 2 Nr. 2 und 3 genannten Stellen.

(4) Die Tätigkeit im Landesausschuss ist ehrenamtlich. Für bare Auslagen und für Entgeltausfall ist, soweit eine Entschädigung nicht von anderer Seite gewährt wird, eine angemessene Entschädigung zu zahlen, deren Höhe nach Landesrecht oder von der von der Landesregierung bestimmten obersten Landesbehörde festgesetzt wird.

(5) Die Mitglieder können nach Anhören der an ihrer Berufung beteiligten Stellen aus wichtigem Grunde abberufen werden.

(6) Die Mitglieder haben Stellvertreter. Die Absätze 2 bis 5 gelten für die Stellvertreter entsprechend.

(7) Der Landesausschuss wählt aus seiner Mitte einen Vorsitzenden und dessen Stellvertreter. Der Vorsitzende und sein Stellvertreter sollen nicht derselben Mitgliedergruppe angehören.

(8) Der Landesausschuss gibt sich eine Geschäftsordnung. Die Geschäftsordnung kann die Bildung von Untersuchungsausschüssen vorsehen und bestimmen, dass ihnen ausnahmsweise nicht nur Mitglieder des Landesausschusses angehören. Absatz 4 Satz 2 gilt für die Unterausschüsse hinsichtlich der Entschädigung entsprechend. An den Sitzungen des Landesausschusses und der Unterausschüsse können Vertreter der beteiligten obersten Landesbehörde teilnehmen.

### § 56 Bildung des Ausschusses für Jugendarbeitsschutz bei der Aufsichtsbehörde

(1) Bei der Aufsichtsbehörde wird ein Ausschuss für Jugendarbeitsschutz gebildet. In Städten, in denen mehrere Aufsichtsbehörden ihren Sitz haben, wird ein gemeinsamer Ausschuss für Jugendarbeitsschutz gebildet. In Ländern, in denen nicht mehr als zwei Aufsichtsbehörden eingerichtet sind, übernimmt der Landesausschuss für Jugendarbeitsschutz die Aufgaben dieses Ausschusses.

(2) Dem Ausschuss gehören als Mitglieder an:

1. je sechs Vertreter der Arbeitgeber und der Arbeitnehmer,

2. ein Vertreter des im Bezirk der Aufsichtsbehörde wirkenden Jugendrings,

3. je ein Vertreter eines Arbeits-, Jugend- und Gesundheitsamtes,

4. ein Arzt und ein Lehrer an einer berufsbildenden Schule.

(3) Die Mitglieder des Jugendarbeitsschutzausschusses werden von der Aufsichtsbehörde berufen, die Vertreter der Arbeitgeber und Arbeitnehmer auf Vorschlag der im Aufsichtsbezirk bestehenden Arbeitgeberverbände und Gewerkschaften, der Arzt auf Vorschlag der Ärztekammer, der Lehrer auf Vorschlag der nach Landesrecht zuständigen Behörde, die übrigen Vertreter auf Vorschlag der in Absatz 2 Nr. 2 und 3 genannten Stellen. § 55 Abs. 4 bis 8 gilt mit der Maßgabe entsprechend, dass die Entschädigung von der Aufsichtsbehörde mit Genehmigung der von der Landesregierung bestimmten obersten Landesbehörde festgesetzt wird.

### § 57 Aufgaben der Ausschüsse

(1) Der Landesausschuß berät die oberste Landesbehörde in allen allgemeinen Angelegenheiten des Jugendarbeitsschutzes und macht Vorschläge für die Durchführung dieses Gesetzes. Er klärt über Inhalt und Ziel des Jugendarbeitsschutzes auf.

(2) Die oberste Landesbehörde beteiligt den Landesausschuss in Angelegenheiten von besonderer Bedeutung, insbesondere vor Erlass von Rechtsvorschriften zur Durchführung dieses Gesetzes.

(3) Der Landesausschuss hat über seine Tätigkeit im Zusammenhang mit dem Bericht der Aufsichtsbehörden nach § 51 Abs. 3 zu berichten.

(4) Der Ausschuss für Jugendarbeitsschutz bei der Aufsichtsbehörde berät diese in allen allgemeinen Angelegenheiten des Jugendarbeitsschutzes und macht dem Landesausschuss Vorschläge für die Durchführung dieses Gesetzes. Er klärt über Inhalt und Ziel des Jugendarbeitsschutzes auf.

### Fünfter Abschnitt
### Straf- und Bußgeldvorschriften

### § 58 Bußgeld- und Strafvorschriften

(1) Ordnungswidrig handelt, wer als Arbeitgeber vorsätzlich oder fahrlässig

1. entgegen § 5 Abs. 1, auch in Verbindung mit § 2 Abs. 3, ein Kind oder einen Jugendlichen, der der Vollzeitschulpflicht unterliegt, beschäftigt,

2. entgegen § 5 Abs. 3 Satz 1 oder Satz 3, jeweils auch in Verbindung mit § 2 Abs. 3, ein Kind über 13 Jahre oder einen Jugendlichen, der der Vollzeitschulpflicht unterliegt, in anderer als der zugelassenen Weise beschäftigt,

3. (weggefallen)

4. entgegen § 7 Satz 1 Nr. 2, auch in Verbindung mit einer Rechtsverordnung nach § 26 Nr. 1, ein Kind, das der Vollzeitschulpflicht nicht mehr unterliegt, in anderer als der zugelassenen Weise beschäftigt,

5. entgegen § 8 einen Jugendlichen über die zulässige Dauer der Arbeitszeit hinaus beschäftigt,

6. entgegen § 9 Abs. 1 oder 4 in Verbindung mit Absatz 1 eine dort bezeichnete Person an Berufsschultagen oder in Berufsschulwochen nicht freistellt,

7. entgegen § 10 Abs. 1 einen Jugendlichen für die Teilnahme an Prüfungen oder Ausbildungsmaßnahmen oder an dem Arbeitstag, der der schriftlichen Abschlussprüfung unmittelbar vorangeht, nicht freistellt,

8. entgegen § 11 Abs. 1 oder 2 Ruhepausen nicht, nicht mit der vorgeschriebenen Mindestdauer oder nicht in der vorgeschriebenen zeitlichen Lage gewährt,

9. entgegen § 12 einen Jugendlichen über die zulässige Schichtzeit hinaus beschäftigt,

10. entgegen § 13 die Mindestfreizeit nicht gewährt,

11. entgegen § 14 Abs. 1 einen Jugendlichen außerhalb der Zeit von 6 bis 20 Uhr oder entgegen § 14 Abs. 7 Satz 3 vor Ablauf der Mindestfreizeit beschäftigt,

12. entgegen § 15 einen Jugendlichen an mehr als fünf Tagen in der Woche beschäftigt,

13. entgegen § 16 Abs. 1 einen Jugendlichen an Samstagen beschäftigt oder entgegen § 16 Abs. 3 Satz 1 den Jugendlichen nicht freistellt,

14. entgegen § 17 Abs. 1 einen Jugendlichen an Sonntagen beschäftigt oder entgegen § 17 Abs. 2 Satz 2 Halbsatz 2 oder Abs. 3 Satz 1 den Jugendlichen nicht freistellt,

15. entgegen § 18 Abs. 1 einen Jugendlichen am 24. oder 31. Dezember nach 14 Uhr oder an gesetzlichen Feiertagen beschäftigt oder entgegen § 18 Abs. 3 nicht freistellt,

16. entgegen § 19 Abs. 1, auch in Verbindung mit Abs. 2 Satz 1 oder 2, oder entgegen § 19 Abs. 3 Satz 2 oder Abs. 4 Satz 2 Urlaub nicht oder nicht mit der vorgeschriebenen Dauer gewährt,

17. entgegen § 21 Abs. 2 die geleistete Mehrarbeit durch Verkürzung der Arbeitszeit nicht ausgleicht,

18. entgegen § 22 Abs. 1, auch in Verbindung mit einer Rechtsverordnung nach § 26 Nr. 1, einen Jugendlichen mit den dort genannten Arbeiten beschäftigt,

19. entgegen § 23 Abs. 1, auch in Verbindung mit einer Rechtsverordnung nach § 26 Nr. 1, einen Jugendlichen mit Arbeiten mit Lohnanreiz, in einer Arbeitsgruppe mit Erwachsenen, deren Entgelt vom Ergebnis ihrer Arbeit abhängt, oder mit tempoabhängigen Arbeiten beschäftigt,

20. entgegen § 24 Abs. 1, auch in Verbindung mit einer Rechtsverordnung nach § 26 Nr. 1, einen Jugendlichen mit Arbeiten unter Tage beschäftigt,

21. entgegen § 31 Abs. 2 Satz 2 einem Jugendlichen für seine Altersstufe nicht zulässige Getränke oder Tabakwaren gibt,

22. entgegen § 32 Abs. 1 einen Jugendlichen ohne ärztliche Bescheinigung über die Erstuntersuchung beschäftigt,

23. entgegen § 33 Abs. 3 einen Jugendlichen ohne ärztliche Bescheinigung über die erste Nachuntersuchung weiterbeschäftigt,

24. entgegen § 36 einen Jugendlichen ohne Vorlage der erforderlichen ärztlichen Bescheinigungen beschäftigt,

25. entgegen § 40 Abs. 1 einen Jugendlichen mit Arbeiten beschäftigt, durch deren Ausführung der Arzt nach der von ihm erteilten Bescheinigung die Gesundheit oder die Entwicklung des Jugendlichen für gefährdet hält,

26. einer Rechtsverordnung nach

    a) § 26 Nr. 2 oder
    b) § 28 Abs. 2

    zuwiderhandelt, soweit sie für einen bestimmten Tatbestand auf diese Bußgeldvorschrift verweist,

27. einer vollziehbaren Anordnung der Aufsichtsbehörde nach § 6 Abs. 3, § 27 Abs. 1 Satz 2 oder Abs. 2, § 28 Abs. 3 oder § 30 Abs. 2 zuwiderhandelt,

28. einer vollziehbaren Auflage der Aufsichtsbehörde nach § 6 Abs. 1, § 14 Abs. 7, § 27 Abs. 3 oder § 40 Abs. 2, jeweils in Verbindung mit § 54 Abs. 1, zuwiderhandelt,

29. einer vollziehbaren Abordnung oder Auflage der Aufsichtsbehörde auf Grund einer Rechtsverordnung nach § 26 Nr. 2 oder § 28 Abs. 2 zuwiderhandelt, soweit die Rechtsverordnung für einen bestimmten Tatbestand auf die Bußgeldvorschrift verweist.

(2) Ordnungswidrig handelt, wer vorsätzlich oder fahrlässig entgegen § 25 Abs. 1 Satz 1 oder Abs. 2 Satz 1 einen Jugendlichen beschäftigt, beaufsichtigt, anweist oder ausbildet, obwohl ihm dies verboten ist, oder einen anderen, dem dies verboten ist, mit der Beaufsichti-

gung, Anweisung oder Ausbildung eines Jugendlichen beauftragt.

(3) Abs. 1 Nr. 4, 6 bis 29 und Abs. 2 gelten auch für die Beschäftigung von Kindern (§ 2 Abs. 1) oder Jugendlichen, die der Vollzeitschulpflicht unterliegen (§ 2 Abs. 3), nach § 5 Abs. 2. Abs. 1 Nr. 6 bis 29 und Abs. 2 gelten auch für die Beschäftigung von Kindern, die der Vollzeitschulpflicht nicht mehr unterliegen, nach § 7.

(4) Die Ordnungswidrigkeit kann mit einer Geldbuße bis zu fünfzehntausend Euro geahndet werden.

(5) Wer vorsätzlich eine in Absatz 1, 2 oder 3 bezeichnete Handlung begeht und dadurch ein Kind, einen Jugendlichen oder im Falle des Absatzes 1 Nr. 6 eine Person, die noch nicht 21 Jahre alt ist, in ihrer Gesundheit oder Arbeitskraft gefährdet, wird mit Freiheitsstrafe bis zu einem Jahr oder mit Geldstrafe bestraft. Ebenso wird bestraft, wer eine in Absatz 1, 2 oder 3 bezeichnete Handlung beharrlich wiederholt.

(6) Wer in den Fällen des Absatzes 5 Satz 1 die Gefahr fahrlässig verursacht, wird mit Freiheitsstrafe bis zu sechs Monaten oder mit Geldstrafe bis zu einhundertachtzig Tagessätzen bestraft.

### § 59 Bußgeldvorschriften

(1) Ordnungswidrig handelt, wer als Arbeitgeber vorsätzlich oder fahrlässig

1. entgegen § 6 Abs. 4 Satz 2 ein Kind vor Erhalt des Bewilligungsbescheides beschäftigt,

2. entgegen § 11 Abs. 3 Satz 1 den Aufenthalt in Arbeitsräumen gestattet,

3. entgegen § 29 einen Jugendlichen über Gefahren nicht, nicht richtig oder nicht rechtzeitig unterweist,

4. entgegen § 33 Abs. 2 Satz 1 einen Jugendlichen nicht oder nicht rechtzeitig zur

Vorlage einer ärztlichen Bescheinigung auffordert,

5. entgegen § 41 die ärztlichen Bescheinigung nicht aufbewahrt, vorlegt, einsendet oder aushändigt,

6. entgegen § 43 Satz 1 einen Jugendlichen für ärztliche Untersuchungen nicht freistellt,

7. entgegen § 47 einen Abdruck des Gesetzes oder die Anschrift der zuständigen Aufsichtsbehörde nicht auslegt oder aushängt,

8. entgegen § 48 Arbeitszeit und Pausen nicht oder nicht in der vorgeschriebenen Weise aushängt,

9. entgegen § 49 ein Verzeichnis nicht oder nicht in der vorgeschriebenen Weise führt,

10. entgegen § 50 Abs. 1 Angaben nicht, nicht richtig oder nicht vollständig macht oder Verzeichnisse oder Unterlagen nicht vorlegt oder einsendet oder entgegen § 50 Abs. 2 Verzeichnisse oder Unterlagen nicht oder nicht vorschriftsmäßig aufbewahrt,

11. entgegen § 51 Abs. 2 Satz 2 das Betreten oder Besichtigen der Arbeitsstätten nicht gestattet,

12. entgegen § 54 Abs. 3 einen Aushang nicht anbringt.

(2) Absatz 1 Nr. 2 bis 6 gilt auch für die Beschäftigung von Kindern (§ 2 Abs. 1 und 3) nach § 5 Abs. 2 Satz 1.

(3) Die Ordnungswidrigkeit kann mit einer Geldbuße bis zu zweitausendfünfhundert Euro geahndet werden.

### § 60 Verwaltungsvorschriften für die Verfolgung und Ahndung von Ordnungswidrigkeiten

Der Bundesminister für Arbeit und Sozialordnung kann mit Zustimmung des Bundesrates allgemeine Verwaltungsvorschriften für die Verfolgung und Ahndung von Ordnungswidrigkeiten nach §§ 58 und 59 durch die Verwaltungsbehörde (§ 35 des Gesetzes über Ordnungswidrigkeiten) und über die Erteilung einer Verwarnung (§§ 56, 58 Abs. 2 des Gesetzes über Ordnungswidrigkeiten) wegen einer Ordnungswidrigkeit nach §§ 58 und 59 erlassen.

### Sechster Abschnitt
### Schlussvorschriften

### § 61 Beschäftigung von Jugendlichen auf Kauffahrteischiffen

(1) Für die Beschäftigung von Jugendlichen auf Kauffahrteischiffen als Besatzungsmitglieder im Sinne des § 3 des Seemannsgesetzes gilt an Stelle dieses Gesetzes das Seemannsgesetz mit den nachfolgenden Änderungen.

(2) ...

### § 62 Beschäftigung im Vollzug einer Freiheitsentziehung

(1) Die Vorschriften dieses Gesetzes gelten für die Beschäftigung Jugendlicher (§ 2 Abs. 2) im Vollzug einer gerichtlich angeordneten Freiheitsentziehung entsprechend, soweit es sich nicht nur um gelegentliche, geringfügige Hilfeleistungen handelt und soweit in den Absätzen 2 bis 4 nichts anderes bestimmt ist.

(2) Im Vollzug einer gerichtlich angeordneten Freiheitsentziehung finden § 19, §§ 47 bis 50 keine Anwendung.

(3) Die §§ 13, 14, 15, 16, 17 und 18 Abs. 1 und 2 gelten im Vollzug einer gerichtlich angeordneten Freiheitsentziehung nicht für die Beschäftigung jugendlicher Anstaltsinsassen mit der Zubereitung und Ausgabe der Anstaltsverpflegung.

(4) § 18 Abs. 1 und 2 gilt nicht für die Beschäftigung jugendlicher Anstaltsinsassen in landwirtschaftlichen Betrieben der Vollzugsanstalten mit Arbeiten, die auch an Sonn- und Feiertagen naturnotwendig vorgenommen werden müssen.

## § 63 – § 70
(weggefallen)

## § 71
(gegenstandslos)

### § 72 Inkrafttreten

(1) Dieses Gesetz tritt am 1. Mai 1976 in Kraft.

(2) (gegenstandslos)

(3) Die auf Grund des § 37 Abs. 2 und des § 53 des Jugendarbeitsschutzgesetzes vom 9. August 1960, des § 20 Abs. 1 des Jugendarbeitsschutzgesetzes vom 30. April 1938 und des § 120e der Gewerbeordnung erlassenen Vorschriften bleiben unberührt. Sie können, soweit sie den Geltungsbereich dieses Gesetzes betreffen, durch Rechtsverordnungen auf Grund des § 26 oder des § 46 geändert oder aufgehoben werden.

(4) Vorschriften in Rechtsverordnungen, die durch § 69 dieses Gesetzes geändert werden, können vom Bundesministerium für Arbeit und Soziales im Rahmen der bestehenden Ermächtigungen geändert oder aufgehoben werden.

(5) Verweisungen auf Vorschriften des Jugendarbeitsschutzgesetzes vom 9. August 1960 gelten als Verweisungen auf die entsprechenden Vorschriften dieses Gesetzes oder der auf Grund dieses Gesetzes erlassenen Rechtsverordnungen.

# Gesetz über den Ladenschluss

### (LadSchlG)

vom 2. Juni 2003
(BGBl. I S. 744)

Zuletzt geändert durch Art. 228 der Verordnung
vom 31. Oktober 2006
(BGBl. I S. 2407)

## Erster Abschnitt
## Begriffsbestimmungen

### § 1 Verkaufsstellen

(1) Verkaufsstellen im Sinne dieses Gesetzes sind

1. Ladengeschäfte aller Art, Apotheken, Tankstellen und Bahnhofsverkaufsstellen,

2. sonstige Verkaufsstände und -buden, Kioske, Basare und ähnliche Einrichtungen, falls in ihnen ebenfalls von einer festen Stelle aus ständig Waren zum Verkauf an jedermann feilgehalten werden. Dem Feilhalten steht das Zeigen von Mustern, Proben und Ähnlichem gleich, wenn Warenbestellungen in der Einrichtung entgegengenommen werden,

3. Verkaufsstellen von Genossenschaften.

(2) Zur Herbeiführung einer einheitlichen Handhabung des Gesetzes kann das Bundesministerium für Arbeit und Soziales im Einvernehmen mit dem Bundesministerium für Wirtschaft und Technologie durch Rechtsverordnung mit Zustimmung des Bundesrates bestimmen, welche Einrichtungen Verkaufsstellen gemäß Absatz 1 sind.

### § 2 Begriffsbestimmungen

(1) Feiertage im Sinne dieses Gesetzes sind die gesetzlichen Feiertage.

(2) Reisebedarf im Sinne dieses Gesetzes sind Zeitungen, Zeitschriften, Straßenkarten, Stadtpläne, Reiselektüre, Schreibmaterialien, Tabakwaren, Schnittblumen, Reisetoilettenartikel, Filme, Tonträger, Bedarf für Reiseapotheken, Reiseandenken und Spielzeug geringeren Wertes, Lebens- und Genußmittel in kleineren Mengen sowie ausländische Geldsorten.

## Zweiter Abschnitt
## Ladenschlusszeiten

### § 3 Allgemeine Ladenschlusszeiten

(1) Verkaufsstellen müssen zu folgenden Zeiten für den geschäftlichen Verkehr mit Kunden geschlossen sein:

1. an Sonn- und Feiertagen,

2. montags bis samstags bis 6 Uhr und ab 20 Uhr,

3. am 24. Dezember, wenn dieser Tag auf einen Werktag fällt, bis 6 Uhr und ab 14 Uhr.

Verkaufsstellen für Bäckerwaren dürfen abweichend von Satz 1 den Beginn der Ladenöffnungszeit an Werktagen auf 5.30 Uhr vorverlegen. Die beim Ladenschluss anwesenden Kunden dürfen noch bedient werden.

(2) (weggefallen)

### § 4 Apotheken

(1) Abweichend von den Vorschriften des § 3 dürfen Apotheken an allen Tagen während des ganzen Tages geöffnet sein. An Werktagen während der allgemeinen Ladenschlusszeiten (§ 3) und an Sonn- und Feiertagen ist nur die Abgabe von Arznei-, Krankenpflege-, Säuglingspflege- und Säuglingsnährmitteln, hygienischen Artikeln sowie Desinfektionsmitteln gestattet.

(2) Die nach Landesrecht zuständige Verwaltungsbehörde hat für eine Gemeinde oder für benachbarte Gemeinden mit mehreren Apotheken anzuordnen, dass während der allgemeinen Ladenschlusszeiten (§ 3) abwechselnd ein Teil der Apotheken geschlossen sein muss. An den geschlossenen Apotheken ist an sichtbarer Stelle ein Aushang anzubringen, der die zurzeit offenen Apotheken bekannt gibt. Dienstbereitschaft der Apotheken steht der Offenhaltung gleich.

### Dritter Abschnitt
### Besonderer Schutz der Arbeitnehmer

### § 17 Arbeitszeit an Sonn- und Feiertagen

(1) In Verkaufsstellen dürfen Arbeitnehmer an Sonn- und Feiertagen nur während der ausnahmsweise zugelassenen Öffnungszeiten (§§ 4 bis 15 und die hierauf gestützten Vorschriften) und, falls dies zur Erledigung von Vorbereitungs- und Abschlussarbeiten unerlässlich ist, während insgesamt weiterer 30 Minuten beschäftigt werden.

(2) Die Dauer der Beschäftigungszeit des einzelnen Arbeitnehmers an Sonn- und Feiertagen darf acht Stunden nicht überschreiten.

(2a) In Verkaufsstellen, die gemäß § 10 oder den hierauf gestützten Vorschriften an Sonn- und Feiertagen geöffnet sein dürfen, dürfen Arbeitnehmer an jährlich höchstens 22 Sonn- und Feiertagen beschäftigt werden. Ihre Arbeitszeit an Sonn- und Feiertagen darf vier Stunden nicht überschreiten.

(3) Arbeitnehmer, die an Sonn- und Feiertagen in Verkaufsstellen gemäß §§ 4 bis 6, 8 bis 12, 14 und 15 und den hierauf gestützten Vorschriften beschäftigt werden, sind, wenn die Beschäftigung länger als drei Stunden dauert, an einem Werktage derselben Woche ab 13 Uhr, wenn sie länger als sechs Stunden dauert, an einem ganzen Werktage derselben Woche von der Arbeit freizustellen; mindestens jeder dritte Sonntag muss beschäftigungsfrei bleiben. Werden sie bis zu drei Stunden beschäftigt, so muss jeder zweite Sonntag oder in jeder zweiten Woche ein Nachmittag ab 13 Uhr beschäftigungsfrei bleiben. Statt an einem Nachmittag darf die Freizeit am Sonnabend- oder Montagvormittag bis 14 Uhr gewährt werden. Während der Zeiten, zu denen die Verkaufsstelle geschlossen sein muss, darf die Freizeit nicht gegeben werden.

(4) Arbeitnehmer und Arbeitnehmerinnen in Verkaufsstellen können verlangen, in jedem Kalendermonat an einem Samstag von der Beschäftigung frei gestellt zu werden.

(5) Mit dem Beschicken von Warenautomaten dürfen Arbeitnehmer außerhalb der Öffnungszeiten, die für die mit dem Warenautomaten in räumlichem Zusammenhang stehende Verkaufsstelle gelten, nicht beschäftigt werden.

(6) (weggefallen)

(7) Das Bundesministerium für Arbeit und Soziales wird ermächtigt, zum Schutze der Arbeitnehmer in Verkaufsstellen vor übermäßiger Inanspruchnahme ihrer Arbeitskraft oder sonstiger Gefährdung ihrer Gesundheit durch Rechtsverordnung mit Zustimmung des Bundesrates zu bestimmen,

1. dass während der ausnahmsweise zugelassenen Öffnungszeiten (§§ 4 bis 16 und die hierauf gestützten Vorschriften) bestimmte Arbeitnehmer nicht oder die Arbeitnehmer nicht mit bestimmten Arbeiten beschäftigt werden dürfen,

2. dass den Arbeitnehmern für Sonn- und Feiertagsarbeit über die Vorschriften des Absatzes 3 hinaus ein Ausgleich zu gewähren ist,

3. dass die Arbeitnehmer während der Ladenschlusszeiten an Werktagen (§ 3 Abs. 1 Nr. 2, §§ 5, 6, 8 bis 10 und die hierauf gestützten Vorschriften) nicht oder nicht mit bestimmten Arbeiten beschäftigt werden dürfen.

(8) Das Gewerbeaufsichtsamt kann in begründeten Einzelfällen Ausnahmen von den Vorschriften der Absätze 1 bis 5 bewilligen. Die Bewilligung kann jederzeit widerrufen werden.

(9) Die Vorschriften der Absätze 1 bis 8 finden auf pharmazeutisch vorgebildete Arbeitnehmer in Apotheken keine Anwendung.

## Fünfter Abschnitt
## Durchführung des Gesetzes

### § 21 Auslage des Gesetzes, Verzeichnisse

(1) Der Inhaber einer Verkaufsstelle, in der regelmäßig mindestens ein Arbeitnehmer beschäftigt wird, ist verpflichtet,

1. einen Abdruck dieses Gesetzes und der auf Grund dieses Gesetzes erlassenen Rechtsverordnungen mit Ausnahme der Vorschriften, die Verkaufsstellen anderer Art betreffen, an geeigneter Stelle in der Verkaufsstelle auszulegen oder auszuhängen,

2. ein Verzeichnis über Namen, Tag, Beschäftigungsart und -dauer der an Sonn- und Feiertagen beschäftigten Arbeitnehmer und über die diesen gemäß § 17 Abs. 3 als Ersatz für die Beschäftigung an diesen Tagen gewährte Freizeit zu führen; dies gilt nicht für die pharmazeutisch vorgebildeten Arbeitnehmer in Apotheken. Die Landesregierungen können durch Rechtsverordnung eine einheitliche Form für das Verzeichnis vorschreiben.

(2) Die Verpflichtung nach Absatz 1 Nr. 2 obliegt auch den in § 20 genannten Gewerbetreibenden.

### § 22 Aufsicht und Auskunft

(1) Die Aufsicht über die Ausführung der Vorschriften dieses Gesetzes und der auf Grund dieses Gesetzes erlassenen Vorschriften üben, soweit es sich nicht um Wochenmärkte (§ 19) handelt, die nach Landesrecht für den Arbeitsschutz zuständigen Verwaltungsbehörden aus; ob und inwieweit andere Dienststellen an der Aufsicht beteiligt werden, bestimmen die obersten Landesbehörden.

(2) Auf die Befugnisse und Obliegenheiten der in Absatz 1 genannten Behörden finden die Vorschriften des § 139b der Gewerbeordnung entsprechend Anwendung.

(3) Die Inhaber von Verkaufsstellen und die in § 20 genannten Gewerbetreibenden sind verpflichtet, den Behörden, denen auf Grund des Absatzes 1 die Aufsicht obliegt, auf Verlangen

1. die zur Erfüllung der Aufgaben dieser Behörden erforderlichen Angaben wahrheitsgemäß und vollständig zu machen,

2. das Verzeichnis gemäß § 21 Abs. 1 Nr. 2, die Unterlagen, aus denen Namen, Beschäftigungsart und -zeiten der Arbeitnehmer sowie Lohn- und Gehaltszahlungen ersichtlich sind, und alle sonstigen Unterlagen, die sich auf die nach Nummer 1 zu machenden Angaben beziehen, vorzulegen oder zur Einsicht einzusenden. Die Verzeichnisse und Unterlagen sind mindestens bis zum Ablauf eines Jahres nach der letzten Eintragung aufzubewahren.

(4) Die Auskunftspflicht nach Absatz 3 Nr. 1 obliegt auch den in Verkaufsstellen oder beim Feilhalten gemäß § 20 beschäftigten Arbeitnehmern.

### § 23 Ausnahmen im öffentlichen Interesse

(1) Die obersten Landesbehörden können in Einzelfällen befristete Ausnahmen von den Vorschriften der §§ 3 bis 15 und 19 bis 21 dieses Gesetzes bewilligen, wenn die Ausnahmen im öffentlichen Interesse dringend nötig werden. Die Bewilligung kann jederzeit widerrufen werden. Die Landesregierungen werden ermächtigt, durch Rechtsverordnung die zuständigen Behörden abweichend von Satz 1 zu bestimmen. Sie können diese Ermächtigung auf oberste Landesbehörden übertragen.

(2) Das Bundesministerium für Arbeit und Soziales kann im Einvernehmen mit dem Bundesministerium für Wirtschaft und Technologie durch Rechtsverordnung mit Zustimmung des Bundesrates Vorschriften über die Voraussetzungen und Bedingungen für die Bewilligung von Ausnahmen im Sinne des Absatzes 1 erlassen.

**Sechster Abschnitt**
**Straftaten und Ordnungswidrigkeiten**

### § 24 Ordnungswidrigkeiten

(1) Ordnungswidrig handelt, wer vorsätzlich oder fahrlässig

1. als Inhaber einer Verkaufsstelle oder als Gewerbetreibender im Sinne des § 20

   a) einer Vorschrift des § 17 Abs. 1 bis 3 über die Beschäftigung an Sonn- und Feiertagen, die Freizeit oder den Ausgleich,

   b) einer Vorschrift einer Rechtsverordnung nach § 17 Abs. 7 oder § 20 Abs. 4, soweit sie für einen bestimmten Tatbestand auf diese Bußgeldvorschrift verweist,

   c) einer Vorschrift des § 21 Abs. 1 Nr. 2 über Verzeichnisse oder des § 22 Abs. 3 Nr. 2 über die Einsicht, Vorlage oder Aufbewahrung der Verzeichnisse,

2. als Inhaber einer Verkaufsstelle

   a) einer Vorschrift der §§ 3, 4 Abs. 1 Satz 2, des § 6 Abs. 2, des § 9 Abs. 1 Satz 2, des § 17 Abs. 5 oder einer nach § 4 Abs. 2 Satz 1, § 8 Abs. 2, § 9 Abs. 2 oder nach § 10 oder § 11 erlassenen Rechtsvorschrift über die Ladenschlusszeiten

   b) einer sonstigen Vorschrift einer Rechtsverordnung nach § 10 oder § 11, soweit sie für einen bestimmten Tatbestand auf diese Bußgeldvorschrift verweist,

   c) der Vorschrift des § 21 Abs. 1 Nr. 1 über Auslagen und Aushänge,

3. als Gewerbetreibender im Sinne des § 19 oder des § 20 einer Vorschrift des § 19 Abs. 1, 2 oder des § 20 Abs. 1, 2 über das Feilhalten von Waren im Marktverkehr oder außerhalb einer Verkaufsstelle oder

4. einer Vorschrift des § 22 Abs. 3 Nr. 1 oder Abs. 4 über die Auskunft

zuwiderhandelt.

(2) Die Ordnungswidrigkeit nach Absatz 1 Nr. 1 Buchstabe a und b kann mit einer Geldbuße bis zu zweitausendfünfhundert Euro, die Ordnungswidrigkeit nach Absatz 1 Nr. 1 Buchstabe c und Nr. 2 bis 4 mit einer Geldbuße bis zu fünfhundert Euro geahndet werden.

### § 25 Straftaten

Wer vorsätzlich als Inhaber einer Verkaufsstelle oder als Gewerbetreibender im Sinne des § 20 eine der in § 24 Abs. 1 Nr. 1 Buchstaben a und b bezeichneten Handlungen begeht und dadurch vorsätzlich oder fahrlässig Arbeitnehmer in ihrer Arbeitskraft oder Gesundheit gefährdet, wird mit Freiheitsstrafe bis zu 6 Monaten oder mit Geldstrafe bis zu 180 Tagessätzen bestraft.

### § 26 (weggefallen)

**Siebenter Abschnitt**
**Schlussbestimmungen**

### § 27 Vorbehalt für die Landesgesetzgebung

Unberührt bleiben die landesrechtlichen Vorschriften, durch die der Gewerbebetrieb und die Beschäftigung von Arbeitnehmern in Verkaufsstellen an anderen Festtagen als an Sonn- und Feiertagen beschränkt werden.

### § 28 Bestimmung der zuständigen Behörden

Soweit in diesem Gesetz auf die nach Landesrecht zuständige Verwaltungsbehörde verwiesen wird, bestimmt die Landesregierung durch Verordnung, welche Behörden zuständig sind.

### § 29 (weggefallen)

### § 30 (weggefallen)

# Gesetz zum Schutz der erwerbstätigen Mutter

**(Mutterschutzgesetz – MuSchG)**

**In der Fassung der Bekanntmachung
vom 20. Juni 2002
(BGBl. I S. 2318)**

**Zuletzt geändert durch Art. 6 des Gesetzes
vom 23. Oktober 2012
(BGBl. I S. 2246)**

## Erster Abschnitt
## Allgemeine Vorschriften

### § 1 Geltungsbereich

Dieses Gesetz gilt

1. für Frauen, die in einem Arbeitsverhältnis stehen,

2. für weibliche in Heimarbeit Beschäftigte und ihnen Gleichgestellte (§ 1 Abs. 1 und 2 des Heimarbeitsgesetzes vom 14. März 1951 BGBl. I S. 191), soweit sie am Stück mitarbeiten.

### § 2 Gestaltung des Arbeitsplatzes

(1) Wer eine werdende oder stillende Mutter beschäftigt, hat bei der Einrichtung und der Unterhaltung des Arbeitsplatzes einschließlich der Maschinen, Werkzeuge und Geräte und bei der Regelung der Beschäftigung die erforderlichen Vorkehrungen und Maßnahmen zum Schutze von Leben und Gesundheit der werdenden oder stillenden Mutter zu treffen.

(2) Wer eine werdende oder stillende Mutter mit Arbeiten beschäftigt, bei denen sie ständig stehen oder gehen muss, hat für sie eine Sitzgelegenheit zum kurzen Ausruhen bereitzustellen.

(3) Wer eine werdende oder stillende Mutter mit Arbeiten beschäftigt, bei denen sie ständig sitzen muss, hat ihr Gelegenheit zu kurzen Unterbrechungen ihrer Arbeit zu geben.

(4) Die Bundesregierung wird ermächtigt, durch Rechtsverordnung mit Zustimmung des Bundesrates

1. den Arbeitgeber zu verpflichten, zur Vermeidung von Gesundheitsgefährdungen der werdenden oder stillenden Mütter oder ihrer Kinder Liegeräume für diese Frauen einzurichten und sonstige Maßnahmen zur Durchführung des in Absatz 1 enthaltenen Grundsatzes zu treffen,

2. nähere Einzelheiten zu regeln wegen der Verpflichtung des Arbeitgebers zur Beurteilung einer Gefährdung für die werdenden oder stillenden Mütter, zur Durchführung der notwendigen Schutzmaßnahmen und zur Unterrichtung der betroffenen Arbeitnehmerinnen nach Maßgabe der insoweit umzusetzenden Artikel 4 bis 6 der Richtlinie 92/85/EWG des Rates vom 19. Oktober 1992 über die Durchführung von Maßnahmen zur Verbesserung der Sicherheit und des Gesundheitsschutzes von schwangeren Arbeitnehmerinnen, Wöchnerinnen und stillenden Arbeitnehmerinnen am Arbeitsplatz (ABl. EG Nr. L 348 S. 1).

(5) Unabhängig von den auf Grund des Absatzes 4 erlassenen Vorschriften kann die Aufsichtsbehörde in Einzelfällen anordnen, welche Vorkehrungen und Maßnahmen zur Durchführung des Absatzes 1 zu treffen sind.

## Zweiter Abschnitt
## Beschäftigungsverbote

### § 3 Beschäftigungsverbote für werdende Mütter

(1) Werdende Mütter dürfen nicht beschäftigt werden, soweit nach ärztlichem Zeugnis Leben oder Gesundheit von Mutter oder Kind bei Fortdauer der Beschäftigung gefährdet ist.

(2) Werdende Mütter dürfen in den letzten sechs Wochen vor der Entbindung nicht beschäftigt werden, es sei denn, dass sie sich zur Arbeitsleistung ausdrücklich bereit erklären; die Erklärung kann jederzeit widerrufen werden.

### § 4 Weitere Beschäftigungsverbote

(1) Werdende Mütter dürfen nicht mit schweren körperlichen Arbeiten und nicht mit Arbeiten beschäftigt werden, bei denen sie schädlichen Einwirkungen von gesundheitsgefährdenden Stoffen oder Strahlen, von Staub, Gasen oder

Dämpfen, von Hitze, Kälte oder Nässe, von Erschütterungen oder Lärm ausgesetzt sind.

(2) Werdende Mütter dürfen insbesondere nicht beschäftigt werden

1. mit Arbeiten, bei denen regelmäßig Lasten von mehr als 5 kg Gewicht oder gelegentlich Lasten von mehr als 10 kg Gewicht ohne mechanische Hilfsmittel von Hand gehoben, bewegt oder befördert werden. Sollen größere Lasten mit mechanischen Hilfsmitteln von Hand gehoben, bewegt oder befördert werden, so darf die körperliche Beanspruchung der werdenden Mutter nicht größer sein als bei Arbeiten nach Satz 1,

2. nach Ablauf des fünften Monats der Schwangerschaft mit Arbeiten, bei denen sie ständig stehen müssen, soweit diese Beschäftigung täglich vier Stunden überschreitet,

3. mit Arbeiten, bei denen sie sich häufig erheblich strecken oder beugen oder bei denen sie dauernd hocken oder sich gebückt halten müssen,

4. mit der Bedienung von Geräten und Maschinen aller Art mit hoher Fußbeanspruchung, insbesondere von solchen mit Fußantrieb,

5. mit dem Schälen von Holz,

6. mit Arbeiten, bei denen sie infolge ihrer Schwangerschaft in besonderem Maße der Gefahr, an einer Berufskrankheit zu erkranken, ausgesetzt sind oder bei denen durch das Risiko der Entstehung einer Berufskrankheit eine erhöhte Gefährdung für die werdende Mutter oder eine Gefahr für die Leibesfrucht besteht,

7. nach Ablauf des dritten Monats der Schwangerschaft aus Beförderungsmitteln,

8. mit Arbeiten, bei denen sie erhöhten Unfallgefahren, insbesondere der Gefahr auszugleiten, zu fallen oder abzustürzen, ausgesetzt sind.

(3) Die Beschäftigung von werdenden Müttern mit

1. Akkordarbeit und sonstigen Arbeiten, bei denen durch ein gesteigertes Arbeitstempo ein höheres Entgelt erzielt werden kann,

2. Fließarbeit mit vorgeschriebenem Arbeitstempo

ist verboten. Die Aufsichtsbehörde kann Ausnahmen bewilligen, wenn die Art der Arbeit und das Arbeitstempo eine Beeinträchtigung der Gesundheit von Mutter oder Kind nicht befürchten lassen. Die Aufsichtsbehörde kann die Beschäftigung für alle werdenden Mütter eines Betriebes oder einer Betriebsabteilung bewilligen, wenn die Voraussetzungen des Satzes 2 für alle im Betrieb oder in der Betriebsabteilung beschäftigten Frauen gegeben sind.

(4) Die Bundesregierung wird ermächtigt, zur Vermeidung von Gesundheitsgefährdungen der werdenden oder stillenden Mütter und ihrer Kinder durch Rechtsverordnung mit Zustimmung des Bundesrates

1. Arbeiten zu bestimmen, die unter die Beschäftigungsverbote der Absätze 1 und 2 fallen,

2. weitere Beschäftigungsverbote für werdende und stillende Mütter vor und nach der Entbindung zu erlassen.

(5) Die Aufsichtsbehörde kann in Einzelfällen bestimmen, ob eine Arbeit unter die Beschäftigungsverbote der Absätze 1 bis 3 oder einer von der Bundesregierung gemäß Absatz 4 erlassenen Verordnung fällt. Sie kann in Einzelfällen die Beschäftigung mit bestimmten anderen Arbeiten verbieten.

### § 5 Mitteilungspflicht, ärztliches Zeugnis

(1) Werdende Mütter sollen dem Arbeitgeber ihre Schwangerschaft und den mutmaßlichen Tag der Entbindung mitteilen, sobald ihnen ihr Zustand bekannt ist. Auf Verlangen des Arbeitgebers sollen sie das Zeugnis eines Arztes oder einer Hebamme vorlegen. Der Arbeitgeber hat

die Aufsichtsbehörde unverzüglich von der Mitteilung der werdenden Mutter zu benachrichtigen. Er darf die Mitteilung der werdenden Mutter Dritten nicht unbefugt bekannt geben.

(2) Für die Berechnung der in § 3 Abs. 2 bezeichneten Zeiträume vor der Entbindung ist das Zeugnis eines Arztes oder einer Hebamme maßgebend; das Zeugnis soll den mutmaßlichen Tag der Entbindung angeben. Irrt sich der Arzt oder die Hebamme über den Zeitpunkt der Entbindung, so verkürzt oder verlängert sich diese Frist entsprechend.

(3) Die Kosten für die Zeugnisse nach den Absätzen 1 und 2 trägt der Arbeitgeber.

## § 6 Beschäftigungsverbote nach der Entbindung

(1) Mütter dürfen bis zum Ablauf von acht Wochen, bei Früh- und Mehrlingsgeburten bis zum Ablauf von zwölf Wochen nach der Entbindung nicht beschäftigt werden. Bei Frühgeburten oder sonstigen vorzeitigen Entbindungen verlängern sich die Fristen nach Satz 1 zusätzlich um den Zeitraum der Schutzfrist nach § 3 Abs. 2, der nicht in Anspruch genommen werden konnte. Beim Tod ihres Kindes kann die Mutter auf ihr ausdrückliches Verlangen ausnahmsweise schon vor Ablauf dieser Fristen, aber noch nicht in den ersten zwei Wochen nach der Entbindung, wieder beschäftigt werden, wenn nach ärztlichem Zeugnis nichts dagegen spricht. Sie kann ihre Erklärung jederzeit widerrufen.

(2) Frauen, die in den ersten Monaten nach der Entbindung nach ärztlichem Zeugnis nicht voll leistungsfähig sind, dürfen nicht zu einer ihre Leistungsfähigkeit übersteigenden Arbeit herangezogen werden.

(3) Stillende Mütter dürfen mit den in § 4 Abs. 1 und Abs. 2 Nr. 1, 3, 4, 5, 6 und 8 sowie mit den in Abs. 3 Satz 1 genannten Arbeiten nicht beschäftigt werden. Die Vorschriften des § 4 Abs. 3 Satz 2 und 3 sowie Abs. 5 gelten entsprechend.

## § 7 Stillzeit

(1) Stillenden Müttern ist auf ihr Verlangen die zum Stillen erforderliche Zeit, mindestens aber zweimal täglich eine halbe Stunde oder einmal täglich eine Stunde freizugeben. Bei einer zusammenhängenden Arbeitszeit von mehr als acht Stunden soll auf Verlangen zweimal eine Stillzeit von mindestens fünfundvierzig Minuten oder, wenn in der Nähe der Arbeitsstätte keine Stillgelegenheit vorhanden ist, einmal eine Stillzeit von mindestens 90 Minuten gewährt werden. Die Arbeitszeit gilt als zusammenhängend, soweit sie nicht durch eine Ruhepause von mindestens zwei Stunden unterbrochen wird.

(2) Durch die Gewährung der Stillzeit darf ein Verdienstausfall nicht eintreten. Die Stillzeit darf von stillenden Müttern nicht vor- oder nachgearbeitet und nicht auf die in dem Arbeitszeitgesetz oder in anderen Vorschriften festgesetzten Ruhepausen angerechnet werden.

(3) Die Aufsichtsbehörde kann in Einzelfällen nähere Bestimmungen über Zahl, Lage und Dauer der Stillzeiten treffen; sie kann die Einrichtung von Stillräumen vorschreiben.

(4) Der Auftraggeber oder Zwischenmeister hat den in Heimarbeit Beschäftigten und den ihnen Gleichgestellten für die Stillzeit ein Entgelt von 75 vom Hundert eines durchschnittlichen Stundenverdienstes, mindestens aber 0,38 Euro für jeden Werktag, zu zahlen. Ist die Frau für mehrere Auftraggeber oder Zwischenmeister tätig, so haben diese das Entgelt für die Stillzeit zu gleichen Teilen zu gewähren. Auf das Entgelt finden die Vorschriften der §§ 23 bis 25 des Heimarbeitsgesetzes vom 14. März 1951 (BGBl. I S. 191) über den Entgeltschutz Anwendung.

## § 8 Mehrarbeit, Nacht- und Sonntagsarbeit

(1) Werdende und stillende Mütter dürfen nicht mit Mehrarbeit, nicht in der Nacht zwischen 20 und 6 Uhr und nicht an Sonn- und Feiertagen beschäftigt werden.

(2) Mehrarbeit im Sinne des Absatzes 1 ist jede Arbeit, die

1. von Frauen unter 18 Jahren über 8 Stunden täglich oder 80 Stunden in der Doppelwoche,

2. von sonstigen Frauen über 8 1/2 Stunden täglich oder 90 Stunden in der Doppelwoche

hinaus geleistet wird. In die Doppelwoche werden die Sonntage eingerechnet.

(3) Abweichend vom Nachtarbeitsverbot des Absatzes 1 dürfen werdende Mütter in den ersten vier Monaten der Schwangerschaft und stillende Mütter beschäftigt werden

1. in Gast- und Schankwirtschaften und im übrigen Beherbergungswesen bis 22 Uhr,

2. in der Landwirtschaft mit dem Melken von Vieh ab 5 Uhr,

3. als Künstlerinnen bei Musikaufführungen, Theatervorstellungen und ähnlichen Aufführungen bis 23.00 Uhr.

(4) Im Verkehrswesen, in Gast- und Schankwirtschaften und im übrigen Beherbergungswesen, im Familienhaushalt, in Krankenpflege- und in Badeanstalten, bei Musikaufführungen, Theatervorstellungen, anderen Schaustellungen, Darbietungen oder Lustbarkeiten dürfen werdende oder stillende Mütter, abweichend von Absatz 1, an Sonn- und Feiertagen beschäftigt werden, wenn ihnen in jeder Woche einmal eine ununterbrochene Ruhezeit von mindestens 24 Stunden im Anschluss an eine Nachtruhe gewährt wird.

(5) An in Heimarbeit Beschäftigten und ihnen Gleichgestellten, die werdende oder stillende Mütter sind, darf Heimarbeit nur in solchem Umfang und mit solchen Fertigungsfristen ausgegeben werden, dass sie von der werdenden Mutter voraussichtlich während einer achtstündigen Tagesarbeitszeit, von der stillenden Mutter voraussichtlich während einer 7 1/4-stündigen Tagesarbeitszeit an Werktagen ausgeführt werden kann. Die Aufsichtsbehörde kann in Einzelfällen nähere Bestimmungen über die Arbeitsmenge treffen; falls ein Heimarbeitsausschuss besteht, hat sie diesen vorher zu hören.

(6) Die Aufsichtsbehörde kann in begründeten Einzelfällen Ausnahmen von den vorstehenden Vorschriften zulassen.

## Dritter Abschnitt
## Kündigung

## § 9 Kündigungsverbot

(1) Die Kündigung gegenüber einer Frau während der Schwangerschaft und bis zum Ablauf von vier Monaten nach der Entbindung ist unzulässig, wenn dem Arbeitgeber zur Zeit der Kündigung die Schwangerschaft oder Entbindung bekannt war oder innerhalb zweier Wochen nach Zugang der Kündigung mitgeteilt wird; das Überschreiten dieser Frist ist unschädlich, wenn es auf einem von der Frau nicht zu vertretenden Grund beruht und die Mitteilung unverzüglich nachgeholt wird. Die Vorschrift des Satzes 1 gilt für Frauen, die den in Heimarbeit Beschäftigten gleichgestellt sind, nur, wenn sich die Gleichstellung auch auf den Neunten Abschnitt – Kündigung – des Heimarbeitsgesetzes vom 14. März 1951 (BGBl. I S. 191) erstreckt.

(2) Kündigt eine schwangere Frau, gilt § 5 Abs. 1 Satz 3 entsprechend.

(3) Die für den Arbeitsschutz zuständige oberste Landesbehörde oder die von ihr bestimmte Stelle kann in besonderen Fällen, die nicht mit dem Zustand einer Frau während der Schwangerschaft oder ihrer Lage bis zum Ablauf von vier Monaten nach der Entbindung in Zusammenhang stehen, ausnahmsweise die Kündigung für zulässig erklären. Die Kündigung bedarf der schriftlichen Form, und sie muss den zulässigen Kündigungsgrund angeben.

(4) In Heimarbeit Beschäftigte und ihnen Gleichgestellte dürfen während der Schwangerschaft und bis zum Ablauf von vier Monaten nach der Entbindung nicht gegen ihren Willen

bei der Ausgabe von Heimarbeit ausgeschlossen werden; die Vorschriften der §§ 3, 4, 6 und 8 Abs. 5 bleiben unberührt.

### § 10 Erhaltung von Rechten

(1) Eine Frau kann während der Schwangerschaft und während der Schutzfrist nach der Entbindung (§ 6 Abs. 1) das Arbeitsverhältnis ohne Einhaltung einer Frist zum Ende der Schutzfrist nach der Entbindung kündigen.

(2) Wird das Arbeitsverhältnis nach Absatz 1 aufgelöst und wird die Frau innerhalb eines Jahres nach der Entbindung in ihrem bisherigen Betrieb wieder eingestellt, so gilt, soweit Rechte aus dem Arbeitsverhältnis von der Dauer der Betriebs- oder Berufszugehörigkeit oder von der Dauer der Beschäftigungs- oder Dienstzeit abhängen, das Arbeitsverhältnis als nicht unterbrochen. Dies gilt nicht, wenn die Frau in der Zeit von der Auflösung des Arbeitsverhältnisses bis zur Wiedereinstellung bei einem anderen Arbeitgeber beschäftigt war.

### Vierter Abschnitt
### Leistungen

### § 11 Arbeitsentgelt bei Beschäftigungsverboten

(1) Den unter den Geltungsbereich des § 1 fallenden Frauen ist, soweit sie nicht Mutterschaftsgeld nach den Vorschriften der Reichsversicherungsordnung beziehen können, vom Arbeitgeber mindestens der Durchschnittsverdienst der letzten dreizehn Wochen oder der letzten drei Monate vor Beginn des Monats, in dem die Schwangerschaft eingetreten ist, weiter zu gewähren, wenn sie wegen eines Beschäftigungsverbots nach § 3 Abs. 1, §§ 4, 6 Abs. 2 oder 3 oder wegen des Mehr-, Nacht- oder Sonntagsarbeitsverbots nach § 8 Abs. 1, 3 oder 5 teilweise oder völlig mit der Arbeit aussetzen. Dies gilt auch, wenn wegen dieser Verbote die Beschäftigung oder die Entlohnungsart wechselt. Wird das Arbeitsverhältnis erst nach

Eintritt der Schwangerschaft begonnen, so ist der Durchschnittsverdienst aus dem Arbeitsentgelt der ersten dreizehn Wochen oder drei Monate der Beschäftigung zu berechnen. Hat das Arbeitsverhältnis nach Satz 1 oder 3 kürzer gedauert, so ist der kürzere Zeitraum der Berechnung zugrunde zu legen. Zeiten, in denen kein Arbeitsentgelt erzielt wurde, bleiben außer Betracht.

(2) Bei Verdiensterhöhungen nicht nur vorübergehender Natur, die während oder nach Ablauf des Berechnungszeitraums eintreten, ist von dem erhöhten Verdienst auszugehen. Verdienstkürzungen, die im Berechnungszeitraum infolge von Kurzarbeit, Arbeitsausfällen oder unverschuldeter Arbeitsversäumnis eintreten, bleiben für die Berechnung des Durchschnittsverdienstes außer Betracht. Zu berücksichtigen sind dauerhafte Verdienstkürzungen, die während oder nach Ablauf des Berechnungszeitraums eintreten und nicht auf einem mutterschutzrechtlichen Beschäftigungsverbot beruhen.

(3) Die Bundesregierung wird ermächtigt, durch Rechtsverordnung mit Zustimmung des Bundesrates Vorschriften über die Berechnung des Durchschnittsverdienstes im Sinne der Absätze 1 und 2 zu erlassen.

### § 12 (aufgehoben)

### § 13 Mutterschaftsgeld

(1) Frauen, die Mitglied einer gesetzlichen Krankenkasse sind, erhalten für die Zeit der Schutzfristen des § 3 Abs. 2 und des § 6 Abs. 1 sowie für den Entbindungstag Mutterschaftsgeld nach den Vorschriften des Fünften Buches Sozialgesetzbuch oder des Zweiten Gesetzes über die Krankenversicherung der Landwirte über das Mutterschaftsgeld.

(2) Frauen, die nicht Mitglied einer gesetzlichen Krankenkasse sind, erhalten, wenn sie bei Beginn der Schutzfrist nach § 3 Abs. 2 in einem Arbeitsverhältnis stehen oder in Heimar-

beit beschäftigt sind, für die Zeit der Schutzfristen des § 3 Abs. 2 und des § 6 Abs. 1 sowie für den Entbindungstag Mutterschaftsgeld zu Lasten des Bundes in entsprechender Anwendung der Vorschriften des Fünften Buches Sozialgesetzbuch über das Mutterschaftsgeld, höchstens jedoch insgesamt 210 Euro. Das Mutterschaftsgeld wird diesen Frauen auf Antrag vom Bundesversicherungsamt gezahlt. Die Sätze 1 und 2 gelten für Frauen entsprechend, deren Arbeitsverhältnis während ihrer Schwangerschaft oder der Schutzfrist des § 6 Abs. 1 nach Maßgabe von § 9 Abs. 3 aufgelöst worden ist.

(3) Frauen, die während der Schutzfristen des § 3 Abs. 2 oder des § 6 Abs. 1 von einem Beamten- in ein Arbeitsverhältnis wechseln, erhalten von diesem Zeitpunkt an Mutterschaftsgeld entsprechend den Absätzen 1 und 2.

### § 14 Zuschuss zum Mutterschaftsgeld

(1) Frauen, die Anspruch auf Mutterschaftsgeld nach § 24i Absatz 1, 2 Satz 1 bis 4 und Absatz 3 des Fünften Buches Sozialgesetzbuch oder § 13 Abs. 2, 3 haben, erhalten während ihres bestehenden Arbeitsverhältnisses für die Zeit der Schutzfristen des § 3 Abs. 2 und § 6 Abs. 1 sowie für den Entbindungstag von ihrem Arbeitgeber einen Zuschuss in Höhe des Unterschiedsbetrages zwischen 13 Euro und dem um die gesetzlichen Abzüge verminderten durchschnittlichen kalendertäglichen Arbeitsentgelt. Das durchschnittliche kalendertägliche Arbeitsentgelt ist aus den letzten drei abgerechneten Kalendermonaten, bei wöchentlicher Abrechnung aus den letzten dreizehn abgerechneten Wochen vor Beginn der Schutzfrist nach § 3 Abs. 2 zu berechnen. Nicht nur vorübergehende Erhöhungen des Arbeitsentgeltes, die während der Schutzfristen des § 3 Abs. 2 und § 6 Abs. 1 wirksam werden, sind ab diesem Zeitpunkt in die Berechnung einzubeziehen. Einmalig gezahltes Arbeitsentgelt (§ 23a des Vierten Buches Sozialgesetzbuch) sowie Tage, an denen infolge von Kurzarbeit, Arbeitsausfällen

oder unverschuldeter Arbeitsversäumnis kein oder ein vermindertes Arbeitsentgelt erzielt wurde, bleiben außer Betracht. Zu berücksichtigen sind dauerhafte Verdienstkürzungen, die während oder nach Ablauf des Berechnungszeitraums eintreten und nicht auf einem mutterschutzrechtlichen Beschäftigungsverbot beruhen. Ist danach eine Berechnung nicht möglich, so ist das durchschnittliche kalendertägliche Arbeitsentgelt einer gleichartig Beschäftigten zugrunde zu legen.

(2) Frauen, deren Arbeitsverhältnis während ihrer Schwangerschaft oder während der Schutzfrist des § 6 Abs. 1 nach Maßgabe von § 9 Abs. 3 aufgelöst worden ist, erhalten bis zum Ende dieser Schutzfrist den Zuschuss nach Absatz 1 von der für die Zahlung des Mutterschaftsgeldes zuständigen Stelle.

(3) Absatz 2 gilt entsprechend, wenn der Arbeitgeber wegen eines Insolvenzereignisses im Sinne des § 165 Absatz 1 Satz 2 des Dritten Buches Sozialgesetzbuch seinen Zuschuss nach Absatz 1 nicht zahlen kann.

(4) Der Zuschuss nach den Absätzen 1 bis 3 entfällt für die Zeit, in der Frauen die Elternzeit nach dem Bundeselterngeld- und Elternzeitgesetz in Anspruch nehmen oder in Anspruch genommen hätten, wenn deren Arbeitsverhältnis nicht während ihrer Schwangerschaft oder während der Schutzfrist des § 6 Abs. 1 vom Arbeitgeber zulässig aufgelöst worden wäre. Dies gilt nicht, soweit sie eine zulässige Teilzeitarbeit leisten.

### § 15 Sonstige Leistungen bei Schwangerschaft und Mutterschaft

Frauen, die in der gesetzlichen Krankenversicherung versichert sind, erhalten auch die folgenden Leistungen bei Schwangerschaft und Mutterschaft nach den Vorschriften des Fünften Buches Sozialgesetzbuch oder des Zweiten Gesetzes über die Krankenversicherung der Landwirte

1. ärztliche Betreuung und Hebammenhilfe,

2. Versorgung mit Arznei-, Verband- und Heilmitteln,

3. stationäre Entbindung,

4. häusliche Pflege,

5. Haushaltshilfe.

## § 16 Freistellung für Untersuchungen

Der Arbeitgeber hat die Frau für die Zeit freizustellen, die zur Durchführung der Untersuchungen im Rahmen der Leistungen der gesetzlichen Krankenversicherung bei Schwangerschaft und Mutterschaft erforderlich ist. Entsprechendes gilt zugunsten der Frau, die nicht in der gesetzlichen Krankenversicherung versichert ist. Ein Entgeltausfall darf hierdurch nicht eintreten.

## § 17 Erholungsurlaub

Für den Anspruch auf bezahlten Erholungsurlaub und dessen Dauer gelten die Ausfallzeiten wegen mutterschutzrechtlicher Beschäftigungsverbote als Beschäftigungszeiten. Hat die Frau ihren Urlaub vor Beginn der Beschäftigungsverbote nicht oder nicht vollständig erhalten, so kann sie nach Ablauf der Fristen den Resturlaub im laufenden oder im nächsten Urlaubsjahr beanspruchen.

### Fünfter Abschnitt
### Durchführung des Gesetzes

### § 18 Auslage des Gesetzes

(1) In Betrieben und Verwaltungen, in denen regelmäßig mehr als drei Frauen beschäftigt werden, ist ein Abdruck dieses Gesetzes an geeigneter Stelle zur Einsicht auszulegen oder auszuhängen.

(2) Wer Heimarbeit ausgibt oder abnimmt, hat in den Räumen der Ausgabe und Abnahme einen Abdruck dieses Gesetzes an geeigneter Stelle zur Einsicht auszulegen oder auszuhängen.

### § 19 Auskunft

(1) Der Arbeitgeber ist verpflichtet, der Aufsichtsbehörde auf Verlangen

1. die zur Erfüllung der Aufgaben dieser Behörde erforderlichen Angaben wahrheitsgemäß und vollständig zu machen,

2. die Unterlagen, aus denen Namen, Beschäftigungsart und -zeiten der werdenden und stillenden Mütter sowie Lohn- und Gehaltszahlungen ersichtlich sind, und alle sonstigen Unterlagen, die sich auf die zu Nummer 1 zu machenden Angaben beziehen, zur Einsicht vorzulegen oder einzusenden.

(2) Die Unterlagen sind mindestens bis zum Ablauf von zwei Jahren nach der letzten Eintragung aufzubewahren.

### § 20 Aufsichtsbehörden

(1) Die Aufsicht über die Ausführung der Vorschriften dieses Gesetzes und der auf Grund dieses Gesetzes erlassenen Vorschriften obliegt den nach Landesrecht zuständigen Behörden (Aufsichtsbehörden).

(2) Die Aufsichtsbehörden haben dieselben Befugnisse und Obliegenheiten wie nach § 139b der Gewerbeordnung die dort genannten besonderen Beamten. Das Grundrecht der Unverletzlichkeit der Wohnung (Artikel 13 des Grundgesetzes) wird insoweit eingeschränkt.

### Sechster Abschnitt
### Straftaten und Ordnungswidrigkeiten

### § 21 Straftaten und Ordnungswidrigkeiten

(1) Ordnungswidrig handelt der Arbeitgeber, der vorsätzlich oder fahrlässig

1. den Vorschriften der §§ 3, 4 Abs. 1 bis 3 Satz 1 oder § 6 Abs. 1 bis 3 Satz 1 über die Beschäftigungsverbote vor und nach der Entbindung,

2. den Vorschriften des § 7 Abs. 1 Satz 1 oder Abs. 2 Satz 2 über die Stillzeit,

3. den Vorschriften des § 8 Abs. 1 oder Abs. 3 bis 5 Satz 1 über Mehr-, Nacht- oder Sonntagsarbeit,

4. den auf Grund des § 4 Abs. 4 erlassenen Vorschriften, soweit sie für einen bestimmten Tatbestand auf diese Bußgeldvorschrift verweisen,

5. einer vollziehbaren Verfügung der Aufsichtsbehörde nach § 2 Abs. 5, § 4 Abs. 5, § 6 Abs. 3 Satz 2, § 7 Abs. 3 oder § 8 Abs. 5 Satz 2 Halbsatz 1,

6. den Vorschriften des § 5 Abs. 1 Satz 3 über die Benachrichtigung,

7. der Vorschrift des § 16 Satz 1 auch in Verbindung mit Satz 2 über die Freistellung für Untersuchungen oder

8. den Vorschriften des § 18 über die Auslage des Gesetzes oder des § 19 über die Einsicht, Aufbewahrung und Vorlage der Unterlagen und über die Auskunft

zuwiderhandelt.

(2) Die Ordnungswidrigkeit nach Absatz 1 Nr. 1 bis 5 kann mit einer Geldbuße bis zu 15.000 Euro, die Ordnungswidrigkeit nach Absatz 1 Nr. 6 bis 8 mit einer Geldbuße bis zu 2.500 Euro geahndet werden.

(3) Wer vorsätzlich eine der in Absatz 1 Nr. 1 bis 5 bezeichneten Handlungen begeht und dadurch die Frau in ihrer Arbeitskraft oder Gesundheit gefährdet, wird mit Freiheitsstrafe bis zu einem Jahr oder mit Geldstrafe bestraft.

(4) Wer in den Fällen des Absatzes 3 die Gefahr fahrlässig verursacht, wird mit Freiheitsstrafe bis zu sechs Monaten oder mit Geldstrafe bis zu einhundertachtzig Tagessätzen bestraft.

**§§ 22, 23 (weggefallen)**

### Siebenter Abschnitt
### Schlussvorschriften

### § 24 In Heimarbeit Beschäftigte

Für die Heimarbeit-Beschäftigten und die ihnen Gleichgestellten gelten

1. §§ 3, 4 und § 6 mit der Maßgabe, dass an die Stelle der Beschäftigungsverbote das Verbot der Ausgabe von Heimarbeit tritt,

2. § 2 Abs. 4, § 5 Abs. 1 und 3, § 9 Abs. 1, § 11 Abs. 1, § 13 Abs. 2, §§ 14, 16, 19 Abs. 1 und § 21 Abs. 1 mit der Maßgabe, dass an die Stelle des Arbeitgebers der Auftraggeber oder Zwischenmeister tritt.

### § 25 (weggefallen)

# Verordnung über den Schutz vor Schäden durch Röntgenstrahlen

(Röntgenverordnung – RöV)

In der Fassung der Bekanntmachung
vom 30. April 2003
(BGBl. I S. 604)

Neugefasst durch Art. 2 der Verordnung
vom 4. Oktober 2011
(BGBl. I S. 2000)

## Abschnitt 1
## Allgemeine Vorschriften

### § 1 Anwendungsbereich

(1) Diese Verordnung gilt für Röntgeneinrichtungen und Störstrahler, in denen Röntgenstrahlung mit einer Grenzenergie von mindestens fünf Kiloelektronvolt durch beschleunigte Elektronen erzeugt werden kann und bei denen die Beschleunigung der Elektronen auf eine Energie von einem Megaelektronvolt begrenzt ist.

### § 2 Begriffsbestimmungen

Im Sinne dieser Verordnung sind:

1. Anwendung von Röntgenstrahlung am Menschen:

   Technische Durchführung und

   a) Befundung einer Röntgenuntersuchung oder

   b) Überprüfung und Beurteilung des Ergebnisses einer Röntgenbehandlung,

   nachdem eine Person nach § 24 Abs. 1 Nr. 1 oder 2 eine rechtfertigende Indikation gestellt hat.

2. Basisbild:

   Analoges oder digitales Ausgangsbild, welches Grundlage für eine Bearbeitung, Übertragung, Speicherung oder Darstellung ist.

2a. Basisschutzgerät:

   Röntgeneinrichtung, die den Vorschriften der Anlage 2 Nummer 6 entspricht.

3. Betrieb einer Röntgeneinrichtung:

   Eigenverantwortliches Verwenden oder Bereithalten einer Röntgeneinrichtung zur Erzeugung von Röntgenstrahlung. Zum Betrieb gehört nicht die Erzeugung von Röntgenstrahlung im Zusammenhang mit der geschäftsmäßigen Prüfung, Erprobung, Wartung oder Instandsetzung der Röntgeneinrichtung. Röntgeneinrichtungen werden ferner nicht betrieben, soweit sie im Bereich der Bundeswehr oder des Zivilschutzes ausschließlich für den Einsatzfall geprüft, erprobt, gewartet, instandgesetzt oder bereitgehalten werden. Die Sätze 1 bis 3 gelten für Störstrahler entsprechend.

4. Betriebsbedingungen, maximale:

   Kombination der technischen Einstellparameter, die unter normalen Betriebsbedingungen bei Röntgenstrahlern nach Anlage 2 Nr. 1.1, Röntgeneinrichtungen nach Anlage 2 Nr. 2 bis 4 und 6 und Störstrahlern nach Anlage 2 Nr. 5 zur höchsten Ortsdosisleistung und bei Röntgenstrahlern nach Anlage 2 Nummer 2 bis 4 und 6 zur höchsten mittleren Ortsdosisleistung führen. Hierzu gehören die Spannung für die Beschleunigung von Elektronen, der Röntgenröhrenstrom und gegebenenfalls weitere Parameter wie Einschaltzeit oder Elektrodenabstand.

5. Bildqualität:

   a) diagnostische:
      Darstellung der diagnostisch wichtigen Bildmerkmale, Details und kritischen Strukturen nach dem Stand der Technik und der Heilkunde oder Zahnheilkunde,

   b) physikalische:
      Verhältnis zwischen den Strukturen eines Prüfkörpers und den Kenngrößen ihrer Abbildung.

6. Dosis:

   a) Äquivalentdosis:
      Produkt aus Energiedosis (absorbierte Dosis) im ICRU-Weichteilgewebe und dem Qualitätsfaktor Q des Berichts Nr. 51 der International Commission on Radiation Units and Measurements (ICRU report 51, ICRU Publications, 7910 Woodmont Avenue, Suite 800, Bethesda, Maryland 20814, U.S.A.). Beim Vorliegen mehrerer Strahlungsarten und -energien ist die gesamte Äquivalentdosis die Summe ihrer ermittelten Einzelbeiträge. Die Einheit der Äquivalentdosis ist das Sievert (Sv).

b) Effektive Dosis:
Summe der gewichteten Organdosen in den in Anlage 3 angegebenen Geweben oder Organen des Körpers durch äußere Strahlenexposition. Die Einheit der effektiven Dosis ist das Sievert (Sv).

c) Körperdosis:
Sammelbegriff für Organdosis und effektive Dosis.

d) Organdosis:
Produkt aus der mittleren Energiedosis in einem Organ, Gewebe oder Körperteil und dem Strahlungs-Wichtungsfaktor w(tief)R. Für Röntgen- und Elektronenstrahlung hat der Strahlungs-Wichtungsfaktor den Wert 1. Die Einheit der Organdosis ist das Sievert (Sv).

Soweit in den §§ 31, 31a, 31c, 32 und 35 Werte oder Grenzwerte für die Organdosis der Haut festgelegt sind, beziehen sie sich auf die lokale Hautdosis. Die lokale Hautdosis ist das Produkt der gemittelten Energiedosis der Haut in 0,07 Millimeter Gewebetiefe und dem Strahlungs-Wichtungsfaktor. Die Mittelungsfläche beträgt 1 Quadratzentimeter, unabhängig von der exponierten Hautfläche.

e) Ortsdosis:
Äquivalentdosis, gemessen an einem bestimmten Ort. Messgrößen für die Ortsdosimetrie sind die Umgebungs-Äquivalentdosis H*(10) und die Richtungs-Äquivalentdosis H'(0,07, Omega). Die Umgebungs-Äquivalentdosis H*(10) am interessierenden Punkt im tatsächlichen Strahlungsfeld ist die Äquivalentdosis, die im zugehörigen ausgerichteten und aufgeweiteten Strahlungsfeld in 10 Millimeter Tiefe in der ICRU-Kugel auf dem der Einfallsrichtung der Strahlung entgegengesetzt orientierten Radius erzeugt würde. Die Richtungs-Äquivalentdosis H'(0,07, Omega) am interessierenden Punkt im tatsächlichen Strahlungsfeld ist die Äquivalentdosis, die im zugehörigen aufgeweiteten Strahlungsfeld in 0,07 Millimeter Tiefe auf einem in festgelegter Richtung Omega orientierten Radius der ICRU-Kugel erzeugt würde. Dabei ist

aa) ein aufgeweitetes Strahlungsfeld ein idealisiertes Strahlungsfeld, in dem die Teilchenflussdichte und die Energie- und Richtungsverteilung der Strahlung an allen Punkten eines ausreichend großen Volumens die gleichen Werte aufweist wie das tatsächliche Strahlungsfeld am interessierenden Punkt,

bb) ein aufgeweitetes und ausgerichtetes Feld ein idealisiertes Strahlungsfeld, das aufgeweitet und in dem die Strahlung zusätzlich in eine Richtung ausgerichtet ist,

cc) die ICRU-Kugel ein kugelförmiges Phantom von 30 Zentimeter Durchmesser aus ICRU-Weichteilgewebe (gewebeäquivalentes Material der Dichte $1 g/cm^3$, Zusammensetzung: 76,2 % Sauerstoff, 11,1 % Kohlenstoff, 10,1 % Wasserstoff, 2,6 % Stickstoff).

Die Einheit der Ortsdosis ist das Sievert (Sv).

f) Ortsdosisleistung:
In einem bestimmten Zeitintervall erzeugte Ortsdosis, dividiert durch die Länge des Zeitintervalls.

g) Personendosis:
Äquivalentdosis, gemessen an der für die Strahlenexposition repräsentativen Stelle der Körperoberfläche. Messgrößen für die Personendosimetrie sind die Tiefen-Personendosis H(tief)P(10) und die Oberflächen-Personendosis H(tief)P(0,07). Die Tiefen-Personendosis H(tief)P(10) ist die Äquivalentdosis in 10 Millimeter Tiefe im Kör-

per an der Tragestelle des Personendosimeters. Die Oberflächen-Personendosis H(tief)P(0,07) ist die Äquivalentdosis in 0,07 Millimeter Tiefe im Körper an der Tragestelle des Personendosimeters. Die Einheit der Personendosis ist das Sievert (Sv).

7. Durchführung, technische:

Einstellen der technischen Parameter an der Röntgeneinrichtung, Lagern des Patienten oder des Tieres unter Beachtung der Einstelltechnik, Zentrieren und Begrenzen des Nutzstrahls, Durchführen von Strahlenschutzmaßnahmen und Auslösen der Strahlung.

8. Forschung, medizinische:

Anwendung von Röntgenstrahlung am Menschen, soweit sie der Fortentwicklung der Heilkunde, Zahnheilkunde oder der medizinischen Wissenschaft und nicht in erster Linie der Untersuchung oder Behandlung des einzelnen Patienten dient.

9. Hochschutzgerät:

Röntgeneinrichtung, die den Vorschriften der Anlage 2 Nr. 2 entspricht.

10. Indikation, rechtfertigende:

Entscheidung eines Arztes oder Zahnarztes mit der erforderlichen Fachkunde im Strahlenschutz, dass und in welcher Weise Röntgenstrahlung am Menschen in der Heilkunde oder Zahnheilkunde angewendet wird.

11. Medizinphysik-Experte:

In medizinischer Physik besonders ausgebildeter Diplom-Physiker mit der erforderlichen Fachkunde im Strahlenschutz oder eine inhaltlich gleichwertig ausgebildete sonstige Person mit Hochschul- oder Fachhochschulabschluss und mit der erforderlichen Fachkunde im Strahlenschutz.

12. Person, helfende:

Eine einwilligungsfähige oder mit Einwilligung ihres gesetzlichen Vertreters handelnde Person, die außerhalb ihrer beruflichen Tätigkeit freiwillig Personen unterstützt oder betreut, an denen in Ausübung der Heilkunde oder der Zahnheilkunde oder im Rahmen der medizinischen Forschung oder zugelassener Röntgenreihenuntersuchungen Röntgenstrahlung angewendet wird.

12a. Proband, gesunder:

Person, an der zum Zweck der medizinischen Forschung Röntgenstrahlung angewendet wird und bei der in Bezug auf ein Forschungsvorhaben, das nach § 28a genehmigungsbedürftig ist, keine Krankheit, deren Erforschung Gegenstand des Vorhabens ist, oder kein entsprechender Krankheitsverdacht vorliegt.

13. Referenzwerte, diagnostische:

Dosiswerte für typische Untersuchungen mit Röntgenstrahlung, bezogen auf Standardphantome oder auf Patientengruppen mit Standardmaßen, mit für die jeweilige Untersuchungsart geeigneten Röntgeneinrichtungen und Untersuchungsverfahren.

14. Röntgeneinrichtung:

Einrichtung, die zum Zwecke der Erzeugung von Röntgenstrahlung betrieben wird einschließlich Anwendungsgeräte, Zusatzgeräte und Zubehör, der erforderlichen Software sowie Vorrichtungen zur medizinischen Befundung.

15. Röntgenpass:

Von der untersuchten Person freiwillig geführtes Dokument, das Angaben über den Zeitpunkt einer Röntgenuntersuchung, die untersuchte Körperregion, die Art der Untersuchung und den untersuchenden Arzt enthält.

16. Röntgenstrahler:

Bestandteil einer Röntgeneinrichtung, bestehend aus Röntgenröhre und Röhrenschutzgehäuse, bei einem Einkesselgerät auch dem Hochspannungserzeuger.

17. Schulröntgeneinrichtung:

Röntgeneinrichtung zum Betrieb im Zusammenhang mit dem Unterricht in Schulen, die den Vorschriften der Anlage 2 Nr. 4 entspricht.

18. Störstrahler:

Geräte oder Vorrichtungen, in denen ausschließlich Elektronen beschleunigt werden und die Röntgenstrahlung erzeugen, ohne dass sie zu diesem Zweck betrieben werden. Als Störstrahler gelten auch Elektronenmikroskope, bei denen die erzeugte Röntgenstrahlung durch Detektoren ausgewertet wird.

19. Strahlenexposition:

Einwirkung ionisierender Strahlung auf den menschlichen Körper. Ganzkörperexposition ist die Einwirkung ionisierender Strahlung auf den ganzen Körper, Teilkörperexposition ist die Einwirkung ionisierender Strahlung auf einzelne Organe, Gewebe oder Körperteile.

20. Strahlenexposition, berufliche:

Die Strahlenexposition einer Person, die

a) zum Ausübenden einer Tätigkeit nach dieser Verordnung in einem Beschäftigungs- oder Ausbildungsverhältnis steht oder diese Tätigkeit selbst ausübt,

b) eine Aufgabe nach § 19 oder § 20 des Atomgesetzes wahrnimmt oder

c) im Rahmen des § 6 Abs. 1 Nr. 1 oder 2 dieser Verordnung Röntgeneinrichtungen oder Störstrahler prüft, erprobt, wartet oder instandsetzt oder

d) im Rahmen des § 6 Abs. 1 Nr. 3 dieser Verordnung im Zusammenhang mit dem Betrieb einer fremden Röntgeneinrichtung oder eines fremden Störstrahlers beschäftigt ist oder Aufgaben selbst wahrnimmt.

Eine nicht mit der Berufsausübung zusammenhängende Strahlenexposition bleibt dabei unberücksichtigt.

21. Strahlenexposition, medizinische:

a) Exposition einer Person im Rahmen ihrer Untersuchung oder Behandlung mit Röntgenstrahlung in der Heilkunde oder Zahnheilkunde (Patient),

b) Exposition einer Person, an der mit ihrer Einwilligung oder mit Einwilligung ihres gesetzlichen Vertreters Röntgenstrahlung in der medizinischen Forschung angewendet wird (Proband),

c) Exposition einer Person im Rahmen ihrer Untersuchung mit Röntgenstrahlung nach Vorschriften des allgemeinen Arbeitsschutzes,

d) Exposition einer Person im Rahmen einer Reihenuntersuchung mit Röntgenstrahlung zur Früherkennung von Krankheiten.

22. Strahlenschutzbereiche:

Überwachungsbereich oder Kontrollbereich.

23. Tätigkeiten:

Der Betrieb, die Prüfung, Erprobung, Wartung oder Instandsetzung von Röntgeneinrichtungen oder Störstrahlern.

24. Teleradiologie:

Untersuchung eines Menschen mit Röntgenstrahlung unter der Verantwortung eines Arztes nach § 24 Abs. 1 Nr. 1, der sich nicht am Ort der technischen Durchführung befindet und der mit Hilfe elektronischer Datenübertragung und Telekommunikation insbesondere zur rechtfertigenden Indikation und Befundung unmittelbar mit den Personen am Ort der technischen Durchführung in Verbindung steht.

24a.Tierbegleitperson:

Eine einwilligungsfähige Person, die das 18. Lebensjahr vollendet hat und die außerhalb ihrer beruflichen Tätigkeit freiwillig ein Tier begleitet, an dem in Ausübung der Tierheilkunde Röntgenstrahlung angewendet wird.

25. Vollschutzgerät:

Röntgeneinrichtung, die den Vorschriften der Anlage 2 Nr. 3 entspricht.

26. Vorsorge, arbeitsmedizinische:

Ärztliche Untersuchung, gesundheitliche Beurteilung und Beratung beruflich strahlenexponierter Personen durch einen Arzt nach § 41 Abs. 1 Satz 1.

## Abschnitt 1a
## Strahlenschutzgrundsätze

### § 2a Rechtfertigung

(1) Neue Arten von Tätigkeiten, mit denen Strahlenexpositionen von Mensch und Umwelt verbunden sein können, müssen unter Abwägung ihres wirtschaftlichen, sozialen oder sonstigen Nutzens gegenüber der möglicherweise von ihnen ausgehenden gesundheitlichen Beeinträchtigung gerechtfertigt sein. Die Rechtfertigung bestehender Arten von Tätigkeiten kann überprüft werden, sobald wesentliche neue Erkenntnisse über den Nutzen oder die Auswirkungen der Tätigkeit vorliegen.

(2) Medizinische Strahlenexpositionen im Rahmen der Heilkunde, Zahnheilkunde oder der medizinischen Forschung müssen einen hinreichenden Nutzen erbringen, wobei ihr Gesamtpotenzial an diagnostischem oder therapeutischem Nutzen, einschließlich des unmittelbaren gesundheitlichen Nutzens für den Einzelnen und des Nutzens für die Gesellschaft, abzuwägen ist gegenüber der von der Strahlenexposition möglicherweise verursachten Schädigung des Einzelnen.

(3) Die in Anlage 5 genannten Tätigkeitsarten sind nicht gerechtfertigt.

### § 2b Dosisbegrenzung

Wer eine Tätigkeit nach dieser Verordnung plant, ausübt oder ausüben lässt, ist verpflichtet, dafür zu sorgen, dass die Dosisgrenzwerte dieser Verordnung nicht überschritten werden.

### § 2c Vermeidung unnötiger Strahlenexposition und Dosisreduzierung

(1) Wer eine Tätigkeit nach dieser Verordnung plant, ausübt oder ausüben lässt, ist verpflichtet, jede unnötige Strahlenexposition von Mensch und Umwelt zu vermeiden.

(2) Wer eine Tätigkeit nach dieser Verordnung plant, ausübt oder ausüben lässt, ist verpflichtet, jede Strahlenexposition von Mensch und Umwelt unter Beachtung des Standes der Technik und unter Berücksichtigung aller Umstände des Einzelfalles auch unterhalb der Grenzwerte so gering wie möglich zu halten.

## Abschnitt 2
## Überwachungsvorschriften

### Unterabschnitt 1
### Betrieb von Röntgeneinrichtungen und Störstrahlern

### § 3 Genehmigungsbedürftiger Betrieb von Röntgeneinrichtungen

(1) Wer eine Röntgeneinrichtung betreibt oder deren Betrieb wesentlich verändert, bedarf der Genehmigung.

(2) Die Genehmigung ist zu erteilen, wenn

1. keine Tatsachen vorliegen, aus denen sich Bedenken gegen die Zuverlässigkeit

   a) des Antragstellers, seines gesetzlichen Vertreters oder, bei juristischen Personen oder nicht rechtsfähigen Personenvereinigungen, der nach Gesetz,

Satzung oder Gesellschaftsvertrag zur Vertretung oder Geschäftsführung Berechtigten oder

b) eines Strahlenschutzbeauftragten ergeben,

2. die für den sicheren Betrieb der Röntgeneinrichtung notwendige Anzahl von Strahlenschutzbeauftragten vorhanden ist und ihnen die für die Erfüllung ihrer Aufgaben erforderlichen Befugnisse eingeräumt sind,

3. jeder Strahlenschutzbeauftragte oder, falls ein Strahlenschutzbeauftragter nicht notwendig ist, eine der in Nummer 1 Buchstabe a genannten Personen die erforderliche Fachkunde im Strahlenschutz besitzt,

4. gewährleistet ist, dass die beim Betrieb der Röntgeneinrichtung sonst tätigen Personen die notwendigen Kenntnisse über die mögliche Strahlengefährdung und die anzuwendenden Schutzmaßnahmen besitzen,

5. gewährleistet ist, dass beim Betrieb der Röntgeneinrichtung die Ausrüstungen vorhanden und die Maßnahmen getroffen sind, die nach dem Stand der Technik erforderlich sind, damit die Schutzvorschriften eingehalten werden,

6. keine Tatsachen vorliegen, aus denen sich Bedenken ergeben, dass das für die sichere Ausführung des Betriebes notwendige Personal nicht vorhanden ist,

7. § 2a Abs. 3 dem beabsichtigten Betrieb nicht entgegensteht und

8. dem Betrieb sonstige öffentlich-rechtliche Vorschriften nicht entgegenstehen.

(3) Für eine Genehmigung zum Betrieb einer Röntgeneinrichtung zur Anwendung von Röntgenstrahlung am Menschen müssen zusätzlich zu Absatz 2 folgende Voraussetzungen erfüllt sein:

1. Der Antragsteller oder der von ihm bestellte Strahlenschutzbeauftragte ist als Arzt oder Zahnarzt approbiert oder ihm ist die vorübergehende Ausübung des ärztlichen oder zahnärztlichen Berufs erlaubt;

2. es ist gewährleistet, dass

   a) bei der vorgesehenen Art der Untersuchung die erforderliche Bildqualität mit einer möglichst geringen Strahlenexposition erreicht wird; dabei sind für die Prüfung, ob dieses Produkt für die vorgesehene Anwendung geeignet ist, die Angaben zur Zweckbestimmung des Medizinproduktes oder des Zubehörs im Sinne des Medizinproduktegesetzes zu beachten,

   b) soweit es sich nicht um eine Röntgeneinrichtung handelt, die vor dem 1. Juli 2002 erstmalig in Betrieb genommen worden ist, Vorrichtungen zur Anzeige der Strahlenexposition des Patienten vorhanden sind oder, falls dies nach dem Stand der Technik nicht möglich ist, die Strahlenexposition des Patienten auf andere Weise unmittelbar ermittelt werden kann,

   c) soweit es die Art der Behandlung von Menschen erfordert, ein Medizinphysik-Experte bei der Bestrahlungsplanung mitwirkt und während der Durchführung der Behandlung verfügbar ist und

   d) soweit es die Art der Untersuchung erfordert, bei der Untersuchung von Menschen ein Medizinphysik-Experte zur Beratung in Fragen der Optimierung, insbesondere Patientendosimetrie und Qualitätssicherung einschließlich Qualitätskontrolle, und erforderlichenfalls zur Beratung in weiteren Fragen des Strahlenschutzes bei medizinischen Expositionen hinzugezogen werden kann.

(4) Für eine Genehmigung zum Betrieb einer Röntgeneinrichtung zur Teleradiologie müssen zusätzlich zu Absatz 2 und 3 folgende Voraus-

setzungen erfüllt sein: Es ist gewährleistet, dass

1. eine Person nach § 24 Abs. 1 Nr. 1, die sich nicht am Ort der technischen Durchführung der Untersuchung befindet, nach eingehender Beratung mit dem Arzt nach Nummer 3 die rechtfertigende Indikation nach § 23 Abs. 1 für die Anwendung von Röntgenstrahlung am Menschen stellt, die Untersuchungsergebnisse befundet und die ärztliche Verantwortung für die Anwendung der Röntgenstrahlung trägt,

2. die technische Durchführung durch eine Person nach § 24 Abs. 2 Nr. 1 oder 2 erfolgt,

3. am Ort der technischen Durchführung ein Arzt mit den erforderlichen Kenntnissen im Strahlenschutz vorhanden ist, der insbesondere die zur Feststellung der rechtfertigenden Indikation erforderlichen Angaben ermittelt und an die Person nach Nummer 1 weiterleitet sowie den Patienten aufklärt,

4. die Person nach Nummer 1 mittels Telekommunikation unmittelbar mit den Personen nach Nummer 2 und 3 in Verbindung steht,

5. die elektronische Datenübertragung und die Bildwiedergabeeinrichtung am Ort der Befundung dem Stand der Technik entsprechen und eine Beeinträchtigung der diagnostischen Aussagekraft der übermittelten Daten und Bilder nicht eintritt und

6. die Person nach Nummer 1 oder in begründeten Fällen eine andere Person nach § 24 Abs. 1 Nr. 1 innerhalb eines für eine Notfallversorgung erforderlichen Zeitraumes am Ort der technischen Durchführung eintreffen kann.

Die Genehmigung zum Betrieb einer Röntgeneinrichtung zur Teleradiologie ist auf den Nacht-, Wochen- und Feiertagsdienst zu beschränken. Sie kann über den Nacht-, Wochenend- und Feiertagsdienst hinaus erteilt werden, wenn zusätzlich zu den Voraussetzungen nach Satz 1 ein Bedürfnis im Hinblick auf die Patientenversorgung besteht. Eine Genehmigung nach Satz 3 ist auf längstens drei Jahre zu befristen.

(4a) Für eine Genehmigung zum Betrieb einer Röntgeneinrichtung zur Untersuchung von Menschen im Rahmen freiwilliger Röntgenreihenuntersuchungen nach § 25 Absatz 1 Satz 2 muss zusätzlich zu den Absätzen 2 und 3

1. der Antragsteller oder der von ihm bestellte Strahlenschutzbeauftragte die für den Betrieb einer Röntgeneinrichtung zur Anwendung von Röntgenstrahlung am Menschen im Rahmen freiwilliger Röntgenreihenuntersuchungen nach § 25 Absatz 1 Satz 2 erforderliche Fachkunde im Strahlenschutz besitzen,

2. jede Person nach § 24 Absatz 1 Nummer 1 oder Nummer 2, die Röntgenstrahlung im Rahmen freiwilliger Röntgenreihenuntersuchungen anwendet, die hierfür erforderliche Fachkunde im Strahlenschutz besitzen,

3. jede Person nach § 24 Absatz 2, die eine Untersuchung im Rahmen freiwilliger Röntgenreihenuntersuchungen technisch durchführt, die hierfür erforderliche Fachkunde oder die hierfür erforderlichen Kenntnisse im Strahlenschutz besitzen und

4. gewährleistet sein, dass

    a) eine Person nach § 24 Absatz 2 Nummer 1 oder Nummer 2 die Untersuchung technisch durchführt, sofern am Untersuchungsort keine Person nach § 24 Absatz 1 Nummer 1 oder Nummer 2 mit der für die Untersuchung erforderlichen Fachkunde im Strahlenschutz anwesend ist,

    b) abweichend von Absatz 3 Nummer 2 Buchstabe b die Röntgeneinrichtung in jedem Fall eine Vorrichtung zur Anzeige der Strahlenexposition aufweist,

c) die Ausrüstungen vorhanden und die Maßnahmen getroffen sind, die nach dem Stand der Technik erforderlich sind, damit die Anforderungen an den Betrieb der Röntgeneinrichtung im Rahmen freiwilliger Röntgenreihenuntersuchungen erfüllt sind, und

d) bei Röntgeneinrichtungen mit digitalem Bildempfänger alle Befundungseinrichtungen den besonderen Anforderungen der vorgesehenen Untersuchungsart genügen und die von der jeweiligen Röntgeneinrichtung ausgegebenen Befundbilder mit denen der anderen Röntgeneinrichtungen übereinstimmen.

Eine Genehmigung nach Satz 1 ist auf längstens fünf Jahre zu befristen.

(5) Für eine Genehmigung zum Betrieb einer Röntgeneinrichtung zur Anwendung von Röntgenstrahlung in der Tierheilkunde muss zusätzlich zu den Voraussetzungen nach Absatz 2 der Antragsteller oder der von ihm bestellte Strahlenschutzbeauftragte als Arzt, Zahnarzt oder Tierarzt approbiert oder zur vorübergehenden Ausübung des tierärztlichen, ärztlichen oder zahnärztlichen Berufs berechtigt sein.

(6) Die Anforderungen an die Beschaffenheit von Röntgeneinrichtungen, die Medizinprodukte oder Zubehör im Sinne des Medizinproduktegesetzes sind, richten sich nach den jeweils geltenden Anforderungen des Medizinproduktegesetzes.

(7) Dem Genehmigungsantrag sind die zur Prüfung erforderlichen Unterlagen beizufügen, insbesondere

1. erläuternde Pläne, Zeichnungen und Beschreibungen,

2. die Bescheinigung nach § 18a Abs. 1 Satz 3,

3. Angaben, die es ermöglichen zu prüfen, ob Absatz 2 Nr. 5 eingehalten wird und

4. im Zusammenhang mit

a) der Anwendung am Menschen Angaben, die es ermöglichen zu prüfen, ob die Voraussetzungen des Absatzes 3,

b) dem teleradiologischen Einsatz Angaben, die es ermöglichen zu prüfen, ob die Voraussetzungen des Absatzes 4 oder

c) der Anwendung am Tier Angaben, die es ermöglichen zu prüfen, ob die Voraussetzungen des Absatzes 5 erfüllt sind.

(8) Wer den Betrieb einer Röntgeneinrichtung beendet, hat dies den zuständigen Stellen unverzüglich mitzuteilen.

## § 4 Anzeigebedürftiger Betrieb von Röntgeneinrichtungen

(1) Einer Genehmigung nach § 3 Abs. 1 bedarf nicht, wer eine Röntgeneinrichtung betreibt,

1. deren Röntgenstrahler nach § 8 Abs. 1 in Verbindung mit Anlage 1 oder Anlage 2 Nr. 1 bauartzugelassen ist,

2. deren Herstellung und erstmaliges In-Verkehr-Bringen unter den Anwendungsbereich des Medizinproduktegesetzes fällt oder

3. die nach Nummer 2 in Verkehr gebracht worden ist und außerhalb der Heilkunde oder Zahnheilkunde eingesetzt wird,

wenn er die Inbetriebnahme der zuständigen Behörde spätestens zwei Wochen vorher anzeigt.

(2) Der Anzeige nach Absatz 1 Nr. 1, 2 oder 3 sind beizufügen:

1. ein Abdruck der Bescheinigung einschließlich des Prüfberichtes eines Sachverständigen nach § 4a, in der

a) die Röntgeneinrichtung und der vorgesehene Betrieb beschrieben sind,

b) festgestellt ist, dass der Röntgenstrahler bauartzugelassen oder die Röntgeneinrichtung nach den Vorschriften des Medizinproduktegesetzes erstmalig in Verkehr gebracht worden ist,

c) festgestellt ist, dass für den vorgesehenen Betrieb die Anforderungen nach § 3 Abs. 2 Nr. 5 erfüllt sind,

d) festgestellt ist, dass bei einer Röntgeneinrichtung zur Anwendung von Röntgenstrahlung am Menschen die Voraussetzungen nach § 3 Abs. 3 Nr. 2 Buchstabe a und b sowie § 16 Abs. 2 Satz 1 erfüllt sind,

2. bei einer Röntgeneinrichtung nach Absatz 1 Nr. 1 ein Abdruck des Zulassungsscheins,

3. Nachweise nach § 3 Abs. 2 Nr. 2 bis 4,

4. bei einer Röntgeneinrichtung zur Anwendung von Röntgenstrahlung am Menschen die Nachweise der in § 3 Abs. 3 Nr. 1 und Nr. 2 Buchstabe c oder d genannten Voraussetzungen und

5. bei einer Röntgeneinrichtung zur Anwendung am Tier in der Tierheilkunde der Nachweis der in § 3 Abs. 5 genannten Voraussetzungen.

§ 3 Abs. 6 gilt entsprechend. Verweigert der Sachverständige die Erteilung der Bescheinigung nach Satz 1 Nr. 1, entscheidet auf Antrag die zuständige Behörde.

(3) Einer Genehmigung nach § 3 Abs. 1 bedarf auch nicht, wer ein Basis-, Hoch- oder Vollschutzgerät oder eine Schulröntgeneinrichtung betreibt, wenn er die Inbetriebnahme der zuständigen Behörde spätestens zwei Wochen vorher anzeigt und der Anzeige einen Abdruck des Zulassungsscheins beifügt. Im Falle der Anzeige des Betriebes eines Basis- oder Hochschutzgerätes oder einer Schulröntgeneinrichtung sind darüber hinaus Nachweise nach § 3 Abs. 2 Nr. 2 bis 4 beizufügen. Röntgeneinrichtungen, die nicht als Schulröntgeneinrichtungen bauartzugelassen sind, dürfen im Zusammenhang mit dem Unterricht in allgemeinbildenden Schulen nicht betrieben werden.

(4) Von dem Erfordernis einer Genehmigung nach § 3 Abs. 1 ist nicht befreit, wer eine Röntgeneinrichtung

1. in der technischen Radiographie zur Grobstrukturanalyse in der Werkstoffprüfung, ausgenommen Basis-, Hoch- und Vollschutzgeräte sowie Schulröntgeneinrichtungen,

2. zur Behandlung von Menschen,

3. zur Teleradiologie,

4. außerhalb eines Röntgenraumes, außer in den Fällen des § 20 Absatz 2 und 3 Nummer 1, 2 und 4, oder

5. zur Untersuchung im Rahmen freiwilliger Röntgenreihenuntersuchungen nach § 25 Absatz 1 Satz 2

betreibt.

(5) Bei einer wesentlichen Änderung des Betriebes einer nach Absatz 1 oder Absatz 3 angezeigten Röntgeneinrichtung sind die Absätze 1 bis 4 entsprechend anzuwenden. Satz 1 gilt entsprechend für die wesentliche Änderung des Betriebes einer Röntgeneinrichtung, die auf Grund einer Anzeige nach § 4 Absatz 1 dieser Verordnung in der vor dem 1. Juli 2002 geltenden Fassung betrieben wird.

(6) Die zuständige Behörde kann den nach Absatz 1 oder 5 angezeigten Betrieb einer Röntgeneinrichtung binnen zwei Wochen nach Eingang der Anzeige untersagen, wenn eine Genehmigung nach § 3 Abs. 2, auch in Verbindung mit Abs. 3 oder 5, nicht erteilt werden könnte; danach kann der Betrieb nur noch untersagt werden, wenn eine erteilte Genehmigung zurückgenommen oder widerrufen werden könnte. Für den nach Absatz 3 Satz 1 angezeigten Betrieb eines Hochschutzgerätes oder einer Schulröntgeneinrichtung gilt Satz 1 entsprechend. Die Behörde kann den nach Absatz 3 Satz 1 angezeigten Betrieb eines Vollschutzgerätes untersagen, wenn Tatsachen vorliegen, aus denen sich Bedenken gegen die Zuverlässigkeit des Strahlenschutzverantwortlichen ergeben.

(7) § 3 Abs. 8 gilt entsprechend.

### § 4a Sachverständige

(1) Die zuständige Behörde bestimmt Sachverständige für die technische Prüfung von Röntgeneinrichtungen nach § 4 Abs. 2 Satz 1 Nr. 1 einschließlich der Erteilung der Bescheinigung und für die Prüfung von Röntgeneinrichtungen und Störstrahlern nach § 18 Abs. 1 Satz 1 Nr. 5. Sie kann Anforderungen an einen Sachverständigen nach Satz 1 hinsichtlich seiner Ausbildung, Berufserfahrung, Eignung, Einweisung in die Sachverständigentätigkeit, seines Umfangs an Prüftätigkeit und seiner sonstigen Voraussetzungen und Pflichten, insbesondere seiner messtechnischen Ausstattung, sowie seiner Zuverlässigkeit und Unparteilichkeit festlegen. Als Sachverständiger darf nur bestimmt werden, wer unabhängig ist von Personen, die an der Herstellung, am Vertrieb oder an der Instandhaltung von Röntgeneinrichtungen oder Störstrahlern beteiligt sind.

(2) Für Sachverständige nach Absatz 1 gelten § 15 Abs. 1 Nr. 1 und 2, § 18 Abs. 1 Satz 1 Nr. 4, §§ 21, 31 bis 31c, 35 Abs. 1 und 4 bis 11 sowie §§ 35a bis 43 entsprechend.

### § 5 Betrieb von Störstrahlern

(1) Wer einen Störstrahler betreibt oder dessen Betrieb wesentlich verändert, bedarf der Genehmigung. § 3 Abs. 2, 7 Nr. 1. bis 3 und Abs. 8 ist entsprechend anzuwenden.

(2) Einer Genehmigung nach Absatz 1 bedarf nicht, wer einen Störstrahler betreibt, bei dem die Spannung zur Beschleunigung der Elektronen 30 Kilovolt nicht überschreitet, wenn

1. die Ortsdosisleistung bei normalen Betriebsbedingungen im Abstand von 0,1 Metern von der berührbaren Oberfläche 1 Mikrosievert durch Stunde nicht überschreitet und

2. auf dem Störstrahler ausreichend darauf hingewiesen ist, dass

a) Röntgenstrahlung erzeugt wird und

b) die Spannung zur Beschleunigung der Elektronen den vom Hersteller oder Einführer bezeichneten Höchstwert nicht überschreiten darf.

(3) Einer Genehmigung nach Absatz 1 bedarf auch nicht, wer einen Störstrahler betreibt, bei dem die Spannung zur Beschleunigung der Elektronen 30 Kilovolt überschreitet, wenn der Störstrahler bauartzugelassen ist.

(4) Einer Genehmigung nach Absatz 1 bedarf auch nicht, wer eine Kathodenstrahlröhre für die Darstellung von Bildern betreibt, bei der die Spannung zur Beschleunigung von Elektronen 40 Kilovolt nicht überschreitet, wenn die Ortsdosisleistung bei normalen Betriebsbedingungen im Abstand von 0,1 Metern von der berührbaren Oberfläche 1 Mikrosievert durch Stunde nicht überschreitet.

(5) Der Hersteller oder Einführer darf einen Störstrahler einem anderen zum genehmigungsfreien Betrieb nur überlassen, wenn er den in Absatz 2 bis 4 genannten Voraussetzungen entsprechend beschaffen ist. Einen genehmigungsbedürftigen Störstrahler darf der Hersteller oder Einführer einem anderen nur überlassen, wenn er einen deutlich sichtbaren Hinweis auf die Genehmigungsbedürftigkeit enthält.

(6) Auf einen Störstrahler, der als Bildverstärker im Zusammenhang mit einer genehmigungs- oder anzeigebedürftigen Röntgeneinrichtung betrieben wird, sind die Absätze 1 bis 5 nicht anzuwenden.

(7) Die zuständige Behörde kann anordnen, dass der Hersteller oder Einführer die für den Strahlenschutz wesentlichen Merkmale eines Störstrahlers, dessen Betrieb nicht der Genehmigung nach Absatz 1 bedarf und der nicht bauartzugelassen ist, prüfen lässt, bevor er den Störstrahler einem anderen überlässt.

### Unterabschnitt 2
**Sonstige Tätigkeiten im Zusammenhang mit Röntgeneinrichtungen und Störstrahlern**

### § 6 Prüfung, Erprobung, Wartung, Instandsetzung und Beschäftigung

(1) Wer

1. geschäftsmäßig Röntgeneinrichtungen oder Störstrahler prüft, erprobt, wartet oder instandsetzt,

2. Röntgeneinrichtungen oder Störstrahler im Zusammenhang mit der Herstellung prüft oder erprobt oder

3. im Zusammenhang mit dem Betrieb einer fremden Röntgeneinrichtung oder eines fremden Störstrahlers nach § 5 Abs. 1 unter seiner Aufsicht stehende Personen beschäftigt oder Aufgaben selbst wahrnimmt und dies bei diesen Personen oder bei sich selbst im Kalenderjahr zu einer effektiven Dosis von mehr als 1 Millisievert führen kann,

hat dies der zuständigen Behörde unverzüglich vor Beginn der Tätigkeit schriftlich anzuzeigen. Satz 1 gilt nicht für Sachverständige nach § 4a und für denjenigen, der geschäftsmäßig Störstrahler nach § 5 Abs. 4, ausgenommen Projektionseinrichtungen, prüft, erprobt, wartet oder instandsetzt. Satz 1 gilt ebenfalls nicht für denjenigen, der, ohne Röntgenstrahlung einzuschalten, Tätigkeiten nach den Nummern 1 und 2 an Anwendungsgeräten, Zusatzgeräten und Zubehör, der erforderlichen Software sowie an Vorrichtungen zur medizinischen Befundung durchführt, die keine Strahlenschutzmaßnahmen erfordern. Die Anforderungen der Medizinprodukte-Betreiberverordnung bleiben unberührt.

(2) Einer Anzeige nach Absatz 1 Satz 1 Nr. 1 oder 2 sind Nachweise entsprechend § 3 Abs. 2 Nr. 3 bis 5 beizufügen. Für eine Tätigkeit nach Absatz 1 Satz 1 Nr. 1 oder 2 gelten die §§ 13 bis 15 Abs. 1 Nr. 1 und 2, § 18 Abs. 1 Satz 1 Nr. 1 und 4 und Satz 2, §§ 18a, 19, 21, 22 Abs. 1 Nr. 1 Buchstabe a, c und d, Abs. 1 Nr. 2 Buchstabe a und c und Abs. 1 Satz 2 und 3, §§ 30 bis 35 Abs. 1 und 4 bis 11 sowie §§ 35a bis 43 entsprechend. Der nach Absatz 1 Satz 1 Nummer 1 oder Nummer 2 Verpflichtete hat dafür zu sorgen, dass die in Satz 2 genannten Schutzvorschriften und die von der zuständigen Behörde erlassenen Anordnungen eingehalten werden. Das Gleiche gilt für den Strahlenschutzbeauftragten, soweit ihm diese Aufgaben und Pflichten nach § 13 Absatz 2 Satz 2 übertragen worden sind.

(3) Einer Anzeige nach Absatz 1 Satz 1 Nr. 3 sind Nachweise entsprechend § 3 Abs. 2 Nr. 3 und 4 beizufügen. Bei einer Beschäftigung nach Absatz 1 Satz 1 Nr. 3 ist den Anordnungen des Strahlenschutzverantwortlichen der Röntgeneinrichtung oder des Störstrahlers und den Anordnungen des für diesen Betrieb zuständigen Strahlenschutzbeauftragten, die diese in Erfüllung ihrer Pflichten nach § 15 treffen, Folge zu leisten. Der zur Anzeige Verpflichtete nach Absatz 1 Satz 1 Nr. 3 hat dafür zu sorgen, dass die unter seiner Aufsicht beschäftigten Personen die Anordnungen des Strahlenschutzverantwortlichen der fremden Röntgeneinrichtung oder des fremden Störstrahlers und den Anordnungen des für diesen Betrieb zuständigen Strahlenschutzbeauftragten befolgen. Die §§ 13 bis 15 Abs. 1 Nr. 1 und 2, § 18 Abs. 1 Satz 1 Nr. 4, §§ 18a, 21, 31 bis 31c, 33 Abs. 2 Nr. 1 und Abs. 3, § 35 Abs. 1 und 4 bis 11, §§ 35a bis 41 und 43 gelten entsprechend. Der nach Absatz 1 Satz 1 Nummer 3 Verpflichtete hat dafür zu sorgen, dass die in Satz 4 genannten Schutzvorschriften und die von der zuständigen Behörde erlassenen Anordnungen befolgt werden. Das Gleiche gilt für den Strahlenschutzbeauftragten, soweit ihm diese Aufgaben und Pflichten nach § 13 Absatz 2 Satz 2 übertragen worden sind.

### § 7 Untersagung

(1) Die zuständige Behörde kann Tätigkeiten nach § 6 Abs. 1 Satz 1 Nr. 1 oder 2 untersagen, wenn

1. Tatsachen vorliegen, aus denen sich Bedenken gegen die Zuverlässigkeit des Anzeigepflichtigen oder einer Person, die diese Tätigkeiten leitet oder beaufsichtigt, ergeben,

2. eine Voraussetzung nach § 6 Abs. 2 Satz 1 nicht nachgewiesen wird oder später wegfällt oder

3. Tatsachen vorliegen, aus denen sich Bedenken ergeben, dass das für die sichere Ausführung der Tätigkeit notwendige Personal nicht vorhanden ist.

(2) Die zuständige Behörde kann Tätigkeiten nach § 6 Abs. 1 Satz 1 Nr. 3 untersagen, wenn eine Voraussetzung nach § 6 Abs. 3 Satz 1 nicht nachgewiesen wird oder später wegfällt. Absatz 1 Nr. 1 gilt entsprechend.

### Unterabschnitt 3
### Bauartzulassung

### § 8 Verfahren der Bauartzulassung

(1) Die Bauart von Röntgenstrahlern, Schulröntgeneinrichtungen, Basisschutzgeräten, Hochschutzgeräten, Vollschutzgeräten und Störstrahlern (bauartzugelassene Vorrichtungen) kann auf Antrag des Herstellers oder Einführers zugelassen werden, wenn die Voraussetzungen nach Anlage 1 oder 2 erfüllt sind. Dem Zulassungsantrag sind alle zur Prüfung erforderlichen Unterlagen beizufügen. Satz 1 gilt nicht für Vorrichtungen, die Medizinprodukte oder Zubehör im Sinne des Medizinproduktegesetzes sind.

(2) Die Zulassungsbehörde hat vor ihrer Entscheidung auf Kosten des Antragstellers eine Bauartprüfung durch die Physikalisch-Technische Bundesanstalt zu veranlassen. Der Antragsteller hat der Physikalisch-Technischen Bundesanstalt auf Verlangen die zur Prüfung erforderlichen Baumuster zu überlassen.

(3) Die Bauartzulassung ist zu versagen, wenn

1. die Vorrichtung nicht den in Anlage 1 oder 2 genannten Voraussetzungen entspricht,

2. Tatsachen vorliegen, aus denen sich Bedenken gegen

   a) die Zuverlässigkeit des Herstellers, Einführers oder des für die Leitung der Herstellung Verantwortlichen oder

   b) die erforderliche technische Erfahrung des für die Herstellung Verantwortlichen ergeben,

3. überwiegende öffentliche Interessen der Zulassung entgegenstehen oder

4. § 2a Abs. 3 der Bauartzulassung entgegensteht.

(4) Die Bauartzulassung ist auf höchstens zehn Jahre zu befristen. Die Frist kann auf Antrag verlängert werden.

(5) Eine bauartzugelassene Vorrichtung, die vor Ablauf der Zulassungsfrist in den Verkehr gebracht worden ist, darf nach Maßgabe der §§ 4 und 5 weiter betrieben werden, es sei denn, die Zulassungsbehörde hat nach § 11 bekannt gemacht, dass ein ausreichender Schutz vor Strahlenschäden nicht gewährleistet ist und diese Vorrichtung nicht weiter betrieben werden darf.

(6) Für die Erteilung der Bauartzulassung ist das Bundesamt für Strahlenschutz zuständig.

### § 9 Pflichten des Inhabers einer Bauartzulassung

Der Zulassungsinhaber hat

1. vor einer Abgabe der gefertigten bauartzugelassenen Vorrichtung eine Qualitätskontrolle durchzuführen, um sicherzustellen, dass die gefertigten bauartzugelassenen Vorrichtungen den für den Strahlenschutz wesentlichen Merkmalen der Bauartzulassung entspricht,

2. die Qualitätskontrolle durch einen von der Zulassungsbehörde zu bestimmenden Sachverständigen überwachen zu lassen,

3. vor einer Abgabe der gefertigten bauartzugelassenen Vorrichtungen das Bauartzeichen und weitere von der Zulassungsbehörde zu bestimmende Angaben anzubringen,

4. dem Erwerber einer bauartzugelassenen Vorrichtung mit dieser einen Abdruck des Zulassungsscheins auszuhändigen, auf dem das Ergebnis und das Datum der Qualitätskontrolle nach Nummer 1 bestätigt ist, und

5. dem Erwerber einer bauartzugelassenen Vorrichtung mit dieser eine Betriebsanleitung in deutscher Sprache auszuhändigen, in der auf die dem Strahlenschutz dienenden Maßnahmen hingewiesen ist.

Die Zulassungsbehörde kann auf Antrag des Zulassungsinhabers Ausnahmen von Satz 1 zulassen, wenn ein ausreichender Schutz vor Strahlenschäden gewährleistet ist.

### § 10 Zulassungsschein

Wird die Bauart nach § 8 Abs. 1 zugelassen, so hat die Zulassungsbehörde einen Zulassungsschein zu erteilen. In diesen sind aufzunehmen

1. die für den Strahlenschutz wesentlichen Merkmale der Vorrichtung,

2. der zugelassene Gebrauch der Vorrichtung,

3. bei Basis-, Hoch- und Vollschutzgeräten, Schulröntgeneinrichtungen und Störstrahlern die Bezeichnung der dem Strahlenschutz dienenden Ausrüstungen,

4. inhaltliche Beschränkungen, Auflagen und Befristungen,

5. das Bauartzeichen und die Angaben, mit denen die Vorrichtung zu versehen ist, und

6. ein Hinweis auf die Pflichten des Inhabers einer bauartzugelassenen Vorrichtung nach § 12.

### § 11 Bekanntmachung im Bundesanzeiger

Der wesentliche Inhalt der Bauartzulassung und ihrer Änderungen, ihre Rücknahme, ihr Widerruf, die Verlängerung der Zulassungsfrist und die Erklärung, dass eine bauartzugelassene Vorrichtung nicht weiter betrieben werden darf, sind durch die Zulassungsbehörde im Bundesanzeiger bekannt zu machen.

### § 12 Pflichten des Inhabers einer bauartzugelassenen Vorrichtung

(1) Der Inhaber einer bauartzugelassenen Vorrichtung hat einen Abdruck des Zulassungsscheins nach § 10 bei der Vorrichtung bereitzuhalten. Im Falle der Weitergabe der bauartzugelassenen Vorrichtung gilt § 9 Satz 1 Nr. 4 und Nr. 5 entsprechend.

(2) An der bauartzugelassenen Vorrichtung dürfen keine Änderungen vorgenommen werden, die für den Strahlenschutz wesentliche Merkmale betreffen.

(3) Wer eine bauartzugelassene Vorrichtung betreibt, hat den Betrieb unverzüglich einzustellen, wenn

1. die Rücknahme, der Widerruf einer Bauartzulassung oder die Erklärung, dass eine bauartzugelassene Vorrichtung nicht weiter betrieben werden darf, bekannt gemacht wurde oder

2. die bauartzugelassene Vorrichtung nicht mehr den im Zulassungsschein bezeichneten Merkmalen entspricht.

## Abschnitt 3
## Vorschriften für den Betrieb

## Unterabschnitt 1
## Allgemeine Vorschriften

### § 13 Strahlenschutzverantwortliche und Strahlenschutzbeauftragte

(1) Strahlenschutzverantwortlicher ist, wer einer Genehmigung nach den § 3 oder § 5 bedarf oder wer eine Anzeige nach § 4 zu erstatten hat. Handelt es sich bei dem Strahlenschutzverantwortlichen um eine juristische Person oder um eine rechtsfähige Personengesellschaft, werden die Aufgaben des Strahlenschutzverantwortlichen von der durch Gesetz, Satzung oder Vertrag zur Vertretung berechtigten Person wahrgenommen. Besteht das vertretungsberechtigte Organ aus mehreren Mitgliedern oder sind bei nicht rechtsfähigen Personenvereinigungen mehrere vertretungsberechtigte Personen vorhanden, so ist der zuständigen Behörde mitzuteilen, welche dieser Personen die Aufgaben des Strahlenschutzverantwortlichen wahrnimmt. Die Gesamtverantwortung aller Organmitglieder oder Mitglieder der Personenvereinigung bleibt hiervon unberührt.

(2) Soweit dies für den sicheren Betrieb notwendig ist, hat der Strahlenschutzverantwortliche für die Leitung oder Beaufsichtigung dieses Betriebs die erforderliche Anzahl von Strahlenschutzbeauftragten schriftlich zu bestellen. Bei der Bestellung eines Strahlenschutzbeauftragten sind dessen Aufgaben, innerbetrieblicher Entscheidungsbereich und die zur Wahrnehmung seiner Aufgaben erforderlichen Befugnisse schriftlich festzulegen. Der Strahlenschutzverantwortliche bleibt auch dann für die Einhaltung der Schutzvorschriften verantwortlich, wenn er Strahlenschutzbeauftragte bestellt hat.

(3) Es dürfen nur Personen zu Strahlenschutzbeauftragten bestellt werden, bei denen keine Tatsachen vorliegen, aus denen sich Bedenken gegen ihre Zuverlässigkeit ergeben, und die die erforderliche Fachkunde im Strahlenschutz besitzen.

(4) Es ist dafür zu sorgen, dass Schüler und Auszubildende beim Betrieb einer Schulröntgeneinrichtung oder eines Störstrahlers nach § 5 Abs. 1 nur in Anwesenheit und unter der Aufsicht des zuständigen Strahlenschutzbeauftragten mitwirken.

(5) Die Bestellung des Strahlenschutzbeauftragten mit Angabe der Aufgaben und Befugnisse, ihrer Änderungen sowie das Ausscheiden des Strahlenschutzbeauftragten aus seiner Funktion sind der zuständigen Behörde unverzüglich schriftlich mitzuteilen. Der Mitteilung der Bestellung ist die Bescheinigung über die erforderliche Fachkunde im Strahlenschutz nach § 18a Abs. 1 beizufügen. Dem Strahlenschutzbeauftragten und dem Betriebsrat oder dem Personalrat ist eine Abschrift der Mitteilung zu übermitteln.

### § 14 Stellung des Strahlenschutzverantwortlichen und des Strahlenschutzbeauftragten

(1) Dem Strahlenschutzbeauftragten obliegen die ihm durch diese Verordnung auferlegten Pflichten nur im Rahmen seiner Befugnisse. Ergibt sich, dass der Strahlenschutzbeauftragte infolge unzureichender Befugnisse, unzureichender Fachkunde oder fehlender Zuverlässigkeit oder aus anderen Gründen seine Pflichten nur unzureichend erfüllen kann, kann die zuständige Behörde gegenüber dem Strahlenschutzverantwortlichen die Feststellung treffen, dass diese Person nicht als Strahlenschutzbeauftragter im Sinne dieser Verordnung anzusehen ist.

(2) Der Strahlenschutzbeauftragte hat dem Strahlenschutzverantwortlichen unverzüglich alle Mängel mitzuteilen, die den Strahlenschutz beeinträchtigen. Kann sich der Strahlenschutzbeauftragte über eine von ihm vorgeschlagene Maßnahme zur Behebung von aufgetretenen Mängeln mit dem Strahlenschutzverantwortlichen nicht einigen, so hat dieser dem Strahlenschutzbeauftragten die Ablehnung des Vorschlages schriftlich mitzuteilen und zu begründen und dem Betriebsrat oder dem Personalrat

und der zuständigen Behörde je eine Abschrift zu übersenden.

(3) Der Strahlenschutzverantwortliche hat den Strahlenschutzbeauftragten über alle Verwaltungsakte und Maßnahmen, die Aufgaben oder Befugnisse des Strahlenschutzbeauftragten betreffen, unverzüglich zu unterrichten.

(4) Der Strahlenschutzverantwortliche und der Strahlenschutzbeauftragte haben bei der Wahrnehmung ihrer Aufgaben mit dem Betriebsrat oder dem Personalrat, den Fachkräften für Arbeitssicherheit und dem Arzt nach § 41 Abs. 1 Satz 1 zusammenzuarbeiten und sie über wichtige Angelegenheiten des Strahlenschutzes zu unterrichten. Der Strahlenschutzbeauftragte hat den Betriebsrat oder Personalrat auf dessen Verlangen in Angelegenheiten des Strahlenschutzes zu beraten.

(5) Der Strahlenschutzbeauftragte darf bei Erfüllung seiner Pflichten nicht behindert und wegen deren Erfüllung nicht benachteiligt werden.

### § 15 Pflichten des Strahlenschutzverantwortlichen und des Strahlenschutzbeauftragten

(1) Der Strahlenschutzverantwortliche hat unter Beachtung des Standes der Technik zum Schutz des Menschen und der Umwelt vor den schädlichen Wirkungen von Röntgenstrahlung durch geeignete Schutzmaßnahmen, insbesondere durch Bereitstellung geeigneter Räume, Schutzvorrichtungen, Geräte und Schutzausrüstungen für Personen, durch geeignete Regelung des Betriebsablaufs und durch Bereitstellung ausreichenden und geeigneten Personals, erforderlichenfalls durch Außerbetriebsetzung, dafür zu sorgen, dass

1. jede unnötige Strahlenexposition von Menschen vermieden wird,

2. jede Strahlenexposition von Menschen unter Berücksichtigung aller Umstände des Einzelfalles auch unterhalb der in § 31a Abs. 1 bis 4 Satz 1 und 2, § 31b Satz 1, § 31c Satz 1 und § 32 festgesetzten Grenzwerte so gering wie möglich gehalten wird,

3. die Vorschriften der § 3 Abs. 8, § 13 Abs. 2 Satz 2 und Abs. 3 bis 5, § 15a Satz 1, § 16 Abs. 4 Satz 1, § 17 Abs. 3 Satz 1, § 17a Abs. 4 Satz 1 und § 18 Abs. 1 Satz 3 und Abs. 4 eingehalten werden und

4. die Vorschriften der § 16 Abs. 1 Satz 2, Abs. 2 Satz 1 bis 3 und 5, Abs. 3 Satz 1 bis 5 und Abs. 4 Satz 2 und 3, § 17 Abs. 1 Satz 1 bis 3 und 5, Abs. 2 Satz 1 bis 3, Abs. 3 Satz 2 und 3, § 17a Abs. 4 Satz 2 und 3, § 18 Abs. 1 Satz 1, 2 und 4, Abs. 2 und 3 Satz 1, § 19 Abs. 1 Satz 1, Abs. 2, 3 und 6 Satz 1, § 20 Abs. 1, 2, 3 Satz 2 und Abs. 5, § 21 Abs. 1 und 2 Satz 1, § 22 Abs. 1 Satz 1 und Abs. 2, § 23 Abs. 1 Satz 1, 4 und 5, Abs. 2 und 3, §§ 24, 25 Absatz 1 Satz 1 und 3, Absatz 1a bis 3 und 5, §§ 26, 27 Abs. 1 Satz 1, Abs. 2 und 3, § 28 Absatz 1 bis 3 Satz 3, Abs. 4 bis 6 und 8, § 28c Abs. 1 Satz 2 und Abs. 2 bis 5, § 28d Abs. 1 und 2 Satz 1, Abs. 3 und 4, §§ 28e, 29 Absatz 1 Satz 1, 2 und 4, §§ 30, 31a Abs. 1 Satz 1, Abs. 2, 3 Satz 1 und 2, Abs. 4 Satz 1 und 2 und Abs. 5, § 31b Satz 1, § 31c Satz 1, §§ 32, 34 Absatz 1 Satz 1 und Absatz 2 bis 4, § 35 Absatz 1 Satz 1, Absatz 2 Satz 1 und 2, Absatz 3 und 4 Satz 1, 3 und 5, Absatz 5, 6 und 7 Satz 1, Absatz 9, 11 und 12, § 36 Absatz 1 Satz 1 bis 3 und Absatz 2 bis 4, § 37 Absatz 1, 2 und 5a, § 40 Absatz 1 und § 42 eingehalten werden.

(2) Der Strahlenschutzbeauftragte hat dafür zu sorgen, dass

1. die in Absatz 1 Nr. 4 genannten Vorschriften und

2. die Bestimmungen des Bescheides über die Genehmigung oder Bauartzulassung und die von der zuständigen Behörde erlassenen Anordnungen und Auflagen, deren Durchführung und Erfüllung ihm nach § 13 Abs. 2 übertragen worden ist,

eingehalten werden. Soweit ihm Aufgaben übertragen worden sind, hat der Strahlenschutzbeauftragte die Strahlenschutzgrundsätze des Absatzes 1 Nr. 1 und 2 zu beachten.

## § 15a Strahlenschutzanweisung

Die zuständige Behörde kann den Strahlenschutzverantwortlichen verpflichten, eine Strahlenschutzanweisung zu erlassen, in der die in dem Betrieb zu beachtenden Strahlenschutzmaßnahmen aufzuführen sind. Zu diesen Maßnahmen gehören in der Regel

1. das Aufstellen eines Planes für die Organisation des Strahlenschutzes, erforderlichenfalls mit der Bestimmung, dass ein oder mehrere Strahlenschutzbeauftragte bei der genehmigten Tätigkeit ständig anwesend oder sofort erreichbar sein müssen,

2. die Regelung des für den Strahlenschutz wesentlichen Betriebsablaufs,

3. die für die Ermittlung der Körperdosis vorgesehenen Messungen und Maßnahmen entsprechend den Expositionsbedingungen,

4. die Führung eines Betriebsbuches, in das die für den Strahlenschutz wesentlichen Betriebsvorgänge einzutragen sind,

5. die regelmäßige Funktionsprüfung und Wartung von Röntgeneinrichtungen oder Störstrahlern einschließlich der Ausrüstungen und Vorrichtungen, die für den Strahlenschutz wesentlich sind, sowie die Führung von Aufzeichnungen über die Funktionsprüfungen und über die Wartungen und

6. die Regelung des Schutzes gegen Störmaßnahmen oder sonstige Einwirkungen Dritter oder gegen das unerlaubte Inbetriebsetzen einer Röntgeneinrichtung oder eines Störstrahlers.

Die Strahlenschutzanweisung kann Bestandteil sonstiger erforderlicher Betriebsanweisungen nach immissionsschutz- oder arbeitsschutzrechtlichen Vorschriften sein.

## § 16 Qualitätssicherung bei Röntgeneinrichtungen zur Untersuchung von Menschen

(1) Als eine Grundlage für die Qualitätssicherung bei der Durchführung von Röntgenuntersuchungen in der Heilkunde oder Zahnheilkunde erstellt und veröffentlicht das Bundesamt für Strahlenschutz diagnostische Referenzwerte. Die veröffentlichten diagnostischen Referenzwerte sind bei der Untersuchung von Menschen zu Grunde zu legen. Die den Prüfungen der ärztlichen Stelle nach § 17a Absatz 1 zugrunde liegenden Daten zur Strahlenexposition können als Grundlage für die Erstellung der diagnostischen Referenzwerte dienen.

(2) Es ist dafür zu sorgen, dass bei Röntgeneinrichtungen zur Untersuchung von Menschen vor der Inbetriebnahme eine Abnahmeprüfung durch den Hersteller oder Lieferanten durchgeführt wird, durch die festgestellt wird, dass die erforderliche Bildqualität mit möglichst geringer Strahlenexposition erreicht wird. Nach jeder Änderung der Einrichtung oder ihres Betriebes, welche die Bildqualität oder die Höhe der Strahlenexposition beeinflussen kann, ist dafür zu sorgen, dass eine Abnahmeprüfung durch den Hersteller oder Lieferanten durchgeführt wird, die sich auf die Änderung und deren Auswirkungen beschränkt. Sofern die Prüfung nach Satz 2 durch den Hersteller oder Lieferanten nicht mehr möglich ist, ist dafür zu sorgen, dass sie durch ein Unternehmen nach § 6 Abs. 1 Nr. 1 durchgeführt wird. Bei der Abnahmeprüfung sind ferner die Bezugswerte für die Konstanzprüfung nach Absatz 3 mit denselben Prüfmitteln zu bestimmen, die bei der Konstanzprüfung verwendet werden. Das Ergebnis der Abnahmeprüfung ist unverzüglich aufzuzeichnen; zu den Aufzeichnungen gehören auch die Röntgenaufnahmen der Prüfkörper. Die Abnahmeprüfung ersetzt nicht die Genehmigung nach § 3 Abs. 1 oder eine Anzeige nach § 4 Abs. 1 oder 5.

(3) In regelmäßigen Zeitabständen, mindestens jedoch monatlich, ist eine Konstanzprüfung durchzuführen, durch die ohne mechanische oder elektrische Eingriffe festzustellen ist,

ob die Bildqualität und die Höhe der Strahlen-exposition den Angaben in der letzten Aufzeichnung nach Absatz 2 Satz 5 noch entsprechen. Bei einer Röntgeneinrichtung nach § 3 Abs. 4 ist zusätzlich regelmäßig, mindestens jedoch jährlich, der Übertragungsweg auf Stabilität sowie auf Konstanz der Qualität und der Übertragungsgeschwindigkeit der übermittelten Daten und Bilder zu prüfen. Bei der Filmverarbeitung in der Heilkunde ist die Konstanzprüfung arbeitstäglich und in der Zahnheilkunde mindestens arbeitswöchentlich durchzuführen. Das Ergebnis der Konstanzprüfungen ist unverzüglich aufzuzeichnen; zu den Aufzeichnungen gehören auch die Aufnahmen der Prüfkörper und die Prüffilme. Ist die erforderliche Bildqualität nicht mehr gegeben oder nur mit einer höheren Strahlenexposition des Patienten zu erreichen, ist unverzüglich die Ursache zu ermitteln und zu beseitigen. Die zuständige Behörde kann Abweichungen von den Fristen nach den Sätzen 1 bis 3 festlegen.

(4) Die Aufzeichnungen nach Absatz 2 Satz 5 sind für die Dauer des Betriebs, mindestens jedoch bis zwei Jahre nach dem Abschluss der nächsten vollständigen Abnahmeprüfung aufzubewahren. Die Aufzeichnungen nach Absatz 3 Satz 4 sind nach Abschluss der Aufzeichnung zwei Jahre lang aufzubewahren. Die Aufzeichnungen nach Satz 1 und 2 sind den zuständigen Stellen auf Verlangen vorzulegen. Die zuständige Behörde kann Abweichungen von den Fristen nach den Sätzen 1 oder 2 festlegen.

### § 17 Qualitätssicherung bei Röntgeneinrichtungen zur Behandlung von Menschen

(1) Es ist dafür zu sorgen, dass bei Röntgeneinrichtungen zur Behandlung von Menschen vor der Inbetriebnahme eine Abnahmeprüfung durch den Hersteller oder Lieferanten durchgeführt wird, durch die festgestellt wird, dass die Dosisleistung im Nutzstrahlenbündel des Strahlers und die Röntgenröhrenspannung den Qualitätsmerkmalen des Herstellers entspricht. Nach jeder Änderung der Einrichtung

oder ihres Betriebes, welche die Dosisleistung im Nutzstrahlenbündel des Strahlers beeinflussen kann, ist dafür zu sorgen, dass eine Abnahmeprüfung durch den Hersteller oder Lieferanten durchgeführt wird, welche sich auf die Änderung und deren Auswirkung beschränkt. Sofern die Prüfung nach Satz 2 durch den Hersteller oder Lieferanten nicht mehr möglich ist, ist dafür zu sorgen, dass sie durch ein Unternehmen nach § 6 Abs. 1 Nr. 1 durchgeführt wird. Bei der Abnahmeprüfung sind ferner die Bezugswerte für die Konstanzprüfung nach Absatz 2 zu bestimmen. Das Ergebnis der Abnahmeprüfung ist unverzüglich aufzuzeichnen. Die Abnahmeprüfung ersetzt nicht eine Genehmigung nach § 3 Abs. 1.

(2) In regelmäßigen Zeitabständen, mindestens jedoch halbjährlich, ist eine Konstanzprüfung durchzuführen, durch die ohne mechanische oder elektrische Eingriffe festzustellen ist, ob die Dosisleistung im Nutzstrahlenbündel den Angaben der letzten Aufzeichnungen nach Absatz 1 Satz 5 noch entspricht. Das Ergebnis der Konstanzprüfung ist unverzüglich aufzuzeichnen. Bei einer wesentlichen Abweichung der Dosisleistung ist unverzüglich die Ursache zu ermitteln und zu beseitigen. Die zuständige Behörde kann Abweichungen von der Frist nach Satz 1 festlegen.

(3) Die Aufzeichnungen nach Absatz 1 Satz 5 sind für die Dauer des Betriebes, mindestens jedoch bis zwei Jahre nach Abschluss der nächsten vollständigen Abnahmeprüfung aufzubewahren. Die Aufzeichnungen nach Absatz 2 Satz 2 sind nach Abschluss der Aufzeichnung zwei Jahre lang aufzubewahren. Die Aufzeichnungen nach Satz 1 und 2 sind den zuständigen Stellen auf Verlangen vorzulegen. Die zuständige Behörde kann Abweichungen von den Fristen nach Satz 1 oder 2 festlegen.

### § 17a Qualitätssicherung durch ärztliche und zahnärztliche Stellen

(1) Zur Qualitätssicherung der Anwendung von Röntgenstrahlung am Menschen bestimmt die

zuständige Behörde ärztliche und zahnärztliche Stellen. Die zuständige Behörde legt fest, in welcher Weise die ärztlichen und zahnärztlichen Stellen die Prüfungen durchführen, mit denen sichergestellt wird, dass bei der Anwendung von Röntgenstrahlung am Menschen die Erfordernisse der medizinischen Wissenschaft beachtet werden und die angewendeten Verfahren und eingesetzten Röntgeneinrichtungen den nach dem Stand der Technik jeweils notwendigen Qualitätsstandards entsprechen, um dessen Strahlenexposition so gering wie möglich zu halten. Die ärztliche und zahnärztliche Stelle hat der zuständigen Behörde

1. die Ergebnisse der Prüfungen nach Satz 2,

2. die beständige, ungerechtfertigte Überschreitung der bei der Untersuchung zu Grunde zu legenden diagnostischen Referenzwerte nach § 16 Abs. 1 und

3. eine Nichtbeachtung der Optimierungsvorschläge nach Absatz 2

mitzuteilen.

Die ärztliche und die zahnärztliche Stelle dürfen die Ergebnisse der Prüfungen nach Satz 2, ausgenommen die personenbezogenen Daten der untersuchten oder behandelten Personen, an die Stelle weitergeben, die für die Qualitätsprüfung nach dem Neunten Abschnitt des Vierten Kapitels des Fünften Buches Sozialgesetzbuch zuständig ist.

(2) Die ärztliche oder zahnärztliche Stelle hat im Rahmen ihrer Befugnisse nach Absatz 1 die Aufgabe, dem Strahlenschutzverantwortlichen Maßnahmen zur Optimierung der medizinischen Strahlenanwendung vorzuschlagen, insbesondere zur Verbesserung der Bildqualität, zur Herabsetzung der Strahlenexposition oder zu sonstigen qualitätsverbessernden Maßnahmen, und nachzuprüfen, ob und wie weit die Vorschläge umgesetzt werden.

(3) Die ärztliche oder zahnärztliche Stelle unterliegt im Hinblick auf patientenbezogene Daten der ärztlichen Schweigepflicht.

(4) Der Betrieb einer Röntgeneinrichtung zur Anwendung von Röntgenstrahlung am Menschen ist bei einer von der zuständigen Behörde bestimmten ärztlichen oder zahnärztlichen Stelle unverzüglich anzumelden. Ein Abdruck der Anmeldung ist der zuständigen Behörde zu übersenden. Der ärztlichen oder zahnärztlichen Stelle sind die Unterlagen auf Verlangen vorzulegen, die diese zur Erfüllung ihrer Aufgaben nach den Absätzen 1 und 2 benötigt, insbesondere Röntgenbilder, Angaben zur Höhe der Strahlenexposition, zur Röntgeneinrichtung, zu den sonstigen verwendeten Geräten und Ausrüstungen und zur Anwendung des § 23. Der Strahlenschutzverantwortliche unterliegt den von der ärztlichen oder zahnärztlichen Stelle durchzuführenden Prüfungen.

(5) Andere Stellen dürfen der ärztlichen oder zahnärztlichen Stelle auf deren Ersuchen Informationen einschließlich personenbezogener Daten, die sie auf Grund eines Gesetzes zur Qualitätssicherung in der Heilkunde und Zahnheilkunde oder zum Schutz von Patienten erhoben haben, übermitteln, soweit dies zur Erfüllung der Aufgaben der ärztlichen oder zahnärztlichen Stelle nach dieser Verordnung erforderlich ist. Gesundheitsdaten von Patienten dürfen nur mit Einwilligung des Betroffenen übermittelt werden. Im Übrigen bleiben die Bestimmungen zum Schutz personenbezogener Daten unberührt.

### § 18 Sonstige Pflichten beim Betrieb einer Röntgeneinrichtung oder eines Störstrahlers nach § 5 Abs. 1

(1) Es ist dafür zu sorgen, dass

1. die beim Betrieb einer Röntgeneinrichtung beschäftigten Personen anhand einer deutschsprachigen Gebrauchsanweisung durch eine entsprechend qualifizierte Person in die sachgerechte Handhabung eingewiesen werden und über die Einweisung unverzüglich Aufzeichnungen angefertigt werden,

2. eine Ausfertigung des Genehmigungsbescheides oder, sofern eine Bauartzulassung erteilt ist, ein Abdruck des Zulassungsscheins und der Betriebsanleitung nach § 9 Satz 1 Nr. 5 aufbewahrt wird,

3. die Gebrauchsanweisung nach Nummer 1 und die Bescheinigung nach § 4 Abs. 2 Nr. 1, der letzte Prüfbericht nach Nummer 5 und gegebenenfalls die Bescheinigungen über Sachverständigenprüfungen nach wesentlichen Änderungen des Betriebes der Röntgeneinrichtung bereitgehalten werden,

4. der Text dieser Verordnung zur Einsicht ständig verfügbar gehalten wird,

5. eine Röntgeneinrichtung in Zeitabständen von längstens fünf Jahren durch einen Sachverständigen nach § 4a nach dem Stand der Technik insbesondere auf sicherheitstechnische Funktion, Sicherheit und Strahlenschutz überprüft und eine Durchschrift des dabei anzufertigenden Prüfberichts den zuständigen Stellen unverzüglich übersandt wird und

6. bei einer Röntgeneinrichtung zur Anwendung von Röntgenstrahlung am Menschen ein aktuelles Bestandsverzeichnis geführt und der zuständigen Behörde auf Verlangen vorgelegt wird; das Bestandsverzeichnis nach § 8 der Verordnung über das Errichten, Betreiben und Anwenden von Medizinprodukten kann herangezogen werden.

Es ist dafür zu sorgen, dass die Einweisung nach Satz 1 Nr. 1 bei der ersten Inbetriebnahme durch eine entsprechend qualifizierte Person des Herstellers oder Lieferanten vorgenommen wird. Die Aufzeichnungen nach Satz 1 Nr. 1 sind für die Dauer des Betriebes aufzubewahren. Satz 1 Nr. 1 bis 4, Satz 2 und 3 gelten beim Betrieb eines Störstrahlers nach § 5 Abs. 1 entsprechend.

(2) Für jede Röntgeneinrichtung zur Anwendung von Röntgenstrahlung am Menschen sind schriftliche Arbeitsanweisungen für die an dieser Einrichtung häufig vorgenommenen Untersuchungen oder Behandlungen zu erstellen. Die Arbeitsanweisungen sind für die dort tätigen Personen zur jederzeitigen Einsicht bereitzuhalten und auf Anforderung den zuständigen Stellen zu übersenden.

(3) Bei Röntgeneinrichtungen nach § 3 Abs. 4 müssen an den jeweils anderen Einrichtungen zusätzlich Abdrucke oder Ablichtungen der Aufzeichnungen über die Abnahmeprüfungen nach § 16 Abs. 2, die Konstanzprüfungen nach § 16 Abs. 3 und die Sachverständigenprüfungen nach Absatz 1 Satz 1 Nr. 5 aller zum System gehörenden Röntgeneinrichtungen zur Einsicht vorliegen. Die Pflicht nach Satz 1 kann auch durch das Bereithalten der Aufzeichnungen zur Einsicht in elektronischer Form erfüllt werden.

(4) Der Betrieb einer Röntgeneinrichtung, die Medizinprodukt oder Zubehör im Sinne des Medizinproduktegesetzes ist, ist unverzüglich einzustellen, wenn

1. der begründete Verdacht besteht, dass die Einrichtung die Sicherheit und die Gesundheit der Patienten, der Anwender oder Dritter bei sachgemäßer Anwendung, Instandhaltung und ihrer Zweckbestimmung entsprechender Verwendung über ein nach den Erkenntnissen der medizinischen Wissenschaften vertretbares Maß hinausgehend gefährden oder

2. die zuständige Behörde festgestellt hat, dass ein ausreichender Schutz vor Strahlenschäden nicht gewährleistet ist.

**§ 18a Erforderliche Fachkunde und Kenntnisse im Strahlenschutz**

(1) Die erforderliche Fachkunde im Strahlenschutz wird in der Regel durch eine für den jeweiligen Anwendungsbereich geeignete Ausbildung, praktische Erfahrung und die erfolgreiche Teilnahme an von der zuständigen Stelle anerkannten Kursen erworben. Die Ausbildung ist durch Zeugnisse, die praktische Erfahrung durch Nachweise und die erfolgreiche Kursteilnahme durch eine Bescheinigung zu belegen.

Der Erwerb der Fachkunde im Strahlenschutz wird von der zuständigen Stelle geprüft und bescheinigt. Die Kursteilnahme darf nicht länger als fünf Jahre zurückliegen. Die erforderliche Fachkunde im Strahlenschutz wird mit Bestehen der Abschlussprüfung einer staatlichen oder staatlich anerkannten Berufsausbildung erworben, wenn die zuständige Behörde zuvor festgestellt hat, dass in dieser Ausbildung die für den jeweiligen Anwendungsbereich geeignete Ausbildung und praktische Erfahrung im Strahlenschutz sowie den nach Satz 1 in Verbindung mit Absatz 4 anerkannten Kursen entsprechendes theoretisches Wissen vermittelt wird. Für „Medizinisch-technische Radiologieassistentinnen" und „Medizinisch-technische Radiologieassistenten" gilt der Nachweis nach Satz 1 mit der Erlaubnis nach § 1 Nr. 2 des Gesetzes über technische Assistenten in der Medizin vom 2. August 1993 (BGBl. 1 S. 1402), das zuletzt durch Artikel 23 des Gesetzes vom 27. April 2002 (BGBl. I S. 1467) geändert worden ist, für die nach § 9 Abs. 1 Nr. 2 dieses Gesetzes vorbehaltenen Tätigkeiten als erbracht.

(2) Die Fachkunde im Strahlenschutz muss mindestens alle fünf Jahre durch eine erfolgreiche Teilnahme an einem von der zuständigen Stelle anerkannten Kurs oder anderen von der zuständigen Stelle als geeignet anerkannten Fortbildungsmaßnahmen aktualisiert werden. Abweichend hiervon kann die Fachkunde im Strahlenschutz im Einzelfall auf andere geeignete Weise aktualisiert und die Aktualisierung der zuständigen Behörde nachgewiesen werden. Der Nachweis über die Aktualisierung der Fachkunde nach Satz 1 ist der zuständigen Stelle auf Anforderung vorzulegen. Die zuständige Stelle kann eine Bescheinigung über die Fachkunde oder über die Kenntnisse entziehen oder deren Fortgeltung mit Auflagen versehen, wenn der Nachweis über Fortbildungsmaßnahmen nicht oder nicht vollständig vorgelegt wird oder eine Überprüfung nach Satz 5 ergibt, dass die Fachkunde oder die Kenntnisse im Strahlenschutz nicht oder nicht im erforderlichen Umfang vorhanden sind. Bestehen begründete

Zweifel an der erforderlichen Fachkunde, kann die zuständige Behörde eine Überprüfung der Fachkunde veranlassen.

(3) Die erforderlichen Kenntnisse im Strahlenschutz werden in der Regel durch eine für das jeweilige Anwendungsgebiet geeignete Einweisung und praktische Erfahrung erworben. Für Personen nach § 3 Abs. 4 Satz 2 Nr. 3, § 24 Abs. 1 Nr. 3 und Abs. 2 Nr. 4 und § 29 Absatz 1 Nummer 2 und Abs. 2 Nr. 3 gilt Absatz 1 Satz 2 bis 5 und Absatz 2 entsprechend. Für die in Satz 2 genannten Personen gelten abweichend von Absatz 1 Satz 3 die Kenntnisse mit dem erfolgreichen Abschluss eines anerkannten Kurses als geprüft und bescheinigt, wenn die zuständige Behörde auf Antrag eines Kursveranstalters zuvor festgestellt hat, dass die erforderlichen Kenntnisse im Strahlenschutz mit dem Bestehen der Abschlussprüfung dieses Kurses erworben werden. Absatz 4 gilt entsprechend.

(4) Kurse nach Absatz 1 Satz 1, Absatz 2 und 3 Satz 2 können von der für die Kursstätte zuständigen Stelle nur anerkannt werden, wenn die Kursinhalte geeignet sind, das für den jeweiligen Anwendungsbereich erforderliche Wissen im Strahlenschutz zu vermitteln und die Qualifikation des Lehrpersonals und die Ausstattung der Kursstätte eine ordnungsgemäße Wissensvermittlung gewährleisten.

### § 19 Strahlenschutzbereiche

(1) Bei genehmigungs- und anzeigebedürftigen Tätigkeiten nach dieser Verordnung sind Strahlenschutzbereiche nach Maßgabe des Satzes 2 einzurichten. Je nach Höhe der Strahlenexposition wird zwischen Überwachungsbereichen und Kontrollbereichen unterschieden:

1. Überwachungsbereiche sind nicht zum Kontrollbereich gehörende betriebliche Bereiche, in denen Personen im Kalenderjahr eine effektive Dosis von mehr als 1 Millisievert oder höhere Organdosen als 15 Millisievert für die Augenlinse oder 50 Millisievert für die Haut, die Hände, die Un-

terarme, die Füße und Knöchel erhalten können.

2.  Kontrollbereiche sind Bereiche, in denen Personen im Kalenderjahr eine effektive Dosis von mehr als 6 Millisievert oder höhere Organdosen als 45 Millisievert für die Augenlinse oder 150 Millisievert für die Haut, die Hände, die Unterarme, die Füße und Knöchel erhalten können.

(2) Kontrollbereiche sind abzugrenzen und während der Einschaltzeit zu kennzeichnen. Die Kennzeichnung muss deutlich sichtbar mindestens die Worte „Kein Zutritt – Röntgen" enthalten; sie muss auch während der Betriebsbereitschaft vorhanden sein.

(3) Aus anderen Strahlquellen herrührende Ortsdosen sind bei der Festlegung der Grenzen des Kontrollbereichs und des Überwachungsbereichs einzubeziehen.

(4) Die zuständige Behörde kann anordnen, dass weitere Bereiche als Kontrollbereiche oder als Überwachungsbereiche zu behandeln sind, wenn dies zum Schutz Einzelner oder der Allgemeinheit erforderlich ist.

(5) Die Bereiche nach den Absätzen 1 und 4 gelten als Strahlenschutzbereiche nur während der Einschaltzeit des Strahlers.

(6) Beim Betrieb ortsveränderlicher Röntgeneinrichtungen oder Störstrahler nach § 5 Abs. 1 ist ein nach Absatz 1 Satz 2 Nr. 2 einzurichtender Kontrollbereich zu kennzeichnen und so abzugrenzen, dass unbeteiligte Personen diesen nicht unbeabsichtigt betreten können. Kann ausgeschlossen werden, dass unbeteiligte Personen den Kontrollbereich unbeabsichtigt betreten können, ist die Abgrenzung nicht erforderlich.

### § 20 Röntgenräume

(1) Eine Röntgeneinrichtung darf nur in einem allseitig umschlossenen Raum (Röntgenraum) betrieben werden, der in der Genehmigung oder in der Bescheinigung des Sachverständigen nach § 4a bezeichnet ist.

(2) Dabei sind besondere Vorkehrungen zum Schutz Dritter vor Röntgenstrahlung zu treffen.

(3) Absatz 1 ist nicht anzuwenden auf den Betrieb von Röntgeneinrichtungen

1.  für technische Zwecke, wenn sie den Vorschriften der Anlage 2 Nummer 2, 3 oder Nummer 6 entsprechen,

2.  für den Unterricht an Schulen, wenn sie den Vorschriften der Anlage 2 Nr. 4 entsprechen,

3.  bei denen in der Genehmigung ausdrücklich festgestellt ist, dass sie zum Betrieb außerhalb eines Röntgenraumes bestimmt sind, und

4.  in sonstigen Fällen, wenn es im Einzelfall zwingend erforderlich ist, die Röntgeneinrichtung außerhalb eines Röntgenraumes zu betreiben, und die für die Genehmigung nach § 3 oder für die Entgegennahme der Anzeige nach § 4 zuständige Behörde den Betrieb außerhalb eines Röntgenraumes gestattet.

(4) Die Behörde kann für Störstrahler nach § 5 Abs. 1 festlegen, dass sie nur in allseitig umschlossenen Räumen betrieben werden dürfen.

(5) Röntgeneinrichtungen zur Behandlung dürfen nur in allseitig umschlossenen Räumen (Bestrahlungsräumen) betrieben werden. Diese müssen so bemessen sein, dass die erforderlichen Verrichtungen ohne Behinderung vorgenommen werden können. Bestrahlungsräume, in denen die Ortsdosisleistung höher als 3 Millisievert durch Stunde sein kann, sind darüber hinaus so abzusichern, dass Personen, auch mit einzelnen Körperteilen, nicht unkontrolliert hineingelangen können. Es muss eine geeignete Ausstattung zur Überwachung des Patienten im Bestrahlungsraum vorhanden sein.

## § 21 Schutzvorkehrungen

(1) Der Schutz beruflich strahlenexponierter Personen vor Strahlung ist vorrangig durch bauliche und technische Vorrichtungen oder durch geeignete Arbeitsverfahren sicherzustellen. Bei Personen, die sich im Kontrollbereich aufhalten, ist sicherzustellen, dass sie die erforderliche Schutzkleidung tragen und die erforderlichen Schutzausrüstungen verwenden.

(2) Im Kontrollbereich von Röntgeneinrichtungen, die in Röntgenräumen betrieben werden, dürfen Arbeitsplätze, Verkehrswege oder Umkleidekabinen nur liegen, wenn sichergestellt ist, dass sich dort während der Einschaltzeit Personen nicht aufhalten. Dies gilt nicht für Arbeitsplätze, die aus Gründen einer ordnungsgemäßen Anwendung der Röntgenstrahlen nicht außerhalb des Kontrollbereichs liegen können.

## § 22 Zutritt zu Strahlenschutzbereichen

(1) Personen darf der Zutritt

1. zu Überwachungsbereichen nur erlaubt werden, wenn

   a) sie darin eine dem Betrieb der Röntgeneinrichtung dienende Aufgabe wahrnehmen,

   b) an ihnen nach § 25 Abs. 1 Röntgenstrahlung angewendet werden soll oder ihr Aufenthalt in diesem Bereich als Proband, helfende Person oder Tierbegleitperson erforderlich ist,

   c) bei Auszubildenden oder Studierenden dies zur Erreichung ihres Ausbildungszieles erforderlich ist oder

   d) sie Besucher sind,

2. zu Kontrollbereichen nur erlaubt werden, wenn

   a) sie zur Durchführung oder Aufrechterhaltung der darin vorgesehenen Betriebsvorgänge tätig werden müssen,

   b) an ihnen nach § 25 Abs. 1 Röntgenstrahlung angewendet werden soll oder ihr Aufenthalt in diesem Bereich als Proband, helfende Person oder Tierbegleitperson erforderlich ist und eine zur Ausübung des ärztlichen, zahnärztlichen oder tierärztlichen Berufs berechtigte Person, die die erforderliche Fachkunde im Strahlenschutz besitzt, zugestimmt hat,

   c) bei Auszubildenden oder Studierenden dies zur Erreichung ihres Ausbildungszieles erforderlich ist oder

   d) bei schwangeren Frauen, die nach Buchstabe a oder c den Kontrollbereich betreten dürfen, der fachkundige Strahlenschutzverantwortliche oder der Strahlenschutzbeauftragte dies ausdrücklich gestattet und durch geeignete Überwachungsmaßnahmen sichergestellt, dass der besondere Dosisgrenzwert nach § 31a Abs. 4 Satz 2 eingehalten und dies dokumentiert wird.

Die zuständige Behörde kann gestatten, dass der fachkundige Strahlenschutzverantwortliche oder der zuständige Strahlenschutzbeauftragte auch anderen Personen den Zutritt zu Strahlenschutzbereichen erlaubt. Betretungsrechte auf Grund anderer gesetzlicher Regelungen bleiben unberührt.

(2) Schwangeren Frauen darf der Zutritt zu Kontrollbereichen als helfende Person abweichend von Absatz 1 Satz 1 Nr. 2 Buchstabe b nur gestattet werden, wenn zwingende Gründe dies erfordern. Schwangeren Frauen darf der Zutritt zu Kontrollbereichen als Tierbegleitperson abweichend von Absatz 1 Satz 1 Nummer 2 Buchstabe b nicht gestattet werden.

## Unterabschnitt 2
### Anwendung von Röntgenstrahlung am Menschen

### § 23 Rechtfertigende Indikation

(1) Röntgenstrahlung darf unmittelbar am Menschen in Ausübung der Heilkunde oder Zahnheilkunde nur angewendet werden, wenn eine Person nach § 24 Abs. 1 Nr. 1 oder Nr. 2 hierfür die rechtfertigende Indikation gestellt hat. Die rechtfertigende Indikation erfordert die Feststellung, dass der gesundheitliche Nutzen der Anwendung am Menschen gegenüber dem Strahlenrisiko überwiegt. Andere Verfahren mit vergleichbarem gesundheitlichem Nutzen, die mit keiner oder einer geringeren Strahlenexposition verbunden sind, sind bei der Abwägung zu berücksichtigen. Eine rechtfertigende Indikation nach Satz 1 ist auch dann zu stellen, wenn die Anforderung eines überweisenden Arztes vorliegt. Die rechtfertigende Indikation darf nur gestellt werden, wenn der die rechtfertigende Indikation stellende Arzt den Patienten vor Ort persönlich untersuchen kann, es sei denn, es liegt ein Anwendungsfall des § 3 Abs. 4 vor. § 28a bleibt unberührt.

(2) Der die rechtfertigende Indikation stellende Arzt hat vor der Anwendung, erforderlichenfalls in Zusammenarbeit mit dem überweisenden Arzt, die verfügbaren Informationen über bisherige medizinische Erkenntnisse heranzuziehen, um jede unnötige Strahlenexposition zu vermeiden. Patienten sind über frühere medizinische Anwendungen von ionisierender Strahlung und weiteren bildgebenden Verfahren, die für die vorgesehene Anwendung von Bedeutung sind, zu befragen.

(3) Vor einer Anwendung von Röntgenstrahlung in der Heilkunde oder Zahnheilkunde hat der anwendende Arzt gebärfähige Frauen, erforderlichenfalls in Zusammenarbeit mit dem überweisenden Arzt, zu befragen, ob eine Schwangerschaft besteht oder bestehen könnte. Bei bestehender oder nicht auszuschließender Schwangerschaft ist die Dringlichkeit der Anwendung besonders zu prüfen.

### § 24 Berechtigte Personen

(1) In der Heilkunde oder Zahnheilkunde darf Röntgenstrahlung am Menschen nur angewendet werden von

1. Personen, die als Ärzte approbiert sind oder denen die Ausübung des ärztlichen Berufs erlaubt ist und die für das Gesamtgebiet der Röntgenuntersuchung oder Röntgenbehandlung die erforderliche Fachkunde im Strahlenschutz besitzen,

2. Personen, die als Ärzte oder Zahnärzte approbiert sind oder denen die Ausübung des ärztlichen oder zahnärztlichen Berufs erlaubt ist und die für das Teilgebiet der Anwendung von Röntgenstrahlung, in dem sie tätig sind, die erforderliche Fachkunde im Strahlenschutz besitzen,

3. Personen, die als Ärzte oder Zahnärzte approbiert sind oder zur Ausübung des ärztlichen oder zahnärztlichen Berufs berechtigt sind und nicht über die erforderliche Fachkunde im Strahlenschutz verfügen, wenn sie unter ständiger Aufsicht und Verantwortung einer Person nach Nummer 1 oder 2 tätig sind und über die erforderlichen Kenntnisse im Strahlenschutz verfügen.

(2) Die technische Durchführung ist neben den in Absatz 1 genannten Personen ausschließlich

1. Personen mit einer Erlaubnis nach § 1 Absatz 1 Nummer 2 des MTA-Gesetzes vom 2. August 1993 (BGBl. I S. 1402), das zuletzt durch Artikel 23 des Gesetzes vom 2. Dezember 2007 (BGBl. I S. 2686) geändert worden ist,

2. Personen mit einer staatlich geregelten, staatlich anerkannten oder staatlich überwachten erfolgreich abgeschlossenen Ausbildung, wenn die technische Durchführung Gegenstand ihrer Ausbildung und Prüfung war und sie die erforderliche Fachkunde im Strahlenschutz besitzen,

3. Personen, die sich in einer die erforderlichen Voraussetzungen zur technischen Durchführung vermittelnden beruflichen Ausbildung befinden, wenn sie unter ständiger Aufsicht und Verantwortung einer Person nach § 24 Abs. 1 Nr. 1 oder 2 Arbeiten ausführen, die ihnen im Rahmen ihrer Ausbildung übertragen sind, und sie die erforderlichen Kenntnisse im Strahlenschutz besitzen und

4. Personen mit einer erfolgreich abgeschlossenen sonstigen medizinischen Ausbildung, wenn sie unter ständiger Aufsicht und Verantwortung einer Person nach Absatz 1 Nr. 1 oder 2 tätig sind und die erforderlichen Kenntnisse im Strahlenschutz besitzen

5. Medizinphysik-Experten, wenn sie unter ständiger Aufsicht und Verantwortung einer Person nach Absatz 1 Nummer 1 oder Nummer 2 tätig sind,

erlaubt.

### § 25 Anwendungsgrundsätze

(1) Röntgenstrahlung darf am Menschen nur in Ausübung der Heilkunde oder Zahnheilkunde, in der medizinischen Forschung, in sonstigen durch Gesetz vorgesehenen oder zugelassenen Fällen, zur Untersuchung nach Vorschriften des allgemeinen Arbeitsschutzes oder in den Fällen, in denen die Aufenthalts- oder Einwanderungsbestimmungen eines anderen Staates eine Röntgenaufnahme fordern, angewendet werden. Freiwillige Röntgenreihenuntersuchungen zur Ermittlung übertragbarer Krankheiten in Landesteilen oder für Bevölkerungsgruppen mit überdurchschnittlicher Erkrankungshäufigkeit oder zur Früherkennung von Krankheiten bei besonders betroffenen Personengruppen bedürfen der Zulassung durch die zuständigen obersten Landesgesundheitsbehörden. Für die Anwendung von Röntgenstrahlung am Menschen in den nach dem Infektionsschutzgesetz vorgesehenen Fällen gelten die § 23 Abs. 3 und § 24, für die übrigen Anwendungen von Röntgenstrahlung am Menschen außerhalb der Heilkunde oder Zahnheilkunde gelten die §§ 23 und 24 entsprechend.

(1a) Bei jeder Anwendung von Röntgenstrahlung am Menschen muss die ordnungsgemäße Funktion der Röntgeneinrichtung sichergestellt sein.

(2) Die durch eine Röntgenuntersuchung bedingte Strahlenexposition ist so weit einzuschränken, wie dies mit den Erfordernissen der medizinischen Wissenschaft zu vereinbaren ist. Bei der Röntgenbehandlung müssen Dosis und Dosisverteilung bei jeder zu behandelnden Person nach den Erfordernissen der medizinischen Wissenschaft individuell festgelegt werden; die Dosis außerhalb des Zielvolumens ist so niedrig zu halten, wie dies unter Berücksichtigung des Behandlungszwecks möglich ist. Ist bei Frauen trotz bestehender oder nicht auszuschließender Schwangerschaft die Anwendung von Röntgenstrahlung geboten, sind alle Möglichkeiten zur Herabsetzung der Strahlenexposition der Schwangeren und insbesondere des ungeborenen Kindes auszuschöpfen.

(3) Körperbereiche, die bei der vorgesehenen Anwendung von Röntgenstrahlung nicht von der Nutzstrahlung getroffen werden müssen, sind vor einer Strahlenexposition so weit wie möglich zu schützen.

(4) Die Vorschriften über die Dosisgrenzwerte und über die physikalische Strahlenschutzkontrolle nach § 35 gelten nicht für Personen, an denen nach Absatz 1 Röntgenstrahlung angewendet wird.

(5) Helfende Personen sind über die möglichen Gefahren der Strahlenexposition vor dem Betreten des Kontrollbereichs zu unterrichten. Es sind Maßnahmen zu ergreifen, um ihre Strahlenexposition zu beschränken. Absatz 4, § 35 Abs. 1 Satz 1 und Abs. 9 Satz 1 gelten entsprechend für helfende Personen.

(6) Es ist dafür zu sorgen, dass die ausschließlich für die Anwendung von Röntgenstrahlung am Menschen bestimmten Einrich-

tungen nur in dem Umfang vorhanden sind, wie es für die ordnungsgemäße Durchführung der radiologischen Diagnostik erforderlich ist.

## § 26 Röntgendurchleuchtung

Bei der Röntgendurchleuchtung von Menschen ist zur Gewährleistung des Standes der Technik zumindest eine Einrichtung zur elektronischen Bildverstärkung mit Fernsehkette und automatischer Dosisleistungsregelung oder eine andere, mindestens gleichwertige Einrichtung zu verwenden. Der Röntgenstrahler darf nur während der Durchleuchtung oder zum Anfertigen einer Aufnahme eingeschaltet sein.

## § 27 Röntgenbehandlung

(1) Vor der Röntgenbehandlung muss von einer Person nach § 24 Abs. 1 Nr. 1 oder 2 und, soweit es die Art der Behandlung erfordert, einem Medizinphysik-Experten ein auf den Patienten bezogener Bestrahlungsplan einschließlich der Bestrahlungsbedingungen nach Maßgabe des Satzes 2 schriftlich festgelegt werden. Aus dem Bestrahlungsplan müssen alle erforderlichen Daten der Röntgenbehandlung zu ersehen sein, insbesondere die Dauer und Zeitfolge der Bestrahlungen, die Oberflächendosis und die Dosis im Zielvolumen, die Lokalisation und die Abgrenzung des Bestrahlungsfeldes, die Einstrahlrichtung, die Filterung, der Röntgenröhrenstrom, die Röntgenröhrenspannung und der Brennfleck-Haut-Abstand sowie die Festlegung des Schutzes gegen Streustrahlung.

(2) Die Einhaltung aller im Bestrahlungsplan festgelegten Bedingungen sind vor Beginn

1. der ersten Bestrahlung von einer Person nach § 24 Abs. 1 Nr. 1 oder 2 und, soweit es die Art der Behandlung erfordert, von einem Medizinphysik-Experten,

2. jeder weiteren Bestrahlung von einer Person nach § 24 Abs. 1 Nr. 1 oder 2

zu überprüfen.

(3) Über die Röntgenbehandlung ist ein Bestrahlungsprotokoll zu erstellen. Hierzu gehören auch Aufzeichnungen über die Überprüfung der Filterung.

## § 28 Aufzeichnungspflichten, Röntgenpass

(1) Es ist dafür zu sorgen, dass über jede Anwendung von Röntgenstrahlung am Menschen Aufzeichnungen nach Maßgabe des Satzes 2 angefertigt werden. Die Aufzeichnungen müssen enthalten:

1. die Ergebnisse der Befragung des Patienten nach § 23 Abs. 2 Satz 2 und Abs. 3 Satz 1,

2. den Zeitpunkt und die Art der Anwendung

3. die untersuchte Körperregion,

4. Angaben zur rechtfertigenden Indikation nach § 23 Abs. 1 Satz 1,

5. bei einer Untersuchung zusätzlich den erhobenen Befund,

6. die Strahlenexposition des Patienten, soweit sie erfasst worden ist, oder die zu deren Ermittlung erforderlichen Daten und Angaben und

7. bei einer Behandlung zusätzlich den Bestrahlungsplan nach § 27 Abs. 1 Satz 1 und das Bestrahlungsprotokoll nach § 27 Abs. 3.

Die Aufzeichnungen sind gegen unbefugten Zugriff und unbefugte Änderung zu sichern. Sie sind auf Verlangen der zuständigen Behörde vorzulegen; dies gilt nicht für die medizinischen Befunde.

(2) Der untersuchten oder behandelten Person ist auf deren Wunsch eine Abschrift oder Ablichtung der Aufzeichnungen nach Absatz 1 Satz 2 Nr. 2, 3, 6 und 7 zu überlassen. Bei Röntgenuntersuchungen sind Röntgenpässe bereitzuhalten und der untersuchten Person anzubieten. Wird ein Röntgenpass ausgestellt oder legt die untersuchte Person einen Röntgenpass vor, so sind die Angaben nach Absatz 1 Satz 2

Nr. 2 und 3 sowie Angaben zum untersuchenden Arzt einzutragen.

(3) Aufzeichnungen über Röntgenbehandlungen sind 30 Jahre lang nach der letzten Behandlung aufzubewahren. Röntgenbilder und die Aufzeichnungen nach Absatz 1 Satz 2 über Röntgenuntersuchungen sind zehn Jahre lang nach der letzten Untersuchung aufzubewahren. Röntgenbilder und die Aufzeichnungen von Röntgenuntersuchungen einer Person, die das 18. Lebensjahr noch nicht vollendet hat, sind bis zur Vollendendung des 28. Lebensjahres dieser Person aufzubewahren. Die zuständige Behörde kann verlangen, dass im Falle der Praxisaufgabe oder sonstiger Einstellung des Betriebes die Aufzeichnungen und Röntgenbilder unverzüglich bei einer von ihr bestimmten Stelle zu hinterlegen sind; dabei ist die ärztliche Schweigepflicht zu wahren. Diese Stelle hat auch die sich aus Absatz 6 Satz 1 ergebenden Pflichten zu erfüllen.

(4) Röntgenbilder und die Aufzeichnungen nach Absatz 1 Satz 2 können als Wiedergabe auf einem Bildträger oder auf anderen Datenträgern aufbewahrt werden, wenn sichergestellt ist, dass die Wiedergaben oder die Daten

1.  mit den Bildern oder Aufzeichnungen bildlich oder inhaltlich übereinstimmen, wenn sie lesbar gemacht werden und

2.  während der Dauer der Aufbewahrungsfrist verfügbar sind und jederzeit innerhalb angemessener Zeit lesbar gemacht werden können,

und sichergestellt ist, dass während der Aufbewahrungszeit keine Informationsänderungen oder -verluste eintreten können.

(5) Werden personenbezogene Patientendaten (Familienname, Vornamen, Geburtsdatum und -ort, Geschlecht), Befunde, Röntgenbilder oder sonstige Aufzeichnungen nach Absatz 1 Satz 2 auf elektronischem Datenträger aufbewahrt, ist durch geeignete Maßnahmen sicherzustellen, dass

1.  der Urheber, der Entstehungsort und -zeitpunkt eindeutig erkennbar sind,

2.  das Basisbild mit den bei der Nachverarbeitung verwendeten Bildbearbeitungsparametern unverändert aufbewahrt wird; werden Serien von Einzelbildern angefertigt, muss erkennbar sein, wie viele Röntgenbilder insgesamt gefertigt wurden und ob alle bei der Untersuchung erzeugten Röntgenbilder oder nur eine Auswahl aufbewahrt wurden; wird nur eine Auswahl an Röntgenbildern aufbewahrt, müssen die laufenden Nummern der Röntgenbilder einer Serie mit aufbewahrt werden,

3.  nachträgliche Änderungen oder Ergänzungen als solche erkennbar sind und mit Angaben zu Urheber und Zeitpunkt der nachträglichen Änderungen oder Ergänzungen aufbewahrt werden und

4.  während der Dauer der Aufbewahrung die Verknüpfung der personenbezogenen Patientendaten mit dem erhobenen Befund, den Daten, die den Bilderzeugungsprozess beschreiben, den Bilddaten und den sonstigen Aufzeichnungen nach Absatz 1 Satz 2 jederzeit hergestellt werden kann.

Röntgenbilder können bei der Aufbewahrung auf elektronischem Datenträger komprimiert werden, wenn sichergestellt ist, dass die diagnostische Aussagekraft erhalten bleibt.

(6) Auf elektronischem Datenträger aufbewahrte Röntgenbilder und Aufzeichnungen müssen einem mit- oder weiterbehandelnden Arzt oder Zahnarzt oder der ärztlichen oder zahnärztlichen Stelle in einer für diese geeigneten Form zugänglich gemacht werden können. Dabei muss sichergestellt sein, dass diese Daten mit den Ursprungsdaten übereinstimmen und die daraus erstellten Bilder zur Befundung geeignet sind. Sofern die Übermittlung durch Datenübertragung erfolgen soll, müssen dem jeweiligen Stand der Technik entsprechende Maßnahmen zur Sicherstellung von Datenschutz und Datensicherheit getroffen werden, die insbesondere die Vertraulichkeit und Unversehrtheit der Da-

ten gewährleistet; bei der Nutzung allgemein zugänglicher Netze sind Verschlüsselungsverfahren anzuwenden.

(7) Soweit das Medizinproduktegesetz Anforderungen an die Beschaffenheit von Geräten und Einrichtungen zur Aufzeichnung, Speicherung, Auswertung, Wiedergabe und Übertragung von Röntgenbildern enthält, bleiben diese unberührt.

(8) Wer eine Person mit Röntgenstrahlung untersucht oder behandelt, hat einem diese Person später untersuchenden oder behandelnden Arzt oder Zahnarzt auf dessen Verlangen Auskünfte über die Aufzeichnungen nach Absatz 1 Satz 2 zu erteilen und ihm die Aufzeichnungen und Röntgenbilder vorübergehend zu überlassen. Auch ohne dieses Verlangen sind die Aufzeichnungen und Röntgenbilder der untersuchten oder behandelten Person zur Weiterleitung an einen später untersuchenden oder behandelnden Arzt oder Zahnarzt vorübergehend zu überlassen, wenn zu erwarten ist, dass dadurch eine weitere Untersuchung mit Röntgenstrahlung vermieden werden kann. Sofern die Aufzeichnungen und Röntgenbilder einem beauftragten Dritten zur Weiterleitung an einen später untersuchenden oder behandelnden Arzt oder Zahnarzt überlassen werden, sind geeignete Maßnahmen zur Wahrung der ärztlichen Schweigepflicht zu treffen. Auf die Pflicht zur Rückgabe der Aufzeichnungen und Röntgenbilder an den Aufbewahrungspflichtigen ist in geeigneter Weise hinzuweisen.

(9) Das Bundesamt für Strahlenschutz ermittelt regelmäßig die medizinische Strahlenexposition der Bevölkerung und ausgewählter Bevölkerungsgruppen.

## Unterabschnitt 2a
## Medizinische Forschung

### § 28a Genehmigung zur Anwendung von Röntgenstrahlung am Menschen in der medizinischen Forschung

(1) Wer zum Zweck der medizinischen Forschung Röntgenstrahlung am Menschen anwendet, bedarf der Genehmigung.

(2) Für die Erteilung der Genehmigung ist das Bundesamt für Strahlenschutz zuständig.

### § 28b Genehmigungsvoraussetzungen für die Anwendung von Röntgenstrahlung am Menschen in der medizinischen Forschung

(1) Die Genehmigung nach § 28a Absatz 1 darf nur erteilt werden, wenn

1. für das beantragte Forschungsvorhaben ein zwingendes Bedürfnis besteht, weil die bisherigen Forschungsergebnisse und die medizinischen Erkenntnisse nicht ausreichen,

2. die Anwendung von Röntgenstrahlung nicht durch eine Untersuchungs- oder Behandlungsart ersetzt werden kann, die keine Strahlenexposition verursacht,

3. die strahlenbedingten Risiken, die mit der Anwendung für den Probanden verbunden sind, gemessen an der voraussichtlichen Bedeutung der Ergebnisse für die Fortentwicklung der Heilkunde oder Zahnheilkunde oder der medizinischen Wissenschaft, ärztlich gerechtfertigt sind,

4. die für die medizinische Forschung vorgesehenen Anwendungsarten von Röntgenstrahlung dem Zweck der Forschung entsprechen und nicht durch andere Anwendungsarten von Röntgenstrahlung ersetzt werden können, die zu einer geringeren Strahlenexposition für den Probanden führen,

5. die bei der Anwendung von Röntgenstrahlung auftretende Strahlenexposition nach dem Stand von Wissenschaft und Technik

nicht weiter herabgesetzt werden kann, ohne den Zweck des Forschungsvorhabens zu gefährden,

6. die Körperdosis des Probanden abgeschätzt worden ist,

7. die Anzahl der Probanden auf das notwendige Maß beschränkt wird,

8. die Stellungnahme einer Ethikkommission nach § 28g zu dem beantragten Forschungsvorhaben vorliegt,

9. sichergestellt ist, dass

   a) die Anwendung von einem Arzt geleitet wird, der eine mindestens zweijährige Erfahrung in der Anwendung von Röntgenstrahlung am Menschen nachweisen kann, die erforderliche Fachkunde im Strahlenschutz besitzt und während der Anwendung ständig erreichbar ist, und

   b) bei der Planung und bei der Anwendung ein Medizinphysik-Experte hinzugezogen werden kann, soweit es die Art der Anwendung erfordert,

10. die erforderliche Vorsorge für die Erfüllung gesetzlicher Schadensersatzverpflichtungen getroffen ist und

11. der Betrieb der Röntgeneinrichtung nach § 3 oder § 4 dieser Verordnung zulässig ist.

(2) Bei einem Forschungsvorhaben, das die Prüfung von Sicherheit oder Wirksamkeit eines Verfahrens zur Behandlung kranker Menschen zum Gegenstand hat, kann die zuständige Behörde abweichend von Absatz 1 eine Genehmigung nach § 28a Absatz 1 auch dann erteilen, wenn der Antragsteller

1. nachvollziehbar darlegt, dass

   a) die Anwendung von Röntgenstrahlung selbst nicht Gegenstand des Forschungsvorhabens ist,

   b) die Art der Anwendung von Röntgenstrahlung anerkannten Standardverfahren der Heilkunde am Menschen entspricht,

   c) Art und Häufigkeit der Anwendung von Röntgenstrahlung dem Zweck des Forschungsvorhabens entsprechen und

   d) gewährleistet ist, dass ausschließlich einwilligungsfähige Personen, die das 18. Lebensjahr vollendet haben, in das Forschungsvorhaben eingeschlossen werden, bei denen eine Krankheit vorliegt, deren Behandlung im Rahmen des Forschungsvorhabens geprüft wird, sowie

2. die zustimmende Stellungnahme einer Ethikkommission nach § 28g vorlegt.

(3) Die durch das Forschungsvorhaben bedingte effektive Dosis darf für gesunde Probanden den Grenzwert von 20 Millisievert nicht überschreiten.

(4) Sieht der Antrag die Anwendung von Röntgenstrahlung an mehreren Einrichtungen vor (Multi-Center-Studie), kann die Genehmigungsbehörde eine alle Einrichtungen umfassende Genehmigung erteilen, wenn dies der sachgerechten Durchführung der Studie dient. Im Fall einer Genehmigung nach Satz 1 in Verbindung mit Absatz 1 ist für jede beteiligte Einrichtung nachzuweisen, dass die Voraussetzungen nach Absatz 1 Nummer 9 und 11 vorliegen.

(5) Die Vorsorge zur Erfüllung gesetzlicher Schadensersatzverpflichtungen ist für einen Zeitraum von zehn Jahren nach Beendigung des Forschungsvorhabens zu treffen. Die Regelungen des Absatzes 1 Nummer 10 gelten nicht, soweit die Vorgaben der Atomrechtlichen Deckungsvorsorge-Verordnung durch die Vorsorge zur Erfüllung gesetzlicher Schadensersatzverpflichtungen nach den entsprechenden Vorschriften des Arzneimittelgesetzes oder des Medizinproduktegesetzes dem Grund und der Höhe nach erfüllt sind. Im Fall einer Genehmigung nach Absatz 2 bedarf es keiner Deckungsvorsorge, die über die Probandenversicherung

nach dem Arzneimittelgesetz oder nach dem Medizinproduktegesetz hinausgeht.

### § 28c Besondere Schutz-, Aufklärungs- und Aufzeichnungspflichten

(1) Die Anwendung von Röntgenstrahlung am Menschen in der medizinischen Forschung ist nur mit der persönlichen Einwilligung des Probanden zulässig. Der Inhaber der Genehmigung nach § 28a Abs. 1 hat eine schriftliche Erklärung des Probanden darüber einzuholen, dass er mit

1. der Anwendung von Röntgenstrahlung an seiner Person und

2. den Untersuchungen, die vor, während und nach der Anwendung zur Kontrolle und zur Erhaltung seiner Gesundheit erforderlich sind,

einverstanden ist. Die Erklärung ist nur wirksam, wenn der Proband geschäftsfähig und in der Lage ist, das Risiko der Anwendung der Röntgenstrahlung für sich einzusehen und seinen Willen hiernach zu bestimmen. Diese Erklärung und alle im Zusammenhang mit der Anwendung stehenden Einwilligungen können jederzeit formlos widerrufen werden.

(2) Die Anwendung ist ferner nur zulässig, wenn der Proband zuvor eine weitere schriftliche Erklärung darüber abgegeben hat, dass er mit der

1. Mitteilung seiner Teilnahme an dem Forschungsvorhaben und

2. der unwiderruflichen Mitteilung der durch die Anwendung erhaltenen Strahlenexpositionen

an die zuständige Behörde einverstanden ist.

(3) Vor Abgabe der Einwilligungen ist der Proband durch den das Forschungsvorhaben leitenden oder einen von diesem beauftragten Arzt oder Zahnarzt über Art, Bedeutung, Tragweite und Risiken der Anwendung der Röntgenstrahlung und über die Möglichkeit des Widerrufs aufzuklären. Der Proband ist zu befragen, ob an ihm bereits ionisierende Strahlung zum Zweck der Untersuchung, Behandlung oder außerhalb der Heilkunde oder Zahnheilkunde angewendet worden ist. Über die Aufklärung und die Befragung des Probanden sind Aufzeichnungen anzufertigen.

(4) Der Proband ist vor Beginn der Anwendung von Röntgenstrahlung ärztlich oder zahnärztlich zu untersuchen. Die Körperdosis ist durch geeignete Verfahren zu überwachen. Der Zeitpunkt der Anwendung, die Ergebnisse der Überwachungsmaßnahmen und die Befunde sind aufzuzeichnen.

(5) Die Erklärungen nach Absatz 1 Satz 2 und Absatz 2 und die Aufzeichnungen nach Absatz 3 Satz 3 und Absatz 4 Satz 3 sind 30 Jahre lang nach deren Abgabe oder dem Zeitpunkt der Anwendung aufzubewahren und auf Verlangen der zuständigen Behörde vorzulegen. Für die Aufzeichnungen gilt § 28 Abs. 2, Abs. 3 Satz 4 und 5 und Abs. 4 bis 7 entsprechend.

### § 28d Anwendungsverbote und Anwendungsbeschränkungen für einzelne Personengruppen

(1) An schwangeren Frauen darf Röntgenstrahlung in der medizinischen Forschung nicht angewendet werden. Das Gleiche gilt für Personen, die auf gerichtliche oder behördliche Anordnung verwahrt werden.

(2) Von der Anwendung ausgeschlossen sind gesunde Probanden, bei denen in den vergangenen zehn Jahren Röntgenstrahlung zu Forschungs- oder Behandlungszwecken angewendet worden ist, wenn durch die erneute Anwendung in der medizinischen Forschung eine effektive Dosis von mehr als 10 Millisievert zu erwarten ist. § 28b Abs. 2 Satz 1 bleibt unberührt.

(3) Die Anwendung von Röntgenstrahlung an gesunden Probanden, die das 50. Lebensjahr nicht vollendet haben, ist nur zulässig, wenn dies ärztlich gerechtfertigt und zur Erreichung des Forschungszieles besonders notwendig ist.

(4) An geschäftsunfähigen und beschränkt geschäftsfähigen Probanden ist die Anwendung von Röntgenstrahlung nur zulässig, wenn

1. das Forschungsziel anders nicht erreicht werden kann,

2. die Anwendung an Probanden erfolgt, bei denen in Bezug auf das genehmigungsbedürftige Forschungsvorhaben eine Krankheit oder ein entsprechender Krankheitsverdacht vorliegt, und die Anwendung geeignet ist, diese Krankheit zu erkennen, das Leben der betroffenen Person zu retten, ihre Gesundheit wiederherzustellen oder ihr Leiden zu lindern, und

3. der gesetzliche Vertreter oder der Betreuer seine Einwilligung abgegeben hat, nachdem er von dem das Forschungsvorhaben leitenden Arzt oder Zahnarzt über Wesen, Bedeutung, Tragweite und Risiken aufgeklärt worden ist; ist der geschäftsunfähige oder beschränkt geschäftsfähige Proband in der Lage, Wesen, Bedeutung und Tragweite der Anwendung einzusehen und seinen Willen hiernach zu bestimmen, ist zusätzlich dessen persönliche Einwilligung erforderlich.

Für die Erklärungen nach Satz 1 Nr. 3 gilt § 28c Abs. 1 bis 3 entsprechend.

### § 28e Mitteilungs- und Berichtspflichten

(1) Der zuständigen Aufsichtsbehörde und der Genehmigungsbehörde sind unverzüglich mitzuteilen:

1. jede Überschreitung der Dosisgrenzwerte nach § 28b Absatz 3 und § 28d Absatz 2 Satz 1 unter Angabe der näheren Umstände und

2. die Beendigung der Anwendung von Röntgenstrahlung für die Durchführung des Forschungsvorhabens.

(2) Der zuständigen Aufsichtsbehörde und der Genehmigungsbehörde sind nach Beendigung

der Anwendung je ein Abschlussbericht vorzulegen, aus dem die im Einzelfall ermittelte Körperdosis oder die zur Berechnung der Körperdosen relevanten Daten hervorgehen.

### § 28f Schutzanordnung

Ist zu besorgen, dass ein Proband auf Grund einer Überschreitung der genehmigten Doiswerte für die Anwendung von Röntgenstrahlung in der medizinischen Forschung an der Gesundheit geschädigt wird, so ordnet die zuständige Aufsichtsbehörde an, dass er durch einen Arzt nach § 41 Abs. 1 Satz 1 untersucht wird.

### § 28g Ethikkommission

Eine im Geltungsbereich dieser Verordnung tätige Ethikkommission muss unabhängig, interdisziplinär besetzt und bei der zuständigen Bundesoberbehörde registriert sein. Ihre Aufgabe ist es, das beantragte Forschungsvorhaben nach ethischen und rechtlichen Gesichtspunkten mit mindestens fünf Mitgliedern mündlich zu beraten und innerhalb von längstens 60 Tagen nach Eingang der erforderlichen Unterlagen eine schriftliche Stellungnahme abzugeben, insbesondere dazu, ob für das beantragte Vorhaben ein zwingendes Bedürfnis im Sinne des § 28b Absatz 1 Nummer 1 besteht. Bei multizentrischen Studien genügt die Stellungnahme einer Ethikkommission. Eine Registrierung erfolgt nur, wenn in einer veröffentlichten Verfahrensordnung die Mitglieder, die aus medizinischen oder zahnmedizinischen Sachverständigen und nichtmedizinischen Mitgliedern bestehen und die erforderliche Fachkompetenz aufweisen, das Verfahren und die Anschrift aufgeführt sind. Veränderungen der Zusammensetzung der Kommission, des Verfahrens oder der übrigen Festlegungen der Verfahrensordnung sind der Behörde unverzüglich mitzuteilen.

## Unterabschnitt 3
### Anwendung von Röntgenstrahlung in der Tierheilkunde oder in sonstigen Fällen

### § 29 Berechtigte Personen in der Tierheilkunde

(1) Röntgenstrahlung darf in der Tierheilkunde nur angewendet werden von

1. Personen, die zur Ausübung des tierärztlichen, ärztlichen oder zahnärztlichen Berufs berechtigt sind und die erforderliche Fachkunde im Strahlenschutz besitzen,

2. Personen, die zur Ausübung des tierärztlichen, ärztlichen oder zahnärztlichen Berufs berechtigt sind und die nicht die erforderliche Fachkunde im Strahlenschutz besitzen, wenn sie auf ihrem speziellen Arbeitsgebiet über die für die Anwendung erforderlichen Kenntnisse im Strahlenschutz verfügen und unter ständiger Aufsicht und Verantwortung einer der unter Nummer 1 genannten Personen tätig sind.

(2) Die technische Durchführung ist neben den in Absatz 1 genannten Personen ausschließlich

1. Personen mit einer Erlaubnis nach § 1 Absatz 1 Nummer 2 des MTA-Gesetzes vom 2. August 1993 (BGBl. I S. 1402), das zuletzt durch Artikel 23 des Gesetzes vom 2. Dezember 2007 (BGBl. I S. 2686) geändert worden ist,

2. Personen mit einer staatlich geregelten, staatlich anerkannten oder staatlich überwachten erfolgreich abgeschlossenen Ausbildung, wenn die technische Durchführung Gegenstand ihrer Ausbildung und Prüfung war und sie die erforderliche Fachkunde im Strahlenschutz besitzen,

3. Personen, die über die erforderlichen Kenntnisse im Strahlenschutz verfügen, wenn sie unter ständiger Aufsicht und Verantwortung einer der in Absatz 1 Nr. 1 bezeichneten Personen tätig sind

4. Medizinphysik-Experten, wenn sie unter ständiger Aufsicht und Verantwortung einer Person nach Absatz 1 Nummer 1 tätig sind,

erlaubt.

(3) Bei der Anwendung von Röntgenstrahlung am Tier bleiben tierschutzrechtliche Vorschriften unberührt.

(4) Tierbegleitpersonen sind vor dem Betreten des Kontrollbereichs über die möglichen Gefahren der Strahlenexposition zu unterrichten. Es sind Maßnahmen zu ergreifen, um ihre Strahlenexposition zu beschränken. § 25 Absatz 4, § 35 Absatz 1 Satz 1 und Absatz 9 Satz 1 gelten für Tierbegleitpersonen entsprechend.

### § 30 Berechtigte Personen in sonstigen Fällen

In anderen Fällen als zur Anwendung am Menschen oder in der Tierheilkunde dürfen nur solche Personen Röntgenstrahlung anwenden oder die Anwendung technisch durchführen, die

1 die erforderliche Fachkunde im Strahlenschutz besitzen oder

2. auf ihrem Arbeitsgebiet über die für den Anwendungsfall erforderlichen Kenntnisse im Strahlenschutz verfügen, wenn sie unter Aufsicht und Verantwortung einer Person nach Nummer 1 tätig werden.

Satz 1 gilt nicht für den Betrieb eines Vollschutzgerätes nach § 2 Nummer 25.

## Unterabschnitt 4
### Vorschriften über die Strahlenexposition

### § 31 Kategorien beruflich strahlenexponierter Personen

Personen, die einer beruflichen Strahlenexposition durch Tätigkeiten nach dieser Verordnung ausgesetzt sind, sind zum Zwecke der Kontrolle und arbeitsmedizinischen Vorsorge folgenden Kategorien zugeordnet:

1. Beruflich strahlenexponierte Personen der Kategorie A:

   Personen, die einer beruflichen Strahlenexposition ausgesetzt sind, die im Kalenderjahr zu einer effektiven Dosis von mehr als 6 Millisievert oder einer höheren Organdosis als 45 Millisievert für die Augenlinse oder 150 Millisievert im Kalenderjahr für die Haut, die Hände, die Unterarme, die Füße und Knöchel führen kann.

2. Beruflich strahlenexponierte Personen der Kategorie B:

   Personen, die einer beruflichen Strahlenexposition ausgesetzt sind, die im Kalenderjahr zu einer effektiven Dosis von mehr als 1 Millisievert oder einer höheren Organdosis als 15 Millisievert für die Augenlinse oder 50 Millisievert im Kalenderjahr für die Haut, die Hände, die Unterarme, die Füße und Knöchel führen kann, ohne in die Kategorie A zu fallen.

**§ 31a Dosisgrenzwerte bei beruflicher Strahlenexposition**

(1) Für beruflich strahlenexponierte Personen darf die effektive Dosis den Grenzwert von 20 Millisievert im Kalenderjahr nicht überschreiten. Die zuständige Behörde kann im Einzelfall für ein einzelnes Jahr eine effektive Dosis von 50 Millisievert zulassen, wobei für fünf aufeinander folgende Jahre 100 Millisievert nicht überschritten werden dürfen.

(2) Für beruflich strahlenexponierte Personen darf die Organdosis

1. für die Augenlinse den Grenzwert von 150 Millisievert,

2. für die Haut, die Hände, die Unterarme, die Füße und Knöchel jeweils den Grenzwert von 500 Millisievert,

3. für die Keimdrüsen, die Gebärmutter und das Knochenmark (rot) jeweils den Grenzwert von 50 Millisievert,

4. für die Schilddrüse und die Knochenoberfläche jeweils den Grenzwert von 300 Millisievert,

5. für den Dickdarm, die Lunge, den Magen, die Blase, die Brust, die Leber, die Speiseröhre, andere Organe oder Gewebe gemäß Anlage 3 Fußnote 1, soweit nicht unter Nummer 3 genannt, jeweils den Grenzwert von 150 Millisievert

im Kalenderjahr nicht überschreiten.

(3) Für Personen unter 18 Jahren darf die effektive Dosis den Grenzwert von 1 Millisievert im Kalenderjahr nicht überschreiten. Die Organdosis für die Augenlinse darf den Grenzwert von 15 Millisievert, für die Haut, die Hände, die Unterarme, die Füße und Knöchel jeweils den Grenzwert von 50 Millisievert im Kalenderjahr nicht überschreiten. Abweichend von Satz 1 und Satz 2 kann die zuständige Behörde für Auszubildende und Studierende im Alter zwischen 16 und 18 Jahren festlegen, dass die effektive Dosis den Grenzwert von 6 Millisievert, die Organdosis der Augenlinse den Grenzwert von 45 Millisievert und die Organdosis der Haut, der Hände, der Unterarme, der Füße und Knöchel jeweils den Grenzwert von 150 Millisievert im Kalenderjahr nicht überschreiten darf, wenn dies zur Erreichung des Ausbildungszieles notwendig ist.

(4) Bei gebärfähigen Frauen darf die über einen Monat kumulierte Dosis der Gebärmutter den Grenzwert von 2 Millisievert nicht überschreiten. Für ein ungeborenes Kind, das auf Grund der Beschäftigung der Mutter einer Strahlenexposition ausgesetzt ist, darf die Äquivalentdosis vom Zeitpunkt der Mitteilung der Schwangerschaft bis zu deren Ende den Grenzwert von 1 Millisievert nicht überschreiten. Als Äquivalentdosis des ungeborenen Kindes gilt die Organdosis der Gebärmutter der schwangeren Frau.

(5) Bei der Ermittlung der Körperdosis ist die berufliche Strahlenexposition aus dem Anwendungsbereich der Strahlenschutzverordnung

sowie die berufliche Strahlenexposition, die außerhalb des räumlichen Geltungsbereichs dieser Verordnung erfolgt, einzubeziehen. Die natürliche Strahlenexposition, die medizinische Strahlenexposition und die Exposition als helfende Person oder Tierbegleitperson sind nicht zu berücksichtigen.

### § 31b Berufslebensdosis

Die Summe der in allen Kalenderjahren ermittelten effektiven Dosen beruflich strahlenexponierter Personen darf den Grenzwert von 400 Millisievert nicht überschreiten. Die zuständige Behörde kann im Benehmen mit dem Arzt nach § 41 Abs. 1 Satz 1 eine weitere berufliche Strahlenexposition zulassen, wenn diese 10 Millisievert effektive Dosis im Kalenderjahr nicht überschreitet und die beruflich strahlenexponierte Person schriftlich einwilligt.

### § 31c Dosisbegrenzung bei Überschreitung

Wurde unter Verstoß gegen § 31a Abs. 1 oder 2 ein Grenzwert im Kalenderjahr überschritten, so ist eine Weiterbeschäftigung als beruflich strahlenexponierte Person nur zulässig, wenn die Expositionen in den folgenden vier Kalenderjahren unter Berücksichtigung der erfolgten Grenzwertüberschreitung so begrenzt werden, dass die Summe der Dosen das Fünffache des jeweiligen Grenzwertes nicht überschreitet. Ist die Überschreitung eines Grenzwertes so hoch, dass bei Anwendung von Satz 1 die bisherige Beschäftigung nicht fortgesetzt werden kann, kann die zuständige Behörde im Benehmen mit einem Arzt nach § 41 Abs. 1 Satz 1 Ausnahmen von Satz 1 zulassen.

### § 32 Begrenzung der Strahlenexposition der Bevölkerung

(1) Für Einzelpersonen der Bevölkerung darf die effektive Dosis den Grenzwert von 1 Millisievert im Kalenderjahr nicht überschreiten.

(2) Unbeschadet des Absatzes 1 darf die Organdosis für die Augenlinse den Grenzwert von

15 Millisievert im Kalenderjahr und die Organdosis für die Haut den Grenzwert von 50 Millisievert im Kalenderjahr nicht überschreiten.

### § 33 Anordnung von Maßnahmen und behördliche Ausnahmen

(1) Die zuständige Behörde kann auch nachträglich anordnen, dass

1. die Wirksamkeit der dem Strahlenschutz dienenden Ausrüstungen einer Röntgeneinrichtung oder eines Störstrahlers nach § 5 Abs. 1 sowie

2. die Konstanz der Messgrößen zur Beschreibung der Bildqualität und Höhe der Strahlenexposition einer Röntgeneinrichtung zur Untersuchung von Menschen

durch eine von ihr bestimmte Stelle geprüft und dass die Prüfung in bestimmten Abständen wiederholt wird.

(2) Die zuständige Behörde kann nachträglich diejenigen Schutzmaßnahmen anordnen, die

1. nach dem Stand der Technik oder dem Stand der Heilkunde oder Zahnheilkunde zum Schutz von Leben, Gesundheit oder Sachgütern einzelner oder der Allgemeinheit vor Gefahren durch den Betrieb einer Röntgeneinrichtung oder eines Störstrahlers nach § 5 Abs. 1 oder

2. zur Durchführung der §§ 13 bis 32 und 34 bis 42 erforderlich sind.

(3) Soweit eine Anordnung nach Absatz 1 oder 2 nicht die Beseitigung einer dringenden Gefahr für Leben, Gesundheit oder bedeutende Sachgüter bezweckt, ist für die Ausführung eine angemessene Frist zu setzen.

(4) Die Anordnung ist an den Strahlenschutzverantwortlichen zu richten. Sie kann in dringenden Fällen auch an einen Strahlenschutzbeauftragten gerichtet werden. Dieser hat den Strahlenschutzverantwortlichen von der Anordnung unverzüglich zu unterrichten.

(5) Beim Betrieb einer ortsveränderlichen Röntgeneinrichtung oder eines ortsveränderlichen Störstrahlers nach § 5 Abs. 1 kann die Anordnung auch an denjenigen gerichtet werden, in dessen Verfügungsbereich der Betrieb stattfindet. Dieser hat die erforderlichen Schutzmaßnahmen zu treffen und den von ihm beauftragten Strahlenschutzverantwortlichen auf die Einhaltung der Schutzmaßnahmen hinzuweisen.

(6) Die zuständige Behörde kann im Einzelfall gestatten, dass von den Vorschriften der §§ 15a bis 18, 19 bis 32 und 34 bis 41 mit Ausnahme der Dosisgrenzwertregelungen abgewichen wird, wenn

1. eine Röntgeneinrichtung, ein Störstrahler oder eine Tätigkeit erprobt werden soll oder die Einhaltung der Anforderungen einen unverhältnismäßig großen Aufwand erfordern würde, sofern in beiden Fällen die Sicherheit der Röntgeneinrichtung, des Störstrahlers oder der Tätigkeit sowie der Strahlenschutz auf andere Weise gewährleistet sind oder

2. die Sicherheit der Röntgeneinrichtung, des Störstrahlers oder der Tätigkeit durch die Abweichung nicht beeinträchtigt werden und der Strahlenschutz gewährleistet ist.

### § 34 Messung von Ortsdosis, Ortsdosisleistung und Personendosis

(1) Soweit es aus Gründen des Strahlenschutzes erforderlich ist, ist die Ortsdosis oder Ortsdosisleistung im Kontrollbereich und im Überwachungsbereich einer Röntgeneinrichtung oder eines Störstrahlers nach § 5 Abs. 1 zu messen. In begründeten Ausnahmefällen kann die zuständige Behörde eine Stelle bestimmen, die die Messung vorzunehmen hat.

(2) Zeitpunkt und Ergebnis der Messungen nach Absatz 1 sind aufzuzeichnen. Die Aufzeichnungen sind nach Abschluss der Aufzeichnung 30 Jahre aufzubewahren und der zuständigen Behörde auf Verlangen vorzulegen. Bei Beendigung des Betriebs der Röntgeneinrichtung oder des Störstrahlers nach § 5 Abs. 1 sind sie bei der von der zuständigen Behörde bestimmten Stelle zu hinterlegen.

(3) Zur Messung der Personendosis, der Ortsdosis und der Ortsdosisleistung sind, sofern geeichte Strahlungsmessgeräte nicht vorgeschrieben sind, andere geeignete Strahlungsmessgeräte zu verwenden. Die Strahlungsmessgeräte müssen

1. den Anforderungen des Messzwecks genügen,

2. in ausreichender Zahl vorhanden sein und

3. regelmäßig auf ihre Funktionstüchtigkeit geprüft und gewartet werden.

(4) Der Zeitpunkt und das Ergebnis der Funktionsprüfung und Wartung nach Absatz 3 Satz 2 Nummer 3 sind aufzuzeichnen. Die Aufzeichnungen sind zehn Jahre ab dem Zeitpunkt der Funktionsprüfung oder Wartung aufzubewahren und der zuständigen Behörde auf Verlangen vorzulegen oder bei einer von ihr zu bestimmenden Stelle zu hinterlegen.

### § 35 Zu überwachende Personen und Ermittlung der Körperdosis

(1) An Personen, die sich aus anderen Gründen als zu ihrer ärztlichen oder zahnärztlichen Untersuchung oder Behandlung im Kontrollbereich aufhalten, ist unverzüglich die Körperdosis zu ermitteln. Ist beim Aufenthalt von Personen im Kontrollbereich sichergestellt, dass im Kalenderjahr eine effektive Dosis von 1 Millisievert oder höhere Organdosen als ein Zehntel der Organdosisgrenzwerte des § 31a Abs. 2 nicht erreicht werden können, so kann die zuständige Behörde Ausnahmen von Satz 1 zulassen. Die in Satz 1 genannten Personen haben die erforderlichen Messungen zu dulden.

(2) Wer eine Anzeige nach § 6 Abs. 1 Nr. 3 zu erstatten hat, hat dafür zu sorgen, dass die unter seiner Aufsicht stehenden Personen in Kontrollbereichen nur beschäftigt werden, wenn je-

de einzelne beruflich strahlenexponierte Person im Besitz eines vollständig geführten, bei der zuständigen Behörde registrierten Strahlenpasses ist. Wenn er selbst in Kontrollbereichen tätig wird, gilt Satz 1 entsprechend. Die zuständige Behörde kann Aufzeichnungen über die Strahlenexposition, die außerhalb des Geltungsbereiches dieser Verordnung ausgestellt worden sind, als ausreichend im Sinne von Satz 1 anerkennen, wenn diese dem Strahlenpass entsprechen. Die Bundesregierung erlässt mit Zustimmung des Bundesrates allgemeine Verwaltungsvorschriften über Inhalt, Form, Führung und Registrierung des Strahlenpasses.

(3) Beruflich strahlenexponierten Personen nach Absatz 2 darf eine Beschäftigung im Kontrollbereich nur erlaubt werden, wenn diese den Strahlenpass nach Absatz 2 Satz 1 vorlegen und ein Dosimeter nach Absatz 4 Satz 3 tragen.

(4) Die Körperdosis ist durch Messung der Personendosis zu ermitteln. Die zuständige Behörde bestimmt Messstellen für Messungen nach Satz 1. Die Personendosis ist zu messen mit

1. einem Dosimeter, das bei einer nach Absatz 4 Satz 2 bestimmten Messstelle anzufordern ist, oder

2. einem Dosimeter, dessen Messwert in der Einrichtung der zu überwachenden Person ausgewertet wird und dessen Verwendung nach Zustimmung einer nach Absatz 4 Satz 2 bestimmten Messstelle von der zuständigen Behörde gestattet wurde.

Die Anzeige dieses Dosimeters gilt als Maß für die effektive Dosis, sofern die Körperdosis für einzelne Körperteile, Organe oder Gewebe nicht genauer ermittelt worden ist. Wenn auf Grund der Messung der Personendosis oder sonstiger Tatsachen der Verdacht besteht, dass die Dosisgrenzwerte des § 31a überschritten werden, so ist die Körperdosis unter Berücksichtigung der Expositionsbedingungen zu ermitteln.

(5) Die Dosimeter sind an einer für die Strahlenexposition als repräsentativ geltenden Stel-

le der Körperoberfläche, in der Regel an der Vorderseite des Rumpfes, zu tragen. Ist vorauszusehen, dass im Kalenderjahr die Organdosis für die Hände, die Unterarme, die Füße und Knöchel oder die Haut größer ist als 150 Millisievert oder die Organdosis der Augenlinse größer ist als 45 Millisievert, so ist die Personendosis durch weitere Dosimeter auch an diesen Körperteilen festzustellen.

(6) Der zu überwachenden Person ist auf ihr Verlangen ein Dosimeter zur Verfügung zu stellen, mit dem die Personendosis jederzeit festgestellt werden kann. Sobald eine Frau ihren Arbeitgeber darüber informiert hat, dass sie schwanger ist, ist ihre berufliche Strahlenexposition arbeitswöchentlich zu ermitteln und ihr mitzuteilen.

(7) Die Dosimeter nach Absatz 4 Satz 3 und Absatz 5 Satz 2 sind der Messstelle jeweils nach Ablauf eines Monats unverzüglich einzureichen oder es sind im Fall des Absatzes 4 Satz 3 Nummer 2 deren Messwerte der Messstelle zur Prüfung und Feststellung bereitzustellen; hierbei sind die jeweiligen Personendaten (Familienname, Vornamen, Geburtsdatum und -ort, Geschlecht), bei Strahlenpassinhabern nach Absatz 2 Satz 1 und 2 die Registriernummer des Strahlenpasses sowie die Beschäftigungsmerkmale und die Expositionsverhältnisse mitzuteilen. Die zuständige Behörde kann

1. gestatten, dass Dosimeter in Zeitabständen bis zu drei Monaten der Messstelle einzureichen sind, oder

2. anordnen, dass die Dosimeter der Messstelle in Zeitabständen von weniger als einem Monat einzureichen sind, wenn nach der Art des Betriebes der Röntgeneinrichtung oder des Störstrahlers nach § 5 Absatz 1 eine besondere Gefährdung möglich erscheint.

Die Messstelle nach Absatz 4 Satz 2 hat Personendosimeter bereitzustellen oder im Fall des Absatzes 4 Satz 3 Nummer 2 der Verwendung zuzustimmen, die Personendosis festzustellen, die Messergebnisse aufzuzeichnen und demjenigen, der die Messung veranlasst hat, schriftlich mitzuteilen. Sie hat ihre Aufzeichnungen fünf Jahre lang nach der jeweiligen Feststellung aufzubewahren. Die Messstelle hat der zuständigen Behörde auf Verlangen die Ergebnisse ihrer Feststellungen einschließlich der Angaben nach Satz 1 mitzuteilen.

(8) Die zuständige Behörde kann

1. anordnen, dass abweichend von Absatz 4 Satz 1 oder Absatz 5 Satz 2 zur Ermittlung der Körperdosis zusätzlich oder allein die Ortsdosis oder die Ortsdosisleistung gemessen wird, wenn dies nach den Expositionsbedingungen erforderlich erscheint,

2. bei unterbliebener oder fehlerhafter Messung eine Ersatzdosis festlegen,

3. anordnen, dass die Personendosis nach einem anderen oder nach zwei von einander unabhängigen Verfahren gemessen wird und

4. anordnen, dass bei Personen, die sich im Überwachungsbereich aufhalten, die Körperdosis ermittelt wird.

(9) Die Ergebnisse der Ermittlungen und Messungen nach den Absätzen 1 bis 6 und 8 sind unverzüglich aufzuzeichnen. Die Aufzeichnungen sind solange aufzubewahren, bis die überwachte Person das 75. Lebensjahr vollendet hat oder vollendet hätte, mindestens jedoch 30 Jahre nach Beendigung der jeweiligen Beschäftigung. Sie sind spätestens 100 Jahre nach der Geburt der betroffenen Person zu löschen. Sie sind auf Verlangen der zuständigen Behörde vorzulegen oder bei einer von dieser bestimmten Stelle zu hinterlegen. § 28 Abs. 4 gilt entsprechend. Bei einem Wechsel des Beschäftigungsverhältnisses sind die Ermittlungsergebnisse dem neuen Arbeitgeber auf Verlangen mitzuteilen, falls weiterhin eine Beschäftigung als beruflich strahlenexponierte Person ausgeübt wird. Aufzeichnungen, die infolge Beendigung der Beschäftigung als beruflich strahlenexponierte Person nicht mehr benötigt werden,

sind der nach Landesrecht zuständigen Stelle zu übergeben. Beruflich strahlenexponierten Personen ist auf Verlangen die im Beschäftigungsverhältnis erhaltene berufliche Strahlenexposition schriftlich mitzuteilen, sofern nicht bereits ein Strahlenpass nach Absatz 2 Satz 1 geführt wird.

(10) Die Messstellen nach Absatz 4 Satz 2 nehmen an Maßnahmen zur Qualitätssicherung teil, die von der Physikalisch-Technischen Bundesanstalt durchgeführt werden.

(11) Überschreitungen der Grenzwerte nach § 31a Abs. 1 bis 4 sind der zuständigen Behörde unter Angabe der Gründe, der betroffenen Person und der ermittelten Körperdosen unverzüglich mitzuteilen. Der betroffenen Person ist unverzüglich die Körperdosis mitzuteilen.

(12) Die Qualität der Messungen nach Absatz 4 Satz 3 Nummer 2 ist durch regelmäßige interne Prüfungen sicherzustellen. Die Ergebnisse der Prüfungen sind der zuständigen Behörde auf Verlangen mitzuteilen.

### § 35a Strahlenschutzregister

(1) In das Strahlenschutzregister nach § 12c des Atomgesetzes werden eingetragen:

1. die infolge einer beruflichen Strahlenexposition nach § 35 Abs. 7 Satz 4 ermittelten Dosiswerte sowie dazugehörige Feststellungen der zuständigen Behörde,

2. Angaben über registrierte Strahlenpässe nach § 35 Abs. 2 Satz 1 oder 2,

3. die jeweiligen Personendaten (Familienname, Vornamen, Geburtsdatum und -ort, Geschlecht), Beschäftigungsmerkmale und Expositionsverhältnisse sowie die Anschrift des Strahlenschutzverantwortlichen.

(2) Zur Eintragung in das Strahlenschutzregister übermitteln jeweils die Daten nach Absatz 1

1. die Messstellen nach § 35 Abs. 4 Satz 2 binnen Monatsfrist,

2. die zuständige Behörde ihre Feststellungen sowie Angaben über registrierte Strahlenpässe unverzüglich,

soweit neue oder geänderte Daten vorliegen. Die zuständige Behörde kann anordnen, dass eine Messstelle bei ihr aufgezeichnete Feststellungen zu einer früher erhaltenen Körperdosis zur Eintragung in das Strahlenschutzregister übermittelt; sie kann von ihr angeforderte Aufzeichnungen des Strahlenschutzverantwortlichen oder des Strahlenschutzbeauftragten über Ergebnisse von Messungen und Ermittlungen zur Körperdosis zur Eintragung in das Strahlenschutzregister weiterleiten.

(3) Das Bundesamt für Strahlenschutz fasst die übermittelten Daten im Strahlenschutzregister personenbezogen zusammen, wertet sie aus und unterrichtet die zuständige Behörde, wenn es dies im Hinblick auf die Ergebnisse der Auswertung für erforderlich hält.

(4) Auskünfte aus dem Strahlenschutzregister werden erteilt, soweit dies für die Wahrnehmung der Aufgaben des Empfängers erforderlich ist:

1. einer zuständigen Behörde oder einer Messstelle auf Anfrage; die zuständige Behörde kann Auskünfte aus dem Strahlenschutzregister an den Strahlenschutzverantwortlichen über bei ihm tätige Personen betreffende Daten, an dessen Strahlenschutzbeauftragten sowie an den zuständigen Arzt nach § 41 Abs. 1 Satz 1 weitergeben, soweit dies zu deren Aufgabenwahrnehmung erforderlich ist,

2. einem Strahlenschutzverantwortlichen über bei ihm tätige Personen betreffende Daten auf Antrag,

3. einem Träger der gesetzlichen Unfallversicherung über bei ihm versicherte Personen betreffende Daten auf Antrag.

Dem Betroffenen werden Auskünfte aus dem Strahlenschutzregister über die zu seiner Person gespeicherten Daten auf Antrag erteilt.

(5) Hochschulen, anderen Einrichtungen, die wissenschaftliche Forschung betreiben, und öffentlichen Stellen dürfen auf Antrag Auskünfte erteilt werden, soweit dies für die Durchführung bestimmter wissenschaftlicher Forschungsarbeiten im Bereich des Strahlenschutzes erforderlich ist und § 12c Abs. 3 des Atomgesetzes nicht entgegensteht. Wird eine Auskunft über personenbezogene Daten beantragt, so ist eine schriftliche Einwilligung des Betroffenen beizufügen. Soll die Auskunft ohne Einwilligung des Betroffenen erfolgen, sind die für die Prüfung der Voraussetzungen nach § 12c Abs. 3 Satz 2 Atomgesetz erforderlichen Angaben zu machen; zu § 12c Abs. 3 Satz 3 Atomgesetz ist glaubhaft zu machen, dass der Zweck der wissenschaftlichen Forschung bei Verwendung anonymisierter Daten nicht mit vertretbarem Aufwand erreicht werden kann. Personenbezogene Daten dürfen nur für die Forschungsarbeit verwendet werden, für die sie übermittelt worden sind; die Verwendung für andere Forschungsarbeiten oder die Weitergabe richtet sich nach den Sätzen 2 und 3 und bedarf der Zustimmung des Bundesamtes für Strahlenschutz.

(6) Die im Strahlenschutzregister gespeicherten personenbezogenen Daten sind 100 Jahre nach der Geburt der betroffenen Person zu löschen.

(7) Die Messstellen oder die zuständigen Behörden beginnen mit der Übermittlung zu dem Zeitpunkt, den das Bundesamt für Strahlenschutz bestimmt. Das Bundesamt für Strahlenschutz bestimmt das Datenformat und das Verfahren der Übermittlung.

### § 36 Unterweisung

(1) Personen, denen nach § 22 Abs. 1 Nr. 2 Buchstaben a und c der Zutritt zum Kontrollbereich gestattet wird, sind vor dem erstmaligen Zutritt über die Arbeitsmethoden, die möglichen Gefahren, die anzuwendenden Sicherheits- und Schutzmaßnahmen und den für ihre Beschäftigung oder ihre Anwesenheit wesentlichen Inhalt dieser Verordnung, der Genehmigung oder An-

zeige und der Strahlenschutzanweisung zu unterweisen. Satz 1 gilt entsprechend auch für Personen, die außerhalb des Kontrollbereiches Röntgenstrahlung anwenden, soweit diese Tätigkeit der Genehmigung oder der Anzeige bedarf. Die Unterweisung ist mindestens einmal im Jahr zu wiederholen. Sie kann Bestandteil sonstiger erforderlicher Unterweisungen nach immissionsschutz- oder arbeitsschutzrechtlichen Vorschriften sein.

(2) Andere Personen, denen der Zutritt zu Kontrollbereichen gestattet wird, sind vorher über die möglichen Gefahren und ihre Vermeidung zu unterweisen.

(3) Frauen sind im Rahmen der Unterweisungen nach Absatz 1 oder 2 darauf hinzuweisen, dass eine Schwangerschaft im Hinblick auf die Risiken einer Strahlenexposition für das ungeborene Kind so früh wie möglich mitzuteilen ist.

(4) Über den Inhalt und den Zeitpunkt der Unterweisung nach Absatz 1 oder 2 sind Aufzeichnungen zu führen, die von der unterwiesenen Person zu unterzeichnen sind. Die Aufzeichnungen sind in den Fällen des Absatzes 1 fünf Jahre, in denen des Absatzes 2 ein Jahr lang nach der Unterweisung aufzubewahren und der zuständigen Behörde auf Verlangen vorzulegen.

## Abschnitt 4
## Arbeitsmedizinische Vorsorge

### § 37 Erfordernis der arbeitsmedizinischen Vorsorge

(1) Eine beruflich strahlenexponierte Person der Kategorie A darf im Kontrollbereich Aufgaben nur wahrnehmen, wenn sie innerhalb eines Jahres vor Beginn der Aufgabenwahrnehmung von einem Arzt nach § 41 Abs. 1 Satz 1 untersucht worden ist und dem Strahlenschutzverantwortlichen eine von diesem Arzt ausgestellte Bescheinigung vorliegt, nach der die Aufgabenwahrnehmung keine gesundheitlichen Bedenken entgegenstehen.

(2) Eine beruflich strahlenexponierte Person der Kategorie A darf nach Ablauf eines Jahres seit der letzten Beurteilung oder Untersuchung im Kontrollbereich Aufgaben nur weiter wahrnehmen, wenn sie von einem Arzt nach § 41 Abs. 1 Satz 1 erneut untersucht oder beurteilt worden ist und dem Strahlenschutzverantwortlichen eine von diesem Arzt ausgestellte Bescheinigung vorliegt, dass gegen die weitere Aufgabenwahrnehmung keine gesundheitlichen Bedenken bestehen. Wurde in einem Jahr eine Beurteilung ohne Untersuchung durchgeführt, so ist die Person im folgenden Jahr zu untersuchen.

(3) Die zuständige Behörde kann auf Vorschlag des Arztes nach § 41 Abs. 1 Satz 1 die in Absatz 2 genannte Frist abkürzen, wenn die Arbeitsbedingungen oder der Gesundheitszustand der beruflich strahlenexponierten Person dies erfordern.

(4) Die zuständige Behörde kann unter entsprechender Anwendung der Absätze 1 und 2 für eine beruflich strahlenexponierte Personen der Kategorie B Maßnahmen der arbeitsmedizinischen Vorsorge anordnen.

(5) Die zuständige Behörde kann anordnen, dass die in § 31a Abs. 3 genannten nicht beruflich strahlenexponierten Personen sich von einem Arzt nach § 41 Abs. 1 Satz 1 untersuchen lassen.

(5a) Nach Beendigung der Aufgabenwahrnehmung ist dafür zu sorgen, dass die arbeitsmedizinische Vorsorge mit Einwilligung der betroffenen Person so lange fortgesetzt wird, wie es der Arzt nach § 41 Absatz 1 Satz 1 zum Schutz der beruflich strahlenexponierten Person für erforderlich erachtet (nachgehende Untersuchung). Satz 1 gilt auch im Fall der besonderen arbeitsmedizinischen Vorsorge nach § 40 Absatz 1. Die Verpflichtung zum Angebot nachgehender Untersuchungen besteht nicht mehr, wenn der zuständige gesetzliche Unfallversicherungsträger die nachgehende Untersuchung mit Einwilligung der betroffenen Person nach Beendigung des Beschäftigungsverhältnisses veranlasst. Voraussetzung hierfür ist, dass dem Unfallversicherungsträger die erforderlichen Unterlagen in Kopie überlassen werden; hierauf ist der Betroffene vor Abgabe der Einwilligung schriftlich hinzuweisen.

(6) Personen, die nach den Absätzen 1 bis 5 der arbeitsmedizinischen Vorsorge unterliegen, haben die erforderlichen ärztlichen Untersuchungen zu dulden.

### § 38 Ärztliche Bescheinigung

(1) Der Arzt nach § 41 Abs. 1 Satz 1 muss zur Erteilung der ärztlichen Bescheinigung die bei der arbeitsmedizinischen Vorsorge von anderen Ärzten nach § 41 Abs. 1 Satz 1 angelegten Gesundheitsakten anfordern, soweit diese für die Beurteilung erforderlich sind, sowie die bisher erteilten ärztlichen Bescheinigungen, die behördlichen Entscheidungen nach § 39 und die diesen zugrunde liegenden Gutachten. Die angeforderten Unterlagen sind dem Arzt nach § 41 Abs. 1 Satz 1 unverzüglich zu übergeben. Die ärztliche Bescheinigung ist auf dem Formblatt nach Anlage 4 zu erteilen.

(2) Der Arzt nach § 41 Abs. 1 Satz 1 kann die Erteilung der ärztlichen Bescheinigung davon abhängig machen, dass ihm

1. die Art der Aufgaben der beruflich strahlenexponierten Person und die mit diesen Aufgaben verbundenen Arbeitsbedingungen,

2. jeder Wechsel der Art der Aufgaben und der mit diesen verbundenen Arbeitsbedingungen,

3. die Ergebnisse der Körperdosisermittlungen und

4. der Inhalt der letzten ärztlichen Bescheinigung, soweit sie nicht von ihm ausgestellt wurde,

schriftlich mitgeteilt werden. Die der arbeitsmedizinischen Vorsorge unterliegende Person kann eine Abschrift der Mitteilungen nach Satz 1 verlangen.

(3) Der Arzt nach § 41 Abs. 1 Satz 1 hat die ärztliche Bescheinigung dem Strahlenschutzverantwortlichen, der beruflich strahlenexponierten Person und, soweit gesundheitliche Bedenken bestehen, auch der zuständigen Behörde unverzüglich zu übersenden. Während der Dauer der Wahrnehmung von Aufgaben als beruflich strahlenexponierte Person ist die ärztliche Bescheinigung aufzubewahren und der zuständigen Behörde auf Verlangen vorzulegen. Die Übersendung an die beruflich strahlenexponierte Person kann durch Eintragung des Inhalts der Bescheinigung in den Strahlenpass ersetzt werden.

(4) Die ärztliche Bescheinigung kann durch die Entscheidung der zuständigen Behörde nach § 39 ersetzt werden.

### § 39 Behördliche Entscheidung

(1) Hält der Strahlenschutzverantwortliche oder die beruflich strahlenexponierte Person die vom Arzt nach § 41 Abs. 1 Satz 1 in der Bescheinigung nach § 38 getroffene Beurteilung für unzutreffend, so kann die Entscheidung der zuständigen Behörde beantragt werden.

(2) Die zuständige Behörde kann vor ihrer Entscheidung das Gutachten eines Arztes einholen, der über die für die arbeitsmedizinische Vorsorge strahlenexponierter Personen erforderliche Fachkunde im Strahlenschutz verfügt. Die Kosten des ärztlichen Gutachtens sind vom Strahlenschutzverantwortlichen zu tragen.

### § 40 Besondere arbeitsmedizinische Vorsorge

(1) Ist nicht auszuschließen, dass eine Person auf Grund außergewöhnlicher Umstände eine Strahlenexposition erhalten hat, die im Kalenderjahr die effektive Dosis von 50 Millisievert oder die Organdosis von 150 Millisievert für die Augenlinse oder von 500 Millisievert für die Haut, die Hände, die Unterarme, die Füße oder Knöchel überschreitet, so ist dafür zu sorgen, dass sie unverzüglich einem Arzt nach § 41

Abs. 1 Satz 1 vorgestellt und der zuständigen Behörde der Sachverhalt unverzüglich mitgeteilt wird.

(2) Ist nach dem Ergebnis der besonderen arbeitsmedizinischen Vorsorge nach Absatz 1 zu besorgen, dass die Gesundheit der beruflich strahlenexponierten Person gefährdet wird, wenn sie erneut eine Aufgabe als beruflich strahlenexponierte Person wahrnimmt oder die Wahrnehmung der bisherigen Aufgabe fortsetzt, so kann die zuständige Behörde anordnen, dass sie diese Aufgabe nicht, nicht mehr oder nur unter Beschränkungen ausüben darf.

(3) aufgehoben

(4) Personen, die der besonderen arbeitsmedizinischen Vorsorge nach Absatz 1 unterliegen, haben die erforderlichen ärztlichen Untersuchungen zu dulden.

(5) Für die Ergebnisse der besonderen arbeitsmedizinischen Vorsorge nach Absatz 1 gilt § 39 entsprechend.

### § 41 Ermächtigte Ärzte

(1) Die zuständige Behörde ermächtigt Ärzte zur Durchführung der arbeitsmedizinischen Vorsorge nach den §§ 37, 38 und 40. Die Ermächtigung darf nur einem Arzt erteilt werden, der die für die arbeitsmedizinische Vorsorge beruflich strahlenexponierter Personen erforderliche Fachkunde im Strahlenschutz nachweist.

(2) Der Arzt nach Absatz 1 Satz 1 hat die Aufgabe, die arbeitsmedizinische Vorsorge nach den §§ 37, 38 und 40 durchzuführen sowie die Maßnahmen vorzuschlagen, die bei erhöhter Strahlenexposition zur Vorbeugung vor gesundheitlichen Schäden und zu ihrer Abwehr erforderlich sind. Personen, die an Arbeitsplätzen beschäftigt sind, an denen die Augenlinse besonders belastet wird, sind daraufhin zu untersuchen, ob sich eine Katarakt gebildet hat.

(3) Der Arzt nach Absatz 1 Satz 1 ist verpflichtet, für jede beruflich strahlenexponierte Person, die der arbeitsmedizinischen Vorsorge

unterliegt, eine Gesundheitsakte nach Maßgabe des Satzes 2 zu führen. Diese Gesundheitsakte hat Angaben über die Arbeitsbedingungen, die Ergebnisse der arbeitsmedizinischen Vorsorge nach § 37 Abs. 1, 2 oder 4, die ärztliche Bescheinigung nach § 38 Abs. 1 Satz 3, die Ergebnisse der besonderen arbeitsmedizinischen Vorsorge nach § 40 Abs. 2, die Maßnahmen nach § 37 Abs. 3 oder § 39 Abs. 1, das Gutachten nach § 39 Abs. 2 sowie die durch die Wahrnehmung von Aufgaben als beruflich strahlenexponierte Person erhaltene Körperdosis zu enthalten. Die Gesundheitsakte ist solange aufzubewahren, bis die Person das 75. Lebensjahr vollendet hat oder vollendet hätte, mindestens jedoch 30 Jahre nach Beendigung der Wahrnehmung von Aufgaben als beruflich strahlenexponierte Person. Sie ist spätestens 100 Jahre nach der Geburt der betroffenen Person zu vernichten.

(4) Der Arzt nach Absatz 1 Satz 1 ist verpflichtet, die Gesundheitsakte auf Verlangen der zuständigen Behörde einer von dieser benannten Stelle zur Einsicht vorzulegen und bei Beendigung der Ermächtigung zu übergeben. Dabei ist die ärztliche Schweigepflicht zu wahren.

(5) Der Arzt nach Absatz 1 Satz 1 hat der untersuchten Person auf ihr Verlangen Einsicht in ihre Gesundheitsakte zu gewähren.

### Abschnitt 5
### Außergewöhnliche Ereignisabläufe oder Betriebszustände

### § 42 Meldepflicht

(1) Außergewöhnliche Ereignisabläufe oder Betriebszustände beim Betrieb einer Röntgeneinrichtung oder eines Störstrahlers nach § 5 Abs. 1 sind der zuständigen Behörde unverzüglich zu melden, wenn

1. zu besorgen ist, dass eine Person eine Strahlenexposition erhalten haben kann, die die Grenzwerte der Körperdosis nach § 31a Abs. 1 oder 2 übersteigt oder

2. sie von erheblicher sicherheitstechnischer Bedeutung sind.

(2) Nach Absatz 1 meldepflichtige außergewöhnliche Ereignisabläufe oder Betriebszustände beim Betrieb einer Röntgeneinrichtung, die ein Medizinprodukt oder Zubehör im Sinne des Medizinproduktegesetzes ist, sind zusätzlich unverzüglich dem Bundesinstitut für Arzneimittel und Medizinprodukte zu melden.

## Abschnitt 6
## Formvorschriften

### § 43 Elektronische Kommunikation

(1) Aufzeichnungs-, Buchführungs- und Aufbewahrungspflichten nach dieser Verordnung können elektronisch erfüllt werden. § 28 Absatz 4 bis 6 bleibt unberührt.

(2) Mitteilungs-, Melde- oder Anzeigepflichten können in elektronischer Form erfüllt werden, wenn der Empfänger hierfür einen Zugang eröffnet und das Verfahren und die für die Datenübertragung notwendigen Anforderungen bestimmt. Dabei müssen dem jeweiligen Stand der Technik entsprechende Maßnahmen zur Sicherstellung von Datenschutz und Datensicherheit getroffen werden, die insbesondere die Vertraulichkeit und Unversehrtheit der Daten gewährleisten; bei der Nutzung allgemein zugänglicher Netze sind Verschlüsselungsverfahren anzuwenden. Ist ein übermitteltes elektronisches Dokument für den Empfänger nicht zur Bearbeitung geeignet, teilt er dies dem Absender unter Angabe der für den Empfang geltenden technischen Rahmenbedingungen unverzüglich mit.

(3) Abweichend von § 17 Absatz 1 Satz 1 erster Halbsatz des Atomgesetzes kann eine Genehmigung oder allgemeine Zulassung nach dieser Verordnung auch in elektronischer Form erteilt werden. In diesem Fall ist das elektronische Dokument mit einer dauerhaft überprüfbaren Signatur nach § 37 Absatz 4 des Verwaltungsverfahrensgesetzes zu versehen.

## Abschnitt 7
## Ordnungswidrigkeiten

### § 44 Ordnungswidrigkeiten

Ordnungswidrig im Sinne des § 46 Abs. 1 Nr. 4 des Atomgesetzes handelt, wer vorsätzlich oder fahrlässig

1. ohne Genehmigung nach

    a) § 3 Abs. 1 eine Röntgeneinrichtung betreibt oder deren Betrieb verändert,

    b) § 5 Abs. 1 Satz 1 einen Störstrahler betreibt oder dessen Betrieb verändert oder

    c) § 28a Abs. 1 Röntgenstrahlung am Menschen zum Zweck der medizinischen Forschung anwendet,

2. einer vollziehbaren Anordnung nach § 4 Abs. 6, § 5 Abs. 7, §§ 7, 20 Abs. 4 oder § 33 Abs. 1 oder 2 zuwiderhandelt,

3. entgegen § 5 Abs. 5 einen Störstrahler einem anderen überlässt,

4. entgegen § 6 Abs. 1 Satz 1 eine Anzeige nicht, nicht richtig oder nicht rechtzeitig erstattet,

5. entgegen § 9 Satz 1 Nr. 1 oder 2 eine Qualitätskontrolle nicht oder nicht rechtzeitig durchführt oder nicht überwachen lässt,

6. entgegen § 9 Satz 1 Nr. 3 ein Bauartzeichen oder eine weitere Angabe nicht oder nicht rechtzeitig anbringt,

7. entgegen § 9 Satz 1 Nr. 4 oder 5, jeweils auch in Verbindung mit § 12 Abs. 1 Satz 2, einen Abdruck des Zulassungsscheins oder eine Betriebsanleitung nicht oder nicht rechtzeitig aushändigt,

8. entgegen § 12 Abs. 1 Satz 1 einen Abdruck des Zulassungsscheins nicht bereithält,

9. entgegen § 12 Abs. 3 den Betrieb nicht oder nicht rechtzeitig einstellt,

10. entgegen § 13 Abs. 2 Satz 1 die erforderliche Anzahl von Strahlenschutzbeauftragten nicht oder nicht in der vorgeschriebenen Weise bestellt,

11. entgegen § 15 Abs. 1 Nr. 3 als Strahlenschutzverantwortlicher nicht dafür sorgt, dass eine der Vorschriften der § 3 Abs. 8, § 13 Abs. 2 Satz 2 oder Abs. 3 bis 5, § 15a Satz 1, § 16 Abs. 4 Satz 1, § 17 Abs. 3 Satz 1, § 17a Abs. 4 Satz 1 oder § 18 Abs. 1 Satz 3 oder Abs. 4 eingehalten wird,

12. entgegen § 15 Abs. 1 Nr. 4 oder Abs. 2 Nr. 1 als Strahlenschutzverantwortlicher oder Strahlenschutzbeauftragter nicht dafür sorgt, dass eine der Vorschriften der § 16 Abs. 1 Satz 2, Abs. 2 Satz 1 bis 3 oder 5, Abs. 3 Satz 1 bis 5 oder Abs. 4 Satz 2 oder 3, § 17 Abs. 1 Satz 1 bis 3 oder 5, Abs. 2 Satz 1, 3 oder 4, Abs. 3 Satz 2 oder 3, § 17a Abs. 4 Satz 2 oder 3, § 18 Abs. 1 Satz 1, 2 oder 4, Abs. 2 oder 3 Satz 1, § 19 Abs. 1 Satz 1, Abs. 2, 3 oder Abs. 6 Satz 1, § 20 Abs. 1 oder 2 Satz 2, § 21 Abs. 1 oder 2 Satz 1, § 22 Abs. 1 Satz 1 oder Abs. 2 Satz 2, § 23 Abs. 1 Satz 1, Abs. 2 oder 3, §§ 24, 25 Abs. 1 Satz 1, Abs. 2, 3, Abs. 5 Satz 2 oder 3, §§ 26, 27 Abs. 1 Satz 1, Abs. 2 oder 3, § 28 Abs. 1 bis 3 Satz 1 oder 2, Abs. 4, 5 Satz 1, Abs. 6 oder 8, § 28c Abs. 1 Satz 2 oder Abs. 2 bis 5, § 28d Abs. 1, 2 Satz 1, Abs. 3 oder 4, §§ 28e, 29 Absatz 1, 2 oder Absatz 4 Satz 1 oder Satz 2, § 30 Satz 1, § 31a Abs. 1 Satz 1, Abs. 2, 3 Satz 1 oder 2, Abs. 4 Satz 1 oder 2 oder Abs. 5 Satz 1, § 31b Satz 1, § 31 c Satz 1, §§ 32, 34 Absatz 1 Satz 1, Absatz 2 oder Absatz 4, § 35 Abs. 1 Satz 1, Abs. 2 Satz 1, Abs. 3 oder 4 Satz 1, 3 oder 5, Abs. 5, 6 oder 7 Satz 1, Abs. 9 oder 11, § 36 Abs. 1 Satz 1 oder 2, § 37 Abs. 1 oder 2, § 40 Absatz 1 oder § 42 eingehalten wird,

13. entgegen § 33 Abs. 4 Satz 3 den Strahlenschutzverantwortlichen nicht oder nicht rechtzeitig unterrichtet,

14. entgegen § 35 Abs. 1 Satz 3, § 37 Abs. 6 oder § 40 Abs. 4 eine Messung oder eine ärztliche Untersuchung nicht duldet,

15. entgegen § 38 Abs. 1 Satz 2 eine angeforderte Unterlage nicht oder nicht rechtzeitig übergibt,

16. entgegen § 38 Abs. 3 Satz 1 eine ärztliche Bescheinigung nicht oder nicht rechtzeitig übersendet,

17. entgegen § 41 Abs. 3 Satz 1, 3 oder 4 eine Gesundheitsakte nicht, nicht richtig oder nicht vollständig führt, nicht oder nicht für die vorgeschriebene Dauer aufbewahrt oder nicht oder nicht rechtzeitig vernichtet,

18. entgegen § 41 Abs. 4 Satz 1 eine Gesundheitsakte nicht oder nicht rechtzeitig vorlegt oder nicht oder nicht rechtzeitig übergibt oder

19. entgegen § 41 Abs. 5 Einsicht in die Gesundheitsakte nicht oder nicht rechtzeitig gewährt.

**Abschnitt 8**
**Schlussvorschriften**

**§ 45 Übergangsvorschriften**

(1) Wer am 1. Juli 2002 eine Röntgeneinrichtung oder einen Störstrahler befugt betreibt, darf die Röntgeneinrichtung oder den Störstrahler mit der Maßgabe weiter betreiben, dass die Grenzwerte des § 31a Abs. 1 bis 4 und § 32 nicht überschritten werden. Für den Betrieb von Röntgeneinrichtungen gilt die Genehmigung nach § 16 der Strahlenschutzverordnung vom 13. Oktober 1976 als Genehmigung nach § 3 und die Anzeige nach § 17 der Strahlenschutzverordnung vom 13. Oktober 1976 als Anzeige nach § 4 fort. § 33 bleibt unberührt.

(2) Wer am 31. Oktober 2011 eine Röntgeneinrichtung im Sinne des § 4 Absatz 4 Nummer 5 auf Grund einer Anzeige nach § 4 Absatz 1 befugt betreibt, darf diesen Betrieb bis

zum 1. November 2012 fortsetzen; wenn er vor diesem Tag den Antrag auf Genehmigung gestellt hat, verlängert sich die Frist, bis die Behörde die Entscheidung über den Antrag bekannt gegeben hat. Eine Genehmigung für den Betrieb einer Röntgeneinrichtung im Sinne des § 4 Absatz 4 Nummer 5, die vor dem 1. November 2011 erteilt worden ist, erlischt am 1. November 2016, soweit der Genehmigungsbescheid keine kürzere Befristung vorsieht.

(3) Für eine vor dem 1. Juli 2002 nach § 6 angezeigte Tätigkeit gilt Absatz 1 Satz 1 entsprechend. Der zur Anzeige nach § 6 Abs. 1 Nr. 3 Verpflichtete darf seine Tätigkeit fortsetzen, wenn er spätestens bis zum 1. Oktober 2002 die Anzeige sowie spätestens bis zum 1. Juli 2002 die Nachweise entsprechend § 3 Abs. 2 Nr. 3 und 4 der zuständigen Behörde vorlegt.

(4) Ein Verfahren der Bauartzulassung eines Röntgenstrahlers, Hoch- oder Vollschutzgerätes, das vor dem 1. November 2011 begonnen und bei dem die Bauartprüfung veranlasst worden ist, ist nach Maßgabe der bis dahin geltenden Vorschriften abzuschließen.

(5) Messergebnisse nach § 35 Absatz 7 Satz 3, die vor dem 1. November 2011 aufgezeichnet worden sind, sind nach der jeweiligen Feststellung 30 Jahre lang aufzubewahren.

(6) Bei vor dem 1. Juli 2002 bestellten Strahlenschutzbeauftragten gilt die erforderliche Fachkunde im Strahlenschutz im Sinne des § 18a Abs. 1 als erworben und bescheinigt. Eine vor dem 1. Juli 2002 erfolgte Bestellung zum Strahlenschutzbeauftragten gilt fort, sofern die Aktualisierung der Fachkunde entsprechend § 18a Abs. 2 bei Bestellung vor 1973 bis zum 1. Juli 2004, zwischen 1973 bis 1987 bis zum 1. Juli 2005, nach 1987 bis zum 1. Juli 2007 nachgewiesen wird. Eine vor dem 1. Juli 2002 erworbene Fachkunde gilt fort, sofern die Aktualisierung der Fachkunde bei Erwerb der Fachkunde vor 1973 bis zum 1. Juli 2004, bei Erwerb zwischen 1973 bis 1987 bis zum 1. Juli 2005, bei Erwerb nach 1987 bis zum 1. Juli

2007 nachgewiesen wird. Die Sätze 1 bis 3 gelten entsprechend für die Ärzte nach § 41 Abs. 1 Satz 1, für Strahlenschutzverantwortliche, die die erforderliche Fachkunde im Strahlenschutz besitzen und die keine Strahlenschutzbeauftragten bestellt haben, und für Personen, die die Fachkunde vor 1. Juli 2002 erworben haben, aber nicht als Strahlenschutzbeauftragte bestellt sind.

(7) Bei vor dem 1. Juli 2002 tätigen Personen im Sinne des § 3 Abs. 4 Satz 2 Nr. 3, § 24 Abs. 1 Nr. 3 und Abs. 2 Nr. 4 und § 29 Abs. 2 Nr. 3 gilt Absatz 6 Satz 3 für die erforderlichen Kenntnisse im Strahlenschutz im Sinne des § 18a Abs. 3 entsprechend.

(8) Personen, die als Hilfskräfte nach § 23 Nr. 4 dieser Verordnung in der vor dem 1. Juli 2002 geltenden Fassung, Röntgenstrahlung am Menschen anwenden durften, sind weiterhin zur technischen Durchführung berechtigt, wenn sie unter ständiger Aufsicht und Verantwortung einer Person nach § 24 Abs. 1 Nr. 1 oder 2 tätig sind und die erforderlichen Kenntnisse im Strahlenschutz besitzen. § 18a Abs. 3 gilt entsprechend.

(9) Die vor dem 1. Juli 2002 für Messstellen nach Landesrecht festgelegte Zuständigkeit gilt als Bestimmung im Sinne des § 35 Abs. 4 Satz 2 fort.

(10) Die vor dem 1. Juli 2002 für die Prüfung von Röntgeneinrichtungen nach § 4 von der zuständigen Behörde erfolgte Bestimmung eines Sachverständigen gilt als Bestimmung nach § 4a fort.

(11) Die vor dem 1 Juli 2002 von der zuständigen Behörde erfolgte Bestimmung einer ärztlichen oder zahnärztlichen Stelle gilt als Bestimmung nach § 17a Abs. 1 fort.

(12) Die in § 2 Nr. 6 Buchstabe e bis g aufgeführten Messgrößen sind spätestens bis zum 1. August 2011 bei Messungen der Personendosis nach § 35 und spätestens bis zum 1. August 2016 bei Messungen der Ortsdosis und

Ortsdosisleistung nach § 34 zu verwenden. Unberührt hiervon ist bei Messungen der Ortsdosis oder Ortsdosisleistung unter Verwendung anderer als der in § 2 Nr. 6 Buchstabe e bis g genannten Messgrößen eine Umrechnung auf die Messgröße nach § 2 Nr. 6 Buchstabe e bis g durchzuführen, wenn diese Messungen dem Nachweis dienen, dass die Grenzwerte der Körperdosis nach den §§ 31a und 32 nicht überschritten werden.

(13) Bis zum 1. Juli 2002 ermittelte Werte der Körperdosis oder der Personendosis gelten als Werte der Körperdosis nach § 2 Nr. 6 Buchstabe c oder der Personendosis nach § 2 Nr. 6 Buchstabe g fort.

(14) Ein Röntgenstrahler für eine Röntgeneinrichtung zur Anwendung von Röntgenstrahlung am Menschen darf, soweit er nicht nach § 4 Abs. 1 Nr. 2 in Verkehr gebracht wird, nur in Betrieb genommen werden, wenn die geltenden Sicherheits- und Strahlenschutzbestimmungen eingehalten werden und wenn er als Ersatz für einen baugleichen Röntgenstrahler für eine Röntgeneinrichtung zur Anwendung von Röntgenstrahlung am Menschen vorgesehen ist, der nach den geltenden Vorschriften dieser Verordnung in der zum Zeitpunkt der Herstellung des Röntgenstrahlers geltenden Fassung in Betrieb genommen wurde und wenn dies durch eine Bescheinigung des Herstellers bestätigt wird.

## § 46 (weggefallen)

## § 47 Berlin-Klausel
## (gegenstandslos)

## § 48
## (Inkrafttreten, abgelöste Vorschrift)

**Auf den Abdruck der Anlagen wurde verzichtet.**

# Verordnung über den Schutz vor Schäden durch ionisierende Strahlen

### (Strahlenschutzverordnung – StrlSchV)

**Vom 20. Juli 2001**
**(BGBl. I S. 1714; 2002 I S. 1459)**

**Zuletzt geändert durch Art. 5 Abs. 7 des Gesetzes**
**vom 24. Februar 2012**
**(BGBl. I S. 212)**

## Teil 1
### Allgemeine Vorschriften

### § 1 Zweckbestimmung

Zweck dieser Verordnung ist es, zum Schutz des Menschen und der Umwelt vor der schädlichen Wirkung ionisierender Strahlung Grundsätze und Anforderungen für Vorsorge- und Schutzmaßnahmen zu regeln, die bei der Nutzung und Einwirkung radioaktiver Stoffe und ionisierender Strahlung zivilisatorischen und natürlichen Ursprungs Anwendung finden.

### § 2 Anwendungsbereich

(1) Diese Verordnung trifft Regelungen für

1.  folgende Tätigkeiten:

    a)  den Umgang mit

        aa) künstlich erzeugten radioaktiven Stoffen,

        bb) natürlich vorkommenden radioaktiven Stoffen, wenn dieser Umgang aufgrund ihrer Radioaktivität, ihrer Nutzung als Kernbrennstoff oder zur Erzeugung von Kernbrennstoff erfolgt,

    b)  den Erwerb der in Buchstabe a genannten radioaktiven Stoffe, deren Abgabe an andere, deren Beförderung sowie deren grenzüberschreitende Verbringung,

    c)  die Verwahrung von Kernbrennstoffen nach § 5 des Atomgesetzes, die Aufbewahrung von Kernbrennstoffen nach § 6 des Atomgesetzes, die Errichtung, den Betrieb, die sonstige Innehabung, die Stilllegung, den sicheren Einschluss einer Anlage sowie den Abbau einer Anlage oder von Anlagenteilen nach § 7 des Atomgesetzes, die Bearbeitung, Verarbeitung und sonstige Verwendung von Kernbrennstoffen nach § 9 des Atomgesetzes, die Errichtung

und den Betrieb von Anlagen des Bundes zur Sicherstellung und zur Endlagerung radioaktiver Abfälle,

d)  die Errichtung und den Betrieb von Anlagen zur Erzeugung ionisierender Strahlen mit einer Teilchen- oder Photonengrenzenergie von mindestens 5 Kiloelektronvolt und

e)  den Zusatz von radioaktiven Stoffen bei der Herstellung von Konsumgütern, von Arzneimitteln im Sinne des Arzneimittelgesetzes, von Pflanzenschutzmitteln im Sinne des Pflanzenschutzgesetzes, von Schädlingsbekämpfungsmitteln und von Stoffen nach § 1 Nr. 1 bis 5 des Düngemittelgesetzes sowie die Aktivierung der vorgenannten Produkte,

2.  Arbeiten, durch die Personen natürlichen Strahlungsquellen so ausgesetzt werden können, dass die Strahlenexpositionen aus der Sicht des Strahlenschutzes nicht außer Acht gelassen werden dürfen.

(2) Diese Verordnung trifft keine Regelung für

1.  die Sanierung von Hinterlassenschaften früherer Tätigkeiten und Arbeiten, mit Ausnahme der Regelungen in § 118,

2.  die Stilllegung und Sanierung der Betriebsanlagen und Betriebsstätten des Uranerzbergbaus, mit Ausnahme der Regelungen in § 118,

3.  die Errichtung und den Betrieb von Röntgeneinrichtungen und Störstrahlern nach der Röntgenverordnung,

4.  die Strahlenexposition durch Radon in Wohnungen einschließlich der dazugehörenden Gebäudeteile und

5.  die Strahlenexposition durch im menschlichen Körper natürlicherweise enthaltene Radionuklide, durch kosmische Strahlung in Bodennähe und durch Radionuklide, die in der nicht durch Eingriffe beeinträchtigten Erdrinde vorhanden sind.

## § 3 Begriffsbestimmungen

(1) Für die Systematik und Anwendung dieser Verordnung wird zwischen Tätigkeiten und Arbeiten unterschieden.

1. Tätigkeiten sind:

   a) der Betrieb von Anlagen zur Erzeugung von ionisierenden Strahlen,

   b) der Zusatz von radioaktiven Stoffen bei der Herstellung bestimmter Produkte oder die Aktivierung dieser Produkte,

   c) sonstige Handlungen, die die Strahlenexposition oder Kontamination erhöhen können,

   aa) weil sie mit künstlich erzeugten radioaktiven Stoffen erfolgen oder

   bb) weil sie mit natürlich vorkommenden radioaktiven Stoffen erfolgen, und diese Handlungen aufgrund der Radioaktivität dieser Stoffe oder zur Nutzung dieser Stoffe als Kernbrennstoff oder zur Erzeugung von Kernbrennstoff durchgeführt werden,

2. Arbeiten sind:

   Handlungen, die, ohne Tätigkeit zu sein, bei natürlich vorkommender Radioaktivität die Strahlenexposition oder Kontamination erhöhen können

   a) im Zusammenhang mit der Aufsuchung, Gewinnung, Erzeugung, Lagerung, Bearbeitung, Verarbeitung und sonstigen Verwendung von Materialien,

   b) soweit sie mit Materialien erfolgen, die bei betrieblichen Abläufen anfallen, soweit diese Handlungen nicht bereits unter Buchstabe a fallen,

   c) im Zusammenhang mit der Verwertung oder Beseitigung von Materialien, die durch Handlungen nach Buchstabe a oder b anfallen,

   d) durch dabei einwirkende natürliche terrestrische Strahlungsquellen, insbesondere von Radon-222 und Radonzerfallsprodukten, soweit diese Handlungen nicht bereits unter Buchstaben a bis c fallen und nicht zu einem unter Buchstabe a genannten Zweck erfolgen, oder

   e) im Zusammenhang mit der Berufsausübung des fliegenden Personals in Flugzeugen.

Nicht als Arbeiten im Sinne dieser Verordnung gelten die landwirtschaftliche, forstwirtschaftliche oder bautechnische Bearbeitung der Erdoberfläche, soweit diese Handlungen nicht zum Zwecke der Entfernung von Verunreinigungen nach § 101 erfolgen.

(2) Im Sinne dieser Verordnung sind im Übrigen:

1. Abfälle:

   a) radioaktive Abfälle:
   Radioaktive Stoffe im Sinne des § 2 Abs. 1 des Atomgesetzes, die nach § 9a des Atomgesetzes geordnet beseitigt werden müssen, ausgenommen Ableitungen im Sinne des § 47;

   b) Behandlung radioaktiver Abfälle:
   Verarbeitung von radioaktiven Abfällen zu Abfallprodukten (z.B. durch Verfestigen, Einbinden, Vergießen oder Trocknen);

   c) Abfallgebinde:
   Einheit aus Abfallprodukt, auch mit Verpackung, und Abfallbehälter;

   d) Abfallprodukt:
   verarbeiteter radioaktiver Abfall ohne Verpackung und Abfallbehälter;

2. Ableitung:
   Abgabe flüssiger, aerosolgebundener oder gasförmiger radioaktiver Stoffe aus Anlagen und Einrichtungen auf hierfür vorgesehenen Wegen;

3. Aktivität, spezifische:
Verhältnis der Aktivität eines Radionuklids zur Masse des Materials, in dem das Radionuklid verteilt ist. Bei festen radioaktiven Stoffen ist die Bezugsmasse für die Bestimmung der spezifischen Aktivität die Masse des Körpers oder Gegenstandes, mit dem die Radioaktivität bei vorgesehener Anwendung untrennbar verbunden ist. Bei gasförmigen radioaktiven Stoffen ist die Bezugsmasse die Masse des Gases oder Gasgemisches;

4. Aktivitätskonzentration:
Verhältnis der Aktivität eines Radionuklids zum Volumen des Materials, in dem das Radionuklid verteilt ist;

5. Anlagen:
Anlagen im Sinne dieser Verordnung sind Anlagen im Sinne der §§ 7 und 9a Abs. 3 Satz 1 Halbsatz 2 des Atomgesetzes sowie Anlagen zur Erzeugung ionisierender Strahlen im Sinne des § 11 Abs. 1 Nr. 2 des Atomgesetzes, die geeignet sind, Photonen oder Teilchenstrahlung gewollt oder ungewollt zu erzeugen (insbesondere Elektronenbeschleuniger, Ionenbeschleuniger, Plasmaanlagen);

6. Bestrahlungsvorrichtung:
Gerät mit Abschirmung, das umschlossene radioaktive Stoffe enthält oder Bestandteil von Anlagen zur Spaltung von Kernbrennstoffen ist und das zeitweise durch Öffnen der Abschirmung oder Ausfahren dieser radioaktiven Stoffe ionisierende Strahlung aussendet,

a) die im Zusammenhang mit der Anwendung am Menschen oder am Tier in der Tierheilkunde verwendet wird oder

b) mit der zu anderen Zwecken eine Wirkung in den zu bestrahlenden Objekten hervorgerufen werden soll und bei dem die Aktivität 2 x 10(hoch)13 Becquerel überschreitet;

7. Betriebsgelände:
Grundstück, auf dem sich Anlagen oder Einrichtungen befinden und zu dem der Zugang oder auf dem die Aufenthaltsdauer von Personen durch den Strahlenschutzverantwortlichen beschränkt werden können;

8. Dekontamination:
Beseitigung oder Verminderung einer Kontamination;

9. Dosis:

a) Äquivalentdosis:
Produkt aus der Energiedosis (absorbierte Dosis) im ICRU-Weichteilgewebe und dem Qualitätsfaktor der Veröffentlichung Nr. 51 der International Commission on Radiation Units and Measurements (ICRU report 51, ICRU Publications, 7910 Woodmont Avenue, Suite 800, Bethesda, Maryland 20814, U.S.A.). Beim Vorliegen mehrerer Strahlungsarten und -energien ist die gesamte Äquivalentdosis die Summe ihrer ermittelten Einzelbeiträge;

b) effektive Dosis:
Summe der gewichteten Organdosen in den in Anlage VI Teil C angegebenen Geweben oder Organen des Körpers durch äußere oder innere Strahlenexposition;

c) Körperdosis:
Sammelbegriff für Organdosis und effektive Dosis. Die Körperdosis für einen Bezugszeitraum (z.B. Kalenderjahr, Monat) ist die Summe aus der durch äußere Strahlenexposition während dieses Bezugszeitraums erhaltenen Dosis und der Folgedosis, die durch eine während dieses Bezugszeitraums stattfindende Aktivitätszufuhr bedingt ist;

d) Organdosis:
Produkt aus der mittleren Energiedosis in einem Organ, Gewebe oder Körperteil und dem Strahlungs-Wichtungsfak-

tor nach Anlage VI Teil C. Beim Vorliegen mehrerer Strahlungsarten und -energien ist die Organdosis die Summe der nach Anlage VI Teil B ermittelten Einzelbeiträge durch äußere oder innere Strahlenexposition;

e) Ortsdosis:
Äquivalentdosis, gemessen mit den in Anlage VI Teil A angegebenen Messgrößen an einem bestimmten Ort;

f) Ortsdosisleistung:
In einem bestimmten Zeitintervall erzeugte Ortsdosis, dividiert durch die Länge des Zeitintervalls;

g) Personendosis:
Äquivalentdosis, gemessen mit den in Anlage VI Teil A angegebenen Messgrößen an einer für die Strahlenexposition repräsentativen Stelle der Körperoberfläche;

10. Einrichtungen:
Gebäude, Gebäudeteile oder einzelne Räume, in denen nach den §§ 5, 6 oder 9 des Atomgesetzes oder nach § 7 dieser Verordnung mit radioaktiven Stoffen umgegangen oder nach § 11 Abs. 2 eine Anlage zur Erzeugung ionisierender Strahlung betrieben wird;

11. Einwirkungsstelle, ungünstigste:
Stelle in der Umgebung einer Anlage oder Einrichtung, bei der aufgrund der Verteilung der abgeleiteten radioaktiven Stoffe in der Umwelt unter Berücksichtigung realer Nutzungsmöglichkeiten durch Aufenthalt oder durch Verzehr dort erzeugter Lebensmittel die höchste Strahlenexposition der Referenzperson zu erwarten ist;

12. Einzelpersonen der Bevölkerung:
Mitglieder der allgemeinen Bevölkerung, die weder beruflich strahlenexponierte Personen sind noch medizinisch oder als helfende Person exponiert sind;

13. Expositionspfad:
Weg der radioaktiven Stoffe von der Ableitung aus einer Anlage oder Einrichtung über einen Ausbreitungs- oder Transportvorgang bis zu einer Strahlenexposition des Menschen;

14. Forschung, medizinische:
Anwendung radioaktiver Stoffe oder ionisierender Strahlung am Menschen, soweit sie der Fortentwicklung der Heilkunde oder der medizinischen Wissenschaft und nicht in erster Linie der Untersuchung oder Behandlung des einzelnen Patienten dient;

15. Freigabe:
Verwaltungsakt, der die Entlassung radioaktiver Stoffe sowie beweglicher Gegenstände, von Gebäuden, Bodenflächen, Anlagen oder Anlagenteilen, die aktiviert oder mit radioaktiven Stoffen kontaminiert sind und die aus Tätigkeiten nach § 2 Abs. 1 Nr. 1 Buchstabe a, c oder d stammen, aus dem Regelungsbereich

a) des Atomgesetzes und

b) darauf beruhender Rechtsverordnungen sowie verwaltungsbehördlicher Entscheidungen

zur Verwendung, Verwertung, Beseitigung, Innehabung oder zu deren Weitergabe an Dritte als nicht radioaktive Stoffe bewirkt;

16. Freigrenzen:
Werte der Aktivität und spezifischen Aktivität radioaktiver Stoffe nach Anlage III Tabelle 1 Spalte 2 und 3, bei deren Überschreitung Tätigkeiten mit diesen radioaktiven Stoffen der Überwachung nach dieser Verordnung unterliegen;

17. Indikation, rechtfertigende:
Entscheidung eines Arztes mit der erforderlichen Fachkunde im Strahlenschutz, dass und in welcher Weise radioaktive Stoffe oder ionisierende Strahlung am Menschen in der Heilkunde oder Zahnheilkunde angewendet werden;

18. Konsumgüter:
Für den Endverbraucher bestimmte Bedarfsgegenstände im Sinne des Lebensmittel- und Futtermittelgesetzbuches sowie

Güter und Gegenstände des täglichen Gebrauchs zur Verwendung im häuslichen und beruflichen Bereich, ausgenommen Baustoffe und bauartzugelassene Vorrichtungen, in die sonstige radioaktive Stoffe nach § 2 Abs. 1 des Atomgesetzes eingefügt sind;

19. Kontamination:
Verunreinigung mit radioaktiven Stoffen

    a) Oberflächenkontamination:
    Verunreinigung einer Oberfläche mit radioaktiven Stoffen, die die nicht festhaftende, die festhaftende und die über die Oberfläche eingedrungene Aktivität umfasst. Die Einheit der Messgröße der Oberflächenkontamination ist die flächenbezogene Aktivität in Becquerel pro Quadratzentimeter;

    b) Oberflächenkontamination, nicht festhaftende:
    Verunreinigung einer Oberfläche mit radioaktiven Stoffen, bei denen eine Weiterverbreitung der radioaktiven Stoffe nicht ausgeschlossen werden kann;

20. Materialien:
Stoffe, die natürlich vorkommende Radionuklide enthalten oder mit solchen Stoffen kontaminiert sind. Dabei bleiben für diese Begriffsbestimmung natürliche und künstliche Radionuklide, die Gegenstand von Tätigkeiten sind oder waren, oder aus Ereignissen nach § 51 Abs. 1 Satz 1 stammen, unberücksichtigt. Ebenso bleiben Kontaminationen in der Umwelt aufgrund von Kernwaffenversuchen und kerntechnischen Unfällen außerhalb des Geltungsbereiches dieser Verordnung unberücksichtigt;

21. Medizinphysik-Experte:
In medizinischer Physik besonders ausgebildeter Diplom-Physiker mit der erforderlichen Fachkunde im Strahlenschutz oder eine inhaltlich gleichwertig ausgebildete sonstige Person mit Hochschul- oder Fachhochschulabschluss und mit der erforderlichen Fachkunde im Strahlenschutz;

22. Notstandssituation, radiologische:
Situation im Sinne des Artikels 2 der Richtlinie 89/618/EURATOM vom 27. November 1989 (Richtlinie des Rates vom 27. November 1989 über die Unterrichtung der Bevölkerung über die bei einer radiologischen Notstandssituation geltenden Verhaltensmaßregeln und zu ergreifenden Gesundheitsschutzmaßnahmen; ABl. EG Nr. L 357 S. 31), die auf den Bevölkerungsgrenzwert von 5 Millisievert im Kalenderjahr der Richtlinie 80/836/EURATOM vom 15. Juli 1980 (Richtlinie des Rates vom 15. Juli 1980 zur Änderung der Richtlinien, mit denen die Grundnormen für den Gesundheitsschutz der Bevölkerung und der Arbeitskräfte gegen die Gefahren ionisierender Strahlungen festgelegt wurden; ABl. EG Nr. L 246 S. 1) verweist;

23. Person, beruflich strahlenexponierte:
Beruflich strahlenexponierte Person im Sinne dieser Verordnung ist

    a) im Bereich der Tätigkeiten diejenige der Kategorie A oder B des § 54, und

    b) im Bereich der Arbeiten diejenige, für die die Abschätzung nach § 95 Abs. 1 ergeben hat, dass die effektive Dosis im Kalenderjahr 6 Millisievert überschreiten kann, oder für die die Ermittlung nach § 103 Abs. 1 ergeben hat, dass die effektive Dosis im Kalenderjahr 1 Millisievert überschreiten kann;

24. Person, helfende:
Eine einwilligungsfähige oder mit Einwilligung ihres gesetzlichen Vertreters handelnde Person, die außerhalb ihrer beruflichen Tätigkeit freiwillig unterstützt oder betreut, an denen in Ausübung der Heilkunde oder Zahnheilkunde oder im Rahmen der medizinischen Forschung radioaktive Stoffe oder ionisierende Strahlung angewandt werden;

24a. Proband, gesunder:
Person, an der zum Zweck der medizinischen Forschung ein radioaktiver Stoff oder

ionisierende Strahlung angewendet wird und bei der in Bezug auf ein Forschungsvorhaben, das nach § 23 genehmigungsbedürftig ist, keine Krankheit, deren Erforschung Gegenstand des Vorhabens ist, oder kein entsprechender Krankheitsverdacht vorliegt;

25. Referenzperson:
Normperson, von der bei der Ermittlung der Strahlenexposition nach § 47 ausgegangen wird. Die Annahmen zur Ermittlung der Strahlenexposition dieser Normperson (Lebensgewohnheiten und übrige Annahmen für die Dosisberechnung) sind in Anlage VII festgelegt;

26. Referenzwerte, diagnostische:

a) Dosiswerte bei medizinischer Anwendung ionisierender Strahlung oder

b) empfohlene Aktivitätswerte bei medizinischer Anwendung radioaktiver Arzneimittel,

für typische Untersuchungen, bezogen auf Standardphantome oder auf Patientengruppen mit Standardmaßen, für einzelne Gerätekategorien;

27. Rückstände:
Materialien, die in den in Anlage XII Teil A genannten industriellen und bergbaulichen Prozessen anfallen und die dort genannten Voraussetzungen erfüllen;

28. Störfall:
Ereignisablauf, bei dessen Eintreten der Betrieb der Anlage oder die Tätigkeit aus sicherheitstechnischen Gründen nicht fortgeführt werden kann und für den die Anlage auszulegen ist oder für den bei der Tätigkeit vorsorglich Schutzvorkehrungen vorzusehen sind;

29. Stoffe, offene und umschlossene radioaktive:

a) Stoffe, offene radioaktive:
Alle radioaktiven Stoffe mit Ausnahme der umschlossenen radioaktiven Stoffe;

b) Stoffe, umschlossene radioaktive:

aa) Radioaktive Stoffe, die ständig von einer allseitig dichten, festen, inaktiven Hülle umschlossen oder in festen inaktiven Stoffen ständig so eingebettet sind, dass bei üblicher betriebsmäßiger Beanspruchung ein Austritt radioaktiver Stoffe mit Sicherheit verhindert wird; eine Abmessung muss mindestens 0,2 cm betragen;

bb) Strahlenquellen, hochradioaktive:
Radioaktive Stoffe nach Doppelbuchstabe aa, deren Aktivität den Werten der Anlage III Tabelle 1 Spalte 3a entspricht oder diese überschreitet, ausgenommen Brennelemente und verfestigte hochradioaktive Spaltproduktlösungen aus der Aufarbeitung von Kernbrennstoffen; ständig dichte und feste Transport- oder Lagerbehälter mit radioaktiven Stoffen sind keine hochradioaktiven Strahlenquellen;

30. Strahlenexposition:
Einwirkung ionisierender Strahlung auf den menschlichen Körper. Ganzkörperexposition ist die Einwirkung ionisierender Strahlung auf den ganzen Körper, Teilkörperexposition ist die Einwirkung ionisierender Strahlung auf einzelne Organe, Gewebe oder Körperteile. Äußere Strahlenexposition ist die Einwirkung durch Strahlungsquellen außerhalb des Körpers, innere Strahlenexposition ist die Einwirkung durch Strahlungsquellen innerhalb des Körpers;

31. Strahlenexposition, berufliche:
Die Strahlenexposition einer Person, die

a) zum Ausübenden einer Tätigkeit nach § 2 Abs. 1 Nr. 1 oder einer Arbeit nach § 2 Abs. 1 Nr. 2 in einem Beschäftigungs- oder Ausbildungsverhältnis steht oder diese Tätigkeit oder Arbeit selbst ausübt,

b) eine Aufgabe nach § 19 oder § 20 des Atomgesetzes oder nach § 66 dieser Verordnung wahrnimmt, oder

c) im Rahmen des § 15 oder § 95 dieser Verordnung in fremden Anlagen, Einrichtungen oder Betriebsstätten beschäftigt ist, dort eine Aufgabe nach § 15 selbst wahrnimmt oder nach § 95 eine Arbeit selbst ausübt.

Eine nicht mit der Berufsausübung zusammenhängende Strahlenexposition bleibt dabei unberücksichtigt;

32. Strahlenexposition, medizinische:

a) Exposition einer Person im Rahmen ihrer Untersuchung oder Behandlung in der Heilkunde oder Zahnheilkunde (Patient),

b) Exposition einer Person, an der mit ihrer Einwilligung oder mit Einwilligung ihres gesetzlichen Vertreters radioaktive Stoffe oder ionisierende Strahlung in der medizinischen Forschung angewendet werden (Proband);

33. Strahlenschutzbereiche:
Überwachungsbereich, Kontrollbereich und Sperrbereich als Teil des Kontrollbereichs;

33a. Tierbegleitperson:
Eine einwilligungsfähige Person, die das 18. Lebensjahr vollendet hat und die außerhalb ihrer beruflichen Tätigkeit freiwillig ein Tier begleitet, an dem in Ausübung der Tierheilkunde radioaktive Stoffe oder ionisierende Strahlung angewendet werden;

34. Umgang mit radioaktiven Stoffen:
Gewinnung, Erzeugung, Lagerung, Bearbeitung, Verarbeitung, sonstige Verwendung und Beseitigung von radioaktiven Stoffen im Sinne des § 2 des Atomgesetzes, soweit es sich nicht um Arbeiten handelt, sowie der Betrieb von Bestrahlungsvorrichtungen; als Umgang gilt auch die Aufsuchung, Gewinnung und Aufbereitung von radioaktiven Bodenschätzen im Sinne des Bundesberggesetzes;

35. Unfall:
Ereignisablauf, der für eine oder mehrere Personen eine effektive Dosis von mehr als 50 Millisievert zur Folge haben kann;

36. Verbringung:

a) Einfuhr in den Geltungsbereich dieser Verordnung aus einem Staat, der nicht Mitgliedstaat der Europäischen Gemeinschaften ist,

b) Ausfuhr aus dem Geltungsbereich dieser Verordnung in einen Staat, der nicht Mitgliedstaat der Europäischen Gemeinschaften ist, oder

c) grenzüberschreitender Warenverkehr aus einem Mitgliedstaat der Europäischen Gemeinschaften in den Geltungsbereich dieser Verordnung oder in einen Mitgliedstaat der Europäischen Gemeinschaften aus dem Geltungsbereich dieser Verordnung;

37. Vorsorge, arbeitsmedizinische:
Ärztliche Untersuchung, gesundheitliche Beurteilung und Beratung einer beruflich strahlenexponierten Person durch einen Arzt nach § 64 Abs. 1 Satz 1.

38. Zusatz radioaktiver Stoffe:
Zweckgerichteter Zusatz von Radionukliden zu Stoffen zur Erzeugung besonderer Eigenschaften, wenn

a) der Zusatz künstlich erzeugter Radionuklide zu Stoffen dazu führt, dass die spezifische Aktivität im Produkt 500 Mikrobecquerel je Gramm überschreitet, oder

b) der Zusatz natürlich vorkommender Radionuklide dazu führt, dass deren spezifische Aktivität im Produkt ein Fünftel der Freigrenzen der Anlage III Tabelle 1 Spalte 3 überschreitet.

Es ist unerheblich, ob der Zusatz aufgrund der Radioaktivität oder aufgrund anderer Eigenschaften erfolgt.

**Teil 2**
**Schutz von Mensch und Umwelt vor radioaktiven Stoffen oder ionisierender Strahlung aus der zielgerichteten Nutzung bei Tätigkeiten**

**Kapitel 1**
**Strahlenschutzgrundsätze, Grundpflichten und allgemeine Grenzwerte**

**§ 4 Rechtfertigung**

(1) Neue Arten von Tätigkeiten, die unter § 2 Abs. 1 Nr. 1 fallen würden, mit denen Strahlenexpositionen oder Kontaminationen von Mensch und Umwelt verbunden sein können, müssen unter Abwägung ihres wirtschaftlichen, sozialen oder sonstigen Nutzens gegenüber der möglicherweise von ihnen ausgehenden gesundheitlichen Beeinträchtigung gerechtfertigt sein. Die Rechtfertigung bestehender Arten von Tätigkeiten kann überprüft werden, sobald wesentliche neue Erkenntnisse über den Nutzen oder die Auswirkungen der Tätigkeit vorliegen.

(2) Medizinische Strahlenexpositionen im Rahmen der Heilkunde, Zahnheilkunde oder der medizinischen Forschung müssen einen hinreichenden Nutzen erbringen, wobei ihr Gesamtpotenzial an diagnostischem oder therapeutischem Nutzen, einschließlich des unmittelbaren gesundheitlichen Nutzens für den Einzelnen und des Nutzens für die Gesellschaft, abzuwägen ist gegenüber der von der Strahlenexposition möglicherweise verursachten Schädigung des Einzelnen.

(3) Die in Anlage XVI genannten Tätigkeitsarten sind nicht gerechtfertigt.

**§ 5 Dosisbegrenzung**

Wer eine Tätigkeit nach § 2 Abs. 1 Nr. 1 Buchstabe a bis d plant, ausübt oder ausüben lässt, ist verpflichtet dafür zu sorgen, dass die Dosis-grenzwerte der §§ 46, 47, 55, 56 und 58 nicht überschritten werden. Die Grenzwerte der effektiven Dosis im Kalenderjahr betragen nach § 46 Abs. 1 für den Schutz von Einzelpersonen der Bevölkerung 1 Millisievert und nach § 55 Abs. 1 Satz 1 für den Schutz beruflich strahlenexponierter Personen bei deren Berufsausübung 20 Millisievert.

**§ 6 Vermeidung unnötiger Strahlenexposition und Dosisreduzierung**

(1) Wer eine Tätigkeit nach § 2 Abs. 1 Nr. 1 plant oder ausübt, ist verpflichtet, jede unnötige Strahlenexposition oder Kontamination von Mensch und Umwelt zu vermeiden.

(2) Wer eine Tätigkeit nach § 2 Abs. 1 Nr. 1 plant oder ausübt, ist verpflichtet, jede Strahlenexposition oder Kontamination von Mensch und Umwelt unter Beachtung des Standes von Wissenschaft und Technik und unter Berücksichtigung aller Umstände des Einzelfalls auch unterhalb der Grenzwerte so gering wie möglich zu halten.

**Kapitel 2**
**Genehmigungen, Zulassungen, Freigabe**

**Abschnitt 1**
**Umgang mit radioaktiven Stoffen**

**§ 7 Genehmigungsbedürftiger Umgang mit radioaktiven Stoffen**

(1) Wer mit sonstigen radioaktiven Stoffen nach § 2 Abs. 1 des Atomgesetzes oder mit Kernbrennstoffen nach § 2 Abs. 3 des Atomgesetzes umgeht, bedarf der Genehmigung. Einer Genehmigung bedarf ferner, wer von dem in der Genehmigungsurkunde festgelegten Umgang wesentlich abweicht.

(2) Eine Genehmigung nach den §§ 6, 7 oder 9 des Atomgesetzes oder nach § 11 Abs. 2 dieser Verordnung oder ein Planfeststellungsbeschluss nach § 9b des Atomgesetzes kann sich auch auf einen nach Absatz 1 genehmigungsbedürftigen Umgang erstrecken; soweit eine

solche Erstreckung erfolgt, ist eine Genehmigung nach Absatz 1 nicht erforderlich.

(3) Eine Genehmigung nach Absatz 1 ist nicht erforderlich bei dem Aufsuchen, Gewinnen oder Aufbereiten von radioaktiven Bodenschätzen, wenn hierauf die Vorschriften des Bundesberggesetzes Anwendung finden.

## § 8 Genehmigungsfreier Umgang; genehmigungsfreier Besitz von Kernbrennstoffen

(1) Eine Genehmigung nach § 7 Abs. 1 ist in den in Anlage I Teil A und B genannten Fällen nicht erforderlich. Bei der Prüfung der Voraussetzungen nach Anlage I Teil B Nr. 1 oder 2 bleiben die Aktivitäten radioaktiver Stoffe der in Anlage I Teil A oder Teil B Nr. 3 bis 7 genannten Art außer Betracht. Satz 1 gilt nicht für hochradioaktive Strahlenquellen.

(2) Bei einem nach § 7 Abs. 1 genehmigten Umgang ist zusätzlich ein genehmigungsfreier Umgang nach Absatz 1 für die radioaktiven Stoffe, die in der Genehmigung aufgeführt sind, auch unterhalb der Freigrenzen der Anlage III Tabelle 1 Spalte 2 und 3 nicht zulässig. Satz 1 gilt nicht, wenn in einem einzelnen Betrieb oder selbständigen Zweigbetrieb, bei Nichtgewerbetreibenden am Ort der Tätigkeit des Genehmigungsinhabers, mit radioaktiven Stoffen in mehreren, räumlich voneinander getrennten Gebäuden, Gebäudeteilen, Anlagen oder Einrichtungen umgegangen wird und ausreichend sichergestellt ist, dass die radioaktiven Stoffe aus den einzelnen Gebäuden, Gebäudeteilen, Anlagen oder Einrichtungen nicht zusammenwirken können.

(3) Auf denjenigen, der

1. mit Kernbrennstoffen

    a) nach Absatz 1 in Verbindung mit Anlage I Teil B Nr. 1 oder 2 ohne Genehmigung oder

    b) aufgrund einer Genehmigung nach § 7 Abs. 1

    umgehen darf oder

2. Kernbrennstoffe

    a) aufgrund von § 17 ohne Genehmigung oder

    b) aufgrund einer Genehmigung nach § 16 Abs. 1

befördern darf,

sind die Vorschriften des § 5 Abs. 2 bis 4 des Atomgesetzes nicht anzuwenden. Die Herausgabe von Kernbrennstoffen aus der staatlichen Verwahrung nach § 5 Abs. 1 des Atomgesetzes oder aus der genehmigten Aufbewahrung nach § 6 des Atomgesetzes oder § 7 dieser Verordnung ist auch zulässig, wenn der Empfänger nach Satz 1 zum Besitz der Kernbrennstoffe berechtigt ist oder wenn diese Kernbrennstoffe zum Zweck der Ausfuhr befördert werden sollen.

## § 9 Genehmigungsvoraussetzungen für den Umgang mit radioaktiven Stoffen

(1) Die Genehmigung nach § 7 Abs. 1 ist zu erteilen, wenn

1. keine Tatsachen vorliegen, aus denen sich Bedenken gegen die Zuverlässigkeit des Antragstellers, seines gesetzlichen Vertreters oder, bei juristischen Personen oder nicht rechtsfähigen Personenvereinigungen, der nach Gesetz, Satzung oder Gesellschaftsvertrag zur Vertretung oder Geschäftsführung Berechtigten ergeben, und, falls ein Strahlenschutzbeauftragter nicht notwendig ist, der Antragsteller die erforderliche Fachkunde im Strahlenschutz besitzt,

2. keine Tatsachen vorliegen, aus denen sich Bedenken gegen die Zuverlässigkeit der Strahlenschutzbeauftragten ergeben, und sie die erforderliche Fachkunde im Strahlenschutz besitzen,

3. die für eine sichere Ausführung des Umgangs notwendige Anzahl von Strahlenschutzbeauftragten vorhanden ist und ih-

nen die für die Erfüllung ihrer Aufgaben erforderlichen Befugnisse eingeräumt sind,

4. gewährleistet ist, dass die bei dem Umgang sonst tätigen Personen die notwendigen Kenntnisse über die mögliche Strahlengefährdung und die anzuwendenden Schutzmaßnahmen besitzen,

5. gewährleistet ist, dass bei dem Umgang die Ausrüstungen vorhanden und die Maßnahmen getroffen sind, die nach dem Stand von Wissenschaft und Technik erforderlich sind, damit die Schutzvorschriften eingehalten werden,

6. keine Tatsachen vorliegen, aus denen sich Bedenken ergeben, dass das für eine sichere Ausführung des Umgangs notwendige Personal nicht vorhanden ist,

7. die erforderliche Vorsorge für die Erfüllung gesetzlicher Schadensersatzverpflichtungen getroffen ist,

8. der erforderliche Schutz gegen Störmaßnahmen oder sonstige Einwirkungen Dritter gewährleistet ist,

9. überwiegende öffentliche Interessen, insbesondere im Hinblick auf die Umweltauswirkungen, dem Umgang nicht entgegenstehen und

10. § 4 Abs. 3 dem beabsichtigten Umgang nicht entgegensteht.

(2) Für eine Genehmigung nach § 7 Abs. 1 in Verbindung mit § 77 Satz 1 Halbsatz 2 für die anderweitige Beseitigung oder nach § 7 Abs. 1 in Verbindung mit § 77 Satz 2 Halbsatz 2 für die anderweitige Zwischenlagerung radioaktiver Abfälle gelten die Voraussetzungen nach Absatz 1 entsprechend. Diese Genehmigung darf nur erteilt werden, wenn ein Bedürfnis für die anderweitige Beseitigung oder Zwischenlagerung besteht.

(3) Für eine Genehmigung zum Umgang im Zusammenhang mit der Anwendung am Menschen muss zusätzlich zu den Voraussetzungen nach Absatz 1 der Antragsteller oder der von ihm

schriftlich bestellte Strahlenschutzbeauftragte als Arzt oder Zahnarzt approbiert oder ihm die vorübergehende Ausübung des ärztlichen oder zahnärztlichen Berufs erlaubt sein, und

1. für Behandlungen in erforderlicher Anzahl Medizinphysik-Experten als weitere Strahlenschutzbeauftragte bestellt sein oder

2. für nuklearmedizinische Untersuchungen oder Standardbehandlungen gewährleistet sein, dass ein Medizinphysik-Experte, insbesondere zur Optimierung und Qualitätssicherung bei der Anwendung radioaktiver Stoffe, verfügbar ist.

(4) Für eine Genehmigung zum Umgang im Zusammenhang mit der Anwendung am Tier in der Tierheilkunde muss zusätzlich zu den in Absatz 1 genannten Voraussetzungen der Antragsteller oder der von ihm schriftlich bestellte Strahlenschutzbeauftragte zur Ausübung des tierärztlichen oder ärztlichen Berufs berechtigt sein.

(5) Die Anforderungen an die Beschaffenheit von Bestrahlungsvorrichtungen und von radioaktiven Stoffen, die Medizinprodukte oder Zubehör im Sinne des Medizinproduktegesetzes sind, richten sich nach den jeweils geltenden Anforderungen des Medizinproduktegesetzes.

(6) Dem Genehmigungsantrag sind insbesondere die Unterlagen nach Anlage II Teil A beizufügen.

## § 10 Befreiung von der Pflicht zur Deckungsvorsorge

(1) Keiner Deckungsvorsorge nach § 6 Abs. 2 Satz 1 Nr. 3, § 9 Abs. 2 Satz 1 Nr. 4 des Atomgesetzes und § 9 Abs. 1 Nr. 7 dieser Verordnung bedarf es, wenn die Gesamtaktivität der radioaktiven Stoffe, mit denen in dem einzelnen Betrieb oder selbständigen Zweigbetrieb, bei Nichtgewerbetreibenden am Ort der Tätigkeit des Antragstellers, umgegangen wird, das $10^6$fache der Freigrenzen der Anlage III Tabelle 1 Spalte 2 und bei angereichertem Uran die Masse an Uran-235 den Wert von 350 Gramm nicht überschreitet und ausreichend si-

chergestellt ist, dass die sonstigen radioaktiven Stoffe aus den einzelnen Gebäuden, Gebäudeteilen, Anlagen oder Einrichtungen nicht zusammenwirken können.

(2) Keiner Deckungsvorsorge nach § 9 Abs. 1 Nr. 7 bedarf es ferner, wenn in dem einzelnen Betrieb oder selbständigen Zweigbetrieb, bei Nichtgewerbetreibenden am Ort der Tätigkeit des Antragstellers, mit sonstigen radioaktiven Stoffen in mehreren räumlich voneinander getrennten Gebäuden, Gebäudeteilen, Anlagen oder Einrichtungen umgegangen wird, die Aktivität der sonstigen radioaktiven Stoffe in den einzelnen Gebäuden, Gebäudeteilen, Anlagen oder Einrichtungen das 10(hoch)6fache der Freigrenzen der Anlage III Tabelle 1 Spalte 2 nicht überschreitet und ausreichend sichergestellt ist, dass die sonstigen radioaktiven Stoffe aus den einzelnen Gebäuden, Gebäudeteilen, Anlagen oder Einrichtungen nicht zusammenwirken können.

(3) Bei Anwendung des Absatzes 1 oder 2 darf der Anteil an offenen radioaktiven Stoffen das 10(hoch)5fache der Freigrenzen der Anlage III Tabelle 1 Spalte 2 nicht überschreiten.

(4) Die Absätze 1 und 2 gelten nicht für hochradioaktive Strahlenquellen.

## Abschnitt 2
## Anlagen zur Erzeugung ionisierender Strahlen

### § 11 Genehmigungsbedürftige Errichtung und genehmigungsbedürftiger Betrieb von Anlagen zur Erzeugung ionisierender Strahlen

(1) Wer eine Anlage zur Erzeugung ionisierender Strahlen der folgenden Art errichtet, bedarf der Genehmigung:

1. Beschleuniger- oder Plasmaanlage, in der je Sekunde mehr als 10(hoch)12 Neutronen erzeugt werden können,

2. Elektronenbeschleuniger mit einer Endenergie der Elektronen von mehr als zehn

Megaelektronvolt, sofern die mittlere Strahlleistung 1 Kilowatt übersteigen kann,

3. Elektronenbeschleuniger mit einer Endenergie der Elektronen von mehr als 150 Megaelektronvolt,

4. Ionenbeschleuniger mit einer Endenergie der Ionen von mehr als zehn Megaelektronvolt je Nukleon, sofern die mittlere Strahlleistung 50 Watt übersteigen kann,

5. Ionenbeschleuniger mit einer Endenergie der Ionen von mehr als 150 Megaelektronvolt je Nukleon.

(2) Wer eine Anlage zur Erzeugung ionisierender Strahlen betreibt oder die Anlage oder ihren Betrieb wesentlich verändert, bedarf der Genehmigung.

(3) Einer Genehmigung nach Absatz 2 bedarf auch, wer ionisierende Strahlung aus einer Bestrahlungsvorrichtung, die Bestandteil einer nach § 7 des Atomgesetzes genehmigten Anlage zur Spaltung von Kernbrennstoffen ist, in der Heilkunde, Zahnheilkunde oder Tierheilkunde anwendet.

### § 12 Anzeigebedürftiger Betrieb von Anlagen zur Erzeugung ionisierender Strahlen

(1) Abweichend von § 11 Absatz 2 hat eine Person, die beabsichtigt, eine Anlage der folgenden Art zu betreiben oder eine solche Anlage oder ihren Betrieb wesentlich zu verändern, der zuständigen Behörde die beabsichtigte Inbetriebnahme oder wesentliche Änderung vorher schriftlich anzuzeigen:

1. eine Plasmaanlage, bei deren Betrieb die Ortsdosisleistung von 10 Mikrosievert durch Stunde im Abstand von 0,1 Metern von den Wandungen des Bereichs, der aus elektrotechnischen Gründen während des Betriebs unzugänglich ist, nicht überschritten wird, oder

2. einen Ionenbeschleuniger, bei dessen Betrieb die Ortsdosisleistung von 10 Mikrosievert durch Stunde im Abstand von

0,1 Metern von der berührbaren Oberfläche nicht überschritten wird.

(2) Der zuständigen Behörde ist auf Verlangen nachzuweisen, dass

1. die für eine sichere Ausführung des Betriebs notwendige Anzahl von Strahlenschutzbeauftragten vorhanden ist und ihnen die für die Erfüllung ihrer Aufgaben erforderlichen Befugnisse eingeräumt sind,

2. jeder Strahlenschutzbeauftragte oder, falls ein Strahlenschutzbeauftragter nicht notwendig ist, die nach Absatz 1 zur Anzeige verpflichtete Person, ihr gesetzlicher Vertreter oder, bei juristischen Personen, Vereinen oder Gesellschaften ohne Rechtspersönlichkeit, die nach Gesetz, Satzung oder Vertrag zur Vertretung oder Geschäftsführung berechtigte Person die erforderliche Fachkunde im Strahlenschutz besitzt.

(3) Die zuständige Behörde kann den nach Absatz 1 angezeigten Betrieb untersagen, wenn

1. eine der in Absatz 2 genannten Voraussetzungen nicht oder nicht mehr erfüllt ist oder

2. die nach Absatz 1 zur Anzeige verpflichtete Person, ihr gesetzlicher Vertreter oder, bei juristischen Personen, Vereinen oder Gesellschaften ohne Rechtspersönlichkeit, die nach Gesetz, Satzung oder Vertrag zur Vertretung oder Geschäftsführung berechtigte Person oder der für die Leitung oder Beaufsichtigung des Betriebs bestellte Strahlenschutzbeauftragte nicht zuverlässig ist.

### § 12a Genehmigungs- und anzeigefreier Betrieb von Anlagen zur Erzeugung ionisierender Strahlen

Wer eine Anlage der in Anlage I Teil C genannten Art betreibt, bedarf weder einer Genehmigung nach § 11 Absatz 2, noch hat er eine Anzeige nach § 12 Absatz 1 zu erstatten.

### § 13 Genehmigungsvoraussetzungen für die Errichtung von Anlagen zur Erzeugung ionisierender Strahlen

Die Genehmigung nach § 11 Abs. 1 für die Errichtung einer Anlage zur Erzeugung ionisierender Strahlen ist zu erteilen, wenn

1. keine Tatsachen vorliegen, aus denen sich Bedenken gegen die Zuverlässigkeit des Antragstellers, seines gesetzlichen Vertreters oder, bei juristischen Personen oder nicht rechtsfähigen Personenvereinigungen, der nach Gesetz, Satzung oder Gesellschaftsvertrag zur Vertretung oder Geschäftsführung Berechtigten ergeben und, falls ein Strahlenschutzbeauftragter nicht notwendig ist, der Antragsteller die erforderliche Fachkunde im Strahlenschutz besitzt,

2. gewährleistet ist, dass für die Errichtung der Anlage ein Strahlenschutzbeauftragter bestellt wird, der die erforderliche Fachkunde im Strahlenschutz besitzt und der die Anlage entsprechend der Genehmigung errichten oder errichten lassen kann; es dürfen keine Tatsachen vorliegen, aus denen sich Bedenken gegen die Zuverlässigkeit des Strahlenschutzbeauftragten ergeben,

3. gewährleistet ist, dass in den allgemein zugänglichen Bereichen außerhalb des Betriebsgeländes die Strahlenexposition von Personen bei dauerndem Aufenthalt infolge des Betriebs der Anlage die für Einzelpersonen der Bevölkerung zugelassenen Grenzwerte nicht überschreitet, wobei die Ableitung radioaktiver Stoffe mit Luft und Wasser und die austretende und gestreute Strahlung zu berücksichtigen sind,

4. die Vorschriften über den Schutz der Umwelt bei dem beabsichtigten Betrieb der Anlage sowie bei Störfällen eingehalten werden können,

5. der erforderliche Schutz gegen Störmaßnahmen oder sonstige Einwirkungen Dritter gewährleistet ist,

6. überwiegende öffentliche Interessen, insbesondere im Hinblick auf die Umweltauswirkungen, dem beabsichtigten Betrieb der Anlage nicht entgegenstehen und

7. § 4 Abs. 3 der beabsichtigten Errichtung nicht entgegensteht.

## § 14 Genehmigungsvoraussetzungen für den Betrieb von Anlagen zur Erzeugung ionisierender Strahlen

(1) Die Genehmigung nach § 11 Abs. 2 ist zu erteilen, wenn

1. keine Tatsachen vorliegen, aus denen sich Bedenken gegen die Zuverlässigkeit des Antragstellers, seines gesetzlichen Vertreters oder, bei juristischen Personen oder nicht rechtsfähigen Personenvereinigungen, der nach Gesetz, Satzung oder Gesellschaftsvertrag zur Vertretung oder Geschäftsführung Berechtigten ergeben und, falls ein Strahlenschutzbeauftragter nicht notwendig ist, der Antragsteller die erforderliche Fachkunde im Strahlenschutz besitzt,

2. keine Tatsachen vorliegen, aus denen sich Bedenken gegen die Zuverlässigkeit der Strahlenschutzbeauftragten ergeben, und sie die erforderliche Fachkunde im Strahlenschutz besitzen,

3. die für eine sichere Ausführung des Betriebs notwendige Anzahl von Strahlenschutzbeauftragten vorhanden ist und ihnen die für die Erfüllung ihrer Aufgaben erforderlichen Befugnisse eingeräumt sind,

4. gewährleistet ist, dass die bei dem Betrieb sonst tätigen Personen die notwendigen Kenntnisse über die mögliche Strahlengefährdung und die anzuwendenden Schutzmaßnahmen besitzen,

5. gewährleistet ist, dass bei dem Betrieb die Ausrüstungen vorhanden und die Maßnahmen getroffen sind, die nach dem Stand von Wissenschaft und Technik erforderlich sind, damit die Schutzvorschriften eingehalten werden,

6. keine Tatsachen vorliegen, aus denen sich Bedenken ergeben, dass das für eine sichere Ausführung des Betriebes notwendige Personal nicht vorhanden ist,

7. die erforderliche Vorsorge für die Erfüllung gesetzlicher Schadensersatzverpflichtungen getroffen ist,

8. der erforderliche Schutz gegen Störmaßnahmen oder sonstige Einwirkungen Dritter gewährleistet ist, soweit die Errichtung der Anlage der Genehmigung nach § 11 Abs. 1 bedarf,

9. überwiegende öffentliche Interessen, insbesondere im Hinblick auf die Umweltauswirkungen, dem beabsichtigten Betrieb der Anlage nicht entgegenstehen und

10. § 4 Abs. 3 dem beabsichtigten Betrieb nicht entgegensteht.

Es gilt § 9 Abs. 5 entsprechend.

(2) Für eine Genehmigung zum Betrieb einer Anlage zur Erzeugung ionisierender Strahlen im Zusammenhang mit der Anwendung am Menschen müssen zusätzlich zu Absatz 1 folgende Voraussetzungen erfüllt sein:

1. Der Antragsteller oder der von ihm schriftlich bestellte Strahlenschutzbeauftragte ist als Arzt oder Zahnarzt approbiert oder ihm ist die vorübergehende Ausübung des ärztlichen oder zahnärztlichen Berufs erlaubt, und

2. ein Medizinphysik-Experte ist als weiterer Strahlenschutzbeauftragter bestellt.

(3) Für eine Genehmigung zum Betrieb einer Anlage zur Erzeugung ionisierender Strahlen im Zusammenhang mit der Anwendung am Tier in der Tierheilkunde muss zusätzlich zu den in Ab-

satz 1 genannten Voraussetzungen der Antragsteller oder der von ihm schriftlich bestellte Strahlenschutzbeauftragte zur Ausübung des tierärztlichen oder ärztlichen Berufs berechtigt sein.

(4) Dem Genehmigungsantrag sind insbesondere die Unterlagen nach Anlage II Teil B beizufügen.

(5) Lässt sich erst während eines Probebetriebs beurteilen, ob die Voraussetzungen des Absatzes 1 Nr. 5 vorliegen, kann die zuständige Behörde die Genehmigung nach § 11 Abs. 2 befristet erteilen. Der Betreiber hat zu gewährleisten, dass die Vorschriften über die Dosisgrenzwerte, über die Sperrbereiche, Kontrollbereiche sowie zur Begrenzung der Ableitung radioaktiver Stoffe während des Probebetriebs eingehalten werden.

### Abschnitt 3
### Beschäftigung in fremden Anlagen oder Einrichtungen

### § 15 Genehmigungsbedürftige Beschäftigung in fremden Anlagen oder Einrichtungen

(1) Wer in fremden Anlagen oder Einrichtungen unter seiner Aufsicht stehende Personen beschäftigt oder Aufgaben selbst wahrnimmt und dies bei diesen Personen bei sich selbst im Kalenderjahr zu einer effektiven Dosis von mehr als 1 Millisievert führen kann, bedarf der Genehmigung.

(2) Bei Beschäftigungen nach Absatz 1 in Anlagen oder Einrichtungen, in denen mit radioaktiven Stoffen umgegangen wird, ist § 9 Abs. 1 Nr. 1 bis 5, bei Beschäftigungen nach Absatz 1 im Zusammenhang mit dem Betrieb von Anlagen zur Erzeugung ionisierender Strahlen ist § 14 Abs. 1 Nr. 1 bis 5 entsprechend anzuwenden.

(3) Bei Beschäftigungen nach Absatz 1 ist den Anordnungen des Strahlenschutzverantwortlichen und der Strahlenschutzbeauftragten der Anlage oder Einrichtung, die diese in Erfüllung

ihrer Pflichten nach § 33 treffen, Folge zu leisten. Der Inhaber einer Genehmigung nach Absatz 1 hat dafür zu sorgen, dass die unter seiner Aufsicht beschäftigten Personen die Anordnungen der Strahlenschutzverantwortlichen und Strahlenschutzbeauftragten der Anlagen oder Einrichtungen befolgen.

### Abschnitt 4
### Beförderung radioaktiver Stoffe

### § 16 Genehmigungsbedürftige Beförderung

(1) Wer sonstige radioaktive Stoffe nach § 2 Absatz 1 des Atomgesetzes oder Kernbrennstoffe nach § 2 Absatz 3 des Atomgesetzes auf öffentlichen oder der Öffentlichkeit zugänglichen Verkehrswegen befördert, bedarf der Genehmigung. Die Genehmigung kann dem Absender oder Beförderer im Sinne der Vorschriften über die Beförderung gefährlicher Güter, dem Abgebenden oder demjenigen erteilt werden, der es übernimmt, die Versendung oder Beförderung zu besorgen. Sie ist für den einzelnen Beförderungsvorgang zu erteilen, kann jedoch einem Antragsteller allgemein für längstens drei Jahre erteilt werden, soweit die in § 1 Nummer 2 bis 4 des Atomgesetzes bezeichneten Zwecke dem nicht entgegenstehen. Die Genehmigung erstreckt sich auch auf die Teilstrecken eines Beförderungsvorgangs, der nicht auf öffentlichen oder der Öffentlichkeit zugänglichen Verkehrswegen stattfindet, soweit für diese Teilstrecken keine Genehmigung zum Umgang mit radioaktiven Stoffen vorliegt.

(2) Eine Genehmigung nach § 4 Abs. 1 des Atomgesetzes kann sich auch auf eine genehmigungsbedürftige Beförderung radioaktiver Stoffe nach Absatz 1 erstrecken, soweit es sich um denselben Beförderungsvorgang handelt; soweit eine solche Erstreckung erfolgt, ist eine Genehmigung nach Absatz 1 nicht erforderlich.

(3) aufgehoben

(4) Bei der Beförderung ist eine Ausfertigung oder eine amtlich beglaubigte Abschrift des Ge-

nehmigungsbescheids mitzuführen. Die Ausfertigung oder Abschrift des Genehmigungsbescheids ist der für die Aufsicht zuständigen Behörde oder den von ihr Beauftragten auf Verlangen vorzuzeigen.

(5) Die Bestimmungen des Genehmigungsbescheids sind bei der Ausführung der Beförderung auch vom Beförderer, der nicht selbst Inhaber der Genehmigung ist, zu beachten.

(6) Die für die jeweiligen Verkehrsträger geltenden Rechtsvorschriften über die Beförderung gefährlicher Güter bleiben unberührt.

### § 17 Genehmigungsfreie Beförderung

(1) Keiner Genehmigung nach § 4 Absatz 1 des Atomgesetzes oder § 16 Absatz 1 dieser Verordnung bedarf, wer folgende Stoffe befördert:

1. Stoffe der in Anlage I Teil B genannten Art oder Stoffe, die von der Anwendung der Vorschriften für die Beförderung gefährlicher Güter befreit sind,

2. sonstige radioaktive Stoffe nach § 2 Absatz 1 des Atomgesetzes oder Kernbrennstoffe nach § 2 Absatz 3 des Atomgesetzes

   a) unter den Voraussetzungen für freigestellte Versandstücke nach den Vorschriften für die Beförderung gefährlicher Güter,

   b) nach der Gefahrgutverordnung See oder

   c) mit Luftfahrzeugen und der hierfür erforderlichen Erlaubnis nach § 27 des Luftverkehrsgesetzes.

Satz 1 gilt nicht für die Beförderung von Großquellen im Sinne des § 23 Absatz 2 des Atomgesetzes.

(1a) (weggefallen)

(2) (weggefallen)

(3) Wer radioaktive Erzeugnisse oder Abfälle, die Kernmaterialien im Sinne der Anlage I Abs. 1 Nr. 5 zum Atomgesetz sind, befördert, ohne hierfür der Genehmigung nach § 16 Abs. 1 zu bedürfen, darf, falls er nicht selbst den Nachweis der erforderlichen Vorsorge für die Erfüllung gesetzlicher Schadensersatzverpflichtungen nach § 4b Abs. 1 des Atomgesetzes zu erbringen hat, die Kernmaterialien zur Beförderung oder Weiterbeförderung nur dann übernehmen, wenn ihm gleichzeitig eine Bescheinigung der zuständigen Behörde darüber vorgelegt wird, dass sich die Vorsorge der Person, die ihm die Kernmaterialien übergibt, auch auf die Erfüllung gesetzlicher Schadensersatzverpflichtungen im Zusammenhang mit der Beförderung oder Weiterbeförderung erstreckt.

### § 18 Genehmigungsvoraussetzungen für die Beförderung

(1) Die Genehmigung nach § 16 Abs. 1 ist zu erteilen, wenn

1. keine Tatsachen vorliegen, aus denen sich Bedenken gegen die Zuverlässigkeit des Abgebenden, des Absenders, des Beförderers und der die Versendung und Beförderung besorgenden Personen, ihrer gesetzlichen Vertreter oder, bei juristischen Personen oder nicht rechtsfähigen Personenvereinigungen, der nach Gesetz, Satzung oder Gesellschaftsvertrag zur Vertretung oder Geschäftsführung Berechtigten ergeben,

2. gewährleistet ist, dass die Beförderung durch Personen ausgeführt wird, die die für die beabsichtigte Art der Beförderung notwendigen Kenntnisse über die mögliche Strahlengefährdung und die anzuwendenden Schutzmaßnahmen besitzen,

3. gewährleistet ist, dass die radioaktiven Stoffe unter Beachtung der für den jeweiligen Verkehrsträger geltenden Rechtsvorschriften über die Beförderung gefährlicher Güter befördert werden oder, soweit solche Vorschriften fehlen, auf andere Weise die

nach dem Stand von Wissenschaft und Technik erforderliche Vorsorge gegen Schäden durch die Beförderung der radioaktiven Stoffe getroffen ist,

4. bei der Beförderung von sonstigen radioaktiven Stoffen nach § 2 Abs. 1 des Atomgesetzes, deren Aktivität je Versandstück das 10(hoch)9fache der Freigrenzen der Anlage III Tabelle 1 Spalte 2 oder 10(hoch)15 Becquerel überschreitet, oder von Kernbrennstoffen nach § 2 Abs. 3 des Atomgesetzes, deren Aktivität je Versandstück das 10(hoch)5fache der Freigrenzen der Anlage III Tabelle 1 Spalte 2 oder 10(hoch)15 Becquerel überschreitet, die erforderliche Vorsorge für die Erfüllung gesetzlicher Schadenersatzverpflichtungen getroffen ist,

5. der erforderliche Schutz gegen Störmaßnahmen oder sonstige Einwirkung Dritter gewährleistet ist,

6. gewährleistet ist, dass bei der Beförderung von sonstigen radioaktiven Stoffen nach § 2 Abs. 1 des Atomgesetzes oder von Kernbrennstoffen nach § 2 Abs. 3 des Atomgesetzes mit einer Aktivität von mehr als dem 10(hoch)10fachen der Freigrenzen der Anlage III Tabelle 1 Spalte 2 unter entsprechender Anwendung des § 53 mit einer dort genannten Institution die Vereinbarungen geschlossen sind, die die Institution bei Unfällen oder Störfällen zur Schadensbekämpfung verpflichten, und

7. überwiegende öffentliche Interessen der Wahl der Art, der Zeit und des Weges der Beförderung nicht entgegenstehen.

(2) Bei der Beförderung von Kernmaterialien im Sinne des § 2 Abs. 4 des Atomgesetzes ist eine Deckungsvorsorge auch dann zu erbringen, wenn die Aktivitätswerte des Absatzes 1 Nr. 4 nicht überschritten werden.

**Abschnitt 5**
**Grenzüberschreitende Verbringung radioaktiver Stoffe**

**§ 19 Genehmigungsbedürftige grenzüberschreitende Verbringung**

(1) Einer Genehmigung bedarf, wer hochradioaktive Strahlenquellen nicht lediglich vorübergehend zur eigenen Nutzung im Rahmen eines genehmigten Umgangs aus einem Staat, der nicht Mitgliedstaat der Europäischen Union ist, in den Geltungsbereich dieser Verordnung verbringt, wenn

1. deren Aktivität jeweils das 100-Fache des Wertes der Anlage III Tabelle 1 Spalte 3a beträgt oder überschreitet,

2. sie ebenso wie ihre Schutzbehälter oder Aufbewahrungsbehältnisse keine Kennzeichnung nach § 68 Absatz 1a aufweisen oder

3. ihnen keine Dokumentation nach § 69 Absatz 2 Satz 4 beigefügt ist.

(2) Einer Genehmigung bedarf, wer folgende radioaktive Stoffe nicht lediglich vorübergehend zur eigenen Nutzung im Rahmen eines genehmigten Umgangs aus dem Geltungsbereich dieser Verordnung in einen Staat verbringt, der nicht Mitgliedstaat der Europäischen Union ist:

1. hochradioaktive Strahlenquellen,

   a) deren Aktivität jeweils das 100-Fache des Wertes der Anlage III Tabelle 1 Spalte 3a beträgt oder überschreitet,

   b) die ebenso wie ihre Schutzbehälter oder Aufbewahrungsbehältnisse keine Kennzeichnung nach § 68 Absatz 1a aufweisen oder

   c) denen keine Dokumentation nach § 69 Absatz 2 Satz 4 beigefügt ist,

oder

2. sonstige radioaktive Stoffe nach § 2 Absatz 1 des Atomgesetzes oder Kernbrennstoffe nach § 2 Absatz 3 des Atomgeset-

zes, deren Aktivität je Versandstück das $10^8$-Fache der Freigrenzen der Anlage III Tabelle 1 Spalte 2 beträgt oder überschreitet.

(3) Eine Genehmigung nach § 3 Absatz 1 des Atomgesetzes kann sich auch auf eine genehmigungsbedürftige Verbringung nach Absatz 1 oder Absatz 2 erstrecken. Soweit dies der Fall ist, ist eine Genehmigung nach Absatz 1 oder Absatz 2 nicht erforderlich.

### § 20 Anzeigebedürftige grenzüberschreitende Verbringung

(1) Wer sonstige radioaktive Stoffe nach § 2 Absatz 1 des Atomgesetzes oder Kernbrennstoffe nach § 2 Absatz 3 des Atomgesetzes

1. aus einem Staat, der nicht Mitgliedstaat der Europäischen Union ist, in den Geltungsbereich dieser Verordnung oder

2. aus dem Geltungsbereich dieser Verordnung in einen Staat, der nicht Mitgliedstaat der Europäischen Union ist, verbringt und keiner Genehmigung nach § 19 Absatz 1 oder Absatz 2 dieser Verordnung bedarf, hat die Verbringung der nach § 22 Absatz 1 des Atomgesetzes zuständigen Behörde anzuzeigen. Die Anzeige ist bei der nach Satz 1 zuständigen Behörde oder spätestens im Zusammenhang mit der Zollabfertigung bei der für die Überwachung nach § 22 Absatz 2 des Atomgesetzes zuständigen Behörde oder der von ihr benannten Stelle abzugeben. Für die Anzeige ist das Formular zu verwenden, das die nach § 22 Absatz 1 des Atomgesetzes zuständige Behörde bestimmt hat.

(2) Bei einer Verbringung in den Geltungsbereich dieser Verordnung hat der Verbringende Vorsorge zu treffen, dass die zu verbringenden radioaktiven Stoffe nach der Verbringung erstmals nur von Personen erworben werden, die eine nach den §§ 6, 7 oder § 9 des Atomgesetzes oder nach § 7 Absatz 1 oder § 11 Absatz 2 dieser Verordnung erforderliche Genehmigung besitzen.

(3) Wer Kernbrennstoffe nach § 2 Absatz 1 des Atomgesetzes in Form von

1. bis zu 1 Kilogramm Uran, das auf 10 Prozent oder mehr, jedoch weniger als 20 Prozent an Uran-235 angereichert ist, oder

2. weniger als 10 Kilogramm Uran, das auf weniger als 10 Prozent an Uran-235 angereichert ist, aus einem Staat, der nicht Mitgliedstaat der Europäischen Union ist, in den Geltungsbereich dieser Verordnung verbringt, hat abweichend von § 3 Absatz 1 des Atomgesetzes eine Anzeige nach Absatz 1 zu erstatten.

### § 21 Ausnahmen; andere Vorschriften über die grenzüberschreitende Verbringung

(1) Keiner Genehmigung nach § 3 Absatz 1 des Atomgesetzes oder § 19 dieser Verordnung bedarf und keine Anzeige nach § 20 dieser Verordnung hat zu erstatten, wer

1. einen der in Anlage I Teil B Nummer 1 bis 6 genannten Stoffe verbringt,

2. sonstige radioaktive Stoffe nach § 2 Absatz 1 des Atomgesetzes oder Kernbrennstoffe nach § 2 Absatz 3 des Atomgesetzes zollamtlich überwacht durch den Geltungsbereich dieser Verordnung verbringt,

3. Stoffe im Sinne der Nummer 2 zur eigenen Nutzung im Rahmen eines genehmigten Umgangs vorübergehend grenzüberschreitend verbringt, sofern es sich nicht um hochradioaktive Strahlenquellen handelt, oder

4. nach § 108 dieser Verordnung Konsumgüter verbringt.

(2) Die §§ 19 und 20 dieser Verordnung gelten nicht für die Verbringung durch die Bundeswehr.

(3) Andere Vorschriften über die Verbringung bleiben unberührt.

(4) Die Regelungen der Verordnung (Euratom) Nr. 1493/93 des Rates vom 8. Juni 1993 über

die Verbringung radioaktiver Stoffe zwischen den Mitgliedstaaten (ABl. L 148 vom 19.6.1993, S. 1) in der jeweils geltenden Fassung und der Atomrechtlichen Abfallverbringungsverordnung vom 30. April 2009 (BGBl. I S. 1000) in der jeweils geltenden Fassung bleiben unberührt.

**§ 22 Genehmigungsvoraussetzungen für die grenzüberschreitende Verbringung**

(1) Die Genehmigung nach § 19 Absatz 1 ist zu erteilen, wenn

1. keine Tatsachen vorliegen, aus denen sich Bedenken gegen die Zuverlässigkeit des Verbringers, seines gesetzlichen Vertreters oder, bei juristischen Personen oder nicht rechtsfähigen Personenvereinigungen, der nach Gesetz, Satzung oder Gesellschaftsvertrag zur Vertretung oder Geschäftsführung Berechtigten ergeben und

2. der Verbringer Vorsorge getroffen hat, dass die radioaktiven Stoffe nach der Verbringung erstmals nur von Personen erworben werden, die die für den Umgang erforderliche Genehmigung besitzen.

Für hochradioaktive Strahlenquellen darf die Genehmigung nach Satz 1 nur erteilt werden, wenn gewährleistet ist, dass

1. sie und ihr Schutzbehälter oder Aufbewahrungsbehältnis eine Kennzeichnung nach § 68 Abs. 1a aufweisen und

2. die schriftlichen Unterlagen nach § 69 Abs. 2 Satz 4 beigefügt sind.

(2) Die Genehmigung nach § 19 Absatz 2 ist zu erteilen, wenn

1. keine Tatsachen vorliegen, aus denen sich Bedenken gegen die Zuverlässigkeit des Verbringers, seines gesetzlichen Vertreters oder, bei juristischen Personen oder nicht rechtsfähigen Personenvereinigungen, der nach Gesetz, Satzung oder Gesellschaftsvertrag zur Vertretung oder Geschäftsführung Berechtigten ergeben und

2. gewährleistet ist, dass die zu verbringenden radioaktiven Stoffe nicht in einer Weise verwendet werden, die die innere oder äußere Sicherheit der Bundesrepublik Deutschland oder die Erfüllung ihrer internationalen Verpflichtungen auf dem Gebiet der Kernenergie und des Strahlenschutzes gefährden.

Absatz 1 Satz 2 gilt entsprechend.

**Abschnitt 6**
**Medizinische Forschung**

**§ 23 Genehmigungsbedürftige Anwendung radioaktiver Stoffe oder ionisierender Strahlung am Menschen in der medizinischen Forschung**

(1) Wer zum Zweck der medizinischen Forschung radioaktive Stoffe oder ionisierende Strahlung am Menschen anwendet, bedarf der Genehmigung.

(2) Für die Erteilung der Genehmigung ist das Bundesamt für Strahlenschutz zuständig.

**§ 24 Genehmigungsvoraussetzungen für die Anwendung radioaktiver Stoffe oder ionisierender Strahlung am Menschen in der medizinischen Forschung**

(1) Die Genehmigung nach § 23 Absatz 1 darf nur erteilt werden, wenn

1. für das beantragte Forschungsvorhaben ein zwingendes Bedürfnis besteht, weil die bisherigen Forschungsergebnisse und die medizinischen Erkenntnisse nicht ausreichen,

2. die Anwendung eines radioaktiven Stoffes oder ionisierender Strahlung nicht durch eine Untersuchungs- oder Behandlungsart ersetzt werden kann, die keine Strahlenexposition verursacht,

3. die strahlenbedingten Risiken, die mit der Anwendung für den Probanden verbunden sind, gemessen an der voraussichtlichen Bedeutung der Ergebnisse für die Fortent-

wicklung der Heilkunde oder der medizinischen Wissenschaft, ärztlich gerechtfertigt sind,

4. die für die medizinische Forschung vorgesehenen radioaktiven Stoffe oder Anwendungsarten ionisierender Strahlung dem Zweck der Forschung entsprechen und nicht durch andere radioaktive Stoffe oder Anwendungsarten ionisierender Strahlung ersetzt werden können, die zu einer geringeren Strahlenexposition für den Probanden führen,

5. die bei der Anwendung radioaktiver Stoffe oder ionisierender Strahlung auftretende Strahlenexposition und die Aktivität der anzuwendenden radioaktiven Stoffe nach dem Stand von Wissenschaft und Technik nicht weiter herabgesetzt werden können, ohne den Zweck des Forschungsvorhabens zu gefährden,

6. die Körperdosis des Probanden abgeschätzt worden ist,

7. die Anzahl der Probanden auf das notwendige Maß beschränkt wird,

8. die Stellungnahme einer Ethikkommission nach § 92 zu dem beantragten Forschungsvorhaben vorliegt,

9. sichergestellt ist, dass

   a) die Anwendung von einem Arzt geleitet wird, der eine mindestens zweijährige Erfahrung in der Anwendung radioaktiver Stoffe oder ionisierender Strahlung am Menschen nachweisen kann, die erforderliche Fachkunde im Strahlenschutz besitzt und während der Anwendung ständig erreichbar ist, und

   b) bei der Planung und bei der Anwendung ein Medizinphysik-Experte hinzugezogen wird,

10. die erforderliche Vorsorge für die Erfüllung gesetzlicher Schadensersatzverpflichtungen getroffen ist und

11. eine Genehmigung nach § 7 Absatz 1 in Verbindung mit § 9 Absatz 1 und 3 oder nach § 11 Absatz 2 oder Absatz 3 in Verbindung mit § 14 Absatz 1 und 2 vorliegt.

(2) Bei einem Forschungsvorhaben, das die Prüfung von Sicherheit oder Wirksamkeit eines Verfahrens zur Behandlung kranker Menschen zum Gegenstand hat, kann die zuständige Behörde abweichend von Absatz 1 eine Genehmigung nach § 23 Absatz 1 auch dann erteilen, wenn der Antragsteller

1. nachvollziehbar darlegt, dass

   a) die Anwendung radioaktiver Stoffe oder ionisierender Strahlung selbst nicht Gegenstand des Forschungsvorhabens ist,

   b) die Art der Anwendung radioaktiver Stoffe oder ionisierender Strahlung anerkannten Standardverfahren der Heilkunde am Menschen entspricht,

   c) Art und Häufigkeit der Anwendung radioaktiver Stoffe oder ionisierender Strahlung dem Zweck des Forschungsvorhabens entsprechen und

   d) gewährleistet ist, dass ausschließlich einwilligungsfähige Personen, die das 18. Lebensjahr vollendet haben, in das Forschungsvorhaben eingeschlossen werden, bei denen eine Krankheit vorliegt, deren Behandlung im Rahmen des Forschungsvorhabens geprüft wird, sowie

2. die zustimmende Stellungnahme einer Ethikkommission nach § 92 vorlegt.

(3) Die durch das Forschungsvorhaben bedingte effektive Dosis darf für gesunde Probanden den Grenzwert von 20 Millisievert nicht überschreiten.

(4) Sieht der Antrag die Anwendung radioaktiver Stoffe oder ionisierender Strahlung an mehreren Einrichtungen vor (Multi-Center-Studie), kann die Genehmigungsbehörde eine alle Ein-

richtungen umfassende Genehmigung erteilen, wenn dies der sachgerechten Durchführung der Studie dient. Im Fall einer Genehmigung nach Satz 1 in Verbindung mit Absatz 1 ist für jede beteiligte Einrichtung nachzuweisen, dass die Voraussetzungen nach Absatz 1 Nummer 9 und 11 vorliegen.

## Abschnitt 7
## Bauartzulassung

### § 25 Verfahren der Bauartzulassung

(1) Die Bauart von Geräten und anderen Vorrichtungen, in die sonstige radioaktive Stoffe nach § 2 Abs. 1 des Atomgesetzes eingefügt sind, sowie von Anlagen zur Erzeugung ionisierender Strahlen (bauartzugelassene Vorrichtungen) kann auf Antrag des Herstellers oder Verbringers der Vorrichtung zugelassen werden, wenn die Voraussetzungen nach Anlage V erfüllt sind. Die Zulassungsbehörde kann im Einzelfall Abweichungen von den Voraussetzungen der Anlage V Teil A Nr. 1 Buchstabe a, Nr. 3 oder 4 zulassen. Satz 1 findet auf Geräte oder andere Vorrichtungen, in die hochradioaktive Strahlenquellen eingefügt sind, keine Anwendung.

(2) Die Zulassungsbehörde hat vor ihrer Entscheidung die Bundesanstalt für Materialforschung und -prüfung zu Fragen der Dichtheit, der Werkstoffauswahl und der Konstruktion der Geräte oder Vorrichtungen sowie der Qualitätssicherung zu beteiligen. Der Antragsteller hat der Zulassungsbehörde auf Verlangen die zur Prüfung erforderlichen Baumuster zu überlassen.

(3) Die Bauartzulassung ist zu versagen, wenn

1. Gründe vorliegen, die gegen einen genehmigungsfreien Umgang sprechen,

2. Tatsachen vorliegen, aus denen sich gegen die Zuverlässigkeit des Herstellers oder des für die Leitung der Herstellung Verantwortlichen oder gegen die für die Herstellung erforderliche technische Erfahrung dieses Verantwortlichen oder gegen die Zuver-

lässigkeit desjenigen, der eine Vorrichtung in den Geltungsbereich dieser Verordnung verbringt, Bedenken ergeben,

3. überwiegende öffentliche Interessen der Bauartzulassung entgegenstehen oder

4. § 4 Abs. 3 der Bauartzulassung entgegensteht.

(4) Die Bauartzulassung ist auf höchstens zehn Jahre zu befristen. Die Frist kann auf Antrag verlängert werden.

(5) Eine bauartzugelassene Vorrichtung, die vor Ablauf der Zulassungsfrist in Verkehr gebracht worden ist, darf nach Maßgabe des § 8 Abs. 1 oder des § 12a genehmigungs- und anzeigefrei weiter betrieben werden, es sei denn, die Zulassungsbehörde hat nach § 26 Abs. 2 bekannt gemacht, dass ein ausreichender Schutz gegen Strahlenschäden nicht gewährleistet ist und diese Vorrichtung nicht weiter betrieben werden darf.

(6) Absatz 1 Satz 1 gilt nicht für Vorrichtungen, die Medizinprodukte oder Zubehör im Sinne des Medizinproduktegesetzes sind.

(7) Für die Erteilung der Bauartzulassung ist das Bundesamt für Strahlenschutz zuständig.

### § 26 Zulassungsschein und Bekanntmachung der Bauart

(1) Wird die Bauart nach § 25 Abs. 1 zugelassen, so hat die Zulassungsbehörde einen Zulassungsschein zu erteilen. In diesen sind aufzunehmen

1. die für den Strahlenschutz wesentlichen Merkmale der Vorrichtung,

2. der zugelassene Gebrauch der Vorrichtung,

3. inhaltliche Beschränkungen, Auflagen für den Inhaber der Vorrichtung und Befristungen,

4. das Bauartzeichen und die Angaben, mit denen die Vorrichtung zu versehen ist,

5. ein Hinweis auf die Pflichten des Inhabers der Vorrichtung nach § 27 Abs. 2 bis 6 und

6. bei einer Vorrichtung, die radioaktive Stoffe enthält, Anforderungen an die Rückführung der Vorrichtung an den Zulassungsinhaber oder an die Entsorgung der Vorrichtung.

(2) Den wesentlichen Inhalt der Bauartzulassung, ihre Änderung, ihre Rücknahme, ihr Widerruf, die Verlängerung der Zulassungsfrist und die Erklärung, dass eine bauartzugelassene Vorrichtung nicht weiter betrieben werden darf, hat die Zulassungsbehörde im Bundesanzeiger bekannt zu machen.

### § 27 Pflichten des Inhabers einer Bauartzulassung und des Inhabers einer bauartzugelassenen Vorrichtung

(1) Der Zulassungsinhaber hat

1. vor einer Abgabe der gefertigten bauartzugelassenen Vorrichtungen eine Qualitätskontrolle durchzuführen, um sicherzustellen, dass diese den für den Strahlenschutz wesentlichen Merkmalen der Bauartzulassung entsprechen und mit dem Bauartzeichen und weiteren von der Zulassungsbehörde zu bestimmenden Angaben versehen werden,

2. die Qualitätskontrolle durch einen von der Zulassungsbehörde zu bestimmenden Sachverständigen überwachen zu lassen,

3. dem Erwerber einer bauartzugelassenen Vorrichtung mit dieser einen Abdruck des Zulassungsscheins auszuhändigen, auf dem das Ergebnis und, soweit Dichtheitsprüfungen nach Absatz 6 erforderlich sind, das Datum der Qualitätskontrolle nach Nummer 1 bestätigt ist,

4. dem Erwerber einer bauartzugelassenen Vorrichtung mit dieser eine Betriebsanleitung auszuhändigen, in der insbesondere auf die dem Strahlenschutz dienenden Maßnahmen hingewiesen ist und

5. sicherzustellen, dass eine bauartzugelassene Vorrichtung, die radioaktive Stoffe enthält, nach Beendigung der Nutzung wieder zurückgenommen werden kann.

(2) Der Inhaber einer bauartzugelassenen Vorrichtung hat einen Abdruck des Zulassungsscheins nach Absatz 1 Nr. 3 und die Prüfbefunde nach Absatz 6 Satz 1 bei der Vorrichtung bereitzuhalten. Im Falle der Weitergabe der bauartzugelassenen Vorrichtung gilt Absatz 1 Nr. 3 und 4 entsprechend.

(3) An der bauartzugelassenen Vorrichtung dürfen keine Änderungen vorgenommen werden, die für den Strahlenschutz wesentliche Merkmale betreffen.

(4) Eine bauartzugelassene Vorrichtung, die infolge Abnutzung, Beschädigung oder Zerstörung den Vorschriften dieser Verordnung oder den in dem Zulassungsschein bezeichneten, für den Strahlenschutz wesentlichen Merkmalen nicht mehr entspricht, darf nicht mehr verwendet werden. Der Inhaber der Vorrichtung hat unverzüglich die notwendigen Schutzmaßnahmen zu treffen, um Strahlenschäden zu vermeiden.

(5) Ist die Rücknahme, der Widerruf einer Bauartzulassung oder die Erklärung, dass eine bauartzugelassene Vorrichtung nicht weiter betrieben werden darf, bekannt gemacht, so hat der Inhaber davon betroffene Vorrichtungen unverzüglich stillzulegen und die notwendigen Schutzmaßnahmen zu treffen, um Strahlenschäden zu vermeiden.

(6) Der Inhaber einer bauartzugelassenen Vorrichtung, die radioaktive Stoffe enthält, hat diese alle zehn Jahre durch einen nach § 66 Abs. 1 Satz 1 bestimmten Sachverständigen auf Dichtheit prüfen zu lassen. Stichtag ist der im Abdruck des Zulassungsscheins vermerkte Tag der Qualitätskontrolle. Die Zulassungsbehörde kann im Zulassungsschein von den Sätzen 1 und 2 abweichende Regelungen zur Dichtheitsprüfung treffen.

(7) Der Inhaber einer bauartzugelassenen Vorrichtung, die radioaktive Stoffe enthält, hat diese nach Beendigung der Nutzung unverzüglich an den Zulassungsinhaber zurückzugeben. Ist dies nicht oder nur mit unverhältnismäßig hohem Aufwand möglich, so ist sie an eine Landessammelstelle oder an eine von der zuständigen Behörde bestimmte Stelle abzugeben.

### Abschnitt 8
### Ausnahmen

### § 28 Ausnahmen von dem Erfordernis der Genehmigung und der Anzeige

Wer als Arbeitnehmer oder anderweitig unter der Aufsicht stehend im Rahmen einer nach dem Atomgesetz oder dieser Verordnung genehmigungs- oder anzeigebedürftigen Tätigkeit beschäftigt wird, bedarf weder einer Genehmigung nach den §§ 3, 4, 6, 7 oder 9 des Atomgesetzes oder nach den §§ 7, 11, 15, 16, 19, 23 oder 106 dieser Verordnung noch eines Planfeststellungsbeschlusses nach § 9b des Atomgesetzes und ist von der Anzeigepflicht nach § 12 oder § 20 dieser Verordnung befreit. Wer als Dritter nach § 9a Abs. 3 Satz 3 des Atomgesetzes tätig wird, bedarf keiner Genehmigung nach § 15 dieser Verordnung. Satz 1 ist nicht auf Heimarbeiter oder auf Hausgewerbetreibende im Sinne des Heimarbeitsgesetzes anzuwenden.

### Abschnitt 9
### Freigabe

### § 29 Voraussetzungen für die Freigabe

(1) Der Inhaber einer Genehmigung nach den §§ 6, 7 oder 9 des Atomgesetzes, eines Planfeststellungsbeschlusses nach § 9b des Atomgesetzes oder einer Genehmigung nach § 7 oder § 11 Abs. 2 dieser Verordnung darf radioaktive Stoffe sowie bewegliche Gegenstände, Gebäude, Bodenflächen, Anlagen oder Anlagenteile, die aktiviert oder kontaminiert sind

und die aus Tätigkeiten nach § 2 Abs. 1 Nr. 1 Buchstabe a, c oder d stammen, als nicht radioaktive Stoffe nur verwenden, verwerten, beseitigen, innehaben oder an einen Dritten weitergeben, wenn die zuständige Behörde die Freigabe nach Absatz 2 erteilt hat und nach Absatz 3 die Übereinstimmung mit den im Freigabebescheid festgelegten Anforderungen festgestellt ist. § 44 Absatz 3 und § 47 bleiben unberührt.

(2) Die zuständige Behörde erteilt auf Antrag des Inhabers einer Genehmigung nach den §§ 6, 7 oder 9 des Atomgesetzes, eines Planfeststellungsbeschlusses nach § 9b des Atomgesetzes oder einer Genehmigung nach § 7 oder § 11 Abs. 2 dieser Verordnung schriftlich die Freigabe, wenn für Einzelpersonen der Bevölkerung nur eine effektive Dosis im Bereich von 10 Mikrosievert im Kalenderjahr auftreten kann. Die zuständige Behörde kann davon ausgehen, dass dies erfüllt ist, wenn

1. für eine uneingeschränkte Freigabe von

    a) Stoffen die Einhaltung der in Anlage III Tabelle 1 Spalte 5 oder Tabelle 3 genannten Freigabewerte sowie der in Anlage IV Teil A Nummer 1 und Teil B genannten Festlegungen und, sofern eine feste Oberfläche vorhanden ist, die Einhaltung der Werte der Oberflächenkontamination der Anlage III Tabelle 1 Spalte 4,

    b) Bauschutt und Bodenaushub bei einer zu erwartenden Masse von mehr als 1 000 Tonnen im Kalenderjahr die Einhaltung der in Anlage III Tabelle 1 Spalte 6 genannten Freigabewerte und die Einhaltung der in Anlage IV Teil A Nummer 1, Teil B und F genannten Festlegungen,

    c) Bodenflächen die Einhaltung der in Anlage III Tabelle 1 Spalte 7 genannten Freigabewerte und die Einhaltung der in Anlage IV Teil A Nummer 1, Teil B und E genannten Festlegungen,

d) Gebäuden zur Wieder- und Weiterverwendung die Einhaltung der in Anlage III Tabelle 1 Spalte 8 genannten Freigabewerte sowie die Einhaltung der in Anlage IV Teil A Nummer 1, Teil B und D genannten Festlegungen,

2. für eine Freigabe von

a) festen Stoffen zur Beseitigung auf Deponien bei einer zu erwartenden Masse von

aa) bis zu 100 Tonnen im Kalenderjahr die Einhaltung der in Anlage III Tabelle 1 Spalte 9a oder

bb) mehr als 100 Tonnen bis zu 1 000 Tonnen im Kalenderjahr die Einhaltung der in Anlage III Tabelle 1 Spalte 9c

genannten Freigabewerte sowie der in Anlage IV Teil A Nummer 1 und Teil C genannten Festlegungen und, sofern eine feste Oberfläche vorhanden ist, die Einhaltung der Werte der Oberflächenkontamination der Anlage III Tabelle 1 Spalte 4,

b) Stoffen zur Beseitigung in einer Verbrennungsanlage bei einer zu erwartenden Masse von

aa) bis zu 100 Tonnen im Kalenderjahr die Einhaltung der in Anlage III Tabelle 1 Spalte 9b oder

bb) mehr als 100 Tonnen bis zu 1 000 Tonnen im Kalenderjahr die Einhaltung der in Anlage III Tabelle 1 Spalte 9d

genannten Freigabewerte sowie der in Anlage IV Teil A Nummer 1 und Teil C genannten Festlegungen und, sofern eine feste Oberfläche vorhanden ist, die Einhaltung der Werte der Oberflächenkontamination der Anlage III Tabelle 1 Spalte 4,

c) Gebäuden zum Abriss die Einhaltung der in Anlage III Tabelle 1 Spalte 10 genannten Freigabewerte sowie die Einhaltung der in Anlage IV Teil A Nr. 1 und Teil D genannten Festlegungen,

d) Metallschrott zur Rezyklierung die Einhaltung der in der Anlage III Tabelle 1 Spalte 10a genannten Freigabewerte sowie der in Anlage IV Teil A Nr. 1 und Teil G genannten Festlegungen und, sofern eine feste Oberfläche vorhanden ist, die Einhaltung der Werte der Oberflächenkontamination der Anlage III Tabelle 1 Spalte 4

nachgewiesen ist, sofern der zuständigen Behörde keine Anhaltspunkte vorliegen, dass in den Fällen der Nummer 2 Buchstabe a und b am Standort der Entsorgungsanlage für Einzelpersonen der Bevölkerung eine effektive Dosis im Bereich von 10 Mikrosievert im Kalenderjahr überschritten wird. Soweit die nach Satz 2 erforderlichen Festlegungen der Anlage IV im Einzelfall nicht vorliegen, für einzelne Radionuklide keine Freigabewerte festgelegt sind oder es sich um andere als die in Anlage IV Teil B Satz 2 Nummer 3 genannten flüssigen Stoffe handelt, kann für Stoffe, die die Freigrenzen der Anlage III Tabelle 1 Spalte 3 nicht überschreiten, der Nachweis, dass für Einzelpersonen der Bevölkerung nur eine effektive Dosis im Bereich von 10 Mikrosievert im Kalenderjahr auftreten kann, unter Berücksichtigung der Festlegungen der Anlage IV Teil A Nr. 2 auch auf andere Weise geführt werden. Die Voraussetzungen für die Freigabe dürfen nicht zielgerichtet durch Vermischen oder Verdünnen herbeigeführt, veranlasst oder ermöglicht werden. Die zuständige Behörde kann in den Fällen des Satzes 2 Nummer 2 Buchstabe a, b und d auf den Nachweis darüber verzichten, dass die Werte der Oberflächenkontamination der Anlage III Tabelle 1 Spalte 4 eingehalten werden, wenn auszuschließen ist, dass Personen durch die freizugebenden Stoffe kontaminiert werden können. Die nach Satz 2 zuständige Behörde stellt im

Fall einer beabsichtigten Freigabe zur Beseitigung von Massen von mehr als 10 Tonnen im Kalenderjahr zur Gewährleistung des Dosiskriteriums nach Satz 1 am Standort der Beseitigungsanlage das Einvernehmen mit der für den Vollzug dieser Verordnung zuständigen obersten Landesbehörde her, in deren Zuständigkeitsbereich die freizugebenden Massen beseitigt werden sollen. Ist auf Grund einer Abschätzung nicht auszuschließen, dass mit der beabsichtigten Freigabe das Dosiskriterium nach Satz 1 nicht mehr erfüllt werden kann, teilt die für den Vollzug dieser Verordnung zuständige oberste Landesbehörde, in deren Zuständigkeitsbereich die freizugebenden Massen beseitigt werden sollen, das fehlende Einvernehmen der für die beabsichtigte Freigabe zuständigen Behörde innerhalb einer Frist von 30 Kalendertagen mit.

(3) Für jede Masse oder Teilmasse, die aufgrund des Bescheides nach Absatz 2 als nicht radioaktiver Stoff verwendet, verwertet, beseitigt, innegehabt oder an Dritte weitergegeben werden soll, ist zuvor die Übereinstimmung mit den im Bescheid festgelegten Anforderungen festzustellen. Hierzu erforderliche Freimessungen und deren Ergebnisse sind zu dokumentieren.

(4) Die zuständige Behörde kann in einer Genehmigung nach den §§ 6, 7 oder 9 des Atomgesetzes, eines Planfeststellungsbeschlusses nach § 9b des Atomgesetzes oder einer Genehmigung nach § 7 Abs. 1 oder § 11 Abs. 2 dieser Verordnung oder in einem gesonderten Bescheid das Verfahren zur Erfüllung der Anforderungen nach Absatz 2 Satz 2 und 3 sowie zur Feststellung nach Absatz 3 festlegen.

(5) In den Fällen des Absatz 2 Satz 2 Nr. 2 Buchstabe a, b und d dürfen ergänzend zu Absatz 2 Satz 2 oder 3 keine Bedenken gegen die abfallrechtliche Zulässigkeit des vorgesehenen Verwertungs- oder Beseitigungsweges und seine Einhaltung bestehen. Der zuständigen Behörde ist vor Erteilung der Freigabe eine Erklärung des Antragstellers über den Verbleib des künftigen Abfalls und eine Annahmeerklärung des Betreibers der Verwertungs- und Beseitigungsanlage oder eine anderweitige Vereinbarung zwischen dem Antragsteller und dem Betreiber der Verwertungs- und Beseitigungsanlage vorzulegen. Der Antragsteller hat der für die Verwertungs- und Beseitigungsanlage nach dem Kreislaufwirtschaftsgesetz zuständigen Behörde gleichzeitig eine Kopie der Annahmeerklärung oder der Vereinbarung nach Satz 2 zuzuleiten und dies der zuständigen Behörde nachzuweisen. Die für die Verwertungs- und Beseitigungsanlage nach dem Kreislaufwirtschaftsgesetz zuständige Behörde kann von der zuständigen Behörde innerhalb einer Frist von 30 Kalendertagen nach Zugang der Kopie verlangen, dass Einvernehmen hinsichtlich der Anforderungen an den Verwertungs- oder Beseitigungsweg hergestellt wird. Die Bestimmungen des Kreislaufwirtschaftsgesetzes sowie die aufgrund dieses Gesetzes erlassenen Bestimmungen zur Führung von Nachweisen über die ordnungsgemäße Entsorgung von Abfällen bleiben unberührt.

(6) Auf Antrag kann von der zuständigen Behörde zu einzelnen Fragen, von denen die Erteilung der Freigabe abhängig ist, festgestellt werden, ob bestimmte Voraussetzungen des Absatzes 2 vorliegen. Diese Feststellung ist dem Freigabeverfahren zugrunde zu legen. Die Genehmigung nach den §§ 6, 7 und 9 des Atomgesetzes oder ein Planfeststellungsbeschluss nach § 9b des Atomgesetzes oder die Genehmigung nach § 7 oder § 11 Abs. 2 dieser Verordnung kann mit einer Feststellung nach Satz 1 versehen werden. Eine Freigabe ersetzt keine Genehmigung zur Stilllegung nach § 7 Abs. 3 des Atomgesetzes.

(7) Ist kein Genehmigungsinhaber vorhanden, kann eine Freigabe auch von Amts wegen erfolgen, wenn für Einzelpersonen der Bevölkerung nur eine effektive Dosis im Bereich von 10 Mikrosievert im Kalenderjahr auftreten kann. Für Anlagen des Bundes zur Sicherstellung und zur

Endlagerung radioaktiver Abfälle nach dem Atomgesetz kann über die Freigabe die nach § 23 Abs. 1 Nr. 2 des Atomgesetzes zuständige Überwachungsbehörde entscheiden.

## Kapitel 3
## Anforderungen bei der Nutzung radioaktiver Stoffe und ionisierender Strahlung

## Abschnitt 1
## Fachkunde im Strahlenschutz

### § 30 Erforderliche Fachkunde und Kenntnisse im Strahlenschutz

(1) Die erforderliche Fachkunde im Strahlenschutz nach den §§ 9, 12, 13, 14, 15, 24, 31, 64 oder 82 wird in der Regel durch eine für den jeweiligen Anwendungsbereich geeignete Ausbildung, praktische Erfahrung und die erfolgreiche Teilnahme an von der zuständigen Stelle anerkannten Kursen erworben. Die Ausbildung ist durch Zeugnisse, die praktische Erfahrung durch Nachweise und die erfolgreiche Kursteilnahme durch eine Bescheinigung zu belegen. Der Erwerb der Fachkunde wird von der zuständigen Stelle geprüft und bescheinigt. Die Kursteilnahme darf nicht länger als fünf Jahre zurückliegen. Für Medizinisch-technische Radiologieassistentinnen und Medizinisch-technische Radiologieassistenten gilt der Nachweis nach Satz 1 mit der Erlaubnis nach § 1 Nr. 2 des Gesetzes über technische Assistenten in der Medizin für die vorbehaltenen Tätigkeiten nach § 9 Abs. 1 Nr. 2 dieses Gesetzes als erbracht.

(2) Die Fachkunde im Strahlenschutz muss mindestens alle fünf Jahre durch eine erfolgreiche Teilnahme an einem von der zuständigen Stelle anerkannten Kurs oder anderen von der zuständigen Stelle als geeignet anerkannten Fortbildungsmaßnahmen aktualisiert werden. Abweichend hiervon kann die Fachkunde im Strahlenschutz im Einzelfall auf andere geeignete Weise aktualisiert und die Aktualisierung der zuständigen Behörde nachgewiesen werden. Der Nachweis über die Aktualisierung der Fachkunde nach Satz 1 ist der zuständigen Stelle auf Anforderung vorzulegen. Die zuständige Stelle kann eine Bescheinigung über die Fachkunde oder über die Kenntnisse entziehen oder deren Fortgeltung mit Auflagen versehen, wenn der Nachweis über Fortbildungsmaßnahmen nicht oder nicht vollständig vorgelegt wird oder eine Überprüfung nach Satz 5 ergibt, dass die Fachkunde oder die Kenntnisse im Strahlenschutz nicht oder nicht im erforderlichen Umfang vorhanden sind. Bestehen begründete Zweifel an der erforderlichen Fachkunde, kann die zuständige Behörde eine Überprüfung der Fachkunde veranlassen.

(3) Kurse nach Absatz 1 Satz 1, Absatz 2 und 4 Satz 2 können von der für die Kursstätte zuständigen Stelle nur anerkannt werden, wenn die Kursinhalte geeignet sind, das für den jeweiligen Anwendungsbereich erforderliche Wissen im Strahlenschutz zu vermitteln und die Qualifikation des Lehrpersonals und die Ausstattung der Kursstätte eine ordnungsgemäße Wissensvermittlung gewährleisten.

(4) Die erforderlichen Kenntnisse im Strahlenschutz werden in der Regel durch eine für das jeweilige Anwendungsgebiet geeignete Einweisung und praktische Erfahrung erworben. Für Personen nach § 82 Abs. 1 Nr. 2 und Abs. 2 Nr. 4 und § 92b Absatz 1 Nummer 2 und Absatz 2 Nummer 3 gilt Absatz 1 Satz 2 bis 4 und Absatz 2 entsprechend. Für die in Satz 2 genannten Personen gelten abweichend von Absatz 1 Satz 3 die Kenntnisse mit dem erfolgreichen Abschluss eines anerkannten Kurses als geprüft und bescheinigt, wenn die zuständige Behörde auf Antrag eines Kursveranstalters zuvor festgestellt hat, dass die erforderlichen Kenntnisse im Strahlenschutz mit dem Bestehen der Abschlussprüfung dieses Kurses erworben werden. Absatz 3 gilt entsprechend.

### Abschnitt 2
### Betriebliche Organisation des Strahlenschutzes

### § 31 Strahlenschutzverantwortliche und Strahlenschutzbeauftragte

(1) Strahlenschutzverantwortlicher ist, wer einer Genehmigung nach den §§ 6, 7 oder 9 des Atomgesetzes oder nach den §§ 7, 11 oder 15 dieser Verordnung oder wer der Planfeststellung nach § 9b des Atomgesetzes bedarf oder wer eine Tätigkeit nach § 5 des Atomgesetzes ausübt oder wer eine Anzeige nach § 12 Abs. 1 Satz 1 dieser Verordnung zu erstatten hat oder wer aufgrund des § 7 Abs. 3 dieser Verordnung keiner Genehmigung nach § 7 Abs. 1 bedarf. Handelt es sich bei dem Strahlenschutzverantwortlichen um eine juristische Person oder um eine teilrechtsfähige Personengesellschaft, werden die Aufgaben des Strahlenschutzverantwortlichen von der durch Gesetz, Satzung oder Vertrag zur Vertretung berechtigten Person wahrgenommen. Besteht das vertretungsberechtigte Organ aus mehreren Mitgliedern oder sind bei nicht rechtsfähigen Personenvereinigungen mehrere vertretungsberechtigte Personen vorhanden, so ist der zuständigen Behörde mitzuteilen, welche dieser Personen die Aufgaben des Strahlenschutzverantwortlichen wahrnimmt. Die Gesamtverantwortung aller Organmitglieder oder Mitglieder der Personenvereinigung bleibt hiervon unberührt.

(2) Soweit dies für die Gewährleistung des Strahlenschutzes bei der Tätigkeit notwendig ist, hat der Strahlenschutzverantwortliche für die Leitung oder Beaufsichtigung dieser Tätigkeiten die erforderliche Anzahl von Strahlenschutzbeauftragten schriftlich zu bestellen. Bei der Bestellung eines Strahlenschutzbeauftragten sind dessen Aufgaben, dessen innerbetrieblicher Entscheidungsbereich, und die zur Wahrnehmung seiner Aufgaben erforderlichen Befugnisse schriftlich festzulegen. Der Strahlenschutzverantwortliche bleibt auch dann für die Einhaltung der Anforderungen der Teile 2

und 5 dieser Verordnung verantwortlich, wenn er Strahlenschutzbeauftragte bestellt hat.

(3) Es dürfen nur Personen zu Strahlenschutzbeauftragten bestellt werden, bei denen keine Tatsachen vorliegen, aus denen sich gegen ihre Zuverlässigkeit Bedenken ergeben, und die die erforderliche Fachkunde im Strahlenschutz besitzen.

(4) Die Bestellung des Strahlenschutzbeauftragten mit Angabe der Aufgaben und Befugnisse, Änderungen der Aufgaben und Befugnisse sowie das Ausscheiden des Strahlenschutzbeauftragten aus seiner Funktion sind der zuständigen Behörde unverzüglich mitzuteilen. Der Mitteilung der Bestellung ist die Bescheinigung über die erforderliche Fachkunde im Strahlenschutz nach § 30 Abs. 1 beizufügen. Dem Strahlenschutzbeauftragten und dem Betriebs- oder Personalrat ist eine Abschrift der Mitteilung zu übermitteln.

(5) Sind für das Aufsuchen, das Gewinnen oder das Aufbereiten radioaktiver Bodenschätze Strahlenschutzbeauftragte zu bestellen, so müssen sie als verantwortliche Personen zur Leitung oder Beaufsichtigung des Betriebes oder eines Betriebsteiles nach § 58 Abs. 1 Nr. 2 des Bundesberggesetzes bestellt sein, wenn auf diese Tätigkeiten die Vorschriften des Bundesberggesetzes Anwendung finden.

### § 32 Stellung des Strahlenschutzverantwortlichen und des Strahlenschutzbeauftragten

(1) Dem Strahlenschutzbeauftragten obliegen die ihm durch diese Verordnung auferlegten Pflichten nur im Rahmen seiner Befugnisse. Ergibt sich, dass der Strahlenschutzbeauftragte infolge unzureichender Befugnisse, unzureichender Fachkunde im Strahlenschutz oder fehlender Zuverlässigkeit oder aus anderen Gründen seine Pflichten nur unzureichend erfüllen kann, kann die zuständige Behörde gegenüber dem Strahlenschutzverantwortlichen die Feststellung treffen, dass dieser Strahlenschutzbeauftragte nicht als Strahlenschutzbeauftragter im Sinne dieser Verordnung anzusehen ist.

(2) Dem Strahlenschutzverantwortlichen sind unverzüglich alle Mängel mitzuteilen, die den Strahlenschutz beeinträchtigen. Kann sich der Strahlenschutzbeauftragte über eine von ihm vorgeschlagene Behebung von aufgetretenen Mängeln mit dem Strahlenschutzverantwortlichen nicht einigen, so hat dieser dem Strahlenschutzbeauftragten die Ablehnung des Vorschlages schriftlich mitzuteilen und zu begründen und dem Betriebsrat oder dem Personalrat und der zuständigen Behörde je eine Abschrift zu übersenden.

(3) Die Strahlenschutzbeauftragten sind über alle Verwaltungsakte und Maßnahmen, die ihre Aufgaben oder Befugnisse betreffen, unverzüglich zu unterrichten.

(4) Der Strahlenschutzverantwortliche und der Strahlenschutzbeauftragte haben bei der Wahrnehmung ihrer Aufgaben mit dem Betriebsrat oder dem Personalrat und den Fachkräften für Arbeitssicherheit zusammenzuarbeiten und sie über wichtige Angelegenheiten des Strahlenschutzes zu unterrichten. Der Strahlenschutzbeauftragte hat den Betriebsrat oder Personalrat auf dessen Verlangen in Angelegenheiten des Strahlenschutzes zu beraten.

(5) Der Strahlenschutzbeauftragte darf bei der Erfüllung seiner Pflichten nicht behindert und wegen deren Erfüllung nicht benachteiligt werden.

### § 33 Pflichten des Strahlenschutzverantwortlichen und des Strahlenschutzbeauftragten

(1) Der Strahlenschutzverantwortliche hat unter Beachtung des Standes von Wissenschaft und Technik zum Schutz des Menschen und der Umwelt vor den schädlichen Wirkungen ionisierender Strahlung durch geeignete Schutzmaßnahmen, insbesondere durch Bereitstellung geeigneter Räume, Ausrüstungen und Geräte, durch geeignete Regelung des Betriebsablaufs und durch Bereitstellung ausreichenden und geeigneten Personals dafür zu sorgen, dass

1.  die folgenden Vorschriften eingehalten werden:

a)  Teil 2 Kapitel 2: Genehmigungen, Zulassungen, Freigabe, Abschnitt 9: Freigabe
    § 29 Abs. 1 Satz 1,

b)  Teil 2 Kapitel 3: Anforderung bei der Nutzung radioaktiver Stoffe und ionisierender Strahlung

    aa)  Abschnitt 2: Betriebliche Organisation des Strahlenschutzes
         § 31 Abs. 2 Satz 2, Abs. 3 und 4, § 32 Abs. 2 und 3, § 34 Satz 1,

    bb)  Abschnitt 3: Schutz von Personen in Strahlenschutzbereichen; physikalische Strahlenschutzkontrolle
         § 40 Abs. 2 Satz 2,

    cc)  Abschnitt 4: Schutz von Bevölkerung und Umwelt bei Strahlenexpositionen aus Tätigkeiten
         § 47 Abs. 1 Satz 1 in Verbindung mit § 5,

    dd)  Abschnitt 5: Schutz vor sicherheitstechnisch bedeutsamen Ereignissen
         § 49 Abs. 1 Satz 1 und Abs. 2, § 50 Abs. 1 Satz 1, Abs. 2 und 3, §§ 52, 53 Abs. 1, 4 und 5,

    ee)  Abschnitt 6: Begrenzung der Strahlenexposition bei der Berufsausübung
         § 58 Abs. 5,

    ff)  Abschnitt 7: Arbeitsmedizinische Vorsorge beruflich strahlenexponierter Personen
         § 61 Abs. 3 Satz 2,

    gg)  Abschnitt 8: Sonstige Anforderungen
         § 69a,

c)  Teil 2 Kapitel 4: Besondere Anforderungen bei der medizinischen Anwendung radioaktiver Stoffe und ionisie-

render Strahlung, Abschnitt 1: Heilkunde und Zahnheilkunde
§ 81 Abs. 7, § 83 Abs. 4 Satz 1,

2. die in den folgenden Teilen, Kapiteln und Abschnitten vorgesehenen Schutzvorschriften eingehalten werden:

a) Teil 2 Kapitel 2: Genehmigungen, Zulassungen, Freigabe, Abschnitt 9: Freigabe
§ 29 Abs. 2 Satz 4,

b) Teil 2 Kapitel 3: Anforderungen bei der Nutzung radioaktiver Stoffe und ionisierender Strahlung

aa) Abschnitt 2: Betriebliche Organisation des Strahlenschutzes
§ 35,

bb) Abschnitt 3: Schutz von Personen in Strahlenschutzbereichen; physikalische Strahlenschutzkontrolle

aaa) § 36 Abs. 1 Satz 1, Abs. 2 Satz 1 und 2 und Abs. 4 Satz 1, § 37 Abs. 1 Satz 1 und Abs. 2, §§ 38, 39, 40 Abs. 1 Satz 1 und 2 und Abs. 2 Satz 1, Abs. 3 und 4, § 41 Absatz 1 Satz 1, Absatz 2 und 3 Satz 1 bis 4, Absatz 4 Satz 1, Absatz 5, 6 und 9, § 42 Abs. 1, 2 Satz 2 und Abs. 3, §§ 43, 44 Absatz 1 Satz 1 bis 3, Absatz 2 Satz 1, Absatz 3 Satz 1 bis 3, Absatz 4 und 5, § 45 Abs. 1 und 3,

bbb) § 42 Abs. 2 Satz 1,

cc) Abschnitt 4: Schutz von Bevölkerung und Umwelt bei Strahlenexpositionen aus Tätigkeiten

aaa) § 46 Abs. 1 bis 3, § 47 Abs. 1 Satz 1 jeweils in Verbindung mit § 5,

bbb) § 47 Abs. 1 Satz 2, § 48 Abs. 1 Nr. 1,

ccc) § 48 Abs. 1 Nr. 2,

dd) Abschnitt 5: Schutz vor sicherheitstechnisch bedeutsamen Ereignissen
§§ 51 Abs. 1 Satz 1 und 2, 53 Abs. 2,

ee) Abschnitt 6: Begrenzung der Strahlenexposition bei der Berufsausübung

aaa) §§ 55, 56 Satz 1, § 58 Abs. 1 Satz 2 jeweils in Verbindung mit § 5,

bbb) § 57 Satz 1, § 58 Absatz 2 bis 5, § 59 Absatz 2 und 3,

ff) Abschnitt 7: Arbeitsmedizinische Vorsorge beruflich strahlenexponierter Personen
§ 60 Absatz 1, 2 und 5, § 63 Abs. 1,

gg) Abschnitt 8: Sonstige Anforderungen

aaa) §§ 65, 66 Abs. 2 Satz 1, Abs. 5 und 6 Satz 1 und 2, §§ 67, 68 Abs. 1, 1a Satz 1 und 3, Abs. 3 bis 6, § 69 Abs. 1 bis 3 und 5, § 70 Absatz 1 Satz 1 Nummer 2 und Satz 4, Absatz 2 Satz 1 und 2, Absatz 3, 4 und 6,

bbb) § 66 Abs. 6 Satz 3, § 68 Absatz 1b, § 70 Abs. 1 Satz 1 Nr. 1 und 3 und Satz 3, § 71 Abs. 1 Satz 2 und 4,

hh) Abschnitt 9: Radioaktive Abfälle
§ 72 Satz 1 und 3, § 73 Abs. 1, 2 Satz 1, Abs. 3 und 4, § 74 Abs. 2 und 3, § 75 Abs. 1 bis 3, § 76 Abs. 1 bis 5, § 78 Satz 1, § 79 Satz 1,

c) Teil 2 Kapitel 4: Medizinische Strahlenanwendungen

aa) Abschnitt 1: Besondere Anforderungen bei der medizinischen Anwendung radioaktiver Stoffe und ionisierender Strahlung § 80 Abs. 1 Satz 1, Abs. 2 und 3, § 81 Abs. 1 Satz 1 und 2, Abs. 2 Satz 1 und 2, Abs. 3, Abs. 5 Satz 1 und 2 und Abs. 6 Satz 1, §§ 82, 83 Absatz 4 Satz 2 bis 4, Absatz 5 Satz 1, Absatz 6 und 7, §§ 84, 85 Abs. 1 bis 3 Satz 1, Abs. 4 Satz 1 und Abs. 6 Satz 1 und 3, § 86,

bb) Abschnitt 2: Medizinische Forschung § 87 Abs. 1 Satz 2 und Abs. 3 bis 7, § 88 Abs. 1, 2 Satz 1 und Abs. 3 und 4, § 89,

d) Teil 2 Kapitel 5: Anwendung radioaktiver Stoffe oder ionisierender Strahlung in der Tierheilkunde §§ 92a, 92b Absatz 1 und 2,

e) Teil 5 Kapitel 1: Berücksichtigung von Strahlenexpositionen § 111 und

3. die erforderlichen Maßnahmen gegen ein unbeabsichtigtes Kritischwerden von Kernbrennstoffen getroffen werden.

(2) Der Strahlenschutzbeauftragte hat dafür zu sorgen, dass

1. a) im Rahmen seiner Aufgaben und Befugnisse die in Absatz 1 Nr. 2 aufgeführten Schutzvorschriften und,

b) soweit ihm deren Durchführung und Erfüllung nach § 31 Abs. 2 übertragen worden sind, die Bestimmungen des Bescheides über die Genehmigung oder allgemeine Zulassung und die von der zuständigen Behörde erlassenen Anordnungen und Auflagen

eingehalten werden und

2. der Strahlenschutzverantwortliche nach § 32 Abs. 2 Satz 1 oder § 113 Abs. 2 Satz 3 unterrichtet wird.

(3) Der Strahlenschutzverantwortliche und der Strahlenschutzbeauftragte haben dafür zu sorgen, dass bei Gefahr für Mensch und Umwelt unverzüglich geeignete Maßnahmen zur Abwendung dieser Gefahr getroffen werden.

## § 34 Strahlenschutzanweisung

Es ist eine Strahlenschutzanweisung zu erlassen, in der die in dem Betrieb zu beachtenden Strahlenschutzmaßnahmen aufzuführen sind. Zu diesen Maßnahmen gehören in der Regel

1. die Aufstellung eines Planes für die Organisation des Strahlenschutzes, erforderlichenfalls mit der Bestimmung, dass ein oder mehrere Strahlenschutzbeauftragte bei der genehmigten Tätigkeit ständig anwesend oder sofort erreichbar sein müssen,

2. die Regelung des für den Strahlenschutz wesentlichen Betriebsablaufs,

3. die für die Ermittlung der Körperdosis vorgesehenen Messungen und Maßnahmen entsprechend den Expositionsbedingungen,

4. die Führung eines Betriebsbuchs, in das die für den Strahlenschutz wesentlichen Betriebsvorgänge einzutragen sind,

5. die regelmäßige Funktionsprüfung und Wartung von Bestrahlungsvorrichtungen, Anlagen zur Erzeugung ionisierender Strahlen, Ausrüstung und Geräten, die für den Strahlenschutz wesentlich sind, sowie die Führung von Aufzeichnungen über die Funktionsprüfungen und über die Wartungen,

6. die Aufstellung eines Planes für regelmäßige Alarmübungen sowie für den Einsatz bei Unfällen und Störfällen, erforderlichenfalls mit Regelungen für den Brandschutz und die Vorbereitung der Schadensbekämpfung nach § 53, und

7. die Regelung des Schutzes gegen Störmaßnahmen oder sonstige Einwirkungen

Dritter, gegen das Abhandenkommen von radioaktiven Stoffen oder gegen das unerlaubte Inbetriebsetzen einer Bestrahlungsvorrichtung oder einer Anlage zur Erzeugung ionisierender Strahlen.

Die Strahlenschutzanweisung kann Bestandteil sonstiger erforderlicher Betriebsanweisungen nach arbeitsschutz-, immissionsschutz- oder gefahrstoffrechtlichen Vorschriften sein.

### § 35 Auslegung oder Aushang der Verordnung

Ein Abdruck dieser Verordnung ist in Betrieben oder selbständigen Zweigbetrieben, bei Nichtgewerbetreibenden an dem Ort der Tätigkeit, zur Einsicht ständig verfügbar zu halten, wenn regelmäßig mindestens eine Person beschäftigt oder unter der Aufsicht eines anderen tätig ist.

### Abschnitt 3
### Schutz von Personen in Strahlenschutzbereichen; physikalische Strahlenschutzkontrolle

### § 36 Strahlenschutzbereiche

(1) Bei genehmigungs- und anzeigebedürftigen Tätigkeiten nach § 2 Abs. 1 Nr. 1 Buchstabe a, c oder d sind Strahlenschutzbereiche nach Maßgabe des Satzes 2 einzurichten. Je nach Höhe der Strahlenexposition wird zwischen Überwachungsbereichen, Kontrollbereichen und Sperrbereichen, letztere als Teile der Kontrollbereiche, unterschieden; dabei sind äußere und innere Strahlenexposition zu berücksichtigen:

1. Überwachungsbereiche sind nicht zum Kontrollbereich gehörende betriebliche Bereiche, in denen Personen im Kalenderjahr eine effektive Dosis von mehr als 1 Millisievert oder höhere Organdosen als 15 Millisievert für die Augenlinse oder 50 Millisievert für die Haut, die Hände, die Unterarme, die Füße und Knöchel erhalten können,

2. Kontrollbereiche sind Bereiche, in denen Personen im Kalenderjahr eine effektive Dosis von mehr als 6 Millisievert oder höhere Organdosen als 45 Millisievert für die Augenlinse oder 150 Millisievert für die Haut, die Hände, die Unterarme, die Füße und Knöchel erhalten können,

3. Sperrbereiche sind Bereiche des Kontrollbereiches, in denen die Ortsdosisleistung höher als 3 Millisievert durch Stunde sein kann.

Maßgebend bei der Festlegung der Grenze von Kontrollbereich oder Überwachungsbereich ist eine Aufenthaltszeit von 40 Stunden je Woche und 50 Wochen im Kalenderjahr, soweit keine anderen begründeten Angaben über die Aufenthaltszeit vorliegen.

(2) Kontrollbereiche und Sperrbereiche sind abzugrenzen und deutlich sichtbar und dauerhaft zusätzlich zur Kennzeichnung nach § 68 Abs. 1 Satz 1 Nr. 3 mit dem Zusatz „KONTROLLBEREICH" oder „SPERRBEREICH – KEIN ZUTRITT-" zu kennzeichnen. Sperrbereiche sind darüber hinaus so abzusichern, dass Personen, auch mit einzelnen Körperteilen, nicht unkontrolliert hineingelangen können. Die Behörde kann Ausnahmen von den Sätzen 1 und 2 gestatten, wenn dadurch Einzelne oder die Allgemeinheit nicht gefährdet werden.

(3) Die zuständige Behörde kann bestimmen, dass weitere Bereiche als Strahlenschutzbereiche zu behandeln sind, wenn dies zum Schutz Einzelner oder der Allgemeinheit erforderlich ist. Beim Betrieb von Anlagen zur Erzeugung ionisierender Strahlung oder Bestrahlungsvorrichtungen kann die zuständige Behörde zulassen, dass Bereiche nur während der Einschaltzeit dieser Anlagen oder Vorrichtungen als Kontrollbereiche oder Sperrbereiche gelten.

(4) Bei ortsveränderlichem Umgang mit radioaktiven Stoffen und beim Betrieb von ortsveränderlichen Anlagen zur Erzeugung ionisierender Strahlen oder Bestrahlungsvorrichtungen ist ein nach Absatz 1 Satz 2 Nr. 2 einzurichtender Kontrollbereich so abzugrenzen und zu kennzeich-

nen, dass unbeteiligte Personen diesen nicht unbeabsichtigt betreten können. Kann ausgeschlossen werden, dass unbeteiligte Personen den Kontrollbereich unbeabsichtigt betreten können, ist die Abgrenzung nicht erforderlich.

### § 37 Zutritt zu Strahlenschutzbereichen

(1) Personen darf der Zutritt

1. zu Überwachungsbereichen nur erlaubt werden, wenn

    a) sie darin eine dem Betrieb dienende Aufgabe wahrnehmen,

    b) ihr Aufenthalt in diesem Bereich als Patient, Proband, helfende Person oder der Tierbegleitperson erforderlich ist,

    c) bei Auszubildenden oder Studierenden dies zur Erreichung ihres Ausbildungszieles erforderlich ist oder

    d) sie Besucher sind,

2. zu Kontrollbereichen nur erlaubt werden, wenn

    a) sie zur Durchführung oder Aufrechterhaltung der darin vorgesehenen Betriebsvorgänge tätig werden müssen,

    b) ihr Aufenthalt in diesem Bereich als Patient, Proband, helfende Person oder Tierbegleitperson erforderlich ist und eine zur Ausübung des ärztlichen, zahnärztlichen oder tierärztlichen Berufs berechtigte Person, die die erforderliche Fachkunde im Strahlenschutz besitzt, zugestimmt hat,

    c) bei Auszubildenden oder Studierenden dies zur Erreichung ihres Ausbildungszieles erforderlich ist oder

    d) bei schwangeren Frauen der fachkundige Strahlenschutzverantwortliche oder der Strahlenschutzbeauftragte dies gestattet und durch geeignete Überwachungsmaßnahmen sicherstellt, dass der besondere Dosisgrenzwert nach

§ 55 Abs. 4 Satz 2 eingehalten und dies dokumentiert wird,

3. zu Sperrbereichen nur erlaubt werden, wenn

    a) sie zur Durchführung der im Sperrbereich vorgesehenen Betriebsvorgänge oder aus zwingenden Gründen tätig werden müssen und sie unter der Kontrolle eines Strahlenschutzbeauftragten oder einer von ihm beauftragten Person, die die erforderliche Fachkunde im Strahlenschutz besitzt, stehen oder

    b) ihr Aufenthalt in diesem Bereich als Patient, Proband oder helfende Person erforderlich ist und eine zur Ausübung des ärztlichen oder zahnärztlichen Berufs berechtigte Person, die die erforderliche Fachkunde im Strahlenschutz besitzt, schriftlich zugestimmt hat.

Die zuständige Behörde kann gestatten, dass der fachkundige Strahlenschutzverantwortliche oder der zuständige Strahlenschutzbeauftragte auch anderen Personen den Zutritt zu Strahlenschutzbereichen erlaubt. Betretungsrechte aufgrund anderer gesetzlicher Regelungen bleiben unberührt.

(2) Eine schwangere Frau darf der Zutritt

1. zu Sperrbereichen nicht gestattet werden, sofern nicht ihr Aufenthalt als Patientin erforderlich ist,

2. zu Kontrollbereichen abweichend von Absatz 1 Satz 1 Nummer 2 Buchstabe b als helfende Person nur gestattet werden, wenn zwingende Gründe dies erfordern,

3. zu Kontrollbereichen abweichend von Absatz 1 Satz 1 Nummer 2 Buchstabe b nicht als Tierbegleitperson gestattet werden.

Abweichend von Absatz 1 Satz 1 Nummer 2 Buchstabe b darf einer stillenden Frau kein Zutritt als Tierbegleitperson zu Kontrollbereichen gestattet werden, in denen mit offenen radioaktiven Stoffen umgegangen wird.

## § 38 Unterweisung

(1) Personen, denen nach § 37 Abs. 1 Satz 1 Nr. 2 Buchstabe a oder c oder Nr. 3 Buchstabe a der Zutritt zu Kontrollbereichen gestattet wird, sind vor dem erstmaligen Zutritt über die Arbeitsmethoden, die möglichen Gefahren, die anzuwendenden Sicherheits- und Schutzmaßnahmen und den für ihre Beschäftigung oder ihre Anwesenheit wesentlichen Inhalt dieser Verordnung, der Genehmigung, der Strahlenschutzanweisung und über die zum Zweck der Überwachung von Dosisgrenzwerten und der Beachtung der Strahlenschutzgrundsätze erfolgende Verarbeitung und Nutzung personenbezogener Daten zu unterweisen. Satz 1 gilt auch für Personen, die außerhalb des Kontrollbereiches mit radioaktiven Stoffen umgehen oder ionisierende Strahlung anwenden, soweit diese Tätigkeit der Genehmigung bedarf. Die Unterweisung ist mindestens einmal im Jahr durchzuführen. Diese Unterweisung kann Bestandteil sonstiger erforderlicher Unterweisungen nach immissionsschutz- oder arbeitsschutzrechtlichen Vorschriften sein.

(2) Andere Personen, denen der Zutritt zu Kontrollbereichen gestattet wird, sind vorher über die möglichen Gefahren und ihre Vermeidung zu unterweisen.

(3) Frauen sind im Rahmen der Unterweisungen nach Absatz 1 oder 2 darauf hinzuweisen, dass eine Schwangerschaft im Hinblick auf die Risiken einer Strahlenexposition für das ungeborene Kind so früh wie möglich mitzuteilen ist. Für den Fall einer Kontamination der Mutter ist darauf hinzuweisen, dass der Säugling beim Stillen radioaktive Stoffe inkorporieren könnte.

(4) Über den Inhalt und den Zeitpunkt der Unterweisungen nach Absatz 1 oder 2 sind Aufzeichnungen zu führen, die von der unterwiesenen Person zu unterzeichnen sind. Die Aufzeichnungen sind in den Fällen des Absatzes 1 fünf Jahre, in denen des Absatzes 2 ein Jahr lang nach der Unterweisung aufzubewahren und der zuständigen Behörde auf Verlangen vorzulegen.

## § 39 Messtechnische Überwachung in Strahlenschutzbereichen

In Strahlenschutzbereichen ist in dem für die Ermittlung der Strahlenexposition erforderlichen Umfang jeweils einzeln oder in Kombination

1. die Ortsdosis oder die Ortsdosisleistung oder

2. die Konzentration radioaktiver Stoffe in der Luft oder

3. die Kontamination des Arbeitsplatzes

zu messen.

## § 40 Zu überwachende Personen

(1) An Personen, die sich im Kontrollbereich aufhalten, ist die Körperdosis zu ermitteln. Die Ermittlungsergebnisse müssen spätestens neun Monate nach Aufenthalt im Kontrollbereich vorliegen. Ist beim Aufenthalt im Kontrollbereich sichergestellt, dass im Kalenderjahr eine effektive Dosis von 1 Millisievert oder höhere Organdosen als ein Zehntel der Organdosisgrenzwerte des § 55 Abs. 2 nicht erreicht werden können, so kann die zuständige Behörde Ausnahmen von Satz 1 zulassen.

(2) Wer einer Genehmigung nach § 15 Abs. 1 bedarf, hat dafür zu sorgen, dass die unter seiner Aufsicht stehenden Personen in Kontrollbereichen nur beschäftigt werden, wenn jede einzelne beruflich strahlenexponierte Person im Besitz eines vollständig geführten, bei der zuständigen Behörde registrierten Strahlenpasses ist. Wenn er selbst in Kontrollbereichen tätig wird, gilt Satz 1 entsprechend. Die zuständige Behörde kann Aufzeichnungen über die Strahlenexposition, die außerhalb des Geltungsbereiches dieser Verordnung ausgestellt worden sind, als ausreichend im Sinne von Satz 1 anerkennen, wenn diese dem Strahlenpass entsprechen. Die Bundesregierung erlässt mit Zustimmung des Bundesrates allgemeine Verwaltungsvorschriften über Inhalt, Form, Führung und Registrierung des Strahlenpasses.

(3) Beruflich strahlenexponierten Personen nach Absatz 2 Satz 1 darf eine Beschäftigung im Kontrollbereich nur erlaubt werden, wenn diese den Strahlenpass nach Absatz 2 Satz 1 vorlegen und ein Dosimeter nach § 41 Abs. 3 Satz 1 tragen.

(4) Wer einer Genehmigung nach den §§ 6, 7 oder 9 des Atomgesetzes oder nach § 7 oder § 11 Abs. 2 dieser Verordnung oder eines Planfeststellungsbeschlusses nach § 9b des Atomgesetzes bedarf, hat jeder unter seiner Aufsicht stehenden beruflich strahlenexponierten Person auf deren Verlangen die im Beschäftigungsverhältnis erhaltene berufliche Strahlenexposition schriftlich mitzuteilen, sofern nicht bereits aufgrund einer Genehmigung nach § 15 Abs. 1 dieser Verordnung ein Strahlenpass nach Absatz 2 Satz 1 geführt wird.

(5) Die zuständige Behörde kann anordnen, dass nicht beruflich strahlenexponierte Personen, die sich in Bereichen aufhalten oder aufgehalten haben, in denen Tätigkeiten nach § 2 Abs. 1 Nr. 1 dieser Verordnung ausgeübt werden, durch geeignete Messungen feststellen lassen, ob sie radioaktive Stoffe inkorporiert haben. Sie kann anordnen, dass bei Personen, die sich im Überwachungsbereich aufhalten, die Körperdosis ermittelt wird.

### § 41 Ermittlung der Körperdosis

(1) Zur Ermittlung der Körperdosis wird die Personendosis gemessen. Die zuständige Behörde kann aufgrund der Expositionsbedingungen bestimmen, dass zur Ermittlung der Körperdosis zusätzlich oder – abweichend von Satz 1 – allein

1. die Ortsdosis, die Ortsdosisleistung, die Konzentration radioaktiver Stoffe in der Luft oder die Kontamination des Arbeitsplatzes gemessen wird,

2. die Körperaktivität oder die Aktivität der Ausscheidungen gemessen wird oder

3. weitere Eigenschaften der Strahlungsquelle oder des Strahlungsfeldes festgestellt werden.

Die zuständige Behörde kann bei unterbliebener oder fehlerhafter Messung eine Ersatzdosis festlegen. Die zuständige Behörde bestimmt Messstellen für Messungen nach Satz 1 und für Messungen nach Satz 2 Nr. 2.

(2) Wenn aufgrund der Feststellungen nach Absatz 1 der Verdacht besteht, dass die Dosisgrenzwerte des § 55 überschritten werden, so ist die Körperdosis unter Berücksichtigung der Expositionsbedingungen zu ermitteln.

(3) Die Personendosis ist zu messen mit

1. einem Dosimeter, das bei einer nach Absatz 1 Satz 4 bestimmten Messstelle anzufordern ist oder

2. einem Dosimeter, dessen Messwert in der Einrichtung der zu überwachenden Person ausgewertet wird und dessen Verwendung nach Zustimmung einer nach Absatz 1 Satz 4 bestimmten Messstelle von der zuständigen Behörde gestattet wurde.

Die Dosimeter sind an einer für die Strahlenexposition als repräsentativ geltenden Stelle der Körperoberfläche, in der Regel an der Vorderseite des Rumpfes, zu tragen. Die Anzeige dieses Dosimeters ist als Maß für die effektive Dosis zu werten, sofern die Körperdosis für einzelne Körperteile, Organe oder Gewebe nicht genauer ermittelt worden ist. Ist vorauszusehen, dass im Kalenderjahr die Organdosis für die Hände, die Unterarme, die Füße und Knöchel oder die Haut größer ist als 150 Millisievert oder die Organdosis der Augenlinse größer ist als 45 Millisievert, so ist die Personendosis durch weitere Dosimeter auch an diesen Körperteilen festzustellen. Die zuständige Behörde kann anordnen, dass die Personendosis nach einem anderen geeigneten oder nach zwei voneinander unabhängigen Verfahren gemessen wird.

(4) Die Dosimeter nach Absatz 3 Satz 1 und 4 sind der Messstelle jeweils nach Ablauf eines

Monats unverzüglich einzureichen oder es sind im Fall des Absatzes 3 Satz 1 Nummer 2 deren Messwerte der Messstelle zur Prüfung und Feststellung bereitzustellen; hierbei sind die jeweiligen Personendaten (Familienname, Vornamen, Geburtsdatum und -ort, Geschlecht), bei Strahlenpassinhabern nach § 40 Abs. 2 Satz 1 und 2 die Registriernummer des Strahlenpasses sowie die Beschäftigungsmerkmale und die Expositionsverhältnisse mitzuteilen. Die zuständige Behörde kann gestatten, dass Dosimeter in Zeitabständen bis zu drei Monaten der Messstelle einzureichen sind.

(5) Der zu überwachenden Person ist auf ihr Verlangen ein Dosimeter zur Verfügung zu stellen, mit dem die Personendosis jederzeit festgestellt werden kann. Sobald eine Frau ihren Arbeitgeber darüber informiert hat, dass sie schwanger ist, ist ihre berufliche Strahlenexposition arbeitswöchentlich zu ermitteln und ihr mitzuteilen.

(6) Die Messung der Körperaktivität oder der Aktivität der Ausscheidungen ist bei einer nach Absatz 1 Satz 4 bestimmten Messstelle durchzuführen. Der Messstelle sind die jeweiligen Personendaten (Familienname, Vornamen, Geburtsdatum und -ort, Geschlecht), bei Strahlenpassinhabern nach § 40 Abs. 2 Satz 1 und 2 die Registriernummer des Strahlenpasses sowie die Beschäftigungsmerkmale und die Inkorporationsverhältnisse mitzuteilen.

(7) Die Messstelle nach Absatz 3 Satz 1 hat Personendosimeter bereitzustellen oder im Fall des Absatzes 3 Satz 1 Nummer 2 der Verwendung zuzustimmen; sie hat die Personendosis festzustellen, die Ergebnisse aufzuzeichnen und sie der Person, die die Messung veranlasst hat, schriftlich mitzuteilen. Die Messstelle nach Absatz 6 Satz 1 hat die Körperaktivität oder die Aktivität der Ausscheidungen und die jeweilige Körperdosis festzustellen, die Ergebnisse aufzuzeichnen und demjenigen, der die Messung veranlasst hat, schriftlich mitzuteilen. Die Messstellen haben ihre Aufzeichnungen fünf Jahre lang nach der jeweiligen Feststellung aufzubewahren. Sie haben auf Anforderung die

Ergebnisse ihrer Feststellungen einschließlich der Angaben nach Absatz 4 Satz 1 oder Absatz 6 Satz 2 der zuständigen Behörde mitzuteilen.

(8) Die Messstellen nach Absatz 3 Satz 1 und Absatz 6 Satz 1 nehmen an Maßnahmen zur Qualitätssicherung teil, die für Messungen nach Absatz 3 Satz 1 und 4 von der Physikalisch-Technischen Bundesanstalt und für Messungen nach Absatz 6 Satz 1 von dem Bundesamt für Strahlenschutz durchgeführt werden.

(9) Die Qualität der Messungen nach Absatz 3 Satz 1 Nummer 2 ist durch regelmäßige interne Prüfungen sicherzustellen. Die Ergebnisse der Prüfungen sind der zuständigen Behörde auf Verlangen mitzuteilen.

### § 42 Aufzeichnungs- und Mitteilungspflicht

(1) Die Ergebnisse der Messungen und Ermittlungen nach den §§ 40 und 41 sind unverzüglich aufzuzeichnen. Die Aufzeichnungen sind so lange aufzubewahren, bis die überwachte Person das 75. Lebensjahr vollendet hat oder vollendet hätte, mindestens jedoch 30 Jahre nach Beendigung der jeweiligen Beschäftigung. Sie sind spätestens 100 Jahre nach der Geburt der betroffenen Person zu löschen. Sie sind auf Verlangen der zuständigen Behörde vorzulegen oder bei einer von dieser zu bestimmenden Stelle zu hinterlegen. Bei einem Wechsel des Beschäftigungsverhältnisses sind die Ermittlungsergebnisse dem neuen Arbeitgeber auf Verlangen mitzuteilen, falls weiterhin eine Beschäftigung als beruflich strahlenexponierte Person ausgeübt wird. Aufzeichnungen, die infolge Beendigung der Beschäftigung als beruflich strahlenexponierte Person nicht mehr benötigt werden, sind nach Landesrecht zuständigen Stelle zu übergeben. § 85 Abs. 1 Satz 4 gilt entsprechend.

(2) Überschreitungen der Grenzwerte der Körperdosis nach § 55 Abs. 1 Satz 1, Abs. 2 und 3 Satz 1, Abs. 4 und Strahlenexpositionen nach § 58 Abs. 1 Satz 2 sind der zuständigen Behörde unter Angabe der Gründe, der betroffenen

Personen und der ermittelten Körperdosen unverzüglich mitzuteilen. Den betroffenen Personen ist unverzüglich die Körperdosis mitzuteilen.

(3) Bei Überschreitungen der Werte der Oberflächenkontamination nach § 44 Abs. 2 Nr. 3 gelten die Absätze 1 und 2 entsprechend.

## § 43 Schutzvorkehrungen

(1) Der Schutz beruflich strahlenexponierter Personen vor äußerer und innerer Strahlenexposition ist vorrangig durch bauliche und technische Vorrichtungen oder durch geeignete Arbeitsverfahren sicherzustellen.

(2) Sobald eine Frau ihren Arbeitgeber darüber informiert hat, dass sie schwanger ist oder stillt, sind ihre Arbeitsbedingungen so zu gestalten, dass eine innere berufliche Strahlenexposition ausgeschlossen ist.

(3) Bei Personen, die mit offenen radioaktiven Stoffen umgehen, deren Aktivität die Freigrenzen der Anlage III Tabelle 1 Spalte 2 und 3 überschreitet, ist sicherzustellen, dass sie die erforderliche Schutzkleidung tragen und die erforderlichen Schutzausrüstungen verwenden. Ihnen ist ein Verhalten zu untersagen, bei dem sie oder andere Personen von dem Umgang herrührende radioaktive Stoffe in den Körper aufnehmen können, insbesondere durch Essen, Trinken, Rauchen, durch die Verwendung von Gesundheitspflegemitteln oder kosmetischen Mitteln. Dies gilt auch für Personen, die sich in Bereichen aufhalten, in denen mit offenen radioaktiven Stoffen umgegangen wird, deren Aktivität die Freigrenzen der Anlage III Tabelle 1 Spalte 2 und 3 überschreitet. Offene radioaktive Stoffe dürfen an Arbeitsplätzen nur so lange und in solchen Aktivitäten vorhanden sein, wie das Arbeitsverfahren es erfordert.

## § 44 Kontamination und Dekontamination

(1) Beim Vorhandensein offener radioaktiver Stoffe ist in Strahlenschutzbereichen, soweit es zum Schutz der sich darin aufhaltenden Personen oder der dort befindlichen Sachgüter erforderlich ist, festzustellen, ob Kontaminationen durch diese Stoffe vorliegen. An Personen, die Kontrollbereiche verlassen, in denen offene radioaktive Stoffe vorhanden sind, ist zu prüfen, ob diese kontaminiert sind. Wird hierbei eine Kontamination festgestellt, so sind unverzüglich Maßnahmen zu treffen, die geeignet sind, weitere Strahlenexpositionen und eine Weiterverbreitung radioaktiver Stoffe zu verhindern. Die zuständige Behörde kann festlegen, dass eine Prüfung nach Satz 2 auch beim Verlassen des Überwachungsbereiches durchzuführen ist.

(2) Zur Verhinderung der Weiterverbreitung radioaktiver Stoffe oder ihrer Aufnahme in den Körper sind unverzüglich Maßnahmen zu treffen, wenn

1. auf Verkehrsflächen, an Arbeitsplätzen oder an der Kleidung in Kontrollbereichen festgestellt wird, dass die nicht festhaftende Oberflächenkontamination das 100fache der Werte der Anlage III Tabelle 1 Spalte 4 überschreitet oder

2. auf Verkehrsflächen, an Arbeitsplätzen oder an der Kleidung in Überwachungsbereichen festgestellt wird, dass die nicht festhaftende Oberflächenkontamination das Zehnfache der Werte der Anlage III Tabelle 1 Spalte 4 überschreitet oder

3. außerhalb eines Strahlenschutzbereiches auf dem Betriebsgelände die Oberflächenkontamination von Bodenflächen, Gebäuden und beweglichen Gegenständen, insbesondere Kleidung, die Werte der Anlage III Tabelle 1 Spalte 4 überschreitet.

Satz 1 gilt nicht für die Gegenstände, die als gefährliche Güter nach § 2 des Gefahrgutbeförderungsgesetzes befördert oder nach § 69 dieser Verordnung abgegeben werden.

(3) Sollen bewegliche Gegenstände, insbesondere Werkzeuge, Messgeräte, Messvorrichtungen, sonstige Apparate, Anlagenteile oder Kleidungsstücke, aus Kontrollbereichen zum Zweck der Handhabung, Nutzung oder sonsti-

gen Verwendung mit dem Ziel einer Wiederverwendung oder Reparatur außerhalb von Strahlenschutzbereichen herausgebracht werden, ist zu prüfen, ob sie aktiviert sind. Sollen bewegliche Gegenstände im Sinne des Satzes 1 zu den dort genannten Zwecken und Zielen aus Kontrollbereichen herausgebracht werden, in denen offene radioaktive Stoffe vorhanden sind, ist darüber hinaus zu prüfen, ob diese Gegenstände kontaminiert sind. In Satz 1 genannte Gegenstände dürfen nicht aus dem Kontrollbereich herausgebracht werden, wenn

1. im Fall ihrer Aktivierung die Werte der Anlage III Tabelle 1 Spalte 5 überschritten sind oder

2. im Fall ihrer Kontamination die Werte der Anlage III Tabelle 1 Spalte 4 oder Spalte 5 überschritten sind.

Die zuständige Behörde kann festlegen, dass die Sätze 1 bis 3 auch auf Überwachungsbereiche anzuwenden sind. Die Sätze 1 und 3 gelten nicht für die Gegenstände, die als gefährliche Güter nach § 2 des Gefahrgutbeförderungsgesetzes befördert oder nach § 69 dieser Verordnung abgegeben werden. § 29 findet keine Anwendung.

(4) Mit einer Dekontamination dürfen nur Personen betraut werden, die die dafür erforderlichen Kenntnisse besitzen.

(5) Können die in Absatz 2 Satz 1 Nr. 1 oder Nr. 2 genannten Werte der Oberflächenkontamination nicht eingehalten werden, so sind die in solchen Arbeitsbereichen beschäftigten Personen durch besondere Maßnahmen zu schützen.

### § 45 Beschäftigungsverbote und Beschäftigungsbeschränkungen

(1) Es ist dafür zu sorgen, dass Personen unter 18 Jahren nicht mit offenen radioaktiven Stoffen oberhalb der Freigrenzen der Anlage III Tabelle 1 Spalte 2 und 3 umgehen.

(2) Die zuständige Behörde kann Ausnahmen von Absatz 1 für Auszubildende und Studieren-

de im Alter zwischen 16 und 18 Jahren gestatten, soweit dies zur Erreichung ihrer Ausbildungsziele erforderlich ist und eine ständige Aufsicht und Anleitung durch eine Person, die die erforderliche Fachkunde im Strahlenschutz besitzt, gewährleistet wird.

(3) Es ist dafür zur sorgen, dass Schüler beim genehmigungsbedürftigen Umgang mit radioaktiven Stoffen nur in Anwesenheit und unter der Aufsicht des zuständigen Strahlenschutzbeauftragten mitwirken.

### Abschnitt 4
### Schutz von Bevölkerung und Umwelt bei Strahlenexpositionen aus Tätigkeiten

### § 46 Begrenzung der Strahlenexposition der Bevölkerung

(1) Für Einzelpersonen der Bevölkerung beträgt der Grenzwert der effektiven Dosis durch Strahlenexpositionen aus Tätigkeiten nach § 2 Abs. 1 Nr. 1 ein Millisievert im Kalenderjahr.

(2) Unbeschadet des Absatzes 1 beträgt der Grenzwert der Organdosis für die Augenlinse 15 Millisievert im Kalenderjahr und der Grenzwert der Organdosis für die Haut 50 Millisievert im Kalenderjahr.

(3) Bei Anlagen oder Einrichtungen gilt außerhalb des Betriebsgeländes der Grenzwert für die effektive Dosis nach Absatz 1 für die Summe der Strahlenexposition aus Direktstrahlung und der Strahlenexposition aus Ableitungen. Die für die Strahlenexposition aus Direktstrahlung maßgebenden Aufenthaltszeiten richten sich nach den räumlichen Gegebenheiten der Anlage oder Einrichtung oder des Standortes; liegen keine begründeten Angaben für die Aufenthaltszeiten vor, ist Daueraufenthalt anzunehmen.

### § 47 Begrenzung der Ableitung radioaktiver Stoffe

(1) Für die Planung, die Errichtung, den Betrieb, die Stilllegung, den sicheren Einschluss

und den Abbau von Anlagen oder Einrichtungen gelten folgende Grenzwerte der durch Ableitungen radioaktiver Stoffe mit Luft oder Wasser aus diesen Anlagen oder Einrichtungen jeweils bedingten Strahlenexposition von Einzelpersonen der Bevölkerung im Kalenderjahr:

1. Effektive Dosis 0,3 Millisievert

2. Organdosis für Keimdrüsen, Gebärmutter, Knochenmark (rot) 0,3 Millisievert

3. Organdosis für Dickdarm, Lunge, Magen, Blase, Brust, Leber, Speiseröhre, Schilddrüse, andere Organe oder Gewebe gemäß Anlage VI Teil C Nr. 2 Fußnote 1, soweit nicht unter Nr. 2 genannt 0,9 Millisievert

4. Organdosis für Knochenoberfläche, Haut 1,8 Millisievert.

Es ist dafür zu sorgen, dass radioaktive Stoffe nicht unkontrolliert in die Umwelt abgeleitet werden.

(2) Bei der Planung von Anlagen oder Einrichtungen ist die Strahlenexposition nach Absatz 1 für eine Referenzperson an den ungünstigsten Einwirkungsstellen unter Berücksichtigung der in Anlage VII Teil A bis C genannten Expositionspfade, Lebensgewohnheiten der Referenzperson und übrigen Annahmen zu ermitteln; dabei sind die mittleren Verzehrsraten der Anlage VII Teil B Tabelle 1 multipliziert mit den Faktoren der Spalte 8 zu verwenden. Die Bundesregierung erlässt mit Zustimmung des Bundesrates allgemeine Verwaltungsvorschriften über die zu treffenden weiteren Annahmen. Die zuständige Behörde kann davon ausgehen, dass die Grenzwerte des Absatzes 1 eingehalten sind, wenn dies unter Zugrundelegung der allgemeinen Verwaltungsvorschriften nachgewiesen wird.

(3) Für den Betrieb, die Stilllegung, den sicheren Einschluss und den Abbau von Anlagen oder Einrichtungen legt die zuständige Behörde die zulässigen Ableitungen radioaktiver Stoffe mit Luft und Wasser durch Begrenzung der Aktivitätskonzentrationen oder Aktivitätsmengen fest. Der Nachweis der Einhaltung der Grenzwerte des Absatzes 1 gilt als erbracht, wenn diese Begrenzungen nicht überschritten werden.

(4) Bei Anlagen oder Einrichtungen, die keiner Genehmigung nach §§ 6, 7 oder 9 des Atomgesetzes und keines Planfeststellungsbeschlusses nach § 9b des Atomgesetzes bedürfen, kann die zuständige Behörde von der Festlegung von Aktivitätsmengen und Aktivitätskonzentrationen absehen und den Nachweis nach Absatz 2 zur Einhaltung der in Absatz 1 genannten Grenzwerte als erbracht ansehen, sofern die nach Anlage VII Teil D zulässigen Aktivitätskonzentrationen für Ableitungen radioaktiver Stoffe mit Luft oder Wasser aus Strahlenschutzbereichen im Jahresdurchschnitt nicht überschritten werden. Soweit die zuständige Behörde nichts anderes festlegt, sind die zulässigen Aktivitätskonzentrationen an der Grenze eines Strahlenschutzbereiches einzuhalten. Satz 1 findet keine Anwendung, wenn der zuständigen Behörde Anhaltspunkte vorliegen, dass die in Absatz 1 genannten Grenzwerte an einem Standort durch Ableitungen aus Anlagen oder Einrichtungen oder früheren Tätigkeiten überschritten werden können.

(5) Sofern Ableitungen aus dem Betrieb anderer Anlagen oder Einrichtungen oder früheren Tätigkeiten im Geltungsbereich dieser Verordnung an diesen oder anderen Standorten zur Strahlenexposition an den in Absatz 2 Satz 1 bezeichneten Einwirkungsstellen beitragen, hat die zuständige Behörde darauf hinzuwirken, dass die in Absatz 1 genannten Werte insgesamt nicht überschritten werden. Die für die Berücksichtigung anderer Anlagen und Einrichtungen zu treffenden Annahmen werden in die allgemeinen Verwaltungsvorschriften nach Absatz 2 aufgenommen.

### § 48 Emissions- und Immissionsüberwachung

(1) Es ist dafür zu sorgen, dass Ableitungen aus Anlagen oder Einrichtungen

1. überwacht und

2. nach Art und Aktivität spezifiziert der zuständigen Behörde mindestens jährlich mitgeteilt werden. Die zuständige Behörde kann im Einzelfall von der Mitteilungspflicht ganz oder teilweise befreien, wenn sie sonst hinreichend abschätzen kann, dass die Grenzwerte des § 47 Abs. 1 Satz 1 durch die Ableitung nicht überschritten werden.

(2) Die zuständige Behörde kann anordnen, dass bei dem Betrieb von Anlagen oder Einrichtungen die Aktivität von Proben aus der Umgebung sowie die Ortsdosen nach einem festzulegenden Plan durch Messung bestimmt werden und dass die Messergebnisse aufzuzeichnen, der zuständigen Behörde auf Verlangen vorzulegen und der Öffentlichkeit zugänglich zu machen sind. Die zuständige Behörde kann die Stelle bestimmen, die die Messungen vorzunehmen hat.

(3) Die zuständige Behörde kann anordnen, dass bei Anlagen oder Einrichtungen, die einer Genehmigung nach §§ 6, 7 oder 9 des Atomgesetzes oder eines Planfeststellungsbeschlusses nach § 9b des Atomgesetzes bedürfen, für die Ermittlung der Strahlenexposition durch Ableitungen, ergänzend zu den Angaben nach Absatz 1, die für die meteorologischen und hydrologischen Ausbreitungsverhältnisse erforderlichen Daten zu ermitteln und der zuständigen Behörde mindestens jährlich mitzuteilen sind.

(4) Zur Sicherstellung eines bundeseinheitlichen Qualitätsstandards bei der Emissions- und Immissionsüberwachung führen die in Anlage XIV genannten Verwaltungsbehörden des Bundes als Leitstellen Vergleichsmessungen und Vergleichsanalysen durch. Die Leitstellen haben ferner die Aufgabe, Probenahme-, Analyse- und Messverfahren zu entwickeln und festzulegen sowie die Daten der Emissions- und Immissionsüberwachung zusammenzufassen, aufzubereiten und zu dokumentieren. Die Physikalisch-Technische Bundesanstalt stellt Radioaktivitätsstandards für Vergleichsmessungen bereit.

## Abschnitt 5
### Schutz vor sicherheitstechnisch bedeutsamen Ereignissen

### § 49 Sicherheitstechnische Auslegung für den Betrieb von Kernkraftwerken, für die standortnahe Aufbewahrung bestrahlter Brennelemente und für Anlagen des Bundes zur Sicherstellung und zur Endlagerung radioaktiver Abfälle

(1) Bei der Planung baulicher oder sonstiger technischer Schutzmaßnahmen gegen Störfälle in oder an einem Kernkraftwerk, das der Erzeugung von Elektrizität dient, darf bis zur Stilllegung nach § 7 Abs. 3 des Atomgesetzes unbeschadet der Forderungen des § 6 in der Umgebung der Anlage im ungünstigsten Störfall durch Freisetzung radioaktiver Stoffe in die Umgebung höchstens

1. eine effektive Dosis von 50 Millisievert,

2. eine Organdosis der Schilddrüse und der Augenlinse von jeweils 150 Millisievert,

3. eine Organdosis der Haut, der Hände, der Unterarme, der Füße und Knöchel von jeweils 500 Millisievert,

4. eine Organdosis der Keimdrüsen, der Gebärmutter und des Knochenmarks (rot) von jeweils 50 Millisievert,

5. eine Organdosis der Knochenoberfläche von 300 Millisievert,

6. eine Organdosis des Dickdarms, der Lunge, des Magens, der Blase, der Brust, der Leber, der Speiseröhre, der anderen Organe oder Gewebe gemäß Anlage VI Teil C Nr. 2 Fußnote 1, soweit nicht unter Nummer 4 genannt, von jeweils 150 Millisievert

zugrunde gelegt werden. Maßgebend für eine ausreichende Vorsorge gegen Störfälle nach Satz 1 ist der Stand von Wissenschaft und Technik. Die Genehmigungsbehörde kann diese Vorsorge insbesondere dann als getroffen ansehen, wenn der Antragsteller bei der Auslegung der Anlage die Störfälle zugrunde gelegt hat, die nach den veröffentlichten Sicherheits-kriterien und Leitlinien für Kernkraftwerke die Auslegung eines Kernkraftwerkes bestimmen müssen.

(2) Absatz 1 Satz 1 und 2 gilt auch für die Aufbewahrung bestrahlter Kernbrennstoffe nach § 6 des Atomgesetzes an den jeweiligen Standorten der nach § 7 des Atomgesetzes genehmigten Kernkraftwerke sowie für Anlagen des Bundes zur Sicherstellung und zur Endlagerung radioaktiver Abfälle.

(3) Die Absätze 1 und 2 gelten nicht für Güter, die als gefährliche Güter nach § 2 des Gefahrgutbeförderungsgesetzes befördert werden.

### § 50 Begrenzung der Strahlenexposition als Folge von Störfällen bei sonstigen Anlagen und Einrichtungen und bei Stilllegungen

(1) Bei der Planung von anderen als in § 49 genannten Anlagen nach § 7 Abs. 1 des Atomgesetzes sind bauliche oder technische Schutzmaßnahmen unter Berücksichtigung des potenziellen Schadensausmaßes zu treffen, um die Strahlenexposition bei Störfällen durch die Freisetzung radioaktiver Stoffe in die Umgebung zu begrenzen. Die Genehmigungsbehörde legt Art und Umfang der Schutzmaßnahmen unter Berücksichtigung des Einzelfalls, insbesondere des Gefährdungspotenzials der Anlage und der Wahrscheinlichkeit des Eintritts eines Störfalls, fest.

(2) Absatz 1 gilt auch für die Stilllegung, den sicheren Einschluss der endgültig stillgelegten Anlagen und den Abbau der Anlagen oder von Anlagenteilen nach § 7 Abs. 3 Satz 1 des Atomgesetzes.

(3) Für die übrigen Tätigkeiten nach § 6 Abs. 1 und § 9 Abs. 1 des Atomgesetzes gilt Absatz 1 entsprechend. Satz 1 gilt auch für Abbau- und Stilllegungsmaßnahmen im Rahmen von Tätigkeiten nach § 6 Abs. 1 und § 9 Abs. 1 des Atomgesetzes. Satz 1 gilt ferner für Tätigkeiten nach § 7 dieser Verordnung, bei denen mit mehr als dem 10(hoch)7fachen der Freigrenzen der An-

lage III Tabelle 1 Spalte 2 als offener radioaktiver Stoff oder mit mehr als dem 10(hoch)10fachen der Freigrenzen der Anlage III Tabelle 1 Spalte 2 als umschlossener radioaktiver Stoff umgegangen wird, sofern nicht einem einzelnen Betrieb oder selbständigen Zweigbetrieb, bei Nichtgewerbetreibenden am Ort der Tätigkeit des Genehmigungsinhabers, mit diesen radioaktiven Stoffen in mehreren, räumlich voneinander getrennten Gebäuden, Gebäudeteilen, Anlagen oder Einrichtungen umgegangen wird und ausreichend sichergestellt ist, dass die radioaktiven Stoffe aus den einzelnen Gebäuden, Gebäudeteilen, Anlagen oder Einrichtungen nicht zusammenwirken können.

(4) Die Bundesregierung erlässt mit Zustimmung des Bundesrates allgemeine Verwaltungsvorschriften, in denen unter Berücksichtigung der Eintrittswahrscheinlichkeit des Schadensausmaßes und des Vielfachen der Freigrenzen für offene und umschlossene radioaktive Stoffe bei Tätigkeiten nach § 7 Abs. 1 dieser Verordnung Schutzziele zur Störfallvorsorge nach den Absätzen 1 bis 3 festgelegt werden.

(5) Die Absätze 1 bis 3 gelten nicht für Güter, die als gefährliche Güter nach § 2 des Gefahrgutbeförderungsgesetzes befördert werden.

### § 51 Maßnahmen bei sicherheitstechnisch bedeutsamen Ereignissen

(1) Bei radiologischen Notstandssituationen, Unfällen und Störfällen sind unverzüglich alle notwendigen Maßnahmen einzuleiten, damit die Gefahren für Mensch und Umwelt auf ein Mindestmaß beschränkt werden. Der Eintritt einer radiologischen Notstandssituation, eines Unfalls, eines Störfalls oder eines sonstigen sicherheitstechnisch bedeutsamen Ereignisses ist der atomrechtlichen Aufsichtsbehörde und, falls dies erforderlich ist, auch der für die öffentliche Sicherheit oder Ordnung zuständigen Behörde sowie den für den Katastrophenschutz zuständigen Behörden unverzüglich mitzuteilen.

(2) Die zuständigen Behörden unterrichten in radiologischen Notstandssituationen unverzüglich die möglicherweise betroffene Bevölkerung und geben Hinweise über Verhaltensmaßnahmen, einschließlich genauer Hinweise für zu ergreifende Gesundheitsschutzmaßnahmen. Die Information an die Bevölkerung enthält die in Anlage XIII Teil A aufgeführten Angaben.

## § 52 Vorbereitung der Brandbekämpfung

Zur Vorbereitung der Brandbekämpfung sind mit den nach Landesrecht zuständigen Behörden die erforderlichen Maßnahmen zu planen. Hierbei ist insbesondere festzulegen, an welchen Orten die Feuerwehr (in untertägigen Betrieben: Grubenwehr) im Einsatzfall

1. ohne besonderen Schutz vor den Gefahren radioaktiver Stoffe tätig werden kann (Gefahrengruppe I),

2. nur unter Verwendung einer Sonderausrüstung tätig werden kann (Gefahrengruppe II) und

3. nur mit einer Sonderausrüstung und unter Hinzuziehung eines Sachverständigen, der die während des Einsatzes entstehende Strahlengefährdung und die anzuwendenden Schutzmaßnahmen beurteilen kann, tätig werden kann (Gefahrengruppe III).

Die betroffenen Bereiche sind jeweils am Zugang deutlich sichtbar und dauerhaft mit dem Zeichen „Gefahrengruppe I", „Gefahrengruppe II" oder „Gefahrengruppe III" zu kennzeichnen.

## § 53 Vorbereitung der Schadensbekämpfung bei sicherheitstechnisch bedeutsamen Ereignissen

(1) Zur Eindämmung und Beseitigung der durch Unfälle oder Störfälle auf dem Betriebsgelände entstandenen Gefahren sind das hierzu erforderliche, geschulte Personal und die erforderlichen Hilfsmittel vorzuhalten. Deren Einsatzfähigkeit ist der zuständigen Behörde nachzuweisen. Dies kann auch dadurch geschehen, dass ein Anspruch auf Einsatz einer für die Erfüllung dieser Aufgaben geeigneten Institution nachgewiesen wird.

(2) Den für die öffentliche Sicherheit oder Ordnung sowie den für den Katastrophenschutz zuständigen Behörden, den Feuerwehren sowie den öffentlichen und privaten Hilfsorganisationen sind die für die Beseitigung einer radiologischen Notstandssituation, eines Unfalls oder Störfalls notwendigen Informationen und die erforderliche Beratung zu geben. Das Gleiche gilt für die Planung der Beseitigung der Folgen einer radiologischen Notstandssituation, eines Unfalls oder eines Störfalls. Darüber hinaus ist den zuständigen Behörden, den Feuerwehren und den Hilfsorganisationen jede Information und Beratung zu geben, die für die Aus- und Fortbildung von Einsatzkräften sowie die Unterrichtung im Einsatz hinsichtlich der auftretenden Gesundheitsrisiken und der erforderlichen Schutzmaßnahmen notwendig sind.

(3) Die zuständigen Behörden, Feuerwehren und Hilfsorganisationen unterrichten die Personen, die im Falle einer radiologischen Notstandssituation bei Rettungsmaßnahmen eingesetzt werden können, über die gesundheitlichen Risiken eines solchen Einsatzes und relevante Vorsichtsmaßnahmen. Die entsprechenden Informationen tragen den verschiedenen Arten von radiologischen Notstandssituationen Rechnung und werden regelmäßig auf den neuesten Stand gebracht. Die Informationen werden, sobald eine Notstandssituation eintritt, den Umständen der konkreten Situation entsprechend, ergänzt.

(4) Die Absätze 1 und 2 sind nicht auf den Umgang mit radioaktiven Stoffen anzuwenden, deren Aktivitäten die Freigrenzen der Anlage III Tabelle 1 Spalte 2 um nicht mehr überschreiten als das

1. 10(hoch)7fache, wenn es sich um offene radioaktive Stoffe handelt,

2. 10(hoch)10fache, wenn es sich um umschlossene radioaktive Stoffe handelt.

Das Gleiche gilt für Anlagen zur Erzeugung ionisierender Strahlen, falls deren Errichtung keiner Genehmigung nach § 11 Abs. 1 bedarf. Die Sätze 1 und 2 sind auch anzuwenden, wenn in dem einzelnen Betrieb oder selbständigen Zweigbetrieb, bei Nichtgewerbetreibenden am Ort der Tätigkeit des Antragstellers, mit radioaktiven Stoffen in mehreren räumlich voneinander getrennten Gebäuden, Gebäudeteilen, Anlagen oder Einrichtungen umgegangen wird, die Aktivität der radioaktiven Stoffe in den einzelnen Gebäuden, Gebäudeteilen, Anlagen oder Einrichtungen die Werte des Satzes 1 nicht überschreitet und ausreichend sichergestellt ist, dass die radioaktiven Stoffe aus den einzelnen Gebäuden, Gebäudeteilen, Anlagen oder Einrichtungen nicht zusammenwirken können.

(5) Soweit die für die öffentliche Sicherheit oder Ordnung bzw. die für den Katastrophenschutz zuständigen Behörden besondere Schutzpläne für den Fall einer radiologischen Notstandssituation aufgestellt haben, ist die Bevölkerung, die bei einer radiologischen Notstandssituation betroffen sein könnte, in geeigneter Weise und unaufgefordert mindestens alle fünf Jahre über die Sicherheitsmaßnahmen und das richtige Verhalten bei solchen Ereignissen zu informieren. Entsprechende Informationen sind jedermann zugänglich zu machen. Die Informationen müssen die in Anlage XIII Teil B aufgeführten Angaben enthalten und bei Veränderungen, die Auswirkungen auf die Sicherheit oder den Schutz der Bevölkerung haben, auf den neuesten Stand gebracht werden. Soweit die Informationen zum Schutze der Öffentlichkeit bestimmt sind, sind sie mit den für die öffentliche Sicherheit oder Ordnung zuständigen Behörden sowie den für den Katastrophenschutz zuständigen Behörden abzustimmen. Die Art und Weise, in der die Informationen zu geben, zu wiederholen und auf den neuesten Stand zu bringen sind, ist mit den für den Katastrophenschutz zuständigen Behörden abzustimmen.

## Abschnitt 6
## Begrenzung der Strahlenexposition bei der Berufsausübung

### § 54 Kategorien beruflich strahlenexponierter Personen

Personen, die einer beruflichen Strahlenexposition durch Tätigkeiten nach § 2 Abs. 1 Nr. 1 ausgesetzt sind, sind zum Zwecke der Kontrolle und arbeitsmedizinischen Vorsorge folgenden Kategorien zugeordnet:

1. Beruflich strahlenexponierte Personen der Kategorie A:
   Personen, die einer beruflichen Strahlenexposition ausgesetzt sind, die im Kalenderjahr zu einer effektiven Dosis von mehr als 6 Millisievert oder einer höheren Organdosis als 45 Millisievert für die Augenlinse oder einer höheren Organdosis als 150 Millisievert für die Haut, die Hände, die Unterarme, die Füße oder Knöchel führen kann.

2. Beruflich strahlenexponierte Personen der Kategorie B:
   Personen, die einer beruflichen Strahlenexposition ausgesetzt sind, die im Kalenderjahr zu einer effektiven Dosis von mehr als 1 Millisievert oder einer höheren Organdosis als 15 Millisievert für die Augenlinse oder einer höheren Organdosis als 50 Millisievert für die Haut, die Hände, die Unterarme, die Füße oder Knöchel führen kann, ohne in die Kategorie A zu fallen.

### § 55 Schutz bei beruflicher Strahlenexposition

(1) Für beruflich strahlenexponierte Personen beträgt der Grenzwert der effektiven Dosis 20 Millisievert im Kalenderjahr. § 58 bleibt unberührt. Die zuständige Behörde kann im Einzelfall für ein einzelnes Jahr eine effektive Dosis von 50 Millisievert zulassen, wobei für fünf aufeinander folgende Jahre 100 Millisievert nicht überschritten werden dürfen.

(2) Der Grenzwert der Organdosis beträgt für beruflich strahlenexponierte Personen:

1. für die Augenlinse 150 Millisievert,

2. für die Haut, die Hände, die Unterarme, die Füße und Knöchel jeweils 500 Millisievert,

3. für die Keimdrüsen, die Gebärmutter und das Knochenmark (rot) jeweils 50 Millisievert,

4. für die Schilddrüse und die Knochenoberfläche jeweils 300 Millisievert,

5. für den Dickdarm, die Lunge, den Magen, die Blase, die Brust, die Leber, die Speiseröhre, andere Organe oder Gewebe gemäß Anlage VI Teil C Nr. 2 Fußnote 1, soweit nicht unter Nummer 3 genannt, jeweils 150 Millisievert

im Kalenderjahr.

(3) Für Personen unter 18 Jahren beträgt der Grenzwert der effektiven Dosis 1 Millisievert im Kalenderjahr. Der Grenzwert der Organdosis beträgt für die Augenlinse 15 Millisievert, für die Haut, die Hände, die Unterarme, die Füße und Knöchel jeweils 50 Millisievert im Kalenderjahr. Abweichend von den Sätzen 1 und 2 kann die zuständige Behörde für Auszubildende und Studierende im Alter zwischen 16 und 18 Jahren einen Grenzwert von 6 Millisievert für die effektive Dosis, 45 Millisievert für die Organdosis der Augenlinse und jeweils 150 Millisievert für die Organdosis der Haut, der Hände, der Unterarme, der Füße und Knöchel im Kalenderjahr festlegen, wenn dies zur Erreichung des Ausbildungszieles notwendig ist.

(4) Bei gebärfähigen Frauen beträgt der Grenzwert für die über einen Monat kumulierte Dosis an der Gebärmutter 2 Millisievert. Für ein ungeborenes Kind, das aufgrund der Beschäftigung der Mutter einer Strahlenexposition ausgesetzt ist, beträgt der Grenzwert der Dosis aus äußerer und innerer Strahlenexposition vom Zeitpunkt der Mitteilung über die Schwangerschaft bis zu deren Ende 1 Millisievert.

### § 56 Berufslebensdosis

Der Grenzwert für die Summe der in allen Kalenderjahren ermittelten effektiven Dosen beruflich strahlenexponierter Personen beträgt 400 Millisievert. Die zuständige Behörde kann im Benehmen mit einem Arzt nach § 64 Abs. 1 Satz 1 eine weitere berufliche Strahlenexposition zulassen, wenn diese nicht mehr als 10 Millisievert effektive Dosis im Kalenderjahr beträgt und die beruflich strahlenexponierte Person einwilligt. Die Einwilligung ist schriftlich zu erteilen.

### § 57 Dosisbegrenzung bei Überschreitung

Wurde unter Verstoß gegen § 55 Abs. 1 oder 2 ein Grenzwert im Kalenderjahr überschritten, so ist eine Weiterbeschäftigung als beruflich strahlenexponierte Person nur zulässig, wenn die Expositionen in den folgenden vier Kalenderjahren unter Berücksichtigung der erfolgten Grenzwertüberschreitung so begrenzt werden, dass die Summe der Dosen das Fünffache des jeweiligen Grenzwertes nicht überschreitet. Ist die Überschreitung eines Grenzwertes so hoch, dass bei Anwendung von Satz 1 die bisherige Beschäftigung nicht fortgesetzt werden kann, kann die zuständige Behörde im Benehmen mit einem Arzt nach § 64 Abs. 1 Satz 1 Ausnahmen von Satz 1 zulassen.

### § 58 Besonders zugelassene Strahlenexpositionen

(1) Unter außergewöhnlichen, im Einzelfall zu beurteilenden Umständen kann die zuständige Behörde zur Durchführung notwendiger spezifischer Arbeitsvorgänge Strahlenexpositionen abweichend von § 55 Abs. 1, 2 und 4 Satz 1 zulassen. Für diese besonders zugelassene Strahlenexposition beträgt der Grenzwert der effektiven Dosis 100 Millisievert, der Grenzwert der Organdosis für die Augenlinse 300 Millisievert, der Grenzwert der Organdosis für die Haut, die Hände, die Unterarme, die Füße und Knöchel jeweils 1 Sievert für eine Person im Berufsleben.

(2) Einer Strahlenexposition nach Absatz 1 dürfen nur Freiwillige, die beruflich strahlenexponierte Personen der Kategorie A sind, ausgesetzt werden, ausgenommen schwangere Frauen und, wenn die Möglichkeit einer Kontamination nicht ausgeschlossen werden kann, stillende Frauen.

(3) Eine Strahlenexposition nach Absatz 1 ist im Voraus zu rechtfertigen. Die Personen nach Absatz 2 sind über das mit der Strahlenexposition verbundene Strahlenrisiko aufzuklären. Der Betriebsrat oder der Personalrat, die Fachkräfte für Arbeitssicherheit, der Arzt nach § 64 Abs. 1 Satz 1 oder die Betriebsärzte, soweit sie nicht Ärzte nach § 64 Abs. 1 Satz 1 sind, sind zu beteiligen.

(4) Die Körperdosis durch eine Strahlenexposition nach Absatz 1 ist unter Berücksichtigung der Expositionsbedingungen zu ermitteln. Sie ist in den Aufzeichnungen nach §§ 42 und 64 Abs. 3 getrennt von den übrigen Ergebnissen der Messungen und Ermittlungen der Körperdosis einzutragen. Die Strahlenexposition nach Absatz 1 ist bei der Summe der in allen Kalenderjahren ermittelten effektiven Dosen nach § 56 zu berücksichtigen.

(5) Wurden bei einer Strahlenexposition nach Absatz 1 die Grenzwerte des § 55 Abs. 1 oder 2 überschritten, so ist diese Überschreitung allein kein Grund, die Person ohne ihr Einverständnis von ihrer bisherigen Beschäftigung auszuschließen.

## § 59 Strahlenexposition bei Personengefährdung und Hilfeleistung

(1) Bei Maßnahmen zur Abwehr von Gefahren für Personen ist anzustreben, dass eine effektive Dosis von mehr als 100 Millisievert nur einmal im Kalenderjahr und eine effektive Dosis von mehr als 250 Millisievert nur einmal im Leben auftritt.

(2) Die Rettungsmaßnahmen dürfen nur von Freiwilligen über 18 Jahren ausgeführt werden, die zuvor über die Gefahren dieser Maßnahmen

unterrichtet worden sind. Es ist dafür zu sorgen, dass schwangere Frauen nicht bei Rettungsmaßnahmen eingesetzt werden.

(3) Die Körperdosis einer bei Rettungsmaßnahmen eingesetzten Person durch eine Strahlenexposition bei den Rettungsmaßnahmen ist unter Berücksichtigung der Expositionsbedingungen zu ermitteln. Die Rettungsmaßnahme und die ermittelte Körperdosis der bei der Rettungsmaßnahme eingesetzten Personen sind der zuständigen Behörde unverzüglich mitzuteilen. Die Strahlenexposition nach Satz 1 ist bei der Summe der in allen Kalenderjahren ermittelten effektiven Dosen nach § 56 zu berücksichtigen. § 58 Abs. 4 Satz 2 und Abs. 5 gilt entsprechend.

## Abschnitt 7
## Arbeitsmedizinische Vorsorge beruflich strahlenexponierter Personen

## § 60 Erfordernis der arbeitsmedizinischen Vorsorge

(1) Eine beruflich strahlenexponierte Person der Kategorie A darf im Kontrollbereich Aufgaben nur wahrnehmen, wenn sie innerhalb eines Jahres vor Beginn der Aufgabenwahrnehmung von einem Arzt nach § 64 Abs. 1 Satz 1 untersucht worden ist und dem Strahlenschutzverantwortlichen eine von diesem Arzt ausgestellte Bescheinigung vorliegt, nach der der Aufgabenwahrnehmung keine gesundheitlichen Bedenken entgegenstehen.

(2) Eine beruflich strahlenexponierte Person der Kategorie A darf in der in Absatz 1 bezeichneten Weise nach Ablauf eines Jahres seit der letzten Beurteilung oder Untersuchung nur Aufgaben weiter wahrnehmen, wenn sie von einem Arzt nach § 64 Abs. 1 Satz 1 erneut beurteilt oder untersucht worden ist und dem Strahlenschutzverantwortlichen eine von diesem Arzt ausgestellte Bescheinigung vorliegt, dass gegen die Aufgabenwahrnehmung keine gesundheitlichen Bedenken bestehen. Wurde in einem Jahr eine Beurteilung ohne Untersuchung

durchgeführt, so ist die Person im folgenden Jahr zu untersuchen.

(3) Die zuständige Behörde kann auf Vorschlag des Arztes nach § 64 Abs. 1 Satz 1 die in Absatz 2 genannte Frist abkürzen, wenn die Arbeitsbedingungen oder der Gesundheitszustand der beruflich strahlenexponierten Person dies erfordern.

(4) Die zuständige Behörde kann in entsprechender Anwendung der Absätze 1 und 2 für eine beruflich strahlenexponierte Person der Kategorie B Maßnahmen der arbeitsmedizinischen Vorsorge anordnen.

(5) Nach Beendigung der Aufgabenwahrnehmung ist dafür zu sorgen, dass die arbeitsmedizinische Vorsorge mit Einwilligung der betroffenen Person so lange fortgesetzt wird, wie es der Arzt nach § 64 Absatz 1 Satz 1 zum Schutz der beruflich strahlenexponierten Person für erforderlich erachtet (nachgehende Untersuchung). Satz 1 gilt auch im Fall der besonderen arbeitsmedizinischen Vorsorge nach § 63 Absatz 1. Die Verpflichtung zum Angebot nachgehender Untersuchungen besteht nicht mehr, wenn der zuständige gesetzliche Unfallversicherungsträger die nachgehende Untersuchung mit Einwilligung der betroffenen Person nach Beendigung des Beschäftigungsverhältnisses veranlasst. Voraussetzung hierfür ist, dass dem Unfallversicherungsträger die erforderlichen Unterlagen in Kopie überlassen werden; hierauf ist der Betroffene vor Abgabe der Einwilligung schriftlich hinzuweisen.

### § 61 Ärztliche Bescheinigung

(1) Der Arzt nach § 64 Abs. 1 Satz 1 muss zur Erteilung der ärztlichen Bescheinigung die bei der arbeitsmedizinischen Vorsorge von anderen Ärzten nach § 64 Abs. 1 Satz 1 angelegten Gesundheitsakten anfordern, soweit diese für die Beurteilung erforderlich sind, sowie die bisher erteilten ärztlichen Bescheinigungen, die behördlichen Entscheidungen nach § 62 und die diesen zugrunde liegenden Gutachten. Die angeforderten Unterlagen sind dem Arzt nach § 64 Abs. 1 Satz 1 unverzüglich zu übergeben. Die ärztliche Bescheinigung ist auf dem Formblatt nach Anlage VIII zu erteilen.

(2) Der Arzt nach § 64 Abs. 1 Satz 1 kann die Erteilung der ärztlichen Bescheinigung davon abhängig machen, dass ihm

1. die Art der Aufgaben der beruflich strahlenexponierten Person und die mit diesen Aufgaben verbundenen Arbeitsbedingungen,

2. jeder Wechsel der Art der Aufgaben und der mit diesen verbundenen Arbeitsbedingungen,

3. die Ergebnisse der physikalischen Strahlenschutzkontrolle nach § 42 und

4. der Inhalt der letzten ärztlichen Bescheinigung

schriftlich mitgeteilt werden. Die Person, die der arbeitsmedizinischen Vorsorge unterliegt, kann eine Abschrift dieser Mitteilungen verlangen.

(3) Der Arzt nach § 64 Abs. 1 Satz 1 hat die ärztliche Bescheinigung dem Strahlenschutzverantwortlichen, der beruflich strahlenexponierten Person und, soweit gesundheitliche Bedenken bestehen, auch der zuständigen Behörde unverzüglich zu übersenden. Während der Dauer der Wahrnehmung von Aufgaben als beruflich strahlenexponierte Person ist die ärztliche Bescheinigung aufzubewahren und auf Verlangen der zuständigen Behörde vorzulegen. Die Übersendung an die beruflich strahlenexponierte Person kann durch Eintragung des Inhalts der Bescheinigung in den Strahlenpass ersetzt werden.

(4) Die ärztliche Bescheinigung kann durch die Entscheidung der zuständigen Behörde nach § 62 ersetzt werden.

### § 62 Behördliche Entscheidung

(1) Hält der Strahlenschutzverantwortliche oder die beruflich strahlenexponierte Person die vom Arzt nach § 64 Abs. 1 Satz 1 in der Be-

scheinigung nach § 61 getroffene Beurteilung für unzutreffend, so kann die Entscheidung der zuständigen Behörde beantragt werden.

(2) Die zuständige Behörde kann vor ihrer Entscheidung das Gutachten eines im Strahlenschutz fachkundigen Arztes einholen, der über die für die arbeitsmedizinische Vorsorge beruflich strahlenexponierter Personen erforderliche Fachkunde im Strahlenschutz verfügt, einholen. Die Kosten des ärztlichen Gutachtens sind vom Strahlenschutzverantwortlichen zu tragen.

### § 63 Besondere arbeitsmedizinische Vorsorge

(1) Ist nicht auszuschließen, dass eine Person durch eine Strahlenexposition nach § 58 oder § 59 oder aufgrund anderer außergewöhnlicher Umstände Strahlenexpositionen erhalten hat, die im Kalenderjahr die effektive Dosis von 50 Millisievert oder die Organdosis von 150 Millisievert für die Augenlinse oder von 500 Millisievert für die Haut, die Hände, die Unterarme, die Füße oder Knöchel überschreiten, ist dafür zu sorgen, dass sie unverzüglich einem Arzt nach § 64 Abs. 1 Satz 1 vorgestellt wird.

(2) Ist nach dem Ergebnis der besonderen arbeitsmedizinischen Vorsorge nach Absatz 1 zu besorgen, dass diese Person an ihrer Gesundheit gefährdet wird, wenn sie erneut eine Aufgabe als beruflich strahlenexponierte Person wahrnimmt oder fortsetzt, so kann die zuständige Behörde anordnen, dass sie diese Aufgabe nicht oder nur unter Beschränkungen ausüben darf. § 62 Absatz 2 gilt entsprechend.

(3) aufgehoben

(4) aufgehoben

### § 64 Ermächtigte Ärzte

(1) Die zuständige Behörde ermächtigt Ärzte zur Durchführung der arbeitsmedizinischen Vorsorge nach den §§ 60, 61 und 63. Die Ermächtigung darf nur einem Arzt erteilt werden, der die für die arbeitsmedizinische Vorsorge be-

ruflich strahlenexponierter Personen erforderliche Fachkunde im Strahlenschutz nachweist.

(2) Der Arzt nach Absatz 1 Satz 1 hat die Aufgabe, die Erstuntersuchungen, die erneuten Beurteilungen oder Untersuchungen und die besondere arbeitsmedizinische Vorsorge nach § 63 durchzuführen sowie die Maßnahmen vorzuschlagen, die bei erhöhter Strahlenexposition zur Vorbeugung vor gesundheitlichen Schäden und zu ihrer Abwehr erforderlich sind. Personen, die an Arbeitsplätzen beschäftigt sind, an denen die Augenlinse besonders belastet wird, sind daraufhin zu untersuchen, ob sich eine Katarakt gebildet hat.

(3) Der Arzt nach Absatz 1 Satz 1 ist verpflichtet, für jede beruflich strahlenexponierte Person, die der arbeitsmedizinischen Vorsorge unterliegt, eine Gesundheitsakte nach Maßgabe des Satzes 2 zu führen. Diese Gesundheitsakte hat Angaben über die Arbeitsbedingungen, die Ergebnisse der arbeitsmedizinischen Vorsorge nach § 60 Abs. 1 oder 2, die ärztliche Bescheinigung nach § 61 Abs. 1 Satz 3, die Ergebnisse der besonderen arbeitsmedizinischen Vorsorge nach § 63 Abs. 2 und Maßnahmen nach § 60 Abs. 3 oder § 62 Abs. 1 Halbsatz 2 oder Gutachten nach § 62 Abs. 2 Satz 1 sowie die durch die Wahrnehmung von Aufgaben als beruflich strahlenexponierte Person erhaltene Körperdosis zu enthalten. Die Gesundheitsakte ist so lange aufzubewahren, bis die Person das 75. Lebensjahr vollendet hat oder vollendet hätte, mindestens jedoch 30 Jahre nach Beendigung der Wahrnehmung von Aufgaben als beruflich strahlenexponierte Person. Sie ist spätestens 100 Jahre nach der Geburt der überwachten Person zu vernichten.

(4) Der Arzt nach Absatz 1 Satz 1 ist verpflichtet, die Gesundheitsakte auf Verlangen der zuständigen Behörde einer von dieser benannten Stelle zur Einsicht vorzulegen und bei Beendigung der Ermächtigung zu übergeben. Dabei ist die ärztliche Schweigepflicht zu wahren.

(5) Der Arzt nach Absatz 1 Satz 1 hat der untersuchten Person auf ihr Verlangen Einsicht in ihre Gesundheitsakte zu gewähren.

## Abschnitt 8
## Sonstige Anforderungen

### § 65 Lagerung und Sicherung radioaktiver Stoffe

(1) Radioaktive Stoffe, deren Aktivität die Freigrenzen der Anlage III Tabelle 1 Spalte 2 und 3 überschreitet, sind,

1. solange sie nicht bearbeitet, verarbeitet oder sonst verwendet werden, in geschützten Räumen oder Schutzbehältern zu lagern und

2. gegen Abhandenkommen und den Zugriff durch unbefugte Personen zu sichern.

(2) Kernbrennstoffe müssen so gelagert werden, dass während der Lagerung kein kritischer Zustand entstehen kann.

(3) Radioaktive Stoffe, die Sicherheitsmaßnahmen aufgrund internationaler Verpflichtungen unterliegen, sind so zu lagern, dass die Durchführung der Sicherheitsmaßnahmen nicht beeinträchtigt wird.

### § 66 Wartung, Überprüfung und Dichtheitsprüfung

(1) Die zuständige Behörde bestimmt Sachverständige für Aufgaben nach Absatz 2 Satz 1, für Aufgaben nach Absatz 4 und für Aufgaben nach Absatz 5. Die zuständige Behörde kann Anforderungen an einen Sachverständigen nach Satz 1 hinsichtlich seiner Ausbildung, Berufserfahrung, Eignung, Einweisung in die Sachverständigentätigkeit, seines Umfangs an Prüftätigkeit und seiner sonstigen Voraussetzungen und Pflichten, insbesondere seiner messtechnischen Ausstattung, sowie seiner Zuverlässigkeit und Unparteilichkeit festlegen.

(2) Anlagen zur Erzeugung ionisierender Strahlen und Bestrahlungsvorrichtungen sowie Geräte für die Gammaradiographie sind jährlich mindestens einmal zu warten und zwischen den Wartungen durch einen nach Absatz 1 bestimmten Sachverständigen auf sicherheitstechnische Funktion, Sicherheit und Strahlenschutz zu überprüfen. Satz 1 gilt nicht für die in § 12 Abs. 1 und § 12a genannten Anlagen.

(3) Die zuständige Behörde kann bei

1. Bestrahlungsvorrichtungen, die bei der Ausübung der Heilkunde oder Zahnheilkunde am Menschen verwendet werden und deren Aktivität 10(hoch)14 Becquerel nicht überschreitet,

2. Bestrahlungsvorrichtungen, die zur Blut- oder zur Produktbestrahlung verwendet werden und deren Aktivität 10(hoch)14 Becquerel nicht überschreitet, und

3. Geräten für die Gammaradiographie

die Frist für die Überprüfung nach Absatz 2 Satz 1 bis auf drei Jahre verlängern.

(4) Die zuständige Behörde kann bestimmen, dass die Unversehrtheit und Dichtheit der Umhüllung bei umschlossenen radioaktiven Stoffen, deren Aktivität die Freigrenzen der Anlage III Tabelle 1 Spalte 2 überschreitet, in geeigneter Weise zu prüfen und die Prüfung in bestimmten Zeitabständen zu wiederholen ist. Bei hochradioaktiven Strahlenquellen hat die Prüfung mindestens einmal jährlich zu erfolgen, sofern die zuständige Behörde nicht einen anderen Zeitraum bestimmt. Sie kann festlegen, dass die Prüfung durch einen nach Absatz 1 bestimmten Sachverständigen durchzuführen ist. Die Sätze 1 und 2 finden keine Anwendung auf umschlossene radioaktive Stoffe, die als radioaktive Abfälle abgeliefert wurden.

(5) Wenn die Umhüllung umschlossener radioaktiver Stoffe oder die Vorrichtung, in die sie eingefügt sind, mechanisch beschädigt oder korrodiert ist, ist vor der Weiterverwendung zu veranlassen, dass die Umhüllung des um-

schlossenen radioaktiven Stoffes durch einen nach Absatz 1 bestimmten Sachverständigen auf Dichtheit geprüft wird.

(6) Die Prüfbefunde nach Absatz 2 sind der zuständigen Behörde vorzulegen. Die Prüfbefunde nach Absatz 4 oder 5 sind der zuständigen Behörde auf Verlangen vorzulegen. Festgestellte Undichtheiten und Mängel an der Unversehrtheit sind der zuständigen Behörde unverzüglich mitzuteilen.

## § 67 Strahlungsmessgeräte

(1) Zur Messung der Personendosis, der Ortsdosis, der Ortsdosisleistung, der Oberflächenkontamination, der Aktivität von Luft und Wasser und bei einer Freimessung nach § 29 Abs. 3 aufgrund der Vorschriften dieser Verordnung sind, sofern geeichte Strahlungsmessgeräte nicht vorgeschrieben sind, andere geeignete Strahlungsmessgeräte zu verwenden. Es ist dafür zu sorgen, dass die Strahlungsmessgeräte

1. den Anforderungen des Messzwecks genügen,

2. in ausreichender Zahl vorhanden sind und

3. regelmäßig auf ihre Funktionstüchtigkeit geprüft und gewartet werden.

(2) Der Zeitpunkt und das Ergebnis der Funktionsprüfung und Wartung nach Absatz 1 Satz 2 Nr. 3 sind aufzuzeichnen. Die Aufzeichnungen sind zehn Jahre ab dem Zeitpunkt der Funktionsprüfung oder Wartung aufzubewahren und auf Verlangen der zuständigen Behörde vorzulegen oder bei einer von ihr zu bestimmenden Stelle zu hinterlegen.

(3) Strahlungsmessgeräte, die dazu bestimmt sind, fortlaufend zu messen, um bei Unfällen oder Störfällen vor Gefahren für Mensch und Umwelt zu warnen, müssen so beschaffen sein, dass ihr Versagen durch ein deutlich wahrnehmbares Signal angezeigt wird, sofern nicht zwei oder mehrere voneinander unabhängige Messvorrichtungen dem gleichen Messzweck dienen.

(4) Die Anzeige der Geräte zur Überwachung der Ortsdosis oder Ortsdosisleistung in Sperrbereichen muss auch außerhalb dieser Bereiche wahrnehmbar sein.

## § 68 Kennzeichnungspflicht

(1) Mit Strahlenzeichen nach Anlage IX in ausreichender Anzahl sind deutlich sichtbar und dauerhaft zu kennzeichnen:

1. Räume, Geräte, Vorrichtungen, Schutzbehälter, Aufbewahrungsbehältnisse und Umhüllungen für radioaktive Stoffe, mit denen nur aufgrund einer Genehmigung nach den §§ 6, 7 oder 9 des Atomgesetzes oder der Planfeststellung nach § 9b des Atomgesetzes oder einer Genehmigung nach § 7 Abs. 1 dieser Verordnung umgegangen werden darf,

2. Anlagen zur Erzeugung ionisierender Strahlen,

3. Kontrollbereiche und Sperrbereiche,

4. Bereiche, in denen die Kontamination die in § 44 Abs. 2 genannten Werte überschreitet,

5. bauartzugelassene Vorrichtungen nach § 25 Abs. 1.

Die Kennzeichnung muss die Worte „VORSICHT – STRAHLUNG", „RADIOAKTIV", „KERNBRENNSTOFFE" oder „KONTAMINATION" enthalten, soweit dies nach Größe und Beschaffenheit des zu kennzeichnenden Gegenstandes möglich ist.

(1a) Zusätzlich zu der Kennzeichnung nach Absatz 1 Satz 1 sind

1. hochradioaktive Strahlenquellen bei der Herstellung, soweit technisch möglich, und

2. deren Schutzbehälter oder Aufbewahrungsbehältnisse

mit einer unverwechselbaren Identifizierungsnummer sichtbar und dauerhaft zu kennzeichnen. Ist die zusätzliche Kennzeichnung der Strahlenquelle nach Satz 1 Nr. 1 nicht möglich oder werden wiederverwendbare Schutzbehälter oder Aufbewahrungsbehältnisse verwendet, so sind diese neben der Kennzeichnung nach Absatz 1 Satz 1 zusätzlich mit der Angabe „hochradioaktive Strahlenquelle" zu versehen.

(1b) Aufgebrachte Identifizierungsnummern nach Absatz 1a sind dem Bundesamt für Strahlenschutz binnen Monatsfrist mitzuteilen.

(2) Absatz 1 gilt nicht für Behältnisse oder Geräte, die innerhalb eines Kontrollbereiches in abgesonderten Bereichen verwendet werden, solange die mit dieser Verwendung betraute Person in dem abgesonderten Bereich anwesend ist oder solche Bereiche gegen unbeabsichtigten Zutritt gesichert sind. Satz 1 gilt nicht für Behältnisse oder Geräte, die hochradioaktive Strahlenquellen enthalten.

(3) Schutzbehälter und Aufbewahrungsbehältnisse, die gemäß Absatz 1 gekennzeichnet sind, dürfen nur zur Aufbewahrung von radioaktiven Stoffen verwendet werden.

(4) Kennzeichnungen nach Absatz 1 sind nach einer Freigabe gemäß § 29 oder nach einem Herausbringen aus Strahlenschutzbereichen gemäß § 44 Abs. 3 zu entfernen.

(5) Alle Vorratsbehälter, die radioaktive Stoffe in offener Form von mehr als dem 10(hoch)4fachen der Werte der Anlage III Tabelle 1 Spalte 2 enthalten, müssen so gekennzeichnet sein, dass folgende Einzelheiten feststellbar sind:

1. Radionuklid,

2. chemische Verbindung,

3. Tag der Abfüllung,

4. Aktivität am Tag der Abfüllung oder an einem daneben besonders zu bezeichnenden Stichtag und

5. Strahlenschutzverantwortlicher zum Zeitpunkt der Abfüllung.

Kennnummern, Zeichen und sonstige Abkürzungen dürfen dabei nur verwendet werden, wenn diese allgemein bekannt oder ohne weiteres aus der Buchführung nach § 70 Abs. 1 Satz 1 Nr. 2 zu entnehmen sind. Die Sätze 1 und 2 sind auch auf Vorrichtungen anzuwenden, die radioaktive Stoffe in umschlossener oder festhaftend in offener Form von mehr als dem 10(hoch)5fachen der Werte der Anlage III Tabelle 1 Spalte 2 enthalten.

(6) Bauartzugelassene Vorrichtungen, in die sonstige radioaktive Stoffe nach § 2 Abs. 1 des Atomgesetzes eingefügt sind, sind neben der Kennzeichnung nach Absatz 1 Nr. 5 so zu kennzeichnen, dass die enthaltenen Radionuklide und deren Aktivität zum Zeitpunkt der Herstellung ersichtlich sind, soweit dies nach Größe und Beschaffenheit der Vorrichtung möglich ist.

### § 69 Abgabe radioaktiver Stoffe

(1) Stoffe, mit denen nur aufgrund einer Genehmigung nach den §§ 6, 7 oder 9 des Atomgesetzes oder nach § 7 Abs. 1 oder § 11 Abs. 2 dieser Verordnung umgegangen werden darf, dürfen im Geltungsbereich des Atomgesetzes nur an Personen abgegeben werden, die die erforderliche Genehmigung besitzen.

(2) Wer umschlossene radioaktive Stoffe an einen anderen zur weiteren Verwendung abgibt, hat dem Erwerber zu bescheinigen, dass die Umhüllung dicht und kontaminationsfrei ist. Die Bescheinigung muss die die Prüfung ausführende Stelle sowie Datum, Art und Ergebnis der Prüfung enthalten. Satz 1 findet keine Anwendung, wenn der abzugebende radioaktive Stoff nicht weiter als umschlossener radioaktiver Stoff verwendet werden soll. Hochradioaktive Strahlenquellen dürfen nur abgegeben werden, wenn ihnen eine Dokumentation des Herstellers beigefügt ist, die

1. die Identifizierungsnummer,

2. Angaben über die Art und die Aktivität der Strahlenquelle und

3. Fotografien oder technische Zeichnungen

    a) des Typs der Strahlenquelle,

b) eines typischen Schutzbehälters oder Aufbewahrungsbehältnisses und

c) eines typischen Transportbehälters

enthält.

(3) Wer radioaktive Stoffe zur Beförderung oder Weiterbeförderung auf öffentlichen oder der Öffentlichkeit zugänglichen Verkehrswegen abgibt, hat unbeschadet des § 75 dafür zu sorgen, dass sie durch Personen befördert werden, die nach § 4 des Atomgesetzes oder nach § 16 oder § 17 dieser Verordnung berechtigt sind, die Stoffe zu befördern. Wer die Stoffe zur Beförderung abgibt, hat ferner dafür zu sorgen, dass sie bei der Übergabe unter Beachtung der für die jeweilige Beförderungsart geltenden Rechtsvorschriften verpackt sind. Fehlen solche Rechtsvorschriften, sind die Stoffe gemäß den Anforderungen, die sich nach dem Stand von Wissenschaft und Technik für die beabsichtigte Art der Beförderung ergeben, zu verpacken. Zur Weiterbeförderung dürfen die Stoffe nur abgegeben werden, wenn die Verpackung unversehrt ist.

(4) Wer radioaktive Stoffe befördert, hat dafür zu sorgen, dass diese Stoffe nur an den Empfänger oder an eine von diesem zum Empfang berechtigte Person übergeben werden. Bis zu der Übergabe hat er für den erforderlichen Schutz gegen Abhandenkommen, Störmaßnahmen oder sonstige Einwirkung Dritter zu sorgen.

(5) Hochradioaktive Strahlenquellen, mit denen nicht mehr umgegangen wird oder umgegangen werden soll, sind nach Beendigung des Gebrauchs an den Hersteller, den Verbringer oder einen anderen Genehmigungsinhaber abzugeben oder als radioaktiver Abfall abzuliefern oder zwischenzulagern.

### § 70 Buchführung und Mitteilung

(1) Wer mit radioaktiven Stoffen umgeht, hat

1. der zuständigen Behörde Gewinnung, Erzeugung, Erwerb, Abgabe und den sonstigen Verbleib von radioaktiven Stoffen innerhalb eines Monats unter Angabe von Art und Aktivität mitzuteilen,

2. über Gewinnung, Erzeugung, Erwerb, Abgabe und den sonstigen Verbleib von radioaktiven Stoffen unter Angabe von Art und Aktivität Buch zu führen und

3. der zuständigen Behörde den Bestand an radioaktiven Stoffen mit Halbwertszeiten von mehr als 100 Tagen am Ende jedes Kalenderjahres innerhalb eines Monats mitzuteilen.

Satz 1 gilt nicht für Tätigkeiten, die nach § 8 Abs. 1 keiner Genehmigung bedürfen. Für hochradioaktive Strahlenquellen sind zusätzlich zu den Angaben nach Satz 1 dem Register über hochradioaktive Strahlenquellen beim Bundesamt für Strahlenschutz in gesicherter elektronischer Form

1. mit dem vollständig ausgefüllten Standarderfassungsblatt nach Anlage XV Erwerb und Abgabe sowie Änderungen der nach dieser Anlage erfassten Angaben unverzüglich und

2. mit einem aktualisierten Standarderfassungsblatt nach Anlage XV unter der dortigen Nummer 6 das Datum der Prüfung nach § 66 Abs. 4 Satz 2 binnen Monatsfrist

mitzuteilen. Die zuständige Behörde ist über die Mitteilung nach Satz 3 unverzüglich zu informieren.

(2) Die Masse der Stoffe, für die eine wirksame Feststellung nach § 29 Abs. 3 Satz 1 getroffen wurde, ist unter Angabe der jeweiligen Freigabeart gemäß § 29 Abs. 2 Satz 2 Nr. 1 oder 2 oder Satz 3 und im Fall des § 29 Abs. 2 Satz 2 Nr. 2 unter Angabe des tatsächlichen Verbleibs der zuständigen Behörde jährlich mitzuteilen.

(3) Über die Stoffe, für die eine wirksame Feststellung nach § 29 Abs. 3 Satz 1 getroffen wurde, ist Buch zu führen. Dabei sind die getroffenen Festlegungen nach den Anlagen III und IV anzugeben, insbesondere die spezifische Aktivität, die Masse, die Radionuklide, das Frei-

messverfahren, die Mittelungsmasse, die Mittelungsfläche und der Zeitpunkt der Feststellung.

(4) Der Mitteilung nach Absatz 1 Satz 1 Nr. 1 über den Erwerb umschlossener radioaktiver Stoffe ist die Bescheinigung nach § 69 Abs. 2 beizufügen.

(5) Die zuständige Behörde kann im Einzelfall von der Buchführungs- und Mitteilungspflicht ganz oder teilweise befreien, wenn dadurch eine Gefährdung von Mensch und Umwelt nicht eintreten kann und es sich nicht um Mitteilungs- oder Buchführungspflichten nach Absatz 1 Satz 3 oder Absatz 2 oder Absatz 3 handelt.

(5a) Die zuständige Behörde prüft binnen Monatsfrist die nach Absatz 1 Satz 3 übermittelten Daten auf Vollständigkeit und Übereinstimmung mit der erteilten Genehmigung nach § 9 des Atomgesetzes oder § 7 dieser Verordnung und kennzeichnet sie bei positiver Feststellung als geprüft und richtig.

(6) Die Unterlagen nach Absatz 1 Satz 1 Nr. 2 und Absatz 3 Satz 1 sind 30 Jahre ab dem Zeitpunkt der Gewinnung, der Erzeugung, des Erwerbs, der Abgabe, des sonstigen Verbleibs oder der Feststellung aufzubewahren und auf Verlangen der zuständigen Behörde bei dieser zu hinterlegen. Im Falle einer Beendigung der Tätigkeit vor Ablauf der Aufbewahrungsfrist nach Satz 1 sind die Unterlagen unverzüglich einer von der zuständigen Behörde bestimmten Stelle zu übergeben.

### § 71 Abhandenkommen, Fund, Erlangung der tatsächlichen Gewalt

(1) Der bisherige Inhaber der tatsächlichen Gewalt über radioaktive Stoffe, deren Aktivität die Freigrenzen der Anlage III Tabelle 1 Spalte 2 und 3 überschreitet, hat der atomrechtlichen Aufsichtsbehörde oder der für die öffentliche Sicherheit oder Ordnung zuständigen Behörde das Abhandenkommen dieser Stoffe unverzüglich mitzuteilen. Zusätzlich zur Mitteilung nach Satz 1 ist das Abhandenkommen einer hochra-

dioaktiven Strahlenquelle unverzüglich dem Register über hochradioaktive Strahlenquellen beim Bundesamt für Strahlenschutz in elektronischer Form mit dem Standarderfassungsblatt der Anlage XV unter Nummer 10 mitzuteilen. Die zuständige Behörde ist über die Mitteilung nach Satz 2 unverzüglich zu informieren. Satz 2 gilt auch bei Wiederauffinden einer hochradioaktiven Strahlenquelle. Der Inhaber einer Genehmigung nach den §§ 6, 7 oder § 9 des Atomgesetzes, eines Planfeststellungsbeschlusses nach § 9b des Atomgesetzes oder einer Genehmigung nach § 7 oder § 11 Absatz 2 dieser Verordnung hat über Satz 1 hinaus auch das Abhandenkommen radioaktiver Stoffe, die im Rahmen der Genehmigung angefallen sind oder mit denen auf Grund einer Genehmigung umgegangen wird, den in Satz 1 genannten Behörden mitzuteilen, wenn die Aktivität der abhandengekommenen Stoffe die Werte der Anlage III Tabelle 1 Spalte 2 und 5 überschreitet. Die in Satz 1 genannten Behörden unterrichten sich jeweils wechselseitig unverzüglich über die von ihnen entgegengenommene Mitteilung.

(2) Wer

1. radioaktive Stoffe findet oder

2. ohne seinen Willen die tatsächliche Gewalt über radioaktive Stoffe erlangt oder

3. die tatsächliche Gewalt über radioaktive Stoffe erlangt hat, ohne zu wissen, dass diese Stoffe radioaktiv sind,

hat dies der atomrechtlichen Aufsichtsbehörde oder der für die öffentliche Sicherheit oder Ordnung zuständigen Behörde unverzüglich mitzuteilen, sobald er von der Radioaktivität dieser Stoffe Kenntnis erlangt. Satz 1 gilt nicht, wenn die Aktivität der radioaktiven Stoffe die Werte der Anlage III Tabelle 1 Spalte 2 oder 3 nicht überschreitet. Die zuständige Behörde teilt den Fund einer hochradioaktiven Strahlenquelle unter Bezugnahme der Nummer 10 des Standarderfassungsblatts der Anlage XV dem Register über hochradioaktive Strahlenquellen beim Bundesamt für Strahlenschutz in elektronischer

Form unverzüglich, spätestens an dem auf die Kenntnisnahme folgenden zweiten Werktag mit. Die in Satz 1 genannten Behörden unterrichten sich jeweils wechselseitig unverzüglich über die von ihnen entgegengenommene Mitteilung.

(3) Absatz 2 gilt auch für den, der als Inhaber einer Wasserversorgungsanlage oder einer Abwasseranlage die tatsächliche Gewalt über Wasser erlangt, das radioaktive Stoffe enthält, wenn die Aktivitätskonzentration radioaktiver Stoffe im Kubikmeter Wasser von

1. Wasserversorgungsanlagen das Dreifache oder

2. Abwasseranlagen das 60fache

der Werte der Anlage VII Teil D Nr. 2 übersteigt.

(4) Einer Genehmigung nach den §§ 4, 6 oder 9 des Atomgesetzes oder nach § 7 Abs. 1 oder § 16 Abs. 1 dieser Verordnung bedarf nicht, wer in den Fällen des Absatzes 2 oder 3 nach unverzüglicher Mitteilung die radioaktiven Stoffe bis zur Entscheidung der zuständigen Behörde oder auf deren Anordnung lagert oder aus zwingenden Gründen zum Schutz von Leben und Gesundheit befördert oder handhabt.

## Abschnitt 9
## Radioaktive Abfälle

### § 72 Planung für Anfall und Verbleib radioaktiver Abfälle

Wer eine Tätigkeit nach § 2 Abs. 1 Nr. 1 Buchstabe a, c oder d plant oder ausübt, hat

1. den erwarteten jährlichen Anfall von radioaktiven Abfällen für die Dauer der Betriebszeit abzuschätzen und der Behörde unter Angabe des geplanten Verbleibs der radioaktiven Abfälle mitzuteilen und

2. den Verbleib radioaktiver Abfälle nachzuweisen und hierzu

a) den erwarteten Anfall an radioaktiven Abfällen für das nächste Jahr erstmals

ab Betriebsbeginn, danach ab Stichtag abzuschätzen und dabei Angaben über den Verbleib zu machen und

b) den Anfall radioaktiver Abfälle seit dem letzten Stichtag und den Bestand zum Stichtag anzugeben.

Die Angaben nach Satz 1 Nr. 2 sind jeweils zum Stichtag 31. Dezember fortzuschreiben und bis zum darauf folgenden 31. März der zuständigen Behörde vorzulegen. Sie sind unverzüglich fortzuschreiben und der zuständigen Behörde vorzulegen, falls sich wesentliche Änderungen ergeben. Die Sätze 1 bis 3 gelten nicht für bestrahlte Brennelemente und für radioaktive Abfälle, die nach § 76 Abs. 4 an Landessammelstellen abzuliefern sind, soweit sie unbehandelt sind. Abweichend von Satz 4 gelten die Sätze 1 bis 3 entsprechend für denjenigen, der radioaktive Abfälle im Sinne des Satzes 4 von Abfallverursachern übernimmt und hierdurch selbst ablieferungspflichtig wird.

### § 73 Erfassung

(1) Wer eine Tätigkeit nach § 2 Abs. 1 Nr. 1 Buchstabe a, c oder d ausübt, hat die radioaktiven Abfälle nach Anlage X Teil A und B zu erfassen und bei Änderungen die Erfassung zu aktualisieren. Besitzt ein anderer als der nach § 9a Abs. 1 des Atomgesetzes Verpflichtete die Abfälle, so hat der Besitzer bei Änderungen der erfassten Angaben diese Änderungen nach Anlage X Teil A und B zu erfassen und die erfassten Angaben dem Abfallverursacher bereitzustellen.

(2) Die erfassten Angaben sind in einem von dem nach § 9a Abs. 1 des Atomgesetzes Verpflichteten einzurichtenden elektronischen Buchführungssystem so aufzuzeichnen, dass auf Anfrage der zuständigen Behörde die erfassten Angaben unverzüglich bereitgestellt werden können. Das Buchführungssystem bedarf der Zustimmung der zuständigen Behörde.

(3) Die Angaben im Buchführungssystem nach Absatz 2 sind zu aktualisieren und nach Ablie-

ferung der jeweiligen radioaktiven Abfälle an die Landessammelstelle oder an eine Anlage des Bundes zur Sicherstellung und zur Endlagerung radioaktiver Abfälle für mindestens ein Jahr bereitzuhalten.

(4) § 72 Satz 4 und 5 gilt entsprechend.

## § 74 Behandlung und Verpackung

(1) Die zuständige Behörde oder eine von ihr bestimmte Stelle kann die Art der Behandlung und Verpackung radioaktiver Abfälle vor deren Ablieferung anordnen und einen Nachweis über die Einhaltung dieser Anordnung verlangen. Die nach dem Atomgesetz für die Sicherstellung und Endlagerung radioaktiver Abfälle zuständige Behörde legt alle sicherheitstechnischen Anforderungen an Abfallgebinde, die für die Endlagerung bestimmt sind, sowie die Vorgaben für die Behandlung der darin enthaltenen Abfälle fest und stellt die Endlagerfähigkeit der nach diesen Anforderungen und Vorgaben hergestellten Abfallgebinde fest.

(2) Bei der Behandlung und Verpackung radioaktiver Abfälle zur Herstellung endlagerfähiger Abfallgebinde sind Verfahren anzuwenden, deren Anwendung das Bundesamt für Strahlenschutz zugestimmt hat. Sofern nach § 76 Abs. 4 an Landessammelstellen abgelieferte radioaktive Abfälle nach Absatz 1 Satz 2 behandelt und verpackt wurden, trägt der Bund die Kosten, die sich aus einer nachträglichen Änderung der Anforderungen und Vorgaben ergeben. § 72 Satz 4 und 5 gilt entsprechend.

(3) Abfallbehälter oder sonstige Einheiten sind mit einer Kennzeichnung nach Anlage X Teil B zu versehen. § 72 Satz 4 und 5 gilt entsprechend.

(4) Anforderungen auf der Grundlage des Gefahrgutbeförderungsgesetzes bleiben unberührt.

## § 75 Pflichten bei der Abgabe radioaktiver Abfälle

(1) Wer radioaktive Abfälle abgibt, hat vorher eine schriftliche Erklärung des Empfängers über dessen Annahmebereitschaft einzuholen. Er hat dem Empfänger dabei die Angaben nach § 73 Abs. 1 zu überlassen.

(2) Wer radioaktive Abfälle zur Beförderung abgibt, hat dies der für ihn zuständigen Behörde mindestens fünf Arbeitstage vor Beginn der Beförderung mitzuteilen. In die Mitteilung sind die Angaben nach Anlage X Teil C aufzunehmen. Ein Abdruck der Mitteilung ist gleichzeitig dem Empfänger zuzusenden. Kann der Beförderungstermin in der Meldung nicht verbindlich genannt werden, ist dieser mindestens zwei Arbeitstage vor dem Beginn der Beförderung entsprechend der Sätze 1 und 2 nachzumelden. Die Sätze 1 und 2 gelten entsprechend auch für den Empfänger, falls die für ihn zuständige Behörde mit der für den Abgebenden zuständigen Behörde nicht identisch ist.

(3) Der Empfänger hat

1.  unverzüglich den nach Absatz 2 erhaltenen Abdruck der Mitteilung nach Anlage X Teil C auf Unstimmigkeiten zwischen den Angaben und dem beförderten Gut zu prüfen und Unstimmigkeiten der für ihn zuständigen Behörde mitzuteilen,

2.  den Abgebenden unverzüglich schriftlich über die Annahme der radioaktiven Abfälle zu unterrichten und

3.  die Angaben nach § 75 Abs. 1 in sein Buchführungssystem zu übernehmen.

(4) Mitteilungen nach Absatz 2 sind bei einer Verbringung nach § 5 Abs. 2 der Atomrechtlichen Abfallverbringungsverordnung nicht erforderlich.

(5) § 72 Satz 4 und 5 gilt entsprechend.

## § 76 Ablieferung

(1) Radioaktive Abfälle sind an eine Anlage des Bundes zur Sicherstellung und zur Endlagerung radioaktiver Abfälle abzuliefern, wenn sie

1. bei der staatlichen Verwahrung von Kernbrennstoffen nach § 5 des Atomgesetzes,

2. bei der Aufbewahrung nach § 6 des Atomgesetzes,

3. in den nach § 7 des Atomgesetzes genehmigungsbedürftigen Anlagen oder

4. bei Tätigkeiten nach § 9 des Atomgesetzes oder

5. bei Tätigkeiten, die nur aufgrund von § 2 Abs. 3 des Atomgesetzes nicht dem § 9 des Atomgesetzes unterfallen,

entstanden sind.

(2) Absatz 1 findet auch Anwendung auf radioaktive Abfälle aus einem Umgang nach § 7 Abs. 1, wenn dieser im Zusammenhang mit einer der Tätigkeiten nach Absatz 1 erfolgt oder wenn sich gemäß § 7 Abs. 2 eine nach dem Atomgesetz erteilte Genehmigung auch auf einen Umgang nach § 7 Abs. 1 erstreckt.

(3) Andere radioaktive Abfälle dürfen an eine Anlage des Bundes zur Sicherstellung und zur Endlagerung radioaktiver Abfälle nur abgeliefert werden, wenn die für den Abfallerzeuger zuständige Landesbehörde dies zugelassen hat. Im Fall der Zulassung entfällt die Ablieferungspflicht nach Absatz 4.

(4) Radioaktive Abfälle sind an eine Landessammelstelle abzuliefern, wenn sie

1. aus einem Umgang nach § 7 Abs. 1 oder

2. aus einem genehmigungsbedürftigen Betrieb von Anlagen zur Erzeugung ionisierender Strahlen

stammen, es sei denn, diese Abfälle sind nach Absatz 1 Nr. 5 an eine Anlage des Bundes zur Sicherstellung und zur Endlagerung radioaktiver Abfälle abzuliefern.

(5) Die in den Absätzen 1 und 2 genannten radioaktiven Abfälle dürfen an eine Landessammelstelle nur abgeliefert werden, wenn die für den Abfallerzeuger zuständige Landesbehörde dies zugelassen hat. Im Fall der Zulassung entfällt die Ablieferungspflicht nach Absatz 1 oder 2.

(6) Die Landessammelstelle führt die bei ihr zwischengelagerten radioaktiven Abfälle grundsätzlich an eine Anlage des Bundes zur Sicherstellung und zur Endlagerung radioaktiver Abfälle ab.

## § 77 Ausnahmen von der Ablieferungspflicht

Die Ablieferungspflicht nach § 76 bezieht sich nicht auf radioaktive Abfälle, soweit deren anderweitige Beseitigung oder Abgabe im Einzelfall oder für einzelne Abfallarten im Einvernehmen mit der für den Empfänger der radioaktiven Abfälle zuständigen Behörde angeordnet oder genehmigt worden ist. Sie ruht, solange über einen Antrag auf Freigabe nach § 29 noch nicht entschieden oder eine anderweitige Zwischenlagerung der radioaktiven Abfälle angeordnet oder genehmigt ist.

## § 78 Zwischenlagerung

Bis zur Inbetriebnahme von Anlagen des Bundes zur Sicherstellung und zur Endlagerung radioaktiver Abfälle sind die nach § 76 Abs. 1 oder 2 abzuliefernden radioaktiven Abfälle vom Ablieferungspflichtigen zwischenzulagern; die zwischengelagerten radioaktiven Abfälle werden nach Inbetriebnahme dieser Anlagen von deren Betreiber abgerufen. Die Zwischenlagerung kann auch von mehreren Ablieferungspflichtigen gemeinsam oder durch Dritte erfolgen.

## § 79 Umgehungsverbot

Niemand darf sich den Pflichten aus den §§ 72 bis 78 dadurch entziehen, dass er radioaktive Abfälle aus genehmigungsbedürftigen Tätigkeiten nach § 2 Abs. 1 Nr. 1 ohne Genehmigung unter Inanspruchnahme der Regelung des § 8 Abs. 1 durch Verdünnung oder Aufteilung in Freigrenzenmengen beseitigt, beseitigen lässt oder deren Beseitigung ermöglicht. § 29 Abs. 2 Satz 4 bleibt unberührt.

## Kapitel 4
### Besondere Anforderungen bei der medizinischen Anwendung radioaktiver Stoffe und ionisierender Strahlung

### Abschnitt 1
### Heilkunde und Zahnheilkunde

### § 80 Rechtfertigende Indikation

(1) Radioaktive Stoffe oder ionisierende Strahlung dürfen unmittelbar am Menschen in Ausübung der Heilkunde oder Zahnheilkunde nur angewendet werden, wenn eine Person nach § 82 Abs. 1 Nr. 1 hierfür die rechtfertigende Indikation gestellt hat. Die rechtfertigende Indikation erfordert die Feststellung, dass der gesundheitliche Nutzen einer Anwendung am Menschen gegenüber dem Strahlenrisiko überwiegt. Andere Verfahren mit vergleichbarem gesundheitlichem Nutzen, die mit keiner oder einer geringeren Strahlenexposition verbunden sind, sind bei der Abwägung zu berücksichtigen. Eine rechtfertigende Indikation nach Satz 1 ist auch dann zu stellen, wenn eine Anforderung eines überweisenden Arztes vorliegt. § 23 bleibt unberührt.

(2) Der die rechtfertigende Indikation stellende Arzt hat vor der Anwendung, erforderlichenfalls in Zusammenarbeit mit einem überweisenden Arzt, die verfügbaren Informationen über bisherige medizinische Erkenntnisse heranzuziehen, um jede unnötige Strahlenexposition zu vermeiden. Patienten sind über frühere medizinische Anwendungen von radioaktiven Stoffen oder ionisierender Strahlung, die für die vorgesehene Anwendung von Bedeutung sind, zu befragen.

(3) Vor einer Anwendung radioaktiver Stoffe oder ionisierender Strahlung hat der anwendende Arzt gebärfähige Frauen, erforderlichenfalls in Zusammenarbeit mit einem überweisenden Arzt, zu befragen, ob eine Schwangerschaft besteht oder bestehen könnte oder ob sie stillen. Bei bestehender oder nicht auszuschließender Schwangerschaft ist die Dringlichkeit der Anwendung besonders zu prüfen. Bei Anwendung offener radioaktiver Stoffe gilt Satz 2 entsprechend für stillende Frauen.

### § 81 Beschränkung der Strahlenexposition

(1) Die durch ärztliche Untersuchungen bedingte Strahlenexposition ist so weit einzuschränken, wie dies mit den Erfordernissen der medizinischen Wissenschaft zu vereinbaren ist. Ist bei Frauen trotz bestehender oder nicht auszuschließender Schwangerschaft die Anwendung radioaktiver Stoffe oder ionisierender Strahlung geboten, sind alle Möglichkeiten zur Herabsetzung der Strahlenexposition der Schwangeren und insbesondere des ungeborenen Kindes auszuschöpfen. Bei Anwendung offener radioaktiver Stoffe gilt Satz 2 entsprechend für stillende Frauen.

(2) Bei der Untersuchung von Menschen sind diagnostische Referenzwerte zugrunde zu legen. Eine Überschreitung der diagnostischen Referenzwerte ist schriftlich zu begründen. Das Bundesamt für Strahlenschutz erstellt und veröffentlicht die diagnostischen Referenzwerte.

(3) Vor der Anwendung radioaktiver Stoffe oder ionisierender Strahlung zur Behandlung am Menschen muss von einem Arzt nach § 82 Abs. 1 Nr. 1 und einem Medizinphysik-Experten ein auf den Patienten bezogener Bestrahlungsplan schriftlich festgelegt werden. Die Dosis im Zielvolumen ist bei jeder zu behandelnden Person nach den Erfordernissen der medizinischen Wissenschaft individuell festzulegen; die Dosis außerhalb des Zielvolumens ist so niedrig zu halten, wie dies unter Berücksichtigung des Behandlungszwecks möglich ist.

(4) Die Vorschriften über Dosisgrenzwerte und über die physikalische Strahlenschutzkontrolle nach den §§ 40 bis 44 gelten nicht für Personen, an denen in Ausübung der Heilkunde oder Zahnheilkunde radioaktive Stoffe oder ionisierende Strahlung angewendet werden.

(5) Helfende Personen sind über die möglichen Gefahren der Strahlenexposition vor dem Betreten des Kontrollbereichs zu unterrichten. Es sind Maßnahmen zu ergreifen, um ihre Strahlenexposition zu beschränken. Absatz 4, § 40 Abs. 1 Satz 1 und § 42 Abs. 1 Satz 1 gelten entsprechend für helfende Personen.

(6) Dem Patienten oder der helfenden Person sind nach der Untersuchung oder Behandlung mit radioaktiven Stoffen geeignete schriftliche Hinweise auszuhändigen, wie die Strahlenexposition oder Kontamination der Angehörigen, Dritter und der Umwelt möglichst gering gehalten oder vermieden werden kann, soweit dies aus Gründen des Strahlenschutzes erforderlich ist. Satz 1 findet keine Anwendung, wenn eine solche Strahlenexposition oder Kontamination ausgeschlossen werden kann oder der Patient weiter stationär behandelt wird.

(7) Es ist dafür zu sorgen, dass für die ausschließliche Anwendung radioaktiver Stoffe oder ionisierender Strahlung am Menschen bestimmte Anlagen zur Erzeugung ionisierender Strahlen, Bestrahlungsvorrichtungen oder sonstige Geräte oder Ausrüstungen nur in dem Umfang vorhanden sind, wie sie für die ordnungsgemäße Durchführung medizinischer Anwendungen erforderlich sind.

### § 82 Anwendung radioaktiver Stoffe oder ionisierender Strahlung am Menschen

(1) In der Heilkunde oder Zahnheilkunde dürfen radioaktive Stoffe oder ionisierende Strahlung am Menschen nur angewendet werden von

1. Personen, die als Ärzte oder Zahnärzte approbiert sind oder denen die Ausübung des ärztlichen Berufs erlaubt ist und die die erforderliche Fachkunde im Strahlenschutz besitzen,

2. Personen, die als Ärzte oder Zahnärzte approbiert sind oder denen die Ausübung des ärztlichen oder zahnärztlichen Berufs erlaubt ist und die nicht die erforderliche Fachkunde im Strahlenschutz besitzen, wenn sie auf ihrem speziellen Arbeitsgebiet über die für den Umgang mit radioaktiven Stoffen und die Anwendung ionisierender Strahlung erforderlichen Kenntnisse im Strahlenschutz verfügen und unter ständiger Aufsicht und Verantwortung einer der unter Nummer 1 genannten Personen tätig sind.

(2) Die technische Mitwirkung bei der Anwendung radioaktiver Stoffe oder ionisierender Strahlung am Menschen in der Heilkunde oder Zahnheilkunde ist neben den Personen nach Absatz 1 ausschließlich

1. Personen mit einer Erlaubnis nach § 1 Absatz 1 Nummer 2 des MTA-Gesetzes vom 2. August 1993 (BGBl. I S. 1402), das zuletzt durch Artikel 23 des Gesetzes vom 2. Dezember 2007 (BGBl. I S. 2686) geändert worden ist,

2. Personen mit einer staatlich geregelten, staatlich anerkannten oder staatlich überwachten erfolgreich abgeschlossenen Ausbildung, wenn die technische Mitwirkung Gegenstand ihrer Ausbildung und Prüfung war und sie die erforderliche Fachkunde im Strahlenschutz besitzen,

3. Personen, die sich in einer die erforderlichen Voraussetzungen zur technischen Mitwirkung vermittelnden beruflichen Ausbildung befinden, wenn sie unter ständiger Aufsicht und Verantwortung einer Person nach Absatz 1 Nr. 1 Arbeiten ausführen, die ihnen im Rahmen ihrer Ausbildung übertragen sind, und sie die erforderlichen Kenntnisse im Strahlenschutz besitzen,

4. Personen mit einer erfolgreich abgeschlossenen sonstigen medizinischen Ausbildung, wenn sie unter ständiger Aufsicht und Verantwortung einer Person nach Ab-

satz 1 Nr. 1 tätig sind und die erforderlichen Kenntnisse im Strahlenschutz besitzen,

5. Medizinphysik-Experten, wenn sie unter ständiger Aufsicht und Verantwortung einer Person nach Absatz 1 Nummer 1 tätig sind,

erlaubt.

(3) Für häufig vorgenommene Untersuchungen und Behandlungen sind schriftliche Arbeitsanweisungen zu erstellen. Diese sind zur jederzeitigen Einsicht durch die bei diesen Untersuchungen und Behandlungen tätigen Personen bereitzuhalten und auf Anforderung der zuständigen Behörde zu übersenden.

(4) Für Behandlungen mit radioaktiven Stoffen oder ionisierender Strahlung ist ein Medizinphysik-Experte zu enger Mitarbeit hinzuzuziehen. Bei nuklearmedizinischen Untersuchungen oder bei Standardbehandlungen mit radioaktiven Stoffen muss ein Medizinphysik-Experte, insbesondere zur Optimierung und Qualitätssicherung bei der Anwendung radioaktiver Stoffe, verfügbar sein.

### § 83 Qualitätssicherung bei der medizinischen Strahlenanwendung

(1) Zur Qualitätssicherung der medizinischen Strahlenanwendung bestimmt die zuständige Behörde ärztliche Stellen. Den von den ärztlichen Stellen durchzuführenden Prüfungen zur Qualitätssicherung der medizinischen Strahlenanwendung unterliegen die Genehmigungsinhaber nach den §§ 7 und 11 für die Anwendungen radioaktiver Stoffe oder ionisierender Strahlung am Menschen. Die zuständige Behörde legt fest, in welcher Weise die ärztlichen Stellen die Prüfungen durchführen, mit denen sichergestellt wird, dass bei der Anwendung radioaktiver Stoffe oder ionisierender Strahlung am Menschen die Erfordernisse der medizinischen Wissenschaft beachtet werden und die angewendeten Verfahren und eingesetzten Anlagen zur Erzeugung ionisierender Strahlen, Bestrahlungsvorrichtungen, sonstige Geräte oder Ausrüstungen den nach dem Stand von Wissen-

schaft und Technik jeweils notwendigen Qualitätsstandards entsprechen, um dessen Strahlenexposition so gering wie möglich zu halten. Die ärztlichen Stellen haben der zuständigen Behörde

a) die Ergebnisse der Prüfungen nach Satz 3,

b) die beständige, ungerechtfertigte Überschreitung der bei der Untersuchung zu Grunde zu legenden diagnostischen Referenzwerte nach § 81 Abs. 2 Satz 1 und

c) eine Nichtbeachtung der Optimierungsvorschläge nach Absatz 2

mitzuteilen.

Die ärztliche Stelle darf die Ergebnisse der Prüfungen nach Satz 3, ausgenommen die personenbezogenen Daten der untersuchten oder behandelten Personen, an die Stelle weitergeben, die für die Qualitätsprüfung nach dem Neunten Abschnitt des Vierten Kapitels des Fünften Buches Sozialgesetzbuch zuständig ist.

(2) Die ärztliche Stelle hat im Rahmen ihrer Befugnisse nach Absatz 1 die Aufgabe, dem Strahlenschutzverantwortlichen Möglichkeiten zur Optimierung der medizinischen Strahlenanwendung vorzuschlagen und nachzuprüfen, ob und wie weit die Vorschläge umgesetzt werden.

(3) Eine ärztliche Stelle unterliegt im Hinblick auf patientenbezogene Daten der ärztlichen Schweigepflicht.

(4) Die genehmigungsbedürftige Tätigkeit nach § 7 Abs. 1 in Verbindung mit § 9 Abs. 1 und 3 oder § 11 Abs. 2 in Verbindung mit § 14 Abs. 1 und 2 ist bei einer von der zuständigen Behörde bestimmten ärztlichen Stelle anzumelden. Ein Abdruck der Anmeldung ist der zuständigen Behörde zu übersenden. Der ärztlichen Stelle sind auf Verlangen die Unterlagen vorzulegen, die diese zur Erfüllung ihrer Aufgaben nach den Absätzen 1 und 2 benötigt, insbesondere Angaben zu der verabreichten Aktivität und Dosis, den Anlagen zur Erzeugung ionisierender Strahlen, den Bestrahlungsvorrichtungen oder sonstigen verwendeten Geräten

oder Ausrüstungen und Angaben zur Anwendung des § 80. Der ärztlichen Stelle ist auf Verlangen die schriftliche Begründung der Überschreitung der diagnostischen Referenzwerte nach § 81 Abs. 2 Satz 2 vorzulegen.

(5) Bei Anlagen zur Erzeugung ionisierender Strahlen, Bestrahlungsvorrichtungen und sonstigen Geräten einschließlich der Vorrichtungen zur Befundung, die bei der Anwendung radioaktiver Stoffe oder ionisierender Strahlen zur Untersuchung oder Behandlung am Menschen verwendet werden, ist vor der Inbetriebnahme sicherzustellen, dass die für die Anwendung erforderliche Qualität erreicht wird. Zu diesem Zweck hat der Betreiber dafür zu sorgen, dass die Hersteller oder Lieferanten der einzelnen Komponenten eine Abnahmeprüfung durchführen, durch die dies festgestellt wird. Anlagen zur Erzeugung ionisierender Strahlen zur Behandlung von Menschen sind vom Betreiber zusätzlich zu den Abnahmeprüfungen nach Satz 2 einer Prüfung zu unterziehen, die alle eingebundenen Systeme zur Lokalisation, Therapieplanung und Positionierung umfasst. Bei der Abnahmeprüfung sind die Bezugswerte für die betriebsinterne Qualitätssicherung nach Absatz 6 zu bestimmen.

(6) Die bei der Anwendung radioaktiver Stoffe oder ionisierender Strahlen zur Untersuchung oder Behandlung von Menschen verwendeten Anlagen und Geräte sowie die Vorrichtungen zur Befundung sind unbeschadet der Anforderungen des § 66 regelmäßig betriebsintern zur Qualitätssicherung zu überprüfen.

(7) Umfang und Zeitpunkt der Prüfungen nach den Absätzen 5 und 6 sind aufzuzeichnen. Die Aufzeichnungen zu den Prüfungen nach Absatz 5 sind für die Dauer des Betriebes aufzubewahren, mindestens jedoch zwei Jahre, gerechnet von dem Abschluss der nächsten vollständigen Abnahmeprüfung. Die Aufzeichnungen zu den Prüfungen nach Absatz 6 sind zehn Jahre aufzubewahren. Die Aufzeichnungen nach den Sätzen 2 und 3 sind der zuständigen Behörde auf Verlangen vorzulegen.

## § 84 Bestrahlungsräume

Anlagen zur Erzeugung ionisierender Strahlen sowie Bestrahlungsvorrichtungen, deren Aktivität 5 x 10(hoch)10 Becquerel überschreitet, dürfen in Ausübung der Heilkunde oder Zahnheilkunde nur in allseitig umschlossenen Räumen (Bestrahlungsräumen) betrieben werden. Diese müssen so bemessen sein, dass die erforderlichen Verrichtungen ohne Behinderung vorgenommen werden können. Die Bedienungsvorrichtungen, die die Strahlung freigeben, müssen sich in einem Nebenraum außerhalb des Kontrollbereiches befinden. In dem Bestrahlungsraum muss sich mindestens ein Notschalter befinden, mit dem die Anlage abgeschaltet, der Strahlerkopf der Bestrahlungsvorrichtung geschlossen oder der radioaktive Stoff in die Abschirmung eingefahren werden kann. Es muss eine geeignete Ausstattung zur Überwachung des Patienten im Bestrahlungsraum vorhanden sein.

### § 85 Aufzeichnungspflichten

(1) Es ist dafür zu sorgen, dass über die Befragung nach § 80 Abs. 2 Satz 2 und Abs. 3 Satz 1, die Untersuchung und die Behandlung von Patienten Aufzeichnungen nach Maßgabe der Sätze 2 und 3 angefertigt werden. Die Aufzeichnungen müssen enthalten:

1. das Ergebnis der Befragung,

2. den Zeitpunkt, die Art und den Zweck der Untersuchung oder Behandlung, die dem Patienten verabreichten radioaktiven Stoffe nach Art, chemischer Zusammensetzung, Applikationsform, Aktivität,

3. Angaben zur rechtfertigenden Indikation nach § 80 Abs. 1 Satz 1,

4. die Begründung nach § 81 Abs. 2 Satz 2,

4a. bei einer Untersuchung zusätzlich den erhobenen Befund,

5. bei der Behandlung zusätzlich die Körperdosis und den Bestrahlungsplan nach § 81 Abs. 3 Satz 1,

6.  bei der Behandlung mit Bestrahlungsvorrichtungen oder Anlagen zur Erzeugung ionisierender Strahlen zusätzlich das Bestrahlungsprotokoll.

Die Aufzeichnungen sind gegen unbefugten Zugriff und unbefugte Änderungen zu sichern. Aufzeichnungen, die unter Einsatz von Datenverarbeitungsanlagen angefertigt werden, müssen innerhalb der Aufbewahrungsfrist nach Absatz 3 in angemessener Zeit lesbar gemacht werden können.

(2) Der untersuchten oder behandelten Person ist auf ihr Verlangen eine Abschrift der Aufzeichnung nach Absatz 1 Satz 1 auszuhändigen.

(3) Die Aufzeichnungen über die Untersuchung sind zehn Jahre lang, über die Behandlung 30 Jahre lang nach der letzten Untersuchung oder Behandlung aufzubewahren. Die zuständige Behörde kann verlangen, dass im Falle der Praxisaufgabe oder sonstiger Einstellung der Tätigkeit die Aufzeichnungen bei einer von ihr bestimmten Stelle zu hinterlegen sind; dabei ist die ärztliche Schweigepflicht zu wahren.

(4) Wer eine Person mit radioaktiven Stoffen oder ionisierender Strahlung untersucht oder behandelt hat, hat demjenigen, der später eine solche Untersuchung oder Behandlung vornimmt, auf dessen Verlangen Auskunft über die Aufzeichnungen nach Absatz 1 zu erteilen und die sich hierauf beziehenden Unterlagen vorübergehend zu überlassen. Werden die Unterlagen von einer anderen Person aufbewahrt, so hat diese dem Auskunftsberechtigten die Unterlagen vorübergehend zu überlassen.

(5) Das Bundesamt für Strahlenschutz ermittelt regelmäßig die medizinische Strahlenexposition der Bevölkerung und ausgewählter Bevölkerungsgruppen.

(6) Es ist ein aktuelles Verzeichnis der Bestrahlungsvorrichtungen, der Anlagen zur Erzeugung ionisierender Strahlen oder der sonstigen Geräte oder Ausrüstungen zu führen. Das Bestandsverzeichnis nach § 8 der Verord-nung über das Errichten, Betreiben und Anwenden von Medizinprodukten kann hierfür herangezogen werden. Das Bestandsverzeichnis ist der zuständigen Behörde auf Verlangen vorzulegen.

## § 86 Anwendungen am Menschen außerhalb der Heilkunde oder Zahnheilkunde

Für Anwendungen radioaktiver Stoffe oder ionisierender Strahlung am Menschen, die durch andere gesetzliche Regelungen vorgesehen oder zugelassen sind, gelten die §§ 80 bis 85 entsprechend.

## Abschnitt 2
## Medizinische Forschung

## § 87 Besondere Schutz- und Aufklärungspflichten

(1) Die Anwendung von radioaktiven Stoffen oder ionisierender Strahlung am Menschen in der medizinischen Forschung ist nur mit dessen persönlicher Einwilligung zulässig. Der Inhaber der Genehmigung nach § 23 hat eine schriftliche Erklärung des Probanden darüber einzuholen, dass der Proband mit

1.  der Anwendung radioaktiver Stoffe oder ionisierender Strahlung an seiner Person und

2.  den Untersuchungen, die vor, während und nach der Anwendung zur Kontrolle und zur Erhaltung seiner Gesundheit erforderlich sind,

einverstanden ist. Die Erklärung ist nur wirksam, wenn der Proband geschäftsfähig und in der Lage ist, das Risiko der Anwendung der radioaktiven Stoffe oder ionisierenden Strahlung für sich einzusehen und seinen Willen hiernach zu bestimmen. Diese Erklärung und alle im Zusammenhang mit der Anwendung stehenden Einwilligungen können jederzeit vom Probanden formlos widerrufen werden.

(2) Die Anwendung ist ferner nur zulässig, wenn der Proband zuvor eine weitere schriftli-

che Erklärung darüber abgegeben hat, dass er mit

1. der Mitteilung seiner Teilnahme an dem Forschungsvorhaben und

2. der unwiderruflichen Mitteilung der durch die Anwendung erhaltenen Strahlenexpositionen an die zuständige Behörde

einverstanden ist.

(3) Vor Abgabe der Einwilligungen ist der Proband durch den das Forschungsvorhaben leitenden oder einen von diesem beauftragten Arzt über Art, Bedeutung, Tragweite und Risiken der Anwendung der radioaktiven Stoffe oder ionisierenden Strahlung und über die Möglichkeit des Widerrufs aufzuklären. Der Proband ist zu befragen, ob an ihm bereits radioaktive Stoffe oder ionisierende Strahlung zum Zweck der Untersuchung, Behandlung oder außerhalb der Heilkunde oder Zahnheilkunde angewandt worden sind. Über die Aufklärung und die Befragung des Probanden sind Aufzeichnungen anzufertigen.

(4) Der Proband ist vor Beginn der Anwendung radioaktiver Stoffe oder ionisierender Strahlung ärztlich zu untersuchen. Die Aktivität der radioaktiven Stoffe ist vor deren Anwendung zu bestimmen. Die Körperdosis ist durch geeignete Verfahren zu überwachen. Der Zeitpunkt der Anwendung, die Ergebnisse der Überwachungsmaßnahmen und die Befunde sind aufzuzeichnen.

(5) Die Erklärungen nach Absatz 1 Satz 2 und Absatz 2 und die Aufzeichnungen nach Absatz 3 Satz 3 und Absatz 4 Satz 4 sind 30 Jahre lang nach deren Abgabe oder dem Zeitpunkt der Anwendung aufzubewahren und auf Verlangen der zuständigen Behörde vorzulegen. Für die Aufzeichnungen gilt § 85 Abs. 1 Satz 2 bis 4, Abs. 2, Abs. 3 Satz 2 und Abs. 4 entsprechend.

(6) Die Anwendung von radioaktiven Stoffen oder ionisierender Strahlung am Menschen in der medizinischen Forschung darf nur von einer Person nach § 82 Abs. 1 vorgenommen werden.

(7) § 81 Absatz 5 und 6 sowie die §§ 83, 84 und 85 Abs. 5 und 6 gelten entsprechend.

## § 88 Anwendungsverbote und Anwendungsbeschränkungen für einzelne Personengruppen

(1) An schwangeren Frauen dürfen radioaktive Stoffe oder ionisierende Strahlung in der medizinischen Forschung nicht angewendet werden. An stillenden Frauen dürfen radioaktive Stoffe in der medizinischen Forschung nicht angewendet werden. An Personen, die auf gerichtliche oder behördliche Anordnung verwahrt werden, dürfen radioaktive Stoffe oder ionisierende Strahlung in der medizinischen Forschung nicht angewendet werden.

(2) Von der Anwendung ausgeschlossen sind gesunde Probanden, bei denen in den vergangenen zehn Jahren radioaktive Stoffe oder ionisierende Strahlung zu Forschungs- oder Behandlungszwecken angewendet worden sind, wenn durch die erneute Anwendung in der medizinischen Forschung eine effektive Dosis von mehr als 10 Millisievert zu erwarten ist. § 24 Absatz 3 bleibt unberührt.

(3) Die Anwendung radioaktiver Stoffe oder ionisierender Strahlung an gesunden Probanden, die das 50. Lebensjahr nicht vollendet haben, ist nur zulässig, wenn dies ärztlich gerechtfertigt und zur Erreichung des Forschungszieles besonders notwendig ist.

(4) An geschäftsunfähigen und beschränkt geschäftsfähigen Probanden ist die Anwendung radioaktiver Stoffe oder ionisierender Strahlung nur zulässig, wenn

1. das Forschungsziel anders nicht erreicht werden kann,

2. die Anwendung an Probanden erfolgt, bei denen in Bezug auf das genehmigungsbedürftige Forschungsvorhaben eine Krankheit oder ein entsprechender Krankheitsverdacht vorliegt, und die Anwendung geeignet ist, diese Krankheit zu erkennen,

das Leben der betroffenen Person zu retten, ihre Gesundheit wiederherzustellen oder ihr Leiden zu lindern, und

3. der gesetzliche Vertreter oder der Betreuer seine Einwilligung abgegeben hat, nachdem er von dem das Forschungsvorhaben leitenden Arzt über Wesen, Bedeutung, Tragweite und Risiken aufgeklärt worden ist. Ist der geschäftsunfähige oder beschränkt geschäftsfähige Proband in der Lage, Wesen, Bedeutung und Tragweite der Anwendung einzusehen und seinen Willen hiernach zu bestimmen, ist zusätzlich dessen persönliche Einwilligung erforderlich.

Für die Erklärungen nach Satz 1 Nr. 3 gilt § 87 Abs. 1 bis 3 entsprechend.

### § 89 Mitteilungs- und Berichtspflichten

(1) Der zuständigen Aufsichtsbehörde und der Genehmigungsbehörde sind unverzüglich mitzuteilen:

1. jede Überschreitung der Dosisgrenzwerte nach § 24 Absatz 3 und § 88 Absatz 2 Satz 1 unter Angabe der näheren Umstände und

2. die Beendigung der Anwendung radioaktiver Stoffe oder ionisierender Strahlung für die Durchführung des Forschungsvorhabens.

(2) Der zuständigen Aufsichtsbehörde und der Genehmigungsbehörde ist nach Beendigung der Anwendung je ein Abschlussbericht vorzulegen, aus dem die im Einzelfall ermittelte Körperdosis oder die zur Berechnung der Körperdosis relevanten Daten hervorgehen.

### § 90 Schutzanordnung

Ist zu besorgen, dass ein Proband aufgrund einer Überschreitung der genehmigten Dosiswerte für die Anwendung radioaktiver Stoffe oder ionisierender Strahlung in der medizinischen Forschung an der Gesundheit geschädigt wird, so ordnet die zuständige Behörde an, dass er

durch einen Arzt nach § 64 Abs. 1 Satz 1 untersucht wird.

### § 91 Deckungsvorsorge im Falle klinischer Prüfungen

Die Vorsorge zur Erfüllung gesetzlicher Schadensersatzverpflichtungen ist für einen Zeitraum von zehn Jahren nach Beendigung des Forschungsvorhabens zu treffen. Die Regelungen des § 24 Abs. 1 Nr. 10 dieser Verordnung gelten nicht, soweit die Vorgaben der Atomrechtlichen Deckungsvorsorge-Verordnung durch die Vorsorge zur Erfüllung gesetzlicher Schadensersatzverpflichtungen nach den entsprechenden Vorschriften des Arzneimittelgesetzes oder des Medizinproduktegesetzes unter Grund und der Höhe nach erfüllt sind. Im Fall einer Genehmigung nach § 24 Absatz 2 bedarf es keiner Deckungsvorsorge, die über die Probandenversicherung nach dem Arzneimittelgesetz oder nach dem Medizinproduktegesetz hinausgeht.

### § 92 Ethikkommission

Eine im Geltungsbereich dieser Verordnung tätige Ethikkommission muss unabhängig, interdisziplinär besetzt und bei der zuständigen Bundesoberbehörde registriert sein. Ihre Aufgabe ist es, das beantragte Forschungsvorhaben nach ethischen und rechtlichen Gesichtspunkten mit mindestens fünf Mitgliedern mündlich zu beraten und innerhalb von längstens 60 Tagen nach Eingang der erforderlichen Unterlagen eine schriftliche Stellungnahme abzugeben, insbesondere dazu, ob für das beantragte Vorhaben ein zwingendes Bedürfnis im Sinne des § 24 Absatz 1 Nummer 1 besteht.

Bei multizentrischen Studien genügt die Stellungnahme einer Ethikkommission. Eine Registrierung erfolgt nur, wenn in einer veröffentlichten Verfahrensordnung die Mitglieder, die aus medizinischen Sachverständigen und nichtmedizinischen Mitgliedern bestehen und die erforderliche Fachkompetenz aufweisen, das Verfahren und die Anschrift der Ethikkommission aufgeführt sind. Veränderungen der Zusammensetzung der Kommission, des Verfahrens oder der übrigen Festlegungen der Verfahrensordnung sind der für die Registrierung zuständigen Behörde unverzüglich mitzuteilen.

## Kapitel 5
## Anwendung radioaktiver Stoffe oder ionisierender Strahlung in der Tierheilkunde

### § 92a Beschränkung der Strahlenexposition bei Tierbegleitpersonen

Tierbegleitpersonen sind vor dem Betreten des Kontrollbereichs über die möglichen Gefahren der Strahlenexposition zu unterrichten. Es sind Maßnahmen zu ergreifen, um ihre Strahlenexposition zu beschränken. Die Vorschriften über Dosisgrenzwerte und über die physikalische Strahlenschutzkontrolle nach den §§ 40 bis 44, mit Ausnahme von § 40 Absatz 1 Satz 1 und § 42 Absatz 1 Satz 1, gelten nicht für Tierbegleitpersonen.

### § 92b Berechtigte Personen in der Tierheilkunde

(1) Radioaktive Stoffe oder ionisierende Strahlung dürfen in der Tierheilkunde nur angewendet werden von

1. Personen, die zur Ausübung des tierärztlichen, ärztlichen oder zahnärztlichen Berufs berechtigt sind und die erforderliche Fachkunde im Strahlenschutz besitzen,

2. Personen, die zur Ausübung des tierärztlichen, ärztlichen oder zahnärztlichen Berufs berechtigt sind und die nicht die erforderliche Fachkunde im Strahlenschutz besitzen, wenn sie auf ihrem speziellen Arbeitsgebiet über die für die Anwendung erforderlichen Kenntnisse im Strahlenschutz verfügen und unter ständiger Aufsicht und Verantwortung einer der unter Nummer 1 genannten Personen tätig sind.

(2) Neben den in Absatz 1 genannten Personen dürfen ausschließlich die folgenden Personen bei der Anwendung radioaktiver Stoffe oder ionisierender Strahlung in der Tierheilkunde technisch mitwirken:

1. Personen mit einer Erlaubnis nach § 1 Absatz 1 Nummer 2 des MTA-Gesetzes vom 2. August 1993 (BGBl. I S. 1402), das zuletzt durch Artikel 23 des Gesetzes vom 2. Dezember 2007 (BGBl. I S. 2686) geändert worden ist,

2. Personen mit einer staatlich geregelten, staatlich anerkannten oder staatlich überwachten erfolgreich abgeschlossenen Ausbildung, wenn die technische Mitwirkung Gegenstand ihrer Ausbildung und Prüfung war und sie die erforderliche Fachkunde im Strahlenschutz besitzen,

3. Personen, die über die erforderlichen Kenntnisse im Strahlenschutz verfügen, wenn sie unter ständiger Aufsicht und Verantwortung einer Person nach Absatz 1 Nummer 1 tätig sind,

4. Medizinphysik-Experten, wenn sie unter ständiger Aufsicht und Verantwortung einer Person nach Absatz 1 Nummer 1 tätig sind.

(3) Bei der Anwendung von radioaktiven Stoffen oder ionisierender Strahlung am Tier bleiben tierschutzrechtliche Vorschriften unberührt.

## Teil 3
## Schutz von Mensch und Umwelt vor natürlichen Strahlungsquellen bei Arbeiten

## Kapitel 1
## Grundpflichten

### § 93 Dosisbegrenzung

Wer in eigener Verantwortung eine Arbeit der in Kapitel 2 oder Kapitel 4 genannten Art ausübt oder ausüben lässt, hat dafür zu sorgen, dass die Dosisgrenzwerte in den Kapiteln 2 und 4 nicht überschritten werden.

## § 94 Dosisreduzierung

Wer in eigener Verantwortung eine Arbeit der in den Kapiteln 2 bis 4 genannten Art plant, ausübt oder ausüben lässt, hat geeignete Maßnahmen zu treffen, um unter Berücksichtigung aller Umstände des Einzelfalls die Strahlenexposition so gering wie möglich zu halten.

## Kapitel 2
## Anforderungen bei terrestrischer Strahlung an Arbeitsplätzen

### § 95 Natürlich vorkommende radioaktive Stoffe an Arbeitsplätzen

(1) Wer in seiner Betriebsstätte eine Arbeit ausübt oder ausüben lässt, die einem der in Anlage XI genannten Arbeitsfelder zuzuordnen ist, hat je nach Zugehörigkeit des Arbeitsfeldes zu Teil A oder B der Anlage XI innerhalb von sechs Monaten nach Beginn der Arbeiten eine auf den Arbeitsplatz bezogene Abschätzung der Radon-222-Exposition, der potenziellen Alphaenergie-Exposition oder der Körperdosis durchzuführen. Die Abschätzung ist unverzüglich zu wiederholen, wenn der Arbeitsplatz so verändert wird, dass eine höhere Strahlenexposition auftreten kann. Satz 1 gilt auch für denjenigen, der in einer fremden Betriebsstätte in eigener Verantwortung Arbeiten nach Satz 1 ausübt oder unter seiner Aufsicht stehende Personen Arbeiten ausüben lässt. In diesem Fall hat der nach Satz 1 Verpflichtete ihm vorliegende Abschätzungen für den Arbeitsplatz bereitzustellen.

(2) Der nach Absatz 1 Verpflichtete hat der zuständigen Behörde innerhalb von drei Monaten nach Durchführung der Abschätzung nach Absatz 1 Anzeige gemäß Satz 2 zu erstatten, wenn die Abschätzung nach Absatz 1 ergibt, dass die effektive Dosis 6 Millisievert im Kalenderjahr überschreiten kann. Aus der Anzeige müssen die konkrete Art der Arbeit, das betreffende Arbeitsfeld oder die betreffenden Arbeitsfelder, die Anzahl der betroffenen Personen, die eine effektive Dosis von mehr als 6 Millisievert im Kalenderjahr erhalten können, die nach Absatz 10 Satz 1 vorgesehene Ermittlung und die nach § 94 vorgesehenen Maßnahmen hervorgehen. Bei Radonexpositionen ist Absatz 13 zu beachten.

(3) Der nach Absatz 1 Satz 3 Verpflichtete hat dafür zu sorgen, dass er selbst und die unter seiner Aufsicht stehenden Personen in fremden Betriebsstätten anzeigebedürftige Arbeiten nur ausüben, wenn jede Person im Besitz eines vollständig geführten, bei der zuständigen Behörde registrierten Strahlenpasses ist.

(4) Für Personen, die anzeigebedürftige Arbeiten ausüben, beträgt der Grenzwert der effektiven Dosis 20 Millisievert im Kalenderjahr. Der Grenzwert der Organdosis beträgt für die Augenlinse 150 Millisievert, für die Haut, die Hände, die Unterarme, die Füße und Knöchel jeweils 500 Millisievert.

(5) Der Grenzwert für die Summe der in allen Kalenderjahren ermittelten effektiven Dosen beruflich strahlenexponierter Personen beträgt 400 Millisievert. Die zuständige Behörde kann im Benehmen mit einem Arzt nach § 64 Abs. 1 Satz 1 eine weitere berufliche Strahlenexposition zulassen, wenn diese nicht mehr als 10 Millisievert effektive Dosis im Kalenderjahr beträgt und die beruflich strahlenexponierte Person einwilligt. Die Einwilligung ist schriftlich zu erteilen.

(6) Wurde unter Verstoß gegen Absatz 4 Satz 1 oder 2 ein Grenzwert im Kalenderjahr überschritten, so ist eine Weiterbeschäftigung als beruflich strahlenexponierte Person nur zulässig, wenn die Expositionen in den folgenden vier Kalenderjahren unter Berücksichtigung der erfolgten Grenzwertüberschreitung so begrenzt werden, dass die Summe der Dosen das Fünffache des jeweiligen Grenzwertes nicht überschreitet. Ist die Überschreitung eines Grenzwertes so hoch, dass bei Anwendung von Satz 1 die bisherige Beschäftigung nicht fortgesetzt werden kann, kann die Behörde im Benehmen

mit einem Arzt nach § 64 Abs. 1 Satz 1 Ausnahmen von Satz 1 zulassen.

(7) Für Personen unter 18 Jahren beträgt der Grenzwert der effektiven Dosis 6 Millisievert im Kalenderjahr. Der Grenzwert der Organdosis beträgt für die Augenlinse 50 Millisievert, für die Haut, die Hände, die Unterarme, die Füße und Knöchel jeweils 150 Millisievert im Kalenderjahr.

(8) Für ein ungeborenes Kind, das aufgrund der Beschäftigung seiner Mutter einer Strahlenexposition ausgesetzt ist, beträgt der Grenzwert für die Summe der Dosis aus äußerer und innerer Strahlenexposition vom Zeitpunkt der Mitteilung über die Schwangerschaft bis zu deren Ende 1 Millisievert.

(9) Sobald eine Frau, die eine anzeigebedürftige Arbeit nach Anlage XI Teil B ausübt, den nach Absatz 1 Verpflichteten darüber informiert hat, dass sie schwanger ist oder stillt, hat er ihre Arbeitsbedingungen so zu gestalten, dass eine innere berufliche Strahlenexposition ausgeschlossen ist.

(10) Für Personen, die anzeigebedürftige Arbeiten ausüben, hat der nach Absatz 1 Verpflichtete die Radon-222-Exposition oder potenzielle Alphaenergie-Exposition und die Körperdosis auf geeignete Weise durch Messung der Ortsdosis, der Ortsdosisleistung, der Konzentration radioaktiver Stoffe oder Gase in der Luft, der Kontamination des Arbeitsplatzes, der Personendosis, der Körperaktivität oder der Aktivität der Ausscheidung nach Maßgabe des Satzes 3 zu ermitteln. Radon-222-Exposition und die potenzielle Alphaenergie-Exposition können auch durch direkte Messung ermittelt werden. Die Ermittlungsergebnisse müssen spätestens neun Monate nach erfolgter Strahlenexposition der die anzeigebedürftige Arbeit ausführenden Person vorliegen. Für die Messungen kann die zuständige Behörde die anzuwendenden Messmethoden und Messverfahren festlegen und für Messungen Messstellen bestimmen. § 41 Abs. 8 gilt entsprechend. Die zuständige Behörde kann bei unterbliebener

oder fehlerhafter Ermittlung eine Ersatzdosis festlegen.

(11) Der nach Absatz 1 Verpflichtete darf Personen, die anzeigebedürftige Arbeiten ausüben, eine Beschäftigung oder Weiterbeschäftigung nur erlauben, wenn sie innerhalb des jeweiligen Kalenderjahrs von einem Arzt nach § 64 Abs. 1 Satz 1 untersucht worden sind und dem nach Absatz 1 Verpflichteten eine von diesem Arzt ausgestellte Bescheinigung vorliegt, nach der der Beschäftigung keine gesundheitlichen Bedenken entgegenstehen. Satz 1 gilt entsprechend für Personen, die in eigener Verantwortung in eigener oder in einer anderen Betriebsstätte Arbeiten ausüben. § 60 Abs. 3 und die §§ 61 und 62 gelten entsprechend. Die in entsprechender Anwendung des § 61 Abs. 1 Satz 1 angeforderten Unterlagen sind dem Arzt nach § 64 Abs. 1 Satz 1 unverzüglich zu übergeben. Der Arzt hat die ärztliche Bescheinigung dem Verpflichteten nach Absatz 1 Satz 1, der beruflich strahlenexponierten Person und, soweit gesundheitliche Bedenken bestehen, auch der zuständigen Behörde unverzüglich zu übersenden.

(12) Bei einer Arbeit nach Absatz 1, die zu einer effektiven Dosis von weniger als 6 Millisievert im Kalenderjahr führt, kann die Pflicht nach § 94 auch dadurch erfüllt werden, dass Strahlenschutzmaßnahmen auf der Grundlage von Vorschriften des allgemeinen Arbeitsschutzes Anwendung finden. Die zuständige Behörde kann entsprechende Nachweise verlangen.

(13) Für die Umrechnung der Radon-222-Exposition in die effektive Dosis kann davon ausgegangen werden, dass eine Radon-222-Exposition von 0,32 Megabecquerel je Kubikmeter mal Stunde einer effektiven Dosis von 1 Millisievert entspricht. Bei deutlichen Abweichungen des Gleichgewichtsfaktors zwischen Radon-222 und seinen kurzlebigen Zerfallsprodukten vom zugrunde gelegten Wert von 0,4 kann die zuständige Behörde abweichende Umrechnungsfaktoren festlegen. Für die Umrechnung der potenziellen Alphaenergie-Exposition

in die effektive Dosis gilt, dass eine potenzielle Alphaenergie-Exposition von 0,71 Millijoule je Kubikmeter mal Stunde einer effektiven Dosis von 1 Millisievert entspricht.

### § 96 Dokumentation und weitere Schutzmaßnahmen

(1) Wer in eigener Verantwortung eine anzeigebedürftige Arbeit nach § 95 Abs. 2 ausübt oder ausüben lässt, hat die Ergebnisse der Ermittlungen nach § 95 Absatz 10 Satz 1 oder die Ersatzdosis nach § 95 Absatz 10 Satz 6 unverzüglich aufzuzeichnen. Die Radon-222-Exposition und die potenzielle Alphaenergie-Exposition sind gemäß den Vorgaben des § 95 Absatz 13 in einen Wert der effektiven Dosis umzurechnen.

(2) Der nach Absatz 1 Verpflichtete hat

1. die Aufzeichnungen nach Absatz 1

    a) so lange aufzubewahren, bis die überwachte Person das 75. Lebensjahr vollendet hat oder vollendet hätte, mindestens jedoch 30 Jahre nach Beendigung der jeweiligen Beschäftigung,

    b) spätestens 100 Jahre nach der Geburt der betroffenen Person zu löschen,

    c) auf Verlangen der überwachten Person oder der zuständigen Behörde vorzulegen oder bei einer von dieser Behörde zu bestimmenden Stelle zu hinterlegen,

    d) bei einem Wechsel des Beschäftigungsverhältnisses dem neuen Arbeitgeber auf Verlangen mitzuteilen, falls weiterhin eine Beschäftigung als beruflich strahlenexponierte Person ausgeübt wird,

2. Überschreitungen der Grenzwerte der Körperdosis nach § 95 Abs. 4 Satz 1 oder 2, Abs. 5 Satz 1, Abs. 7 und 8 der zuständigen Behörde unter Angabe der Gründe, der betroffenen Personen und der ermittelten Körperdosen unverzüglich mitzuteilen,

3. den betroffenen Personen im Fall der Nummer 2 die Körperdosis unverzüglich mitzuteilen.

(3) Der nach Absatz 1 Verpflichtete hat die nach Absatz 1 Satz 2 umgerechnete oder nach § 95 Abs. 10 Satz 1 ermittelte Körperdosis und die in § 112 Abs. 1 Nr. 2 und 3 genannten Angaben der zuständigen Behörde oder einer von ihr bestimmten Stelle zur Weiterleitung an das Strahlenschutzregister binnen Monatsfrist nach der Aufzeichnung zu übermitteln. Das Bundesamt für Strahlenschutz bestimmt das Format und das Verfahren der Übermittlung. Auskünfte aus dem Strahlenschutzregister werden dem nach Absatz 1 Verpflichteten erteilt, soweit es für die Wahrnehmung seiner Aufgaben erforderlich ist. § 112 Abs. 4 Satz 1 Nr. 1 und 3 und Satz 2 findet Anwendung.

(4) Soweit die Expositionsbedingungen es erfordern, ordnet die zuständige Behörde bei anzeigebedürftigen Arbeiten geeignete Maßnahmen entsprechend den §§ 30, 34 bis 39, 43 bis 45, 47 Abs. 3 Satz 1, § 48 Abs. 2, § 67 sowie § 68 Abs. 1 Satz 1 Nr. 3 und 4 an. Sie kann auch anordnen, auf welche Weise die bei anzeigebedürftigen Arbeiten anfallenden Materialien zu entsorgen sind.

(5) Treten in anderen als den in Anlage XI Teil B genannten Arbeitsfeldern Expositionen auf, die denen der in Anlage XI Teil B genannten Arbeitsfeldern entsprechen, kann die zuständige Behörde in entsprechender Anwendung der Absätze 1 bis 4 und des § 95 die erforderlichen Anordnungen treffen.

### Kapitel 3
### Schutz der Bevölkerung bei natürlich vorkommenden radioaktiven Stoffen

### § 97 Überwachungsbedürftige Rückstände; unzulässige Verbringung

(1) Wer in eigener Verantwortung Arbeiten ausübt oder ausüben lässt, bei denen überwachungsbedürftige Rückstände anfallen, durch

deren Verwertung oder Beseitigung für Einzelpersonen der Bevölkerung der Richtwert der effektiven Dosis von 1 Millisievert im Kalenderjahr überschritten werden kann, hat Maßnahmen zum Schutz der Bevölkerung zu ergreifen. Satz 1 gilt entsprechend für denjenigen, der überwachungsbedürftige Rückstände, die im Ausland angefallen und ins Inland verbracht worden sind, verwertet oder zur Verwertung annimmt.

(2) Überwachungsbedürftig sind die Rückstände gemäß Anlage XII Teil A, es sei denn, es ist sichergestellt, dass bei ihrer Beseitigung oder Verwertung die Überwachungsgrenzen in Anlage XII Teil B und die dort genannten Beseitigungs- oder Verwertungswege eingehalten werden. Anfallende Rückstände dürfen vor der beabsichtigten Beseitigung oder Verwertung nicht mit anderen Materialien vermischt oder verdünnt werden, um die Überwachungsgrenzen der Anlage XII Teil B einzuhalten. Satz 2 gilt auch für im Ausland angefallene und zur Verwertung ins Inland verbrachte Rückstände.

(3) Die zuständige Behörde kann verlangen, dass für die in Anlage XII Teil A genannten Rückstände die Einhaltung der Überwachungsgrenzen der Anlage XII Teil B nachgewiesen wird. Sie kann hierfür technische Verfahren, geeignete Messverfahren und sonstige Anforderungen, insbesondere solche zur Ermittlung repräsentativer Messwerte der spezifischen Aktivität, festlegen.

(4) Der Verpflichtete nach Absatz 1 hat Rückstände gemäß Anlage XII Teil A vor ihrer Beseitigung oder Verwertung gegen Abhandenkommen und vor dem Zugriff durch Unbefugte zu sichern. Sie dürfen an andere Personen nur zum Zwecke der Beseitigung oder Verwertung abgegeben werden.

(5) Die grenzüberschreitende Verbringung von Rückständen ins Inland zur Beseitigung ist verboten.

## § 98 Entlassung von Rückständen aus der Überwachung

(1) Die zuständige Behörde entlässt auf Antrag überwachungsbedürftige Rückstände zum Zwecke einer bestimmten Verwertung oder Beseitigung durch schriftlichen Bescheid aus der Überwachung, wenn aufgrund der Umstände des Einzelfalls und der getroffenen Schutzmaßnahmen der erforderliche Schutz der Bevölkerung vor Strahlenexpositionen sichergestellt ist. Maßstab hierfür ist, dass als Richtwert hinsichtlich der durch die Beseitigung oder Verwertung bedingten Strahlenexposition von Einzelpersonen der Bevölkerung eine effektive Dosis von 1 Millisievert im Kalenderjahr auch ohne weitere Maßnahmen nicht überschritten wird. Eine abfallrechtliche Verwertung oder Beseitigung ohne Entlassung aus der Überwachung ist nicht zulässig.

(1a) Absatz 1 gilt entsprechend für die Verbringung von im Ausland angefallenen überwachungsbedürftigen Rückständen. Wer im Ausland angefallene Rückstände ins Inland verbringt, muss zuvor gegenüber der zuständigen Behörde nachweisen, dass die Überwachungsgrenzen der Anlage XII Teil B eingehalten werden oder dass die Voraussetzungen der Entlassung aus der Überwachung zum Zwecke einer bestimmten Verwertung vorliegen.

(2) Der Nachweis nach Absatz 1 Satz 1 und 2 ist unter Anwendung der in Anlage XII Teil D genannten Grundsätze zu erbringen. Die bei der Beseitigung oder Verwertung tätig werdenden Arbeitnehmer gelten dabei als Einzelpersonen der Bevölkerung. Sollen die Rückstände gemeinsam mit anderen Rückständen oder mit Abfällen deponiert werden, so kann die zuständige Behörde davon ausgehen, dass die Voraussetzungen des Absatzes 1 vorliegen, wenn die in Anlage XII Teil C genannten Anforderungen erfüllt sind.

(3) Eine Entlassung kann nur erfolgen, wenn keine Bedenken gegen die abfallrechtliche Zulässigkeit des vorgesehenen Verwertungs- oder Beseitigungsweges und seine Einhaltung

bestehen. Der zuständigen Behörde ist vor Erteilung des Bescheides nach Absatz 1 eine Erklärung des Antragstellers über den Verbleib des künftigen Abfalls und eine Annahmeerklärung des Verwerters oder Beseitigers vorzulegen. Der Antragsteller hat der für die Verwertungs- und Beseitigungsanlage nach dem Kreislaufwirtschaftsgesetz zuständigen Behörde gleichzeitig eine Kopie der Annahmeerklärung zuzuleiten und dies der zuständigen Behörde nachzuweisen. Diese Behörde kann von der zuständigen Behörde innerhalb einer Frist von 30 Kalendertagen nach Zugang der Kopie verlangen, dass Einvernehmen hinsichtlich der Anforderungen an den Verwertungs- oder Beseitigungsweg hergestellt wird. Die Bestimmungen des Kreislaufwirtschaftsgesetzes sowie der aufgrund dieses Gesetzes erlassenen Bestimmungen zur Führung von Nachweisen über die ordnungsgemäße Entsorgung von Abfällen bleiben unberührt.

### § 99 In der Überwachung verbleibende Rückstände

Der nach § 97 Abs. 1 Satz 1 Verpflichtete hat der zuständigen Behörde innerhalb eines Monats Art, Masse und spezifische Aktivität der überwachungsbedürftigen Rückstände sowie eine geplante Beseitigung oder Verwertung dieser Rückstände oder die Abgabe zu diesem Zweck anzuzeigen, wenn wegen der Art und spezifischen Aktivität der Rückstände eine Entlassung aus der Überwachung gemäß § 98 Abs. 1 Satz 1 nicht möglich ist. Die zuständige Behörde kann anordnen, dass Schutzmaßnahmen zu treffen sind und auf welche Weise die Rückstände zu beseitigen sind.

### § 100 Mitteilungspflicht, Rückstandskonzept, Rückstandsbilanz

(1) Wer in seiner Betriebsstätte Arbeiten ausübt oder ausüben lässt, bei denen jährlich mehr als insgesamt 2000 Tonnen an Rückständen im Sinne der Anlage XII Teil A anfallen, verwertet oder beseitigt werden, hat dies der zuständigen Behörde und der nach dem Kreislaufwirtschaftsgesetz zuständigen Behörde zu Beginn jedes Kalenderjahrs mitzuteilen. Satz 1 gilt entsprechend für denjenigen, der überwachungsbedürftige Rückstände, die im Ausland angefallen und ins Inland verbracht worden sind, verwertet oder zur Verwertung annimmt.

(2) Der nach Absatz 1 Verpflichtete, hat ein Konzept über die Verwertung und Beseitigung dieser Rückstände (Rückstandskonzept) nach Maßgabe von Satz 3 und Absatz 3 Satz 1 zu erstellen und der zuständigen Behörde auf Verlangen vorzulegen. Das Rückstandskonzept dient als internes Planungsinstrument. Es hat zu enthalten:

1. Angaben über Art, Masse, spezifische Aktivität und Verbleib der Rückstände, einschließlich Schätzungen der in den nächsten fünf Jahren anfallenden Rückstände,

2. Darstellung der getroffenen und für die nächsten fünf Jahre geplanten Beseitigungs- oder Verwertungsmaßnahmen.

(3) Das Rückstandskonzept ist erstmalig bis zum 1. April 2003 für die nächsten fünf Jahre zu erstellen. Es ist alle fünf Jahre fortzuschreiben. Die zuständige Behörde kann die Vorlage zu einem früheren Zeitpunkt verlangen. Sie kann verlangen, dass Form und Inhalt bestimmten Anforderungen genügen.

(4) Der nach Absatz 1 Verpflichtete hat jährlich, erstmalig zum 1. April 2004, jeweils für das vorhergehende Jahr eine Bilanz über Art, Masse, spezifische Aktivität und Verbleib der verwerteten und beseitigten Rückstände (Rückstandsbilanz) zu erstellen und der zuständigen Behörde auf Verlangen vorzulegen. Absatz 3 Satz 3 gilt entsprechend. Entsprechende Nachweise nach § 21 des Kreislaufwirtschaftsgesetzes können ergänzend vorgelegt werden.

## § 101 Entfernung von radioaktiven Verunreinigungen von Grundstücken

(1) Wer Arbeiten im Sinne des § 97 Abs. 1 Satz 1 oder Satz 2 beendet, hat Verunreinigungen durch überwachungsbedürftige Rückstände vor Nutzung des Grundstücks durch Dritte, spätestens jedoch fünf Jahre nach Beendigung der Nutzung, so zu entfernen, dass die Rückstände keine Einschränkung der Nutzung begründen. Maßstab für eine Grundstücksnutzung ohne Einschränkungen ist, dass im Hinblick auf die Strahlenexposition von Einzelpersonen der Bevölkerung durch die nicht entfernten Rückstände als Richtwert eine effektive Dosis von 1 Millisievert im Kalenderjahr eingehalten wird.

(2) Der nach Absatz 1 Verpflichtete hat der zuständigen Behörde den Abschluss der Entfernung der Verunreinigungen unter Beifügung geeigneter Nachweise innerhalb von drei Monaten anzuzeigen. Der Nachweis nach Satz 1 ist unter Anwendung der in Anlage XII Teil D Nr. 4 genannten Grundsätze zu erbringen. Die Behörde kann verlangen, dass der Verbleib der entfernten Verunreinigungen nachgewiesen wird.

(3) Die zuständige Behörde kann im Einzelfall ganz oder teilweise von der Pflicht nach Absatz 1 befreien, wenn Umstände vorliegen oder Schutzmaßnahmen getroffen werden, die eine Strahlenexposition von mehr als 1 Millisievert effektive Dosis im Kalenderjahr für Einzelpersonen der Bevölkerung auch ohne Entfernung der Verunreinigungen verhindern. Sie kann die Durchführung der Pflicht nach Absatz 1 auch zu einem späteren Zeitpunkt gestatten, wenn auf dem Grundstück weiterhin Arbeiten nach § 97 Abs. 1 ausgeübt werden sollen.

## § 102 Überwachung sonstiger Materialien

Kann durch Arbeiten mit Materialien, die im Inland oder im Ausland angefallen und die keine Rückstände im Sinne der Anlage XII Teil A sind oder durch die Ausübung von Arbeiten, bei denen solche Materialien anfallen, die Strahlenexposition von Einzelpersonen der Bevölkerung so erheblich erhöht werden, dass Strahlen-

schutzmaßnahmen notwendig sind, trifft die zuständige Behörde die erforderlichen Anordnungen. Sie kann insbesondere anordnen,

1. dass bestimmte Schutzmaßnahmen zu ergreifen sind,

2. dass die Materialien bei einer von ihr zu bestimmenden Stelle aufzubewahren oder zu verwahren sind,

3. dass und in welcher Weise die Materialien zu beseitigen sind oder

4. dass derjenige, der Materialien angenommen hat, die im Ausland angefallen und ins Inland verbracht worden sind, diese an den ursprünglichen Besitzer im Versandstaat zurückführt.

## Kapitel 4
## Kosmische Strahlung

## § 103 Schutz des fliegenden Personals vor Expositionen durch kosmische Strahlung

(1) Wer Flugzeuge, die in der deutschen Luftfahrzeugrolle nach § 3 des Luftverkehrsgesetzes in der Fassung der Bekanntmachung vom 27. März 1999 (BGBl. I S. 550) in der jeweils geltenden Fassung eingetragen sind, gewerblich oder im Rahmen eines wirtschaftlichen Unternehmens betreibt, oder wer als Unternehmer mit Sitz im Geltungsbereich dieser Verordnung Flugzeuge betreibt, die in einem anderen Land registriert sind und Personal, das in einem Beschäftigungsverhältnis gemäß dem deutschen Arbeitsrecht steht, einsetzt, hat die effektive Dosis, die das fliegende Personal durch kosmische Strahlung während des Fluges einschließlich der Beförderungszeit nach § 4 Abs. 1 Satz 1 der Zweiten Durchführungsverordnung zur Betriebsordnung für Luftfahrtgerät vom 12. November 1974 (BGBl. I S. 3181), die zuletzt durch die Verordnung vom 6. Januar 1999 (BAnz. S. 497) geändert worden ist, in der jeweils geltenden Fassung erhält, nach Maßgabe des Satzes 2 zu ermitteln, soweit die effektive

Dosis durch kosmische Strahlung 1 Millisievert im Kalenderjahr überschreiten kann. Die Ermittlungsergebnisse müssen spätestens sechs Monate nach dem Einsatz vorliegen. Die Sätze 1 und 2 gelten auch für Flugzeuge, die im Geschäftsbereich des Bundesministeriums der Verteidigung betrieben werden.

(2) Für das fliegende Personal beträgt der Grenzwert der effektiven Dosis durch kosmische Strahlung 20 Millisievert im Kalenderjahr. Der Pflicht zur Dosisreduzierung nach § 94 kann insbesondere bei der Aufstellung der Arbeitspläne und bei der Festlegung der Flugrouten und -profile Rechnung getragen werden.

(3) Der Grenzwert für die Summe der in allen Kalenderjahren ermittelten effektiven Dosen beruflich strahlenexponierter Personen beträgt 400 Millisievert. Die zuständige Behörde kann im Benehmen mit einem Arzt nach § 64 Abs. 1 Satz 1 eine weitere berufliche Strahlenexposition zulassen, wenn diese nicht mehr als 10 Millisievert effektive Dosis im Kalenderjahr beträgt und die beruflich strahlenexponierte Person einwilligt. Die Einwilligung ist schriftlich zu erteilen.

(4) Wurde unter Verstoß gegen Absatz 2 Satz 1 der Grenzwert der effektiven Dosis im Kalenderjahr überschritten, so ist eine Weiterbeschäftigung als beruflich strahlenexponierte Person nur zulässig, wenn die Expositionen in den folgenden vier Kalenderjahren unter Berücksichtigung der erfolgten Grenzwertüberschreitung so begrenzt werden, dass die Summe der Dosen das Fünffache des Grenzwertes nicht überschreitet. Ist die Überschreitung eines Grenzwertes so hoch, dass bei Anwendung von Satz 1 die bisherige Beschäftigung nicht fortgesetzt werden kann, kann die zuständige Behörde im Benehmen mit einem Arzt nach § 64 Abs. 1 Satz 1 Ausnahmen von Satz 1 zulassen.

(5) Für ein ungeborenes Kind, das aufgrund der Beschäftigung seiner Mutter einer Strahlenexposition ausgesetzt ist, beträgt der Grenzwert der Dosis aus äußerer Strahlenexposition vom Zeitpunkt der Mitteilung über die Schwangerschaft bis zu deren Ende 1 Millisievert.

(6) Der nach Absatz 1 Verpflichtete hat das fliegende Personal mindestens einmal im Kalenderjahr über die gesundheitlichen Auswirkungen der kosmischen Strahlung und über die zum Zweck der Überwachung von Dosisgrenzwerten und der Beachtung der Strahlenschutzgrundsätze erfolgende Verarbeitung und Nutzung personenbezogener Daten zu unterrichten; hierbei sind Frauen darüber zu unterrichten, dass eine Schwangerschaft im Hinblick auf die Risiken einer Strahlenexposition für das ungeborene Kind so früh wie möglich mitzuteilen ist. Die Unterrichtung kann Bestandteil erforderlicher Unterweisungen nach anderen Vorschriften sein. Der nach Absatz 1 Verpflichtete hat über den Inhalt und Zeitpunkt der Unterrichtung Aufzeichnungen zu führen, die von der unterrichteten Person zu unterzeichnen sind. Er hat die Aufzeichnungen fünf Jahre lang nach der Unterrichtung aufzubewahren und der zuständigen Behörde auf Verlangen vorzulegen.

(7) Der nach Absatz 1 Verpflichtete hat

1. die Ergebnisse der Dosisermittlung nach Absatz 1 unverzüglich aufzuzeichnen,

2. die Aufzeichnungen nach Nummer 1

   a) so lange aufzubewahren, bis die überwachte Person das 75. Lebensjahr vollendet hat oder vollendet hätte, mindestens jedoch 30 Jahre nach Beendigung der jeweiligen Beschäftigung,

   b) spätestens 95 Jahre nach der Geburt der betroffenen Person zu löschen,

   c) auf Verlangen der überwachten Person oder der zuständigen Behörde vorzulegen oder bei einer von dieser Behörde zu bestimmenden Stelle zu hinterlegen,

   d) bei einem Wechsel des Beschäftigungsverhältnisses dem neuen Arbeitgeber auf Verlangen zur Kenntnis zu geben, falls weiterhin eine Beschäftigung als beruflich strahlenexponierte Person ausgeübt wird,

3. Überschreitungen des Grenzwertes der effektiven Dosis nach Absatz 2 Satz 1 der zuständigen Behörde unter Angabe der Gründe, der betroffenen Personen und der ermittelten Dosen unverzüglich mitzuteilen,

4. den betroffenen Personen im Fall der Nummer 3 die effektive Dosis unverzüglich mitzuteilen.

(8) Der nach Absatz 1 Verpflichtete hat die ermittelte effektive Dosis und die in § 112 Abs. 1 Nr. 2 und 3 genannten Angaben dem Luftfahrt-Bundesamt oder einer vom Luftfahrt-Bundesamt bestimmten Stelle zur Weiterleitung an das Strahlenschutzregister mindestens halbjährlich zu übermitteln. Auskünfte aus dem Strahlenschutzregister werden dem nach Absatz 1 Verpflichteten erteilt, soweit es für die Wahrnehmung seiner Aufgaben erforderlich ist. § 112 Abs. 4 Satz 1 Nr. 1 und 3 und Satz 2 findet Anwendung.

(9) Der nach Absatz 1 Verpflichtete darf Personen, bei denen die Ermittlung nach Absatz 1 ergeben hat, dass eine effektive Dosis von mehr als 6 Millisievert im Kalenderjahr überschritten werden kann, eine Beschäftigung oder Weiterbeschäftigung nur erlauben, wenn sie innerhalb des jeweiligen Kalenderjahrs von einem Arzt nach § 64 Abs. 1 Satz 1 untersucht worden sind und dem gemäß Absatz 1 Verpflichteten eine von diesem Arzt ausgestellte Bescheinigung vorliegt, nach der der Beschäftigung keine gesundheitlichen Bedenken entgegenstehen. Die in entsprechender Anwendung des § 61 Abs. 1 Satz 1 angeforderten Unterlagen sind dem Arzt nach § 64 Abs. 1 Satz 1 unverzüglich zu übergeben. Der Arzt hat die ärztliche Bescheinigung dem Verpflichteten nach Absatz 1 Satz 1, der beruflich strahlenexponierten Person und, soweit gesundheitliche Bedenken bestehen, auch der zuständigen Behörde unverzüglich zu übersenden. Die Untersuchung kann im Rahmen der fliegerärztlichen Untersuchung erfolgen.

## Kapitel 5
## Betriebsorganisation

### § 104 Mitteilungspflichten zur Betriebsorganisation

Besteht bei juristischen Personen das vertretungsberechtigte Organ aus mehreren Mitgliedern oder sind bei teilrechtsfähigen Personengesellschaften oder nicht rechtsfähigen Personenvereinigungen mehrere vertretungsberechtigte Personen vorhanden, so ist der zuständigen Behörde mitzuteilen, wer von ihnen die Verpflichtungen nach diesem Teil der Verordnung wahrnimmt. Die Gesamtverantwortung aller Organmitglieder oder vertretungsberechtigter Mitglieder der Personenvereinigung bleibt davon unberührt.

## Teil 4
### Schutz des Verbrauchers beim Zusatz radioaktiver Stoffe zu Produkten

### § 105 Unzulässiger Zusatz von radioaktiven Stoffen und unzulässige Aktivierung

Der Zusatz von radioaktiven Stoffen bei der Herstellung von

1. Spielwaren,

2. Schmuck,

3. Lebensmitteln, einschließlich Trinkwasser und Lebensmittel-Zusatzstoffen, im Sinne des Lebensmittel- und Futtermittelgesetzbuches,

4. Futtermitteln im Sinne des Lebensmittel- und Futtermittelgesetzbuches,

5. Tabakerzeugnissen im Sinne des Vorläufigen Tabakgesetzes,

6. Gasglühstrümpfen, soweit diese nicht zur Beleuchtung öffentlicher Straßen verwendet werden sollen,

7. Blitzschutzsystemen oder

8. Glaswaren, soweit ein Kontakt des Produkts mit Lebensmitteln nicht ausgeschlossen werden kann,

und die grenzüberschreitende Verbringung derartiger Waren nach § 108 sowie das Inver-kehrbringen derartiger Waren sind unzulässig. Satz 1 gilt entsprechend für die Aktivierung derartiger Waren, wenn dies zu einer spezifischen Aktivität im Produkt von mehr als 500 Mikrobecquerel je Gramm führt oder wenn bei Schmuck die Werte nach Anlage III Tabelle 1 Spalte 5 überschritten werden. Satz 1 gilt nicht für den Zusatz von Radionukliden, für die in Anlage III Tabelle 1 keine Freigrenzen festgelegt sind. Im Übrigen bleiben die Rechtsvorschriften für Lebensmittel, Trinkwasser, kosmetische Mittel, Futtermittel und sonstige Be-darfsgegenstände unberührt.

### § 106 Genehmigungsbedürftiger Zusatz von radioaktiven Stoffen und genehmigungsbedürftige Aktivierung

(1) Wer bei der Herstellung von Konsumgütern, von Arzneimitteln im Sinne des Arzneimittelgesetzes, von Pflanzenschutzmitteln im Sinne des Pflanzenschutzgesetzes, von Schädlingsbekämpfungsmitteln und von Stoffen nach § 1 Nr. 1 bis 5 des Düngemittelgesetzes, die im Geltungsbereich dieser Verordnung erworben oder an andere abgegeben werden sollen, radioaktive Stoffe zusetzt, bedarf der Genehmigung. Satz 1 gilt entsprechend für die Aktivierung der dort genannten Produkte. § 105 bleibt unberührt.

(2) Eine Genehmigung nach Absatz 1 ersetzt keine Genehmigung nach § 7 Abs. 1 oder § 11 Abs. 2.

(3) Eine Genehmigung nach Absatz 1 ist nicht erforderlich für den Zusatz von

1. aus der Luft gewonnenen Edelgasen, wenn das Isotopenverhältnis im Zusatz demjenigen in der Luft entspricht, oder

2. Radionukliden, für die in Anlage III Tabelle 1 keine Freigrenzen festgelegt sind.

### § 107 Genehmigungsvoraussetzungen für den Zusatz von radioaktiven Stoffen und die Aktivierung

(1) Die Genehmigung nach § 106 für den Zusatz radioaktiver Stoffe bei der Herstellung von Konsumgütern ist zu erteilen, wenn

1. die Aktivität der zugesetzten radioaktiven Stoffe nach dem Stand der Technik so gering wie möglich ist und

   a) wenn in dem Konsumgut die Werte der Anlage III Tabelle 1 Spalte 2 nicht überschritten wird und, falls die spezifische Aktivität der zugesetzten künstlichen radioaktiven Stoffe in dem Konsumgut die Werte der Anlage III Tabelle 1 Spalte 5 oder die spezifische Aktivität der zugesetzten natürlichen radioaktiven Stoffe in dem Konsumgut 0,5 Becquerel je Gramm überschreitet, gewährleistet ist, dass in einem Rücknahmekonzept dargelegt ist, dass das Konsumgut nach Gebrauch kostenlos dem Antragsteller oder einer von ihm benannten Stelle zurückgegeben werden kann oder

   b) nachgewiesen wird, dass für Einzelpersonen der Bevölkerung nur eine effektive Dosis im Bereich von 10 Mikrosievert im Kalenderjahr auftreten kann,

2. das Material, das die radioaktiven Stoffe enthält, berührungssicher abgedeckt ist oder der radioaktive Stoff fest in das Konsumgut eingebettet ist und die Ortsdosisleistung im Abstand von 0,1 Metern von der berührbaren Oberfläche des Konsumgutes 1 Mikrosievert durch Stunde unter normalen Nutzungsbedingungen nicht überschreitet,

3. gewährleistet ist, dass dem Konsumgut eine Information beigefügt wird, die

a) den radioaktiven Zusatz erläutert,

b) den bestimmungsgemäßen Gebrauch beschreibt und

c) im Fall der Nummer 1 Buchstabe a Halbsatz 2 auf die Rückführungspflicht nach § 110 Satz 2 und die zur Rücknahme verpflichtete Stelle hinweist,

falls die spezifische Aktivität der zugesetzten künstlichen radioaktiven Stoffe in dem Konsumgut die Werte der Anlage III Tabelle 1 Spalte 5 oder die spezifische Aktivität der zugesetzten natürlichen radioaktiven Stoffe in dem Konsumgut 0,5 Becquerel je Gramm überschreitet,

4. es sich bei dem Zusatz um sonstige radioaktive Stoffe nach § 2 Abs. 1 des Atomgesetzes handelt,

5. beim Zusetzen die Voraussetzungen des § 9 Abs. 1 Nr. 1 bis 9 erfüllt sind und

6. § 4 Abs. 3 dem Zusetzen nicht entgegensteht.

Für Genehmigungsverfahren nach Satz 1 gilt für das Radionuklid H-3 abweichend von Anlage III Tabelle 1 Spalte 5 der Wert der spezifischen Aktivität von 100 Becquerel pro Gramm.

(2) Die zuständige Behörde kann bei Konsumgütern, die überwiegend im beruflichen, nicht häuslichen Bereich genutzt werden, Abweichungen von Absatz 1 Nr. 1 Buchstabe a und Nr. 2 gestatten, sofern das Zehnfache der Freigrenze in einem einzelnen Konsumgut nicht überschritten wird.

(3) Die Genehmigung nach § 106 ist bei der Herstellung von Arzneimitteln im Sinne des Arzneimittelgesetzes, von Pflanzenschutzmitteln im Sinne des Pflanzenschutzgesetzes, von Schädlingsbekämpfungsmitteln und von Stoffen nach § 1 Nr. 1 bis 5 des Düngemittelgesetzes zu erteilen, wenn

1. es sich bei dem Zusatz um sonstige radioaktive Stoffe nach § 2 Abs. 1 des Atomgesetzes handelt,

2. beim Zusetzen die Voraussetzungen des § 9 Abs. 1 Nr. 1 bis 9 erfüllt sind.

(4) Die Absätze 1 bis 3 gelten entsprechend für die Aktivierung mit der Maßgabe, dass anstelle der Genehmigungsvoraussetzungen des § 9 die des § 14 Nr. 1 bis 9 treten.

(5) Dem Genehmigungsantrag sind die Unterlagen, die Anlage II Teil A entsprechen, beizufügen.

### § 108 Genehmigungsbedürftige grenzüberschreitende Verbringung von Konsumgütern

Wer Konsumgüter, denen radioaktive Stoffe zugesetzt oder die aktiviert worden sind,

1. in den Geltungsbereich dieser Verordnung oder

2. aus dem Geltungsbereich dieser Verordnung in einen Staat, der nicht Mitgliedstaat der Europäischen Gemeinschaften ist,

verbringt, bedarf der Genehmigung. Satz 1 gilt nicht für

1. die Verbringung von Waren im Reiseverkehr, die weder zum Handel noch zur gewerblichen Verwendung bestimmt sind,

2. die zollamtlich überwachte Durchfuhr,

3. Konsumgüter, deren Herstellung nach § 106 in Verbindung mit § 107 Abs. 1 Nr. 1 Buchstabe b genehmigt ist,

4. Produkte, in die Konsumgüter eingebaut sind, deren Herstellung nach § 106 oder deren Verbringung nach Satz 1 genehmigt ist.

§ 106 Abs. 3 gilt entsprechend.

### § 109 Genehmigungsvoraussetzungen für die grenzüberschreitende Verbringung von Konsumgütern

Die Genehmigung nach § 108 ist zu erteilen, wenn die Voraussetzung des § 22 Abs. 1 Nr. 1 erfüllt ist. Bei Verbringung in den Geltungsbereich dieser Verordnung müssen zusätzlich die Voraussetzungen des § 107 Absatz 1 Satz 1 Nummer 1 bis 4 und Satz 2 erfüllt sein. § 107 Abs. 2 und § 110 Satz 1 gelten entsprechend, dabei tritt der Verbringer an die Stelle des Herstellers im Sinne des § 110 Satz 1.

### § 110 Rückführung von Konsumgütern

Wer als Hersteller eines Konsumgutes einer Genehmigung nach § 106 in Verbindung mit § 107 Abs. 1 Nr. 1 Buchstabe a Halbsatz 2 bedarf, hat sicherzustellen, dass das Konsumgut kostenlos zurückgenommen werden kann. Der Letztverbraucher hat nach Beendigung des Gebrauchs das Konsumgut unverzüglich an die, in der Information nach § 107 Abs. 1 Nr. 3 angegebene Stelle zurückzugeben.

### Teil 5
### Gemeinsame Vorschriften

### Kapitel 1
### Berücksichtigung von Strahlenexpositionen

### § 111 Festlegungen zur Ermittlung der Strahlenexposition; Duldungspflicht

(1) Bei der Ermittlung der Körperdosis durch Tätigkeiten nach § 2 Abs. 1 Nr. 1 sind die medizinische Strahlenexposition, die Strahlenexposition als helfende Person oder Tierbegleitperson, die natürliche Strahlenexposition und die Strahlenexposition nach § 86 nicht zu berücksichtigen. Berufliche Strahlenexpositionen aus dem Anwendungsbereich der Röntgenverordnung sowie berufliche Strahlenexpositionen, die außerhalb des räumlichen Geltungsbereiches dieser Verordnung erfolgen, sind zu berücksichtigen.

(2) Bei der Ermittlung der Körperdosis durch Arbeiten nach § 2 Abs. 1 Nr. 2 sind die medizinische Strahlenexposition, die Strahlenexposition als helfende Person oder Tierbegleitperson und die Strahlenexposition nach § 86 nicht zu

berücksichtigen. Die natürliche Strahlenexposition ist zu berücksichtigen, soweit sie nach § 95 Abs. 10 und § 103 Abs. 1 zu ermitteln ist. Berufliche Strahlenexpositionen, die außerhalb des räumlichen Geltungsbereiches dieser Verordnung erfolgen, sind ebenfalls zu berücksichtigen.

(3) Sind für eine Person sowohl die Körperdosis durch Tätigkeiten nach § 2 Abs. 1 Nr. 1 als auch die Körperdosis durch Arbeiten nach § 2 Abs. 1 Nr. 2 zu ermitteln, so sind die effektiven Dosen und die jeweiligen Organdosen zu addieren. Für den Nachweis, dass die für die Tätigkeit oder für die Arbeit jeweils geltenden Grenzwerte nicht überschritten wurden, ist der addierte Wert entscheidend.

(4) Personen,

1. an denen nach § 40 Abs. 1 Satz 1, § 41 Abs. 1 Satz 1 oder 2, Abs. 2, 3 Satz 1, Abs. 6 Satz 1, § 58 Abs. 4 Satz 1 oder § 59 Abs. 3 Satz 1 die Körperdosis oder nach § 95 Abs. 10 Satz 1 oder § 103 Abs. 1 die Dosis zu ermitteln ist oder

2. an denen nach § 44 Abs. 1 Satz 1 oder 2 Kontaminationen festzustellen sind oder

3. die nach § 60 Abs. 1 oder 2, § 95 Abs. 11 oder § 103 Abs. 9 der arbeitsmedizinischen Vorsorge unterliegen oder

4. die nach § 63 Abs. 1 der besonderen arbeitsmedizinischen Vorsorge unterliegen,

haben die erforderlichen Messungen, Feststellungen und ärztlichen Untersuchungen zu dulden. Satz 1 gilt auch für Personen, für die die zuständige Behörde nach § 60 Abs. 4, § 96 Abs. 4 und 5 oder § 113 Abs. 4 Messungen oder ärztliche Untersuchungen angeordnet hat. Bei einer Überschreitung von Grenzwerten oder auf Verlangen ist diesen Personen Auskunft über das Ergebnis der Ermittlungen oder Feststellungen zu geben.

## § 112 Strahlenschutzregister

(1) In das Strahlenschutzregister nach § 12c des Atomgesetzes werden eingetragen:

1. die im Rahmen der beruflichen Strahlenexposition nach § 41 Abs. 7 Satz 1 oder 2, § 58 Abs. 4, § 59 Abs. 3, § 95 Abs. 10 und § 103 Abs. 1 ermittelten Dosiswerte sowie dazugehörige Feststellungen der zuständigen Behörde,

2. Angaben über registrierte Strahlenpässe nach § 40 Abs. 2 Satz 1 oder § 95 Abs. 3 und

3. die jeweiligen Personendaten (Familienname, Vornamen, Geburtsdatum und -ort, Geschlecht), Beschäftigungsmerkmale und Expositionsverhältnisse sowie die Anschrift des Strahlenschutzverantwortlichen nach § 31 Abs. 1 oder des Verpflichteten nach § 95 Abs. 1 oder § 103 Abs. 1.

(2) Dem Strahlenschutzregister übermitteln jeweils die Daten nach Absatz 1

1. die Messstellen nach § 41 Abs. 3 Satz 1 oder Abs. 6 Satz 1 binnen Monatsfrist,

2. die zuständige Behörde oder die von ihr bestimmte Stelle nach § 96 Abs. 3 Satz 1 binnen Monatsfrist,

3. das Luftfahrt-Bundesamt oder die von ihm bestimmte Stelle nach § 103 Abs. 8 Satz 1 mindestens halbjährlich und

4. die zuständige Behörde hinsichtlich ihrer Feststellungen sowie der Angaben über registrierte Strahlenpässe unverzüglich,

soweit neue oder geänderte Daten vorliegen. Die zuständige Behörde kann anordnen, dass eine Messstelle bei ihr aufgezeichnete Ergebnisse zu einer früher erhaltenen Körperdosis an das Strahlenschutzregister übermittelt; sie kann von ihr angeforderte Aufzeichnungen des Strahlenschutzverantwortlichen oder des Strahlenschutzbeauftragten oder des nach § 95 Abs. 1 oder § 103 Abs. 1 Verpflichteten über Ergebnisse von Messungen und Ermittlungen zur Körperdosis an das Strahlenschutzregister weiterleiten.

(3) Das Bundesamt für Strahlenschutz fasst die übermittelten Daten im Strahlenschutzregister personenbezogen zusammen, wertet sie aus und unterrichtet die zuständige Behörde, wenn es dies im Hinblick auf die Ergebnisse der Auswertung für erforderlich hält.

(4) Auskünfte aus dem Strahlenschutzregister werden erteilt, soweit dies für die Wahrnehmung der Aufgaben des Empfängers erforderlich ist:

1. einem Strahlenschutzverantwortlichen über bei ihm tätige Personen betreffende Daten auf Antrag,

2. einem Träger der gesetzlichen Unfallversicherung über bei ihm versicherte Personen betreffende Daten auf Antrag,

3. einer zuständigen Behörde, einer Messstelle oder einer von der zuständigen Behörde bestimmten Stelle auf Anfrage; die zuständige Behörde kann Auskünfte aus dem Strahlenschutzregister an den Strahlenschutzverantwortlichen über bei ihm tätige Personen betreffende Daten, an dessen Strahlenschutzbeauftragten sowie an den zuständigen Arzt nach § 64 Abs. 1 Satz 1 weitergeben, soweit dies zur Wahrnehmung ihrer Aufgaben erforderlich ist.

Dem Betroffenen werden Auskünfte aus dem Strahlenschutzregister über die zu seiner Person gespeicherten Daten auf Antrag erteilt.

(5) Hochschulen, anderen Einrichtungen, die wissenschaftliche Forschung betreiben, und öffentlichen Stellen dürfen auf Antrag Auskünfte erteilt werden, soweit dies für die Durchführung bestimmter wissenschaftlicher Forschungsarbeiten im Bereich des Strahlenschutzes erforderlich ist und § 12c Abs. 3 des Atomgesetzes nicht entgegensteht. Wird eine Auskunft über personenbezogene Daten beantragt, so ist eine schriftliche Einwilligung des Betroffenen beizufügen. Soll die Auskunft ohne Einwilligung des Betroffenen erfolgen, sind die für die Prüfung

der Voraussetzungen nach § 12c Abs. 3 Satz 2 des Atomgesetzes erforderlichen Angaben zu machen; zu § 12c Abs. 3 Satz 3 des Atomgesetzes ist glaubhaft zu machen, dass der Zweck der wissenschaftlichen Forschung bei Verwendung anonymisierter Daten nicht mit vertretbarem Aufwand erreicht werden kann. Personenbezogene Daten dürfen nur für die Forschungsarbeit verwendet werden, für die sie übermittelt worden sind; die Verwendung für andere Forschungsarbeiten oder die Weitergabe richtet sich nach den Sätzen 2 und 3 und bedarf der Zustimmung des Bundesamtes für Strahlenschutz.

(6) Die im Strahlenschutzregister gespeicherten personenbezogenen Daten sind 100 Jahre nach der Geburt der betroffenen Person zu löschen.

(7) Die Messstellen, die zuständigen Behörden oder die von ihnen bestimmten Stellen beginnen mit der Übermittlung zu dem Zeitpunkt, den das Bundesamt für Strahlenschutz bestimmt. Das Bundesamt für Strahlenschutz bestimmt das Datenformat und das Verfahren der Übermittlung.

## Kapitel 2
### Befugnisse der Behörde

### § 113 Anordnung von Maßnahmen

(1) Die zuständige Behörde kann diejenigen Maßnahmen anordnen, die zur Durchführung der §§ 4, 5, 6, 30 bis 88 erforderlich sind. Sie kann auch erforderliche Maßnahmen zur Durchführung der §§ 93 bis 104 anordnen. Soweit die Maßnahmen nicht die Beseitigung einer Gefahr für Leben, Gesundheit oder bedeutende Umweltgüter bezwecken, ist für die Ausführung eine Frist zu setzen.

(2) Die Anordnung ist bei Maßnahmen zur Durchführung von Vorschriften des Teils 2 an den Strahlenschutzverantwortlichen nach § 31 zu richten. Sie kann in dringenden Fällen auch

an den Strahlenschutzbeauftragten gerichtet werden. Dieser hat den Strahlenschutzverantwortlichen unverzüglich zu unterrichten. Bei Maßnahmen zur Durchführung von Vorschriften des Teils 3 ist die Anordnung an den Verpflichteten nach § 95 Abs. 1, § 97 Abs. 1, § 100 Abs. 1 oder § 103 Abs. 1 zu richten.

(3) Beim ortsveränderlichen Umgang mit radioaktiven Stoffen oder beim Betrieb von ortsveränderlichen Anlagen zur Erzeugung ionisierender Strahlen kann die Anordnung auch an denjenigen gerichtet werden, in dessen Verfügungsbereich der Umgang oder Betrieb stattfindet. Dieser hat die erforderlichen Maßnahmen zu treffen und den von ihm für Tätigkeiten nach Satz 1 beauftragten Strahlenschutzverantwortlichen auf die Einhaltung der Maßnahmen hinzuweisen.

(4) Ist zu besorgen, dass bei Personen, die sich in Bereichen aufhalten oder aufgehalten haben, in denen Tätigkeiten nach § 2 Abs. 1 Nr. 1 oder Arbeiten nach § 2 Abs. 1 Nr. 2 in Verbindung mit § 95 Abs. 2 ausgeübt werden, die Grenzwerte des § 55 Abs. 1 bis 4 oder des § 95 Abs. 4, 7 oder 8 überschritten sind, kann die zuständige Behörde anordnen, dass sich diese Personen von einem Arzt nach § 64 Abs. 1 Satz 1 untersuchen lassen.

### § 114 Behördliche Ausnahmen von Strahlenschutzvorschriften

Die zuständige Behörde kann im Einzelfall gestatten, dass von den Vorschriften der §§ 34 bis 92, 95 bis 104 mit Ausnahme der Dosisgrenzwerteregelungen abgewichen wird, wenn

1. ein Gerät, eine Anlage, eine sonstige Vorrichtung, eine Tätigkeit oder eine Arbeit erprobt werden soll oder die Einhaltung der Anforderungen einen unverhältnismäßig großen Aufwand erfordern würde, sofern in beiden Fällen die Sicherheit des Gerätes, der Anlage, der sonstigen Vorrichtung oder der Tätigkeit oder der Arbeit sowie der Strahlenschutz auf andere Weise gewährleistet sind oder

2. die Sicherheit des Gerätes, der Anlage, der sonstigen Vorrichtung, einer Tätigkeit oder einer Arbeit durch die Abweichung nicht beeinträchtigt werden und der Strahlenschutz gewährleistet ist.

## Kapitel 3
### Formvorschriften

### § 115 Elektronische Kommunikation

(1) Aufzeichnungs-, Buchführungs- und Aufbewahrungspflichten nach dieser Verordnung können elektronisch erfüllt werden. Im Rahmen einer Genehmigung nach den §§ 3, 4, 6, 7 oder § 9 des Atomgesetzes oder eines Planfeststellungsbeschlusses nach § 9b des Atomgesetzes gilt dies nur, wenn die zuständige Behörde der elektronischen Aufzeichnung, Buchführung oder Aufbewahrung schriftlich oder in elektronischer Form zugestimmt hat.

(2) Mitteilungs-, Melde- oder Anzeigepflichten können in elektronischer Form erfüllt werden, wenn der Empfänger hierfür einen Zugang eröffnet und das Verfahren und die für die Datenübertragung notwendigen Anforderungen bestimmt. Dabei müssen dem jeweiligen Stand der Technik entsprechende Maßnahmen zur Sicherstellung von Datenschutz und Datensicherheit getroffen werden, die insbesondere die Vertraulichkeit und Unversehrtheit der Daten gewährleisten; bei der Nutzung allgemein zugänglicher Netze sind Verschlüsselungsverfahren anzuwenden. Ist ein übermitteltes elektronisches Dokument für den Empfänger nicht zur Bearbeitung geeignet, teilt er dies dem Absender unter Angabe der für den Empfang geltenden technischen Rahmenbedingungen unverzüglich mit.

(3) Abweichend von § 17 Absatz 1 Satz 1 erster Halbsatz des Atomgesetzes kann eine Genehmigung oder allgemeine Zulassung nach dieser Verordnung auch in elektronischer Form erteilt werden. In diesem Fall ist das elektronische Dokument mit einer dauerhaft überprüfbaren Signatur nach § 37 Absatz 4 des Verwaltungsverfahrensgesetzes zu versehen.

## Kapitel 4
### Ordnungswidrigkeiten

### § 116 Ordnungswidrigkeiten

(1) Ordnungswidrig im Sinne des § 46 Abs. 1 Nr. 4 des Atomgesetzes handelt, wer vorsätzlich oder fahrlässig

1. ohne Genehmigung nach

   a) § 7 Abs. 1 mit sonstigen radioaktiven Stoffen oder mit Kernbrennstoffen umgeht,

   b) § 11 Abs. 1 eine dort bezeichnete Anlage errichtet,

   c) § 11 Abs. 2 eine Anlage zur Erzeugung ionisierender Strahlen betreibt oder die Anlage oder ihren Betrieb verändert,

   d) § 15 Abs. 1 in einer fremden Anlage oder Einrichtung eine unter seiner Aufsicht stehende Person beschäftigt oder eine Aufgabe selbst wahrnimmt,

   e) § 16 Abs. 1 sonstige radioaktive Stoffe oder Kernbrennstoffe befördert,

   f) § 19 Absatz 1 oder Absatz 2 sonstige radioaktive Stoffe oder Kernbrennstoffe verbringt,

   g) § 23 Abs. 1 radioaktive Stoffe oder ionisierende Strahlung zum Zwecke der medizinischen Forschung am Menschen anwendet,

   h) § 106 Abs. 1 Satz 1, auch in Verbindung mit Satz 2, radioaktive Stoffe zusetzt oder dort genannte Produkte aktiviert oder

   i) § 108 Satz 1 dort genannte Konsumgüter in den Geltungsbereich dieser Verordnung oder aus dem Geltungsbereich dieser Verordnung in einen Staat, der nicht Mitgliedstaat der Europäischen Gemeinschaften ist, verbringt,

1a. entgegen § 12 Absatz 1 oder § 20 Absatz 1 Satz 1 oder Absatz 3 eine Anzeige nicht, nicht richtig, nicht vollständig, nicht in der vorgeschriebenen Weise oder nicht rechtzeitig erstattet,

1b. entgegen § 12 Absatz 2 einen Nachweis nicht oder nicht rechtzeitig führt,

1c. entgegen § 20 Absatz 2 die Vorsorge nicht oder nicht ausreichend trifft,

2. entgegen § 17 Abs. 3 Kernmaterialien übernimmt,

3. einer vollziehbaren Auflage nach § 26 Abs. 1 Satz 2 Nr. 3 zuwiderhandelt,

4. entgegen § 27 Abs. 1 Nr. 1 oder 2 eine Qualitätskontrolle nicht oder nicht rechtzeitig durchführt oder nicht überwachen lässt,

5. entgegen § 27 Abs. 1 Nr. 3 oder 4, jeweils auch in Verbindung mit Absatz 2 Satz 2, einen Abdruck des Zulassungsscheines oder eine Betriebsanleitung nicht oder nicht rechtzeitig aushändigt,

6. entgegen § 27 Abs. 2 Satz 1 einen Abdruck des Zulassungsscheins oder einen Prüfbefund nicht bereithält,

7. entgegen § 27 Abs. 3 eine Änderung vornimmt,

8. entgegen § 27 Abs. 4 eine Vorrichtung verwendet oder eine Schutzmaßnahme nicht oder nicht rechtzeitig trifft,

9. entgegen § 27 Abs. 5 eine Vorrichtung nicht oder nicht rechtzeitig stilllegt oder eine Schutzmaßnahme nicht oder nicht rechtzeitig trifft,

10. entgegen § 27 Abs. 6 Satz 1 eine Vorrichtung nicht oder nicht rechtzeitig prüfen lässt,

11. entgegen § 27 Abs. 7 eine Vorrichtung nicht oder nicht rechtzeitig zurückgibt oder nicht oder nicht rechtzeitig abgibt,

12. einer vollziehbaren Anordnung nach § 40 Abs. 5 oder § 113 Abs. 4 zuwiderhandelt,

12a. entgegen § 51 Absatz 1 Satz 2 eine Mitteilung nicht, nicht richtig, nicht vollständig oder nicht rechtzeitig macht,

12b. entgegen § 59 Absatz 3 Satz 2 eine Mitteilung nicht, nicht richtig, nicht vollständig oder nicht rechtzeitig macht,

13. entgegen § 69 Abs. 3 Satz 1 nicht dafür sorgt, dass radioaktive Stoffe durch dort genannte Personen befördert werden,

14. entgegen § 69 Abs. 4 nicht dafür sorgt, dass radioaktive Stoffe an den Empfänger oder eine berechtigte Person übergeben werden,

15. entgegen § 93 nicht dafür sorgt, dass ein in § 95 Abs. 4 Satz 1 oder 2, Abs. 5 Satz 1, Abs. 7 oder 8 genannter Dosisgrenzwert nicht überschritten wird,

16. entgegen § 93 nicht dafür sorgt, dass ein in § 103 Abs. 2 Satz 1, Abs. 3 Satz 1 oder Abs. 5 genannter Dosisgrenzwert nicht überschritten wird,

17. entgegen § 95 Abs. 1 Satz 1, auch in Verbindung mit Satz 3, § 95 Abs. 1 Satz 2 oder Abs. 10 Satz 1 eine Abschätzung nicht, nicht richtig oder nicht rechtzeitig durchführt oder nicht oder nicht rechtzeitig wiederholt oder die Radon-222-Exposition, die potenzielle Alphaenergie-Exposition oder die Körperdosis nicht, nicht richtig oder nicht rechtzeitig ermittelt,

18. entgegen § 95 Abs. 2 Satz 1 eine Anzeige nicht, nicht richtig, nicht vollständig oder nicht rechtzeitig erstattet,

19. entgegen § 95 Abs. 3 nicht dafür sorgt, dass eine Person eine Arbeit nur ausübt, wenn sie im Besitz eines dort genannten Strahlenpasses ist,

20. entgegen § 95 Abs. 9 die Arbeitsbedingungen nicht, nicht richtig oder nicht rechtzeitig gestaltet,

21. entgegen § 95 Abs. 11 Satz 1 eine Beschäftigung oder Weiterbeschäftigung erlaubt,

22. entgegen § 95 Abs. 11 Satz 4 eine ärztliche Bescheinigung nicht oder nicht rechtzeitig übergibt,

23. entgegen § 96 Abs. 1 Satz 1 ein Ergebnis der Ermittlungen nicht, nicht richtig oder nicht rechtzeitig aufzeichnet,

24. entgegen § 96 Abs. 2 Nr. 1 Buchstabe a eine Aufzeichnung nicht, nicht vollständig oder nicht für die vorgeschriebene Dauer aufbewahrt,

25. entgegen § 96 Abs. 2 Nr. 1 Buchstabe b eine Aufzeichnung nicht oder nicht rechtzeitig löscht,

26. entgegen § 96 Abs. 2 Nr. 1 Buchstabe c eine Aufzeichnung nicht oder nicht rechtzeitig vorlegt oder nicht oder nicht rechtzeitig hinterlegt,

27. entgegen § 96 Abs. 2 Nr. 2 oder § 100 Abs. 1 eine Mitteilung nicht, nicht richtig, nicht vollständig oder nicht rechtzeitig macht,

28. entgegen § 96 Abs. 3 Satz 1 eine ermittelte Dosis nicht, nicht richtig oder nicht rechtzeitig übermittelt,

29. einer vollziehbaren Anordnung nach § 96 Abs. 4 oder 5, § 97 Abs. 3 Satz 1, § 99 Satz 2, § 101 Abs. 2 Satz 3 oder § 102 zuwiderhandelt,

30. entgegen § 97 Abs. 2 Satz 2 Materialien vermischt oder verdünnt,

31. entgegen § 97 Abs. 4 Satz 1 oder 2 Rückstände nicht sichert oder abgibt,

31a. entgegen § 97 Absatz 5 Rückstände ins Inland verbringt,

32. entgegen § 98 Abs. 1 Satz 3 überwachungsbedürftige Rückstände verwertet oder beseitigt,

33. entgegen § 99 Satz 1 oder § 101 Abs. 2 Satz 1 eine Anzeige nicht, nicht richtig, nicht vollständig oder nicht rechtzeitig erstattet,

34. entgegen § 100 Abs. 2 Satz 1, Abs. 3 Satz 2 oder Abs. 4 Satz 1 ein Rückstandskonzept oder eine Rückstandsbilanz nicht, nicht richtig, nicht vollständig oder nicht rechtzeitig erstellt, nicht oder nicht rechtzeitig fortschreibt oder nicht oder nicht rechtzeitig vorlegt,

35. entgegen § 101 Abs. 1 Satz 1 eine Verunreinigung nicht, nicht in der vorgeschriebenen Weise oder nicht rechtzeitig entfernt,

36. entgegen § 103 Abs. 1 Satz 1 die dort genannte effektive Dosis nicht, nicht richtig oder nicht rechtzeitig ermittelt,

37. entgegen § 103 Abs. 6 Satz 1 das fliegende Personal nicht, nicht richtig oder nicht rechtzeitig unterrichtet,

38. entgegen § 103 Abs. 6 Satz 3 oder 4 eine Aufzeichnung nicht, nicht richtig oder nicht vollständig führt, nicht oder nicht mindestens fünf Jahre aufbewahrt oder nicht oder nicht rechtzeitig vorlegt,

39. entgegen § 103 Abs. 7 Nr. 1 die Ergebnisse der Dosisermittlung nicht, nicht richtig oder nicht rechtzeitig aufzeichnet,

40. entgegen § 103 Abs. 7 Nr. 2 Buchstabe a eine Aufzeichnung nicht, nicht vollständig oder nicht für die vorgeschriebene Dauer aufbewahrt,

41. entgegen § 103 Abs. 7 Nr. 2 Buchstabe b eine Aufzeichnung nicht oder nicht rechtzeitig löscht,

42. entgegen § 103 Abs. 7 Nr. 2 Buchstabe c eine Aufzeichnung nicht oder nicht rechtzeitig vorlegt oder nicht oder nicht rechtzeitig hinterlegt,

43. entgegen § 103 Abs. 7 Nr. 3 eine Mitteilung nicht, nicht richtig, nicht vollständig oder nicht rechtzeitig macht,

44. entgegen § 103 Abs. 8 Satz 1 die ermittelte Dosis nicht, nicht richtig oder nicht rechtzeitig übermittelt,

45. entgegen § 103 Abs. 9 Satz 1 eine Beschäftigung oder Weiterbeschäftigung erlaubt,

46. entgegen § 103 Abs. 9 Satz 3 eine ärztliche Bescheinigung nicht oder nicht rechtzeitig übersendet,

47. entgegen § 105 Satz 1, auch in Verbindung mit Satz 2, radioaktive Stoffe zusetzt oder eine Ware verbringt, in den Verkehr bringt oder aktiviert oder

48. entgegen § 111 Abs. 4 Satz 1 eine Messung, eine Feststellung oder eine ärztliche Untersuchung nicht duldet.

(2) Ordnungswidrig im Sinne des § 46 Abs. 1 Nr. 4 des Atomgesetzes handelt, wer als Strahlenschutzverantwortlicher vorsätzlich oder fahrlässig

1. einer vollziehbaren Anordnung nach § 12 Absatz 3 oder § 74 Abs. 1 Satz 1 zuwiderhandelt,

1a. entgegen § 31 Abs. 2 Satz 1 die erforderliche Anzahl von Strahlenschutzbeauftragten nicht oder nicht in der vorgeschriebenen Weise bestellt,

2. entgegen § 31 Abs. 4 Satz 1 eine Mitteilung nicht, nicht richtig, nicht vollständig oder nicht rechtzeitig macht,

3. entgegen § 33 Abs. 1 Nr. 1 Buchstabe a, b Doppelbuchstabe aa, dd, ff oder gg oder Buchstabe c nicht dafür sorgt, dass eine Vorschrift des § 29 Abs. 1 Satz 1, § 31 Abs. 2 Satz 2 oder Abs. 3, § 32 Abs. 3, § 34 Satz 1, § 49 Abs. 1 Satz 1 oder Abs. 2, § 50 Abs. 1 Satz 1, Abs. 2 oder 3, des § 61 Abs. 3 Satz 2, § 69a oder des § 83 Abs. 4 Satz 1 eingehalten wird oder

4. entgegen § 33 Abs. 1 Nr. 1 Buchstabe b Doppelbuchstabe cc in Verbindung mit § 5 Satz 1 nicht dafür sorgt, dass ein in § 47

Abs. 1 Satz 1 genannter Dosisgrenzwert für die Planung oder die Errichtung einer Anlage oder Einrichtung nicht überschritten wird,

5. entgegen § 33 Abs. 1 Nr. 3 nicht dafür sorgt, dass die erforderlichen Maßnahmen gegen ein unbeabsichtigtes Kritischwerden von Kernbrennstoff getroffen werden.

(3) Ordnungswidrig im Sinne des § 46 Abs. 1 Nr. 4 des Atomgesetzes handelt, wer als Strahlenschutzverantwortlicher oder Strahlenschutzbeauftragter vorsätzlich oder fahrlässig

1. entgegen § 33 Abs. 1 Nr. 2 Buchstabe a, b Doppelbuchstabe aa, bb Dreifachbuchstabe aaa, Doppelbuchstabe cc Dreifachbuchstabe bbb, Doppelbuchstabe ee Dreifachbuchstabe bbb, Doppelbuchstabe ff, gg Dreifachbuchstabe aaa, Doppelbuchstabe hh, Buchstabe c oder d oder Abs. 2 Nr. 1 Buchstabe a nicht dafür sorgt, dass eine Vorschrift des § 29 Abs. 2 Satz 4, § 35, § 36 Abs. 1 Satz 1, Abs. 2 Satz 1 oder 2 oder Abs. 4 Satz 1, § 37 Abs. 1 Satz 1 oder Abs. 2, § 38 Abs. 1 Satz 1 bis 3, Abs. 2 bis 4, § 39, § 40 Abs. 1 Satz 1, Abs. 2 Satz 1, Abs. 3 oder 4, § 41 Absatz 1 Satz 1 oder Satz 2, Absatz 2, Absatz 3 Satz 1 bis 4, Absatz 4 Satz 1, Absatz 5, 6 oder Absatz 9 Satz 1 oder Satz 2, § 42 Abs. 1 Satz 1 bis 6, § 43, § 44 Absatz 1 Satz 1 bis 3, Absatz 2 Satz 1, Absatz 3 Satz 3, Abs. 4 oder 5, § 45 Abs. 1 oder 3, § 48 Abs. 1 Nr. 1 Satz 1, § 57 Satz 1, § 58 Abs. 4, § 59 Absatz 2 Satz 1 oder Absatz 3 Satz 1 oder Satz 3, § 60 Abs. 1 oder 2, § 65, § 66 Abs. 2 Satz 1, Abs. 5 oder Abs. 6 Satz 1 oder 2, § 67, § 68 Absatz 1, 1a Satz 1 oder Satz 2 oder Abs. 3 bis 6, § 69 Abs. 1, 2 Satz 1 oder 4 oder Abs. 5, § 70 Absatz 1 Satz 1 Nummer 2 oder Satz 4, Absatz 2 Satz 1 oder Satz 2, Absatz 3, 4 oder Absatz 6, § 72 Satz 1 oder 3, § 73 Abs. 1, 2 Satz 1, Abs. 3 oder 4, § 74 Abs. 2 oder 3, § 75 Abs. 1 bis 3, § 79 Satz 1, § 80 Abs. 1 Satz 1, Abs. 2 Satz 2 oder Abs. 3 Satz 1, § 81 Abs. 1 Satz 1 oder 2, Abs. 2 Satz 1

oder 2, Abs. 3, Abs. 5 Satz 1 oder 2 oder Abs. 6 Satz 1, § 82 Absatz 1, 2 oder Absatz 3, § 83 Absatz 4 Satz 2 bis 4, Absatz 5 Satz 1, Absatz 6 oder Absatz 7 Satz 1 bis 4, § 84, § 85 Abs. 1, 2 oder 3 Satz 1, Abs. 4 Satz 1 oder Abs. 6 Satz 1 oder 3, § 87 Abs. 1 Satz 2 oder Abs. 3 bis 7, § 88 Absatz 1, 2 Satz 1 oder Absatz 3 oder Absatz 4, § 89 Absatz 2, § 92a Satz 2 oder § 92b Absatz 1 oder Absatz 2 eingehalten wird,

2. entgegen § 33 Abs. 1 Nr. 2 Buchstabe b Doppelbuchstabe bb Dreifachbuchstabe bbb, Doppelbuchstabe cc Dreifachbuchstabe ccc, Doppelbuchstabe gg Dreifachbuchstabe bbb, Buchstabe c Doppelbuchstabe bb oder Abs. 2 Nr. 1 Buchstabe a nicht dafür sorgt, dass eine Mitteilung nach § 42 Abs. 2 Satz 1, § 48 Abs. 1 Satz 1 Nr. 2, § 66 Abs. 6 Satz 3, § 70 Abs. 1 Satz 1 Nr. 1 oder 3 oder Satz 3 oder § 89 Absatz 1 Nummer 1 oder Nummer 2 gemacht wird oder

3. entgegen § 33 Abs. 1 Nr. 2 Buchstabe b Doppelbuchstabe cc Dreifachbuchstabe aaa, Doppelbuchstabe ee Dreifachbuchstabe aaa oder Abs. 2 Nr. 1 Buchstabe a, jeweils in Verbindung mit § 5 Satz 1, nicht dafür sorgt, dass ein in § 46 Abs. 1 oder 2, § 55 Abs. 1 Satz 1, Abs. 2, 3 oder 4, § 56 Satz 1 oder § 58 Abs. 1 Satz 2 genannter Dosisgrenzwert oder ein in § 47 Abs. 1 Satz 1 genannter Dosisgrenzwert für den Betrieb einer Anlage oder Einrichtung nicht überschritten wird.

(4) Ordnungswidrig im Sinne des § 46 Abs. 1 Nr. 4 des Atomgesetzes handelt, wer als Strahlenschutzbeauftragter vorsätzlich oder fahrlässig entgegen § 113 Abs. 2 Satz 3 den Strahlenschutzverantwortlichen nicht oder nicht rechtzeitig unterrichtet.

(5) Ordnungswidrig im Sinne des § 46 Abs. 1 Nr. 4 des Atomgesetzes handelt, wer als Arzt nach § 64 Abs. 1 Satz 1 vorsätzlich oder fahrlässig

1. entgegen § 61 Abs. 1 Satz 2 eine angeforderte Unterlage nicht oder nicht rechtzeitig übergibt,

2. entgegen § 61 Abs. 3 Satz 1 eine ärztliche Bescheinigung nicht oder nicht rechtzeitig übersendet,

3. entgegen § 64 Abs. 3 Satz 1, 3 oder 4 eine Gesundheitsakte nicht, nicht richtig oder nicht vollständig führt, nicht oder nicht für die vorgeschriebene Dauer aufbewahrt oder nicht oder nicht rechtzeitig vernichtet,

4. entgegen § 64 Abs. 4 Satz 1 eine Gesundheitsakte nicht oder nicht rechtzeitig vorlegt oder nicht oder nicht rechtzeitig übergibt oder

5. entgegen § 64 Abs. 5 Einsicht in die Gesundheitsakte nicht oder nicht rechtzeitig gewährt.

(6) Die Zuständigkeit für die Verfolgung und Ahndung von Ordnungswidrigkeiten nach Absatz 1 Nr. 16 und Nr. 36 bis 46 wird auf das Luftfahrt-Bundesamt übertragen.

## Kapitel 5
### Schlussvorschriften

### § 117 Übergangsvorschriften

(1) Eine vor dem 1. August 2001 für die Beförderung oder die grenzüberschreitende Verbringung sonstiger radioaktiver Stoffe erteilte Genehmigung gilt als Genehmigung nach § 16 oder § 19 mit allen Nebenbestimmungen fort. Eine vor dem 1. August 2001 für den Umgang mit sonstigen radioaktiven Stoffen, für die Errichtung oder den Betrieb von Anlagen zur Erzeugung ionisierender Strahlen erteilte Genehmigung gilt als Genehmigung nach § 7, § 11 Abs. 1 oder Abs. 2 mit allen Nebenbestimmungen mit der Maßgabe fort, dass die Grenzwerte der §§ 46 und 55 nicht überschritten werden. Sind bei diesen Genehmigungen zur Begrenzung von Ableitungen radioaktiver Stoffe mit Luft und Wasser aus Strahlenschutzbereichen

die Aktivitätskonzentrationen nach § 46 Abs. 3 oder 4 der Strahlenschutzverordnung vom 30. Juni 1989 maßgebend, treten bis zum 1. August 2003 an deren Stelle die Werte der Anlage VII Teil D. Hat die zuständige Behörde nach § 46 Abs. 5 der Strahlenschutzverordnung in der Fassung vom 30. Juni 1989 höhere Aktivitätskonzentrationen oder -abgaben zugelassen und wurde innerhalb von drei Monaten ab dem Inkrafttreten dieser Verordnung ein Antrag auf Neufestsetzung der Werte gestellt, so gelten diese Aktivitätskonzentrationen oder -abgaben bis zur Bestandskraft der Entscheidung weiter. Wird kein Antrag nach Satz 4 gestellt, gelten nach Ablauf von drei Monaten ab dem Inkrafttreten dieser Verordnung statt der zugelassenen höheren Werte die Werte der Anlage VII Teil D. Hat die zuständige Behörde nach § 46 Abs. 5 der Strahlenschutzverordnung in der Fassung vom 30. Juni 1989 niedrigere Aktivitätskonzentrationen oder -abgaben vorgeschrieben, gelten diese niedrigeren Festsetzungen fort.

(2) Tätigkeiten, die nach § 4 Abs. 1 in Verbindung mit Anlage II Nr. 1 oder § 17 Abs. 1 der Strahlenschutzverordnung vom 30. Juni 1989 angezeigt wurden und nach dem 1. August 2001 einer Genehmigung nach § 7 Abs. 1 oder § 11 Abs. 2 bedürfen, dürfen fortgesetzt werden, wenn der Antrag auf Genehmigung bis zum 1. August 2003 gestellt wurde.

(3) Genehmigungen nach § 3 oder § 5 der Röntgenverordnung vom 8. Januar 1987 für Anlagen zur Erzeugung ionisierender Strahlen, die nach dem 1. August 2001 in den Anwendungsbereich dieser Verordnung fallen, gelten als Genehmigungen nach § 11 Abs. 2 fort. Tätigkeiten, die nach § 4 Abs. 1 der Röntgenverordnung vom 8. Januar 1987 angezeigt wurden und die nach dem 1. August 2001 in den Anwendungsbereich dieser Verordnung fallen, dürfen fortgesetzt werden, wenn der Antrag auf Genehmigung bis zum 1. August 2003 gestellt wurde. Absatz 1 gilt entsprechend.

(4) Eine Freigabe nach § 29, bei der die bis einschließlich 31. Oktober 2011 geltenden Werte der Anlage III Tabelle 1 Spalten 5, 6 oder Spalte 9 zugrunde gelegt wurden, gilt mit der Maßgabe fort, dass ab dem 1. Dezember 2013 die Werte der Anlage III Tabelle 1 Spalten 5, 6, 9a, 9b, 9c oder Spalte 9d eingehalten werden müssen. Satz 1 gilt auch für Freigaben, die nach § 117 Absatz 10 seit dem 1. August 2001 fortgelten.

(5) Ergebnisse nach § 41 Absatz 7 Satz 2, die vor dem 1. November 2011 aufgezeichnet worden sind, sind nach der jeweiligen Feststellung 30 Jahre lang aufzubewahren.

(6) Die Herstellung von Konsumgütern, die nach § 4 Abs. 4 Nr. 2 Buchstabe b, c, d der Strahlenschutzverordnung vom 30. Juni 1989 genehmigungsfrei war und die einer Genehmigung nach § 106 bedarf, darf bis zur Entscheidung über den Antrag vorläufig fortgesetzt werden, wenn der Antrag auf Genehmigung bis zum 1. November 2001 gestellt wurde. Die Verwendung, Lagerung und Beseitigung von Konsumgütern im Sinne des Satzes 1 und von Konsumgütern, die vor dem 1. August 2001 genehmigungsfrei hergestellt wurden, bedarf weiterhin keiner Genehmigung. Genehmigungen nach § 3 der Strahlenschutzverordnung vom 30. Juni 1989 zur Herstellung von Konsumgütern gelten vorläufig fort. Eine solche Genehmigung erlischt am 1. November 2001, es sei denn,

1.  vor diesem Zeitpunkt wird eine Genehmigung nach § 106 beantragt; die vorläufig fortgeltende Genehmigung gilt dann auch nach diesem Zeitpunkt fort und erlischt, wenn über den Antrag entschieden worden ist, oder

2.  die vorläufig fortgeltende Genehmigung ist befristet; die Genehmigung erlischt dann zu dem festgelegten früheren Zeitpunkt.

Genehmigungen nach § 3 der Strahlenschutzverordnung vom 30. Juni 1989 für den Zusatz von radioaktiven Stoffen bei der Herstellung von

Arzneimitteln im Sinne des Arzneimittelgesetzes gelten mit allen Nebenbestimmungen fort. Die Sätze 1 bis 4 gelten entsprechend im Fall der Aktivierung. Sonstige Produkte, die den Anforderungen der Anlage III Teil A Nr. 5, 6 oder 7 der Strahlenschutzverordnung vom 30. Juni 1989 entsprechen und vor dem 1. August 2001 erworben worden sind, können weiter genehmigungs- und anzeigefrei verwendet, gelagert oder beseitigt werden.

(7) Eine vor dem 1. August 2001 erteilte Zulassung der Bauart von Vorrichtungen, die radioaktive Stoffe enthalten, gilt bis zum Ablauf der im Zulassungsschein genannten Frist fort. Für die Verwendung und Lagerung von Vorrichtungen, die radioaktive Stoffe enthalten und für die vor dem 1. August 2001 eine Bauartzulassung erteilt worden ist, gelten die Regelungen des § 4 Abs. 1, 2 Satz 2 und 5 in Verbindung mit Anlage II Nr. 2 oder 3 und Anlage III Teil B Nr. 4, § 29 Abs. 1 Satz 1, §§ 34 und 78 Abs. 1 Nr. 1 der Strahlenschutzverordnung vom 30. Juni 1989 und nach dem Auslaufen dieser Bauartzulassung auch § 23 Abs. 2 Satz 3 der Strahlenschutzverordnung vom 30. Juni 1989 fort; § 31 Abs. 1 Satz 2 bis 4, Abs. 2 bis 5, §§ 32, 33 und 35 dieser Verordnung gelten entsprechend. Vorrichtungen, deren Bauartzulassung vor dem 1. August 2002 ausgelaufen war und die nach Maßgabe des § 23 Abs. 2 Satz 3 in Verbindung mit § 4 der Strahlenschutzverordnung vom 30. Juni 1989 weiterbetrieben wurden, dürfen weiter genehmigungsfrei betrieben werden. Die Sätze 1 und 2 gelten entsprechend auch für Ionisationsrauchmelder, für die nach Anlage III Teil B Nr. 4 der Strahlenschutzverordnung vom 30. Juni 1989 die Anzeige durch den Hersteller oder die Vertriebsfirma erfolgte.

(8) Eine vor dem 19. August 2005 erteilte Zulassung der Bauart nach § 25 Abs. 1 von Geräten und anderen Vorrichtungen, die hochradioaktive Strahlenquellen enthalten, gilt bis zum Ablauf der im Zulassungsschein genannten Frist fort.

(9) § 27 Abs. 6 gilt nicht für Vorrichtungen, deren Bauart nach § 22 in Verbindung mit Anlage VI Nr. 6 der Strahlenschutzverordnung vom 30. Juni 1989 zugelassen ist, und nicht für Vorrichtungen, deren Bauart nach § 22 in Verbindung mit Anlage VI Nr. 1 bis 5 der Strahlenschutzverordnung vom 30. Juni 1989 zugelassen ist, wenn die eingefügte Aktivität das Zehnfache der Freigrenzen der Anlage III Tabelle 1 Spalte 2 nicht überschreitet.

(10) Regelungen für die Entlassung radioaktiver Stoffe sowie von beweglichen Gegenständen, Gebäuden, Bodenflächen, Anlagen oder Anlagenteilen, die aktiviert oder mit radioaktiven Stoffen kontaminiert sind und aus Tätigkeiten nach § 2 Nr. 1 Buchstabe a, c und d stammen, die in vor dem 1. August 2001 erteilten Genehmigungen oder anderen verwaltungsbehördlichen Entscheidungen enthalten sind, gelten als Freigaben vorläufig fort. Eine solche Freigabe erlischt am 1. August 2004, es sei denn

1.  vor diesem Zeitpunkt wird eine Freigabe im Sinne des § 29 beantragt; die vorläufig fortgeltende Freigabe gilt dann auch nach diesem Zeitpunkt fort und erlischt, wenn die Entscheidung über den Antrag unanfechtbar geworden ist, oder

2.  die der vorläufig fortgeltenden Freigabe zugrunde liegende Genehmigung oder verwaltungsbehördliche Entscheidung ist befristet; die Freigabe erlischt dann zu dem in der Genehmigung oder verwaltungsbehördlichen Entscheidung festgelegten früheren Zeitpunkt.

Freigaberegelungen in Genehmigungen nach den §§ 6, 7 Abs. 3 oder § 9 des Atomgesetzes sowie nach § 3 der Strahlenschutzverordnung vom 30. Juni 1989, die die Stilllegung von Anlagen und Einrichtungen zum Gegenstand haben, gelten unbegrenzt fort.

(11) Bei vor dem 1. August 2001 bestellten Strahlenschutzbeauftragten gilt die erforderliche Fachkunde im Strahlenschutz im Sinne des § 30 Abs. 1 als erworben und bescheinigt. Ei-

ne vor dem 1. August 2001 erfolgte Bestellung zum Strahlenschutzbeauftragten gilt fort, sofern die Aktualisierung der Fachkunde entsprechend § 30 Abs. 2 bei Bestellung vor 1976 bis zum 1. August 2003, bei Bestellung zwischen 1976 bis 1989 bis zum 1. August 2004, bei Bestellung nach 1989 bis zum 1. August 2006 nachgewiesen wird. Eine vor dem 1. August 2001 erteilte Fachkundebescheinigung gilt fort, sofern die Aktualisierung der Fachkunde bei Erwerb der Fachkunde vor 1976 bis zum 1. August 2003, bei Erwerb zwischen 1976 bis 1989 bis zum 1. August 2004, bei Erwerb nach 1989 bis zum 1. August 2006 nachgewiesen wird. Die Sätze 1 bis 3 gelten entsprechend für die Ärzte nach § 64 Abs. 1 Satz 1, für Strahlenschutzverantwortliche, die die erforderliche Fachkunde im Strahlenschutz besitzen und die keine Strahlenschutzbeauftragten bestellt haben, und für Personen, die die Fachkunde vor dem 1. August 2001 erworben haben, aber nicht als Strahlenschutzbeauftragte bestellt sind.

(12) Bei vor dem 1. Juli 2002 tätigen Personen im Sinne des § 82 Abs. 1 Nr. 2 und Abs. 2 Nr. 4 gelten die Kenntnisse als nach § 30 Abs. 4 Satz 2 erworben fort, nach dem 1. Juli 2004 jedoch nur, wenn die nach § 30 Abs. 1 zuständige Stelle ihnen den Besitz der erforderlichen Kenntnisse bescheinigt hat.

(13) Die Zuständigkeit nach Landesrecht für Messstellen nach § 63 Abs. 3 Satz 1 der Strahlenschutzverordnung vom 30. Juni 1989 gilt als Bestimmung im Sinne des § 41 Abs. 1 Satz 4 fort. Die Bestimmung von Messstellen nach § 63 Abs. 6 Satz 1 der Strahlenschutzverordnung vom 30. Juni 1989 gilt als Bestimmung im Sinne des § 41 Abs. 1 Satz 4 fort.

(14) In vor dem 1. August 2001 begonnenen Genehmigungsverfahren für die Aufbewahrung bestrahlter Kernbrennstoffe nach § 6 des Atomgesetzes an den jeweiligen Standorten der nach § 7 des Atomgesetzes genehmigten Kernkraftwerken oder vor dem 1. August 2001 begonnenen Planfeststellungsverfahren für die Errich-

tung und den Betrieb von Anlagen zur Sicherstellung und zur Endlagerung radioaktiver Abfälle, bei denen ein Erörterungstermin stattgefunden hat, kann der Antragsteller den Nachweis der Einhaltung der Grenzwerte des § 47 Abs. 1 dadurch erbringen, dass er unter Zugrundelegung der allgemeinen Verwaltungsvorschrift zu § 45 Strahlenschutzverordnung: „Ermittlung der Strahlenexposition durch die Ableitung radioaktiver Stoffe aus kerntechnischen Anlagen oder Einrichtungen vom 21. Februar 1990" (BAnz. Nr. 64a vom 31. März 1990) die Einhaltung des Dosisgrenzwertes des § 47 Abs. 1 Nr. 1 dieser Verordnung und der Teilkörperdosisgrenzwerte des § 45 Abs. 1 der Strahlenschutzverordnung vom 30. Juni 1989 mit den Organen der Anlage X Tabelle X2 unter Beachtung der Anlage X Tabelle X1 Fußnote 1 und der Anlage X Tabelle X2 und mit den Annahmen zur Ermittlung der Strahlenexposition aus Anlage XI der Strahlenschutzverordnung vom 30. Juni 1989 und den Dosisfaktoren aus der im Bundesanzeiger Nr. 185a vom 30. September 1989 bekannt gegebenen Zusammenstellung nachweist. Für die Berechnung von Dosiswerten aus äußerer Strahlenexposition sind die Werte und Beziehungen in Anhang II der Richtlinie 96/29/EURATOM des Rates vom 13. Mai 1996 zur Festlegung der grundlegenden Sicherheitsnormen für den Schutz der Gesundheit der Arbeitskräfte und der Bevölkerung gegen die Gefahren durch ionisierende Strahlung (ABl. EG Nr. L 159 S. 1) maßgebend. Für andere als in Satz 1 genannte Verfahren sind für die Ermittlung der Strahlenexposition aus Ableitungen bis zum Ablauf eines Jahres nach Inkrafttreten der allgemeinen Verwaltungsvorschriften zu § 47 Abs. 2 Satz 2 die in den Sätzen 1 und 2 genannten Dosisgrenzwerte und Berechnungsverfahren maßgebend.

(15) In vor dem 1. August 2001 begonnenen Genehmigungsverfahren für die Aufbewahrung bestrahlter Kernbrennstoffe nach § 6 des Atomgesetzes an den jeweiligen Standorten der nach § 7 des Atomgesetzes genehmigten Kernkraftwerken oder vor Inkrafttreten dieser Verordnung

begonnenen Planfeststellungsverfahren für die Errichtung und den Betrieb von Anlagen zur Sicherstellung und zur Endlagerung radioaktiver Abfälle, bei denen ein Erörterungstermin stattgefunden hat, kann der Antragsteller den Nachweis einer ausreichenden Vorsorge gegen Störfälle nach § 49 Abs. 2 dadurch erbringen, dass er die Einhaltung des Dosiswertes des § 49 Abs. 1 Nr. 1 dieser Verordnung und der Teilkörperdosiswerte des § 28 Abs. 3 mit den Organen der Anlage X Tabelle X2 unter Beachtung der Anlage X Tabelle X1 Fußnote 1 und der Anlage X Tabelle X2 der Strahlenschutzverordnung vom 30. Juni 1989 und den Dosisfaktoren aus der im Bundesanzeiger Nr. 185a vom 30. September 1989 bekannt gegebenen Zusammenstellung nachweist. Für die Berechnung von Dosiswerten aus äußerer Strahlenexposition sind die Werte und Beziehungen in Anhang II der Richtlinie 96/29/EURATOM des Rates vom 13. Mai 1996 zur Festlegung der grundlegenden Sicherheitsnormen für den Schutz der Gesundheit der Arbeitskräfte und der Bevölkerung gegen die Gefahren durch ionisierende Strahlung (ABl. EG Nr. L 159 S. 1) maßgebend. Den vorstehend genannten Nachweisen können für Anlagen zur Sicherstellung und zur Endlagerung radioaktiver Abfälle die Berechnungsgrundlagen der Neufassung des Kapitels 4 „Berechnung der Strahlenexposition" der Störfallberechnungsgrundlagen für die Leitlinien zur Beurteilung der Auslegung von Kernkraftwerken mit DWR gemäß § 28 Abs. 3 der Strahlenschutzverordnung in der Fassung der Bekanntmachung im Bundesanzeiger Nr. 222a vom 26. November 1994 zugrunde gelegt werden. Für die Aufbewahrung bestrahlter Kernbrennstoffe nach § 6 des Atomgesetzes an den jeweiligen Standorten der nach § 7 des Atomgesetzes genehmigten Kernkraftwerken können den Nachweisen bis zur Veröffentlichung gesonderter Anforderungen für diese Tätigkeiten durch das für die kerntechnische Sicherheit und den Strahlenschutz zuständige Bundesministerium im Bundesanzeiger die in Satz 3 genannten Berechnungsgrundlagen zugrunde gelegt werden.

(16) Bis zum Inkrafttreten allgemeiner Verwaltungsvorschriften zur Störfallvorsorge nach § 50 Abs. 4 ist bei der Planung der in § 50 Abs. 1 bis 3 genannten Anlagen und Einrichtungen die Störfallexposition so zu begrenzen, dass die durch Freisetzung radioaktiver Stoffe in die Umgebung verursachte effektive Dosis von 50 Millisievert nicht überschritten wird.

(17) Hochradioaktive Strahlenquellen, die vor dem 31. Dezember 2005 in Verkehr gebracht wurden, bedürfen keiner Kennzeichnung nach § 68 Abs. 1a Satz 1. Sie dürfen bis zum 30. Dezember 2007 ohne die in § 69 Abs. 2 Satz 4 vorgesehene Dokumentation des Herstellers abgegeben werden. Ab dem 31. Dezember 2007 dürfen sie abweichend von § 69 Abs. 2 Satz 4 nur abgegeben werden, wenn ihnen geeignete schriftliche Unterlagen zur Identifizierung der Strahlenquelle und ihrer Art beigefügt sind.

(18) Ermächtigungen von Ärzten im Sinne des § 71 Abs. 1 Satz 1 der Strahlenschutzverordnung vom 30. Juni 1989 gelten als Ermächtigungen nach § 64 Abs. 1 Satz 1 fort.

(19) Bestimmungen von Sachverständigen nach § 76 Abs. 1 Satz 1 der Strahlenschutzverordnung vom 30. Juni 1989 und Bestimmungen von Sachverständigen nach § 18 der Röntgenverordnung vom 8. Januar 1987 für Röntgeneinrichtungen und Störstrahler im Energiebereich größer ein Megaelektronvolt gelten als Bestimmungen nach § 66 Abs. 1 Satz 1 fort.

(20) Die Fortsetzung von Arbeiten nach § 95 Abs. 2, die vor dem 1. August 2001 begonnen wurden, ist bis zum 1. August 2003 der zuständigen Behörde anzuzeigen. Genehmigungen nach § 3 der Strahlenschutzverordnung vom 30. Juni 1989 zum Umgang mit radioaktiven Stoffen, der nach § 95 Abs. 2 Satz 1 eine anzeigebedürftige Arbeit ist, gelten als Anzeige nach § 95 Abs. 2 fort, sofern nicht eine Genehmigung nach § 106 erforderlich ist. Im Rahmen solcher Genehmigungen erteilte Nebenbestimmungen gelten als Anordnungen nach § 96 Abs. 4 fort.

(21) Die in Anlage VI Teil A Nr. 1 und 2 aufgeführten Messgrößen sind spätestens bis zum 1. August 2011 bei Messungen der Personendosis, Ortsdosis und Ortsdosisleistung nach § 67 zu verwenden. Unberührt hiervon ist bei Messungen der Ortsdosis oder Ortsdosisleistung unter Verwendung anderer als der in Anlage VI Teil A Nr. 2 genannten Messgrößen eine Umrechnung auf die Messgrößen nach Anlage VI Teil A Nr. 2 durchzuführen, wenn diese Messungen dem Nachweis dienen, dass die Grenzwerte der Körperdosis nach den §§ 46, 47, 55 und 58 nicht überschritten werden.

(22) Bis zum 1. August 2001 ermittelte Werte der Körperdosis oder der Personendosis gelten als Werte der Körperdosis nach Anlage VI Teil B oder der Personendosis nach Anlage VI Teil A Nr. 1 fort.

(23) Vor dem 1. April 1977 beschaffte Geräte, keramische Gegenstände, Porzellanwaren, Glaswaren oder elektronische Bauteile, mit denen nach § 11 der Ersten Strahlenschutzverordnung vom 15. Oktober 1965 ohne Genehmigung umgegangen werden durfte, dürfen weiter genehmigungsfrei verwendet und beseitigt werden, wenn diese Gegenstände im Zeitpunkt der Beschaffung den Vorschriften des § 11 der Ersten Strahlenschutzverordnung vom 15. Oktober 1965 entsprochen haben.

(24) Keramische Gegenstände oder Porzellanwaren, die vor dem 1. Juni 1981 verwendet wurden und deren uranhaltige Glasur der Anlage III Teil A Nr. 6 der Strahlenschutzverordnung vom 30. Juni 1989 entspricht, können weiter genehmigungsfrei verwendet und beseitigt werden.

### § 118 Abgrenzung zu anderen Vorschriften, Sanierung von Hinterlassenschaften

(1) Auf dem in Artikel 3 des Einigungsvertrages vom 6. September 1990 (BGBl. 1990 II S. 8851) genannten Gebiet gelten für die Sanierung von Hinterlassenschaften früherer Tätigkeiten und Arbeiten sowie die Stilllegung und Sanierung der Betriebsanlagen und Betriebsstätten des Uranerzbergbaus nach Artikel 9 Abs. 2 in Verbindung mit Anlage II Kapitel XII Abschnitt III Nr. 2 und 3 des Einigungsvertrages die folgenden Regelungen fort:

1. Verordnung über die Gewährleistung von Atomsicherheit und Strahlenschutz vom 11. Oktober 1984 (GBl. I Nr. 30 S. 341) nebst Durchführungsbestimmung zur Verordnung über die Gewährleistung von Atomsicherheit und Strahlenschutz vom 11. Oktober 1984 (GBl. I Nr. 30 S. 348; Ber. GBl. I 1987 Nr. 18 S. 196) und

2. Anordnung zur Gewährleistung des Strahlenschutzes bei Halden und industriellen Absetzanlagen und bei der Verwendung darin abgelagerter Materialien vom 17. November 1980 (GBl. I Nr. 34 S. 347).

Im Übrigen treten an die Stelle der in den Nummern 1 und 2 genannten Regelungen die Bestimmungen dieser Verordnung. Erlaubnisse, die auf Grund der in den Nummern 1 und 2 genannten Regelungen nach Inkrafttreten des Einigungsvertrages erteilt wurden bzw. vor diesem Zeitpunkt erteilt wurden, aber noch fortgelten, und die sich auf eines der in Anlage XI dieser Verordnung genannten Arbeitsfelder beziehen, gelten als Anzeige nach § 95 Abs. 2 Satz 1.

(2) Für den beruflichen Strahlenschutz der Beschäftigten bei der Stilllegung und Sanierung der Betriebsanlagen und Betriebsstätten des Uranerzbergbaus finden die Regelungen der §§ 5, 6, 15, 30, 34 bis 45, 54 bis 64, 67 und 68, der §§ 111 bis 115 sowie die darauf bezogenen Regelungen des § 116 Abs. 1 Nr. 1 Buchstabe d, Nr. 12 und 44, Abs. 4 und 5 und Abs. 3 bis 5 Anwendung; sofern die Beschäftigten nicht nur einer äußeren Strahlenexposition ausgesetzt sind, darf die Beschäftigung im Kontrollbereich im Sinne von § 40 Abs. 3 nur erlaubt werden, wenn auch die innere Exposition ermittelt wird. Bei Anwendung der in Satz 1 genannten Regelungen steht der Betriebsleiter nach § 3 Abs. 1 der Verordnung über die Gewährleistung von Atomsicherheit und Strahlen-

schutz vom 11. Oktober 1984 dem Strahlenschutzverantwortlichen nach den §§ 31 bis 33 gleich. Der verantwortliche Mitarbeiter nach § 3 Abs. 3 der Verordnung über die Gewährleistung von Atomsicherheit und Strahlenschutz vom 11. Oktober 1984 und der Kontrollbeauftragte nach § 7 Abs. 2 der Verordnung über die Gewährleistung von Atomsicherheit und Strahlenschutz vom 11. Oktober 1984 stehen dem Strahlenschutzbeauftragten nach den §§ 31 bis 33 gleich. Die Betriebsanlagen und Betriebsstätten des Uranerzbergbaus stehen Anlagen und Einrichtungen nach § 15 dieser Verordnung gleich. Die entsprechenden Bestimmungen der in Absatz 1 Nr. 1 und 2 genannten Regelungen des beruflichen Strahlenschutzes treten außer Kraft.

(3) Für die Emissions- und Immissionsüberwachung bei der Stilllegung und Sanierung der Betriebsanlagen und Betriebsstätten des Uranerzbergbaus findet § 48 Abs. 1, 2 und 4 entsprechende Anwendung.

(4) Für den beruflichen Strahlenschutz der Beschäftigten finden bei der Sanierung von Hinterlassenschaften früherer Tätigkeiten und Arbeiten auf dem in Artikel 3 des Einigungsvertrages genannten Gebiet die Regelungen des Teils 3 Kapitel 1 und 2 mit Ausnahme des § 95 Abs. 2 Satz 3 und 4, Abs. 4 Satz 3 und 4, § 96 Abs. 1 Satz 2, Abs. 3 Satz 1 erste Alternative entsprechende Anwendung. Die Radon-222-Exposition ist in einen Wert der effektiven Dosis umzurechnen. Einer Anzeige nach § 95 Abs. 2 Satz 1 bedarf es nicht, wenn die Sanierung aufgrund einer Erlaubnis nach den in Absatz 1 Nr. 1 und 2 genannten Regelungen erfolgt. Satz 1 gilt auch für die Sanierung von Hinterlassenschaften früherer Tätigkeiten und Arbeiten im sonstigen Geltungsbereich dieser Verordnung.

(5) Abweichend von Absatz 1 finden die Vorschriften des Teils 3 Kapitel 3 entsprechende Anwendung, wenn Rückstände im Sinne der Anlage XII Teil A oder sonstige Materialien im Sinne des § 102 aus Hinterlassenschaften früherer Tätigkeiten und Arbeiten oder aus der Still-

legung und Sanierung der Betriebsanlagen und Betriebsstätten des Uranerzbergbaus vom verunreinigten Grundstück, auch zum Zweck der Sanierung des Grundstücks, entfernt werden, es sei denn, die Rückstände oder Materialien werden bei der Sanierung anderer Hinterlassenschaften verwendet. Dies gilt auch für Rückstände aus der Sanierung früherer Tätigkeiten und Arbeiten, die im sonstigen Anwendungsbereich dieser Verordnung anfallen.

(6) (weggefallen)

**Auf den Abdruck der Anlagen wurde verzichtet.**

# Unfallverhütungsvorschrift Grundsätze der Prävention

### (BGV A1)

**Vom April 2005**

**Aktualisierte Fassung Januar 2010**

## Erstes Kapitel
## Allgemeine Vorschriften

### § 1 Geltungsbereich von Unfallverhütungsvorschriften

Unfallverhütungsvorschriften gelten für Unternehmer und Versicherte; sie gelten auch

– für Unternehmer und Beschäftigte von ausländischen Unternehmen, die eine Tätigkeit im Inland ausüben, ohne einem Unfallversicherungsträger anzugehören;

– soweit in dem oder für das Unternehmen Versicherte tätig werden, für die ein anderer Unfallversicherungsträger zuständig ist.

## Zweites Kapitel
## Pflichten des Unternehmers

### § 2 Grundpflichten des Unternehmers

(1) Der Unternehmer hat die erforderlichen Maßnahmen zur Verhütung von Arbeitsunfällen, Berufskrankheiten und arbeitsbedingten Gesundheitsgefahren sowie für eine wirksame Erste Hilfe zu treffen. Die zu treffenden Maßnahmen sind insbesondere in staatlichen Arbeitsschutzvorschriften (Anlage 1), dieser Unfallverhütungsvorschrift und in weiteren Unfallverhütungsvorschriften näher bestimmt.

(2) Der Unternehmer hat bei den Maßnahmen nach Absatz 1 von den allgemeinen Grundsätzen nach § 4 Arbeitsschutzgesetz auszugehen und dabei insbesondere das staatliche und berufsgenossenschaftliche Regelwerk heranzuziehen.

(3) Der Unternehmer hat die Maßnahmen nach Absatz 1 entsprechend den Bestimmungen des § 3 Abs. 1 Sätze 2 und 3 und Absatz 2 Arbeitsschutzgesetz zu planen, zu organisieren, durchzuführen und erforderlichenfalls an veränderte Gegebenheiten anzupassen.

(4) Der Unternehmer darf keine sicherheitswidrigen Weisungen erteilen.

(5) Kosten für Maßnahmen nach dieser Unfallverhütungsvorschrift und den für ihn sonst geltenden Unfallverhütungsvorschriften darf der Unternehmer nicht den Versicherten auferlegen.

### § 3 Beurteilung der Arbeitsbedingungen, Dokumentation, Auskunftspflichten

(1) Der Unternehmer hat durch eine Beurteilung der für die Versicherten mit ihrer Arbeit verbundenen Gefährdungen entsprechend § 5 Abs. 2 und 3 Arbeitsschutzgesetz zu ermitteln, welche Maßnahmen nach § 2 Abs. 1 erforderlich sind.

(2) Der Unternehmer hat Gefährdungsbeurteilungen insbesondere dann zu überprüfen, wenn sich die betrieblichen Gegebenheiten hinsichtlich Sicherheit und Gesundheitsschutz verändert haben.

(3) Der Unternehmer hat entsprechend § 6 Abs. 1 Arbeitsschutzgesetz das Ergebnis der Gefährdungsbeurteilung nach Absatz 1, die von ihm festgelegten Maßnahmen und das Ergebnis ihrer Überprüfung zu dokumentieren.

(4) Der Unternehmer hat der Berufsgenossenschaft alle Informationen über die im Betrieb getroffenen Maßnahmen des Arbeitsschutzes auf Wunsch zur Kenntnis zu geben.

### § 4 Unterweisung der Versicherten

(1) Der Unternehmer hat die Versicherten über Sicherheit und Gesundheitsschutz bei der Arbeit, insbesondere über die mit ihrer Arbeit verbundenen Gefährdungen und die Maßnahmen zu ihrer Verhütung, entsprechend § 12 Abs. 1 Arbeitsschutzgesetz sowie bei einer Arbeitnehmerüberlassung entsprechend § 12 Abs. 2 Arbeitsschutzgesetz zu unterweisen; die Unterweisung muss erforderlichenfalls wiederholt werden, mindestens aber einmal jährlich erfolgen; sie muss dokumentiert werden.

(2) Der Unternehmer hat den Versicherten die für ihren Arbeitsbereich oder für ihre Tätigkeit

relevanten Inhalte der geltenden Unfallverhütungsvorschriften und BG-Regeln sowie des einschlägigen staatlichen Vorschriften- und Regelwerks in verständlicher Weise zu vermitteln.

### § 5 Vergabe von Aufträgen

(1) Erteilt der Unternehmer den Auftrag,

1. Einrichtungen zu planen, herzustellen, zu ändern oder in Stand zu setzen,

2. Arbeitsverfahren zu planen oder zu gestalten,

so hat er dem Auftragnehmer schriftlich aufzugeben, die in § 2 Abs. 1 und 2 genannten für die Durchführung des Auftrags maßgeblichen Vorgaben zu beachten.

(2) Erteilt der Unternehmer den Auftrag, Arbeitsmittel, Ausrüstungen oder Arbeitsstoffe zu liefern, so hat er dem Auftragnehmer schriftlich aufzugeben, im Rahmen seines Auftrags die für Sicherheit und Gesundheitsschutz einschlägigen Anforderungen einzuhalten.

(3) Bei der Erteilung von Aufträgen an ein Fremdunternehmen hat der den Auftrag erteilende Unternehmer den Fremdunternehmer bei der Gefährdungsbeurteilung bezüglich der betriebsspezifischen Gefahren zu unterstützen. Der Unternehmer hat ferner sicherzustellen, dass Tätigkeiten mit besonderen Gefahren durch Aufsichtführende überwacht werden, die die Durchführung der festgelegten Schutzmaßnahmen sicherstellen. Der Unternehmer hat ferner mit dem Fremdunternehmen Einvernehmen herzustellen, wer den Aufsichtführenden zu stellen hat.

### § 6 Zusammenarbeit mehrerer Unternehmer

(1) Werden Beschäftigte mehrerer Unternehmer oder selbstständige Einzelunternehmer an einem Arbeitsplatz tätig, haben die Unternehmer hinsichtlich der Sicherheit und des Gesundheitsschutzes der Beschäftigten, insbesondere hinsichtlich der Maßnahmen nach § 2 Abs. 1, entsprechend § 8 Abs. 1 Arbeitsschutzgesetz zusammenzuarbeiten. Insbesondere haben sie, soweit es zur Vermeidung einer möglichen gegenseitigen Gefährdung erforderlich ist, eine Person zu bestimmen, die die Arbeiten aufeinander abstimmt; zur Abwehr besonderer Gefahren ist sie mit entsprechender Weisungsbefugnis auszustatten.

(2) Der Unternehmer hat sich je nach Art der Tätigkeit zu vergewissern, dass Personen, die in seinem Betrieb tätig werden, hinsichtlich der Gefahren für ihre Sicherheit und Gesundheit während ihrer Tätigkeit in seinem Betrieb angemessene Anweisungen erhalten haben.

### § 7 Befähigung für Tätigkeiten

(1) Bei der Übertragung von Aufgaben auf Versicherte hat der Unternehmer je nach Art der Tätigkeiten zu berücksichtigen, ob die Versicherten befähigt sind, die für die Sicherheit und den Gesundheitsschutz bei der Aufgabenerfüllung zu beachtenden Bestimmungen und Maßnahmen einzuhalten.

(2) Der Unternehmer darf Versicherte, die erkennbar nicht in der Lage sind, eine Arbeit ohne Gefahr für sich oder andere auszuführen, mit dieser Arbeit nicht beschäftigen.

### § 8 Gefährliche Arbeiten

(1) Wenn eine gefährliche Arbeit von mehreren Personen gemeinschaftlich ausgeführt wird und sie zur Vermeidung von Gefahren eine gegenseitige Verständigung erfordert, hat der Unternehmer dafür zu sorgen, dass eine zuverlässige, mit der Arbeit vertraute Person die Aufsicht führt.

(2) Wird eine gefährliche Arbeit von einer Person allein ausgeführt, so hat der Unternehmer über die allgemeinen Schutzmaßnahmen hinaus für geeignete technische oder organisatorische Personenschutzmaßnahmen zu sorgen.

## § 9 Zutritts- und Aufenthaltsverbote

Der Unternehmer hat dafür zu sorgen, dass Unbefugte Betriebsteile nicht betreten, wenn dadurch eine Gefahr für Sicherheit und Gesundheit entsteht.

## § 10 Besichtigung des Unternehmens, Erlass einer Anordnung, Auskunftspflicht

(1) Der Unternehmer hat der Aufsichtsperson der Berufsgenossenschaft die Besichtigung seines Unternehmens zu ermöglichen und sie auf ihr Verlangen zu begleiten oder durch einen geeigneten Vertreter begleiten zu lassen.

(2) Erlässt die Berufsgenossenschaft eine Anordnung und setzt sie hierbei eine Frist, innerhalb der die verlangten Maßnahmen zu treffen sind, so hat der Unternehmer nach Ablauf der Frist unverzüglich mitzuteilen, ob er die verlangten Maßnahmen getroffen hat.

(3) Der Unternehmer hat den Aufsichtspersonen der Berufsgenossenschaft auf Verlangen die zur Durchführung ihrer Überwachungsaufgabe erforderlichen Auskünfte zu erteilen. Er hat die Aufsichtspersonen zu unterstützen, soweit dies zur Erfüllung ihrer Aufgaben erforderlich ist.

## § 11 Maßnahmen bei Mängeln

Tritt bei einem Arbeitsmittel, einer Einrichtung, einem Arbeitsverfahren bzw. Arbeitsablauf ein Mangel auf, durch den für die Versicherten sonst nicht abzuwendende Gefahren entstehen, hat der Unternehmer das Arbeitsmittel oder die Einrichtung der weiteren Benutzung zu entziehen oder stillzulegen bzw. das Arbeitsverfahren oder den Arbeitsablauf abzubrechen, bis der Mangel behoben ist.

## § 12 Zurverfügungstellung von Vorschriften und Regeln

(1) Der Unternehmer hat den Versicherten die für sein Unternehmen geltenden Unfallverhü-

tungsvorschriften an geeigneter Stelle zugänglich zu machen.

(2) Der Unternehmer hat den mit der Durchführung von Maßnahmen nach § 2 Abs. 1 betrauten Personen die für ihren Zuständigkeitsbereich geltenden Vorschriften und Regeln zur Verfügung zu stellen.

## § 13 Pflichtenübertragung

Der Unternehmer kann zuverlässige und fachkundige Personen schriftlich damit beauftragen, ihm nach Unfallverhütungsvorschriften obliegende Aufgaben in eigener Verantwortung wahrzunehmen. Die Beauftragung muss den Verantwortungsbereich und Befugnisse festlegen und ist vom Beauftragten zu unterzeichnen. Eine Ausfertigung der Beauftragung ist ihm auszuhändigen.

## § 14 Ausnahmen

(1) Der Unternehmer kann bei der Berufsgenossenschaft im Einzelfall Ausnahmen von Unfallverhütungsvorschriften schriftlich beantragen.

(2) Die Berufsgenossenschaft kann dem Antrag nach Absatz 1 entsprechen, wenn

1. der Unternehmer eine andere, ebenso wirksame Maßnahme trifft

oder

2. die Durchführung der Vorschriften im Einzelfall zu einer unverhältnismäßigen Härte führen würde und die Abweichung mit dem Schutz der Versicherten vereinbar ist.

Dem Antrag ist eine Stellungnahme der betrieblichen Arbeitnehmervertretung beizufügen.

(3) Betrifft der Antrag nach Absatz 1 Regelungen in Unfallverhütungsvorschriften, die zugleich Gegenstand staatlicher Arbeitsschutzvorschriften sind, hat die Berufsgenossenschaft eine Stellungnahme der für die Durchführung der staatlichen Arbeitsschutzvorschrif-

ten zuständigen staatlichen Arbeitsschutzbehörde einzuholen und zu berücksichtigen.

(4) In staatlichen Arbeitsschutzvorschriften enthaltene Verfahrensvorschriften, insbesondere über Genehmigungen, Erlaubnisse, Ausnahmen, Anzeigen und Vorlagepflichten, bleiben von dieser Unfallverhütungsvorschrift unberührt; die nach diesen Bestimmungen zu treffenden behördlichen Maßnahmen obliegen den zuständigen Arbeitsschutzbehörden.


### Drittes Kapitel
### Pflichten der Versicherten


### § 15 Allgemeine Unterstützungspflichten und Verhalten

(1) Die Versicherten sind verpflichtet, nach ihren Möglichkeiten sowie gemäß der Unterweisung und Weisung des Unternehmers für ihre Sicherheit und Gesundheit bei der Arbeit sowie für Sicherheit und Gesundheitsschutz derjenigen zu sorgen, die von ihren Handlungen oder Unterlassungen betroffen sind. Die Versicherten haben die Maßnahmen zur Verhütung von Arbeitsunfällen, Berufskrankheiten und arbeitsbedingten Gesundheitsgefahren sowie für eine wirksame Erste Hilfe zu unterstützen. Versicherte haben die entsprechenden Anweisungen des Unternehmers zu befolgen. Die Versicherten dürfen erkennbar gegen Sicherheit und Gesundheit gerichtete Weisungen nicht befolgen.

(2) Versicherte dürfen sich durch den Konsum von Alkohol, Drogen oder anderen berauschenden Mitteln nicht in einen Zustand versetzen, durch den sie sich selbst oder andere gefährden können.

(3) Absatz 2 gilt auch für die Einnahme von Medikamenten.


### § 16 Besondere Unterstützungspflichten

(1) Die Versicherten haben dem Unternehmer oder dem zuständigen Vorgesetzten jede von ihnen festgestellte unmittelbare erhebliche Gefahr für die Sicherheit und Gesundheit sowie jeden an den Schutzvorrichtungen und Schutzsystemen festgestellten Defekt unverzüglich zu melden. Unbeschadet dieser Pflicht sollen die Versicherten von ihnen festgestellte Gefahren für Sicherheit und Gesundheit und Mängel an den Schutzvorrichtungen und Schutzsystemen auch der Fachkraft für Arbeitssicherheit, dem Betriebsarzt oder dem Sicherheitsbeauftragten mitteilen.

(2) Stellt ein Versicherter fest, dass im Hinblick auf die Verhütung von Arbeitsunfällen, Berufskrankheiten und arbeitsbedingten Gesundheitsgefahren

– ein Arbeitsmittel oder eine sonstige Einrichtung einen Mangel aufweist,

– Arbeitsstoffe nicht einwandfrei verpackt, gekennzeichnet oder beschaffen sind

oder

– ein Arbeitsverfahren oder Arbeitsabläufe Mängel aufweisen

hat er, soweit dies zu seiner Arbeitsaufgabe gehört und er über die notwendige Befähigung verfügt, den festgestellten Mangel unverzüglich zu beseitigen. Andernfalls hat er den Mangel dem Vorgesetzten unverzüglich zu melden.


### § 17 Benutzung von Einrichtungen, Arbeitsmitteln und Arbeitsstoffen

Versicherte haben Einrichtungen, Arbeitsmittel und Arbeitsstoffe sowie Schutzvorrichtungen bestimmungsgemäß und im Rahmen der ihnen übertragenen Arbeitsaufgaben zu benutzen.


### § 18 Zutritts- und Aufenthaltsverbote

Versicherte dürfen sich an gefährlichen Stellen nur im Rahmen der ihnen übertragenen Aufgaben aufhalten.

**Viertes Kapitel
Organisation des betrieblichen Arbeitsschutzes**

**Erster Abschnitt
Sicherheitstechnische und betriebsärztliche Betreuung, Sicherheitsbeauftragte**

**§ 19 Bestellung von Fachkräften für Arbeitssicherheit und Betriebsärzten**

(1) Der Unternehmer hat nach Maßgabe des Gesetzes über Betriebsärzte, Sicherheitsingenieure und andere Fachkräfte für Arbeitssicherheit (Arbeitssicherheitsgesetz) und der hierzu erlassenen Unfallverhütungsvorschriften Fachkräfte für Arbeitssicherheit und Betriebsärzte zu bestellen.

(2) Der Unternehmer hat die Zusammenarbeit der Fachkräfte für Arbeitssicherheit und der Betriebsärzte zu fördern.

**§ 20 Sicherheitsbeauftragte**

(1) Der Unternehmer hat Sicherheitsbeauftragte mindestens in der Anzahl nach Anlage 2 zu dieser Unfallverhütungsvorschrift zu bestellen.

(2) Die Sicherheitsbeauftragten haben den Unternehmer bei der Durchführung der Maßnahmen zur Verhütung von Arbeitsunfällen, Berufskrankheiten und arbeitsbedingten Gesundheitsgefahren zu unterstützen, insbesondere sich von dem Vorhandensein und der ordnungsgemäßen Benutzung der vorgeschriebenen Schutzeinrichtungen und persönlichen Schutzausrüstungen zu überzeugen und auf Unfall- und Gesundheitsgefahren für die Versicherten aufmerksam zu machen.

(3) Der Unternehmer hat den Sicherheitsbeauftragten Gelegenheit zu geben, ihre Aufgaben zu erfüllen, insbesondere in ihrem Bereich an den Betriebsbesichtigungen sowie den Untersuchungen von Unfällen und Berufskrankheiten durch die Aufsichtspersonen der Berufsgenossenschaften teilzunehmen; den Sicherheitsbe-

auftragten sind die hierbei erzielten Ergebnisse zur Kenntnis zu geben.

(4) Der Unternehmer hat sicherzustellen, dass die Fachkräfte für Arbeitssicherheit und Betriebsärzte mit den Sicherheitsbeauftragten eng zusammenwirken.

(5) Die Sicherheitsbeauftragten dürfen wegen der Erfüllung der ihnen übertragenen Aufgaben nicht benachteiligt werden.

(6) Der Unternehmer hat den Sicherheitsbeauftragten Gelegenheit zu geben, an Aus- und Fortbildungsmaßnahmen der Berufsgenossenschaft teilzunehmen, soweit dies im Hinblick auf die Betriebsart und die damit für die Versicherten verbundenen Unfall- und Gesundheitsgefahren sowie unter Berücksichtigung betrieblicher Belange erforderlich ist.

**Zweiter Abschnitt
Maßnahmen bei besonderen Gefahren**

**§ 21 Allgemeine Pflichten des Unternehmers**

(1) Der Unternehmer hat Vorkehrungen zu treffen, dass alle Versicherten, die einer unmittelbaren erheblichen Gefahr ausgesetzt sind oder sein können, möglichst frühzeitig über diese Gefahr und die getroffenen oder zu treffenden Schutzmaßnahmen unterrichtet sind. Bei unmittelbarer erheblicher Gefahr für die eigene Sicherheit oder die Sicherheit anderer Personen müssen die Versicherten die geeigneten Maßnahmen zur Gefahrenabwehr und Schadensbegrenzung selbst treffen können, wenn der zuständige Vorgesetzte nicht erreichbar ist; dabei sind die Kenntnisse der Versicherten und die vorhandenen technischen Mittel zu berücksichtigen.

(2) Der Unternehmer hat Maßnahmen zu treffen, die es den Versicherten bei unmittelbarer erheblicher Gefahr ermöglichen, sich durch sofortiges Verlassen der Arbeitsplätze in Sicherheit zu bringen.

## § 22 Notfallmaßnahmen

(1) Der Unternehmer hat entsprechend § 10 Arbeitsschutzgesetz die Maßnahmen zu planen, zu treffen und zu überwachen, die insbesondere für den Fall des Entstehens von Bränden, von Explosionen, des unkontrollierten Austretens von Stoffen und von sonstigen gefährlichen Störungen des Betriebsablaufs geboten sind.

(2) Der Unternehmer hat eine ausreichende Anzahl von Versicherten durch Unterweisung und Übung im Umgang mit Feuerlöscheinrichtungen zur Bekämpfung von Entstehungsbränden vertraut zu machen.

## § 23 Maßnahmen gegen Einflüsse des Wettergeschehens

Beschäftigt der Unternehmer Versicherte im Freien und bestehen infolge des Wettergeschehens Unfall- und Gesundheitsgefahren, so hat er geeignete Maßnahmen am Arbeitsplatz vorzusehen, geeignete organisatorische Schutzmaßnahmen zu treffen oder erforderlichenfalls persönliche Schutzausrüstungen zur Verfügung zu stellen.

## Dritter Abschnitt
## Erste Hilfe

### § 24 Allgemeine Pflichten des Unternehmers

(1) Der Unternehmer hat dafür zu sorgen, dass zur Ersten Hilfe und zur Rettung aus Gefahr die erforderlichen Einrichtungen und Sachmittel sowie das erforderliche Personal zur Verfügung stehen.

(2) Der Unternehmer hat dafür zu sorgen, dass nach einem Unfall unverzüglich Erste Hilfe geleistet und eine erforderliche ärztliche Versorgung veranlasst wird.

(3) Der Unternehmer hat dafür zu sorgen, dass Verletzte sachkundig transportiert werden.

(4) Der Unternehmer hat im Rahmen seiner Möglichkeiten darauf hinzuwirken, dass Versicherte

– einem Durchgangsarzt vorgestellt werden, es sei denn, dass der erstbehandelnde Arzt festgestellt hat, dass die Verletzung nicht über den Unfalltag hinaus zur Arbeitsunfähigkeit führt oder die Behandlungsbedürftigkeit voraussichtlich nicht mehr als eine Woche beträgt,

– bei einer schweren Verletzung einem der von den Berufsgenossenschaften bezeichneten Krankenhäuser zugeführt werden,

– bei Vorliegen einer Augen- oder Hals-, Nasen-, Ohrenverletzung dem nächsterreichbaren Arzt des entsprechenden Fachgebiets zugeführt werden, es sei denn, dass sich die Vorstellung durch eine ärztliche Erstversorgung erübrigt hat.

(5) Der Unternehmer hat dafür zu sorgen, dass den Versicherten durch berufsgenossenschaftliche Aushänge oder in anderer geeigneter schriftlicher Form Hinweise über die Erste Hilfe und Angaben über Notruf, Erste-Hilfe- und Rettungs-Einrichtungen, über das Erste-Hilfe-Personal sowie über herbeizuziehende Ärzte und anzufahrende Krankenhäuser gemacht werden. Die Hinweise und die Angaben sind aktuell zu halten.

(6) Der Unternehmer hat dafür zu sorgen, dass jede Erste-Hilfe-Leistung dokumentiert und diese Dokumentation fünf Jahre lang verfügbar gehalten wird. Die Dokumente sind vertraulich zu behandeln.

### § 25 Erforderliche Einrichtungen und Sachmittel

(1) Der Unternehmer hat unter Berücksichtigung der betrieblichen Verhältnisse durch Meldeeinrichtungen und organisatorische Maßnahmen dafür zu sorgen, dass unverzüglich die notwendige Hilfe herbeigerufen und an den Einsatzort geleitet werden kann.

(2) Der Unternehmer hat dafür zu sorgen, dass das Erste-Hilfe-Material jederzeit schnell erreichbar und leicht zugänglich in geeigneten Behältnissen, gegen schädigende Einflüsse geschützt, in ausreichender Menge bereitgehalten sowie rechtzeitig ergänzt und erneuert wird.

(3) Der Unternehmer hat dafür zu sorgen, dass unter Berücksichtigung der betrieblichen Verhältnisse Rettungsgeräte und Rettungstransportmittel bereit gehalten werden.

(4) Der Unternehmer hat dafür zu sorgen, dass mindestens ein mit Rettungstransportmitteln leicht erreichbarer Sanitätsraum oder eine vergleichbare Einrichtung

1. in einer Betriebsstätte mit mehr als 1000 dort beschäftigten Versicherten,

2. in einer Betriebsstätte mit 1000 oder weniger, aber mehr als 100 dort beschäftigten Versicherten, wenn seine Art und das Unfallgeschehen nach Art, Schwere und Zahl der Unfälle einen gesonderten Raum für die Erste Hilfe erfordern,

3. auf einer Baustelle mit mehr als 50 dort beschäftigten Versicherten

vorhanden ist. Nummer 3 gilt auch, wenn der Unternehmer zur Erbringung einer Bauleistung aus einem von ihm übernommenen Auftrag Arbeiten an andere Unternehmer vergeben hat und insgesamt mehr als 50 Versicherte gleichzeitig tätig werden.

## § 26 Zahl und Ausbildung der Ersthelfer

(1) Der Unternehmer hat dafür zu sorgen, dass für die Erste-Hilfe-Leistung Ersthelfer mindestens in folgender Zahl zur Verfügung stehen:

1. Bei 2 bis zu 20 anwesenden Versicherten ein Ersthelfer,

2. bei mehr als 20 anwesenden Versicherten

   a) in Verwaltungs- und Handelsbetrieben 5 %,

   b) in sonstigen Betrieben 10 %.

Von der Zahl der Ersthelfer nach Nummer 2 kann im Einvernehmen mit der Berufsgenossenschaft unter Berücksichtigung der Organisation des betrieblichen Rettungswesens und der Gefährdung abgewichen werden.

(2) Der Unternehmer darf als Ersthelfer nur Personen einsetzen, die bei einer von der Berufsgenossenschaft für die Ausbildung zur Ersten Hilfe ermächtigten Stelle ausgebildet worden sind. Die Voraussetzungen für die Ermächtigung sind in der Anlage 3 zu dieser Unfallverhütungsvorschrift geregelt.

(3) Der Unternehmer hat dafür zu sorgen, dass die Ersthelfer in der Regel in Zeitabständen von zwei Jahren fortgebildet werden. Für die Fortbildung gilt Absatz 2 entsprechend.

(4) Ist nach Art des Betriebes, insbesondere auf Grund des Umganges mit Gefahrstoffen, damit zu rechnen, dass bei Unfällen Maßnahmen erforderlich werden, die nicht Gegenstand der allgemeinen Ausbildung zum Ersthelfer gemäß Absatz 2 sind, hat der Unternehmer für die erforderliche zusätzliche Aus- und Fortbildung zu sorgen.

## § 27 Zahl und Ausbildung der Betriebssanitäter

(1) Der Unternehmer hat dafür zu sorgen, dass mindestens ein Betriebssanitäter zur Verfügung steht, wenn

1. in einer Betriebsstätte mehr als 1500 Versicherte anwesend sind,

2. in einer Betriebsstätte 1500 oder weniger, aber mehr als 250 Versicherte anwesend sind und Art, Schwere und Zahl der Unfälle den Einsatz von Sanitätspersonal erfordern,

3. auf einer Baustelle mehr als 100 Versicherte anwesend sind.

Nummer 3 gilt auch, wenn der Unternehmer zur Erbringung einer Bauleistung aus einem von ihm übernommenen Auftrag Arbeiten an andere Unternehmer vergibt und insgesamt mehr als 100 Versicherte gleichzeitig tätig werden.

(2) In Betrieben nach Absatz 1 Satz 1 Nr. 1 kann im Einvernehmen mit der Berufsgenossenschaft von Betriebssanitätern abgesehen werden, sofern nicht nach Art, Schwere und Zahl der Unfälle ihr Einsatz erforderlich ist. Auf Baustellen nach Absatz 1 Satz 1 Nr. 3 kann im Einvernehmen mit der Berufsgenossenschaft unter Berücksichtigung der Erreichbarkeit des Unfallortes und der Anbindung an den öffentlichen Rettungsdienst von Betriebssanitätern abgesehen werden.

(3) Der Unternehmer darf als Betriebssanitäter nur Personen einsetzen, die von Stellen ausgebildet worden sind, welche von der Berufsgenossenschaft in personeller, sachlicher und organisatorischer Hinsicht als geeignet beurteilt werden.

(4) Der Unternehmer darf als Betriebssanitäter nur Personen einsetzen, die

1. an einer Grundausbildung

   und

2. an dem Aufbaulehrgang

für den betrieblichen Sanitätsdienst teilgenommen haben.

Als Grundausbildung gilt auch eine mindestens gleichwertige Ausbildung oder eine die Sanitätsaufgaben einschließende Berufsausbildung.

(5) Für die Teilnahme an dem Aufbaulehrgang nach Absatz 4 Satz 1 Nr. 2 darf die Teilnahme an der Ausbildung nach Absatz 4 Satz 1 Nr. 1 nicht mehr als zwei Jahre zurückliegen; soweit auf Grund der Ausbildung eine entsprechende berufliche Tätigkeit ausgeübt wurde, ist die Beendigung derselben maßgebend.

(6) Der Unternehmer hat dafür zu sorgen, dass die Betriebssanitäter regelmäßig innerhalb von drei Jahren fortgebildet werden. Für die Fortbildung gilt Absatz 3 entsprechend.

### § 28 Unterstützungspflichten der Versicherten

(1) Im Rahmen ihrer Unterstützungspflichten nach § 15 Abs.1 haben sich Versicherte zum Ersthelfer ausbilden und in der Regel in Zeitabständen von zwei Jahren fortbilden zu lassen. Sie haben sich nach der Ausbildung für Erste-Hilfe-Leistungen zur Verfügung zu stellen. Die Versicherten brauchen den Verpflichtungen nach den Sätzen 1 und 2 nicht nachzukommen, soweit persönliche Gründe entgegenstehen.

(2) Versicherte haben unverzüglich jeden Unfall der zuständigen betrieblichen Stelle zu melden; sind sie hierzu nicht im Stande, liegt die Meldepflicht bei dem Betriebsangehörigen, der von dem Unfall zuerst erfährt.

### Vierter Abschnitt
### Persönliche Schutzausrüstungen

### § 29 Bereitstellung

(1) Der Unternehmer hat gemäß § 2 der PSA-Benutzungsverordnung den Versicherten geeignete persönliche Schutzausrüstungen bereitzustellen; vor der Bereitstellung hat er die Versicherten anzuhören.

(2) Der Unternehmer hat dafür zu sorgen, dass die persönlichen Schutzausrüstungen den Versicherten in ausreichender Anzahl zur persönlichen Verwendung für die Tätigkeit am Arbeitsplatz zur Verfügung gestellt werden. Für die bereitgestellten persönlichen Schutzausrüstungen müssen EG-Konformitätserklärungen vorliegen. Satz 2 gilt nicht für Hautschutzmittel und nicht für persönliche Schutzausrüstungen, die vor dem 1. Juli 1995 erworben wurden, sofern sie den vor dem 1. Juli 1992 geltenden Vorschriften entsprechen.

### § 30 Benutzung

(1) Der Unternehmer hat dafür zu sorgen, dass persönliche Schutzausrüstungen entsprechend bestehender Tragezeitbegrenzungen und Gebrauchsdauern bestimmungsgemäß benutzt werden.

(2) Die Versicherten haben die persönlichen Schutzausrüstungen bestimmungsgemäß zu benutzen, regelmäßig auf ihren ordnungs-

gemäßen Zustand zu prüfen und festgestellte Mängel dem Unternehmer unverzüglich zu melden.

## § 31 Besondere Unterweisungen

Für persönliche Schutzausrüstungen, die gegen tödliche Gefahren oder bleibende Gesundheitsschäden schützen sollen, hat der Unternehmer die nach § 3 Abs. 2 der PSA-Benutzungsverordnung bereitzuhaltende Benutzungsinformation den Versicherten im Rahmen von Unterweisungen mit Übungen zu vermitteln.

## Fünftes Kapitel
## Ordnungswidrigkeiten

### § 32 Ordnungswidrigkeiten

Ordnungswidrig im Sinne des § 209 Abs. 1 Nr. 1 Siebtes Sozialgesetzbuch (SGB VII) handelt, wer vorsätzlich oder fahrlässig den Bestimmungen der

§ 2 Abs. 5,
§ 12 Abs. 2,
§ 15 Abs. 2,
§ 20 Abs. 1,
§ 24 Abs. 6,
§ 25 Abs. 1, 4 Nr. 1 oder 3,
§ 26 Abs. 1 Satz 1 oder Absatz 2 Satz 1,
§ 27 Abs. 1 Satz 1 Nr. 1 oder 3, Absatz 3,
§ 29 Abs. 2 Satz 2
oder
§ 30

zuwiderhandelt.

## Sechstes Kapitel
## Übergangs- und Ausführungsbestimmungen

### § 33 Übergangs- und Ausführungsbestimmungen

(1) Soweit nichts anderes bestimmt ist, wird dem Unternehmer zur Durchführung von Vorschriften, die über die bisher gültigen hinaus-

gehen und Änderungen an Einrichtungen erfordern, eine Frist von drei Jahren gewährt, gerechnet vom Tage des Inkrafttretens der Unfallverhütungsvorschrift.

(2) Die in § 7 Abs. 1 der Unfallverhütungsvorschrift „Erste Hilfe" in der Fassung vom 1. Januar 1997 genannten Hilfsorganisationen gelten bis 31. Dezember 2008 als ermächtigte Stellen.

(3) Die Anerkennung nach § 8 der Unfallverhütungsvorschrift „Erste Hilfe" in der Fassung vom 1. Januar 1997 gilt für die anerkannten Stellen noch bis zum Ablauf der jeweiligen zeitlichen Befristung weiter.

(4) Für Institutionen, welche den Aufbaulehrgang nach § 10 Abs. 1 Nr. 2 und die Fortbildung nach § 10 Abs. 4 der Unfallverhütungsvorschrift „Erste Hilfe" in der Fassung vom 1. Januar 1997 durchführen, gilt eine Übergangsfrist bis 31. Dezember 2005.

## Siebtes Kapitel
## Aufhebung von Unfallverhütungsvorschriften

### § 34
### (gestrichen)

## Achtes Kapitel
## Inkrafttreten

### § 35 Inkrafttreten

Diese Unfallverhütungsvorschrift tritt am 1. Januar 2010) in Kraft.

## Anlage 1

### Zu § 2 Abs. 1:

Staatliche Arbeitsschutzvorschriften, in denen vom Unternehmer zur Verhütung von Arbeitsunfällen, Berufskrankheiten und arbeitsbedingten Gesundheitsgefahren zu treffende

Maßnahmen näher bestimmt sind, sind – in ihrer jeweils gültigen Fassung – insbesondere:

- Arbeitsschutzgesetz,
- Arbeitsstättenverordnung,
- Betriebssicherheitsverordnung,
- PSA-Benutzungsverordnung,
- Lastenhandhabungsverordnung,
- Bildschirmarbeitsverordnung,
- Baustellenverordnung,
- Biostoffverordnung,
- Gefahrstoffverordnung,
- Verordnung zur arbeitsmedizinischen Vorsorge.

Die vorstehende Auflistung ist nicht abschließend.

Der gesetzliche Auftrag der Unfallversicherungsträger zur Verhütung von Arbeitsunfällen, Berufskrankheiten und arbeitsbedingten Gesundheitsgefahren gilt auch für Unternehmer und Versicherte, die nicht unmittelbar durch die Anwendungsbereiche der staatlichen Arbeitsschutzvorschriften erfasst sind.

### Anlage 2

#### Zu § 20 Abs. 1:

#### Zahl der Sicherheitsbeauftragten

(angefügt ist die Fassung der Anlage 2 der Berufsgenossenschaft Gesundheitsdienst und Wohlfahrtspflege zur BGV A1)

1. In Unternehmen oder Teilen von Unternehmen mit mehr als 20 Beschäftigten sind Sicherheitsbeauftragte entsprechend folgender Tabelle zu bestellen:

| Anzahl der Beschäftigten | Anzahl der Sicherheitsbeauftragten |
|---|---|
| mehr als  20 bis  50 | mindestens 1 |
| mehr als  50 bis 200 | mindestens 2 |
| mehr als 200 bis 500 | mindestens 3 |
| mehr als 500 bis 750 | mindestens 4 |
| für jede weiteren 250 | mindestens 1 zusätzlich |

2. In Unternehmen oder Teilen von Unternehmen, in denen bestimmungsgemäß Kranke, Hinfällige oder Behinderte behandelt oder gepflegt werden, ist mindestens einer der nach 1. erforderlichen Sicherheitsbeauftragten aus dem pflegerischen Bereich zu bestellen.

3. Sind nach 1. im Unternehmen Sicherheitsbeauftragte zu bestellen, ist es zweckmäßig, aus jeder Werkstatt mit mehr als 10 Beschäftigten einen Sicherheitsbeauftragten zu benennen.

### Anlage 3

#### Zu § 26 Abs. 2:

#### Voraussetzungen für die Ermächtigung als Stelle für die Aus- und Fortbildung in der Ersten Hilfe

Stellen, die Aus- und Fortbildung in der Ersten Hilfe durchführen, bedürfen einer schriftlichen Vereinbarung, welche Art und Umfang der Aus- und Fortbildungsleistungen und die Höhe der Lehrgangsgebühren regelt.

1        Allgemeine Grundsätze

1.1     Antrag auf Ermächtigung

Der Antrag auf Ermächtigung ist bei der Berufsgenossenschaft einzureichen.

1.2     Prüfung

Die Berufsgenossenschaft sowie von der Berufsgenossenschaft beauftragte Personen sind jederzeit berechtigt, die Lehrgangsräume, die Lehrgangseinrichtungen, die Unterrichtsmittel sowie die Durchführung der Lehrgänge zu prüfen.

1.3     Befristung, Widerruf der Ermächtigung

Die Ermächtigung wird befristet und unter dem Vorbehalt des Widerrufes nach Prüfung der personellen, sachlichen und organisatorischen Voraussetzungen erteilt.

## 1.4 Änderung einer Voraussetzung

Jede Änderung einer Voraussetzung, die der Ermächtigung zu Grunde liegt, ist unverzüglich der Berufsgenossenschaft anzuzeigen.

## 2 Personelle Voraussetzungen

### 2.1 Medizinischer Hintergrund

Der Antragsteller muss nachweisen, dass die Aus- und Fortbildung in der Ersten Hilfe unter der Verantwortung eines hierfür geeigneten Arztes steht.

Geeignet sind Ärzte mit dem Fachkundenachweis Rettungsdienst oder der Zusatzbezeichnung Rettungsmedizin oder vergleichbarer Qualifikation. Ferner müssen die Ärzte eingehende Kenntnisse über Empfehlungen für die Erste Hilfe des Deutschen Beirates für Erste Hilfe und Wiederbelebung – German Resuscitation Council – bei der Bundesärztekammer besitzen.

### 2.2 Lehrkräfte

Der Antragsteller muss nachweisen, dass er selbst zur Ausbildung befähigt ist oder über entsprechende Lehrkräfte in ausreichender Zahl verfügt.

Die Befähigung ist gegeben, wenn die Lehrkraft durch Vorlage einer gültigen Bescheinigung nachweist, dass sie an einem speziellen Ausbildungslehrgang für die Erste Hilfe bei einer geeigneten Stelle zur Ausbildung von Lehrkräften teilgenommen hat. Die Lehrkraft muss in angemessenen Zeitabständen fortgebildet werden.

### 2.3 Erfahrung in Organisation und Durchführung der Ersten Hilfe

Der Antragsteller muss nachweisen, dass er über besondere Erfahrungen in Organisation und Durchführung der Ersten Hilfe

verfügt. Das ist der Fall, wenn er oder seine Lehrkräfte in der Regel seit mindestens drei Jahren im öffentlichen oder betrieblichen Rettungsdienst tätig sind und Einsatzerfahrung nachweisen können.

### 2.4 Versicherungsschutz

Der Antragsteller muss nachweisen, dass er eine Haftpflichtversicherung abgeschlossen hat, die eventuelle Personen- und Sachschäden, die im Zusammenhang mit der Aus- und Fortbildung stehen, abdeckt.

## 3 Sachliche Voraussetzungen

### 3.1 Lehrgangsräume, -einrichtungen und Unterrichtsmittel

Für die Lehrgänge müssen geeignete Räume, Einrichtungen und Unterrichtsmittel vorhanden sein. Es muss mindestens ein Raum zur Verfügung stehen, in dem 20 Personen durch theoretischen Unterricht, praktische Demonstrationen und Übungen in der Ersten Hilfe unterwiesen werden können. Der Raum muss über ausreichende Beleuchtung verfügen. Zudem müssen Sitz- und Schreibmöglichkeiten sowie Waschgelegenheiten und Toiletten vorhanden sein.

Es müssen die notwendigen Unterrichtsmittel, insbesondere Demonstrations- und

Übungsmaterialien sowie geeignete Medien, wie Tageslichtprojektor und Lehrfolien, vollzählig und funktionstüchtig zur Verfügung stehen.

Die Demonstrations- und Übungsmaterialien, insbesondere die Geräte zum Üben der Atemspende und der Herzdruckmassage, unterliegen besonderen Anforderungen der Hygiene und müssen nachweislich desinfiziert werden.

4    Organisatorische Voraussetzungen

4.1    Anzahl der Teilnehmer

An einem Lehrgang sollen in der Regel mindestens 10 und nicht mehr als 15 Personen teilnehmen. Die Teilnehmerzahl darf jedoch, auch bei Anwesenheit eines Ausbildungshelfers, 20 Personen nicht übersteigen.

4.2    Ausbildungsleistung

Der Antragsteller muss gewährleisten, dass jährlich mindestens 100 Versicherte aus- oder fortgebildet werden.

4.3    Inhalt und Umfang der Lehrgänge

Die Aus- und Fortbildung muss nach Inhalt und Umfang sowie in methodisch-didaktischer Hinsicht mindestens dem Stoff entsprechen, der in sachlicher Übereinstimmung mit den in der Bundesarbeitsgemeinschaft Erste Hilfe vertretenen Hilfsorganisationen und unter Berücksichtigung von Empfehlungen des Deutschen Beirates für Erste Hilfe und Wiederbelebung – German Resuscitation Council – bei der Bundesärztekammer in den Lehrplänen und Leitfäden zum Erste-Hilfe-Lehrgang festgelegt ist.

4.4    Teilnehmerunterlagen

Jedem Teilnehmer an einer Aus- und Fortbildungsmaßnahme ist eine Informationsschrift über die Lehrinhalte auszuhändigen, die mindestens den Inhalten der BG-Information „Handbuch zur Ersten Hilfe" (BGI 829) entspricht.

4.5    Teilnahmebescheinigung

Jedem Teilnehmer ist eine Teilnahmebescheinigung auszuhändigen. Die Bescheinigung über die Aus- und die Fortbildung in der Ersten Hilfe darf jeweils nur erteilt werden, wenn die Lehrkraft die Überzeugung gewonnen hat, dass der Teilnehmer nach regelmäßigem Besuch die erforder-

lichen Kenntnisse und Fähigkeiten gemäß Abschnitt 4.3 besitzt.

4.6    Dokumentation

Die ermächtigte Stelle hat über die durchgeführten Lehrgänge folgende Aufzeichnungen zu führen:

– Art der jeweiligen Aus- oder Fortbildungsmaßnahme,
– Ort und Zeit der Maßnahme,
– Name des verantwortlichen Arztes,
– Name der Lehrkraft,
– Name, Geburtsdatum und Unterschrift des Teilnehmers,
– Arbeitgeber des Teilnehmers,
– kostentragende Berufsgenossenschaft.

Die Aufzeichnungen sind fünf Jahre aufzubewahren und auf Anforderung der Berufsgenossenschaft vorzulegen.

# Unfallverhütungsvorschrift Betriebsärzte und Fachkräfte für Arbeitssicherheit

### (DGUV Vorschrift 2)

### Vom 1. Januar 2011

## Erstes Kapitel
## Allgemeine Vorschriften

### § 1 Geltungsbereich

Diese Unfallverhütungsvorschrift bestimmt näher die Maßnahmen, die der Unternehmer zur Erfüllung der sich aus dem Gesetz über Betriebsärzte, Sicherheitsingenieure und andere Fachkräfte für Arbeitssicherheit (Arbeitssicherheitsgesetz) ergebenden Pflichten zu treffen hat.

### § 2 Bestellung

(1) Der Unternehmer hat Betriebsärzte und Fachkräfte für Arbeitssicherheit zur Wahrnehmung der in den §§ 3 und 6 des Arbeitssicherheitsgesetzes bezeichneten Aufgaben schriftlich nach Maßgabe der nachfolgenden Bestimmungen zu bestellen. Der Unternehmer hat dem Unfallversicherungsträger auf Verlangen nachzuweisen, wie er die Verpflichtung nach Satz 1 erfüllt hat.

(2) Bei Betrieben mit bis zu 10 Beschäftigten richtet sich der Umfang der betriebsärztlichen und sicherheitstechnischen Betreuung nach Anlage 1.

(3) Bei Betrieben mit mehr als 10 Beschäftigten gelten die Bestimmungen nach Anlage 2.

(4) Abweichend von den Absätzen 2 und 3 kann der Unternehmer nach Maßgabe von Anlage 3 ein alternatives Betreuungsmodell wählen, wenn er aktiv in das Betriebsgeschehen eingebunden ist und die Zahl der Beschäftigten bis zu 50 beträgt.

(5) Bei der Berechnung der Zahl der Beschäftigten sind jährliche Durchschnittszahlen zugrunde zu legen; bei der Berechnung des Schwellenwertes in den Absätzen 2, 3 und 4 findet die Regelung des § 6 Abs. 1 Satz 4 des Arbeitsschutzgesetzes entsprechende Anwendung.

(6) Der Unfallversicherungsträger kann im Einzelfall im Einvernehmen mit der nach § 12 Arbeitssicherheitsgesetz zuständigen Behörde Abweichungen von den Absätzen 2, 3 und 4 zulassen, soweit im Betrieb die Unfall- und Gesundheitsgefahren vom Durchschnitt abweichen und die abweichende Festsetzung mit dem Schutz der Beschäftigten vereinbar ist. Als Vergleichsmaßstab dienen Betriebe der gleichen Art.

### § 3 Arbeitsmedizinische Fachkunde

Der Unternehmer kann die erforderliche arbeitsmedizinische Fachkunde als gegeben ansehen bei Ärzten, die nachweisen, dass sie berechtigt sind,

1. die Gebietsbezeichnung „Arbeitsmedizin"

oder

2. die Zusatzbezeichnung „Betriebsmedizin"

zu führen.

### § 4 Sicherheitstechnische Fachkunde

(1) Der Unternehmer kann die erforderliche sicherheitstechnische Fachkunde von Fachkräften für Arbeitssicherheit als nachgewiesen ansehen, wenn diese den in den Absätzen 2 bis 5 festgelegten Anforderungen genügen.

(2) Sicherheitsingenieure erfüllen die Anforderungen, wenn sie

1. berechtigt sind, die Berufsbezeichnung Ingenieur zu führen oder einen Bachelor- oder Masterabschluss der Studienrichtung Ingenieurwissenschaften erworben haben,

2. danach eine praktische Tätigkeit in diesem Beruf mindestens zwei Jahre lang ausgeübt

und

3. einen staatlichen oder von Unfallversicherungsträgern veranstalteten Ausbildungslehrgang

oder

einen staatlich oder von Unfallversicherungsträgern anerkannten Ausbildungslehrgang eines anderen Ausbildungsträgers mit Erfolg abgeschlossen haben.

Sicherheitsingenieure, die auf Grund ihrer Hochschul-/Fachhochschulausbildung berechtigt sind, die Berufsbezeichnung „Sicherheitsingenieur" zu führen und eine einjährige praktische Tätigkeit als Ingenieur ausgeübt haben, erfüllen ebenfalls die Anforderungen.

(3) In der Funktion als Sicherheitsingenieur können auch Personen tätig werden, die über gleichwertige Qualifikationen verfügen.

(4) Sicherheitstechniker erfüllen die Anforderungen, wenn sie

1. eine Prüfung als staatlich anerkannter Techniker erfolgreich abgelegt haben,

2. danach eine praktische Tätigkeit als Techniker mindestens zwei Jahre lang ausgeübt haben

und

3. einen staatlichen oder von Unfallversicherungsträgern veranstalteten Ausbildungslehrgang

oder

einen staatlich oder von Unfallversicherungsträgern anerkannten Ausbildungslehrgang eines anderen Veranstaltungsträgers mit Erfolg abgeschlossen haben.

Die Anforderungen erfüllt auch, wer ohne Prüfung als staatlich anerkannter Techniker mindestens vier Jahre lang als Techniker tätig war und einen staatlichen oder von Unfallversicherungsträgern veranstalteten Ausbildungslehrgang oder einen staatlich oder von Unfallversicherungsträgern anerkannten Ausbildungslehrgang eines anderen Veranstaltungsträgers mit Erfolg abgeschlossen hat.

(5) Sicherheitsmeister erfüllen die Anforderungen, wenn sie

1. die Meisterprüfung erfolgreich abgelegt haben,

2. danach eine praktische Tätigkeit als Meister mindestens zwei Jahre lang ausgeübt haben

und

3. einen staatlichen oder von Unfallversicherungsträgern veranstalteten Ausbildungslehrgang

oder

einen staatlich oder von Unfallversicherungsträgern anerkannten Ausbildungslehrgang eines anderen Veranstaltungsträgers mit Erfolg abgeschlossen haben.

Die Anforderungen erfüllt auch, wer ohne Meisterprüfung mindestens vier Jahre lang als Meister oder in gleichwertiger Funktion tätig war und einen staatlichen oder von Unfallversicherungsträgern veranstalteten Ausbildungslehrgang oder einen staatlich oder von Unfallversicherungsträgern anerkannten Ausbildungslehrgang eines anderen Veranstaltungsträgers mit Erfolg abgeschlossen hat.

(6) Der Ausbildungslehrgang nach den Absätzen 2, 4 und 5 umfasst die Ausbildungsstufe I (Grundausbildung), Ausbildungsstufe II (vertiefende Ausbildung), Ausbildungsstufe III (bereichsbezogene Ausbildung) und das begleitende Praktikum. Bestandteile der Ausbildungsstufe III sind die nachfolgenden Rahmenthemen:

• biologische Sicherheit

• Erzeugung, Bearbeitung, Verarbeitung und Veredelung von Werk- und Baustoffen,

• Gefährdung/Belastung bestimmter Personengruppen.

(7) Bei einem Wechsel einer Fachkraft für Arbeitssicherheit, die die Ausbildungsstufe III (Bereichsbezogene Ausbildung) entsprechend den Festlegungen eines anderen Unfallversicherungsträgers absolviert hat, in eine andere

Branche, hat der Unternehmer dafür zu sorgen, dass die Fachkraft für Arbeitssicherheit die erforderlichen bereichsbezogenen Kenntnisse durch Fortbildung erwirbt. Der Unfallversicherungsträger entscheidet über den erforderlichen Umfang an Fortbildung unter Berücksichtigung der Inhalte seiner Ausbildungsstufe III.

### § 5 Bericht

Der Unternehmer hat die gemäß § 2 dieser Unfallverhütungsvorschrift bestellten Betriebsärzte und Fachkräfte für Arbeitssicherheit zu verpflichten, über die Erfüllung der übertragenen Aufgaben regelmäßig schriftlich zu berichten. Die Berichte sollen auch über die Zusammenarbeit der Betriebsärzte und Fachkräfte für Arbeitssicherheit Auskunft geben.

der zuständigen Ärztekammer erteilte Bescheinigung beibringen.

Die Bescheinigung der zuständigen Ärztekammer muss vor dem 31. Dezember 1996 ausgestellt worden sein.

(2) Der Nachweis der Fachkunde nach § 4 Abs. 2 bis 5 gilt als erbracht, wenn eine Fachkraft für Arbeitssicherheit im Zeitpunkt des Inkrafttretens dieser Unfallverhütungsvorschrift als solche tätig ist und die Fachkundevoraussetzungen der Unfallverhütungsvorschrift „Fachkräfte für Arbeitssicherheit" (BGV A6) vom 1. September 1995 in der Fasung vom 1. Oktober 2003 vorliegen.

(3) entfällt

(4) entfällt

### Zweites Kapitel
### Übergangsbestimmungen

### § 6 Übergangsbestimmungen

(1) Der Unternehmer kann abweichend von § 3 davon ausgehen, dass Ärzte über die erforderliche Fachkunde verfügen, wenn sie

1. eine Bescheinigung der zuständigen Ärztekammer darüber besitzen, dass sie vor dem 1. Januar 1985 ein Jahr klinisch oder poliklinisch tätig gewesen sind und an einem arbeitsmedizinischen Einführungslehrgang teilgenommen haben und

2. a) bis zum 31. Dezember 1985 mindestens 500 Stunden innerhalb eines Jahres betriebsärztlich tätig waren

   oder

   b) bis zum 31. Dezember 1987 einen dreimonatigen Kurs über Arbeitsmedizin absolviert haben

   und

   über die Voraussetzungen nach Nummer 2 Buchstabe a) oder b) eine von

### Drittes Kapitel
### Inkrafttreten und Außerkrafttreten

### § 7 Inkrafttreten und Außerkrafttreten

Diese Unfallverhütungsvorschrift tritt am 1. Januar 2011 in Kraft. Gleichzeitig tritt die Unfallverhütungsvorschrift „Betriebsärzte und Fachkräfte für Arbeitssicherheit" (BGV A2) vom 1. Oktober 2005 in der Fassung vom 1. Januar 2009 außer Kraft.

**Auf einen Abdruck der Anhänge wurde verzichtet.**

# Unfallverhütungsvorschrift
# Elektrische Anlagen und Betriebsmittel

## (BGV A3)

**Vom 1. April 1979**

**in der Fassung vom 1. Januar 1997
umbenannt am 1. Januar 2005**

## § 1 Geltungsbereich

(1) Diese Unfallverhütungsvorschrift gilt für elektrische Anlagen und Betriebsmittel.

(2) Diese Unfallverhütungsvorschrift gilt auch für nichtelektrotechnische Arbeiten in der Nähe elektrischer Anlagen und Betriebsmittel.

## § 2 Begriffe

(1) Elektrische Betriebsmittel im Sinne dieser Unfallverhütungsvorschrift sind alle Gegenstände, die als ganzes oder in einzelnen Teilen dem Anwenden elektrischer Energie (z.b. Gegenstände zum Erzeugen, Fortleiten, Verteilen, Speichern, Messen, Umsetzen und Verbrauchen) oder dem Übertragen, Verteilen und Verarbeiten von Informationen (z.b. Gegenstände der Fernmelde- und Informationstechnik) dienen. Den elektrischen Betriebsmitteln werden gleichgesetzt Schutz- und Hilfsmittel, soweit an diese Anforderungen hinsichtlich der elektrischen Sicherheit gestellt werden. Elektrische Anlagen werden durch Zusammenschluss elektrischer Betriebsmittel gebildet.

(2) Elektrotechnische Regeln im Sinne dieser Unfallverhütungsvorschrift sind die allgemein anerkannten Regeln der Elektrotechnik, die in den VDE-Bestimmungen enthalten sind, auf die die Berufsgenossenschaft in ihrem Mitteilungsblatt verwiesen hat. Eine elektrotechnische Regel gilt als eingehalten, wenn eine ebenso wirksame andere Maßnahme getroffen wird; der Berufsgenossenschaft ist auf Verlangen nachzuweisen, dass die Maßnahme ebenso wirksam ist.

(3) Als Elektrofachkraft im Sinne dieser Unfallverhütungsvorschrift gilt, wer auf Grund seiner fachlichen Ausbildung, Kenntnisse und Erfahrungen sowie Kenntnis der einschlägigen Bestimmungen die ihm übertragenen Arbeiten beurteilen und mögliche Gefahren erkennen kann.

## § 3 Grundsätze

(1) Der Unternehmer hat dafür zu sorgen, dass elektrische Anlagen und Betriebsmittel nur von einer Elektrofachkraft oder unter Leitung und Aufsicht einer Elektrofachkraft den elektrotechnischen Regeln entsprechend errichtet, geändert und instandgehalten werden. Der Unternehmer hat ferner dafür zu sorgen, dass die elektrischen Anlagen und Betriebsmittel den elektrotechnischen Regeln entsprechend betrieben werden.

(2) Ist bei einer elektrischen Anlage oder einem elektrischen Betriebsmittel ein Mangel festgestellt worden, d.h. entsprechen sie nicht oder nicht mehr den elektrotechnischen Regeln, so hat der Unternehmer dafür zu sorgen, dass der Mangel unverzüglich behoben wird und, falls bis dahin eine dringende Gefahr besteht, dafür zu sorgen, dass die elektrische Anlage oder das elektrische Betriebsmittel im mangelhaften Zustand nicht verwendet werden.

## § 4 Grundsätze beim Fehlen elektrotechnischer Regeln

(1) Soweit hinsichtlich bestimmter elektrischer Anlagen und Betriebsmittel keine oder zur Abwendung neuer oder bislang nicht festgestellter Gefahren nur unzureichende elektrotechnische Regeln bestehen, hat der Unternehmer dafür zu sorgen, dass die Bestimmungen der nachstehenden Absätze eingehalten werden.

(2) Elektrische Anlagen und Betriebsmittel müssen sich in sicherem Zustand befinden und sind in diesem Zustand zu erhalten.

(3) Elektrische Anlagen und Betriebsmittel dürfen nur benutzt werden, wenn sie den betrieblichen und örtlichen Sicherheitsanforderungen im Hinblick auf Betriebsart und Umgebungseinflüsse genügen.

(4) Die aktiven Teile elektrischer Anlagen und Betriebsmittel müssen entsprechend ihrer Spannung, Frequenz, Verwendungsart und ihrem Betriebsort durch Isolierung, Lage, An-

ordnung oder festangebrachte Einrichtungen gegen direktes Berühren geschützt sein.

(5) Elektrische Anlagen und Betriebsmittel müssen so beschaffen sein, dass bei Arbeiten und Handhabungen, bei denen aus zwingenden Gründen der Schutz gegen direktes Berühren nach Absatz 4 aufgehoben oder unwirksam gemacht werden muss,

– der spannungsfreie Zustand der aktiven Teile hergestellt und sichergestellt werden kann

oder

– die aktiven Teile unter Berücksichtigung von Spannung, Frequenz, Verwendungsart und Betriebsort durch zusätzliche Maßnahmen gegen direktes Berühren geschützt werden können.

(6) Bei elektrischen Betriebsmitteln, die in Bereichen bedient werden müssen, wo allgemein ein vollständiger Schutz gegen direktes Berühren nicht gefordert wird oder nicht möglich ist, muss bei benachbarten aktiven Teilen mindestens ein teilweiser Schutz gegen direktes Berühren vorhanden sein.

(7) Die Durchführung der Maßnahmen nach Absatz 5 muss ohne Gefährdung, z.B. durch Körperdurchströmung oder durch Lichtbogenbildung, möglich sein.

(8) Elektrische Anlagen und Betriebsmittel müssen entsprechend ihrer Spannung, Frequenz, Verwendungsart und ihrem Betriebsort Schutz bei indirektem Berühren aufweisen, so dass auch im Fall eines Fehlers in der elektrischen Anlage oder in dem elektrischen Betriebsmittel Schutz gegen gefährliche Berührungsspannungen vorhanden ist.

### § 5 Prüfungen

(1) Der Unternehmer hat dafür zu sorgen, dass die elektrischen Anlagen und Betriebsmittel auf ihren ordnungsgemäßen Zustand geprüft werden

1. vor der ersten Inbetriebnahme und nach einer Änderung oder Instandsetzung vor der Wiederinbetriebnahme durch eine Elektrofachkraft oder unter Leitung und Aufsicht einer Elektrofachkraft und

2. in bestimmten Zeitabständen.

Die Fristen sind so zu bemessen, dass entstehende Mängel, mit denen gerechnet werden muss, rechtzeitig festgestellt werden.

(2) Bei der Prüfung sind die sich hierauf beziehenden elektrotechnischen Regeln zu beachten.

(3) Auf Verlangen der Berufsgenossenschaft ist ein Prüfbuch mit bestimmten Eintragungen zu führen.

(4) Die Prüfung vor der ersten Inbetriebnahme nach Absatz 1 ist nicht erforderlich, wenn dem Unternehmer vom Hersteller oder Errichter bestätigt wird, dass die elektrischen Anlagen und Betriebsmittel den Bestimmungen dieser Unfallverhütungsvorschrift entsprechend beschaffen sind.

### § 6 Arbeiten an aktiven Teilen

(1) An unter Spannung stehenden aktiven Teilen elektrischer Anlagen und Betriebsmittel darf, abgesehen von den Festlegungen in § 8, nicht gearbeitet werden.

(2) Vor Beginn der Arbeiten an aktiven Teilen elektrischer Anlagen und Betriebsmittel muss der spannungsfreie Zustand hergestellt und für die Dauer der Arbeiten sichergestellt werden.

(3) Absatz 2 gilt auch für benachbarte aktive Teile der elektrischen Anlage oder des elektrischen Betriebsmittels, wenn diese

– nicht gegen direktes Berühren geschützt sind oder

– nicht für die Dauer der Arbeiten unter Berücksichtigung von Spannung, Frequenz, Verwendungsart und Betriebsort durch Abdecken oder Abschranken gegen direktes Berühren geschützt worden sind.

(4) Absatz 2 gilt auch für das Bedienen elektrischer Betriebsmittel, die aktiven unter Spannung stehenden Teilen benachbart sind, wenn diese nicht gegen direktes Berühren geschützt sind.

### § 7 Arbeiten in der Nähe aktiver Teile

In der Nähe aktiver Teile elektrischer Anlagen und Betriebsmittel, die nicht gegen direktes Berühren geschützt sind, darf, abgesehen von den Festlegungen in § 8, nur gearbeitet werden, wenn

–   deren spannungsfreier Zustand hergestellt und für die Dauer der Arbeiten sichergestellt ist,

–   die aktiven Teile für die Dauer der Arbeiten, insbesondere unter Berücksichtigung von Spannung, Betriebsort, Art der Arbeit und der verwendeten Arbeitsmittel, durch Abdecken oder Abschranken geschützt worden sind

oder

–   bei Verzicht auf vorstehende Maßnahmen die zulässigen Annäherungen nicht unterschritten werden.

### § 8 Zulässige Abweichungen

Von den Forderungen der §§ 6 und 7 darf abgewichen werden, wenn

1.   durch die Art der Anlage eine Gefährdung durch Körperdurchströmung oder durch Lichtbogenbildung ausgeschlossen ist oder

2.   aus zwingenden Gründen der spannungsfreie Zustand nicht hergestellt werden kann, soweit dabei

–   durch die Art der bei diesen Arbeiten verwendeten Hilfsmittel oder Werkzeuge eine Gefährdung durch Körperdurchströmung oder durch Lichtbogenbildung ausgeschlossen ist,

–   der Unternehmer mit diesen Arbeiten nur Personen beauftragt, die für diese Arbeiten an unter Spannung stehenden aktiven Teilen fachlich geeignet sind und

–   der Unternehmer weitere technische, organisatorische und persönliche Sicherheitsmaßnahmen festlegt und durchführt, die einen ausreichenden Schutz gegen eine Gefährdung durch Körperdurchströmung oder durch Lichtbogenbildung sicherstellen.

### § 9 Ordnungswidrigkeiten

Ordnungswidrig im Sinne des § 209 Abs. 1 Nr. 1 Siebtes Buch Sozialgesetzbuch (SGB VII) handelt, wer vorsätzlich oder fahrlässig den Vorschriften der

§ 3
§ 5 Abs. 1 bis 3
§§ 6, 7

zuwiderhandelt.

### § 10 Inkrafttreten

Diese Unfallverhütungsvorschrift tritt am 1. April 1979*) in Kraft. Gleichzeitig tritt die Unfallverhütungsvorschrift „Elektrische Anlagen und Betriebsmittel" (VBG 4) in der Fassung vom 1. Januar 1962 außer Kraft.

---

*)   Zu diesem Zeitpunkt wurde diese Unfallverhütungsvorschrift erstmals von einer Berufsgenossenschaft in Kraft gesetzt.

# Biologische Arbeitsstoffe im Gesundheits- wesen und in der Wohlfahrtspflege

### (TRBA/BGR 250)

### Ausgabe: November 2003

### Änderung und Ergänzung April 2012
### (GMBl. Nr. 15–20 vom 25. April 2012, S. 380)

## Vorbemerkung

Bei der Erarbeitung der Regel war zu beachten, dass neben den Aspekten des Arbeitsschutzes auch Maßnahmen zum Schutz der zu behandelnden Menschen und Tiere (Patientenschutz) nicht unberücksichtigt bleiben konnten. Bei der Festlegung von Schutzmaßnahmen wurde dem Rechnung getragen. Insbesondere wurden dabei das Infektionsschutzgesetz (IfSG) und die Richtlinien des Robert-Koch-Institutes auf ihre Relevanz für den Arbeitsschutz geprüft und berücksichtigt.

Im Folgenden sind einige wesentliche Überlegungen aufgeführt, die für die Konzeption der vorliegenden TRBA/BGR maßgeblich waren:

- Die in Frage kommenden Tätigkeiten im Gesundheitswesen und der Wohlfahrtspflege sind ausschließlich nicht gezielte Tätigkeiten.

- Es handelt sich um die Tätigkeiten „Untersuchen, Behandeln und Pflegen" in Bereichen des Gesundheitsdienstes, der Wohlfahrtspflege und der Veterinärmedizin, sowie Tätigkeiten in diesen Einrichtungen, die notwendig sind, um den Betrieb aufrecht zu erhalten.

- Nicht alle Tätigkeiten mit Menschen und Tieren, und dies ist bei Menschen auch ein Teil der Wohlfahrtspflege, fallen unter die Biostoffverordnung.

- Die Beschäftigten im Gesundheitswesen, der Wohlfahrtspflege und der Veterinärmedizin führen in der Regel keine besonders gefährlichen Arbeiten aus. Allerdings erfordern die spezifischen Tätigkeiten, bei denen sie mit biologischen Arbeitsstoffen Kontakt haben, spezifische Schutzmaßnahmen baulich-technischer, organisatorischer oder persönlicher Art, um Infektionsrisiken zu vermindern. Die Biostoffverordnung fordert die Festlegung von Schutzmaßnahmen in einer bestimmten Schutzstufe, in Abhängigkeit von

- der Tätigkeit,
- der Risikogruppe der Erreger,
- der Dauer und Art der Exposition, und
- der Übertragungswege.

Der ABAS hat zu bestimmten Tätigkeiten – auch der Wohlfahrtspflege – bereits Beschlüsse gefasst (siehe z. B. ABAS-Stellungnahme zu Ersthelfern).

## 1     Anwendungsbereich

1.1 Diese TRBA findet Anwendung auf Tätigkeiten mit biologischen Arbeitsstoffen in Arbeitsbereichen des Gesundheitswesens und der Wohlfahrtspflege, in denen

- Menschen medizinisch untersucht, behandelt oder gepflegt werden,

- Tiere medizinisch untersucht, behandelt oder gepflegt werden.

Zu den Tätigkeiten mit biologischen Arbeitsstoffen zählt der berufliche Umgang mit Menschen, Tieren, biologischen Produkten, Gegenständen oder Materialien, wenn bei diesen Tätigkeiten biologische Arbeitsstoffe freigesetzt werden können, z. B. auch durch Bioaerosole oder Blutspritzer, und dabei Beschäftigte mit diesen direkt in Kontakt kommen können, z. B. durch Einatmen, Haut/Schleimhautkontakt oder Kanülenstichverletzungen. Dies sind nicht gezielte Tätigkeiten nach der Biostoffverordnung.

1.2 Diese TRBA findet auch Anwendung auf Tätigkeiten mit biologischen Arbeitsstoffen

- in der Pathologie, Anatomie und Gerichtsmedizin (mit Ausnahme in Laboratorien entsprechend Abschnitt 1.7),

- in Blut- und Plasmaspendeeinrichtungen,

- im Rettungsdienst und bei Krankentransporten,

- die der Ver- und Entsorgung oder der Aufrechterhaltung des Betriebes der unter Abschnitt 1.1 und in diesem Abschnitt genannten Bereiche dienen,

- in zahntechnischen Laboratorien.

1.3 Im Folgenden sind beispielhaft Tätigkeiten der Abschnitte 1.1 und 1.2 aufgeführt:

- Klinische Untersuchung von Menschen oder Tieren,

- Abnahme von Körperflüssigkeiten oder sonstigem Untersuchungsgut, z.B. Abstrichmaterial,

- Durchführung operativer Eingriffe,

- Wundversorgung,

- Versorgung pflegebedürftiger Menschen oder Tiere,

- Umgang mit fremd- oder selbstgefährdenden Menschen oder Tieren,

- Durchführung von Obduktionen und Sektionen.

Daneben kann es zu Kontakten mit biologischen Arbeitsstoffen kommen, z. B.

- bei Reinigungs-, Desinfektions-, Reparatur- und Wartungs-, Transport- und Entsorgungsarbeiten in kontaminierten Bereichen bzw. bei kontaminierten Geräten und Gegenständen,

- bei der Behandlung infektionsverdächtigen bzw. infektiösen Materials in Wäschereien (unreine Seite),

- beim Beschicken von Reinigungs- oder Desinfektionsapparaten,

- beim Umgang mit spitzen oder scharfen Arbeitsgeräten.

1.4 Die in den Abschnitten 1.1 und 1.2 genannten Tätigkeiten können z. B. in folgenden Einrichtungen stattfinden:

- Krankenhäuser und Tierkliniken,

- Arzt- und Zahnarztpraxen, Tierarztpraxen,

- zahntechnische Laboratorien,

- Not- und Rettungsdienste,

- Dialyseeinrichtungen,

- human- und veterinärmedizinische Lehr- und Forschungsbereiche mit Ausnahme von Laboratorien,

- Versorgungs- und Dienstleistungseinrichtungen, wie Zentralsterilisation, Wäschereien, Abfallentsorgung, Reinigungs- und Instandhaltungsdienste,

- Untersuchungsämter des Gesundheitswesens,

- Pflegeheime, Pflegedienste, Hospize,

- Praxen von Heilpraktikern,

- Arbeitsbereiche von Angehörigen der Fachberufe im Gesundheitswesen,

- Arbeitsbereiche der Medizinischen Kosmetik.

1.5 Ob in den folgenden Einrichtungen Tätigkeiten verrichtet werden, die in den Anwendungsbereich der Biostoffverordnung fallen, ist im Einzelfall im Rahmen der Gefährdungsbeurteilung nach § 5 Arbeitsschutzgesetz zu prüfen:

- Sozialpsychiatrische Dienste,

- Dienste zur Betreuung von Drogenabhängigen,

- Kinderkrippen,

- Einrichtungen für behinderte Menschen.

1.6 Diese TRBA findet außerdem Anwendung auf Tätigkeiten mit humanen und tierischen Körperflüssigkeiten, -ausscheidungen und -gewebe, insbesondere in Arztpraxen – ausgenommen Praxen der Laboratoriumsmedizin – oder Apotheken.

Diese Tätigkeiten sind z. B. Bestimmung der Blutsenkung oder Urintests. Zur Definition des Begriffes der Laboratoriumsmedizin siehe (Muster-) Weiterbildungsordnung der Bundesärztekammer.

1.7 Diese TRBA findet keine Anwendung auf gezielte oder nicht gezielte Tätigkeiten in Laboratorien, insbesondere bei Untersuchungen von humanen oder tierischen Probenmaterialien oder Arbeiten mit Krankheitserregern. Diese sind in den Technischen Regeln für Biologische Arbeitsstoffe „Schutzmaßnahmen für gezielte und nicht gezielte Tätigkeiten mit biologischen Arbeitsstoffen in Laboratorien" (TRBA 100) geregelt.

Hierzu gehören z. B. Einrichtungen der Laboratoriumsmedizin.

1.8 Die TRBA 250 findet keine Anwendung in veterinärmedizinischen Großtierpraxen. Dieser Bereich wird in der TRBA 230 „Schutzmaßnahmen bei Tätigkeiten mit biologischen Arbeitsstoffen in der Land- und Forstwirtschaft und vergleichbaren Tätigkeiten" geregelt.

## 2     Begriffsbestimmungen

Im Sinne dieser TRBA werden folgende Begriffe bestimmt:

1. Biologische Arbeitsstoffe sind in der Biostoffverordnung abschließend definiert; im weitesten Sinne handelt es sich dabei um Mikroorganismen, die Infektionen, sensibilisierende oder toxische Wirkungen hervorrufen können.

   Gemäß § 3 Biostoffverordnung werden biologische Arbeitsstoffe nach ihrem Infektionsrisiko in vier Risikogruppen eingeordnet:

   Risikogruppe 1:
   Biologische Arbeitsstoffe, bei denen es unwahrscheinlich ist, dass sie beim Menschen eine Krankheit verursachen.

   Risikogruppe 2:
   Biologische Arbeitsstoffe, die eine Krankheit beim Menschen hervorrufen können und eine Gefahr für Beschäftigte darstellen können; eine Verbreitung des Stoffes in der Bevölkerung ist unwahrscheinlich; eine wirksame Vorbeugung oder Behandlung ist normalerweise möglich.

   Risikogruppe 3:
   Biologische Arbeitsstoffe, die eine schwere Krankheit beim Menschen hervorrufen können und eine ernste Gefahr für Beschäftigte darstellen können; die Gefahr einer Verbreitung in der Bevölkerung kann bestehen, doch ist normalerweise eine wirksame Vorbeugung oder Behandlung möglich.

   Risikogruppe 4:
   Biologische Arbeitsstoffe, die eine schwere Krankheit beim Menschen hervorrufen und eine ernste Gefahr für Beschäftigte darstellen; die Gefahr einer Verbreitung in der Bevölkerung ist unter Umständen groß; normalerweise ist eine wirksame Vorbeugung oder Behandlung nicht möglich.

   Bei bestimmten biologischen Arbeitsstoffen, die in der Richtlinie 2000/54/EG in Risikogruppe 3 eingestuft und mit zwei Sternchen (**) versehen wurden, ist das Infektionsrisiko für Arbeitnehmer begrenzt, da eine Infizierung über den Luftweg normalerweise nicht erfolgen kann.

2. Untersuchen und Behandeln umfasst alle Tätigkeiten, mit denen Krankheiten, Leiden oder Körperschäden bei Menschen und Tieren festgestellt, geheilt und gelindert werden sollen oder Geburtshilfe geleistet wird. Hierzu zählen auch Tätigkeiten, die von Ausübenden der Fachberufe im Gesundheitswesen oder von Arzt-, Zahnarzt- und Tierarzthelferinnen durchgeführt werden.

3. Pflege umfasst alle Hilfeleistungen bei den gewöhnlichen und regelmäßig wiederkehrenden Verrichtungen im Ablauf des täglichen Lebens, bei denen Kontakte zu Krankheitserregern bestehen können.

   Kontakt zu Krankheitserregern kann insbesondere bei Kontakt zu Körperflüssigkeiten und -ausscheidungen bestehen. Solche Hilfeleistungen sind z.B.

   – das Waschen, Duschen, Baden, die Mundpflege und die Hilfe bei der Darm- und Blasenentleerung,
   – die Hilfe bei der Nahrungsaufnahme,

- das Wechseln und Waschen der mit Köperflüssigkeiten und -ausscheidungen kontaminierten Wäsche und Kleidung.

4. Schutzkleidung ist jede Kleidung, die dazu bestimmt ist, Versicherte vor schädigenden Einwirkungen bei der Arbeit oder deren Arbeits- oder Privatkleidung vor der Kontamination durch biologische Arbeitsstoffe zu schützen.

   Siehe insbesondere Abschnitt 4.3.16 „Schutzkleidung im medizinischen Bereich" der BG-Regel „Benutzung Einsatz von Schutzkleidung" (BGR 189).

5. Arbeitskleidung ist eine Kleidung, die anstelle oder in Ergänzung der Privatkleidung bei der Arbeit getragen wird. Sie hat keine spezifische Schutzfunktion gegen schädigende Einflüsse. Zur Arbeitskleidung zählt auch Berufskleidung. Sie ist eine berufsspezifische Arbeitskleidung, die als Standes- oder Dienstkleidung, z.B. Uniform, getragen wird. Sie ist keine Kleidung mit spezieller Schutzfunktion.

6. Potenziell infektiöses Material ist Material, das biologische Arbeitsstoffe der Risikogruppen 2 oder höher enthalten und bei entsprechender Exposition zu einer Infektion führen kann.

7. Arbeitsbereiche sind Bereiche, in denen Tätigkeiten mit biologischen Arbeitsstoffen durchgeführt werden.

   Zum Arbeitsbereich können auch häusliche Bereiche zählen, z. B. Tätigkeitsbereiche von Pflegediensten in Privatwohnungen und beim Betreuten Wohnen.

## 3 Gefährdungsbeurteilung

### 3.1 Informationen für die Gefährdungsbeurteilung

3.1.1 Im Rahmen der Gefährdungsbeurteilung nach § 5 der Biostoffverordnung hat der Arbeitgeber ausreichend Informationen über mögliche gesundheitliche Gefährdungen der Be-

schäftigten zu beschaffen. Hierzu gehören insbesondere Informationen über die Identität der erfahrungsgemäß vorkommenden oder zu erwartenden biologischen Arbeitsstoffe, die Art und Dauer von Tätigkeiten sowie die mögliche Exposition von Beschäftigten. Dabei sind alle Tätigkeiten im Anwendungsbereich dieser TRBA nicht gezielte Tätigkeiten nach der Biostoffverordnung.

Entsprechende Tätigkeiten siehe Abschnitt 1.3.

3.1.2 Eine Hilfestellung zur Gefährdungsbeurteilung auch anhand von Beispielen geben die Technische Regel für biologische Arbeitsstoffe „Handlungsanleitung zur Gefährdungsbeurteilung bei Tätigkeiten mit biologischen Arbeitsstoffen" (TRBA 400).

3.1.3 Reinigungsarbeiten siehe BG-Regel „Reinigungsarbeiten mit Infektionsgefahr in medizinischen Bereichen" (BGR 208). Zahntechnische Laboratorien siehe BG-Information „Zahntechnische Laboratorien – Schutz vor Infektionsgefahren" (BGI 775).

3.1.4 Für die Informationsbeschaffung hilfreich sind auch die „Empfehlungen der Kommission für Krankenhaushygiene und Infektionsprävention" beim Robert-Koch-Institut, die im Bundesgesundheitsblatt veröffentlicht werden, siehe auch www.rki.de.

3.1.5 Für die zahnärztliche Tätigkeit hilfreich sind die von der Kommission für Krankenhaushygiene und Infektionsprävention beim Robert Koch-Institut herausgegebenen „Infektionsprävention in der Zahnheilkunde – Anforderungen an die Hygiene", Bundesgesundheitsblatt 49, 2006, S. 375–394.

3.1.6 Infektionswege für die Aufnahme biologischer Arbeitsstoffe sind:

- Eindringen (Penetration): Aufnahme über Haut, Schleimhäute und Wunden (trans- bzw. perkutane oder transmukosale Infektion), wobei Erreger direkt (Kontaktinfektion) oder indirekt (Schmierinfektion) übertragen werden; das ist ebenso der Fall bei Stich- und Schnittverletzungen (Trauma/Inokulation). Infektionserreger lassen sich auch durch Stich/Biss blutsaugender Insekten übertragen,

- Verschlucken (Ingestion): Aufnahme über den Mund (orale Infektion), wobei Übertragungsvehikel, z. B. Hand-Mundkontakt, maßgebend sind (Schmierinfektion),

- Einatmen (Inhalation): Aufnahme über den Nase-Mund-Rachenraum (Infektion über Aerosole), wobei Anhusten, Anniesen, Sprechen (Tröpfcheninfektion) oder Einatmen von so genannten Tröpfchenkernen – eingetrocknete erregerhaltige Tröpfchen – sowie Einatmen erregerhaltiger Staubpartikel in Betracht kommen können (Staubinfektion).

3.1.7 Die Hepatitis-Viren HBV und HCV sowie das Immundefizienz-Virus HIV zählen zu den schwerwiegendsten blutübertragenen biologischen Arbeitsstoffen, die verletzungsbedingt (Stich- oder Schnittverletzungen) oder aber durch Schleimhautkontakt bzw. Kontakt zu Mikroläsionen der Haut übertragen werden. Dagegen erfolgt die Übertragung des Hepatitis A-Virus (HAV) oder von Helicobacter pylori über Schmierinfektionen (oral).

Das Mycobacterium tuberculosis als Auslöser der Lungentuberkulose ist ein Beispiel für eine mögliche aerogene Übertragung.

Bei Kontakten zu Tieren im Bereich der Veterinärmedizin kann es zur Übertragung von Zooanthroponose-Erregern kommen. Dabei sind dieselben Übertragungswege zu berücksichtigen wie in der Humanmedizin. Im Folgenden sind einige Beispiele genannt:

- Das Tollwutvirus, das durch den Biss infizierter Tiere oder durch Belecken übertragen wird, ist ein Beispiel für eine Aufnahme der Krankheitserreger über die Haut, Schleimhaut oder Wunden.

- Borrelien und das Zentraleuropäische Zeckenenzephalitis-Virus werden durch den Stich einer infizierten Zecke übertragen.

- Fäkal-oral werden viele Parasiten (z.B. Echinokokken), Protozoen (z.B. Toxoplasmen)

und Bakterien (z.B. Shigellen und Salmonellen) übertragen.

- Q-Fieber, Kryptokokkose, Ornithose/Psittakose, sind typische Beispiele für Infektionen, die auf aerogenem Wege übertragen werden.

Viele Erreger können über mehrere Übertragungswege aufgenommen werden wie Leptospiren (aerogen, aber auch über Haut, Schleimhaut und Wunden), Brucellen (Verdauungstrakt, Haut, Schleimhaut) und Listerien (vorrangig oral, aber auch durch direkten Kontakt zu infizierten Tieren).

Die hier getroffene Aufzählung ist beispielhaft und nicht als vollständig oder abschließend zu betrachten.

3.1.8 Zur Abschätzung der Relevanz einzelner Erreger für die betreffende Einrichtung ist die epidemiologische Situation im Einzugsbereich zu betrachten. Zur Informationsbeschaffung ist daher eine Zusammenarbeit mit dem Gesundheitsamt, dem Veterinäramt und gegebenenfalls einem Krankenhaushygieniker sinnvoll.

3.1.9 Der Arbeitgeber hat dafür zu sorgen, dass bei der Behandlung von Patienten, die an einer Infektionskrankheit leiden, entsprechende Informationen an die weiterbehandelnden oder -versorgenden Bereiche gegeben werden.

## 3.2    Zuordnung zu Schutzstufen

### 3.2.1 Allgemeines

3.2.1.1 Nach der Biostoffverordnung sind Tätigkeiten in Abhängigkeit der von ihnen ausgehenden Gefährdungen einer Schutzstufe zuzuordnen und die erforderlichen Schutzmaßnahmen festzulegen. Dabei müssen neben den allgemein vorhandenen Infektionsgefährdungen die in bestimmten Bereichen vorhandenen spezifischen Gefährdungen berücksichtigt werden. Zu beachten ist, dass die konkrete Expositionssituation für den einzelnen Beschäftigten vom Arbeitsbereich und den von ihm ausgeführten Tätigkeiten abhängt.

3.2.1.2 Finden in einem Arbeitsbereich weitgehend Tätigkeiten der gleichen Schutzstufe statt, so kann er auch insgesamt dieser Schutzstufe zugeordnet werden.

So kann beispielsweise die unreine Seite der Zentralsterilisation insgesamt der Schutzstufe 2 zugeordnet werden, da hier weit gehend Tätigkeiten der Schutzstufe 2 durchgeführt werden.

Patientenzimmer stellen dagegen Bereiche dar, in denen neben Tätigkeiten der Schutzstufe 2, z.b. Blutabnahmen, Wechsel von Drainageflaschen, Pflege von inkontinenten Patienten und Heimbewohnern, auch Tätigkeiten der Schutzstufe 1, z.b. Reinigungsarbeiten, stattfinden, sowie Tätigkeiten, welche nicht unter die Biostoffverordnung fallen, z.b. Essensausgabe. Deswegen ist es nicht sinnvoll, das Patientenzimmer insgesamt einer bestimmten Schutzstufe zuzuordnen.

**3.2.2 Schutzstufe 1**

Tätigkeiten, bei denen

- kein Umgang oder sehr selten geringfügiger Kontakt mit potenziell infektiösem Material, wie Körperflüssigkeiten, -ausscheidungen oder -gewebe

und

- auch keine offensichtliche Ansteckungsgefahr durch Aerosolinfektion besteht, so dass eine Infektionsgefährdung unwahrscheinlich ist, sind der Schutzstufe 1 zuzuordnen. Bei diesen Tätigkeiten sind die Maßnahmen des Abschnittes 4.1 anzuwenden.

Beispiele für Tätigkeiten der Schutzstufe 1:

- Röntgenuntersuchung (ohne Kontrastmittel), Kernspin-Tomographie,

- Ultraschalluntersuchungen,

- EKG- und EEG- Untersuchungen,

- Bestimmte körperliche Untersuchungen, z. B. Abhören, Abtasten, mit Ausnahme der

Untersuchung von Körperöffnungen, Augenprüfung.

Auch die Tätigkeit des betrieblichen Ersthelfers wird in der Regel der Schutzstufe 1 zugeordnet, siehe Stellungnahme des Ausschusses für Biologische Arbeitsstoffe (ABAS). Die Zuordnung von Tätigkeiten in Plasmasammeleinrichtungen zur Schutzstufe 1 erfolgt, wenn die Voraussetzungen nach Abschnitt 4.3.2 (5) der Technischen Regeln für biologische Arbeitsstoffe „Schutzmaßnahmen für gezielte und nicht gezielte Tätigkeiten mit biologischen Arbeitsstoffen in Laboratorien" (TRBA 100), Ausgabe April 2006, erfüllt sind.

**3.2.3 Schutzstufe 2**

3.2.3.1 Tätigkeiten, bei denen es **regelmäßig** und in **größerem** Umfang zum Kontakt mit Körperflüssigkeiten, -ausscheidungen oder -gewebe kommen kann, so dass eine Infektionsgefährdung durch Erreger der Risikogruppe 2 bzw. 3** bestehen kann, sind in der Regel der Schutzstufe 2 zuzuordnen.

Tätigkeiten, die der Schutzstufe 2 zugeordnet werden, sind z.B.:

- Punktionen,

- Injektionen,

- Blutentnahme,

- Legen von Gefäßzugängen,

- Nähen von Wunden,

- Wundversorgung,

- Operieren,

- Instrumentieren,

- Intubation,

- Extubation,

- Absaugen respiratorischer Sekrete,

- Umgang mit benutzten Instrumenten, z.B. auch Kanülen, Skalpelle,

- Pflege von inkontinenten Patienten,

- Entsorgung und Transport von potenziell infektiösen Abfällen,

- Reinigung und Desinfektion von kontaminierten Flächen und Gegenständen,

- Reparatur/Wartung/Instandsetzung von kontaminierten medizinischen Geräten.

3.2.3.2 Bei Tätigkeiten mit Körperflüssigkeiten und -ausscheidungen, die bekanntermaßen Krankheitserreger der Risikogruppe 3** enthalten, ist anhand der Gefährdungsbeurteilung zu prüfen, ob eine Zuordnung der Tätigkeiten zur Schutzstufe 2 möglich oder ob eine Zuordnung zur Schutzstufe 3 erforderlich ist.

Beispielsweise kann bei Tätigkeiten mit der Gefahr der Haut- oder Schleimhautkontamination durch Spritzer im Einzelfall eine Zuordnung zu Schutzstufe 3 notwendig sein. Die Zahnbehandlung oder zahntechnische Versorgung von HIV- oder HBV-infizierten Patienten ist in der Regel der Schutzstufe 2 zuzuordnen, falls nicht mit starkem Verspritzen zu rechnen ist.

Ein Beispiel im veterinärmedizinischen Bereich stellt die Behandlung von Tieren dar, die vom Fuchsbandwurm befallen sind.

### 3.2.4 Schutzstufe 3

Tätigkeiten sind der Schutzstufe 3 zuzuordnen,

- sofern biologische Arbeitsstoffe der Risikogruppe 3 auftreten oder der Verdacht besteht

  und

- die Gefährdungsbeurteilung eine entsprechende Gefährdung bestätigt.

Dies gilt auch in Ausnahmefällen für Erreger der Risikogruppe 3**.

Kriterien für die Zuordnung zur Schutzstufe 3 sind:

- Das Auftreten hoher Konzentrationen biologischer Arbeitsstoffe der Risikogruppe 3,

- das Auftreten biologischer Arbeitsstoffe der Risikogruppe 3, die bereits in geringer Konzentration eine Infektion bewirken können,

- das Ausführen von Tätigkeiten mit hohen Expositionsmöglichkeiten, z.b. bei erheblicher Aerosolbildung oder besonderer Verletzungsgefahr.

Beispielhaft sei hier die Behandlung eines Patienten mit offener Lungentuberkulose genannt, die auf Grund der hohen Ansteckungsgefahr über Aerosole weitergehende Schutzmaßnahmen für die Beschäftigten notwendig macht.

Im veterinärmedizinischen Bereich ist z. B. bei Tätigkeiten an einem mit Coxiella burnetii infizierten Tier (Q-Fieber) zu prüfen, ob die Zuordnung zur Schutzstufe 3 erforderlich ist.

### 3.2.5 Schutzstufe 4

Tätigkeiten im Zusammenhang mit Infektionskrankheiten, die durch Krankheitserreger der Risikogruppe 4 ausgelöst werden, sind der Schutzstufe 4 zuzuordnen.

Siehe auch Abschnitt 4.4.

### 4    Schutzmaßnahmen

### 4.1    Allgemeine Anforderungen

Um einer möglichen Gefährdung entgegenzuwirken, hat der Arbeitgeber die erforderlichen technischen, baulichen, organisatorischen und hygienischen Schutzmaßnahmen zu veranlassen. Zusätzlich kann auch der Einsatz von persönlichen Schutzausrüstungen erforderlich sein.

Die in dieser TRBA beschriebenen Maßnahmen sind entsprechend der jeweiligen betrieblichen Situation festzulegen und erforderlichenfalls stoff- und arbeitsplatzbezogen anzupassen bzw. zu ergänzen.

Bei allen Tätigkeiten im Anwendungsbereich dieser TRBA sind die Maßnahmen der Abschnitte 4.1.1 bis 4.1.3 einzuhalten.

In den meisten betroffenen Arbeitsbereichen werden sowohl Tätigkeiten der Schutzstufe 1 als auch der Schutzstufe 2 durchgeführt. Daher ist der in den nachfolgenden Abschnitten beschriebene allgemeine Mindeststandard einzuhalten.

#### 4.1.1 Bauliche und technische Maßnahmen

4.1.1.1 Den Beschäftigten sind leicht erreichbare Händewaschplätze mit fließendem warmem und kaltem Wasser, Direktspender für Händedesinfektionsmittel, hautschonende Waschmittel, geeignete Hautschutz- und -pflegemittel und Einmalhandtücher zur Verfügung zu stellen.

4.1.1.2 Den Beschäftigten sind gesonderte, für Patienten nicht zugängliche Toiletten zur Verfügung zu stellen. Dies gilt nicht für den häuslichen Bereich.

Bestandschutzregelungen siehe Arbeitsstättenrecht.

4.1.1.3 Oberflächen (Fußböden, Arbeitsflächen, Oberflächen von Arbeitsmitteln) sollen leicht zu reinigen und beständig gegen die verwendeten Reinigungsmittel und gegebenenfalls Desinfektionsmittel sein. Dies gilt nicht für den häuslichen Bereich.

4.1.1.4 Für das Sammeln von spitzen oder scharfen Gegenständen müssen Abfallbehältnisse bereitgestellt und verwendet werden, die stich- und bruchfest sind und den Abfall sicher umschließen.

Um derartige Abfallbehältnisse handelt es sich, wenn sie insbesondere folgende Eigenschaften aufweisen:

- Sie sind verschließbare Einwegbehältnisse.

- Sie geben den Inhalt, z. B. bei Druck, Stoß, Fall, nicht frei.

- Sie sind durchdringfest.

- Ihre Festigkeit wird durch Feuchtigkeit nicht beeinträchtigt.

- Ihre Größe und Einfüllöffnung sind abgestimmt auf das zu entsorgende Gut.

- Sie öffnen sich beim Abstreifen von Kanülen nicht.

- Sie sind durch Farbe, Form oder Beschriftung eindeutig als Abfallbehältnisse zu erkennen.

- Sie sind mit Benutzerhinweisen versehen, sofern ihre Verwendung nicht augenfällig ist.

Weitere Kriterien für die Auswahl der Behältnisse sollten sein

- die Abstimmung auf die Entsorgungskonzeption,

- die Abstimmung auf die verwendeten Spritzensysteme (Abstreifvorrichtung für verschiede Kanülenanschlüsse),

- erkennbarer Füllgrad.

4.1.1.5 Alle eingesetzten Verfahren sollen so erfolgen, dass die Bildung von Aerosolen minimiert wird.

Z. B. kann die Minimierung bzw. Verminderung der Aerosolbildung bei zahnärztlichen Behandlungen durch entsprechende Absaugtechnik oder bei der Reinigung von Geräten im Ultraschallbad durch Abdecken oder Absaugung erreicht werden.

#### 4.1.2 Organisatorische und hygienische Maßnahmen

4.1.2.1 Der Arbeitgeber darf Tätigkeiten im Anwendungsbereich dieser TRBA nur Personen übertragen, die eine abgeschlossene Ausbildung in Berufen des Gesundheitswesens haben oder die von einer fachlich geeigneten Person unterwiesen sind und beaufsichtigt werden.

Fachlich geeignet sind Personen, die auf Grund ihrer Ausbildung und Erfahrung Infektionsgefahren erkennen und Maßnahmen zu Ihrer Abwehr treffen können, z. B. Ärzte, Krankenschwestern, Technische Assistentinnen in der Medizin, Hebammen, Desinfektoren, Arzt-, Zahnarzt- und Tierarzthelferinnen, Beschäftigte in Not- und Rettungsdiensten und Pflegekräfte.

Die Forderung nach Aufsicht ist dann erfüllt, wenn

1. der Aufsichtführende den zu Beaufsichtigenden so lange überwacht, bis er sich überzeugt hat, dass dieser die übertragene Tätigkeit beherrscht und

2. anschließend stichprobenweise die richtige Durchführung der übertragenen Tätigkeit überprüft.

Zur Beschäftigung von Praktikanten siehe z. B. „Handlungshilfe zum Einsatz von Praktikantinnen und Praktikanten im Bereich der Krankenpflege" (Herausgeber Mohn, Heintzen et al., Neuwied).

4.1.2.2 Der Arbeitgeber darf Jugendliche, werdende oder stillende Mütter mit Tätigkeiten mit biologischen Arbeitsstoffen nur beschäftigen, soweit dies mit den Bestimmungen des Jugendarbeitsschutzgesetzes und des Mutterschutzgesetzes und dessen zugehörigen Verordnungen, insbesondere der Mutterschutzrichtlinienverordnung, vereinbar ist.

4.1.2.3 Der Arbeitgeber hat für die einzelnen Arbeitsbereiche entsprechend der Infektionsgefährdung Maßnahmen zur Desinfektion, Reinigung und Sterilisation sowie zur Ver- und Entsorgung schriftlich festzulegen (Hygieneplan) und zu überwachen.

Siehe Anhang 4 „Gliederung eines Hygieneplans". Hygieneplan siehe auch § 36 Infektionsschutzgesetz.

4.1.2.4 Beschäftigte dürfen an Arbeitsplätzen, an denen die Gefahr einer Kontamination durch biologische Arbeitsstoffe besteht, keine Nahrungs- und Genussmittel zu sich nehmen

und lagern. Hierfür sind vom Unternehmer geeignete Bereiche zur Verfügung zu stellen.

Geeignete Bereiche sind z. B. die Pausenräume nach § 6 Abs. 3 Arbeitsstättenverordnung und deren Anhang Nr. 4.2; siehe auch Arbeitsstätten-Richtlinien ASR 29/1-4 „Pausenräume".

4.1.2.5 Getragene Schutzkleidung ist von anderer Kleidung getrennt aufzubewahren. Der Unternehmer hat für vom Arbeitsplatz getrennte Umkleidemöglichkeiten zu sorgen.

4.1.2.6 Bei Tätigkeiten, die eine hygienische Händedesinfektion erfordern, dürfen an Händen und Unterarmen keine Schmuckstücke, Uhren und Eheringe getragen werden.

Derartige Gegenstände können die Wirksamkeit der Händedesinfektion vermindern.

Siehe auch Mitteilung der Kommission für Krankenhaushygiene und Infektionsprävention am Robert Koch-Institut „Händehygiene", Bundesgesundheitsblatt 43, 2000, S. 230-233.

4.1.2.7 Nach Patientenkontakt und nach Kontakt mit infektiösem oder potenziell infektiösem Material ist vor Verlassen des Arbeitsbereichs eine hygienische Händedesinfektion durchzuführen. Danach sind verschmutzte Hände zu waschen.

Siehe auch Mitteilung der Kommission für Krankenhaushygiene und Infektionsprävention am Robert Koch-Institut „Händehygiene" (Bundesgesundheitsblatt 43, 2000, S. 230-233).

4.1.2.8 Beim Umgang mit benutzten Instrumenten und Geräten sind Maßnahmen zu ergreifen, die eine Verletzungs- und Infektionsgefahr minimieren. Insbesondere

• sind benutzte spitze, scharfe oder zerbrechliche Arbeitsgeräte zur einmaligen Verwendung unmittelbar nach Gebrauch in stich- und bruchsicheren Behältnissen nach Abschnitt 4.1.1.4 zu sammeln,

• dürfen gebrauchte Kanülen nicht in die Plastikschutzhüllen zurückgesteckt, verbogen oder abgeknickt werden. Dies gilt nicht, wenn Verfahren angewandt werden, die ein sicheres Zurückstecken der Kanüle in die Kanülenschutzkappe mit einer Hand erlauben.

Reinigung von benutzten kontaminierten Instrumenten siehe Abschnitt 7.1.

4.1.2.9 Diagnostische Proben für den Versand sind entsprechend den transportrechtlichen Regelungen zu verpacken.

Siehe insbesondere Regelungen für die Beförderung von ansteckungsgefährlichen Stoffen: Verpackungsanweisung P 650 in Kapitel 4.1.4.1 des ADR 2007, siehe auch Information „Diagnotische Proben richtig versenden – gefahrgutrechtliche Hinweise" – Humanmedizin: Best.-Nr. TP-DP HuM und Veterinärmedizin: Best.-Nr. TP-DP VetM der Berufsgenossenschaft für Gesundheitsdienst und Wohnfahrtspflege.

### 4.1.3 Persönliche Schutzausrüstungen

4.1.3.1 Der Arbeitgeber hat erforderliche Schutzkleidung und sonstige persönliche Schutzausrüstungen, insbesondere dünnwandige, flüssigkeitsdichte, allergenarme Handschuhe in ausreichender Stückzahl zur Verfügung zu stellen. Er ist verantwortlich für deren regelmäßige Desinfektion, Reinigung und gegebenenfalls Instandhaltung der Schutzausrüstungen. Falls Arbeitskleidung mit Krankheitserregern kontaminiert ist, ist sie zu wechseln und vom Unternehmer wie Schutzkleidung zu desinfizieren und zu reinigen.

4.1.3.2 Die Beschäftigten haben die zur Verfügung gestellten persönlichen Schutzausrüstungen zu benutzen. Die Schutzkleidung darf von den Versicherten nicht zur Reinigung nach Hause mitgenommen werden.

4.1.3.3 Pausen- und Bereitschaftsräume dürfen nicht mit Schutzkleidung betreten werden.

### 4.2 Schutzmaßnahmen bei Tätigkeiten der Schutzstufe 2

4.2.1 Zusätzlich zu den Maßnahmen des Abschnittes 4.1 sind die nachfolgenden Schutzmaßnahmen einzuhalten.

4.2.2 Oberflächen (Fußböden, an Arbeitsflächen angrenzende Wandflächen, Arbeitsflächen, eingebaute Einrichtungen, Oberflächen von Arbeitsmitteln) sollen zusätzlich zu den Anforderungen nach Abschnitt 4.1.1.3 auch wasserdicht und beständig gegen Desinfektionsmittel sein. Dies gilt nicht für häusliche Bereiche.

Je nach zu erwartender Verunreinigung kann diese Forderung für Wandflächen z. B. durch fachgerechte Anstriche mit Beschichtungsstoffen oder -systemen für Innen der Nassabriebbeständigkeit-Klasse 2 (früher: „scheuerbeständig") nach DIN EN 13300 „Wasserhaltige Beschichtungsstoffe und Beschichtungssysteme für Wände und Decken im Innenbereich" erfüllt werden.

4.2.3 In Arbeitsbereichen, in denen weitgehend Tätigkeiten der Schutzstufe 2 durchgeführt werden, sind die Handwaschbecken nach Abschnitt 4.1.1.1 zusätzlich mit Armaturen auszustatten, welche ohne Handberührungen bedienbar sind. Dies gilt nicht für häusliche Bereiche.

Geeignet sind z. B. haushaltsübliche Einhebelmischbatterien mit verlängertem Hebel, die mit dem Handgelenk bedienbar sind (siehe Foto), oder selbstschließende Waschtisch-Armaturen (Druckknopf).

Auf den Vorrang der Desinfektion vor der Reinigung wird hingewiesen, siehe Abschnitt 4.1.2.7.

Bild: Beispiel eines Händewaschplatzes (Hinweis: Auswahl zufällig; auch vergleichbare Desinfektionsmittelspender und Einhebelarmaturen sind geeignet).

4.2.4 Um Beschäftigte vor Verletzungen bei Tätigkeiten mit spitzen oder scharfen medizinischen Instrumenten zu schützen, sind diese Instrumente unter Maßgabe der folgenden Ziffern 1 bis 7 – soweit technisch möglich – durch geeignete sichere Arbeitsgeräte zu ersetzen, bei denen keine oder eine geringere Gefahr von Stich- und Schnittverletzungen besteht.

1. Sichere Arbeitsgeräte sind bei folgenden Tätigkeiten bzw. in folgenden Bereichen mit höherer Infektionsgefährdung oder Unfallgefahr einzusetzen:

   – Behandlung und Versorgung von Patienten, die nachgewiesenermaßen durch Erreger der Risikogruppe 3 (einschließlich 3**) oder höher infiziert sind

   – Behandlung fremdgefährdender Patienten

   – Tätigkeiten im Rettungsdienst und in der Notfallaufnahme

   – Tätigkeiten in Gefängniskrankenhäusern

2. Grundsätzlich sind sichere Arbeitsgeräte ergänzend zu Nr. 1 bei Tätigkeiten einzusetzen, bei denen Körperflüssigkeiten in infektionsrelevanter Menge übertragen werden können. Zu diesen Tätigkeiten gehören insbesondere

   – Blutentnahmen

   – sonstige Punktionen zur Entnahme von Körperflüssigkeiten

3. Abweichend von Nr. 2 dürfen herkömmliche Arbeitsgeräte weiter eingesetzt werden, wenn nach der Gefährdungsbeurteilung unter Beteiligung des Betriebsarztes ermittelt wird, dass das Infektionsrisiko vernachlässigt werden kann. Ein vernachlässigbares Infektionsrisiko besteht z. B., wenn der Infektionsstatus des Patienten bekannt und insbesondere für HIV und HBV und HCV negativ ist. Das Ergebnis dieses Teils der Gefährdungsbeurteilung ist gesondert zu dokumentieren.

4. Die Auswahl der sicheren Arbeitsgeräte hat anwendungsbezogen zu erfolgen, auch unter dem Gesichtspunkt der Handhabbarkeit und Akzeptanz durch die Beschäftigten. Arbeitsabläufe sind im Hinblick auf die Verwendung sicherer Systeme anzupassen.

5. Es ist sicherzustellen, dass Beschäftigte in der Lage sind, sichere Arbeitsgeräte richtig anzuwenden. Dazu ist es notwendig über sichere Arbeitsgeräte zu informieren und die Handhabung sicherer Arbeitsgeräte zu vermitteln.

6. Die Wirksamkeit der getroffenen Maßnahmen ist zu überprüfen.

7. Sichere Arbeitsgeräte zur Verhütung von Stich- und Schnittverletzungen dürfen Patienten nicht gefährden.

   Darüber hinaus müssen sie folgende Eigenschaften haben:

   – Der Sicherheitsmechanismus ist Bestandteil des Systems und kompatibel mit anderem Zubehör

   – Seine Aktivierung muss mit einer Hand erfolgen können

- Seine Aktivierung muss sofort nach Gebrauch möglich sein

- Der Sicherheitsmechanismus schließt einen erneuten Gebrauch aus

- Das Sicherheitsprodukt erfordert keine Änderung der Anwendungstechnik

- Der Sicherheitsmechanismus muss durch ein deutliches Signal (fühlbar oder hörbar) gekennzeichnet sein

Dem Einsatz sicherer Arbeitsgeräte stehen auch Verfahren gleich, bei dem das sichere Zurückstecken der Kanüle in die Schützhülle mit einer Hand erfolgen kann, z. B. Lokalanästhesie in der Zahnmedizin oder bei der Injektion von Medikamenten (Pen).

4.2.5 Der Arbeitgeber hat den Beschäftigten zusätzlich folgende persönliche Schutzausrüstungen zur Verfügung zu stellen:

• Feste flüssigkeitsdichte und allergenarme Handschuhe zum Desinfizieren und Reinigen benutzter Instrumente, Geräte und Flächen; die Handschuhe müssen beständig gegenüber den eingesetzten Desinfektionsmitteln sein,

• flüssigkeitsdichte und allergenarme Handschuhe mit verlängertem Schaft zum Stulpen für Reinigungsarbeiten, damit das Zurücklaufen der kontaminierten Reinigungsflüssigkeit unter den Handschuh verhindert wird,

• Baumwoll-Unterziehhandschuhe für Tätigkeiten mit längerer Tragezeit,

• flüssigkeitsdichte Schürzen, wenn damit zu rechnen ist, dass die Kleidung durchnässt wird,

• flüssigkeitsdichte Fußbekleidung, wenn mit Durchnässen des Schuhwerks zu rechnen ist,

• Augen- oder Gesichtsschutz, wenn mit Verspritzen oder Versprühen infektiöser oder potenziell infektiöser Materialien oder Flüssigkeiten zu rechnen ist und technische

Maßnahmen keinen ausreichenden Schutz darstellen. Dies kann unter bestimmten Voraussetzungen der Fall sein bei z. B.:

- operativen Eingriffen, z. B. in der Gefäßchirurgie, in der Orthopädie (Fräsarbeiten an Knochen)

- endoskopischen Untersuchungsverfahren

- diagnostischen und therapeutischen Punktionen

- Intubationen, Extubationen, Trachealkanülenpflege und -wechsel

- Anlage, Pflege und Entfernen von Verweilkathetern

- Zahnärztlichen Tätigkeiten, z. B. Zahnsteinentfernen mit Ultraschall

- Tätigkeiten an Patienten, die husten bzw. spucken

- Reinigung kontaminierter Instrumente von Hand oder mit Ultraschall

- Tätigkeiten in der Pathologie, z. B. bei Arbeiten mit handgeführten Arbeitsmitteln oder bei der Kompession des Brustkorbes des Verstorbenen durch Anheben und Umlagern

Als Augen- bzw. Gesichtsschutz sind geeignet

- Bügelbrille mit Seitenschutz, ggf. mit Korrekturgläsern

- Überbrille

- Korbbrille

- Einwegbrille mit Seitenschutz

- Mund-Visier-Kombination (Einweg)

- Gesichtsschutzschild

Die Beschäftigten haben die zur Verfügung gestellten persönlichen Schutzausrüstungen zu benutzen.

4.2.6 Tätigkeiten mit möglichem Handkontakt zu Körperflüssigkeiten- oder -ausscheidungen sind z. B. Verbandswechsel, Anlage von Verweilkanülen, Blutabnahmen, Anlage von Blasenkathetern.

Statt Baumwoll-Unterziehhandschuhen können auch Unterziehhandschuhe aus anderen Geweben eingesetzt werden, wenn diese vergleichbar günstige Eigenschaften, (Saugfähigkeit, Hautverträglichkeit) aufweisen.

Siehe auch BG-Regel „Benutzung von Schutzhandschuhen" (BGR 195) und Technische Regeln für Gefahrstoffe „Gefährdung durch Hautkontakt – Ermittlung, Beurteilung, Maßnahmen" (TRGS 401). Neben den Normen für persönliche Schutzausrüstungen siehe auch DIN EN 455 Teile 1 bis 4 „Medizinische Handschuhe zum einmaligen Gebrauch".

4.2.7 Der Zugang zu Arbeitsbereichen, die insgesamt der Schutzstufe 2 zugeordnet sind, ist auf die berechtigten Personen zu beschränken.

Siehe auch Abschnitt 3.2.1.

4.2.8 Werden Patienten mit Verdacht auf eine Erkrankung durch luftübertragbare Erreger der Risikogruppe 2 und höher behandelt, hat der Arbeitgeber im Rahmen der Gefährdungsbeurteilung ein betriebsbezogenes Konzept zum Schutz der Versicherten vor luftübertragbaren Infektionen festzulegen. Hierfür sind gegebenenfalls folgende Angebote bzw. Maßnahmen zu berücksichtigen:

– Bei impfpräventablen Erregern vorrangig das Angebot der Schutzimpfung (z. B. zur saisonalen Influenza, siehe hierzu Nr. 9.4),

– Bereitstellung eines Mund-Nasen-Schutz-Produktes (MNS), das mindestens die wesentlichen Kriterien einer FFP1-Maske (Filterdurchlass, Gesamtleckage und Atemwiderstand) nach DIN EN 149 erfüllt. (Hinweis: Nicht alle MNS-Produkte erfüllen dieses Kriterien [Dreller, S.; Jatzwauk, L.; Nassauer, A. et al., 2006]).

### 4.3 Schutzmaßnahmen bei Tätigkeiten der Schutzstufe 3

4.3.1 Zusätzlich zu den Maßnahmen der Abschnitte 4.1 und 4.2 sind die nachfolgenden Schutzmaßnahmen einzuhalten.

4.3.2 Die Zahl der Beschäftigten, die Tätigkeiten der Schutzstufe 3 ausüben, ist auf ein Mindestmaß zu beschränken.

4.3.3 Bereiche, in denen Tätigkeiten der Schutzstufe 3 stattfinden, sollten dem Ergebnis der Gefährdungsbeurteilung entsprechend durch einen Vorraum, einen Schleusenbereich oder eine ähnliche Maßnahme von den übrigen Arbeitsbereichen abgetrennt werden.

4.3.4 Zusätzlich zu den übrigen persönlichen Schutzausrüstungen sind den Versicherten im Fall der Möglichkeit einer aerogenen Übertragung von biologischen Arbeitsstoffen der Risikogruppe 3 als Atemschutzgeräte mindestens partikelfiltrierende Halbmasken FFP2 zur Verfügung zu stellen. Bei der Benutzung ist auf den korrekten Dichtsitz der Halbmaske zu achten.

Auf die Problematik des korrekten Dichtsitzes bei Barträgern wird hingewiesen.

4.3.5 Falls eine aerogene Übertragung von Viren der Risikogruppe 3 nicht ausgeschlossen werden kann, sind partikelfiltrierende Halbmasken FFP3 erforderlich. Dies kann z. B. bei der Behandlung von an Tropenkrankheiten erkrankten Patienten der Fall sein.

4.3.6 Das Tragen von partikelfiltrierenden Halbmasken FFP2 ist z.B. erforderlich beim Behandeln von mit Coxiella burnetii infizierten Tieren (Q-Fieber). Siehe auch Epidemiologisches Bulletin Nr. 26/2001 des Robert-Koch-Institutes. Ein weiteres Beispiel eines Infektionserregers der Risikogruppe 3 in der Veterinärmedizin stellt Chlamydia psittaci dar (Erreger der Ornithose, „Papageienkrankheit").

Auf den Beschluss 608 des Ausschusses für biologische Arbeitsstoffe (ABAS) „Empfehlung spezieller Maßnahmen zum Schutz der Beschäftigten vor Infektionen durch hochpathogene aviäre Influenzaviren (Klassische Geflügelpest, Vogelgrippe)" wird hingewiesen.

### 4.4 Schutzmaßnahmen bei Tätigkeiten der Schutzstufe 4

Zum Schutz der Beschäftigten vor Infektionskrankheiten, die durch Krankheitserreger der Risikogruppe 4 ausgelöst werden, wird ein Maßnahmenkatalog vom Ausschuss für biologische Arbeitsstoffe (ABAS) erarbeitet.

Maßnahmenkatalog, Behandlungszentren und wichtige Telefonnummern siehe Anhang 1.

### 4.5 Verhalten bei Unfällen

4.5.1 Für Beschäftigte, die bei ihren Tätigkeiten durch Stich- und Schnittverletzungen an benutzten Instrumenten oder durch sonstigen Kontakt mit Körperflüssigkeiten, insbesondere Schleimhautkontakt, gefährdet sind, müssen Sofortmaßnahmen zur Abwendung und Eingrenzung einer Infektion festgelegt werden. Diese Maßnahmen sind in Abstimmung

- mit dem Betriebsarzt,
- bei Kammerbetreuung mit der zuständigen Kammer

oder

- mit einer Hygienefachkraft

festzulegen.

Zu den Maßnahmen gehören insbesondere:

- bei Stich- und Schnittverletzungen: Ausblutenlassen der Wunde – soweit möglich – und hautverträgliche Desinfektion,
- bei Blut/Körperflüssigkeit auf vorgeschädigter oder ekzematöser Haut: Abspülen unter fließendem Wasser und hautverträgliche Desinfektion,
- bei Blut/Körperflüssigkeit auf intakter Haut: Abspülen unter fließendem Wasser und hautverträgliche Desinfektion,

- bei Blut/Körperflüssigkeit auf Schleimhäuten: Spülung mit einem schleimhautverträglichen Desinfektionsmittel.

4.5.2 Die Desinfektion ist mit einem geprüften und für die in Frage kommenden Mikroorganismen wirksam befundenen bzw. anerkannten Desinfektionsmittel durchzuführen.

Solche Desinfektionsmittel sind aufgelistet in den

- von der Desinfektionsmittel-Kommission im Verbund für Angewandte Hygiene (VAH),
- vom Robert Koch-Institut (RKI)

und

- vom Ausschuss Desinfektion in der Veterinärmedizin der Deutschen Veterinärmedizinischen Gesellschaft (DVG)

herausgegebenen Listen.

Zu den unterschiedlichen Funktionen der RKI- und VAH-Listen siehe Vorbemerkung der RKI-Liste.

Bei Verdacht oder Vorliegen von Kontaminationen durch Erreger von spongiformen Enzephalopathien siehe

- Hinweise des Robert Koch-Institutes für die Krankenversorgung und Instrumentensterilisation bei CJK-Patienten und CJK-Verdachtsfällen (D. Simon und G. Pauli, Bundesgesundheitsblatt 7/1998, 279–285) und

- Beschluss 603 des Ausschusses für Biologische Arbeitsstoffe (ABAS) „Schutzmaßnahmen bei Tätigkeiten mit Transmissibler Spongiformen Enzephalopathie (TSE) assoziierten Agenzien in TSE-Laboratorien".

4.5.3 Der Arbeitgeber hat zur Verhütung von durch Blut oder Körperflüssigkeiten übertragbaren Virusinfektionen Maßnahmen zur Postexpositionsprophylaxe gemeinsam mit dem Betriebsarzt bzw. dem ermächtigten Arzt nach § 15 Biostoffverordnung festzulegen. Insbesondere sind der zeitliche Ablauf der Maßnahmen und die sie durchführenden Personen zu bestimmen.

Dabei ist der aktuelle Empfehlungsstand zur Prophylaxe nach HIV-, HBV- und HCV-Exposition des Robert Koch-Institutes im Epidemiologischen Bulletin zu berücksichtigen.

Bei einer möglichen HIV-, HBV- oder HCV- Exposition kann sich die Notwendigkeit ergeben, den Serostatus des Versicherten und der Person zu bestimmen, von der Blut oder Körperflüssigkeiten stammen. Hierzu ist die Zustimmung der Betroffenen erforderlich.

4.5.4 Stich- bzw. Schnittverletzung und sonstige Haut- oder Schleimhautkontakte zu potenziell infektiösem Material sind zu dokumentieren und der vom Arbeitgeber benannten Stelle zu melden.

Benannte Stelle kann z. B. der Betriebsarzt oder der Arzt nach § 15 Biostoffverordnung sein.

Siehe auch Dokumentationspflicht nach § 24 Abs. 6 der Unfallverhütungsvorschrift „Grundsätze der Prävention" (BGV A1).

## 5  Unterrichtung der Beschäftigten

### 5.1  Betriebsanweisung

5.1.1 Der Arbeitgeber hat nach § 12 Abs.1 und 2 Biostoffverordnung Betriebsanweisungen zu erstellen. Dies kann nach § 9 Biostoffverordnung für nicht gezielte Tätigkeiten, die der Schutzstufe 1 zugeordnet werden, entfallen. Die Betriebsanweisung ist arbeitsbereichs-, tätigkeits- und stoffbezogen auf der Grundlage der Gefährdungsbeurteilung und der festgelegten Schutzmaßnahmen zu erstellen. Darin ist auf die mit den vorgesehenen Tätigkeiten verbundenen Gefahren für die Beschäftigten hinzuweisen. Insbesondere sind festzulegen:

• Erforderliche Schutzmaßnahmen und Verhaltensregeln,

• Anweisungen über das Verhalten im Notfall, bei Unfällen und Betriebsstörungen,

• Maßnahmen der Ersten Hilfe,

• Maßnahmen zur Entsorgung von kontaminierten Abfällen,

• Informationen zur arbeitsmedizinischen Vorsorge einschließlich Immunisierung.

5.1.2 Die Betriebsanweisung ist in einer für die Versicherten verständlichen Form und Sprache abzufassen und an geeigneter Stelle in der Arbeitsstätte bekannt zu machen und zur Einsichtnahme auszulegen oder auszuhängen. Es ist möglich, Betriebsanweisung und Hygieneplan zu kombinieren.

Geeignete Stellen sind z. B. der Arbeitsplatz, das Stationszimmer, das Untersuchungszimmer bzw. auch das Kraftfahrzeug bei Mitarbeitern ambulanter Pflegedienste.

Beispiel einer Betriebsanweisung siehe Anhang 3, Gliederung eines Hygieneplans siehe Anhang 4.

5.1.3 Bei besonderen Gefährdungen ist die Betriebsanweisung durch spezielle Arbeitsanweisungen zu ergänzen.

Besondere Gefährdungen können z. B.

• beim Umgang mit scharfen oder spitzen Gegenständen, die mit prionenhaltigem Material kontaminiert sind, oder

• beim Umgang mit aggressiven, infizierten Tieren oder

• bei Instandhaltungsarbeiten an kontaminierten Geräten

bestehen.

### 5.2  Unterweisung

Beschäftigte, die Tätigkeiten mit biologischen Arbeitsstoffen ausführen, müssen anhand der Betriebsanweisung und des Hygieneplans über die auftretenden Gefahren und über die Schutzmaßnahmen unterwiesen werden. Dies gilt auch für Wartungs- und Instandhaltungspersonal einschließlich Reinigungspersonal. Die Unterweisung ist mündlich, arbeitsplatz- und tätigkeitsbezogen mindestens jährlich durchzuführen sowie

- vor Aufnahme der Tätigkeiten,

- bei Änderungen der Arbeitsbedingungen, die zu einer erhöhten Gefährdung der Beschäftigten führen können,

- bei der Feststellung einer Kontamination des Arbeitsplatzes,

- bei bekannt gewordenen Erkrankungen oder Infektionen, die auf Tätigkeiten mit biologischen Arbeitsstoffen zurückzuführen sein können

und

- wenn bei der arbeitsmedizinischen Vorsorge gesundheitliche Bedenken vom untersuchenden Arzt geäußert werden und dieser damit einhergehend eine Überprüfung des Arbeitsplatzes empfiehlt.

Zeitpunkt und Gegenstand der Unterweisungen sind im Anschluss an die Unterweisung zu dokumentieren und vom Unterwiesenen durch Unterschrift zu bestätigen.

Beschäftigte von Fremdfirmen siehe Abschnitt 7.4.2.

### 5.3 Pflichten der Beschäftigten

Die Beschäftigten haben die Arbeiten so auszuführen, dass sie, entsprechend den durch den Unternehmer erteilten Unterweisungen und erstellten Arbeitsanweisungen, durch die Anwendung technischer, organisatorischer und persönlicher Maßnahmen eine Gefährdung ihrer Person und Dritter durch biologische Arbeitsstoffe möglichst verhindern.

Siehe auch § 15 Arbeitsschutzgesetz.

## 6 Anzeige- und Aufzeichnungspflichten

### 6.1 Anzeige

Die erstmalige Durchführung nicht gezielter Tätigkeiten der Schutzstufe 3 oder 4 ist entsprechend § 13 Abs. 5 Biostoffverordnung der zuständigen Behörde spätestens 30 Tage vor Beginn anzuzeigen. Dies gilt nur, wenn es sich um voraussehbare oder geplante Tätigkeiten handelt.

In der Regel sind nicht gezielte Tätigkeiten mit biologischen Arbeitsstoffen in Krankenhäusern, Altenpflegeeinrichtungen sowie in Arzt-, Zahnarzt- und Tierarztpraxen höchstens der Schutzstufe 2 zuzuordnen. Deshalb ist eine Anzeige im Allgemeinen nicht erforderlich. In Einzelfällen kann jedoch die Gefährdungsbeurteilung die Zuordnung zur Schutzstufe 3 ergeben. Dies ist denkbar z.B. in Fachkliniken und -praxen für Lungenheilkunde, in HIV-Schwerpunktpraxen und im veterinärmedizinischen Bereich beim Umgang mit durch Coxiella burnetii infizierten Tieren (Q-Fieber) (siehe Abschnitt 3.2.4).

Zuständige Behörde im Sinne der Biostoffverordnung sind die nach Landesrecht für den Vollzug des Arbeitsschutzgesetzes zuständigen Behörden.

### 6.2 Verzeichnis

Über Beschäftigte, die nicht gezielte Tätigkeiten mit biologischen Arbeitsstoffen durchführen, ist ein Verzeichnis zu führen, wenn diese Tätigkeiten hinsichtlich der Gefährdung der Schutzstufe 3 oder 4 zuzuordnen sind. In diesem Verzeichnis sind die Art der Tätigkeit, der betreffende biologische Arbeitsstoff sowie für den Infektionsschutz relevante Unfälle und Betriebsstörungen anzugeben. Die Aufbewahrungsfristen des Verzeichnisses richten sich nach § 13 Abs. 4 Biostoffverordnung. Es ist mindestens 10 Jahre nach Beendigung der Tätigkeit aufzubewahren und bei einer Betriebsauflösung dem zuständigen Unfallversicherungsträger unaufgefordert zu übergeben.

Beispiele für solche Tätigkeiten siehe Abschnitt 3.2.4.

Auf längere Aufbewahrungsfristen wird hingewiesen, z. B. 40 Jahre gemäß Beschluss 603 des Ausschusses für biologische Arbeitsstoffe (ABAS) „Schutzmaßnahmen bei Tätigkeiten mit Transmissibler Spongiformer Enzephalopathie (TSE) assoziierten Agenzien in TSE Laboratorien".

### 6.3 Unterrichtung der Behörde

Die zuständige Behörde ist unverzüglich über jeden Unfall und jede Betriebsstörung bei Tätigkeiten der Schutzstufe 3 oder 4 zu unterrichten, die zu einer Gesundheitsgefahr der Beschäftigten führen können. Krankheits- und Todesfälle, die auf biologische Arbeitsstoffe zurückzuführen sind, sind der zuständigen Behörde unverzüglich unter Angabe der Tätigkeit mitzuteilen.

Siehe § 16 Abs. 2 Biostoffverordnung.

### 7 Zusätzliche Schutzmaßnahmen für besondere Arbeitsbereiche und Tätigkeiten

### 7.1 Reinigung, Desinfektion, Sterilisation

7.1.1 Bei der Reinigung gebrauchter Instrumente handelt es sich in der Regel um Tätigkeiten der Schutzstufe 2. Ausnahmen bilden Instrumente, die bei Patienten mit bekannten Erkrankungen durch Erreger der Risikogruppe 3 oder 4 eingesetzt waren. In diesem Fall sind entsprechend der Übertragungswege zusätzliche Schutzmaßnahmen zu ergreifen.

Besondere Schutzmaßnahmen sind bei der Reinigung und Sterilisation von Instrumenten, die bei CJK- oder vCJK-Patienten oder Patienten mit vergleichbaren spongiformen Enzephalopathien oder entsprechenden Verdachtsfällen eingesetzt waren, erforderlich.

Bei Verdacht oder Vorliegen von Kontaminationen durch Erreger von spongiformen Enzephalopathien siehe Hinweise des Robert Koch-Institutes für die Krankenversorgung und Instrumentensterilisation bei CJK-Patienten und

CJK-Verdachtsfällen (D. Simon und G. Pauli, Bundesgesundheitsblatt 41, 1998, 279-285 und Abschlussbericht der Task Force vCJK, Bundesgesundheitsblatt 45, 2002, 376-394) und Beschluss 603 des Ausschusses für Biologische Arbeitsstoffe (ABAS) „Schutzmaßnahmen bei Tätigkeiten mit Transmissibler Spongiformen Enzephalopathie (TSE) assoziierten Agenzien in TSE-Laboratorien".

Übertragungswege siehe Abschnitt 3.1.

Die höchste Infektionsgefährdung liegt beim Aufbereiten der Instrumente für die Reinigung vor, da hier die Instrumente noch mit Blut, Körperflüssigkeiten oder Körpergewebe kontaminiert sind und das Verletzungsrisiko hoch ist. Die Desinfektion bewirkt eine Keimreduktion, deshalb ist die Gefährdung nach der Desinfektion deutlich geringer. Deutliche Verletzungsrisiken bestehen auch bei der manuellen Reinigung.

Daneben ist die Gefährdung durch sensibilisierende chemische Gefahrstoffe zu berücksichtigen, siehe Technische Regeln für Gefahrstoffe „Sensibilisierende Stoffe für die Atemwege" (TRBA/TRGS 406).

7.1.2 Werden infektiöse oder potenziell infektiöse Instrumente, sonstige Gegenstände oder Materialien in einer zentralen Anlage aufbereitet, so sollten deren Eingabeseite (unreine Seite) und Ausgabeseite (reine Seite) räumlich oder organisatorisch voneinander getrennt sein. Tätigkeiten, die auf der unreinen Seite erfolgen, sind in der Regel der Schutzstufe 2 zuzuordnen. Die Eingabeseite muss so bemessen sein, dass das aufzubereitende Gut kurzzeitig gelagert werden kann. Vor dem Verlassen der unreinen Seite ist die Schutzkleidung abzulegen, und die Hände sind zu desinfizieren.

Bei zentraler Reinigung und Aufbereitung der Instrumente müssen alle erfahrungsgemäß vorkommenden Erreger bei der Gefährdungsbeurteilung berücksichtigt werden.

Bei der Reinigung von Instrumenten aus speziellen medizinischen Bereichen sind die dort spezifisch verstärkt möglichen Erreger gesondert zu berücksichtigen.

Siehe auch Empfehlungen der Kommission für Krankenhaushygiene und Infektionsprävention beim Robert Koch-Institut „Anforderungen an die Hygiene bei der Aufbereitung von Medizinprodukten", Bundesgesundheitsblatt 44, 2001, S. 1115-1126.

7.1.3 Die Desinfektion und Reinigung der Instrumente sollte vorzugsweise im geschlossenen System eines Automaten erfolgen, um Verletzungs- und Kontaminationsgefahren zu minimieren und um die Beschäftigten vor Kontakt mit dem Desinfektionsmittel zu schützen. Dabei sollte ein vorheriges Umpacken der verschmutzten Instrumente durch organisatorische und technische Maßnahmen vermieden werden.

7.1.4 Manuelle Reinigungsarbeiten verschmutzter Instrumente sind zu minimieren. Sollte eine manuelle Aufbereitung der Instrumente notwendig sein, so hat sie in einem separaten Aufbereitungsraum zu erfolgen, der gut lüftbar sein muss und nicht zu anderen Zwecken der offenen Lagerung, des Umkleidens oder als Sozialraum genutzt werden darf.

Siehe auch Empfehlungen der Kommission für Krankenhaushygiene und Infektionsprävention beim Robert Koch-Institut „Anforderungen an die Hygiene bei der Aufbereitung flexibler Endoskope und endoskopischen Zusatzinstrumentariums", Bundesgesundheitsblatt 45, 2002, S. 395-411 und „Anforderungen an die Hygiene an die baulich-funktionelle Gestaltung und apparative Ausstattung von Endoskopieeinheiten", Bundesgesundheitsblatt 45, 2002, S. 412-414.

7.1.5 Während der manuellen Reinigung der Instrumente sind lange Schutzhandschuhe, Mund-Nasen-Schutz und Schutzbrille sowie gegebenenfalls eine wasserdichte Schürze zu tragen, um mögliche Kontakte der Haut und Schleimhäute mit Erregern zu vermeiden. Auf Mund-Nasen-Schutz und Schutzbrille kann verzichtet werden, wenn die manuelle Reinigung

hinter einer wirksamen Abschirmung erfolgt. Schutzhandschuhmaterialien sind entsprechend dem Kontakt mit dem Desinfektionsmittel bzw. dem potenziell infektiösen Gut auszuwählen.

7.1.6 Bei der manuellen Grobreinigung von Instrumenten, insbesondere bei verklebtem, angetrocknetem Material, ist die Bildung von Aerosolen zu vermeiden. So soll keine Reinigung unter scharfem Wasserstrahl erfolgen. Falls Instrumente im Ultraschallbad gereinigt werden, muss dieses abgedeckt oder abgesaugt werden.

7.1.7 Die eventuell notwendige manuelle Reinigung von scharfen, spitzen und schneidenden Instrumenten hat sehr sorgfältig zu erfolgen, um Verletzungen zu vermeiden. Dabei sind bereits im Vorfeld, z. B. im OP oder Eingriffs-/Funktionsraum, folgende Maßnahmen erforderlich:

- Alle Teile, welche nicht aufbereitet werden, z.B. Einmalinstrumente, Tupfer, Kompressen und Tücher, sind – wenn möglich – mit Hilfsmitteln aus den Sieben zu entfernen.

- Skalpellklingen, Nadeln und Kanülen sind – wenn möglich – mit Hilfsmitteln zu entfernen.

- Spitze und scharfe Instrumente oder Instrumententeile sind separat auf einem Sieb oder einer Nierenschale abzulegen.

- Alle manuell aufzubereitenden Maschinen sind gesondert zu behandeln. Aufsätze, wie Bohrer, Fräser, sind zu entfernen.

- MIC-Instrumente, welche zur Instrumentenaufbereitung demontiert werden müssen, sind gesondert zu behandeln und – wenn möglich – bereits bei der Demontage auf den MIC-Reinigungswagen aufzustecken.

- Ein Verheddern der Schläuche und Kabel ist zu verhindern, z. B. durch separates Abwerfen.

7.1.8 Bei eingetretener Verletzung sind die erforderlichen Verhaltensmaßnahmen und die aktuellen Empfehlungen zur Postexpositionsprophylaxe nach den Abschnitten 4.5.1 und 4.5.2 zu beachten.

### 7.2 Umgang mit benutzter Wäsche

7.2.1 Wäsche, die bei Tätigkeiten nach den Abschnitten 3.2.3 oder 3.2.4 anfällt, ist unmittelbar im Arbeitsbereich in ausreichend widerstandsfähigen und dichten Behältnissen zu sammeln. Das Einsammeln ist in der Regel der Schutzstufe 2 zuzuordnen. Die Wäsche ist so zu transportieren, dass Versicherte den Einwirkungen von biologischen Arbeitsstoffen nicht ausgesetzt sind. Die Behältnisse sind zu kennzeichnen. Kontaminierte Schutzkleidung oder Arbeitskleidung siehe Abschnitt 4.1.3.1.

7.2.1.1 Das Sammeln schließt insbesondere ein:

*   gesondertes Erfassen von infektiöser Wäsche, die mit meldepflichtigen Krankheitserregern nach dem Infektionsschutzgesetz behaftet ist,

*   gesondertes Erfassen von nasser (stark mit Körperausscheidungen durchtränkter) Wäsche,

*   Trennen nach der Art des Wasch- und Reinigungsverfahrens,

*   Aussortieren von Fremdkörpern.

7.2.1.2 Die Forderung hinsichtlich der Behältnisse in Abschnitt 7.2.1 wird z. B. erfüllt, wenn die benutzte Wäsche in

*   Textilsäcken aus einem Material von mindestens 220 g/m², dessen Kett- und Schusssystem bei dichter Einstellung möglichst ausgeglichen ist,

    oder

*   Kunststoffsäcken, z. B. Polyethylensäcken von mindestens 0,08 mm Wandstärke,

eingesammelt wird.

7.2.1.3 Zum Infektionsschutz bei Handhabung und Transport von gefüllten Wäschesäcken sollen diese

*   geschlossen transportiert, nicht geworfen oder gestaucht werden,

*   in die Waschmaschine bzw. in die Aufgabeeinrichtung der Waschanlage gegeben werden können

und

*   so beschaffen sein, dass sie nach Öffnen der Verschlüsse oder nach Anritzen der Säcke sich im Waschvorgang nach kurzer Zeit von allein entleeren.

7.2.2 Falls größere Mengen gefüllter Wäschesäcke nach Abschnitt 7.2.1 vorübergehend gelagert werden müssen, sind hierfür ein besonderer Raum, der den Anforderungen des Abschnittes 4.2.2 genügt, oder ein Behälter, der feucht zu reinigen und zu desinfizieren ist, zur Verfügung zu stellen.

Zum Umgang mit benutzter Wäsche in Wäschereien siehe auch

*   Merkblatt der Berufsgenossenschaft Elektro Textil Feinmechanik für Wäschereien mit Waschgut, von dem eine Infektionsgefahr für die Beschäftigten ausgeht (Best.-Nr. TA 2048),

*   Robert-Koch-Institut: Anforderungen der Hygiene an die Wäsche aus Einrichtungen des Gesundheitsdienstes, die Wäscherei und den Waschvorgang und Bedingungen für die Vergabe von Wäsche an gewerbliche Wäschereien – Anlage zu den Ziffern 4.4.3 und 6.4 der Richtlinie Krankenhaushygiene und Infektionsprävention, Bundesgesundheitsblatt Nr. 38, 1995, S. 280-283.

### 7.3 Entsorgung von Abfällen aus Einrichtungen des Gesundheitswesens und der Wohlfahrtspflege

#### 7.3.1 Allgemeine Anforderungen

Abfälle aus Einrichtungen des Gesundheitswesens und der Wohlfahrtspflege sind ordnungsgemäß einzusammeln und zu entsorgen. Dabei sind besondere Anforderungen aus infektionspräventiver Sicht, auch für Beschäftigte aus Entsorgungsbetrieben, zu berücksichtigen und die Maßnahmen aus der „Richtlinie über die ordnungsgemäße Entsorgung von Abfällen aus Einrichtungen des Gesundheitsdienstes" der Länderarbeitsgemeinschaft Abfall (LAGA) sowie länderspezifische Regelungen zu beachten.

Tätigkeiten, die im Rahmen des Sammelns, Verpackens, Bereitstellens, Transportierens und Behandelns medizinischer Abfälle erfolgen, sind im Allgemeinen der Schutzstufe 2 zuzuordnen. Tätigkeiten bei der Entsorgung medizinischer Abfälle aus der Behandlung und Pflege von Menschen oder Tieren, welche mit biologischen Arbeitsstoffen der Risikogruppe 3 oder 4 infiziert sind, sind in der Gefährdungsbeurteilung gesondert zu berücksichtigen. Dabei sind im Einzelfall je nach Infektionsrisiko die notwendigen Maßnahmen unter Berücksichtigung der örtlichen Bedingungen in Abstimmung mit dem hygienebeauftragten Arzt oder mit dem für die Hygiene Zuständigen, dem Arzt nach § 15 Biostoffverordnung bzw. Betriebsarzt und der Fachkraft für Arbeitssicherheit festzulegen.

### 7.3.2 Zentrale Sammelstellen für Abfälle

7.3.2.1 Müssen gefüllte Abfallbehältnisse bis zur weiteren Entsorgung gelagert werden, müssen diese Lagerorte bzw. Großraumlagerbehälter so gestaltet und angeordnet sein, dass durch die Art der Lagerung Beschäftigte oder Dritte nicht gefährdet werden. Die Zuordnung und Einteilung der Abfallarten erfolgt nach den Abfallschlüsseln (AS) für Abfälle aus der humanmedizinischen oder tierärztlichen Versorgung und Forschung entsprechend der „Richtlinie über die ordnungsgemäße Entsorgung von Abfällen aus Einrichtungen des Gesundheitsdienstes" der Länderarbeitsgemeinschaft Abfall (LAGA-Richtlinie).

Siehe Anhang 2.

7.3.2.2 Für gefüllte Abfallbehältnisse mit Abfällen nach Abfallschlüssel (AS) 180102, 180103* und 180202* muss entsprechend der LAGA-Richtlinie eine zentrale Sammelstelle

vorhanden sein. Die Anforderungen an diese zentrale Sammelstelle hinsichtlich Kühlung, Lüftung und Infektionsschutz der Beschäftigten ergeben sich aus Abschnitt 2.1.1 und 3.1 der LAGA-Richtlinie.

7.3.2.3 Für gefüllte Abfallbehältnisse mit Abfällen nach Abfallschlüssel (AS) 180101, 180104, 180201, 180203 muss eine geeignete Lager- oder Übergabestelle vorhanden sein, durch die Beschäftigte oder Dritte nicht gefährdet werden. Je nach zu erwartender Abfallmenge und Lagerdauer kann dies beispielsweise ein Schrankteil, eine Kammer, ein separater Raum oder der Abfallcontainer sein. Die Oberflächen dieser Einrichtungen müssen leicht zu reinigen und gegebenenfalls zu desinfizieren sein. Abhängig von Lagerdauer und Lagerbedingungen kann zur Vermeidung von Geruchs- und Gasbildung eine Kühlung der Lager- oder Übergabestellen erforderlich sein. Hinweise zu den erforderlichen Lagerungstemperaturen können dem Abschnitt 2.1.1 der LAGA-Richtlinie entnommen werden.

### 7.3.3 Desinfektions- und Reinigungseinrichtungen

Für Rücklaufbehälter, die an die Anfallstelle zurückgehen, müssen Einrichtungen zur Desinfektion und Nassreinigung in der Nähe der Entleerungs- oder Übergabestelle an andere Entsorger vorhanden sein. Die Desinfektions- und Reinigungseinrichtungen müssen so beschaffen sein, dass die Beschäftigten keiner gesundheitlichen Gefährdung ausgesetzt sind.

Dies wird erreicht, wenn die Desinfektion und Reinigung in geschlossenen Anlagen automatisch erfolgt.

Bei manueller Desinfektion und Reinigung sind wirksame lüftungstechnische Maßnahmen zu ergreifen und geeignete Schutzausrüstungen zu verwenden.

Siehe auch § 9 Gefahrstoffverordnung.

## 7.3.4 Einsammeln und Befördern innerhalb der Einrichtung

Das Einsammeln und Befördern von Abfällen innerhalb der Einrichtung hat entsprechend den Hinweisen in der Tabellenspalte „Sammlung – Lagerung" in Anhang 2 dieser TRBA zu erfolgen.

## 7.4    Instandhaltungsarbeiten

7.4.1 Vor Instandhaltungsarbeiten (Wartung, Inspektion, Instandsetzung) an Geräten, die mit biologischen Arbeitsstoffen kontaminiert sein können, muss - soweit möglich – eine Desinfektion durchgeführt werden. Die Arbeitsfreigabe darf erst nach der Desinfektion erfolgen. Ist eine Desinfektion nicht möglich, ist eine spezielle Arbeitsanweisung notwendig. Instandhaltungsarbeiten sind im Hygieneplan zu berücksichtigen.

Zusammenarbeit mehrerer Unternehmer siehe Abschnitt 8.

7.4.2 Die mit Instandhaltungsarbeiten betrauten Beschäftigten sind vor Arbeitsaufnahme gesondert zu unterweisen.

Sind mehrere Unternehmen beteiligt, können diese Unterweisungen durch den nach § 6 der Unfallverhütungsvorschrift „Allgemeine Vorschriften" (BGV A1) bestellten Verantwortlichen erfolgen.

7.4.3 Für Reinigungsarbeiten ist die BG-Regel „Reinigungsarbeiten mit Infektionsgefahr in medizinischen Bereichen" (BGR 208) zu beachten.

## 7.5    Endoskopie

7.5.1 Das Endoskopieren und der Umgang mit benutzten Endoskopen sind in der Regel den nicht gezielten Tätigkeiten der Schutzstufe 2 zuzuordnen. Ausnahmen bilden Endoskopien bei Patienten, die durch Infektionserreger der Risikogruppe 3 erkrankt sind. In diesem Fall sind entsprechend der Übertragungswege zusätzliche Schutzmaßnahmen zu ergreifen.

Zu beachten ist auch, dass bis zu 30 % des Endoskopiepersonals im Laufe der beruflichen Tätigkeit von einer Glutaraldehydallergie betroffen sind. Schutzmaßnahmen bezüglich sensibilisierender Gefahrstoffe siehe Technische Regeln für Gefahrstoffe „Sensibilisierende Stoffe" (TRGS 540).

7.5.2 Bei der Endoskopie sind von Arzt/Ärztin und vom assistierenden Personal zum Schutz vor Kontaminationen medizinische Einmalhandschuhe und Schutzkittel zu tragen.

7.5.3 Bei Tätigkeiten, bei denen ein Verspritzen von Blut oder Körpersekreten wahrscheinlich ist und bei Patienten mit bekannten übertragbaren Erkrankungen sind zusätzlich Mund-Nasen-Schutz und Schutzbrille zu tragen. Bei Bronchoskopie von Patienten mit offener Tuberkulose der Atemwege sind von den Beschäftigten als Atemschutz mindestens partikelfiltrierende Halbmasken FFP2 zu tragen.

Mit Verspritzen von Blut und Körpersekreten ist z.B. bei der Notfallendoskopie bei Blutungen aus dem oberen Gastrointestinaltrakt zu rechnen.

Mit übertragbaren Krankheiten sind hier besonders Tuberkulose, Hepatitis B, C, und AIDS gemeint.

OP-Masken schützen nicht vor der Inhalation von Aerosolen.

7.5.4 Zur Aufbereitung von Endoskopen sind die Maßnahmen nach Abschnitt 7.1 zu treffen.

Entsorgung von scharfen, spitzen und schneidenden Gegenständen, insbesondere gebrauchten Kanülen siehe Abschnitt 4.1.1.4.

7.5.5 Die manuelle Reinigung von Biopsiezangen, vor allem solchen mit Dornen, hat sorgfältig und umsichtig zu erfolgen, um Verletzungen zu vermeiden.

Siehe auch Abschnitte 7.1.6 und 7.1.7.

7.5.6 Bei eingetretener Verletzung sind die erforderlichen Verhaltensmaßnahmen und die aktuellen Empfehlungen zur Postexpositionsprophylaxe nach den Abschnitten 4.5.1 bis 4.5.3 zu beachten.

### 7.6 Schutzmaßnahmen gegenüber Methicillin-resistenten Staphylococcus aureus-Stämmen (MRSA)

Die Beschäftigten sind hinsichtlich der Bedeutung und des Umgangs mit MRSA-kolonisierten oder infizierten Patienten sowie über die erforderlichen besonderen Hygienemaßnahmen zu unterrichten.

Dabei sind ihnen Hinweise auf die Gefahr der Infizierung zu geben, wenn bei ihnen eine Immunsuppression oder eine Hautveränderung mit nachhaltiger Störung der Barrierefunktion der Haut besteht.

Siehe auch Mitteilung der Kommission für Krankenhaushygiene und Infektionsprävention am Robert Koch-Institut „Empfehlung zur Prävention und Kontrolle von Methicillin-resistenten Staphylococcus aureus-Stämmen (MRSA) in Krankenhäusern und anderen medizinischen Einrichtungen", Bundesgesundheitsblatt 42, 1999, S. 954-958.

### 8 Zusammenarbeit von Arbeitgebern und Beauftragung von Fremdfirmen

8.1 Falls Beschäftigte mehrerer Unternehmer insbesondere bei Instandhaltungsarbeiten gleichzeitig tätig werden, haben die Unternehmer bei der Durchführung der Sicherheits- und Gesundheitsschutzbestimmungen entsprechend § 8 Arbeitsschutzgesetz zusammenzuarbeiten. Sie haben die Maßnahmen zum Schutz der Versicherten miteinander abzustimmen.

Zu den Instandhaltungsarbeiten zählen auch Reinigungsarbeiten.

8.2 Bei der Beauftragung von Fremdfirmen insbesondere mit Instandhaltungsarbeiten haben die Unternehmer bei der Gefährdungsbeurteilung und der Festlegung und Durchführung der zu treffenden Maßnahmen zum Schutz der Versicherten zusammenzuarbeiten.

Siehe auch §§ 5 und 6 der Unfallverhütungsvorschrift „Grundsätze der Prävention" (BGV A1).

8.3 Zahntechnische, orthopädische oder vergleichbare Medizinprodukte (Werkstücke), die kontaminiert sein können und zur Weiterbearbeitung vorgesehen sind, müssen vor Abgabe vom Abgebenden (z. B. Zahnarztpraxis, Orthopädiepraxis) desinfiziert werden. (Siehe auch Mitteilung der Kommission für Krankenhaushygiene und Infektionsprävention beim Robert-Koch-Institut „Infektionsprävention in der Zahnheilkunde – Anforderungen an die Hygiene", Bundesgesundheitsblatt 49, 2006, S. 375-394).

### 9 Arbeitsmedizinische Vorsorgeuntersuchungen

### 9.1 Untersuchungsanlässe

Der Arbeitgeber hat Beschäftigte vor Aufnahme der Tätigkeit und dann in regelmäßigen Abständen untersuchen und beraten zu lassen, wenn

- sie Tätigkeiten im Sinne des Anhangs IV der Biostoffverordnung ausüben

und

- bei diesen Tätigkeiten die aufgeführten biologischen Arbeitsstoffe eingesetzt werden oder vorkommen können.

Die Auflistung in Anhang IV der Biostoffverordnung ist abschließend.

### 9.2 Humanmedizin, Zahnmedizin und Wohlfahrtspflege

9.2.1 Anhang IV der Biostoffverordnung schreibt arbeitsmedizinische Vorsorgeuntersuchungen für Tätigkeiten in der Humanmedizin, Zahnmedizin und der Wohlfahrtspflege vor. Solche Tätigkeiten sind die im Anwendungsbereich dieser TRBA genannten Tätigkeiten.

Siehe Abschnitte 1.1 bis 1.6.

9.2.2 Mit dem Vorkommen von Hepatitis-B-Viren (HBV) und Hepatitis-C-Viren (HCV) ist bei den vorstehend genannten Tätigkeiten dann zu rechnen, wenn es regelmäßig und in größerem Umfang zum Kontakt mit potenziell infektiösem Material, wie Körperflüssigkeiten, -ausscheidungen oder -gewebe, kommen kann.

Dies sind Tätigkeiten, die der Schutzstufe 2 zuzuordnen sind. Siehe auch Abschnitt 3.2.3.

9.2.3 Darüber hinaus sind in Anhang IV der Biostoffverordnung spezielle Arbeitsbereiche in der **Humanmedizin** genannt, in denen grundsätzlich davon auszugehen ist, dass die dort aufgeführten biologischen Arbeitsstoffe vorkommen können. Der Unternehmer hat Versicherte, die auf Grund ihrer Tätigkeit mit diesen biologischen Arbeitsstoffen in direkten Kontakt kommen können, ebenfalls arbeitsmedizinisch untersuchen und beraten zu lassen.

## 9.3   Veterinärmedizin

Anhang IV der Biostoffverordnung schreibt arbeitsmedizinische Vorsorgeuntersuchungen für Tätigkeiten in der Veterinärmedizin vor, wenn ein Umgang mit tollwutkranken oder tollwutverdächtigen Tieren stattfindet oder stattfinden kann. Tätigkeiten in der Veterinärmedizin sind solche, bei denen Tiere medizinisch untersucht, behandelt oder gepflegt werden.

Zur Abschätzung der Relevanz des Tollwuterregers für die betreffende Einrichtung der Veterinärmedizin ist die epidemiologische Situation im Einzugsbereich zu betrachten.

Siehe auch Abschnitt 3.1.8.

Auf die so genannten Angebotsuntersuchungen nach § 15 Abs. 2 Biostoffverordnung wird hingewiesen. Im Bereich der Veterinärmedizin ist insbesondere die Behandlung von mit Coxiella burnetii infizierten Tieren (Q-Fieber) als Beispiel zu nennen.

## 9.4   Impfangebote

Der Arbeitgeber hat den Beschäftigten Impfungen anzubieten, wenn

*   Tätigkeiten ausgeführt werden, bei denen es regelmäßig und in größerem Umfang zum Kontakt mit infektiösem oder potenziell infektiösem Material, wie Körperflüssigkeiten, -ausscheidungen oder -gewebe, kommen kann,

*   tätigkeitsspezifisch impfpräventable biologische Arbeitsstoffe auftreten oder fortwährend mit der Möglichkeit des Auftretens gerechnet werden muss

und

*   das Risiko einer Infektion des Versicherten durch diese biologischen Arbeitsstoffe gegenüber der Allgemeinbevölkerung erhöht ist.

Ist davon auszugehen, dass Beschäftigte in der Untersuchung, Behandlung oder Pflege von Patienten, die an saisonaler Influenza erkrankt sind, tätig werden, ist ihnen die jeweils aktuelle Influenza-Schutzimpfung anzubieten. Dies gilt auch für Tätigkeiten, die zum Betrieb der Einrichtung erforderlich sind, wie z. B. Reinigungsarbeiten, wenn sie mit einer Infektionsgefährdung verbunden sind.

Das Angebot kann z. B. im Rahmen der arbeitsmedizinischen Beratung oder der Unterweisung nach Nr. 5.2 erfolgen (siehe auch § 15a Abs. 5 Nr. 2 und § 12 Abs. 2a BioStoffV).

Im Zusammenhang mit der arbeitsmedizinischen Vorsorgeuntersuchung hat der Arbeitgeber den Beschäftigten eine Impfung anzubieten und zu ermöglichen.

Im Rahmen des Impfangebots hat der Arzt die Versicherten über die zu verhütende Krankheit, über den Nutzen der Impfung und über mögliche Nebenwirkungen und Komplikationen aufzuklären.

Eine fehlende Immunisierung allein ist kein Grund, gesundheitliche Bedenken gegen die Ausübung einer Tätigkeit auszusprechen.

### 9.5 Kostenübernahme

Kosten für arbeitsmedizinische Vorsorgeuntersuchungen und Schutzimpfungen dürfen nicht den Beschäftigten auferlegt werden.

Siehe § 3 Abs. 3 Arbeitsschutzgesetz und § 2 der Unfallverhütungsvorschrift „Arbeitsmedizinische Vorsorge" (BGV A1).

**Auf einen Abdruck der Anhänge wurde verzichtet.**

# Wichtige Gesetze, Verordnungen und Vorschriften für Einrichtungen im Gesundheitswesen

# Gesetz über die Durchführung von Maßnahmen des Arbeitsschutzes zur Verbesserung der Sicherheit und des Gesundheitsschutzes der Beschäftigten bei der Arbeit

(Arbeitsschutzgesetz – ArbSchG)

Vom 7. August 1996
(BGBl. I S. 1246)

Zuletzt geändert durch Art. 15 Abs. 89 des Gesetzes
vom 5. Februar 2009
(BGBl. I S. 160)

### Erster Abschnitt
### Allgemeine Vorschriften

### § 1 Zielsetzung und Anwendungsbereich

(1) Dieses Gesetz dient dazu, Sicherheit und Gesundheitsschutz der Beschäftigten bei der Arbeit durch Maßnahmen des Arbeitsschutzes zu sichern und zu verbessern. Es gilt in allen Tätigkeitsbereichen und findet im Rahmen der Vorgaben des Seerechtsübereinkommens der Vereinten Nationen vom 10. Dezember 1982 (BGBl. 1994 II S. 1799) auch in der ausschließlichen Wirtschaftszone Anwendung.

(2) Dieses Gesetz gilt nicht für den Arbeitsschutz von Hausangestellten in privaten Haushalten. Es gilt nicht für den Arbeitsschutz von Beschäftigten auf Seeschiffen und in Betrieben, die dem Bundesberggesetz unterliegen, soweit dafür entsprechende Rechtsvorschriften bestehen.

(3) Pflichten, die die Arbeitgeber zur Gewährleistung von Sicherheit und Gesundheitsschutz der Beschäftigten bei der Arbeit nach sonstigen Rechtsvorschriften haben, bleiben unberührt. Satz 1 gilt entsprechend für Pflichten und Rechte der Beschäftigten. Unberührt bleiben Gesetze, die andere Personen als Arbeitgeber zu Maßnahmen des Arbeitsschutzes verpflichten.

(4) Bei öffentlich-rechtlichen Religionsgemeinschaften treten an die Stelle der Betriebs- oder Personalräte die Mitarbeitervertretungen entsprechend dem kirchlichen Recht.

### § 2 Begriffsbestimmungen

(1) Maßnahmen des Arbeitsschutzes im Sinne dieses Gesetzes sind Maßnahmen zur Verhütung von Unfällen bei der Arbeit und arbeitsbedingten Gesundheitsgefahren einschließlich Maßnahmen der menschengerechten Gestaltung der Arbeit.

(2) Beschäftigte im Sinne dieses Gesetzes sind:

1. Arbeitnehmerinnen und Arbeitnehmer,

2. die zu ihrer Berufsbildung Beschäftigten,

3. arbeitnehmerähnliche Personen im Sinne des § 5 Abs. 1 des Arbeitsgerichtsgesetzes, ausgenommen die in Heimarbeit Beschäftigten und die ihnen Gleichgestellten,

4. Beamtinnen und Beamte,

5. Richterinnen und Richter,

6. Soldatinnen und Soldaten,

7. die in Werkstätten für Behinderte Beschäftigten.

(3) Arbeitgeber im Sinne dieses Gesetzes sind natürliche und juristische Personen und rechtsfähige Personengesellschaften, die Personen nach Absatz 2 beschäftigen.

(4) Sonstige Rechtsvorschriften im Sinne dieses Gesetzes sind Regelungen über Maßnahmen des Arbeitsschutzes in anderen Gesetzen, in Rechtsverordnungen und Unfallverhütungsvorschriften.

(5) Als Betriebe im Sinne dieses Gesetzes gelten für den Bereich des öffentlichen Dienstes die Dienststellen. Dienststellen sind die einzelnen Behörden, Verwaltungsstellen und Betriebe der Verwaltungen des Bundes, der Länder, der Gemeinden und der sonstigen Körperschaften, Anstalten und Stiftungen des öffentlichen Rechts, die Gerichte des Bundes und der Länder sowie die entsprechenden Einrichtungen der Streitkräfte.

### Zweiter Abschnitt
### Pflichten des Arbeitgebers

### § 3 Grundpflichten des Arbeitgebers

(1) Der Arbeitgeber ist verpflichtet, die erforderlichen Maßnahmen des Arbeitsschutzes unter Berücksichtigung der Umstände zu treffen, die Sicherheit und Gesundheit der Beschäftigten bei der Arbeit beeinflussen. Er hat die Maßnahmen auf ihre Wirksamkeit zu überprüfen und erforderlichenfalls sich ändernden Gegebenheiten anzupassen. Dabei hat er eine Verbesserung von Sicherheit und Gesundheitsschutz der Beschäftigten anzustreben.

(2) Zur Planung und Durchführung der Maßnahmen nach Absatz 1 hat der Arbeitgeber unter Berücksichtigung der Art der Tätigkeiten und der Zahl der Beschäftigten

1. für eine geeignete Organisation zu sorgen und die erforderlichen Mittel bereitzustellen sowie

2. Vorkehrungen zu treffen, daß die Maßnahmen erforderlichenfalls bei allen Tätigkeiten und eingebunden in die betrieblichen Führungsstrukturen beachtet werden und die Beschäftigten ihren Mitwirkungspflichten nachkommen können.

(3) Kosten für Maßnahmen nach diesem Gesetz darf der Arbeitgeber nicht den Beschäftigten auferlegen.

### § 4 Allgemeine Grundsätze

Der Arbeitgeber hat bei Maßnahmen des Arbeitsschutzes von folgenden allgemeinen Grundsätzen auszugehen:

1. Die Arbeit ist so zu gestalten, daß eine Gefährdung für Leben und Gesundheit möglichst vermieden und die verbleibende Gefährdung möglichst gering gehalten wird;

2. Gefahren sind an ihrer Quelle zu bekämpfen;

3. bei den Maßnahmen sind der Stand von Technik, Arbeitsmedizin und Hygiene sowie sonstige gesicherte arbeitswissenschaftliche Erkenntnisse zu berücksichtigen;

4. Maßnahmen sind mit dem Ziel zu planen, Technik, Arbeitsorganisation, sonstige Arbeitsbedingungen, soziale Beziehungen und Einfluß der Umwelt auf den Arbeitsplatz sachgerecht zu verknüpfen;

5. individuelle Schutzmaßnahmen sind nachrangig zu anderen Maßnahmen;

6. spezielle Gefahren für besonders schutzbedürftige Beschäftigtengruppen sind zu berücksichtigen;

7. den Beschäftigten sind geeignete Anweisungen zu erteilen;

8. mittelbar oder unmittelbar geschlechtsspezifisch wirkende Regelungen sind

nur zulässig, wenn dies aus biologischen Gründen zwingend geboten ist.

### § 5 Beurteilung der Arbeitsbedingungen

(1) Der Arbeitgeber hat durch eine Beurteilung der für die Beschäftigten mit ihrer Arbeit verbundenen Gefährdung zu ermitteln, welche Maßnahmen des Arbeitsschutzes erforderlich sind.

(2) Der Arbeitgeber hat die Beurteilung je nach Art der Tätigkeiten vorzunehmen. Bei gleichartigen Arbeitsbedingungen ist die Beurteilung eines Arbeitsplatzes oder einer Tätigkeit ausreichend.

(3) Eine Gefährdung kann sich insbesondere ergeben durch

1. die Gestaltung und die Einrichtung der Arbeitsstätte und des Arbeitsplatzes,

2. physikalische, chemische und biologische Einwirkungen,

3. die Gestaltung, die Auswahl und den Einsatz von Arbeitsmitteln, insbesondere von Arbeitsstoffen, Maschinen, Geräten und Anlagen sowie den Umgang damit,

4. die Gestaltung von Arbeits- und Fertigungsverfahren, Arbeitsabläufen und Arbeitszeit und deren Zusammenwirken,

5. unzureichende Qualifikation und Unterweisung der Beschäftigten.

### § 6 Dokumentation

(1) Der Arbeitgeber muß über die je nach Art der Tätigkeiten und der Zahl der Beschäftigten erforderlichen Unterlagen verfügen, aus denen das Ergebnis der Gefährdungsbeurteilung, die von ihm festgelegten Maßnahmen des Arbeitsschutzes und das Ergebnis ihrer Überprüfung

ersichtlich sind. Bei gleichartiger Gefährdungssituation ist es ausreichend, wenn die Unterlagen zusammengefaßte Angaben enthalten. Soweit in sonstigen Rechtsvorschriften nichts anderes bestimmt ist, gilt Satz 1 nicht für Arbeitgeber mit zehn oder weniger Beschäftigten; die zuständige Behörde kann, wenn besondere Gefährdungssituationen gegeben sind, anordnen, daß Unterlagen verfügbar sein müssen. Bei der Feststellung der Zahl der Beschäftigten nach Satz 3 sind Teilzeitbeschäftigte mit einer regelmäßigen wöchentlichen Arbeitszeit von nicht mehr als 20 Stunden mit 0,5 und nicht mehr als 30 Stunden mit 0,75 zu berücksichtigen.

(2) Unfälle in seinem Betrieb, bei denen ein Beschäftigter getötet oder so verletzt wird, daß er stirbt oder für mehr als drei Tage völlig oder teilweise arbeits- oder dienstunfähig wird, hat der Arbeitgeber zu erfassen.

### § 7 Übertragung von Aufgaben

Bei der Übertragung von Aufgaben auf Beschäftigte hat der Arbeitgeber je nach Art der Tätigkeiten zu berücksichtigen, ob die Beschäftigten befähigt sind, die für die Sicherheit und den Gesundheitsschutz bei der Aufgabenerfüllung zu beachtenden Bestimmungen und Maßnahmen einzuhalten.

### § 8 Zusammenarbeit mehrerer Arbeitgeber

(1) Werden Beschäftigte mehrerer Arbeitgeber an einem Arbeitsplatz tätig, sind die Arbeitgeber verpflichtet, bei der Durchführung der Sicherheits- und Gesundheitsschutzbestimmungen zusammenzuarbeiten. Soweit dies für die Sicherheit und den Gesundheitsschutz der Beschäftigten bei der Arbeit erforderlich ist, haben die Arbeitgeber je nach Art der Tätigkeiten insbesondere sich gegenseitig und ihre Beschäftigten über die mit den Arbeiten verbundenen Gefahren für Sicherheit und Gesundheit der Beschäftigten zu unterrichten und Maßnahmen zur Verhütung dieser Gefahren abzustimmen.

(2) Der Arbeitgeber muß sich je nach Art der Tätigkeit vergewissern, daß die Beschäftigten anderer Arbeitgeber, die in seinem Betrieb tätig werden, hinsichtlich der Gefahren für ihre Sicherheit und Gesundheit während ihrer Tätigkeit in seinem Betrieb angemessene Anweisungen erhalten haben.

### § 9 Besondere Gefahren

(1) Der Arbeitgeber hat Maßnahmen zu treffen, damit nur Beschäftigte Zugang zu besonders gefährlichen Arbeitsbereichen haben, die zuvor geeignete Anweisungen erhalten haben.

(2) Der Arbeitgeber hat Vorkehrungen zu treffen, daß alle Beschäftigten, die einer unmittelbaren erheblichen Gefahr ausgesetzt sind oder sein können, möglichst frühzeitig über diese Gefahr und die getroffenen oder zu treffenden Schutzmaßnahmen unterrichtet sind. Bei unmittelbarer erheblicher Gefahr für die eigene Sicherheit oder die Sicherheit anderer Personen müssen die Beschäftigten die geeigneten Maßnahmen zur Gefahrenabwehr und Schadensbegrenzung selbst treffen können, wenn der zuständige Vorgesetzte nicht erreichbar ist; dabei sind die Kenntnisse der Beschäftigten und die vorhandenen technischen Mittel zu berücksichtigen. Den Beschäftigten dürfen aus ihrem Handeln keine Nachteile entstehen, es sei denn, sie haben vorsätzlich oder grob fahrlässig ungeeignete Maßnahmen getroffen.

(3) Der Arbeitgeber hat Maßnahmen zu treffen, die es den Beschäftigten bei unmittelbarer erheblicher Gefahr ermöglichen, sich durch sofortiges Verlassen der Arbeitsplätze in Sicherheit zu bringen. Den Beschäftigten dürfen hierdurch keine Nachteile entstehen. Hält die unmittelbare erhebliche Gefahr an, darf der Arbeitgeber die Beschäftigten nur in besonders begründeten Ausnahmefällen auffordern, ihre Tätigkeit wieder aufzunehmen. Gesetzliche Pflichten der Beschäftigten zur Abwehr von Gefahren für die öffentliche Sicherheit sowie die §§ 7 und 11 des Soldatengesetzes bleiben unberührt.

## § 10 Erste Hilfe und sonstige Notfallmaßnahmen

(1) Der Arbeitgeber hat entsprechend der Art der Arbeitsstätte und der Tätigkeiten sowie der Zahl der Beschäftigten die Maßnahmen zu treffen, die zur Ersten Hilfe, Brandbekämpfung und Evakuierung der Beschäftigten erforderlich sind. Dabei hat er der Anwesenheit anderer Personen Rechnung zu tragen. Er hat auch dafür zu sorgen, daß im Notfall die erforderlichen Verbindungen zu außerbetrieblichen Stellen, insbesondere in den Bereichen der Ersten Hilfe, der medizinischen Notversorgung, der Bergung und der Brandbekämpfung eingerichtet sind.

(2) Der Arbeitgeber hat diejenigen Beschäftigten zu benennen, die Aufgaben der Ersten Hilfe, Brandbekämpfung und Evakuierung der Beschäftigten übernehmen. Anzahl, Ausbildung und Ausrüstung der nach Satz 1 benannten Beschäftigten müssen in einem angemessenen Verhältnis zur Zahl der Beschäftigten und zu den bestehenden besonderen Gefahren stehen. Vor der Benennung hat der Arbeitgeber den Betriebs- oder Personalrat zu hören. Weitergehende Beteiligungsrechte bleiben unberührt. Der Arbeitgeber kann die in Satz 1 genannten Aufgaben auch selbst wahrnehmen, wenn er über die nach Satz 2 erforderliche Ausbildung und Ausrüstung verfügt.

## § 11 Arbeitsmedizinische Vorsorge

Der Arbeitgeber hat den Beschäftigten auf ihren Wunsch unbeschadet der Pflichten aus anderen Rechtsvorschriften zu ermöglichen, sich je nach den Gefahren für ihre Sicherheit und Gesundheit bei der Arbeit regelmäßig arbeitsmedizinisch untersuchen zu lassen, es sei denn, auf Grund der Beurteilung der Arbeitsbedingungen und der getroffenen Schutzmaßnahmen ist nicht mit einem Gesundheitsschaden zu rechnen.

## § 12 Unterweisung

(1) Der Arbeitgeber hat die Beschäftigten über Sicherheit und Gesundheitsschutz bei der Arbeit während ihrer Arbeitszeit ausreichend und angemessen zu unterweisen. Die Unterweisung umfaßt Anweisungen und Erläuterungen, die eigens auf den Arbeitsplatz oder den Aufgabenbereich der Beschäftigten ausgerichtet sind. Die Unterweisung muß bei der Einstellung, bei Veränderungen im Aufgabenbereich, der Einführung neuer Arbeitsmittel oder einer neuen Technologie vor Aufnahme der Tätigkeit der Beschäftigten erfolgen. Die Unterweisung muß an die Gefährdungsentwicklung angepaßt sein und erforderlichenfalls regelmäßig wiederholt werden.

(2) Bei einer Arbeitnehmerüberlassung trifft die Pflicht zur Unterweisung nach Absatz 1 den Entleiher. Er hat die Unterweisung unter Berücksichtigung der Qualifikation und der Erfahrung der Personen, die ihm zur Arbeitsleistung überlassen werden, vorzunehmen. Die sonstigen Arbeitsschutzpflichten des Verleihers bleiben unberührt.

## § 13 Verantwortliche Personen

(1) Verantwortlich für die Erfüllung der sich aus diesem Abschnitt ergebenden Pflichten sind neben dem Arbeitgeber

1. sein gesetzlicher Vertreter,

2. das vertretungsberechtigte Organ einer juristischen Person,

3. der vertretungsberechtigte Gesellschafter einer Personenhandelsgesellschaft,

4. Personen, die mit der Leitung eines Unternehmens oder eines Betriebes beauftragt sind, im Rahmen der ihnen übertragenen Aufgaben und Befugnisse,

5. sonstige nach Absatz 2 oder nach einer auf Grund dieses Gesetzes erlassenen Rechtsverordnung oder nach einer Unfallverhütungsvorschrift beauftragte Personen im Rahmen ihrer Aufgaben und Befugnisse.

(2) Der Arbeitgeber kann zuverlässige und fachkundige Personen schriftlich damit beauf-

tragen, ihm obliegende Aufgaben nach diesem Gesetz in eigener Verantwortung wahrzunehmen.

## § 14 Unterrichtung und Anhörung der Beschäftigten des öffentlichen Dienstes

(1) Die Beschäftigten des öffentlichen Dienstes sind vor Beginn der Beschäftigung und bei Veränderungen in ihren Arbeitsbereichen über Gefahren für Sicherheit und Gesundheit, denen sie bei der Arbeit ausgesetzt sein können, sowie über die Maßnahmen und Einrichtungen zur Verhütung dieser Gefahren und die nach § 10 Abs. 2 getroffenen Maßnahmen zu unterrichten.

(2) Soweit in Betrieben des öffentlichen Dienstes keine Vertretung der Beschäftigten besteht, hat der Arbeitgeber die Beschäftigten zu allen Maßnahmen zu hören, die Auswirkungen auf Sicherheit und Gesundheit der Beschäftigten haben können.

## Dritter Abschnitt
## Pflichten und Rechte der Beschäftigten

## § 15 Pflichten der Beschäftigten

(1) Die Beschäftigten sind verpflichtet, nach ihren Möglichkeiten sowie gemäß der Unterweisung und Weisung des Arbeitgebers für ihre Sicherheit und Gesundheit bei der Arbeit Sorge zu tragen. Entsprechend Satz 1 haben die Beschäftigten auch für die Sicherheit und Gesundheit der Personen zu sorgen, die von ihren Handlungen oder Unterlassungen bei der Arbeit betroffen sind.

(2) Im Rahmen des Absatzes 1 haben die Beschäftigten insbesondere Maschinen, Geräte, Werkzeuge, Arbeitsstoffe, Transportmittel und sonstige Arbeitsmittel sowie Schutzvorrichtungen und die ihnen zur Verfügung gestellte persönliche Schutzausrüstung bestimmungsgemäß zu verwenden.

## § 16 Besondere Unterstützungspflichten

(1) Die Beschäftigten haben dem Arbeitgeber oder dem zuständigen Vorgesetzten jede von ihnen festgestellte unmittelbare erhebliche Gefahr für die Sicherheit und Gesundheit sowie jeden an den Schutzsystemen festgestellten Defekt unverzüglich zu melden.

(2) Die Beschäftigten haben gemeinsam mit dem Betriebsarzt und der Fachkraft für Arbeitssicherheit den Arbeitgeber darin zu unterstützen, die Sicherheit und den Gesundheitsschutz der Beschäftigten bei der Arbeit zu gewährleisten und seine Pflichten entsprechend den behördlichen Auflagen zu erfüllen. Unbeschadet ihrer Pflicht nach Absatz 1 sollen die Beschäftigten von ihnen festgestellte Gefahren für Sicherheit und Gesundheit und Mängel an den Schutzsystemen auch der Fachkraft für Arbeitssicherheit, dem Betriebsarzt oder dem Sicherheitsbeauftragten nach § 22 des Siebten Buches Sozialgesetzbuch mitteilen.

## § 17 Rechte der Beschäftigten

(1) Die Beschäftigten sind berechtigt, dem Arbeitgeber Vorschläge zu allen Fragen der Sicherheit und des Gesundheitsschutzes bei der Arbeit zu machen. Für Beamtinnen und Beamte des Bundes ist § 125 des Bundesbeamtengesetzes anzuwenden. § 60 des Beamtenrechtsrahmengesetzes und entsprechendes Landesrecht bleibt unberührt.

(2) Sind Beschäftigte auf Grund konkreter Anhaltspunkte der Auffassung, daß die vom Arbeitgeber getroffenen Maßnahmen und bereitgestellten Mittel nicht ausreichen, um die Sicherheit und den Gesundheitsschutz bei der Arbeit zu gewährleisten, und hilft der Arbeitgeber darauf gerichteten Beschwerden von Beschäftigten nicht ab, können sich diese an die zuständige Behörde wenden. Hierdurch dürfen den Beschäftigten keine Nachteile entstehen. Die in Absatz 1 Satz 2 und 3 genannten Vorschriften sowie die Vorschriften der Wehrbeschwerdeordnung und des Gesetzes über den

Wehrbeauftragten des Deutschen Bundestages bleiben unberührt.

## Vierter Abschnitt
### Verordnungsermächtigungen

### § 18 Verordnungsermächtigungen

(1) Die Bundesregierung wird ermächtigt, durch Rechtsverordnung mit Zustimmung des Bundesrates vorzuschreiben, welche Maßnahmen der Arbeitgeber und die sonstigen verantwortlichen Personen zu treffen haben und wie sich die Beschäftigten zu verhalten haben, um ihre jeweiligen Pflichten, die sich aus diesem Gesetz ergeben, zu erfüllen. In diesen Rechtsverordnungen kann auch bestimmt werden, daß bestimmte Vorschriften des Gesetzes zum Schutz anderer als in § 2 Abs. 2 genannter Personen anzuwenden sind.

(2) Durch Rechtsverordnungen nach Absatz 1 kann insbesondere bestimmt werden,

1. daß und wie zur Abwehr bestimmter Gefahren Dauer oder Lage der Beschäftigung oder die Zahl der Beschäftigten begrenzt werden muß,

2. daß der Einsatz bestimmter Arbeitsmittel oder -verfahren mit besonderen Gefahren für die Beschäftigten verboten ist oder der zuständigen Behörde angezeigt oder von ihr erlaubt sein muß oder besonders gefährdete Personen dabei nicht beschäftigt werden dürfen,

3. daß bestimmte, besonders gefährliche Betriebsanlagen einschließlich der Arbeits- und Fertigungsverfahren vor Inbetriebnahme, in regelmäßigen Abständen oder auf behördliche Anordnung fachkundig geprüft werden müssen,

4. daß Beschäftigte, bevor sie eine bestimmte gefährdende Tätigkeit aufnehmen oder fortsetzen oder nachdem sie sie beendet haben, arbeitsmedizinisch zu untersuchen

sind und welche besonderen Pflichten der Arzt dabei zu beachten hat,

5. dass Ausschüsse zu bilden sind, denen die Aufgabe übertragen wird, die Bundesregierung oder das zuständige Bundesministerium zur Anwendung der Rechtsverordnungen zu beraten, dem Stand der Technik, Arbeitsmedizin und Hygiene entsprechende Regeln und sonstige gesicherte arbeitswissenschaftliche Erkenntnisse zu ermitteln sowie Regeln zu ermitteln, wie die in den Rechtsverordnungen gestellten Anforderungen erfüllt werden können. Das Bundesministerium für Arbeit und Soziales kann die Regeln und Erkenntnisse amtlich bekannt machen.

### § 19 Rechtsakte der Europäischen Gemeinschaften und zwischenstaatliche Vereinbarungen

Rechtsverordnungen nach § 18 können auch erlassen werden, soweit dies zur Durchführung von Rechtsakten des Rates oder der Kommission der Europäischen Gemeinschaften oder von Beschlüssen internationaler Organisationen oder von zwischenstaatlichen Vereinbarungen, die Sachbereiche dieses Gesetzes betreffen, erforderlich ist, insbesondere um Arbeitsschutzpflichten für andere als in § 2 Abs. 3 genannte Personen zu regeln.

### § 20 Regelungen für den öffentlichen Dienst

(1) Für die Beamten der Länder, Gemeinden und sonstigen Körperschaften, Anstalten und Stiftungen des öffentlichen Rechts regelt das Landesrecht, ob und inwieweit die nach § 18 erlassenen Rechtsverordnungen gelten.

(2) Für bestimmte Tätigkeiten im öffentlichen Dienst des Bundes, insbesondere bei der Bundeswehr, der Polizei, den Zivil- und Katastrophenschutzdiensten, dem Zoll oder den Nachrichtendiensten, können das Bundeskanzleramt, das Bundesministerium des Innern, das Bundesministerium für Verkehr, Bau- und Stadt-

entwicklung das Bundesministerium der Verteidigung oder das Bundesministerium der Finanzen, soweit sie hierfür jeweils zuständig sind, durch Rechtsverordnung ohne Zustimmung des Bundesrates bestimmen, daß Vorschriften dieses Gesetzes ganz oder zum Teil nicht anzuwenden sind, soweit öffentliche Belange dies zwingend erfordern, insbesondere zur Aufrechterhaltung oder Wiederherstellung der öffentlichen Sicherheit. Rechtsverordnungen nach Satz 1 werden im Einvernehmen mit dem Bundesministerium für Arbeit und Soziales und, soweit nicht das Bundesministerium des Innern selbst ermächtigt ist, im Einvernehmen mit diesem Ministerium erlassen. In den Rechtsverordnungen ist gleichzeitig festzulegen, wie die Sicherheit und der Gesundheitsschutz bei der Arbeit unter Berücksichtigung der Ziele dieses Gesetzes auf andere Weise gewährleistet werden. Für Tätigkeiten im öffentlichen Dienst der Länder, Gemeinden und sonstigen landesunmittelbaren Körperschaften, Anstalten und Stiftungen des öffentlichen Rechts können den Sätzen 1 und 3 entsprechende Regelungen durch Landesrecht getroffen werden.

### Fünfter Abschnitt
### Gemeinsame deutsche Arbeitsschutzstrategie

### § 20a Gemeinsame deutsche Arbeitsschutzstrategie

(1) Nach den Bestimmungen dieses Abschnitts entwickeln Bund, Länder und Unfallversicherungsträger im Interesse eines wirksamen Arbeitsschutzes eine gemeinsame deutsche Arbeitsschutzstrategie und gewährleisten ihre Umsetzung und Fortschreibung. Mit der Wahrnehmung der ihnen gesetzlich zugewiesenen Aufgaben zur Verhütung von Arbeitsunfällen,Berufskrankheiten und arbeitsbedingten Gesundheitsgefahren sowie zur menschengerechten Gestaltung der Arbeit tragen Bund, Länder und Unfallversicherungsträger dazu bei, die

Ziele der gemeinsamen deutschen Arbeitsschutzstrategie zu erreichen.

(2) Die gemeinsame deutsche Arbeitsschutzstrategie umfasst

1. die Entwicklung gemeinsamer Arbeitsschutzziele,

2. die Festlegung vorrangiger Handlungsfelder und von Eckpunkten für Arbeitsprogramme sowie deren Ausführung nach einheitlichen Grundsätzen,

3. die Evaluierung der Arbeitsschutzziele, Handlungsfelder und Arbeitsprogramme mit geeigneten Kennziffern,

4. die Festlegung eines abgestimmten Vorgehens der für den Arbeitsschutz zuständigen Landesbehörden und der Unfallversicherungsträger bei der Beratung und Überwachung der Betriebe,

5. die Herstellung eines verständlichen, überschaubaren und abgestimmten Vorschriften- und Regelwerks.

### § 20b Nationale Arbeitsschutzkonferenz

(1) Die Aufgabe der Entwicklung, Steuerung und Fortschreibung der gemeinsamen deutschen Arbeitsschutzstrategie nach § 20a Abs. 1 Satz 1 wird von der Nationalen Arbeitsschutzkonferenz wahrgenommen. Sie setzt sich aus jeweils drei stimmberechtigten Vertretern von Bund, Ländern und den Unfallversicherungsträgern zusammen und bestimmt für jede Gruppe drei Stellvertreter. Außerdem entsenden die Spitzenorganisationen der Arbeitgeber und Arbeitnehmer für die Behandlung von Angelegenheiten nach § 20a Abs. 2 Nr. 1 bis 3 und 5 jeweils bis zu drei Vertreter in die Nationale Arbeitsschutzkonferenz; sie nehmen mit beratender Stimme an den Sitzungen teil. Die Nationale Arbeitsschutzkonferenz gibt sich eine Geschäftsordnung; darin werden insbesondere die Arbeitsweise und das Beschlussverfahren festgelegt. Die Geschäftsordnung muss einstimmig angenommen werden.

(2) Alle Einrichtungen, die mit Sicherheit und Gesundheit bei der Arbeit befasst sind, können der Nationalen Arbeitsschutzkonferenz Vorschläge für Arbeitsschutzziele, Handlungsfelder und Arbeitsprogramme unterbreiten.

(3) Die Nationale Arbeitsschutzkonferenz wird durch ein Arbeitsschutzforum unterstützt, das in der Regel einmal jährlich stattfindet. Am Arbeitsschutzforum sollen sachverständige Vertreter der Spitzenorganisationen der Arbeitgeber und Arbeitnehmer, der Berufs- und Wirtschaftsverbände, der Wissenschaft, der Kranken- und Rentenversicherungsträger, von Einrichtungen im Bereich Sicherheit und Gesundheit bei der Arbeit sowie von Einrichtungen, die der Förderung der Beschäftigungsfähigkeit dienen, teilnehmen. Das Arbeitsschutzforum hat die Aufgabe, eine frühzeitige und aktive Teilhabe der sachverständigen Fachöffentlichkeit an der Entwicklung und Fortschreibung der gemeinsamen deutschen Arbeitsschutzstrategie sicherzustellen und die Nationale Arbeitsschutzkonferenz entsprechend zu beraten.

(4) Einzelheiten zum Verfahren der Einreichung von Vorschlägen nach Absatz 2 und zur Durchführung des Arbeitsschutzforums nach Absatz 3 werden in der Geschäftsordnung der Nationalen Arbeitsschutzkonferenz geregelt.

(5) Die Geschäfte der Nationalen Arbeitsschutzkonferenz und des Arbeitsschutzforums führt die Bundesanstalt für Arbeitsschutz und Arbeitsmedizin. Einzelheiten zu Arbeitsweise und Verfahren werden in der Geschäftsordnung der Nationalen Arbeitsschutzkonferenz festgelegt.

2. Der bisherige Fünfte Abschnitt wird der Sechste Abschnitt.

3. § 21 Abs. 3 wird wie folgt gefasst:
„(3) Die zuständigen Landesbehörden und die Unfallversicherungsträger wirken auf der Grundlage einer gemeinsamen Beratungs- und Überwachungsstrategie nach § 20a Abs. 2 Nr. 4 eng zusammen und stellen den Erfahrungsaustausch sicher. Diese Strategie umfasst die Abstimmung allge-

meiner Grundsätze zur methodischen Vorgehensweise bei

1. der Beratung und Überwachung der Betriebe,

2. der Festlegung inhaltlicher Beratungs- und Überwachungsschwerpunkte, aufeinander abgestimmter oder gemeinsamer Schwerpunktaktionen und Arbeitsprogramme und

3. der Förderung eines Daten- und sonstigen Informationsaustausches, insbesondere über Betriebsbesichtigungen und deren wesentliche Ergebnisse.

Die zuständigen Landesbehörden vereinbaren mit den Unfallversicherungsträgern nach § 20 Abs. 2 Satz 3 des Siebten Buches Sozialgesetzbuch die Maßnahmen, die zur Umsetzung der gemeinsamen Arbeitsprogramme nach § 20a Abs. 2 Nr. 2 und der gemeinsamen Beratungs- und Überwachungsstrategie notwendig sind; sie evaluieren deren Zielerreichung mit den von der Nationalen Arbeitsschutzkonferenz nach § 20a Abs. 2 Nr. 3 bestimmten Kennziffern.“

**Sechster Abschnitt**
**Schlußvorschriften**

**§ 21 Zuständige Behörden, Zusammenwirken mit den Trägern der gesetzlichen Unfallversicherung**

(1) Die Überwachung des Arbeitsschutzes nach diesem Gesetz ist staatliche Aufgabe. Die zuständigen Behörden haben die Einhaltung dieses Gesetzes und der auf Grund dieses Gesetzes erlassenen Rechtsverordnungen zu überwachen und die Arbeitgeber bei der Erfüllung ihrer Pflichten zu beraten.

(2) Die Aufgaben und Befugnisse der Träger der gesetzlichen Unfallversicherung richten sich, soweit nichts anderes bestimmt ist, nach

den Vorschriften des Sozialgesetzbuchs. Soweit die Träger der gesetzlichen Unfallversicherung nach dem Sozialgesetzbuch im Rahmen ihres Präventionsauftrags auch Aufgaben zur Gewährleistung von Sicherheit und Gesundheitsschutz der Beschäftigten wahrnehmen, werden sie ausschließlich im Rahmen ihrer autonomen Befugnisse tätig.

(3) Die zuständigen Landesbehörden und die Träger der gesetzlichen Unfallversicherung wirken bei der Überwachung eng zusammen und fördern den Erfahrungsaustausch. Sie unterrichten sich gegenseitig über durchgeführte Betriebsbesichtigungen und deren wesentliche Ergebnisse.

(4) Die für den Arbeitsschutz zuständige oberste Landesbehörde kann mit Trägern der gesetzlichen Unfallversicherung vereinbaren, daß diese in näher zu bestimmenden Tätigkeitsbereichen die Einhaltung dieses Gesetzes, bestimmter Vorschriften dieses Gesetzes oder der auf Grund dieses Gesetzes erlassenen Rechtsverordnungen überwachen. In der Vereinbarung sind Art und Umfang der Überwachung sowie die Zusammenarbeit mit den staatlichen Arbeitsschutzbehörden festzulegen.

(5) Soweit nachfolgend nichts anderes bestimmt ist, ist zuständige Behörde für die Durchführung dieses Gesetzes und der auf dieses Gesetz gestützten Rechtsverordnungen in den Betrieben und Verwaltungen des Bundes die Zentralstelle für Arbeitsschutz beim Bundesministerium des Innern. Im Auftrag der Zentralstelle handelt, soweit nichts anderes bestimmt ist, die Unfallkasse des Bundes, die insoweit der Aufsicht des Bundesministeriums des Innern unterliegt; Aufwendungen werden nicht erstattet. Im öffentlichen Dienst im Geschäftsbereich des Bundesministeriums für Verkehr, Bau und Stadtentwicklung führt die Eisenbahn-Unfallkasse, soweit diese Träger der Unfallversicherung ist, dieses Gesetz durch. Für Betriebe und Verwaltungen in den Geschäftsbereichen des Bundesministeriums der Verteidigung und des Auswärtigen Amtes hinsichtlich

seiner Auslandsvertretungen führt das jeweilige Bundesministerium, soweit es jeweils zuständig ist, oder die von ihm jeweils bestimmte Stelle dieses Gesetz durch. Im Geschäftsbereich des Bundesministeriums der Finanzen führt die Unfallkasse Post und Telekom dieses Gesetz durch, soweit der Geschäftsbereich des ehemaligen Bundesministeriums für Post und Telekommunikation betroffen ist. Die Sätze 1 bis 4 gelten auch für Betriebe und Verwaltungen, die zur Bundesverwaltung gehören, für die aber eine Berufsgenossenschaft Träger der Unfallversicherung ist. Die zuständigen Bundesministerien können mit den Berufsgenossenschaften für diese Betriebe und Verwaltungen vereinbaren, daß das Gesetz von den Berufsgenossenschaften durchgeführt wird; Aufwendungen werden nicht erstattet.

### § 22 Befugnisse der zuständigen Behörden

(1) Die zuständige Behörde kann vom Arbeitgeber oder von den verantwortlichen Personen die zur Durchführung ihrer Überwachungsaufgabe erforderlichen Auskünfte und die Überlassung von entsprechenden Unterlagen verlangen. Die auskunftspflichtige Person kann die Auskunft auf solche Fragen oder die Vorlage derjenigen Unterlagen verweigern, deren Beantwortung oder Vorlage sie selbst oder einen ihrer in § 383 Abs. 1 Nr. 1 bis 3 der Zivilprozeßordnung bezeichneten Angehörigen der Gefahr der Verfolgung wegen einer Straftat oder Ordnungswidrigkeit aussetzen würde. Die auskunftspflichtige Person ist darauf hinzuweisen.

(2) Die mit der Überwachung beauftragten Personen sind befugt, zu den Betriebs- und Arbeitszeiten Betriebsstätten, Geschäfts- und Betriebsräume zu betreten, zu besichtigen und zu prüfen sowie in die geschäftlichen Unterlagen der auskunftspflichtigen Person Einsicht zu nehmen, soweit dies zur Erfüllung ihrer Aufgaben erforderlich ist. Außerdem sind sie befugt, Betriebsanlagen, Arbeitsmittel und persönliche Schutzausrüstungen zu prüfen, Arbeitsverfahren und Arbeitsabläufe zu untersuchen, Messungen vorzunehmen und insbesondere ar-

beitsbedingte Gesundheitsgefahren festzustellen und zu untersuchen, auf welche Ursachen ein Arbeitsunfall, eine arbeitsbedingte Erkrankung oder ein Schadensfall zurückzuführen ist. Sie sind berechtigt, die Begleitung durch den Arbeitgeber oder eine von ihm beauftragte Person zu verlangen. Der Arbeitgeber oder die verantwortlichen Personen haben die mit der Überwachung beauftragten Personen bei der Wahrnehmung ihrer Befugnisse nach den Sätzen 1 und 2 zu unterstützen. Außerhalb der in Satz 1 genannten Zeiten, oder wenn die Arbeitsstätte sich in einer Wohnung befindet, dürfen die mit der Überwachung beauftragten Personen die Einverständnis des Arbeitgebers die Maßnahmen nach den Sätzen 1 und 2 nur zur Verhütung dringender Gefahren für die öffentliche Sicherheit oder Ordnung treffen. Die auskunftspflichtige Person hat die Maßnahmen nach den Sätzen 1, 2 und 5 zu dulden. Die Sätze 1 und 5 gelten entsprechend, wenn nicht feststeht, ob in der Arbeitsstätte Personen beschäftigt werden, jedoch Tatsachen gegeben sind, die diese Annahme rechtfertigen. Das Grundrecht der Unverletzlichkeit der Wohnung (Artikel 13 des Grundgesetzes) wird insoweit eingeschränkt.

(3) Die zuständige Behörde kann im Einzelfall anordnen,

1. welche Maßnahmen der Arbeitgeber und die verantwortlichen Personen oder die Beschäftigten zur Erfüllung der Pflichten zu treffen haben, die sich aus diesem Gesetz und den auf Grund dieses Gesetzes erlassenen Rechtsverordnungen ergeben,

2. welche Maßnahmen der Arbeitgeber und die verantwortlichen Personen zur Abwendung einer besonderen Gefahr für Leben und Gesundheit der Beschäftigten zu treffen haben.

Die zuständige Behörde hat, wenn nicht Gefahr im Verzug ist, zur Ausführung der Anordnung eine angemessene Frist zu setzen. Wird eine Anordnung nach Satz 1 nicht innerhalb einer gesetzten Frist oder eine für sofort vollziehbar erklärte Anordnung nicht sofort ausgeführt, kann

die zuständige Behörde die von der Anordnung betroffene Arbeit oder die Verwendung oder den Betrieb der von der Anordnung betroffenen Arbeitsmittel untersagen. Maßnahmen der zuständigen Behörde im Bereich des öffentlichen Dienstes, die den Dienstbetrieb wesentlich beeinträchtigen, sollen im Einvernehmen mit der obersten Bundes- oder Landesbehörde oder dem Hauptverwaltungsbeamten der Gemeinde getroffen werden.

## § 23 Betriebliche Daten, Zusammenarbeit mit anderen Behörden, Jahresbericht

(1) Der Arbeitgeber hat der zuständigen Behörde zu einem von ihr bestimmten Zeitpunkt Mitteilungen über

1. die Zahl der Beschäftigten und derer, an die er Heimarbeit vergibt, aufgegliedert nach Geschlecht, Alter und Staatsangehörigkeit,

2. den Namen oder die Bezeichnung und Anschrift des Betriebs, in dem er sie beschäftigt,

3. seinen Namen, seine Firma und seine Anschrift sowie

4. den Wirtschaftszweig, dem sein Betrieb angehört,

zu machen. Das Bundesministerium für Arbeit und Soziales wird ermächtigt, durch Rechtsverordnung mit Zustimmung des Bundesrates zu bestimmen, daß die Stellen der Bundesverwaltung, denen der Arbeitgeber die in Satz 1 genannten Mitteilungen bereits auf Grund einer Rechtsvorschrift mitgeteilt hat, diese Angaben an die für die Behörden nach Satz 1 zuständigen obersten Landesbehörden als Schreiben oder auf maschinell verwertbaren Datenträgern oder durch Datenübertragung weiterzuleiten haben. In der Rechtsverordnung können das Nähere über die Form der weiterzuleitenden Angaben sowie die Frist für die Weiterleitung bestimmt werden. Die weitergeleiteten Angaben dürfen nur zur Erfüllung der in der Zuständigkeit der Behörden nach § 21 Abs. 1 liegenden Arbeitsschutzaufgaben verwendet sowie in Datenverarbeitungssystemen gespeichert oder verarbeitet werden.

(2) Die mit der Überwachung beauftragten Personen dürfen die ihnen bei ihrer Überwachungstätigkeit zur Kenntnis gelangenden Geschäfts- und Betriebsgeheimnisse nur in den gesetzlich geregelten Fällen oder zur Verfolgung von Gesetzwidrigkeiten oder zur Erfüllung von gesetzlich geregelten Aufgaben zum Schutz der Versicherten dem Träger der gesetzlichen Unfallversicherung oder zum Schutz der Umwelt den dafür zuständigen Behörden offenbaren. Soweit es sich bei Geschäfts- und Betriebsgeheimnissen um Informationen über die Umwelt im Sinne des Umweltinformationsgesetzes handelt, richtet sich die Befugnis zu ihrer Offenbarung nach dem Umweltinformationsgesetz.

(3) Ergeben sich im Einzelfall für die zuständigen Behörden konkrete Anhaltspunkte für

1.  eine Beschäftigung oder Tätigkeit von Ausländern ohne den erforderlichen Aufenthaltstitel nach § 4 Abs. 3 des Aufenthaltsgesetzes, eine Aufenthaltsgestattung oder eine Duldung, die zur Ausübung der Beschäftigung berechtigen, oder eine Genehmigung nach § 284 Abs. 1 des Dritten Buches Sozialgesetzbuch,

2.  Verstöße gegen die Mitwirkungspflicht nach § 60 Abs. 1 Satz 1 Nr. 2 des Ersten Buches Sozialgesetzbuch gegenüber einer Dienststelle der Bundesagentur für Arbeit, einem Träger der gesetzlichen Kranken-, Pflege-, Unfall- oder Rentenversicherung oder einem Träger der Sozialhilfe oder gegen die Meldepflicht nach § 8a des Asylbewerberleistungsgesetzes,

3.  Verstöße gegen das Gesetz zur Bekämpfung der Schwarzarbeit,

4.  Verstöße gegen das Arbeitnehmerüberlassungsgesetz,

5.  Verstöße gegen die Vorschriften des Vierten und Siebten Buches Sozialgesetzbuch

über die Verpflichtung zur Zahlung von Sozialversicherungsbeiträgen,

6.  Verstöße gegen das Aufenthaltsgesetz,

7.  Verstöße gegen die Steuergesetze,

unterrichten sie die für die Verfolgung und Ahndung der Verstöße nach den Nummern 1 bis 7 zuständigen Behörden, die Träger der Sozialhilfe sowie die Behörden nach § 71 des Aufenthaltsgesetzes. In den Fällen des Satzes 1 arbeiten die zuständigen Behörden insbesondere mit den Agenturen für Arbeit, den Hauptzollämtern, den Rentenversicherungsträgern, den Krankenkassen als Einzugsstellen für die Sozialversicherungsbeiträge, den Trägern der gesetzlichen Unfallversicherung, den nach Landesrecht für die Verfolgung und Ahndung von Verstößen gegen das Gesetz zur Bekämpfung der Schwarzarbeit zuständigen Behörden, den Trägern der Sozialhilfe, den in § 71 des Aufenthaltsgesetzes genannten Behörden und den Finanzbehörden zusammen.

(4) Die zuständigen obersten Landesbehörden haben über die Überwachungstätigkeit der ihnen unterstellten Behörden einen Jahresbericht zu veröffentlichen. Der Jahresbericht umfaßt auch Angaben zur Erfüllung von Unterrichtungspflichten aus internationalen Übereinkommen oder Rechtsakten der Europäischen Gemeinschaften, soweit sie den Arbeitsschutz betreffen.

### § 24 Ermächtigung zum Erlaß von allgemeinen Verwaltungsvorschriften

Das Bundesministerium für Arbeit und Soziales kann mit Zustimmung des Bundesrates allgemeine Verwaltungsvorschriften erlassen

1.  zur Durchführung dieses Gesetzes und der auf Grund dieses Gesetzes erlassenen Rechtsverordnungen, soweit die Bundesregierung zu ihrem Erlaß ermächtigt ist,

2.  über die Gestaltung der Jahresberichte nach § 23 Abs. 4 und

3. über die Angaben, die die zuständigen obersten Landesbehörden dem Bundesministerium für Arbeit und Soziales für den Unfallverhütungsbericht nach § 25 Abs. 2 des Siebten Buches Sozialgesetzbuch bis zu einem bestimmten Zeitpunkt mitzuteilen haben.

Verwaltungsvorschriften, die Bereiche des öffentlichen Dienstes einbeziehen, werden im Einvernehmen mit dem Bundesministerium des Innern erlassen.

### § 25 Bußgeldvorschriften

(1) Ordnungswidrig handelt, wer vorsätzlich oder fahrlässig

1. einer Rechtsverordnung nach § 18 Abs. 1 oder § 19 zuwiderhandelt, soweit sie für einen bestimmten Tatbestand auf diese Bußgeldvorschrift verweist, oder

2. a) als Arbeitgeber oder als verantwortliche Person einer vollziehbaren Anordnung nach § 22 Abs. 3 oder
   b) als Beschäftigter einer vollziehbaren Anordnung nach § 22 Abs. 3 Satz 1 Nr. 1 zuwiderhandelt.

(2) Die Ordnungswidrigkeit kann in den Fällen des Absatzes 1 Nr. 1 und 2 Buchstabe b mit einer Geldbuße bis zu fünftausend Euro, in den Fällen des Absatzes 1 Nr. 2 Buchstabe a mit einer Geldbuße bis zu fünfundzwanzigtausend Euro geahndet werden.

### § 26 Strafvorschriften

Mit Freiheitsstrafe bis zu einem Jahr oder mit Geldstrafe wird bestraft, wer

1. eine in § 25 Abs. 1 Nr. 2 Buchstabe a bezeichnete Handlung beharrlich wiederholt oder

2. durch eine in § 25 Abs. 1 Nr. 1 oder Nr. 2 Buchstabe a bezeichnete vorsätzliche Handlung Leben oder Gesundheit eines Beschäftigten gefährdet.

# Verordnung über Arbeitsstätten

(Arbeitsstättenverordnung – ArbStättV)

Vom 12. August 2004
(BGBl. I S. 2179)

Zuletzt geändert durch Art. 4 der Verordnung
vom 19. Juli 2010
(BGBl. I S. 960)

## § 1 Ziel, Anwendungsbereich

(1) Diese Verordnung dient der Sicherheit und dem Gesundheitsschutz der Beschäftigten beim Einrichten und Betreiben von Arbeitsstätten.

(2) Diese Verordnung gilt nicht für Arbeitsstätten in Betrieben, die dem Bundesberggesetz unterliegen, und mit Ausnahme von § 5 sowie Anhang Ziffer 1.3 nicht

1. im Reisegewerbe und Marktverkehr,

2. in Transportmitteln, sofern diese im öffentlichen Verkehr eingesetzt werden,

3. für Felder, Wälder und sonstige Flächen, die zu einem land- oder forstwirtschaftlichen Betrieb gehören, aber außerhalb seiner bebauten Fläche liegen.

(3) Das Bundeskanzleramt, das Bundesministerium des Innern, das Bundesministerium für Verkehr, Bau- und Stadtentwicklung, das Bundesministerium der Verteidigung oder das Bundesministerium der Finanzen können, soweit sie hierfür jeweils zuständig sind, im Einvernehmen mit dem Bundesministerium für Arbeit und Soziales und, soweit nicht das Bundesministerium des Innern selbst zuständig ist, im Einvernehmen mit dem Bundesministerium des Innern Ausnahmen von den Vorschriften dieser Verordnung zulassen, soweit öffentliche Belange dies zwingend erfordern, insbesondere zur Aufrechterhaltung oder Wiederherstellung der öffentlichen Sicherheit. In diesem Fall ist gleichzeitig festzulegen, wie die Sicherheit und der Gesundheitsschutz der Beschäftigten nach dieser Verordnung auf andere Weise gewährleistet werden.

## § 2 Begriffsbestimmungen

(1) Arbeitsstätten sind:

1. Orte in Gebäuden oder im Freien, die sich auf dem Gelände eines Betriebes oder einer Baustelle befinden und die zur Nutzung für Arbeitsplätze vorgesehen sind,

2. andere Orte in Gebäuden oder im Freien, die sich auf dem Gelände eines Betriebes oder einer Baustelle befinden und zu denen Beschäftigte im Rahmen ihrer Arbeit Zugang haben.

(2) Arbeitsplätze sind Bereiche von Arbeitsstätten, in denen sich Beschäftigte bei der von ihnen auszuübenden Tätigkeit regelmäßig über einen längeren Zeitraum oder im Verlauf der täglichen Arbeitszeit nicht nur kurzfristig aufhalten müssen.

(3) Arbeitsräume sind die Räume, in denen Arbeitsplätze innerhalb von Gebäuden dauerhaft eingerichtet sind.

(4) Zur Arbeitsstätte gehören auch:

1. Verkehrswege, Fluchtwege, Notausgänge,

2. Lager-, Maschinen- und Nebenräume,

3. Sanitärräume (Umkleide-, Wasch- und Toilettenräume),

4. Pausen- und Bereitschaftsräume,

5. Erste-Hilfe-Räume,

6. Unterkünfte.

Zur Arbeitsstätte gehören auch Einrichtungen, soweit für diese in dieser Verordnung besondere Anforderungen gestellt werden und sie dem Betrieb der Arbeitsstätte dienen.

(5) Einrichten ist die Bereitstellung und Ausgestaltung der Arbeitsstätte. Das Einrichten umfasst insbesondere:

1. bauliche Maßnahmen oder Veränderungen,

2. Ausstatten mit Maschinen, Anlagen, Mobiliar, anderen Arbeitsmitteln sowie Beleuchtungs-, Lüftungs-, Heizungs-, Feuerlösch- und Versorgungseinrichtungen,

3. Anlegen und Kennzeichnen von Verkehrs- und Fluchtwegen, Kennzeichnen von Gefahrenstellen und brandschutztechnischen Ausrüstungen,

4. Festlegen von Arbeitsplätzen.

(6) Betreiben von Arbeitsstätten umfasst das Benutzen und Instandhalten der Arbeitsstätte.

## § 3 Gefährdungsbeurteilung

(1) Bei der Beurteilung der Arbeitsbedingungen nach § 5 des Arbeitsschutzgesetzes hat der Arbeitgeber zunächst festzustellen, ob die Beschäftigten Gefährdungen beim Einrichten und Betreiben von Arbeitsstätten ausgesetzt sind oder ausgesetzt sein können. Ist dies der Fall, hat er alle möglichen Gefährdungen der Gesundheit und Sicherheit der Beschäftigten zu beurteilen. Entsprechend dem Ergebnis der Gefährdungsbeurteilung hat der Arbeitgeber Schutzmaßnahmen gemäß den Vorschriften dieser Verordnung einschließlich ihres Anhangs nach dem Stand der Technik, Arbeitsmedizin und Hygiene festzulegen. Sonstige gesicherte arbeitswissenschaftliche Erkenntnisse sind zu berücksichtigen.

(2) Der Arbeitgeber hat sicherzustellen, dass die Gefährdungsbeurteilung fachkundig durchgeführt wird. Verfügt der Arbeitgeber nicht selbst über die entsprechenden Kenntnisse, hat er sich fachkundig beraten zu lassen.

(3) Der Arbeitgeber hat die Gefährdungsbeurteilung unabhängig von der Zahl der Beschäftigten vor Aufnahme der Tätigkeiten zu dokumentieren. In der Dokumentation ist anzugeben, welche Gefährdungen am Arbeitsplatz auftreten können und welche Maßnahmen nach Absatz 1 Satz 3 durchgeführt werden müssen.

## § 3a Einrichten und Betreiben von Arbeitsstätten

(1) Der Arbeitgeber hat dafür zu sorgen, dass Arbeitsstätten so eingerichtet und betrieben werden, dass von ihnen keine Gefährdungen für die Sicherheit und die Gesundheit der Beschäftigten ausgehen. Dabei hat er den Stand der Technik und insbesondere die vom Bundesministerium für Arbeit und Soziales nach § 7 Abs. 4 bekannt gemachten Regeln und Erkenntnisse zu berücksichtigen.

Bei Einhaltung der im Satz 2 genannten Regeln und Erkenntnisse ist davon auszugehen, dass die in der Verordnung gestellten Anforderungen diesbezüglich erfüllt sind. Wendet der Arbeitgeber die Regeln und Erkenntnisse nicht an, muss er durch andere Maßnahmen die gleiche Sicherheit und den gleichen Gesundheitsschutz der Beschäftigten erreichen.

(2) Beschäftigt der Arbeitgeber Menschen mit Behinderungen, hat er Arbeitsstätten so einzurichten und zu betreiben, dass die besonderen Belange dieser Beschäftigten im Hinblick auf Sicherheit und Gesundheitsschutz berücksichtigt werden. Dies gilt insbesondere für die barrierefreie Gestaltung von Arbeitsplätzen sowie von zugehörigen Türen, Verkehrswegen, Fluchtwegen, Notausgängen, Treppen, Orientierungssystemen, Waschgelegenheiten und Toilettenräumen.

(3) Die zuständige Behörde kann auf schriftlichen Antrag des Arbeitgebers Ausnahmen von den Vorschriften dieser Verordnung einschließlich ihres Anhanges zulassen, wenn

1. der Arbeitgeber andere, ebenso wirksame Maßnahmen trifft oder

2. die Durchführung der Vorschrift im Einzelfall zu einer unverhältnismäßigen Härte führen würde und die Abweichung mit dem Schutz der Beschäftigten vereinbar ist.

Bei der Beurteilung sind die Belange der kleineren Betriebe besonders zu berücksichtigen.

(4) Soweit in anderen Rechtsvorschriften, insbesondere dem Bauordnungsrecht der Länder, Anforderungen gestellt werden, bleiben diese Vorschriften unberührt.

## § 4 Besondere Anforderungen an das Betreiben von Arbeitsstätten

(1) Der Arbeitgeber hat die Arbeitsstätte instand zu halten und dafür zu sorgen, dass festgestellte Mängel unverzüglich beseitigt werden. Können Mängel, mit denen eine unmittelbare erhebliche Gefahr verbunden ist, nicht sofort

beseitigt werden, ist die Arbeit insoweit einzustellen.

(2) Der Arbeitgeber hat dafür zu sorgen, dass Arbeitsstätten den hygienischen Erfordernissen entsprechend gereinigt werden. Verunreinigungen und Ablagerungen, die zu Gefährdungen führen können, sind unverzüglich zu beseitigen.

(3) Der Arbeitgeber hat Sicherheitseinrichtungen zur Verhütung oder Beseitigung von Gefahren, insbesondere Sicherheitsbeleuchtungen, Feuerlöscheinrichtungen, Signalanlagen, Notaggregate und Notschalter sowie raumlufttechnische Anlagen, in regelmäßigen Abständen sachgerecht warten und auf ihre Funktionsfähigkeit prüfen zu lassen.

(4) Verkehrswege, Fluchtwege und Notausgänge müssen ständig freigehalten werden, damit sie jederzeit benutzt werden können. Der Arbeitgeber hat Vorkehrungen zu treffen, dass die Beschäftigten bei Gefahr sich unverzüglich in Sicherheit bringen und schnell gerettet werden können. Der Arbeitgeber hat einen Flucht- und Rettungsplan aufzustellen, wenn Lage, Ausdehnung und Art der Benutzung der Arbeitsstätte dies erfordern. Der Plan ist an geeigneten Stellen in der Arbeitsstätte auszulegen oder auszuhängen. In angemessenen Zeitabständen ist entsprechend dieses Planes zu üben.

(5) Der Arbeitgeber hat Mittel und Einrichtungen zur ersten Hilfe zur Verfügung zu stellen und diese regelmäßig auf ihre Vollständigkeit und Verwendungsfähigkeit prüfen zu lassen.

### § 5 Nichtraucherschutz

(1) Der Arbeitgeber hat die erforderlichen Maßnahmen zu treffen, damit die nicht rauchenden Beschäftigten in Arbeitsstätten wirksam vor den Gesundheitsgefahren durch Tabakrauch geschützt sind.

Soweit erforderlich hat der Arbeitgeber ein allgemeines oder auf einzelne Bereiche der Arbeitsstätte beschränktes Rauchverbot zu erlassen.

(2) In Arbeitsstätten mit Publikumsverkehr hat der Arbeitgeber Schutzmaßnahmen nach Absatz 1 nur insoweit zu treffen, als die Natur des Betriebes und die Art der Beschäftigung es zulassen.

### § 6 Arbeitsräume, Sanitärräume, Pausen- und Bereitschaftsräume, Erste-Hilfe-Räume, Unterkünfte

(1) Der Arbeitgeber hat solche Arbeitsräume bereitzustellen, die eine ausreichende Grundfläche und Höhe sowie einen ausreichenden Luftraum aufweisen.

(2) Der Arbeitgeber hat Toilettenräume bereitzustellen. Wenn es die Art der Tätigkeit oder gesundheitliche Gründe erfordern, sind Waschräume vorzusehen. Geeignete Umkleideräume sind zur Verfügung zu stellen, wenn die Beschäftigten bei ihrer Tätigkeit besondere Arbeitskleidung tragen müssen und es ihnen nicht zuzumuten ist, sich in einem anderen Raum umzukleiden. Umkleide-, Wasch- und Toilettenräume sind für Männer und Frauen getrennt einzurichten oder es ist eine getrennte Nutzung zu ermöglichen. Bei Arbeiten im Freien und auf Baustellen mit wenigen Beschäftigten sind Waschgelegenheiten und abschließbare Toiletten ausreichend.

(3) Bei mehr als zehn Beschäftigten, oder wenn Sicherheits- oder Gesundheitsgründe dies erfordern, ist den Beschäftigten ein Pausenraum oder ein entsprechender Pausenbereich zur Verfügung zu stellen. Dies gilt nicht, wenn die Beschäftigten in Büroräumen oder vergleichbaren Arbeitsräumen beschäftigt sind und dort gleichwertige Voraussetzungen für eine Erholung während der Pause gegeben sind. Fallen in die Arbeitszeit regelmäßig und häufig Arbeitsbereitschaftszeiten oder Arbeitsunterbrechungen und sind keine Pausenräume vorhanden, so sind für die Beschäftigten Räume für Bereitschaftszeiten einzurichten. Schwangere Frauen und stillende Mütter müssen sich während der Pausen und, soweit es erforderlich ist, auch während der Arbeitszeit unter geeig-

neten Bedingungen hinlegen und ausruhen können.

(4) Erste-Hilfe-Räume oder vergleichbare Einrichtungen müssen entsprechend der Unfallgefahren oder der Anzahl der Beschäftigten, der Art der ausgeübten Tätigkeiten sowie der räumlichen Größe der Betriebe vorhanden sein.

(5) Für Beschäftigte hat der Arbeitgeber Unterkünfte bereitzustellen, wenn Sicherheits- oder Gesundheitsgründe, insbesondere wegen der Art der ausgeübten Tätigkeit oder der Anzahl der im Betrieb beschäftigten Personen, und die Abgelegenheit des Arbeitsplatzes dies erfordern und ein anderweitiger Ausgleich vom Arbeitgeber nicht geschaffen ist.

(6) Für Sanitärräume, Pausen- und Bereitschaftsräume, Erste-Hilfe-Räume und Unterkünfte nach den Absätzen 2 bis 5 gilt Absatz 1 entsprechend.

## § 7 Ausschuss für Arbeitsstätten

(1) Beim Bundesministerium für Arbeit und Soziales wird ein Ausschuss für Arbeitsstätten gebildet, in dem fachkundige Vertreter der Arbeitgeber, der Gewerkschaften, der Länderbehörden, der gesetzlichen Unfallversicherung und weitere fachkundige Personen, insbesondere der Wissenschaft, in angemessener Zahl vertreten sein sollen. Die Gesamtzahl der Mitglieder soll 16 Personen nicht überschreiten. Für jedes Mitglied ist ein stellvertretendes Mitglied zu benennen. Die Mitgliedschaft im Ausschuss für Arbeitsstätten ist ehrenamtlich.

(2) Das Bundesministerium für Arbeit und Soziales beruft die Mitglieder des Ausschusses und die stellvertretenden Mitglieder. Der Ausschuss gibt sich eine Geschäftsordnung und wählt den Vorsitzenden aus seiner Mitte. Die Geschäftsordnung und die Wahl des Vorsitzenden bedürfen der Zustimmung des Bundesministeriums für Arbeit und Soziales.

(3) Zu den Aufgaben des Ausschusses gehört es,

1. dem Stand der Technik, Arbeitsmedizin und Arbeitshygiene entsprechende Regeln und sonstige gesicherte wissenschaftliche Erkenntnisse für die Sicherheit und Gesundheit der Beschäftigten in Arbeitsstätten zu ermitteln,

2. Regeln zu ermitteln, wie die in dieser Verordnung gestellten Anforderungen erfüllt werden können, und

3. das Bundesministerium für Arbeit und Soziales in Fragen der Sicherheit und des Gesundheitsschutzes in Arbeitsstätten zu beraten.

Bei der Wahrnehmung seiner Aufgaben soll der Ausschuss die allgemeinen Grundsätze des Arbeitsschutzes nach § 4 des Arbeitsschutzgesetzes berücksichtigen.

Das Arbeitsprogramm des Ausschusses für Arbeitsstätten wird mit dem Bundesministerium für Arbeit und Soziales abgestimmt. Der Ausschuss arbeitet eng mit den anderen Ausschüssen beim Bundesministerium für Arbeit und Soziales zusammen.

(4) Das Bundesministerium für Arbeit und Soziales kann die vom Ausschuss nach Absatz 3 ermittelten Regeln und Erkenntnisse im gemeinsamen Ministerialblatt bekannt machen.

(5) Die Bundesministerien sowie die zuständigen obersten Landesbehörden können zu den Sitzungen des Ausschusses Vertreter entsenden. Diesen ist auf Verlangen in der Sitzung das Wort zu erteilen.

(6) Die Geschäfte des Ausschusses führt die Bundesanstalt für Arbeitsschutz und Arbeitsmedizin.

## § 8 Übergangsvorschriften

(1) Soweit für Arbeitsstätten,

1. die am 1. Mai 1976 errichtet waren oder mit deren Einrichtung vor diesem Zeitpunkt begonnen worden war oder

2. die am 20. Dezember 1996 eingerichtet waren oder mit deren Einrichtung vor diesem Zeitpunkt begonnen worden war und für die zum Zeitpunkt der Einrichtung die Gewerbeordnung keine Anwendung fand,

in dieser Verordnung Anforderungen gestellt werden, die umfangreiche Änderungen der Arbeitsstätte, der Betriebseinrichtungen, Arbeitsverfahren oder Arbeitsabläufe notwendig machen, gelten hierfür nur die entsprechenden Anforderungen des Anhangs II der Richtlinie 89/654/EWG des Rates vom 30. November 1989 über Mindestvorschriften für Sicherheit und Gesundheitsschutz in Arbeitsstätten (ABl. EG Nr. L 393 S. 1). Soweit diese Arbeitsstätten oder ihre Betriebseinrichtungen wesentlich erweitert oder umgebaut oder die Arbeitsverfahren oder Arbeitsabläufe wesentlich umgestaltet werden, hat der Arbeitgeber die erforderlichen Maßnahmen zu treffen, damit diese Änderungen, Erweiterungen oder Umgestaltungen mit den Anforderungen dieser Verordnung übereinstimmen.

(2) Die im Bundesarbeitsblatt bekannt gemachten Arbeitsstättenrichtlinien gelten bis zur Überarbeitung durch den Ausschuss für Arbeitsstätten und der Bekanntmachung entsprechender Regeln durch das Bundesministerium für Arbeit und Soziales, längstens jedoch bis zum 31. Dezember 2012, fort.

### § 9 Straftaten und Ordnungswidrigkeiten

(1) Ordnungswidrig im Sinne des § 25 Absatz 1 Nummer 1 des Arbeitsschutzgesetzes handelt, wer vorsätzlich oder fahrlässig

1. entgegen § 3 Absatz 3 eine Gefährdungsbeurteilung nicht richtig, nicht vollständig oder nicht rechtzeitig dokumentiert,

2. entgegen § 3a Absatz 1 Satz 1 nicht dafür sorgt, dass eine Arbeitsstätte in der dort vorgeschriebenen Weise eingerichtet ist oder betrieben wird,

3. entgegen § 4 Absatz 1 Satz 2 die Arbeit nicht einstellt,

4. entgegen § 4 Absatz 3 eine dort genannte Sicherheitseinrichtung nicht oder nicht in der vorgeschriebenen Weise warten oder prüfen lässt,

5. entgegen § 4 Absatz 4 Satz 1 Verkehrswege, Fluchtwege und Notausgänge nicht frei hält,

6. entgegen § 4 Absatz 4 Satz 2 eine Vorkehrung nicht trifft,

7. entgegen § 4 Absatz 5 ein Mittel oder eine Einrichtung zur Ersten Hilfe nicht zur Verfügung stellt,

8. entgegen § 6 Absatz 2 Satz 1 einen Toilettenraum nicht bereitstellt,

9. entgegen § 6 Absatz 3 einen Pausenraum oder einen Pausenbereich nicht zur Verfügung stellt.

(2) Wer durch eine in Absatz 1 bezeichnete vorsätzliche Handlung das Leben oder die Gesundheit von Beschäftigten gefährdet, ist nach § 26 Nummer 2 des Arbeitsschutzgesetzes strafbar.

### Anhang

#### Anforderungen an Arbeitsstätten nach § 3 Abs. 1

#### Inhaltsübersicht

Die nachfolgenden Anforderungen gelten in allen Fällen, in denen die Eigenschaften der Arbeitsstätte oder der Tätigkeit, die Umstände oder eine Gefährdung der Beschäftigten dies erfordern.

Die Rechtsvorschriften, die in Umsetzung des Artikels 95 des EG-Vertrages Anforderungen an die Beschaffenheit von Arbeitsmitteln stellen, bleiben unberührt.

## 1    Allgemeine Anforderungen

### 1.1  Konstruktion und Festigkeit von Gebäuden

Gebäude für Arbeitsstätten müssen eine der Nutzungsart entsprechende Konstruktion und Festigkeit aufweisen.

### 1.2  Abmessungen von Räumen, Luftraum

(1) Arbeitsräume müssen eine ausreichende Grundfläche und eine, in Abhängigkeit von der Größe der Grundfläche der Räume, ausreichende lichte Höhe aufweisen, so dass die Beschäftigten ohne Beeinträchtigung ihrer Sicherheit, ihrer Gesundheit oder ihres Wohlbefindens ihre Arbeit verrichten können.

(2) Die Abmessungen aller weiteren Räume richten sich nach der Art ihrer Nutzung.

(3) Die Größe des notwendigen Luftraumes ist in Abhängigkeit von der Art der körperlichen Beanspruchung und der Anzahl der Beschäftigten sowie der sonstigen anwesenden Personen zu bemessen.

### 1.3  Sicherheits- und Gesundheitsschutzkennzeichnung

(1) Unberührt von den nachfolgenden Anforderungen sind Sicherheits- und Gesundheitsschutzkennzeichnungen einzusetzen, wenn Gefahren der Sicherheit und Gesundheit der Beschäftigten nicht durch technische oder organisatorische Maßnahmen vermieden oder ausreichend begrenzt werden können. Die Ergebnisse der Gefährdungsbeurteilung sind dabei zu berücksichtigen.

(2) Die Kennzeichnung ist nach der Art der Gefährdung dauerhaft oder vorübergehend nach den Vorgaben der Richtlinie 92/58/EWG des Rates vom 24. Juni 1992 über Mindestvorschriften für die Sicherheits- und/oder Gesundheitsschutzkennzeichnung am Arbeitsplatz (Neunte Einzelrichtlinie im Sinne des Artikels 16 Absatz 1 der Richtlinie 89/391/EWG) (ABl. EG Nr. L 245 S. 23) auszuführen. Diese Richtlinie gilt in der jeweils aktuellen Fassung. Wird diese Richtlinie geändert oder nach den in dieser Richtlinie vorgesehenen Verfahren an den technischen Fortschritt angepasst, gilt sie in der geänderten im Amtsblatt der Europäischen Gemeinschaften veröffentlichten Fassung nach Ablauf der in der Änderungs- oder Anpassungsrichtlinie festgelegten Umsetzungsfrist. Die

geänderte Fassung kann bereits ab Inkrafttreten der Änderungs- oder Anpassungsrichtlinie angewendet werden.

(3) Die Sicherheits- und Gesundheitsschutzkennzeichnung in der Arbeitsstätte oder am Arbeitsplatz hat nach dem Stand der Technik zu erfolgen. Den an den technischen Fortschritt angepassten Stand der Technik geben die nach § 7 Absatz 4 bekannt gemachten Regeln wieder.

### 1.4 Energieverteilungsanlagen

Anlagen, die der Versorgung der Arbeitsstätte mit Energie dienen, müssen so ausgewählt, installiert und betrieben werden, dass die Beschäftigten vor Unfallgefahren durch direktes oder indirektes Berühren spannungsführender Teile geschützt sind und dass von den Anlagen keine Brand- oder Explosionsgefahr ausgeht. Bei der Konzeption und der Ausführung sowie der Wahl des Materials und der Schutzvorrichtungen sind Art und Stärke der verteilten Energie, die äußeren Einwirkbedingungen und die Fachkenntnisse der Personen zu berücksichtigen, die zu Teilen der Anlage Zugang haben.

### 1.5 Fußböden, Wände, Decken, Dächer

(1) Die Oberflächen der Fußböden, Wände und Decken müssen so beschaffen sein, dass sie den Erfordernissen des Betreibens entsprechen und leicht zu reinigen sind. An Arbeitsplätzen müssen die Arbeitsstätten unter Berücksichtigung der Art des Betriebes und der körperlichen Tätigkeit eine ausreichende Dämmung gegen Wärme und Kälte sowie eine ausreichende Isolierung gegen Feuchtigkeit aufweisen.

(2) Die Fußböden der Räume dürfen keine Unebenheiten, Löcher, Stolperstellen oder gefährlichen Schrägen aufweisen. Sie müssen gegen Verrutschen gesichert, tragfähig, trittsicher und rutschhemmend sein.

(3) Durchsichtige oder lichtdurchlässige Wände, insbesondere Ganzglaswände im Bereich

von Arbeitsplätzen oder Verkehrswegen, müssen deutlich gekennzeichnet sein und aus bruchsicherem Werkstoff bestehen oder so gegen die Arbeitsplätze und Verkehrswege abgeschirmt sein, dass die Beschäftigten nicht mit den Wänden in Berührung kommen und beim Zersplittern der Wände nicht verletzt werden können.

(4) Dächer aus nicht durchtrittsicherem Material dürfen nur betreten werden, wenn Ausrüstungen vorhanden sind, die ein sicheres Arbeiten ermöglichen.

### 1.6 Fenster, Oberlichter

(1) Fenster, Oberlichter und Lüftungsvorrichtungen müssen sich von den Beschäftigten sicher öffnen, schließen, verstellen und arretieren lassen. Sie dürfen nicht so angeordnet sein, dass sie in geöffnetem Zustand eine Gefahr für die Beschäftigten darstellen.

(2) Fenster und Oberlichter müssen so ausgewählt oder ausgerüstet und eingebaut sein, dass sie ohne Gefährdung der Ausführenden und anderer Personen gereinigt werden können.

### 1.7 Türen, Tore

(1) Die Lage, Anzahl, Abmessungen und Ausführung insbesondere hinsichtlich der verwendeten Werkstoffe von Türen und Toren müssen sich nach der Art und Nutzung der Räume oder Bereiche richten.

(2) Durchsichtige Türen müssen in Augenhöhe gekennzeichnet sein.

(3) Pendeltüren und -tore müssen durchsichtig sein oder ein Sichtfenster haben.

(4) Bestehen durchsichtige oder lichtdurchlässige Flächen von Türen und Toren nicht aus bruchsicherem Werkstoff und ist zu befürchten, dass sich die Beschäftigten beim Zersplittern verletzen können, sind diese Flächen gegen Eindrücken zu schützen.

(5) Schiebetüren und -tore müssen gegen Ausheben und Herausfallen gesichert sein. Türen und Tore, die sich nach oben öffnen, müssen gegen Herabfallen gesichert sein.

(6) In unmittelbarer Nähe von Toren, die vorwiegend für den Fahrzeugverkehr bestimmt sind, müssen gut sichtbar gekennzeichnete, stets zugängliche Türen für Fußgänger vorhanden sein. Diese Türen sind nicht erforderlich, wenn der Durchgang durch die Tore für Fußgänger gefahrlos möglich ist.

(7) Kraftbetätigte Türen und Tore müssen sicher benutzbar sein. Dazu gehört, dass sie

a) ohne Gefährdung der Beschäftigten bewegt werden oder zum Stillstand kommen können,

b) mit selbsttätig wirkenden Sicherungen ausgestattet sind,

c) auch von Hand zu öffnen sind, sofern sie sich bei Stromausfall nicht automatisch öffnen.

(8) Besondere Anforderungen gelten für Türen im Verlauf von Fluchtwegen (Ziffer 2.3).

### 1.8 Verkehrswege

(1) Verkehrswege, einschließlich Treppen, fest angebrachte Steigleitern und Laderampen müssen so angelegt und bemessen sein, dass sie je nach ihrem Bestimmungszweck leicht und sicher begangen oder befahren werden können und in der Nähe Beschäftigte nicht gefährdet werden.

(2) Die Bemessung der Verkehrswege, die dem Personenverkehr, Güterverkehr oder Personen- und Güterverkehr dienen, muss sich nach der Anzahl der möglichen Benutzer und der Art des Betriebes richten.

(3) Werden Transportmittel auf Verkehrswegen eingesetzt, muss für Fußgänger ein ausreichender Sicherheitsabstand gewahrt werden.

(4) Verkehrswege für Fahrzeuge müssen an Türen und Toren, Durchgängen, Fußgängerwegen und Treppenaustritten in ausreichendem Abstand vorbeiführen.

(5) Soweit Nutzung und Einrichtung der Räume es zum Schutz der Beschäftigten erfordern, müssen die Begrenzungen der Verkehrswege gekennzeichnet sein.

(6) Besondere Anforderungen gelten für Fluchtwege (Ziffer 2.3).

### 1.9 Fahrtreppen, Fahrsteige

Fahrtreppen und Fahrsteige müssen so ausgewählt und installiert sein, dass sie sicher funktionieren und sicher benutzbar sind. Dazu gehört, dass die Notbefehlseinrichtungen gut erkennbar und leicht zugänglich sind und nur solche Fahrtreppen und Fahrsteige eingesetzt werden, die mit den notwendigen Sicherheitsvorrichtungen ausgestattet sind.

### 1.10 Laderampen

(1) Laderampen sind entsprechend den Abmessungen der Transportmittel und der Ladung auszulegen.

(2) Sie müssen mindestens einen Abgang haben; lange Laderampen müssen, soweit betriebstechnisch möglich, an jedem Endbereich einen Abgang haben.

(3) Sie müssen einfach und sicher benutzbar sein. Dazu gehört, dass sie nach Möglichkeit mit Schutzvorrichtungen gegen Absturz auszurüsten sind; das gilt insbesondere in Bereichen von Laderampen, die keine ständigen Be- und Entladestellen sind.

### 1.11 Steigleitern, Steigeisengänge

Steigleitern und Steigeisengänge müssen sicher benutzbar sein. Dazu gehört, dass sie

a) nach Notwendigkeit über Schutzvorrichtungen gegen Absturz, vorzugsweise über Steigschutzeinrichtungen verfügen,

b) an ihren Austrittsstellen eine Haltevorrichtung haben,

c) nach Notwendigkeit in angemessenen Abständen mit Ruhebühnen ausgerüstet sind.

## 2 Maßnahmen zum Schutz vor besonderen Gefahren

### 2.1 Schutz vor Absturz und herabfallenden Gegenständen, Betreten von Gefahrenbereichen

Arbeitsplätze und Verkehrswege, bei denen die Gefahr des Absturzes von Beschäftigten oder des Herabfallens von Gegenständen bestehen oder die an Gefahrenbereiche grenzen, müssen mit Einrichtungen versehen sein, die verhindern, dass Beschäftigte abstürzen oder durch herabfallende Gegenstände verletzt werden oder in die Gefahrenbereiche gelangen. Arbeitsplätze und Verkehrswege nach Satz 1 müssen gegen unbefugtes Betreten gesichert und gut sichtbar als Gefahrenbereich gekennzeichnet sein. Zum Schutz derjenigen, die diese Bereiche betreten müssen, sind geeignete Maßnahmen zu treffen.

### 2.2 Maßnahmen gegen Brände

(1) Arbeitsstätten müssen je nach

a) Abmessung und Nutzung,

b) der Brandgefährdung vorhandener Einrichtungen und Materialien,

c) der größtmöglichen Anzahl anwesender Personen

mit einer ausreichenden Anzahl geeigneter Feuerlöscheinrichtungen und erforderlichenfalls Brandmeldern und Alarmanlagen ausgestattet sein.

(2) Nicht selbsttätige Feuerlöscheinrichtungen müssen als solche dauerhaft gekennzeichnet, leicht zu erreichen und zu handhaben sein.

(3) Selbsttätig wirkende Feuerlöscheinrichtungen müssen mit Warneinrichtungen ausgerüstet sein, wenn bei ihrem Einsatz Gefahren für die Beschäftigten auftreten können.

### 2.3 Fluchtwege und Notausgänge

(1) Fluchtwege und Notausgänge müssen

a) sich in Anzahl, Anordnung und Abmessung nach der Nutzung, der Einrichtung und den Abmessungen der Arbeitsstätte sowie nach der höchstmöglichen Anzahl der dort anwesenden Personen richten,

b) auf möglichst kurzem Weg ins Freie oder, falls dies nicht möglich ist, in einen gesicherten Bereich führen,

c) in angemessener Form und dauerhaft gekennzeichnet sein.

Sie sind mit einer Sicherheitsbeleuchtung auszurüsten, wenn das gefahrlose Verlassen der Arbeitsstätte für die Beschäftigten, insbesondere bei Ausfall der allgemeinen Beleuchtung, nicht gewährleistet ist.

(2) Türen im Verlauf von Fluchtwegen oder Türen von Notausgängen müssen

a) sich von innen ohne besondere Hilfsmittel jederzeit leicht öffnen lassen, solange sich Beschäftigte in der Arbeitsstätte befinden,

b) in angemessener Form und dauerhaft gekennzeichnet sein.

Türen von Notausgängen müssen sich nach außen öffnen lassen. In Notausgängen, die ausschließlich für den Notfall konzipiert und ausschließlich im Notfall benutzt werden, sind Karussell- und Schiebetüren nicht zulässig.

## 3    Arbeitsbedingungen

### 3.1   Bewegungsfläche

(1) Die freie unverstellte Fläche am Arbeitsplatz muss so bemessen sein, dass sich die Beschäftigten bei ihrer Tätigkeit ungehindert bewegen können.

(2) Ist dies nicht möglich, muss den Beschäftigten in der Nähe des Arbeitsplatzes eine andere ausreichend große Bewegungsfläche zur Verfügung stehen.

### 3.2   Anordnung der Arbeitsplätze

Arbeitsplätze sind in der Arbeitsstätte so anzuordnen, dass Beschäftigte

a)  sie sicher erreichen und verlassen können,

b)  sich bei Gefahr schnell in Sicherheit bringen können,

c)  durch benachbarte Arbeitsplätze, Transporte oder Einwirkungen von außerhalb nicht gefährdet werden.

### 3.3   Ausstattung

(1) Jedem Beschäftigten muss mindestens eine Kleiderablage zur Verfügung stehen, sofern Umkleideräume nach § 6 Abs. 2 Satz 3 nicht vorhanden sind.

(2) Kann die Arbeit ganz oder teilweise sitzend verrichtet werden oder lässt es der Arbeitsablauf zu, sich zeitweise zu setzen, sind den Beschäftigten am Arbeitsplatz Sitzgelegenheiten zur Verfügung zu stellen. Können aus betriebstechnischen Gründen keine Sitzgelegenheiten unmittelbar am Arbeitsplatz aufgestellt werden, obwohl es der Arbeitsablauf zulässt, sich zeitweise zu setzen, müssen den Beschäftigten in der Nähe der Arbeitsplätze Sitzgelegenheiten bereitgestellt werden.

### 3.4   Beleuchtung und Sichtverbindung

(1) Die Arbeitsstätten müssen möglichst ausreichend Tageslicht erhalten und mit Einrich-

tungen für eine der Sicherheit und dem Gesundheitsschutz der Beschäftigten angemessenen künstlichen Beleuchtung ausgestattet sein.

(2) Die Beleuchtungsanlagen sind so auszuwählen und anzuordnen, dass sich dadurch keine Unfall- oder Gesundheitsgefahren ergeben können.

(3) Arbeitsstätten, in denen die Beschäftigten bei Ausfall der Allgemeinbeleuchtung Unfallgefahren ausgesetzt sind, müssen eine ausreichende Sicherheitsbeleuchtung haben.

### 3.5   Raumtemperatur

(1) In Arbeits-, Pausen-, Bereitschafts-, Sanitär-, Kantinen- und Erste-Hilfe-Räumen, in denen aus betriebstechnischer Sicht keine spezifischen Anforderungen an die Raumtemperatur gestellt werden, muss während der Arbeitszeit unter Berücksichtigung der Arbeitsverfahren, der körperlichen Beanspruchung der Beschäftigten und des spezifischen Nutzungszwecks des Raumes eine gesundheitlich zuträgliche Raumtemperatur bestehen.

(2) Fenster, Oberlichter und Glaswände müssen je nach Art der Arbeit und der Arbeitsstätte eine Abschirmung der Arbeitsstätten gegen übermäßige Sonneneinstrahlung ermöglichen.

### 3.6   Lüftung

(1) In umschlossenen Arbeitsräumen muss unter Berücksichtigung der Arbeitsverfahren, der körperlichen Beanspruchung und der Anzahl der Beschäftigten sowie der sonstigen anwesenden Personen ausreichend gesundheitlich zuträgliche Atemluft vorhanden sein.

(2) Ist für das Betreiben von Arbeitsstätten eine raumlufttechnische Anlage erforderlich, muss diese jederzeit funktionsfähig sein. Eine Störung muss durch eine selbsttätige Warneinrichtung angezeigt werden. Es müssen Vorkehrungen getroffen sein, durch die die Beschäftigten im Fall einer Störung gegen Gesundheitsgefahren geschützt sind.

(3) Werden Klimaanlagen oder mechanische Belüftungseinrichtungen verwendet, ist sicherzustellen, dass die Beschäftigten keinem störenden Luftzug ausgesetzt sind.

(4) Ablagerungen und Verunreinigungen in raumlufttechnischen Anlagen, die zu einer unmittelbaren Gesundheitsgefährdung durch die Raumluft führen können, müssen umgehend beseitigt werden.

### 3.7 Lärm

In Arbeitsstätten ist der Schalldruckpegel so niedrig zu halten, wie es nach der Art des Betriebes möglich ist. Der Schalldruckpegel am Arbeitsplatz in Arbeitsräumen ist in Abhängigkeit von der Nutzung und den zu verrichtenden Tätigkeiten so weit zu reduzieren, dass keine Beeinträchtigungen der Gesundheit der Beschäftigten entstehen.

### 4  Sanitärräume, Pausen- und Bereitschaftsräume, Erste-Hilfe-Räume, Unterkünfte

### 4.1  Sanitärräume

(1) Toilettenräume sind mit verschließbaren Zugängen, einer ausreichenden Anzahl von Toilettenbecken und Handwaschgelegenheiten zur Verfügung zu stellen. Sie müssen sich sowohl in der Nähe der Arbeitsplätze als auch in der Nähe von Pausen- und Bereitschaftsräumen, Wasch- und Umkleideräumen befinden.

(2) Waschräume nach § 6 Abs. 2 Satz 2 sind

a)  in der Nähe des Arbeitsplatzes und sichtgeschützt einzurichten,

b)  so zu bemessen, dass die Beschäftigten sich den hygienischen Erfordernissen entsprechend und ungehindert reinigen können; dazu muss fließendes warmes und kaltes Wasser, Mittel zum Reinigen und gegebenenfalls zum Desinfizieren sowie zum Abtrocknen der Hände vorhanden sein,

c)  mit einer ausreichenden Anzahl geeigneter Duschen zur Verfügung zu stellen, wenn es die Art der Tätigkeit oder gesundheitliche Gründe erfordern.

Sind Waschräume nach § 6 Abs. 2 Satz 2 nicht erforderlich, müssen in der Nähe des Arbeitsplatzes und der Umkleideräume ausreichende und angemessene Waschgelegenheiten mit fließendem Wasser (erforderlichenfalls mit warmem Wasser), Mitteln zum Reinigen und zum Abtrocknen der Hände zur Verfügung stehen.

(3) Umkleideräume nach § 6 Abs. 2 Satz 3 müssen

a)  leicht zugänglich und von ausreichender Größe und sichtgeschützt eingerichtet werden; entsprechend der Anzahl gleichzeitiger Benutzer muss genügend freie Bodenfläche für ungehindertes Umkleiden vorhanden sein,

b)  mit Sitzgelegenheiten sowie mit verschließbaren Einrichtungen ausgestattet sein, in denen jeder Beschäftigte seine Kleidung aufbewahren kann.

Kleiderschränke für Arbeitskleidung und Schutzkleidung sind von Kleiderschränken für persönliche Kleidung und Gegenstände zu trennen, wenn Umstände dies erfordern.

(4) Wasch- und Umkleideräume, die voneinander räumlich getrennt sind, müssen untereinander leicht erreichbar sein.

### 4.2  Pausen- und Bereitschaftsräume

(1) Pausenräume oder entsprechende Pausenbereiche nach § 6 Abs. 3 Satz 1 sind

a)  für die Beschäftigten leicht erreichbar an ungefährdeter Stelle und in ausreichender Größe bereitzustellen,

b)  entsprechend der Anzahl der gleichzeitigen Benutzer mit leicht zu reinigenden Tischen und Sitzgelegenheiten mit Rückenlehne auszustatten,

c) als separate Räume zu gestalten, wenn die Beurteilung der Arbeitsbedingungen und der Arbeitsstätte dies erfordern.

(2) Bereitschaftsräume nach § 6 Abs. 3 Satz 3 und Pausenräume, die als Bereitschaftsräume genutzt werden, müssen dem Zweck entsprechend ausgestattet sein.

### 4.3 Erste-Hilfe-Räume

(1) Erste-Hilfe-Räume nach § 6 Abs. 4 müssen an ihren Zugängen als solche gekennzeichnet und für Personen mit Rettungstransportmitteln leicht zugänglich sein.

(2) Sie sind mit den erforderlichen Einrichtungen und Materialien zur ersten Hilfe auszustatten. An einer deutlich gekennzeichneten Stelle müssen Anschrift und Telefonnummer der örtlichen Rettungsdienste angegeben sein.

(3) Erste-Hilfe-Ausstattung ist darüber hinaus überall dort aufzubewahren, wo es die Arbeitsbedingungen erfordern. Sie muss leicht zugänglich und einsatzbereit sein. Die Aufbewahrungsstellen müssen als solche gekennzeichnet und gut erreichbar sein.

### 4.4 Unterkünfte

(1) Unterkünfte müssen entsprechend ihrer Belegungszahl ausgestattet sein mit:

a) Wohn- und Schlafbereich (Betten, Schränken, Tischen, Stühlen),

b) Essbereich,

c) Sanitäreinrichtungen.

(2) Bei Anwesenheit von männlichen und weiblichen Beschäftigten ist dies bei der Zuteilung der Räume zu berücksichtigen.

## 5 Ergänzende Anforderungen an besondere Arbeitsstätten

### 5.1 Nicht allseits umschlossene und im Freien liegende Arbeitsstätten

Arbeitsplätze in nicht allseits umschlossenen Arbeitsstätten und im Freien sind so zu gestalten, dass sie von den Beschäftigten bei jeder Witterung sicher und ohne Gesundheitsgefährdung erreicht, benutzt und wieder verlassen werden können. Dazu gehört, dass Arbeitsplätze gegen Witterungseinflüsse geschützt sind oder den Beschäftigten geeignete persönliche Schutzausrüstungen zur Verfügung gestellt werden.

Werden die Beschäftigten auf Arbeitsplätzen im Freien beschäftigt, so sind die Arbeitsplätze nach Möglichkeit so einzurichten, dass die Beschäftigten nicht gesundheitsgefährdenden äußeren Einwirkungen ausgesetzt sind.

### 5.2 Zusätzliche Anforderungen an Baustellen

(1) Die Beschäftigten müssen

a) sich gegen Witterungseinflüsse geschützt umkleiden, waschen und wärmen können,

b) über Einrichtungen verfügen, um ihre Mahlzeiten einnehmen und gegebenenfalls auch zubereiten zu können,

c) in der Nähe der Arbeitsplätze über Trinkwasser oder ein anderes alkoholfreies Getränk verfügen können.

Weiterhin sind auf Baustellen folgende Anforderungen umzusetzen:

d) Sind Umkleideräume nach § 6 Abs. 2 Satz 3 nicht erforderlich, muss für jeden regelmäßig auf der Baustelle anwesenden Beschäftigten eine Kleiderablage und ein abschließbares Fach vorhanden sein, damit persönliche Gegenstände unter Verschluss aufbewahrt werden können.

e) Unter Berücksichtigung der Arbeitsverfahren und der körperlichen Beanspruchung der Beschäftigten ist dafür zu sorgen, dass ausreichend gesundheitlich zuträgliche Atemluft vorhanden ist.

f) Beschäftigte müssen die Möglichkeit haben, Arbeitskleidung und Schutzkleidung außerhalb der Arbeitszeit zu lüften und zu trocknen.

g) In regelmäßigen Abständen sind geeignete Versuche und Übungen an Feuerlöscheinrichtungen und Brandmelde- und Alarmanlagen durchzuführen.

(2) Räumliche Begrenzungen der Arbeitsplätze, Materialien, Ausrüstungen und ganz allgemein alle Elemente, die durch Ortsveränderung die Sicherheit und die Gesundheit der Beschäftigten beeinträchtigen können, müssen auf geeignete Weise stabilisiert werden. Hierzu zählen auch Maßnahmen, die verhindern, dass Fahrzeuge, Erdbaumaschinen und Förderzeuge abstürzen, umstürzen, abrutschen oder einbrechen.

(3) Werden Beförderungsmittel auf Verkehrswegen verwendet, so müssen für andere, den Verkehrsweg nutzende Personen ein ausreichender Sicherheitsabstand oder geeignete Schutzvorrichtungen vorgesehen werden. Die Wege müssen regelmäßig überprüft und gewartet werden.

(4) Bei Arbeiten, aus denen sich im besonderen Maße Gefährdungen für die Beschäftigten ergeben können, müssen geeignete Sicherheitsvorkehrungen getroffen werden. Dies gilt insbesondere für Abbrucharbeiten sowie für den Auf- oder Abbau von Massivbauelementen. Zur Erfüllung der Schutzmaßnahmen des Satzes 1 sind

a) bei Arbeiten an erhöhten oder tiefer gelegenen Standorten Standsicherheit und Stabilität der Arbeitsplätze und ihrer Zugänge auf geeignete Weise zu gewährleisten und zu überprüfen, insbesondere nach einer Veränderung der Höhe oder Tiefe des Arbeitsplatzes,

b) bei Ausschachtungen, Brunnenbauarbeiten, unterirdischen oder Tunnelarbeiten geeignete Verschalungen oder Abschrägungen vorzusehen; vor Beginn von Erdarbeiten sind geeignete Maßnahmen durchzuführen, um die Gefährdung durch unterirdisch verlegte Kabel und andere Versorgungsleitungen festzustellen und auf ein Mindestmaß zu verringern,

c) bei Arbeiten, bei denen Sauerstoffmangel auftreten kann, geeignete Maßnahmen zu treffen, um einer Gefahr vorzubeugen und eine wirksame und sofortige Hilfeleistung zu ermöglichen; Einzelarbeitsplätze in Bereichen, in denen erhöhte Gefahr von Sauerstoffmangel besteht, sind nur zulässig, wenn diese ständig von außen überwacht werden und alle geeigneten Vorkehrungen getroffen sind, um eine wirksame und sofortige Hilfeleistung zu ermöglichen,

d) beim Auf-, Um- sowie Abbau von Spundwänden und Senkkästen angemessene Vorrichtungen vorzusehen, damit sich die Beschäftigten beim Eindringen von Wasser und Material retten können,

e) bei Laderampen Absturzsicherungen vorzusehen.

Abbrucharbeiten sowie Arbeiten mit schweren Massivbauelementen, insbesondere Auf- und Abbau von Stahl- und Betonkonstruktionen sowie Montage und Demontage von Spundwänden und Senkkästen, dürfen nur unter Aufsicht einer befähigten Person geplant und durchgeführt werden.

(5) Vorhandene elektrische Freileitungen müssen nach Möglichkeit außerhalb des Baustellengeländes verlegt oder freigeschaltet werden. Wenn dies nicht möglich ist, sind geeignete Abschrankungen, Abschirmungen oder Hinweise anzubringen, um Fahrzeuge und Einrichtungen von diesen Leitungen fern zu halten.

# Technische Regeln für Arbeitsstätten

### Maßnahmen gegen Brände
### (ASR A2.2)

### Ausgabe: November 2012

## 1. Zielstellung

Diese ASR konkretisiert die Anforderungen an die Ausstattung mit und das Betreiben von Brandmelde- und Feuerlöscheinrichtungen in Arbeitsstätten sowie die damit verbundenen organisatorischen Maßnahmen nach § 3a Abs. 1 und § 4 Abs. 3 sowie insbesondere in den Punkten 2.2 und 5.2 Abs. 1 g des Anhanges der Arbeitsstättenverordnung.

## 2. Anwendungsbereich

(1) Diese ASR gilt für das Ausstatten und Betreiben von Arbeitsstätten mit Feuerlöscheinrichtungen sowie für weitere Maßnahmen zur Erkennung von Entstehungsbränden, zur Alarmierung sowie Bekämpfung von Entstehungsbränden.

(2) Für alle Arbeitsstätten gemäß § 2 der Arbeitsstättenverordnung gelten die Anforderungen und Gestaltungshinweise nach den Punkten 5.2.1 und 5.2.3 (Grundausstattung).

(3) Für Arbeitsstätten mit normaler Brandgefährdung ist die Grundausstattung ausreichend.

(4) Für Arbeitsstätten mit erhöhter Brandgefährdung sind über die Grundausstattung hinaus zusätzlich Maßnahmen nach Punkt 5.2.4 zu berücksichtigen.

## 3. Begriffsbestimmungen

3.1 **Brandgefährdung** liegt vor, wenn entzündbare Stoffe vorhanden sind und die Möglichkeit für eine Brandentstehung vorhanden ist.

3.2 **Normale Brandgefährdung** liegt vor, wenn die Wahrscheinlichkeit einer Brandentstehung, die Geschwindigkeit der Brandausbreitung, die dabei freiwerdenden Stoffe und die damit verbundene Gefährdung für Personen, Umwelt und Sachwerte vergleichbar sind mit einer Büronutzung.

3.3 **Erhöhte Brandgefährdung** liegt vor, wenn Stoffe mit erhöhter Entzündbarkeit vorhanden sind, durch betriebliche Verhältnisse große Möglichkeiten für eine Brandentstehung gegeben sind und in der Anfangsphase des Brandes mit einer schnellen Brandausbreitung zu rechnen ist.

3.4 **Entstehungsbrände** im Sinne dieser Regel sind Brände mit so geringer Rauch-und Wärmeentwicklung, dass noch eine gefahrlose Annäherung von Personen bei freier Sicht auf den Brandherd möglich ist.

3.5 **Brandmelder** dienen dem frühzeitigen Erkennen von Bränden und Auslösen eines Alarms. Dabei wird zwischen automatischen und nichtautomatischen Brandmeldern (Handfeuermeldern) unterschieden.

3.6 **Feuerlöscheinrichtungen** im Sinne der Regel sind tragbare oder fahrbare Feuerlöscher, Wandhydranten und weitere handbetriebene Geräte zur Bekämpfung von Entstehungsbränden.

3.7 **Löschvermögen** beschreibt die Leistung eines Feuerlöschers, ein genormtes Brandobjekt sicher abzulöschen.

3.8 **Löschmitteleinheit** (LE) ist eine eingeführte Hilfsgröße, die es ermöglicht, die Leistungsfähigkeit unterschiedlicher Feuerlöscherbauarten zu vergleichen und das Gesamtlöschvermögen unterschiedlicher Feuerlöscher zu ermitteln.

3.9 **Brandschutzhelfer** sind die Beschäftigten, die der Arbeitgeber für Aufgaben der Brandbekämpfung benannt hat.

## 4. Eignung von Feuerlöschern und Löschmitteln

### 4.1 Brandklassen

Feuerlöscher und Löschmittel müssen zum Löschen für die im Betrieb vorhandenen Materialien oder Stoffe entsprechend ihrer Zuordnung zu einer oder mehreren Brandklassen geeignet sein. Die Eignung für eine oder mehrere Brandklassen ist auf dem Feuerlöscher mit den dafür geltenden Piktogrammen angegeben siehe Tabelle 1).

Tabelle 1: Brandklassen nach DIN EN 2 „Brandklassen" Ausgabe Januar 2005

| Piktogramm | Brandklasse |
|---|---|
| | **Brandklasse A**: Brände fester Stoffe (hauptsächlich organischer Natur), verbrennen normalerweise unter Glutbildung<br><br>Beispiele: Holz, Papier, Stroh, Textilien, Kohle, Autoreifen |
| | **Brandklasse B**: Brände von flüssigen oder flüssig werdenden Stoffen<br><br>Beispiele: Benzin, Benzol, Öle, Fette, Lacke, Teer, Stearin, Paraffin |
| | **Brandklasse C**: Brände von Gasen<br><br>Beispiele: Methan, Propan, Wasserstoff, Acetylen, Erdgas, Stadtgas |
| | **Brandklasse D**: Brände von Metallen<br><br>Beispiele: Aluminium, Magnesium, Lithium, Natrium, Kalium und deren Legierungen |
| | **Brandklasse F**: Brände von Speiseölen und -fetten (pflanzliche oder tierische Öle und Fette) in Frittier- und Fettbackgeräten und anderen Kücheneinrichtungen und -geräten |

#### 4.2 Löschvermögen, Löschmitteleinheiten, Feuerlöscherarten

(1) Das Löschvermögen wird durch eine Zahlen-Buchstabenkombination auf dem Feuerlöscher angegeben. In dieser Zahlen-Buchstabenkombination bezeichnet die Zahl die Größe des abgelöschten Normbrandes und der Buchstabe die Brandklasse (siehe Abb. 1).

Abb. 1: Beispiel für die Beschriftung eines Feuerlöschers

(2) Da das Löschvermögen nicht addiert werden kann, wird zur Berechnung der Anzahl der erforderlichen Feuerlöscher eine Hilfsgröße, die „Löschmitteleinheit (LE)" verwendet. Den Feuerlöschern wird dadurch eine bestimmte Anzahl von Löschmitteleinheiten zugeordnet.

(3) Für die Einstufung von Feuerlöschern ist Tabelle 2 zu beachten. Dort wird die Zuordnung des Löschvermögens der Feuerlöscher, ausgedrückt in Löschmitteleinheiten, getroffen.

Tabelle 2: Zuordnung des Löschvermögens zu Löschmitteleinheiten

|      | Löschvermögen |              |
| ---- | ------------- | ------------ |
| LE   | Brandklasse A | Brandklasse B |
| 1    | 5 A           | 21B          |
| 2    | 8A            | 34B          |
| 3    |               | 55B          |
| 4    | 13A           | 70B          |
| 5    |               | 89B          |
| 6    | 21A           | 113B         |
| 9    | 27A           | 144B         |
| 10   | 34A           |              |
| 12   | 43A           | 183B         |
| 15   | 55A           | 233B         |

(4) Wird ein Feuerlöscher für die Brandklassen A und B eingesetzt und ist dem Löschvermögen für die jeweilige Brandklasse eine unterschiedliche Anzahl von Löschmitteleinheiten zugeordnet, so ist der niedrigere Wert der Löschmitteleinheiten anzusetzen, z. B. 43A und 113B ergeben 6 LE.

#### 5. Ausstattung von Arbeitsstätten

#### 5.1 Branderkennung und Alarmierung

(1) Der Arbeitgeber hat durch geeignete Maßnahmen sicherzustellen, dass die Beschäftigten im Brandfall unverzüglich gewarnt und zum Verlassen von Gebäuden oder gefährdeten Bereichen aufgefordert werden können.

(2) Brände können durch Personen oder Brandmelder erkannt und gemeldet werden.

Brandmelder dienen der frühzeitigen **Erkennung von Bränden** und tragen maßgeblich zum

Löscherfolg und zur rechtzeitigen Einleitung von Räumungs- und Rettungsmaßnahmen bei.

Als Brandmelder werden technische Geräte oder Anlagen zum **Auslösen eines Alarms** im Falle eines Brandes bezeichnet. Der Alarm kann dem Warnen der anwesenden Personen oder dem Herbeirufen von Hilfe, z. B. Sicherheitspersonal, Feuerwehr, dienen. Dabei wird unterschieden zwischen automatischen Brandmeldern, welche einen Brand anhand seiner Eigenschaften (z. B. Rauch, Temperatur, Flamme) erkennen, und nichtautomatischen Brandmeldern, die von Hand betätigt werden müssen (Handfeuermelder).

Automatische Brandmelde- und Alarmierungseinrichtungen sind zu bevorzugen.

(3) Geeignete Maßnahmen zur Alarmierung von Personen sind z. B.:

– Brandmeldeanlagen mit Sprachalarmanlagen (z. B. Hupen, Sirenen),

– Hausalarmanlagen,

– Elektroakustische Notfallwarnsysteme (ENS)

– Optische Alarmierungsmittel,

– Telefonanlagen,

– Megaphone,

– Handsirenen,

– Zuruf durch Personen oder

– Personenbezogene Warneinrichtungen.

Technischen Maßnahmen sind vorrangig umzusetzen.

Die Notwendigkeit von technischen Alarmierungsanlagen kann sich aus der Gefährdungsbeurteilung oder aus Auflagen von Behörden ergeben.

## 5.2 Anzahl und Bereitstellung der Feuerlöscheinrichtungen

Der Arbeitgeber hat Feuerlöscheinrichtungen nach Art und Umfang der Brandgefährdung und der Größe des zu schützenden Bereiches in ausreichender Anzahl nach den Punkten 5.2.1 bis 5.2.4 bereitzustellen. Ein allgemeines Lösungsschema enthält Anhang 1, Ausführungsbeispiele sind im Anhang 2 dargestellt.

### 5.2.1 Grundausstattung mit Feuerlöschern für alle Arbeitsstätten

(1) In allen Arbeitsstätten ist für die Grundausstattung die für einen Bereich erforderliche Anzahl von Feuerlöschern mit dem entsprechenden Löschvermögen für die Brandklassen A und B nach den Tabellen 2 und 3 zu ermitteln. Ausgehend von der Grundfläche der Arbeitsstätte, gemäß Tabelle 3, sind die Löschmitteleinheiten zu ermitteln. Aus Tabelle 2 ist dann die entsprechende Art, Anzahl und Größe der Feuerlöscher entsprechend ihres Löschvermögens zu entnehmen, wobei die Summe der Löschmitteleinheiten mindestens der aus der Tabelle 3 entnommenen Zahl entsprechen muss.

Tabelle 3: Löschmitteleinheiten in Abhängigkeit von der Grundfläche der Arbeitsstätte

| Grundfläche bis ... m$^2$ | Löschmitteleinheiten [LE] |
|---|---|
| 50 | 6 |
| 100 | 9 |
| 200 | 12 |
| 300 | 15 |
| 400 | 18 |
| 500 | 21 |
| 600 | 24 |
| 700 | 27 |
| 800 | 30 |
| 900 | 33 |
| 1000 | 36 |
| je weitere 250 | +6 |

Für die Grundausstattung dürfen nur Feuerlöscher angerechnet werden, die jeweils über mindestens 6 Löschmitteleinheiten (LE) verfügen.

Um tragbare Feuerlöscher einfach handhaben zu können, sollte

– auf ein geringes Gerätegewicht sowie

– innerhalb eines Bereiches auf gleiche Funktionsweise der Geräte bei Auslöse- und Unterbrechungseinrichtungen

geachtet werden.

Bei der Auswahl der Feuerlöscher sollten auch mögliche Folgeschäden durch die Löschmittel berücksichtigt werden.

In mehrgeschossigen Gebäuden ist in jedem Geschoss mindestens ein Feuerlöscher bereitzustellen.

(2) Sind in einem Gebäude Arbeitsstätten verschiedener Arbeitgeber vorhanden, können vorhandene Feuerlöscher gemeinsam genutzt werden. Dabei hat jeder Arbeitgeber sicherzustellen, dass für seine Beschäftigten der Zugriff zu den erforderlichen Feuerlöschern jederzeit gewährleistet ist.

**5.2.2 Wandhydranten**

(1) Wandhydranten können unter den folgenden Voraussetzungen bei der Grundausstattung von Arbeitsstätten mit Feuerlöschern berücksichtigt werden:

– das Löschmittel der Wandhydranten ist für die vorhandenen Brandklassen geeignet (siehe Tabelle 1),

– es handelt sich um Wandhydranten mit formbeständigem Schlauch,

– wenn eine ausreichende Anzahl von Beschäftigten in der Handhabung dieser Wandhydranten unterwiesen sind und

– wenn beim Einsatz sichergestellt ist, dass eine Verrauchung von Fluchtwegen (z. B.

Treppenräumen) verhindert wird. Das ist z. B. der Fall, wenn die Funktion von Rauchschutztüren nicht durch den Schlauch beeinträchtigt wird.

(2) Die Anrechnung der Wandhydranten erfolgt nach folgenden Kriterien:

– Bei Gebäuden/Geschossen mit einer Grundfläche bis einschließlich 400 m$^2$ erfolgt keine Anrechnung von Wandhydranten. Die Ausstattung mit Feuerlöschern erfolgt gemäß Tabelle 3.

– Bei Gebäuden/Geschossen mit einer Grundfläche größer als 400 m$^2$ können bis zu einem Drittel der nach Tabelle 3 erforderlichen Löschmitteleinheiten durch Wandhydranten ersetzt werden. Hierbei werden einem Wandhydranten 27 Löschmitteleinheiten zugeordnet.

**5.2.3 Grundanforderungen für die Bereitstellung von Feuerlöscheinrichtungen**

Der Arbeitgeber hat sicherzustellen, dass in Arbeitsstätten:

– Feuerlöscher gut sichtbar und leicht erreichbar angebracht sind,

– Feuerlöscher vorzugsweise in Fluchtwegen, im Bereich der Ausgänge ins Freie, an den Zugängen zu Treppenräumen oder an Kreuzungspunkten von Verkehrswegen/Fluren angebracht sind.

– die Entfernung von jeder Stelle zum nächstgelegenen Feuerlöscher möglichst nicht mehr als 20 m (tatsächliche Laufweglänge) beträgt, um einen schnellen Zugriff zu gewährleisten,

– Feuerlöscher vor Beschädigungen und Witterungseinflüssen geschützt aufgestellt sind, z. B. durch Schutzhauben, Schränke, Anfahrschutz; dies kann z. B. bei Tankstellen, Tiefgaragen und im Freien erforderlich sein,

– Feuerlöscher so angebracht sind, dass diese ohne Schwierigkeiten aus der Halterung

entnommen werden können; für die Griff-
höhe haben sich 0,80 bis 1,20 m als
zweckmäßig erwiesen.

- die Standorte von Feuerlöschern durch das
Brandschutzzeichen F005 „Feuerlöscher"
entsprechend ASR A1.3 „Sicherheits- und
Gesundheitsschutzkennzeichnung"    gekennzeichnet sind, sofern die Feuerlöscher
nicht gut sichtbar angebracht oder aufgestellt sind. In unübersichtlichen Arbeitsstätten ist der nächstgelegene Standort eines Feuerlöschers gut sichtbar durch das
Brandschutzzeichen F005 „Feuerlöscher"
in Verbindung mit einem Zusatzzeichen
„Richtungspfeil" anzuzeigen. Besonders in
lang gestreckten Räumen oder Fluren sollen Brandschutzzeichen in Laufrichtung jederzeit erkennbar sein, z. B. durch den Einsatz von Fahnen- oder Winkelschildern.

- weitere Feuerlöscheinrichtungen ebenfalls
entsprechend ASR A1.3 „Sicherheits- und
Gesundheitsschutzkennzeichnung"    gekennzeichnet sind (z. B. für Wandhydranten: Brandschutzzeichen F003 „Lösch-
schlauch") und

- die Standorte der Feuerlöscheinrichtungen
in den Flucht- und Rettungsplan entsprechend ASR A2.3 „Fluchtwege und Notausgänge, Flucht- und Rettungsplan" aufgenommen sind.

**5.2.4 Arbeitsstätten mit erhöhter Brandge-
fährdung**

(1) Liegen nach der Gefährdungsbeurteilung
gemäß § 3 der Arbeitsstättenverordnung erhöhte Brandgefährdungen vor, sind neben der
Grundausstattung nach Punkt 5.2.1 und den
Grundanforderungen für die Bereitstellung nach
Punkt 5.2.3 zusätzliche betriebs-und tätigkeits-
spezifische Maßnahmen erforderlich (siehe Absatz 3).

In diesem Zusammenhang wird auf die TRGS
400 „Gefährdungsbeurteilung für Tätigkeiten

mit Gefahrstoffen" und TRGS 800 „Brand-
schutzmaßnahmen" hingewiesen.

In diesem Zusammenhang wird auf die TRGS
400 „Gefährdungsbeurteilung für Tätigkeiten
mit Gefahrstoffen" und TRGS 800 „Brand-
schutzmaßnahmen" hingewiesen.

(2) Erhöhte Brandgefährdungen können z. B.
gegeben sein, wenn:

- Stoffe mit hoher Entzündbarkeit oder brandfördernden Eigenschaften vorhanden sind,

- die örtlichen und betrieblichen Verhältnisse
für die Brandentstehung günstig sind und in
der Anfangsphase mit einer schnellen
Brandausbreitung zu rechnen ist,

- brandgefährliche Arbeiten durchgeführt
werden (z. B. Schweißen, Brennschneiden,
Trennschleifen, Löten) oder brandgefährliche Verfahren angewendet werden (z. B.
Farbspritzen, Flammarbeiten) oder

- erhöhte Gefährdungen vorliegen, z. B.
durch Selbstentzündung, Stoffe der Brandklassen D und F, brennbare Stäube, leicht-
oder hochentzündliche Flüssigkeiten oder
brennbare Gase.

Von erhöhter Brandgefährdung kann z. B. in
folgenden Betrieben oder Betriebsbereichen
ausgegangen werden (siehe Tabelle 4):

Tabelle 4: Beispielhafte Aufzählung von Betrieben oder Betriebsbereichen mit erhöhter Brandgefährdung

|  | Betriebe oder Betriebsbereiche |
|---|---|
| 1. | Verkauf, Handel, Lagerung |
|  | – Lager mit leicht entzündlichen bzw. leicht entflammbaren Stoffen |
|  | – Lager für Recyclingmaterial und Sekundärbrennstoffe |
|  | – Speditionslager |
|  | – Lager mit Lacken und Lösungsmitteln |

|  |  |  |  |
|---|---|---|---|
| | – Altpapierlager | | – Öl-Härtereien |
| | – Baumwolllager, Holzlager, Schaumstofflager | | – Druckereien |
| | – Lagerbereiche für Verpackungsmaterial | | – Petrolchemische Anlagen |
| | | | – Verarbeitung von brennbaren Chemikalien |
| | – Lager mit sonstigem brennbaren Material | | – Leder- und Kunststoffverarbeitung |
| | – Ausstellungen für Möbel | | – Kunststoff-Spritzgießerei |
| | – Verkaufsräume mit erhöhten Brandgefährdungen, z. B. Heimwerkermarkt, Baumarkt | | – Kartonagenherstellung |
| | | | – Backwarenfabrik |
| 2. | Dienstleistung | | – Herstellung von Maschinen und Geräten |
| | – Kinos, Diskotheken | 4. | Handwerk |
| | – Abfallsammelräume | | – Kfz-Werkstatt |
| | – Küchen | | – Tischlerei/Schreinerei |
| | – Beherbergungsbetriebe | | – Polsterei |
| | – Theaterbühnen | | – Metallverarbeitung |
| | – Tank- und Tankfahrzeugreinigung | | – Galvanik |
| | – Chemische Reinigung | | – Vulkanisierung |
| | – Alten- und Pflegeheime | | – Leder-, Kunstleder- und Textilverarbeitung |
| | – Krankenhäuser | | |
| 3. | Industrie | | – Backbetrieb |
| | – Möbelherstellung, Spanplattenherstellung | | – Elektrowerkstatt |

– Webereien, Spinnereien

– Herstellung von Papier im Trockenbereich

– Verarbeitung von Papier

– Getreidemühlen und Futtermittelproduktion

– Schaumstoff-, Dachpappenherstellung

– Verarbeitung von brennbaren Lacken und Klebern

– Lackier- und Pulverbeschichtungsanlagen und -geräte

(3) Über die Grundausstattung hinausgehende zusätzliche Maßnahmen sind z. B.:

– Erhöhung der Anzahl der Feuerlöscher an besonders gefährdeten Arbeitsplätzen, um kürzere Eingreifzeiten aufgrund kürzerer Wege sicherzustellen oder einen größeren Löscheffekt durch gleichzeitigen Einsatz mehrerer Feuerlöscher zu erzielen,

– Bereitstellung von zusätzlichen Feuerlöscheinrichtungen, z. B. fahrbare Pulverlöscher, fahrbare Kohlendioxidlöscher, Schaumlöschgeräte oder Wandhydranten, die Löschmittel müssen für die Brandklassen der vorhandenen Stoffe geeignet sein,

– der Einsatz von Löschanlagen oder

– die Ausrüstung von Bereichen mit Brandmeldeanlagen.

## 6. Betrieb

### 6.1 Unterweisung

Der Arbeitgeber hat die Beschäftigten über die bei ihren Tätigkeiten auftretenden Gefährdungen sowie über die Maßnahmen zu ihrer Abwendung vor Aufnahme der Beschäftigung sowie bei Veränderung des Tätigkeitsbereiches und danach in angemessenen Zeitabständen, mindestens jedoch einmal jährlich, zu unterweisen. Diese Unterweisung muss auch Maßnahmen gegen Entstehungsbrände und Explosionen sowie das Verhalten im Gefahrenfall (z. B. Gebäuderäumung, siehe auch ASR A2.3 „Fluchtwege und Notausgänge, Flucht- und Rettungsplan") einschließen. Die Unterweisung ist zu dokumentieren.

### 6.2 Brandschutzhelfer

(1) Der Arbeitgeber hat eine ausreichende Anzahl von Beschäftigten durch Unterweisung und Übung im Umgang mit Feuerlöscheinrichtungen zur Bekämpfung von Entstehungsbränden vertraut zu machen.

(2) Die notwendige Anzahl von Brandschutzhelfern ergibt sich aus der Gefährdungsbeurteilung. Ein Anteil von fünf Prozent der Beschäftigten ist in der Regel ausreichend. Eine größere Anzahl von Brandschutzhelfern kann z. B. bei erhöhter Brandgefährdung, der Anwesenheit vieler Personen, Personen mit eingeschränkter Mobilität sowie großer räumlicher Ausdehnung der Arbeitsstätte erforderlich sein.

(3) Bei der Anzahl der Brandschutzhelfer sind auch Schichtbetrieb und Abwesenheit einzelner Beschäftigter, z. B. Fortbildung, Ferien, Krankheit und Personalwechsel, zu berücksichtigen.

(4) Die Brandschutzhelfer sind im Hinblick auf ihre Aufgaben fachkundig zu unterweisen. Zum Unterweisungsinhalt gehören neben den Grundzügen des vorbeugenden Brandschutzes Kenntnisse über die betriebliche Brandschutzorganisation, die Funktions-und Wirkungsweise von Feuerlöscheinrichtungen, die Gefahren durch Brände sowie über das Verhalten im Brandfall.

(5) Praktische Übungen (Löschübungen) im Umgang mit Feuerlöscheinrichtungen gehören zur fachkundigen Unterweisung.

### 6.3 Wartung und Prüfung

#### 6.3.1 Brandmelde- und Feuerlöscheinrichtungen

(1) Der Arbeitgeber hat Brandmelde- und Feuerlöscheinrichtungen unter Beachtung der Herstellerangaben in regelmäßigen Abständen sachgerecht warten und auf ihre Funktionsfähigkeit prüfen zu lassen. Die Ergebnisse sind zu dokumentieren.

(2) Werden keine Mängel festgestellt, ist dies auf der Feuerlöscheinrichtung kenntlich zu machen, z. B. durch Anbringen einer Plakette.

(3) Werden Mängel festgestellt, die eine Funktionsfähigkeit der Feuerlöscheinrichtung nicht mehr gewährleisten, hat der Arbeitgeber unverzüglich zu veranlassen, dass die Feuerlöscheinrichtung instandgesetzt oder ausgetauscht wird.

#### 6.3.2 Besondere Regelungen für Feuerlöscher

(1) Die Bauteile von Feuerlöschern sowie die im Feuerlöscher enthaltenen Löschmittel können im Laufe der Zeit unter den äußeren Einflüssen am Aufstellungsort, wie Temperatur, Luftfeuchtigkeit, Verschmutzung, Erschütterung oder unsachgemäße Behandlung, unbrauchbar werden. Zur Sicherstellung der Funktionsfähigkeit sind Feuerlöscher daher mindestens alle zwei Jahre durch einen Sachkundigen zu prüfen.

(2) Bei starker Beanspruchung, z. B. durch Umwelteinflüsse oder mobilen Einsatz, können kürzere Zeitabstände erforderlich sein.

(3) Von der Prüfung der Funktionsfähigkeit durch den Sachkundigen nach Absatz 1 bleiben die zusätzlichen wiederkehrenden Prüfungen der Feuerlöscher nach der Betriebssicherheitsverordnung unberührt.

### 7. Abweichende/ergänzende Anforderungen für Baustellen

(1) Die Anforderungen in den Punkten 5.2.1 und 6.2 gelten auf Baustellen nur für stationäre Baustelleneinrichtungen, z. B: Baubüros, Unterkünfte oder Werkstätten.

(2) Werden auf Baustellen Arbeiten mit einer Brandgefährdung durchgeführt, z. B. Schweißen, Brennschneiden, Trennschleifen, Löten oder Verfahren angewendet, bei denen eine Brandgefährdung besteht, z. B. Farbspritzen, Flammarbeiten, ist dort für jedes der dabei eingesetzten Arbeitsmittel ein Feuerlöscher für die entsprechenden Brandklassen mit mindestens 6 LE bereitzuhalten.

(3) Personen, die mit den vorgenannten Arbeitsmitteln tätig werden, sind theoretisch und praktisch im Umgang mit Feuerlöschern zu unterweisen. Es empfiehlt sich, diese Unterweisung in Abständen von 3 bis 5 Jahren zu wiederholen.

(4) Baustellen mit besonderen Gefährdungen (z. B. Untertagebaustellen, Hochhausbau) erfordern zusätzliche Maßnahmen gegen Brände nach Punkt 5.2.4.

### Ausgewählte Literaturhinweise:

– DIN EN 2: 2005 – 01 Brandklassen

– DIN EN 3-7: 2007 – 10 Tragbare Feuerlöscher – Teil 7: Eigenschaften, Leistungsanforderungen und Prüfungen

– DIN EN 3 Beiblatt 1:2000 – 03 Tragbare Feuerlöscher – Feuerlöschmittel und Umweltschutz

### Anhang 1
### Allgemeines Lösungsschema:

1. Schritt – Ermittlung der vorhandenen Brandklassen nach Tabelle 1

2. Schritt – Ermittlung der Brandgefährdung gemäß Gefährdungsbeurteilung

3. Schritt – Ermittlung der Löschmitteleinheiten (LE) in Abhängigkeit der Grundfläche für die in allen Arbeitsstätten notwendige Grundausstattung mit Feuerlöscheinrichtungen nach Tabelle 3

4. Schritt – Festlegung der für die Grundausstattung notwendigen Anzahl der Feuerlöscheinrichtungen entsprechend den Löschmitteleinheiten (LE) nach Tabelle 2

5. Schritt – Festlegung von zusätzlichen Maßnahmen nach Punkt 5.2.4 Abs. 3 bei erhöhter Brandgefährdung (siehe auch Tabelle 4)

### Anhang 2
### Ausführungsbeispiele – Bereitstellung von Feuerlöscheinrichtungen

**Beispiel 1:**

Brandklassen A und B, Betriebsbereich 500 m², die Gefährdungsbeurteilung ergab normale Brandgefährdung.

➔ Grundausstattung mit Feuerlöschern gemäß Tabelle 3:

Tabelle 3 ergibt für 500 m² – 21 LE.

Gewählt werden Pulverlöscher mit Löschvermögen 21A 113B, was nach Tabelle 2 für diese Bauart 6 LE entspricht.

Es sind demnach 21 LE geteilt durch 6 also 4 Feuerlöscher dieser Bauart erforderlich.

**Beispiel 2:**

Brandklassen A, B und F, Betriebsbereich 700 m², die Gefährdungsbeurteilung ergab erhöhte Brandgefährdung.

→ Grundausstattung mit Feuerlöschern gemäß Tabelle 3:

Tabelle 3 ergibt für 700 m$^2$ – 27 LE.

Gewählt werden Pulverlöscher mit Löschvermögen 43A 233B, was nach Tabelle 2 für diese Bauart 12 LE entspricht.

Es sind demnach 27 LE geteilt durch 12 also 3 Feuerlöscher dieser Bauart für die Grundausstattung erforderlich.

→ Zusätzliche Maßnahmen:

Zusätzlich werden für die Bereiche mit Brandklasse F Fettbrandlöscher mit Löschvermögen 75F bereitgestellt.

Gewählt werden Wasserlöscher mit Löschvermögen 21A, was nach Tabelle 2 für diese Bauart 6 LE entspricht.

Es sind demnach 24 LE geteilt durch 6 also 4 Feuerlöscher dieser Bauart für die Grundausstattung erforderlich.

→ Zusätzliche Maßnahmen:

Zusätzlich werden 6 weitere Wasserlöscher mit Löschvermögen 13A bereitgestellt und im Betriebsbereich verteilt, um die Wege zum nächstgelegenen Feuerlöscher für einen noch schnelleren Zugriff zu verkürzen.

**Beispiel 3:**

Brandklassen A und B, Betriebsbereich 400 m$^2$, die Gefährdungsbeurteilung ergab erhöhte Brandgefährdung.

→ Grundausstattung mit Feuerlöschern gemäß Tabelle 3:

Tabelle 3 ergibt für 400 m$^2$ – 18 LE.

Gewählt werden Schaumlöscher mit Löschvermögen 21A 113B, was nach Tabelle 2 für diese Bauart 6 LE entspricht.

Es sind demnach 18 LE geteilt durch 6 also 3 Feuerlöscher dieser Bauart für die Grundausstattung erforderlich.

→ Zusätzliche Maßnahmen:

Zusätzlich wird eine automatische Brandmeldeanlage und eine stationäre Löschanlage installiert.

**Beispiel 4:**

Brandklasse A, Betriebsbereich 600 m$^2$, die Gefährdungsbeurteilung ergab erhöhte Brandgefährdung.

→ Grundausstattung mit Feuerlöschern gemäß Tabelle 3:

Tabelle 3 ergibt für 600 m$^2$ – 24 LE.

# Technische Regeln für Arbeitsstätten

Fluchtwege und Notausgänge,
Flucht- und Rettungsplan
(ASR A2.3)

Ausgabe: August 2007
(mit Ergänzung GMBl 2011, S. 1090 [Nr. 54])

## 1. Zielstellung

Diese Arbeitsstättenregel konkretisiert die Anforderungen gemäß § 4 Abs. 4 sowie Punkt 2.3 des Anhangs der Arbeitsstättenverordnung an das Einrichten und Betreiben von Fluchtwegen und Notausgängen sowie an den Flucht- und Rettungsplan, um im Gefahrenfall das sichere Verlassen der Arbeitsstätte zu gewährleisten.

## 2. Anwendungsbereich

Diese Arbeitsstättenregel gilt für das Einrichten und Betreiben von Fluchtwegen sowie Notausgängen in Gebäuden und vergleichbaren Einrichtungen, zu denen Beschäftigte im Rahmen ihrer Arbeit Zugang haben, sowie für das Erstellen von Flucht- und Rettungsplänen und das Üben entsprechend dieser Pläne. Dabei ist die Anwesenheit von anderen Personen zu berücksichtigen.

Diese Arbeitsstättenregel[1) gilt nicht

– für das Einrichten und Betreiben von

a) nicht allseits umschlossenen und im Freien liegenden Arbeitsstätten

b) entfallen

c) Bereichen in Gebäuden und vergleichbaren Einrichtungen, in denen sich Beschäftigte nur im Falle von Instandsetzungs- und Wartungsarbeiten aufhalten müssen

d) Bereichen in Gebäuden und vergleichbaren Einrichtungen, in denen Menschen mit Behinderungen beschäftigt werden

– für das Verlassen von Arbeitsmitteln i.S.d. § 2 Abs. 1 Betriebssicherheitsverordnung im Gefahrenfall.

Sofern im Einzelfall vergleichbare Verhältnisse vorliegen, können sowohl in diesen sowie in den anderen vom Anwendungsbereich ausgenommenen Bereichen die hierfür zutreffenden Regelungen der Arbeitsstättenregel angewendet werden. Andernfalls sind spezifische Maßnahmen notwendig, um die erforderliche Sicherheit für die Beschäftigten im Gefahrenfall zu gewährleisten.

## 3. Begriffe

3.1 **Fluchtwege** sind Verkehrswege, an die besondere Anforderungen zu stellen sind und die der Flucht aus einem möglichen Gefährdungsbereich und in der Regel zugleich der Rettung von Personen dienen. Fluchtwege führen ins Freie oder in einen gesicherten Bereich. Fluchtwege im Sinne dieser Regel sind auch die im Bauordnungsrecht definierten Rettungswege, sofern sie selbstständig begangen werden können.

Den **ersten** Fluchtweg bilden die für die Flucht und Rettung erforderlichen Verkehrswege und Türen, die nach dem Bauordnungsrecht notwendigen Flure und Treppenräume für notwendige Treppen sowie die Notausgänge.

Der **zweite** Fluchtweg führt durch einen zweiten Notausgang, der als Notausstieg ausgebildet sein kann.

3.2 **Fluchtweglänge** ist die kürzeste Wegstrecke in Luftlinie gemessen vom entferntesten Aufenthaltsort bis zu einem Notausgang.

3.3 Bei einer **Gefährdungsbeurteilung** handelt es sich um die Ermittlung und Bewertung der Gefährdungen nach § 5 Arbeitsschutzgesetz.

3.4 **Gefangener Raum** ist ein Raum, der ausschließlich durch einen anderen Raum betreten oder verlassen werden kann.

3.5 **Gesicherter Bereich** ist ein Bereich, in dem Personen vorübergehend vor einer unmittelbaren Gefahr für Leben und Gesundheit geschützt sind. Als gesicherte Bereiche gelten z. B. benachbarte Brandabschnitte oder notwendige Treppenräume.

---

1) Die Aspekte Baustellen und barrierefreie Gestaltung werden zu einem späteren Zeitpunkt eingefügt.

3.6 Ein **Notausgang** ist ein Ausgang im Verlauf eines Fluchtweges, der direkt ins Freie oder in einen gesicherten Bereich führt.

Ein **Notausstieg** ist im Verlauf eines zweiten Fluchtweges ein zur Flucht aus einem Raum oder einem Gebäude geeigneter Ausstieg.

3.7 Im Rahmen einer **Räumungsübung** wird überprüft, ob eine Evakuierung der im Anwendungsbereich dieser Regel genannten Bereiche im Gefahrenfall schnell und sicher möglich ist.

3.8 **Sicherheitszeichen** ist ein Zeichen, das durch Kombination von geometrischer Form und Farbe sowie graphischem Symbol eine bestimmte Sicherheits- und Gesundheitsschutzaussage ermöglicht.

## 4. Allgemeines

(1) Beim Einrichten und Betreiben von Fluchtwegen und Notausgängen sind die beim Errichten von Rettungswegen zu beachtenden Anforderungen des Bauordnungsrechts der Länder zu berücksichtigen. Darüber hinaus können sich weitergehende Anforderungen an Fluchtwege und Notausgänge aus dieser Arbeitsstättenregel ergeben. Dies gilt z. B. für das Erfordernis zur Einrichtung eines zweiten Fluchtweges.

(2) Fluchtwege, Notausgänge und Notausstiege müssen ständig freigehalten werden, damit sie jederzeit benutzt werden können.

(3) Notausgänge und Notausstiege, die von außen verstellt werden können, sind auch von außen gem. Punkt 7 (3) zu kennzeichnen und durch weitere Maßnahmen zu sichern, wie z. B. durch die Anbringung von Abstandsbügeln für Kraftfahrzeuge.

(4) Aufzüge sind als Teil des Fluchtweges unzulässig.

(5) Das Erfordernis eines zweiten Fluchtweges ergibt sich aus der Gefährdungsbeurteilung unter besonderer Berücksichtigung der bei dem jeweiligen Aufenthaltsort bzw. Arbeitsplatz vorliegenden spezifischen Verhältnisse, wie z. B. einer erhöhten Brandgefahr oder der Zahl der Personen, die auf den Fluchtweg angewiesen sind. Ein zweiter Fluchtweg kann z. B. erforderlich sein bei Produktions- oder Lagerräumen mit einer Fläche von mehr als 200 m², bei Geschossen mit einer Grundfläche von mehr als 1.600 m² oder aufgrund anderer spezifischer Vorschriften.

(6) Fahrsteige, Fahrtreppen, Wendel- und Spindeltreppen sowie Steigleitern und Steigeisengänge sind im Verlauf eines ersten Fluchtweges nicht zulässig. Im Verlauf eines zweiten Fluchtweges sind sie nur dann zulässig, wenn die Ergebnisse der Gefährdungsbeurteilung deren sichere Benutzung im Gefahrenfall erwarten lassen.

Dabei sollten Fahrsteige gegenüber Fahrtreppen, Wendeltreppen gegenüber Spindeltreppen, Spindeltreppen gegenüber Steigleitern und Steigleitern gegenüber Steigeisengängen bevorzugt werden.

(7) Führen Fluchtwege durch Schrankenanlagen, z. B. in Kassenzonen oder Vereinzelungsanlagen, müssen sich Sperreinrichtungen schnell und sicher sowie ohne besondere Hilfsmittel mit einem Kraftaufwand von maximal 150 N in Fluchtrichtung öffnen lassen.

(8) Fluchtwege sind deutlich erkennbar und dauerhaft zu kennzeichnen. Die Kennzeichnung ist im Verlauf des Fluchtweges an gut sichtbaren Stellen und innerhalb der Erkennungsweite anzubringen. Sie muss die Richtung des Fluchtweges anzeigen.

(9) Der erste und der zweite Fluchtweg dürfen innerhalb eines Geschosses über denselben Flur zu Notausgängen führen.

## 5. Anordnung, Abmessungen

(1) Fluchtwege sind in Abhängigkeit von vorhandenen Gefährdungen und den damit gemäß Punkt 5 (2) dieser Regel verbundenen maximal zulässigen Fluchtweglängen, sowie in Abhän-

gigkeit von Lage und Größe des Raumes anzuordnen.

Bei der Gefährdungsbeurteilung sind u. a. die Höchstzahl der Personen und der Anteil an ortsunkundigen Personen zu berücksichtigen.

(2) Die Fluchtweglänge muss möglichst kurz sein und darf

a) für Räume, ausgenommen Räume nach b) bis f) bis zu 35 m

b) für brandgefährdete Räume mit selbsttätigen Feuerlöscheinrichtungen bis zu 35 m

c) für brandgefährdete Räume ohne selbsttätige Feuerlöscheinrichtungen bis zu 25 m

d) für giftstoffgefährdete Räume bis zu 20 m

e) für explosionsgefährdete Räume, ausgenommen Räume nach f) bis zu 20 m

f) für explosivstoffgefährdete Räume bis zu 10 m

betragen. Die tatsächliche Laufweglänge darf jedoch nicht mehr als das 1,5fache der Fluchtweglänge betragen. Sofern es sich bei einem Fluchtweg nach a), b) oder c) auch um einen Rettungsweg handelt und das Bauordnungsrecht der Länder für diesen Weg eine von Satz 1 abweichende längere Weglänge zulässt, können beim Einrichten und Betreiben des Fluchtweges die Maßgaben des Bauordnungsrechts angewandt werden.

(3) Die Mindestbreite der Fluchtwege bemisst sich nach der Höchstzahl der Personen, die im Bedarfsfall den Fluchtweg benutzen und ergibt sich aus nachfolgender Tabelle:

|   | Anzahl der Personen (Einzugsgebiet) | Lichte Breite (in m) |
|---|---|---|
| 1 | bis 5 | 0,875 |
| 2 | bis 20 | 1,00 |
| 3 | bis 200 | 1,20 |
| 4 | bis 300 | 1,80 |
| 5 | bis 400 | 2,40 |

Bei der Bemessung von Tür-, Flur- und Treppenbreiten sind sämtliche Räume und für die Flucht erforderliche und besonders gekennzeichnete Verkehrswege in Räumen zu berücksichtigen, die in den Fluchtweg münden. Tür-, Flur- und Treppenbreiten sind aufeinander abzustimmen.

Die Mindestbreite des Fluchtweges darf durch Einbauten oder Einrichtungen sowie in Richtung des Fluchtweges zu öffnende Türen nicht eingeengt werden. Eine Einschränkung der Mindestbreite der Flure von maximal 0,15 m an Türen kann vernachlässigt werden. Für Einzugsgebiete bis 5 Personen darf die lichte Breite jedoch an keiner Stelle weniger als 0,80 m betragen.

(4) Die lichte Höhe über Fluchtwegen muss mindestens 2,00 m betragen. Eine Reduzierung der lichten Höhe von maximal 0,05 m an Türen kann vernachlässigt werden.

### 6. Ausführung

(1) Manuell betätigte Türen in Notausgängen müssen in Fluchtrichtung aufschlagen. Die Aufschlagrichtung von sonstigen Türen im Verlauf von Fluchtwegen hängt von dem Ergebnis der Gefährdungsbeurteilung ab, die im Einzelfall unter Berücksichtigung der örtlichen und betrieblichen Verhältnisse, insbesondere der möglichen Gefahrenlage, der Anzahl der Personen, die gleichzeitig einen Fluchtweg benützen müssen sowie des Personenkreises, der auf die Benutzbarkeit der Türen angewiesen ist, durchzuführen ist.

(2) Karussell- und Schiebetüren, die ausschließlich manuell betätigt werden, sind in Fluchtwegen unzulässig. Automatische Türen und Tore sind im Verlauf von Fluchtwegen nur in Fluren und für Räume nach Punkt 5 (2) a) und b) zulässig, wenn sie den diesbezüglichen bauordnungsrechtlichen Anforderungen entsprechen. Sie dürfen nicht in Notausgängen eingerichtet und betrieben werden, die ausschließlich für den Notfall konzipiert und ausschließlich im Notfall benutzt werden.

(3) Türen im Verlauf von Fluchtwegen und Notausstiege müssen sich leicht und ohne besondere Hilfsmittel öffnen lassen, solange Personen im Gefahrenfall auf die Nutzung des entsprechenden Fluchtweges angewiesen sind.

Leicht zu öffnen bedeutet, dass die Öffnungseinrichtung gut erkennbar und an zugänglicher Stelle angebracht (insbesondere Entriegelungshebel bzw. -knöpfe zur Handbetätigung von automatischen Türen), sowie dass die Betätigungsart leicht verständlich und das Öffnen mit nur geringer Kraft möglich ist.

Ohne besondere Hilfsmittel bedeutet, dass die Tür im Gefahrenfall unmittelbar von jeder Person geöffnet werden kann.

(4) Verschließbare Türen und Tore im Verlauf von Fluchtwegen müssen jederzeit von innen ohne besondere Hilfsmittel leicht zu öffnen sein. Dies ist gewährleistet, wenn sie mit besonderen mechanischen Entriegelungseinrichtungen, die mittels Betätigungselementen, wie z. B. Türdrücker, Panikstange, Paniktreibriegel oder Stoßplatte, ein leichtes Öffnen in Fluchtrichtung jederzeit ermöglichen, oder mit bauordnungsrechtlich zugelassenen elektrischen Verriegelungssystemen ausgestattet sind. Bei elektrischen Verriegelungssystemen übernimmt die Not-Auf-Taste die Funktion der o. g. mechanischen Entriegelungseinrichtung. Bei Stromausfall müssen elektrische Verriegelungssysteme von Türen im Verlauf von Fluchtwegen selbstständig entriegeln.

(5) Am Ende eines Fluchtweges muss der Bereich im Freien bzw. der gesicherte Bereich so gestaltet und bemessen sein, dass sich kein Rückstau bilden kann und alle über den Fluchtweg flüchtenden Personen ohne Gefahren, wie z. B. durch Verkehrswege oder öffentliche Straßen, aufgenommen werden können.

(6) Treppen im Verlauf von ersten Fluchtwegen müssen, Treppen im Verlauf von zweiten Fluchtwegen sollen über gerade Läufe verfügen.

(7) Fluchtwege dürfen keine Ausgleichsstufen enthalten. Geringe Höhenunterschiede sind durch Schrägrampen mit einer maximalen Neigung von 6 % auszugleichen.

(8) Für Notausstiege sind erforderlichenfalls fest angebrachte Aufstiegshilfen zur leichten und raschen Benutzung vorzusehen (z. B. Podest, Treppe, Steigeisen oder Haltestangen zum Überwinden von Brüstungen). Notausstiege müssen im Lichten mindestens 0,90 m in der Breite und mindestens 1,20 m in der Höhe aufweisen.

(9) Dachflächen, über die zweite Fluchtwege führen, müssen den bauordnungsrechtlichen Anforderungen an Rettungswege entsprechen (z. B. hinsichtlich Tragfähigkeit, Feuerwiderstandsdauer und Umwehrungen der Fluchtwege im Falle einer bestehenden Absturzgefahr).

(10) Gefangene Räume dürfen als Arbeits-, Bereitschafts-, Liege-, Erste-Hilfe- und Pausenräume nur genutzt werden, wenn die Nutzung nur durch eine geringe Anzahl von Personen erfolgt und wenn folgende Maßgaben beachtet wurden:

–   Sicherstellung der Alarmierung im Gefahrenfall, z. B. durch eine automatische Brandmeldeanlage mit Alarmierung

    oder

–   Gewährleistung einer Sichtverbindung zum Nachbarraum, sofern der gefangene Raum nicht zum Schlafen genutzt und eine geringe Brandgefährdung im vorgelagerten Raum gegeben ist.

### 7. Kennzeichnung

(1) Die Kennzeichnung der Fluchtwege, Notausgänge, Notausstiege und Türen im Verlauf von Fluchtwegen muss entsprechend der ASR A1.3 „Sicherheits- und Gesundheitsschutzkennzeichnung" erfolgen.

(2) Erforderlichenfalls ist ein Sicherheitsleitsystem einzurichten, wenn aufgrund der örtlichen oder betrieblichen Bedingungen eine erhöhte Gefährdung vorliegt. Eine erhöhte Ge-

fährdung kann z. B. in großen zusammenhängenden oder mehrgeschossigen Gebäudekomplexen, bei einem hohen Anteil ortsunkundiger Personen oder einem hohen Anteil an Personen mit eingeschränkter Mobilität vorliegen. Dabei kann ein Sicherheitsleitsystem notwendig sein, das auf eine Gefährdung reagiert und die günstigste Fluchtrichtung anzeigt.

(3) Notausgänge und Notausstiege sind, sofern diese von der Außenseite zugänglich sind, auf der Außenseite mit dem Verbotszeichen „Nichts abstellen oder lagern" zu kennzeichnen und ggf. gemäß Punkt 4 (3) zu sichern.

### 8. Sicherheitsbeleuchtung

Fluchtwege sind mit einer Sicherheitsbeleuchtung auszurüsten, wenn bei Ausfall der allgemeinen Beleuchtung das gefahrlose Verlassen der Arbeitsstätte nicht gewährleistet ist.

Eine Sicherheitsbeleuchtung kann z. B. in Arbeitsstätten erforderlich sein

– mit großer Personenbelegung, hoher Geschosszahl, Bereichen erhöhter Gefährdung oder unübersichtlicher Fluchtwegführung

– die durch ortsunkundige Personen genutzt werden

– in denen große Räume durchquert werden müssen (z. B. Hallen, Großraumbüros oder Verkaufsgeschäfte)

– ohne Tageslichtbeleuchtung, wie z. B. bei Räumen unter Erdgleiche.

### 9. Flucht- und Rettungsplan

(1) Der Arbeitgeber hat für die Bereiche in Arbeitsstätten einen Flucht- und Rettungsplan aufzustellen, in denen dies die Lage, die Ausdehnung und die Art der Benutzung der Arbeitsstätte erfordern.

Dies kann beispielsweise in folgenden Fällen erforderlich sein:

– bei unübersichtlicher Flucht- und Rettungswegführung (z. B. über Zwischengeschosse, durch größere Räume, gewinkelte oder von den normalen Verkehrswegen abweichende Wegführung)

– bei einem hohen Anteil an ortsunkundigen Personen (z. B. Arbeitsstätten mit Publikumsverkehr)

– in Bereichen mit einer erhöhten Gefährdung (z. B. Räume nach Punkt 5 (2) c) bis f)), wenn sich aus benachbarten Arbeitsstätten Gefährdungsmöglichkeiten ergeben (z. B. durch explosions- bzw. brandgefährdete Anlagen oder Stofffreisetzung).

(2) Flucht- und Rettungspläne müssen aktuell, übersichtlich, gut lesbar und farblich unter Verwendung von Sicherheitsfarben und Sicherheitszeichen gestaltet sein. Angaben zur Gestaltung von Flucht- und Rettungsplänen siehe ASR A1.3 „Sicherheits- und Gesundheitsschutzkennzeichnung".

(3) Die Flucht- und Rettungspläne müssen graphische Darstellungen enthalten über

– den Gebäudegrundriss oder Teile davon

– den Verlauf der Flucht- und Rettungswege

– die Lage der Erste-Hilfe-Einrichtungen

– die Lage der Brandschutzeinrichtungen

– die Lage der Sammelstellen

– den Standort des Betrachters.

(4) Regeln für das Verhalten im Brandfall und das Verhalten bei Unfällen sind eindeutig und in kurzer, prägnanter Form und in hinreichender Schriftgröße in jeden Flucht- und Rettungsplan zu integrieren. Die Inhalte der Verhaltensregeln sind den örtlichen Gegebenheiten anzupassen.

(5) Die Flucht- und Rettungspläne sind in den Bereichen der Arbeitsstätte in ausreichender Zahl an geeigneten Stellen auszuhängen, in denen sie nach Punkt 9 (1) aufzustellen sind. Geeignete Stellen sind beispielsweise zentrale Bereiche in Fluchtwegen, an denen sich häufiger

Personen aufhalten (z. B. vor Aufzugsanlagen, in Pausenräumen, in Eingangsbereichen, vor Zugängen zu Treppen, an Kreuzungspunkten von Verkehrswegen).

Sie müssen auf den jeweiligen Standort des Betrachters bezogen lagerichtig dargestellt werden.

Ist am Ort des Aushangs des Flucht- und Rettungsplans eine Sicherheitsbeleuchtung nach Punkt 8 erforderlich, muss die Nutzbarkeit des Flucht- und Rettungsplans auch bei Ausfall der allgemeinen Beleuchtung gewährleistet sein (z. B. durch eine entsprechende Anordnung der Sicherheitsbeleuchtung oder durch Verwendung von nachleuchtenden Materialien).

(6) Der Arbeitgeber hat die Beschäftigten über den Inhalt der Flucht- und Rettungspläne, sowie über das Verhalten im Gefahrenfall regelmäßig in verständlicher Form vorzugsweise mindestens einmal jährlich im Rahmen einer Begehung der Fluchtwege zu informieren.

(7) Auf der Grundlage der Flucht- und Rettungspläne sind Räumungsübungen durchzuführen.

Anhand der Übungen soll mindestens überprüft werden, ob

– die Alarmierung zu jeder Zeit unverzüglich ausgelöst werden kann,

– die Alarmierung alle Personen erreicht, die sich im Gebäude aufhalten,

– sich alle Personen, die sich im Gebäude aufhalten, über die Bedeutung der jeweiligen Alarmierung im Klaren sind,

– die Fluchtwege schnell und sicher benutzt werden können.

Zur Festlegung der Häufigkeit und des Umfangs der Räumungsübungen sowie zu deren Durchführung sind erforderlichenfalls die zuständigen Behörden hinzuziehen.

(8) Für Arbeitsstätten, in denen gemäß der Gefährdungsbeurteilung besondere Gefährdungen

auftreten können oder aufgrund der örtlichen Gegebenheiten sowie der Nutzungsart mit komplizierten Bedingungen im Gefahrenfall zu rechnen ist, ist unter Berücksichtigung der Anforderungen aus anderen Rechtsgebieten zu prüfen, ob zusätzliche Anforderungen nach § 10 Arbeitsschutzgesetz erforderlich sind, wie z. B. die Aufstellung betrieblicher Alarm- und Gefahrenabwehrpläne oder die Erstellung von Brandschutzordnungen oder Evakuierungsplänen.

(9) Der Flucht- und Rettungsplan ist mit entsprechenden Plänen nach anderen Rechtsvorschriften, z. B. den Alarm- und Gefahrenabwehrplänen nach § 10 der Störfallverordnung, abzustimmen oder mit diesen zu verbinden.

## 10. Ergänzende Anforderungen für Baustellen

(1) Auf Baustellen, auf denen Beschäftigte mehrerer Arbeitgeber tätig werden, haben sich diese Arbeitgeber bei der Festlegung von Maßnahmen zur Gestaltung von Fluchtwegen abzustimmen. Die Hinweise des nach Baustellenverordnung bestellten Koordinators sind dabei zu berücksichtigen.

(2) Die Anforderungen in den Punkten 5 und 6 dieser ASR sind aufgrund der örtlichen und betrieblichen Gegebenheiten auf Baustellen nicht durchgehend anwendbar. In diesen Fällen sind in Abhängigkeit der Höchstzahl der Personen, die im Bedarfsfall den Fluchtweg benutzen, die Anordnung, die Abmessungen und die Ausführung der Fluchtwege im Ergebnis der Gefährdungsbeurteilung festzulegen. Fluchtwege können dann auch über temporäre Verkehrswege führen, z. B. Gerüste oder Anlegeleitern.

(3) Fluchtwege, die nicht erkennbar ins Freie oder in einen gesicherten Bereich führen oder deren Verlauf sich während der Baumaßnahme wesentlich ändert oder unübersichtlich ist, müssen nach Punkt 7 gekennzeichnet sein. Auch in diesen Fällen ist ein Flucht- und Rettungsplan nach Punkt 9 erforderlich.

(4) Die Kennzeichnung nach Punkt 7 hat zum frühest möglichen Zeitpunkt, spätestens nach

Fertigstellung einzelner Bauabschnitte zu erfolgen.

(5) Der Flucht- und Rettungsplan kann mit Baustelleneinrichtungsplänen oder Baustellenordnungen verbunden und abweichend von Punkt 9 (5) an einer zentralen Stelle, z. B. dem sogenannten „Schwarzen Brett", witterungsgeschützt ausgehängt sein. Insbesondere bei großen und komplexen bzw. unübersichtlichen Baustellen kann es erforderlich werden, orts-, geschoss- oder abschnittsbezogene Flucht- und Rettungspläne an anderen geeigneten Stellen auszuhängen.

(6) Abweichend von Punkt 9 (6) hat der Arbeitgeber in Abhängigkeit der Baustellensituation über Veränderungen der Fluchtwege unverzüglich zu informieren.

(7) Beispiele für Baustellen mit besonderen Gefährdungen nach Punkt 9 (8) sind:

– Tunnelbau,

– Arbeiten in Druckluft und Caissonbau,

– Turm- und Schornsteinbau.

# Technische Regeln für Arbeitsstätten

Erste-Hilfe-Räume, Mittel und Einrichtungen zur Ersten Hilfe
(ASR A4.3)

Ausgabe: Dezember 2010
(mit Änderung und Ergänzung GMBl 2011, S. 1090 [Nr. 54])

## 1. Zielstellung

Diese Arbeitsstättenregel konkretisiert die Anforderungen an Mittel und Einrichtungen zur Ersten Hilfe sowie an Erste-Hilfe-Räume beim Einrichten und Betreiben von Arbeitsstätten in § 3a Abs. 1 und § 4 Abs. 5, § 6 Abs. 4 sowie Punkt 4.3 des Anhanges der Arbeitsstättenverordnung.

## 2. Anwendungsbereich

(1) Diese ASR gilt für Anforderungen an Mittel und Einrichtungen zur Ersten Hilfe sowie Erste-Hilfe-Räume oder vergleichbare Einrichtungen und deren Bereitstellung.

(2) entfallen

## 3. Begriffsbestimmungen

3.1 **Erste Hilfe** umfasst medizinische, organisatorische und betreuende Maßnahmen an Verletzten oder Erkrankten.

3.2 **Notfall** ist ein Ereignis, das unverzüglich Rettungsmaßnahmen erfordert und Maßnahmen der Ersten-Hilfe, des Rettungsdienstes und der ärztlichen Behandlung umfasst.

3.3 **Notruf** ist die Meldung eines Notfalls über Meldeeinrichtungen zur Alarmierung des Rettungsdienstes, der Feuerwehr oder der Polizei.

3.4 **Mittel zur Ersten Hilfe** sind Erste-Hilfe-Material (z. B. Verbandmaterial, Hilfsmittel, Rettungsdecke) sowie gemäß Gefährdungsbeurteilung erforderliche medizinische Geräte (z. B. Automatisierter Externer Defibrillator, Beatmungsgerät) und Arzneimittel (z. B. Antidot), die zur Ersten Hilfe benötigt werden.

3.5 **Einrichtungen zur Ersten Hilfe** sind technische Hilfsmittel zur Rettung aus Gefahr für Leben und Gesundheit, z. B. Meldeeinrichtungen, Rettungstransportmittel und Rettungsgeräte.

3.6 **Meldeeinrichtungen** sind Kommunikationsmittel, um im Notfall unverzüglich einen Notruf absetzen zu können.

3.7 **Rettungstransportmittel** dienen dem fachgerechten, schonenden Transport Verletzter oder Erkrankter zur weiteren Versorgung im Erste-Hilfe-Raum, zum Arzt oder ins Krankenhaus.

3.8 **Rettungsgeräte** sind technische Hilfsmittel zur Personenrettung aus Gefahrensituationen.

3.9 **Erste-Hilfe-Räume und vergleichbare Einrichtungen** sind speziell vorgesehene Räume, in denen bei einem Unfall oder bei einer Erkrankung im Betrieb Erste Hilfe geleistet oder die ärztliche Erstversorgung durchgeführt werden kann. Den Erste-Hilfe-Räumen vergleichbare Einrichtungen sind z. B. Rettungsfahrzeuge, transportable Raumzellen (Erste-Hilfe-Container) oder Arztpraxisräume. Als vergleichbare Einrichtungen gelten auch besonders eingerichtete, vom übrigen Raum abgetrennte Erste-Hilfe-Bereiche.

## 4. Mittel zur Ersten Hilfe

(1) Erste-Hilfe-Material ist in Verbandkästen oder anderen geeigneten Behältnissen (z. B. Rucksäcke, Taschen, Schränke), im Folgenden Verbandkasten genannt, vorzuhalten. Die Mindestanzahl der bereitzuhaltenden Verbandkästen ergibt sich aus Tabelle 1.

**Tabelle 1:** Mindestanzahl der bereitzuhaltenden Verbandkästen

| Betriebsart | Zahl der Beschäftigten | Kleiner Verbandkasten | Großer Verbandkasten |
|---|---|---|---|
| Verwaltungs- und Handelsbetriebe | 1 – 50 | 1 | - |
| | 51 – 300 | - | 1 |
| | 301 – 600 | - | 2 |
| | Für je 300 weitere Beschäftigte | - | +1 |
| Herstellungs-, Verarbeitungsbetriebe und vergleichbare Betriebe | 1 – 20 | 1 | - |
| | 21 – 100 | - | 1 |
| | 101 – 200 | - | 2 |
| | Für je 100 weitere Beschäftigte | - | +1 |

(2) Statt eines großen Verbandkastens können zwei kleine Verbandkästen verwendet werden. Für Tätigkeiten im Außendienst, insbesondere für die Mitführung von Erste-Hilfe-Material in Werkstattwagen und Einsatzfahrzeugen, kann auch der Kraftwagen-Verbandkasten als kleiner Verbandkasten verwendet werden.

(3) Die Verbandkästen sind auf die Arbeitsstätte so zu verteilen, dass sie von ständigen Arbeitsplätzen höchstens 100 m Wegstrecke oder höchstens eine Geschosshöhe entfernt sind. Sie sind überall dort aufzubewahren, wo die Arbeitsbedingungen dies erforderlich machen.

(4) Erste-Hilfe-Material ist so aufzubewahren, dass es vor schädigenden Einflüssen (z. B. Verunreinigungen, Nässe, hohe Temperaturen) geschützt, aber jederzeit leicht zugänglich ist. Das Erste-Hilfe-Material ist nach Verbrauch, bei Unbrauchbarkeit oder nach Ablauf des Verfallsdatums zu ergänzen bzw. zu ersetzen.

(5) In Arbeitsstätten ist mindestens das Erste-Hilfe-Material entsprechend Tabelle 2 bereitzuhalten.

(6) Ausgehend von der Gefährdungsbeurteilung können neben der Grundausstattung mit Erste-Hilfe-Material nach Abs. 5 auch ergänzende Mittel zur Ersten Hilfe (siehe Punkt 3.4) notwendig werden.

## Tabelle 2: Inhalt der Verbandkästen

| Nr. | Stückzahl lt. Kleiner Verband-kasten | Stückzahl lt. Großer Verband-kasten | Benennung oder Bezeichnung | Ausführung und Bemerkung |
|---|---|---|---|---|
| 1 | 1 | 2 | Heftpflaster | 500 cm x 2,5 cm, Spule mit Außenschutz, thermoresistenter Kleber |
| 2 | 8 | 16 | Wundschnellverband | staubgeschützt verpackt, 10 cm x 6 cm |
| 3 | 4 | 8 | Fingerkuppenverband | staubgeschützt verpackt |
| 4 | 4 | 8 | Fingerverband | staubgeschützt verpackt, 12 cm x 2 cm |
| 5 | 4 | 8 | Pflasterstrips | staubgeschützt verpackt, 1,9 cm x 7,2 cm |
| 6 | 8 | 16 | Pflasterstrips | staubgeschützt verpackt, 2,5 cm x 7,2 cm |
| 7 | 1 | 2 | Verbandskästchen | starre oder elastische Fixierbinde mit festen Kanten, 300 cm x 6 cm mit Kompresse 6 cm x 8 cm; Saugkapazität: mind. 800 g/m², steril verpackt |
| 8 | 3 | 6 | Verbandpäckchen | starre oder elastische Fixierbinde mit festen Kanten, 400 cm x 8 cm mit Kompresse 12 cm x 8 cm, Saugkapazität: mind. 800 g/m², steril verpackt |
| 9 | 1 | 2 | Verbandpäckchen | starre oder elastische Fixierbinde mit festen Kanten, 400 cm x 10 cm mit Kompresse 10 cm x 12 cm, Saugkapazität: mind. 800 g/m², steril verpackt |
| 10 | 1 | 2 | Verbandtuch | 80 cm x 60 cm, Saugkapazität mindestens 125g/m², Flächenge-wicht: mind. 90 g/m² |
| 11 | 6 | 12 | Kompresse | 10 cm x 10 cm, Saugkapazität mindestens 800 g/m², maximal paarweise steril verpackt |
| 12 | 2 | 4 | Augenkompresse | 5 cm x 7 cm, Gewicht mind. 1,5 g/Stück, einzeln steril verpackt |
| 13 | 1 | 2 | Kälte-Sofortkompresse | mindestens 200 cm², ohne Vorkühlung, vorgegebene Lagerbedin-gungen beachten |
| 14 | 1 | 2 | Rettungsdecke | mindestens 210 cm x 160 cm, Mindestfoliendicke 12 µm, dauer-haft metallisierte Polyesterfolie oder Material mit mindestens gleichwertigen Eigenschaften in Bezug auf Reflexionsvermögen, Temperaturbeständigkeit, nahtlos, mit Aluminium bedampft, Rück-seite farbig, staubgeschützt verpackt |
| 15 | 2 | 4 | Fixierbinde | 400 cm x 6 cm, einzeln staubgeschützt verpackt |
| 16 | 2 | 4 | Fixierbinde | 400 cm x 8 cm, einzeln staubgeschützt verpackt |
| 17 | 2 | 4 | Dreiecktuch | 96 cm x 96 cm x 136 cm, staubgeschützt verpackt |
| 18 | 1 | 1 | Schere | mindestens 18 cm lang, kniegebogen, nicht rostend |
| 19 | 2 | 4 | Folienbeutel | Mindestgröße 30 cm x 40 cm, Mindestfoliendicke 45 µm, ver-schließbar, aus Polyethylen |
| 20 | 5 | 10 | Vliesstoff-Tuch | mindestens 20 cm x 30 cm, flächenbezogene Masse mind. 15 g/m² |
| 21 | 4 | 8 | medizinische Einmalhandschuhe | nahtlos, groß, staubgeschützt verpackt |
| 22 | 1 | 1 | Erste-Hilfe-Broschüre | Der Informationsgehalt der Broschüre muss mindestens eine „Anleitung zu Ersten Hilfe" beinhalten. |
| 23 | 1 | 1 | Inhaltsverzeichnis | - |

## 5. Einrichtungen zur Ersten Hilfe

### 5.1 Meldeeinrichtungen

(1) Der Arbeitgeber hat in Arbeitsstätten ständig zugängliche Meldeeinrichtungen (z. B. Telefon mit Angabe der Notrufnummern) zum unverzüglichen Absetzen eines Notrufes vorzuhalten.

(2) In Abhängigkeit von der Gefährdungsbeurteilung können besondere Meldeeinrichtungen (z. B. Notrufmelder) erforderlich sein. Sofern es nicht möglich ist, stationäre Meldeeinrichtungen vorzusehen, können auch funktechnische Einrichtungen, z. B. Betriebsfunkanlagen, als Meldeeinrichtung eingesetzt werden. Bei Alleinarbeit können – ggf. auch willensunabhängig wirkende – Personen-Notsignal-Anlagen verwendet werden.

### 5.2 Rettungstransportmittel

(1) Der Arbeitgeber hat zu prüfen, ob er den Rettungstransport auf Grund der innerbetrieblichen Entfernungen und Verhältnisse und der damit verbundenen Eintreffzeiten dem öffentlichen Rettungsdienst überlässt oder ob eigene Rettungstransportkapazitäten erforderlich sind.

(2) In Betrieben, in denen der öffentliche Rettungsdienst seine Aufgabe am Ort des Geschehens durchführen kann, sind keine weiteren Transportmittel bereit zu stellen. Sofern dieser Ort mit Krankentragen nicht zugänglich ist, müssen entsprechend der Gefährdungsbeurteilung geeignete Transportmittel, z. B. Rettungstücher, Krankentransport-Hängematten oder Schleifkörbe, vorgehalten werden.

### 5.3 Rettungsgeräte

Rettungsgeräte sind gemäß der Gefährdungsbeurteilung vorzuhalten, wenn in Arbeitsstätten im Falle von Rettungsmaßnahmen besondere Anforderungen bestehen, z. B. bei der Rettung von hochgelegenen Arbeitsplätzen, aus tiefen Schächten oder bei sonstigen schwer zugänglichen Arbeitsplätzen. Geeignete Rettungsgeräte sind z. B. Rettungshubgeräte, Spreizer, Schneidgeräte, Abseilgeräte.

## 6. Erste-Hilfe-Räume und vergleichbare Einrichtungen

(1) Ein Erste-Hilfe-Raum oder eine vergleichbare Einrichtung ist erforderlich

– in Betrieben mit mehr als 1000 Beschäftigten und

– in Betrieben mit mehr als 100 Beschäftigten, wenn besondere Unfall- oder Gesundheitsgefahren bestehen.

(2) Bei besonderen Unfall- oder Gesundheitsgefahren können zusätzliche Maßnahmen erforderlich sein (z. B. weitere Räumlichkeiten, ergänzende Ausstattungen).

(3) Für vorübergehend eingerichtete Arbeitsstätten können vergleichbare Einrichtungen (z. B. Erste-Hilfe-Container) genutzt werden.

### 6.1 Bauliche Anforderungen

(1) Erste-Hilfe-Räume und vergleichbare Einrichtungen sollen im Erdgeschoss liegen und müssen mit einer Krankentrage leicht zu erreichen sein. Erste-Hilfe-Container sind ebenerdig aufzustellen.

(2) Die Lage von Erste-Hilfe-Räumen bzw. des Aufstellungsortes vergleichbarer Einrichtungen sind so zu wählen, dass Gefährdungen oder Beeinträchtigungen, z. B. durch Lärm, Vibrationen, Stäube, Gase, Dämpfe, soweit wie möglich ausgeschlossen sind.

(3) In unmittelbarer Nähe von Erste-Hilfe-Räumen bzw. vergleichbaren Einrichtungen muss sich eine Toilette befinden.

(4) Erste-Hilfe-Räume und vergleichbare Einrichtungen müssen zur Aufnahme der erforderlichen Einrichtungen und Ausstattungen eine ausreichende Größe aufweisen:

– Erste-Hilfe-Räume mit mindestens 20 m² Grundfläche

– Erste-Hilfe-Container mit mindestens 12,5 m² Grundfläche

(5) Im Zugangsbereich von Erste-Hilfe-Räumen und vergleichbaren Einrichtungen sind Stufen zu vermeiden. Höhenunterschiede sollen durch eine Rampe ausgeglichen werden. Der Zugang zu Erste-Hilfe-Räumen muss eine lichte Breite gemäß Punkt 5 der ASR A2.3 „Fluchtwege und Notausgänge, Flucht- und Rettungsplan" aufweisen. Es muss sichergestellt sein, dass ein Zugang mit Krankentragen ungehindert möglich ist.

(6) Fußböden und Wände müssen leicht zu reinigen und erforderlichenfalls zu desinfizieren sein.

(7) Erste-Hilfe-Räume und vergleichbare Einrichtungen müssen ausreichend beleuchtet und ausreichend belüftet sein.

(8) Die Raumtemperatur muss den Anforderungen der ASR A3.5 „Raumtemperatur" entsprechen. Erste-Hilfe-Container müssen ausreichend isoliert sein und über einen Vorraum – mindestens aber über einen Windfang – verfügen.

(9) Erste-Hilfe-Räume und vergleichbare Einrichtungen sind mindestens mit einem Waschbecken mit fließend Kalt- und Warmwasser sowie mit Telefon oder einem vergleichbaren Kommunikationsmittel fest auszustatten.

(10) Der Sichtschutz gegen Einblick von außen ist zu gewährleisten.

## 6.2 Ausstattung von Erste-Hilfe-Räumen und vergleichbaren Einrichtungen

Für Erste-Hilfe-Räume und vergleichbare Einrichtungen sind in Abhängigkeit von der Gefährdungsbeurteilung geeignetes Inventar und Mittel zur Ersten Hilfe und Pflegematerial sowie geeignete Rettungsgeräte und Rettungstransportmittel bereitzuhalten.

Geeignetes Inventar ist z. B.:

– Behältnisse (z. B. Schränke, Koffer) zur getrennten, übersichtlichen und hygienischen Aufbewahrung von Mitteln zur Ersten Hilfe und Pflegematerial,

– Spender für Seife, Desinfektionsmittel, Hautschutzmittel und Einmalhandtücher,

– Untersuchungsliege mit verstellbarem Kopf- und Fußteil,

– Instrumententisch mit Schublade,

– Infusionsständer (höhenverstellbar),

– Schreibtisch oder vergleichbare Schreibgelegenheit,

– Sitzgelegenheit,

– Sicherheitsbehälter für spitze und scharfe Gegenstände (z. B. Kanülen) oder

– geeignete, getrennte Behältnisse für infektiösen und nichtinfektiösen Abfall.

Geeignete Mittel zur Ersten Hilfe sind z. B.:

– Inhalt des großen Verbandkastens (siehe Tabelle 2),

– Mittel für Absaugung und Beatmung (z. B. Absauggerät, Absaugkatheter, Beatmungsbeutel und -maske, Guedeltubus, Sauerstoffgerät, Sauerstoffreservoirbeutel),

– Mittel für Diagnostik (z. B. Blutdruckmessgerät, Bügelstethoskop, Diagnostikleuchte),

– Automatisierter Externer Defibrillator (AED),

– Schienen zum Ruhigstellen von Extremitäten,

– HWS-Immobilisationskragen,

– nach betriebsärztlicher Festlegung: Medikamente, Infusionslösungen, Infusionsbestecke, Venenverweilkanülen,

– Desinfektionsmaterial oder

– Augenspülflasche.

Geeignetes Pflegematerial und sonstige Hilfsmittel sind z. B.:

– Decken,

– Einmalauflagen für Liegen,

– Einweg-Nierenschale und Vliesstoff-Tuch oder

– Einweg-Schutzkleidung.

## 7. Kennzeichnung

(1) Die Kennzeichnung der Erste-Hilfe-Räume und vergleichbaren Einrichtungen sowie der Aufbewahrungsorte der Mittel zur Ersten Hilfe erfolgt nach Anlage 1 Punkt 4 der ASR A1.3 „Sicherheits- und Gesundheitsschutzkennzeichnung". Erste-Hilfe-Räume sind mit dem Rettungszeichen E003 „Erste Hilfe" zu kennzeichnen.

(2) Die Lage der Erste-Hilfe-Räume und vergleichbaren Einrichtungen können dem Flucht- und Rettungsplan gemäß Punkt 9 Abs. 3 der ASR A2.3 „Fluchtwege und Notausgänge, Flucht- und Rettungsplan" entnommen werden.

## 8. Ergänzende Anforderungen für Baustellen

(1) Die Mindestanzahl der für Baustellen bereitzuhaltenden Verbandkästen ergibt sich abweichend von Tabelle 1 aus Tabelle 3.

(2) Abweichend von Punkt 4 Abs. 3 hat der Arbeitgeber im Rahmen der Gefährdungsbeurteilung zu ermitteln, ob einzelne Arbeitsplätze, z. B. auf Linienbaustellen, mit zusätzlichen Verbandkästen zu Tabelle 3 auszustatten und wie diese zu verteilen sind.

(3) Abweichend von Punkt 6 Abs. 1 ist auf Baustellen mit mehr als 50 Beschäftigten ein Erste-Hilfe-Raum oder eine vergleichbare Einrichtung erforderlich.

(4) Abweichend von Punkt 6.1 Abs. 1 Satz 2 sind Erste-Hilfe-Container so aufzustellen, dass die Erreichbarkeit für die Erstversorgung von verletzten oder erkrankten Beschäftigten durch geeignete Rettungstransportmittel jederzeit sichergestellt und der Weitertransport gewährleistet ist.

**Tabelle 3:** Mindestanzahl der auf Baustellen bereitzuhaltenden Verbandkästen

| Betriebsart | Zahl der Beschäftigten | Kleiner Verbandkasten | Großer Verbandkasten |
|---|---|---|---|
| Baustellen | 1 – 10 | 1 | – |
| | 11 – 50 | – | 1 |
| | 51 – 100 | – | 2 |
| | Für je weitere 50 Beschäftigte | – | +1 |

**Ausgewählte Literaturhinweise:**

BGI/GUV-I 503 „Anleitung zur Ersten Hilfe"
BGI 509 „Erste Hilfe im Betrieb"
BGI 510 „Aushang: Erste Hilfe"
BGI 829 „Handbuch zur Ersten Hilfe"

Information des „Fachausschusses Erste Hilfe" der DGUV „Automatisierte Defibrillation im Rahmen der betrieblichen Ersten Hilfe"

# Verordnung über das Verschreiben, die Abgabe und den Nachweis des Verbleibs von Betäubungsmitteln

(Betäubungsmittel-Verschreibungsverordnung – BtMVV)

Von 20. Januar 1998
(BGBl. I S. 74, 80)

Zuletzt geändert durch Art. 2 der Verordnung
vom 20. Juli 2012
(BGBl. I S. 1639)

## § 1 Grundsätze

(1) Die in Anlage III des Betäubungsmittelgesetzes bezeichneten Betäubungsmittel dürfen nur als Zubereitungen verschrieben werden. Die Vorschriften dieser Verordnung gelten auch für Salze und Molekülverbindungen der Betäubungsmittel, die nach den Erkenntnissen der medizinischen Wissenschaft ärztlich, zahnärztlich oder tierärztlich angewendet werden. Sofern im Einzelfall nichts anderes bestimmt ist, gilt die für ein Betäubungsmittel festgesetzte Höchstmenge auch für dessen Salze und Molekülverbindungen.

(2) Betäubungsmittel für einen Patienten oder ein Tier und für den Praxisbedarf eines Arztes, Zahnarztes oder Tierarztes dürfen nur nach Vorlage eines ausgefertigten Betäubungsmittelrezeptes (Verschreibung), für den Stationsbedarf, den Notfallbedarf nach § 5c und den Rettungsdienstbedarf nach § 6 Absatz 1 nur nach Vorlage eines ausgefertigten Betäubungsmittelanforderungsscheines (Verschreibung für den Stationsbedarf, den Notfallbedarf und den Rettungsdienstbedarf), abgegeben werden.

(3) Der Verbleib und der Bestand der Betäubungsmittel sind lückenlos nachzuweisen:

1. in Apotheken und tierärztlichen Hausapotheken,

2. in Praxen der Ärzte, Zahnärzte und Tierärzte,

3. auf Stationen der Krankenhäuser und der Tierkliniken,

4. in Alten- und Pflegeheimen, in Hospizen und Einrichtungen der spezialisierten ambulanten Palliativversorgung,

5. in Einrichtungen der Rettungsdienste,

6. in Einrichtungen nach § 5 Absatz 9b sowie

7. auf Kauffahrteischiffen, die die Bundesflagge führen.

## § 2 Verschreiben durch einen Arzt

(1) Für einen Patienten darf der Arzt innerhalb von 30 Tagen verschreiben:

a) bis zu zwei der folgenden Betäubungsmittel unter Einhaltung der nachstehend festgesetzten Höchstmengen:

| | | |
|---|---|---|
| 1. | Amfetamin | 600 mg, |
| 2. | Buprenorphin | 800 mg, |
| 2a. | Cannabisextrakt | 1 000 mg, |
| 3. | Codein als Substitutionsmittel | 40 000 mg, |
| 3a. | Dexamfetamin (bezogen auf den $\Delta^9$-Tetrahydrocannabinolgehalt | 600 mg, |
| 3a. | Diamorphin | 30 000 mg, |
| 4. | Dihydrocodein als Substitutionsmittel | 40 000 mg, |
| 5. | Dronabinol | 500 mg, |
| 6. | Fenetyllin | 2 500 mg, |
| 7. | Fentanyl | 500 mg, |
| 7a. | Flunitrazepam | 30 mg, |
| 8. | Hydrocodon | 1 200 mg, |
| 9. | Hydromorphon | 5 000 mg, |
| 10. | Levacetylmethadol | 2 000 mg, |
| 11. | Levomethadon | 1 500 mg, |
| 12. | Methadon | 3 000 mg, |
| 13. | Methylphenidat | 2 400 mg, |
| 14. | (weggefallen) | |
| 15. | Morphin | 20 000 mg, |
| 16. | Opium, eingestelltes | 4 000 mg, |
| 17. | Opiumextrakt | 2 000 mg, |
| 18. | Opiumtinktur | 40 000 mg, |
| 19. | Oxycodon | 15 000 mg, |
| 20. | Pentazocin | 15 000 mg, |
| 21. | Pethidin | 10 000 mg, |
| 22. | (weggefallen) | |
| 23. | Piritramid | 6 000 mg, |
| 23a. | Tapentadol | 18 000 mg, |
| 24. | Tilidin | 18 000 mg |

oder

b) eines der weiteren in Anlage III des Betäubungsmittelgesetzes bezeichneten Betäubungsmittel außer Alfentanil, Cocain, Etorphin, Remifentanil und Sufentanil.

(2) In begründeten Einzelfällen und unter Wahrung der erforderlichen Sicherheit des Betäubungsmittelverkehrs darf der Arzt für einen Patienten, der in seiner Dauerbehandlung steht, von den Vorschriften des Absatzes 1 hinsichtlich

1. der Zahl der verschriebenen Betäubungsmittel und

2. der festgesetzten Höchstmengen

abweichen. Eine solche Verschreibung ist mit dem Buchstaben „A" zu kennzeichnen.

(3) Für seinen Praxisbedarf darf der Arzt die in Absatz 1 aufgeführten Betäubungsmittel sowie Alfentanil, Cocain bei Eingriffen am Kopf als Lösung bis zu einem Gehalt von 20 vom Hundert oder als Salbe bis zu einem Gehalt von 2 vom Hundert, Remifentanil und Sufentanil bis zur Menge seines durchschnittlichen Zweiwochenbedarfs, mindestens jedoch die kleinste Packungseinheit, verschreiben. Die Vorratshaltung soll für jedes Betäubungsmittel den Monatsbedarf des Arztes nicht überschreiten. Diamorphin darf der Arzt bis zur Menge seines durchschnittlichen Monatsbedarfs verschreiben. Die Vorratshaltung soll für Diamorphin den durchschnittlichen Zweimonatsbedarf des Arztes nicht überschreiten.

(4) Für den Stationsbedarf darf nur der Arzt verschreiben, der ein Krankenhaus oder eine Teileinheit eines Krankenhauses leitet oder in Abwesenheit des Leiters beaufsichtigt. Er darf die in Absatz 3 bezeichneten Betäubungsmittel unter Beachtung der dort festgelegten Beschränkungen über Bestimmungszweck, Gehalt und Darreichungsform verschreiben. Dies gilt auch für einen Belegarzt, wenn die ihm zugeteilten Betten räumlich und organisatorisch von anderen Teileinheiten abgegrenzt sind.

### § 3 Verschreiben durch einen Zahnarzt

(1) Für einen Patienten darf der Zahnarzt innerhalb von 30 Tagen verschreiben:

a) eines der folgenden Betäubungsmittel unter Einhaltung der nachstehend festgesetzten Höchstmengen:

| | | |
|---|---|---|
| 1. | Buprenorphin | 40 mg, |
| 2. | Hydrocodon | 300 mg, |
| 3. | Hydromorphon | 1 200 mg, |
| 4. | Levomethadon | 200 mg, |
| 5. | Morphin | 5 000 mg, |
| 6. | Oxycodon | 4 000 mg, |
| 7. | Pentazocin | 4 000 mg, |
| 8. | Pethidin | 2 500 mg, |
| 9. | Piritramid | 1 500 mg, |
| 9a. | Tapentadol | 4 500 mg, |
| 10. | Tilidin | 4 500 mg |

oder

b) eines der weiteren in Anlage III des Betäubungsmittelgesetzes bezeichneten Betäubungsmittel außer Alfentanil, Amfetamin, Cocain, Diamorphin, Dronabinol, Etorphin, Fenetyllin, Fentanyl, Levacetylmethadol, Methadon, Methylphenidat, Nabilon, Normethadon, Opium, Papaver somniferum, Pentobarbital, Remifentanil, Secobarbital und Sufentanil.

(2) Für seinen Praxisbedarf darf der Zahnarzt die in Absatz 1 aufgeführten Betäubungsmittel sowie Alfentanil, Fentanyl, Remifentanil und Sufentanil bis zur Menge seines durchschnittlichen Zweiwochenbedarfs, mindestens jedoch die kleinste Packungseinheit, verschreiben. Die Vorratshaltung soll für jedes Betäubungsmittel den Monatsbedarf des Zahnarztes nicht übersteigen.

(3) Für den Stationsbedarf darf nur der Zahnarzt verschreiben, der ein Krankenhaus oder eine Teileinheit eines Krankenhauses leitet oder in Abwesenheit des Leiters beaufsichtigt. Er darf die in Absatz 2 bezeichneten Betäubungsmittel unter Beachtung der dort festgelegten Beschränkungen über Bestimmungszweck, Gehalt und Darreichungsform verschreiben. Dies gilt auch für einen Belegzahnarzt, wenn die ihm zugeteilten Betten räumlich und organisatorisch von anderen Teileinheiten abgegrenzt sind.

## § 4 Verschreiben durch einen Tierarzt

(1) Für ein Tier darf der Tierarzt innerhalb von 30 Tagen verschreiben:

a) eines der folgenden Betäubungsmittel unter Einhaltung der nachstehend festgesetzten Höchstmengen:

| | | |
|---|---|---|
| 1. | Amfetamin | 600 mg, |
| 2. | Buprenorphin | 150 mg, |
| 3. | Hydrocodon | 1 200 mg, |
| 4. | Hydromorphon | 5 000 mg, |
| 5. | Levomethadon | 750 mg, |
| 6. | Morphin | 20 000 mg, |
| 7. | Opium, eingestelltes | 12 000 mg, |
| 8. | Opiumextrakt | 6 000 mg, |
| 9. | Opiumtinktur | 120 000 mg, |
| 10. | Pentazocin | 15 000 mg, |
| 11. | Pethidin | 10 000 mg, |
| 12. | Piritramid | 6 000 mg, |
| 13. | Tilidin | 18 000 mg |

oder

b) eines der weiteren in Anlage III des Betäubungsmittelgesetzes bezeichneten Betäubungsmittel außer Alfentanil, Cocain, Diamorphin, Dronabinol, Etorphin, Fenetyllin, Fentanyl, Levacetylmethadol, Methadon, Methaqualon, Methylphenidat, Nabilon, Oxycodon, Papaver somniferum, Pentobarbital, Remifentanil, Secobarbital und Sufentanil.

(2) In begründeten Einzelfällen und unter Wahrung der erforderlichen Sicherheit des Betäubungsmittelverkehrs darf der Tierarzt in einem besonders schweren Krankheitsfall von den Vorschriften des Absatzes 1 hinsichtlich

1. der Zahl der verschriebenen Betäubungsmittel und

2. der festgesetzten Höchstmengen

abweichen. Eine solche Verschreibung ist mit dem Buchstaben „A" zu kennzeichnen.

(3) Für seinen Praxisbedarf darf der Tierarzt die in Absatz 1 aufgeführten Betäubungsmittel sowie Alfentanil, Cocain zur Lokalanästhesie bei Eingriffen am Kopf als Lösung bis zu einem Gehalt von 20 vom Hundert oder als Salbe bis zu einem Gehalt von 2 vom Hundert, Etorphin nur zur Immobilisierung von Tieren, die im Zoo, im Zirkus oder in Wildgehegen gehalten werden, durch eigenhändige oder in Gegenwart des Verschreibenden erfolgende Verabreichung, Fentanyl, Pentobarbital, Remifentanil und Sufentanil bis zur Menge seines durchschnittlichen Zweiwochenbedarfs, mindestens jedoch die kleinste Packungseinheit, verschreiben. Die Vorratshaltung soll für jedes Betäubungsmittel den Monatsbedarf des Tierarztes nicht übersteigen.

(4) Für den Stationsbedarf darf nur der Tierarzt verschreiben, der eine Tierklinik oder eine Teileinheit einer Tierklinik leitet oder in Abwesenheit des Leiters beaufsichtigt. Er darf die in Absatz 3 bezeichneten Betäubungsmittel, ausgenommen Etorphin, unter Beachtung der dort festgelegten Beschränkungen über Bestimmungszweck, Gehalt und Darreichungsform verschreiben.

## § 5 Verschreiben zur Substitution

(1) Substitution im Sinne dieser Verordnung ist die Anwendung eines ärztlich verschriebenen Betäubungsmittels bei einem opiatabhängigen Patienten (Substitutionsmittel) zur

1. Behandlung der Opiatabhängigkeit mit dem Ziel der schrittweisen Wiederherstellung der Betäubungsmittelabstinenz einschließlich der Besserung und Stabilisierung des Gesundheitszustandes,

2. Unterstützung der Behandlung einer neben der Opiatabhängigkeit bestehenden schweren Erkrankung oder

3. Verringerung der Risiken einer Opiatabhängigkeit während einer Schwangerschaft und nach der Geburt.

(2) Für einen Patienten darf der Arzt ein Substitutionsmittel unter den Voraussetzungen des § 13 Abs. 1 des Betäubungsmittelgesetzes verschreiben, wenn und solange

1. der Substitution keine medizinisch allgemein anerkannten Ausschlussgründe entgegenstehen,

2. die Behandlung erforderliche psychiatrische, psychotherapeutische oder psychosoziale Behandlungs- und Betreuungsmaßnahmen einbezieht,

3. der Arzt die Meldeverpflichtungen nach § 5a Abs. 2 erfüllt hat,

4. die Untersuchungen und Erhebungen des Arztes keine Erkenntnisse ergeben haben, dass der Patient

   a) von einem anderen Arzt verschriebene Substitutionsmittel erhält,

   b) nach Nummer 2 erforderliche Behandlungs- und Betreuungsmaßnahmen dauerhaft nicht in Anspruch nimmt,

   c) Stoffe gebraucht, deren Konsum nach Art und Menge den Zweck der Substitution gefährdet oder

   d) das ihm verschriebene Substitutionsmittel nicht bestimmungsgemäß verwendet,

5. der Patient im erforderlichen Umfang, in der Regel wöchentlich, den behandelnden Arzt konsultiert und

6. der Arzt Mindestanforderungen an eine suchttherapeutische Qualifikation erfüllt, die von den Ärztekammern nach dem allgemein anerkannten Stand der medizinischen Wissenschaft festgelegt werden.

Für die Erfüllung der Zulässigkeitsvoraussetzungen nach den Nummern 1, 2 und 4 Buchstabe c ist der allgemein anerkannte Stand der medizinischen Wissenschaft maßgebend.

(3) Ein Arzt, der die Voraussetzungen nach Absatz 2 Satz 1 Nr. 6 nicht erfüllt, darf für höchstens drei Patienten gleichzeitig ein Substitutionsmittel verschreiben, wenn

1. die Voraussetzungen nach Absatz 2 Satz 1 Nr. 1 bis 5 für die Dauer der Behandlung erfüllt sind,

2. dieser zu Beginn der Behandlung diese mit einem Arzt, der die Mindestanforderungen nach Absatz 2 Satz 1 Nummer 6 erfüllt (Konsiliarius), abstimmt und

3. sichergestellt hat, dass sein Patient zu Beginn der Behandlung und mindestens einmal im Quartal dem Konsiliarius vorgestellt wird.

Wird der Arzt nach Satz 1 durch einen Arzt vertreten, der die Voraussetzungen nach Absatz 2 Satz 1 Nummer 6 ebenfalls nicht erfüllt, so gelten Satz 1 Nummer 1 und 2 für den Vertreter entsprechend. Ein substituierender Arzt gemäß Absatz 2 soll grundsätzlich von einem anderen Arzt, der die Voraussetzungen nach Absatz 2 Satz 1 Nummer 6 erfüllt, vertreten werden. Gelingt es dem substituierenden Arzt nicht, einen Vertreter nach Satz 3 zu bestellen, so kann er von einem Arzt, der die Voraussetzungen nach Absatz 2 Satz 1 Nummer 6 nicht erfüllt, für einen Zeitraum von bis zu vier Wochen und längstens insgesamt 12 Wochen im Jahr vertreten werden. Der vertretende Arzt gemäß Satz 4 stimmt die Substitutionsbehandlung vor Vertretungsbeginn mit dem vertretenen Arzt ab. Wird während der Vertretung eine unvorhergesehene Änderung der Substitutionstherapie erforderlich, stimmt sich der Vertreter gemäß Satz 4 erneut mit dem vertretenen Arzt ab. Ist eine rechtzeitige Abstimmung nicht möglich, bezieht der vertretende Arzt gemäß Satz 4 einen anderen Arzt, der die Voraussetzungen gemäß Absatz 2 Satz 1 Nummer 6 erfüllt, konsiliarisch ein. Notfallentscheidungen bleiben in allen Vertretungsfällen unberührt. Über die vorstehend genannte Zusammenarbeit zwischen dem behandelnden Arzt und dem Konsiliarius sowie dem vertretenen und dem vertretenden Arzt gemäß den Sätzen 2 und 4 ist der Dokumentation nach Absatz 10 der diesbezügliche Schriftwechsel beizufügen. Die Sätze 1 bis 9 gelten nicht für die Behandlung nach den Absätzen 9a bis 9d.

(4) Die Verschreibung über ein Substitutionsmittel ist mit dem Buchstaben „S" zu kennzeichnen. Als Substitutionsmittel darf der Arzt nur

1. Zubereitungen von Levomethadon, Methadon und Buprenorphin,

2. in begründeten Ausnahmefällen Codein oder Dihydrocodein,

3. Diamorphin als zur Substitution zugelassenes Arzneimittel oder

4. ein anderes zur Substitution zugelassenes Arzneimittel

verschreiben. Die in Satz 2 Nummer 1, 2 und 4 genannten Substitutionsmittel dürfen nicht zur parenteralen Anwendung bestimmt sein. Für die Auswahl des Substitutionsmittels ist neben den Vorschriften dieser Verordnung der allgemein anerkannte Stand der medizinischen Wissenschaft maßgebend. Für die Verschreibung von Diamorphin nach Satz 2 Nummer 3 gelten die Absätze 6 bis 8 nicht.

(5) Der Arzt, der ein Substitutionsmittel für einen Patienten verschreibt, darf die Verschreibung außer in den in Absatz 8 genannten Fällen nicht dem Patienten aushändigen. Die Verschreibung darf nur von ihm selbst, seinem ärztlichen Vertreter oder durch das in Absatz 6 Satz 1 bezeichnete Personal der Apotheke vorgelegt werden. Der Arzt, der Diamorphin verschreibt, darf die Verschreibung nur einem pharmazeutischen Unternehmer vorlegen.

(6) Das Substitutionsmittel ist dem Patienten vom behandelnden Arzt, seinem ärztlichen Vertreter in der Praxis oder von dem von ihm angewiesenen oder beauftragten und kontrollierten medizinischen, pharmazeutischen oder in staatlich anerkannten Einrichtungen der Suchtkrankenhilfe tätigen und dafür ausgebildeten Personal zum unmittelbaren Verbrauch zu überlassen. Der behandelnde Arzt hat sicherzustellen, dass das Personal nach Satz 1 fachgerecht in das Überlassen eines Substitutionsmittels zum unmittelbaren Verbrauch eingewiesen wird. Im Falle des Verschreibens von Codein

oder Dihydrocodein kann dem Patienten nach der Überlassung jeweils einer Dosis zum unmittelbaren Verbrauch die für einen Tag zusätzlich benötigte Menge des Substitutionsmittels in abgeteilten Einzeldosen ausgehändigt und ihm dessen eigenverantwortliche Einnahme gestattet werden, wenn dem Arzt keine Anhaltspunkte für eine nicht bestimmungsgemäße Verwendung des Substitutionsmittels durch den Patienten vorliegen.

(7) Das Substitutionsmittel ist dem Patienten in der Praxis eines Arztes, in einem Krankenhaus oder in einer Apotheke oder in einer hierfür von der zuständigen Landesbehörde anerkannten anderen geeigneten Einrichtung oder, im Falle einer ärztlich bescheinigten Pflegebedürftigkeit, bei einem Hausbesuch zum unmittelbaren Verbrauch zu überlassen. Der Arzt darf die benötigten Substitutionsmittel in einer der in Satz 1 genannten Einrichtungen unter seiner Verantwortung lagern; die Einwilligung des über die jeweiligen Räumlichkeiten Verfügungsberechtigten bleibt unberührt. Für den Nachweis über den Verbleib und Bestand gelten die §§ 13 und 14 entsprechend.

(8) Der Arzt oder sein ärztlicher Vertreter in der Praxis darf abweichend von den Absätzen 5 bis 7 dem Patienten, dem ein Substitutionsmittel nach Absatz 6 zum unmittelbaren Verbrauch überlassen wird, in Fällen, in denen die Kontinuität der Substitutionsbehandlung nicht anderweitig gewährleistet werden kann, ein Substitutionsmittel in der bis zu zwei Tagen benötigten Menge verschreiben und ihm dessen eigenverantwortliche Einnahme gestatten, sobald der Verlauf der Behandlung dies zulässt, Risiken der Selbst- oder Fremdgefährdung soweit wie möglich ausgeschlossen sind sowie die Sicherheit und Kontrolle des Betäubungsmittelverkehrs nicht beeinträchtigt werden. Innerhalb einer Woche darf der Arzt dem Patienten nicht mehr als eine Verschreibung nach Satz 1 aushändigen. Diese Verschreibung ist, unbeschadet des Absatzes 4 Satz 1, von dem Arzt zusätzlich mit dem Buchstaben „Z" zu kennzeichnen.

Sobald und solange sich der Zustand des Patienten stabilisiert hat und eine Überlassung des Substitutionsmittels zum unmittelbaren Verbrauch nicht mehr erforderlich ist, darf der Arzt dem Patienten eine Verschreibung über die für bis zu sieben Tage benötigte Menge des Substitutionsmittels aushändigen und ihm dessen eigenverantwortliche Einnahme erlauben. Die Aushändigung einer Verschreibung nach Satz 4 ist insbesondere dann nicht zulässig, wenn die Untersuchungen und Erhebungen des Arztes Erkenntnisse ergeben haben, dass der Patient

1. Stoffe konsumiert, die ihn zusammen mit der Einnahme des Substitutionsmittels gefährden,

2. unter Berücksichtigung der Toleranzentwicklung noch nicht auf eine stabile Dosis eingestellt worden ist oder

3. Stoffe missbräuchlich konsumiert.

Für die Bewertung des Verlaufes der Behandlung durch den substituierenden Arzt ist im Übrigen der allgemein anerkannte Stand der medizinischen Wissenschaft maßgebend. Im Falle eines Auslandsaufenthaltes des Patienten, dem bereits Substitutionsmittel nach Satz 4 verschrieben werden, kann der Arzt unter Berücksichtigung aller in diesem Absatz genannten Voraussetzungen zur Sicherstellung der Versorgung diesem Verschreibungen über eine Menge des Substitutionsmittels für einen längeren als in Satz 4 genannten Zeitraum aushändigen und ihm dessen eigenverantwortliche Einnahme erlauben. Diese Verschreibungen dürfen in einem Jahr insgesamt die für bis zu 30 Tage benötigte Menge des Substitutionsmittels nicht überschreiten. Sie sind der zuständigen Landesbehörde unverzüglich anzuzeigen. Jede Verschreibung nach den Sätzen 1, 4 oder 8 ist dem Patienten im Rahmen einer persönlichen ärztlichen Konsultation auszuhändigen.

(9) Patienten, die die Praxis des behandelnden Arztes zeitweilig oder auf Dauer wechseln, hat der behandelnde Arzt vor der Fortsetzung

der Substitution auf einem Betäubungsmittelrezept eine Substitutionsbescheinigung auszustellen. Auf der Substitutionsbescheinigung sind anzugeben:

1. Name, Vorname und Anschrift des Patienten, für den die Substitutionsbescheinigung bestimmt ist,

2. Ausstellungsdatum,

3. das verschriebene Substitutionsmittel und die Tagesdosis,

4. Beginn des Verschreibens und der Abgabe nach den Absätzen 1 bis 7 und gegebenenfalls Beginn des Verschreibens nach Absatz 8,

5. Gültigkeit: von/bis,

6. Name des ausstellenden Arztes, seine Berufsbezeichnung und Anschrift einschließlich Telefonnummer,

7. Unterschrift des ausstellenden Arztes.

Die Substitutionsbescheinigung ist mit dem Vermerk „Nur zur Vorlage beim Arzt" zu kennzeichnen. Teil I der Substitutionsbescheinigung erhält der Patient, Teil II und III verbleibt bei dem ausstellenden Arzt. Nach Vorlage des Teils I der Substitutionsbescheinigung durch den Patienten und Überprüfung der Angaben zur Person durch Vergleich mit dem Personalausweis oder Reisepass des Patienten kann ein anderer Arzt das Verschreiben des Substitutionsmittels fortsetzen; erfolgt dies nur zeitweilig, hat der andere Arzt den behandelnden Arzt unverzüglich nach Abschluss seines Verschreibens schriftlich über die durchgeführten Maßnahmen zu unterrichten.

(9a) Zur Behandlung einer schweren Opiatabhängigkeit kann das Substitutionsmittel Diamorphin zur parenteralen Anwendung verschrieben werden. Der Arzt darf Diamorphin nur verschreiben, wenn

1. er selbst eine suchttherapeutische Qualifikation im Sinne des Absatz 2 Satz 1 Nummer 6 erworben hat, die sich auf die Be-

handlung mit Diamorphin erstreckt, oder er im Rahmen des Modellprojektes „Heroingestützte Behandlung Opiatabhängiger" mindestens sechs Monate ärztlich tätig war,

2. bei dem Patienten eine seit mindestens fünf Jahren bestehende Opiatabhängigkeit, verbunden mit schwerwiegenden somatischen und psychischen Störungen bei derzeit überwiegend intravenösem Konsum vorliegt,

3. ein Nachweis über zwei erfolglos beendete Behandlungen der Opiatabhängigkeit, davon eine mindestens sechsmonatige Behandlung gemäß den Absätzen 2, 6 und 7 einschließlich psychosozialer Betreuungsmaßnahmen, vorliegt und

4. der Patient das 23. Lebensjahr vollendet hat.

(9b) Die Behandlung mit Diamorphin darf nur in Einrichtungen durchgeführt werden, denen eine Erlaubnis durch die zuständige Landesbehörde erteilt wurde. Die Erlaubnis wird erteilt, wenn

1. nachgewiesen wird, dass die Einrichtung in das örtliche Suchthilfesystem eingebunden ist,

2. gewährleistet ist, dass die Einrichtung über eine zweckdienliche personelle und sachliche Ausstattung verfügt,

3. eine sachkundige Person, die für die Einhaltung der in Nummer 2 genannten Anforderungen, der Auflagen der Erlaubnisbehörde sowie der Anordnungen der Überwachungsbehörde verantwortlich ist (Verantwortlicher), benannt worden ist.

(9c) Diamorphin darf nur innerhalb der Einrichtung nach Absatz 9b verschrieben, verabreicht und zum unmittelbaren Verbrauch überlassen werden. Diamorphin darf nur unter Aufsicht des Arztes oder des sachkundigen Personals innerhalb dieser Einrichtung verbraucht werden. In den ersten sechs Monaten der Be-

handlung müssen Maßnahmen der psychosozialen Betreuung stattfinden.

(9d) Die Behandlung mit Diamorphin ist nach jeweils spätestens zwei Jahren Behandlungsdauer daraufhin zu überprüfen, ob die Voraussetzungen für die Behandlung noch gegeben sind und ob die Behandlung fortzusetzen ist. Die Überprüfung erfolgt durch Einholung einer Zweitmeinung durch einen Arzt, der die Qualifikation gemäß Absatz 2 Satz 1 Nummer 6 besitzt und der nicht der Einrichtung angehört. Ergibt diese Überprüfung, dass die Voraussetzungen für die Behandlung nicht mehr gegeben sind, ist die diamorphingestützte Behandlung zu beenden.

(10) Der Arzt hat die Erfüllung seiner Verpflichtungen nach den vorstehenden Absätzen sowie nach § 5a Abs. 2 und 4 im erforderlichen Umfang und nach dem allgemein anerkannten Stand der medizinischen Wissenschaft zu dokumentieren. Die Dokumentation ist auf Verlangen der zuständigen Landesbehörde zur Einsicht und Auswertung vorzulegen oder einzusenden.

(11) Die Bundesärztekammer kann in Richtlinien den allgemein anerkannten Stand der medizinischen Wissenschaft für

1. die Erfüllung der Zulässigkeitsvoraussetzungen nach Absatz 2 Satz 1 Nr. 1, 2 und 4 Buchstabe c,

2. die Auswahl des Substitutionsmittels nach Absatz 4 Satz 4 und

3. die Bewertung des bisherigen Erfolges der Behandlung nach Absatz 8 Satz 1 und 4

feststellen sowie Richtlinien zur Dokumentation nach Absatz 10 erlassen. Die Einhaltung des allgemein anerkannten Standes der medizinischen Wissenschaft wird vermutet, wenn und soweit die Richtlinien der Bundesärztekammer nach den Nummern 1 bis 3 beachtet worden sind.

(12) Die Absätze 2 bis 10 sind entsprechend anzuwenden, wenn das Substitutionsmittel aus

dem Bestand des Praxisbedarfs oder Stationsbedarfs zum unmittelbaren Verbrauch überlassen oder nach Absatz 6 Satz 3 ausgehändigt wird.

### § 5a Substitutionsregister

(1) Das Bundesinstitut für Arzneimittel und Medizinprodukte (Bundesinstitut) führt für die Länder als vom Bund entliehenes Organ ein Register mit Daten über das Verschreiben von Substitutionsmitteln (Substitutionsregister). Die Daten des Substitutionsregisters dürfen nur verwendet werden, um

1. das Verschreiben eines Substitutionsmittels durch mehrere Ärzte für denselben Patienten und denselben Zeitraum frühestmöglich zu verhindern,

2. die Erfüllung der Mindestanforderungen nach § 5 Abs. 2 Satz 1 Nr. 6 und der Anforderungen nach § 5 Abs. 3 Satz 1 Nr. 2 und 3 zu überprüfen sowie

3. das Verschreiben von Substitutionsmitteln entsprechend den Vorgaben nach § 13 Abs. 3 Nr. 3 Buchstabe e des Betäubungsmittelgesetzes statistisch auszuwerten.

Das Bundesinstitut trifft organisatorische Festlegungen zur Führung des Substitutionsregisters.

(2) Jeder Arzt, der ein Substitutionsmittel für einen Patienten verschreibt, hat dem Bundesinstitut unverzüglich schriftlich oder kryptiert auf elektronischem Wege folgende Angaben zu melden:

1. den Patientencode,

2. das Datum der ersten Verschreibung,

3. das verschriebene Substitutionsmittel,

4. das Datum der letzten Verschreibung,

5. Name und Adresse des verschreibenden Arztes sowie

6. im Falle des Verschreibens nach § 5 Abs. 3 Name und Anschrift des Konsiliarius.

Der Patientencode setzt sich wie folgt zusammen:

a) erste und zweite Stelle:
   erster und zweiter Buchstabe des ersten Vornamens,

b) dritte und vierte Stelle:
   erster und zweiter Buchstabe des Familiennamens,

c) fünfte Stelle:
   Geschlecht („F" für weiblich, „M" für männlich),

d) sechste bis achte Stelle:
   jeweils letzte Ziffer von Geburtstag, -monat und -jahr.

Es ist unzulässig, dem Bundesinstitut Patientendaten uncodiert zu melden. Der Arzt hat die Angaben zur Person durch Vergleich mit dem Personalausweis oder Reisepass des Patienten zu überprüfen.

(3) Das Bundesinstitut verschlüsselt unverzüglich den Patientencode nach Absatz 2 Satz 1 Nr. 1 nach einem vom Bundesamt für Sicherheit in der Informationstechnik vorgegebenen Verfahren in ein Kryptogramm in der Weise, dass er daraus nicht oder nur mit einem unverhältnismäßig großen Aufwand zurückgewonnen werden kann. Das Kryptogramm ist zusammen mit den Angaben nach Absatz 2 Satz 1 Nr. 2 bis 6 zu speichern und spätestens sechs Monate nach Bekanntwerden der Beendigung des Verschreibens zu löschen. Die gespeicherten Daten und das Verschlüsselungsverfahren nach Satz 1 sind durch geeignete Sicherheitsmaßnahmen gegen unbefugte Kenntnisnahme und Verwendung zu schützen.

(4) Das Bundesinstitut vergleicht jedes neu gespeicherte Kryptogramm mit den bereits vorhandenen. Ergibt sich keine Übereinstimmung, ist der Patientencode unverzüglich zu löschen. Liegen Übereinstimmungen vor, teilt dies das

Bundesinstitut jedem beteiligten Arzt unter Angabe des Patientencodes, des Datums der ersten Verschreibung und der Adressen der anderen beteiligten Ärzte unverzüglich mit. Die Ärzte haben zu erklären, ob der Patientencode demselben Patienten zuzuordnen ist. Wenn dies zutrifft, haben sie sich darüber abzustimmen, wer künftig für den Patienten Substitutionsmittel verschreibt, und über das Ergebnis das Bundesinstitut unter Angabe des Patientencodes zu unterrichten. Wenn dies nicht zutrifft, haben die Ärzte darüber ebenfalls das Bundesinstitut unter Angabe des Patientencodes zu unterrichten. Das Substitutionsregister ist unverzüglich entsprechend zu bereinigen. Erforderlichenfalls unterrichtet das Bundesinstitut die zuständigen Überwachungsbehörden der beteiligten Ärzte, um das Verschreiben von Substitutionsmitteln von mehreren Ärzten für einen Patienten zu unterbinden.

(5) Die Ärztekammern haben dem Bundesinstitut zum 31. März und 30. September die Namen und Adressen der Ärzte zu melden, die die Mindestanforderungen nach § 5 Abs. 2 Satz 1 Nr. 6 erfüllen. Das Bundesinstitut unterrichtet unverzüglich die zuständigen Überwachungsbehörden der Länder über Name und Adresse

1. der Ärzte, die ein Substitutionsmittel nach § 5 Abs. 2 verschrieben haben und

2. der nach Absatz 2 Nr. 6 gemeldeten Konsiliarien,

wenn diese die Mindestanforderungen nach § 5 Abs. 2 Satz 1 Nr. 6 nicht erfüllen.

(6) Das Bundesinstitut teilt den zuständigen Überwachungsbehörden zum 30. Juni und 31. Dezember folgende Angaben mit:

1. Namen und Adressen der Ärzte, die nach § 5 Abs. 2 Substitutionsmittel verschrieben haben,

2. Namen und Adressen der Ärzte, die nach § 5 Abs. 3 Substitutionsmittel verschrieben haben,

3. Namen und Adressen der Ärzte, die die Mindestanforderungen nach § 5 Abs. 2 Satz 1 Nr. 6 erfüllen,

4. Namen und Adressen der Ärzte, die nach Absatz 2 Nr. 6 als Konsiliarius gemeldet worden sind, sowie

5. Anzahl der Patienten, für die ein unter Nummer 1 oder 2 genannter Arzt ein Substitutionsmittel verschrieben hat.

Die zuständigen Überwachungsbehörden können auch jederzeit im Einzelfall vom Bundesinstitut entsprechende Auskunft verlangen.

(7) Das Bundesinstitut teilt den obersten Landesgesundheitsbehörden für das jeweilige Land zum 31. Dezember folgende Angaben mit:

1. die Anzahl der Patienten, denen ein Substitutionsmittel verschrieben wurde,

2. die Anzahl der Ärzte, die nach § 5 Abs. 2 Substitutionsmittel verschrieben haben,

3. die Anzahl der Ärzte, die nach § 5 Abs. 3 Substitutionsmittel verschrieben haben,

4. die Anzahl der Ärzte, die die Mindestanforderungen nach § 5 Abs. 2 Satz 1 Nr. 6 erfüllen,

5. die Anzahl der Ärzte, die nach Absatz 2 Nr. 6 als Konsiliarius gemeldet worden sind, sowie

6. Art und Anteil der verschriebenen Substitutionsmittel.

Auf Verlangen erhalten die obersten Landesgesundheitsbehörden die unter Nummer 1 bis 6 aufgeführten Angaben auch aufgeschlüsselt nach Überwachungsbereichen.

### § 5b Verschreiben für Patienten in Alten- und Pflegeheimen, Hospizen und in der spezialisierten ambulanten Palliativversorgung

(1) Der Arzt, der ein Betäubungsmittel für einen Patienten in einem Alten- und Pflegeheim, einem Hospiz oder in der spezialisierten ambu-

lanten Palliativversorgung verschreibt, kann bestimmen, dass die Verschreibung nicht dem Patienten ausgehändigt wird. In diesem Falle darf die Verschreibung nur von ihm selbst oder durch von ihm angewiesenes oder beauftragtes Personal seiner Praxis, des Alten- und Pflegeheimes, des Hospizes oder der Einrichtung der spezialisierten ambulanten Palliativversorgung in der Apotheke vorgelegt werden.

(2) Das Betäubungsmittel ist im Falle des Absatzes 1 Satz 1 dem Patienten vom behandelnden Arzt oder dem von ihm beauftragten, eingewiesenen und kontrollierten Personal des Alten- und Pflegeheimes, des Hospizes oder der Einrichtung der spezialisierten ambulanten Palliativversorgung zu verabreichen oder zum unmittelbaren Verbrauch zu überlassen.

(3) Der Arzt darf im Falle des Absatzes 1 Satz 1 die Betäubungsmittel des Patienten in dem Alten- und Pflegeheim, dem Hospiz oder der Einrichtung der spezialisierten ambulanten Palliativversorgung unter seiner Verantwortung lagern; die Einwilligung des über die jeweiligen Räumlichkeiten Verfügungsberechtigten bleibt unberührt. Für den Nachweis über den Verbleib und Bestand gelten die §§ 13 und 14 entsprechend.

(4) Betäubungsmittel, die nach Absatz 3 gelagert wurden und nicht mehr benötigt werden, können von dem Arzt

1. einem anderen Patienten dieses Alten- und Pflegeheimes, dieses Hospizes oder dieser Einrichtung der ambulanten spezialisierten Palliativversorgung verschrieben werden,

2. an eine versorgende Apotheke zur Weiterverwendung in einem Alten- und Pflegeheim, einem Hospiz oder einer Einrichtung der spezialisierten ambulanten Palliativversorgung zurückgegeben werden oder

3. in den Notfallvorrat nach § 5c Absatz 1 Satz 1 überführt werden.

### § 5c Verschreiben für den Notfallbedarf in Hospizen und in der spezialisierten ambulanten Palliativversorgung

(1) Hospize und Einrichtungen der spezialisierten ambulanten Palliativversorgung dürfen in ihren Räumlichkeiten einen Vorrat an Betäubungsmitteln für den unvorhersehbaren, dringenden und kurzfristigen Bedarf ihrer Patienten (Notfallvorrat) bereithalten. Berechtigte, die von der Möglichkeit nach Satz 1 Gebrauch machen, sind verpflichtet,

1. einen oder mehrere Ärzte damit zu beauftragen, die Betäubungsmittel, die für den Notfallvorrat benötigt werden, nach § 2 Absatz 4 Satz 2 zu verschreiben,

2. die lückenlose Nachweisführung über die Aufnahme in den Notfallvorrat und die Entnahme aus dem Notfallvorrat durch interne Regelungen mit den Ärzten und Pflegekräften, die an der Versorgung von Patienten mit Betäubungsmitteln beteiligt sind, sicherzustellen und

3. mit einer Apotheke die Belieferung für den Notfallvorrat schriftlich zu vereinbaren und diese Apotheke zu verpflichten, den Notfallvorrat mindestens halbjährlich zu überprüfen, insbesondere auf einwandfreie Beschaffenheit sowie ordnungsgemäße und sichere Aufbewahrung; § 6 Absatz 3 Satz 2 bis 5 gilt entsprechend.

(2) Der oder die Ärzte nach Absatz 1 Satz 2 Nummer 1 dürfen die für den Notfallvorrat benötigten Betäubungsmittel bis zur Menge des durchschnittlichen Zweiwochenbedarfs, mindestens jedoch die kleinste Packungseinheit, verschreiben. Die Vorratshaltung darf für jedes Betäubungsmittel den durchschnittlichen Monatsbedarf für Notfälle nicht überschreiten.

### § 6 Verschreiben für Einrichtungen des Rettungsdienstes

(1) Für das Verschreiben des Bedarfs an Betäubungsmitteln für Einrichtungen und Teileinheiten von Einrichtungen des Rettungsdiens-

tes (Rettungsdienstbedarf) finden die Vorschriften über das Verschreiben für den Stationsbedarf nach § 2 Abs. 4 entsprechende Anwendung.

(2) Der Träger oder der Durchführende des Rettungsdienstes hat einen Arzt damit zu beauftragen, die benötigten Betäubungsmittel nach § 2 Abs. 4 zu verschreiben. Die Aufzeichnung des Verbleibs und Bestandes der Betäubungsmittel ist nach den §§ 13 und 14 in den Einrichtungen und Teileinheiten der Einrichtungen des Rettungsdienstes durch den jeweils behandelnden Arzt zu führen.

(3) Der Träger oder der Durchführende des Rettungsdienstes hat mit einer Apotheke die Belieferung der Verschreibungen für den Rettungsdienstbedarf sowie eines mindestens halbjährliche Überprüfung der Betäubungsmittelvorräte in den Einrichtungen oder Teileinheiten der Einrichtungen des Rettungsdienstes insbesondere auf deren einwandfreie Beschaffenheit sowie ordnungsgemäße und sichere Aufbewahrung schriftlich zu vereinbaren. Der unterzeichnende Apotheker zeigt dies der zuständigen Landesbehörde an. Mit der Überprüfung der Betäubungsmittelvorräte ist ein Apotheker der jeweiligen Apotheke zu beauftragen. Es ist ein Protokoll anzufertigen. Zur Beseitigung festgestellter Mängel hat der mit der Überprüfung beauftragte Apotheker dem Träger oder Durchführenden des Rettungsdienstes eine angemessene Frist zu setzen und im Falle der Nichteinhaltung die zuständige Landesbehörde zu unterrichten.

(4) Bei einem Großschadensfall sind die benötigten Betäubungsmittel von dem zuständigen leitenden Notarzt nach § 2 Abs. 4 zu verschreiben. Die verbrauchten Betäubungsmittel sind durch den leitenden Notarzt unverzüglich für den Großschadensfall zusammengefasst nachzuweisen und der zuständigen Landesbehörde unter Angabe der nicht verbrauchten Betäubungsmittel anzuzeigen. Die zuständige Landesbehörde trifft Festlegungen zum Verbleib der nicht verbrauchten Betäubungsmittel.

### § 7 Verschreiben für Kauffahrteischiffe

(1) Für das Verschreiben und die Abgabe von Betäubungsmitteln für die Ausrüstung von Kauffahrteischiffen gelten die §§ 8 und 9. Auf den Betäubungsmittelrezepten sind die in Absatz 4 Nr. 4 bis 6 genannten Angaben anstelle der in § 9 Abs. 1 Nr. 1 und 5 vorgeschriebenen anzubringen.

(2) Für die Ausrüstung von Kauffahrteischiffen darf nur ein von der zuständigen Behörde beauftragter Arzt Betäubungsmittel verschreiben; er darf für diesen Zweck bei Schiffsbesetzung ohne Schiffsarzt das Betäubungsmittel Morphin verschreiben. Für die Ausrüstung von Kauffahrteischiffen bei Schiffsbesetzung mit Schiffsarzt und solchen, die nicht die Bundesflagge führen, können auch andere der in der Anlage III des Betäubungsmittelgesetzes bezeichneten Betäubungsmittel verschrieben werden.

(3) Ausnahmsweise dürfen Betäubungsmittel für die Ausrüstung von Kauffahrteischiffen von einer Apotheke zunächst ohne Verschreibung abgegeben werden, wenn

1. der in Absatz 2 bezeichnete Arzt nicht rechtzeitig vor dem Auslaufen des Schiffes erreichbar ist,

2. die Abgabe nach Art und Menge nur zum Ersatz

   a) verbrauchter,

   b) unbrauchbar gewordener oder

   c) außerhalb des Geltungsbereichs des Betäubungsmittelgesetzes von Schiffen, die die Bundesflagge führen, beschaffter und entsprechend der Verordnung über die Krankenfürsorge auf Kauffahrteischiffen auszutauschender Betäubungsmitteln erfolgt,

3. der Abgebende sich vorher überzeugt hat, daß die noch vorhandenen Betäubungsmittel nach Art und Menge mit den Eintragungen im Betäubungsmittelbuch des Schiffes übereinstimmen, und

4. der Abgebende sich den Empfang von dem für die ordnungsgemäße Durchführung der Krankenfürsorge Verantwortlichen bescheinigen läßt.

(4) Die Bescheinigung nach Absatz 3 Nr. 4 muß folgende Angaben enthalten:

1. Bezeichnung der verschriebenen Arzneimittel nach § 9 Abs. 1 Nr. 3,

2. Menge der abgegebenen Arzneimittel nach § 9 Abs. 1 Nr. 4,

3. Abgabedatum,

4. Name des Schiffes,

5. Name des Reeders,

6. Heimathafen des Schiffes und

7. Unterschrift des für die Krankenfürsorge Verantwortlichen.

(5) Der Abgebende hat die Bescheinigung nach Absatz 3 Nr. 4 unverzüglich dem von der zuständigen Behörde beauftragten Arzt zum nachträglichen Verschreiben vorzulegen. Dieser ist verpflichtet, unverzüglich die Verschreibung auf einem Betäubungsmittelrezept der Apotheke nachzureichen, die das Betäubungsmittel nach § 7 Abs. 3 beliefert hat. Die Verschreibung ist mit dem Buchstaben „K" zu kennzeichnen. Die Bescheinigung nach § 7 Abs. 3 Nr. 4 ist dauerhaft mit dem in der Apotheke verbleibenden Teil der Verschreibung zu verbinden. Wenn die Voraussetzungen des Absatzes 3 Nr. 1 und 2 nicht vorgelegen haben, ist die zuständige Behörde unverzüglich zu unterrichten.

(6) Für das Verschreiben und die Abgabe von Betäubungsmitteln für die Ausrüstung von Schiffen, die keine Kauffahrteischiffe sind, sind die Absätze 1 bis 5 entsprechend anzuwenden.

### § 8 Betäubungsmittelrezept

(1) Betäubungsmittel für Patienten, den Praxisbedarf und Tiere dürfen nur auf einem dreiteiligen amtlichen Formblatt (Betäubungsmittelrezept) verschrieben werden. Das Betäubungsmittelrezept darf für das Verschreiben an-

derer Arzneimittel nur verwendet werden, wenn dies neben der eines Betäubungsmittels erfolgt. Die Teile I und II der Verschreibung sind zur Vorlage in einer Apotheke, im Falle des Verschreibens von Diamorphin nach § 5 Absatz 9a zur Vorlage bei einem pharmazeutischen Unternehmer, bestimmt, Teil III verbleibt bei dem Arzt, Zahnarzt oder Tierarzt, an den das Betäubungsmittelrezept ausgegeben wurde.

(2) Betäubungsmittelrezepte werden vom Bundesinstitut für Arzneimittel und Medizinprodukte auf Anforderung an den einzelnen Arzt, Zahnarzt oder Tierarzt ausgegeben. Das Bundesinstitut für Arzneimittel und Medizinprodukte kann die Ausgabe versagen, wenn der begründete Verdacht besteht, daß die Betäubungsmittelrezepte nicht den betäubungsmittelrechtlichen Vorschriften gemäß verwendet werden.

(3) Die nummerierten Betäubungsmittelrezepte sind nur zur Verwendung des anfordernden Arztes, Zahnarztes oder Tierarztes bestimmt und dürfen nur im Vertretungsfall übertragen werden. Die nicht verwendeten Betäubungsmittelrezepte sind bei Aufgabe der ärztlichen, zahnärztlichen oder tierärztlichen Tätigkeit dem Bundesinstitut für Arzneimittel und Medizinprodukte zurückzugeben.

(4) Der Arzt, Zahnarzt oder Tierarzt hat die Betäubungsmittelrezepte gegen Entwendung zu sichern. Ein Verlust ist unter Angabe der Rezeptnummern dem Bundesinstitut für Arzneimittel und Medizinprodukte unverzüglich anzuzeigen, das die zuständige oberste Landesbehörde unterrichtet.

(5) Der Arzt, Zahnarzt oder Tierarzt hat Teil III der Verschreibung und die Teile I bis III der fehlerhaft ausgefertigten Betäubungsmittelrezepte nach Ausstellungsdaten oder nach Vorgabe der zuständigen Landesbehörde geordnet drei Jahre aufzubewahren und auf Verlangen der nach § 19 Abs. 1 Satz 3 des Betäubungsmittelgesetzes zuständigen Landesbehörde einzusenden oder Beauftragten dieser Behörde vorzulegen.

(6) Außer in den Fällen des § 5 dürfen Betäubungsmittel für Patienten, den Praxisbedarf und Tiere in Notfällen unter Beschränkung auf die zur Behebung des Notfalls erforderliche Menge abweichend von Absatz 1 Satz 1 verschrieben werden. Verschreibungen nach Satz 1 sind mit den Angaben nach § 9 Abs. 1 zu versehen und mit dem Wort „Notfall-Verschreibung" zu kennzeichnen. Die Apotheke hat den verschreibenden Arzt, Zahnarzt oder Tierarzt unverzüglich nach Vorlage der Notfall-Verschreibung und möglichst vor der Abgabe des Betäubungsmittels über die Belieferung zu informieren. Dieser ist verpflichtet, unverzüglich die Verschreibung auf einem Betäubungsmittelrezept der Apotheke nachzureichen, die die Notfall-Verschreibung beliefert hat. Die Verschreibung ist mit dem Buchstaben „N" zu kennzeichnen. Die Notfall-Verschreibung ist dauerhaft mit dem in der Apotheke verbleibenden Teil der nachgereichten Verschreibung zu verbinden.

### § 9 Angaben auf dem Betäubungsmittelrezept

(1) Auf dem Betäubungsmittelrezept sind anzugeben:

1. Name, Vorname und Anschrift des Patienten, für den das Betäubungsmittel bestimmt ist; bei tierärztlichen Verschreibungen die Art des Tieres sowie Name, Vorname und Anschrift des Tierhalters,

2. Ausstellungsdatum,

3. Arzneimittelbezeichnung, soweit dadurch eine der nachstehenden Angaben nicht eindeutig bestimmt ist, jeweils zusätzlich Bezeichnung und Gewichtsmenge des enthaltenen Betäubungsmittels je Packungseinheit, bei abgeteilten Zubereitungen je abgeteilter Form, Darreichungsform,

4. Menge des verschriebenen Arzneimittels in Gramm oder Milliliter, Stückzahl der abgeteilten Form,

5. Gebrauchsanweisung mit Einzel- und Tagesgabe oder im Falle, daß dem Patienten

eine schriftliche Gebrauchsanweisung übergeben wurde, der Vermerk „Gemäß schriftlicher Anweisung"; im Falle des § 5 Abs. 8 zusätzlich die Reichdauer des Substitutionsmittels in Tagen,

6. in den Fällen des § 2 Abs. 2 Satz 2 und des § 4 Abs. 2 Satz 2 der Buchstabe „A", in den Fällen des § 5 Abs. 4 Satz 1 der Buchstabe „S", in den Fällen des § 5 Absatz 8 Satz 1 zusätzlich der Buchstabe „Z", in den Fällen des § 7 Abs. 5 Satz 3 der Buchstabe „K", in den Fällen des § 8 Abs. 6 Satz 5 der Buchstabe „N",

7. Name des verschreibenden Arztes, Zahnarztes oder Tierarztes, seine Berufsbezeichnung und Anschrift einschließlich Telefonnummer,

8. in den Fällen des § 2 Abs. 3, § 3 Abs. 2 und § 4 Abs. 3 der Vermerk „Praxisbedarf" anstelle der Angaben in den Nummern 1 und 5,

9. Unterschrift des verschreibenden Arztes, Zahnarztes oder Tierarztes, im Vertretungsfall darüber hinaus der Vermerk „i.V.".

(2) Die Angaben nach Absatz 1 sind dauerhaft zu vermerken und müssen auf allen Teilen der Verschreibung übereinstimmend enthalten sein. Die Angaben nach den Nummern 1 bis 8 können durch eine andere Person als den Verschreibenden erfolgen. Im Falle einer Änderung der Verschreibung hat der verschreibende Arzt die Änderung auf allen Teilen des Betäubungsmittelrezeptes zu vermerken und durch seine Unterschrift zu bestätigen.

### § 10 Betäubungsmittelanforderungsschein

(1) Betäubungsmittel für den Stationsbedarf nach § 2 Abs. 4, § 3 Abs. 3 und § 4 Abs. 4, den Notfallbedarf nach § 5c und den Rettungsdienstbedarf nach § 6 Absatz 1 dürfen nur auf einem dreiteiligen amtlichen Formblatt (Betäubungsmittelanforderungsschein) verschrieben werden. Die Teile I und II der Verschreibung für den Stationsbedarf, den Notfallbedarf und den

Rettungsdienstbedarf sind zur Vorlage in der Apotheke bestimmt, Teil III verbleibt bei dem verschreibungsberechtigten Arzt, Zahnarzt oder Tierarzt.

(2) Betäubungsmittelanforderungsscheine werden vom Bundesinstitut für Arzneimittel und Medizinprodukte auf Anforderung ausgegeben an:

1. den Arzt oder Zahnarzt, der ein Krankenhaus oder eine Krankenhausabteilung leitet,

2. den Tierarzt, der eine Tierklinik leitet,

3. einen beauftragten Arzt nach § 5c Absatz 1 Satz 2 Nummer 1,

4. den nach § 6 Absatz 2 beauftragten Arzt des Rettungsdienstes oder

5. den zuständigen leitenden Notarzt nach § 6 Absatz 4.

(3) Die nummerierten Betäubungsmittelanforderungsscheine sind nur zur Verwendung in der Einrichtung bestimmt, für die sie angefordert wurden. Sie dürfen vom anfordernden Arzt, Zahnarzt oder Tierarzt an Leiter von Teileinheiten oder an einen weiteren beauftragten Arzt nach § 5c Absatz 1 Satz 2 Nummer 1 weitergegeben werden. Über die Weitergabe ist ein Nachweis zu führen.

(4) Teil III der Verschreibung für den Stationsbedarf, den Notfallbedarf und den Rettungsdienstbedarf und die Teile I bis III von fehlerhaft ausgefertigten Betäubungsmittelanforderungsscheinen sowie die Nachweisunterlagen gemäß Absatz 3 sind vom anfordernden Arzt, Zahnarzt oder Tierarzt drei Jahre, von der letzten Eintragung an gerechnet, aufzubewahren und auf Verlangen der nach § 19 Abs. 1 Satz 3 des Betäubungsmittelgesetzes zuständigen Landesbehörde einzusenden oder Beauftragten dieser Behörden vorzulegen.

## § 11 Angaben auf dem Betäubungsmittelanforderungsschein

(1) Auf dem Betäubungsmittelanforderungsschein sind anzugeben:

1. Name oder die Bezeichnung und die Anschrift der Einrichtung, für die die Betäubungsmittel bestimmt sind,

2. Ausstellungsdatum,

3. Bezeichnung der verschriebenen Arzneimittel nach § 9 Abs. 1 Nr. 3,

4. Menge der verschriebenen Arzneimittel nach § 9 Abs. 1 Nr. 4,

5. Name des verschreibenden Arztes, Zahnarztes oder Tierarztes einschließlich Telefonnummer,

6. Unterschrift des verschreibenden Arztes, Zahnarztes oder Tierarztes, im Vertretungsfall darüber hinaus der Vermerk „i.V.".

(2) Die Angaben nach Absatz 1 sind dauerhaft zu vermerken und müssen auf allen Teilen der Verschreibung für den Stationsbedarf, den Notfallbedarf und den Rettungsdienstbedarf übereinstimmend enthalten sein. Die Angaben nach den Nummern 1 bis 5 können durch eine andere Person als den Verschreibenden erfolgen. Im Falle einer Änderung der Verschreibung für den Stationsbedarf, den Notfallbedarf und den Rettungsdienstbedarf hat der verschreibende Arzt die Änderung auf allen Teilen des Betäubungsmittelanforderungsscheines zu vermerken und durch seine Unterschrift zu bestätigen.

## § 12 Abgabe

(1) Betäubungsmittel dürfen vorbehaltlich des Absatzes 2 nicht abgegeben werden:

1. auf eine Verschreibung,

    a) die nach den §§ 1 bis 4 oder § 7 Abs. 2 für den Abgebenden erkennbar nicht ausgefertigt werden durfte,

b) bei deren Ausfertigung eine Vorschrift des § 7 Abs. 1 Satz 2, des § 8 Abs. 1 Satz 1 und 2 oder des § 9 nicht beachtet wurde,

c) die vor mehr als sieben Tagen ausgefertigt wurde, ausgenommen bei Einfuhr eines Arzneimittels nach § 73 Abs. 3 Arzneimittelgesetz, oder

d) die mit dem Buchstaben „K" oder „N" gekennzeichnet ist;

2. auf eine Verschreibung für den Stationsbedarf, den Notfallbedarf und den Rettungsdienstbedarf,

a) die nach den §§ 1 bis 4, § 7 Abs. 1 oder § 10 Abs. 3 für den Abgebenden erkennbar nicht ausgefertigt werden durfte oder

b) bei deren Ausfertigung eine Vorschrift des § 10 Abs. 1 oder des § 11 nicht beachtet wurde;

3. auf eine Verschreibung nach § 8 Abs. 6, die

a) nicht nach Satz 2 gekennzeichnet ist oder

b) vor mehr als einem Tag ausgefertigt wurde;

4. auf eine Verschreibung nach § 5 Abs. 8, wenn sie nicht in Einzeldosen und in kindergesicherter Verpackung konfektioniert sind.

(2) Bei Verschreibungen und Verschreibungen für den Stationsbedarf, den Notfallbedarf und den Rettungsdienstbedarf, die einen für den Abgebenden erkennbaren Irrtum enthalten, unleserlich sind oder den Vorschriften nach § 9 Abs. 1 oder § 11 Abs. 1 nicht vollständig entsprechen, ist der Abgebende berechtigt, nach Rücksprache mit dem verschreibenden Arzt, Zahnarzt oder Tierarzt Änderungen vorzunehmen. Angaben nach § 9 Abs. 1 Nr. 1 oder § 11 Abs. 1 Nr. 1 können durch den Abgebenden geändert oder ergänzt werden, wenn der Überbringer der Verschreibung oder der Verschrei-

bung für den Stationsbedarf, den Notfallbedarf und den Rettungsdienstbedarf diese Angaben nachweist oder glaubhaft versichert oder die Angaben anderweitig ersichtlich sind. Auf Verschreibungen oder Verschreibungen für den Stationsbedarf, den Notfallbedarf und den Rettungsdienstbedarf, bei denen eine Änderung nach Satz 1 nicht möglich ist, dürfen die verschriebenen Betäubungsmittel oder Teilmengen davon abgegeben werden, wenn der Überbringer glaubhaft versichert oder anderweitig ersichtlich ist, daß ein dringender Fall vorliegt, der die unverzügliche Anwendung des Betäubungsmittels erforderlich macht. In diesen Fällen hat der Apothekenleiter den Verschreibenden unverzüglich über die erfolgte Abgabe zu benachrichtigen; die erforderlichen Korrekturen auf der Verschreibung oder Verschreibung für den Stationsbedarf, den Notfallbedarf und den Rettungsdienstbedarf sind unverzüglich vorzunehmen. Änderungen und Ergänzungen nach den Sätzen 1 und 2, Rücksprachen nach den Sätzen 1 und 4 sowie Abgaben nach Satz 3 sind durch den Abgebenden auf den Teilen I und II, durch den Verschreibenden, außer im Falle des Satzes 2, auf Teil III der Verschreibung oder der Verschreibung für den Stationsbedarf, den Notfallbedarf und den Rettungsdienstbedarf zu vermerken. Für die Verschreibung von Diamorphin gelten die Sätze 2 bis 4 nicht.

(3) Der Abgebende hat auf Teil I der Verschreibung oder der Verschreibung für den Stationsbedarf, den Notfallbedarf und den Rettungsdienstbedarf folgende Angaben dauerhaft zu vermerken:

1. Name und Anschrift der Apotheke,

2. Abgabedatum und

3. Namenszeichen des Abgebenden.

(4) Der Apothekenleiter hat Teil I der Verschreibungen und Verschreibungen für den Stationsbedarf, den Notfallbedarf und den Rettungsdienstbedarf nach Abgabedaten oder nach Vorgabe der zuständigen Landesbehörde geordnet drei Jahre aufzubewahren und auf Ver-

langen dem Bundesinstitut für Arzneimittel und Medizinprodukte oder der nach § 19 Abs. 1 Satz 3 des Betäubungsmittelgesetzes zuständigen Landesbehörde einzusenden oder Beauftragten dieser Behörden vorzulegen. Teil II ist zur Verrechnung bestimmt. Die Sätze 1 und 2 gelten im Falle der Abgabe von Diamorphin für den Verantwortlichen für Betäubungsmittel des pharmazeutischen Unternehmers entsprechend.

(5) Der Tierarzt darf aus seiner Hausapotheke Betäubungsmittel nur zur Anwendung bei einem von ihm behandelten Tier und nur unter Einhaltung der für das Verschreiben geltenden Vorschriften der §§ 1 und 4 Abs. 1 und 2 abgeben.

## § 13 Nachweisführung

(1) Der Nachweis von Verbleib und Bestand der Betäubungsmittel in den in § 1 Abs. 3 genannten Einrichtungen ist unverzüglich nach Bestandsänderung nach amtlichem Formblatt zu führen. Es können Karteikarten oder Betäubungsmittelbücher mit fortlaufend numerierten Seiten verwendet werden. Die Aufzeichnung kann auch mittels elektronischer Datenverarbeitung erfolgen, sofern jederzeit der Ausdruck der gespeicherten Angaben in der Reihenfolge des amtlichen Formblattes gewährleistet ist. Im Falle des Überlassens eines Substitutionsmittels zum unmittelbaren Verbrauch nach § 5 Abs. 6 Satz 1 oder eines Betäubungsmittels nach § 5b Abs. 2 ist der Verbleib patientenbezogen nachzuweisen.

(2) Die Eintragungen über Zugänge, Abgänge und Bestände der Betäubungsmittel sowie die Übereinstimmung der Bestände mit den geführten Nachweisen sind

1.  von dem Apotheker für die von ihm geleitete Apotheke,

2.  von dem Tierarzt für die von ihm geleitete tierärztliche Hausapotheke und

3.  von dem in den §§ 2 bis 4 bezeichneten, verschreibungsberechtigten Arzt, Zahnarzt

oder Tierarzt für den Praxis- oder Stationsbedarf,

4.  von einem nach § 5c Absatz 1 Satz 2 Nummer 1 beauftragten Arzt für Hospize und Einrichtungen der spezialisierten ambulanten Palliativversorgung sowie von dem nach § 6 Absatz 2 beauftragten Arzt für Einrichtungen des Rettungsdienstes,

5.  vom für die Durchführung der Krankenfürsorge Verantwortlichen für das jeweilige Kauffahrteischiff, das die Bundesflagge führt,

6.  vom behandelnden Arzt im Falle des Nachweises nach Absatz 1 Satz 4,

7.  vom Verantwortlichen im Sinne des § 5 Absatz 9b Nummer 3

am Ende eines jeden Kalendermonats zu prüfen und, sofern sich der Bestand geändert hat, durch Namenszeichen und Prüfdatum zu bestätigen. Für den Fall, daß die Nachweisführung mittels elektronischer Datenverarbeitung erfolgt, ist die Prüfung auf der Grundlage zum Monatsende angefertigter Ausdrucke durchzuführen.

(3) Die Karteikarten, Betäubungsmittelbücher oder EDV-Ausdrucke nach Absatz 2 Satz 2 sind in den in § 1 Abs. 3 genannten Einrichtungen drei Jahre, von der letzten Eintragung an gerechnet, aufzubewahren. Bei einem Wechsel in der Leitung einer Krankenhausapotheke, einer Einrichtung eines Krankenhauses, einer Tierklinik oder einem Wechsel des beauftragten Arztes nach § 5c Absatz 1 Satz 2 Nummer 1 oder § 6 Absatz 2 Satz 1 sind durch die in Absatz 2 genannten Personen das Datum der Übergabe sowie der übergebene Bestand zu vermerken und durch Unterschrift zu bestätigen. Die Karteikarten, die Betäubungsmittelbücher und die EDV-Ausdrucke sind auf Verlangen der nach § 19 Abs. 1 Satz 3 des Betäubungsmittelgesetzes zuständigen Landesbehörde einzusenden oder Beauftragten dieser Behörde vorzulegen. In der Zwischenzeit sind vorläufige Aufzeichnungen vorzunehmen, die nach Rückgabe

der Karteikarten und Betäubungsmittelbücher nachzutragen sind.

### § 14 Angaben zur Nachweisführung

(1) Beim Nachweis von Verbleib und Bestand der Betäubungsmittel sind für jedes Betäubungsmittel dauerhaft anzugeben:

1. Bezeichnung, bei Arzneimitteln entsprechend § 9 Abs. 1 Nr. 3,

2. Datum des Zugangs oder des Abgangs,

3. zugegangene oder abgegangene Menge und der sich daraus ergebende Bestand; bei Stoffen und nicht abgeteilten Zubereitungen die Gewichtsmenge in Gramm oder Milligramm, bei abgeteilten Zubereitungen die Stückzahl; bei flüssigen Zubereitungen, die im Rahmen einer Behandlung angewendet werden, die Menge auch in Millilitern,

4. Name oder Firma und Anschrift des Lieferers oder des Empfängers oder die sonstige Herkunft oder der sonstige Verbleib,

5. in Apotheken im Falle der Abgabe auf Verschreibung für Patienten sowie für den Praxisbedarf der Name und die Anschrift des verschreibenden Arztes, Zahnarztes oder Tierarztes und die Nummer des Betäubungsmittelrezeptes, im Falle der Verschreibung für den Stationsbedarf, den Notfallbedarf sowie den Rettungsdienstbedarf der Name des verschreibenden Arztes, Zahnarztes oder Tierarztes und die Nummer des Betäubungsmittelanforderungsscheines,

5a. in Krankenhäusern, Tierkliniken, Hospizen sowie in Einrichtungen der spezialisierten ambulanten Palliativversorgung und des Rettungsdienstes im Falle des Erwerbs auf Verschreibung für den Stationsbedarf, den Notfallbedarf sowie den Rettungsdienstbedarf der Name des verschreibenden Arztes, Zahnarztes oder Tierarztes und die Nummer des Betäubungsmittelanforderungsscheines,

6. beim pharmazeutischen Unternehmen im Falle der Abgabe auf Verschreibung von Diamorphin Name und Anschrift des verschreibenden Arztes und die Nummer des Betäubungsmittelrezeptes.

Bestehen bei den in § 1 Abs. 3 genannten Einrichtungen Teileinheiten, sind die Aufzeichnungen in diesen zu führen.

(2) Bei der Nachweisführung ist bei flüssigen Zubereitungen die Gewichtsmenge des Betäubungsmittels, die in der aus technischen Gründen erforderlichen Überfüllung des Abgabebehältnisses enthalten ist, nur zu berücksichtigen, wenn dadurch der Abgang höher ist als der Zugang. Die Differenz ist als Zugang mit „Überfüllung" auszuweisen.

### § 15 Formblätter

Das Bundesinstitut für Arzneimittel und Medizinprodukte gibt die amtlichen Formblätter für das Verschreiben (Betäubungsmittelrezepte und Betäubungsmittelanforderungsscheine) und für den Nachweis von Verbleib und Bestand (Karteikarten und Betäubungsmittelbücher) heraus und macht sie im Bundesanzeiger bekannt.

### § 16 Straftaten

Nach § 29 Abs. 1 Satz 1 Nr. 14 des Betäubungsmittelgesetzes wird bestraft, wer

1. entgegen § 1 Abs. 1 Satz 1, auch in Verbindung mit Satz 2, ein Betäubungsmittel nicht als Zubereitung verschreibt,

2. a) entgegen § 2 Abs. 1 oder 2 Satz 1, § 3 Abs. 1 oder § 5 Abs. 1 oder Abs. 4 Satz 2 für einen Patienten,

   b) entgegen § 2 Abs. 3 Satz 1, § 3 Abs. 2 Satz 1 oder § 4 Abs. 3 Satz 1 für seinen Praxisbedarf oder

c) entgegen § 4 Abs. 1 für ein Tier andere als die dort bezeichneten Betäubungsmittel oder innerhalb von 30 Tagen mehr als ein Betäubungsmittel, im Falle des § 2 Abs. 1 Buchstabe a mehr als zwei Betäubungsmittel, über die festgesetzte Höchstmenge hinaus oder unter Nichteinhaltung der vorgegebenen Bestimmungszwecke oder sonstiger Beschränkungen verschreibt,

3. entgegen § 2 Abs. 4, § 3 Abs. 3 oder § 4 Abs. 4

   a) Betäubungsmittel für andere als die dort bezeichneten Einrichtungen,

   b) andere als die dort bezeichneten Betäubungsmittel oder

   c) dort bezeichnete Betäubungsmittel unter Nichteinhaltung der dort genannten Beschränkungen verschreibt oder

4. entgegen § 7 Abs. 2 Betäubungsmittel für die Ausrüstung von Kauffahrteischiffen verschreibt,

5. entgegen § 5 Absatz 9c Satz 1 Diamorphin verschreibt, verabreicht oder überlässt.

### § 17 Ordnungswidrigkeiten

Ordnungswidrig im Sinne des § 32 Abs. 1 Nr. 6 des Betäubungsmittelgesetzes handelt, wer vorsätzlich oder leichtfertig

1. entgegen § 5 Abs. 9 Satz 2 und 3, auch in Verbindung mit § 5 Abs. 12, § 5a Abs. 2 Satz 1 bis 4, § 7 Abs. 1 Satz 2 oder Abs. 4, § 8 Abs. 6 Satz 2, § 9 Abs. 1, auch in Verbindung mit § 2 Abs. 2 Satz 2, § 4 Abs. 2 Satz 2, § 5 Abs. 4 Satz 1, § 7 Abs. 5 Satz 3 oder § 8 Abs. 6 Satz 5, § 11 Abs. 1 oder § 12 Abs. 3, eine Angabe nicht, nicht richtig, nicht vollständig oder nicht in der vorgeschriebenen Form macht,

2. entgegen § 5 Abs. 10 die erforderlichen Maßnahmen nicht oder nicht vollständig do-

kumentiert oder der zuständigen Landesbehörde die Dokumentation nicht zur Einsicht und Auswertung vorlegt oder einsendet,

3. entgegen § 8 Abs. 1 Satz 1, auch in Verbindung mit § 7 Abs. 1, Betäubungsmittel nicht auf einem gültigen Betäubungsmittelrezept oder entgegen § 10 Abs. 1 Satz 1 Betäubungsmittel nicht auf einem gültigen Betäubungsmittelanforderungsschein verschreibt,

4. entgegen § 8 Abs. 3 für seine Verwendung bestimmte Betäubungsmittelrezepte überträgt oder bei Aufgabe der Tätigkeit dem Bundesinstitut für Arzneimittel und Medizinprodukte nicht zurückgibt,

5. entgegen § 8 Abs. 4 Betäubungsmittelrezepte nicht gegen Entwendung sichert oder einen Verlust nicht unverzüglich anzeigt,

6. entgegen § 8 Abs. 5, § 10 Abs. 4 oder § 12 Abs. 4 Satz 1 die dort bezeichneten Teile der Verschreibung oder Verschreibung für den Stationsbedarf, den Notfallbedarf und den Rettungsdienstbedarf nicht oder nicht vorschriftsmäßig aufbewahrt,

7. entgegen § 8 Abs. 6 Satz 4 die Verschreibung nicht unverzüglich der Apotheke nachreicht,

8. entgegen § 10 Abs. 3 Satz 3 keinen Nachweis über die Weitergabe von Betäubungsmittelanforderungsscheinen führt,

9. einer Vorschrift des § 13 Abs. 1 Satz 1, Abs. 2 oder 3 oder des § 14 über die Führung von Aufzeichnungen, deren Prüfung oder Aufbewahrung zuwiderhandelt oder

10. entgegen § 5 Absatz 2 Satz 1 Nummer 6 oder Absatz 3 Satz 1 Nummer 2 und 3, Satz 2 und 7 oder Satz 5 und 6 oder Absatz 9a Satz 2 Nummer 1 ein Substitutionsmittel verschreibt, ohne die Mindestanforderungen an die Qualifikation zu erfüllen oder ohne einen Konsiliarius in die Behandlung

einzubeziehen oder ohne sich als Vertreter, der die Mindestanforderungen an die Qualifikation nicht erfüllt, abzustimmen oder ohne die diamorphinspezifischen Anforderungen an die Qualifikation nach Absatz 9a Satz 2 Nummer 1 zu erfüllen.

## § 18 Übergangsvorschriften

(1) § 5 Abs. 3 Satz 2 findet auf das Verschreiben eines Substitutionsmittels für Betäubungsmittelabhängige, denen vor Inkrafttreten dieser Verordnung Codein oder Dihydrocodein zur Substitution verschrieben wurde, ab dem 1. Januar 2000 Anwendung.

(2) § 5 Abs. 7 Nr. 1 gilt auch als erfüllt, wenn zum Zeitpunkt des Inkrafttretens dieser Verordnung in derselben Praxis mindestens sechs Monate Codein oder Dihydrocodein zum Zweck der Substitution für einen Patienten verschrieben wurde.

# Verordnung über Sicherheit und Gesundheitsschutz bei der Bereitstellung von Arbeitsmitteln und deren Benutzung bei der Arbeit, über Sicherheit beim Betrieb überwachungsbedürftiger Anlagen und über die Organisation des betrieblichen Arbeitsschutzes (Betriebssicherheitsverordnung)

(BetrSichV)

Vom 27. September 2002
(BGBl. I S. 3777)

Zuletzt geändert durch Art. 5 des Gesetzes
vom 8. November 2011
(BGBl. I S. 2178)

## Abschnitt 1
### Allgemeine Vorschriften

### § 1 Anwendungsbereich

(1) Diese Verordnung gilt für die Bereitstellung von Arbeitsmitteln durch Arbeitgeber sowie für die Benutzung von Arbeitsmitteln durch Beschäftigte bei der Arbeit.

(2) Diese Verordnung gilt auch für überwachungsbedürftige Anlagen im Sinne des § 2 Nummer 30 des Produktsicherheitsgesetzes, soweit es sich handelt um

1.  a) Dampfkesselanlagen,

    b) Druckbehälteranlagen außer Dampfkesseln,

    c) Füllanlagen,

    d) Rohrleitungen unter innerem Überdruck für entzündliche, leichtentzündliche, hochentzündliche, ätzende, giftige oder sehr giftige Gase, Dämpfe oder Flüssigkeiten, die

    aa) Druckgeräte im Sinne des Artikels 1 der Richtlinie 97/23/EG des Europäischen Parlaments und des Rates vom 29. Mai 1997 zur Angleichung der Rechtsvorschriften der Mitgliedstaaten über Druckgeräte (ABl. EG Nr. L 181 S. 1) mit Ausnahme der Druckgeräte im Sinne des Artikels 3 Abs. 3 dieser Richtlinie,

    bb) innerbetrieblich eingesetzte ortsbewegliche Druckgeräte im Sinne des Artikels 1 Abs. 3 Nr. 3.19 der Richtlinie 97/23/EG oder

    cc) einfache Druckbehälter im Sinne des Artikels 1 der Richtlinie 87/404/EWG des Rates vom 25. Juni 1987 zur Angleichung der Rechtsvorschriften der Mitgliedstaaten für einfache Druckbehälter (ABl. EG Nr. L 220 S. 48), geändert durch Richtlinie 90/488/EWG des

Rates vom 17. September 1990 (ABl. EG Nr. L 270 S. 25) und Richtlinie 93/68/EWG des Rates vom 22. Juli 1993 (ABl. EG Nr. L 220 S. 1), mit Ausnahme von einfachen Druckbehältern mit einem Druckinhaltsprodukt von nicht mehr als 50 bar.Liter

sind oder beinhalten,

2.  Aufzugsanlagen, die

    a) Aufzüge im Sinne des Artikels 1 der Richtlinie 95/16/EG des Europäischen Parlaments und des Rates vom 29. Juni 1995 zur Angleichung der Rechtsvorschriften der Mitgliedstaaten über Aufzüge (ABl. EG Nr. L 213 S. 1),

    b) Maschinen im Sinne des Anhangs IV Nr. 17 der Richtlinie 2006/42/EG des Europäischen Parlaments und des Rates vom 17. Mai 2006 über Maschinen und zur Änderung der Richtlinie 95/16/EG (Abl. EU Nr. L 157 S. 24), soweit es sich um Baustellenaufzüge handelt oder die Anlagen ortsfest und dauerhaft montiert, installiert und betrieben werden, mit Ausnahme folgender Anlagen

    aa) Schiffshebewerke,

    bb) Geräte und Anlagen zur Regalbedienung,

    cc) Fahrtreppen und Fahrsteige,

    dd) Schrägbahnen, ausgenommen Schrägaufzüge,

    ee) handbetriebene Aufzugsanlagen,

    ff) Fördereinrichtungen, die mit Kranen fest verbunden und zur Beförderung der Kranführer bestimmt sind,

    gg) versenkbare Steuerhäuser auf Binnenschiffen,

    c) Personen-Umlaufaufzüge oder

d) aufgehoben

d) Mühlen-Bremsfahrstühle

sind,

3. Anlagen in explosionsgefährdeten Bereichen, die Geräte, Schutzsysteme oder Sicherheits-, Kontroll- oder Regelvorrichtungen im Sinne des Artikels 1 der Richtlinie 94/9/EG des Europäischen Parlaments und des Rates vom 23. März 1994 zur Angleichung der Rechtsvorschriften der Mitgliedstaaten für Geräte und Schutzsysteme zur bestimmungsgemäßen Verwendung in explosionsgefährdeten Bereichen (ABl. EG Nr. L 100 S. 1) sind oder beinhalten, und

4. a) Lageranlagen mit einem Gesamtrauminhalt von mehr als 10.000 Litern,

b) Füllstellen mit einer Umschlagkapazität von mehr als 1.000 Litern je Stunde,

c) Tankstellen und Flugfeldbetankungsanlagen sowie

d) Entleerstellen mit einer Umschlagkapazität von mehr als 1.000 Litern je Stunde,

soweit entzündliche, leichtentzündliche oder hochentzündliche Flüssigkeiten gelagert oder abgefüllt werden.

Diese Verordnung gilt ferner für Einrichtungen, die für den sicheren Betrieb der in Satz 1 genannten Anlagen erforderlich sind. Die Vorschriften des Abschnitts 2 finden auf die in den Sätzen 1 und 2 genannten Anlagen und Einrichtungen nur Anwendung, soweit diese von einem Arbeitgeber bereitgestellt und von Beschäftigten bei der Arbeit benutzt werden.

(3) Die Vorschriften des Abschnitts 3 dieser Verordnung gelten nicht für Füllanlagen, die Energieanlagen im Sinne des § 3 Nr. 15 des Energiewirtschaftsgesetzes sind und auf dem Betriebsgelände von Unternehmen der öffentlichen Gasversorgung von diesen errichtet und betrieben werden.

(4) Diese Verordnung gilt nicht in Betrieben, die dem Bundesberggesetz unterliegen, auf Seeschiffen unter fremder Flagge und auf Seeschiffen, für die das Bundesministerium für Verkehr, Bau und Stadtentwicklung nach § 10 des Flaggenrechtsgesetzes die Befugnis zur Führung der Bundesflagge lediglich für die erste Überführungsreise in einen anderen Hafen verliehen hat. Mit Ausnahme von Rohrleitungen gelten abweichend von Satz 1 die Vorschriften des Abschnitts 3 dieser Verordnung für überwachungsbedürftige Anlagen in Tagesanlagen der Unternehmen des Bergwesens.

(5) Immissionsschutzrechtliche Vorschriften des Bundes und der Länder sowie verkehrsrechtliche Vorschriften des Bundes bleiben unberührt, soweit sie Anforderungen enthalten, die über die Vorschriften dieser Verordnung hinausgehen. Atomrechtliche Vorschriften des Bundes und der Länder bleiben unberührt, soweit in ihnen weitergehende oder andere Anforderungen gestellt oder zugelassen werden.

(6) Das Bundesministerium der Verteidigung kann für Arbeitsmittel und überwachungsbedürftige Anlagen, die dieser Verordnung unterliegen, Ausnahmen von den Vorschriften dieser Verordnung zulassen, wenn zwingende Gründe der Verteidigung oder die Erfüllung zwischenstaatlicher Verpflichtungen der Bundesrepublik Deutschland dies erfordern und die Sicherheit auf andere Weise gewährleistet ist.

### § 2 Begriffsbestimmungen

(1) Arbeitsmittel im Sinne dieser Verordnung sind Werkzeuge, Geräte, Maschinen oder Anlagen. Anlagen im Sinne von Satz 1 setzen sich aus mehreren Funktionseinheiten zusammen, die zueinander in Wechselwirkung stehen und deren sicherer Betrieb wesentlich von diesen Wechselwirkungen bestimmt wird; hierzu gehören insbesondere überwachungsbedürftige Anlagen im Sinne des § 2 Nummer 30 des Produktsicherheitsgesetzes.

(2) Bereitstellung im Sinne dieser Verordnung umfasst alle Maßnahmen, die der Arbeitgeber zu treffen hat, damit den Beschäftigten nur der Verordnung entsprechende Arbeitsmittel zur Verfügung gestellt werden können. Bereitstellung im Sinne von Satz 1 umfasst auch Montagearbeiten wie den Zusammenbau eines Arbeitsmittels einschließlich der für die sichere Benutzung erforderlichen Installationsarbeiten.

(3) Benutzung im Sinne dieser Verordnung umfasst alle ein Arbeitsmittel betreffenden Maßnahmen wie Erprobung, Ingangsetzen, Stillsetzen, Gebrauch, Instandsetzung und Wartung, Prüfung, Sicherheitsmaßnahmen bei Betriebsstörung, Um- und Abbau und Transport.

(4) Betrieb überwachungsbedürftiger Anlagen im Sinne des § 1 Abs. 2 Satz 1 umfasst die Prüfung durch zugelassene Überwachungsstellen oder befähigte Personen und die Benutzung nach Absatz 3 ohne Erprobung vor erstmaliger Inbetriebnahme, Abbau und Transport.

(5) Änderung einer überwachungsbedürftigen Anlage im Sinne dieser Verordnung ist jede Maßnahme, bei der die Sicherheit der Anlage beeinflusst wird. Als Änderung gilt auch jede Instandsetzung, welche die Sicherheit der Anlage beeinflusst.

(6) Wesentliche Veränderung einer überwachungsbedürftigen Anlage im Sinne dieser Verordnung ist jede Änderung, welche die überwachungsbedürftige Anlage soweit verändert, dass sie in den Sicherheitsmerkmalen einer neuen Anlage entspricht.

(7) Befähigte Person im Sinne dieser Verordnung ist eine Person, die durch ihre Berufsausbildung, ihre Berufserfahrung und ihre zeitnahe berufliche Tätigkeit über die erforderlichen Fachkenntnisse zur Prüfung der Arbeitsmittel verfügt. Sie unterliegt bei ihrer Prüftätigkeit keinen fachlichen Weisungen und darf wegen dieser Tätigkeit nicht benachteiligt werden.

(8) Explosionsfähige Atmosphäre im Sinne dieser Verordnung ist ein Gemisch aus Luft und brennbaren Gasen, Dämpfen, Nebeln oder Stäuben unter atmosphärischen Bedingungen, in dem sich der Verbrennungsvorgang nach erfolgter Entzündung auf das gesamte unverbrannte Gemisch überträgt.

(9) Gefährliche explosionsfähige Atmosphäre ist eine explosionsfähige Atmosphäre, die in einer solchen Menge (gefahrdrohende Menge) auftritt, dass besondere Schutzmaßnahmen für die Aufrechterhaltung des Schutzes von Sicherheit und Gesundheit der Arbeitnehmer oder Anderer erforderlich werden.

(10) Explosionsgefährdeter Bereich im Sinne dieser Verordnung ist ein Bereich, in dem gefährliche explosionsfähige Atmosphäre auftreten kann. Ein Bereich, in dem explosionsfähige Atmosphäre nicht in einer solchen Menge zu erwarten ist, dass besondere Schutzmaßnahmen erforderlich werden, gilt nicht als explosionsgefährdeter Bereich.

(11) Lageranlagen im Sinne dieser Verordnung sind Räume oder Bereiche, ausgenommen Tankstellen, in Gebäuden oder im Freien, die dazu bestimmt sind, dass in ihnen entzündliche, leichtentzündliche oder hochentzündliche Flüssigkeiten in ortsfesten oder ortsbeweglichen Behältern gelagert werden.

(12) Füllanlagen im Sinne dieser Verordnung sind

1. Anlagen, die dazu bestimmt sind, dass in ihnen Druckbehälter zum Lagern von Gasen mit Druckgasen aus ortsbeweglichen Druckgeräten befüllt werden,

2. Anlagen, die dazu bestimmt sind, dass in ihnen ortsbewegliche Druckgeräte mit Druckgasen befüllt werden, und

3. Anlagen, die dazu bestimmt sind, dass in ihnen Land-, Wasser- oder Luftfahrzeuge mit Druckgasen befüllt werden.

(13) Füllstellen im Sinne dieser Verordnung sind ortsfeste Anlagen, die dazu bestimmt sind, dass in ihnen Transportbehälter mit entzündlichen, leichtentzündlichen oder hochentzündlichen Flüssigkeiten befüllt werden.

(14) Tankstellen im Sinne dieser Verordnung sind ortsfeste Anlagen, die der Versorgung von Land-, Wasser- und Luftfahrzeugen mit entzündlichen, leichtentzündlichen oder hochentzündlichen Flüssigkeiten dienen, einschließlich der Lager- und Vorratsbehälter.

(15) Flugfeldbetankungsanlagen im Sinne dieser Verordnung sind Anlagen oder Bereiche auf Flugfeldern, in denen Kraftstoffbehälter von Luftfahrzeugen aus Hydrantenanlagen oder Flugfeldtankwagen befüllt werden.

(16) Entleerstellen im Sinne dieser Verordnung sind Anlagen oder Bereiche, die dazu bestimmt sind, dass in ihnen mit entzündlichen, leichtentzündlichen oder hochentzündlichen Flüssigkeiten gefüllte Transportbehälter entleert werden.

(17) Personen-Umlaufaufzüge im Sinne dieser Verordnung sind Aufzugsanlagen, die ausschließlich dazu bestimmt sind, Personen zu befördern, und die so eingerichtet sind, dass Fahrkörbe an zwei endlosen Ketten aufgehängt sind und während des Betriebs ununterbrochen umlaufend bewegt werden.

(18) gestrichen

(18) Mühlen-Bremsfahrstühle im Sinne dieser Verordnung sind Aufzugsanlagen, die dazu bestimmt sind, Güter oder Personen zu befördern, die von demjenigen beschäftigt werden, der die Anlage betreibt; bei Mühlen-Bremsfahrstühlen erfolgt der Antrieb über eine Aufwickeltrommel, die über ein vom Lastaufnahmemittel zu betätigendes Steuerseil für die Aufwärtsfahrt an eine laufende Friktionsscheibe gedrückt und für die Abwärtsfahrt von einem Bremsklotz abgehoben wird.

**Abschnitt 2**
**Gemeinsame Vorschriften für Arbeitsmittel**

**§ 3 Gefährdungsbeurteilung**

(1) Der Arbeitgeber hat bei der Gefährdungsbeurteilung nach § 5 des Arbeitsschutzgesetzes unter Berücksichtigung der Anhänge 1 bis 5, des § 6 der Gefahrstoffverordnung und der allgemeinen Grundsätze des § 4 des Arbeitsschutzgesetzes die notwendigen Maßnahmen für die sichere Bereitstellung und Benutzung der Arbeitsmittel zu ermitteln. Dabei hat er insbesondere die Gefährdungen zu berücksichtigen, die mit der Benutzung des Arbeitsmittels selbst verbunden sind und die am Arbeitsplatz durch Wechselwirkungen der Arbeitsmittel untereinander oder mit Arbeitsstoffen oder der Arbeitsumgebung hervorgerufen werden.

(2) Kann nach den Bestimmungen der §§ 6 und 11 der Gefahrstoffverordnung die Bildung gefährlicher explosionsfähiger Atmosphären nicht sicher verhindert werden, hat der Arbeitgeber zu beurteilen

1. die Wahrscheinlichkeit und die Dauer des Auftretens gefährlicher explosionsfähiger Atmosphären,

2. die Wahrscheinlichkeit des Vorhandenseins, der Aktivierung und des Wirksamwerdens von Zündquellen einschließlich elektrostatischer Entladungen und

3. das Ausmaß der zu erwartenden Auswirkungen von Explosionen.

(3) Für Arbeitsmittel sind insbesondere Art, Umfang und Fristen erforderlicher Prüfungen zu ermitteln. Ferner hat der Arbeitgeber die notwendigen Voraussetzungen zu ermitteln und festzulegen, welche die Personen erfüllen müssen, die von ihm mit der Prüfung oder Erprobung von Arbeitsmitteln zu beauftragen sind.

## § 4 Anforderungen an die Bereitstellung und Benutzung der Arbeitsmittel

(1) Der Arbeitgeber hat die nach den allgemeinen Grundsätzen des § 4 des Arbeitsschutzgesetzes erforderlichen Maßnahmen zu treffen, damit den Beschäftigten nur Arbeitsmittel bereitgestellt werden, die für die am Arbeitsplatz gegebenen Bedingungen geeignet sind und bei deren bestimmungsgemäßer Benutzung Sicherheit und Gesundheitsschutz gewährleistet sind. Ist es nicht möglich, demgemäß Sicherheit und Gesundheitsschutz der Beschäftigten in vollem Umfang zu gewährleisten, hat der Arbeitgeber geeignete Maßnahmen zu treffen, um eine Gefährdung so gering wie möglich zu halten. Die Sätze 1 und 2 gelten entsprechend für die Montage von Arbeitsmitteln, deren Sicherheit vom Zusammenbau abhängt.

(2) Bei den Maßnahmen nach Absatz 1 sind die vom Ausschuss für Betriebssicherheit ermittelten und vom Bundesministerium für Arbeit und Soziales im Bundesarbeitsblatt oder im gemeinsamen Ministerialblatt veröffentlichten Regeln und Erkenntnisse zu berücksichtigen. Die Maßnahmen müssen dem Ergebnis der Gefährdungsbeurteilung nach § 3 und dem Stand der Technik entsprechen.

(3) Der Arbeitgeber hat sicherzustellen, dass Arbeitsmittel nur benutzt werden, wenn sie gemäß den Bestimmungen dieser Verordnung für die vorgesehene Verwendung geeignet sind.

(4) Bei der Festlegung der Maßnahmen nach den Absätzen 1 und 2 sind für die Bereitstellung und Benutzung von Arbeitsmitteln auch die ergonomischen Zusammenhänge zwischen Arbeitsplatz, Arbeitsmittel, Arbeitsorganisation, Arbeitsablauf und Arbeitsaufgabe zu berücksichtigen; dies gilt insbesondere für die Körperhaltung, die Beschäftigte bei der Benutzung der Arbeitsmittel einnehmen müssen.

## § 5 Explosionsgefährdete Bereiche

(1) Der Arbeitgeber hat explosionsgefährdete Bereiche im Sinne von § 2 Abs. 10 entsprechend Anhang 3 unter Berücksichtigung der Ergebnisse der Gefährdungsbeurteilung gemäß § 3 in Zonen einzuteilen.

(2) Der Arbeitgeber hat sicherzustellen, dass die Mindestvorschriften des Anhangs 4 angewendet werden.

## § 6 Explosionsschutzdokument

(1) Der Arbeitgeber hat unabhängig von der Zahl der Beschäftigten im Rahmen seiner Pflichten nach § 3 sicherzustellen, dass ein Dokument (Explosionsschutzdokument) erstellt und auf dem letzten Stand gehalten wird.

(2) Aus dem Explosionsschutzdokument muss insbesondere hervorgehen,

1. dass die Explosionsgefährdungen ermittelt und einer Bewertung unterzogen worden sind,

2. dass angemessene Vorkehrungen getroffen werden, um die Ziele des Explosionsschutzes zu erreichen,

3. welche Bereiche entsprechend Anhang 3 in Zonen eingeteilt wurden und

4. für welche Bereiche die Mindestvorschriften gemäß Anhang 4 gelten.

(3) Das Explosionsschutzdokument ist vor Aufnahme der Arbeit zu erstellen. Es ist zu überarbeiten, wenn Veränderungen, Erweiterungen oder Umgestaltungen der Arbeitsmittel oder des Arbeitsablaufes vorgenommen werden.

(4) Unbeschadet der Einzelverantwortung jedes Arbeitgebers nach dem Arbeitsschutzgesetz und den §§ 6 und 15 der Gefahrstoffverordnung koordiniert der Arbeitgeber, der die Verantwortung für die Bereitstellung und Benutzung der Arbeitsmittel trägt, die Durchführung aller die Sicherheit und den Gesundheitsschutz der Beschäftigten betreffenden Maßnahmen

und macht in seinem Explosionsschutzdokument genauere Angaben über das Ziel, die Maßnahmen und die Bedingungen der Durchführung dieser Koordinierung.

(5) Bei der Erfüllung der Verpflichtungen nach Absatz 1 können auch vorhandene Gefährdungsbeurteilungen, Dokumente oder andere gleichwertige Berichte verwendet werden, die auf Grund von Verpflichtungen nach anderen Rechtsvorschriften erstellt worden sind.

### § 7 Anforderungen an die Beschaffenheit der Arbeitsmittel

(1) Der Arbeitgeber darf den Beschäftigten erstmalig nur Arbeitsmittel bereitstellen, die

1. solchen Rechtsvorschriften entsprechen, durch die Gemeinschaftsrichtlinien in deutsches Recht umgesetzt werden, oder,

2. wenn solche Rechtsvorschriften keine Anwendung finden, den sonstigen Rechtsvorschriften entsprechen, mindestens jedoch den Vorschriften des Anhangs 1.

(2) Arbeitsmittel, die den Beschäftigten vor dem 3. Oktober 2002 erstmalig bereitgestellt worden sind, müssen

1. den im Zeitpunkt der erstmaligen Bereitstellung geltenden Rechtsvorschriften entsprechen, durch die Gemeinschaftsrichtlinien in deutsches Recht umgesetzt worden sind, oder,

2. wenn solche Rechtsvorschriften keine Anwendung finden, den im Zeitpunkt der erstmaligen Bereitstellung geltenden sonstigen Rechtsvorschriften entsprechen, mindestens jedoch den Anforderungen des Anhangs 1 Nr. 1 und 2.

Unbeschadet des Satzes 1 müssen die besonderen Arbeitsmittel nach Anhang 1 Nr. 3 spätestens am 1. Dezember 2002 mindestens den Vorschriften des Anhangs 1 Nr. 3 entsprechen.

(3) Arbeitsmittel zur Verwendung in explosionsgefährdeten Bereichen müssen den Anforderungen des Anhangs 4 Abschnitt A und B entsprechen, wenn sie nach dem 30. Juni 2003 erstmalig im Unternehmen den Beschäftigten bereitgestellt werden.

(4) Arbeitsmittel zur Verwendung in explosionsgefährdeten Bereichen müssen ab dem 30. Juni 2003 den in Anhang 4 Abschnitt A aufgeführten Mindestvorschriften entsprechen, wenn sie vor diesem Zeitpunkt bereits verwendet oder erstmalig im Unternehmen den Beschäftigten bereitgestellt worden sind und

1. keine Rechtsvorschriften anwendbar sind, durch die andere Richtlinien der Europäischen Gemeinschaften als die Richtlinie 1999/92/EG in nationales Recht umgesetzt werden, oder

2. solche Rechtsvorschriften nur teilweise anwendbar sind.

(5) Der Arbeitgeber hat die erforderlichen Maßnahmen zu treffen, damit die Arbeitsmittel während der gesamten Benutzungsdauer den Anforderungen der Absätze 1 bis 4 entsprechen.

### § 8 Sonstige Schutzmaßnahmen

Ist die Benutzung eines Arbeitsmittels mit einer besonderen Gefährdung für die Sicherheit oder Gesundheit der Beschäftigten verbunden, hat der Arbeitgeber die erforderlichen Maßnahmen zu treffen, damit die Benutzung des Arbeitsmittels den hierzu beauftragten Beschäftigten vorbehalten bleibt.

### § 9 Unterrichtung und Unterweisung

(1) Bei der Unterrichtung der Beschäftigten nach § 81 des Betriebsverfassungsgesetzes und § 14 des Arbeitsschutzgesetzes hat der Arbeitgeber die erforderlichen Vorkehrungen zu treffen, damit den Beschäftigten

1. angemessene Informationen, insbesondere zu den sie betreffenden Gefahren, die sich aus den in ihrer unmittelbaren Arbeitsumgebung vorhandenen Arbeitsmitteln er-

geben, auch wenn sie diese Arbeitsmittel nicht selbst benutzen, und

2. soweit erforderlich, Betriebsanweisungen für die bei der Arbeit benutzten Arbeitsmittel

in für sie verständlicher Form und Sprache zur Verfügung stehen. Die Betriebsanweisungen müssen mindestens Angaben über die Einsatzbedingungen, über absehbare Betriebsstörungen und über die bezüglich der Benutzung des Arbeitsmittels vorliegenden Erfahrungen enthalten.

(2) Bei der Unterweisung nach § 12 des Arbeitsschutzgesetzes hat der Arbeitgeber die erforderlichen Vorkehrungen zu treffen, damit

1. die Beschäftigten, die Arbeitsmittel benutzen, eine angemessene Unterweisung insbesondere über die mit der Benutzung verbundenen Gefahren erhalten und

2. die mit der Durchführung von Instandsetzungs-, Wartungs- und Umbauarbeiten beauftragten Beschäftigten eine angemessene spezielle Unterweisung erhalten.

### § 10 Prüfung der Arbeitsmittel

(1) Der Arbeitgeber hat sicherzustellen, dass die Arbeitsmittel, deren Sicherheit von den Montagebedingungen abhängt, nach der Montage und vor der ersten Inbetriebnahme sowie nach jeder Montage auf einer neuen Baustelle oder an einem neuen Standort geprüft werden. Die Prüfung hat den Zweck, sich von der ordnungsgemäßen Montage und der sicheren Funktion dieser Arbeitsmittel zu überzeugen. Die Prüfung darf nur von hierzu befähigten Personen durchgeführt werden.

(2) Unterliegen Arbeitsmittel Schäden verursachenden Einflüssen, die zu gefährlichen Situationen führen können, hat der Arbeitgeber die Arbeitsmittel entsprechend den nach § 3 Abs. 3 ermittelten Fristen durch hierzu befähigte Personen überprüfen und erforderlichenfalls

erproben zu lassen. Der Arbeitgeber hat Arbeitsmittel einer außerordentlichen Überprüfung durch hierzu befähigte Personen unverzüglich zu unterziehen, wenn außergewöhnliche Ereignisse stattgefunden haben, die schädigende Auswirkungen auf die Sicherheit des Arbeitsmittels haben können. Außergewöhnliche Ereignisse im Sinne des Satzes 2 können insbesondere Unfälle, Veränderungen an den Arbeitsmitteln, längere Zeiträume der Nichtbenutzung der Arbeitsmittel oder Naturereignisse sein. Die Maßnahmen nach den Sätzen 1 und 2 sind mit dem Ziel durchzuführen, Schäden rechtzeitig zu entdecken und zu beheben sowie die Einhaltung des sicheren Betriebs zu gewährleisten.

(3) Der Arbeitgeber hat sicherzustellen, dass Arbeitsmittel nach Änderungs- oder Instandsetzungsarbeiten, welche die Sicherheit der Arbeitsmittel beeinträchtigen können, durch befähigte Personen auf ihren sicheren Betrieb geprüft werden.

(4) Der Arbeitgeber hat sicherzustellen, dass die Prüfungen auch den Ergebnissen der Gefährdungsbeurteilung nach § 3 genügen.

### § 11 Aufzeichnungen

Der Arbeitgeber hat die Ergebnisse der Prüfungen nach § 10 aufzuzeichnen. Die zuständige Behörde kann verlangen, dass ihr diese Aufzeichnungen auch am Betriebsort zur Verfügung gestellt werden. Die Aufzeichnungen sind über einen angemessenen Zeitraum aufzubewahren, mindestens bis zur nächsten Prüfung. Werden Arbeitsmittel, die § 10 Abs. 1 und 2 unterliegen, außerhalb des Unternehmens verwendet, ist ihnen ein Nachweis über die Durchführung der letzten Prüfung beizufügen.

## Abschnitt 3
### Besondere Vorschriften für überwachungsbedürftige Anlagen

### § 12 Betrieb

(1) Überwachungsbedürftige Anlagen müssen nach dem Stand der Technik montiert, installiert und betrieben werden. Bei der Einhaltung des Standes der Technik sind die vom Ausschuss für Betriebssicherheit ermittelten und vom Bundesministerium für Arbeit und Soziales im Bundesarbeitsblatt oder im Gemeinsamen Ministerialblatt veröffentlichten Regeln und Erkenntnisse zu berücksichtigen.

(2) Überwachungsbedürftige Anlagen dürfen erstmalig und nach wesentlichen Veränderungen nur in Betrieb genommen werden,

1. wenn sie den Anforderungen der Verordnungen nach § 8 Abs. 1 des Produktsicherheitsgesetzes entsprechen, durch die die in § 1 Abs. 2 Satz 1 genannten Richtlinien in deutsches Recht umgesetzt werden, oder

2. wenn solche Rechtsvorschriften keine Anwendung finden, sie den sonstigen Rechtsvorschriften, mindestens dem Stand der Technik entsprechen.

Überwachungsbedürftige Anlagen dürfen nach einer Änderung nur wieder in Betrieb genommen werden, wenn sie hinsichtlich der von der Änderung betroffenen Anlagenteile dem Stand der Technik entsprechen.

(3) Wer eine überwachungsbedürftige Anlage betreibt, hat diese in ordnungsgemäßem Zustand zu erhalten, zu überwachen, notwendige Instandsetzungs- oder Wartungsarbeiten unverzüglich vorzunehmen und die den Umständen nach erforderlichen Sicherheitsmaßnahmen zu treffen.

(4) Wer eine Aufzugsanlage betreibt, muss sicherstellen, dass auf Notrufe aus einem Fahrkorb in angemessener Zeit reagiert wird und Befreiungsmaßnahmen sachgerecht durchgeführt werden.

(5) Eine überwachungsbedürftige Anlage darf nicht betrieben werden, wenn sie Mängel aufweist, durch die Beschäftigte oder Dritte gefährdet werden können.

### § 13 Erlaubnisvorbehalt

(1) Montage, Installation, Betrieb, wesentliche Veränderungen und Änderungen der Bauart oder der Betriebsweise, welche die Sicherheit der Anlage beeinflussen, von

1. Dampfkesselanlagen im Sinne des § 1 Abs. 2 Satz 1 Nr. 1 Buchstabe a, die befeuerte oder anderweitig beheizte überhitzungsgefährdete Druckgeräte zur Erzeugung von Dampf oder Heißwasser mit einer Temperatur von mehr als 110 Grad Celsius beinhalten, die gemäß Artikel 9 in Verbindung mit Anhang II Diagramm 5 der Richtlinie 97/23/EG in die Kategorie IV einzustufen sind,

2. Füllanlagen im Sinne des § 1 Abs. 2 Satz 1 Nr. 1 Buchstabe c mit Druckgeräten zum Abfüllen von Druckgasen in ortsbewegliche Druckgeräte zur Abgabe an Andere mit einer Füllkapazität von mehr als 10 Kilogramm je Stunde sowie zum Befüllen von Land-, Wasser- oder Luftfahrzeugen mit Druckgasen,

3. Lageranlagen, Füllstellen und Tankstellen im Sinne des § 1 Abs. 2 Satz 1 Nr. 4 Buchstabe a bis c für leichtentzündliche oder hochentzündliche Flüssigkeiten und

4. ortsfesten Flugfeldbetankungsanlagen im Sinne des § 1 Abs. 2 Satz 1 Nr. 4 Buchstabe c

bedürfen der Erlaubnis der zuständigen Behörde. Satz 1 findet keine Anwendung auf

1. Anlagen, in denen Wasserdampf oder Heißwasser in einem Herstellungsverfahren durch Wärmerückgewinnung entsteht, es sei denn, Rauchgase werden gekühlt und der entstehende Wasserdampf oder das entstehende Heißwasser werden nicht

überwiegend der Verfahrensanlage zugeführt, und

2. Anlagen zum Entsorgen von Kältemitteln, die Wärmetauschern entnommen und in ortsbewegliche Druckgeräte gefüllt werden.

(2) Die Erlaubnis ist schriftlich zu beantragen. Dem Antrag auf Erlaubnis sind alle für die Beurteilung der Anlage notwendigen Unterlagen beizufügen. Mit dem Antrag ist die gutachterliche Äußerung einer zugelassenen Überwachungsstelle einzureichen, aus der hervorgeht, dass Aufstellung, Bauart und Betriebsweise der Anlage den Anforderungen dieser Verordnung entsprechen.

(3) Bei Anlagen nach Absatz 1 Nr. 3 und 4 ist abweichend von Absatz 2 die Beteiligung einer zugelassenen Überwachungsstelle nicht erforderlich.

(4) Über den Antrag ist innerhalb einer Frist von drei Monaten nach Eingang bei der zuständigen Behörde zu entscheiden. Die Frist kann in begründeten Fällen verlängert werden. Die Erlaubnis gilt als erteilt, wenn die zuständige Behörde nicht innerhalb der in den Sätzen 1 und 2 genannten Frist die Montage und Installation der Anlage untersagt.

(5) Die Erlaubnis kann beschränkt, befristet, unter Bedingungen erteilt sowie mit Auflagen verbunden werden. Die nachträgliche Aufnahme, Änderung oder Ergänzung von Auflagen ist zulässig.

(6) Absatz 1 findet keine Anwendung auf überwachungsbedürftige Anlagen der Wasser- und Schifffahrtsverwaltung des Bundes, der Bundeswehr und der Bundespolizei.

### § 14 Prüfung vor Inbetriebnahme

(1) Eine überwachungsbedürftige Anlage darf erstmalig und nach einer wesentlichen Veränderung nur in Betrieb genommen werden, wenn die Anlage unter Berücksichtigung der vorgesehenen Betriebsweise durch eine zugelassene Überwachungsstelle auf ihren ordnungs-gemäßen Zustand hinsichtlich der Montage, der Installation, den Aufstellungsbedingungen und der sicheren Funktion geprüft worden ist.

(2) Nach einer Änderung darf eine überwachungsbedürftige Anlage im Sinne des § 1 Abs. 2 Satz 1 Nr. 1 bis 3 und 4 Buchstabe a bis c nur wieder in Betrieb genommen werden, wenn die Anlage hinsichtlich ihres Betriebs auf ihren ordnungsgemäßen Zustand durch eine zugelassene Überwachungsstelle geprüft worden ist, soweit der Betrieb oder die Bauart der Anlage durch die Änderung beeinflusst wird.

(3) Bei den Prüfungen überwachungsbedürftiger Anlagen nach den Absätzen 1 und 2 können

1. Geräte, Schutzsysteme sowie Sicherheits-, Kontroll- und Regelvorrichtungen im Sinne der Richtlinie 94/9/EG,

2. Druckgeräte im Sinne der Richtlinie 97/23/EG, die gemäß Artikel 9 in Verbindung mit Anhang II der Richtlinie nach

a) Diagramm 1 in die
   – Kategorie I, II oder
   – Kategorie III oder IV, sofern der maximal zulässige Druck PS nicht mehr als ein bar beträgt,

b) Diagramm 2 in die
   – Kategorie I oder
   – Kategorie II oder III, sofern der maximal zulässige Druck PS nicht mehr als ein bar beträgt,

c) Diagramm 3 in die
   – Kategorie I oder
   – Kategorie II, sofern bei einem maximal zulässigen Druck PS von mehr als 500 bar das Produkt aus PS und maßgeblichem Volumen V nicht mehr als 1.000 bar.Liter beträgt,

d) Diagramm 4 in die Kategorie I, sofern bei einem maximal zulässigen Druck PS von mehr als 500 bar das Produkt aus PS und maßgeblichem Volumen V nicht mehr als 1.000 bar.Liter beträgt,

e) Diagramm 5 in die Kategorie I oder II,

f) Diagramm 6, sofern das Produkt aus maximal zulässigem Druck PS und Nennweite DN nicht mehr als 2.000 bar beträgt und die Rohrleitung nicht für sehr giftige Fluide verwendet wird, oder

g) Diagramm 7, sofern das Produkt aus maximal zulässigem Druck PS und Nennweite DN nicht mehr als 2.000 bar beträgt,

einzustufen sind, und

3. Druckbehälter im Sinne der Richtlinie 87/404/EWG, sofern das Produkt aus maximal zulässigem Druck PS und maßgeblichem Volumen V nicht mehr als 200 bar.Liter beträgt,

durch eine befähigte Person geprüft werden. Setzt sich eine überwachungsbedürftige Anlage ausschließlich aus Anlagenteilen nach Satz 1 Nr. 1 bis 3 zusammen, so können die Prüfungen der Anlage nach den Absätzen 1 und 2 durch eine befähigte Person erfolgen. Die Prüfungen nach Absatz 1 können durch eine befähigte Person vorgenommen werden bei

1. Röhrenöfen in verfahrenstechnischen Anlagen, soweit es sich um Rohranordnungen handelt,

2. ausschließlich aus Rohranordnungen bestehenden Druckgeräten in Kälte- und Wärmepumpenanlagen,

3. Kondenstöpfen und Abscheidern für Gasblasen, wenn der Gasraum bei Abscheidern auf höchstens 10 vom Hundert des Behälterinhalts begrenzt ist,

4. dampfbeheizten Muldenpressen sowie Pressen zum maschinellen Bügeln, Dämpfen, Verkleben, Fixieren und dem Fixieren ähnlichen Behandlungsverfahren von Kleidungsstücken, Wäsche oder anderen Textilien und Ledererzeugnissen,

5. Pressgas-Kondensatoren und

6. nicht direkt beheizten Wärmeerzeugern mit einer Heizmitteltemperatur von höchstens 120 Grad C und Ausdehnungsgefäßen in Heizungs- und Kälteanlagen mit Wassertemperaturen von höchstens 120 Grad C.

Bei überwachungsbedürftigen Anlagen, die für einen ortsveränderlichen Einsatz vorgesehen sind und nach der ersten Inbetriebnahme an einem neuen Standort aufgestellt werden, können die Prüfungen nach Absatz 1 durch eine befähigte Person vorgenommen werden.

(4) Absatz 3 Satz 1 Nr. 2 Buchstabe b findet entsprechende Anwendung auf Flaschen für Atemschutzgeräte im Sinne der Richtlinie 97/23/EG, die gemäß Artikel 9 in Verbindung mit Anhang II der Richtlinie nach Diagramm 2 mindestens in die Kategorie III einzustufen sind, soweit das Produkt aus maximal zulässigem Druck PS und maßgeblichem Volumen V zu einer Einstufung in die Kategorie I führen würde.

(5) Abweichend von Absatz 3 Satz 3 in Verbindung mit Absatz 1 ist bei überwachungsbedürftigen Anlagen mit

1. Druckgeräten im Sinne der Richtlinie 97/23/EG, ausgenommen Dampfkesselanlagen nach § 13 Abs. 1 Satz 1 Nr. 1, oder

2. einfachen Druckbehältern im Sinne der Richtlinie 87/404/EWG,

die an wechselnden Aufstellungsorten verwendet werden, nach dem Wechsel des Aufstellungsorts eine erneute Prüfung vor Inbetriebnahme nicht erforderlich, wenn

1. eine Bescheinigung über eine andernorts durchgeführte Prüfung vor Inbetriebnahme vorliegt,

2. sich beim Ortswechsel keine neue Betriebsweise ergeben hat und die Anschlussverhältnisse sowie die Ausrüstung unverändert bleiben und

3. an die Aufstellung keine besonderen Anforderungen zu stellen sind.

Bei besonderen Anforderungen an die Aufstellung genügt es, wenn die ordnungsgemäße Aufstellung am Betriebsort durch eine befähigte Person geprüft wird und hierüber eine Bescheinigung vorliegt.

(6) Ist ein Gerät, ein Schutzsystem oder eine Sicherheits-, Kontroll- oder Regelvorrichtung im Sinne der Richtlinie 94/9/EG hinsichtlich eines Teils, von dem der Explosionsschutz abhängt, instand gesetzt worden, so darf es abweichend von Absatz 2 erst wieder in Betrieb genommen werden, nachdem die zugelassene Überwachungsstelle festgestellt hat, dass es in den für den Explosionsschutz wesentlichen Merkmalen den Anforderungen dieser Verordnung entspricht und nachdem sie hierüber eine Bescheinigung nach § 19 erteilt oder das Gerät, das Schutzsystem oder die Sicherheits-, Kontroll- oder Regelvorrichtung mit einem Prüfzeichen versehen hat. Die Prüfungen nach Satz 1 dürfen auch von befähigten Personen eines Unternehmens durchgeführt werden, soweit diese Personen von der zuständigen Behörde für die Prüfung der durch dieses Unternehmen instand gesetzten Geräte, Schutzsysteme oder Sicherheits-, Kontroll- oder Regelvorrichtungen anerkannt sind. Die Sätze 1 und 2 gelten nicht, wenn ein Gerät, ein Schutzsystem oder eine Sicherheits-, Kontroll- oder Regelvorrichtung nach der Instandsetzung durch den Hersteller einer Prüfung unterzogen worden ist und der Hersteller bestätigt, dass das Gerät, das Schutzsystem oder die Sicherheits-, Kontroll- oder Regelvorrichtung in den für den Explosionsschutz wesentlichen Merkmalen den Anforderungen dieser Verordnung entspricht.

(7) Absatz 1 findet keine Anwendung auf Aufzugsanlagen im Sinne des § 1 Abs. 2 Satz 1 Nr. 2 Buchstabe a. Die Absätze 1 und 2 finden keine Anwendung auf Lageranlagen im Sinne des § 1 Abs. 2 Satz 1 Nr. 4 Buchstabe a für ortsbewegliche Behälter und auf Entleerstellen im Sinne des § 1 Abs. 2 Satz 1 Nr. 4 Buchstabe d.

(8) Absatz 3 findet keine Anwendung auf Füllanlagen im Sinne des § 2 Abs. 12 Nr. 2 und 3.

## § 15 Wiederkehrende Prüfungen

(1) Eine überwachungsbedürftige Anlage und ihre Anlagenteile sind in bestimmten Fristen wiederkehrend auf ihren ordnungsgemäßen Zustand hinsichtlich des Betriebs durch eine zugelassene Überwachungsstelle zu prüfen. Der Betreiber hat die Prüffristen der Gesamtanlage und der Anlagenteile auf der Grundlage einer sicherheitstechnischen Bewertung innerhalb von sechs Monaten nach der Inbetriebnahme der Anlage zu ermitteln. Eine sicherheitstechnische Bewertung ist nicht erforderlich, soweit sie im Rahmen einer Gefährdungsbeurteilung im Sinne von § 3 dieser Verordnung oder § 3 der Allgemeinen Bundesbergverordnung bereits erfolgt ist. § 14 Abs. 3 Satz 1 bis 3 findet entsprechende Anwendung.

(2) Prüfungen nach Absatz 1 Satz 1 bestehen aus einer technischen Prüfung, die an der Anlage selbst unter Anwendung der Prüfregeln vorgenommen wird und einer Ordnungsprüfung. Bei Anlagenteilen von Dampfkesselanlagen, Druckbehälteranlagen außer Dampfkesseln, Anlagen zur Abfüllung von verdichteten, verflüssigten oder unter Druck gelösten Gasen, Rohrleitungen unter innerem Überdruck für entzündliche, leichtentzündliche, hochentzündliche, ätzende oder giftige Gase, Dämpfe oder Flüssigkeiten sind Prüfungen, die aus äußeren Prüfungen, inneren Prüfungen und Festigkeitsprüfungen bestehen, durchzuführen.

(3) Bei der Festlegung der Prüffristen nach Absatz 1 dürfen die in den Absätzen 5 bis 9 und 12 bis 16 für die Anlagenteile genannten Höchstfristen nicht überschritten werden.

(4) Soweit die Prüfungen nach Absatz 1 von zugelassenen Überwachungsstellen vorzunehmen sind, unterliegt die Ermittlung der Prüffristen durch den Betreiber einer Überprüfung durch eine zugelassene Überwachungsstelle. Ist eine vom Betreiber ermittelte Prüffrist länger als die von einer zugelassenen Überwachungsstelle ermittelte Prüffrist, darf die überwachungsbedürftige Anlage bis zum Ablauf der von der zugelassenen Überwachungsstelle ermittel-

ten Prüffrist betrieben werden; die zugelassene Überwachungsstelle unterrichtet die zuständige Behörde über die unterschiedlichen Prüffristen. Die zuständige Behörde legt die Prüffrist fest. Für ihre Entscheidung kann die Behörde ein Gutachten einer im Einvernehmen mit dem Betreiber auszuwählenden anderen zugelasse-nen Überwachungsstelle heranziehen, dessen Kosten der Betreiber zu tragen hat.

(5) Prüfungen nach Absatz 2 müssen innerhalb des in der Tabelle genannten Zeitraums unter Beachtung der für das einzelne Druckgerät maßgeblichen Einstufung gemäß Spalte 1 durchgeführt werden:

| Einstufung des Druckgeräts gemäß Artikel 9 in Verbindung mit Anhang Ii der Richtlinie 97/23/EG nach | Äußere Prüfung | Innere Prüfung | Festigkeits-prüfung |
|---|---|---|---|
| 1. Diagramm 1 in die Kategorie IV, sofern der maximale zulässige Druck PS mehr als ein bar beträgt | 2 Jahre | 5 Jahre | 10 Jahre |
| 2. Diagramm 2 in die<br>a) Kategorie III, sofern der maximal zulässige Druck PS mehr als ein bar beträgt, oder<br>b) Kategorie IV | | | |
| 3. Diagramm 3 in die<br>a) Kategorie II, sofern bei einem maximal zulässigen Druck PS von mehr als 500 bar das Produkt aus PS und maßgeblichem Volumen V mehr als 10.000 bar.Liter beträgt, oder<br>b) Kategorie III, sofern das Produkt aus maximal zulässigem Druck PS und maßgeblichem Volumen V mehr als 10.000 bar.Liter beträgt | | | |
| 4. Diagramm 4 in die<br>a) Kategorie I, sofern bei einem maximal zulässigen Druck PS von mehr als 1.000 bar das Produkt aus PS und maßgeblichem Volumen V mehr als 10.000 bar.Liter beträgt, ode<br>b) Kategorie II | | | |
| 5. Diagramm 5 in die<br>a) Kategorie III, sofern das Produkt aus maximal zulässigem Druck PS und maßgeblichem Volumen V mehr als 1.000 bar.Liter beträgt, oder<br>b) Kategorie IV | 1 Jahr | 3 Jahre | 9 Jahre |

| Einstufung des Druckgeräts gemäß Artikel 9 in Verbindung mit Anhang Ii der Richtlinie 97/23/EG nach | Äußere Prüfung | Innere Prüfung | Festigkeits-prüfung |
|---|---|---|---|
| 6. Diagramm 6 in die<br>a) Kategorie I, sofern die Rohrleitung für sehr giftige Fluide verwendet wird, oder<br>b) Kategorie II oder III, sofern die Rohrleitung für<br>– sehr giftige Fluide oder<br>– andere Fluide, wenn das Produkt aus maximal zulässigem Druck PS und Nennweite DN mehr als 2.000 bar beträgt,<br>verwendet wird | 5 Jahre | – | 5 Jahre |
| 7. Diagramm 7 in die<br>a) Kategorie I, sofern das Produkt aus maximal zulässigem Druck PS und Nennweite DN mehr als 2.000 bar beträgt, oder<br>b) Kategorie II oder III | | | |
| 8. Diagramm 8 in die Kategorie I, II oder III | | | |
| 9. Diagramm 9 in die Kategorie I oder II | | | |

Bei Druckgeräten, die nicht von Satz 1 erfasst werden, müssen die Prüffristen für äußere Prüfung, innere Prüfung und Festigkeitsprüfung auf Grund der Herstellerinformationen sowie der Erfahrung mit Betriebsweise und Beschickungsgut festgelegt werden. Diese Druckgeräte können durch eine befähigte Person geprüft werden.

(6) Abweichend von Absatz 5 können äußere Prüfungen bei Druckgeräten im Sinne des Artikels 3 Nr. 1.1 der Richtlinie 97/23/EG entfallen, sofern sie nicht feuerbeheizt, abgasbeheizt oder elektrisch beheizt sind.

(7) Abweichend von Absatz 5 müssen Prüfungen der von Nummer 2 der Tabelle in Absatz 5 erfassten Flaschen für

1. Atemschutzgeräte, die für Arbeits- und Rettungszwecke verwendet werden, als äußere Prüfung, innere Prüfung, Festigkeits- und Gewichtsprüfung alle fünf Jahre und

2. Atemschutzgeräte, die als Tauchgeräte verwendet werden, als

a) Festigkeitsprüfung alle fünf Jahre und

b) äußere Prüfung, innere Prüfung und Gewichtsprüfung alle zweieinhalb Jahre

von zugelassenen Überwachungsstellen durchgeführt werden.

(8) Abweichend von Absatz 5 müssen bei Anlagen mit von Nummer 5 der Tabelle in Absatz 5 erfassten Druckgeräten, in denen Wasserdampf oder Heißwasser in einem Herstellungsverfahren durch Wärmerückgewinnung entsteht, Prüfungen von zugelassenen Überwachungsstellen durchgeführt werden als

1. äußere Prüfungen alle zwei Jahre,

2. innere Prüfungen alle fünf Jahre und

3. Festigkeitsprüfungen alle zehn Jahre.

Satz 1 gilt nicht für Anlagen, in denen Rauchgase gekühlt und der entstehende Wasserdampf oder das entstehende Heißwasser nicht überwiegend der Verfahrensanlage zugeführt werden.

(9) Bei Druckbehältern im Sinne der Richtlinie 87/404/EWG, bei denen das Produkt aus dem maximal zulässigen Druck PS und dem maßgeblichen Volumen V mehr als 1.000 bar.Liter beträgt, müssen Prüfungen von zugelassenen Überwachungsstellen durchgeführt werden als

1. innere Prüfung nach fünf Jahren und

2. Festigkeitsprüfung nach zehn Jahren.

Bei Druckbehältern, die nicht von Satz 1 erfasst werden, finden Absatz 5 Satz 2 und 3, Absatz 6 sowie Absatz 10 entsprechende Anwendung.

(10) Bei äußeren und inneren Prüfungen können Besichtigungen durch andere geeignete gleichwertige Verfahren und bei Festigkeitsprüfungen die statischen Druckproben durch gleichwertige zerstörungsfreie Verfahren ersetzt werden, wenn ihre Durchführung aus Gründen der Bauart des Druckgeräts nicht möglich oder aus Gründen der Betriebsweise nicht zweckdienlich ist.

(11) Hat der Betreiber in einem Prüfprogramm für die wiederkehrenden Prüfungen von Rohrleitungen, die von den Nummern 6 bis 9 der Tabelle in Absatz 5 erfasst sind, schriftliche Festlegungen getroffen, die von einer zugelassenen Überwachungsstelle geprüft worden sind und für die diese bescheinigt, dass mit ihnen die Anforderungen dieser Verordnung erfüllt werden, dürfen abweichend von den Nummern 6 bis 9 der Tabelle in Absatz 5 die Prüfungen von einer befähigten Person durchgeführt werden, wenn sich eine zugelassene Überwachungsstelle durch stichprobenweise Überprüfungen von der Einhaltung der schriftlichen Festlegung überzeugt.

(12) Bei Füllanlagen im Sinne des § 1 Abs. 2 Satz 1 Nr. 1 Buchstabe c, die dazu bestimmt sind, dass in ihnen Land-, Wasser- oder Luftfahrzeuge mit Druckgasen befüllt werden, müs-

sen Prüfungen im Betrieb alle fünf Jahre durchgeführt werden. Auf die übrigen Füllanlagen im Sinne des § 1 Abs. 2 Satz 1 Nr. 1 Buchstabe c findet Absatz 1 keine Anwendung.

(13) Bei Aufzugsanlagen im Sinne des § 1 Abs. 2 Satz 1 Nr. 2 Buchstabe a, c und d müssen Prüfungen im Betrieb alle zwei Jahre durchgeführt werden. Zwischen der Inbetriebnahme und der ersten wiederkehrenden Prüfung sowie zwischen zwei wiederkehrenden Prüfungen sind Aufzugsanlagen daraufhin zu prüfen, ob sie ordnungsgemäß betrieben werden können und ob sich die Tragmittel in ordnungsgemäßem Zustand befinden.

(14) Bei Aufzugsanlagen im Sinne des § 1 Abs. 2 Satz 1 Nr. 2 Buchstabe b müssen Prüfungen im Betrieb spätestens alle vier Jahre durchgeführt werden. Absatz 13 Satz 2 findet entsprechende Anwendung. Abweichend von Satz 1 müssen Prüfungen im Betrieb alle zwei Jahre durchgeführt werden, soweit es sich bei diesen Aufzugsanlagen um Baustellenaufzüge handelt.

(15) Bei Anlagen in explosionsgefährdeten Bereichen im Sinne des § 1 Abs. 2 Satz 1 Nr. 3 müssen Prüfungen im Betrieb alle drei Jahre durchgeführt werden.

(16) Bei Lageranlagen für ortsfeste Behälter, Füllstellen, Tankstellen und Flugfeldbetankungsanlagen im Sinne des § 1 Abs. 2 Satz 1 Nr. 4 Buchstabe a bis c müssen Prüfungen im Betrieb alle fünf Jahre durchgeführt werden. Diese Prüfungen schließen Anlagen im Sinne von § 1 Abs. 2 Satz 1 Nr. 3 ein. Die Prüffrist beträgt abweichend von Absatz 15 fünf Jahre. Die Prüfung dieser Anlagen erfolgt durch eine zugelassene Überwachungsstelle.

(17) Die zuständige Behörde kann die in den Absätzen 5 bis 16 genannten Fristen im Einzelfall

1. verlängern, soweit die Sicherheit auf andere Weise gewährleistet ist, oder

2. verkürzen, soweit es der Schutz der Beschäftigten oder Dritter erfordert.

(18) Die Frist für die nächste Prüfung beginnt mit dem Fälligkeitsmonat und -jahr der letzten Prüfung. Bei überwachungsbedürftigen Anlagen, die erstmals in Betrieb genommen oder wesentlich verändert werden, beginnt die Frist für die nächste Prüfung mit dem Monat und Jahr, in der die Prüfung vor Inbetriebnahme erfolgt. Bei Aufzugsanlagen im Sinne des § 1 Abs. 2 Satz 1 Nr. 2 Buchstabe a beginnt abweichend von Satz 2 die Frist für die nächste Prüfung mit dem Monat und Jahr der ersten Inbetriebnahme oder nach einer wesentlichen Veränderung mit dem Monat und Jahr der erneuten Inbetriebnahme. Wird eine Prüfung vor dem Monat und Jahr der Fälligkeit durchgeführt, beginnt die Frist für die nächste Prüfung abweichend von den Sätzen 1 bis 3 mit dem Monat und Jahr der Durchführung. Für Anlagen mit einer Prüffrist von mehr als zwei Jahren gilt dies nur, wenn die Prüfung mehr als zwei Monate vor dem Monat und Jahr der Fälligkeit durchgeführt wird. Eine Prüfung gilt als fristgerecht durchgeführt, wenn sie spätestens zwei Monate nach dem Fälligkeitsmonat und -jahr durchgeführt wird.

(19) Ist eine außerordentliche Prüfung durchgeführt worden, so beginnt die Frist für eine wiederkehrende Prüfung mit Monat und Jahr des Abschlusses der außerordentlichen Prüfung, soweit diese der wiederkehrenden Prüfung entspricht.

(20) Ist eine überwachungsbedürftige Anlage am Fälligkeitstermin der wiederkehrenden Prüfung außer Betrieb gesetzt, so darf sie erst wieder in Betrieb genommen werden, nachdem diese Prüfung durchgeführt worden ist.

Dampfkesselanlagen, die länger als zwei Jahre außer Betrieb waren, dürfen erst wieder in Betrieb genommen werden, nachdem sie von einer zugelassenen Überwachungsstelle einer inneren Prüfung unterzogen worden sind. Abweichend von Satz 2 darf diese Prüfung an Dampfkesselanlagen nach § 14 Abs. 3 Nr. 2 Buchstabe e von befähigten Personen durchgeführt werden. Für die innere Prüfung gilt § 15 Abs. 10.

(21) Absatz 1 findet keine Anwendung auf

1. Lageranlagen im Sinne des § 1 Abs. 2 Satz 1 Nr. 4 Buchstabe a für ortsbewegliche Behälter und

2. Entleerstellen im Sinne des § 1 Abs. 2 Satz 1 Nr. 4 Buchstabe d.

## § 16 Angeordnete außerordentliche Prüfung

(1) Die zuständige Behörde kann im Einzelfall eine außerordentliche Prüfung für überwachungsbedürftige Anlagen anordnen, wenn hierfür ein besonderer Anlass besteht, insbesondere wenn ein Schadensfall eingetreten ist.

(2) Eine außerordentliche Prüfung nach Absatz 1 ist durch die zuständige Behörde insbesondere dann anzuordnen, wenn der Verdacht besteht, dass die überwachungsbedürftige Anlage sicherheitstechnische Mängel aufweist.

(3) Der Betreiber hat eine angeordnete Prüfung unverzüglich zu veranlassen.

## § 17 Prüfung besonderer Druckgeräte

Für die in Anhang 5 genannten überwachungsbedürftigen Anlagen, die Druckgeräte sind oder beinhalten, sind die nach den §§ 14 und 15 vorgesehenen Prüfungen mit den sich aus den Vorschriften des Anhangs 5 ergebenden Maßgaben durchzuführen.

## § 18 Unfall- und Schadensanzeige

(1) Der Betreiber hat der zuständigen Behörde unverzüglich

1. jeden Unfall, bei dem ein Mensch getötet oder verletzt worden ist, und

2. jeden Schadensfall, bei dem Bauteile oder sicherheitstechnische Einrichtungen versagt haben oder beschädigt worden sind,

anzuzeigen.

(2) Die zuständige Behörde kann vom Betreiber verlangen, dass dieser das anzuzeigende

Ereignis auf seine Kosten durch eine möglichst im gegenseitigen Einvernehmen bestimmte zugelassene Überwachungsstelle sicherheitstechnisch beurteilen lässt und ihr die Beurteilung schriftlich vorlegt. Die sicherheitstechnische Beurteilung hat sich insbesondere auf die Feststellung zu erstrecken,

1. worauf das Ereignis zurückzuführen ist,

2. ob sich die überwachungsbedürftige Anlage nicht in ordnungsgemäßem Zustand befand und ob nach Behebung des Mangels eine Gefährdung nicht mehr besteht und

3. ob neue Erkenntnisse gewonnen worden sind, die andere oder zusätzliche Schutzvorkehrungen erfordern.

### § 19 Prüfbescheinigungen

(1) Über das Ergebnis der nach diesem Abschnitt vorgeschriebenen oder angeordneten Prüfungen sind Prüfbescheinigungen zu erteilen. Soweit die Prüfung von befähigten Personen durchgeführt wird, ist das Ergebnis aufzuzeichnen.

(2) Bescheinigungen und Aufzeichnungen nach Absatz 1 sind am Betriebsort der überwachungsbedürftigen Anlage aufzubewahren und der zuständigen Behörde auf Verlangen vorzuzeigen.

### § 20 Mängelanzeige

Hat die zugelassene Überwachungsstelle bei einer Prüfung Mängel festgestellt, durch die Beschäftigte oder Dritte gefährdet werden, so hat sie dies der zuständigen Behörde unverzüglich mitzuteilen.

### § 21 Zugelassene Überwachungsstellen

(1) Zugelassene Überwachungsstellen für die nach diesem Abschnitt vorgeschriebenen oder angeordneten Prüfungen sind Stellen nach § 37 Absatz 1 und 2 des Produktsicherheitsgesetzes.

(2) Voraussetzungen für die Erteilung der Befugnis an eine zugelassene Überwachungsstelle sind über die Anforderungen des § 37 Absatz 5 des Produktsicherheitsgesetzes hinaus:

1. Es muss eine Haftpflichtversicherung mit einer Deckungssumme von mindestens zweieinhalb Millionen Euro bestehen.

2. Sie muss mindestens die Prüfung aller überwachungsbedürftigen Anlagen nach

   a) § 1 Abs. 2 Satz 1 Nr. 1,

   b) § 1 Abs. 2 Satz 1 Nr. 2 oder

   c) § 1 Abs. 2 Satz 1 Nr. 3 und 4 vornehmen können.

3. Sie muss eine Leitung haben, welche die Gesamtverantwortung dafür trägt, dass die Prüftätigkeiten in Übereinstimmung mit den Bestimmungen dieser Verordnung durchgeführt werden.

4. Sie muss ein angemessenes wirksames Qualitätssicherungssystem mit regelmäßiger interner Auditierung anwenden.

5. Sie darf die mit den Prüfungen beschäftigten Personen nur mit solchen Aufgaben betrauen, bei deren Erledigung ihre Unparteilichkeit gewahrt bleibt.

6. Die Vergütung für die mit den Prüfungen beschäftigten Personen darf nicht unmittelbar von der Anzahl der durchgeführten Prüfungen und nicht von deren Ergebnissen abhängen.

(3) Als zugelassene Überwachungsstellen können Prüfstellen von Unternehmen im Sinne von § 37 Absatz 5 Satz 3 des Produktsicherheitsgesetzes benannt werden, wenn die Voraussetzungen des Absatzes 2 Nr. 3 bis 6 erfüllt sind, dies sicherheitstechnisch angezeigt ist und sie

1. organisatorisch abgrenzbar sind,

2. innerhalb des Unternehmens, zu dem sie gehören, über Berichtsverfahren verfügen,

die ihre Unparteilichkeit sicherstellen und belegen,

3. nicht für die Planung, die Herstellung, den Vertrieb, den Betrieb oder die Instandhaltung der überwachungsbedürftigen Anlage verantwortlich sind,

4. keinen Tätigkeiten nachgehen, die mit der Unabhängigkeit ihrer Beurteilung und ihrer Zuverlässigkeit im Rahmen ihrer Überprüfungsarbeiten in Konflikt kommen können, und

5. ausschließlich für das Unternehmen arbeiten, dem sie angehören.

Die Benennung nach Satz 1 ist zu beschränken auf Prüfungen an überwachungsbedürftigen Anlagen im Sinne des § 1 Abs. 2 Satz 1 Nr. 1, 3 und 4 einschließlich der Einrichtungen im Sinne des § 1 Abs. 2 Satz 2.

### § 22 Aufsichtsbehörden für überwachungsbedürftige Anlagen des Bundes

Aufsichtsbehörde für überwachungsbedürftige Anlagen der Wasser- und Schifffahrtsverwaltung des Bundes, der Bundeswehr und der Bundespolizei ist das zuständige Bundesministerium oder die von ihm bestimmte Behörde. Für andere überwachungsbedürftige Anlagen, die der Aufsicht durch die Bundesverwaltung unterliegen, gilt § 38 Absatz 1 des Produktsicherheitsgesetzes.

### § 23 Innerbetrieblicher Einsatz ortsbeweglicher Druckgeräte

Sofern die in Übereinkünften

1. des Europäischen Übereinkommens über die internationale Beförderung gefährlicher Güter auf der Straße (ADR),

2. der Ordnung über die internationale Eisenbahnbeförderung gefährlicher Güter (RID),

3. des Codes für die Beförderung gefährlicher Güter mit Seeschiffen (IMDG-Code) oder

4. der Technischen Vorschriften der Internationalen Zivilluftfahrt-Organisation (ICAO-TI)

genannten Voraussetzungen nicht mehr erfüllt sind, dürfen innerbetrieblich eingesetzte ortsbewegliche Druckgeräte im Sinne des Artikels 1 Abs. 3 Nr. 3.19 der Richtlinie 97/23/EG nur in Betrieb genommen und betrieben werden, wenn die in den genannten Übereinkünften vorgeschriebenen Betriebsbedingungen eingehalten werden und die in diesen Übereinkünften vorgesehenen wiederkehrenden Prüfungen durchgeführt worden sind.

Das Entleeren von innerbetrieblich eingesetzten Druckgeräten nach Ablauf der für die wiederkehrende Prüfung festgelegten Frist ist unter Beachtung der Verpflichtungen des § 12 Abs. 3 und 5 gestattet. Das Bereitstellen für die Entleerung darf zehn Jahre nicht überschreiten.

### Abschnitt 4
### Gemeinsame Vorschriften, Schlussvorschriften

### § 24 Ausschuss für Betriebssicherheit

(1) Zur Beratung in allen Fragen des Arbeitsschutzes für die Bereitstellung und Benutzung von Arbeitsmitteln und für den Betrieb überwachungsbedürftiger Anlagen wird beim Bundesministerium für Arbeit und Soziales der Ausschuss für Betriebssicherheit gebildet, in dem sachverständige Mitglieder der öffentlichen und privaten Arbeitgeber, der Länderbehörden, der Gewerkschaften, der Träger der gesetzlichen Unfallversicherung, der Wissenschaft und der zugelassenen Stellen angemessen vertreten sein sollen. Die Gesamtzahl der Mitglieder soll 21 Personen nicht überschreiten. Die Mitgliedschaft im Ausschuss für Betriebssicherheit ist ehrenamtlich.

(2) Der Ausschuss für Betriebssicherheit richtet Unterausschüsse ein.

(3) Das Bundesministerium für Arbeit und Soziales beruft die Mitglieder des Ausschusses und für jedes Mitglied einen Stellvertreter. Der Ausschuss gibt sich eine Geschäftsordnung und wählt den Vorsitzenden aus einer Mitte. Die Geschäftsordnung und die Wahl des Vorsitzenden bedürfen der Zustimmung des Bundesministeriums für Arbeit und Soziales.

(4) Zu den Aufgaben des Ausschusses gehört es,

1. dem Stand der Technik, Arbeitsmedizin und Hygiene entsprechende Regeln und sonstige gesicherte arbeitswissenschaftliche Erkenntnisse

   a) für die Bereitstellung und Benutzung von Arbeitsmitteln sowie

   b) für den Betrieb überwachungsbedürftiger Anlagen unter Berücksichtigung der für andere Schutzziele vorhandenen Regeln und, soweit deren Zuständigkeiten berührt sind, in Abstimmung mit der Kommission für Anlagensicherheit nach § 51a Abs. 1 des Bundes-Immissionsschutzgesetzes

   zu ermitteln,

2. Regeln zu ermitteln, wie die in dieser Verordnung gestellten Anforderungen erfüllt werden können, und

3. das Bundesministerium für Arbeit und Soziales in Fragen der betrieblichen Sicherheit zu beraten

Bei der Wahrnehmung seiner Aufgaben soll der Ausschuss die allgemeinen Grundsätze des Arbeitsschutzes nach § 4 des Arbeitsschutzgesetzes berücksichtigen.

(5) Das Bundesministerium für Arbeit und Soziales kann die vom Ausschuss nach Absatz 4 Nr. 1 ermittelten Regeln und Erkenntnisse sowie die nach Absatz 4 Nr. 2 ermittelten Verfahrensregeln im Gemeinsamen Ministerialblatt bekannt machen. Bei Einhaltung der in Satz 1 genannten Regeln und Erkenntnisse ist in der Regel davon auszugehen, dass die in der Verordnung gestellten Anforderungen insoweit erfüllt werden.

(6) Dem Ausschuss können in anderen Rechtsverordnungen nach § 18 Abs. 1 des Arbeitsschutzgesetzes dem Absatz 4 entsprechende Aufgaben für den Anwendungsbereich dieser Verordnungen zugewiesen werden.

(7) Die Bundesministerien sowie die zuständigen obersten Landesbehörden können zu den Sitzungen des Ausschusses Vertreter entsenden. Diesen ist auf Verlangen in der Sitzung das Wort zu erteilen.

(8) Die Geschäfte des Ausschusses führt die Bundesanstalt für Arbeitsschutz und Arbeitsmedizin.

## § 25 Ordnungswidrigkeiten

(1) Ordnungswidrig im Sinne des § 25 Abs. 1 Nr. 1 des Arbeitsschutzgesetzes handelt, wer vorsätzlich oder fahrlässig

1. entgegen § 10 Abs. 1 Satz 1 nicht sicherstellt, dass die Arbeitsmittel geprüft werden,

2. entgegen § 10 Abs. 2 Satz 1 ein Arbeitsmittel nicht oder nicht rechtzeitig prüfen lässt oder

3. entgegen § 10 Abs. 2 Satz 2 ein Arbeitsmittel einer außerordentlichen Überprüfung nicht oder nicht rechtzeitig unterzieht.

(2) Ordnungswidrig im Sinne des § 39 Absatz 1 Nummer 7 Buchstabe b des Produktsicherheitsgesetzes handelt, wer vorsätzlich oder fahrlässig

1. (weggefallen)

2. entgegen § 18 Abs. 1 eine Anzeige nicht, nicht richtig, nicht vollständig oder nicht rechtzeitig erstattet.

(3) Ordnungswidrig im Sinne des § 39 Absatz 1 Nummer 7 Buchstabe a des Produktsicherheitsgesetzes handelt, wer vorsätzlich oder fahrlässig

1. eine überwachungsbedürftige Anlage

   a) entgegen § 12 Abs. 5 betreibt oder

   b) entgegen § 14 Abs. 1 oder 2 oder § 15 Abs. 20 in Betrieb nimmt,

2. ohne Erlaubnis nach § 13 Abs. 1 Satz 1 eine dort genannte Anlage betreibt,

3. entgegen § 15 Abs. 1 Satz 1 eine überwachungsbedürftige Anlage oder einen Anlagenteil nicht, nicht richtig, nicht vollständig oder nicht rechtzeitig prüft oder

4. entgegen § 16 Abs. 3 eine vollziehbar angeordnete Prüfung nicht oder nicht rechtzeitig veranlasst.

### § 26 Straftaten

(1) Wer durch eine in § 25 Abs. 1 bezeichnete vorsätzliche Handlung Leben oder Gesundheit eines Beschäftigten gefährdet, ist nach § 26 Nr. 2 des Arbeitsschutzgesetzes strafbar.

(2) Wer eine in § 25 Abs. 3 bezeichnete Handlung beharrlich wiederholt oder durch eine solche Handlung Leben oder Gesundheit eines Anderen oder fremde Sachen von bedeutendem Wert gefährdet, ist nach § 40 des Produktsicherheitsgesetzes strafbar.

### § 27 Übergangsvorschriften

(1) Der Weiterbetrieb einer überwachungsbedürftigen Anlage, die vor dem 1. Januar 2005 befugt errichtet und betrieben wurde, ist zulässig. Eine nach dem bis zu diesem Zeitpunkt geltenden Recht erteilte Erlaubnis gilt als Erlaubnis im Sinne dieser Verordnung.

(2) Für überwachungsbedürftige Anlagen, die vor dem 1. Januar 2003 bereits erstmalig in Betrieb genommen waren, bleiben hinsichtlich der an sie zu stellenden Beschaffenheitsanforderungen die bisher geltenden Vorschriften maßgebend. Die zuständige Behörde kann verlangen, dass diese Anlagen entsprechend den Vorschriften der Verordnung geändert werden, so-

weit nach der Art des Betriebs vermeidbare Gefahren für Leben oder Gesundheit der Beschäftigten oder Dritter zu befürchten sind. Die in der Verordnung enthaltenen Betriebsvorschriften mit Ausnahme von § 15 Abs. 3 Satz 2 und Abs. 4 müssen spätestens bis zum 31. Dezember 2007 angewendet werden.

(3) Mühlen-Bremsfahrstühle dürfen bis spätestens 31. Dezember 2009 weiterbetrieben werden, sofern nach Art der Anlage vermeidbare Gefahren für Leben oder Gesundheit der Benutzer nicht zu befürchten sind.

(4) Die von einem auf Grund einer Rechtsverordnung nach § 11 des Gerätesicherheitsgesetzes in der am 31. Dezember 2000 geltenden Fassung eingesetzten Ausschuss ermittelten technischen Regeln gelten bezüglich ihrer betrieblichen Anforderungen bis zur Überarbeitung durch den Ausschuss für Betriebssicherheit und ihrer Bekanntgabe durch das Bundesministerium für Arbeit und Soziales, längstens jedoch bis zum 31. Dezember 2012, fort.

**Auf den Abdruck der Anhänge wurde verzichtet.**

# Verordnung über Sicherheit und Gesundheitsschutz bei Tätigkeiten mit biologischen Arbeitsstoffen

(Biostoffverordnung – BioStoffV)

Vom 27. Januar 1999
(BGBl. I S. 50)

Zuletzt geändert durch Art. 3 der Verordnung
vom 18. Dezember 2008
(BGBl. I S. 2768)

## § 1 Anwendungsbereich und Zielsetzung

Diese Verordnung gilt für Tätigkeiten mit biologischen Arbeitsstoffen einschließlich Tätigkeiten in deren Gefahrenbereich. Zweck der Verordnung ist der Schutz der Beschäftigten vor der Gefährdung ihrer Sicherheit und Gesundheit bei diesen Tätigkeiten. Diese Verordnung gilt nicht für Tätigkeiten, die dem Gentechnikrecht unterliegen, soweit dort gleichwertige oder strengere Regelungen bestehen.

## § 2 Begriffsbestimmungen

(1) Biologische Arbeitsstoffe sind Mikroorganismen, einschließlich gentechnisch veränderter Mikroorganismen, Zellkulturen und humanpathogener Endoparasiten, die beim Menschen Infektionen, sensibilisierende oder toxische Wirkungen hervorrufen können. Ein biologischer Arbeitsstoff im Sinne von Satz 1 ist auch ein mit transmissibler, spongiformer Enzephalopathie assoziiertes Agens, das beim Menschen eine Infektion oder eine übertragbare Krankheit verursachen kann.

(2) Mikroorganismen sind alle zellulären oder nichtzellulären mikrobiologischen Einheiten, die zur Vermehrung oder zur Weitergabe von genetischem Material fähig sind.

(3) Zellkulturen sind in-vitro-Vermehrungen von aus vielzelligen Organismen isolierten Zellen.

(4) Tätigkeiten im Sinne dieser Verordnung sind das Herstellen und Verwenden von biologischen Arbeitsstoffen, insbesondere das Isolieren, Erzeugen und Vermehren, das Aufschließen, das Ge- und Verbrauchen, das Be- und Verarbeiten, Ab- und Umfüllen, Mischen und Abtrennen sowie das innerbetriebliche Befördern, das Lagern einschließlich Aufbewahren, das Inaktivieren und das Entsorgen. Zu den Tätigkeiten zählt auch der berufliche Umgang mit Menschen, Tieren, Pflanzen, biologischen Produkten, Gegenständen und Materialien, wenn bei diesen Tätigkeiten biologische Arbeitsstoffe freigesetzt werden können und da-

bei Beschäftigte mit den biologischen Arbeitsstoffen direkt in Kontakt kommen können.

(5) Gezielte Tätigkeiten liegen vor, wenn

1. biologische Arbeitsstoffe mindestens der Spezies nach bekannt sind,

2. die Tätigkeiten auf einen oder mehrere biologische Arbeitsstoffe unmittelbar ausgerichtet sind und

3. die Exposition der Beschäftigten im Normalbetrieb hinreichend bekannt oder abschätzbar ist.

Nicht gezielte Tätigkeiten liegen vor, wenn mindestens eine der Voraussetzungen nach Satz 1 Nr. 1, 2 oder 3 nicht gegeben ist.

(6) Als Kontamination ist die über die gesundheitlich unbedenkliche Grundbelastung hinausgehende Belastung des Arbeitsplatzes mit biologischen Arbeitsstoffen anzusehen.

(7) Eine Schutzstufe umfasst die technischen, organisatorischen und persönlichen Sicherheitsmaßnahmen, die für Tätigkeiten mit biologischen Arbeitsstoffen entsprechend ihrer Gefährdung zum Schutz der Beschäftigten festgelegt oder empfohlen sind. Sicherheitsmaßnahmen sind besondere Schutzmaßnahmen, die in den Anhängen II und III genannt und der jeweiligen Schutzstufe zugeordnet sind.

(7a) Der „Stand der Technik" ist der Entwicklungsstand fortschrittlicher Verfahren, Einrichtungen oder Betriebsweisen, der die praktische Eignung einer Maßnahme zum Schutz der Gesundheit und zur Sicherheit der Beschäftigten gesichert erscheinen lässt. Bei der Bestimmung des Standes der Technik sind insbesondere vergleichbare Verfahren, Einrichtungen oder Betriebsweisen heranzuziehen, die mit Erfolg in der Praxis erprobt worden sind. Gleiches gilt für die Anforderungen an die Arbeitsmedizin und die Arbeitsplatzhygiene.

(8) Dem Arbeitgeber stehen der Unternehmer ohne Beschäftigte sowie der Auftraggeber und Zwischenmeister im Sinne des Heimarbeitsge-

setzes gleich. Den Beschäftigten stehen die in Heimarbeit Beschäftigten sowie Schüler, Studenten und sonstige Personen, insbesondere an wissenschaftlichen Einrichtungen Tätige, die Tätigkeiten mit biologischen Arbeitsstoffen durchführen, gleich. Für Schüler und Studenten gelten die Regelungen dieser Verordnung über die Beteiligung der Personalvertretungen nicht.

## § 3 Risikogruppen für biologische Arbeitsstoffe

Biologische Arbeitsstoffe werden entsprechend dem von ihnen ausgehenden Infektionsrisiko in vier Risikogruppen eingeteilt:

1. Risikogruppe 1: Biologische Arbeitsstoffe, bei denen es unwahrscheinlich ist, dass sie beim Menschen eine Krankheit verursachen.

2. Risikogruppe 2: Biologische Arbeitsstoffe, die eine Krankheit beim Menschen hervorrufen können und eine Gefahr für Beschäftigte darstellen können; eine Verbreitung des Stoffes in der Bevölkerung ist unwahrscheinlich; eine wirksame Vorbeugung oder Behandlung ist normalerweise möglich.

3. Risikogruppe 3: Biologische Arbeitsstoffe, die eine schwere Krankheit beim Menschen hervorrufen können und eine ernste Gefahr für Beschäftigte darstellen können; die Gefahr einer Verbreitung in der Bevölkerung kann bestehen, doch ist normalerweise eine wirksame Vorbeugung oder Behandlung möglich.

4. Risikogruppe 4: Biologische Arbeitsstoffe, die eine schwere Krankheit beim Menschen hervorrufen und eine ernste Gefahr für Beschäftigte darstellen; die Gefahr einer Verbreitung in der Bevölkerung ist unter Umständen groß;

normalerweise ist eine wirksame Vorbeugung oder Behandlung nicht möglich.

## § 4 Einstufung biologischer Arbeitsstoffe in Risikogruppen

(1) Für die Einstufung der biologischen Arbeitsstoffe in die Risikogruppen 2 bis 4 gilt Anhang III der Richtlinie 2000/54/EG des Europäischen Parlaments und des Rates vom 18. September 2000 (ABl. EG Nr. L 262 S. 21). Wird Anhang III der Richtlinie 2000/54/EG im Verfahren nach ihrem Artikel 19 an den technischen Fortschritt angepasst, so gilt er nach Ablauf der in der Anpassungsrichtlinie festgelegten Umsetzungsfrist in der geänderten Fassung. Die geänderte Fassung kann bereits ab Inkrafttreten der Anpassungsrichtlinie angewendet werden.

(2) Werden biologische Arbeitsstoffe nicht nach Absatz 1 erfasst, hat der Arbeitgeber bei gezielten Tätigkeiten eine Einstufung in die Risikogruppen entsprechend dem Stand von Wissenschaft und Technik vorzunehmen. Im übrigen sind die Bekanntmachungen nach § 17 Abs. 4 zu beachten.

(3) Kommt bei gezielten Tätigkeiten eine Einstufung in mehrere Risikogruppen in Betracht, so ist die Einstufung in die Risikogruppe mit dem höchsten Gefährdungsgrad vorzunehmen.

## § 5 Informationen für die Gefährdungsbeurteilung

(1) Für die Gefährdungsbeurteilung hat der Arbeitgeber ausreichende Informationen zu beschaffen. Insbesondere sind folgende Informationen zu berücksichtigen:

1. die ihm zugänglichen tätigkeitsbezogenen Informationen über die Identität, die Einstufung und das Infektionspotential der vorkommenden biologischen Arbeitsstoffe sowie die von ihnen ausgehenden sensibilisierenden und toxischen Wirkungen,

2. tätigkeitsbezogene Informationen über Betriebsabläufe und Arbeitsverfahren,

3. Art und Dauer der Tätigkeiten und damit verbundene mögliche Übertragungswege

sowie Informationen über eine Exposition der Beschäftigten,

4. Erfahrungen aus vergleichbaren Tätigkeiten, Belastungs- und Expositionssituationen und über bekannte tätigkeitsbezogene Erkrankungen sowie die ergriffenen Gegenmaßnahmen.

(2) Ausgehend von den Informationen nach Absatz 1 ist die Zuordnung zu gezielten oder nicht gezielten Tätigkeiten vorzunehmen.

## § 6 Gefährdungsbeurteilung bei gezielten Tätigkeiten

(1) Der Arbeitgeber hat die Gefährdungsbeurteilung bei gezielten Tätigkeiten gemäß Satz 2 und 3 und Absatz 2 auf der Grundlage der Einstufung nach § 4 und der nach § 5 beschafften Informationen durchzuführen. In Gemischen von biologischen Arbeitsstoffen sind die einzelnen biologischen Arbeitsstoffe für sich zu bewerten. Umfasst eine Tätigkeit mehrere biologische Arbeitsstoffe verschiedener Risikogruppen, ist für die Festlegung nach Absatz 2 die Risikogruppe des biologischen Arbeitsstoffes mit dem höchsten Gefährdungsgrad maßgebend.

(2) Im Rahmen der Gefährdungsbeurteilung sind für alle gezielten Tätigkeiten mit biologischen Arbeitsstoffen die in Betracht kommenden Schutzmaßnahmen zu ermitteln. Es sind immer mindestens die allgemeinen Hygienemaßnahmen der Schutzstufe 1 nach Anhang II oder III festzulegen. Zusätzlich sind für biologische Arbeitsstoffe

1. der Risikogruppe 2 die Sicherheitsmaßnahmen der Schutzstufe 2,

2. der Risikogruppe 3 die Sicherheitsmaßnahmen der Schutzstufe 3,

3. der Risikogruppe 4 die Sicherheitsmaßnahmen der Schutzstufe 4,

nach Anhang II oder III festzulegen. Die dort als empfohlen bezeichneten Sicherheitsmaßnahmen sind festzulegen, wenn dadurch die Ge-

fährdung der Beschäftigten verringert werden kann. Bei der Gefährdungsbeurteilung sind sensibilisierende und toxische Wirkungen zusätzlich zu berücksichtigen und geeignete Schutzmaßnahmen festzulegen.

## § 7 Gefährdungsbeurteilung bei nicht gezielten Tätigkeiten

(1) Der Arbeitgeber hat die Gefährdungsbeurteilung bei nicht gezielten Tätigkeiten gemäß Satz 2 bis 4 und Absatz 2 oder 3 durchzuführen. Dabei ist zu prüfen, ob die nach § 5 beschafften Informationen eine abschließende Gefährdungsbeurteilung und die Zuordnung der Tätigkeit zu einer Schutzstufe nach Anhang II oder III ermöglichen. Treten bei einer Tätigkeit mehrere biologische Arbeitsstoffe gleichzeitig auf, sind die einzelnen biologischen Arbeitsstoffe, soweit dies möglich ist, jeweils für sich zu bewerten. Auf der Grundlage der Einzelbeurteilungen ist eine Gesamtbeurteilung der Infektionsgefährdung vorzunehmen.

(2) Kann die Tätigkeit einer Schutzstufe zugeordnet werden, sind im Rahmen der Gefährdungsbeurteilung für Tätigkeiten, die hinsichtlich der Gefährdung den Tätigkeiten nach § 6 Abs. 2 Satz 3 Nr. 1 bis 3 vergleichbar sind, die in Betracht kommenden Schutzmaßnahmen zu ermitteln und die erforderlichen Sicherheitsmaßnahmen aus der entsprechenden Schutzstufe so auszuwählen und festzulegen, dass die Gefährdung der Beschäftigten dadurch soweit wie möglich verringert wird. Mindestens sind die allgemeinen Hygienemaßnahmen der Schutzstufe 1 nach Anhang II oder III festzulegen. Sensibilisierende und toxische Wirkungen sind zusätzlich zu berücksichtigen und geeignete Schutzmaßnahmen festzulegen.

(3) Kann die Tätigkeit einer Schutzstufe nicht zugeordnet werden, sind nach dem Stand der Technik Art, Ausmaß und Dauer der Exposition der Beschäftigten gegenüber biologischen Arbeitsstoffen zu ermitteln und die Gefährdung zu beurteilen. Die erforderlichen Schutzmaßnahmen sind nach dem Stand der Technik festzu-

legen. Absatz 2 Satz 2 und 3 gelten entsprechend.

## § 8 Durchführung der Gefährdungsbeurteilung

Die Gefährdungsbeurteilung ist vor Aufnahme der Tätigkeiten durchzuführen und danach bei maßgeblichen Veränderungen der Arbeitsbedingungen sowie beim Auftreten arbeitsbedingter Infektionen, Erkrankungen oder gesundheitlicher Bedenken gegen die weitere Ausübung der Tätigkeit zu aktualisieren. Der Arbeitgeber hat sich bei der Gefährdungsbeurteilung fachkundig beraten zu lassen, sofern er nicht selbst über die erforderlichen Kenntnisse verfügt. Fachkundige Personen sind insbesondere der Betriebsarzt und die Fachkraft für Arbeitssicherheit. Auch in Betrieben mit zehn oder weniger Beschäftigten müssen Unterlagen nach § 6 Abs. 1 Satz 1 und 2 des Arbeitsschutzgesetzes vorliegen, wenn dort nicht ausschließlich gezielte Tätigkeiten mit biologischen Arbeitsstoffen der Risikogruppe 1 ohne sensibilisierende oder toxische Wirkungen oder hinsichtlich der Gefährdung vergleichbare nicht gezielte Tätigkeiten durchgeführt werden. Die Unterlagen müssen bei gezielten Tätigkeiten ein Verzeichnis der biologischen Arbeitsstoffe enthalten. Bei nicht gezielten Tätigkeiten ist dieses Verzeichnis zu führen, soweit die biologischen Arbeitsstoffe für die Gefährdungsbeurteilung nach § 7 maßgeblich sind.

## § 9 Tätigkeiten mit biologischen Arbeitsstoffen der Risikogruppe 1

Die §§ 10 bis 16, ausgenommen § 10 Abs. 1, 3 und 4 und § 14 Abs. 1, gelten nicht, wenn nach dem Ergebnis der Gefährdungsbeurteilung gezielte Tätigkeiten mit biologischen Arbeitsstoffen der Risikogruppe 1 ohne sensibilisierende oder toxische Wirkungen oder nicht gezielte Tätigkeiten mit vergleichbarer Gefährdung durchgeführt werden.

## § 10 Schutzmaßnahmen

(1) Der Arbeitgeber hat die erforderlichen Schutzmaßnahmen zur Sicherheit und zum Gesundheitsschutz der Beschäftigten entsprechend dem Ergebnis der Gefährdungsbeurteilung und nach den sonstigen Vorschriften dieser Verordnung einschließlich der Anhänge zu treffen. Dabei sind die vom Ausschuss für biologische Arbeitsstoffe ermittelten und vom Bundesministerium für Wirtschaft und Arbeit im Bundesarbeitsblatt bekanntgegebenen Regeln und Erkenntnisse zu berücksichtigen. Sie müssen nicht berücksichtigt werden, wenn gleichwertige Schutzmaßnahmen getroffen werden; dies ist auf Verlangen der zuständigen Behörde im Einzelfall nachzuweisen.

(2) Biologische Arbeitsstoffe, die eine Gesundheitsgefahr für Beschäftigte darstellen, sind, soweit dies zumutbar und nach dem Stand der Technik möglich ist, durch biologische Arbeitsstoffe zu ersetzen, die für die Beschäftigten weniger gefährlich sind.

(3) Zur Heimarbeit dürfen nur biologische Arbeitsstoffe der Risikogruppe 1 ohne sensibilisierende oder toxische Wirkungen überlassen oder verwendet werden. Satz 1 gilt entsprechend für nicht gezielte Tätigkeiten mit vergleichbarer Gefährdung.

(4) Bei allen Tätigkeiten mit biologischen Arbeitsstoffen müssen die allgemeinen Hygienemaßnahmen der Schutzstufe 1 nach Anhang II oder III eingehalten werden.

(5) Beschäftigten dürfen gezielte Tätigkeiten mit biologischen Arbeitsstoffen der Risikogruppe 3 oder 4 nur übertragen werden, wenn sie ausreichend fachkundig und eingewiesen sind. Dies gilt entsprechend für nicht gezielte Tätigkeiten mit vergleichbarer Gefährdung. Der Arbeitgeber hat sich vor Übertragung der Tätigkeiten über die erforderlichen Schutzmaßnahmen fachkundig beraten zu lassen, soweit er nicht selbst über entsprechende Kenntnisse verfügt.

(6) Das Arbeitsverfahren und die technischen Schutzmaßnahmen sind grundsätzlich so zu gestalten, dass biologische Arbeitsstoffe am Arbeitsplatz nicht frei werden. Kann dies nicht vermieden werden, oder werden biologische Arbeitsstoffe bestimmungsgemäß freigesetzt, sind insbesondere folgende technische und organisatorische Schutzmaßnahmen zu treffen, um die Exposition der Beschäftigten so gering wie möglich zu halten:

1. Auswahl und Gestaltung geeigneter und sicherer Arbeitsverfahren für Tätigkeiten mit biologischen Arbeitsstoffen einschließlich deren Entsorgung,

2. Begrenzung der Anzahl der exponierten Beschäftigten entsprechend dem Ergebnis der Gefährdungsbeurteilung.

Darüber hinaus sind folgende weitere Schutzmaßnahmen zu treffen:

1. Kennzeichnung der Arbeitsplätze und Gefahrenbereiche mit dem Symbol für Biogefährdung nach Anhang I entsprechend dem Ergebnis der Gefährdungsbeurteilung,

2. Vorkehrungen gegen Unfälle und Betriebsstörungen vor Aufnahme der Tätigkeiten mit biologischen Arbeitsstoffen,

3. Erstellung eines Plans zur Abwendung der Gefahren, die beim Versagen einer Einschließungsmaßnahme durch die Freisetzung biologischer Arbeitsstoffe auftreten können, bei gezielten Tätigkeiten mit biologischen Arbeitsstoffen der Risikogruppe 3 oder 4 sowie bei nicht gezielten Tätigkeiten mit vergleichbarer Gefährdung.

(7) Ist aufgrund außergewöhnlicher Umstände oder bei nicht bestimmungsgemäßem Betrieb einer Anlage mit einer ernsten Gefährdung der Beschäftigten durch biologische Arbeitsstoffe zu rechnen und ist es kurzfristig nicht möglich, Art, Ausmaß und Dauer der Exposition zu beurteilen, sind unverzüglich Sicherheitsmaßnahmen nach Anhang II oder III zu ermitteln und zu treffen, die mindestens der Schutzstufe 3 genügen müssen.

(8) Werden Verfahren eingesetzt, bei denen Tätigkeiten mit biologischen Arbeitsstoffen in technischen Anlagen oder unter Verwendung von technischen Arbeitsmitteln durchgeführt werden, hat der Arbeitgeber die zum Schutz der Beschäftigten erforderlichen Maßnahmen und Vorkehrungen nach dem Stand der Technik zu treffen.

(9) Ist die Sicherheitstechnik eines Arbeitsverfahrens fortentwickelt worden, hat sich diese bewährt und erhöht sich die Arbeitssicherheit hierdurch erheblich, ist das Arbeitsverfahren innerhalb einer angemessenen Frist dieser Fortentwicklung anzupassen.

(10) Biologische Arbeitsstoffe sind sicher zu lagern. Es sind nur solche Behälter zur Lagerung, zum Transport oder zur Beseitigung von biologischen Arbeitsstoffen zu verwenden, die hinsichtlich ihrer Beschaffenheit geeignet sind, den Inhalt sicher zu umschließen. Die Behälter sind für die Beschäftigten im Hinblick auf die davon ausgehenden Gefahren in geeigneter Weise deutlich erkennbar zu kennzeichnen. Biologische Arbeitsstoffe dürfen nicht in solchen Behältern gelagert werden, durch deren Form oder Bezeichnung der Inhalt mit Lebensmitteln verwechselt werden kann.

## § 11 Hygienemaßnahmen, Schutzausrüstungen

(1) Auf der Grundlage der Gefährdungsbeurteilung sind die erforderlichen Hygienemaßnahmen zur Desinfektion und Dekontamination zu treffen und persönliche Schutzausrüstungen einschließlich geeigneter Schutzkleidung zur Verfügung zu stellen. Es sind geeignete Vorkehrungen zu treffen, insbesondere die erforderlichen Einrichtungen zu schaffen, damit persönliche Schutzausrüstungen beim Verlassen des Arbeitsplatzes abgelegt und getrennt von anderen Kleidungsstücken gelagert und auf ihren Zustand überprüft werden können. Entsprechend dem Ergebnis der Überprüfung müssen die persönlichen Schutzausrüstungen desinfiziert und gereinigt werden. Falls sie

schadhaft sind, müssen sie ausgebessert oder ausgetauscht, erforderlichenfalls vernichtet werden.

(2) Um die Kontamination des Arbeitsplatzes und die Exposition der Beschäftigten so gering wie möglich zu halten, sind die Funktion und die Wirksamkeit von technischen Schutzmaßnahmen regelmäßig zu überprüfen. Kann das Freiwerden von biologischen Arbeitsstoffen nicht sicher verhütet werden, ist zu ermitteln, ob der Arbeitsplatz kontaminiert ist. Dabei ist die mikrobielle Belastung in der Luft am Arbeitsplatz zu berücksichtigen.

(3) Beschäftigte dürfen an Arbeitsplätzen, an denen die Gefahr einer Kontamination durch biologische Arbeitsstoffe besteht, keine Nahrungs- und Genußmittel zu sich nehmen. Hierfür sind vor Aufnahme der Tätigkeiten geeignete Bereiche einzurichten.

### § 12 Unterrichtung der Beschäftigten

(1) Auf der Grundlage der Gefährdungsbeurteilung ist vor Aufnahme der Tätigkeiten eine arbeitsbereichs- und stoffbezogene Betriebsanweisung zu erstellen. Darin ist auf die mit den vorgesehenen Tätigkeiten verbundenen Gefahren für die Beschäftigten hinzuweisen. Die erforderlichen Schutzmaßnahmen und Verhaltensregeln sowie Anweisungen über das Verhalten bei Unfällen und Betriebsstörungen und zur Ersten Hilfe sind in ihr festzulegen. Die Betriebsanweisung ist in einer für die Beschäftigten verständlichen Form und Sprache abzufassen und an geeigneter Stelle in der Arbeitsstätte bekanntzumachen und zur Einsichtnahme auszulegen oder auszuhängen.

(2) Beschäftigte, die Tätigkeiten mit biologischen Arbeitsstoffen ausführen, müssen anhand der Betriebsanweisung über die auftretenden Gefahren und über die Schutzmaßnahmen unterwiesen werden. Die Unterweisung ist vor Aufnahme der Tätigkeiten mündlich und arbeitsplatzbezogen durchzuführen sowie jährlich zu wiederholen. Zeitpunkt und Gegenstand der Unterweisungen sind im Anschluss an die Un-

terweisung schriftlich festzuhalten und vom Unterwiesenen durch Unterschrift zu bestätigen.

(2a) Der Arbeitgeber hat sicherzustellen, dass für alle Beschäftigten, die Tätigkeiten mit biologischen Arbeitsstoffen durchführen, eine allgemeine arbeitsmedizinische Beratung durchgeführt wird. Diese Beratung soll im Rahmen der Unterweisung nach Absatz 2 erfolgen. Dabei sind die Beschäftigten über Angebotsuntersuchungen nach der Verordnung zur arbeitsmedizinischen Vorsorge zu unterrichten sowie auf besondere Gefährdungen zum Beispiel bei dauernd verminderter Immunabwehr hinzuweisen. Die Beratung ist unter Beteiligung des Arztes nach § 7 Abs. 1 der in Satz 3 genannten Verordnung durchzuführen.

(3) Für Tätigkeiten, bei denen erfahrungsgemäß aufgrund erhöhter Unfallgefahr mit einem Infektionsrisiko oder, als Folge eines Unfalles, mit schweren Infektionen zu rechnen ist, müssen zusätzlich Arbeitsanweisungen zur Vermeidung von Betriebsunfällen am Arbeitsplatz vorliegen. Dies gilt auch für

1. Verfahren für die Entnahme, die Handhabung und die Verarbeitung von Proben menschlichen oder tierischen Ursprungs,

2. Instandhaltungs-, Reinigungs-, Änderungs- oder Abbrucharbeiten in oder an kontaminierten Anlagen, Geräten oder Einrichtungen.

(4) Die im Gefahrenbereich Beschäftigten und der Betriebs- oder Personalrat sind über Betriebsstörungen, die die Sicherheit oder Gesundheit der Beschäftigten gefährden können, und über Unfälle unverzüglich zu unterrichten. Dem Betriebs- oder Personalrat sind die in § 13 Abs. 1 bis 3 genannten Angaben zur Verfügung zu stellen.

### § 13 Anzeige- und Aufzeichnungspflichten

(1) Der Arbeitgeber hat der zuständigen Behörde spätestens 30 Tage vor Aufnahme der Tätigkeiten die erstmalige Durchführung von gezielten Tätigkeiten mit einem biologischen Arbeits-

stoff der Risikogruppe 2, 3 oder 4 anzuzeigen. Die Anzeige enthält:

1. Name und Anschrift des Arbeitgebers und der nach § 13 Abs. 1 Nr. 1 bis 3 des Arbeitsschutzgesetzes verantwortlichen Personen,

2. Name und Befähigung der für Sicherheit und Gesundheitsschutz am Arbeitsplatz verantwortlichen Personen,

3. das Ergebnis der Gefährdungsbeurteilung nach § 6,

4. die Art des biologischen Arbeitsstoffes,

5. die vorgesehenen Maßnahmen zum Arbeitsschutz.

(2) Einer erneuten Anzeige bedürfen:

1. für die Sicherheit und Gesundheit der Beschäftigten bedeutsame Änderungen der Tätigkeiten,

2. die Aufnahme von Tätigkeiten mit jedem weiteren biologischen Arbeitsstoff der Risikogruppe 3, soweit dieser nicht in Anhang III der Richtlinie 2000/54/EG in der jeweils geltenden Fassung aufgeführt ist, und

3. die Aufnahme von Tätigkeiten mit jedem weiteren biologischen Arbeitsstoff der Risikogruppe 4.

(3) Über Beschäftigte, die gezielte Tätigkeiten mit biologischen Arbeitsstoffen der Risikogruppe 3 oder 4 durchführen, ist ein Verzeichnis zu führen, in dem die Art der Tätigkeiten, der verwendete biologische Arbeitsstoff (Spezies) sowie Unfälle und Betriebsstörungen anzugeben sind. Die betroffenen Beschäftigten oder von ihnen bevollmächtigte Personen sind berechtigt, die sie betreffenden Angaben einzusehen.

(4) Der Arbeitgeber hat das Verzeichnis nach Absatz 3 für jeden Beschäftigten bis zur Beendigung des Arbeits- oder Beschäftigungsverhältnisses aufzubewahren. Danach ist dem Beschäftigten der ihn betreffende Auszug aus dem Verzeichnis auszuhändigen. Der Arbeitgeber hat eine Kopie des dem Beschäftigten ausgehändigten Auszugs wie Personalunterlagen

aufzubewahren. Das Verzeichnis und die Kopien sind der zuständigen Behörde auf Verlangen zur Verfügung zu stellen.

(5) Die Absätze 1 bis 4 gelten entsprechend für nicht gezielte Tätigkeiten, die hinsichtlich der Gefährdung mit Tätigkeiten nach § 6 Abs. 2 Satz 3 Nr. 2 oder 3 vergleichbar sind.

(6) Lassen sich die für die Anzeige erforderlichen Angaben gleichwertig aus Anzeigen nach anderen Rechtsvorschriften entnehmen, kann die Anzeigepflicht auch durch Übermittlung einer Durchschrift dieser Anzeigen an die zuständige Behörde erfüllt werden.

## § 14 Behördliche Ausnahmen

(1) Die zuständige Behörde kann auf schriftlichen Antrag des Arbeitgebers Ausnahmen von den Vorschriften des § 10 einschließlich der Anhänge II und III erteilen, wenn

1. der Arbeitgeber andere gleichwertige Schutzmaßnahmen trifft oder

2. die Durchführung der Vorschrift im Einzelfall zu einer unverhältnismäßigen Härte führen würde und die Abweichung mit dem Schutz der betroffenen Beschäftigten vereinbar ist.

(2) Die zuständige Behörde kann auf schriftlichen Antrag des Arbeitgebers für Betriebe mit weniger als zehn Beschäftigten eine Ausnahme von der Pflicht zur Dokumentation der Gefährdungsbeurteilung erteilen Satz 1 gilt nicht für gezielte Tätigkeiten mit biologischen Arbeitsstoffen der Risikogruppen 3 oder 4 sowie für nicht gezielte Tätigkeiten mit vergleichbarer Gefährdung.

## § 15 Arbeitsmedizinische Vorsorge

Für den Bereich der arbeitsmedizinischen Vorsorge gilt die Verordnung zur arbeitsmedizinischen Vorsorge vom 18. Dezember 2008 (BGBl. I S. 2768), die im Anhang Teil 2 Anlässe für Pflicht- und Angebotsuntersuchungen enthält, in der jeweils geltenden Fassung. Dies gilt auch für Tätigkeiten nach § 2 Abs. 4 sowie für den in § 2 Abs. 8 genannten Personenkreis.

### § 15a Veranlassung und Angebot arbeitsmedizinischer Vorsorgeuntersuchungen

aufgehoben

### § 16 Unterrichtung der Behörde

(1) Unbeschadet des § 22 des Arbeitsschutzgesetzes ist die zuständige Behörde auf ihr Verlangen über

1. das Ergebnis der Gefährdungsbeurteilung und die der Beurteilung zugrundeliegenden Informationen,

2. die Tätigkeiten, bei denen Beschäftigte tatsächlich oder möglicherweise gegenüber biologischen Arbeitsstoffen exponiert worden sind, und die Anzahl dieser Beschäftigten,

3. die nach § 13 des Arbeitsschutzgesetzes verantwortlichen Personen,

4. die getroffenen Schutz- und Vorsorgemaßnahmen einschließlich der Betriebs- und Arbeitsanweisungen sowie

5. die nach § 10 Abs. 6 Satz 3 Nr. 2 getroffenen Vorkehrungen und den nach § 10 Abs. 6 Satz 3 Nr. 3 erstellten Plan

zu unterrichten.

(2) Die zuständige Behörde ist unverzüglich über jeden Unfall und jede Betriebsstörung bei Tätigkeiten mit biologischen Arbeitsstoffen der Risikogruppe 3 und 4 oder bei nicht gezielten Tätigkeiten mit vergleichbarer Gefährdung zu unterrichten, die zu einer Gesundheitsgefahr der Beschäftigten führen können. Krankheits- und Todesfälle, die auf Tätigkeiten mit biologischen Arbeitsstoffen zurückzuführen sind, sind der zuständigen Behörde unverzüglich unter Angabe der Tätigkeit mitzuteilen.

### § 17 Ausschuss für biologische Arbeitsstoffe

(1) Zur Beratung in allen Fragen des Arbeitsschutzes zu biologischen Arbeitsstoffen wird beim Bundesministerium für Wirtschaft und Arbeit der Ausschuss für biologische Arbeitsstoffe gebildet, in dem sachverständige Mitglieder der öffentlichen und privaten Arbeitgeber, der Gewerkschaften, der Länderbehörden, der Träger der gesetzlichen Unfallversicherung, der Hochschulen und der Wissenschaft angemessen vertreten sein sollen. Die Gesamtzahl der Mitglieder soll 16 Personen nicht überschreiten. Die Mitgliedschaft im Ausschuss für biologische Arbeitsstoffe ist ehrenamtlich.

(2) Das Bundesministerium für Wirtschaft und Arbeit beruft die Mitglieder des Ausschusses und für jedes Mitglied einen Stellvertreter. Der Ausschuss gibt sich eine Geschäftsordnung und wählt den Vorsitzenden aus seiner Mitte. Die Geschäftsordnung und die Wahl des Vorsitzenden bedürfen der Zustimmung des Bundesministeriums für Arbeit und Sozialordnung.

(3) Zu den Aufgaben des Ausschusses gehört es:

1. den Grundsätzen des § 4 des Arbeitsschutzgesetzes entsprechende Regeln und Erkenntnisse für Tätigkeiten mit biologischen Arbeitsstoffen sowie Regeln und Erkenntnisse zu der Einstufung nach § 4 Abs. 1 und 2 Satz 1 zu ermitteln,

2. zu ermitteln, wie die in dieser Verordnung gestellten Anforderungen erfüllt werden können,

3. dem jeweiligen Stand von Wissenschaft, Technik und Medizin entsprechende Vorschriften vorzuschlagen,

4. das Bundesministerium für Wirtschaft und Arbeit in allgemeinen Fragen der biologischen Sicherheit zu beraten.

(4) Das Bundesministerium für Wirtschaft und Arbeit kann die vom Ausschuss für biologische Arbeitsstoffe nach Absatz 3 Nr. 1 ermittelten Regeln und Erkenntnisse sowie die nach Absatz 3 Nr. 2 ermittelten Verfahrensregeln im Gemeinsamen Ministerialblatt bekanntgeben.

(5) Die Bundesministerien sowie die zuständigen obersten Landesbehörden können zu den

Sitzungen des Ausschusses Vertreter entsenden. Diesen ist auf Verlangen in der Sitzung das Wort zu erteilen.

(6) Die Geschäfte des Ausschusses führt die Bundesanstalt für Arbeitsschutz und Arbeitsmedizin.

### § 18 Ordnungswidrigkeiten und Straftaten

(1) Ordnungswidrig im Sinne des § 25 Abs. 1 Nr. 1 des Arbeitsschutzgesetzes handelt, wer vorsätzlich oder fahrlässig

1. entgegen § 6 Abs. 1 Satz 1 oder § 7 Abs. 1 Satz 1 eine Gefährdungsbeurteilung nicht, nicht richtig oder nicht vollständig oder nicht nach den in § 8 Satz 1 Nr. 2 oder 3 genannten Vorraussetzungen durchführt,

2. entgegen § 11 Abs. 1 Satz 3 oder 4 persönliche Schutzausrüstungen nicht, nicht richtig oder nicht rechtzeitig desinfiziert, reinigt, ausbessert, austauscht oder vernichtet,

3. entgegen § 11 Abs. 2 die Wirksamkeit von technischen Schutzmaßnahmen nicht regelmäßig überprüft,

4. entgegen § 11 Abs. 3 Satz 2 dort genannte Bereiche nicht oder nicht rechtzeitig einrichtet,

5. entgegen § 12 Abs. 1 Satz 1 oder 4 eine Betriebsanweisung nicht, nicht richtig, nicht vollständig, nicht in der vorgeschriebenen Weise oder nicht rechtzeitig erstellt, nicht oder nicht rechtzeitig bekanntmacht oder nicht oder nicht rechtzeitig auslegt oder nicht oder nicht rechtzeitig aushängt,

6. entgegen § 12 Abs. 2 Satz 1 oder 3 Beschäftigte nicht, nicht in der vorgeschriebenen Weise oder nicht rechtzeitig unterweist oder den Zeitpunkt oder den Gegenstand der Unterweisung nicht, nicht in der vorgeschriebenen Weise oder nicht rechtzeitig festhält,

7. entgegen § 12 Abs. 4 Satz 1 über Betriebsstörungen oder Unfälle nicht, nicht richtig, nicht vollständig oder nicht rechtzeitig unterrichtet,

8. entgegen § 13 Abs. 1 Satz 1 eine Anzeige nicht, nicht richtig, nicht vollständig oder nicht rechtzeitig erstattet,

9. entgegen § 13 Abs. 3 Satz 1 ein Verzeichnis nicht, nicht richtig oder nicht vollständig führt,

10. entgegen § 13 Abs. 4 Satz 1 das Verzeichnis nicht oder nicht für die vorgeschriebene Dauer aufbewahrt,

11. entgegen § 16 Abs. 1 oder 2 Satz 1 die zuständige Behörde nicht, nicht richtig, nicht vollständig oder nicht rechtzeitig unterrichtet oder

12. entgegen § 16 Abs. 2 Satz 2 eine Mitteilung nicht, nicht richtig, nicht vollständig oder nicht rechtzeitig macht.

(2) Ordnungswidrig im Sinne des § 32 Abs. 1 Nr. 1 des Heimarbeitsgesetzes handelt, wer vorsätzlich oder fahrlässig entgegen § 10 Abs. 3 Satz 1, auch in Verbindung mit Satz 2, einen biologischen Arbeitsstoff überlässt oder verwendet.

(3) Wer durch eine in Absatz 1 bezeichnete vorsätzliche Handlung Leben oder Gesundheit eines Beschäftigten gefährdet, ist nach § 26 Nr. 2 des Arbeitsschutzgesetzes strafbar.

(4) Wer durch eine in Absatz 2 bezeichnete vorsätzliche Handlung in Heimarbeit Beschäftigte in ihrer Arbeitskraft oder Gesundheit gefährdet, ist nach § 32 Abs. 3 oder 4 des Heimarbeitsgesetzes strafbar.

### § 19 Übergangsvorschrift

Anzeigepflichtige Tätigkeiten, die bei Inkrafttreten der Verordnung bereits aufgenommen sind, müssen der zuständigen Behörde innerhalb von sechs Monaten nach Inkrafttreten der Verordnung angezeigt werden.

§ 13 Abs. 1 Satz 2 gilt entsprechend.

**Anhang I**
**Symbol für Biogefährdung**

**Ausführung der Kennzeichnung: Schwarzes**
**Symbol auf gelbem Grund**

**Anhang II**
**Sicherheitsmaßnahmen bei Tätigkeiten mit biologischen Arbeitsstoffen in Laboratorien und laborähnlichen Einrichtungen**

(1) Die Schutzstufe 1 umfasst allgemeine Hygienemaßnahmen entsprechend den vom Ausschuss für biologische Arbeitsstoffe festgelegten technischen Regeln.

(2) Die Schutzstufen 2, 3 und 4 umfassen die nachfolgenden Sicherheitsmaßnahmen:

| A | B | | |
|---|---|---|---|
| | Schutzstufen | | |
| Sicherheitsmaßnahmen | 2 | 3 | 4 |
| 1. Der Arbeitsplatz ist von anderen Tätigkeiten in demselben Gebäude | nein | verbindlich, wenn die Infizierung über die Luft erfolgen kann | verbindlich |
| 2. Zu- und Abluft am Arbeitsplatz müssen durch Hochleistungsschwebstoff-Filter oder eine vergleichbare Vorrichtung geführt werden | nein | verbindlich für Abluft | verbindlich für Zu- und Abluft |
| 3. Der Zugang ist auf benannte Beschäftigte zu beschränken | verbindlich | verbindlich | verbindlich mit Luftschleuse |
| 4. Der Arbeitsplatz muss zum Zweck der Desinfektion hermetisch abdichtbar sein | nein | empfohlen | verbindlich |

| A | B Schutzstufen | | |
|---|---|---|---|
| Sicherheitsmaßnahmen | 2 | 3 | 4 |
| 5. Spezifische Desinfektionsverfahren | verbindlich | verbindlich | verbindlich |
| 6. Am Arbeitsplatz muss ein Unterdruck aufrechterhalten werden | nein | verbindlich, wenn die Infizierung über die Luft erfolgen kann | verbindlich |
| 7. Wirksame Vektorkontrolle, z. B. Nagetiere und Insekten | empfohlen | verbindlich | verbindlich |
| 8. Wasserundurchlässige und leicht zu reinigende Oberflächen | verbindlich für Werkbänke | verbindlich für Werkbänke und Böden | verbindlich für Werkbänke, Wände, Böden und Decken |
| 9. Gegen Säuren, Laugen, Lösungs- und Desinfektionsmittel widerstandsfähige Oberflächen | empfohlen | verbindlich | verbindlich |
| 10. Sichere Aufbewahrung eines biologischen Arbeitsstoffes | verbindlich | verbindlich | verbindlich unter Verschluss |
| 11. Der Raum muss mit einem Beobachtungsfenster oder einer vergleichbaren Vorrichtung versehen sein, damit die im Raum anwesenden Personen bzw. Tiere beobachtet werden können | empfohlen | verbindlich | verbindlich |
| 12. Jedes Laboratorium muss über eine eigene Ausrüstung verfügen | nein | empfohlen | verbindlich |
| 13. Der Umgang mit infiziertem Material, einschließlich aller Tiere, muss in einer Sicherheitswerkbank oder einem Isolierraum oder einem anderen geeigneten Raum erfolgen | wo angebracht | verbindlich, wenn die Infizierung über die Luft erfolgt | verbindlich |
| 14. Verbrennungsofen für Tierkörper | empfohlen | verbindlich, zugänglich | verbindlich vor Ort |

**Anhang III**
**Sicherheitsmaßnahmen bei gezielten und nicht gezielten Tätigkeiten,**
**die nicht unter Anhang II fallen**

(1) Die Schutzstufe 1 umfasst allgemeine Hygienemaßnahmen entsprechend den vom Ausschuss für biologische Arbeitsstoffe festgelegten technischen Regeln.

(2) Die Schutzstufen 2, 3 und 4 umfassen die nachfolgenden Sicherheitsmaßnahmen:

| A | B Schutzstufen | | |
|---|---|---|---|
| Sicherheitsmaßnahmen | 2 | 3 | 4 |
| 1. Arbeiten mit lebensfähigen Organismen müssen in einem System durchgeführt werden, das den Prozess physisch von der Umwelt trennt | verbindlich | verbindlich | verbindlich |
| 2. Abgase aus dem abgeschlossenen System müssen so behandelt werden, dass: | das Freiwerden minimal gehalten wird | das Freiwerden verhütet wird | das Freiwerden verhütet wird |
| 3. Sammlung von Proben, Hinzufügen von Werkstoffen zu einem abgeschlossenen System und Übertragung lebensfähiger Organismen in ein anderes abgeschlossenes System müssen so durchgeführt werden, dass: | das Freiwerden minimal gehalten wird | das Freiwerden verhindert wird | das Freiwerden verhindert wird |
| 4. Kulturflüssigkeiten dürfen nicht aus dem abgeschlossenen System genommen werden, wenn die lebensfähigen Organismen nicht: | durch erprobte Mittel inaktiviert worden sind | durch erprobte chemische oder physikalische Mittel inaktiviert worden sind | durch erprobte chemische oder physikalische Mittel inaktiviert worden sind |
| 5. Der Verschluss der Kulturgefäße muss so ausgelegt sein, daß: | ein Freiwerden minimal gehalten wird | ein Freiwerden verhütet wird | ein Freiwerden verhütet wird |
| 6. Abgeschlossene Systeme müssen innerhalb kontrollierter Bereiche angesiedelt sein | empfohlen | empfohlen | verbindlich |
| a) Biogefahrenzeichen müssen angebracht werden | empfohlen | verbindlich | verbindlich |
| b) der Zugang muss ausschließlich auf das dafür vorgesehene Personal beschränkt sein | empfohlen | verbindlich | verbindlich über Luftschleuse |

| A | B Schutzstufen | | |
|---|---|---|---|
| Sicherheitsmaßnahmen | 2 | 3 | 4 |
| c) das Personal muss Schutzkleidung tragen | verbindlich | verbindlich | vollständige Umkleidung |
| d) Dekontaminations- und Waschanlagen müssen für das Personal bereitstehen | verbindlich | verbindlich | verbindlich |
| e) das Personal muss vor dem Verlassen des kontrollierten Bereiches duschen | nein | empfohlen | verbindlich |
| f) Abwässer aus Waschbecken und Duschen müssen gesammelt und vor der Ableitung inaktiviert werden | nein | empfohlen | verbindlich |
| g) der kontrollierte Bereich muss entsprechend belüftet sein, um die Luftverseuchung auf einem Mindeststand zu halten | empfohlen | verbindlich, wenn die Infizierung über die Luft erfolgen kann | verbindlich, |
| h) der kontrollierte Bereich muss stets in atmosphärischem Unterdruck gehalten werden | nein | empfohlen | verbindlich |
| i) Zu- und Abluft zum kontrollierten Bereich müssen durch Hochleistungsschwebstoff-Filter geführt werden | nein | empfohlen | verbindlich |
| j) der kontrollierte Bereich muss so ausgelegt sein, dass er ein Überlaufen des gesamten Inhalts des abgeschlossenen Systems abblockt | nein | empfohlen | verbindlich |
| k) der kontrollierte Bereich muss versiegelt werden können, um eine Begasung zuzulassen | nein | empfohlen | verbindlich |
| l) Abwasserbehandlung vor der endgültigen Ableitung | inaktiviert durch erprobte Mittel | inaktiviert durch erprobte chemische oder physikalische Mittel | inaktiviert durch erprobte chemische oder physikalische Mittel |

**Anhang IV
(aufgehoben)**

# Bundesdatenschutzgesetz

## (BDSG)

Vom 20. Dezember 1990

Neugefasst durch Berkanntmachung
vom 14. Januar 2003
(BGBl. I S. 66)

Zuletzt geändert durch Artikel 1 des Gesetzes
vom 14. August 2009
(BGBl. I S. 2814)

**Erster Abschnitt**
**Allgemeine und gemeinsame Bestimmungen**

## § 1 Zweck und Anwendungsbereich des Gesetzes

(1) Zweck dieses Gesetzes ist es, den Einzelnen davor zu schützen, dass er durch den Umgang mit seinen personenbezogenen Daten in seinem Persönlichkeitsrecht beeinträchtigt wird.

(2) Dieses Gesetz gilt für die Erhebung, Verarbeitung und Nutzung personenbezogener Daten durch

1. öffentliche Stellen des Bundes,

2. öffentliche Stellen der Länder, soweit der Datenschutz nicht durch Landesgesetz geregelt ist und soweit sie
   a) Bundesrecht ausführen oder
   b) als Organe der Rechtspflege tätig werden und es sich nicht um Verwaltungsangelegenheiten handelt,

3. nicht-öffentliche Stellen, soweit sie die Daten unter Einsatz von Datenverarbeitungsanlagen verarbeiten, nutzen oder dafür erheben oder die Daten in oder aus nicht automatisierten Dateien verarbeiten, nutzen oder dafür erheben, es sei denn, die Erhebung, Verarbeitung oder Nutzung der Daten erfolgt ausschließlich für persönliche oder familiäre Tätigkeiten.

(3) Soweit andere Rechtsvorschriften des Bundes auf personenbezogene Daten einschließlich deren Veröffentlichung anzuwenden sind, gehen sie den Vorschriften dieses Gesetzes vor. Die Verpflichtung zur Wahrung gesetzlicher Geheimhaltungspflichten oder von Berufs- oder besonderen Amtsgeheimnissen, die nicht auf gesetzlichen Vorschriften beruhen, bleibt unberührt.

(4) Die Vorschriften dieses Gesetzes gehen denen des Verwaltungsverfahrensgesetzes vor, soweit bei der Ermittlung des Sachverhalts personenbezogene Daten verarbeitet werden.

(5) Dieses Gesetz findet keine Anwendung, sofern eine in einem anderen Mitgliedstaat der Europäischen Union oder in einem anderen Vertragsstaat des Abkommens über den Europäischen Wirtschaftsraum belegene verantwortliche Stelle personenbezogene Daten im Inland erhebt, verarbeitet oder nutzt, es sei denn, dies erfolgt durch eine Niederlassung im Inland. Dieses Gesetz findet Anwendung, sofern eine verantwortliche Stelle, die nicht in einem Mitgliedstaat der Europäischen Union oder in einem anderen Vertragsstaat des Abkommens über den Europäischen Wirtschaftsraum belegen ist, personenbezogene Daten im Inland erhebt, verarbeitet oder nutzt. Soweit die verantwortliche Stelle nach diesem Gesetz zu nennen ist, sind auch Angaben über im Inland ansässige Vertreter zu machen. Die Sätze 2 und 3 gelten nicht, sofern Datenträger nur zum Zweck des Transits durch das Inland eingesetzt werden. § 38 Abs. 1 Satz 1 bleibt unberührt.

## § 2 Öffentliche und nicht-öffentliche Stellen

(1) Öffentliche Stellen des Bundes sind die Behörden, die Organe der Rechtspflege und andere öffentlich-rechtlich organisierte Einrichtungen des Bundes, der bundesunmittelbaren Körperschaften, Anstalten und Stiftungen des öffentlichen Rechts sowie deren Vereinigungen ungeachtet ihrer Rechtsform. Als öffentliche Stellen gelten die aus dem Sondervermögen Deutsche Bundespost durch Gesetz hervorgegangenen Unternehmen, solange ihnen ein ausschließliches Recht nach dem Postgesetz zusteht.

(2) Öffentliche Stellen der Länder sind die Behörden, die Organe der Rechtspflege und andere öffentlich-rechtlich organisierte Einrichtungen eines Landes, einer Gemeinde, eines Gemeindeverbandes und sonstiger der Aufsicht des Landes unterstehender juristischer Personen des öffentlichen Rechts sowie deren Vereinigungen ungeachtet ihrer Rechtsform.

(3) Vereinigungen des privaten Rechts von öffentlichen Stellen des Bundes und der Länder,

die Aufgaben der öffentlichen Verwaltung wahrnehmen, gelten ungeachtet der Beteiligung nicht-öffentlicher Stellen als öffentliche Stellen des Bundes, wenn

1. sie über den Bereich eines Landes hinaus tätig werden oder

2. dem Bund die absolute Mehrheit der Anteile gehört oder die absolute Mehrheit der Stimmen zusteht. Andernfalls gelten sie als öffentliche Stellen der Länder.

(4) Nicht-öffentliche Stellen sind natürliche und juristische Personen, Gesellschaften und andere Personenvereinigungen des privaten Rechts, soweit sie nicht unter die Absätze 1 bis 3 fallen. Nimmt eine nicht-öffentliche Stelle hoheitliche Aufgaben der öffentlichen Verwaltung wahr, ist sie insoweit öffentliche Stelle im Sinne dieses Gesetzes.

### § 3 Weitere Begriffsbestimmungen

(1) Personenbezogene Daten sind Einzelangaben über persönliche oder sachliche Verhältnisse einer bestimmten oder bestimmbaren natürlichen Person (Betroffener).

(2) Automatisierte Verarbeitung ist die Erhebung, Verarbeitung oder Nutzung personenbezogener Daten unter Einsatz von Datenverarbeitungsanlagen. Eine nicht automatisierte Datei ist jede nicht automatisierte Sammlung personenbezogener Daten, die gleichartig aufgebaut ist und nach bestimmten Merkmalen zugänglich ist und ausgewertet werden kann.

(3) Erheben ist das Beschaffen von Daten über den Betroffenen.

(4) Verarbeiten ist das Speichern, Verändern, Übermitteln, Sperren und Löschen personenbezogener Daten. Im Einzelnen ist, ungeachtet der dabei angewendeten Verfahren:

1. Speichern das Erfassen, Aufnehmen oder Aufbewahren personenbezogener Daten auf einem Datenträger zum Zwecke ihrer weiteren Verarbeitung oder Nutzung,

2. Verändern das inhaltliche Umgestalten gespeicherter personenbezogener Daten,

3. Übermitteln das Bekanntgeben gespeicherter oder durch Datenverarbeitung gewonnener personenbezogener Daten an einen Dritten in der Weise, dass

   a) die Daten an den Dritten weitergegeben werden oder

   b) der Dritte zur Einsicht oder zum Abruf bereitgehaltene Daten einsieht oder abruft,

4. Sperren das Kennzeichnen gespeicherter personenbezogener Daten, um ihre weitere Verarbeitung oder Nutzung einzuschränken,

5. Löschen das Unkenntlichmachen gespeicherter personenbezogener Daten.

(5) Nutzen ist jede Verwendung personenbezogener Daten, soweit es sich nicht um Verarbeitung handelt.

(6) Anonymisieren ist das Verändern personenbezogener Daten derart, dass die Einzelangaben über persönliche oder sachliche Verhältnisse nicht mehr oder nur mit einem unverhältnismäßig großen Aufwand an Zeit, Kosten und Arbeitskraft einer bestimmten oder bestimmbaren natürlichen Person zugeordnet werden können.

(6a) Pseudonymisieren ist das Ersetzen des Namens und anderer Identifikationsmerkmale durch ein Kennzeichen zu dem Zweck, die Bestimmung des Betroffenen auszuschließen oder wesentlich zu erschweren.

(7) Verantwortliche Stelle ist jede Person oder Stelle, die personenbezogene Daten für sich selbst erhebt, verarbeitet oder nutzt oder dies durch andere im Auftrag vornehmen lässt.

(8) Empfänger ist jede Person oder Stelle, die Daten erhält. Dritter ist jede Person oder Stelle außerhalb der verantwortlichen Stelle. Dritte sind nicht der Betroffene sowie Personen und Stellen, die im Inland, in einem anderen Mitgliedstaat der Europäischen Union oder in ei-

nem anderen Vertragsstaat des Abkommens über den Europäischen Wirtschaftsraum personenbezogene Daten im Auftrag erheben, verarbeiten oder nutzen.

(9) Besondere Arten personenbezogener Daten sind Angaben über die rassische und ethnische Herkunft, politische Meinungen, religiöse oder philosophische Überzeugungen, Gewerkschaftszugehörigkeit, Gesundheit oder Sexualleben.

(10) Mobile personenbezogene Speicher- und Verarbeitungsmedien sind Datenträger,

1. die an den Betroffenen ausgegeben werden,

2. auf denen personenbezogene Daten über die Speicherung hinaus durch die ausgebende oder eine andere Stelle automatisiert verarbeitet werden können und

3. bei denen der Betroffene diese Verarbeitung nur durch den Gebrauch des Mediums beeinflussen kann.

(11) Beschäftigte sind:

1. Arbeitnehmerinnen und Arbeitnehmer,

2. zu ihrer Berufsbildung Beschäftigte,

3. Teilnehmerinnen und Teilnehmer an Leistungen zur Teilhabe am Arbeitsleben sowie an Abklärungen der beruflichen Eignung oder Arbeitserprobung (Rehabilitandinnen und Rehabilitanden),

4. in anerkannten Werkstätten für behinderte Menschen Beschäftigte,

5. nach dem Jugendfreiwilligendienstegesetz Beschäftigte,

6. Personen, die wegen ihrer wirtschaftlichen Unselbständigkeit als arbeitnehmerähnliche Personen anzusehen sind; zu diesen gehören auch die in Heimarbeit Beschäftigten und die ihnen Gleichgestellten,

7. Bewerberinnen und Bewerber für ein Beschäftigungsverhältnis sowie Personen, deren Beschäftigungsverhältnis beendet ist,

8. Beamtinnen, Beamte, Richterinnen und Richter des Bundes, Soldatinnen und Soldaten sowie Zivildienstleistende.

## § 3a Datenvermeidung und Datensparsamkeit

Die Erhebung, Verarbeitung und Nutzung personenbezogener Daten und die Auswahl und Gestaltung von Datenverarbeitungssystemen sind an dem Ziel auszurichten, so wenig personenbezogene Daten wie möglich zu erheben, zu verarbeiten oder zu nutzen. Insbesondere sind personenbezogene Daten zu anonymisieren oder zu pseudonymisieren, soweit dies nach dem Verwendungszweck möglich ist und keinen im Verhältnis zu dem angestrebten Schutzzweck unverhältnismäßigen Aufwand erfordert.

## § 4 Zulässigkeit der Datenerhebung, -verarbeitung und -nutzung

(1) Die Erhebung, Verarbeitung und Nutzung personenbezogener Daten sind nur zulässig, soweit dieses Gesetz oder eine andere Rechtsvorschrift dies erlaubt oder anordnet oder der Betroffene eingewilligt hat.

(2) Personenbezogene Daten sind beim Betroffenen zu erheben. Ohne seine Mitwirkung dürfen sie nur erhoben werden, wenn

1. eine Rechtsvorschrift dies vorsieht oder zwingend voraussetzt oder

2. a) die zu erfüllende Verwaltungsaufgabe ihrer Art nach oder der Geschäftszweck eine Erhebung bei anderen Personen oder Stellen erforderlich macht oder

   b) die Erhebung beim Betroffenen einen unverhältnismäßigen Aufwand erfordern würde und keine Anhaltspunkte dafür bestehen, dass überwiegende schutzwürdige Interessen des Betroffenen beeinträchtigt werden.

(3) Werden personenbezogene Daten beim Betroffenen erhoben, so ist er, sofern er nicht

bereits auf andere Weise Kenntnis erlangt hat, von der verantwortlichen Stelle über

1. die Identität der verantwortlichen Stelle,

2. die Zweckbestimmungen der Erhebung, Verarbeitung oder Nutzung und

3. die Kategorien von Empfängern nur, soweit der Betroffene nach den Umständen des Einzelfalles nicht mit der Übermittlung an diese rechnen muss,

zu unterrichten. Werden personenbezogene Daten beim Betroffenen aufgrund einer Rechtsvorschrift erhoben, die zur Auskunft verpflichtet, oder ist die Erteilung der Auskunft Voraussetzung für die Gewährung von Rechtsvorteilen, so ist der Betroffene hierauf, sonst auf die Freiwilligkeit seiner Angaben hinzuweisen. Soweit nach den Umständen des Einzelfalles erforderlich oder auf Verlangen, ist er über die Rechtsvorschrift und über die Folgen der Verweigerung von Angaben aufzuklären.

### § 4a Einwilligung

(1) Die Einwilligung ist nur wirksam, wenn sie auf der freien Entscheidung des Betroffenen beruht. Er ist auf den vorgesehenen Zweck der Erhebung, Verarbeitung oder Nutzung sowie, soweit nach den Umständen des Einzelfalles erforderlich oder auf Verlangen, auf die Folgen der Verweigerung der Einwilligung hinzuweisen. Die Einwilligung bedarf der Schriftform, soweit nicht wegen besonderer Umstände eine andere Form angemessen ist. Soll die Einwilligung zusammen mit anderen Erklärungen schriftlich erteilt werden, ist sie besonders hervorzuheben.

(2) Im Bereich der wissenschaftlichen Forschung liegt ein besonderer Umstand im Sinne von Absatz 1 Satz 3 auch dann vor, wenn durch die Schriftform der bestimmte Forschungszweck erheblich beeinträchtigt würde. In diesem Fall sind der Hinweis nach Absatz 1 Satz 2 und die Gründe, aus denen sich die erhebliche Beeinträchtigung des bestimmten Forschungszwecks ergibt, schriftlich festzuhalten.

(3) Soweit besondere Arten personenbezogener Daten (§ 3 Abs. 9) erhoben, verarbeitet oder genutzt werden, muss sich die Einwilligung darüber hinaus ausdrücklich auf diese Daten beziehen.

### § 4b Übermittlung personenbezogener Daten ins Ausland sowie an über- oder zwischenstaatliche Stellen

(1) Für die Übermittlung personenbezogener Daten an Stellen

1. in anderen Mitgliedstaaten der Europäischen Union,

2. in anderen Vertragsstaaten des Abkommens über den Europäischen Wirtschaftsraum oder

3. der Organe und Einrichtungen der Europäischen Gemeinschaften

gelten § 15 Abs. 1, § 16 Abs. 1 und §§ 28 bis 30a nach Maßgabe der für diese Übermittlung geltenden Gesetze und Vereinbarungen, soweit die Übermittlung im Rahmen von Tätigkeiten erfolgt, die ganz oder teilweise in den Anwendungsbereich des Rechts der Europäischen Gemeinschaften fallen.

(2) Für die Übermittlung personenbezogener Daten an Stellen nach Absatz 1, die nicht im Rahmen von Tätigkeiten erfolgt, die ganz oder teilweise in den Anwendungsbereich des Rechts der Europäischen Gemeinschaften fallen, sowie an sonstige ausländische oder über- oder zwischenstaatliche Stellen gilt Absatz 1 entsprechend. Die Übermittlung unterbleibt, soweit der Betroffene ein schutzwürdiges Interesse an dem Ausschluss der Übermittlung hat, insbesondere wenn bei den in Satz 1 genannten Stellen ein angemessenes Datenschutzniveau nicht gewährleistet ist. Satz 2 gilt nicht, wenn die Übermittlung zur Erfüllung eigener Aufgaben einer öffentlichen Stelle des Bundes aus zwingenden Gründen der Verteidigung oder der Erfüllung über- oder zwischenstaatlicher Verpflichtungen auf dem Gebiet der Krisenbewältigung oder Konfliktverhinderung oder für humanitäre Maßnahmen erforderlich ist.

(3) Die Angemessenheit des Schutzniveaus wird unter Berücksichtigung aller Umstände beurteilt, die bei einer Datenübermittlung oder einer Kategorie von Datenübermittlungen von Bedeutung sind; insbesondere können die Art der Daten, die Zweckbestimmung, die Dauer der geplanten Verarbeitung, das Herkunfts- und das Endbestimmungsland, die für den betreffenden Empfänger geltenden Rechtsnormen sowie die für ihn geltenden Standesregeln und Sicherheitsmaßnahmen herangezogen werden.

(4) In den Fällen des § 16 Abs. 1 Nr. 2 unterrichtet die übermittelnde Stelle den Betroffenen von der Übermittlung seiner Daten. Dies gilt nicht, wenn damit zu rechnen ist, dass er davon auf andere Weise Kenntnis erlangt, oder wenn die Unterrichtung die öffentliche Sicherheit gefährden oder sonst dem Wohl des Bundes oder eines Landes Nachteile bereiten würde.

(5) Die Verantwortung für die Zulässigkeit der Übermittlung trägt die übermittelnde Stelle.

(6) Die Stelle, an die die Daten übermittelt werden, ist auf den Zweck hinzuweisen, zu dessen Erfüllung die Daten übermittelt werden.

### § 4c Ausnahmen

(1) Im Rahmen von Tätigkeiten, die ganz oder teilweise in den Anwendungsbereich des Rechts der Europäischen Gemeinschaften fallen, ist eine Übermittlung personenbezogener Daten an andere als die in § 4b Abs. 1 genannten Stellen, auch wenn bei ihnen ein angemessenes Datenschutzniveau nicht gewährleistet ist, zulässig, sofern

1. der Betroffene seine Einwilligung gegeben hat,

2. die Übermittlung für die Erfüllung eines Vertrags zwischen dem Betroffenen und der verantwortlichen Stelle oder zur Durchführung von vorvertraglichen Maßnahmen, die auf Veranlassung des Betroffenen getroffen worden sind, erforderlich ist,

3. die Übermittlung zum Abschluss oder zur Erfüllung eines Vertrags erforderlich ist, der im Interesse des Betroffenen von der verantwortlichen Stelle mit einem Dritten geschlossen wurde oder geschlossen werden soll,

4. die Übermittlung für die Wahrung eines wichtigen öffentlichen Interesses oder zur Geltendmachung, Ausübung oder Verteidigung von Rechtsansprüchen vor Gericht erforderlich ist,

5. die Übermittlung für die Wahrung lebenswichtiger Interessen des Betroffenen erforderlich ist oder

6. die Übermittlung aus einem Register erfolgt, das zur Information der Öffentlichkeit bestimmt ist und entweder der gesamten Öffentlichkeit oder allen Personen, die ein berechtigtes Interesse nachweisen können, zur Einsichtnahme offen steht, soweit die gesetzlichen Voraussetzungen im Einzelfall gegeben sind.

Die Stelle, an die die Daten übermittelt werden, ist darauf hinzuweisen, dass die übermittelten Daten nur zu dem Zweck verarbeitet oder genutzt werden dürfen, zu dessen Erfüllung sie übermittelt werden.

(2) Unbeschadet des Absatzes 1 Satz 1 kann die zuständige Aufsichtsbehörde einzelne Übermittlungen oder bestimmte Arten von Übermittlungen personenbezogener Daten an andere als die in § 4b Abs. 1 genannten Stellen genehmigen, wenn die verantwortliche Stelle ausreichende Garantien hinsichtlich des Schutzes des Persönlichkeitsrechts und der Ausübung der damit verbundenen Rechte vorweist; die Garantien können sich insbesondere aus Vertragsklauseln oder verbindlichen Unternehmensregelungen ergeben. Bei den Post- und Telekommunikationsunternehmen ist der Bundesbeauftragte für den Datenschutz und die Informationsfreiheit zuständig. Sofern die Über-

mittlung durch öffentliche Stellen erfolgen soll, nehmen diese die Prüfung nach Satz 1 vor.

(3) Die Länder teilen dem Bund die nach Absatz 2 Satz 1 ergangenen Entscheidungen mit.

### § 4d Meldepflicht

(1) Verfahren automatisierter Verarbeitungen sind vor ihrer Inbetriebnahme von nicht-öffentlichen verantwortlichen Stellen der zuständigen Aufsichtsbehörde und von öffentlichen verantwortlichen Stellen des Bundes sowie von den Post- und Telekommunikationsunternehmen dem Bundesbeauftragten für den Datenschutz und die Informationsfreiheit nach Maßgabe von § 4e zu melden.

(2) Die Meldepflicht entfällt, wenn die verantwortliche Stelle einen Beauftragten für den Datenschutz bestellt hat.

(3) Die Meldepflicht entfällt ferner, wenn die verantwortliche Stelle personenbezogene Daten für eigene Zwecke erhebt, verarbeitet oder nutzt, hierbei höchstens neun Personen mit der Erhebung, Verarbeitung oder Nutzung personenbezogener Daten beschäftigt und entweder eine Einwilligung des Betroffenen vorliegt oder die Erhebung, Verarbeitung oder Nutzung für die Begründung, Durchführung oder Beendigung eines rechtsgeschäftlichen oder rechtsgeschäftsähnlichen Schuldverhältnisses mit dem Betroffenen erforderlich ist.

(4) Die Absätze 2 und 3 gelten nicht, wenn es sich um automatisierte Verarbeitungen handelt, in denen geschäftsmäßig personenbezogene Daten von der jeweiligen Stelle

1. zum Zweck der Übermittlung,

2. zum Zweck der anonymisierten Übermittlung oder

3. für Zwecke der Markt- oder Meinungsforschung

gespeichert werden.

(5) Soweit automatisierte Verarbeitungen besondere Risiken für die Rechte und Freiheiten der Betroffenen aufweisen, unterliegen sie der Prüfung vor Beginn der Verarbeitung (Vorabkontrolle). Eine Vorabkontrolle ist insbesondere durchzuführen, wenn

1. besondere Arten personenbezogener Daten (§ 3 Abs. 9) verarbeitet werden oder

2. die Verarbeitung personenbezogener Daten dazu bestimmt ist, die Persönlichkeit des Betroffenen zu bewerten einschließlich seiner Fähigkeiten, seiner Leistung oder seines Verhaltens,

es sei denn, dass eine gesetzliche Verpflichtung oder eine Einwilligung des Betroffenen vorliegt oder die Erhebung, Verarbeitung oder Nutzung für die Begründung, Durchführung oder Beendigung eines rechtsgeschäftlichen oder rechtsgeschäftsähnlichen Schuldverhältnisses mit dem Betroffenen erforderlich ist.

(6) Zuständig für die Vorabkontrolle ist der Beauftragte für den Datenschutz. Dieser nimmt die Vorabkontrolle nach Empfang der Übersicht nach § 4g Abs. 2 Satz 1 vor. Er hat sich in Zweifelsfällen an die Aufsichtsbehörde oder bei den Post- und Telekommunikationsunternehmen an den Bundesbeauftragten für den Datenschutz und die Informationsfreiheit zu wenden.

### § 4e Inhalt der Meldepflicht

Sofern Verfahren automatisierter Verarbeitungen meldepflichtig sind, sind folgende Angaben zu machen:

1. Name oder Firma der verantwortlichen Stelle,

2. Inhaber, Vorstände, Geschäftsführer oder sonstige gesetzliche oder nach der Verfassung des Unternehmens berufene Leiter und die mit der Leitung der Datenverarbeitung beauftragten Personen,

3. Anschrift der verantwortlichen Stelle,

4. Zweckbestimmungen der Datenerhebung, -verarbeitung oder -nutzung,

5. eine Beschreibung der betroffenen Personengruppen und der diesbezüglichen Daten oder Datenkategorien,

6. Empfänger oder Kategorien von Empfängern, denen die Daten mitgeteilt werden können,

7. Regelfristen für die Löschung der Daten,

8. eine geplante Datenübermittlung in Drittstaaten,

9. eine allgemeine Beschreibung, die es ermöglicht, vorläufig zu beurteilen, ob die Maßnahmen nach § 9 zur Gewährleistung der Sicherheit der Verarbeitung angemessen sind.

§ 4d Abs. 1 und 4 gilt für die Änderung der nach Satz 1 mitgeteilten Angaben sowie für den Zeitpunkt der Aufnahme und der Beendigung der meldepflichtigen Tätigkeit entsprechend.

### § 4f Beauftragter für den Datenschutz

(1) Öffentliche und nicht öffentliche Stellen, die personenbezogene Daten automatisiert verarbeiten, haben einen Beauftragten für den Datenschutz schriftlich zu bestellen. Nicht-öffentliche Stellen sind hierzu spätestens innerhalb eines Monats nach Aufnahme ihrer Tätigkeit verpflichtet. Das Gleiche gilt, wenn personenbezogene Daten auf andere Weise erhoben, verarbeitet oder genutzt werden und damit in der Regel mindestens 20 Personen beschäftigt sind. Die Sätze 1 und 2 gelten nicht für die nichtöffentlichen Stellen, die in der Regel höchstens neun Personen ständig mit der automatisierten Verarbeitung personenbezogener Daten beschäftigen. Soweit aufgrund der Struktur einer öffentlichen Stelle erforderlich, genügt die Bestellung eines Beauftragten für den Datenschutz für mehrere Bereiche. Soweit nicht-öffentliche Stellen automatisierte Verarbeitungen vornehmen, die einer Vorabkontrolle unterliegen, oder personenbezogene Daten geschäfts-

mäßig zum Zweck der Übermittlung, der anonymisierten Übermittlung oder für Zwecke der Markt- oder Meinungsforschung automatisiert verarbeiten, haben sie unabhängig von der Anzahl der mit der automatisierten Verarbeitung beschäftigten Personen einen Beauftragten für den Datenschutz zu bestellen.

(2) Zum Beauftragten für den Datenschutz darf nur bestellt werden, wer die zur Erfüllung seiner Aufgaben erforderliche Fachkunde und Zuverlässigkeit besitzt. Das Maß der erforderlichen Fachkunde bestimmt sich insbesondere nach dem Umfang der Datenverarbeitung der verantwortlichen Stelle und dem Schutzbedarf der personenbezogenen Daten, die die verantwortliche Stelle erhebt oder verwendet. Zum Beauftragten für den Datenschutz kann auch eine Person außerhalb der verantwortlichen Stelle bestellt werden; die Kontrolle erstreckt sich auch auf personenbezogene Daten, die einem Berufs- oder besonderen Amtsgeheimnis, insbesondere dem Steuergeheimnis nach § 30 der Abgabenordnung, unterliegen. Öffentliche Stellen können mit Zustimmung ihrer Aufsichtsbehörde einen Bediensteten aus einer anderen öffentlichen Stelle zum Beauftragten für den Datenschutz bestellen.

(3) Der Beauftragte für den Datenschutz ist dem Leiter der öffentlichen oder nichtöffentlichen Stelle unmittelbar zu unterstellen. Er ist in Ausübung seiner Fachkunde auf dem Gebiet des Datenschutzes weisungsfrei. Er darf wegen der Erfüllung seiner Aufgaben nicht benachteiligt werden. Die Bestellung zum Beauftragten für den Datenschutz kann in entsprechender Anwendung von § 626 des Bürgerlichen Gesetzbuches, bei nicht-öffentlichen Stellen auch auf Verlangen der Aufsichtsbehörde, widerrufen werden. Ist nach Absatz 1 ein Beauftragter für den Datenschutz zu bestellen, so ist die Kündigung des Arbeitsverhältnisses unzulässig, es sei denn, dass Tatsachen vorliegen, welche die verantwortliche Stelle zur Kündigung aus wichtigem Grund ohne Einhaltung einer Kündigungsfrist berechtigen. Nach der Abberufung als Beauftragter für den Datenschutz ist die

Kündigung innerhalb eines Jahres nach der Beendigung der Bestellung unzulässig, es sei
denn, dass die verantwortliche Stelle zur Kündigung aus wichtigem Grund ohne Einhaltung einer Kündigungsfrist berechtigt ist. Zur Erhaltung
der zur Erfüllung seiner Aufgaben erforderlichen
Fachkunde hat die verantwortliche Stelle dem
Beauftragten für den Datenschutz die Teilnahme an Fort- und Weiterbildungsveranstaltungen
zu ermöglichen und deren Kosten zu übernehmen.

(4) Der Beauftragte für den Datenschutz ist
zur Verschwiegenheit über die Identität des Betroffenen sowie über Umstände, die Rückschlüsse auf den Betroffenen zulassen, verpflichtet, soweit er nicht davon durch den Betroffenen befreit wird.

(4a) Soweit der Beauftragte für den Datenschutz bei seiner Tätigkeit Kenntnis von Daten
erhält, für die dem Leiter oder einer bei der öffentlichen oder nichtöffentlichen Stelle beschäftigten Person aus beruflichen Gründen ein
Zeugnisverweigerungsrecht zusteht, steht dieses Recht auch dem Beauftragten für den Datenschutz und dessen Hilfspersonal zu. Über
die Ausübung dieses Rechts entscheidet die
Person, der das Zeugnisverweigerungsrecht
aus beruflichen Gründen zusteht, es sei denn,
dass diese Entscheidung in absehbarer Zeit
nicht herbeigeführt werden kann. Soweit das
Zeugnisverweigerungsrecht des Beauftragten
für den Datenschutz reicht, unterliegen seine
Akten und andere Schriftstücke einem Be-
schlagnahmeverbot.

(5) Die öffentlichen und nicht-öffentlichen
Stellen haben den Beauftragten für den Datenschutz bei der Erfüllung seiner Aufgaben zu unterstützen und ihm insbesondere, soweit dies
zur Erfüllung seiner Aufgaben erforderlich ist,
Hilfspersonal sowie Räume, Einrichtungen,
Geräte und Mittel zur Verfügung zu stellen. Betroffene können sich jederzeit an den Beauftragten für den Datenschutz wenden.

### § 4g Aufgaben des Beauftragten für den Datenschutz

(1) Der Beauftragte für den Datenschutz wirkt
auf die Einhaltung dieses Gesetzes und anderer Vorschriften über den Datenschutz hin. Zu
diesem Zweck kann sich der Beauftragte für
den Datenschutz in Zweifelsfällen an die für die
Datenschutzkontrolle bei der verantwortlichen
Stelle zuständige Behörde wenden. Er kann die
Beratung nach § 38 Abs. 1 Satz 2 in Anspruch
nehmen. Er hat insbesondere

1. die ordnungsgemäße Anwendung der Datenverarbeitungsprogramme, mit deren Hilfe personenbezogene Daten verarbeitet
   werden sollen, zu überwachen; zu diesem
   Zweck ist er über Vorhaben der automatisierten Verarbeitung personenbezogener
   Daten rechtzeitig zu unterrichten,

2. die bei der Verarbeitung personenbezogener Daten tätigen Personen durch geeignete Maßnahmen mit den Vorschriften dieses
   Gesetzes sowie anderen Vorschriften über
   den Datenschutz und mit den jeweiligen besonderen Erfordernissen des Datenschutzes vertraut zu machen.

(2) Dem Beauftragten für den Datenschutz ist
von der verantwortlichen Stelle eine Übersicht
über die in § 4e Satz 1 genannten Angaben sowie über zugriffsberechtigte Personen zur Verfügung zu stellen. Der Beauftragte für den Datenschutz macht die Angaben nach § 4e Satz 1
Nr. 1 bis 8 auf Antrag jedermann in geeigneter
Weise verfügbar.

(2a) Soweit bei einer nichtöffentlichen Stelle
keine Verpflichtung zur Bestellung eines Beauftragten für den Datenschutz besteht, hat der
Leiter der nichtöffentlichen Stelle die Erfüllung
der Aufgaben nach den Absätzen 1 und 2 in anderer Weise sicherzustellen.

(3) Auf die in § 6 Abs. 2 Satz 4 genannten
Behörden findet Absatz 2 Satz 2 keine Anwendung. Absatz 1 Satz 2 findet mit der Maßgabe
Anwendung, dass der behördliche Beauftragte
für den Datenschutz das Benehmen mit dem

Behördenleiter herstellt; bei Unstimmigkeiten zwischen dem behördlichen Beauftragten für den Datenschutz und dem Behördenleiter entscheidet die oberste Bundesbehörde.

### § 5 Datengeheimnis

Den bei der Datenverarbeitung beschäftigten Personen ist untersagt, personenbezogene Daten unbefugt zu erheben, zu verarbeiten oder zu nutzen (Datengeheimnis). Diese Personen sind, soweit sie bei nicht-öffentlichen Stellen beschäftigt werden, bei der Aufnahme ihrer Tätigkeit auf das Datengeheimnis zu verpflichten. Das Datengeheimnis besteht auch nach Beendigung ihrer Tätigkeit fort.

### § 6 Unabdingbare Rechte des Betroffenen

(1) Die Rechte des Betroffenen auf Auskunft (§§ 19, 34) und auf Berichtigung, Löschung oder Sperrung (§§ 20, 35) können nicht durch Rechtsgeschäft ausgeschlossen oder beschränkt werden.

(2) Sind die Daten des Betroffenen automatisiert in der Weise gespeichert, dass mehrere Stellen speicherungsberechtigt sind, und ist der Betroffene nicht in der Lage festzustellen, welche Stelle die Daten gespeichert hat, so kann er sich an jede dieser Stellen wenden. Diese ist verpflichtet, das Vorbringen des Betroffenen an die Stelle, die die Daten gespeichert hat, weiterzuleiten. Der Betroffene ist über die Weiterleitung und jene Stelle zu unterrichten. Die in § 19 Abs. 3 genannten Stellen, die Behörden der Staatsanwaltschaft und der Polizei sowie öffentliche Stellen der Finanzverwaltung, soweit sie personenbezogene Daten in Erfüllung ihrer gesetzlichen Aufgaben im Anwendungsbereich der Abgabenordnung zur Überwachung und Prüfung speichern, können statt des Betroffenen den Bundesbeauftragten für den Datenschutz und die Informationsfreiheit unterrichten. In diesem Fall richtet sich das weitere Verfahren nach § 19 Abs. 6.

### § 6a Automatisierte Einzelentscheidung

(1) Entscheidungen, die für den Betroffenen eine rechtliche Folge nach sich ziehen oder ihn erheblich beeinträchtigen, dürfen nicht ausschließlich auf eine automatisierte Verarbeitung personenbezogener Daten gestützt werden, die der Bewertung einzelner Persönlichkeitsmerkmale dienen.

(2) Dies gilt nicht, wenn

1. die Entscheidung im Rahmen des Abschlusses oder der Erfüllung eines Vertragsverhältnisses oder eines sonstigen Rechtsverhältnisses ergeht und dem Begehren des Betroffenen stattgegeben wurde oder

2. die Wahrung der berechtigten Interessen des Betroffenen durch geeignete Maßnahmen gewährleistet und dem Betroffenen von der verantwortlichen Stelle die Tatsache des Vorliegens einer Entscheidung im Sinne des Absatzes 1 mitgeteilt wird. Als geeignete Maßnahme gilt insbesondere die Möglichkeit des Betroffenen, seinen Standpunkt geltend zu machen. Die verantwortliche Stelle ist verpflichtet, ihre Entscheidung erneut zu prüfen.

(3) Das Recht des Betroffenen auf Auskunft nach den §§ 19 und 34 erstreckt sich auch auf den logischen Aufbau der automatisierten Verarbeitung der ihn betreffenden Daten.

### § 6b Beobachtung öffentlich zugänglicher Räume mit optisch-elektronischen Einrichtungen

(1) Die Beobachtung öffentlich zugänglicher Räume mit optisch-elektronischen Einrichtungen (Videoüberwachung) ist nur zulässig, soweit sie

1. zur Aufgabenerfüllung öffentlicher Stellen,

2. zur Wahrnehmung des Hausrechts oder

3. zur Wahrnehmung berechtigter Interessen für konkret festgelegte Zwecke erforderlich

ist und keine Anhaltspunkte bestehen, dass schutzwürdige Interessen der Betroffenen überwiegen.

(2) Der Umstand der Beobachtung und die verantwortliche Stelle sind durch geeignete Maßnahmen erkennbar zu machen.

(3) Die Verarbeitung oder Nutzung von nach Absatz 1 erhobenen Daten ist zulässig, wenn sie zum Erreichen des verfolgten Zwecks erforderlich ist und keine Anhaltspunkte bestehen, dass schutzwürdige Interessen der Betroffenen überwiegen. Für einen anderen Zweck dürfen sie nur verarbeitet oder genutzt werden, soweit dies zur Abwehr von Gefahren für die staatliche und öffentliche Sicherheit sowie zur Verfolgung von Straftaten erforderlich ist.

(4) Werden durch Videoüberwachung erhobene Daten einer bestimmten Person zugeordnet, ist diese über eine Verarbeitung oder Nutzung entsprechend den §§ 19a und 33 zu benachrichtigen.

(5) Die Daten sind unverzüglich zu löschen, wenn sie zur Erreichung des Zwecks nicht mehr erforderlich sind oder schutzwürdige Interessen der Betroffenen einer weiteren Speicherung entgegenstehen.

### § 6c Mobile personenbezogene Speicher- und Verarbeitungsmedien

(1) Die Stelle, die ein mobiles personenbezogenes Speicher- und Verarbeitungsmedium ausgibt oder ein Verfahren zur automatisierten Verarbeitung personenbezogener Daten, das ganz oder teilweise auf einem solchen Medium abläuft, auf das Medium aufbringt, ändert oder hierzu bereithält, muss den Betroffenen

1. über ihre Identität und Anschrift,

2. in allgemein verständlicher Form über die Funktionsweise des Mediums einschließlich der Art der zu verarbeitenden personenbezogenen Daten,

3. darüber, wie er seine Rechte nach den §§ 19, 20, 34 und 35 ausüben kann, und

4. über die bei Verlust oder Zerstörung des Mediums zu treffenden Maßnahmen unterrichten, soweit der Betroffene nicht bereits Kenntnis erlangt hat.

(2) Die nach Absatz 1 verpflichtete Stelle hat dafür Sorge zu tragen, dass die zur Wahrnehmung des Auskunftsrechts erforderlichen Geräte oder Einrichtungen in angemessenem Umfang zum unentgeltlichen Gebrauch zur Verfügung stehen.

(3) Kommunikationsvorgänge, die auf dem Medium eine Datenverarbeitung auslösen, müssen für den Betroffenen eindeutig erkennbar sein.

### § 7 Schadensersatz

Fügt eine verantwortliche Stelle dem Betroffenen durch eine nach diesem Gesetz oder nach anderen Vorschriften über den Datenschutz unzulässige oder unrichtige Erhebung, Verarbeitung oder Nutzung seiner personenbezogenen Daten einen Schaden zu, ist sie oder ihr Träger dem Betroffenen zum Schadensersatz verpflichtet. Die Ersatzpflicht entfällt, soweit die verantwortliche Stelle die nach den Umständen des Falles gebotene Sorgfalt beachtet hat.

### § 8 Schadensersatz bei automatisierter Datenverarbeitung durch öffentliche Stellen

(1) Fügt eine verantwortliche öffentliche Stelle dem Betroffenen durch eine nach diesem Gesetz oder nach anderen Vorschriften über den Datenschutz unzulässige oder unrichtige automatisierte Erhebung, Verarbeitung oder Nutzung seiner personenbezogenen Daten einen Schaden zu, ist ihr Träger dem Betroffenen unabhängig von einem Verschulden zum Schadensersatz verpflichtet.

(2) Bei einer schweren Verletzung des Persönlichkeitsrechts ist dem Betroffenen der Schaden, der nicht Vermögensschaden ist, angemessen in Geld zu ersetzen.

(3) Die Ansprüche nach den Absätzen 1 und 2 sind insgesamt auf einen Betrag von 130.000 Euro begrenzt. Ist auf Grund desselben Ereignisses an mehrere Personen Schadensersatz zu leisten, der insgesamt den Höchstbetrag von 130.000 Euro übersteigt, so verringern sich die einzelnen Schadensersatzleistungen in dem Verhältnis, in dem ihr Gesamtbetrag zu dem Höchstbetrag steht.

(4) Sind bei einer automatisierten Verarbeitung mehrere Stellen speicherungsberechtigt und ist der Geschädigte nicht in der Lage, die speichernde Stelle festzustellen, so haftet jede dieser Stellen.

(5) Hat bei der Entstehung des Schadens ein Verschulden des Betroffenen mitgewirkt, gilt § 254 des Bürgerlichen Gesetzbuchs.

(6) Auf die Verjährung finden die für unerlaubte Handlungen geltenden Verjährungsvorschriften des Bürgerlichen Gesetzbuchs entsprechende Anwendung.

### § 9 Technische und organisatorische Maßnahmen

Öffentliche und nicht-öffentliche Stellen, die selbst oder im Auftrag personenbezogene Daten erheben, verarbeiten oder nutzen, haben die technischen und organisatorischen Maßnahmen zu treffen, die erforderlich sind, um die Ausführung der Vorschriften dieses Gesetzes, insbesondere die in der Anlage zu diesem Gesetz genannten Anforderungen, zu gewährleisten. Erforderlich sind Maßnahmen nur, wenn ihr Aufwand in einem angemessenen Verhältnis zu dem angestrebten Schutzzweck steht.

### § 9a Datenschutzaudit

Zur Verbesserung des Datenschutzes und der Datensicherheit können Anbieter von Datenverarbeitungssystemen und -programmen und Daten verarbeitende Stellen ihr Datenschutzkonzept sowie ihre technischen Einrichtungen durch unabhängige und zugelassene Gutachter

prüfen und bewerten lassen sowie das Ergebnis der Prüfung veröffentlichen. Die näheren Anforderungen an die Prüfung und Bewertung, das Verfahren sowie die Auswahl und Zulassung der Gutachter werden durch besonderes Gesetz geregelt.

### § 10 Einrichtung automatisierter Abrufverfahren

(1) Die Einrichtung eines automatisierten Verfahrens, das die Übermittlung personenbezogener Daten durch Abruf ermöglicht, ist zulässig, soweit dieses Verfahren unter Berücksichtigung der schutzwürdigen Interessen der Betroffenen und der Aufgaben oder Geschäftszwecke der beteiligten Stellen angemessen ist. Die Vorschriften über die Zulässigkeit des einzelnen Abrufs bleiben unberührt.

(2) Die beteiligten Stellen haben zu gewährleisten, dass die Zulässigkeit des Abrufverfahrens kontrolliert werden kann. Hierzu haben sie schriftlich festzulegen:

1. Anlass und Zweck des Abrufverfahrens,

2. Dritte, an die übermittelt wird,

3. Art der zu übermittelnden Daten,

4. nach § 9 erforderliche technische und organisatorische Maßnahmen.

Im öffentlichen Bereich können die erforderlichen Festlegungen auch durch die Fachaufsichtsbehörden getroffen werden.

(3) Über die Einrichtung von Abrufverfahren ist in Fällen, in denen die in § 12 Abs. 1 genannten Stellen beteiligt sind, der Bundesbeauftragte für den Datenschutz und die Informationsfreiheit unter Mitteilung der Festlegungen nach Absatz 2 zu unterrichten. Die Einrichtung von Abrufverfahren, bei denen die in § 6 Abs. 2 und in § 19 Abs. 3 genannten Stellen beteiligt sind, ist nur zulässig, wenn das für die speichernde und die abrufende Stelle jeweils zuständige Bundes- oder Landesministerium zugestimmt hat.

(4) Die Verantwortung für die Zulässigkeit des einzelnen Abrufs trägt der Dritte, an den übermittelt wird. Die speichernde Stelle prüft die Zulässigkeit der Abrufe nur, wenn dazu Anlass besteht. Die speichernde Stelle hat zu gewährleisten, dass die Übermittlung personenbezogener Daten zumindest durch geeignete Stichprobenverfahren festgestellt und überprüft werden kann. Wird ein Gesamtbestand personenbezogener Daten abgerufen oder übermittelt (Stapelverarbeitung), so bezieht sich die Gewährleistung der Feststellung und Überprüfung nur auf die Zulässigkeit des Abrufes oder der Übermittlung des Gesamtbestandes.

(5) Die Absätze 1 bis 4 gelten nicht für den Abruf allgemein zugänglicher Daten. Allgemein zugänglich sind Daten, die jedermann, sei es ohne oder nach vorheriger Anmeldung Zulassung oder Entrichtung eines Entgelts, nutzen kann.

### § 11 Erhebung, Verarbeitung oder Nutzung personenbezogener Daten im Auftrag

(1) Werden personenbezogene Daten im Auftrag durch andere Stellen erhoben, verarbeitet oder genutzt, ist der Auftraggeber für die Einhaltung der Vorschriften dieses Gesetzes und anderer Vorschriften über den Datenschutz verantwortlich. Die in den §§ 6, 7 und 8 genannten Rechte sind ihm gegenüber geltend zu machen.

(2) Der Auftragnehmer ist unter besonderer Berücksichtigung der Eignung der von ihm getroffenen technischen und organisatorischen Maßnahmen sorgfältig auszuwählen. Der Auftrag ist schriftlich zu erteilen, wobei insbesondere im Einzelnen festzulegen sind:

1. der Gegenstand und die Dauer des Auftrags,

2. der Umfang, die Art und der Zweck der vorgesehenen Erhebung, Verarbeitung oder Nutzung von Daten, die Art der Daten und der Kreis der Betroffenen,

3. die nach § 9 zu treffenden technischen und organisatorischen Maßnahmen,

4. die Berichtigung, Löschung und Sperrung von Daten,

5. die nach Absatz 4 bestehenden Pflichten des Auftragnehmers, insbesondere die von ihm vorzunehmenden Kontrollen,

6. die etwaige Berechtigung zur Begründung von Unterauftragsverhältnissen,

7. die Kontrollrechte des Auftraggebers und die entsprechenden Duldungs- und Mitwirkungspflichten des Auftragnehmers,

8. mitzuteilende Verstöße des Auftragnehmers oder der bei ihm beschäftigten Personen gegen Vorschriften zum Schutz personenbezogener Daten oder gegen die im Auftrag getroffenen Festlegungen,

9. der Umfang der Weisungsbefugnisse, die sich der Auftraggeber gegenüber dem Auftragnehmer vorbehält,

10. die Rückgabe überlassener Datenträger und die Löschung beim Auftragnehmer gespeicherter Daten nach Beendigung des Auftrags.

Er kann bei öffentlichen Stellen auch durch die Fachaufsichtsbehörde erteilt werden. Der Auftraggeber hat sich vor Beginn der Datenverarbeitung und sodann regelmäßig von der Einhaltung der beim Auftragnehmer getroffenen technischen und organisatorischen Maßnahmen zu überzeugen. Das Ergebnis ist zu dokumentieren.

(3) Der Auftragnehmer darf die Daten nur im Rahmen der Weisungen des Auftraggebers erheben, verarbeiten oder nutzen. Ist er der Ansicht, dass eine Weisung des Auftraggebers gegen dieses Gesetz oder andere Vorschriften über den Datenschutz verstößt, hat er den Auftraggeber unverzüglich darauf hinzuweisen.

(4) Für den Auftragnehmer gelten neben den §§ 5, 9, 43 Abs. 1 Nr. 2, 10 und 11, Abs. 2 Nr. 1 bis 3 und Abs. 3 sowie § 44 nur die Vorschriften über die Datenschutzkontrolle oder die Aufsicht, und zwar für

1. a) öffentliche Stellen,
   b) nicht-öffentliche Stellen, bei denen der öffentlichen Hand die Mehrheit der Anteile gehört oder die Mehrheit der Stimmen zusteht und der Auftraggeber eine öffentliche Stelle ist, die §§ 18, 24 bis 26 oder die entsprechenden Vorschriften der Datenschutzgesetze der Länder,

2. die übrigen nicht-öffentlichen Stellen, soweit sie personenbezogene Daten im Auftrag als Dienstleistungsunternehmen geschäftsmäßig erheben, verarbeiten oder nutzen, die §§ 4f, 4g und 38.

(5) Die Absätze 1 bis 4 gelten entsprechend, wenn die Prüfung oder Wartung automatisierter Verfahren oder von Datenverarbeitungsanlagen durch andere Stellen im Auftrag vorgenommen wird und dabei ein Zugriff auf personenbezogene Daten nicht ausgeschlossen werden kann.

**Zweiter Abschnitt**
**Datenverarbeitung der öffentlichen Stellen**

**Erster Unterabschnitt**
**Rechtsgrundlagen der Datenverarbeitung**

**§ 12 Anwendungsbereich**

(1) Die Vorschriften dieses Abschnittes gelten für öffentliche Stellen des Bundes, soweit sie nicht als öffentlich-rechtliche Unternehmen am Wettbewerb teilnehmen.

(2) Soweit der Datenschutz nicht durch Landesgesetz geregelt ist, gelten die §§ 12 bis 16, 19 bis 20 auch für die öffentlichen Stellen der Länder, soweit sie

1. Bundesrecht ausführen und nicht als öffentlich-rechtliche Unternehmen am Wettbewerb teilnehmen oder

2. als Organe der Rechtspflege tätig werden und es sich nicht um Verwaltungsangelegenheiten handelt.

(3) Für Landesbeauftragte für den Datenschutz gilt § 23 Abs. 4 entsprechend.

(4) Werden personenbezogene Daten für frühere, bestehende oder zukünftige Beschäftigungsverhältnisse erhoben, verarbeitet oder genutzt, gelten § 28 Absatz 2 Nummer 2 und die §§ 32 bis 35 anstelle der §§ 13 bis 16 und 19 bis 20.

**§ 13 Datenerhebung**

(1) Das Erheben personenbezogener Daten ist zulässig, wenn ihre Kenntnis zur Erfüllung der Aufgaben der verantwortlichen Stelle erforderlich ist.

(1a) Werden personenbezogene Daten statt beim Betroffenen bei einer nicht-öffentlichen Stelle erhoben, so ist die Stelle auf die Rechtsvorschrift, die zur Auskunft verpflichtet, sonst auf die Freiwilligkeit ihrer Angaben hinzuweisen.

(2) Das Erheben besonderer Arten personenbezogener Daten (§ 3 Abs. 9) ist nur zulässig, soweit

1. eine Rechtsvorschrift dies vorsieht oder aus Gründen eines wichtigen öffentlichen Interesses zwingend erfordert,

2. der Betroffene nach Maßgabe des § 4a Abs. 3 eingewilligt hat,

3. dies zum Schutz lebenswichtiger Interessen des Betroffenen oder eines Dritten erforderlich ist, sofern der Betroffene aus physischen oder rechtlichen Gründen außerstande ist, seine Einwilligung zu geben,

4. es sich um Daten handelt, die der Betroffene offenkundig öffentlich gemacht hat,

5. dies zur Abwehr einer erheblichen Gefahr für die öffentliche Sicherheit erforderlich ist,

6. dies zur Abwehr erheblicher Nachteile für das Gemeinwohl oder zur Wahrung erheblicher Belange des Gemeinwohls zwingend erforderlich ist,

7.  dies zum Zweck der Gesundheitsvorsorge, der medizinischen Diagnostik, der Gesundheitsversorgung oder Behandlung oder für die Verwaltung von Gesundheitsdiensten erforderlich ist und die Verarbeitung dieser Daten durch ärztliches Personal oder durch sonstige Personen erfolgt, die einer entsprechenden Geheimhaltungspflicht unterliegen,

8.  dies zur Durchführung wissenschaftlicher Forschung erforderlich ist, das wissenschaftliche Interesse an der Durchführung des Forschungsvorhabens das Interesse des Betroffenen an dem Ausschluss der Erhebung erheblich überwiegt und der Zweck der Forschung auf andere Weise nicht oder nur mit unverhältnismäßigem Aufwand erreicht werden kann oder

9.  dies aus zwingenden Gründen der Verteidigung oder der Erfüllung über- oder zwischenstaatlicher Verpflichtungen einer öffentlichen Stelle des Bundes auf dem Gebiet der Krisenbewältigung oder Konfliktverhinderung oder für humanitäre Maßnahmen erforderlich ist.

### § 14 Datenspeicherung, -veränderung und -nutzung

(1) Das Speichern, Verändern oder Nutzen personenbezogener Daten ist zulässig, wenn es zur Erfüllung der in der Zuständigkeit der verantwortlichen Stelle liegenden Aufgaben erforderlich ist und es für die Zwecke erfolgt, für die die Daten erhoben worden sind. Ist keine Erhebung vorausgegangen, dürfen die Daten nur für die Zwecke geändert oder genutzt werden, für die sie gespeichert worden sind.

(2) Das Speichern, Verändern oder Nutzen für andere Zwecke ist nur zulässig, wenn

1.  eine Rechtsvorschrift dies vorsieht oder zwingend voraussetzt,

2.  der Betroffene eingewilligt hat,

3.  offensichtlich ist, dass es im Interesse des Betroffenen liegt, und kein Grund zu der Annahme besteht, dass er in Kenntnis des anderen Zwecks seine Einwilligung verweigern würde,

4.  Angaben des Betroffenen überprüft werden müssen, weil tatsächliche Anhaltspunkte für deren Unrichtigkeit bestehen,

5.  die Daten allgemein zugänglich sind oder die verantwortliche Stelle sie veröffentlichen dürfte, es sei denn, dass das schutzwürdige Interesse des Betroffenen an dem Ausschluss der Zweckänderung offensichtlich überwiegt,

6.  es zur Abwehr erheblicher Nachteile für das Gemeinwohl oder einer Gefahr für die öffentliche Sicherheit oder zur Wahrung erheblicher Belange des Gemeinwohls erforderlich ist,

7.  es zur Verfolgung von Straftaten oder Ordnungswidrigkeiten, zur Vollstreckung oder zum Vollzug von Strafen oder Maßnahmen im Sinne des § 11 Abs. 1 Nr. 8 des Strafgesetzbuchs oder von Erziehungsmaßregeln oder Zuchtmitteln im Sinne des Jugendgerichtsgesetzes oder zur Vollstreckung von Bußgeldentscheidungen erforderlich ist,

8.  es zur Abwehr einer schwerwiegenden Beeinträchtigung der Rechte einer anderen Person erforderlich ist oder

9.  es zur Durchführung wissenschaftlicher Forschung erforderlich ist, das wissenschaftliche Interesse an der Durchführung des Forschungsvorhabens das Interesse des Betroffenen an dem Ausschluss der Zweckänderung erheblich überwiegt und der Zweck der Forschung auf andere Weise nicht oder nur mit unverhältnismäßigem Aufwand erreicht werden kann.

(3) Eine Verarbeitung oder Nutzung für andere Zwecke liegt nicht vor, wenn sie der Wahrnehmung von Aufsichts- und Kontrollbefugnis-

sen, der Rechnungsprüfung oder der Durchführung von Organisationsuntersuchungen für die verantwortliche Stelle dient. Das gilt auch für die Verarbeitung oder Nutzung zu Ausbildungs- und Prüfungszwecken durch die verantwortliche Stelle, soweit nicht überwiegende schutzwürdige Interessen des Betroffenen entgegenstehen.

(4) Personenbezogene Daten, die ausschließlich zu Zwecken der Datenschutzkontrolle, der Datensicherung oder zur Sicherstellung eines ordnungsgemäßen Betriebes einer Datenverarbeitungsanlage gespeichert werden, dürfen nur für diese Zwecke verwendet werden.

(5) Das Speichern, Verändern oder Nutzen von besonderen Arten personenbezogener Daten (§ 3 Abs. 9) für andere Zwecke ist nur zulässig, wenn

1. die Voraussetzungen vorliegen, die eine Erhebung nach § 13 Abs. 2 Nr. 1 bis 6 oder 9 zulassen würden oder

2. dies zur Durchführung wissenschaftlicher Forschung erforderlich ist, das öffentliche Interesse an der Durchführung des Forschungsvorhabens das Interesse des Betroffenen an dem Ausschluss der Zweckänderung erheblich überwiegt und der Zweck der Forschung auf andere Weise nicht oder nur mit unverhältnismäßigem Aufwand erreicht werden kann.

Bei der Abwägung nach Satz 1 Nr. 2 ist im Rahmen des öffentlichen Interesses das wissenschaftliche Interesse an dem Forschungsvorhaben besonders zu berücksichtigen.

(6) Die Speicherung, Veränderung oder Nutzung von besonderen Arten personenbezogener Daten (§ 3 Abs. 9) zu den in § 13 Abs. 2 Nr. 7 genannten Zwecken richtet sich nach den für die in § 13 Abs. 2 Nr. 7 genannten Personen geltenden Geheimhaltungspflichten.

## § 15 Datenübermittlung an öffentliche Stellen

(1) Die Übermittlung personenbezogener Daten an öffentliche Stellen ist zulässig, wenn

1. sie zur Erfüllung der in der Zuständigkeit der übermittelnden Stelle oder des Dritten, an den die Daten übermittelt werden, liegenden Aufgaben erforderlich ist und

2. die Voraussetzungen vorliegen, die eine Nutzung nach § 14 zulassen würden.

(2) Die Verantwortung für die Zulässigkeit der Übermittlung trägt die übermittelnde Stelle. Erfolgt die Übermittlung auf Ersuchen des Dritten, an den die Daten übermittelt werden, trägt dieser die Verantwortung. In diesem Fall prüft die übermittelnde Stelle nur, ob das Übermittlungsersuchen im Rahmen der Aufgaben des Dritten, an den die Daten übermittelt werden, liegt, es sei denn, dass besonderer Anlass zur Prüfung der Zulässigkeit der Übermittlung besteht. § 10 Abs. 4 bleibt unberührt.

(3) Der Dritte, an den die Daten übermittelt werden, darf diese für den Zweck verarbeiten oder nutzen, zu dessen Erfüllung sie ihm übermittelt werden. Eine Verarbeitung oder Nutzung für andere Zwecke ist nur unter den Voraussetzungen des § 14 Abs. 2 zulässig.

(4) Für die Übermittlung personenbezogener Daten an Stellen der öffentlich-rechtlichen Religionsgesellschaften gelten die Absätze 1 bis 3 entsprechend, sofern sichergestellt ist, dass bei diesen ausreichende Datenschutzmaßnahmen getroffen werden.

(5) Sind mit personenbezogenen Daten, die nach Absatz 1 übermittelt werden dürfen, weitere personenbezogene Daten des Betroffenen oder eines Dritten so verbunden, dass eine Trennung nicht oder nur mit unvertretbarem Aufwand möglich ist, so ist die Übermittlung auch dieser Daten zulässig, soweit nicht berechtigte Interessen des Betroffenen oder eines Dritten an deren Geheimhaltung offensichtlich überwiegen; eine Nutzung dieser Daten ist unzulässig.

(6) Absatz 5 gilt entsprechend, wenn personenbezogene Daten innerhalb einer öffentlichen Stelle weitergegeben werden.

## § 16 Datenübermittlung an nicht-öffentliche Stellen

(1) Die Übermittlung personenbezogener Daten an nicht-öffentliche Stellen ist zulässig, wenn

1. sie zur Erfüllung der in der Zuständigkeit der übermittelnden Stelle liegenden Aufgaben erforderlich ist und die Voraussetzungen vorliegen, die eine Nutzung nach § 14 zulassen würden, oder

2. der Dritte, an den die Daten übermittelt werden, ein berechtigtes Interesse an der Kenntnis der zu übermittelnden Daten glaubhaft darlegt und der Betroffene kein schutzwürdiges Interesse an dem Ausschluss der Übermittlung hat. Das Übermitteln von besonderen Arten personenbezogener Daten (§ 3 Abs. 9) ist abweichend von Satz 1 Nr. 2 nur zulässig, wenn die Voraussetzungen vorliegen, die eine Nutzung nach § 14 Abs. 5 und 6 zulassen würden oder soweit dies zur Geltendmachung, Ausübung oder Verteidigung rechtlicher Ansprüche erforderlich ist.

(2) Die Verantwortung für die Zulässigkeit der Übermittlung trägt die übermittelnde Stelle.

(3) In den Fällen der Übermittlung nach Absatz 1 Nr. 2 unterrichtet die übermittelnde Stelle den Betroffenen von der Übermittlung seiner Daten. Dies gilt nicht, wenn damit zu rechnen ist, dass er davon auf andere Weise Kenntnis erlangt, oder wenn die Unterrichtung die öffentliche Sicherheit gefährden oder sonst dem Wohle des Bundes oder eines Landes Nachteile bereiten würde.

(4) Der Dritte, an den die Daten übermittelt werden, darf diese nur für den Zweck verarbeiten oder nutzen, zu dessen Erfüllung sie ihm

übermittelt werden. Die übermittelnde Stelle hat ihn darauf hinzuweisen. Eine Verarbeitung oder Nutzung für andere Zwecke ist zulässig, wenn eine Übermittlung nach Absatz 1 zulässig wäre und die übermittelnde Stelle zugestimmt hat.

## § 17
(weggefallen)

## § 18 Durchführung des Datenschutzes in der Bundesverwaltung

(1) Die obersten Bundesbehörden, der Präsident des Bundeseisenbahnvermögens sowie die bundesunmittelbaren Körperschaften, Anstalten und Stiftungen des öffentlichen Rechts, über die von der Bundesregierung oder einer obersten Bundesbehörde lediglich die Rechtsaufsicht ausgeübt wird, haben für ihren Geschäftsbereich die Ausführung dieses Gesetzes sowie anderer Rechtsvorschriften über den Datenschutz sicherzustellen. Das Gleiche gilt für die Vorstände der aus dem Sondervermögen Deutsche Bundespost durch Gesetz hervorgegangenen Unternehmen, solange diesen ein ausschließliches Recht nach dem Postgesetz zusteht.

(2) Die öffentlichen Stellen führen ein Verzeichnis der eingesetzten Datenverarbeitungsanlagen. Für ihre automatisierten Verarbeitungen haben sie die Angaben nach § 4e sowie die Rechtsgrundlage der Verarbeitung schriftlich festzulegen. Bei allgemeinen Verwaltungszwecken dienenden automatisierten Verarbeitungen, bei welchen das Auskunftsrecht des Betroffenen nicht nach § 19 Abs. 3 oder 4 eingeschränkt wird, kann hiervon abgesehen werden. Für automatisierte Verarbeitungen, die in gleicher oder ähnlicher Weise mehrfach geführt werden, können die Festlegungen zusammengefasst werden.

## Zweiter Unterabschnitt
## Rechte des Betroffenen

### § 19 Auskunft an den Betroffenen

(1) Dem Betroffenen ist auf Antrag Auskunft zu erteilen über

1. die zu seiner Person gespeicherten Daten, auch soweit sie sich auf die Herkunft dieser Daten beziehen,

2. die Empfänger oder Kategorien von Empfängern, an die die Daten weitergegeben werden, und

3. den Zweck der Speicherung.

In dem Antrag soll die Art der personenbezogenen Daten, über die Auskunft erteilt werden soll, näher bezeichnet werden. Sind die personenbezogenen Daten weder automatisiert noch in nicht automatisierten Dateien gespeichert, wird die Auskunft nur erteilt, soweit der Betroffene Angaben macht, die das Auffinden der Daten ermöglichen, und der für die Erteilung der Auskunft erforderliche Aufwand nicht außer Verhältnis zu dem vom Betroffenen geltend gemachten Informationsinteresse steht. Die verantwortliche Stelle bestimmt das Verfahren, insbesondere die Form der Auskunftserteilung, nach pflichtgemäßem Ermessen.

(2) Absatz 1 gilt nicht für personenbezogene Daten, die nur deshalb gespeichert sind, weil sie aufgrund gesetzlicher, satzungsmäßiger oder vertraglicher Aufbewahrungsvorschriften nicht gelöscht werden dürfen, oder ausschließlich Zwecken der Datensicherung oder der Datenschutzkontrolle dienen und eine Auskunftserteilung einen unverhältnismäßigen Aufwand erfordern würde.

(3) Bezieht sich die Auskunftserteilung auf die Übermittlung personenbezogener Daten an Verfassungsschutzbehörden, den Bundesnachrichtendienst, den Militärischen Abschirmdienst und, soweit die Sicherheit des Bundes berührt wird, andere Behörden des Bundesministeriums der Verteidigung, ist sie nur mit Zustimmung dieser Stellen zulässig.

(4) Die Auskunftserteilung unterbleibt, soweit

1. die Auskunft die ordnungsgemäße Erfüllung der in der Zuständigkeit der verantwortlichen Stelle liegenden Aufgaben gefährden würde,

2. die Auskunft die öffentliche Sicherheit oder Ordnung gefährden oder sonst dem Wohle des Bundes oder eines Landes Nachteile bereiten würde oder

3. die Daten oder die Tatsache ihrer Speicherung nach einer Rechtsvorschrift oder ihrem Wesen nach, insbesondere wegen der überwiegenden berechtigten Interessen eines Dritten, geheim gehalten werden müssen

und deswegen das Interesse des Betroffenen an der Auskunftserteilung zurücktreten muss.

(5) Die Ablehnung der Auskunftserteilung bedarf einer Begründung nicht, soweit durch die Mitteilung der tatsächlichen und rechtlichen Gründe, auf die die Entscheidung gestützt wird, der mit der Auskunftsverweigerung verfolgte Zweck gefährdet würde. In diesem Fall ist der Betroffene darauf hinzuweisen, dass er sich an den Bundesbeauftragten für den Datenschutz und die Informationsfreiheit wenden kann.

(6) Wird dem Betroffenen keine Auskunft erteilt, so ist sie auf sein Verlangen dem Bundesbeauftragten für den Datenschutz und die Informationsfreiheit zu erteilen, soweit nicht die jeweils zuständige oberste Bundesbehörde im Einzelfall feststellt, dass dadurch die Sicherheit des Bundes oder eines Landes gefährdet würde. Die Mitteilung des Bundesbeauftragten an den Betroffenen darf keine Rückschlüsse auf den Erkenntnisstand der verantwortlichen Stelle zulassen, sofern diese nicht einer weitergehenden Auskunft zustimmt.

(7) Die Auskunft ist unentgeltlich.

### § 19a Benachrichtigung

(1) Werden Daten ohne Kenntnis des Betroffenen erhoben, so ist er von der Speicherung,

der Identität der verantwortlichen Stelle sowie über die Zweckbestimmungen der Erhebung, Verarbeitung oder Nutzung zu unterrichten. Der Betroffene ist auch über die Empfänger oder Kategorien von Empfängern von Daten zu unterrichten, soweit er nicht mit der Übermittlung an diese rechnen muss. Sofern eine Übermittlung vorgesehen ist, hat die Unterrichtung spätestens bei der ersten Übermittlung zu erfolgen.

(2) Eine Pflicht zur Benachrichtigung besteht nicht, wenn

1. der Betroffene auf andere Weise Kenntnis von der Speicherung oder der Übermittlung erlangt hat,

2. die Unterrichtung des Betroffenen einen unverhältnismäßigen Aufwand erfordert oder

3. die Speicherung oder Übermittlung der personenbezogenen Daten durch Gesetz ausdrücklich vorgesehen ist.

Die verantwortliche Stelle legt schriftlich fest, unter welchen Voraussetzungen von einer Benachrichtigung nach Nummer 2 oder 3 abgesehen wird.

(3) § 19 Abs. 2 bis 4 gilt entsprechend.

### § 20 Berichtigung, Löschung und Sperrung von Daten; Widerspruchsrecht

(1) Personenbezogene Daten sind zu berichtigen, wenn sie unrichtig sind. Wird festgestellt, dass personenbezogene Daten, die weder automatisiert verarbeitet noch in nicht automatisierten Dateien gespeichert sind, unrichtig sind, oder wird ihre Richtigkeit von dem Betroffenen bestritten, so ist dies in geeigneter Weise festzuhalten.

(2) Personenbezogene Daten, die automatisiert verarbeitet oder in nicht automatisierten Dateien gespeichert sind, sind zu löschen, wenn

1. ihre Speicherung unzulässig ist oder

2. ihre Kenntnis für die verantwortliche Stelle zur Erfüllung der in ihrer Zuständigkeit liegenden Aufgaben nicht mehr erforderlich ist.

(3) An die Stelle einer Löschung tritt eine Sperrung, soweit

1. einer Löschung gesetzliche, satzungsmäßige oder vertragliche Aufbewahrungsfristen entgegenstehen,

2. Grund zu der Annahme besteht, dass durch eine Löschung schutzwürdige Interessen des Betroffenen beeinträchtigt würden, oder

3. eine Löschung wegen der besonderen Art der Speicherung nicht oder nur mit unverhältnismäßig hohem Aufwand möglich ist.

(4) Personenbezogene Daten, die automatisiert verarbeitet oder in nicht automatisierten Dateien gespeichert sind, sind ferner zu sperren, soweit ihre Richtigkeit vom Betroffenen bestritten wird und sich weder die Richtigkeit noch die Unrichtigkeit feststellen lässt.

(5) Personenbezogene Daten dürfen nicht für eine automatisierte Verarbeitung oder Verarbeitung in nicht automatisierten Dateien erhoben, verarbeitet oder genutzt werden, soweit der Betroffene dieser bei der verantwortlichen Stelle widerspricht und eine Prüfung ergibt, dass das schutzwürdige Interesse des Betroffenen wegen seiner besonderen persönlichen Situation das Interesse der verantwortlichen Stelle an dieser Erhebung, Verarbeitung oder Nutzung überwiegt. Satz 1 gilt nicht, wenn eine Rechtsvorschrift zur Erhebung, Verarbeitung oder Nutzung verpflichtet.

(6) Personenbezogene Daten, die weder automatisiert verarbeitet noch in einer nicht automatisierten Datei gespeichert sind, sind zu sperren, wenn die Behörde im Einzelfall feststellt, dass ohne die Sperrung schutzwürdige Interessen des Betroffenen beeinträchtigt würden und die Daten für die Aufgabenerfüllung der Behörde nicht mehr erforderlich sind.

(7) Gesperrte Daten dürfen ohne Einwilligung des Betroffenen nur übermittelt oder genutzt werden, wenn

1. es zu wissenschaftlichen Zwecken, zur Behebung einer bestehenden Beweisnot oder aus sonstigen im überwiegenden Interesse der verantwortlichen Stelle oder eines Dritten liegenden Gründen unerlässlich ist und

2. die Daten hierfür übermittelt oder genutzt werden dürften, wenn sie nicht gesperrt wären.

(8) Von der Berichtigung unrichtiger Daten, der Sperrung bestrittener Daten sowie der Löschung oder Sperrung wegen Unzulässigkeit der Speicherung sind die Stellen zu verständigen, denen im Rahmen einer Datenübermittlung diese Daten zur Speicherung weitergegeben wurden, wenn dies keinen unverhältnismäßigen Aufwand erfordert und schutzwürdige Interessen des Betroffenen nicht entgegenstehen.

(9) § 2 Abs. 1 bis 6, 8 und 9 des Bundesarchivgesetzes ist anzuwenden.

### § 21 Anrufung des Bundesbeauftragten für den Datenschutz und die Informationsfreiheit

Jedermann kann sich an den Bundesbeauftragten für den Datenschutz und die Informationsfreiheit wenden, wenn er der Ansicht ist, bei der Erhebung, Verarbeitung oder Nutzung seiner personenbezogenen Daten durch öffentliche Stellen des Bundes in seinen Rechten verletzt worden zu sein. Für die Erhebung, Verarbeitung oder Nutzung von personenbezogenen Daten durch Gerichte des Bundes gilt dies nur, soweit diese in Verwaltungsangelegenheiten tätig werden.

### Dritter Unterabschnitt
### Bundesbeauftragter für den Datenschutz und die Informationsfreiheit

### § 22 Wahl des Bundesbeauftragten für den Datenschutz und die Informationsfreiheit

(1) Der Deutsche Bundestag wählt auf Vorschlag der Bundesregierung den Bundesbeauftragten für den Datenschutz und die Informationsfreiheit mit mehr als der Hälfte der gesetzlichen Zahl seiner Mitglieder. Der Bundesbeauftragte muss bei seiner Wahl das 35. Lebensjahr vollendet haben. Der Gewählte ist vom Bundespräsidenten zu ernennen.

(2) Der Bundesbeauftragte leistet vor dem Bundesminister des Innern folgenden Eid: „Ich schwöre, dass ich meine Kraft dem Wohle des deutschen Volkes widmen, seinen Nutzen mehren, Schaden von ihm wenden, das Grundgesetz und die Gesetze des Bundes wahren und verteidigen, meine Pflichten gewissenhaft erfüllen und Gerechtigkeit gegen jedermann üben werde. So wahr mir Gott helfe."

Der Eid kann auch ohne religiöse Beteuerung geleistet werden.

(3) Die Amtszeit des Bundesbeauftragten beträgt fünf Jahre. Einmalige Wiederwahl ist zulässig.

(4) Der Bundesbeauftragte steht nach Maßgabe dieses Gesetzes zum Bund in einem öffentlich-rechtlichen Amtsverhältnis. Er ist in Ausübung seines Amtes unabhängig und nur dem Gesetz unterworfen. Er untersteht der Rechtsaufsicht der Bundesregierung.

(5) Der Bundesbeauftragte wird beim Bundesministerium des Innern eingerichtet. Er untersteht der Dienstaufsicht des Bundesministeriums des Innern. Dem Bundesbeauftragten ist die für die Erfüllung seiner Aufgaben notwendige Personal- und Sachausstattung zur Verfügung zu stellen; sie ist im Einzelplan des Bundesministers des Innern in einem eigenen Kapitel auszuweisen. Die Stellen sind im Einvernehmen mit dem Bundesbeauftragten zu be-

setzen. Die Mitarbeiter können, falls sie mit der beabsichtigten Maßnahme nicht einverstanden sind, nur im Einvernehmen mit ihm versetzt, abgeordnet oder umgesetzt werden.

(6) Ist der Bundesbeauftragte vorübergehend an der Ausübung seines Amtes verhindert, kann der Bundesminister des Innern einen Vertreter mit der Wahrnehmung der Geschäfte beauftragen. Der Bundesbeauftragte soll dazu gehört werden.

### § 23 Rechtsstellung des Bundesbeauftragten für den Datenschutz und die Informationsfreiheit

(1) Das Amtsverhältnis des Bundesbeauftragten für den Datenschutz und die Informationsfreiheit beginnt mit der Aushändigung der Ernennungsurkunde. Es endet

1. mit Ablauf der Amtszeit,

2. mit der Entlassung.

Der Bundespräsident entläßt den Bundesbeauftragten, wenn dieser es verlangt oder auf Vorschlag der Bundesregierung, wenn Gründe vorliegen, die bei einem Richter auf Lebenszeit die Entlassung aus dem Dienst rechtfertigen. Im Falle der Beendigung des Amtsverhältnisses erhält der Bundesbeauftragte eine vom Bundespräsidenten vollzogene Urkunde. Eine Entlassung wird mit der Aushändigung der Urkunde wirksam. Auf Ersuchen des Bundesministers des Innern ist der Bundesbeauftragte verpflichtet, die Geschäfte bis zur Ernennung seines Nachfolgers weiterzuführen.

(2) Der Bundesbeauftragte darf neben seinem Amt kein anderes besoldetes Amt, kein Gewerbe und keinen Beruf ausüben und weder der Leitung oder dem Aufsichtsrat oder Verwaltungsrat eines auf Erwerb gerichteten Unternehmens noch einer Regierung oder einer gesetzgebenden Körperschaft des Bundes oder eines Landes angehören. Er darf nicht gegen Entgelt außergerichtliche Gutachten abgeben.

(3) Der Bundesbeauftragte hat dem Bundesministerium des Innern Mitteilung über Geschenke zu machen, die er in Bezug auf sein Amt erhält. Das Bundesministerium des Innern entscheidet über die Verwendung der Geschenke.

(4) Der Bundesbeauftragte ist berechtigt, über Personen, die ihm in seiner Eigenschaft als Bundesbeauftragter Tatsachen anvertraut haben, sowie über diese Tatsachen selbst das Zeugnis zu verweigern. Dies gilt auch für die Mitarbeiter des Bundesbeauftragten mit der Maßgabe, daß über die Ausübung dieses Rechts der Bundesbeauftragte entscheidet. Soweit das Zeugnisverweigerungsrecht des Bundesbeauftragten reicht, darf die Vorlegung oder Auslieferung von Akten oder anderen Schriftstücken von ihm nicht gefordert werden.

(5) Der Bundesbeauftragte ist, auch nach Beendigung seines Amtsverhältnisses, verpflichtet, über die ihm amtlich bekanntgewordenen Angelegenheiten Verschwiegenheit zu bewahren. Dies gilt nicht für Mitteilungen im dienstlichen Verkehr oder über Tatsachen, die offenkundig sind oder ihrer Bedeutung nach keiner Geheimhaltung bedürfen. Der Bundesbeauftragte darf, auch wenn er nicht mehr im Amt ist, über solche Angelegenheiten ohne Genehmigung des Bundesministeriums des Innern weder vor Gericht noch außergerichtlich aussagen oder Erklärungen abgeben. Unberührt bleibt die gesetzlich begründete Pflicht, Straftaten anzuzeigen und bei Gefährdung der freiheitlichen demokratischen Grundordnung für deren Erhaltung einzutreten. Für den Bundesbeauftragten und seine Mitarbeiter gelten die §§ 93, 97, 105 Abs. 1, § 111 Abs. 5 in Verbindung mit § 105 Abs. 1 sowie § 116 Abs. 1 der Abgabenordnung nicht. Satz 5 findet keine Anwendung, soweit die Finanzbehörden die Kenntnis für die Durchführung eines Verfahrens wegen einer Steuerstraftat sowie eines damit zusammenhängenden Steuerverfahrens benötigen, an deren Verfolgung ein zwingendes öffentliches Interesse besteht, oder soweit es sich um vorsätzlich falsche Angaben des Auskunftspflichtigen oder

der für ihn tätigen Personen handelt. Stellt der Bundesbeauftragte einen Datenschutzverstoß fest, ist er befugt, diesen anzuzeigen und den Betroffenen hierüber zu informieren.

(6) Die Genehmigung, als Zeuge auszusagen, soll nur versagt werden, wenn die Aussage dem Wohle des Bundes oder eines deutschen Landes Nachteile bereiten oder die Erfüllung öffentlicher Aufgaben ernstlich gefährden oder erheblich erschweren würde. Die Genehmigung, ein Gutachten zu erstatten, kann versagt werden, wenn die Erstattung den dienstlichen Interessen Nachteile bereiten würde. § 28 des Bundesverfassungsgerichtsgesetzes bleibt unberührt.

(7) Der Bundesbeauftragte erhält vom Beginn des Kalendermonats an, in dem das Amtsverhältnis beginnt, bis zum Schluß des Kalendermonats, in dem das Amtsverhältnis endet, im Falle des Absatzes 1 Satz 6 bis zum Ende des Monats, in dem die Geschäftsführung endet, Amtsbezüge in Höhe der einem Bundesbeamten der Besoldungsgruppe B 9 zustehenden Besoldung. Das Bundesreisekostengesetz und das Bundesumzugskostengesetz sind entsprechend anzuwenden. Im Übrigen sind § 12 Abs. 6 sowie die §§ 13 bis 20 und 21a Abs. 5 des Bundesministergesetzes mit den Maßgaben anzuwenden, dass an die Stelle der vierjährigen Amtszeit in § 15 Abs. 1 des Bundesministergesetzes eine Amtszeit von fünf Jahren und an die Stelle der Besoldungsgruppe B 11 in § 21a Abs. 5 des Bundesministergesetzes die Besoldungsgruppe B 9 tritt. Abweichend von Satz 3 in Verbindung mit den §§ 15 bis 17 und 21a Abs. 5 des Bundesministergesetzes berechnet sich das Ruhegehalt des Bundesbeauftragten unter Hinzurechnung der Amtszeit als ruhegehaltsfähige Dienstzeit in entsprechender Anwendung des Beamtenversorgungsgesetzes, wenn dies günstiger ist und der Bundesbeauftragte sich unmittelbar vor seiner Wahl zum Bundesbeauftragten als Beamter oder Richter mindestens in dem letzten gewöhnlich vor Erreichen der Besoldungsgruppe B 9 zu durchlaufenden Amt befunden hat.

(8) Absatz 5 Satz 5 bis 7 gilt entsprechend für die öffentlichen Stellen, die für die Kontrolle der Einhaltung der Vorschriften über den Datenschutz in den Ländern zuständig sind.

## § 24 Kontrolle durch den Bundesbeauftragten für den Datenschutz und die Informationsfreiheit

(1) Der Bundesbeauftragte für den Datenschutz und die Informationsfreiheit kontrolliert bei den öffentlichen Stellen des Bundes die Einhaltung der Vorschriften dieses Gesetzes und anderer Vorschriften über den Datenschutz.

(2) Die Kontrolle des Bundesbeauftragten erstreckt sich auch auf

1. von öffentlichen Stellen des Bundes erlangte personenbezogene Daten über den Inhalt und die näheren Umstände des Brief-, Post- und Fernmeldeverkehrs, und

2. personenbezogene Daten, die einem Berufs- oder besonderen Amtsgeheimnis, insbesondere dem Steuergeheimnis nach § 30 der Abgabenordnung, unterliegen.

Das Grundrecht des Brief-, Post- und Fernmeldegeheimnisses des Artikels 10 des Grundgesetzes wird insoweit eingeschränkt. Personenbezogene Daten, die der Kontrolle durch die Kommission nach § 15 des Artikel 10-Gesetzes unterliegen, unterliegen nicht der Kontrolle durch den Bundesbeauftragten, es sei denn, die Kommission ersucht den Bundesbeauftragten, die Einhaltung der Vorschriften über den Datenschutz bei bestimmten Vorgängen oder in bestimmten Bereichen zu kontrollieren und ausschließlich ihr darüber zu berichten. Der Kontrolle durch den Bundesbeauftragten unterliegen auch nicht personenbezogene Daten in Akten über die Sicherheitsüberprüfung, wenn der Betroffene der Kontrolle der auf ihn bezogenen Daten im Einzelfall gegenüber dem Bundesbeauftragten widerspricht.

(3) Die Bundesgerichte unterliegen der Kontrolle des Bundesbeauftragten nur, soweit sie in Verwaltungsangelegenheiten tätig werden.

(4) Die öffentlichen Stellen des Bundes sind verpflichtet, den Bundesbeauftragten und seine Beauftragten bei der Erfüllung ihrer Aufgaben zu unterstützen. Ihnen ist dabei insbesondere

1. Auskunft zu ihren Fragen sowie Einsicht in alle Unterlagen, insbesondere in die gespeicherten Daten und in die Datenverarbeitungsprogramme, zu gewähren, die im Zusammenhang mit der Kontrolle nach Absatz 1 stehen,

2. jederzeit Zutritt in alle Diensträume zu gewähren.

Die in § 6 Abs. 2 und § 19 Abs. 3 genannten Behörden gewähren die Unterstützung nur dem Bundesbeauftragten selbst und den von ihm schriftlich besonders Beauftragten. Satz 2 gilt für diese Behörden nicht, soweit die oberste Bundesbehörde im Einzelfall feststellt, dass die Auskunft oder Einsicht die Sicherheit des Bundes oder eines Landes gefährden würde.

(5) Der Bundesbeauftragte teilt das Ergebnis seiner Kontrolle der öffentlichen Stelle mit. Damit kann er Vorschläge zur Verbesserung des Datenschutzes, insbesondere zur Beseitigung von festgestellten Mängeln bei der Verarbeitung oder Nutzung personenbezogener Daten, verbinden. § 25 bleibt unberührt.

(6) Absatz 2 gilt entsprechend für die öffentlichen Stellen, die für die Kontrolle der Einhaltung der Vorschriften über den Datenschutz in den Ländern zuständig sind.

## § 25 Beanstandungen durch den Bundesbeauftragten für den Datenschutz und die Informationsfreiheit

(1) Stellt der Bundesbeauftragte für den Datenschutz und die Informationsfreiheit Verstöße gegen die Vorschriften dieses Gesetzes oder gegen andere Vorschriften über den Datenschutz oder sonstige Mängel bei der Verarbeitung oder Nutzung personenbezogener Daten fest, so beanstandet er dies

1. bei der Bundesverwaltung gegenüber der zuständigen obersten Bundesbehörde,

2. beim Bundeseisenbahnvermögen gegenüber dem Präsidenten,

3. bei den aus dem Sondervermögen Deutsche Bundespost durch Gesetz hervorgegangenen Unternehmen, solange ihnen ein ausschließliches Recht nach dem Postgesetz zusteht, gegenüber deren Vorständen,

4. bei den bundesunmittelbaren Körperschaften, Anstalten und Stiftungen des öffentlichen Rechts sowie bei Vereinigungen solcher Körperschaften, Anstalten und Stiftungen gegenüber dem Vorstand oder dem sonst vertretungsberechtigten Organ

und fordert zur Stellungnahme innerhalb einer von ihm zu bestimmenden Frist auf. In den Fällen von Satz 1 Nr. 4 unterrichtet der Bundesbeauftragte gleichzeitig die zuständige Aufsichtsbehörde.

(2) Der Bundesbeauftragte kann von einer Beanstandung absehen oder auf eine Stellungnahme der betroffenen Stelle verzichten, insbesondere wenn es sich um unerhebliche oder inzwischen beseitigte Mängel handelt.

(3) Die Stellungnahme soll auch eine Darstellung der Maßnahmen enthalten, die aufgrund der Beanstandung des Bundesbeauftragten getroffen worden sind. Die in Absatz 1 Satz 1 Nr. 4 genannten Stellen leiten der zuständigen Aufsichtsbehörde gleichzeitig eine Abschrift ihrer Stellungnahme an den Bundesbeauftragten zu.

## § 26 Weitere Aufgaben des Bundesbeauftragten für den Datenschutz und die Informationsfreiheit

(1) Der Bundesbeauftragte für den Datenschutz und die Informationsfreiheit erstattet dem Deutschen Bundestag alle zwei Jahre einen Tätigkeitsbericht. Er unterrichtet den Deutschen Bundestag und die Öffentlichkeit über wesentliche Entwicklungen des Datenschutzes.

(2) Auf Anforderung des Deutschen Bundestages oder der Bundesregierung hat der Bundesbeauftragte Gutachten zu erstellen und Berichte zu erstatten. Auf Ersuchen des Deutschen Bundestages, des Petitionsausschusses, des Innenausschusses oder der Bundesregierung geht der Bundesbeauftragte ferner Hinweisen auf Angelegenheiten und Vorgänge des Datenschutzes bei den öffentlichen Stellen des Bundes nach. Der Bundesbeauftragte kann sich jederzeit an den Deutschen Bundestag wenden.

(3) Der Bundesbeauftragte kann der Bundesregierung und den in § 12 Abs. 1 genannten Stellen des Bundes Empfehlungen zur Verbesserung des Datenschutzes geben und sie in Fragen des Datenschutzes beraten. Die in § 25 Abs. 1 Nr. 1 bis 4 genannten Stellen sind durch den Bundesbeauftragten zu unterrichten, wenn die Empfehlung oder Beratung sie nicht unmittelbar betrifft.

(4) Der Bundesbeauftragte wirkt auf die Zusammenarbeit mit den öffentlichen Stellen, die für die Kontrolle der Einhaltung der Vorschriften über den Datenschutz in den Ländern zuständig sind, sowie mit den Aufsichtsbehörden nach § 38 hin. § 38 Abs. 1 Satz 3 und 4 gilt entsprechend.

## Dritter Abschnitt
### Datenverarbeitung nicht-öffentlicher Stellen und öffentlich-rechtlicher Wettbewerbsunternehmen

### Erster Unterabschnitt
### Rechtsgrundlagen der Datenverarbeitung

### § 27 Anwendungsbereich

(1) Die Vorschriften dieses Abschnittes finden Anwendung, soweit personenbezogene Daten unter Einsatz von Datenverarbeitungsanlagen verarbeitet, genutzt oder dafür erhoben werden oder die Daten in oder aus nicht automatisierten Dateien verarbeitet, genutzt oder dafür erhoben werden durch

1.  nicht-öffentliche Stellen,

2.  a)  öffentliche Stellen des Bundes, soweit sie als öffentlich-rechtliche Unternehmen am Wettbewerb teilnehmen,
    b)  öffentliche Stellen der Länder, soweit sie als öffentlich-rechtliche Unternehmen am Wettbewerb teilnehmen, Bundesrecht ausführen und der Datenschutz nicht durch Landesgesetz geregelt ist.

Dies gilt nicht, wenn die Erhebung, Verarbeitung oder Nutzung der Daten ausschließlich für persönliche oder familiäre Tätigkeiten erfolgt. In den Fällen der Nummer 2 Buchstabe a gelten anstelle des § 38 die §§ 18, 21 und 24 bis 26.

(2) Die Vorschriften dieses Abschnittes gelten nicht für die Verarbeitung und Nutzung personenbezogener Daten außerhalb von nicht automatisierten Dateien, soweit es sich nicht um personenbezogene Daten handelt, die offensichtlich aus einer automatisierten Verarbeitung entnommen worden sind.

### § 28 Datenerhebung und -speicherung für eigene Geschäftszwecke

(1) Das Erheben, Speichern, Verändern oder Übermitteln personenbezogener Daten oder ihre Nutzung als Mittel für die Erfüllung eigener Geschäftszwecke ist zulässig

1.  wenn es für die Begründung, Durchführung oder Beendigung eines rechtsgeschäftlichen oder rechtsgeschäftsähnlichen Schuldverhältnisses mit dem Betroffenen erforderlich ist,

2.  soweit es zur Wahrung berechtigter Interessen der verantwortlichen Stelle erforderlich ist und kein Grund zu der Annahme besteht, dass das schutzwürdige Interesse des Betroffenen an dem Ausschluss der Verarbeitung oder Nutzung überwiegt, oder

3.  wenn die Daten allgemein zugänglich sind oder die verantwortliche Stelle sie veröffentlichen dürfte, es sei denn, dass das

schutzwürdige Interesse des Betroffenen an dem Ausschluss der Verarbeitung oder Nutzung gegenüber dem berechtigten Interesse der verantwortlichen Stelle offensichtlich überwiegt.

Bei der Erhebung personenbezogener Daten sind die Zwecke, für die die Daten verarbeitet oder genutzt werden sollen, konkret festzulegen.

(2) Die Übermittlung oder Nutzung für einen anderen Zweck ist zulässig

1. unter den Voraussetzungen des Absatzes 1 Satz 1 Nummer 2 oder Nummer 3,

2. soweit es erforderlich ist,
   a) zur Wahrung berechtigter Interessen eines Dritten oder
   b) zur Abwehr von Gefahren für die staatliche oder öffentliche Sicherheit oder zur Verfolgung von Straftaten und kein Grund der Annahme besteht, dass der Betroffene ein schutzwürdiges Interesse an dem Ausschluss der Übermittlung oder Nutzung hat, oder

3. wenn es im Interesse einer Forschungseinrichtung zur Durchführung wissenschaftlicher Forschung erforderlich ist, das wissenschaftliche Interesse an der Durchführung des Forschungsvorhabens das Interesse des Betroffenen an dem Ausschluss der Zweckänderung erheblich überwiegt und der Zweck der Forschung auf andere Weise nicht oder nur mit unverhältnismäßigem Aufwand erreicht werden kann.

(3) Die Verarbeitung oder Nutzung personenbezogener Daten für Zwecke des Adresshandels oder der Werbung ist zulässig, soweit der Betroffene eingewilligt hat und im Falle einer nicht schriftlich erteilten Einwilligung die verantwortliche Stelle nach Absatz 3a verfährt. Darüber hinaus ist die Verarbeitung oder Nutzung personenbezogener Daten zulässig, soweit es sich um listenmäßig oder sonst zusammengefasste Daten über Angehörige einer Per-

sonengruppe handelt, die sich auf die Zugehörigkeit des Betroffenen zu dieser Personengruppe, seine Berufs-, Branchen- oder Geschäftsbezeichnung, seinen Namen, Titel, akademischen Grad, seine Anschrift und sein Geburtsjahr beschränken, und die Verarbeitung oder Nutzung erforderlich ist

1. für Zwecke der Werbung für eigene Angebote der verantwortlichen Stelle, die diese Daten mit Ausnahme der Angaben zur Gruppenzugehörigkeit beim Betroffenen nach Absatz 1 Satz 1 Nummer 1 oder aus allgemein zugänglichen Adress-, Rufnummern-, Branchen- oder vergleichbaren Verzeichnissen erhoben hat,

2. für Zwecke der Werbung im Hinblick auf die berufliche Tätigkeit des Betroffenen und unter seiner beruflichen Anschrift oder

3. für Zwecke der Werbung für Spenden, die nach § 10b Absatz 1 und § 34g des Einkommensteuergesetzes steuerbegünstigt sind.

Für Zwecke nach Satz 2 Nummer 1 darf die verantwortliche Stelle zu den dort genannten Daten weitere Daten hinzuspeichern. Zusammengefasste personenbezogene Daten nach Satz 2 dürfen auch dann für Zwecke der Werbung übermittelt werden, wenn die Übermittlung nach Maßgabe des § 34 Absatz 1a Satz 1 gespeichert wird; in diesem Fall muss die Stelle, die die Daten erstmalig erhoben hat, aus der Werbung eindeutig hervorgehen. Unabhängig vom Vorliegen der Voraussetzungen des Satzes 2 dürfen personenbezogene Daten für Zwecke der Werbung für fremde Angebote genutzt werden, wenn für den Betroffenen bei der Ansprache zum Zwecke der Werbung die für die Nutzung der Daten verantwortliche Stelle eindeutig erkennbar ist. Eine Verarbeitung oder Nutzung nach den Sätzen 2 bis 4 ist nur zulässig, soweit schutzwürdige Interessen des Betroffenen nicht entgegenstehen. Nach den Sätzen 1, 2 und 4 übermittelte Daten dürfen nur für den Zweck verarbeitet oder genutzt werden, für den sie übermittelt worden sind.

(3a) Wird die Einwilligung nach § 4a Absatz 1 Satz 3 in anderer Form als der Schriftform erteilt, hat die verantwortliche Stelle dem Betroffenen den Inhalt der Einwilligung schriftlich zu bestätigen, es sei denn, dass die Einwilligung elektronisch erklärt wird und die verantwortliche Stelle sicherstellt, dass die Einwilligung protokolliert wird und der Betroffene deren Inhalt jederzeit abrufen und die Einwilligung jederzeit mit Wirkung für die Zukunft widerrufen kann. Soll die Einwilligung zusammen mit anderen Erklärungen schriftlich erteilt werden, ist sie in drucktechnisch deutlicher Gestaltung besonders hervorzuheben.

(3b) Die verantwortliche Stelle darf den Abschluss eines Vertrags nicht von einer Einwilligung des Betroffenen nach Absatz 3 Satz 1 abhängig machen, wenn dem Betroffenen ein anderer Zugang zu gleichwertigen vertraglichen Leistungen ohne die Einwilligung nicht oder nicht in zumutbarer Weise möglich ist. Eine unter solchen Umständen erteilte Einwilligung ist unwirksam.

(4) Widerspricht der Betroffene bei der verantwortlichen Stelle der Verarbeitung oder Nutzung seiner Daten für Zwecke der Werbung oder der Markt- oder Meinungsforschung, ist eine Verarbeitung oder Nutzung für diese Zwecke unzulässig. Der Betroffene ist bei der Ansprache zum Zweck der Werbung oder der Markt- oder Meinungsforschung und in den Fällen des Absatzes 1 Satz 1 Nummer 1 auch bei Begründung des rechtsgeschäftlichen oder rechtsgeschäftsähnlichen Schuldverhältnisses über die verantwortliche Stelle sowie über das Widerspruchsrecht nach Satz 1 zu unterrichten; soweit der Ansprechende personenbezogene Daten des Betroffenen nutzt, die bei einer ihm nicht bekannten Stelle gespeichert sind, hat er auch sicherzustellen, dass der Betroffene Kenntnis über die Herkunft der Daten erhalten kann. Widerspricht der Betroffene bei dem Dritten, dem die Daten im Rahmen der Zwecke nach Absatz 3 übermittelt worden sind, der Verarbeitung oder Nutzung für Zwecke der Werbung oder der Markt- oder Meinungsforschung, hat

dieser die Daten für diese Zwecke zu sperren. In den Fällen des Absatzes 1 Satz 1 Nummer 1 darf für den Widerspruch keine strengere Form verlangt werden als für die Begründung des rechtsgeschäftlichen oder rechtsgeschäftsähnlichen Schuldverhältnisses.

(5) Der Dritte, dem die Daten übermittelt worden sind, darf diese nur für den Zweck verarbeiten oder nutzen, zu dessen Erfüllung sie ihm übermittelt werden. Eine Verarbeitung oder Nutzung für andere Zwecke ist nicht-öffentlichen Stellen nur unter den Voraussetzungen der Absätze 2 und 3 und öffentlichen Stellen nur unter den Voraussetzungen des § 14 Abs. 2 erlaubt. Die übermittelnde Stelle hat ihn darauf hinzuweisen.

(6) Das Erheben, Verarbeiten und Nutzen von besonderen Arten personenbezogener Daten (§ 3 Abs. 9) für eigene Geschäftszwecke ist zulässig, soweit nicht der Betroffene nach Maßgabe des § 4a Abs. 3 eingewilligt hat, wenn

1. dies zum Schutz lebenswichtiger Interessen des Betroffenen oder eines Dritten erforderlich ist, sofern der Betroffene aus physischen oder rechtlichen Gründen außerstande ist, seine Einwilligung zu geben,

2. es sich um Daten handelt, die der Betroffene offenkundig öffentlich gemacht hat,

3. dies zur Geltendmachung, Ausübung oder Verteidigung rechtlicher Ansprüche erforderlich ist und kein Grund zu der Annahme besteht, dass das schutzwürdige Interesse des Betroffenen an dem Ausschluss der Erhebung, Verarbeitung oder Nutzung überwiegt, oder

4. dies zur Durchführung wissenschaftlicher Forschung erforderlich ist, das wissenschaftliche Interesse an der Durchführung des Forschungsvorhabens das Interesse des Betroffenen an dem Ausschluss der Erhebung, Verarbeitung und Nutzung erheblich überwiegt und der Zweck der Forschung auf andere Weise nicht oder nur mit unver-

hältnismäßigem Aufwand erreicht werden kann.

(7) Das Erheben von besonderen Arten personenbezogener Daten (§ 3 Abs. 9) ist ferner zulässig, wenn dies zum Zweck der Gesundheitsvorsorge, der medizinischen Diagnostik, der Gesundheitsversorgung oder Behandlung oder für die Verwaltung von Gesundheitsdiensten erforderlich ist und die Verarbeitung dieser Daten durch ärztliches Personal oder durch sonstige Personen erfolgt, die einer entsprechenden Geheimhaltungspflicht unterliegen. Die Verarbeitung und Nutzung von Daten zu den in Satz 1 genannten Zwecken richtet sich nach den für die in Satz 1 genannten Personen geltenden Geheimhaltungspflichten. Werden zu einem in Satz 1 genannten Zweck Daten über die Gesundheit von Personen durch Angehörige eines anderen als in § 203 Abs. 1 und 3 des Strafgesetzbuches genannten Berufes, dessen Ausübung die Feststellung, Heilung oder Linderung von Krankheiten oder die Herstellung oder den Vertrieb von Hilfsmitteln mit sich bringt, erhoben, verarbeitet oder genutzt, ist dies nur unter den Voraussetzungen zulässig, unter denen ein Arzt selbst hierzu befugt wäre.

(8) Für einen anderen Zweck dürfen die besonderen Arten personenbezogener Daten (§ 3 Abs. 9) nur unter den Voraussetzungen des Absatzes 6 Nr. 1 bis 4 oder des Absatzes 7 Satz 1 übermittelt oder genutzt werden. Eine Übermittlung oder Nutzung ist auch zulässig, wenn dies zur Abwehr von erheblichen Gefahren für die staatliche und öffentliche Sicherheit sowie zur Verfolgung von Straftaten von erheblicher Bedeutung erforderlich ist.

(9) Organisationen, die politisch, philosophisch, religiös oder gewerkschaftlich ausgerichtet sind und keinen Erwerbszweck verfolgen, dürfen besondere Arten personenbezogener Daten (§ 3 Abs. 9) erheben, verarbeiten oder nutzen, soweit dies für die Tätigkeit der Organisation erforderlich ist. Dies gilt nur für personenbezogene Daten ihrer Mitglieder oder von Personen, die im Zusammenhang mit deren Tätigkeitszweck regelmäßig Kontakte mit ihr unterhalten. Die Übermittlung dieser personenbezogenen Daten an Personen oder Stellen außerhalb der Organisation ist nur unter den Voraussetzungen des § 4a Abs. 3 zulässig. Absatz 2 Nummer 2 Buchstabe b gilt entsprechend.

## § 29 Geschäftsmäßige Datenerhebung und -speicherung zum Zweck der Übermittlung

(1) Das geschäftsmäßige Erheben, Speichern oder Verändern personenbezogener Daten zum Zweck der Übermittlung, insbesondere wenn dies der Werbung, der Tätigkeit von Auskunfteien oder dem Adresshandel dient, ist zulässig, wenn

1. kein Grund zu der Annahme besteht, dass der Betroffene ein schutzwürdiges Interesse an dem Ausschluss der Erhebung, Speicherung oder Veränderung hat, oder

2. die Daten aus allgemein zugänglichen Quellen entnommen werden können oder die verantwortliche Stelle sie veröffentlichen dürfte, es sei denn, dass das schutzwürdige Interesse des Betroffenen an dem Ausschluss der Erhebung, Speicherung oder Veränderung offensichtlich überwiegt.

§ 28 Absatz 1 Satz 2 und Absatz 3 bis 3b ist anzuwenden.

(2) Die Übermittlung im Rahmen der Zwecke nach Absatz 1 ist zulässig, wenn

1. der Dritte, dem die Daten übermittelt werden, ein berechtigtes Interesse an ihrer Kenntnis glaubhaft dargelegt hat und

2. kein Grund zu der Annahme besteht, dass der Betroffene ein schutzwürdiges Interesse an dem Ausschluss der Übermittlung hat.

§ 28 Absatz 3 bis 3b gilt entsprechend. Bei der Übermittlung nach Nummer 1 sind die Gründe für das Vorliegen eines berechtigten Interesses und die Art und Weise ihrer glaubhaften Darlegung von der übermittelnden Stelle aufzuzeichnen. Bei der Übermittlung im automatisierten Abrufverfahren obliegt die Aufzeichnungspflicht dem Dritten, dem die Daten übermittelt werden.

(3) Die Aufnahme personenbezogener Daten in elektronische oder gedruckte Adress-, Rufnummern-, Branchen- oder vergleichbare Verzeichnisse hat zu unterbleiben, wenn der entgegenstehende Wille des Betroffenen aus dem zugrunde liegenden elektronischen oder gedruckten Verzeichnis oder Register ersichtlich ist. Der Empfänger der Daten hat sicherzustellen, dass Kennzeichnungen aus elektronischen oder gedruckten Verzeichnissen oder Registern bei der Übernahme in Verzeichnisse oder Register übernommen werden.

(4) Für die Verarbeitung oder Nutzung der übermittelten Daten gilt § 28 Abs. 4 und 5.

(5) § 28 Abs. 6 bis 9 gilt entsprechend.

### § 30 Geschäftsmäßige Datenerhebung und -speicherung zum Zweck der Übermittlung in anonymisierter Form

(1) Werden personenbezogene Daten geschäftsmäßig erhoben und gespeichert, um sie in anonymisierter Form zu übermitteln, sind die Merkmale gesondert zu speichern, mit denen Einzelangaben über persönliche oder sachliche Verhältnisse einer bestimmten oder bestimmbaren natürlichen Person zugeordnet werden können. Diese Merkmale dürfen mit den Einzelangaben nur zusammengeführt werden, soweit dies für die Erfüllung des Zwecks der Speicherung oder zu wissenschaftlichen Zwecken erforderlich ist.

(2) Die Veränderung personenbezogener Daten ist zulässig, wenn

1. kein Grund zu der Annahme besteht, dass der Betroffene ein schutzwürdiges Interesse an dem Ausschluss der Veränderung hat, oder

2. die Daten aus allgemein zugänglichen Quellen entnommen werden können oder die verantwortliche Stelle sie veröffentlichen

dürfte, soweit nicht das schutzwürdige Interesse des Betroffenen an dem Ausschluss der Veränderung offensichtlich überwiegt.

(3) Die personenbezogenen Daten sind zu löschen, wenn ihre Speicherung unzulässig ist.

(4) § 29 gilt nicht.

(5) § 28 Abs. 6 bis 9 gilt entsprechend.

### § 30a Geschäftsmäßige Datenerhebung und -speicherung für Zwecke der Markt oder Meinungsforschung

(1) Das geschäftsmäßige Erheben, Verarbeiten oder Nutzen personenbezogener Daten für Zwecke der Markt- oder Meinungsforschung ist zulässig, wenn

1. kein Grund zu der Annahme besteht, dass der Betroffene ein schutzwürdiges Interesse an dem Ausschluss der Erhebung, Verarbeitung oder Nutzung hat, oder

2. die Daten aus allgemein zugänglichen Quellen entnommen werden können oder die verantwortliche Stelle sie veröffentlichen dürfte und das schutzwürdige Interesse des Betroffenen an dem Ausschluss der Erhebung, Verarbeitung oder Nutzung gegenüber dem Interesse der verantwortlichen Stelle nicht offensichtlich überwiegt.

Besondere Arten personenbezogener Daten (§ 3 Absatz 9) dürfen nur für ein bestimmtes Forschungsvorhaben erhoben, verarbeitet oder genutzt werden.

(2) Für Zwecke der Markt- oder Meinungsforschung erhobene oder gespeicherte personenbezogene Daten dürfen nur für diese Zwecke verarbeitet oder genutzt werden. Daten, die nicht aus allgemein zugänglichen Quellen entnommen worden sind und die verantwortliche Stelle auch nicht veröffentlichen darf, dürfen nur für das Forschungsvorhaben verarbeitet oder genutzt werden, für das sie erhoben worden sind.

Für einen anderen Zweck dürfen sie nur verarbeitet oder genutzt werden, wenn sie zuvor so anonymisiert werden, dass ein Personenbezug nicht mehr hergestellt werden kann.

(3) Die personenbezogenen Daten sind zu anonymisieren, sobald dies nach dem Zweck des Forschungsvorhabens, für das die Daten erhoben worden sind, möglich ist. Bis dahin sind die Merkmale gesondert zu speichern, mit denen Einzelangaben über persönliche oder sachliche Verhältnisse einer bestimmten oder bestimmbaren Person zugeordnet werden können. Diese Merkmale dürfen mit den Einzelangaben nur zusammengeführt werden, soweit dies nach dem Zweck des Forschungsvorhabens erforderlich ist.

(4) § 29 gilt nicht.

(5) § 28 Absatz 4 und 6 bis 9 gilt entsprechend.

### § 31 Besondere Zweckbindung

Personenbezogene Daten, die ausschließlich zu Zwecken der Datenschutzkontrolle, der Datensicherung oder zur Sicherstellung eines ordnungsgemäßen Betriebes einer Datenverarbeitungsanlage gespeichert werden, dürfen nur für diese Zwecke verwendet werden.

### § 32 Datenerhebung, -verarbeitung und -nutzung für Zwecke des Beschäftigungsverhältnisses

(1) Personenbezogene Daten eines Beschäftigten dürfen für Zwecke des Beschäftigungsverhältnisses erhoben, verarbeitet oder genutzt werden, wenn dies für die Entscheidung über die Begründung eines Beschäftigungsverhältnisses oder nach Begründung des Beschäftigungsverhältnisses für dessen Durchführung oder Beendigung erforderlich ist. Zur Aufdeckung von Straftaten dürfen personenbezogene Daten eines Beschäftigten nur dann erhoben, verarbeitet oder genutzt werden, wenn zu dokumentierende tatsächliche Anhaltspunk-

te den Verdacht begründen, dass der Betroffene im Beschäftigungsverhältnis eine Straftat begangen hat, die Erhebung, Verarbeitung oder Nutzung zur Aufdeckung erforderlich ist und das schutzwürdige Interesse des Beschäftigten an dem Ausschluss der Erhebung, Verarbeitung oder Nutzung nicht überwiegt, insbesondere Art und Ausmaß im Hinblick auf den Anlass nicht unverhältnismäßig sind.

(2) Absatz 1 ist auch anzuwenden, wenn personenbezogene Daten erhoben, verarbeitet oder genutzt werden, ohne dass sie automatisiert verarbeitet oder in oder aus einer nicht automatisierten Datei verarbeitet, genutzt oder für die Verarbeitung oder Nutzung in einer solchen Datei erhoben werden.

(3) Die Beteiligungsrechte der Interessenvertretungen der Beschäftigten bleiben unberührt.

### Zweiter Unterabschnitt
### Rechte des Betroffenen

### § 33 Benachrichtigung des Betroffenen

(1) Werden erstmals personenbezogene Daten für eigene Zwecke ohne Kenntnis des Betroffenen gespeichert, ist der Betroffene von der Speicherung, der Art der Daten, der Zweckbestimmung der Erhebung, Verarbeitung oder Nutzung und der Identität der verantwortlichen Stelle zu benachrichtigen. Werden personenbezogene Daten geschäftsmäßig zum Zweck der Übermittlung ohne Kenntnis des Betroffenen gespeichert, ist der Betroffene von der erstmaligen Übermittlung und der Art der übermittelten Daten zu benachrichtigen. Der Betroffene ist in den Fällen der Sätze 1 und 2 auch über die Kategorien von Empfängern zu unterrichten, soweit er nach den Umständen des Einzelfalles nicht mit der Übermittlung an diese rechnen muss.

(2) Eine Pflicht zur Benachrichtigung besteht nicht, wenn

1. der Betroffene auf andere Weise Kenntnis von der Speicherung oder der Übermittlung erlangt hat,

2. die Daten nur deshalb gespeichert sind, weil sie aufgrund gesetzlicher, satzungsmäßiger oder vertraglicher Aufbewahrungsvorschriften nicht gelöscht werden dürfen oder ausschließlich der Datensicherung oder der Datenschutzkontrolle dienen und eine Benachrichtigung einen unverhältnismäßigen Aufwand erfordern würde,

3. die Daten nach einer Rechtsvorschrift oder ihrem Wesen nach, namentlich wegen des überwiegenden rechtlichen Interesses eines Dritten, geheim gehalten werden müssen,

4. die Speicherung oder Übermittlung durch Gesetz ausdrücklich vorgesehen ist,

5. die Speicherung oder Übermittlung für Zwecke der wissenschaftlichen Forschung erforderlich ist und eine Benachrichtigung einen unverhältnismäßigen Aufwand erfordern würde,

6. die zuständige öffentliche Stelle gegenüber der verantwortlichen Stelle festgestellt hat, dass das Bekanntwerden der Daten die öffentliche Sicherheit oder Ordnung gefährden oder sonst dem Wohle des Bundes oder eines Landes Nachteile bereiten würde,

7. die Daten für eigene Zwecke gespeichert sind und
   a) aus allgemein zugänglichen Quellen entnommen sind und eine Benachrichtigung wegen der Vielzahl der betroffenen Fälle unverhältnismäßig ist, oder
   b) die Benachrichtigung die Geschäftszwecke der verantwortlichen Stelle erheblich gefährden würde, es sei denn, dass das Interesse an der Benachrichtigung die Gefährdung überwiegt,

8. die Daten geschäftsmäßig zum Zweck der Übermittlung gespeichert sind und
   a) aus allgemein zugänglichen Quellen entnommen sind, soweit sie sich auf diejenigen Personen beziehen, die diese Daten veröffentlicht haben, oder
   b) es sich um listenmäßig oder sonst zusammengefasste Daten handelt (§ 29 Absatz 2 Satz 2)

   und eine Benachrichtigung wegen der Vielzahl der betroffenen Fälle unverhältnismäßig ist,

9. aus allgemein zugänglichen Quellen entnommene Daten geschäftsmäßig für Zwecke der Markt- oder Meinungsforschung gespeichert sind und eine Benachrichtigung wegen der Vielzahl der betroffenen Fälle unverhältnismäßig ist.

Die verantwortliche Stelle legt schriftlich fest, unter welchen Voraussetzungen von einer Benachrichtigung nach Satz 1 Nr. 2 bis 7 abgesehen wird.

### § 34 Auskunft an den Betroffenen

(1) Der Betroffene kann Auskunft verlangen über

1. die zu seiner Person gespeicherten Daten, auch soweit sie sich auf die Herkunft dieser Daten beziehen,

2. Empfänger oder Kategorien von Empfängern, an die Daten weitergegeben werden, und

3. den Zweck der Speicherung.

Er soll die Art der personenbezogenen Daten, über die Auskunft erteilt werden soll, näher bezeichnen. Werden die personenbezogenen Daten geschäftsmäßig zum Zweck der Übermittlung gespeichert, kann der Betroffene über Herkunft und Empfänger nur Auskunft verlangen, sofern nicht das Interesse an der Wahrung des Geschäftsgeheimnisses überwiegt. In diesem Fall ist Auskunft über Herkunft und Empfänger auch dann zu erteilen, wenn diese Angaben nicht gespeichert sind.

(2) Der Betroffene kann von Stellen, die geschäftsmäßig personenbezogene Daten zum Zwecke der Auskunftserteilung speichern, Auskunft über seine personenbezogenen Daten verlangen, auch wenn sie weder in einer automatisierten Verarbeitung noch in einer nicht automatisierten Datei gespeichert sind. Auskunft über Herkunft und Empfänger kann der Betroffene nur verlangen, sofern nicht das Interesse an der Wahrung des Geschäftsgeheimnisses überwiegt.

(3) Die Auskunft wird schriftlich erteilt, soweit nicht wegen der besonderen Umstände eine andere Form der Auskunftserteilung angemessen ist.

(4) Eine Pflicht zur Auskunftserteilung besteht nicht, wenn der Betroffene nach § 33 Abs. 2 Satz 1 Nr. 2, 3 und 5 bis 7 nicht zu benachrichtigen ist.

(5) Die Auskunft ist unentgeltlich. Werden die personenbezogenen Daten geschäftsmäßig zum Zweck der Übermittlung gespeichert, kann jedoch ein Entgelt verlangt werden, wenn der Betroffene die Auskunft gegenüber Dritten zu wirtschaftlichen Zwecken nutzen kann. Das Entgelt darf über die durch die Auskunftserteilung entstandenen direkt zurechenbaren Kosten nicht hinausgehen. Ein Entgelt kann in den Fällen nicht verlangt werden, in denen besondere Umstände die Annahme rechtfertigen, dass Daten unrichtig oder unzulässig gespeichert werden, oder in denen die Auskunft ergibt, dass die Daten zu berichtigen oder unter der Voraussetzung des § 35 Abs. 2 Satz 2 Nr. 1 zu löschen sind.

(6) Ist die Auskunftserteilung nicht unentgeltlich, ist dem Betroffenen die Möglichkeit zu geben, sich im Rahmen seines Auskunftsanspruchs persönlich Kenntnis über die ihn betreffenden Daten und Angaben zu verschaffen. Er ist hierauf in geeigneter Weise hinzuweisen.

## § 35 Berichtigung, Löschung und Sperrung von Daten

(1) Personenbezogene Daten sind zu berichtigen, wenn sie unrichtig sind.

(2) Personenbezogene Daten können außer in den Fällen des Absatzes 3 Nr. 1 und 2 jederzeit gelöscht werden. Personenbezogene Daten sind zu löschen, wenn

1. ihre Speicherung unzulässig ist,

2. es sich um Daten über die rassische oder ethnische Herkunft, politische Meinungen, religiöse oder philosophische Überzeugungen oder die Gewerkschaftszugehörigkeit, über Gesundheit oder das Sexualleben, strafbare Handlungen oder Ordnungswidrigkeiten handelt und ihre Richtigkeit von der verantwortlichen Stelle nicht bewiesen werden kann,

3. sie für eigene Zwecke verarbeitet werden, sobald ihre Kenntnis für die Erfüllung des Zwecks der Speicherung nicht mehr erforderlich ist, oder

4. sie geschäftsmäßig zum Zweck der Übermittlung verarbeitet werden und eine Prüfung jeweils am Ende des vierten Kalenderjahres beginnend mit ihrer erstmaligen Speicherung ergibt, dass eine längerwährende Speicherung nicht erforderlich ist.

(3) An die Stelle einer Löschung tritt eine Sperrung, soweit

1. im Fall des Absatzes 2 Nr. 3 einer Löschung gesetzliche, satzungsmäßige oder vertragliche Aufbewahrungsfristen entgegenstehen,

2 Grund zu der Annahme besteht, dass durch eine Löschung schutzwürdige Interessen des Betroffenen beeinträchtigt würden, oder

3. eine Löschung wegen der besonderen Art der Speicherung nicht oder nur mit unverhältnismäßig hohem Aufwand möglich ist.

(4) Personenbezogene Daten sind ferner zu sperren, soweit ihre Richtigkeit vom Betroffenen bestritten wird und sich weder die Richtigkeit noch die Unrichtigkeit feststellen lässt.

(5) Personenbezogene Daten dürfen nicht für eine automatisierte Verarbeitung oder Verarbeitung in nicht automatisierten Dateien erhoben, verarbeitet oder genutzt werden, soweit der Betroffene dieser bei der verantwortlichen Stelle widerspricht und eine Prüfung ergibt, dass das schutzwürdige Interesse des Betroffenen wegen seiner besonderen persönlichen Situation das Interesse der verantwortlichen Stelle an dieser Erhebung, Verarbeitung oder Nutzung überwiegt. Satz 1 gilt nicht, wenn eine Rechtsvorschrift zur Erhebung, Verarbeitung oder Nutzung verpflichtet.

(6) Personenbezogene Daten, die unrichtig sind oder deren Richtigkeit bestritten wird, müssen bei der geschäftsmäßigen Datenspeicherung zum Zweck der Übermittlung außer in den Fällen des Absatzes 2 Nr. 2 nicht berichtigt, gesperrt oder gelöscht werden, wenn sie aus allgemein zugänglichen Quellen entnommen und zu Dokumentationszwecken gespeichert sind. Auf Verlangen des Betroffenen ist diesen Daten für die Dauer der Speicherung seine Gegendarstellung beizufügen. Die Daten dürfen nicht ohne diese Gegendarstellung übermittelt werden.

(7) Von der Berichtigung unrichtiger Daten, der Sperrung bestrittener Daten sowie der Löschung oder Sperrung wegen Unzulässigkeit der Speicherung sind die Stellen zu verständigen, denen im Rahmen einer Datenübermittlung diese Daten zur Speicherung weitergegeben werden, wenn dies keinen unverhältnismäßigen Aufwand erfordert und schutzwürdige Interessen des Betroffenen nicht entgegenstehen.

(8) Gesperrte Daten dürfen ohne Einwilligung des Betroffenen nur übermittelt oder genutzt werden, wenn

1. es zu wissenschaftlichen Zwecken, zur Behebung einer bestehenden Beweisnot oder aus sonstigen im überwiegenden Interesse

der verantwortlichen Stelle oder eines Dritten liegenden Gründen unerläßlich ist und

2. die Daten hierfür übermittelt oder genutzt werden dürften, wenn sie nicht gesperrt wären.

**Dritter Unterabschnitt**
**Aufsichtsbehörde**

**§§ 36 und 37**
(weggefallen)

**§ 38 Aufsichtsbehörde**

(1) Die Aufsichtsbehörde kontrolliert die Ausführung dieses Gesetzes sowie anderer Vorschriften über den Datenschutz, soweit diese die automatisierte Verarbeitung personenbezogener Daten oder die Verarbeitung oder Nutzung personenbezogener Daten in oder aus nicht automatisierten Dateien regeln einschließlich des Rechts der Mitgliedstaaten in den Fällen des § 1 Abs. 5. Sie berät und unterstützt die Beauftragten für den Datenschutz und die verantwortlichen Stellen mit Rücksicht auf deren typische Bedürfnisse. Die Aufsichtsbehörde darf die von ihr gespeicherten Daten nur für Zwecke der Aufsicht verarbeiten und nutzen; § 14 Abs. 2 Nr. 1 bis 3, 6 und 7 gilt entsprechend. Insbesondere darf die Aufsichtsbehörde zum Zweck der Aufsicht Daten an andere Aufsichtsbehörden übermitteln. Sie leistet den Aufsichtsbehörden anderer Mitgliedstaaten der Europäischen Union auf Ersuchen ergänzende Hilfe (Amtshilfe). Stellt die Aufsichtsbehörde einen Verstoß gegen dieses Gesetz oder andere Vorschriften über den Datenschutz fest, so ist sie befugt, die Betroffenen hierüber zu unterrichten, den Verstoß bei den für die Verfolgung oder Ahndung zuständigen Stellen anzuzeigen sowie bei schwerwiegenden Verstößen die Gewerbeaufsichtsbehörde zur Durchführung gewerberechtlicher Maßnahmen zu unterrichten. Sie veröffentlicht regelmäßig, spätestens alle zwei Jahre, einen Tätigkeitsbe-

richt. § 21 Satz 1 und § 23 Abs. 5 Satz 4 bis 7 gelten entsprechend.

(2) Die Aufsichtsbehörde führt ein Register der nach § 4d meldepflichtigen automatisierten Verarbeitungen mit den Angaben nach § 4e Satz 1. Das Register kann von jedem eingesehen werden. Das Einsichtsrecht erstreckt sich nicht auf die Angaben nach § 4e Satz 1 Nr. 9 sowie auf die Angabe der zugriffsberechtigten Personen.

(3) Die der Kontrolle unterliegenden Stellen sowie die mit deren Leitung beauftragten Personen haben der Aufsichtsbehörde auf Verlangen die für die Erfüllung ihrer Aufgaben erforderlichen Auskünfte unverzüglich zu erteilen. Der Auskunftpflichtige kann die Auskunft auf solche Fragen verweigern, deren Beantwortung ihn selbst oder einen der in § 383 Abs. 1 Nr. 1 bis 3 der Zivilprozessordnung bezeichneten Angehörigen der Gefahr strafgerichtlicher Verfolgung oder eines Verfahrens nach dem Gesetz über Ordnungswidrigkeiten aussetzen würde. Der Auskunftpflichtige ist darauf hinzuweisen.

(4) Die von der Aufsichtsbehörde mit der Kontrolle beauftragten Personen sind befugt, soweit es zur Erfüllung der der Aufsichtsbehörde übertragenen Aufgaben erforderlich ist, während der Betriebs- und Geschäftszeit Grundstücke und Geschäftsräume der Stelle zu betreten und dort Prüfungen und Besichtigungen vorzunehmen. Sie können geschäftliche Unterlagen, insbesondere die Übersicht nach § 4g Abs. 2 Satz 1 sowie die gespeicherten personenbezogenen Daten und die Datenverarbeitungsprogramme, einsehen. § 24 Abs. 6 gilt entsprechend. Der Auskunftpflichtige hat diese Maßnahmen zu dulden.

(5) Zur Gewährleistung der Einhaltung dieses Gesetzes und anderer Vorschriften über den Datenschutz kann die Aufsichtsbehörde Maßnahmen zur Beseitigung festgestellter Verstöße bei der Erhebung, Verarbeitung oder Nutzung personenbezogener Daten oder technischer oder organisatorischer Mängel anordnen. Bei schwerwiegenden Verstößen oder Mängeln, insbesondere solchen, die mit einer besonderen Gefährdung des Persönlichkeitsrechts verbunden sind, kann sie die Erhebung, Verarbeitung oder Nutzung oder den Einsatz einzelner Verfahren untersagen, wenn die Verstöße oder Mängel entgegen der Anordnung nach Satz 1 und trotz der Verhängung eines Zwangsgeldes nicht in angemessener Zeit beseitigt werden. Sie kann die Abberufung des Beauftragten für den Datenschutz verlangen, wenn er die zur Erfüllung seiner Aufgaben erforderliche Fachkunde und Zuverlässigkeit nicht besitzt.

(6) Die Landesregierungen oder die von ihnen ermächtigten Stellen bestimmen die für die Kontrolle der Durchführung des Datenschutzes im Anwendungsbereich dieses Abschnittes zuständigen Aufsichtsbehörden.

(7) Die Anwendung der Gewerbeordnung auf die den Vorschriften dieses Abschnittes unterliegenden Gewerbebetriebe bleibt unberührt.

### § 38a Verhaltensregeln zur Förderung der Durchführung datenschutzrechtlicher Regelungen

(1) Berufsverbände und andere Vereinigungen, die bestimmte Gruppen von verantwortlichen Stellen vertreten, können Entwürfe für Verhaltensregeln zur Förderung der Durchführung von datenschutzrechtlichen Regelungen der zuständigen Aufsichtsbehörde unterbreiten.

(2) Die Aufsichtsbehörde überprüft die Vereinbarkeit der ihr unterbreiteten Entwürfe mit dem geltenden Datenschutzrecht.

### Vierter Abschnitt
### Sondervorschriften

### § 39 Zweckbindung bei personenbezogenen Daten, die einem Berufs- oder besonderen Amtsgeheimnis unterliegen

(1) Personenbezogene Daten, die einem Berufs- oder besonderen Amtsgeheimnis unterliegen und die von der zur Verschwiegenheit ver-

pflichteten Stelle in Ausübung ihrer Berufs- oder Amtspflicht zur Verfügung gestellt worden sind, dürfen von der verantwortlichen Stelle nur für den Zweck verarbeitet oder genutzt werden, für den sie sie erhalten hat. In die Übermittlung an eine nicht-öffentliche Stelle muss die zur Verschwiegenheit verpflichtete Stelle einwilligen.

(2) Für einen anderen Zweck dürfen die Daten nur verarbeitet oder genutzt werden, wenn die Änderung des Zwecks durch besonderes Gesetz zugelassen ist.

### § 40 Verarbeitung und Nutzung personenbezogener Daten durch Forschungseinrichtungen

(1) Für Zwecke der wissenschaftlichen Forschung erhobene oder gespeicherte personenbezogene Daten dürfen nur für Zwecke der wissenschaftlichen Forschung verarbeitet oder genutzt werden.

(2) Die personenbezogenen Daten sind zu anonymisieren, sobald dies nach dem Forschungszweck möglich ist. Bis dahin sind die Merkmale gesondert zu speichern, mit denen Einzelangaben über persönliche oder sachliche Verhältnisse einer bestimmten oder bestimmbaren Person zugeordnet werden können. Sie dürfen mit den Einzelangaben nur zusammengeführt werden, soweit der Forschungszweck dies erfordert.

(3) Die wissenschaftliche Forschung betreibenden Stellen dürfen personenbezogene Daten nur veröffentlichen, wenn

1. der Betroffene eingewilligt hat oder

2. dies für die Darstellung von Forschungsergebnissen über Ereignisse der Zeitgeschichte unerlässlich ist.

### § 41 Erhebung, Verarbeitung und Nutzung personenbezogener Daten durch die Medien

(1) Die Länder haben in ihrer Gesetzgebung vorzusehen, dass für die Erhebung, Verarbei-

tung und Nutzung personenbezogener Daten von Unternehmen und Hilfsunternehmen der Presse ausschließlich zu eigenen journalistisch-redaktionellen oder literarischen Zwecken den Vorschriften der §§ 5, 9 und 38a entsprechende Regelungen einschließlich einer hierauf bezogenen Haftungsregelung entsprechend § 7 zur Anwendung kommen.

(2) Führt die journalistisch-redaktionelle Erhebung, Verarbeitung oder Nutzung personenbezogener Daten durch die Deutsche Welle zur Veröffentlichung von Gegendarstellungen des Betroffenen, so sind diese Gegendarstellungen zu den gespeicherten Daten zu nehmen und für dieselbe Zeitdauer aufzubewahren wie die Daten selbst.

(3) Wird jemand durch eine Berichterstattung der Deutschen Welle in seinem Persönlichkeitsrecht beeinträchtigt, so kann er Auskunft über die der Berichterstattung zugrunde liegenden, zu seiner Person gespeicherten Daten verlangen. Die Auskunft kann nach Abwägung der schutzwürdigen Interessen der Beteiligten verweigert werden, soweit

1. aus den Daten auf Personen, die bei der Vorbereitung, Herstellung oder Verbreitung von Rundfunksendungen berufsmäßig journalistisch mitwirken oder mitgewirkt haben, geschlossen werden kann,

2. aus den Daten auf die Person des Einsenders oder des Gewährsträgers von Beiträgen, Unterlagen und Mitteilungen für den redaktionellen Teil geschlossen werden kann,

3. durch die Mitteilung der recherchierten oder sonst erlangten Daten die journalistische Aufgabe der Deutschen Welle durch Ausforschung des Informationsbestandes beeinträchtigt würde.

Der Betroffene kann die Berichtigung unrichtiger Daten verlangen.

(4) Im Übrigen gelten für die Deutsche Welle von den Vorschriften dieses Gesetzes die §§ 5,

7, 9 und 38a. Anstelle der §§ 24 bis 26 gilt § 42, auch soweit es sich um Verwaltungsangelegenheiten handelt.

### § 42 Datenschutzbeauftragter der Deutschen Welle

(1) Die Deutsche Welle bestellt einen Beauftragten für den Datenschutz, der an die Stelle des Bundesbeauftragten für den Datenschutz und die Informationsfreiheit tritt. Die Bestellung erfolgt auf Vorschlag des Intendanten durch den Verwaltungsrat für die Dauer von vier Jahren, wobei Wiederbestellungen zulässig sind. Das Amt eines Beauftragten für den Datenschutz kann neben anderen Aufgaben innerhalb der Rundfunkanstalt wahrgenommen werden.

(2) Der Beauftragte für den Datenschutz kontrolliert die Einhaltung der Vorschriften dieses Gesetzes sowie anderer Vorschriften über den Datenschutz. Er ist in Ausübung dieses Amtes unabhängig und nur dem Gesetz unterworfen. Im Übrigen untersteht er der Dienst- und Rechtsaufsicht des Verwaltungsrates.

(3) Jedermann kann sich entsprechend § 21 Satz 1 an den Beauftragten für den Datenschutz wenden.

(4) Der Beauftragte für den Datenschutz erstattet den Organen der Deutschen Welle alle zwei Jahre, erstmals zum 1. Januar 1994 einen Tätigkeitsbericht. Er erstattet darüber hinaus besondere Berichte auf Beschluss eines Organes der Deutschen Welle. Die Tätigkeitsberichte übermittelt der Beauftragte auch an den Bundesbeauftragten für den Datenschutz und die Informationsfreiheit.

(5) Weitere Regelungen entsprechend den §§ 23 bis 26 trifft die Deutsche Welle für ihren Bereich. Die §§ 4f und 4g bleiben unberührt.

### § 42a Informationspflicht bei unrechtmäßiger Kenntniserlangung von Daten

Stellt eine nichtöffentliche Stelle im Sinne des § 2 Absatz 4 oder eine öffentliche Stelle nach § 27 Absatz 1 Satz 1 Nummer 2 fest, dass bei ihr gespeicherte

1. besondere Arten personenbezogener Daten (§ 3 Absatz 9),

2. personenbezogene Daten, die einem Berufsgeheimnis unterliegen,

3. personenbezogene Daten, die sich auf strafbare Handlungen oder Ordnungswidrigkeiten oder den Verdacht strafbarer Handlungen oder Ordnungswidrigkeiten beziehen, oder

4. personenbezogene Daten zu Bank- oder Kreditkartenkonten

unrechtmäßig übermittelt oder auf sonstige Weise Dritten unrechtmäßig zur Kenntnis gelangt sind, und drohen schwerwiegende Beeinträchtigungen für die Rechte oder schutzwürdigen Interessen der Betroffenen, hat sie dies nach den Sätzen 2 bis 5 unverzüglich der zuständigen Aufsichtsbehörde sowie den Betroffenen mitzuteilen. Die Benachrichtigung des Betroffenen muss unverzüglich erfolgen, sobald angemessene Maßnahmen zur Sicherung der Daten ergriffen worden sind oder nicht unverzüglich erfolgt sind und die Strafverfolgung nicht mehr gefährdet wird. Die Benachrichtigung der Betroffenen muss eine Darlegung der Art der unrechtmäßigen Kenntniserlangung und Empfehlungen für Maßnahmen zur Minderung möglicher nachteiliger Folgen enthalten. Die Benachrichtigung der zuständigen Aufsichtsbehörde muss zusätzlich eine Darlegung möglicher nachteiliger Folgen der unrechtmäßigen Kenntniserlangung und der von der Stelle daraufhin ergriffenen Maßnahmen enthalten. Soweit die Benachrichtigung der Betroffenen einen unverhältnismäßigen Aufwand erfordern würde, insbesondere aufgrund der Vielzahl der betroffenen Fälle, tritt an ihre Stelle die Information der Öffentlichkeit durch Anzeigen, die mindestens eine halbe Seite umfassen, in mindestens zwei bundesweit erscheinenden Tageszeitungen oder durch eine andere, in ihrer Wirksamkeit hinsichtlich der Information der Betroffenen gleich geeignete Maßnahme. Eine Benachrichtigung, die der Benachrichtigungspflichtige erteilt hat, darf in einem Strafverfahren oder in einem Verfahren nach dem Gesetz über Ordnungswidrigkeiten gegen ihn oder einen in § 52 Absatz 1 der Strafprozessordnung bezeichneten Angehörigen des Benachrichtigungspflichtigen nur mit Zustimmung des Benachrichtigungspflichtigen verwendet werden.

## Fünfter Abschnitt
## Schlussvorschriften

### § 43 Bußgeldvorschriften

(1) Ordnungswidrig handelt, wer vorsätzlich oder fahrlässig

1. entgegen § 4d Abs. 1, auch in Verbindung mit § 4e Satz 2, eine Meldung nicht, nicht richtig, nicht vollständig oder nicht rechtzeitig macht,

2. entgegen § 4f Abs. 1 Satz 1 oder 2, jeweils auch in Verbindung mit Satz 3 und 6, einen Beauftragten für den Datenschutz nicht, nicht in der vorgeschriebenen Weise oder nicht rechtzeitig bestellt,

2a. entgegen § 10 Absatz 4 Satz 3 nicht gewährleistet, dass die Datenübermittlung festgestellt und überprüft werden kann,

2b. entgegen § 11 Absatz 2 Satz 2 einen Auftrag nicht richtig, nicht vollständig oder nicht in der vorgeschriebenen Weise erteilt oder entgegen § 11 Absatz 2 Satz 4 sich nicht vor Beginn der Datenverarbeitung von der Einhaltung der beim Auftragnehmer getroffenen technischen und organisatorischen Maßnahmen überzeugt,

3. entgegen § 28 Abs. 4 Satz 2 den Betroffenen nicht, nicht richtig oder nicht rechtzeitig unterrichtet oder nicht sicherstellt, dass der Betroffene Kenntnis erhalten kann,

3a. entgegen § 28 Absatz 4 Satz 4 eine strengere Form verlangt,

4. entgegen § 28 Abs. 5 Satz 2 personenbezogene Daten übermittelt oder nutzt,

5. entgegen § 29 Abs. 2 Satz 3 oder 4 die dort bezeichneten Gründe oder die Art und Weise ihrer glaubhaften Darlegung nicht aufzeichnet,

6. entgegen § 29 Abs. 3 Satz 1 personenbezogene Daten in elektronische oder gedruckte Adress-, Rufnummern-, Branchen- oder vergleichbare Verzeichnisse aufnimmt,

7. entgegen § 29 Abs. 3 Satz 2 die Übernahme von Kennzeichnungen nicht sicherstellt,

8. entgegen § 33 Abs. 1 den Betroffenen nicht, nicht richtig oder nicht vollständig benachrichtigt,

9. entgegen § 35 Abs. 6 Satz 3 Daten ohne Gegendarstellung übermittelt,

10. entgegen § 38 Abs. 3 Satz 1 oder Abs. 4 Satz 1 eine Auskunft nicht, nicht richtig, nicht vollständig oder nicht rechtzeitig erteilt oder eine Maßnahme nicht duldet oder

11. einer vollziehbaren Anordnung nach § 38 Abs. 5 Satz 1 zuwiderhandelt.

(2) Ordnungswidrig handelt, wer vorsätzlich oder fahrlässig

1. unbefugt personenbezogene Daten, die nicht allgemein zugänglich sind, erhebt oder verarbeitet,

2. unbefugt personenbezogene Daten, die nicht allgemein zugänglich sind, zum Abruf mittels automatisierten Verfahrens bereithält,

3. unbefugt personenbezogene Daten, die nicht allgemein zugänglich sind, abruft oder sich oder einem anderen aus automatisierten Verarbeitungen oder nicht automatisierten Dateien verschafft,

4. die Übermittlung von personenbezogenen Daten, die nicht allgemein zugänglich sind, durch unrichtige Angaben erschleicht,

5. entgegen § 16 Abs. 4 Satz 1, § 28 Abs. 5 Satz 1, auch in Verbindung mit § 29 Abs. 4, § 39 Abs. 1 Satz 1 oder § 40 Abs. 1, die übermittelten Daten für andere Zwecke nutzt,

5a. entgegen § 28 Absatz 3b den Abschluss eines Vertrages von der Einwilligung des Betroffenen abhängig macht,

5b. entgegen § 28 Absatz 4 Satz 1 Daten für Zwecke der Werbung oder der Markt- oder Meinungsforschung verarbeitet oder nutzt,

6. entgegen § 30 Absatz 1 Satz 2, § 30a Absatz 3 Satz 3 oder § 40 Absatz 2 Satz 3 ein dort genanntes Merkmal mit einer Einzelangabe zusammenführt oder

7. entgegen § 42a Satz 1 eine Mitteilung nicht, nicht richtig, nicht vollständig oder nicht rechtzeitig macht.

(3) Die Ordnungswidrigkeit kann im Fall des Absatzes 1 mit einer Geldbuße bis zu fünfzigtausend Euro, in den Fällen des Absatzes 2 mit einer Geldbuße bis zu dreihunderttausend Euro geahndet werden. Die Geldbuße soll den wirtschaftlichen Vorteil, den der Täter aus der Ordnungswidrigkeit gezogen hat, übersteigen. Reichen die in Satz 1 genannten Beträge hierfür nicht aus, so können sie überschritten werden.

### § 44 Strafvorschriften

(1) Wer eine in § 43 Abs. 2 bezeichnete vorsätzliche Handlung gegen Entgelt oder in der Absicht, sich oder einen anderen zu bereichern oder einen anderen zu schädigen, begeht, wird mit Freiheitsstrafe bis zu zwei Jahren oder mit Geldstrafe bestraft.

(2) Die Tat wird nur auf Antrag verfolgt. Antragsberechtigt sind der Betroffene, die verantwortliche Stelle, der Bundesbeauftragte für den Datenschutz und die Informationsfreiheit und die Aufsichtsbehörde.

### Sechster Abschnitt
### Übergangsvorschriften

### § 45 Laufende Verwendungen

Erhebungen, Verarbeitungen oder Nutzungen personenbezogener Daten, die am 23. Mai 2001 bereits begonnen haben, sind binnen drei Jahren nach diesem Zeitpunkt mit den Vorschriften dieses Gesetzes in Übereinstimmung zu bringen. Soweit Vorschriften dieses Gesetzes in Rechtsvorschriften außerhalb des Anwendungsbereichs der Richtlinie 95/46/EG des Europäischen Parlaments und des Rates vom 24. Oktober 1995 zum Schutz natürlicher Personen bei der Verarbeitung personenbezogener Daten und zum freien Datenverkehr zur Anwendung gelangen, sind Erhebungen, Verarbeitungen oder Nutzungen personenbezogener Daten, die am 23. Mai 2001 bereits begonnen haben, binnen fünf Jahren nach diesem Zeitpunkt mit den Vorschriften dieses Gesetzes in Übereinstimmung zu bringen.

### § 46 Weitergeltung von Begriffsbestimmungen

(1) Wird in besonderen Rechtsvorschriften des Bundes der Begriff Datei verwendet, ist Datei

1. eine Sammlung personenbezogener Daten, die durch automatisierte Verfahren nach bestimmten Merkmalen ausgewertet werden kann (automatisierte Datei), oder

2. jede sonstige Sammlung personenbezogener Daten, die gleichartig aufgebaut ist und nach bestimmten Merkmalen geordnet, umgeordnet und ausgewertet werden kann (nicht automatisierte Datei).

Nicht hierzu gehören Akten und Aktensammlungen, es sei denn, dass sie durch automatisierte Verfahren umgeordnet und ausgewertet werden können.

(2) Wird in besonderen Rechtsvorschriften des Bundes der Begriff Akte verwendet, ist Akte jede amtlichen oder dienstlichen Zwecken

dienende Unterlage, die nicht dem Dateibegriff des Absatzes 1 unterfällt; dazu zählen auch Bild- und Tonträger. Nicht hierunter fallen Vorentwürfe und Notizen, die nicht Bestandteil eines Vorgangs werden sollen.

(3) Wird in besonderen Rechtsvorschriften des Bundes der Begriff Empfänger verwendet, ist Empfänger jede Person oder Stelle außerhalb der verantwortlichen Stelle. Empfänger sind nicht der Betroffene sowie Personen und Stellen, die im Inland, in einem anderen Mitgliedstaat der Europäischen Union oder in einem anderen Vertragsstaat des Abkommens über den Europäischen Wirtschaftsraum personenbezogene Daten im Auftrag erheben, verarbeiten oder nutzen.

### § 47 Übergangsregelung

Für die Verarbeitung und Nutzung vor dem 1. September 2009 erhobener oder gespeicherter Daten ist § 28 in der bis dahin geltenden Fassung weiter anzuwenden

1. für Zwecke der Markt- oder Meinungsforschung bis zum 31. August 2010,

2. für Zwecke der Werbung bis zum 31. August 2012.

### § 48 Bericht der Bundesregierung

Die Bundesregierung berichtet dem Bundestag

1. bis zum 31. Dezember 2012 über die Auswirkungen der §§ 30a und 42a,

2. bis zum 31. Dezember 2014 über die Auswirkungen der Änderungen der §§ 28 und 29.

Sofern sich aus Sicht der Bundesregierung gesetzgeberische Maßnahmen empfehlen, soll der Bericht einen Vorschlag enthalten.

### Anlage (zu § 9 Satz 1)

(Fundstelle des Originaltextes: BGBl. I 2003, 88; bzgl. der einzelnen Änderungen vgl. Fußnote)

Werden personenbezogene Daten automatisiert verarbeitet oder genutzt, ist die innerbehördliche oder innerbetriebliche Organisation so zu gestalten, dass sie den besonderen Anforderungen des Datenschutzes gerecht wird. Dabei sind insbesondere Maßnahmen zu treffen, die je nach der Art der zu schützenden personenbezogenen Daten oder Datenkategorien geeignet sind,

1. Unbefugten den Zutritt zu Datenverarbeitungsanlagen, mit denen personenbezogene Daten verarbeitet oder genutzt werden, zu verwehren (Zutrittskontrolle),

2. zu verhindern, dass Datenverarbeitungssysteme von Unbefugten genutzt werden können (Zugangskontrolle),

3. zu gewährleisten, dass die zur Benutzung eines Datenverarbeitungssystems Berechtigten ausschließlich auf die ihrer Zugriffsberechtigung unterliegenden Daten zugreifen können, und dass personenbezogene Daten bei der Verarbeitung, Nutzung und nach der Speicherung nicht unbefugt gelesen, kopiert, verändert oder entfernt werden können (Zugriffskontrolle),

4. zu gewährleisten, dass personenbezogene Daten bei der elektronischen Übertragung oder während ihres Transports oder ihrer Speicherung auf Datenträger nicht unbefugt gelesen, kopiert, verändert oder entfernt werden können, und dass überprüft und festgestellt werden kann, an welche Stellen eine Übermittlung personenbezogener Daten durch Einrichtungen zur Datenübertragung vorgesehen ist (Weitergabekontrolle),

5. zu gewährleisten, dass nachträglich überprüft und festgestellt werden kann, ob und

von wem personenbezogene Daten in Datenverarbeitungssysteme eingegeben, verändert oder entfernt worden sind (Eingabekontrolle),

6. zu gewährleisten, dass personenbezogene Daten, die im Auftrag verarbeitet werden, nur entsprechend den Weisungen des Auftraggebers verarbeitet werden können (Auftragskontrolle),

7. zu gewährleisten, dass personenbezogene Daten gegen zufällige Zerstörung oder Verlust geschützt sind (Verfügbarkeitskontrolle),

8. zu gewährleisten, dass zu unterschiedlichen Zwecken erhobene Daten getrennt verarbeitet werden können.

Eine Maßnahme nach Satz 2 Nummer 2 bis 4 ist insbesondere die Verwendung von dem Stand der Technik entsprechenden Verschlüsselungsverfahren.

# Gesetz zum Elterngeld und zur Elternzeit

(Bundeselterngeld- und Elternzeitgesetz – BEEG)

Vom 5. Dezember 2006
(BGBl. I S. 2748)

Zuletzt geändert durch Artikel 10 des Gesetzes
vom 23. Oktober 2012
(BGBl. I S. 2246)

## Abschnitt 1
## Elterngeld

### § 1 Berechtigte

(1) Anspruch auf Elterngeld hat, wer

1. einen Wohnsitz oder seinen gewöhnlichen Aufenthalt in Deutschland hat,

2. *mit seinem Kind in einem Haushalt lebt,*

3. dieses Kind selbst betreut und erzieht und

4. keine oder keine volle Erwerbstätigkeit ausübt.

(2) Anspruch auf Elterngeld hat auch, wer, ohne eine der Voraussetzungen des Absatzes 1 Nr. 1 zu erfüllen,

1. nach § 4 des Vierten Buches Sozialgesetzbuch dem deutschen Sozialversicherungsrecht unterliegt oder im Rahmen seines in Deutschland bestehenden öffentlich-rechtlichen Dienst- oder Amtsverhältnisses vorübergehend ins Ausland abgeordnet, versetzt oder kommandiert ist,

2. Entwicklungshelfer oder Entwicklungshelferin im Sinne des § 1 des Entwicklungshelfer-Gesetzes ist oder als Missionar oder Missionarin der Missionswerke und -gesellschaften, die Mitglieder oder Vereinbarungspartner des Evangelischen Missionswerkes Hamburg, der Arbeitsgemeinschaft Evangelikaler Missionen e. V., des Deutschen katholischen Missionsrates oder der Arbeitsgemeinschaft pfingstlich-charismatischer Missionen sind, tätig ist oder

3. die deutsche Staatsangehörigkeit besitzt und nur vorübergehend bei einer zwischen- oder überstaatlichen Einrichtung tätig ist, insbesondere nach den Entsenderichtlinien des Bundes beurlaubte Beamte und Beamtinnen, oder wer vorübergehend eine nach § 123a des Beamtenrechtsrahmengesetzes oder § 29 des Bundesbeamtengesetzes zugewiesene Tätigkeit im Ausland wahrnimmt.

Dies gilt auch für mit der nach Satz 1 berechtigten Person in einem Haushalt lebende Ehegatten, Ehegattinnen, Lebenspartner oder Lebenspartnerinnen.

(3) Anspruch auf Elterngeld hat abweichend von Absatz 1 Nr. 2 auch, wer

1. *mit einem Kind in einem Haushalt lebt, das er mit dem Ziel der Annahme als Kind aufgenommen hat,*

2. *ein Kind des Ehegatten, der Ehegattin, des Lebenspartners oder der Lebenspartnerin in seinen Haushalt aufgenommen hat oder*

3. *mit einem Kind in einem Haushalt lebt und die von ihm erklärte Anerkennung der Vaterschaft nach § 1594 Abs. 2 des Bürgerlichen Gesetzbuchs noch nicht wirksam oder über die von ihm beantragte Vaterschaftsfeststellung nach § 1600d des Bürgerlichen Gesetzbuchs noch nicht entschieden ist.*

Für angenommene Kinder und Kinder im Sinne des Satzes 1 Nr. 1 sind die Vorschriften dieses Gesetzes mit der Maßgabe anzuwenden, dass statt des Zeitpunktes der Geburt der Zeitpunkt der Aufnahme des Kindes bei der berechtigten Person maßgeblich ist.

(4) Können die Eltern wegen einer schweren Krankheit, Schwerbehinderung oder Tod der Eltern ihr Kind nicht betreuen, haben Verwandte bis zum dritten Grad und ihre Ehegatten, Ehegattinnen, Lebenspartner oder Lebenspartnerinnen Anspruch auf Elterngeld, wenn sie die übrigen Voraussetzungen nach Absatz 1 erfüllen und von anderen Berechtigten Elterngeld nicht in Anspruch genommen wird.

(5) Der Anspruch auf Elterngeld bleibt unberührt, wenn die Betreuung und Erziehung des Kindes aus einem wichtigen Grund nicht sofort aufgenommen werden kann oder wenn sie unterbrochen werden muss.

(6) Eine Person ist nicht voll erwerbstätig, wenn ihre Arbeitszeit 30 Wochenstunden im Durchschnitt des Monats nicht übersteigt, sie

eine Beschäftigung zur Berufsbildung ausübt oder sie eine geeignete Tagespflegeperson im Sinne des § 23 des Achten Buches Sozialgesetzbuch ist und nicht mehr als fünf Kinder in Tagespflege betreut.

(7) Ein nicht freizügigkeitsberechtigter Ausländer oder eine nicht freizügigkeitsberechtigte Ausländerin ist nur anspruchsberechtigt, wenn diese Person

1. eine Niederlassungserlaubnis besitzt,

2. eine Aufenthaltserlaubnis besitzt, die zur Ausübung einer Erwerbstätigkeit berechtigt oder berechtigt hat, es sei denn, die Aufenthaltserlaubnis wurde

    a) nach § 16 oder § 17 des Aufenthaltsgesetzes erteilt,

    b) nach § 18 Abs. 2 des Aufenthaltsgesetzes erteilt und die Zustimmung der Bundesagentur für Arbeit darf nach der Beschäftigungsverordnung nur für einen bestimmten Höchstzeitraum erteilt werden,

    c) nach § 23 Abs. 1 des Aufenthaltsgesetzes wegen eines Krieges in ihrem Heimatland oder nach den §§ 23a, 24, 25 Abs. 3 bis 5 des Aufenthaltsgesetzes erteilt,

    d) nach § 104a des Aufenthaltsgesetzes erteilt oder

3. eine in Nummer 2 Buchstabe c genannte Aufenthaltserlaubnis besitzt und

    a) sich seit mindestens drei Jahren rechtmäßig, gestattet oder geduldet im Bundesgebiet aufhält und

    b) im Bundesgebiet berechtigt erwerbstätig ist, laufende Geldleistungen nach dem Dritten Buch Sozialgesetzbuch bezieht oder Elternzeit in Anspruch nimmt.

(8) Ein Anspruch entfällt, wenn die berechtigte Person im letzten abgeschlossenen Veranlagungszeitraum ein zu versteuerndes Einkommen nach § 2 Absatz 5 des Einkommensteuergesetzes in Höhe von mehr als 250 000 Euro erzielt hat. Ist auch eine andere Person nach den Absätzen 1, 3 oder 4 berechtigt, entfällt abweichend von Satz 1 der Anspruch, wenn die Summe des zu versteuernden Einkommens beider berechtigter Personen mehr als 500 000 Euro beträgt.

### § 2 Höhe des Elterngeldes

(1) Elterngeld wird in Höhe von 67 Prozent des Einkommens aus Erwerbstätigkeit vor der Geburt des Kindes gewährt. Es wird bis zu einem Höchstbetrag von 1 800 Euro monatlich für volle Monate gezahlt, in denen die berechtigte Person kein Einkommen aus Erwerbstätigkeit hat. Das Einkommen aus Erwerbstätigkeit errechnet sich nach Maßgabe der §§ 2c bis 2f aus der um die Abzüge für Steuern und Sozialabgaben verminderten Summe der positiven Einkünfte aus

1. nichtselbständiger Arbeit nach § 2 Absatz 1 Satz 1 Nummer 4 des Einkommensteuergesetzes sowie

2. Land- und Forstwirtschaft, Gewerbebetrieb und selbständiger Arbeit nach § 2 Absatz 1 Satz 1 Nummer 1 bis 3 des Einkommensteuergesetzes,

die im Inland zu versteuern sind und die die berechtigte Person durchschnittlich monatlich im Bemessungszeitraum nach § 2b oder in Monaten der Bezugszeit nach § 2 Absatz 3 hat.

(2) In den Fällen, in denen das Einkommen aus Erwerbstätigkeit vor der Geburt geringer als 1 000 Euro war, erhöht sich der Prozentsatz von 67 Prozent um 0,1 Prozentpunkte für je 2 Euro, um die dieses Einkommen den Betrag von 1 000 Euro unterschreitet, auf bis zu 100 Prozent. In den Fällen, in denen das Einkommen aus Erwerbstätigkeit vor der Geburt höher als 1 200 Euro war, sinkt der Prozentsatz von 67 Prozent um 0,1 Prozentpunkte für je 2 Euro, um die dieses Einkommen den Betrag von 1 200 Euro überschreitet, auf bis zu 65 Prozent.

(3) Für Monate nach der Geburt des Kindes, in denen die berechtigte Person ein Einkommen aus Erwerbstätigkeit hat, das durchschnittlich geringer ist als das Einkommen aus Erwerbstätigkeit vor der Geburt, wird Elterngeld in Höhe des nach Absatz 1 oder 2 maßgeblichen Prozentsatzes des Unterschiedsbetrages dieser Einkommen aus Erwerbstätigkeit gezahlt. Als Einkommen aus Erwerbstätigkeit vor der Geburt ist dabei höchstens der Betrag von 2 770 Euro anzusetzen.

(4) Elterngeld wird mindestens in Höhe von 300 Euro gezahlt. Dies gilt auch, wenn die berechtigte Person vor der Geburt des Kindes kein Einkommen aus Erwerbstätigkeit hat.

### § 2a Geschwisterbonus und Mehrlingszuschlag

(1) Lebt die berechtigte Person in einem Haushalt mit

1. zwei Kindern, die noch nicht drei Jahre alt sind, oder

2. drei oder mehr Kindern, die noch nicht sechs Jahre alt sind,

wird das Elterngeld um 10 Prozent, mindestens jedoch um 75 Euro erhöht (Geschwisterbonus). Zu berücksichtigen sind alle Kinder, für die die berechtigte Person die Voraussetzungen des § 1 Absatz 1 und 3 erfüllt und für die sich das Elterngeld nicht nach Absatz 4 erhöht.

(2) Für angenommene Kinder, die noch nicht 14 Jahre alt sind, gilt als Alter des Kindes der Zeitraum seit der Aufnahme des Kindes in den Haushalt der berechtigten Person. Dies gilt auch für Kinder, die die berechtigte Person entsprechend § 1 Absatz 3 Satz 1 Nummer 1 mit dem Ziel der Annahme als Kind in ihren Haushalt aufgenommen hat. Für Kinder mit Behinderung im Sinne von § 2 Absatz 1 Satz 1 des Neunten Buches Sozialgesetzbuch liegt die Altersgrenze nach Absatz 1 Satz 1 bei 14 Jahren.

(3) Der Anspruch auf den Geschwisterbonus endet mit Ablauf des Monats, in dem eine der in Absatz 1 genannten Anspruchsvoraussetzungen entfällt.

(4) Bei Mehrlingsgeburten erhöht sich das Elterngeld um je 300 Euro für das zweite und jedes weitere Kind (Mehrlingszuschlag). Dies gilt auch, wenn ein Geschwisterbonus nach Absatz 1 gezahlt wird.

### § 2b Bemessungszeitraum

(1) Für die Ermittlung des Einkommens aus nichtselbstständiger Erwerbstätigkeit im Sinne von § 2c vor der Geburt sind die zwölf Kalendermonate vor dem Monat der Geburt des Kindes maßgeblich. Bei der Bestimmung des Bemessungszeitraums nach Satz 1 bleiben Kalendermonate unberücksichtigt, in denen die berechtigte Person

1. ohne Berücksichtigung einer Verlängerung des Auszahlungszeitraums nach § 6 Satz 2 Elterngeld für ein älteres Kind bezogen hat,

2. während der Schutzfristen nach § 3 Absatz 2 oder § 6 Absatz 1 des Mutterschutzgesetzes nicht beschäftigt werden durfte oder Mutterschaftsgeld nach dem Fünften Buch Sozialgesetzbuch oder nach dem Zweiten Gesetz über die Krankenversicherung der Landwirte bezogen hat,

3. eine Krankheit hatte, die maßgeblich durch eine Schwangerschaft bedingt war, oder

4. Wehrdienst nach dem Wehrpflichtgesetz in der bis zum 31. Mai 2011 geltenden Fassung oder nach dem Vierten Abschnitt des Soldatengesetzes oder Zivildienst nach dem Zivildienstgesetz geleistet hat

und in den Fällen der Nummern 3 und 4 dadurch ein geringeres Einkommen aus Erwerbstätigkeit hatte.

(2) Für die Ermittlung des Einkommens aus selbstständiger Erwerbstätigkeit im Sinne von § 2d vor der Geburt sind die jeweiligen steuerlichen Gewinnermittlungszeiträume maßgeblich, die dem letzten abgeschlossenen steuerlichen Veranlagungszeitraum vor der Geburt des

Kindes zugrunde liegen. Haben in einem Gewinnermittlungszeitraum die Voraussetzungen des Absatzes 1 Satz 2 vorgelegen, sind auf Antrag die Gewinnermittlungszeiträume maßgeblich, die dem diesen Ereignissen vorangegangenen abgeschlossenen steuerlichen Veranlagungszeitraum zugrunde liegen.

(3) Abweichend von Absatz 1 ist für die Ermittlung des Einkommens aus nichtselbstständiger Erwerbstätigkeit vor der Geburt der steuerliche Veranlagungszeitraum maßgeblich, der den Gewinnermittlungszeiträumen nach Absatz 2 zugrunde liegt, wenn die berechtigte Person in den Zeiträumen nach Absatz 1 oder Absatz 2 Einkommen aus selbstständiger Erwerbstätigkeit hatte. Haben im Bemessungszeitraum nach Satz 1 die Voraussetzungen des Absatzes 1 Satz 2 vorgelegen, ist Absatz 2 Satz 2 mit der zusätzlichen Maßgabe anzuwenden, dass für die Ermittlung des Einkommens aus nichtselbstständiger Erwerbstätigkeit vor der Geburt der vorangegangene steuerliche Veranlagungszeitraum maßgeblich ist.

### § 2c Einkommen aus nichtselbstständiger Erwerbstätigkeit

(1) Der monatlich durchschnittlich zu berücksichtigende Überschuss der Einnahmen aus nichtselbstständiger Arbeit in Geld oder Geldeswert über ein Zwölftel des Arbeitnehmer-Pauschbetrags, vermindert um die Abzüge für Steuern und Sozialabgaben nach den §§ 2e und 2f, ergibt das Einkommen aus nichtselbstständiger Erwerbstätigkeit. Nicht berücksichtigt werden Einnahmen, die im Lohnsteuerabzugsverfahren als sonstige Bezüge behandelt werden. Maßgeblich ist der Arbeitnehmer-Pauschbetrag nach § 9a Satz 1 Nummer 1 Buchstabe a des Einkommensteuergesetzes in der am 1. Januar des Kalenderjahres vor der Geburt des Kindes für dieses Jahr geltenden Fassung.

(2) Grundlage der Ermittlung der Einnahmen sind die Angaben in den für die maßgeblichen Monate erstellten Lohn- und Gehaltsbescheinigungen des Arbeitgebers.

(3) Grundlage der Ermittlung der nach den §§ 2e und 2f erforderlichen Abzugsmerkmale für Steuern und Sozialabgaben sind die Angaben in der Lohn- und Gehaltsbescheinigung, die für den letzten Monat im Bemessungszeitraum mit Einnahmen nach Absatz 1 erstellt Gehaltsbescheinigungen des Bemessungszeitraums eine Angabe zu einem Abzugsmerkmal geändert hat, ist die von der Angabe nach Satz 1 abweichende Angabe maßgeblich, wenn sie in der überwiegenden Zahl der Monate des Bemessungszeitraums gegolten hat.

### § 2d Einkommen aus selbstständiger Erwerbstätigkeit

(1) Die monatlich durchschnittlich zu berücksichtigende Summe der positiven Einkünfte aus Land- und Forstwirtschaft, Gewerbebetrieb und selbstständiger Arbeit (Gewinneinkünfte), vermindert um die Abzüge für Steuern und Sozialabgaben nach den §§ 2e und 2f, ergibt das Einkommen aus selbstständiger Erwerbstätigkeit.

(2) Bei der Ermittlung der im Bemessungszeitraum zu berücksichtigenden Gewinneinkünfte sind die entsprechenden im Einkommensteuerbescheid ausgewiesenen Gewinne anzusetzen. Ist kein Einkommensteuerbescheid zu erstellen, werden die Gewinneinkünfte in entsprechender Anwendung des Absatzes 3 ermittelt.

(3) Grundlage der Ermittlung der in den Bezugsmonaten zu berücksichtigenden Gewinneinkünfte ist eine Gewinnermittlung, die mindestens den Anforderungen des § 4 Absatz 3 des Einkommensteuergesetzes entspricht. Als Betriebsausgaben sind 25 Prozent der zugrunde gelegten Einnahmen oder auf Antrag die damit zusammenhängenden tatsächlichen Betriebsausgaben anzusetzen.

(4) Soweit nicht in § 2c Absatz 3 etwas anderes bestimmt ist, sind bei der Ermittlung der nach § 2e erforderlichen Abzugsmerkmale für Steuern die Angaben im Einkommensteuerbescheid maßgeblich. § 2c Absatz 3 Satz 2 gilt entsprechend.

## § 2e Abzüge für Steuern

(1) Als Abzüge für Steuern sind Beträge für die Einkommensteuer, den Solidaritätszuschlag und, wenn die berechtigte Person kirchensteuerpflichtig ist, die Kirchensteuer zu berücksichtigen. Die Abzüge für Steuern werden einheitlich für Einkommen aus nichtselbstständiger und selbstständiger Erwerbstätigkeit auf Grundlage einer Berechnung anhand des am 1. Januar des Kalenderjahres vor der Geburt des Kindes für dieses Jahr geltenden Programmablaufplans für die maschinelle Berechnung der vom Arbeitslohn einzubehaltenden Lohnsteuer, des Solidaritätszuschlags und der Maßstabsteuer für die Kirchenlohnsteuer im Sinne von § 39b Absatz 6 des Einkommensteuergesetzes nach den Maßgaben der Absätze 2 bis 5 ermittelt.

(2) Bemessungsgrundlage für die Ermittlung der Abzüge für Steuern ist die monatlich durchschnittlich zu berücksichtigende Summe der Einnahmen nach § 2c, soweit sie von der berechtigten Person zu versteuern sind, und der Gewinneinkünfte nach § 2d. Bei der Ermittlung der Abzüge für Steuern nach Absatz 1 werden folgende Pauschalen berücksichtigt:

1. der Arbeitnehmer-Pauschbetrag nach § 9a Satz 1 Nummer 1 Buchstabe a des Einkommensteuergesetzes, wenn die berechtigte Person von ihr zu versteuernde Einnahmen hat, die unter § 2c fallen, und

2. eine Vorsorgepauschale

   a) mit den Teilbeträgen nach § 39b Absatz 2 Satz 5 Nummer 3 Buchstabe b und c des Einkommensteuergesetzes, falls die berechtigte Person von ihr zu versteuernde Einnahmen nach § 2c hat, ohne in der gesetzlichen Rentenversicherung oder einer vergleichbaren Einrichtung versicherungspflichtig gewesen zu sein, oder

   b) mit den Teilbeträgen nach § 39b Absatz 2 Satz 5 Nummer 3 Buchstabe a bis c des Einkommensteuergesetzes in allen übrigen Fällen,

wobei die Höhe der Teilbeträge ohne Berücksichtigung der besonderen Regelungen zur Berechnung der Beiträge nach § 55 Absatz 3 und § 58 Absatz 3 des Elften Buches Sozialgesetzbuch bestimmt wird.

(3) Als Abzug für die Einkommensteuer ist der Betrag anzusetzen, der sich unter Berücksichtigung der Steuerklasse und des Faktors nach § 39f des Einkommensteuergesetzes nach § 2c Absatz 3 ergibt; die Steuerklasse VI bleibt unberücksichtigt. War die berechtigte Person im Bemessungszeitraum nach § 2b in keine Steuerklasse eingereiht oder ist ihr nach § 2d zu berücksichtigender Gewinn höher als ihr nach § 2c zu berücksichtigender Überschuss der Einnahmen über ein Zwölftel des Arbeitnehmer-Pauschbetrags, ist als Abzug für die Einkommensteuer der Betrag anzusetzen, der sich unter Berücksichtigung der Steuerklasse IV ohne Berücksichtigung eines Faktors nach § 39f des Einkommensteuergesetzes ergibt.

(4) Als Abzug für den Solidaritätszuschlag ist der Betrag anzusetzen, der sich nach den Maßgaben des Solidaritätszuschlagsgesetzes 1995 für die Einkommensteuer nach Absatz 3 ergibt. Freibeträge für Kinder werden nach den Maßgaben des § 3 Absatz 2a des Solidaritätszuschlagsgesetzes 1995 berücksichtigt.

(5) Als Abzug für die Kirchensteuer ist der Betrag anzusetzen, der sich unter Anwendung eines Kirchensteuersatzes von 8 Prozent für die Einkommensteuer nach Absatz 3 ergibt. Freibeträge für Kinder werden nach den Maßgaben des § 51a Absatz 2a des Einkommensteuergesetzes berücksichtigt.

(6) Vorbehaltlich der Absätze 2 bis 5 werden Freibeträge und Pauschalen nur berücksichtigt, wenn sie ohne weitere Voraussetzung jeder berechtigten Person zustehen.

## § 2f Abzüge für Sozialabgaben

(1) Als Abzüge für Sozialabgaben sind Beträge für die gesetzliche Sozialversicherung oder für eine vergleichbare Einrichtung sowie für die

Arbeitsförderung zu berücksichtigen. Die Abzüge für Sozialabgaben werden einheitlich für Einkommen aus nichtselbstständiger und selbstständiger Erwerbstätigkeit anhand folgender Beitragssatzpauschalen ermittelt:

1. 9 Prozent für die Kranken- und Pflegeversicherung, falls die berechtigte Person in der gesetzlichen Krankenversicherung nach § 5 Absatz 1 Nummer 1 bis 12 des Fünften Buches Sozialgesetzbuch versicherungspflichtig gewesen ist,

2. 10 Prozent für die Rentenversicherung, falls die berechtigte Person in der gesetzlichen Rentenversicherung oder einer vergleichbaren Einrichtung versicherungspflichtig gewesen ist, und

3. 2 Prozent für die Arbeitsförderung, falls die berechtigte Person nach dem Dritten Buch Sozialgesetzbuch versicherungspflichtig gewesen ist.

(2) Bemessungsgrundlage für die Ermittlung der Abzüge für Sozialabgaben ist die monatlich durchschnittlich zu berücksichtigende Summe der Einnahmen nach § 2c und der Gewinneinkünfte nach § 2d. Einnahmen aus Beschäftigungen im Sinne des § 8, des § 8a oder des § 20 Absatz 3 Satz 1 des Vierten Buches Sozialgesetzbuch werden nicht berücksichtigt. Für Einnahmen aus Beschäftigungsverhältnissen im Sinne des § 20 Absatz 2 des Vierten Buches Sozialgesetzbuch ist der Betrag anzusetzen, der sich nach § 344 Absatz 4 des Dritten Buches Sozialgesetzbuch für diese Einnahmen ergibt, wobei der Faktor im Sinne des § 163 Absatz 10 Satz 2 des Sechsten Buches Sozialgesetzbuch unter Zugrundelegung der Beitragssatzpauschalen nach Absatz 1 bestimmt wird.

(3) Andere Maßgaben zur Bestimmung der sozialversicherungsrechtlichen Beitragsbemessungsgrundlagen werden nicht berücksichtigt.

## § 3 Anrechnung von anderen Einnahmen

(1) Auf das der berechtigten Person nach § 2 oder nach § 2 in Verbindung mit § 2a zustehende Elterngeld werden folgende Einnahmen angerechnet:

1. Mutterschaftsleistungen in Form des Mutterschaftsgeldes nach dem Fünften Buch Sozialgesetzbuch oder nach dem Zweiten Gesetz über die Krankenversicherung der Landwirte mit Ausnahme des Mutterschaftsgeldes nach § 13 Absatz 2 des Mutterschutzgesetzes oder des Zuschusses zum Mutterschaftsgeld nach § 14 des Mutterschutzgesetzes, die der berechtigten Person für die Zeit ab dem Tag der Geburt des Kindes zustehen,

2. Dienst- und Anwärterbezüge sowie Zuschüsse, die der berechtigten Person nach beamten- oder soldatenrechtlichen Vorschriften für die Zeit eines Beschäftigungsverbots ab dem Tag der Geburt des Kindes zustehen,

3. dem Elterngeld vergleichbare Leistungen, auf die eine nach § 1 berechtigte Person außerhalb Deutschlands oder gegenüber einer über- oder zwischenstaatlichen Einrichtung Anspruch hat,

4. Elterngeld, das der berechtigten Person für ein älteres Kind zusteht, sowie

5. Einnahmen, die der berechtigten Person als Ersatz für Erwerbseinkommen zustehen und

   a) die nicht bereits für die Berechnung des Elterngeldes nach § 2 berücksichtigt werden oder

   b) bei deren Berechnung das Elterngeld nicht berücksichtigt wird.

Stehen der berechtigten Person die Einnahmen nur für einen Teil des Lebensmonats des Kindes zu, sind sie nur auf den entsprechenden Teil des Elterngeldes anzurechnen. Für jeden Kalendermonat, in dem Einnahmen nach

Satz 1 Nummer 4 oder Nummer 5 im Bemessungszeitraum bezogen worden sind, wird der Anrechnungsbetrag um ein Zwölftel gemindert.

(2) Bis zu einem Betrag von 300 Euro ist das Elterngeld von der Anrechnung nach Absatz 1 frei, soweit nicht Einnahmen nach Absatz 1 Satz 1 Nummer 1 bis 3 auf das Elterngeld anzurechnen sind. Dieser Betrag erhöht sich bei Mehrlingsgeburten um je 300 Euro für das zweite und jedes weitere Kind.

(3) Solange kein Antrag auf die in Absatz 1 Satz 1 Nummer 3 genannten vergleichbaren Leistungen gestellt wird, ruht der Anspruch auf Elterngeld bis zur möglichen Höhe der vergleichbaren Leistung.

### § 4 Bezugszeitraum

(1) Elterngeld kann in der Zeit vom Tag der Geburt bis zur Vollendung des 14. Lebensmonats des Kindes bezogen werden. Für angenommene Kinder und Kinder im Sinne des § 1 Abs. 3 Nr. 1 kann Elterngeld ab Aufnahme bei der berechtigten Person für die Dauer von bis zu 14 Monaten, längstens bis zur Vollendung des achten Lebensjahres des Kindes bezogen werden.

(2) Elterngeld wird in Monatsbeträgen für Lebensmonate des Kindes gezahlt. Die Eltern haben insgesamt Anspruch auf zwölf Monatsbeträge. Sie haben Anspruch auf zwei weitere Monatsbeträge, wenn für zwei Monate eine Minderung des Einkommens aus Erwerbstätigkeit erfolgt. Die Eltern können die jeweiligen Monatsbeträge abwechselnd oder gleichzeitig beziehen.

(3) Ein Elternteil kann mindestens für zwei und höchstens für zwölf Monate Elterngeld beziehen. Lebensmonate des Kindes, in denen einem Elternteil nach § 3 Absatz 1 Nummer 1 bis 3 anzurechnende Einnahmen zustehen, gelten als Monate, für die dieser Elternteil Elterngeld bezieht. Ein Elternteil kann abweichend von Satz 1 für 14 Monate Elterngeld beziehen, wenn eine Minderung des Einkommens aus Erwerbstätigkeit erfolgt und mit der Betreuung durch

den anderen Elternteil eine Gefährdung des Kindeswohls im Sinne von § 1666 Abs. 1 und 2 des Bürgerlichen Gesetzbuchs verbunden wäre oder die Betreuung durch den anderen Elternteil unmöglich ist, insbesondere weil er wegen einer schweren Krankheit oder Schwerbehinderung sein Kind nicht betreuen kann; für die Feststellung der Unmöglichkeit der Betreuung bleiben wirtschaftliche Gründe und Gründe einer Verhinderung wegen anderweitiger Tätigkeiten außer Betracht. Elterngeld für 14 Monate steht einem Elternteil auch zu, wenn

1. ihm die elterliche Sorge oder zumindest das Aufenthaltsbestimmungsrecht allein zusteht oder er eine einstweilige Anordnung erwirkt hat, mit der ihm die elterliche Sorge oder zumindest das Aufenthaltsbestimmungsrecht für das Kind vorläufig übertragen worden ist,

2. eine Minderung des Einkommens aus Erwerbstätigkeit erfolgt und

3. der andere Elternteil weder mit ihm noch mit dem Kind in einer Wohnung lebt.

(4) Der Anspruch endet mit dem Ablauf des Monats, in dem eine Anspruchsvoraussetzung entfallen ist.

(5) Die Absätze 2 und 3 gelten in den Fällen des § 1 Abs. 3 und 4 entsprechend. Nicht sorgeberechtigte Elternteile und Personen, die nach § 1 Abs. 3 Nr. 2 und 3 Elterngeld beziehen können, bedürfen der Zustimmung des sorgeberechtigten Elternteils.

### § 5 Zusammentreffen von Ansprüchen

(1) Erfüllen beide Elternteile die Anspruchsvoraussetzungen, bestimmen sie, wer von ihnen welche Monatsbeträge in Anspruch nimmt.

(2) Beanspruchen beide Elternteile zusammen mehr als die ihnen zustehenden zwölf oder 14 Monatsbeträge Elterngeld, besteht der Anspruch eines Elternteils, der nicht über die Hälfte der Monatsbeträge hinausgeht, ungekürzt; der Anspruch des anderen Elternteils wird

gekürzt auf die verbleibenden Monatsbeträge. Beanspruchen beide Elternteile Elterngeld für mehr als die Hälfte der Monate, steht ihnen jeweils die Hälfte der Monatsbeträge zu.

(3) Die Absätze 1 und 2 gelten in den Fällen des § 1 Abs. 3 und 4 entsprechend. Wird eine Einigung mit einem nicht sorgeberechtigten Elternteil oder einer Person, die nach § 1 Abs. 3 Nr. 2 und 3 Elterngeld beziehen kann, nicht erzielt, kommt es abweichend von Absatz 2 allein auf die Entscheidung des sorgeberechtigten Elternteils an.

## § 6 Auszahlung und Verlängerungsmöglichkeit

Das Elterngeld wird im Laufe des Monats gezahlt, für den es bestimmt ist. Die einer Person zustehenden Monatsbeträge werden auf Antrag in jeweils zwei halben Monatsbeträgen ausgezahlt, so dass sich der Auszahlungszeitraum verdoppelt. Die zweite Hälfte der jeweiligen Monatsbeträge wird beginnend mit dem Monat gezahlt, der auf den letzten Monat folgt, für den der berechtigten Person ein Monatsbetrag der ersten Hälfte gezahlt wurde.

## § 7 Antragstellung

(1) Das Elterngeld ist schriftlich zu beantragen. Es wird rückwirkend nur für die letzten drei Monate vor Beginn des Monats geleistet, in dem der Antrag auf Elterngeld eingegangen ist.

(2) In dem Antrag ist anzugeben, für welche Monate Elterngeld beantragt wird. Die im Antrag getroffenen Entscheidungen können bis zum Ende des Bezugszeitraums geändert werden. Eine Änderung kann rückwirkend nur für die letzten drei Monate vor Beginn des Monats verlangt werden, in dem der Änderungsantrag eingegangen ist. Sie ist außer in den Fällen besonderer Härte unzulässig, soweit Monatsbeträge bereits ausgezahlt sind. Im Übrigen finden die für die Antragstellung geltenden Vorschriften auch auf den Änderungsantrag Anwendung.

(3) Der Antrag ist außer in den Fällen des § 4 Abs. 3 Satz 3 und 4 und der Antragstellung durch eine allein sorgeberechtigte Person von der Person, die ihn stellt, und zur Bestätigung der Kenntnisnahme auch von der anderen berechtigten Person zu unterschreiben. Die andere berechtigte Person kann gleichzeitig einen Antrag auf das von ihr beanspruchte Elterngeld stellen oder der Behörde anzeigen, für wie viele Monate sie Elterngeld beansprucht, wenn mit ihrem Anspruch die Höchstgrenze nach § 4 Abs. 2 Satz 2 und 3 überschritten würde. Liegt der Behörde weder ein Antrag noch eine Anzeige der anderen berechtigten Person nach Satz 2 vor, erhält der Antragsteller oder die Antragstellerin die Monatsbeträge ausgezahlt; die andere berechtigte Person kann bei einem späteren Antrag abweichend von § 5 Abs. 2 nur für die unter Berücksichtigung von § 4 Abs. 2 Satz 2 und 3 verbleibenden Monate Elterngeld erhalten.

## § 8 Auskunftspflicht, Nebenbestimmungen

(1) Soweit im Antrag Angaben zum voraussichtlichen Einkommen aus Erwerbstätigkeit gemacht wurden, ist nach Ablauf des Bezugszeitraums für diese Zeit das tatsächliche Einkommen aus Erwerbstätigkeit nachzuweisen.

(2) Elterngeld wird in den Fällen, in denen die berechtigte Person nach ihren Angaben im Antrag im Bezugszeitraum voraussichtlich kein Einkommen aus Erwerbstätigkeit haben wird, unter dem Vorbehalt des Widerrufs für den Fall gezahlt, dass sie entgegen ihren Angaben im Antrag Einkommen aus Erwerbstätigkeit hat. In den Fällen, in denen zum Zeitpunkt der Antragstellung der Steuerbescheid der berechtigten Person oder einer anderen nach § 1 Absatz 1, 3 oder 4 anspruchsberechtigten Person für den letzten abgeschlossenen Veranlagungszeitraum nicht vorliegt und nach den Angaben im Antrag die Beträge nach § 1 Absatz 8 voraussichtlich nicht überschritten werden, wird Elterngeld unter dem Vorbehalt des Widerrufs für den Fall gezahlt, dass entgegen den Angaben

im Antrag die Beträge nach § 1 Absatz 8 überschritten werden.

(3) Kann das Einkommen aus Erwerbstätigkeit vor der Geburt nicht ermittelt werden oder hat die berechtigte Person nach den Angaben im Antrag im Bezugszeitraum voraussichtlich Einkommen aus Erwerbstätigkeit, wird Elterngeld bis zum Nachweis des tatsächlich zu berücksichtigenden Einkommens aus Erwerbstätigkeit vorläufig unter Berücksichtigung des glaubhaft gemachten Einkommens aus Erwerbstätigkeit gezahlt. Das Gleiche gilt in Fällen, in denen zum Zeitpunkt der Antragstellung der Steuerbescheid der berechtigten Person oder einer anderen nach § 1 Absatz 1, 3 oder 4 anspruchsberechtigten Person für den letzten abgeschlossenen Veranlagungszeitraum nicht vorliegt und in denen noch nicht angegeben werden kann, ob die Beträge nach § 1 Absatz 8 überschritten werden.

### § 9 Einkommens- und Arbeitszeitnachweis, Auskunftspflicht des Arbeitgebers

Soweit es zum Nachweis des Einkommens aus Erwerbstätigkeit oder der wöchentlichen Arbeitszeit erforderlich ist, hat der Arbeitgeber der nach § 12 zuständigen Behörde für bei ihm Beschäftigte das Arbeitsentgelt, die für die Ermittlung der nach den §§ 2e und 2f erforderlichen Abzugsmerkmale für Steuern und Sozialabgaben sowie die Arbeitszeit auf Verlangen zu bescheinigen das Gleiche gilt für ehemalige Arbeitgeber. Für die in Heimarbeit Beschäftigten und die ihnen Gleichgestellten (§ 1 Absatz 1 und 2 des Heimarbeitsgesetzes) tritt an die Stelle des Arbeitgebers der Auftraggeber oder Zwischenmeister.

### § 10 Verhältnis zu anderen Sozialleistungen

(1) Das Elterngeld und vergleichbare Leistungen der Länder sowie die nach § 3 auf das Elterngeld angerechneten Einnahmen bleiben bei Sozialleistungen, deren Zahlung von anderen Einkommen abhängig ist, bis zu einer Höhe von insgesamt 300 Euro im Monat als Einkommen unberücksichtigt.

(2) Das Elterngeld und vergleichbare Leistungen der Länder sowie die nach § 3 auf das Elterngeld angerechneten Einnahmen dürfen bis zu einer Höhe von 300 Euro nicht dafür herangezogen werden, um auf Rechtsvorschriften beruhende Leistungen anderer, auf die kein Anspruch besteht, zu versagen.

(3) Bei Ausübung der Verlängerungsoption nach § 6 Satz 2 bleibt das Elterngeld nur bis zur Hälfte des Anrechnungsfreibetrags, der nach Abzug der anderen nach Absatz 1 nicht zu berücksichtigenden Einnahmen für das Elterngeld verbleibt, als Einkommen unberücksichtigt und darf nur bis zu dieser Höhe nicht dafür herangezogen werden, um auf Rechtsvorschriften beruhende Leistungen anderer, auf die kein Anspruch besteht, zu versagen.

(4) Die nach den Absätzen 1 bis 3 nicht zu berücksichtigenden oder nicht heranzuziehenden Beträge vervielfachen sich bei Mehrlingsgeburten mit der Zahl der geborenen Kinder.

(5) Die Absätze 1 bis 4 gelten nicht bei Leistungen nach dem Zweiten Buch Sozialgesetzbuch, dem Zwölften Buch Sozialgesetzbuch und § 6a des Bundeskindergeldgesetzes. Bei den in Satz 1 bezeichneten Leistungen bleiben das Elterngeld und vergleichbare Leistungen der Länder sowie die nach § 3 auf das Elterngeld angerechneten Einnahmen in Höhe des nach § 2 Absatz 1 berücksichtigten Einkommens aus Erwerbstätigkeit vor der Geburt bis zu 300 Euro im Monat als Einkommen unberücksichtigt. In den Fällen des § 6 Satz 2 verringern sich die Beträge nach Satz 2 um die Hälfte.

(6) Die Absätze 1 bis 4 gelten entsprechend, soweit für eine Sozialleistung ein Kostenbeitrag erhoben werden kann, der einkommensabhängig ist.

## § 11 Unterhaltspflichten

Unterhaltsverpflichtungen werden durch die Zahlung des Elterngeldes und vergleichbarer Leistungen der Länder nur insoweit berührt, als die Zahlung 300 Euro monatlich übersteigt. In den Fällen des § 6 Satz 2 werden die Unterhaltspflichten insoweit berührt, als die Zahlung 150 Euro übersteigt. Die in den Sätzen 1 und 2 genannten Beträge vervielfachen sich bei Mehrlingsgeburten mit der Zahl der geborenen Kinder. Die Sätze 1 bis 3 gelten nicht in den Fällen des § 1361 Abs. 3, der §§ 1579, 1603 Abs. 2 und des § 1611 Abs. 1 des Bürgerlichen Gesetzbuchs.

## § 12 Zuständigkeit; Aufbringung der Mittel

(1) Die Landesregierungen oder die von ihnen beauftragten Stellen bestimmen die für die Ausführung dieses Gesetzes zuständigen Behörden. Diesen Behörden obliegt auch die Beratung zur Elternzeit. In den Fällen des § 1 Abs. 2 ist die von den Ländern für die Durchführung dieses Gesetzes bestimmte Behörde des Bezirks zuständig, in dem die berechtigte Person ihren letzten inländischen Wohnsitz hatte; hilfsweise ist die Behörde des Bezirks zuständig, in dem der entsendende Dienstherr oder Arbeitgeber der berechtigten Person oder der Arbeitgeber des Ehegatten, der Ehegattin, des Lebenspartners oder der Lebenspartnerin der berechtigten Person den inländischen Sitz hat.

(2) Der Bund trägt die Ausgaben für das Elterngeld.

## § 13 Rechtsweg

(1) Über öffentlich-rechtliche Streitigkeiten in Angelegenheiten der §§ 1 bis 12 entscheiden die Gerichte der Sozialgerichtsbarkeit. § 85 Abs. 2 Nr. 2 des Sozialgerichtsgesetzes gilt mit der Maßgabe, dass die zuständige Stelle nach § 12 bestimmt wird.

(2) Widerspruch und Anfechtungsklage haben keine aufschiebende Wirkung.

## § 14 Bußgeldvorschriften

(1) Ordnungswidrig handelt, wer vorsätzlich oder fahrlässig

1. entgegen § 9 eine dort genannte Angabe nicht, nicht richtig, nicht vollständig oder nicht rechtzeitig bescheinigt,

2. entgegen § 60 Abs. 1 Satz 1 Nr. 1 des Ersten Buches Sozialgesetzbuch, auch in Verbindung mit § 8 Abs. 1 Satz 1, eine Angabe nicht, nicht richtig, nicht vollständig oder nicht rechtzeitig macht,

3. entgegen § 60 Abs. 1 Satz 1 Nr. 2 des Ersten Buches Sozialgesetzbuch eine Mitteilung nicht, nicht richtig, nicht vollständig oder nicht rechtzeitig macht oder

4. entgegen § 60 Abs. 1 Satz 1 Nr. 3 des Ersten Buches Sozialgesetzbuch eine Beweisurkunde nicht, nicht richtig, nicht vollständig oder nicht rechtzeitig vorlegt.

(2) Die Ordnungswidrigkeit kann mit einer Geldbuße von bis zu zweitausend Euro geahndet werden.

(3) Verwaltungsbehörden im Sinne des § 36 Abs. 1 Nr. 1 des Gesetzes über Ordnungswidrigkeiten sind die in § 12 Abs. 1 Satz 1 und 3 genannten Behörden.

## Abschnitt 2
### Elternzeit für Arbeitnehmerinnen und Arbeitnehmer

## § 15 Anspruch auf Elternzeit

(1) Arbeitnehmerinnen und Arbeitnehmer haben Anspruch auf Elternzeit, wenn sie

1. a) mit ihrem Kind,

   b) mit einem Kind, für das sie die Anspruchsvoraussetzungen nach § 1 Abs. 3 oder 4 erfüllen, oder

c) mit einem Kind, das sie in Vollzeitpflege nach § 33 des Achten Buches Sozialgesetzbuch aufgenommen haben,

in einem Haushalt leben und

2. dieses Kind selbst betreuen und erziehen.

Nicht sorgeberechtigte Elternteile und Personen, die nach Satz 1 Nr. 1 Buchstabe b und c Elternzeit nehmen können, bedürfen der Zustimmung des sorgeberechtigten Elternteils.

(1a) Anspruch auf Elternzeit haben Arbeitnehmer und Arbeitnehmerinnen auch, wenn sie mit ihrem Enkelkind in einem Haushalt leben und dieses Kind selbst betreuen und erziehen und

1. ein Elternteil des Kindes minderjährig ist oder

2. ein Elternteil des Kindes sich im letzten oder vorletzten Jahr einer Ausbildung befindet, die vor Vollendung des 18. Lebensjahres begonnen wurde und die Arbeitskraft des Elternteils im Allgemeinen voll in Anspruch nimmt.

Der Anspruch besteht nur für Zeiten, in denen keiner der Elternteile des Kindes selbst Elternzeit beansprucht.

(2) Der Anspruch auf Elternzeit besteht bis zur Vollendung des dritten Lebensjahres eines Kindes. Die Zeit der Mutterschutzfrist nach § 6 Abs. 1 des Mutterschutzgesetzes wird auf die Begrenzung nach Satz 1 angerechnet. Bei mehreren Kindern besteht der Anspruch auf Elternzeit für jedes Kind, auch wenn sich die Zeiträume im Sinne von Satz 1 überschneiden. Ein Anteil der Elternzeit von bis zu zwölf Monaten ist mit Zustimmung des Arbeitgebers auf die Zeit bis zur Vollendung des achten Lebensjahres übertragbar; dies gilt auch, wenn sich die Zeiträume im Sinne von Satz 1 bei mehreren Kindern überschneiden. Bei einem angenommenen Kind und bei einem Kind in Vollzeit- oder Adoptionspflege kann Elternzeit von insgesamt bis zu drei Jahren ab der Aufnahme bei der berechtigten Person, längstens bis zur Vollendung des achten Lebensjahres des Kindes genom-

men werden; die Sätze 3 und 4 sind entsprechend anwendbar, soweit sie die zeitliche Aufteilung regeln. Der Anspruch kann nicht durch Vertrag ausgeschlossen oder beschränkt werden.

(3) Die Elternzeit kann, auch anteilig, von jedem Elternteil allein oder von beiden Elternteilen gemeinsam genommen werden. Satz 1 gilt in den Fällen des Absatzes 1 Satz 1 Nr. 1 Buchstabe b und c entsprechend.

(4) Der Arbeitnehmer oder die Arbeitnehmerin darf während der Elternzeit nicht mehr als 30 Wochenstunden im Durchschnitt des Monats erwerbstätig sein. Eine im Sinne des § 23 des Achten Buches Sozialgesetzbuch geeignete Tagespflegeperson kann bis zu fünf Kinder in Tagespflege betreuen, auch wenn die wöchentliche Betreuungszeit 30 Stunden übersteigt. Teilzeitarbeit bei einem anderen Arbeitgeber oder selbstständige Tätigkeit nach Satz 1 bedürfen der Zustimmung des Arbeitgebers. Dieser kann sie nur innerhalb von vier Wochen aus dringenden betrieblichen Gründen schriftlich ablehnen.

(5) Der Arbeitnehmer oder die Arbeitnehmerin kann eine Verringerung der Arbeitszeit und ihre Ausgestaltung beantragen. Über den Antrag sollen sich der Arbeitgeber und der Arbeitnehmer oder die Arbeitnehmerin innerhalb von vier Wochen einigen. Der Antrag kann mit der schriftlichen Mitteilung nach Absatz 7 Satz 1 Nr. 5 verbunden werden. Unberührt bleibt das Recht, sowohl die vor der Elternzeit bestehende Teilzeitarbeit unverändert während der Elternzeit fortzusetzen, soweit Absatz 4 beachtet ist, als auch nach der Elternzeit zu der Arbeitszeit zurückzukehren, die vor Beginn der Elternzeit vereinbart war.

(6) Der Arbeitnehmer oder die Arbeitnehmerin kann gegenüber dem Arbeitgeber, soweit eine Einigung nach Absatz 5 nicht möglich ist, unter den Voraussetzungen des Absatzes 7 während der Gesamtdauer der Elternzeit zweimal eine Verringerung seiner oder ihrer Arbeitszeit beanspruchen.

(7) Für den Anspruch auf Verringerung der Arbeitszeit gelten folgende Voraussetzungen:

1. Der Arbeitgeber beschäftigt, unabhängig von der Anzahl der Personen in Berufsbildung, in der Regel mehr als 15 Arbeitnehmer und Arbeitnehmerinnen,

2. das Arbeitsverhältnis in demselben Betrieb oder Unternehmen besteht ohne Unterbrechung länger als sechs Monate,

3. die vertraglich vereinbarte regelmäßige Arbeitszeit soll für mindestens zwei Monate auf einen Umfang zwischen 15 und 30 Wochenstunden verringert werden,

4. dem Anspruch stehen keine dringenden betrieblichen Gründe entgegen und

5. der Anspruch wurde dem Arbeitgeber sieben Wochen vor Beginn der Tätigkeit schriftlich mitgeteilt.

Der Antrag muss den Beginn und den Umfang der verringerten Arbeitszeit enthalten. Die gewünschte Verteilung der verringerten Arbeitszeit soll im Antrag angegeben werden. Falls der Arbeitgeber die beanspruchte Verringerung der Arbeitszeit ablehnen will, muss er dies innerhalb von vier Wochen mit schriftlicher Begründung tun. Soweit der Arbeitgeber der Verringerung der Arbeitszeit nicht oder nicht rechtzeitig zustimmt, kann der Arbeitnehmer oder die Arbeitnehmerin Klage vor den Gerichten für Arbeitssachen erheben.

### § 16 Inanspruchnahme der Elternzeit

(1) Wer Elternzeit beanspruchen will, muss sie spätestens sieben Wochen vor Beginn schriftlich vom Arbeitgeber verlangen und gleichzeitig erklären, für welche Zeiten innerhalb von zwei Jahren Elternzeit genommen werden soll. Bei dringenden Gründen ist ausnahmsweise eine angemessene kürzere Frist möglich. Nimmt die Mutter die Elternzeit im Anschluss an die Mutterschutzfrist, wird die Zeit der Mutterschutzfrist nach § 6 Abs. 1 des Mutterschutzgesetzes auf den Zeitraum nach Satz 1 angerechnet.

Nimmt die Mutter die Elternzeit im Anschluss an einen auf die Mutterschutzfrist folgenden Erholungsurlaub, werden die Zeit der Mutterschutzfrist nach § 6 Abs. 1 des Mutterschutzgesetzes und die Zeit des Erholungsurlaubs auf den Zweijahreszeitraum nach Satz 1 angerechnet. Die Elternzeit kann auf zwei Zeitabschnitte verteilt werden; eine Verteilung auf weitere Zeitabschnitte ist nur mit der Zustimmung des Arbeitgebers möglich. Der Arbeitgeber hat dem Arbeitnehmer oder der Arbeitnehmerin die Elternzeit zu bescheinigen.

(2) Können Arbeitnehmerinnen und Arbeitnehmer aus einem von ihnen nicht zu vertretenden Grund eine sich unmittelbar an die Mutterschutzfrist des § 6 Abs. 1 des Mutterschutzgesetzes anschließende Elternzeit nicht rechtzeitig verlangen, können sie dies innerhalb einer Woche nach Wegfall des Grundes nachholen.

(3) Die Elternzeit kann vorzeitig beendet oder im Rahmen des § 15 Absatz 2 verlängert werden, wenn der Arbeitgeber zustimmt. Die vorzeitige Beendigung wegen der Geburt eines weiteren Kindes oder in Fällen besonderer Härte, insbesondere bei Eintritt einer schweren Krankheit, Schwerbehinderung oder Tod eines Elternteils oder eines Kindes der berechtigten Person oder bei erheblich gefährdeter wirtschaftlicher Existenz der Eltern nach Inanspruchnahme der Elternzeit, kann der Arbeitgeber unbeschadet von Satz 3 nur innerhalb von vier Wochen aus dringenden betrieblichen Gründen schriftlich ablehnen. Die Elternzeit kann zur Inanspruchnahme der Schutzfristen des § 3 Absatz 2 und des § 6 Absatz 1 des Mutterschutzgesetzes auch ohne Zustimmung des Arbeitgebers vorzeitig beendet werden; in diesen Fällen soll die Arbeitnehmerin dem Arbeitgeber der Beendigung der Elternzeit rechtzeitig mitteilen. Eine Verlängerung der Elternzeit kann verlangt werden, wenn ein vorgesehener Wechsel der Anspruchsberechtigten aus einem wichtigen Grund nicht erfolgen kann.

(4) Stirbt das Kind während der Elternzeit, endet diese spätestens drei Wochen nach dem Tod des Kindes.

(5) Eine Änderung in der Anspruchsberechtigung hat der Arbeitnehmer oder die Arbeitnehmerin dem Arbeitgeber unverzüglich mitzuteilen.

### § 17 Urlaub

(1) Der Arbeitgeber kann den Erholungsurlaub, der dem Arbeitnehmer oder der Arbeitnehmerin für das Urlaubsjahr zusteht, für jeden vollen Kalendermonat der Elternzeit um ein Zwölftel kürzen. Dies gilt nicht, wenn der Arbeitnehmer oder die Arbeitnehmerin während der Elternzeit bei seinem oder ihrem Arbeitgeber Teilzeitarbeit leistet.

(2) Hat der Arbeitnehmer oder die Arbeitnehmerin den ihm oder ihr zustehenden Urlaub vor dem Beginn der Elternzeit nicht oder nicht vollständig erhalten, hat der Arbeitgeber den Resturlaub nach der Elternzeit im laufenden oder im nächsten Urlaubsjahr zu gewähren.

(3) Endet das Arbeitsverhältnis während der Elternzeit oder wird es im Anschluss an die Elternzeit nicht fortgesetzt, so hat der Arbeitgeber den noch nicht gewährten Urlaub abzugelten.

(4) Hat der Arbeitnehmer oder die Arbeitnehmerin vor Beginn der Elternzeit mehr Urlaub erhalten, als ihm oder ihr nach Absatz 1 zusteht, kann der Arbeitgeber den Urlaub, der dem Arbeitnehmer oder der Arbeitnehmerin nach dem Ende der Elternzeit zusteht, um die zu viel gewährten Urlaubstage kürzen.

### § 18 Kündigungsschutz

(1) Der Arbeitgeber darf das Arbeitsverhältnis ab dem Zeitpunkt, von dem an Elternzeit verlangt worden ist, höchstens jedoch acht Wochen vor Beginn der Elternzeit, und während der Elternzeit nicht kündigen. In besonderen Fällen kann ausnahmsweise eine Kündigung für zulässig erklärt werden. Die Zulässigkeitserklärung

erfolgt durch die für den Arbeitsschutz zuständige oberste Landesbehörde oder die von ihr bestimmte Stelle. Die Bundesregierung kann mit Zustimmung des Bundesrates allgemeine Verwaltungsvorschriften zur Durchführung des Satzes 2 erlassen.

(2) Absatz 1 gilt entsprechend, wenn Arbeitnehmer oder Arbeitnehmerinnen

1. während der Elternzeit bei demselben Arbeitgeber Teilzeitarbeit leisten oder

2. ohne Elternzeit in Anspruch zu nehmen, Teilzeitarbeit leisten und Anspruch auf Elterngeld nach § 1 während des Bezugszeitraums nach § 4 Abs. 1 haben.

### § 19 Kündigung zum Ende der Elternzeit

Der Arbeitnehmer oder die Arbeitnehmerin kann das Arbeitsverhältnis zum Ende der Elternzeit nur unter Einhaltung einer Kündigungsfrist von drei Monaten kündigen.

### § 20 Zur Berufsbildung Beschäftigte, in Heimarbeit Beschäftigte

(1) Die zu ihrer Berufsbildung Beschäftigten gelten als Arbeitnehmer oder Arbeitnehmerinnen im Sinne dieses Gesetzes. Die Elternzeit wird auf Berufsbildungszeiten nicht angerechnet.

(2) Anspruch auf Elternzeit haben auch die in Heimarbeit Beschäftigten und die ihnen Gleichgestellten (§ 1 Abs. 1 und 2 des Heimarbeitsgesetzes), soweit sie am Stück mitarbeiten. Für sie tritt an die Stelle des Arbeitgebers der Auftraggeber oder Zwischenmeister und an die Stelle des Arbeitsverhältnisses das Beschäftigungsverhältnis.

### § 21 Befristete Arbeitsverträge

(1) Ein sachlicher Grund, der die Befristung eines Arbeitsverhältnisses rechtfertigt, liegt vor, wenn ein Arbeitnehmer oder eine Arbeitnehmerin zur Vertretung eines anderen Arbeitnehmers

oder einer anderen Arbeitnehmerin für die Dauer eines Beschäftigungsverbotes nach dem Mutterschutzgesetz, einer Elternzeit, einer auf Tarifvertrag, Betriebsvereinbarung oder einzelvertraglicher Vereinbarung beruhenden Arbeitsfreistellung zur Betreuung eines Kindes oder für diese Zeiten zusammen oder für Teile davon eingestellt wird.

(2) Über die Dauer der Vertretung nach Absatz 1 hinaus ist die Befristung für notwendige Zeiten einer Einarbeitung zulässig.

(3) Die Dauer der Befristung des Arbeitsvertrags muss kalendermäßig bestimmt oder bestimmbar oder den in den Absätzen 1 und 2 genannten Zwecken zu entnehmen sein.

(4) Der Arbeitgeber kann den befristeten Arbeitsvertrag unter Einhaltung einer Frist von mindestens drei Wochen, jedoch frühestens zum Ende der Elternzeit, kündigen, wenn die Elternzeit ohne Zustimmung des Arbeitgebers vorzeitig endet und der Arbeitnehmer oder die Arbeitnehmerin die vorzeitige Beendigung der Elternzeit mitgeteilt hat. Satz 1 gilt entsprechend, wenn der Arbeitgeber die vorzeitige Beendigung der Elternzeit in den Fällen des § 16 Abs. 3 Satz 2 nicht ablehnen darf.

(5) Das Kündigungsschutzgesetz ist im Falle des Absatzes 4 nicht anzuwenden.

(6) Absatz 4 gilt nicht, soweit seine Anwendung vertraglich ausgeschlossen ist.

(7) Wird im Rahmen arbeitsrechtlicher Gesetze oder Verordnungen auf die Zahl der beschäftigten Arbeitnehmer und Arbeitnehmerinnen abgestellt, so sind bei der Ermittlung dieser Zahl Arbeitnehmer und Arbeitnehmerinnen, die sich in der Elternzeit befinden oder zur Betreuung eines Kindes freigestellt sind, nicht mitzuzählen, solange für sie aufgrund von Absatz 1 ein Vertreter oder eine Vertreterin eingestellt ist. Dies gilt nicht, wenn der Vertreter oder die Vertreterin nicht mitzuzählen ist. Die Sätze 1 und 2 gelten entsprechend, wenn im Rahmen arbeitsrechtlicher Gesetze oder Verordnungen auf die Zahl der Arbeitsplätze abgestellt wird.

### Abschnitt 3
### Statistik und Schlussvorschriften

### § 22 Bundesstatistik

(1) Zur Beurteilung der Auswirkungen dieses Gesetzes sowie zu seiner Fortentwicklung ist eine laufende Erhebung zum Bezug von Elterngeld als Bundesstatistik durchzuführen. Die Erhebung erfolgt zentral beim Statistischen Bundesamt.

(2) Die Statistik erfasst vierteljährlich zum jeweils letzten Tag des aktuellen und der vorangegangenen zwei Kalendermonate erstmalig zum 31. März 2013 für Elterngeld beziehende Personen folgende Erhebungsmerkmale:

1. Art der Berechtigung nach § 1,

2. Grundlagen der Berechnung des zustehenden Monatsbetrags nach Art und Höhe (§ 2 Absatz 1, 2, 3 oder 4, § 2a Absatz 1 oder 4, § 2c oder § 2d),

3. Höhe des zustehenden Monatsbetrags ohne die Berücksichtigung der Einnahmen nach § 3 und der Ausübung der Verlängerungsmöglichkeit (§ 6),

4. Art und Höhe der Einnahmen nach § 3,

5. Ausübung der Verlängerungsmöglichkeit (§ 6),

6. Höhe des ausgezahlten Monatsbetrags,

7. Geburtstag des Kindes,

8. für die Antragstellerin oder den Antragsteller:

   a) Geschlecht, Geburtsjahr und -monat,

   b) Staatsangehörigkeit,

   c) Wohnsitz oder gewöhnlicher Aufenthalt,

   d) Familienstand und unverheiratetes Zusammenleben mit dem anderen Elternteil und

   e) Anzahl der im Haushalt lebenden Kinder.

(3) Die Angaben nach Absatz 2 Nummer 2, 3 und 6 sind für jeden Lebensmonat des Kindes, bezogen auf den Zeitraum des Leistungsbezugs, zu melden.

(4) Hilfsmerkmale sind:

1. Name und Anschrift der zuständigen Behörde,

2. Name und Telefonnummer sowie Adresse für elektronische Post der für eventuelle Rückfragen zur Verfügung stehenden Person und

3. Kennnummer des Antragstellers oder der Antragstellerin.

### § 23 Auskunftspflicht; Datenübermittlung an das Statistische Bundesamt

(1) Für die Erhebung nach § 22 besteht Auskunftspflicht. Die Angaben nach § 22 Abs. 4 Nr. 2 sind freiwillig. Auskunftspflichtig sind die nach § 12 Abs. 1 zuständigen Stellen.

(2) Der Antragsteller oder die Antragstellerin ist gegenüber den nach § 12 Absatz 1 zuständigen Stellen zu den Erhebungsmerkmalen nach § 22 Absatz 2 auskunftspflichtig. Die zuständigen Stellen nach § 12 Absatz 1 dürfen die Angaben nach § 22 Absatz 2 Nummer 7, soweit sie für den Vollzug dieses Gesetzes nicht erforderlich sind, nur durch technische und organisatorische Maßnahmen getrennt von den übrigen Daten nach § 22 Absatz 2 und nur für die Übermittlung an das Statistische Bundesamt verwenden und haben diese unverzüglich nach Übermittlung an das Statistische Bundesamt zu löschen.

(3) Die in sich schlüssigen Angaben sind als Einzeldatensätze elektronisch bis zum Ablauf von 30 Arbeitstagen nach Ablauf des Berichtszeitraums an das Statistische Bundesamt zu übermitteln.

### § 24 Übermittlung von Tabellen mit statistischen Ergebnissen durch das Statistische Bundesamt

Zur Verwendung gegenüber den gesetzgebenden Körperschaften und zu Zwecken der Planung, jedoch nicht zur Regelung von Einzelfällen, übermittelt das Statistische Bundesamt Tabellen mit statistischen Ergebnissen, auch soweit Tabellenfelder nur einen einzigen Fall ausweisen, an die fachlich zuständigen obersten Bundes oder Landesbehörden. Tabellen, deren Tabellenfelder nur einen einzigen Fall ausweisen, dürfen nur dann übermittelt werden, wenn sie nicht differenzierter als auf Regierungsbezirksebene, im Falle der Stadtstaaten auf Bezirksebene, aufbereitet sind.

### § 24a Übermittlung von Einzelangaben durch das Statistische Bundesamt

(1) Zur Abschätzung von Auswirkungen der Änderungen dieses Gesetzes im Rahmen der Zwecke nach § 24 übermittelt das Statistische Bundesamt auf Anforderung des fachlich zuständigen Bundesministeriums diesem oder von ihm beauftragten Forschungseinrichtungen Einzelangaben ab dem Jahr 2007 ohne Hilfsmerkmale mit Ausnahme des Merkmals nach § 22 Absatz 4 Nummer 3 für die Entwicklung und den Betrieb von Mikrosimulationsmodellen. Die Einzelangaben dürfen nur im hierfür erforderlichen Umfang und mittels eines sicheren Datentransfers übermittelt werden.

(2) Bei der Verarbeitung und Nutzung der Daten nach Absatz 1 ist das Statistikgeheimnis nach § 16 des Bundesstatistikgesetzes zu wahren. Dafür ist die Trennung von statistischen und nichtstatistischen Aufgaben durch Organisation und Verfahren zu gewährleisten. Die nach Absatz 1 übermittelten Daten dürfen nur für die Zwecke verwendet werden, für die sie übermittelt wurden. Die übermittelten Einzeldaten sind nach dem Erreichen des Zweckes zu löschen, zu dem sie übermittelt wurden.

(3) Personen, die Empfängerinnen und Empfänger von Einzelangaben nach Absatz 1 Satz 1 sind, unterliegen der Pflicht zur Geheimhaltung nach § 16 Absatz 1 und 10 des Bundesstatistikgesetzes. Personen, die Einzelangaben nach Absatz 1 Satz 1 erhalten sollen, müssen Amtsträger oder für den öffentlichen Dienst besonders Verpflichtete sein. Personen, die Einzelangaben erhalten sollen und die nicht Amtsträger oder für den öffentlichen Dienst besonders Verpflichtete sind, sind vor der Übermittlung zur Geheimhaltung zu verpflichten. § 1 Absatz 2, 3 und 4 Nummer 2 des Verpflichtungsgesetzes vom 2. März 1974 (BGBl. I S. 469, 547), das durch § 1 Nummer 4 des Gesetzes vom 15. August 1974 (BGBl. I S. 1942) geändert worden ist, gilt in der jeweils geltenden Fassung entsprechend. Die Empfängerinnen und Empfänger von Einzelangaben dürfen aus ihrer Tätigkeit gewonnene Erkenntnisse nur für die in Absatz 1 genannten Zwecke verwenden.

### § 25 Bericht

Die Bundesregierung legt dem Deutschen Bundestag bis zum 1. Oktober 2008 einen Bericht über die Auswirkungen dieses Gesetzes sowie über die gegebenenfalls notwendige Weiterentwicklung dieser Vorschriften vor. Er darf keine personenbezogenen Daten enthalten.

### § 26 Anwendung der Bücher des Sozialgesetzbuches

(1) Soweit dieses Gesetz zum Elterngeld keine ausdrückliche Regelung trifft, ist bei der Ausführung des Ersten Abschnitts das Erste Kapitel des Zehnten Buches Sozialgesetzbuch anzuwenden.

(2) § 328 Absatz 3 und § 331 des Dritten Buches Sozialgesetzbuch gelten entsprechend.

### § 27 Übergangsvorschrift

(1) Für die vor dem 1. Januar 2013 geborenen oder mit dem Ziel der Adoption aufgenommenen Kinder sind die Vorschriften dieses Gesetzes in der bis zum 16. September 2012 geltenden Fassung weiter anzuwenden. Soweit das Gesetz in der bis zum 16. September 2012 geltenden Fassung Mutterschaftsgeld nach der Reichsversicherungsordnung oder nach dem Gesetz über die Krankenversicherung der Landwirte in Bezug nimmt, gelten die betreffenden Regelungen für Mutterschaftsgeld nach dem Fünften Buch Sozialgesetzbuch oder nach dem Zweiten Gesetz über die Krankenversicherung der Landwirte entsprechend.

(1a) Bei der Ermittlung des Überschusses der Einnahmen über die Werbungskosten nach § 2 Absatz 7 Satz 1 ist für die vor dem 1. Januar 2012 geborenen oder mit dem Ziel der Adoption aufgenommenen Kinder § 9a Satz 1 Nummer 1 Buchstabe a des Einkommensteuergesetzes in der am 4. November 2011 geltenden Fassung anzuwenden.

(1b) Soweit dieses Gesetz Mutterschaftsgeld nach dem Fünften Buch Sozialgesetzbuch oder nach dem Zweiten Gesetz über die Krankenversicherung der Landwirte in Bezug nimmt, gelten die betreffenden Regelungen für Mutterschaftsgeld nach der Reichsversicherungsordnung oder nach dem Gesetz über die Krankenversicherung der Landwirte entsprechend.

(2) Für die dem Erziehungsgeld vergleichbaren Leistungen der Länder sind § 8 Absatz 1 und § 9 des Bundeserziehungsgeldgesetzes in der bis zum 31. Dezember 2006 geltenden Fassung weiter anzuwenden.

# Mindesturlaubsgesetz für Arbeitnehmer

### (Bundesurlaubsgesetz – BUrlG)

### Vom 08. Januar 1963

### Zuletzt geändert durch Art. 7 des Gesetzes
### vom 07. Mai 2002
### (BGBl. I S. 1529)

## § 1 Urlaubsanspruch

Jeder Arbeitnehmer hat in jedem Kalenderjahr Anspruch auf bezahlten Erholungsurlaub.

## § 2 Geltungsbereich

Arbeitnehmer im Sinne des Gesetzes sind Arbeiter und Angestellte sowie die zu ihrer Berufsausbildung Beschäftigten. Als Arbeitnehmer gelten auch Personen, die wegen ihrer wirtschaftlichen Unselbständigkeit als arbeitnehmerähnliche Personen anzusehen sind; für den Bereich der Heimarbeit gilt § 12.

## § 3 Dauer des Urlaubs

(1) Der Urlaub beträgt jährlich mindestens 24 Werktage.

(2) Als Werktage gelten alle Kalendertage, die nicht Sonn- oder gesetzliche Feiertage sind.

## § 4 Wartezeit

Der volle Urlaubsanspruch wird erstmalig nach sechsmonatigem Bestehen des Arbeitsverhältnisses erworben.

## § 5 Teilurlaub

(1) Anspruch auf ein Zwölftel des Jahresurlaubs für jeden vollen Monat des Bestehens des Arbeitsverhältnisses hat der Arbeitnehmer

a)  für Zeiten eines Kalenderjahrs, für die er wegen Nichterfüllung der Wartezeit in diesem Kalenderjahr keinen vollen Urlaubsanspruch erwirbt;

b)  wenn er vor erfüllter Wartezeit aus dem Arbeitsverhältnis ausscheidet;

c)  wenn er nach erfüllter Wartezeit in der ersten Hälfte eines Kalenderjahrs aus dem Arbeitsverhältnis ausscheidet.

(2) Bruchteile von Urlaubstagen, die mindestens einen halben Tag ergeben, sind auf volle Urlaubstage aufzurunden.

(3) Hat der Arbeitnehmer im Falle des Absatzes 1 Buchstabe c bereits Urlaub über den ihm zustehenden Umfang hinaus erhalten, so kann das dafür gezahlte Urlaubsentgelt nicht zurückgefordert werden.

## § 6 Ausschluß von Doppelansprüchen

(1) Der Anspruch auf Urlaub besteht nicht, soweit dem Arbeitnehmer für das laufende Kalenderjahr bereits von einem früheren Arbeitgeber Urlaub gewährt worden ist.

(2) Der Arbeitgeber ist verpflichtet, bei Beendigung des Arbeitsverhältnisses dem Arbeitnehmer eine Bescheinigung über den im laufenden Kalenderjahr gewährten oder abgegoltenen Urlaub auszuhändigen.

## § 7 Zeitpunkt, Übertragbarkeit und Abgeltung des Urlaubs

(1) Bei der zeitlichen Festlegung des Urlaubs sind die Urlaubswünsche des Arbeitnehmers zu berücksichtigen, es sei denn, daß ihrer Berücksichtigung dringende betriebliche Belange oder Urlaubswünsche anderer Arbeitnehmer, die unter sozialen Gesichtspunkten den Vorrang verdienen, entgegenstehen. Der Urlaub ist zu gewähren, wenn der Arbeitnehmer dies im Anschluß an eine Maßnahme der medizinischen Vorsorge oder Rehabilitation verlangt.

(2) Der Urlaub ist zusammenhängend zu gewähren, es sei denn, daß dringende betriebliche oder in der Person des Arbeitnehmers liegende Gründe eine Teilung des Urlaubs erforderlich machen. Kann der Urlaub aus diesen Gründen nicht zusammenhängend gewährt werden, und hat der Arbeitnehmer Anspruch auf Urlaub von mehr als zwölf Werktagen, so muß einer der Urlaubsteile mindestens zwölf aufeinanderfolgende Werktage umfassen.

(3) Der Urlaub muß im laufenden Kalenderjahr gewährt und genommen werden. Eine Übertragung des Urlaubs auf das nächste Kalenderjahr ist nur statthaft, wenn dringende betriebliche

oder in der Person des Arbeitnehmers liegende Gründe dies rechtfertigen. Im Fall der Übertragung muß der Urlaub in den ersten drei Monaten des folgenden Kalenderjahrs gewährt und genommen werden. Auf Verlangen des Arbeitnehmers ist ein nach § 5 Abs. 1 Buchstabe a entstehender Teilurlaub jedoch auf das nächste Kalenderjahr zu übertragen.

(4) Kann der Urlaub wegen Beendigung des Arbeitsverhältnisses ganz oder teilweise nicht mehr gewährt werden, so ist er abzugelten.

### § 8 Erwerbstätigkeit während des Urlaubs

Während des Urlaubs darf der Arbeitnehmer keine dem Urlaubszweck widersprechende Erwerbstätigkeit leisten.

### § 9 Erkrankung während des Urlaubs

Erkrankt ein Arbeitnehmer während des Urlaubs, so werden die durch ärztliches Zeugnis nachgewiesenen Tage der Arbeitsunfähigkeit auf den Jahresurlaub nicht angerechnet.

### § 10 Maßnahmen der medizinischen Vorsorge oder Rehabilitation

Maßnahmen der medizinischen Vorsorge oder Rehabilitation dürfen nicht auf den Urlaub angerechnet werden, soweit ein Anspruch auf Fortzahlung des Arbeitsentgelts nach den gesetzlichen Vorschriften über die Entgeltfortzahlung im Krankheitsfall besteht.

### § 11 Urlaubsentgelt

(1) Das Urlaubsentgelt bemißt sich nach dem durchschnittlichen Arbeitsverdienst, das der Arbeitnehmer in den letzten dreizehn Wochen vor dem Beginn des Urlaubs erhalten hat, mit Ausnahme des zusätzlich für Überstunden gezahlten Arbeitsverdienstes. Bei Verdiensterhöhungen nicht nur vorübergehender Natur, die während des Berechnungszeitraums oder des Urlaubs eintreten, ist von dem erhöhten Verdienst auszugehen. Verdienstkürzungen, die im Berechnungszeitraum infolge von Kurzarbeit, Arbeitsausfällen oder unverschuldeter Arbeitsversäumnis eintreten, bleiben für die Berechnung des Urlaubsentgelts außer Betracht. Zum Arbeitsentgelt gehörende Sachbezüge, die während des Urlaubs nicht weitergewährt werden, sind für die Dauer des Urlaubs angemessen in bar abzugelten.

(2) Das Urlaubsentgelt ist vor Antritt des Urlaubs auszuzahlen.

### § 12 Urlaub im Bereich der Heimarbeit

Für die in Heimarbeit Beschäftigten und die ihnen nach § 1 Abs. 2 Buchstaben a bis c des Heimarbeitsgesetzes Gleichgestellten, für die die Urlaubsregelung nicht ausdrücklich von der Gleichstellung ausgenommen ist, gelten die vorstehenden Bestimmungen mit Ausnahme der §§ 4 bis 6, 7 Abs. 3 und 4 und § 11 nach Maßgabe der folgenden Bestimmungen:

1. Heimarbeiter (§ 1 Abs. 1 Buchstabe a des Heimarbeitsgesetzes) und nach § 1 Abs. 2 Buchstabe a des Heimarbeitsgesetzes Gleichgestellte erhalten von ihrem Auftraggeber oder, falls sie von einem Zwischenmeister beschäftigt werden, von diesem bei einem Anspruch auf 24 Werktage ein Urlaubsentgelt von 9,1 vom Hundert des in der Zeit vom 1. Mai bis zum 30. April des folgenden Jahres oder bis zur Beendigung des Beschäftigungsverhältnisses verdienten Arbeitsentgelts vor Abzug der Steuern und Sozialversicherungsbeiträge ohne Unkostenzuschlag und ohne die für den Lohnausfall an Feiertagen, den Arbeitsausfall infolge Krankheit und den Urlaub zu leistenden Zahlungen.

2. War der Anspruchsberechtigte im Berechnungszeitraum nicht ständig beschäftigt, so brauchen unbeschadet des Anspruches auf Urlaubsentgelt nach Nummer 1 nur so viele Urlaubstage gegeben zu werden, wie durchschnittliche Tagesverdienste, die er in der Regel erzielt hat, in dem Urlaubsentgelt nach Nummer 1 enthalten sind.

3. Das Urlaubsentgelt für die in Nummer 1 bezeichneten Personen soll erst bei der letzten Entgeltzahlung vor Antritt des Urlaubs ausgezahlt werden.

4. Hausgewerbetreibende (§ 1 Abs. 1 Buchstabe b des Heimarbeitsgesetzes) und nach § 1 Abs. 2 Buchstaben b und c des Heimarbeitsgesetzes Gleichgestellte erhalten von ihrem Auftraggeber oder, falls sie von einem Zwischenmeister beschäftigt werden, von diesem als eigenes Urlaubsentgelt und zur Sicherung der Urlaubsansprüche der von ihnen Beschäftigten einen Betrag von 9,1 vom Hundert des an sie ausgezahlten Arbeitsentgelts vor Abzug der Steuern und Sozialversicherungsbeiträge ohne Unkostenzuschlag und ohne die für den Lohnausfall an Feiertagen, den Arbeitsausfall infolge Krankheit und den Urlaub zu leistenden Zahlungen.

5. Zwischenmeister, die den in Heimarbeit Beschäftigten nach § 1 Abs. 2 Buchstabe d des Heimarbeitsgesetzes gleichgestellt sind, haben gegen ihren Auftraggeber Anspruch auf die von ihnen nach den Nummern 1 und 4 nachweislich zu zahlenden Beträge.

6. Die Beträge nach den Nummern 1, 4 und 5 sind gesondert im Entgeltbeleg auszuweisen.

7. Durch Tarifvertrag kann bestimmt werden, daß Heimarbeiter (§ 1 Abs. 1 Buchstabe a des Heimarbeitsgesetzes), die nur für einen Auftraggeber tätig sind und tariflich allgemein wie Betriebsarbeiter behandelt werden, Urlaub nach den allgemeinen Urlaubsbestimmungen erhalten.

8. Auf die in den Nummern 1, 4 und 5 vorgesehenen Beträge finden die §§ 23 bis 25, 27 und 28 und auf die in den Nummern 1 und 4 vorgesehenen Beträge außerdem § 21 Abs. 2 des Heimarbeitsgesetzes entsprechende Anwendung. Für die Urlaubsansprüche der fremden Hilfskräfte der in

Nummer 4 genannten Personen gilt § 26 des Heimarbeitsgesetzes entsprechend.

## § 13 Unabdingbarkeit

(1) Von den vorstehenden Vorschriften mit Ausnahme der §§ 1, 2 und 3 Abs. 1 kann in Tarifverträgen abgewichen werden. Die abweichenden Bestimmungen haben zwischen nichttarifgebundenen Arbeitgebern und Arbeitnehmern Geltung, wenn zwischen diesen die Anwendung der einschlägigen tariflichen Urlaubsregelung vereinbart ist. Im übrigen kann, abgesehen von § 7 Abs. 2 Satz 2, von den Bestimmungen dieses Gesetzes nicht zungunsten des Arbeitnehmers abgewichen werden.

(2) Für das Baugewerbe oder sonstige Wirtschaftszweige, in denen als Folge häufigen Ortswechsels der von den Betrieben zu leistenden Arbeit Arbeitsverhältnisse von kürzerer Dauer als einem Jahr in erheblichem Umfange üblich sind, kann durch Tarifvertrag von den vorstehenden Vorschriften über die in Absatz 1 Satz 1 vorgesehene Grenze hinaus abgewichen werden, soweit dies zur Sicherung eines zusammenhängenden Jahresurlaubs für alle Arbeitnehmer erforderlich ist. Absatz 1 Satz 2 findet entsprechende Anwendung.

(3) Für den Bereich der Deutsche Bahn Aktiengesellschaft sowie einer gemäß § 2 Abs. 1 und § 3 Abs. 3 des Deutsche Bahn Gründungsgesetzes vom 27. Dezember 1993 (BGBl. I S. 2378, 2386) ausgegliederten Gesellschaft und für den Bereich der Nachfolgeunternehmen der Deutschen Bundespost kann von der Vorschrift über das Kalenderjahr als Urlaubsjahr (§ 1) in Tarifverträgen abgewichen werden.

## § 14 Berlin-Klausel

Dieses Gesetz gilt nach Maßgabe des § 13 Abs. 1 des Dritten Überleitungsgesetzes vom 4. Januar 1952 (Bundesgesetzbl. I S. 1) auch im Land Berlin.

## § 15 Änderung und Aufhebung von Gesetzen

(1) Unberührt bleiben die urlaubsrechtlichen Bestimmungen des Arbeitsplatzschutzgesetzes vom 30. März 1957 (Bundesgesetzbl. I S. 293), geändert durch Gesetz vom 22. März 1962 (Bundesgesetzbl. I S. 169), des Neunten Buches Sozialgesetzbuch des Jugendarbeitsschutzgesetzes vom 9. August 1960 (Bundesgesetzbl. I S. 665), geändert durch Gesetz vom 20. Juli 1962 (Bundesgesetzbl. I S. 449), und des Seemannsgesetzes vom 26. Juli 1957 (Bundesgesetzbl. II S. 713), geändert durch Gesetz vom 25. August 1961 (Bundesgesetzbl. II S. 1391), jedoch wird

a) und b) ...

(2) Mit dem Inkrafttreten dieses Gesetzes treten die landesrechtlichen Vorschriften über den Erholungsurlaub außer Kraft. In Kraft bleiben jedoch die landesrechtlichen Bestimmungen über den Urlaub für Opfer des Nationalsozialismus und für solche Arbeitnehmer, die geistig oder körperlich in ihrer Erwerbsfähigkeit behindert sind.

### § 15a Übergangsvorschrift

Befindet sich der Arbeitnehmer von einem Tag nach dem 9. Dezember 1998 bis zum 1. Januar 1999 oder darüber hinaus in einer Maßnahme der medizinischen Vorsorge oder Rehabilitation, sind für diesen Zeitraum die seit dem 1. Januar 1999 geltenden Vorschriften maßgebend, es sei denn, daß diese für den Arbeitnehmer ungünstiger sind.

### § 16 Inkrafttreten

Dieses Gesetz tritt mit Wirkung vom 1. Januar 1963 in Kraft.

# Gesetz über die Zahlung des Arbeitsentgelts an Feiertagen und im Krankheitsfall

(Entgeltfortzahlungsgesetz – EntgFG)

Vom 26. Mai 1994

Zuletzt geändert durch Art. 1a des Gesetzes
vom 21. Juli 2012
(BGBl. I S. 1601)

## § 1 Anwendungsbereich

(1) Dieses Gesetz regelt die Zahlung des Arbeitsentgelts an gesetzlichen Feiertagen und die Fortzahlung des Arbeitsentgelts im Krankheitsfall an Arbeitnehmer sowie die wirtschaftliche Sicherung im Bereich der Heimarbeit für gesetzliche Feiertage und im Krankheitsfall.

(2) Arbeitnehmer in Sinne dieses Gesetzes sind Arbeiter und Angestellte sowie die zu ihrer Berufsbildung Beschäftigten.

## § 2 Entgeltzahlung an Feiertagen

(1) Für Arbeitszeit, die infolge eines gesetzlichen Feiertages ausfällt, hat der Arbeitgeber dem Arbeitnehmer das Arbeitsentgelt zu zahlen, das er ohne den Arbeitsausfall erhalten hätte.

(2) Die Arbeitszeit, die an einem gesetzlichen Feiertag gleichzeitig infolge von Kurzarbeit ausfällt und für die an anderen Tagen als an gesetzlichen Feiertagen Kurzarbeitergeld geleistet wird, gilt als infolge eines gesetzlichen Feiertages nach Absatz 1 ausgefallen.

(3) Arbeitnehmer, die am letzten Arbeitstag vor oder am ersten Arbeitstag nach Feiertagen unentschuldigt der Arbeit fernbleiben, haben keinen Anspruch auf Bezahlung für diese Feiertage.

## § 3 Anspruch auf Entgeltfortzahlung im Krankheitsfall

(1) Wird ein Arbeitnehmer durch Arbeitsunfähigkeit infolge Krankheit an seiner Arbeitsleistung verhindert, ohne daß ihn ein Verschulden trifft, so hat er Anspruch auf Entgeltfortzahlung im Krankheitsfall durch den Arbeitgeber für die Zeit der Arbeitsunfähigkeit bis zur Dauer von sechs Wochen. Wird der Arbeitnehmer infolge derselben Krankheit erneut arbeitsunfähig, so verliert er wegen der erneuten Arbeitsunfähigkeit den Anspruch nach Satz 1 für einen weiteren Zeitraum von höchstens sechs Wochen nicht, wenn

1. er vor der erneuten Arbeitsunfähigkeit mindestens sechs Monate nicht infolge derselben Krankheit arbeitsunfähig war oder

2. seit Beginn der ersten Arbeitsunfähigkeit infolge derselben Krankheit eine Frist von zwölf Monaten abgelaufen ist.

(2) Als unverschuldete Arbeitsunfähigkeit im Sinne des Absatzes 1 gilt auch eine Arbeitsverhinderung, die infolge einer nicht rechtswidrigen Sterilisation oder eines nicht rechtswidrigen Abbruchs der Schwangerschaft eintritt. Dasselbe gilt für einen Abbruch der Schwangerschaft, wenn die Schwangerschaft innerhalb von zwölf Wochen nach der Empfängnis durch einen Arzt abgebrochen wird, die schwangere Frau den Abbruch verlangt und dem Arzt durch eine Bescheinigung nachgewiesen hat, daß sie sich mindestens drei Tage vor dem Eingriff von einer anerkannten Beratungsstelle hat beraten lassen.

(3) Der Anspruch nach Absatz 1 entsteht nach vierwöchiger ununterbrochener Dauer des Arbeitsverhältnisses.

## § 3a Anspruch auf Entgeltfortzahlung bei Spende von Organen oder Geweben

(1) Ist ein Arbeitnehmer durch Arbeitsunfähigkeit infolge der Spende von Organen oder Geweben, die nach den §§ 8 und 8a des Transplantationsgesetzes erfolgt, an seiner Arbeitsleistung verhindert, hat er Anspruch auf Entgeltfortzahlung durch den Arbeitgeber für die Zeit der Arbeitsunfähigkeit bis zur Dauer von sechs Wochen. § 3 Absatz 1 Satz 2 gilt entsprechend.

(2) Dem Arbeitgeber sind von der gesetzlichen Krankenkasse des Empfängers von Organen oder Geweben das an den Arbeitnehmer nach Absatz 1 fortgezahlte Arbeitsentgelt sowie die hierauf entfallenden vom Arbeitgeber zu tragenden Beiträge zur Sozialversicherung und zur betrieblichen Alters- und Hinterbliebenenversorgung auf Antrag zu erstatten. Ist der Empfänger von Organen oder Geweben gemäß

§ 193 Absatz 3 des Versicherungsvertragsgesetzes bei einem privaten Krankenversicherungsunternehmen versichert, erstattet dieses dem Arbeitgeber auf Antrag die Kosten nach Satz 1 in Höhe des tariflichen Erstattungssatzes. Ist der Empfänger von Organen oder Geweben bei einem Beihilfeträger des Bundes beihilfeberechtigt oder berücksichtigungsfähiger Angehöriger, erstattet der zuständige Beihilfeträger dem Arbeitgeber auf Antrag die Kosten nach Satz 1 zum jeweiligen Bemessungssatz des Empfängers von Organen oder Geweben; dies gilt entsprechend für sonstige öffentlich-rechtliche Träger von Kosten in Krankheitsfällen auf Bundesebene. Unterliegt der Empfänger von Organen oder Geweben der Heilfürsorge im Bereich des Bundes oder der truppenärztlichen Versorgung, erstatten die zuständigen Träger auf Antrag die Kosten nach Satz 1. Mehrere Erstattungspflichtige haben die Kosten nach Satz 1 anteilig zu tragen. Der Arbeitnehmer hat dem Arbeitgeber unverzüglich die zur Geltendmachung des Erstattungsanspruches erforderlichen Angaben zu machen.

### § 4 Höhe des fortzuzahlenden Arbeitsentgelts

(1) Für den in § 3 Abs. 1 oder in § 3a Absatz 1 bezeichneten Zeitraum ist dem Arbeitnehmer das ihm bei der für ihn maßgebenden regelmäßigen Arbeitszeit zustehende Arbeitsentgelt fortzuzahlen.

(1a) Zum Arbeitsentgelt nach Absatz 1 gehören nicht das zusätzlich für Überstunden gezahlte Arbeitsentgelt und Leistungen für Aufwendungen des Arbeitnehmers, soweit der Anspruch auf sie im Falle der Arbeitsfähigkeit davon abhängig ist, daß dem Arbeitnehmer entsprechende Aufwendungen tatsächlich entstanden sind, und dem Arbeitnehmer solche Aufwendungen während der Arbeitsunfähigkeit nicht entstehen. Erhält der Arbeitnehmer eine auf das Ergebnis der Arbeit abgestellte Vergütung, so ist der von dem Arbeitnehmer in der für ihn maßgebenden regelmäßigen Arbeitszeit er-

zielbare Durchschnittsverdienst der Berechnung zugrunde zu legen.

(2) Ist der Arbeitgeber für Arbeitszeit, die gleichzeitig infolge eines gesetzlichen Feiertages ausgefallen ist, zur Fortzahlung des Arbeitsentgelts nach § 3 oder nach § 3a verpflichtet, bemißt sich die Höhe des fortzuzahlenden Arbeitsentgelts für diesen Feiertag nach § 2.

(3) Wird in dem Betrieb verkürzt gearbeitet und würde deshalb das Arbeitsentgelt des Arbeitnehmers im Falle seiner Arbeitsfähigkeit gemindert, so ist die verkürzte Arbeitszeit für ihre Dauer als die für den Arbeitnehmer maßgebende regelmäßige Arbeitszeit im Sinne des Absatzes 1 anzusehen. Dies gilt nicht im Falle des § 2 Abs. 2.

(4) Durch Tarifvertrag kann eine von den Absätzen 1, 1a und 3 abweichende Bemessungsgrundlage des fortzuzahlenden Arbeitsentgelts festgelegt werden. Im Geltungsbereich eines solchen Tarifvertrages kann zwischen nichttarifgebundenen Arbeitgebern und Arbeitnehmern die Anwendung der tarifvertraglichen Regelung über die Fortzahlung des Arbeitsentgelts im Krankheitsfalle vereinbart werden.

### § 4a Kürzung von Sondervergütungen

Eine Vereinbarung über die Kürzung von Leistungen, die der Arbeitgeber zusätzlich zum laufenden Arbeitsentgelt erbringt (Sondervergütungen), ist auch für Zeiten der Arbeitsunfähigkeit infolge Krankheit zulässig. Die Kürzung darf für jeden Tag der Arbeitsunfähigkeit infolge Krankheit ein Viertel des Arbeitsentgelts, das im Jahresdurchschnitt auf einen Arbeitstag entfällt, nicht überschreiten.

### § 5 Anzeige- und Nachweispflichten

(1) Der Arbeitnehmer ist verpflichtet, dem Arbeitgeber die Arbeitsunfähigkeit und deren voraussichtliche Dauer unverzüglich mitzuteilen. Dauert die Arbeitsunfähigkeit länger als drei Kalendertage, hat der Arbeitnehmer eine ärztliche

Bescheinigung über das Bestehen der Arbeitsunfähigkeit sowie deren voraussichtliche Dauer spätestens an dem darauffolgenden Arbeitstag vorzulegen. Der Arbeitgeber ist berechtigt, die Vorlage der ärztlichen Bescheinigung früher zu verlangen. Dauert die Arbeitsunfähigkeit länger als in der Bescheinigung angegeben, ist der Arbeitnehmer verpflichtet, eine neue ärztliche Bescheinigung vorzulegen. Ist der Arbeitnehmer Mitglied einer gesetzlichen Krankenkasse, muß die ärztliche Bescheinigung einen Vermerk des behandelnden Arztes darüber enthalten, daß der Krankenkasse unverzüglich eine Bescheinigung über die Arbeitsunfähigkeit mit Angaben über den Befund und die voraussichtliche Dauer der Arbeitsunfähigkeit übersandt wird.

(2) Hält sich der Arbeitnehmer bei Beginn der Arbeitsunfähigkeit im Ausland auf, so ist er verpflichtet, dem Arbeitgeber die Arbeitsunfähigkeit, deren voraussichtliche Dauer und die Adresse am Aufenthaltsort in der schnellstmöglichen Art der Übermittlung mitzuteilen. Die durch die Mitteilung entstehenden Kosten hat der Arbeitgeber zu tragen. Darüber hinaus ist der Arbeitnehmer, wenn er Mitglied einer gesetzlichen Krankenkasse ist, verpflichtet, auch dieser die Arbeitsunfähigkeit und deren voraussichtliche Dauer unverzüglich anzuzeigen. Dauert die Arbeitsunfähigkeit länger als angezeigt, so ist der Arbeitnehmer verpflichtet, der gesetzlichen Krankenkasse die voraussichtliche Fortdauer der Arbeitsunfähigkeit mitzuteilen. Die gesetzlichen Krankenkassen können festlegen, daß der Arbeitnehmer Anzeige- und Mitteilungspflichten nach den Sätzen 3 und 4 auch gegenüber einem ausländischen Sozialversicherungsträger erfüllen kann. Absatz 1 Satz 5 gilt nicht. Kehrt ein arbeitsunfähig erkrankter Arbeitnehmer in das Inland zurück, so ist er verpflichtet, dem Arbeitgeber und der Krankenkasse seine Rückkehr unverzüglich anzuzeigen.

## § 6 Forderungsübergang bei Dritthaftung

(1) Kann der Arbeitnehmer auf Grund gesetzlicher Vorschriften von einem Dritten Schadensersatz wegen des Verdienstausfalls bean-

spruchen, der ihm durch die Arbeitsunfähigkeit entstanden ist, so geht dieser Anspruch insoweit auf den Arbeitgeber über, als dieser dem Arbeitnehmer nach diesem Gesetz Arbeitsentgelt fortgezahlt und darauf entfallende vom Arbeitgeber zu tragende Beiträge zur Bundesagentur für Arbeit, Arbeitgeberanteile an Beiträgen zur Sozialversicherung und zur Pflegeversicherung sowie zu Einrichtungen der zusätzlichen Alters- und Hinterbliebenenversorgung abgeführt hat.

(2) Der Arbeitnehmer hat dem Arbeitgeber unverzüglich die zur Geltendmachung des Schadensersatzanspruchs erforderlichen Angaben zu machen.

(3) Der Forderungsübergang nach Absatz 1 kann nicht zum Nachteil des Arbeitnehmers geltend gemacht werden.

## § 7 Leistungsverweigerungsrecht des Arbeitgebers

(1) Der Arbeitgeber ist berechtigt, die Fortzahlung des Arbeitsentgelts zu verweigern,

1. solange der Arbeitnehmer die von ihm nach § 5 Abs. 1 vorzulegende ärztliche Bescheinigung nicht vorlegt oder den ihm nach § 5 Abs. 2 obliegenden Verpflichtungen nicht nachkommt;

2. wenn der Arbeitnehmer den Übergang eines Schadensersatzanspruchs gegen einen Dritten auf den Arbeitgeber (§ 6) verhindert.

(2) Absatz 1 gilt nicht, wenn der Arbeitnehmer die Verletzung dieser ihm obliegenden Verpflichtungen nicht zu vertreten hat.

## § 8 Beendigung des Arbeitsverhältnisses

(1) Der Anspruch auf Fortzahlung des Arbeitsentgelts wird nicht dadurch berührt, daß der Arbeitgeber das Arbeitsverhältnis aus Anlaß der Arbeitsunfähigkeit kündigt. Das gleiche gilt, wenn der Arbeitnehmer das Arbeitsverhältnis aus einem vom Arbeitgeber zu vertretenden Grunde kündigt, der den Arbeitnehmer zur

Kündigung aus wichtigem Grund ohne Einhaltung einer Kündigungsfrist berechtigt.

(2) Endet das Arbeitsverhältnis vor Ablauf der in § 3 Abs. 1 oder in § 3a Absatz 1 bezeichneten Zeit nach dem Beginn der Arbeitsunfähigkeit, ohne daß es einer Kündigung bedarf, oder infolge einer Kündigung aus anderen als den in Absatz 1 bezeichneten Gründen, so endet der Anspruch mit dem Ende des Arbeitsverhältnisses.

## § 9 Maßnahmen der medizinischen Vorsorge und Rehabilitation

(1) Die Vorschriften der §§ 3 bis 4a und 6 bis 8 gelten entsprechend für die Arbeitsverhinderung infolge einer Maßnahme der medizinischen Vorsorge oder Rehabilitation, die ein Träger der gesetzlichen Renten-, Kranken- oder Unfallversicherung, eine Verwaltungsbehörde der Kriegsopferversorgung oder ein sonstiger Sozialleistungsträger bewilligt hat und die in einer Einrichtung der medizinischen Vorsorge oder Rehabilitation durchgeführt wird. Ist der Arbeitnehmer nicht Mitglied einer gesetzlichen Krankenkasse oder nicht in der gesetzlichen Rentenversicherung versichert, gelten die §§ 3 bis 4a und 6 bis 8 entsprechend, wenn eine Maßnahme der medizinischen Vorsorge oder Rehabilitation ärztlich verordnet worden ist und in einer Einrichtung der medizinischen Vorsorge oder Rehabilitation oder einer vergleichbaren Einrichtung durchgeführt wird.

(2) Der Arbeitnehmer ist verpflichtet, dem Arbeitgeber den Zeitpunkt des Antritts der Maßnahme, die voraussichtliche Dauer und die Verlängerung der Maßnahme im Sinne des Absatzes 1 unverzüglich mitzuteilen und ihm

a) eine Bescheinigung über die Bewilligung der Maßnahme durch einen Sozialleistungsträger nach Absatz 1 Satz 1 oder

b) eine ärztliche Bescheinigung über die Erforderlichkeit der Maßnahme im Sinne des Absatzes 1 Satz 2

unverzüglich vorzulegen.

## § 10 Wirtschaftliche Sicherung für den Krankheitsfall im Bereich der Heimarbeit

(1) In Heimarbeit Beschäftigte (§ 1 Abs. 1 des Heimarbeitsgesetzes) und ihnen nach § 1 Abs. 2 Buchstabe a bis c des Heimarbeitsgesetzes Gleichgestellte haben gegen ihren Auftraggeber oder, falls sie von einem Zwischenmeister beschäftigt werden, gegen diesen Anspruch auf Zahlung eines Zuschlags zum Arbeitsentgelt. Der Zuschlag beträgt

1. für Heimarbeiter, für Hausgewerbetreibende ohne fremde Hilfskräfte und die nach § 1 Abs. 2 Buchstabe a des Heimarbeitsgesetzes Gleichgestellten 3,4 vom Hundert,

2. für Hausgewerbetreibende mit nicht mehr als zwei fremden Hilfskräften und die nach § 1 Abs. 2 Buchstabe b und c des Heimarbeitsgesetzes Gleichgestellten 6,4 vom Hundert

des Arbeitsentgelts vor Abzug der Steuern, des Beitrags zur Bundesagentur für Arbeit und der Sozialversicherungsbeiträge ohne Unkostenzuschlag und ohne die für den Lohnausfall an gesetzlichen Feiertagen, den Urlaub und den Arbeitsausfall infolge Krankheit zu leistenden Zahlungen. Der Zuschlag für die unter Nummer 2 aufgeführten Personen dient zugleich zur Sicherung der Ansprüche der von ihnen Beschäftigten.

(2) Zwischenmeister, die den in Heimarbeit Beschäftigten nach § 1 Abs. 2 Buchstabe d des Heimarbeitsgesetzes gleichgestellt sind, haben gegen ihren Auftraggeber Anspruch auf Vergütung der von ihnen nach Absatz 1 nachweislich zu zahlenden Zuschläge.

(3) Die nach den Absätzen 1 und 2 in Betracht kommenden Zuschläge sind gesondert in den Entgeltbeleg einzutragen.

(4) Für Heimarbeiter (§ 1 Abs. 1 Buchstabe a des Heimarbeitsgesetzes) kann durch Tarifvertrag bestimmt werden, daß sie statt der in Absatz 1 Satz 2 Nr. 1 bezeichneten Leistungen die

den Arbeitnehmern im Falle ihrer Arbeitsunfähigkeit nach diesem Gesetz zustehenden Leistungen erhalten. Bei der Bemessung des Anspruchs auf Arbeitsentgelt bleibt der Unkostenzuschlag außer Betracht.

(5) Auf die in den Absätzen 1 und 2 vorgesehenen Zuschläge sind die §§ 23 bis 25, 27 und 28 des Heimarbeitsgesetzes, auf die in Absatz 1 dem Zwischenmeister gegenüber vorgesehenen Zuschläge außerdem § 21 Abs. 2 des Heimarbeitsgesetzes entsprechend anzuwenden. Auf die Ansprüche der fremden Hilfskräfte der in Absatz 1 unter Nummer 2 genannten Personen auf Entgeltfortzahlung im Krankheitsfall ist § 26 des Heimarbeitsgesetzes entsprechend anzuwenden.

### § 11 Feiertagsbezahlung der in Heimarbeit Beschäftigten

(1) Die in Heimarbeit Beschäftigen (§ 1 Abs. 1 des Heimarbeitsgesetzes) haben gegen den Auftraggeber oder Zwischenmeister Anspruch auf Feiertagsbezahlung nach Maßgabe der Absätze 2 bis 5. Den gleichen Anspruch haben die in § 1 Abs. 2 Buchstabe a bis d des Heimarbeitsgesetzes bezeichneten Personen, wenn sie hinsichtlich der Feiertagsbezahlung gleichgestellt werden; die Vorschriften des § 1 Abs. 3 Satz 3 und Abs. 4 und 5 des Heimarbeitsgesetzes finden Anwendung. Eine Gleichstellung, die sich auf die Entgeltregelung erstreckt, gilt auch für die Feiertagsbezahlung, wenn diese nicht ausdrücklich von der Gleichstellung ausgenommen ist.

(2) Das Feiertagsgeld beträgt für jeden Feiertag im Sinne des § 2 Abs. 1 0,72 vom Hundert des in einem Zeitraum von sechs Monaten ausgezahlten reinen Arbeitsentgelts ohne Unkostenzuschläge. Bei der Berechnung des Feiertagsgeldes ist für die Feiertage, die in den Zeitraum vom 1. Mai bis 31. Oktober fallen, der vorhergehende Zeitraum vom 1. November bis 30. April und für die Feiertage, die in den Zeitraum vom 1. November bis 30. April fallen,

der vorhergehende Zeitraum vom 1. Mai bis 31. Oktober zugrunde zu legen. Der Anspruch auf Feiertagsgeld ist unabhängig davon, ob im laufenden Halbjahreszeitraum noch eine Beschäftigung in Heimarbeit für den Auftraggeber stattfindet.

(3) Das Feiertagsgeld ist jeweils bei der Entgeltzahlung vor dem Feiertag zu zahlen. Ist die Beschäftigung vor dem Feiertag unterbrochen worden, so ist das Feiertagsgeld spätestens drei Tage vor dem Feiertag auszuzahlen. Besteht bei der Einstellung der Ausgabe von Heimarbeit zwischen den Beteiligten Einvernehmen, das Heimarbeitsverhältnis nicht wieder fortzusetzen, so ist dem Berechtigten bei der letzten Entgeltzahlung das Feiertagsgeld für die noch übrigen Feiertage des laufenden sowie für die Feiertage des folgenden Halbjahreszeitraumes zu zahlen. Das Feiertagsgeld ist jeweils bei der Auszahlung in die Entgeltbelege (§ 9 des Heimarbeitsgesetzes) einzutragen.

(4) Übersteigt das Feiertagsgeld, das der nach Absatz 1 anspruchsberechtigte Hausgewerbetreibende oder im Lohnauftrag arbeitende Gewerbetreibende (Anspruchsberechtigte) für einen Feiertag auf Grund des § 2 seinen fremden Hilfskräften (§ 2 Abs. 6 des Heimarbeitsgesetzes) gezahlt hat, den Betrag, den er auf Grund der Absätze 2 und 3 für diesen Feiertag erhalten hat, so haben ihm auf Verlangen seine Auftraggeber oder Zwischenmeister den Mehrbetrag anteilig zu erstatten. Ist der Anspruchsberechtigte gleichzeitig Zwischenmeister, so bleibt hierbei das für die Heimarbeiter oder Hausgewerbetreibenden empfangene und weiter gezahlte Feiertagsgeld außer Ansatz. Nimmt ein Anspruchsberechtigter eine Erstattung nach Satz 1 in Anspruch, so können ihm bei Einstellung der Ausgabe von Heimarbeit die erstatteten Beträge auf das Feiertagsgeld angerechnet werden, das ihm auf Grund des Absatzes 2 und des Absatzes 3 Satz 3 für die dann noch übrigen Feiertage des laufenden sowie für die Feiertage des folgenden Halbjahreszeitraumes zu zahlen ist.

(5) Das Feiertagsgeld gilt als Entgelt im Sinne der Vorschriften des Heimarbeitsgesetzes über Mithaftung des Auftraggebers (§ 21 Abs. 2), über Entgeltschutz (§§ 23 bis 27) und über Auskunftspflicht über Entgelte (§ 28); hierbei finden die §§ 24 bis 26 des Heimarbeitsgesetzes Anwendung, wenn ein Feiertagsgeld gezahlt ist, das niedriger ist als das in diesem Gesetz festgesetzte.

### § 12 Unabdingbarkeit

Abgesehen von § 4 Abs. 4 kann von den Vorschriften dieses Gesetzes nicht zuungunsten des Arbeitnehmers oder der nach § 10 berechtigten Personen abgewichen werden.

### § 13 Übergangsvorschrift

Ist der Arbeitnehmer von einem Tag nach dem 9. Dezember 1998 bis zum 1. Januar 1999 oder darüber hinaus durch Arbeitsunfähigkeit infolge Krankheit oder infolge einer Maßnahme der medizinischen Vorsorge oder Rehabilitation an seiner Arbeitsleistung verhindert, sind für diesen Zeitraum die seit dem 1. Januar 1999 geltenden Vorschriften maßgebend, es sei denn, daß diese für den Arbeitnehmer ungünstiger sind.

# Gesetz über die Familienpflegezeit

## (Familienpflegezeitgesetz – FPfZG)

**Vom 6. Dezember 2011**
**(BGBl. I S. 2564)**

## § 1 Ziel des Gesetzes

Durch die Einführung der Familienpflegezeit werden die Möglichkeiten zur Vereinbarkeit von Beruf und familiärer Pflege verbessert.

## § 2 Begriffsbestimmungen

(1) Familienpflegezeit im Sinne dieses Gesetzes ist die nach § 3 förderfähige Verringerung der Arbeitszeit von Beschäftigten, die einen pflegebedürftigen nahen Angehörigen in häuslicher Umgebung pflegen, für die Dauer von längstens 24 Monaten bei gleichzeitiger Aufstockung des Arbeitsentgelts durch den Arbeitgeber. Die verringerte Arbeitszeit muss wöchentlich mindestens 15 Stunden betragen; bei unterschiedlichen wöchentlichen Arbeitszeiten oder einer unterschiedlichen Verteilung der wöchentlichen Arbeitszeit darf die wöchentliche Arbeitszeit im Durchschnitt eines Zeitraums von bis zu einem Jahr 15 Stunden nicht unterschreiten.

(2) § 7 des Pflegezeitgesetzes gilt entsprechend.

## § 3 Förderung

(1) Das Bundesamt für Familie und zivilgesellschaftliche Aufgaben gewährt dem Arbeitgeber auf Antrag ein in monatlichen Raten zu zahlendes zinsloses Darlehen im Umfang der nach Nummer 1 Buchstabe b erfolgten Aufstockung des Arbeitsentgelts, wenn der Arbeitgeber

1. eine schriftliche Vereinbarung zwischen Arbeitgeber und der oder dem Beschäftigten über die Inanspruchnahme von Familienpflegezeit nach § 2 Absatz 1 vorlegt, die Folgendes beinhaltet:
   a) Umfang der Arbeitszeit vor Beginn und während der Familienpflegezeit, Name, Geburtsdatum, Anschrift und Angehörigenstatus der gepflegten Person, Dauer der Familienpflegezeit und Rückkehr der oder des Beschäftigten zu der vor Eintritt in die Familienpflegezeit gel-

tenden oder einer höheren Wochenarbeitszeit nach dem vereinbarten Ende der Familienpflegezeit oder nach der vorherigen Beendigung der häuslichen Pflege des pflegebedürftigen nahen Angehörigen;

   b) während der Familienpflegezeit Aufstockung des monatlichen Arbeitsentgelts um die Hälfte des Produkts aus monatlicher Arbeitszeitverringerung in Stunden und dem durchschnittlichen Entgelt pro Arbeitsstunde, wobei
   aa) die Aufstockung durch die Entnahme von Arbeitsentgelt aus einem Wertguthaben (§ 7b des Vierten Buches Sozialgesetzbuch) oder, nach Maßgabe des § 116 des Vierten Buches Sozialgesetzbuch, von Arbeitszeit aus einem Arbeitszeitguthaben erfolgt, das in der Nachpflegephase (Buchstabe c) auszugleichen ist;
   bb) monatliche Arbeitszeitverringerung die Differenz zwischen der arbeitsvertraglichen monatlichen Arbeitszeit vor Beginn der Familienpflegezeit und der arbeitsvertraglichen monatlichen Arbeitszeit während der Familienpflegezeit ist;
   cc) durchschnittliches Entgelt pro Arbeitsstunde das Verhältnis des regelmäßigen Gesamteinkommens ausschließlich der Sachbezüge der letzten zwölf Kalendermonate vor Beginn der Familienpflegezeit zur arbeitsvertraglichen Gesamtstundenzahl der letzten zwölf Kalendermonate vor Beginn der Familienpflegezeit ist; bei einem weniger als zwölf Monate vor Beginn der Familienpflegezeit bestehenden Beschäftigungsverhältnis verkürzt sich der der Berechnung zugrunde zu legende Zeitraum entsprechend;
   dd) als Arbeitszeit vor Beginn der Familienpflegezeit auch eine höhere

als die tatsächlich vor Beginn der Familienpflegezeit geleistete Arbeitszeit zugrunde gelegt werden kann, wenn für die Nachpflegephase eine Arbeitszeit mindestens in derselben Höhe vereinbart wird;

ee) für die Berechnung des durchschnittlichen Entgelts pro Arbeitsstunde Mutterschutzfristen sowie die Einbringung von Arbeitsentgelt in und die Entnahme von Arbeitsentgelt aus Wertguthaben außer Betracht bleiben;

c) im Anschluss an die Familienpflegezeit bis zum Ausgleich des Wert- oder Arbeitszeitguthabens (Nachpflegephase)

aa) Ausgleich des Wertguthabens in der Weise, dass bei jeder Entgeltabrechnung derjenige Betrag einbehalten wird, um den das Arbeitsentgelt in dem entsprechenden Zeitraum während der Familienpflegezeit nach Maßgabe von Buchstabe b aufgestockt wird, oder

bb) Ausgleich des Arbeitszeitguthabens in der Weise, dass in jedem Monat die monatlich während der Familienpflegezeit entnommene Arbeitszeit nachgearbeitet wird;

2. die Pflegebedürftigkeit des nahen Angehörigen der oder des Beschäftigten durch Vorlage einer Bescheinigung der Pflegekasse oder des Medizinischen Dienstes der Krankenversicherung nachweist; bei in der privaten Pflegepflichtversicherung versicherten Pflegebedürftigen muss ein entsprechender Nachweis erbracht werden und

3. eine Bescheinigung nach § 4 Absatz 5 über das Bestehen einer Familienpflegezeitversicherung vorlegt oder einen Antrag auf Aufnahme der oder des Beschäftigten in eine vom Bundesamt für Familie und zivilgesellschaftliche Aufgaben abgeschlossene Gruppenversicherung stellt.

(2) Aufstockungsbeträge, die über das in Absatz 1 Nummer 1 Buchstabe b bestimmte Maß hinausgehen, stehen der Förderfähigkeit nach Absatz 1 nicht entgegen, wenn das am Ende der Familienpflegezeit auszugleichende Wertguthaben das 24-Fache des Aufstockungsbetrags nach Absatz 1 Nummer 1 Buchstabe b nicht übersteigt.

(3) Der Anspruch nach Absatz 1 verringert sich um Prämienzahlungen des Bundesamtes für Familie und zivilgesellschaftliche Aufgaben an den Versicherer der Familienpflegezeitversicherung.

(4) Nimmt der Arbeitgeber ein Darlehen nach Absatz 1 in Anspruch, hat er dem Bundesamt für Familie und zivilgesellschaftliche Aufgaben unverzüglich jede Änderung in den Verhältnissen, die für den Anspruch nach Absatz 1 erheblich sind, mitzuteilen, insbesondere eine vorzeitige Beendigung der Familienpflegezeit.

(5) Tritt ein anderer Inhaber nach § 613a des Bürgerlichen Gesetzbuchs in die Rechte und Pflichten aus dem Arbeitsverhältnis der oder des Beschäftigten ein, tritt er zugleich in die Rechte und Pflichten aus dem zum Zeitpunkt des Übergangs bestehenden Darlehensverhältnis zwischen dem bisherigen Arbeitgeber und dem Bundesamt für Familie und zivilgesellschaftliche Aufgaben ein.

(6) Für dieselbe pflegebedürftige Person kann eine weitere Familienpflegezeit erst nach dem Ende der Nachpflegephase gefördert werden.

### § 4 Familienpflegezeitversicherung

(1) Die Familienpflegezeitversicherung ist eine nach § 11 zertifizierte Vereinbarung in deutscher Sprache, mit der sich der Versicherer verpflichtet, im Falle des Todes sowie der Berufsunfähigkeit der oder des Beschäftigten eine Leistung in der Höhe zu erbringen, in der das Wertguthaben infolge der Familienpflegezeit nach Maßgabe von § 3 Absatz 1 Nummer 1 Buchstabe b noch nicht ausgeglichen ist. Die Versicherung wird von der oder dem Beschäftigten, dem Arbeitgeber oder dem Bundesamt für Familie und zivilgesellschaftliche Aufgaben auf die Person der oder des Beschäftigten für

die Dauer der Familienpflegezeit und der Nachpflegephase geschlossen. Die Versicherungsprämie ist unabhängig vom Geschlecht, Alter und Gesundheitszustand der versicherten Person zu berechnen. Eine Risikoprüfung findet nicht statt.

(2) Berufsunfähigkeit liegt vor, wenn die versicherte Person infolge von Krankheit oder Körperverletzung oder bedingt durch mehr als altersentsprechenden Kräfteverfall voraussichtlich mindestens sechs Monate ihren zuletzt ausgeübten Beruf nicht mehr ausüben kann. Eine versicherte Person gilt als berufsunfähig, wenn sie mehr als 180 Tage ununterbrochen pflegebedürftig oder infolge Krankheit, Körperverletzung oder mehr als altersentsprechenden Kräfteverfalls außerstande gewesen ist, ihre zuletzt ausgeübte Tätigkeit auszuüben.

(3) Ist die oder der Beschäftigte Versicherungsnehmer, ist dem Arbeitgeber ein unwiderrufliches Bezugsrecht einzuräumen. Der Versicherer muss sich zudem verpflichten, den Arbeitgeber über eine nicht rechtzeitig gezahlte Erstprämie nach § 37 des Versicherungsvertragsgesetzes und die Bestimmung einer Zahlungsfrist nach § 38 Absatz 1 des Versicherungsvertragsgesetzes in Textform zu informieren und ihm eine Zahlungsfrist von mindestens einem Monat einzuräumen.

(4) Das Bundesamt für Familie und zivilgesellschaftliche Aufgaben kann durch schriftliche Anzeige an den Versicherer den Übergang des Bezugsrechts des Arbeitgebers bis zur Höhe der von ihm gewährten Leistungen auf sich bewirken. Der Versicherer hat das Bundesamt für Familie und zivilgesellschaftliche Aufgaben über nicht rechtzeitig gezahlte Erstprämien nach § 37 des Versicherungsvertragsgesetzes und zum Zeitpunkt des Eingangs der Mitteilung laufende und nach Eingang der Mitteilung bestimmte Zahlungsfristen nach § 38 Absatz 1 des Versicherungsvertragsgesetzes in Textform zu informieren und ihm eine Zahlungsfrist von mindestens einem Monat einzuräumen.

(5) Der Versicherer hat dem Versicherungsnehmer zu bescheinigen, dass eine dieser Vorschrift entsprechende Versicherung besteht.

(6) Ein Anspruch auf Abschluss einer Familienpflegezeitversicherung gegen den Arbeitgeber oder das Bundesamt für Familie und zivilgesellschaftliche Aufgaben besteht nicht.

## § 5 Ende der Förderfähigkeit

(1) Die Förderfähigkeit der Familienpflegezeit endet mit dem Ablauf des zweiten Monats, der auf den Wegfall mindestens einer Voraussetzung für den Anspruch nach § 3 Absatz 1 folgt, spätestens jedoch nach 24 Monaten. Satz 1 gilt auch dann, wenn die oder der Beschäftigte den Mindestumfang der wöchentlichen Arbeitszeit im Sinne von § 2 Absatz 1 aufgrund gesetzlicher oder kollektivvertraglicher Bestimmungen unterschreitet; die Unterschreitung des Mindestumfangs der wöchentlichen Arbeitszeit aufgrund der Einführung von Kurzarbeit lässt die Förderfähigkeit unberührt.

(2) Der oder die Beschäftigte hat dem Arbeitgeber die Beendigung der häuslichen Pflege des nahen Ange- hörigen unverzüglich mitzuteilen.

## § 6 Rückzahlung des Darlehens

(1) Die Rückzahlung des nach § 3 gewährten Darlehens durch den Arbeitgeber erfolgt in monatlichen Raten in Höhe des nach § 12 Absatz 2 festgesetzten monatlichen Betrags jeweils spätestens zum letzten Bankarbeitstag des laufenden Monats. Die monatlichen Raten erhöhen sich um vom Bundesamt für Familie und zivilgesellschaftliche Aufgaben für die Einbeziehung in den Gruppenversicherungsvertrag nach § 3 Absatz 1 Nummer 3 an den Versicherer zu zahlende Versicherungsprämien.

(2) Die Rückzahlung beginnt in dem Monat, der auf das Ende der Förderfähigkeit der Familienpflegezeit folgt. Bei einer Unterbrechung oder Beendigung der Entgeltaufstockung kann

das Bundesamt für Familie und zivilgesellschaftliche Aufgaben, wenn die übrigen Voraussetzungen für den Anspruch nach § 3 Absatz 1 weiterhin vorliegen, auf Antrag des Arbeitgebers den Beginn der Rückzahlung auf einen späteren Zeitpunkt, spätestens jedoch auf den 25. Monat nach Beginn der Förderung, festsetzen.

(3) Nach Beginn der Rückzahlung kann das Bundesamt für Familie und zivilgesellschaftliche Aufgaben auf Antrag des Arbeitgebers für Zeiten, in denen die oder der Beschäftigte Krankengeld oder Kurzarbeitergeld bezieht, die Rückzahlung ganz oder teilweise aussetzen.

### § 7 Erstattungsanspruch

(1) Das Bundesamt für Familie und zivilgesellschaftliche Aufgaben kann von der oder dem Beschäftigten Erstattung der dem Arbeitgeber zu Unrecht gezahlten Leistungen verlangen, wenn diese darauf zurückzuführen sind, dass die oder der Beschäftigte vorsätzlich oder grob fahrlässig der Mitteilungspflicht nach § 5 Absatz 2 nicht nachgekommen ist. Der Anspruch ist ausgeschlossen, soweit die oder der Beschäftigte die mit den zu Unrecht gezahlten Leistungen geförderten Aufstockungsbeträge nicht erhalten oder dem Arbeitgeber erstattet hat. Die zu erstattende Leistung ist durch schriftlichen Verwaltungsakt festzusetzen.

(2) Im Umfang der nach Absatz 1 erfolgten Erstattung erlischt die Rückzahlungspflicht des Arbeitgebers gegenüber dem Bundesamt für Familie und zivilgesellschaftliche Aufgaben. Im gleichen Umfang erlischt der Anspruch des Arbeitgebers gegen die Beschäftigte oder den Beschäftigten auf Ausgleich des Wertguthabens.

### § 8 Leistungen bei Nichtzahlung der Beschäftigten; Forderungsübergang

(1) Soweit die oder der Beschäftigte ihrer oder seiner Zahlungspflicht nach § 9 Absatz 2 trotz Mahnung mit einer Fristsetzung von zwei Wochen nicht nachgekommen ist, hat der Arbeit-

geber gegenüber dem Bundesamt für Familie und zivilgesellschaftliche Aufgaben Anspruch auf Erlass der Rückzahlungsforderung aus dem Darlehen nach § 6.

(2) Hat der Arbeitgeber das Darlehen nach § 3 trotz Vorliegens der dortigen Voraussetzungen nicht in Anspruch genommen, hat er unter der Voraussetzung des Absatzes 1 Anspruch auf Übernahme der von der oder dem Beschäftigten nach § 9 Absatz 2 Satz 2 zu erbringenden Ratenzahlungen durch das Bundesamt für Familie und zivilgesellschaftliche Aufgaben.

(3) Der Anspruch des Arbeitgebers nach § 9 Absatz 2 geht im Umfang der erlassenen Rückzahlungsforderung nach Absatz 1 oder der Übernahme nach Absatz 2 auf das Bundesamt für Familie und zivilgesellschaftliche Aufgaben über.

### § 9 Arbeitsrechtliche Regelungen

(1) Das dem Arbeitgeber vertraglich eingeräumte Recht, das Arbeitsentgelt in der Nachpflegephase teilweise einzubehalten, wird nicht dadurch berührt, dass die oder der Beschäftigte ihre oder seine Arbeitszeit verringert, auch wenn dies aufgrund anderer gesetzlicher oder kollektivvertraglicher Bestimmungen erfolgt. Bei Kurzarbeit vermindert sich der Anspruch auf Einbehaltung von Arbeitsentgelt um den Anteil, um den die Arbeitszeit durch die Kurzarbeit vermindert ist; die Nachpflegephase verlängert sich entsprechend.

(2) Kann wegen vorzeitiger Beendigung des Beschäftigungsverhältnisses ein Ausgleich des Wertguthabens durch Einbehaltung von Arbeitsentgelt nicht mehr erfolgen und erfolgt keine Übertragung des Wertguthabens auf andere Arbeitgeber nach § 7f des Vierten Buches Sozialgesetzbuch, kann der Arbeitgeber, soweit er nicht durch eine Familienpflegezeitversicherung nach § 4 Absatz 1 Befriedigung erlangen kann, von der oder dem Beschäftigten einen Ausgleich in Geld verlangen. Soweit keine Aufrechnung gegen Forderungen der oder des Be-

schäftigten aus dem Beschäftigungsverhältnis erfolgen kann, ist der Ausgleich in den sich nach § 3 Absatz 1 Nummer 1 Buchstabe c ergebenden Raten zu zahlen; § 6 gilt entsprechend. Der Ausgleichsanspruch erlischt, soweit keine Aufrechnung gegen Forderungen der oder des Beschäftigten aus dem Beschäftigungsverhältnis erfolgen kann und der Arbeitgeber das Beschäftigungsverhältnis mit Zustimmung der zuständigen Stelle aus Gründen, die nicht in dem Verhalten der oder des Beschäftigten liegen, gekündigt hat.

(3) Der Arbeitgeber darf das Beschäftigungsverhältnis während der Inanspruchnahme der Familienpflegezeit und der Nachpflegephase nicht kündigen. In besonderen Fällen kann ausnahmsweise eine Kündigung für zulässig erklärt werden. Die Zulässigkeitserklärung erfolgt durch die für den Arbeitsschutz zuständige oberste Landesbehörde oder die von ihr bestimmte Stelle.

(4) Kann ein Ausgleich des Wertguthabens wegen Freistellung von der Arbeitsleistung nicht durch Einbehaltung von Arbeitsentgelt erfolgen, kann der Arbeitgeber von der oder dem Beschäftigten einen Ausgleich in Geld verlangen. Absatz 2 Satz 2 gilt entsprechend.

(5) § 6 des Pflegezeitgesetzes gilt entsprechend.

### § 10 Weitergehende Regelungen

Andere gesetzliche oder vertragliche Regelungen zur Freistellung von der Arbeitsleistung oder Verringerung der Arbeitszeit sowie zu Wertguthaben bleiben unberührt.

### § 11 Zertifizierung

(1) Die Zertifizierung einer Familienpflegezeitversicherung nach diesem Gesetz ist die Feststellung, dass die Vertragsbedingungen des Versicherungsvertrages dem § 4 entsprechen. Es können auch Allgemeine Versicherungsbedingungen, die den Einzelverträgen zugrunde liegen, zertifiziert werden.

(2) Das Bundesamt für Familie und zivilgesellschaftliche Aufgaben entscheidet als Zertifizierungsstelle durch Verwaltungsakt über die Zertifizierung sowie über die Rücknahme und den Widerruf der Zertifizierung. Die Zertifizierungsstelle prüft weder, ob ein Versicherungsvertrag wirtschaftlich tragfähig und die Zusage des Versicherers erfüllbar ist noch ob die Vertragsbedingungen zivilrechtlich wirksam sind. Die Zertifizierungsstelle nimmt die ihr nach diesem Gesetz zugewiesenen Aufgaben nur im öffentlichen Interesse wahr.

(3) Die Zertifizierung erfolgt auf Antrag des Versicherers. Mit dem Antrag sind Unterlagen vorzulegen, die belegen, dass die Vertragsbedingungen nach § 4 zertifizierbar sind. Fehlende Angaben oder Unterlagen fordert die Zertifizierungsstelle innerhalb von drei Monaten als Ergänzungsanzeige an (Ergänzungsanforderung). Innerhalb von drei Monaten nach Zugang der Ergänzungsanforderung hat der Versicherer die Ergänzungsanzeige bei der Zertifizierungsstelle zu erstatten; andernfalls lehnt die Zertifizierungsstelle den Zertifizierungsantrag ab. Die Frist nach Satz 3 ist eine Ausschlussfrist.

(4) Die Zertifizierungsstelle macht die Zertifizierung sowie den Widerruf, die Rücknahme oder den Verzicht des Versicherers durch eine Veröffentlichung des Namens und der Anschrift des Versicherers und dessen Zertifizierungsnummer im Gemeinsamen Ministerialblatt bekannt.

### § 12 Verfahren

(1) Das Bundesamt für Familie und zivilgesellschaftliche Aufgaben entscheidet durch Verwaltungsakt auf schriftlichen Antrag des Arbeitgebers über die Erbringung von Leistungen nach den §§ 3 und 8. Der Antrag wirkt vom Zeitpunkt des Vorliegens der Anspruchsvoraussetzungen, wenn er innerhalb von drei Monaten nach deren Vorliegen gestellt wird, andernfalls wirkt er vom Beginn des Monats der Antragstellung. Mit dem Antrag sind Name und Anschrift der oder des Beschäftigten, für die oder

den Leistungen beantragt werden, mitzuteilen. Für Leistungen nach den §§ 3 und 8 Absatz 2 sind dem Antrag beizufügen:

1. Entgeltbescheinigungen mit Angabe der arbeitsvertraglichen Wochenstundenzahl der letzten zwölf Monate vor Beginn der Familienpflegezeit,
2. Vereinbarung über die Familienpflegezeit,
3. Versicherungsbescheinigung nach § 4 Absatz 5 oder Antrag auf Aufnahme der oder des Beschäftigten in eine vom Bundesamt für Familie und zivilgesellschaftliche Aufgaben abgeschlossene Gruppenversicherung und
4. Bescheinigungen über die Pflegebedürftigkeit der nahen Angehörigen der oder des Beschäftigten. Leistungen werden nachträglich jeweils für den Kalendermonat ausgezahlt, in dem die Anspruchsvoraussetzungen vorgelegen haben.

(2) Die Höhe der Darlehensraten nach § 3 wird zu Beginn der Leistungsgewährung in monatlichen Festbeträgen für die gesamte Förderdauer festgesetzt.

## § 13 Allgemeine Verwaltungsvorschriften

Zur Durchführung des Verfahrens nach § 12 kann das Bundesministerium für Familie, Senioren, Frauen und Jugend allgemeine Verwaltungsvorschriften erlassen.

## § 14 Bußgeldvorschriften

(1) Ordnungswidrig handelt, wer vorsätzlich oder fahrlässig

1. entgegen § 3 Absatz 4 oder
2. entgegen § 5 Absatz 2

einer dort genannten Person oder Behörde eine Mitteilung nicht, nicht richtig, nicht vollständig oder nicht rechtzeitig macht.

(2) Verwaltungsbehörde im Sinne des § 36 Absatz 1 Nummer 1 des Gesetzes über Ordnungswidrigkeiten ist das Bundesamt für Familie und zivilgesellschaftliche Aufgaben.

(3) Die Ordnungswidrigkeit kann in den Fällen des Absatzes 1 Nummer 1 mit einer Geldbuße bis zu fünf- tausend Euro und in den Fällen des Absatzes 1 Nummer 2 mit einer Geldbuße bis zu tausend Euro geahndet werden.

(4) Die Geldbußen fließen in die Kasse des Bundesamtes für Familie und zivilgesellschaftliche Aufgaben. Diese trägt abweichend von § 105 Absatz 2 des Gesetzes über Ordnungswidrigkeiten die notwendigen Auslagen. Sie ist auch ersatzpflichtig im Sinne des § 110 Absatz 4 des Gesetzes über Ordnungswidrigkeiten.

## § 15 Aufbringung der Mittel

(1) Die für die Ausführung dieses Gesetzes erforderlichen Mittel, einschließlich der Erstattungsbeiträge an die Kreditanstalt für Wiederaufbau nach Absatz 2, trägt der Bund.

(2) Die für die Bereitstellung der Darlehen erforderlichen Mittel können dem Bundesamt für Familie und zivilgesellschaftliche Aufgaben von der Kreditanstalt für Wiederaufbau bereitgestellt werden. In diesem Fall trägt der Bund das Ausfallrisiko und erstattet der Kreditanstalt für Wiederaufbau die Darlehensbeträge sowie die für die Bereitstellung der Mittel angefallenen Zinsen und Verwaltungskosten.

(3) Die Kreditanstalt für Wiederaufbau übermittelt dem Bundesamt für Familie und zivilgesellschaftliche Aufgaben nach Ablauf eines Kalenderjahres eine Aufstellung über die Höhe der nach Absatz 2 bereitgestellten Darlehensbeträge und der dafür angefallenen Zinsen und Verwaltungskosten.

# Verordnung
# zum Schutz vor Gefahrstoffen

(Gefahrstoffverordnung – GefStoffV)

Vom 26. November 2010
(BGBl. I S. 1643, 1644)

Zuletzt geändert durch Artikel 2 des Gesetzes
vom 28. Juli 2011
(BGBl. I S. 1622)

## Abschnitt 1
### Zielsetzung, Anwendungsbereich und Begriffsbestimmungen

### § 1 Zielsetzung und Anwendungsbereich

(1) Ziel dieser Verordnung ist es, den Menschen und die Umwelt vor stoffbedingten Schädigungen zu schützen durch

1. Regelungen zur Einstufung, Kennzeichnung und Verpackung gefährlicher Stoffe und Zubereitungen,

2. Maßnahmen zum Schutz der Beschäftigten und anderer Personen bei Tätigkeiten mit Gefahrstoffen und

3. Beschränkungen für das Herstellen und Verwenden bestimmter gefährlicher Stoffe, Zubereitungen und Erzeugnisse.

(2) Abschnitt 2 gilt für das Inverkehrbringen von

1. gefährlichen Stoffen und Zubereitungen,

2. bestimmten Stoffen, Zubereitungen und Erzeugnissen, die mit zusätzlichen Kennzeichnungen zu versehen sind, nach Maßgabe

a) der Richtlinie 96/59/EG des Rates vom 16. September 1996 über die Beseitigung polychlorierter Biphenyle und polychlorierter Terphenyle (PCB/PCT) (ABl. L 243 vom 24.9.1996, S. 31), die durch die Verordnung (EG) Nr. 596/2009 (ABl. L 188 vom 18.7.2009, S. 14) geändert worden ist, oder

b) der Richtlinie 1999/45/EG des Europäischen Parlaments und des Rates vom 31. Mai 1999 zur Angleichung der Rechts- und Verwaltungsvorschriften der Mitgliedstaaten für die Einstufung, Verpackung und Kennzeichnung gefährlicher Zubereitungen (ABl. L 200 vom 30.7.1999, S. 1, L 6 vom 10.1.2002, S. 71), die zuletzt durch

die Verordnung (EG) Nr. 1272/2008 (ABl. L 353 vom 31.12.2008, S. 1) geändert worden ist,

3. Biozid-Produkten im Sinne des § 3b Absatz 1 Nummer 1 des Chemikaliengesetzes, die keine gefährlichen Stoffe oder Zubereitungen sind, sowie

4. Biozid-Wirkstoffen im Sinne des § 3b Absatz 1 Nummer 2 des Chemikaliengesetzes, die biologische Arbeitsstoffe im Sinne der Biostoffverordnung sind, und Biozid-Produkten im Sinne des § 3b Absatz 1 Nummer 1 des Chemikaliengesetzes, die als Wirkstoffe solche biologischen Arbeitsstoffe enthalten.

Abschnitt 2 gilt nicht für Lebensmittel oder Futtermittel in Form von Fertigerzeugnissen, die für den Endverbrauch bestimmt sind.

(3) Die Abschnitte 3 bis 6 gelten für Tätigkeiten, bei denen Beschäftigte Gefährdungen ihrer Gesundheit und Sicherheit durch Stoffe, Zubereitungen oder Erzeugnisse ausgesetzt sein können. Sie gelten auch, wenn als unmittelbare Folge solcher Tätigkeiten die Gesundheit und Sicherheit anderer Personen gefährdet sein können. Die Sätze 1 und 2 finden auch Anwendung auf Tätigkeiten, die im Zusammenhang mit der Beförderung von Stoffen, Zubereitungen und Erzeugnissen ausgeübt werden. Die Vorschriften des Gefahrgutbeförderungsgesetzes und der darauf gestützten Rechtsverordnungen bleiben unberührt.

(4) Sofern nicht ausdrücklich etwas anderes bestimmt ist, gilt diese Verordnung nicht für

1. biologische Arbeitsstoffe im Sinne der Biostoffverordnung und

2. private Haushalte.

Diese Verordnung gilt ferner nicht für Betriebe, die dem Bundesberggesetz unterliegen, soweit dort oder in Rechtsverordnungen, die auf Grund dieses Gesetzes erlassen worden sind, entsprechende Rechtsvorschriften bestehen.

## § 2 Begriffsbestimmungen

(1) Gefahrstoffe im Sinne dieser Verordnung sind

1. gefährliche Stoffe und Zubereitungen nach § 3,

2. Stoffe, Zubereitungen und Erzeugnisse, die explosionsfähig sind,

3. Stoffe, Zubereitungen und Erzeugnisse, aus denen bei der Herstellung oder Verwendung Stoffe nach Nummer 1 oder Nummer 2 entstehen oder freigesetzt werden,

4. Stoffe und Zubereitungen, die die Kriterien nach den Nummern 1 bis 3 nicht erfüllen, aber auf Grund ihrer physikalisch-chemischen, chemischen oder toxischen Eigenschaften und der Art und Weise, wie sie am Arbeitsplatz vorhanden sind oder verwendet werden, die Gesundheit und die Sicherheit der Beschäftigten gefährden können,

5. alle Stoffe, denen ein Arbeitsplatzgrenzwert zugewiesen worden ist.

(2) Für den Begriff Zubereitung gilt die Begriffsbestimmung nach Artikel 2 Absatz 1 Buchstabe b der Richtlinie 1999/45/EG.

(3) Krebserzeugend, erbgutverändernd oder fruchtbarkeitsgefährdend im Sinne des Abschnitts 4 sind

1. Stoffe, die die Kriterien für die Einstufung als krebserzeugend, erbgutverändernd oder fruchtbarkeitsgefährdend erfüllen nach Anhang VI der Richtlinie 67/548/EWG des Rates vom 27. Juni 1967 zur Angleichung der Rechts- und Verwaltungsvorschriften für die Einstufung, Verpackung und Kennzeichnung gefährlicher Stoffe (ABl. L 196 vom 16.8.1967, S. 1), die zuletzt durch die Richtlinie 2009/2/EG (ABl. L 11 vom 16.1.2009, S. 6) geändert worden ist,

2. Zubereitungen, die einen oder mehrere der in Nummer 1 genannten Stoffe enthalten,

wenn die Konzentration eines oder mehrerer dieser Stoffe die Konzentrationsgrenzen für die Einstufung einer Zubereitung als krebserzeugend, erbgutverändernd oder fruchtbarkeitsgefährdend übersteigt,

3. Stoffe, Zubereitungen oder Verfahren, die in den nach § 20 Absatz 4 bekannt gegebenen Regeln und Erkenntnissen als krebserzeugend, erbgutverändernd oder fruchtbarkeitsgefährdend bezeichnet werden.

Die Konzentrationsgrenzen im Sinne des Satzes 1 Nummer 2 sind festgelegt

1. in Tabelle 3.2 des Anhangs VI Teil 3 der Verordnung (EG) Nr. 1272/2008 des Europäischen Parlaments und des Rates vom 16. Dezember 2008 über die Einstufung, Kennzeichnung und Verpackung von Stoffen und Gemischen, zur Änderung und Aufhebung der Richtlinien 67/548/EWG und 1999/45/EG und zur Änderung der Verordnung (EG) Nr. 1907/2006 (ABl. L 353 vom 31.12.2008, S. 1), die durch die Verordnung (EG) Nr. 790/2009 (ABl. L 235 vom 5.9.2009, S. 1) geändert worden ist, in ihrer jeweils geltenden Fassung oder

2. in Anhang II Teil B der Richtlinie 1999/45/EG, wenn der Stoff oder die Stoffe nicht oder ohne Konzentrationsgrenzen in Anhang VI Teil 3 Tabelle 3.2 der Verordnung (EG) Nr. 1272/2008 aufgeführt sind.

(4) Eine Tätigkeit ist jede Arbeit mit Stoffen, Zubereitungen oder Erzeugnissen, einschließlich Herstellung, Mischung, Ge- und Verbrauch, Lagerung, Aufbewahrung, Be- und Verarbeitung, Ab- und Umfüllung, Entfernung, Entsorgung und Vernichtung.

Zu den Tätigkeiten zählen auch das innerbetriebliche Befördern sowie Bedien- und Überwachungsarbeiten.

(5) Lagern ist das Aufbewahren zur späteren Verwendung sowie zur Abgabe an andere. Es schließt die Bereitstellung zur Beförderung ein, wenn die Beförderung nicht innerhalb von 24 Stunden nach der Bereitstellung oder am dar-

auffolgenden Werktag erfolgt. Ist dieser Werktag ein Samstag, so endet die Frist mit Ablauf des nächsten Werktags.

(6) Es stehen gleich

1. den Beschäftigten die in Heimarbeit beschäftigten Personen sowie Schülerinnen und Schüler, Studierende und sonstige, insbesondere an wissenschaftlichen Einrichtungen tätige Personen, die Tätigkeiten mit Gefahrstoffen ausüben; für Schülerinnen und Schüler und Studierende gelten jedoch nicht die Regelungen dieser Verordnung über die Beteiligung der Personalvertretungen,

2. dem Arbeitgeber der Unternehmer ohne Beschäftigte sowie der Auftraggeber und der Zwischenmeister im Sinne des Heimarbeitsgesetzes in der im Bundesgesetzblatt Teil III, Gliederungsnummer 804-1, veröffentlichten bereinigten Fassung, das zuletzt durch Artikel 225 der Verordnung vom 31. Oktober 2006 (BGBl. I S. 2407) geändert worden ist.

(7) Der Arbeitsplatzgrenzwert ist der Grenzwert für die zeitlich gewichtete durchschnittliche Konzentration eines Stoffs in der Luft am Arbeitsplatz in Bezug auf einen gegebenen Referenzzeitraum. Er gibt an, bis zu welcher Konzentration eines Stoffs akute oder chronische schädliche Auswirkungen auf die Gesundheit von Beschäftigten im Allgemeinen nicht zu erwarten sind.

(8) Der biologische Grenzwert ist der Grenzwert für die toxikologisch-arbeitsmedizinisch abgeleitete Konzentration eines Stoffs, seines Metaboliten oder eines Beanspruchungsindikators im entsprechenden biologischen Material. Er gibt an, bis zu welcher Konzentration die Gesundheit von Beschäftigten im Allgemeinen nicht beeinträchtigt wird.

(9) Explosionsfähig sind Stoffe, Zubereitungen und Erzeugnisse,

1. wenn sie mit oder ohne Luft durch Zündquellen wie äußere thermische Einwirkungen, mechanische Beanspruchungen oder Detonationsstöße zu einer chemischen Reaktion gebracht werden können, bei der hochgespannte Gase in so kurzer Zeit entstehen, dass ein sprunghafter Temperatur- und Druckanstieg hervorgerufen wird, oder

2. wenn im Gemisch mit Luft nach Wirksamwerden einer Zündquelle eine sich selbsttätig fortpflanzende Flammenausbreitung stattfindet, die im Allgemeinen mit einem sprunghaften Temperatur- und Druckanstieg verbunden ist.

(10) Ein explosionsfähiges Gemisch ist ein Gemisch aus brennbaren Gasen, Dämpfen, Nebeln oder Stäuben, in dem sich der Verbrennungsvorgang nach erfolgter Zündung auf das gesamte unverbrannte Gemisch überträgt. Ein gefährliches explosionsfähiges Gemisch ist ein explosionsfähiges Gemisch, das in solcher Menge auftritt, dass besondere Schutzmaßnahmen für die Aufrechterhaltung der Gesundheit und Sicherheit der Beschäftigten oder anderer Personen erforderlich werden (gefahrdrohende Menge). Explosionsfähige Atmosphäre ist ein explosionsfähiges Gemisch unter atmosphärischen Bedingungen im Gemisch mit Luft.

(11) Der Stand der Technik ist der Entwicklungsstand fortschrittlicher Verfahren, Einrichtungen oder Betriebsweisen, der die praktische Eignung einer Maßnahme zum Schutz der Gesundheit und zur Sicherheit der Beschäftigten gesichert erscheinen lässt. Bei der Bestimmung des Stands der Technik sind insbesondere vergleichbare Verfahren, Einrichtungen oder Betriebsweisen heranzuziehen, die mit Erfolg in der Praxis erprobt worden sind. Gleiches gilt für die Anforderungen an die Arbeitsmedizin und die Arbeitsplatzhygiene.

(12) Fachkundig ist, wer zur Ausübung einer in dieser Verordnung bestimmten Aufgabe befähigt ist. Die Anforderungen an die Fachkunde sind abhängig von der jeweiligen Art der Aufga-

be. Zu den Anforderungen zählen eine entspre chende Berufsausbildung, Berufserfahrung oder eine zeitnah ausgeübte entsprechende berufliche Tätigkeit sowie die Teilnahme an spezifischen Fortbildungsmaßnahmen.

(13) Sachkundig ist, wer seine bestehende Fachkunde durch Teilnahme an einem behördlich anerkannten Sachkundelehrgang erweitert hat. In Abhängigkeit vom Aufgabengebiet kann es zum Erwerb der Sachkunde auch erforderlich sein, den Lehrgang mit einer erfolgreichen Prüfung abzuschließen. Sachkundig ist ferner, wer über eine von der zuständigen Behörde als gleichwertig anerkannte oder in dieser Verordnung als gleichwertig bestimmte Qualifikation verfügt.

## Abschnitt 2
## Gefahrstoffinformation

### § 3 Gefährlichkeitsmerkmale

Gefährlich im Sinne dieser Verordnung sind Stoffe und Zubereitungen, die eine oder mehrere der in Satz 2 genannten Eigenschaften aufweisen. Stoffe und Zubereitungen sind

1. explosionsgefährlich, wenn sie in festem, flüssigem, pastenförmigem oder gelatinösem Zustand auch ohne Beteiligung von Luftsauerstoff exotherm und unter schneller Entwicklung von Gasen reagieren können und unter festgelegten Prüfbedingungen detonieren, schnell deflagrieren oder beim Erhitzen unter teilweisem Einschluss explodieren,

2. brandfördernd, wenn sie in der Regel selbst nicht brennbar sind, aber bei Kontakt mit brennbaren Stoffen oder Zubereitungen, überwiegend durch Sauerstoffabgabe, die Brandgefahr und die Heftigkeit eines Brands beträchtlich erhöhen,

3. hochentzündlich, wenn sie

a) in flüssigem Zustand einen extrem niedrigen Flammpunkt und einen niedrigen Siedepunkt haben,

b) als Gase bei gewöhnlicher Temperatur und Normaldruck in Mischung mit Luft einen Explosionsbereich haben,

4. leichtentzündlich, wenn sie

a) sich bei gewöhnlicher Temperatur an der Luft ohne Energiezufuhr erhitzen und schließlich entzünden können,

b) in festem Zustand durch kurzzeitige Einwirkung einer Zündquelle leicht entzündet werden können und nach deren Entfernen in gefährlicher Weise weiterbrennen oder weiterglimmen,

c) in flüssigem Zustand einen sehr niedrigen Flammpunkt haben,

d) bei Kontakt mit Wasser oder mit feuchter Luft hochentzündliche Gase in gefährlicher Menge entwickeln,

5. entzündlich, wenn sie in flüssigem Zustand einen niedrigen Flammpunkt haben,

6. sehr giftig, wenn sie in sehr geringer Menge bei Einatmen, Verschlucken oder Aufnahme über die Haut zum Tod führen oder akute oder chronische Gesundheitsschäden verursachen können,

7. giftig, wenn sie in geringer Menge bei Einatmen, Verschlucken oder Aufnahme über die Haut zum Tod führen oder akute oder chronische Gesundheitsschäden verursachen können,

8. gesundheitsschädlich, wenn sie bei Einatmen, Verschlucken oder Aufnahme über die Haut zum Tod führen oder akute oder chronische Gesundheitsschäden verursachen können,

9. ätzend, wenn sie lebende Gewebe bei Kontakt zerstören können,

10. reizend, wenn sie ohne ätzend zu sein bei kurzzeitigem, länger andauerndem oder

wiederholtem Kontakt mit Haut oder Schleimhaut eine Entzündung hervorrufen können,

11. sensibilisierend, wenn sie bei Einatmen oder Aufnahme über die Haut Überempfindlichkeitsreaktionen hervorrufen können, so dass bei künftiger Exposition gegenüber dem Stoff oder der Zubereitung charakteristische Störungen auftreten,

12. krebserzeugend (kanzerogen), wenn sie bei Einatmen, Verschlucken oder Aufnahme über die Haut Krebs hervorrufen oder die Krebshäufigkeit erhöhen können,

13. fortpflanzungsgefährdend (reproduktionstoxisch), wenn sie bei Einatmen, Verschlucken oder Aufnahme über die Haut

   a) nicht vererbbare Schäden der Nachkommenschaft hervorrufen oder die Häufigkeit solcher Schäden erhöhen (fruchtschädigend) oder

   b) eine Beeinträchtigung der männlichen oder weiblichen Fortpflanzungsfunktionen oder der Fortpflanzungsfähigkeit zur Folge haben können (fruchtbarkeitsgefährdend),

14. erbgutverändernd (mutagen), wenn sie bei Einatmen, Verschlucken oder Aufnahme über die Haut vererbbare genetische Schäden zur Folge haben oder deren Häufigkeit erhöhen können,

15. umweltgefährlich, wenn sie selbst oder ihre Umwandlungsprodukte geeignet sind, die Beschaffenheit des Naturhaushalts, von Wasser, Boden oder Luft, Klima, Tieren, Pflanzen oder Mikroorganismen derart zu verändern, dass dadurch sofort oder später Gefahren für die Umwelt herbeigeführt werden können.

### § 4 Einstufung, Kennzeichnung und Verpackung

(1) Die Einstufung, Kennzeichnung und Verpackung von Stoffen und Gemischen sowie von Erzeugnissen mit Explosivstoff richten sich nach den Bestimmungen der Verordnung (EG) Nr. 1272/2008.

(2) Sofern nach Artikel 61 der Verordnung (EG) Nr. 1272/2008 die Einstufung, Kennzeichnung oder Verpackung von Stoffen und Zubereitungen nach der Richtlinie 67/548/ EWG oder der Richtlinie 1999/45/EG erfolgt, sind unbeschadet des § 19 Absatz 3 die Bestimmungen dieser Richtlinien sowie die Absätze 3 bis 6 und § 5 Absatz 3 anzuwenden.

(3) Bei der Einstufung von Stoffen und Zubereitungen sind die nach § 20 Absatz 4 bekannt gegebenen Regeln und Erkenntnisse zu beachten.

(4) Die Kennzeichnung von Stoffen und Zubereitungen, die in Deutschland in Verkehr gebracht werden, muss in deutscher Sprache erfolgen.

(5) Werden gefährliche Stoffe oder gefährliche Zubereitungen unverpackt in Verkehr gebracht, sind jeder Liefereinheit geeignete Sicherheitsinformationen oder ein Sicherheitsdatenblatt in deutscher Sprache beizufügen.

(6) Beabsichtigt ein Hersteller oder Einführer, der nach der Richtlinie 1999/45/ EG kennzeichnet, von der in Artikel 15 dieser Richtlinie festgelegten Möglichkeit zur abweichenden Bezeichnung von gefährlichen Stoffen bei der Kennzeichnung von Zubereitungen Gebrauch zu machen, hat er die erforderlichen Informationen und Nachweise der Bundesstelle für Chemikalien (§ 4 Absatz 1 Nummer 1 des Chemikaliengesetzes) rechtzeitig vorzulegen. Von der Möglichkeit zur abweichenden Bezeichnung kann für Wirkstoffe in Biozid-Produkten nicht Gebrauch gemacht werden.

(7) Der Hersteller oder Einführer hat Biozid-Wirkstoffe, die als solche in Verkehr gebracht werden und zugleich biologische Arbeitsstoffe sind, zusätzlich nach den §§ 3 und 4 der Biostoffverordnung einzustufen.

(8) Für die Verpackung und Kennzeichnung von Biozid-Produkten gilt zusätzlich Artikel 20

Absatz 2 Satz 2 Buchstabe a und Absatz 3 Satz 2 und 3 Buchstabe a, c, f bis j, l und m sowie im Fall zugelassener oder registrierter Biozid-Produkte zusätzlich Artikel 20 Absatz 3 Satz 3 Buchstabe b, d, e und k der Richtlinie 98/8/EG des Europäischen Parlaments und des Rates vom 16. Februar 1998 über das Inverkehrbringen von Biozid-Produkten (ABl. L 123 vom 24.4.1998, S. 1, L 150 vom 8.6.2002, S. 71), die zuletzt durch die Richtlinien 2010/7/EU, 2010/8/EU, 2010/9/EU, 2010/10/EU und 2010/11/EU (ABl. L 37 vom 10.2.2010, S. 33, 37, 40, 44, 47) geändert worden ist. Bei der Kennzeichnung von Biozid-Produkten, bei denen der Wirkstoff ein biologischer Arbeitsstoff ist, sind darüber hinaus anzugeben

1. die Identität des Organismus nach Anhang IVA Abschnitt II Nummer 2.1 und 2.2 der Richtlinie 98/8/EG,

2. die Einstufung der Mikroorganismen in Risikogruppen nach den §§ 3 und 4 der Biostoffverordnung und

3. bei einer Einstufung in die Risikogruppe 2 und höher nach den §§ 3 und

4 der Biostoffverordnung das Symbol für Biogefährdung nach Anhang I der Biostoffverordnung.

Die nach Satz 2 und nach Artikel 20 Absatz 3 Satz 3 Buchstabe a, b, d, g und k der Richtlinie 98/8/EG erforderlichen Angaben müssen auf dem Kennzeichnungsschild stehen.

Die Angaben nach Artikel 20 Absatz 3 Satz 3 Buchstabe c, e, f, h, i, j und l der Richtlinie 98/8/EG können auf dem Kennzeichnungs-schild oder an anderer Stelle der Verpackung oder auf einem der Verpackung beigefügten, integrierten Merkblatt stehen.

(9) Dekontaminierte PCB-haltige Geräte im Sinne der Richtlinie 96/59/EG müssen nach dem Anhang dieser Richtlinie gekennzeichnet werden.

(10) Die Kennzeichnung bestimmter, beschränkter Stoffe, Zubereitungen und Erzeug-nisse richtet sich zusätzlich nach Artikel 67 in Verbindung mit Anhang XVII der Verordnung (EG) Nr. 1907/2006 des Europäischen Parlaments und des Rates vom 18. Dezember 2006 zur Registrierung, Bewertung, Zulassung und Beschränkung chemischer Stoffe (REACH), zur Schaffung einer Europäischen Chemikalienagentur, zur Änderung der Richtlinie 1999/45/EG und zur Aufhebung der Verordnung (EWG) Nr. 793/93 des Rates, der Verordnung (EG) Nr. 1488/94 der Kommission, der Richtlinie 76/769/EWG des Rates sowie der Richtlinien 91/155/EWG, 93/67/EWG, 93/105/EG und 2000/21/EG der Kommission (ABl. L 396 vom 30.12.2006, S. 1, L 136 vom 29.5.2007, S. 3, L 141 vom 31.5.2008, S. 22, L 36 vom 5.2.2009, S. 84), die zuletzt durch die Verordnung (EU) Nr. 453/2010 (ABl. L 133 vom 31.5.2010, S. 1) geändert worden ist, in ihrer jeweils geltenden Fassung.

(11) Ist

1. der Informationsgehalt der Kennzeichnung oder des Sicherheitsdatenblatts einer Zubereitung oder

2. die Information über eine Verunreinigung oder Beimengung auf dem Kennzeichnungsschild oder im Sicherheitsdatenblatt eines Stoffs

nicht ausreichend, um neue Zubereitungen bei der Herstellung ordnungsgemäß einstufen zu können, hat der Inverkehrbringer der Zubereitung oder des Stoffs den Herstellern auf Anfrage unverzüglich alle Informationen zur Verfügung zu stellen, die für eine ordnungs-gemäße Einstufung neuer Zubereitungen erforderlich sind.

## § 5 Sicherheitsdatenblatt und sonstige Informationspflichten

(1) Die vom Hersteller, Einführer und erneuten Inverkehrbringer hinsichtlich des Sicherheits-datenblatts beim Inverkehrbringen von Stoffen und Zubereitungen zu beachtenden Anforderungen ergeben sich aus Artikel 31 in Verbin-

dung mit Anhang II der Verordnung (EG) Nr. 1907/2006. Ist nach diesen Vorschriften die Übermittlung eines Sicherheitsdatenblatts nicht erforderlich, richten sich die Informationspflichten nach Artikel 32 der Verordnung (EG) Nr. 1907/2006.

(2) Bei den Angaben, die nach den Nummern 15 und 16 des Anhangs II der Verordnung (EG) Nr. 1907/2006 zu machen sind, sind insbesondere die nach § 20 Absatz 4 bekannt gegebenen Regeln und Erkenntnisse zu berücksichtigen, nach denen Stoffe oder Tätigkeiten als krebserzeugend, erbgutverändernd oder fortpflanzungsgefährdend bezeichnet werden.

(3) Werden Zubereitungen nach der Richtlinie 1999/45/EG gekennzeichnet, muss auf der Verpackung von Zubereitungen, die im Einzelhandel angeboten oder für jedermann erhältlich sind und die als sehr giftig, giftig oder ätzend eingestuft sind, nach Maßgabe des Anhangs V Buchstabe A Nummer 1.2 der Richtlinie 1999/45/EG eine genaue und allgemein verständliche Gebrauchsanweisung angebracht werden. Falls dies technisch nicht möglich ist, muss die Gebrauchsanweisung der Verpackung beigefügt werden.

### Abschnitt 3
### Gefährdungsbeurteilung und Grundpflichten

### § 6 Informationsermittlung und Gefährdungsbeurteilung

(1) Im Rahmen einer Gefährdungsbeurteilung als Bestandteil der Beurteilung der Arbeitsbedingungen nach § 5 des Arbeitsschutzgesetzes hat der Arbeitgeber festzustellen, ob die Beschäftigten Tätigkeiten mit Gefahrstoffen ausüben oder ob bei Tätigkeiten Gefahrstoffe entstehen oder freigesetzt werden können. Ist dies der Fall, so hat er alle hiervon ausgehenden Gefährdungen der Gesundheit und Sicherheit der Beschäftigten unter folgenden Gesichtspunkten zu beurteilen:

1. gefährliche Eigenschaften der Stoffe oder Zubereitungen, einschließlich ihrer physikalisch-chemischen Wirkungen,

2. Informationen des Herstellers oder Inverkehrbringers zum Gesundheitsschutz und zur Sicherheit insbesondere im Sicherheitsdatenblatt,

3. Art und Ausmaß der Exposition unter Berücksichtigung aller Expositionswege; dabei sind die Ergebnisse der Messungen und Ermittlungen nach § 7 Absatz 8 zu berücksichtigen,

4. Möglichkeiten einer Substitution,

5. Arbeitsbedingungen und Verfahren, einschließlich der Arbeitsmittel und der Gefahrstoffmenge,

6. Arbeitsplatzgrenzwerte und biologische Grenzwerte,

7. Wirksamkeit der ergriffenen oder zu ergreifenden Schutzmaßnahmen,

8. Erkenntnisse aus arbeitsmedizinischen Vorsorgeuntersuchungen nach der Verordnung zur arbeitsmedizinischen Vorsorge.

(2) Der Arbeitgeber hat sich die für die Gefährdungsbeurteilung notwendigen Informationen beim Inverkehrbringer oder aus anderen, ihm mit zumutbarem Aufwand zugänglichen Quellen zu beschaffen. Insbesondere hat der Arbeitgeber die Informationen zu beachten, die ihm nach Titel IV der Verordnung (EG) Nr. 1907/2006 zur Verfügung gestellt werden; dazu gehören Sicherheitsdatenblätter und die Informationen zu Stoffen oder Zubereitungen, für die kein Sicherheitsdatenblatt zu erstellen ist.

Sofern die Verordnung (EG) Nr. 1907/2006 keine Informationspflicht vorsieht, hat der Inverkehrbringer dem Arbeitgeber auf Anfrage die für die Gefährdungsbeurteilung notwendigen Informationen über die Gefahrstoffe zur Verfügung zu stellen.

(3) Stoffe und Zubereitungen, die nicht von einem Inverkehrbringer nach § 4 Absatz 1 oder Absatz 2 eingestuft und gekennzeichnet worden sind, beispielsweise innerbetrieblich hergestellte Stoffe oder Zubereitungen, hat der Arbeitgeber selbst einzustufen. Zumindest aber hat er die von den Stoffen oder Zubereitungen ausgehenden Gefährdungen der Beschäftigten zu ermitteln; dies gilt auch für Gefahrstoffe nach § 2 Absatz 1 Nummer 4.

(4) Der Arbeitgeber hat festzustellen, ob die verwendeten Stoffe, Zubereitungen oder Erzeugnisse bei Tätigkeiten, auch unter Berücksichtigung verwendeter Arbeitsmittel, Verfahren und der Arbeitsumgebung sowie ihrer möglichen Wechselwirkungen, zu Brand- oder Explosionsgefährdungen führen können. Insbesondere hat er zu ermitteln, ob die Stoffe, Zubereitungen oder Erzeugnisse auf Grund ihrer Eigenschaften und der Art und Weise, wie sie am Arbeitsplatz vorhanden sind oder verwendet werden, explosionsfähige Gemische bilden können. Im Fall von nicht atmosphärischen Bedingungen sind auch die möglichen Veränderungen der für den Explosionsschutz relevanten sicherheitstechnischen Kenngrößen zu ermitteln und zu berücksichtigen.

(5) Bei der Gefährdungsbeurteilung sind ferner Tätigkeiten zu berücksichtigen, bei denen auch nach Ausschöpfung sämtlicher technischer Schutzmaßnahmen die Möglichkeit einer Gefährdung besteht. Dies gilt insbesondere für Instandhaltungsarbeiten, einschließlich Wartungsarbeiten. Darüber hinaus sind auch andere Tätigkeiten wie Bedien- und Überwachungsarbeiten zu berücksichtigen, wenn diese zu einer Gefährdung von Beschäftigten durch Gefahrstoffe führen können.

(6) Die mit den Tätigkeiten verbundenen inhalativen, dermalen und physikalisch-chemischen Gefährdungen sind unabhängig voneinander zu beurteilen und in der Gefährdungsbeurteilung zusammenzuführen. Treten bei einer Tätigkeit mehrere Gefahrstoffe gleichzeitig auf, sind Wechsel- oder Kombinationswirkungen der Gefahrstoffe, die Einfluss auf die Gesundheit und Sicherheit der Beschäftigten haben, bei der Gefährdungsbeurteilung zu berücksichtigen, soweit solche Wirkungen bekannt sind.

(7) Der Arbeitgeber kann bei der Festlegung der Schutzmaßnahmen eine Gefährdungsbeurteilung übernehmen, die ihm der Hersteller oder Inverkehrbringer mitgeliefert hat, sofern die Angaben und Festlegungen in dieser Gefährdungsbeurteilung den Arbeitsbedingungen und Verfahren, einschließlich der Arbeitsmittel und der Gefahrstoffmenge, im eigenen Betrieb entsprechen.

(8) Der Arbeitgeber hat die Gefährdungsbeurteilung unabhängig von der Zahl der Beschäftigten erstmals vor Aufnahme der Tätigkeit zu dokumentieren; dabei sind anzugeben

1. die Gefährdungen am Arbeitsplatz,

2. das Ergebnis der Prüfung auf Möglichkeiten einer Substitution nach Absatz 1 Satz 2 Nummer 4,

3. eine Begründung für einen Verzicht auf eine technisch mögliche Substitution, sofern Schutzmaßnahmen nach § 9 oder § 10 zu ergreifen sind,

4. die durchzuführenden Schutzmaßnahmen, einschließlich der zusätzlich bei Überschreitung eines Arbeitsplatzgrenzwerts ergriffenen Schutzmaßnahmen sowie geplanter weiterer Schutzmaßnahmen, die zukünftig zur Einhaltung des Arbeitsplatzgrenzwerts ergriffen werden sollen,

5. eine Begründung, wenn von den nach § 20 Absatz 4 bekannt gegebenen Regeln und Erkenntnissen abgewichen wird, und

6. die Ermittlungsergebnisse, die belegen, dass der Arbeitsplatzgrenzwert eingehalten wird oder – bei Stoffen ohne Arbeitsplatzgrenzwert – die ergriffenen technischen Schutzmaßnahmen wirksam sind.

Auf eine detaillierte Dokumentation kann bei Tätigkeiten mit geringer Gefährdung nach Absatz 11 verzichtet werden. Falls in anderen Fällen auf eine detaillierte Dokumentation verzichtet wird, ist dies nachvollziehbar zu begründen. Die Gefährdungsbeurteilung ist regelmäßig zu überprüfen und bei Bedarf zu aktualisieren. Sie ist umgehend zu aktualisieren, wenn maßgebliche Veränderungen oder neue Informationen dies erfordern oder wenn sich eine Aktualisierung auf Grund der Ergebnisse arbeitsmedizinischer Vorsorgeuntersuchungen nach der Verordnung zur arbeitsmedizinischen Vorsorge als notwendig erweist.

(9) Die Gefährdungsbeurteilung darf nur von fachkundigen Personen durchgeführt werden. Verfügt der Arbeitgeber nicht selbst über die entsprechenden Kenntnisse, so hat er sich fachkundig beraten zu lassen. Fachkundig können insbesondere die Fachkraft für Arbeitssicherheit und die Betriebsärztin oder der Betriebsarzt sein.

(10) Der Arbeitgeber hat ein Verzeichnis der im Betrieb verwendeten Gefahrstoffe zu führen, in dem auf die entsprechenden Sicherheitsdatenblätter verwiesen wird. Das Verzeichnis muss mindestens folgende Angaben enthalten:

1. Bezeichnung des Gefahrstoffs,

2. Einstufung des Gefahrstoffs oder Angaben zu den gefährlichen Eigenschaften,

3. Angaben zu den im Betrieb verwendeten Mengenbereichen,

4. Bezeichnung der Arbeitsbereiche, in denen Beschäftigte dem Gefahrstoff ausgesetzt sein können.

Die Sätze 1 und 2 gelten nicht, wenn nur Tätigkeiten mit geringer Gefährdung nach Absatz 11 ausgeübt werden. Die Angaben nach Satz 2 Nummer 1, 2 und 4 müssen allen betroffenen Beschäftigten und ihrer Vertretung zugänglich sein.

(11) Ergibt sich aus der Gefährdungsbeurteilung für bestimmte Tätigkeiten auf Grund

1. der dem Gefahrstoff zugeordneten Gefährlichkeitsmerkmale,

2. einer geringen verwendeten Stoffmenge,

3. einer nach Höhe und Dauer niedrigen Exposition und

4. der Arbeitsbedingungen

insgesamt eine nur geringe Gefährdung der Beschäftigten und reichen die nach § 8 zu ergreifenden Maßnahmen zum Schutz der Beschäftigten aus, so müssen keine weiteren Maßnahmen des Abschnitts 4 ergriffen werden.

(12) Wenn für Stoffe oder Zubereitungen keine Prüfdaten oder entsprechende aussagekräftige Informationen zur akut toxischen, reizenden, hautsensibilisierenden oder erbgutverändernden Wirkung oder zur Wirkung bei wiederholter Exposition vorliegen, sind die Stoffe oder Zubereitungen bei der Gefährdungsbeurteilung wie Gefahrstoffe mit entsprechenden Wirkungen zu behandeln.

### § 7 Grundpflichten

(1) Der Arbeitgeber darf eine Tätigkeit mit Gefahrstoffen erst aufnehmen lassen, nachdem eine Gefährdungsbeurteilung nach § 6 durchgeführt und die erforderlichen Schutzmaßnahmen nach Abschnitt 4 ergriffen worden sind.

(2) Um die Gesundheit und die Sicherheit der Beschäftigten bei allen Tätigkeiten mit Gefahrstoffen zu gewährleisten, hat der Arbeitgeber die erforderlichen Maßnahmen nach dem Arbeitsschutzgesetz und zusätzlich die nach dieser Verordnung erforderlichen Maßnahmen zu ergreifen. Dabei hat er die nach § 20 Absatz 4 bekannt gegebenen Regeln und Erkenntnisse zu beachten. Bei Einhaltung dieser Regeln und Erkenntnisse ist in der Regel davon auszugehen, dass die Anforderungen dieser Verordnung erfüllt sind. Von diesen Regeln und Erkenntnissen kann abgewichen werden, wenn durch andere Maßnahmen zumindest in vergleichbarer Weise der Schutz der Gesundheit und die Sicherheit der Beschäftigten gewährleistet werden.

(3) Der Arbeitgeber hat auf der Grundlage des Ergebnisses der Substitutionsprüfung nach § 6

Absatz 1 Satz 2 Nummer 4 vorrangig eine Substitution durchzuführen. Er hat Gefahrstoffe oder Verfahren durch Stoffe, Zubereitungen oder Erzeugnisse oder Verfahren zu ersetzen, die unter den jeweiligen Verwendungsbedingungen für die Gesundheit und Sicherheit der Beschäftigten nicht oder weniger gefährlich sind. (4) Der Arbeitgeber hat Gefährdungen der Gesundheit und der Sicherheit der Beschäftigten bei Tätigkeiten mit Gefahrstoffen auszuschließen. Ist dies nicht möglich, hat er sie auf ein Minimum zu reduzieren. Diesen Geboten hat der Arbeitgeber durch die Festlegung und Anwendung geeigneter Schutzmaßnahmen Rechnung zu tragen. Dabei hat er folgende Rangfolge zu beachten:

1. Gestaltung geeigneter Verfahren und technischer Steuerungseinrichtungen von Verfahren, den Einsatz emissionsfreier oder emissionsarmer Verwendungsformen sowie Verwendung geeigneter Arbeitsmittel und Materialien nach dem Stand der Technik,

2. Anwendung kollektiver Schutzmaßnahmen technischer Art an der Gefahrenquelle, wie angemessene Be- und Entlüftung, und Anwendung geeigneter organisatorischer Maßnahmen,

3. sofern eine Gefährdung nicht durch Maßnahmen nach den Nummern 1 und 2 verhütet werden kann, Anwendung von individuellen Schutzmaßnahmen, die auch die Bereitstellung und Verwendung von persönlicher Schutzausrüstung umfassen.

(5) Beschäftigte müssen die bereitgestellte persönliche Schutzausrüstung verwenden, solange eine Gefährdung besteht. Die Verwendung von belastender persönlicher Schutzausrüstung darf keine Dauermaßnahme sein. Sie ist für jeden Beschäftigten auf das unbedingt erforderliche Minimum zu beschränken.

(6) Der Arbeitgeber stellt sicher, dass

1. die persönliche Schutzausrüstung an einem dafür vorgesehenen Ort sachgerecht aufbewahrt wird,

2. die persönliche Schutzausrüstung vor Gebrauch geprüft und nach Gebrauch gereinigt wird und

3. schadhafte persönliche Schutzausrüstung vor erneutem Gebrauch ausgebessert oder ausgetauscht wird.

(7) Der Arbeitgeber hat die Funktion und die Wirksamkeit der technischen Schutzmaßnahmen regelmäßig, mindestens jedoch jedes dritte Jahr, zu überprüfen. Das Ergebnis der Prüfungen ist aufzuzeichnen und vorzugsweise zusammen mit der Dokumentation nach § 6 Absatz 8 aufzubewahren.

(8) Der Arbeitgeber stellt sicher, dass die Arbeitsplatzgrenzwerte eingehalten werden. Er hat die Einhaltung durch Arbeitsplatzmessungen oder durch andere geeignete Methoden zur Ermittlung der Exposition zu überprüfen. Ermittlungen sind auch durchzuführen, wenn sich die Bedingungen ändern, welche die Exposition der Beschäftigten beeinflussen können. Die Ermittlungsergebnisse sind aufzuzeichnen, aufzubewahren und den Beschäftigten und ihrer Vertretung zugänglich zu machen. Werden Tätigkeiten entsprechend einem verfahrens- und stoffspezifischen Kriterium ausgeübt, wie nach § 20 Absatz 4 bekannt gegebenen worden ist, kann der Arbeitgeber in der Regel davon ausgehen, dass die Arbeitsplatzgrenzwerte eingehalten werden; in diesem Fall findet Satz 2 keine Anwendung.

(9) Sofern Tätigkeiten mit Gefahrstoffen ausgeübt werden, für die kein Arbeitsplatzgrenzwert vorliegt, hat der Arbeitgeber regelmäßig die Wirksamkeit der ergriffenen technischen Schutzmaßnahmen durch geeignete Ermittlungsmethoden zu überprüfen, zu denen auch Arbeitsplatzmessungen gehören können.

(10) Wer Arbeitsplatzmessungen von Gefahrstoffen durchführt, muss fachkundig sein und über die erforderlichen Einrichtungen verfügen.

Wenn ein Arbeitgeber eine für Messungen von Gefahrstoffen an Arbeitsplätzen akkreditierte Messstelle beauftragt, kann der Arbeitgeber in der Regel davon ausgehen, dass die von dieser Messstelle gewonnenen Erkenntnisse zutreffend sind.

(11) Der Arbeitgeber hat bei allen Ermittlungen und Messungen die nach § 20 Absatz 4 bekannt gegebenen Verfahren, Messregeln und Grenzwerte zu beachten, bei denen die entsprechenden Bestimmungen der folgenden Richtlinien berücksichtigt worden sind:

1. der Richtlinie 98/24/EG des Rates vom 7. April 1998 zum Schutz von Gesundheit und Sicherheit der Arbeitnehmer vor der Gefährdung durch chemische Arbeitsstoffe bei der Arbeit (ABl. L 131 vom 5.5.1998, S. 11), die durch die Richtlinie 2007/30/ EG (ABl. L 165 vom 27.6.2007, S. 21) geändert worden ist, und insbesondere der Richtlinien nach Artikel 3 Absatz 2 dieser Richtlinie zu Arbeitsplatzgrenzwerten,

2. der Richtlinie 2004/37/EG des Europäischen Parlaments und des Rates vom 29. April 2004 über den Schutz der Arbeitnehmer gegen Gefährdung durch Karzinogene oder Mutagene bei der Arbeit (ABl. L 158 vom 30.4.2004, S. 50, L 229 vom 29.6.2004, S. 23, L 204 vom 4.8.2007, S. 28) sowie

3. der Richtlinie 2009/148/EG des Europäischen Parlaments und des Rates vom 30. November 2009 über den Schutz der Arbeitnehmer gegen Gefährdung durch Asbest am Arbeitsplatz (ABl. L 330 vom 16.12.2009, S. 28).

### Abschnitt 4
### Schutzmaßnahmen

### § 8 Allgemeine Schutzmaßnahmen

(1) Der Arbeitgeber hat bei Tätigkeiten mit Gefahrstoffen die folgenden Schutzmaßnahmen zu ergreifen:

1. geeignete Gestaltung des Arbeitsplatzes und geeignete Arbeitsorganisation,

2. Bereitstellung geeigneter Arbeitsmittel für Tätigkeiten mit Gefahrstoffen und geeignete Wartungsverfahren zur Gewährleistung der Gesundheit und Sicherheit der Beschäftigten bei der Arbeit,

3. Begrenzung der Anzahl der Beschäftigten, die Gefahrstoffen ausgesetzt sind oder ausgesetzt sein können,

4. Begrenzung der Dauer und der Höhe der Exposition,

5. angemessene Hygienemaßnahmen, insbesondere zur Vermeidung von Kontaminationen, und die regelmäßige Reinigung des Arbeitsplatzes,

6. Begrenzung der am Arbeitsplatz vorhandenen Gefahrstoffe auf die Menge, die für den Fortgang der Tätigkeiten erforderlich ist,

7. geeignete Arbeitsmethoden und Verfahren, welche die Gesundheit und Sicherheit der Beschäftigten nicht beeinträchtigen oder die Gefährdung so gering wie möglich halten, einschließlich Vorkehrungen für die sichere Handhabung, Lagerung und Beförderung von Gefahrstoffen und von Abfällen, die Gefahrstoffe enthalten, am Arbeitsplatz.

(2) Der Arbeitgeber hat sicherzustellen, dass

1. alle verwendeten Stoffe und Zubereitungen identifizierbar sind,

2. gefährliche Stoffe und Zubereitungen innerbetrieblich mit einer Kennzeichnung versehen sind, die ausreichende Informationen über die Einstufung, über die Gefahren bei der Handhabung und über die zu beachtenden Sicherheitsmaßnahmen enthält; vorzugsweise ist eine Kennzeichnung zu wählen, die der Verordnung (EG) Nr. 1272/2008 oder nach den Übergangsvorschriften dieser Verordnung der Richtlinie 67/548/EWG oder der Richtlinie 1999/45/EG entspricht,

3. Apparaturen und Rohrleitungen so gekennzeichnet sind, dass mindestens die enthaltenen Gefahrstoffe sowie die davon ausgehenden Gefahren eindeutig identifizierbar sind.

Kennzeichnungspflichten nach anderen Rechtsvorschriften bleiben unberührt. Solange der Arbeitgeber den Verpflichtungen nach Satz 1 nicht nachgekommen ist, darf er Tätigkeiten mit den dort genannten Stoffen und Zubereitungen nicht ausüben lassen. Satz 1 Nummer 2 gilt nicht für Stoffe, die für Forschungs- und Entwicklungszwecke oder für Ein Service des wissenschaftliche Lehrzwecke neu hergestellt worden sind und noch nicht geprüft werden konnten. Eine Exposition der Beschäftigten bei Tätigkeiten mit diesen Stoffen ist zu vermeiden.

(3) Der Arbeitgeber hat gemäß den Ergebnissen der Gefährdungsbeurteilung nach § 6 sicherzustellen, dass die Beschäftigten in Arbeitsbereichen, in denen sie Gefahrstoffen ausgesetzt sein können, keine Nahrungs- oder Genussmittel zu sich nehmen. Der Arbeitgeber hat hierfür vor Aufnahme der Tätigkeiten geeignete Bereiche einzurichten.

(4) Der Arbeitgeber hat sicherzustellen, dass durch Verwendung verschließbarer Behälter eine sichere Lagerung, Handhabung und Beförderung von Gefahrstoffen auch bei der Abfallentsorgung gewährleistet ist.

(5) Der Arbeitgeber hat sicherzustellen, dass Gefahrstoffe so aufbewahrt oder gelagert werden, dass sie weder die menschliche Gesundheit noch die Umwelt gefährden. Er hat dabei wirksame Vorkehrungen zu treffen, um Missbrauch oder Fehlgebrauch zu verhindern. Insbesondere dürfen Gefahrstoffe nicht in solchen Behältern aufbewahrt oder gelagert werden, durch deren Form oder Bezeichnung der Inhalt mit Lebensmitteln verwechselt werden kann. Sie dürfen nur übersichtlich geordnet und nicht in unmittelbarer Nähe von Arznei-, Lebens- oder Futtermitteln, einschließlich deren Zusatzstoffe, aufbewahrt oder gelagert werden. Bei der Aufbewahrung zur Abgabe oder zur sofortigen

Verwendung muss eine Kennzeichnung nach Absatz 2 deutlich sichtbar und lesbar angebracht sein.

(6) Der Arbeitgeber hat sicherzustellen, dass Gefahrstoffe, die nicht mehr benötigt werden, und entleerte Behälter, die noch Reste von Gefahrstoffen enthalten können, sicher gehandhabt, vom Arbeitsplatz entfernt und sachgerecht gelagert oder entsorgt werden.

(7) Der Arbeitgeber hat sicherzustellen, dass als giftig, sehr giftig, krebserzeugend Kategorie 1 oder 2, erbgutverändernd Kategorie 1 oder 2 oder fortpflanzungsgefährdend Kategorie 1 oder 2 eingestufte Stoffe und Zubereitungen unter Verschluss oder so aufbewahrt oder gelagert werden, dass nur fachkundige und zuverlässige Personen Zugang haben. Tätigkeiten mit diesen Stoffen und Zubereitungen sowie mit atemwegssensibilisierenden Stoffen und Zubereitungen dürfen nur von fachkundigen oder besonders unterwiesenen Personen ausgeführt werden. Die Sätze 1 und 2 gelten nicht für Kraftstoffe an Tankstellen.

(8) Der Arbeitgeber hat bei Tätigkeiten mit Gefahrstoffen nach Anhang I Nummer 2 bis 5 sowohl die §§ 6 bis 18 als auch die betreffenden Vorschriften des Anhangs I Nummer 2 bis 5 zu beachten.

### § 9 Zusätzliche Schutzmaßnahmen

(1) Sind die allgemeinen Schutzmaßnahmen nach § 8 nicht ausreichend, um Gefährdungen durch Einatmen, Aufnahme über die Haut oder Verschlucken entgegenzuwirken, hat der Arbeitgeber zusätzlich diejenigen Maßnahmen nach den Absätzen 2 bis 7 zu ergreifen, die auf Grund der Gefährdungsbeurteilung nach § 6 erforderlich sind. Dies gilt insbesondere, wenn

1. Arbeitsplatzgrenzwerte oder biologische Grenzwerte überschritten werden,

2. bei hautresorptiven oder haut- oder augenschädigenden Gefahrstoffen eine Gefährdung durch Haut- oder Augenkontakt besteht oder

3. bei Gefahrstoffen ohne Arbeitsplatzgrenzwert und ohne biologischen Grenzwert eine Gefährdung auf Grund der ihnen zugeordneten Gefährlichkeitsmerkmale nach § 3 und der inhalativen Exposition angenommen werden kann.

(2) Der Arbeitgeber hat sicherzustellen, dass Gefahrstoffe in einem geschlossenen System hergestellt und verwendet werden, wenn

1. die Substitution der Gefahrstoffe nach § 7 Absatz 3 durch solche Stoffe, Zubereitungen, Erzeugnisse oder Verfahren, die bei ihrer Verwendung nicht oder weniger gefährlich für die Gesundheit und Sicherheit sind, technisch nicht möglich ist und

2. eine erhöhte Gefährdung der Beschäftigten durch inhalative Exposition gegenüber diesen Gefahrstoffen besteht. Ist die Anwendung eines geschlossenen Systems technisch nicht möglich, so hat der Arbeitgeber dafür zu sorgen, dass die Exposition der Beschäftigten nach dem Stand der Technik und unter Beachtung von § 7 Absatz 4 so weit wie möglich verringert wird.

(3) Bei Überschreitung eines Arbeitsplatzgrenzwerts muss der Arbeitgeber unverzüglich die Gefährdungsbeurteilung nach § 6 erneut durchführen und geeignete zusätzliche Schutzmaßnahmen ergreifen, um den Arbeitsplatzgrenzwert einzuhalten. Wird trotz Ausschöpfung aller technischen und organisatorischen Schutzmaßnahmen der Arbeitsplatzgrenzwert nicht eingehalten, hat der Arbeitgeber unverzüglich persönliche Schutzausrüstung bereitzustellen. Dies gilt insbesondere für Abbruch-, Sanierungs- und Instandhaltungsarbeiten.

(4) Besteht trotz Ausschöpfung aller technischen und organisatorischen Schutzmaßnahmen bei hautresorptiven, haut- oder augenschädigenden Gefahrstoffen eine Gefährdung durch Haut- oder Augenkontakt, hat der Arbeitgeber unverzüglich persönliche Schutzausrüstung bereitzustellen.

(5) Der Arbeitgeber hat getrennte Aufbewahrungsmöglichkeiten für die Arbeits- oder Schutzkleidung einerseits und die Straßenkleidung andererseits zur Verfügung zu stellen. Der Arbeitgeber hat die durch Gefahrstoffe verunreinigte Arbeitskleidung zu reinigen.

(6) Der Arbeitgeber hat geeignete Maßnahmen zu ergreifen, die gewährleisten, dass Arbeitsbereiche, in denen eine erhöhte Gefährdung der Beschäftigten besteht, nur den Beschäftigten zugänglich sind, die sie zur Ausübung ihrer Arbeit oder zur Durchführung bestimmter Aufgaben betreten müssen.

(7) Wenn Tätigkeiten mit Gefahrstoffen von einer oder einem Beschäftigten allein ausgeübt werden, hat der Arbeitgeber zusätzliche Schutzmaßnahmen zu ergreifen oder eine angemessene Aufsicht zu gewährleisten. Dies kann auch durch den Einsatz technischer Mittel sichergestellt werden.

### § 10 Besondere Schutzmaßnahmen bei Tätigkeiten mit krebserzeugenden, erbgutverändernden und fruchtbarkeitsgefährdenden Gefahrstoffen

(1) Bei Tätigkeiten mit krebserzeugenden, erbgutverändernden und fruchtbarkeitsgefährdenden Gefahrstoffen der Kategorie 1 oder 2 hat der Arbeitgeber, unbeschadet des Absatzes 2, zusätzlich die Bestimmungen nach den Absätzen 3 bis 5 zu erfüllen. Die besonderen Bestimmungen des Anhangs II Nummer 6 sind zu beachten.

(2) Die Absätze 3 bis 5 gelten nicht, wenn

1. ein Arbeitsplatzgrenzwert nach § 20 Absatz 4 bekannt gegeben worden ist, dieser eingehalten und dies durch Arbeitsplatzmessung oder durch andere geeignete Methoden zur Ermittlung der Exposition belegt wird oder

2. Tätigkeiten entsprechend einem nach § 20 Absatz 4 bekannt gegebenen verfahrens- und stoffspezifischen Kriterium ausgeübt werden.

(3) Wenn Tätigkeiten mit krebserzeugenden, erbgutverändernden oder fruchtbarkeitsgefährdenden Gefahrstoffen der Kategorie 1 oder 2 ausgeübt werden, hat der Arbeitgeber

1. die Exposition der Beschäftigten durch Arbeitsplatzmessungen oder durch andere geeignete Ermittlungsmethoden zu bestimmen, auch um erhöhte Expositionen infolge eines unvorhersehbaren Ereignisses oder eines Unfalls schnell erkennen zu können,

2. Gefahrenbereiche abzugrenzen, in denen Beschäftigte diesen Gefahrstoffen ausgesetzt sind oder ausgesetzt sein können, und Warn- und Sicherheitszeichen anzubringen, einschließlich der Verbotszeichen „Zutritt für Unbefugte verboten" und „Rauchen verboten" nach Anhang II Nummer 3.1 der Richtlinie 92/58/EWG des Rates vom 24. Juni 1992 über Mindestvorschriften für die Sicherheits- und/oder Gesundheitsschutzkennzeichnung am Arbeitsplatz (ABl. L 245 vom 26.8.1992, S. 23), die durch die Richtlinie 2007/30/EG (ABl. L 165 vom 27.6.2007, S. 21) geändert worden ist.

(4) Bei Tätigkeiten, bei denen eine beträchtliche Erhöhung der Exposition der Beschäftigten durch krebserzeugende, erbgutverändernde oder fruchtbarkeitsgefährdende Gefahrstoffe der Kategorie 1 oder 2 zu erwarten ist und bei denen jede Möglichkeit weiterer technischer Schutzmaßnahmen zur Begrenzung dieser Exposition bereits ausgeschöpft wurde, hat der Arbeitgeber nach Beratung mit den Beschäftigten oder mit ihrer Vertretung Maßnahmen zu ergreifen, um die Dauer der Exposition der Beschäftigten so weit wie möglich zu verkürzen und den Schutz der Beschäftigten während dieser Tätigkeiten zu gewährleisten. Er hat den betreffenden Beschäftigten persönliche Schutzausrüstung zur Verfügung zu stellen, die sie während der gesamten Dauer der erhöhten Exposition tragen müssen.

(5) Werden in einem Arbeitsbereich Tätigkeiten mit krebserzeugenden, erbgutverändernden oder fruchtbarkeitsgefährdenden Gefahrstof-

fen der Kategorie 1 oder 2 ausgeübt, darf die dort abgesaugte Luft nicht in den Arbeitsbereich zurückgeführt werden. Dies gilt nicht, wenn die Luft unter Anwendung von behördlich oder von den Trägern der gesetzlichen Unfallversicherung anerkannten Verfahren oder Geräte ausreichend von solchen Stoffen gereinigt ist. Die Luft muss dann so geführt oder gereinigt werden, dass krebserzeugende, erbgutverändernde oder fruchtbarkeitsgefährdende Stoffe nicht in die Atemluft anderer Beschäftigter gelangen.

## § 11 Besondere Schutzmaßnahmen gegen physikalisch-chemische Einwirkungen, insbesondere gegen Brand- und Explosionsgefährdungen

(1) Der Arbeitgeber hat auf der Grundlage der Gefährdungsbeurteilung nach § 6 Maßnahmen zum Schutz der Beschäftigten und anderer Personen vor physikalischchemischen Einwirkungen zu ergreifen. Insbesondere hat er Maßnahmen zu ergreifen, um bei Tätigkeiten mit Gefahrstoffen Brand- und Explosionsgefährdungen zu vermeiden oder diese so weit wie möglich zu verringern. Dies gilt vor allem für Tätigkeiten mit explosionsgefährlichen, brandfördernden, hochentzündlichen, leichtentzündlichen und entzündlichen Stoffen oder Zubereitungen, einschließlich ihrer Lagerung. Ferner gilt dies für Tätigkeiten mit anderen Gefahrstoffen, insbesondere mit explosionsfähigen Gefahrstoffen und Gefahrstoffen, die chemisch miteinander reagieren können oder chemisch instabil sind, soweit daraus Brand- oder Explosionsgefährdungen entstehen können.

(2) Zur Vermeidung von Brand- und Explosionsgefährdungen muss der Arbeitgeber Maßnahmen in der nachstehenden Rangfolge ergreifen:

1. gefährliche Mengen oder Konzentrationen von Gefahrstoffen, die zu Brand- oder Explosionsgefährdungen führen können, sind zu vermeiden,

2. Zündquellen, die Brände oder Explosionen auslösen können, sind zu vermeiden,

3. schädliche Auswirkungen von Bränden oder Explosionen auf die Gesundheit und Sicherheit der Beschäftigten und anderer Personen sind zu verringern.

(3) Über die Bestimmungen der Absätze 1 und 2 hinaus hat der Arbeitgeber Anhang I Nummer 1 zu beachten.

## § 12 Tätigkeiten mit explosionsgefährlichen Stoffen und organischen Peroxiden

Bei Tätigkeiten mit explosionsgefährlichen Stoffen oder organischen Peroxiden hat der Arbeitgeber auf der Grundlage der Gefährdungsbeurteilung nach § 6 zum Schutz der Beschäftigten, anderer Personen und von Sachgütern zusätzlich besondere Maßnahmen zu ergreifen, insbesondere verfahrenstechnische, organisatorische und bauliche Schutzmaßnahmen, einschließlich einzuhaltender Abstände. Die Vorschriften des Sprengstoffgesetzes und der darauf gestützten Rechtsvorschriften bleiben unberührt.

## § 13 Betriebsstörungen, Unfälle und Notfälle

(1) Um die Gesundheit und die Sicherheit der Beschäftigten bei Betriebsstörungen, Unfällen oder Notfällen zu schützen, hat der Arbeitgeber rechtzeitig die Notfallmaßnahmen festzulegen, die beim Eintreten eines derartigen Ereignisses zu ergreifen sind. Dies schließt die Bereitstellung angemessener Erste-Hilfe-Einrichtungen und die Durchführung von Sicherheitsübungen in regelmäßigen Abständen ein.

(2) Tritt eines der in Absatz 1 Satz 1 genannten Ereignisse ein, so hat der Arbeitgeber unverzüglich die gemäß Absatz 1 festgelegten Maßnahmen zu ergreifen, um

1. betroffene Beschäftigte über die durch das Ereignis hervorgerufene Gefahrensituation im Betrieb zu informieren,

2. die Auswirkungen des Ereignisses zu mindern und

3. wieder einen normalen Betriebsablauf herbeizuführen.

Neben den Rettungskräften dürfen nur die Beschäftigten im Gefahrenbereich verbleiben, die Tätigkeiten zur Erreichung der Ziele nach Satz 1 Nummer 2 und 3 ausüben.

(3) Der Arbeitgeber hat Beschäftigten, die im Gefahrenbereich tätig werden, vor Aufnahme ihrer Tätigkeit geeignete Schutzkleidung und persönliche Schutzausrüstung sowie gegebenenfalls erforderliche spezielle Sicherheitseinrichtungen und besondere Arbeitsmittel zur Verfügung zu stellen. Im Gefahrenbereich müssen die Beschäftigten die Schutzkleidung und die persönliche Schutzausrüstung für die Dauer des nicht bestimmungsgemäßen Betriebsablaufs verwenden. Die Verwendung belastender persönlicher Schutzausrüstung muss für die einzelnen Beschäftigten zeitlich begrenzt sein. Ungeschützte und unbefugte Personen dürfen sich nicht im festzulegenden Gefahrenbereich aufhalten.

(4) Der Arbeitgeber hat Warn- und sonstige Kommunikationssysteme, die eine erhöhte Gefährdung der Gesundheit und Sicherheit anzeigen, zur Verfügung zu stellen, so dass eine angemessene Reaktion möglich ist und unverzüglich Abhilfemaßnahmen sowie Hilfs-, Evakuierungs- und Rettungsmaßnahmen eingeleitet werden können.

(5) Der Arbeitgeber hat sicherzustellen, dass Informationen über Maßnahmen bei Notfällen mit Gefahrstoffen zur Verfügung stehen. Die zuständigen innerbetrieblichen und betriebsfremden Unfall- und Notfalldienste müssen Zugang zu diesen Informationen erhalten. Zu diesen Informationen zählen:

1. eine Vorabmitteilung über einschlägige Gefahren bei der Arbeit, über Maßnahmen zur Feststellung von Gefahren sowie über Vorsichtsmaßregeln und Verfahren, damit die

Notfalldienste ihre eigenen Abhilfe- und Sicherheitsmaßnahmen vorbereiten können,

2. alle verfügbaren Informationen über spezifische Gefahren, die bei einem Unfall oder Notfall auftreten oder auftreten können, einschließlich der Informationen über die Verfahren nach den Absätzen 1 bis 4.

## § 14 Unterrichtung und Unterweisung der Beschäftigten

(1) Der Arbeitgeber hat sicherzustellen, dass den Beschäftigten eine schriftliche Betriebsanweisung, die der Gefährdungsbeurteilung nach § 6 Rechnung trägt, in einer für die Beschäftigten verständlichen Form und Sprache zugänglich gemacht wird. Die Betriebsanweisung muss mindestens Folgendes enthalten:

1. Informationen über die am Arbeitsplatz vorhandenen oder entstehenden Gefahrstoffe, wie beispielsweise die Bezeichnung der Gefahrstoffe, ihre Kennzeichnung sowie mögliche Gefährdungen der Gesundheit und der Sicherheit,

2. Informationen über angemessene Vorsichtsmaßregeln und Maßnahmen, die die Beschäftigten zu ihrem eigenen Schutz und zum Schutz der anderen Beschäftigten am Arbeitsplatz durchzuführen haben; dazu gehören insbesondere

   a) Hygienevorschriften,

   b) Informationen über Maßnahmen, die zur Verhütung einer Exposition zu ergreifen sind,

   c) Informationen zum Tragen und Verwenden von persönlicher Schutzausrüstung und Schutzkleidung,

3. Informationen über Maßnahmen, die bei Betriebsstörungen, Unfällen und Notfällen und zur Verhütung dieser von den Beschäftigten, insbesondere von Rettungsmannschaften, durchzuführen sind.

Die Betriebsanweisung muss bei jeder maßgeblichen Veränderung der Arbeitsbedingungen aktualisiert werden. Der Arbeitgeber hat ferner sicherzustellen, dass die Beschäftigten

1. Zugang haben zu allen Informationen nach Artikel 35 der Verordnung (EG) Nr. 1907/2006 über die Stoffe und Zubereitungen, mit denen sie Tätigkeiten ausüben, insbesondere zu Sicherheitsdatenblättern, und

2. über Methoden und Verfahren unterrichtet werden, die bei der Verwendung von Gefahrstoffen zum Schutz der Beschäftigten angewendet werden müssen.

(2) Der Arbeitgeber hat sicherzustellen, dass die Beschäftigten anhand der Betriebsanweisung nach Absatz 1 über alle auftretenden Gefährdungen und entsprechende Schutzmaßnahmen mündlich unterwiesen werden. Teil dieser Unterweisung ist ferner eine allgemeine arbeitsmedizinisch-toxikologische Beratung. Diese dient auch zur Information der Beschäftigten über die Voraussetzungen, unter denen sie Anspruch auf arbeitsmedizinische Vorsorgeuntersuchungen nach der Verordnung zur arbeitsmedizinischen Vorsorge haben, und über den Zweck dieser Vorsorgeuntersuchungen. Die Beratung ist unter Beteiligung der Ärztin oder des Arztes nach § 7 Absatz 1 der Verordnung zur arbeitsmedizinischen Vorsorge durchzuführen, falls dies erforderlich sein sollte. Die Unterweisung muss vor Aufnahme der Beschäftigung und danach mindestens jährlich arbeitsplatzbezogen durchgeführt werden. Sie muss in für die Beschäftigten verständlicher Form und Sprache erfolgen. Inhalt und Zeitpunkt der Unterweisung sind schriftlich festzuhalten und von den Unterwiesenen durch Unterschrift zu bestätigen.

(3) Der Arbeitgeber hat bei Tätigkeiten mit krebserzeugenden, erbgutverändernden oder fruchtbarkeitsgefährdenden Gefahrstoffen der Kategorie 1 oder 2 sicherzustellen, dass

1.  die Beschäftigten und ihre Vertretung nachprüfen können, ob die Bestimmungen dieser Verordnung eingehalten werden, und zwar insbesondere in Bezug auf

    a)  die Auswahl und Verwendung der persönlichen Schutzausrüstung und die damit verbundenen Belastungen der Beschäftigten,

    b)  durchzuführende Maßnahmen im Sinne des § 10 Absatz 4 Satz 1,

2.  die Beschäftigten und ihre Vertretung bei einer erhöhten Exposition, einschließlich der in § 10 Absatz 4 Satz 1 genannten Fälle, unverzüglich unterrichtet und über die Ursachen sowie über die bereits ergriffenen oder noch zu ergreifenden Gegenmaßnahmen informiert werden,

3.  ein aktualisiertes Verzeichnis über die Beschäftigten geführt wird, die Tätigkeiten ausüben, bei denen die Gefährdungsbeurteilung nach § 6 eine Gefährdung der Gesundheit oder der Sicherheit der Beschäftigten ergibt; in dem Verzeichnis ist auch die Höhe und die Dauer der Exposition anzugeben, der die Beschäftigten ausgesetzt waren,

4.  das Verzeichnis nach Nummer 3 mit allen Aktualisierungen 40 Jahre nach Ende der Exposition aufbewahrt wird; bei Beendigung von Beschäftigungsverhältnissen hat der Arbeitgeber den Beschäftigten einen Auszug über die sie betreffenden Angaben des Verzeichnisses auszuhändigen und einen Nachweis hierüber wie Personalunterlagen aufzubewahren,

5.  die Ärztin oder der Arzt nach § 7 Absatz 1 der Verordnung zur arbeitsmedizinischen Vorsorge, die zuständige Behörde sowie jede für die Gesundheit und die Sicherheit am Arbeitsplatz verantwortliche Person Zugang zu dem Verzeichnis nach Nummer 3 haben,

6.  alle Beschäftigten Zugang zu den sie persönlich betreffenden Angaben in dem Verzeichnis haben,

7.  die Beschäftigten und ihre Vertretung Zugang zu den nicht personenbezogenen Informationen allgemeiner Art in dem Verzeichnis haben.

## § 15 Zusammenarbeit verschiedener Firmen

(1) Sollen in einem Betrieb Fremdfirmen Tätigkeiten mit Gefahrstoffen ausüben, hat der Arbeitgeber als Auftraggeber sicherzustellen, dass nur solche Fremdfirmen herangezogen werden, die über die Fachkenntnisse und Erfahrungen verfügen, die für diese Tätigkeiten erforderlich sind. Der Arbeitgeber als Auftraggeber hat die Fremdfirmen über Gefahrenquellen und spezifische Verhaltensregeln zu informieren.

(2) Kann bei Tätigkeiten von Beschäftigten eines Arbeitgebers eine Gefährdung von Beschäftigten anderer Arbeitgeber durch Gefahrstoffe nicht ausgeschlossen werden, so haben alle betroffenen Arbeitgeber bei der Durchführung ihrer Gefährdungsbeurteilungen nach § 6 zusammenzuwirken und die Schutzmaßnahmen abzustimmen. Dies ist zu dokumentieren. Die Arbeitgeber haben dabei sicherzustellen, dass Gefährdungen der Beschäftigten aller beteiligten Unternehmen durch Gefahrstoffe wirksam begegnet wird.

(3) Jeder Arbeitgeber ist dafür verantwortlich, dass seine Beschäftigten die gemeinsam festgelegten Schutzmaßnahmen anwenden.

(4) Besteht bei Tätigkeiten von Beschäftigten eines Arbeitgebers eine erhöhte Gefährdung von Beschäftigten anderer Arbeitgeber durch Gefahrstoffe, ist durch die beteiligten Arbeitgeber ein Koordinator zu bestellen. Wurde ein Koordinator nach den Bestimmungen der Baustellenverordnung vom 10. Juni 1998 (BGBl. I S. 1283), die durch Artikel 15 der Verordnung vom 23. Dezember 2004 (BGBl. I S. 3758) geändert worden ist, bestellt, gilt die Pflicht nach Satz 1 als erfüllt. Dem Koordinator sind von den beteiligten Arbeitgebern alle erforderlichen sicherheitsrelevanten Informationen sowie Informationen zu den festgelegten Schutz-

maßnahmen zur Verfügung zu stellen. Die Bestellung eines Koordinators entbindet die Arbeitgcbcr nicht von ihrer Verantwortung nach dieser Verordnung.

(5) Vor dem Beginn von Abbruch-, Sanierungs- und Instandhaltungsarbeiten oder Bauarbeiten muss der Arbeitgeber für die Gefährdungsbeurteilung nach § 6 Informationen, insbesondere vom Auftraggeber oder Bauherrn, darüber einholen, ob entsprechend der Nutzungs- oder Baugeschichte des Objekts Gefahrstoffe, insbesondere Asbest, vorhanden oder zu erwarten sind. Weiter reichende Informations-, Schutz- und Überwachungspflichten, die sich für den Auftraggeber oder Bauherrn nach anderen Rechtsvorschriften ergeben, bleiben unberührt.

### Abschnitt 5
### Verbote und Beschränkungen

### § 16 Herstellungs- und Verwendungsbeschränkungen

(1) Herstellungs- und Verwendungsbeschränkungen für bestimmte Stoffe, Zubereitungen und Erzeugnisse ergeben sich aus Artikel 67 in Verbindung mit Anhang XVII der Verordnung (EG) Nr. 1907/2006.

(2) Nach Maßgabe des Anhangs II bestehen weitere Herstellungs- und Verwendungsbeschränkungen für dort genannte Stoffe, Zubereitungen und Erzeugnisse.

(3) Biozid-Produkte dürfen nicht verwendet werden, soweit damit zu rechnen ist, dass ihre Verwendung im einzelnen Anwendungsfall schädliche Auswirkungen auf die Gesundheit von Menschen, Nicht-Zielorganismen oder auf die Umwelt hat. Wer Biozid-Produkte verwendet, hat dies ordnungsgemäß zu tun. Zur ordnungsgemäßen Verwendung gehört es insbesondere, dass

1. ein Biozid-Produkt nur für die in der Kennzeichnung ausgewiesenen Verwendungszwecke eingesetzt wird,

2. die sich aus der Kennzeichnung und der Zulassung ergebenden Verwendungsbedingungen eingehalten werden und

3. der Einsatz von Biozid-Produkten durch eine sachgerechte Berücksichtigung physikalischer, biologischer, chemischer und sonstiger Alternativen auf das Minimum begrenzt wird. Die Sätze 1 bis 3 gelten auch für private Haushalte.

(4) Der Arbeitgeber darf in Heimarbeit beschäftigte Personen nur Tätigkeiten mit geringer Gefährdung im Sinne des § 6 Absatz 11 ausüben lassen.

### § 17 Nationale Ausnahmen von Beschränkungsregelungen nach der Verordnung (EG) Nr. 1907/2006

(1) Die Beschränkungen nach Artikel 67 in Verbindung mit Anhang XVII Nummer 6 der Verordnung (EG) Nr. 1907/2006 gelten nicht für die Herstellung und für das Verwenden chrysotilhaltiger Diaphragmen für die Chloralkalielektrolyse, einschließlich der zu ihrer Herstellung benötigten asbesthaltigen Rohstoffe, in am 1. Dezember 2010 bestehenden Anlagen bis zum Ende ihrer Nutzung, wenn

1. keine asbestfreien Ersatzstoffe, Zubereitungen oder Erzeugnisse auf dem Markt angeboten werden oder

2. die Verwendung der asbestfreien Ersatzstoffe, Zubereitungen oder Erzeugnisse zu einer unzumutbaren Härte führen würde und die Konzentration der Asbestfasern in der Luft am Arbeitsplatz unterhalb von 1 000 Fasern pro Kubikmeter liegt.

(2) Das Verwendungsverbot nach Artikel 67 in Verbindung mit Anhang XVII Nummer 16 und 17 der Verordnung (EG) Nr. 1907/2006 gilt nicht für die Verwendung der dort genannten Bleiverbindungen in Farben, die zur Erhaltung oder originalgetreuen Wiederherstellung von Kunstwerken und historischen Bestandteilen oder von Einrichtungen denkmalgeschützter Gebäude

bestimmt sind, wenn die Verwendung von Ersatzstoffen nicht möglich ist.

## Abschnitt 6
## Vollzugsregelungen und Ausschuss für Gefahrstoffe

### § 18 Unterrichtung der Behörde

(1) Der Arbeitgeber hat der zuständigen Behörde unverzüglich anzuzeigen

1. jeden Unfall und jede Betriebsstörung, die bei Tätigkeiten mit Gefahrstoffen zu einer ernsten Gesundheitsschädigung von Beschäftigten geführt haben,

2. Krankheits- und Todesfälle, bei denen konkrete Anhaltspunkte dafür bestehen, dass sie durch die Tätigkeit mit Gefahrstoffen verursacht worden sind, mit der genauen Angabe der Tätigkeit und der Gefährdungsbeurteilung nach § 6. Lassen sich die für die Anzeige nach Satz 1 erforderlichen Angaben gleichwertig aus Anzeigen nach anderen Rechtsvorschriften entnehmen, kann die Anzeigepflicht auch durch Übermittlung von Kopien dieser Anzeigen an die zuständige Behörde erfüllt werden. Der Arbeitgeber hat den betroffenen Beschäftigten oder ihrer Vertretung Kopien der Anzeigen nach Satz 1 oder Satz 2 zur Kenntnis zu geben.

(2) Unbeschadet des § 22 des Arbeitsschutzgesetzes hat der Arbeitgeber der zuständigen Behörde auf Verlangen Folgendes mitzuteilen:

1. das Ergebnis der Gefährdungsbeurteilung nach § 6 und die ihr zugrunde liegenden Informationen, einschließlich der Dokumentation der Gefährdungsbeurteilung,

2. die Tätigkeiten, bei denen Beschäftigte tatsächlich oder möglicherweise gegenüber Gefahrstoffen exponiert worden sind, und die Anzahl dieser Beschäftigten,

3. die nach § 13 des Arbeitsschutzgesetzes verantwortlichen Personen,

4. die durchgeführten Schutz- und Vorsorgemaßnahmen, einschließlich der Betriebsanweisungen.

(3) Der Arbeitgeber hat der zuständigen Behörde bei Tätigkeiten mit krebserzeugenden, erbgutverändernden oder fruchtbarkeitsgefährdenden Gefahrstoffen der Kategorie 1 oder 2 zusätzlich auf Verlangen Folgendes mitzuteilen:

1. das Ergebnis der Substitutionsprüfung,

2. Informationen über

   a) ausgeübte Tätigkeiten und angewandte industrielle Verfahren und die Gründe für die Verwendung dieser Gefahrstoffe,

   b) die Menge der hergestellten oder verwendeten Gefahrstoffe,

   c) die Art der zu verwendenden Schutzausrüstung,

   d) Art und Ausmaß der Exposition,

   e) durchgeführte Substitutionen.

(4) Auf Verlangen der zuständigen Behörde ist die nach Anhang II der Verordnung (EG) Nr. 1907/2006 geforderte Fachkunde für die Erstellung von Sicherheitsdatenblättern nachzuweisen.

### § 19 Behördliche Ausnahmen, Anordnungen und Befugnisse

(1) Die zuständige Behörde kann auf schriftlichen Antrag des Arbeitgebers Ausnahmen von den §§ 6 bis 15 zulassen, wenn die Anwendung dieser Vorschriften im Einzelfall zu einer unverhältnismäßigen Härte führen würde und die Abweichung mit dem Schutz der Beschäftigten vereinbar ist. Der Arbeitgeber hat der zuständigen Behörde im Antrag darzulegen:

1. den Grund für die Beantragung der Ausnahme,

2. die jährlich zu verwendende Menge des Gefahrstoffs,

3. die betroffenen Tätigkeiten und Verfahren,

4. die Zahl der voraussichtlich betroffenen Beschäftigten,

5. die geplanten Maßnahmen zur Gewährleistung des Gesundheitsschutzes und der Sicherheit der betroffenen Beschäftigten,

6. die technischen und organisatorischen Maßnahmen, die zur Verringerung oder Vermeidung einer Exposition der Beschäftigten ergriffen werden sollen.

(2) Eine Ausnahme nach Absatz 1 kann auch im Zusammenhang mit Verwaltungsverfahren nach anderen Rechtsvorschriften beantragt werden.

(3) Im Fall des § 4 Absatz 2 kann die zuständige Behörde auf Antrag im Einzelfall zulassen, dass die Kennzeichnungsvorschriften der Richtlinie 67/548/EWG bei Stoffen und der Richtlinie 1999/45/EG bei Zubereitungen ganz oder teilweise nicht angewendet werden, wenn es sich um brandfördernde, entzündliche, leichtentzündliche, gesundheitsschädliche, reizende oder umweltgefährliche Stoffe oder Zubereitungen in so geringen Mengen handelt, dass eine Gefährdung nicht zu befürchten ist. Satz 1 gilt nicht für Biozid-Produkte.

(4) Die zuständige Behörde kann unbeschadet des § 23 des Chemikaliengesetzes im Einzelfall Maßnahmen anordnen, die der Hersteller, Inverkehrbringer oder Arbeitgeber zu ergreifen hat, um die Pflichten nach den Abschnitten 2 bis 5 dieser Verordnung zu erfüllen; dabei kann sie insbesondere anordnen, dass der Arbeitgeber

1. die zur Bekämpfung besonderer Gefahren notwendigen Maßnahmen ergreifen muss,

2. festzustellen hat, ob und in welchem Umfang eine vermutete Gefahr tatsächlich besteht und welche Maßnahmen zur Bekämpfung der Gefahr ergriffen werden müssen,

3. die Arbeit, bei der die Beschäftigten gefährdet sind, einstellen zu lassen hat, wenn der Arbeitgeber die zur Bekämpfung der Ge-

fahr angeordneten notwendigen Maßnahmen nicht unverzüglich oder nicht innerhalb der gesetzten Frist ergreift. Bei Gefahr im Verzug können die Anordnungen auch gegenüber weisungsberechtigten Personen im Betrieb erlassen werden.

(5) Der zuständigen Behörde ist auf Verlangen ein Nachweis vorzulegen, dass die Gefährdungsbeurteilung fachkundig nach § 6 Absatz 9 erstellt wurde.

(6) Die zuständige Behörde kann dem Arbeitgeber untersagen, Tätigkeiten mit Gefahrstoffen auszuüben oder ausüben zu lassen, und insbesondere eine Stilllegung der betroffenen Arbeitsbereiche anordnen, wenn der Arbeitgeber der Mitteilungspflicht nach § 18 Absatz 2 Nummer 1 nicht nachkommt.

### § 20 Ausschuss für Gefahrstoffe

(1) Beim Bundesministerium für Arbeit und Soziales wird ein Ausschuss für Gefahrstoffe (AGS) gebildet, in dem geeignete Personen vonseiten der Arbeitgeber, der Gewerkschaften, der Landesbehörden, der gesetzlichen Unfallversicherung und weitere geeignete Personen, insbesondere aus der Wissenschaft, vertreten sein sollen. Die Gesamtzahl der Mitglieder soll 21 Personen nicht überschreiten. Für jedes Mitglied ist ein stellvertretendes Mitglied zu benennen. Die Mitgliedschaft im Ausschuss für Gefahrstoffe ist ehrenamtlich.

(2) Das Bundesministerium für Arbeit und Soziales beruft die Mitglieder des Ausschusses und die stellvertretenden Mitglieder. Der Ausschuss gibt sich eine Geschäftsordnung und wählt die Vorsitzende oder den Vorsitzenden aus seiner Mitte. Die Geschäftsordnung und die Wahl der oder des Vorsitzenden bedürfen der Zustimmung des Bundesministeriums für Arbeit und Soziales.

(3) Zu den Aufgaben des Ausschusses gehört es:

1. dem Stand der Technik, Arbeitsmedizin und Arbeitshygiene entsprechende Regeln auf-

zustellen und zu sonstigen gesicherten Erkenntnissen für Tätigkeiten mit Gefahrstoffen, einschließlich deren Einstufung und Kennzeichnung, zu gelangen,

2. Regeln aufzustellen und zu Erkenntnissen zu gelangen, wie die in dieser Verordnung gestellten Anforderungen erfüllt werden können,

3. das Bundesministerium für Arbeit und Soziales in allen Fragen zu Gefahrstoffen zu beraten und

4. Arbeitsplatzgrenzwerte, biologische Grenzwerte und andere Beurteilungsmaßstäbe für Gefahrstoffe vorzuschlagen und regelmäßig zu überprüfen, wobei Folgendes zu berücksichtigen ist:

   a) bei der Festlegung der Grenzwerte ist sicherzustellen, dass der Schutz der Gesundheit der Beschäftigten gewahrt ist,

   b) für jeden Stoff, für den ein Arbeitsplatzgrenzwert oder ein biologischer Grenzwert in Rechtsakten der Europäischen Union festgelegt worden ist, ist unter Berücksichtigung dieses Grenzwerts ein nationaler Grenzwert vorzuschlagen.

Das Arbeitsprogramm des Ausschusses für Gefahrstoffe wird mit dem Bundesministerium für Arbeit und Soziales abgestimmt, wobei die Letztentscheidungsbefugnis beim Bundesministerium für Arbeit und Soziales liegt.

(4) Das Bundesministerium für Arbeit und Soziales kann die vom Ausschuss für Gefahrstoffe nach Absatz 3 aufgestellten Regeln und gewonnenen Erkenntnisse im Gemeinsamen Ministerialblatt bekannt geben.

(5) Die Bundesministerien sowie die obersten Landesbehörden können zu den Sitzungen des Ausschusses Vertreterinnen oder Vertreter entsenden. Auf Verlangen ist diesen in der Sitzung das Wort zu erteilen.

(6) Die Bundesanstalt für Arbeitsschutz und Arbeitsmedizin führt die Geschäfte des Ausschusses.

## Abschnitt 7
## Ordnungswidrigkeiten und Straftaten

### § 21 Chemikaliengesetz – Anzeigen

Ordnungswidrig im Sinne des § 26 Absatz 1 Nummer 8 Buchstabe b des Chemikaliengesetzes handelt, wer vorsätzlich oder fahrlässig

1. entgegen § 8 Absatz 8 in Verbindung mit Anhang I Nummer 2.4.2 Absatz 1 Satz 1 oder Absatz 2 eine Anzeige nicht, nicht richtig, nicht vollständig oder nicht rechtzeitig erstattet,

2. entgegen § 8 Absatz 8 in Verbindung mit Anhang I Nummer 3.4 Absatz 1 oder Absatz 2 eine Anzeige nicht, nicht richtig, nicht vollständig oder nicht rechtzeitig erstattet,

3. entgegen § 8 Absatz 8 in Verbindung mit Anhang I Nummer 3.4 Absatz 3 eine Änderung nicht oder nicht rechtzeitig anzeigt,

4. entgegen § 8 Absatz 8 in Verbindung mit Anhang I Nummer 3.6 eine Anzeige nicht, nicht richtig, nicht vollständig oder nicht rechtzeitig erstattet,

5. entgegen § 8 Absatz 8 in Verbindung mit Anhang I Nummer 4.3.2 Absatz 1 Satz 1 oder Absatz 2 in Verbindung mit Absatz 3 eine Anzeige nicht, nicht richtig, nicht vollständig oder nicht rechtzeitig erstattet,

6. entgegen § 8 Absatz 8 in Verbindung mit Anhang I Nummer 4.3.2 Absatz 4 eine Anzeige nicht oder nicht rechtzeitig erstattet,

7. entgegen § 8 Absatz 8 in Verbindung mit Anhang I Nummer 5.4.2.3 Absatz 1 oder Absatz 2 eine Anzeige nicht, nicht richtig, nicht vollständig oder nicht rechtzeitig erstattet,

8. entgegen § 8 Absatz 8 in Verbindung mit Anhang I Nummer 5.4.2.3 Absatz 3 eine Änderung nicht oder nicht rechtzeitig anzeigt,

9. entgegen § 18 Absatz 1 eine Anzeige nicht, nicht richtig, nicht vollständig oder nicht rechtzeitig erstattet oder

10. entgegen § 18 Absatz 2 eine Mitteilung nicht, nicht richtig, nicht vollständig oder nicht rechtzeitig macht.

### § 22 Chemikaliengesetz – Tätigkeiten

(1) Ordnungswidrig im Sinne des § 26 Absatz 1 Nummer 8 Buchstabe b des Chemikaliengesetzes handelt, wer vorsätzlich oder fahrlässig

1. entgegen § 6 Absatz 8 Satz 1 eine Gefährdungsbeurteilung nicht, nicht richtig, nicht vollständig oder nicht rechtzeitig dokumentiert,

2. entgegen § 6 Absatz 10 Satz 1 oder Satz 2 ein Gefahrstoffverzeichnis nicht, nicht richtig oder nicht vollständig führt,

3. entgegen § 7 Absatz 1 eine Tätigkeit aufnehmen lässt,

3a. entgegen § 7 Absatz 5 Satz 2 das Verwenden von belastender persönlicher Schutzausrüstung als Dauermaßnahme anwendet,

4. entgegen § 7 Absatz 7 Satz 1 die Funktion und die Wirksamkeit der technischen Schutzmaßnahmen nicht oder nicht rechtzeitig überprüft,

5. entgegen § 8 Absatz 2 Satz 3 eine Tätigkeit ausüben lässt,

6. entgegen § 8 Absatz 3 Satz 2 einen Bereich nicht oder nicht rechtzeitig einrichtet,

7. entgegen § 8 Absatz 5 Satz 3 Gefahrstoffe aufbewahrt oder lagert,

8. entgegen § 8 Absatz 8 in Verbindung mit Anhang I Nummer 2.4.2 Absatz 3 Satz 2 nicht dafür sorgt, dass eine weisungsbefugte sachkundige Person vor Ort tätig ist,

9. entgegen § 8 Absatz 8 in Verbindung mit Anhang I Nummer 2.4.4 Satz 1 einen Arbeitsplan nicht oder nicht rechtzeitig aufstellt,

10. entgegen § 8 Absatz 8 in Verbindung mit Anhang I Nummer 3.3 Satz 2 eine Schädlingsbekämpfung durchführt,

11. entgegen § 8 Absatz 8 in Verbindung mit Anhang I Nummer 5.4.2.1 Absatz 2 Stoffe und Zubereitungen der Gruppe A lagert oder befördert,

12. entgegen § 8 Absatz 8 in Verbindung mit Anhang I Nummer 5.4.2.1 Absatz 3 brennbare Materialien lagert,

13. entgegen § 8 Absatz 8 in Verbindung mit Anhang I Nummer 5.4.2.2 Absatz 3 Stoffe oder Zubereitungen nicht oder nicht rechtzeitig in Teilmengen unterteilt,

14. entgegen § 8 Absatz 8 in Verbindung mit Anhang I Nummer 5.4.2.3 Absatz 5 Stoffe oder Zubereitungen lagert,

15. entgegen § 9 Absatz 3 Satz 2 oder § 9 Absatz 4 eine persönliche Schutzausrüstung nicht oder nicht rechtzeitig bereitstellt,

15a. entgegen § 9 Absatz 5 nicht gewährleistet, dass getrennte Aufbewahrungsmöglichkeiten zur Verfügung stehen,

16. entgegen § 10 Absatz 4 Satz 2 Schutzkleidung oder ein Atemschutzgerät nicht zur Verfügung stellt,

17. entgegen § 10 Absatz 5 Satz 1 abgesaugte Luft in einen Arbeitsbereich zurückführt,

18. entgegen § 11 Absatz 3 in Verbindung mit Anhang I Nummer 1.4 Absatz 2 Satz 1 das Rauchen oder die Verwendung von offenem Feuer oder offenem Licht nicht verbietet,

19. entgegen § 11 Absatz 3 in Verbindung mit Anhang I Nummer 1.4 Absatz 3 oder Nummer 1.5 Absatz 4 einen dort genannten Bereich nicht oder nicht richtig kennzeichnet,

20. entgegen § 13 Absatz 2 Satz 1 eine dort genannte Maßnahme nicht oder nicht rechtzeitig ergreift,

21. entgegen § 13 Absatz 3 Satz 1 einen Beschäftigten nicht oder nicht rechtzeitig ausstattet,

22. entgegen § 13 Absatz 4 Warn- und sonstige Kommunikationseinrichtungen nicht zur Verfügung stellt,

23. entgegen § 13 Absatz 5 Satz 1 nicht sicherstellt, dass Informationen über Notfallmaßnahmen zur Verfügung stehen,

24. entgegen § 14 Absatz 1 Satz 1 nicht sicherstellt, dass den Beschäftigten eine schriftliche Betriebsanweisung in der vorgeschriebenen Weise zugänglich gemacht wird,

25. entgegen § 14 Absatz 2 Satz 1 nicht sicherstellt, dass die Beschäftigten über auftretende Gefährdungen und entsprechende Schutzmaßnahmen mündlich unterwiesen werden,

26. entgegen § 14 Absatz 3 Nummer 2 nicht oder nicht rechtzeitig sicherstellt, dass die Beschäftigten und ihre Vertretung unterrichtet und informiert werden,

27. entgegen § 14 Absatz 3 Nummer 3 nicht sicherstellt, dass ein aktualisiertes Verzeichnis geführt wird, oder

28. entgegen § 14 Absatz 3 Nummer 4 nicht sicherstellt, dass ein aktualisiertes Verzeichnis 40 Jahre nach Ende der Exposition aufbewahrt wird.

(2) Wer durch eine in Absatz 1 bezeichnete Handlung das Leben oder die Gesundheit eines anderen oder fremde Sachen von bedeutendem Wert gefährdet, ist nach § 27 Absatz 2 bis 4 des Chemikaliengesetzes strafbar.

## § 23 Chemikaliengesetz – EG-Rechtsakte

Ordnungswidrig im Sinne des § 26 Absatz 1 Nummer 11 Satz 1 des Chemikaliengesetzes handelt, wer gegen die Verordnung (EG) Nr. 1907/2006 des Europäischen Parlaments und des Rates vom 18. Dezember 2006 zur Registrierung, Bewertung, Zulassung und Beschränkung chemischer Stoffe (REACH), zur Schaffung einer Europäischen Chemikalienagentur, zur Änderung der Richtlinie 1999/45/EG und zur Aufhebung der Verordnung (EWG) Nr. 793/93 des Rates, der Verordnung (EG) Nr. 1488/94 der Kommission, der Richtlinie 76/769/EWG des Rates sowie der Richtlinien 91/155/EWG, 93/67/EWG, 93/105/EG und 2000/21/EG der Kommission (ABl. L 396 vom 30.12.2006, S. 1, L 136 vom 29.5.2007, S. 3, L 141 vom 31.5.2008, S. 22, L 36 vom 5.2.2009, S. 84), die zuletzt durch die Verordnung (EG) Nr. 453/2010 (ABl. L 133 vom 31.5.2010, S. 1) geändert worden ist, verstößt, indem er vorsätzlich oder fahrlässig

1. entgegen deren Artikel 31 Absatz 1 oder Absatz 3, jeweils in Verbindung mit Absatz 5, 6 oder Absatz 8, ein Sicherheitsdatenblatt nicht, nicht richtig, nicht vollständig, nicht in der vorgeschriebenen Weise oder nicht rechtzeitig zur Verfügung stellt,

2. entgegen deren Artikel 31 Absatz 2 Satz 1 nicht dafür sorgt, dass die Informationen im Sicherheitsdatenblatt mit den Angaben in der Stoffsicherheitsbeurteilung übereinstimmen,

3. entgegen deren Artikel 31 Absatz 7 ein Expositionsszenario zu einer identifizierten Verwendung nicht, nicht richtig, nicht vollständig oder nicht rechtzeitig beifügt, nicht, nicht richtig, nicht vollständig oder nicht rechtzeitig einbezieht oder nicht, nicht richtig, nicht vollständig oder nicht rechtzeitig weitergibt,

4. entgegen deren Artikel 31 Absatz 9 das Sicherheitsdatenblatt nicht, nicht richtig, nicht vollständig oder nicht rechtzeitig ak-

tualisiert oder den früheren Abnehmern nicht oder nicht rechtzeitig zur Verfügung stellt oder

5. entgegen deren Artikel 32 eine dort genannte Information nicht, nicht richtig, nicht vollständig, nicht in der vorgeschriebenen Weise oder nicht rechtzeitig zur Verfügung stellt oder nicht, nicht in der vorgeschriebenen Weise oder nicht rechtzeitig übermittelt oder nicht, nicht richtig, nicht vollständig oder nicht rechtzeitig aktualisiert.

### § 24 Chemikaliengesetz – Herstellungs- und Verwendungsbeschränkungen

(1) Ordnungswidrig im Sinne des § 26 Absatz 1 Nummer 7 Buchstabe a des Chemikaliengesetzes handelt, wer vorsätzlich oder fahrlässig

1. entgegen § 16 Absatz 3 Satz 2 in Verbindung mit Satz 3 Nummer 1, auch in Verbindung mit Satz 4, ein Biozid-Produkt für einen nicht in der Kennzeichnung ausgewiesenen Verwendungszweck einsetzt oder

2. entgegen § 16 Absatz 3 Satz 2 in Verbindung mit Satz 3 Nummer 2, auch in Verbindung mit Satz 4, eine sich aus der Kennzeichnung oder der Zulassung ergebende Verwendungsbedingung nicht einhält.

(2) Nach § 27 Absatz 1 Nummer 1, Absatz 2 bis 4 des Chemikaliengesetzes wird bestraft, wer vorsätzlich oder fahrlässig

1. entgegen § 8 Absatz 8 in Verbindung mit Anhang I Nummer 2.4.2 Absatz 3 Satz 1 oder Absatz 4 Satz 1 Abbruch-, Sanierungs- oder Instandhaltungsarbeiten durchführt,

2. entgegen § 8 Absatz 8 in Verbindung mit Anhang I Nummer 3.5 Satz 1 Schädlingsbekämpfungen durchführt,

3. ohne Erlaubnis nach § 8 Absatz 8 in Verbindung mit Anhang I Nummer 4.2 Absatz 1 Begasungen durchführt,

4. entgegen § 8 Absatz 8 in Verbindung mit Anhang I Nummer 4.2 Absatz 7 Satz 1 Begasungen durchführt,

5. entgegen § 16 Absatz 2 in Verbindung mit Anhang II Nummer 1 Absatz 1 Satz 1 auch in Verbindung mit Satz 3 Arbeiten durchführt,

6. entgegen § 16 Absatz 2 in Verbindung mit Anhang II Nummer 1 Absatz 1 Satz 4 Überdeckungs-, Überbauungs-, Aufständerungs-, Reinigungs- oder Beschichtungsarbeiten durchführt,

7. entgegen § 16 Absatz 2 in Verbindung mit Anhang II Nummer 1 Absatz 1 Satz 5 asbesthaltige Gegenstände oder Materialien zu anderen Zwecken weiterverwendet,

8. entgegen § 16 Absatz 2 in Verbindung mit Anhang II Nummer 2 Absatz 1 die dort aufgeführten Stoffe oder Zubereitungen herstellt,

9. entgegen § 16 Absatz 2 in Verbindung mit Anhang II Nummer 3 Absatz 1 die dort aufgeführten Erzeugnisse verwendet,

10. entgegen § 16 Absatz 2 in Verbindung mit Anhang II Nummer 4 Absatz 1, Absatz 3 Satz 1 oder Absatz 4 die dort aufgeführten Kühlschmierstoffe oder Korrosionsschutzmittel verwendet,

11. entgegen § 16 Absatz 2 in Verbindung mit Anhang II Nummer 5 Absatz 1 die dort aufgeführten Stoffe, Zubereitungen oder Erzeugnisse herstellt oder verwendet oder

12. entgegen § 16 Absatz 2 in Verbindung mit Anhang II Nummer 6 Absatz 1 die dort aufgeführten Stoffe außerhalb geschlossener Anlagen herstellt oder verwendet.

**Hinweis: Auf den Abdruck der Anhänge wurde verzichtet.**

# Gesetz über Werbung auf dem Gebiete des Heilwesens

(Heilmittelwerbegesetz – HWG)

Vom 11. Juli 1965

Neugefasst durch Bekanntmachung
vom 19. Oktober 1994
(BGBl. I S. 3068)

Zuletzt geändert durch Art. 5 des Gesetzes
vom 19. Oktober 2012
(BGBl. I S. 2192)

# § 1

(1) Dieses Gesetz findet Anwendung auf die Werbung für

1. Arzneimittel im Sinne des § 2 des Arzneimittelgesetzes,

1a. Medizinprodukte im Sinne des § 3 des Medizinproduktegesetzes,

2. andere Mittel, Verfahren, Behandlungen und Gegenstände, soweit sich die Werbeaussage auf die Erkennung, Beseitigung oder Linderung von Krankheiten, Leiden, Körperschäden oder krankhaften Beschwerden bei Mensch oder Tier bezieht, sowie operative plastisch-chirurgische Eingriffe, soweit sich die Werbeaussage auf die Veränderung des menschlichen Körpers ohne medizinische Notwendigkeit bezieht.

(2) Andere Mittel im Sinne des Absatzes 1 Nr. 2 sind kosmetische Mittel im Sinne des § 2 Absatz 5 Satz 1 des Lebensmittel- und Futtermittelgesetzbuches. Gegenstände im Sinne des Absatzes 1 Nr. 2 sind auch Gegenstände zur Körperpflege im Sinne des § 2 Absatz 6 Nummer 4 des Lebensmittel- und Futtermittelgesetzbuches.

(3) Eine Werbung im Sinne dieses Gesetzes ist auch das Ankündigen oder Anbieten von Werbeaussagen, auf die dieses Gesetz Anwendung findet.

(4) Dieses Gesetz findet keine Anwendung auf die Werbung für Gegenstände zur Verhütung von Unfallschäden.

(5) Das Gesetz findet keine Anwendung auf den Schriftwechsel und die Unterlagen, die nicht Werbezwecken dienen und die zur Beantwortung einer konkreten Anfrage zu einem bestimmten Arzneimittel erforderlich sind.

(6) Das Gesetz findet ferner keine Anwendung beim elektronischen Handel mit Arzneimitteln auf das Bestellformular und die dort aufgeführten Angaben, soweit diese für eine ordnungsgemäße Bestellung notwendig sind.

(7) Das Gesetz findet ferner keine Anwendung auf Verkaufskataloge und Preislisten für Arzneimittel, wenn die Verkaufskataloge und Preislisten keine Angaben enthalten, die über die zur Bestimmung des jeweiligen Arzneimittels notwendigen Angaben hinausgehen.

(8) Das Gesetz findet ferner keine Anwendung auf die auf Anforderung einer Person erfolgende Übermittlung der nach den §§ 10 bis 11a des Arzneimittelgesetzes für Arzneimittel vorgeschriebenen vollständigen Informationen und des öffentlichen Beurteilungsberichts für Arzneimittel nach § 34 Absatz 1a Satz 1 Nummer 2 des Arzneimittelgesetzes und auf die Bereitstellung dieser Informationen im Internet.

# § 2

Fachkreise im Sinne dieses Gesetzes sind Angehörige der Heilberufe oder des Heilgewerbes, Einrichtungen, die der Gesundheit von Mensch oder Tier dienen, oder sonstige Personen, soweit sie mit Arzneimitteln, Medizinprodukten, Verfahren, Behandlungen, Gegenständen oder anderen Mitteln erlaubterweise Handel treiben oder sie in Ausübung ihres Berufes anwenden.

# § 3

Unzulässig ist eine irreführende Werbung. Eine Irreführung liegt insbesondere dann vor,

1. wenn Arzneimitteln, Medizinprodukten, Verfahren, Behandlungen, Gegenständen oder anderen Mitteln eine therapeutische Wirksamkeit oder Wirkungen beigelegt werden, die sie nicht haben,

2. wenn fälschlich der Eindruck erweckt wird, daß

   a) ein Erfolg mit Sicherheit erwartet werden kann,

   b) bei bestimmungsgemäßem oder längerem Gebrauch keine schädlichen Wirkungen eintreten,

c) die Werbung nicht zu Zwecken des Wettbewerbs veranstaltet wird,

3. wenn unwahre oder zur Täuschung geeignete Angaben

a) über die Zusammensetzung oder Beschaffenheit von Arzneimitteln, Medizinprodukten, Gegenständen oder anderen Mitteln oder über die Art und Weise der Verfahren oder Behandlungen oder

b) über die Person, Vorbildung, Befähigung oder Erfolge des Herstellers, Erfinders oder der für sie tätigen oder tätig gewesenen Personen gemacht werden.

## § 3a

Unzulässig ist eine Werbung für Arzneimittel, die der Pflicht zur Zulassung unterliegen und die nicht nach den arzneimittelrechtlichen Vorschriften zugelassen sind oder als zugelassen gelten. Satz 1 findet auch Anwendung, wenn sich die Werbung auf Anwendungsgebiete oder Darreichungsformen bezieht, die nicht von der Zulassung erfasst sind.

## § 4

(1) Jede Werbung für Arzneimittel im Sinne des § 2 Abs. 1 oder Abs. 2 Nr. 1 des Arzneimittelgesetzes muß folgende Angaben enthalten:

1. den Namen oder die Firma und den Sitz des pharmazeutischen Unternehmers,

2. die Bezeichnung des Arzneimittels,

3. die Zusammensetzung des Arzneimittels gemäß § 11 Abs. 1 Satz 1 Nr. 6 Buchstabe d des Arzneimittelgesetzes,

4. die Anwendungsgebiete,

5. die Gegenanzeigen,

6. die Nebenwirkungen,

7. Warnhinweise, soweit sie für die Kennzeichnung der Behältnisse und äußeren Umhüllungen vorgeschrieben sind,

7a. bei Arzneimitteln, die nur auf ärztliche, zahnärztliche oder tierärztliche Verschreibung abgegeben werden dürfen, der Hinweis „Verschreibungspflichtig",

8. die Wartezeit bei Arzneimitteln, die zur Anwendung bei Tieren bestimmt sind, die der Gewinnung von Lebensmitteln dienen.

Eine Werbung für traditionelle pflanzliche Arzneimittel, die nach dem Arzneimittelgesetz registriert sind, muss folgenden Hinweis enthalten: „Traditionelles pflanzliches Arzneimittel zur Anwendung bei ... (spezifiziertes Anwendungsgebiet/spezifizierte Anwendungsgebiete) ausschließlich auf Grund langjähriger Anwendung".

(1a) Bei Arzneimitteln, die nur einen Wirkstoff enthalten, muß der Angabe nach Absatz 1 Nr. 2 die Bezeichnung dieses Bestandteils mit dem Hinweis: „Wirkstoff:" folgen; dies gilt nicht, wenn in der Angabe nach Absatz 1 Nr. 2 die Bezeichnung des Wirkstoffs enthalten ist.

(2) Die Angaben nach den Absätzen 1 und 1a müssen mit denjenigen übereinstimmen, die nach § 11 oder § 12 des Arzneimittelgesetzes für die Packungsbeilage vorgeschrieben sind. Können die in § 11 Abs. 1 Satz 1 Nr. 3 Buchstabe a und Nr. 5 des Arzneimittelgesetzes vorgeschriebenen Angaben nicht gemacht werden, so können sie entfallen.

(3) Bei einer Werbung außerhalb der Fachkreise ist der Text „Zu Risiken und Nebenwirkungen lesen Sie die Packungsbeilage und fragen Sie Ihren Arzt oder Apotheker" gut lesbar und von den übrigen Werbeaussagen deutlich abgesetzt und abgegrenzt anzugeben. Bei einer Werbung für Heilwässer tritt an die Stelle der Angabe „die Packungsbeilage" die Angabe „das Etikett" und bei einer Werbung für Tierarzneimittel an die Stelle „Ihren Arzt" die Angabe „den Tierarzt". Die Angaben nach Absatz 1 Nr. 1, 3, 5 und 6 können entfallen. Satz 1 findet keine Anwendung auf Arzneimittel, die für den Verkehr

außerhalb der Apotheken freigegeben sind, es sei denn, daß in der Packungsbeilage oder auf dem Behältnis Nebenwirkungen oder sonstige Risiken angegeben sind.

(4) Die nach Absatz 1 vorgeschriebenen Angaben müssen von den übrigen Werbeaussagen deutlich abgesetzt, abgegrenzt und gut lesbar sein.

(5) Nach einer Werbung in audiovisuellen Medien ist der nach Absatz 3 Satz 1 oder 2 vorgeschriebene Text einzublenden, der im Fernsehen vor neutralem Hintergrund gut lesbar wiederzugeben und gleichzeitig zu sprechen ist, sofern nicht die Angabe dieses Textes nach Absatz 3 Satz 4 entfällt. Die Angaben nach Absatz 1 können entfallen.

(6) Die Absätze 1, 1a, 3 und 5 gelten nicht für eine Erinnerungswerbung. Eine Erinnerungswerbung liegt vor, wenn ausschließlich mit der Bezeichnung eines Arzneimittels oder zusätzlich mit dem Namen, der Firma, der Marke des pharmazeutischen Unternehmers oder dem Hinweis: „Wirkstoff:"geworben wird.

### § 4a

(1) Unzulässig ist es, in der Packungsbeilage eines Arzneimittels für andere Arzneimittel oder andere Mittel zu werben.

(2) Unzulässig ist es auch, außerhalb der Fachkreise für die im Rahmen der vertragsärztlichen Versorgung bestehende Verordnungsfähigkeit eines Arzneimittels zu werben.

### § 5

Für homöopathische Arzneimittel, die nach dem Arzneimittelgesetz registriert oder von der Registrierung freigestellt sind, darf mit der Angabe von Anwendungsgebieten nicht geworben werden.

### § 6

Unzulässig ist eine Werbung, wenn

1. Gutachten oder Zeugnisse veröffentlicht oder erwähnt werden, die nicht von wissenschaftlich oder fachlich hierzu berufenen Personen erstattet worden sind und nicht die Angabe des Namens, Berufes und Wohnortes der Person, die das Gutachten erstellt oder das Zeugnis ausgestellt hat, sowie den Zeitpunkt der Ausstellung des Gutachtens oder Zeugnisses enthalten,

2. auf wissenschaftliche, fachliche oder sonstige Veröffentlichungen Bezug genommen wird, ohne daß aus der Werbung hervorgeht, ob die Veröffentlichung das Arzneimittel, das Verfahren, die Behandlung, den Gegenstand oder ein anderes Mittel selbst betrifft, für die geworben wird, und ohne daß der Name des Verfassers, der Zeitpunkt der Veröffentlichung und die Fundstelle genannt werden,

3. aus der Fachliteratur entnommene Zitate, Tabellen oder sonstige Darstellungen nicht wortgetreu übernommen werden.

### § 7

(1) Es ist unzulässig, Zuwendungen und sonstige Werbegaben (Waren oder Leistungen) anzubieten, anzukündigen oder zu gewähren oder als Angehöriger der Fachkreise anzunehmen, es sei denn, dass

1. es sich bei den Zuwendungen oder Werbegaben um Gegenstände von geringem Wert, die durch eine dauerhafte und deutlich sichtbare Bezeichnung des Werbenden oder des beworbenen Produktes oder beider gekennzeichnet sind, oder um geringwertige Kleinigkeiten handelt;

2. die Zuwendungen oder Werbegaben in

   a) einem bestimmten oder auf bestimmte Art zu berechnenden Geldbetrag oder

b) einer bestimmten oder auf bestimmte Art zu berechnenden Menge gleicher Ware gewährt werden;

Zuwendungen oder Werbegaben nach Buchstabe a sind für Arzneimittel unzulässig, soweit sie entgegen den Preisvorschriften gewährt werden, die aufgrund des Arzneimittelgesetzes gelten; Buchstabe b gilt nicht für Arzneimittel, deren Abgabe den Apotheken vorbehalten ist;

3. die Zuwendungen oder Werbegaben nur in handelsüblichem Zubehör zur Ware oder in handelsüblichen Nebenleistungen bestehen; als handelsüblich gilt insbesondere eine im Hinblick auf den Wert der Ware oder Leistung angemessene teilweise oder vollständige Erstattung oder Übernahme von Fahrtkosten für Verkehrsmittel des öffentlichen Personennahverkehrs, die im Zusammenhang mit dem Besuch des Geschäftslokals oder des Orts der Erbringung der Leistung aufgewendet werden darf;

4. die Zuwendungen oder Werbegaben in der Erteilung von Auskünften oder Ratschlägen bestehen oder

5. es sich um unentgeltlich an Verbraucherinnen und Verbraucher abzugebende Zeitschriften handelt, die nach ihrer Aufmachung und Ausgestaltung der Kundenwerbung und den Interessen der verteilenden Person dienen, durch einen entsprechenden Aufdruck auf der Titelseite diesen Zweck erkennbar machen und in ihren Herstellungskosten geringwertig sind (Kundenzeitschriften).

Werbegaben für Angehörige der Heilberufe sind unbeschadet des Satzes 1 nur dann zulässig, wenn sie zur Verwendung in der ärztlichen, tierärztlichen oder pharmazeutischen Praxis bestimmt sind. § 47 Abs. 3 des Arzneimittelgesetzes bleibt unberührt.

(2) Absatz 1 gilt nicht für Zuwendungen im Rahmen ausschließlich berufsbezogener wissenschaftlicher Veranstaltungen, sofern diese einen vertretbaren Rahmen nicht überschreiten, insbesondere in bezug auf den wissenschaftlichen Zweck der Veranstaltung von untergeordneter Bedeutung sind und sich nicht auf andere als im Gesundheitswesen tätige Personen erstrecken.

(3) Es ist unzulässig, für die Entnahme oder sonstige Beschaffung von Blut-, Plasma- oder Gewebespenden zur Herstellung von Blut- und Gewebeprodukten und anderen Produkten zur Anwendung bei Menschen mit der Zahlung einer finanziellen Zuwendung oder Aufwandsentschädigung zu werben.

## § 8

Unzulässig ist die Werbung, Arzneimittel im Wege des Teleshopping oder bestimmte Arzneimittel im Wege der Einzeleinfuhr nach § 73 Abs. 2 Nr. 6a oder § 73 Abs. 3 des Arzneimittelgesetzes zu beziehen. Die Übersendung von Listen nicht zugelassener oder nicht registrierter Arzneimittel, deren Einfuhr aus einem anderen Mitgliedstaat oder aus einem anderen Vertragsstaat des Abkommens über den Europäischen Wirtschaftsraum nur ausnahmsweise zulässig ist, an Apotheker oder Betreiber einer tierärztlichen Hausapotheke ist zulässig, soweit die Listen nur Informationen über die Bezeichnung, die Packungsgrößen, die Wirkstärke und den Preis dieses Arzneimittels enthalten.

## § 9

Unzulässig ist eine Werbung für die Erkennung oder Behandlung von Krankheiten, Leiden, Körperschäden oder krankhaften Beschwerden, die nicht auf eigener Wahrnehmung an dem zu behandelnden Menschen oder Tier beruht (Fernbehandlung).

## § 10

(1) Für verschreibungspflichtige Arzneimittel darf nur bei Ärzten, Zahnärzten, Tierärzten, Apothekern und Personen, die mit diesen Arznei-

mitteln erlaubterweise Handel treiben, geworben werden.

(2) Für Arzneimittel, die psychotrope Wirkstoffe mit der Gefahr der Abhängigkeit enthalten und die dazu bestimmt sind, bei Menschen die Schlaflosigkeit oder psychische Störungen zu beseitigen oder die Stimmungslage zu beeinflussen, darf außerhalb der Fachkreise nicht geworben werden.

## § 11

(1) Außerhalb der Fachkreise darf für Arzneimittel, Verfahren, Behandlungen, Gegenstände oder andere Mittel nicht geworben werden

1. (weggefallen)

2. mit Angaben oder Darstellungen, die sich auf eine Empfehlung von Wissenschaftlern, von im Gesundheitswesen tätigen Personen, von im Bereich der Tiergesundheit tätigen Personen oder anderen Personen, die auf Grund ihrer Bekanntheit zum Arzneimittelverbrauch anregen können, beziehen,

3. mit der Wiedergabe von Krankengeschichten sowie mit Hinweisen darauf, wenn diese in missbräuchlicher, abstoßender oder irreführender Weise erfolgt oder durch eine ausführliche Beschreibung oder Darstellung zu einer falschen Selbstdiagnose verleiten kann,

4. (weggefallen)

5. mit einer bildlichen Darstellung, die in missbräuchlicher, abstoßender oder irreführender Weise Veränderungen des menschlichen Körpers auf Grund von Krankheiten oder Schädigungen oder die Wirkung eines Arzneimittels im menschlichen Körper oder in Körperteilen verwendet,

6. (weggefallen)

7. mit Werbeaussagen, die nahelegen, dass die Gesundheit durch die Nichtverwendung des Arzneimittels beeinträchtigt oder durch die Verwendung verbessert werden könnte,

8. durch Werbevorträge, mit denen ein Feilbieten oder eine Entgegennahme von Anschriften verbunden ist,

9. mit Veröffentlichungen, deren Werbezweck mißverständlich oder nicht deutlich erkennbar ist,

10. (weggefallen)

11. mit Äußerungen Dritter, insbesondere mit Dank-, Anerkennungs- oder Empfehlungsschreiben, oder mit Hinweisen auf solche Äußerungen, wenn diese in missbräuchlicher, abstoßender oder irreführender Weise erfolgen,

12. mit Werbemaßnahmen, die sich ausschließlich oder überwiegend an Kinder unter 14 Jahren richten,

13. mit Preisausschreiben, Verlosungen oder anderen Verfahren, deren Ergebnis vom Zufall abhängig ist, sofern diese Maßnahmen oder Verfahren einer unzweckmäßigen oder übermäßigen Verwendung von Arzneimitteln Vorschub leisten,

14. durch die Abgabe von Arzneimitteln, deren Muster oder Proben oder durch Gutscheine dafür,

15. durch die nicht verlangte Abgabe von Mustern oder Proben von anderen Mitteln oder Gegenständen oder durch Gutscheine dafür.

Für Medizinprodukte gilt Satz 1 Nr. 7 bis 9, 11 und 12 entsprechend. Ferner darf für die in § 1 Nummer 2 genannten operativen plastisch-chirurgischen Eingriffe nicht mit der Wirkung einer solchen Behandlung durch vergleichende Darstellung des Körperzustandes oder des Aussehens vor und nach dem Eingriff geworben werden.

(2) Außerhalb der Fachkreise darf für Arzneimittel zur Anwendung bei Menschen nicht mit Angaben geworben werden, die nahe legen,

dass die Wirkung des Arzneimittels einem anderen Arzneimittel oder einer anderen Behandlung entspricht oder überlegen ist.

## § 12

(1) Außerhalb der Fachkreise darf sich die Werbung für Arzneimittel und Medizinprodukte nicht auf die Erkennung, Verhütung, Beseitigung oder Linderung der in Abschnitt A der Anlage zu diesem Gesetz aufgeführten Krankheiten oder Leiden bei Menschen beziehen, die Werbung für Arzneimittel außerdem nicht auf die Erkennung, Verhütung, Beseitigung oder Linderung der in Abschnitt B dieser Anlage aufgeführten Krankheiten oder Leiden beim Tier. Abschnitt A Nr. 2 der Anlage findet keine Anwendung auf die Werbung für Medizinprodukte.

(2) Die Werbung für andere Mittel, Verfahren, Behandlungen oder Gegenstände außerhalb der Fachkreise darf sich nicht auf die Erkennung, Beseitigung oder Linderung dieser Krankheiten oder Leiden beziehen. Dies gilt nicht für die Werbung für Verfahren oder Behandlungen in Heilbädern, Kurorten und Kuranstalten.

## § 13

Die Werbung eines Unternehmens mit Sitz außerhalb des Geltungsbereichs dieses Gesetzes ist unzulässig, wenn nicht ein Unternehmen mit Sitz oder eine natürliche Person mit gewöhnlichem Aufenthalt im Geltungsbereich dieses Gesetzes oder in einem anderen Mitgliedstaat der Europäischen Union oder in einem anderen Vertragsstaat des Abkommens über den Europäischen Wirtschaftsraum, die nach diesem Gesetz unbeschränkt strafrechtlich verfolgt werden kann, ausdrücklich damit betraut ist, die sich aus diesem Gesetz ergebenden Pflichten zu übernehmen.

## § 14

Wer dem Verbot der irreführenden Werbung (§ 3) zuwiderhandelt, wird mit Freiheitsstrafe bis zu einem Jahr oder mit Geldstrafe bestraft.

## § 15

(1) Ordnungswidrig handelt, wer vorsätzlich oder fahrlässig

1.  entgegen § 3a eine Werbung für ein Arzneimittel betreibt, das der Pflicht zur Zulassung unterliegt und das nicht nach den arzneimittelrechtlichen Vorschriften zugelassen ist oder als zugelassen gilt,

2.  eine Werbung betreibt, die die nach § 4 vorgeschriebenen Angaben nicht enthält oder entgegen § 5 mit der Angabe von Anwendungsgebieten wirbt,

3.  in einer nach § 6 unzulässigen Weise mit Gutachten, Zeugnissen oder Bezugnahmen auf Veröffentlichungen wirbt,

4.  entgegen § 7 Abs. 1 und 3 eine mit Zuwendungen oder sonstigen Werbegaben verbundene Werbung betreibt,

4a. entgegen § 7 Abs. 1 als Angehöriger der Fachkreise eine Zuwendung oder sonstige Werbegabe annimmt,

5.  entgegen § 8 eine dort genannte Werbung betreibt,

6.  entgegen § 9 für eine Fernbehandlung wirbt,

7.  entgegen § 10 für die dort bezeichneten Arzneimittel wirbt,

8.  auf eine durch § 11 verbotene Weise außerhalb der Fachkreise wirbt,

9.  entgegen § 12 eine Werbung betreibt, die sich auf die in der Anlage zu § 12 aufgeführten Krankheiten oder Leiden bezieht,

10. eine nach § 13 unzulässige Werbung betreibt.

(2) Ordnungswidrig handelt ferner, wer fahrlässig dem Verbot der irreführenden Werbung (§ 3) zuwiderhandelt.

(3) Die Ordnungswidrigkeit nach Absatz 1 kann mit einer Geldbuße bis zu fünfzigtausend Euro, die Ordnungswidrigkeit nach Absatz 2 mit

einer Geldbuße bis zu zwanzigtausend Euro geahndet werden.

## § 16

Werbematerial und sonstige Gegenstände, auf die sich eine Straftat nach § 14 oder eine Ordnungswidrigkeit nach § 15 bezieht, können eingezogen werden. § 74a des Strafgesetzbuches und § 23 des Gesetzes über Ordnungswidrigkeiten sind anzuwenden.

heiten in ihrer jeweils geltenden Fassung anzeige- oder meldepflichtige Seuchen oder Krankheiten,

2. bösartige Neubildungen,

3. bakterielle Eutererkrankungen bei Kühen, Ziegen und Schafen,

4. Kolik bei Pferden und Rindern.

## § 17

Das Gesetz gegen den unlauteren Wettbewerb bleibt unberührt.

## § 18

(weggefallen)

## Anlage (zu § 12)

**Krankheiten und Leiden, auf die sich die Werbung gemäß § 12 nicht beziehen darf**

Fundstelle des Originaltextes: BGBl. I 2005, 2599

A. Krankheiten und Leiden beim Menschen

1. Nach dem Infektionsschutzgesetz vom 20. Juli 2000 (BGBl. I S. 1045) meldepflichtige Krankheiten oder durch meldepflichtige Krankheitserreger verursachte Infektionen,

2. bösartige Neubildungen,

3. Suchtkrankheiten, ausgenommen Nikotinabhängigkeit,

4. krankhafte Komplikationen der Schwangerschaft, der Entbindung und des Wochenbetts.

B. Krankheiten und Leiden beim Tier

1. Nach der Verordnung über anzeigepflichtige Tierseuchen und der Verordnung über meldepflichtige Tierkrank-

# Gesetz zur Verhütung und Bekämpfung von Infektionskrankheiten beim Menschen

### (Infektionsschutzgesetz – IfSG)

Vom 20. Juli 2000
(BGBl. I S. 1045)

Zuletzt geändert
durch Art. 1 des Gesetzes vom 28. Juli 2011
(BGBl. I S. 1622)

## 1. Abschnitt
## Allgemeine Vorschriften

### § 1 Zweck des Gesetzes

(1) Zweck des Gesetzes ist es, übertragbaren Krankheiten beim Menschen vorzubeugen, Infektionen frühzeitig zu erkennen und ihre Weiterverbreitung zu verhindern.

(2) Die hierfür notwendige Mitwirkung und Zusammenarbeit von Behörden des Bundes, der Länder und der Kommunen, Ärzten, Tierärzten, Krankenhäusern, wissenschaftlichen Einrichtungen sowie sonstigen Beteiligten soll entsprechend dem jeweiligen Stand der medizinischen und epidemiologischen Wissenschaft und Technik gestaltet und unterstützt werden. Die Eigenverantwortung der Träger und Leiter von Gemeinschaftseinrichtungen, Lebensmittelbetrieben, Gesundheitseinrichtungen sowie des Einzelnen bei der Prävention übertragbarer Krankheiten soll verdeutlicht und gefördert werden.

### § 2 Begriffsbestimmungen

Im Sinne dieses Gesetzes ist

1. Krankheitserreger
   ein vermehrungsfähiges Agens (Virus, Bakterium, Pilz, Parasit) oder ein sonstiges biologisches transmissibles Agens, das bei Menschen eine Infektion oder übertragbare Krankheiten verursachen kann,

2. Infektion
   die Aufnahme eines Krankheitserregers und seine nachfolgende Entwicklung oder Vermehrung im menschlichen Organismus,

3. übertragbare Krankheit
   eine durch Krankheitserreger oder deren toxische Produkte, die unmittelbar oder mittelbar auf den Menschen übertragen werden, verursachte Krankheit,

4. Kranker
   eine Person, die an einer übertragbaren Krankheit erkrankt ist,

5. Krankheitsverdächtiger
   eine Person, bei der Symptome bestehen, welche das Vorliegen einer bestimmten übertragbaren Krankheit vermuten lassen,

6. Ausscheider
   eine Person, die Krankheitserreger ausscheidet und dadurch eine Ansteckungsquelle für die Allgemeinheit sein kann, ohne krank oder krankheitsverdächtig zu sein,

7. Ansteckungsverdächtiger
   eine Person, von der anzunehmen ist, dass sie Krankheitserreger aufgenommen hat, ohne krank, krankheitsverdächtig oder Ausscheider zu sein,

8. nosokomiale Infektion
   eine Infektion mit lokalen oder systemischen Infektionszeichen als Reaktion auf das Vorhandensein von Erregern oder ihrer Toxine, die im zeitlichen Zusammenhang mit einer stationären oder einer ambulanten medizinischen Maßnahme steht, soweit die Infektion nicht bereits vorher bestand,

9. Schutzimpfung
   die Gabe eines Impfstoffes mit dem Ziel, vor einer übertragbaren Krankheit zu schützen,

10. andere Maßnahmen der spezifischen Prophylaxe
    die Gabe von Antikörpern (passive Immunprophylaxe) oder die Gabe von Medikamenten (Chemoprophylaxe) zum Schutz vor Weiterverbreitung bestimmter übertragbarer Krankheiten,

11. Impfschaden
    die gesundheitliche und wirtschaftliche Folge einer über das übliche Ausmaß einer Impfreaktion hinausgehenden gesundheitlichen Schädigung durch die Schutzimpfung; ein Impfschaden liegt auch vor, wenn mit vermehrungsfähigen Erregern geimpft wurde und eine andere als die geimpfte Person geschädigt wurde,

12. Gesundheitsschädling
    ein Tier, durch das Krankheitserreger auf
    Menschen übertragen werden können,

13. Sentinel-Erhebung
    eine epidemiologische Methode zur stich-
    probenartigen Erfassung der Verbreitung
    bestimmter übertragbarer Krankheiten und
    der Immunität gegen bestimmte übertrag-
    bare Krankheiten in ausgewählten Bevölke-
    rungsgruppen,

14. Gesundheitsamt
    die nach Landesrecht für die Durchführung
    dieses Gesetzes bestimmte und mit einem
    Amtsarzt besetzte Behörde.

### § 3 Prävention durch Aufklärung

Die Information und Aufklärung der Allgemeinheit über die Gefahren übertragbarer
Krankheiten und die Möglichkeiten zu deren
Verhütung sind eine öffentliche Aufgabe. Insbesondere haben die nach Landesrecht zuständigen Stellen über Möglichkeiten des allgemeinen und individuellen Infektionsschutzes
sowie über Beratungs-, Betreuungs- und Ver-
sorgungsangebote zu informieren.

### 2. Abschnitt
### Koordinierung und Früherkennung

### § 4 Aufgaben des Robert Koch-Institutes

(1) Das Robert Koch-Institut hat im Rahmen
dieses Gesetzes die Aufgabe, Konzeptionen zur
Vorbeugung übertragbarer Krankheiten sowie
zur frühzeitigen Erkennung und Verhinderung
der Weiterverbreitung von Infektionen zu entwickeln. Dies schließt die Entwicklung und
Durchführung epidemiologischer und laborge-
stützter Analysen sowie Forschung zu Ursache,
Diagnostik und Prävention übertragbarer Krankheiten ein. Auf dem Gebiet der Zoonosen und
mikrobiell bedingten Lebensmittelvergiftungen
ist das Bundesinstitut für Risikobewertung zu
beteiligen. Auf Ersuchen einer obersten Landesgesundheitsbehörde berät das Robert
Koch-Institut die zuständigen Stellen bei Maßnahmen zur Vorbeugung, Erkennung und Verhinderung der Weiterverbreitung von schwerwiegenden übertragbaren Krankheiten und die
obersten Landesgesundheitsbehörden bei Länder übergreifenden Maßnahmen; auf Ersuchen
einer obersten Landesgesundheitsbehörde
berät das Robert Koch-Institut diese zur Bewertung der Gefahrensituation beim Auftreten einer
bedrohlichen übertragbaren Krankheit. Es arbeitet mit den jeweils zuständigen Bundesbehörden, den zuständigen Landesbehörden,
den nationalen Referenzzentren, weiteren wissenschaftlichen Einrichtungen und Fachgesellschaften sowie ausländischen und internationalen Organisationen und Behörden zusammen
und nimmt die Koordinierungsaufgaben im Rahmen des Europäischen Netzes für die epidemiologische Überwachung und die Kontrolle
übertragbarer Krankheiten wahr.

(2) Das Robert Koch-Institut

1. erstellt im Benehmen mit den jeweils zuständigen Bundesbehörden für Fachkreise
   als Maßnahme des vorbeugenden Gesundheitsschutzes Richtlinien, Empfehlungen,
   Merkblätter und sonstige Informationen zur
   Vorbeugung, Erkennung und Verhinderung
   der Weiterverbreitung übertragbarer Krankheiten,

2. hat entsprechend den jeweiligen epidemiologischen Erfordernissen

   a) Kriterien (Falldefinitionen) für die Über-
      mittlung eines Erkrankungs- oder To-
      desfalls und eines Nachweises von
      Krankheitserregern zu erstellen,

   b) die nach § 23 Abs. 4 zu erfassenden
      nosokomialen Infektionen, Krankheits-
      erreger mit speziellen Resistenzen und
      Multiresistenzen und Daten zu Art und
      Umfang des Antibiotika-Verbrauchs
      festzulegen,

   in einer Liste im Bundesgesundheitsblatt
   zu veröffentlichen und fortzuschreiben,

3. fasst die nach diesem Gesetz übermittelten Meldungen zusammen, um sie infektionsepidemiologisch auszuwerten,

4. stellt die Zusammenfassungen und die Ergebnisse der infektionsepidemiologischen Auswertungen den jeweils zuständigen Bundesbehörden, dem Sanitätsamt der Bundeswehr, den obersten Landesgesundheitsbehörden, den Gesundheitsämtern, den Landesärztekammern, den Spitzenverbänden der gesetzlichen Krankenkassen, der Kassenärztlichen Bundesvereinigung, der Berufsgenossenschaftlichen Zentrale für Sicherheit und Gesundheit (BGZ) und der Deutschen Krankenhausgesellschaft zur Verfügung und veröffentlicht diese periodisch,

5. kann zur Erfüllung der Aufgaben nach diesem Gesetz Sentinel-Erhebungen nach den §§ 13 und 14 durchführen.

### § 5 Bund-Länder-Informationsverfahren

Die Bundesregierung erstellt durch allgemeine Verwaltungsvorschrift mit Zustimmung des Bundesrates einen Plan zur gegenseitigen Information von Bund und Ländern in epidemisch bedeutsamen Fällen mit dem Ziel,

1. die Einschleppung bedrohlicher übertragbarer Krankheiten in die Bundesrepublik Deutschland oder ihre Ausbreitung zu verhindern,

2. beim örtlich oder zeitlich gehäuften Auftreten bedrohlicher übertragbarer Krankheiten oder bedrohlicher Erkrankungen, bei denen Krankheitserreger als Ursache in Betracht kommen und eine landesübergreifende Ausbreitung zu befürchten ist, die erforderlichen Maßnahmen einzuleiten.

In der Verwaltungsvorschrift kann auch eine Zusammenarbeit der beteiligten Behörden von Bund und Ländern und anderen beteiligten Stellen geregelt werden.

### 3. Abschnitt
### Meldewesen

### § 6 Meldepflichtige Krankheiten

(1) Namentlich ist zu melden:

1. der Krankheitsverdacht, die Erkrankung sowie der Tod an

a) Botulismus

b) Cholera

c) Diphtherie

d) humaner spongiformer Enzephalopathie, außer familiär-hereditärer Formen

e) akuter Virushepatitis

f) enteropathischem hämolytisch-urämischem Syndrom (HUS)

g) virusbedingtem hämorrhagischen Fieber

h) Masern

i) Meningokokken-Meningitis oder -Sepsis

j) Milzbrand

k) Poliomyelitis (als Verdacht gilt jede akute schlaffe Lähmung, außer wenn traumatisch bedingt)

l) Pest

m) Tollwut

n) Typhus abdominalis/Paratyphus

sowie die Erkrankung und der Tod an einer behandlungsbedürftigen Tuberkulose, auch wenn ein bakteriologischer Nachweis nicht vorliegt,

2. der Verdacht auf und die Erkrankung an einer mikrobiell bedingten Lebensmittelvergiftung oder an einer akuten infektiösen Gastroenteritis, wenn

a) eine Person betroffen ist, die eine Tätigkeit im Sinne des § 42 Abs. 1 ausübt,

b) zwei oder mehr gleichartige Erkrankungen auftreten, bei denen ein epidemischer Zusammenhang wahrscheinlich ist oder vermutet wird,

3. der Verdacht einer über das übliche Ausmaß einer Impfreaktion hinausgehenden gesundheitlichen Schädigung,

4. die Verletzung eines Menschen durch ein tollwutkrankes, -verdächtiges oder -ansteckungsverdächtiges Tier sowie die Berührung eines solchen Tieres oder Tierkörpers,

5. soweit nicht nach den Nummern 1 bis 4 meldepflichtig, das Auftreten

   a) einer bedrohlichen Krankheit oder

   b) von zwei oder mehr gleichartigen Erkrankungen, bei denen ein epidemischer Zusammenhang wahrscheinlich ist oder vermutet wird,

   wenn dies auf eine schwerwiegende Gefahr für die Allgemeinheit hinweist und Krankheitserreger als Ursache in Betracht kommen, die nicht in § 7 genannt sind.

Die Meldung nach Satz 1 hat gemäß § 8 Abs. 1 Nr. 1, 3 bis 8, § 9 Abs. 1, 2, 3 Satz 1 oder 3 oder Abs. 4 zu erfolgen.

(2) Dem Gesundheitsamt ist über die Meldung nach Absatz 1 Nr. 1 hinaus mitzuteilen, wenn Personen, die an einer behandlungsbedürftigen Lungentuberkulose leiden, eine Behandlung verweigern oder abbrechen. Die Meldung nach Satz 1 hat gemäß § 8 Abs. 1 Nr. 1, § 9 Abs. 1 und 3 Satz 1 oder 3 zu erfolgen.

(3) Dem Gesundheitsamt ist unverzüglich das gehäufte Auftreten nosokomialer Infektionen, bei denen ein epidemischer Zusammenhang wahrscheinlich ist oder vermutet wird, als Ausbruch nichtnamentlich zu melden. Die Meldung nach Satz 1 hat gemäß § 8 Abs. 1 Nr. 1, 3 und 5, § 10 Abs. 6 zu erfolgen.

## § 7 Meldepflichtige Nachweise von Krankheitserregern

(1) Namentlich ist bei folgenden Krankheitserregern, soweit nicht anders bestimmt, der direkte oder indirekte Nachweis zu melden, soweit die Nachweise auf eine akute Infektion hinweisen:

1. Adenoviren; Meldepflicht nur für den direkten Nachweis im Konjunktivalabstrich

2. Bacillus anthracis

3. Borrelia recurrentis

4. Brucella sp.

5. Campylobacter sp., darmpathogen

6. Chlamydia psittaci

7. Clostridium botulinum oder Toxinnachweis

8. Corynebacterium diphtheriae, Toxin bildend

9. Coxiella burnetii

10. Cryptosporidium parvum

11. Ebolavirus

12. a) Escherichia coli, enterohämorrhagische Stämme (EHEC)

    b) Escherichia coli, sonstige darmpathogene Stämme

13. Francisella tularensis

14. FSME-Virus

15. Gelbfiebervirus

16. Giardia lamblia

17. Haemophilus influenzae; Meldepflicht nur für den direkten Nachweis aus Liquor oder Blut

18. Hantaviren

19. Hepatitis-A-Virus

20. Hepatitis-B-Virus

21. Hepatitis-C-Virus; Meldepflicht für alle Nachweise, soweit nicht bekannt ist, dass eine chronische Infektion vorliegt

22. Hepatitis-D-Virus

23. Hepatitis-E-Virus

24. Influenzaviren; Meldepflicht nur für den direkten Nachweis

25. Lassavirus

26. Legionella sp.

27. Leptospira interrogans

28. Listeria monocytogenes; Meldepflicht nur für den direkten Nachweis aus Blut, Liquor oder anderen normalerweise sterilen Substraten sowie aus Abstrichen von Neugeborenen

29. Marburgvirus

30. Masernvirus

31. Mycobacterium leprae

32. Mycobacterium tuberculosis/africanum, Mycobacterium bovis; Meldepflicht für den direkten Erregernachweis sowie nachfolgend für das Ergebnis der Resistenzbestimmung; vorab auch für den Nachweis säurefester Stäbchen im Sputum

33. Neisseria meningitidis; Meldepflicht nur für den direkten Nachweis aus Liquor, Blut, hämorrhagischen Hautinfiltraten oder anderen normalerweise sterilen Substraten

34. Norwalk-ähnliches Virus; Meldepflicht nur für den direkten Nachweis aus Stuhl

35. Poliovirus

36. Rabiesvirus

37. Rickettsia prowazekii

38. Rotavirus

39. Salmonella Paratyphi; Meldepflicht für alle direkten Nachweise

40. Salmonella Typhi; Meldepflicht für alle direkten Nachweise

41. Salmonella, sonstige

42. Shigella sp.

43. Trichinella spiralis

44. Vibrio cholerae O 1 und O 139

45. Yersinia enterocolitica, darmpathogen

46. Yersinia pestis

47. andere Erreger hämorrhagischer Fieber.

Die Meldung nach Satz 1 hat gemäß § 8 Abs. 1 Nr. 2, 3, 4 und Abs. 4, § 9 Abs. 1, 2, 3 Satz 1 oder 3 zu erfolgen.

(2) Namentlich sind in dieser Vorschrift nicht genannte Krankheitserreger zu melden, soweit deren örtliche und zeitliche Häufung auf eine schwerwiegende Gefahr für die Allgemeinheit hinweist. Die Meldung nach Satz 1 hat gemäß § 8 Abs. 1 Nr. 2, 3 und Abs. 4, § 9 Abs. 2, 3 Satz 1 oder 3 zu erfolgen.

(3) Nichtnamentlich ist bei folgenden Krankheitserregern der direkte oder indirekte Nachweis zu melden:

1. Treponema pallidum

2. HIV

3. Echinococcus sp.

4. Plasmodium sp.

5. Rubellavirus; Meldepflicht nur bei konnatalen Infektionen

6. Toxoplasma gondii; Meldepflicht nur bei konnatalen Infektionen.

Die Meldung nach Satz 1 hat gemäß § 8 Abs. 1 Nr. 2, 3 und Abs. 4, § 10 Abs. 1 Satz 1, Abs. 3, 4 Satz 1 zu erfolgen.

### § 8 Zur Meldung verpflichtete Personen

(1) Zur Meldung oder Mitteilung sind verpflichtet:

1. im Falle des § 6 der feststellende Arzt; in Krankenhäusern oder anderen Einrichtungen der stationären Pflege ist für die Einhaltung der Meldepflicht neben dem feststellenden Arzt auch der leitende Arzt, in Krankenhäusern mit mehreren selbständigen Abteilungen der leitende Abteilungs-

arzt, in Einrichtungen ohne leitenden Arzt der behandelnde Arzt verantwortlich,

2. im Falle des § 7 die Leiter von Medizinaluntersuchungsämtern und sonstigen privaten oder öffentlichen Untersuchungsstellen einschließlich der Krankenhauslaboratorien,

3. im Falle der §§ 6 und 7 die Leiter von Einrichtungen der pathologisch-anatomischen Diagnostik, wenn ein Befund erhoben wird, der sicher oder mit hoher Wahrscheinlichkeit auf das Vorliegen einer meldepflichtigen Erkrankung oder Infektion durch einen meldepflichtigen Krankheitserreger schließen lässt,

4. im Falle des § 6 Abs. 1 Nr. 4 und im Falle des § 7 Abs. 1 Nr. 36 bei Tieren, mit denen Menschen Kontakt gehabt haben, auch der Tierarzt,

5. im Falle des § 6 Abs. 1 Nr. 1, 2 und 5 und Abs. 3 Angehörige eines anderen Heil- oder Pflegeberufs, der für die Berufsausübung oder die Führung der Berufsbezeichnung eine staatlich geregelte Ausbildung oder Anerkennung erfordert,

6. im Falle des § 6 Abs. 1 Nr. 1, 2 und 5 der verantwortliche Luftfahrzeugführer oder der Kapitän eines Seeschiffes,

7. im Falle des § 6 Abs. 1 Nr. 1, 2 und 5 die Leiter von Pflegeeinrichtungen, Justizvollzugsanstalten, Heimen, Lagern oder ähnlichen Einrichtungen,

8. im Falle des § 6 Abs. 1 der Heilpraktiker.

(2) Die Meldepflicht besteht nicht für Personen des Not- und Rettungsdienstes, wenn der Patient unverzüglich in eine ärztlich geleitete Einrichtung gebracht wurde. Die Meldepflicht besteht für die in Absatz 1 Nr. 5 bis 7 bezeichneten Personen nur, wenn ein Arzt nicht hinzugezogen wurde.

(3) Die Meldepflicht besteht nicht, wenn dem Meldepflichtigen ein Nachweis vorliegt, dass die Meldung bereits erfolgte und andere als die bereits gemeldeten Angaben nicht erhoben wurden. Satz 1 gilt auch für Erkrankungen, bei denen der Verdacht bereits gemeldet wurde.

(4) Absatz 1 Nr. 2 gilt entsprechend für Personen, die die Untersuchung zum Nachweis von Krankheitserregern außerhalb des Geltungsbereichs dieses Gesetzes durchführen lassen.

(5) Der Meldepflichtige hat dem Gesundheitsamt unverzüglich mitzuteilen, wenn sich eine Verdachtsmeldung nicht bestätigt hat.

## § 9 Namentliche Meldung

(1) Die namentliche Meldung durch eine der in § 8 Abs. 1 Nr. 1, 4 bis 8 genannten Personen muss folgende Angaben enthalten:

1. Name, Vorname des Patienten

2. Geschlecht

3. Tag, Monat und Jahr der Geburt

4. Anschrift der Hauptwohnung und, falls abweichend: Anschrift des derzeitigen Aufenthaltsortes

5. Tätigkeit in Einrichtungen im Sinne des § 36 Abs. 1 oder 2; Tätigkeit im Sinne des § 23 Absatz 5 oder 6 oder § 42 Abs. 1 bei akuter Gastroenteritis, akuter Virushepatitis, Typhus abdominalis/Paratyphus und Cholera

6. Betreuung in einer Gemeinschaftseinrichtung gemäß § 33

7. Diagnose beziehungsweise Verdachtsdiagnose

8. Tag der Erkrankung oder Tag der Diagnose, gegebenenfalls Tag des Todes

9. wahrscheinliche Infektionsquelle

10. Land, in dem die Infektion wahrscheinlich erworben wurde; bei Tuberkulose Geburtsland und Staatsangehörigkeit

11. Name, Anschrift und Telefonnummer der mit der Erregerdiagnostik beauftragten Untersuchungsstelle

12. Überweisung in ein Krankenhaus beziehungsweise Aufnahme in einem Krankenhaus oder einer anderen Einrichtung der stationären Pflege und Entlassung aus der Einrichtung, soweit dem Meldepflichtigen bekannt

13. Blut-, Organ- oder Gewebespende in den letzten sechs Monaten

14. Name, Anschrift und Telefonnummer des Meldenden

15. bei einer Meldung nach § 6 Abs. 1 Nr. 3 die Angaben nach § 22 Abs. 2.

Bei den in § 8 Abs. 1 Nr. 4 bis 8 genannten Personen beschränkt sich die Meldepflicht auf die ihnen vorliegenden Angaben.

(2) Die namentliche Meldung durch eine in § 8 Abs. 1 Nr. 2 und 3 genannte Person muss folgende Angaben enthalten:

1. Name, Vorname des Patienten

2. Geschlecht, soweit die Angabe vorliegt

3. Tag, Monat und Jahr der Geburt, soweit die Angaben vorliegen

4. Anschrift der Hauptwohnung und, falls abweichend: Anschrift des derzeitigen Aufenthaltsortes, soweit die Angaben vorliegen

5. Art des Untersuchungsmaterials

6. Eingangsdatum des Untersuchungsmaterials

7. Nachweismethode

8. Untersuchungsbefund

9. Name, Anschrift und Telefonnummer des einsendenden Arztes beziehungsweise des Krankenhauses

10. Name, Anschrift und Telefonnummer des Meldenden.

Der einsendende Arzt hat bei einer Untersuchung auf Hepatitis C dem Meldepflichtigen mitzuteilen, ob ihm eine chronische Hepatitis C bei dem Patienten bekannt ist.

(3) Die namentliche Meldung muss unverzüglich, spätestens innerhalb von 24 Stunden nach erlangter Kenntnis gegenüber dem für den Aufenthalt des Betroffenen zuständigen Gesundheitsamt, im Falle des Absatzes 2 gegenüber dem für den Einsender zuständigen Gesundheitsamt erfolgen. Eine Meldung darf wegen einzelner fehlender Angaben nicht verzögert werden. Die Nachmeldung oder Korrektur von Angaben hat unverzüglich nach deren Vorliegen zu erfolgen. Liegt die Hauptwohnung oder der gewöhnliche Aufenthaltsort der betroffenen Person im Bereich eines anderen Gesundheitsamtes, so hat das unterrichtete Gesundheitsamt das für die Hauptwohnung, bei mehreren Wohnungen das für den gewöhnlichen Aufenthaltsort des Betroffenen zuständige Gesundheitsamt unverzüglich zu benachrichtigen.

(4) Der verantwortliche Luftfahrzeugführer oder der Kapitän eines Seeschiffes meldet unterwegs festgestellte meldepflichtige Krankheiten an den Flughafen- oder Hafenarzt des inländischen Ziel- und Abfahrtsortes. Die dort verantwortlichen Ärzte melden an das für den jeweiligen Flughafen oder Hafen zuständige Gesundheitsamt.

(5) Das Gesundheitsamt darf die gemeldeten personenbezogenen Daten nur für seine Aufgaben nach diesem Gesetz verarbeiten und nutzen. Personenbezogene Daten sind zu löschen, wenn ihre Kenntnis für das Gesundheitsamt zur Erfüllung der in seiner Zuständigkeit liegenden Aufgaben nicht mehr erforderlich ist, Daten zu § 7 Abs. 1 Nr. 21 spätestens jedoch nach drei Jahren.

### § 10 Nichtnamentliche Meldung

(1) Die nichtnamentliche Meldung nach § 7 Abs. 3 muss folgende Angaben enthalten:

1. im Falle des § 7 Abs. 3 Nr. 2 eine fallbezogene Verschlüsselung gemäß Absatz 2

2. Geschlecht

3. Monat und Jahr der Geburt

4. erste drei Ziffern der Postleitzahl der Hauptwohnung

5. Untersuchungsbefund

6. Monat und Jahr der Diagnose

7. Art des Untersuchungsmaterials

8. Nachweismethode

9. wahrscheinlicher Infektionsweg, wahrscheinliches Infektionsrisiko

10. Land, in dem die Infektion wahrscheinlich erworben wurde

11. Name, Anschrift und Telefonnummer des Meldenden

12. bei Malaria Angaben zur Expositions- und Chemoprophylaxe.

Der einsendende Arzt hat den Meldepflichtigen insbesondere bei den Angaben zu den Nummern 9, 10 und 12 zu unterstützen.

(2) Die fallbezogene Verschlüsselung besteht aus dem dritten Buchstaben des ersten Vornamens in Verbindung mit der Anzahl der Buchstaben des ersten Vornamens sowie dem dritten Buchstaben des ersten Nachnamens in Verbindung mit der Anzahl der Buchstaben des ersten Nachnamens. Bei Doppelnamen wird jeweils nur der erste Teil des Namens berücksichtigt; Umlaute werden in zwei Buchstaben dargestellt. Namenszusätze bleiben unberücksichtigt.

(3) Bei den in § 8 Abs. 1 Nr. 3 und 5 genannten Personen beschränkt sich der Umfang der Meldung auf die ihnen vorliegenden Angaben.

(4) Die nichtnamentliche Meldung nach § 7 Abs. 3 muss innerhalb von zwei Wochen gegenüber dem Robert Koch-Institut erfolgen. Es ist ein vom Robert Koch-Institut erstelltes Formblatt oder ein geeigneter Datenträger zu verwenden.

(5) Die Angaben nach Absatz 2 und die Angaben zum Monat der Geburt dürfen vom Robert Koch-Institut lediglich zu der Prüfung verarbeitet

und genutzt werden, ob verschiedene Meldungen sich auf dieselbe Person beziehen. Sie sind zu löschen, sobald nicht mehr zu erwarten ist, dass die damit bewirkte Einschränkung der Prüfungen nach Satz 1 eine nicht unerhebliche Verfälschung der aus den Meldungen zu gewinnenden epidemiologischen Beurteilung bewirkt, jedoch spätestens nach zehn Jahren.

(6) Die nichtnamentliche Meldung nach § 6 Absatz 3 muss die Angaben nach Absatz 1 Nummer 5, 9 und 11, Monat und Jahr der ein-zelnen Diagnosen sowie Name und Anschrift der betroffenen Einrichtung enthalten. Absatz 3 ist anzuwenden. § 9 Absatz 3 Satz 1 bis 3 gilt entsprechend.

## § 11 Übermittlungen durch das Gesundheitsamt und die zuständige Landesbehörde

(1) Die an das Gesundheitsamt der Hauptwohnung namentlich gemeldeten Erkrankungen, Todesfälle sowie Nachweise von Krankheitserregern werden gemäß den nach § 4 Abs. 2 Nr. 2 Buchstabe a veröffentlichten Falldefinitionen zusammengeführt und wöchentlich, spätestens am dritten Arbeitstag der folgenden Woche, an die zuständige Landesbehörde sowie von dort innerhalb einer Woche an das Robert Koch-Institut ausschließlich mit folgenden Angaben übermittelt:

1. Geschlecht

2. Monat und Jahr der Geburt

3. zuständiges Gesundheitsamt

4. Tag der Erkrankung oder Tag der Diagnose, gegebenenfalls Tag des Todes und wenn möglich Zeitpunkt oder Zeitraum der Infektion

5. Art der Diagnose

6. wahrscheinlicher Infektionsweg, wahrscheinliches Infektionsrisiko, Zugehörigkeit zu einer Erkrankungshäufung

7. Land, soweit die Infektion wahrscheinlich im Ausland erworben wurde

8. bei Tuberkulose Geburtsland und Staatsangehörigkeit

9. Aufnahmen in einem Krankenhaus.

Für die Übermittlungen von den zuständigen Landesbehörden an das Robert Koch-Institut bestimmt das Robert Koch-Institut die Formblätter, die Datenträger, den Aufbau der Datenträger und der einzelnen Datensätze. Die Sätze 1 und 2 gelten auch für Berichtigungen und Ergänzungen früherer Übermittlungen.

(2) Ein dem Gesundheitsamt nach § 6 Absatz 3 als Ausbruch gemeldetes gehäuftes Auftreten nosokomialer Infektionen ist vom Gesundheitsamt spätestens am dritten Arbeitstag der folgenden Woche an die zuständige Landesbehörde sowie von dort innerhalb einer Woche an das Robert Koch-Institut ausschließlich mit folgenden Angaben zu übermitteln:

1. zuständiges Gesundheitsamt,

2. Monat und Jahr der einzelnen Diagnosen,

3. Untersuchungsbefund,

4. wahrscheinlicher Infektionsweg, wahrscheinliches Infektionsrisiko,

5. Zahl der betroffenen Patienten.

(3) Der dem Gesundheitsamt gemäß § 6 Abs. 1 Nr. 3 gemeldete Verdacht einer über das übliche Ausmaß einer Impfreaktion hinausgehenden gesundheitlichen Schädigung sowie der dem Gesundheitsamt gemeldete Fall, bei dem der Verdacht besteht, dass ein Arzneimittel die Infektionsquelle ist, sind vom Gesundheitsamt unverzüglich der zuständigen Landesbehörde und der nach § 77 Arzneimittelgesetz jeweils zuständigen Bundesoberbehörde zu übermitteln. Die Übermittlung muss, soweit ermittelbar, alle notwendigen Angaben, wie Bezeichnung des Produktes, Name oder Firma des pharmazeutischen Unternehmers und die Chargenbezeichnung, bei Impfungen zusätzlich den Zeitpunkt der Impfung und den Beginn der Erkrankung enthalten. Über den gemeldeten Patienten sind ausschließlich das Geburtsdatum, das Geschlecht sowie der erste Buchstabe des ersten Vornamens und der erste Buchstabe des ersten Nachnamens anzugeben. Die zuständige Bundesoberbehörde stellt die Übermittlungen dem Robert Koch-Institut innerhalb einer Woche zur infektionsepidemiologischen Auswertung zur Verfügung. Absatz 1 bleibt unberührt.

(4) Die zuständige Behörde übermittelt über die zuständige Landesbehörde an das Robert Koch-Institut die gemäß Artikel 4 der Entscheidung Nr. 2119/98/EG des Europäischen Parlaments und des Rates vom 24. September 1998 über die Schaffung eines Netzes für die epidemiologische Überwachung und die Kontrolle übertragbarer Krankheiten in der Gemeinschaft (ABl. EG Nr. L 268 S. 1) vorgeschriebenen Angaben. Absatz 1 Satz 2 und § 12 Abs. 1 Satz 3 gelten entsprechend.

### § 12 Meldungen an die Weltgesundheitsorganisation und das Europäische Netzwerk

(1) Das Gesundheitsamt hat der zuständigen Landesbehörde und diese dem Robert Koch-Institut unverzüglich Folgendes zu übermitteln:

1. das Auftreten einer übertragbaren Krankheit, Tatsachen, die auf das Auftreten einer übertragbaren Krankheit hinweisen, oder Tatsachen, die zum Auftreten einer übertragbaren Krankheit führen können, wenn die übertragbare Krankheit nach Anlage 2 der Internationalen Gesundheitsvorschriften (2005) (IGV) vom 23. Mai 2005 (BGBl. 2007 II S. 930) eine gesundheitliche Notlage von internationaler Tragweite im Sinne von Artikel 1 Abs. 1 IGV darstellen könnte,

2. die getroffenen Maßnahmen,

3. sonstige Informationen, die für die Bewertung der Tatsachen und für die Verhütung und Bekämpfung der übertragbaren Krankheit von Bedeutung sind.

Das Robert-Koch-Institut hat die gewonnenen Informationen nach Anlage 2 IGV zu bewerten und gemäß den Vorgaben der IGV die Mitteilungen an die Weltgesundheitsorganisation über die nationale IGV-Anlaufstelle zu veranlassen. Das Gesundheitsamt darf im Rahmen dieser Vorschrift nicht übermitteln

1. Name, Vorname

2. Angaben zum Tag der Geburt

3. Angaben zur Hauptwohnung beziehungsweise zum Aufenthaltsort der betroffenen Person

4. Name des Meldenden.

Abweichungen von den Regelungen des Verwaltungsverfahrens in Satz 1 durch Landesrecht sind ausgeschlossen.

(2) Das Robert Koch-Institut hat die Angaben nach § 11 Abs. 4 der Kommission der Europäischen Union und den zuständigen Behörden der Mitgliedstaaten umgehend zu übermitteln.

(3) Die Länder informieren das Bundesministerium für Gesundheit über unterrichtungspflichtige Tatbestände nach Artikel 6 der Entscheidung Nr. 2119/98/EG des Europäischen Parlaments und des Rates vom 24. September 1998 über die Schaffung eines Netzes für die epidemiologische Überwachung und die Kontrolle übertragbarer Krankheiten in der Gemeinschaft (ABl. EG Nr. L 268 S. 1).

### § 13 Sentinel-Erhebungen

(1) Das Robert Koch-Institut kann in Zusammenarbeit mit ausgewählten Einrichtungen der Gesundheitsvorsorge oder -versorgung Erhebungen zu Personen, die diese Einrichtungen unabhängig von der Erhebung in Anspruch nehmen, koordinieren und durchführen zur Ermittlung:

1. der Verbreitung übertragbarer Krankheiten, wenn diese Krankheiten von großer gesundheitlicher Bedeutung für das Gemeinwohl sind und die Krankheiten wegen ihrer Häufigkeit oder aus anderen Gründen über Einzelfallmeldungen nicht erfasst werden können,

2. des Anteils der Personen, der gegen bestimmte Erreger nicht immun ist, sofern dies notwendig ist, um die Gefährdung der Bevölkerung durch diese Krankheitserreger zu bestimmen.

Die Erhebungen können auch über anonyme unverknüpfbare Testungen an Restblutproben oder anderem geeigneten Material erfolgen. Werden personenbezogene Daten verwendet, die bereits bei der Vorsorge oder Versorgung erhoben wurden, sind diese zu anonymisieren. Bei den Erhebungen dürfen keine Daten erhoben werden, die eine Identifizierung der in die Untersuchung einbezogenen Personen erlauben.

(2) Die an einer Sentinel-Erhebung nach Absatz 1 freiwillig teilnehmenden Ärzte, die verantwortlichen ärztlichen Leiter von Krankenhäusern oder anderen medizinischen Einrichtungen einschließlich der Untersuchungsstellen berichten dem Robert Koch-Institut auf einem von diesem erstellten Formblatt oder anderem geeigneten Datenträger über die Beobachtungen und Befunde entsprechend den Festlegungen nach § 14 und übermitteln gleichzeitig die für die Auswertung notwendigen Angaben zur Gesamtzahl und zur statistischen Zusammensetzung der im gleichen Zeitraum betreuten Personen.

(3) Bei Sentinel-Erhebungen sind die jeweils zuständigen Landesbehörden zu beteiligen.

### § 14 Auswahl der über Sentinel-Erhebungen zu überwachenden Krankheiten

Das Bundesministerium für Gesundheit legt im Benehmen mit den jeweils zuständigen obersten Landesgesundheitsbehörden fest, welche Krankheiten und Krankheitserreger durch Erhebungen nach § 13 überwacht werden. Die obersten Landesgesundheitsbehörden können zusätzliche Sentinel-Erhebungen durchführen.

## § 15 Anpassung der Meldepflicht an die epidemische Lage

(1) Das Bundesministerium für Gesundheit wird ermächtigt, durch Rechtsverordnung mit Zustimmung des Bundesrates die Meldepflicht für die in § 6 aufgeführten Krankheiten oder die in § 7 aufgeführten Krankheitserreger aufzuheben, einzuschränken oder zu erweitern oder die Meldepflicht auf andere übertragbare Krankheiten oder Krankheitserreger auszudehnen, soweit die epidemische Lage dies zulässt oder erfordert.

(2) In dringenden Fällen kann zum Schutz der Bevölkerung die Rechtsverordnung ohne Zustimmung des Bundesrates erlassen werden. Eine auf der Grundlage des Satzes 1 erlassene Verordnung tritt ein Jahr nach ihrem Inkrafttreten außer Kraft; ihre Geltungsdauer kann mit Zustimmung des Bundesrates verlängert werden.

(3) Solange das Bundesministerium für Gesundheit von der Ermächtigung nach Absatz 1 keinen Gebrauch macht, sind die Landesregierungen zum Erlass einer Rechtsverordnung nach Absatz 1 ermächtigt, sofern die Meldepflicht nach diesem Gesetz hierdurch nicht eingeschränkt oder aufgehoben wird. Sie können die Ermächtigung durch Rechtsverordnung auf andere Stellen übertragen.

## 4. Abschnitt
## Verhütung übertragbarer Krankheiten

### § 16 Allgemeine Maßnahmen der zuständigen Behörde

(1) Werden Tatsachen festgestellt, die zum Auftreten einer übertragbaren Krankheit führen können, oder ist anzunehmen, dass solche Tatsachen vorliegen, so trifft die zuständige Behörde die notwendigen Maßnahmen zur Abwendung der dem Einzelnen oder der Allgemeinheit hierdurch drohenden Gefahren. Die bei diesen Maßnahmen erhobenen personenbezogenen Daten dürfen nur für Zwecke dieses Gesetzes verarbeitet und genutzt werden.

(2) In den Fällen des Absatzes 1 sind die Beauftragten der zuständigen Behörde und des Gesundheitsamtes zur Durchführung von Ermittlungen und zur Überwachung der angeordneten Maßnahmen berechtigt, Grundstücke, Räume, Anlagen und Einrichtungen sowie Verkehrsmittel aller Art zu betreten und Bücher oder sonstige Unterlagen einzusehen und hieraus Abschriften, Ablichtungen oder Auszüge anzufertigen sowie sonstige Gegenstände zu untersuchen oder Proben zur Untersuchung zu fordern oder zu entnehmen. Der Inhaber der tatsächlichen Gewalt ist verpflichtet, den Beauftragten der zuständigen Behörde und des Gesundheitsamtes Grundstücke, Räume, Anlagen, Einrichtungen und Verkehrsmittel sowie sonstige Gegenstände zugänglich zu machen. Personen, die über die in Absatz 1 genannten Tatsachen Auskunft geben können, sind verpflichtet, auf Verlangen die erforderlichen Auskünfte insbesondere über den Betrieb und den Betriebsablauf einschließlich dessen Kontrolle zu erteilen und Unterlagen einschließlich dem tatsächlichen Stand entsprechende technische Pläne vorzulegen. Der Verpflichtete kann die Auskunft auf solche Fragen verweigern, deren Beantwortung ihn selbst oder einen der in § 383 Abs. 1 Nr. 1 bis 3 der Zivilprozessordnung bezeichneten Angehörigen der Gefahr strafrechtlicher Verfolgung oder eines Verfahrens nach dem Gesetz über Ordnungswidrigkeiten aussetzen würde; Entsprechendes gilt für die Vorlage von Unterlagen.

(3) Soweit es die Aufklärung der epidemischen Lage erfordert, kann die zuständige Behörde Anordnungen über die Übergabe von in Absatz 2 genannten Untersuchungsmaterialien zum Zwecke der Untersuchung und Verwahrung an Institute des öffentlichen Gesundheitsdienstes oder andere vom Land zu bestimmende Einrichtungen treffen.

(4) Das Grundrecht der Unverletzlichkeit der Wohnung (Artikel 13 Abs. 1 Grundgesetz) wird im Rahmen der Absätze 2 und 3 eingeschränkt.

(5) Wenn die von Maßnahmen nach den Absätzen 1 und 2 betroffenen Personen geschäftsunfähig oder in der Geschäftsfähigkeit beschränkt sind, hat derjenige für die Erfüllung der genannten Verpflichtung zu sorgen, dem die Sorge für die Person zusteht. Die gleiche Verpflichtung trifft den Betreuer einer von Maßnahmen nach den Absätzen 1 und 2 betroffenen Person, soweit die Sorge für die Person des Betroffenen zu seinem Aufgabenkreis gehört.

(6) Die Maßnahmen nach Absatz 1 werden auf Vorschlag des Gesundheitsamtes von der zuständigen Behörde angeordnet. Kann die zuständige Behörde einen Vorschlag des Gesundheitsamtes nicht rechtzeitig einholen, so hat sie das Gesundheitsamt über die getroffene Maßnahme unverzüglich zu unterrichten.

(7) Bei Gefahr im Verzuge kann das Gesundheitsamt die erforderlichen Maßnahmen selbst anordnen. Es hat die zuständige Behörde unverzüglich hiervon zu unterrichten. Diese kann die Anordnung ändern oder aufheben. Wird die Anordnung nicht innerhalb von zwei Arbeitstagen nach der Unterrichtung aufgehoben, so gilt sie als von der zuständigen Behörde getroffen.

(8) Widerspruch und Anfechtungsklage gegen Maßnahmen nach den Absätzen 1 bis 3 haben keine aufschiebende Wirkung.

## § 17 Besondere Maßnahmen der zuständigen Behörde, Rechtsverordnungen durch die Länder

(1) Wenn Gegenstände mit meldepflichtigen Krankheitserregern behaftet sind oder wenn das anzunehmen ist und dadurch eine Verbreitung der Krankheit zu befürchten ist, hat die zuständige Behörde die notwendigen Maßnahmen zur Abwendung der hierdurch drohenden Gefahren zu treffen. Wenn andere Maßnahmen nicht ausreichen, kann die Vernichtung von Gegenständen angeordnet werden. Sie kann auch angeordnet werden, wenn andere Maßnahmen im Verhältnis zum Wert der Gegenstände zu kostspielig sind, es sei denn, dass derjenige,

der ein Recht an diesem Gegenstand oder die tatsächliche Gewalt darüber hat, widerspricht und auch die höheren Kosten übernimmt. Müssen Gegenstände entseucht, von Gesundheitsschädlingen befreit oder vernichtet werden, so kann ihre Benutzung und die Benutzung der Räume und Grundstücke, in denen oder auf denen sie sich befinden, untersagt werden, bis die Maßnahme durchgeführt ist.

(2) Wenn Gesundheitsschädlinge festgestellt werden und die Gefahr begründet ist, dass durch sie Krankheitserreger verbreitet werden, so hat die zuständige Behörde die zu ihrer Bekämpfung erforderlichen Maßnahmen anzuordnen. Die Bekämpfung umfasst Maßnahmen gegen das Auftreten, die Vermehrung und Verbreitung sowie zur Vernichtung von Gesundheitsschädlingen.

(3) Erfordert die Durchführung einer Maßnahme nach den Absätzen 1 und 2 besondere Sachkunde, so kann die zuständige Behörde anordnen, dass der Verpflichtete damit geeignete Fachkräfte beauftragt. Die zuständige Behörde kann selbst geeignete Fachkräfte mit der Durchführung beauftragen, wenn das zur wirksamen Bekämpfung der übertragbaren Krankheiten oder Krankheitserreger oder der Gesundheitsschädlinge notwendig ist und der Verpflichtete diese Maßnahme nicht durchführen kann oder einer Anordnung nach Satz 1 nicht nachkommt oder nach seinem bisherigen Verhalten anzunehmen ist, dass er einer Anordnung nach Satz 1 nicht rechtzeitig nachkommen wird. Wer ein Recht an dem Gegenstand oder die tatsächliche Gewalt darüber hat, muss die Durchführung der Maßnahme dulden.

(4) Die Landesregierungen werden ermächtigt, unter den nach § 16 sowie nach Absatz 1 maßgebenden Voraussetzungen durch Rechtsverordnung entsprechende Gebote und Verbote zur Verhütung übertragbarer Krankheiten zu erlassen. Sie können die Ermächtigung durch Rechtsverordnung auf andere Stellen übertragen.

(5) Die Landesregierungen können zur Verhütung und Bekämpfung übertragbarer Krankheiten Rechtsverordnungen über die Feststellung und die Bekämpfung von Gesundheitsschädlingen, Kopfläusen und Krätzemilben erlassen. Sie können die Ermächtigung durch Rechtsverordnung auf andere Stellen übertragen. Die Rechtsverordnungen können insbesondere Bestimmungen treffen über

1. die Verpflichtung der Eigentümer von Gegenständen, der Nutzungsberechtigten oder der Inhaber der tatsächlichen Gewalt an Gegenständen sowie der zur Unterhaltung von Gegenständen Verpflichteten,

   a) den Befall mit Gesundheitsschädlingen festzustellen oder feststellen zu lassen und der zuständigen Behörde anzuzeigen,

   b) Gesundheitsschädlinge zu bekämpfen oder bekämpfen zu lassen,

2. die Befugnis und die Verpflichtung der Gemeinden oder der Gemeindeverbände, Gesundheitsschädlinge, auch am Menschen, festzustellen, zu bekämpfen und das Ergebnis der Bekämpfung festzustellen,

3. die Feststellung und Bekämpfung, insbesondere über

   a) die Art und den Umfang der Bekämpfung,

   b) den Einsatz von Fachkräften,

   c) die zulässigen Bekämpfungsmittel und -verfahren,

   d) die Minimierung von Rückständen und die Beseitigung von Bekämpfungsmitteln und

   e) die Verpflichtung, Abschluss und Ergebnis der Bekämpfung der zuständigen Behörde mitzuteilen und das Ergebnis durch Fachkräfte feststellen zu lassen,

4. die Mitwirkungs- und Duldungspflichten, insbesondere im Sinne des § 16 Abs. 2, die

den in Nummer 1 genannten Personen obliegen.

(6) § 16 Abs. 5 bis 8 gilt entsprechend.

(7) Die Grundrechte der Freiheit der Person (Artikel 2 Abs. 2 Satz 2 Grundgesetz), der Freizügigkeit (Artikel 11 Abs. 1 Grundgesetz), der Versammlungsfreiheit (Artikel 8 Grundgesetz) und der Unverletzlichkeit der Wohnung (Artikel 13 Abs. 1 Grundgesetz) werden im Rahmen der Absätze 1 bis 5 eingeschränkt.

### § 18 Behördlich angeordnete Entseuchungen, Entwesungen, Bekämpfung von Krankheitserreger übertragenden Wirbeltieren, Kosten

(1) Zum Schutz des Menschen vor übertragbaren Krankheiten dürfen bei behördlich angeordneten Entseuchungen (Desinfektion), Entwesungen (Bekämpfung von Nichtwirbeltieren) und Maßnahmen zur Bekämpfung von Wirbeltieren, durch die Krankheitserreger verbreitet werden können, nur Mittel und Verfahren verwendet werden, die von der zuständigen Bundesoberbehörde in einer Liste im Bundesgesundheitsblatt bekannt gemacht worden sind. Die Aufnahme in die Liste erfolgt nur, wenn die Mittel und Verfahren hinreichend wirksam sind und keine unvertretbaren Auswirkungen auf Gesundheit und Umwelt haben.

(2) Zuständige Bundesoberbehörde für die Bekanntmachung der Liste ist bei

1. Mitteln und Verfahren zur Entseuchung das Robert Koch-Institut, das die Wirksamkeit prüft, im Einvernehmen mit

   a) dem Bundesinstitut für Arzneimittel und Medizinprodukte, das die Auswirkungen auf die menschliche Gesundheit prüft, und

   b) dem Umweltbundesamt, das die Auswirkungen auf die Umwelt prüft,

2. Mitteln und Verfahren zur Entwesung und zur Bekämpfung von Wirbeltieren das Bun-

desamt für Verbraucherschutz und Lebensmittelsicherheit im Einvernehmen

a) mit dem Bundesinstitut für Risikobewertung, das die Wirksamkeit mit Ausnahme der dem Umweltbundesamt zugewiesenen Prüfungen und die Auswirkungen auf die menschliche Gesundheit mit Ausnahme der dem Bundesinstitut für Arzneimittel und Medizinprodukte zugewiesenen Prüfung prüft,

b) mit dem Bundesinstitut für Arzneimittel und Medizinprodukte, das die Auswirkungen auf die menschliche Gesundheit prüft, soweit es nach § 77 Abs. 1 des Arzneimittelgesetzes für die Zulassung zuständig ist, und

c) mit dem Umweltbundesamt, das die Wirksamkeit von Mitteln und Verfahren zur Entwesung sowie zur Bekämpfung von Ratten und Mäusen und die Auswirkungen auf die Umwelt prüft; die Prüfungen zur Feststellung der Wirksamkeit sind an den betreffenden Schädlingen unter Einbeziehung von Wirtstieren bei parasitären Nichtwirbeltieren vorzunehmen, soweit die Mittel oder Verfahren nicht nach dem Gesetz zum Schutz der Kulturpflanzen nach dem Tilgungsprinzip gleichwertig geprüft und zugelassen sind.

Die Prüfungen können durch eigene Untersuchungen der zuständigen Bundesbehörde oder auf der Grundlage von im Auftrag der zuständigen Bundesbehörde durchgeführten Sachverständigengutachten erfolgen. Soweit die Mittel nach Satz 1 Nr. 1 Wirkstoffe enthalten, die in zugelassenen oder in der Zulassungsprüfung befindlichen Pflanzenschutzmitteln enthalten sind, erfolgt die Bekanntmachung der Liste im Benehmen mit dem Bundesamt für Verbraucherschutz und Lebensmittelsicherheit.

(3) Das Robert Koch-Institut und das Bundesamt für Verbraucherschutz und Lebensmittelsicherheit erheben für Amtshandlungen nach den Absätzen 1 und 2 Kosten (Gebühren und Auslagen).

(4) Das Bundesministerium für Gesundheit wird ermächtigt, im Einvernehmen mit dem Bundesministerium für Umwelt, Naturschutz und Reaktorsicherheit durch Rechtsverordnung ohne Zustimmung des Bundesrates die gebührenpflichtigen Tatbestände der Amtshandlungen nach Absatz 1, soweit dieser Mittel und Verfahren zur Entseuchung betrifft, und Absatz 2 Satz 1 Nr. 1 und Satz 2 und 3 näher zu bestimmen und dabei feste Sätze oder Rahmensätze vorzusehen. Das Bundesministerium für Ernährung, Landwirtschaft und Verbraucherschutz wird ermächtigt, im Einvernehmen mit dem Bundesministerium für Umwelt, Naturschutz und Reaktorsicherheit durch Rechtsverordnung mit Zustimmung des Bundesrates die gebührenpflichtigen Tatbestände der Amtshandlungen nach Absatz 1, soweit dieser Mittel und Verfahren zur Entwesung und zur Bekämpfung von Wirbeltieren betrifft, und Absatz 2 Satz 1 Nr. 2 und Satz 2 näher zu bestimmen und dabei feste Sätze oder Rahmensätze vorzusehen.

(5) Das Bundesministerium für Gesundheit wird ermächtigt, im Einvernehmen mit dem Bundesministerium für Umwelt, Naturschutz und Reaktorsicherheit durch Rechtsverordnung ohne Zustimmung des Bundesrates Einzelheiten des Listungsverfahrens nach Absatz 2 Satz 1 Nr. 1 festzulegen. Das Bundesministerium für Ernährung, Landwirtschaft und Verbraucherschutz wird ermächtigt, im Einvernehmen mit dem Bundesministerium für Umwelt, Naturschutz und Reaktorsicherheit durch Rechtsverordnung mit Zustimmung des Bundesrates Einzelheiten des Listungsverfahrens nach Absatz 2 Satz 1 Nr. 2 festzulegen.

### § 19 Aufgaben des Gesundheitsamtes in besonderen Fällen

(1) Das Gesundheitsamt bietet bezüglich sexuell übertragbarer Krankheiten und Tuberkulose Beratung und Untersuchung an oder stellt diese in Zusammenarbeit mit anderen medizi-

nischen Einrichtungen sicher. Diese sollen für Personen, deren Lebensumstände eine erhöhte Ansteckungsgefahr für sich oder andere mit sich bringen, auch aufsuchend angeboten werden und können im Einzelfall die ambulante Behandlung durch einen Arzt des Gesundheitsamtes umfassen, soweit dies zur Verhinderung der Weiterverbreitung der sexuell übertragbaren Krankheiten und der Tuberkulose erforderlich ist. Die Angebote können bezüglich sexuell übertragbarer Krankheiten anonym in Anspruch genommen werden, soweit hierdurch die Geltendmachung von Kostenerstattungsansprüchen nach Absatz 2 nicht gefährdet wird.

(2) Die Kosten der Untersuchung und Behandlung werden getragen:

1. von den Trägern der Krankenversicherung nach dem fünften Abschnitt des dritten Kapitels des Fünften Buches Sozialgesetzbuch, falls die Person bei einer Krankenkasse nach § 4 des Fünften Buches Sozialgesetzbuch versichert ist,

2. im Übrigen aus öffentlichen Mitteln, falls die Person die Kosten der Untersuchung oder Behandlung nicht selbst tragen kann; des Nachweises des Unvermögens bedarf es nicht, wenn dieses offensichtlich ist oder die Gefahr besteht, dass die Inanspruchnahme anderer Zahlungspflichtiger die Durchführung der Untersuchung oder Behandlung erschweren würde.

Wenn bei der Untersuchung oder der Feststellung der Behandlungsbedürftigkeit der Kostenträger noch nicht feststeht, werden die Kosten vorläufig aus öffentlichen Mitteln übernommen. Der Kostenträger ist zur Erstattung verpflichtet.

### § 20 Schutzimpfungen und andere Maßnahmen der spezifischen Prophylaxe

(1) Die zuständige obere Bundesbehörde, die obersten Landesgesundheitsbehörden und die von ihnen beauftragten Stellen sowie die Gesundheitsämter informieren die Bevölkerung über die Bedeutung von Schutzimpfungen und anderen Maßnahmen der spezifischen Prophylaxe übertragbarer Krankheiten.

(2) Beim Robert Koch-Institut wird eine Ständige Impfkommission eingerichtet. Die Kommission gibt sich eine Geschäftsordnung, die der Zustimmung des Bundesministeriums für Gesundheit bedarf. Die Kommission gibt Empfehlungen zur Durchführung von Schutzimpfungen und zur Durchführung anderer Maßnahmen der spezifischen Prophylaxe übertragbarer Krankheiten und entwickelt Kriterien zur Abgrenzung einer üblichen Impfreaktion und einer über das übliche Ausmaß einer Impfreaktion hinausgehenden gesundheitlichen Schädigung. Die Mitglieder der Kommission werden vom Bundesministerium für Gesundheit im Benehmen mit den obersten Landesgesundheitsbehörden berufen. Vertreter des Bundesministeriums für Gesundheit, der obersten Landesgesundheitsbehörden, des Robert Koch-Institutes und des Paul-Ehrlich-Institutes nehmen mit beratender Stimme an den Sitzungen teil. Weitere Vertreter von Bundesbehörden können daran teilnehmen. Die Empfehlungen der Kommission werden von dem Robert Koch-Institut den obersten Landesgesundheitsbehörden übermittelt und anschließend veröffentlicht.

(3) Die obersten Landesgesundheitsbehörden sollen öffentliche Empfehlungen für Schutzimpfungen oder andere Maßnahmen der spezifischen Prophylaxe auf der Grundlage der jeweiligen Empfehlungen der Ständigen Impfkommission aussprechen.

(4) Das Bundesministerium für Gesundheit wird ermächtigt, nach Anhörung der Ständigen Impfkommission und der Spitzenverbände der gesetzlichen Krankenkassen durch Rechtsverordnung ohne Zustimmung des Bundesrates zu bestimmen, dass die Kosten für bestimmte Schutzimpfungen von den Trägern der Krankenversicherung nach dem dritten Abschnitt des dritten Kapitels des Fünften Buches Sozialgesetzbuch getragen werden, falls die Person bei einer Krankenkasse nach § 4 des Fünften Buches Sozialgesetzbuch versichert ist. In der Rechtsverordnung können auch Regelungen zur

Erfassung und Übermittlung von anonymisierten Daten über durchgeführte Schutzimpfungen getroffen werden.

(5) Die obersten Landesgesundheitsbehörden können bestimmen, dass die Gesundheitsämter unentgeltlich Schutzimpfungen oder andere Maßnahmen der spezifischen Prophylaxe gegen bestimmte übertragbare Krankheiten durchführen.

(6) Das Bundesministerium für Gesundheit wird ermächtigt, durch Rechtsverordnung mit Zustimmung des Bundesrates anzuordnen, dass bedrohte Teile der Bevölkerung an Schutzimpfungen oder anderen Maßnahmen der spezifischen Prophylaxe teilzunehmen haben, wenn eine übertragbare Krankheit mit klinisch schweren Verlaufsformen auftritt und mit ihrer epidemischen Verbreitung zu rechnen ist. Das Grundrecht der körperlichen Unversehrtheit (Artikel 2 Abs. 2 Satz 1 Grundgesetz) kann insoweit eingeschränkt werden. Ein nach dieser Rechtsverordnung Impfpflichtiger, der nach ärztlichem Zeugnis ohne Gefahr für sein Leben oder seine Gesundheit nicht geimpft werden kann, ist von der Impfpflicht freizustellen; dies gilt auch bei anderen Maßnahmen der spezifischen Prophylaxe. § 15 Abs. 2 gilt entsprechend.

(7) Solange das Bundesministerium für Gesundheit von der Ermächtigung nach Absatz 6 keinen Gebrauch macht, sind die Landesregierungen zum Erlass einer Rechtsverordnung nach Absatz 6 ermächtigt. Die Landesregierungen können die Ermächtigung durch Rechtsverordnung auf die obersten Landesgesundheitsbehörden übertragen. Das Grundrecht der körperlichen Unversehrtheit (Artikel 2 Abs. 2 Satz 1 Grundgesetz) kann insoweit eingeschränkt werden.

### § 21 Impfstoffe

Bei einer auf Grund dieses Gesetzes angeordneten oder einer von der obersten Landesgesundheitsbehörde öffentlich empfohlenen Schutzimpfung oder einer Impfung nach § 17 Abs. 4 des Soldatengesetzes dürfen Impfstoffe verwendet werden, die Mikroorganismen enthalten, welche von den Geimpften ausgeschieden und von anderen Personen aufgenommen werden können. Das Grundrecht der körperlichen Unversehrtheit (Artikel 2 Abs. 2 Satz 1 Grundgesetz) wird insoweit eingeschränkt.

### § 22 Impfausweis

(1) Der impfende Arzt hat jede Schutzimpfung unverzüglich in einen Impfausweis nach Absatz 2 einzutragen oder, falls der Impfausweis nicht vorgelegt wird, eine Impfbescheinigung auszustellen. Der impfende Arzt hat den Inhalt der Impfbescheinigung auf Verlangen in den Impfausweis einzutragen. Im Falle seiner Verhinderung hat das Gesundheitsamt die Eintragung nach Satz 2 vorzunehmen.

(2) Der Impfausweis oder die Impfbescheinigung muss über jede Schutzimpfung enthalten:

1. Datum der Schutzimpfung

2. Bezeichnung und Chargen-Bezeichnung des Impfstoffes

3. Name der Krankheit, gegen die geimpft wird

4. Namen und Anschrift des impfenden Arztes sowie

5. Unterschrift des impfenden Arztes oder Bestätigung der Eintragung des Gesundheitsamtes.

(3) Im Impfausweis ist in geeigneter Form auf das zweckmäßige Verhalten bei ungewöhnlichen Impfreaktionen und auf die sich gegebenenfalls aus den §§ 60 bis 64 ergebenden Ansprüche bei Eintritt eines Impfschadens sowie auf Stellen, bei denen diese geltend gemacht werden können, hinzuweisen.

### § 23 Nosokomiale Infektionen; Resistenzen; Rechtsverordnungen durch die Länder

(1) Beim Robert Koch-Institut wird eine Kommission für Krankenhaushygiene und Infektionsprävention eingerichtet. Die Kommission gibt sich eine Geschäftsordnung, die der Zu-

stimmung des Bundesministeriums für Gesundheit bedarf. Die Kommission erstellt Empfehlungen zur Prävention nosokomialer Infektionen sowie zu betrieblich-organisatorischen und baulich-funktionellen Maßnahmen der Hygiene in Krankenhäusern und anderen medizinischen Einrichtungen. Die Empfehlungen der Kommission werden unter Berücksichtigung aktueller infektionsepidemiologischer Auswertungen stetig weiterentwickelt und vom Robert Koch-Institut veröffentlicht. Die Mitglieder der Kommission werden vom Bundesministerium für Gesundheit im Benehmen mit den obersten Landesgesundheitsbehörden berufen. Vertreter des Bundesministeriums für Gesundheit, der obersten Landesgesundheitsbehörden und des Robert Koch-Institutes nehmen mit beratender Stimme an den Sitzungen teil.

(2) Beim Robert Koch-Institut wird eine Kommission Antiinfektiva, Resistenz und Therapie eingerichtet. Die Kommission gibt sich eine Geschäftsordnung, die der Zustimmung des Bundesministeriums für Gesundheit bedarf. Die Kommission erstellt Empfehlungen mit allgemeinen Grundsätzen für Diagnostik und antimikrobielle Therapie, insbesondere bei Infektionen mit resistenten Krankheitserregern. Die Empfehlungen der Kommission werden unter Berücksichtigung aktueller infektionsepidemiologischer Auswertungen stetig weiterentwickelt und vom Robert Koch-Institut veröffentlicht. Die Mitglieder der Kommission werden vom Bundesministerium für Gesundheit im Benehmen mit den obersten Landesgesundheitsbehörden berufen. Vertreter des Bundesministeriums für Gesundheit, der obersten Landesgesundheitsbehörden, des Robert Koch-Institutes und des Bundesinstitutes für Arzneimittel und Medizinprodukte nehmen mit beratender Stimme an den Sitzungen teil.

(3) Die Leiter folgender Einrichtungen haben sicherzustellen, dass die nach dem Stand der medizinischen Wissenschaft erforderlichen Maßnahmen getroffen werden, um nosokomiale Infektionen zu verhüten und die Weiterverbreitung von Krankheitserregern, insbesondere

solcher mit Resistenzen, zu vermeiden:

1. Krankenhäuser,

2. Einrichtungen für ambulantes Operieren,

3. Vorsorge- oder Rehabilitationseinrichtungen, in denen eine den Krankenhäusern vergleichbare medizinische Versorgung erfolgt,

4. Dialyseeinrichtungen,

5. Tageskliniken,

6. Entbindungseinrichtungen,

7. Behandlungs- oder Versorgungseinrichtungen, die mit einer der in den Nummern 1 bis 6 genannten Einrichtungen vergleichbar sind,

8. Arztpraxen, Zahnarztpraxen und

9. Praxen sonstiger humanmedizinischer Heilberufe.

Die Einhaltung des Standes der medizinischen Wissenschaft auf diesem Gebiet wird vermutet, wenn jeweils die veröffentlichten Empfehlungen der Kommission für Krankenhaushygiene und Infektionsprävention beim Robert Koch-Institut und der Kommission Antiinfektiva, Resistenz und Therapie beim Robert Koch-Institut beachtet worden sind.

(4) Die Leiter von Krankenhäusern und von Einrichtungen für ambulantes Operieren haben sicherzustellen, dass die vom Robert Koch-Institut nach § 4 Absatz 2 Nummer 2 Buchstabe b festgelegten nosokomialen Infektionen und das Auftreten von Krankheitserregern mit speziellen Resistenzen und Multiresistenzen fortlaufend in einer gesonderten Niederschrift aufgezeichnet, bewertet und sachgerechte Schlussfolgerungen hinsichtlich erforderlicher Präventionsmaßnahmen gezogen werden und dass die erforderlichen Präventionsmaßnahmen dem Personal mitgeteilt und umgesetzt werden. Darüber hinaus hat der Leiter sicherzustellen, dass die nach § 4 Absatz 2 Nummer 2 Buchstabe b festgelegten Daten zu Art und Umfang des Antibiotika-Verbrauchs fortlaufend

in zusammengefasster Form aufgezeichnet, unter Berücksichtigung der lokalen Resistenzsituation bewertet und sachgerechte Schlussfolgerungen hinsichtlich des Einsatzes von Antibiotika gezogen werden und dass die erforderlichen Anpassungen des Antibiotikaeinsatzes dem Personal mitgeteilt und umgesetzt werden. Die Aufzeichnungen nach den Sätzen 1 und 2 sind zehn Jahre nach deren Anfertigung aufzubewahren. Dem zuständigen Gesundheitsamt ist auf Verlangen Einsicht in die Aufzeichnungen, Bewertungen und Schlussfolgerungen zu gewähren.

(5) Die Leiter folgender Einrichtungen haben sicherzustellen, dass innerbetriebliche Verfahrensweisen zur Infektionshygiene in Hygieneplänen festgelegt sind:

1. Krankenhäuser,

2. Einrichtungen für ambulantes Operieren,

3. Vorsorge- oder Rehabilitationseinrichtungen,

4. Dialyseeinrichtungen,

5. Tageskliniken,

6. Entbindungseinrichtungen und

7. Behandlungs- oder Versorgungseinrichtungen, die mit einer der in den Nummern 1 bis 6 genannten Einrichtungen vergleichbar sind.

Die Landesregierungen können durch Rechtsverordnung vorsehen, dass Leiter von Zahnarztpraxen sowie Leiter von Arztpraxen und Praxen sonstiger humanmedizinischer Heilberufe, in denen invasive Eingriffe vorgenommen werden, sicherzustellen haben, dass innerbetriebliche Verfahrensweisen zur Infektionshygiene in Hygieneplänen festgelegt sind. Die Landesregierungen können die Ermächtigung durch Rechtsverordnung auf andere Stellen übertragen.

(6) Einrichtungen nach Absatz 5 Satz 1 unterliegen der infektionshygienischen Überwachung durch das Gesundheitsamt. Einrichtungen nach

Absatz 5 Satz 2, können durch das Gesundheitsamt infektionshygienisch überwacht werden.

(7) Die mit der Überwachung beauftragten Personen sind befugt, zu Betriebs- und Geschäftszeiten Betriebs grundstücke, Geschäfts- und Betriebsräume, zum Betrieb gehörende Anlagen und Einrichtungen sowie Verkehrsmittel zu betreten, zu besichtigen sowie in die Bücher oder sonstigen Unterlagen Einsicht zu nehmen und hieraus Abschriften, Ablichtungen oder Auszüge anzufertigen sowie sonstige Gegenstände zu untersuchen oder Proben zur Untersuchung zu fordern oder zu entnehmen, soweit dies zur Erfüllung ihrer Aufgaben erforderlich ist. § 16 Absatz 2 Satz 2 bis 4 gilt entsprechend.

(8) Die Landesregierungen haben bis zum 31. März 2012 durch Rechtsverordnung für Krankenhäuser, Einrichtungen für ambulantes Operieren, Vorsorge- oder Rehabilitationseinrichtungen, in denen eine den Krankenhäusern vergleichbare medizinische Versorgung erfolgt, sowie für Dialyseeinrichtungen und Tageskliniken die jeweils erforderlichen Maßnahmen zur Verhütung, Erkennung, Erfassung und Bekämpfung von nosokomialen Infektionen und Krankheitserregern mit Resistenzen zu regeln. Dabei sind insbesondere Regelungen zu treffen über

1. hygienische Mindestanforderungen an Bau, Ausstattung und Betrieb der Einrichtungen,

2. Bestellung, Aufgaben und Zusammensetzung einer Hygienekommission,

3. die erforderliche personelle Ausstattung mit Hygienefachkräften und Krankenhaushygienikern und die Bestellung von hygienebeauftragten Ärzten einschließlich bis längstens zum 31. Dezember 2016 befristeter Übergangsvorschriften zur Qualifikation einer ausreichenden Zahl geeigneten Fachpersonals,

4. Aufgaben und Anforderungen an Fort- und Weiterbildung der in der Einrichtung erforderlichen Hygienefachkräfte, Krankenhaushygieniker und hygienebeauftragten Ärzte,

5. die erforderliche Qualifikation und Schulung des Personals hinsichtlich der Infektionsprävention,

6. Strukturen und Methoden zur Erkennung von nosokomialen Infektionen und resistenten Erregern und zur Erfassung im Rahmen der ärztlichen und pflegerischen Dokumentationspflicht,

7. die zur Erfüllung ihrer jeweiligen Aufgaben erforderliche Einsichtnahme der in Nummer 4 genannten Personen in Akten der jeweiligen Einrichtung einschließlich der Patientenakten,

8. die Information des Personals über Maßnahmen, die zur Verhütung und Bekämpfung von nosokomialen Infektionen und Krankheitserregern mit Resistenzen erforderlich sind,

9. die klinisch-mikrobiologisch und klinisch-pharmazeutische Beratung des ärztlichen Personals,

10. die Information von aufnehmenden Einrichtungen und niedergelassenen Ärzten bei der Verlegung, Überweisung oder Entlassung von Patienten über Maßnahmen, die zur Verhütung und Bekämpfung von nosokomialen Infektionen und von Krankheitserregern mit Resistenzen erforderlich sind.

Die Landesregierungen können die Ermächtigung durch Rechtsverordnung auf andere Stellen übertragen.

### 5. Abschnitt
### Bekämpfung übertragbarer Krankheiten

### § 24 Behandlung übertragbarer Krankheiten

Die Behandlung von Personen, die an einer der in § 6 Abs. 1 Satz 1 Nr. 1, 2 und 5 oder § 34 Abs. 1 genannten übertragbaren Krankheiten erkrankt oder dessen verdächtig sind oder die mit einem Krankheitserreger nach § 7

infiziert sind, ist soweit im Rahmen der berufsmäßigen Ausübung der Heilkunde nur Ärzten gestattet. Satz 1 gilt entsprechend bei sexuell übertragbaren Krankheiten und für Krankheiten oder Krankheitserreger, die durch eine Rechtsverordnung auf Grund des § 15 Abs. 1 in die Meldepflicht einbezogen sind. Als Behandlung im Sinne der Sätze 1 und 2 gilt auch der direkte und indirekte Nachweis eines Krankheitserregers für die Feststellung einer Infektion oder übertragbaren Krankheit; § 46 gilt entsprechend.

### § 25 Ermittlungen, Unterrichtungspflichten des Gesundheitsamtes bei Blut-, Organ- oder Gewebespendern

(1) Ergibt sich oder ist anzunehmen, dass jemand krank, krankheitsverdächtig, ansteckungsverdächtig oder Ausscheider ist oder dass ein Verstorbener krank, krankheitsverdächtig oder Ausscheider war, so stellt das Gesundheitsamt die erforderlichen Ermittlungen an, insbesondere über Art, Ursache, Ansteckungsquelle und Ausbreitung der Krankheit.

(2) Ergibt sich oder ist anzunehmen, dass jemand, der an einer meldepflichtigen Krankheit erkrankt oder mit einem meldepflichtigen Krankheitserreger infiziert ist oder dass ein Verstorbener, der an einer meldepflichtigen Krankheit erkrankt oder mit einem meldepflichtigen Krankheitserreger infiziert war, nach dem vermuteten Zeitpunkt der Infektion Blut-, Organ- oder Gewebespender war, so hat das Gesundheitsamt, wenn es sich dabei um eine durch Blut, Blutprodukte, Gewebe oder Organe übertragbare Krankheit oder Infektion handelt, die zuständigen Behörden von Bund und Ländern unverzüglich über den Befund oder Verdacht zu unterrichten. Es meldet dabei die ihm bekannt gewordenen Sachverhalte. Nach den Sätzen 1 und 2 hat es bei Spendern vermittlungspflichtiger Organe (§ 1a Nr. 2 des Transplantationsgesetzes) auch die nach § 11 des Transplantationsgesetzes errichtete oder bestimmte Koordinierungsstelle zu unterrichten, bei sonstigen

Organ-, Gewebe- oder Zellspendern nach den Vorschriften des Transplantationsgesetzes die Einrichtung der medizinischen Versorgung, in der das Organ, das Gewebe oder die Zelle übertragen wurde oder übertragen werden soll und die Gewebeeirnichtung, die das Gewebe oder die Zelle entnommen hat.

### § 26 Durchführung

(1) Für die Durchführung der Ermittlungen nach § 25 Abs. 1 gilt § 16 Abs. 2, 3, 5 und 8 entsprechend.

(2) Die in § 25 Abs. 1 genannten Personen können durch das Gesundheitsamt vorgeladen werden. Sie können durch das Gesundheitsamt verpflichtet werden, Untersuchungen und Entnahmen von Untersuchungsmaterial an sich vornehmen zu lassen, insbesondere die erforderlichen äußerlichen Untersuchungen, Röntgenuntersuchungen, Tuberkulintestungen, Blutentnahmen und Abstriche von Haut und Schleimhäuten durch die Beauftragten des Gesundheitsamtes zu dulden sowie das erforderliche Untersuchungsmaterial auf Verlangen bereitzustellen. Darüber hinausgehende invasive Eingriffe sowie Eingriffe, die eine Betäubung erfordern, dürfen nur mit Einwilligung des Betroffenen vorgenommen werden; § 16 Abs. 5 gilt nur entsprechend, wenn der Betroffene einwilligungsunfähig ist. Die bei den Untersuchungen erhobenen personenbezogenen Daten dürfen nur für Zwecke dieses Gesetzes verarbeitet und genutzt werden.

(3) Den Ärzten des Gesundheitsamtes und dessen ärztlichen Beauftragten ist vom Gewahrsamsinhaber die Untersuchung der in § 25 genannten Verstorbenen zu gestatten. Die zuständige Behörde kann gegenüber dem Gewahrsamsinhaber die innere Leichenschau anordnen, wenn dies vom Gesundheitsamt für erforderlich gehalten wird.

(4) Die Grundrechte der körperlichen Unversehrtheit (Artikel 2 Abs. 2 Satz 1 Grundgesetz), der Freiheit der Person (Artikel 2 Abs. 2 Satz 2 Grundgesetz) und der Unverletzlichkeit der Woh-

nung (Artikel 13 Abs. 1 Grundgesetz) werden insoweit eingeschränkt.

### § 27 Teilnahme des behandelnden Arztes

Der behandelnde Arzt ist berechtigt, mit Zustimmung des Patienten an den Untersuchungen nach § 26 sowie an der inneren Leichenschau teilzunehmen.

### § 28 Schutzmaßnahmen

(1) Werden Kranke, Krankheitsverdächtige, Ansteckungsverdächtige oder Ausscheider festgestellt oder ergibt sich, dass ein Verstorbener krank, krankheitsverdächtig oder Ausscheider war, so trifft die zuständige Behörde die notwendigen Schutzmaßnahmen, insbesondere die in den §§ 29 bis 31 genannten, soweit und solange es zur Verhinderung der Verbreitung übertragbarer Krankheiten erforderlich ist. Unter den Voraussetzungen von Satz 1 kann die zuständige Behörde Veranstaltungen oder sonstige Ansammlungen einer größeren Anzahl von Menschen beschränken oder verbieten und Badeanstalten oder in § 33 genannte Gemeinschaftseinrichtungen oder Teile davon schließen; sie kann auch Personen verpflichten, den Ort, an dem sie sich befinden, nicht zu verlassen oder von ihr bestimmte Orte nicht zu betreten, bis die notwendigen Schutzmaßnahmen durchgeführt worden sind. Eine Heilbehandlung darf nicht angeordnet werden. Die Grundrechte der Freiheit der Person (Artikel 2 Abs. 2 Satz 2 Grundgesetz), der Versammlungsfreiheit (Artikel 8 Grundgesetz) und der Unverletzlichkeit der Wohnung (Artikel 13 Abs. 1 Grundgesetz) werden insoweit eingeschränkt.

(2) Für Maßnahmen nach Absatz 1 gilt § 16 Abs. 5 bis 8, für ihre Überwachung außerdem § 16 Abs. 2 entsprechend.

### § 29 Beobachtung

(1) Kranke, Krankheitsverdächtige, Ansteckungsverdächtige und Ausscheider können einer Beobachtung unterworfen werden.

(2) Wer einer Beobachtung nach Absatz 1 unterworfen ist, hat die erforderlichen Untersuchungen durch die Beauftragten des Gesundheitsamtes zu dulden und den Anordnungen des Gesundheitsamtes Folge zu leisten. § 26 Abs. 2 gilt entsprechend. Eine Person nach Satz 1 ist ferner verpflichtet, den Beauftragten des Gesundheitsamtes zum Zwecke der Befragung oder der Untersuchung den Zutritt zu seiner Wohnung zu gestatten, auf Verlangen ihnen über alle seinen Gesundheitszustand betreffenden Umstände Auskunft zu geben und im Falle des Wechsels der Hauptwohnung oder des gewöhnlichen Aufenthaltes unverzüglich dem bisher zuständigen Gesundheitsamt Anzeige zu erstatten. Die Anzeigepflicht gilt auch bei Änderungen zu einer Tätigkeit im Lebensmittelbereich im Sinne von § 42 Abs. 1 Satz 1 oder in Einrichtungen im Sinne von § 36 Abs. 1 oder § 23 Abs. 5 sowie beim Wechsel einer Gemeinschaftseinrichtung im Sinne von § 33. § 16 Abs. 2 Satz 4 gilt entsprechend. Die Grundrechte der körperlichen Unversehrtheit (Artikel 2 Abs. 2 Satz 1 Grundgesetz), der Freiheit der Person (Artikel 2 Abs. 2 Satz 2 Grundgesetz) und der Unverletzlichkeit der Wohnung (Artikel 13 Abs. 1 Grundgesetz) werden insoweit eingeschränkt.

### § 30 Quarantäne

(1) Die zuständige Behörde hat anzuordnen, dass Personen, die an Lungenpest oder an von Mensch zu Mensch übertragbaren hämorrhagischem Fieber erkrankt oder dessen verdächtig sind, unverzüglich in einem Krankenhaus oder einer für diese Krankheiten geeigneten Einrichtung abgesondert werden. Bei sonstigen Kranken sowie Krankheitsverdächtigen, Ansteckungsverdächtigen und Ausscheidern kann angeordnet werden, dass sie in einem geeigneten Krankenhaus oder in sonst geeigneter Weise abgesondert werden, bei Ausscheidern jedoch nur, wenn sie andere Schutzmaßnahmen nicht befolgen, befolgen können oder befolgen würden und dadurch ihre Umgebung gefährden.

(2) Kommt der Betroffene den seine Absonderung betreffenden Anordnungen nicht nach oder ist nach seinem bisherigen Verhalten anzunehmen, dass er solchen Anordnungen nicht ausreichend Folge leisten wird, so ist er zwangsweise durch Unterbringung in einem abgeschlossenen Krankenhaus oder einem abgeschlossenen Teil eines Krankenhauses abzusondern. Ansteckungsverdächtige und Ausscheider können auch in einer anderen geeigneten abgeschlossenen Einrichtung abgesondert werden. Das Grundrecht der Freiheit der Person (Artikel 2 Abs. 2 Satz 2 Grundgesetz) kann insoweit eingeschränkt werden. Buch 7 des Gesetzes über das Verfahren in Familiensachen und in den Angelegenheiten der freiwilligen Gerichtsbarkeit gilt entsprechend.

(3) Der Abgesonderte hat die Anordnungen des Krankenhauses oder der sonstigen Absonderungseinrichtung zu befolgen und die Maßnahmen zu dulden, die der Aufrechterhaltung eines ordnungsgemäßen Betriebs der Einrichtung oder der Sicherung des Unterbringungszwecks dienen. Insbesondere dürfen ihn Gegenstände, die unmittelbar oder mittelbar einem Entweichen dienen können, abgenommen und bis zu seiner Entlassung anderweitig verwahrt werden. Für ihn eingehende oder von ihm ausgehende Pakete und schriftliche Mitteilungen können in seinem Beisein geöffnet und zurückgehalten werden, soweit dies zur Sicherung des Unterbringungszwecks erforderlich ist. Die bei der Absonderung erhobenen personenbezogenen Daten sowie die über Pakete und schriftliche Mitteilungen gewonnenen Erkenntnisse dürfen nur für Zwecke dieses Gesetzes verarbeitet und genutzt werden. Postsendungen von Gerichten, Behörden, gesetzlichen Vertretern, Rechtsanwälten, Notaren oder Seelsorgern dürfen weder geöffnet noch zurückgehalten werden; Postsendungen an solche Stellen oder Personen dürfen nur geöffnet und zurückgehalten werden, soweit dies zum Zwecke der Entseuchung erforderlich ist. Die Grundrechte der körperlichen Unversehrtheit (Artikel 2 Abs. 2 Satz 1 Grundgesetz), der Freiheit der Person (Artikel 2 Abs. 2 Satz 2 Grundgesetz) und das

Grundrecht des Brief- und Postgeheimnisses (Artikel 10 Grundgesetz) werden insoweit eingeschränkt.

(4) Der behandelnde Arzt und die zur Pflege bestimmten Personen haben freien Zutritt zu abgesonderten Personen. Dem Seelsorger oder Urkundspersonen muss, anderen Personen kann der behandelnde Arzt den Zutritt unter Auferlegung der erforderlichen Verhaltensmaßregeln gestatten.

(5) Die Träger der Einrichtungen haben dafür zu sorgen, dass das eingesetzte Personal sowie die weiteren gefährdeten Personen den erforderlichen Impfschutz oder eine spezifische Prophylaxe erhalten.

(6) Die Länder haben dafür Sorge zu tragen, dass die nach Absatz 1 Satz 1 notwendigen Räume, Einrichtungen und Transportmittel zur Verfügung stehen.

(7) Die zuständigen Gebietskörperschaften haben dafür zu sorgen, dass die nach Absatz 1 Satz 2 und Absatz 2 notwendigen Räume, Einrichtungen und Transportmittel sowie das erforderliche Personal zur Durchführung von Absonderungsmaßnahmen außerhalb der Wohnung zur Verfügung stehen. Die Räume und Einrichtungen zur Absonderung nach Absatz 2 sind nötigenfalls von den Ländern zu schaffen und zu unterhalten.

## § 31 Berufliches Tätigkeitsverbot

Die zuständige Behörde kann Kranken, Krankheitsverdächtigen, Ansteckungsverdächtigen und Ausscheidern die Ausübung bestimmter beruflicher Tätigkeiten ganz oder teilweise untersagen. Satz 1 gilt auch für sonstige Personen, die Krankheitserreger so in oder an sich tragen, dass im Einzelfall die Gefahr einer Weiterverbreitung besteht.

## § 32 Erlaß von Rechtsverordnungen

Die Landesregierungen werden ermächtigt, unter den Voraussetzungen, die für Maßnahmen nach den §§ 28 bis 31 maßgebend sind, auch durch Rechtsverordnungen entsprechende Gebote und Verbote zur Bekämpfung übertragbarer Krankheiten zu erlassen. Die Landesregierungen können die Ermächtigung durch Rechtsverordnung auf andere Stellen übertragen. Die Grundrechte der Freiheit der Person (Artikel 2 Abs. 2 Satz 2 Grundgesetz), der Freizügigkeit (Artikel 11 Abs. 1 Grundgesetz), der Versammlungsfreiheit (Artikel 8 Grundgesetz), der Unverletzlichkeit der Wohnung (Artikel 13 Abs. 1 Grundgesetz) und des Brief- und Postgeheimnisses (Artikel 10 Grundgesetz) können insoweit eingeschränkt werden.

## 6. Abschnitt
## Zusätzliche Vorschriften für Schulen und sonstige Gemeinschaftseinrichtungen

## § 33 Gemeinschaftseinrichtungen

Gemeinschaftseinrichtungen im Sinne dieses Gesetzes sind Einrichtungen, in denen überwiegend Säuglinge, Kinder oder Jugendliche betreut werden, insbesondere Kinderkrippen, Kindergärten, Kindertagesstätten, Kinderhorte, Schulen oder sonstige Ausbildungseinrichtungen, Heime, Ferienlager und ähnliche Einrichtungen.

## § 34 Gesundheitliche Anforderungen, Mitwirkungspflichten, Aufgaben des Gesundheitsamtes

(1) Personen, die an

1.  Cholera

2.  Diphtherie

3.  Enteritis durch enterohämorrhagische E. coli (EHEC)

4.  virusbedingtem hämorrhagischen Fieber

5.  Haemophilus influenza Typ b-Meningitis

6.  Impetigo contagiosa (ansteckende Borkenflechte)

7. Keuchhusten

8. ansteckungsfähiger Lungentuberkulose

9. Masern

10. Meningokokken-Infektion

11. Mumps

12. Paratyphus

13. Pest

14. Poliomyelitis

15. Scabies (Krätze)

16. Scharlach oder sonstigen Streptococcus pyogenes-Infektionen

17. Shigellose

18. Typhus abdominalis

19. Virushepatitis A oder E

20. Windpocken

erkrankt oder dessen verdächtig oder die verlaust sind, dürfen in den in § 33 genannten Gemeinschaftseinrichtungen keine Lehr-, Erziehungs-, Pflege-, Aufsichts- oder sonstige Tätigkeiten ausüben, bei denen sie Kontakt zu den dort Betreuten haben, bis nach ärztlichem Urteil eine Weiterverbreitung der Krankheit oder der Verlausung durch sie nicht mehr zu befürchten ist. Satz 1 gilt entsprechend für die in der Gemeinschaftseinrichtung Betreuten mit der Maßgabe, dass sie die dem Betrieb der Gemeinschaftseinrichtungen dienenden Räume nicht betreten, Einrichtungen der Gemeinschaftseinrichtung nicht benutzen und an Veranstaltungen der Gemeinschaftseinrichtung nicht teilnehmen dürfen. Satz 2 gilt auch für Kinder, die das 6. Lebensjahr noch nicht vollendet haben und an infektiöser Gastroenteritis erkrankt oder dessen verdächtig sind.

(2) Ausscheider von

1. Vibrio cholerae O 1 und O 139

2. Corynebacterium diphtheriae, Toxin bildend

3. Salmonella Typhi

4. Salmonella Paratyphi

5. Shigella sp.

6. enterohämorrhagischen E. coli (EHEC)

dürfen nur mit Zustimmung des Gesundheitsamtes und unter Beachtung der gegenüber dem Ausscheider und der Gemeinschaftseinrichtung verfügten Schutzmaßnahmen die dem Betrieb der Gemeinschaftseinrichtung dienenden Räume betreten, Einrichtungen der Gemeinschaftseinrichtung benutzen und an Veranstaltungen der Gemeinschaftseinrichtung teilnehmen.

(3) Absatz 1 Satz 1 und 2 gilt entsprechend für Personen, in deren Wohngemeinschaft nach ärztlichem Urteil eine Erkrankung an oder ein Verdacht auf

1. Cholera

2. Diphtherie

3. Enteritis durch enterohämorrhagische E. coli (EHEC)

4. virusbedingtem hämorrhagischem Fieber

5. Haemophilus influenzae Typ b-Meningitis

6. ansteckungsfähiger Lungentuberkulose

7. Masern

8. Meningokokken-Infektion

9. Mumps

10. Paratyphus

11. Pest

12. Poliomyelitis

13. Shigellose

14. Typhus abdominalis

15. Virushepatitis A oder E

aufgetreten ist.

(4) Wenn die nach den Absätzen 1 bis 3 verpflichteten Personen geschäftsunfähig oder in der Geschäftsfähigkeit beschränkt sind, so hat derjenige für die Einhaltung der diese Personen

nach den Absätzen 1 bis 3 treffenden Verpflichtungen zu sorgen, dem die Sorge für diese Person zusteht. Die gleiche Verpflichtung trifft den Betreuer einer nach den Absätzen 1 bis 3 verpflichteten Person, soweit die Sorge für die Person des Verpflichteten zu seinem Aufgabenkreis gehört.

(5) Wenn einer der in den Absätzen 1, 2 oder 3 genannten Tatbestände bei den in Absatz 1 genannten Personen auftritt, so haben diese Personen oder in den Fällen des Absatzes 4 der Sorgeinhaber der Gemeinschaftseinrichtung hiervon unverzüglich Mitteilung zu machen. Die Leitung der Gemeinschaftseinrichtung hat jede Person, die in der Gemeinschaftseinrichtung neu betreut wird, oder deren Sorgeberechtigte über die Pflichten nach Satz 1 zu belehren.

(6) Werden Tatsachen bekannt, die das Vorliegen einer der in den Absätzen 1, 2 oder 3 aufgeführten Tatbestände annehmen lassen, so hat die Leitung der Gemeinschaftseinrichtung das zuständige Gesundheitsamt unverzüglich zu benachrichtigen und krankheits- und personenbezogene Angaben zu machen. Dies gilt auch beim Auftreten von zwei oder mehr gleichartigen, schwerwiegenden Erkrankungen, wenn als deren Ursache Krankheitserreger anzunehmen sind. Eine Benachrichtigungspflicht besteht nicht, wenn der Leitung ein Nachweis darüber vorliegt, dass die Meldung des Sachverhalts durch eine andere in § 8 genannte Person bereits erfolgt ist.

(7) Die zuständige Behörde kann im Einvernehmen mit dem Gesundheitsamt für die in § 33 genannten Einrichtungen Ausnahmen von dem Verbot nach Absatz 1, auch in Verbindung mit Absatz 3, zulassen, wenn Maßnahmen durchgeführt werden oder wurden, mit denen eine Übertragung der aufgeführten Erkrankungen oder der Verlausung verhütet werden kann.

(8) Das Gesundheitsamt kann gegenüber der Leitung der Gemeinschaftseinrichtung anordnen, dass das Auftreten einer Erkrankung oder eines hierauf gerichteten Verdachtes ohne Hin-

weis auf die Person in der Gemeinschaftseinrichtung bekannt gegeben wird.

(9) Wenn in Gemeinschaftseinrichtungen betreute Personen Krankheitserreger so in oder an sich tragen, dass im Einzelfall die Gefahr einer Weiterverbreitung besteht, kann die zuständige Behörde die notwendigen Schutzmaßnahmen anordnen.

(10) Die Gesundheitsämter und die in § 33 genannten Gemeinschaftseinrichtungen sollen die betreuten Personen oder deren Sorgeberechtigte gemeinsam über die Bedeutung eines vollständigen, altersgemäßen, nach den Empfehlungen der Ständigen Impfkommission ausreichenden Impfschutzes und über die Prävention übertragbarer Krankheiten aufklären.

(11) Bei Erstaufnahme in die erste Klasse einer allgemein bildenden Schule hat das Gesundheitsamt oder der von ihm beauftragte Arzt den Impfstatus zu erheben und die hierbei gewonnenen aggregierten und anonymisierten Daten über die oberste Landesgesundheitsbehörde dem Robert Koch-Institut zu übermitteln.

### § 35 Belehrung für Personen in der Betreuung von Kindern und Jugendlichen

Personen, die in den in § 33 genannten Gemeinschaftseinrichtungen Lehr-, Erziehungs-, Pflege-, Aufsichts- oder sonstige regelmäßige Tätigkeiten ausüben und Kontakt mit den dort Betreuten haben, sind vor erstmaliger Aufnahme ihrer Tätigkeit und im Weiteren mindestens im Abstand von zwei Jahren von ihrem Arbeitgeber über die gesundheitlichen Anforderungen und Mitwirkungsverpflichtungen nach § 34 zu belehren. Über die Belehrung ist ein Protokoll zu erstellen, das beim Arbeitgeber für die Dauer von drei Jahren aufzubewahren ist. Die Sätze 1 und 2 finden für Dienstherren entsprechende Anwendung.

### § 36 Einhaltung der Infektionshygiene

(1) Folgende Einrichtungen legen in Hygieneplänen innerbetriebliche Verfahrensweisen zur

Infektionshygiene fest und unterliegen der infektionshygienischen Überwachung durch das Gesundheitsamt:

1. die in § 33 genannten Gemeinschaftseinrichtungen,

2. Einrichtungen nach § 1 Absatz 1 bis 5 des Heimgesetzes,

3. Betreuungs- oder Versorgungseinrichtungen, die mit einer der in den Nummern 1 und 2 genannten Einrichtungen vergleichbar sind,

4. Obdachlosenunterkünfte,

5. Gemeinschaftsunterkünfte für Asylbewerber, Spätaussiedler und Flüchtlinge,

6. sonstige Massenunterkünfte und

7. Justizvollzugsanstalten.

(2) Einrichtungen und Gewerbe, bei denen die Möglichkeit besteht, dass durch Tätigkeiten am Menschen durch Blut Krankheitserreger übertragen werden, können durch das Gesundheitsamt infektionshygienisch überwacht werden.

(3) Die mit der Überwachung beauftragten Personen sind befugt, zu Betriebs- und Geschäftszeiten Betriebsgrundstücke, Geschäfts- und Betriebsräume, zum Betrieb gehörende Anlagen und Einrichtungen sowie Verkehrsmittel zu betreten, zu besichtigen sowie in die Bücher oder sonstigen Unterlagen Einsicht zu nehmen und hieraus Abschriften, Ablichtungen oder Auszüge anzufertigen sowie sonstige Gegenstände zu untersuchen oder Proben zur Untersuchung zu fordern oder zu entnehmen, soweit dies zur Erfüllung ihrer Aufgaben erforderlich ist. § 16 Absatz 2 Satz 2 bis 4 gilt entsprechend.

(4) Personen, die in ein Altenheim, Altenwohnheim, Pflegeheim oder eine gleichartige Einrichtung im Sinne des § 1 Abs. 1 bis 5 des Heimgesetzes oder in eine Gemeinschaftsunterkunft für Obdachlose, Flüchtlinge, Asylbewerber oder in eine Erstaufnahmeeinrichtung des Bundes für Spätaussiedler aufgenommen werden sollen, haben vor oder unverzüglich nach ihrer Aufnahme der Leitung der Einrichtung ein ärztliches Zeugnis darüber vorzulegen, dass bei ihnen keine Anhaltspunkte für das Vorliegen einer ansteckungsfähigen Lungentuberkulose vorhanden sind. Bei Aufnahme in eine Gemeinschaftsunterkunft für Flüchtlinge, Asylbewerber oder in eine Erstaufnahmeeinrichtung des Bundes für Spätaussiedler muss sich das Zeugnis bei Personen, die das 15. Lebensjahr vollendet haben, auf eine im Geltungsbereich dieses Gesetzes erstellte Röntgenaufnahme der Lunge stützen; bei erstmaliger Aufnahme darf die Erhebung der Befunde nicht länger als sechs Monate, bei erneuter Aufnahme zwölf Monate zurückliegen. Bei Schwangeren ist von der Röntgenaufnahme abzusehen; stattdessen ist ein ärztliches Zeugnis vorzulegen, dass nach sonstigen Befunden eine ansteckungsfähige Lungentuberkulose nicht zu befürchten ist. § 34 Abs. 4 gilt entsprechend. Satz 1 gilt nicht für Personen, die weniger als drei Tage in eine Gemeinschaftsunterkunft für Obdachlose aufgenommen werden. Personen, die nach Satz 1 ein ärztliches Zeugnis vorzulegen haben, sind verpflichtet, die für die Ausstellung des Zeugnisses nach Satz 1 und 2 erforderlichen Untersuchungen zu dulden. Personen, die in eine Justizvollzugsanstalt aufgenommen werden, sind verpflichtet, eine ärztliche Untersuchung auf übertragbare Krankheiten einschließlich einer Röntgenaufnahme der Lunge zu dulden.

(5) Das Grundrecht der körperlichen Unversehrtheit (Artikel 2 Abs. 2 Satz 1 Grundgesetz) wird insoweit eingeschränkt.

### 7. Abschnitt
### Wasser

### § 37 Beschaffenheit von Wasser für den menschlichen Gebrauch sowie von Schwimm- und Badebeckenwasser, Überwachung

(1) Wasser für den menschlichen Gebrauch muss so beschaffen sein, dass durch seinen Genuss oder Gebrauch eine Schädigung der menschlichen Gesundheit, insbesondere durch Krankheitserreger, nicht zu besorgen ist.

(2) Schwimm- oder Badebeckenwasser in Gewerbebetrieben, öffentlichen Bädern sowie in sonstigen nicht ausschließlich privat genutzten Einrichtungen muss so beschaffen sein, dass durch seinen Gebrauch eine Schädigung der menschlichen Gesundheit, insbesondere durch Krankheitserreger, nicht zu besorgen ist.

(3) Wassergewinnungs- und Wasserversorgungsanlagen und Schwimm- oder Badebecken einschließlich ihrer Wasseraufbereitungsanlagen unterliegen hinsichtlich der in den Absätzen 1 und 2 genannten Anforderungen der Überwachung durch das Gesundheitsamt. Für die Durchführung der Überwachung gilt § 16 Abs. 2 entsprechend. Das Grundrecht der Unverletzlichkeit der Wohnung (Artikel 13 Abs. 1 Grundgesetz) wird insoweit eingeschränkt.

## § 38 Erlass von Rechtsverordnungen

(1) Das Bundesministerium für Gesundheit bestimmt durch Rechtsverordnung mit Zustimmung des Bundesrates,

1. welchen Anforderungen das Wasser für den menschlichen Gebrauch entsprechen muss, um der Vorschrift von § 37 Abs. 1 zu genügen,

2. dass und wie die Wassergewinnungs- und Wasserversorgungsanlagen und das Wasser in hygienischer Hinsicht zu überwachen sind,

3. welche Handlungs-, Unterlassungs-, Mitwirkungs- und Duldungspflichten dem Unternehmer oder sonstigen Inhaber einer Wassergewinnungs- oder Wasserversorgungsanlage im Sinne der Nummern 1 und 2 obliegen, welche Wasseruntersuchungen dieser durchführen oder durchführen lassen muss und in welchen Zeitabständen diese vorzunehmen sind,

4. die Anforderungen an Stoffe, Verfahren und Materialien bei der Gewinnung, Aufbereitung oder Verteilung des Wassers für den menschlichen Gebrauch, soweit diese nicht den Vorschriften des Lebensmittel- und Fut-

termittelgesetzbuches unterliegen, und insbesondere, dass nur Aufbereitungsstoffe und Desinfektionsverfahren verwendet werden dürfen, die hinreichend wirksam sind und keine vermeidbaren oder unvertretbaren Auswirkungen auf Gesundheit und Umwelt haben,

5. in welchen Fällen das Wasser für den menschlichen Gebrauch, das den Anforderungen nach den Nummern 1 oder 4 nicht entspricht, nicht oder nur eingeschränkt abgegeben oder anderen nicht oder nur eingeschränkt zur Verfügung gestellt werden darf,

6. dass und wie die Bevölkerung über die Beschaffenheit des Wassers für den menschlichen Gebrauch und über etwaige zu treffende Maßnahmen zu informieren ist,

7. dass und wie Angaben über die Gewinnung und die Beschaffenheit des Wassers für den menschlichen Gebrauch einschließlich personenbezogener Daten, soweit diese für die Erfassung und die Überwachung der Wasserqualität und der Wasserversorgung erforderlich sind, zu übermitteln sind und

8. die Anforderungen an die Untersuchungsstellen, die das Wasser für den menschlichen Gebrauch analysieren.

In der Rechtsverordnung können auch Regelungen über die Anforderungen an die Wassergewinnungs- und Wasserversorgungsanlagen getroffen werden. Die Rechtsverordnung bedarf des Einvernehmens mit dem Bundesministerium für Umwelt, Naturschutz und Reaktorsicherheit, soweit es sich um Wassergewinnungsanlagen handelt.

Ferner kann in der Rechtsverordnung dem Umweltbundesamt die Aufgabe übertragen werden, zu prüfen und zu entscheiden, ob Stoffe, Verfahren und Materialien die nach Satz 1 Nummer 4 festgelegten Anforderungen erfüllen. Voraussetzungen, Inhalt und Verfahren der Prüfung und Entscheidung können in der Rechtsverordnung näher bestimmt werden. In der Rechtsverordnung kann zudem festgelegt werden, dass Stoffe, Verfahren und Materialien bei der Gewinnung, Aufbereitung und Verteilung des Wassers für den menschlichen Gebrauch erst dann verwendet werden dürfen, wenn das Umweltbundesamt festgestellt hat, dass sie die nach Satz 1 Nummer 4 festgelegten Anforderungen erfüllen.

(2) Das Bundesministerium für Gesundheit bestimmt durch Rechtsverordnung mit Zustimmung des Bundesrates,

1. welchen Anforderungen das in § 37 Abs. 2 bezeichnete Wasser entsprechen muss, um der Vorschrift von § 37 Abs. 2 zu genügen,

2. dass und wie die Schwimm- und Badebecken und das Wasser in hygienischer Hinsicht zu überwachen sind,

3. welche Handlungs-, Unterlassungs-, Mitwirkungs- und Duldungspflichten dem Unternehmer oder sonstigen Inhaber eines Schwimm- oder Badebeckens im Sinne der Nummern 1 und 2 obliegen, welche Wasseruntersuchungen dieser durchführen oder durchführen lassen muss und in welchen Zeitabständen diese vorzunehmen sind,

4. in welchen Fällen das in § 37 Abs. 2 bezeichnete Wasser, das den Anforderungen nach Nummer 1 nicht entspricht, anderen nicht zur Verfügung gestellt werden darf und

5. dass für die Aufbereitung von Schwimm- oder Badebeckenwasser nur Mittel und Verfahren verwendet werden dürfen, die vom Umweltbundesamt in einer Liste bekannt gemacht worden sind.

Die Aufnahme von Mittel und Verfahren zur Aufbereitung von Schwimm- oder Badebeckenwasser in die Liste nach Nummer 5 erfolgt nur, wenn das Umweltbundesamt festgestellt hat, dass die Mittel und Verfahren den Regeln der Technik entsprechen. In der Rechtsverordnung nach Satz 1 können auch Regelungen über die Anforderungen an sonstiges Wasser in Gewer-bebetrieben, öffentlichen Bädern sowie in sonstigen nicht ausschließlich privat genutzten Einrichtungen, das zum Schwimmen oder Baden bereitgestellt wird und dessen Überwachung getroffen werden, soweit dies zum Schutz der menschlichen Gesundheit erforderlich ist. Satz 3 gilt nicht für Badegewässer im Sinne der Richtlinie 2006/7/EG des Europäischen Parlaments und des Rates vom 15. Februar 2006 über die Qualität der Badegewässer und deren Bewirtschaftung und zur Aufhebung der Richtlinie 76/160/EWG (ABl. L 64 vom 4.3.2006, S. 37).

(3) Für Amtshandlungen in Antragsverfahren nach den auf Grund der Absätze 1 und 2 erlassenen Rechtsverordnungen kann das Umweltbundesamt zur Deckung des Verwaltungsaufwands Gebühren und Auslagen erheben. Das Bundesministerium für Umwelt, Naturschutz und Reaktorsicherheit wird ermächtigt, durch Rechtsverordnung ohne Zustimmung des Bundesrates die gebührenpflichtigen Tatbestände, die Gebührensätze und die Auslagenerstattung näher zu bestimmen und dabei feste Sätze oder Rahmensätze vorzusehen.

### § 39 Untersuchungen, Maßnahmen der zuständigen Behörde

(1) Der Unternehmer oder sonstige Inhaber einer Wassergewinnungs- oder Wasserversorgungsanlage oder eines Schwimm- oder Badebeckens hat die ihm auf Grund von Rechtsverordnungen nach § 38 Abs. 1 oder 2 obliegenden Wasseruntersuchungen auf eigene Kosten durchzuführen oder durchführen zu lassen. Er hat auch die Kosten (Gebühren und Auslagen) der Wasseruntersuchungen zu tragen, die die zuständige Behörde auf Grund der Rechtsverordnungen nach § 38 Abs. 1 oder 2 durchführt oder durchführen lässt.

(2) Die zuständige Behörde hat die notwendigen Maßnahmen zu treffen, um

1. die Einhaltung der Vorschriften des § 37 Abs. 1 und 2 und von Rechtsverordnungen nach § 38 Abs. 1 und 2 sicherzustellen,

2. Gefahren für die menschliche Gesundheit abzuwenden, die von Wasser für den menschlichen Gebrauch im Sinne von § 37 Abs. 1 sowie von Wasser für und in Schwimm- und Badebecken im Sinne von § 37 Abs. 2 ausgehen können, insbesondere um das Auftreten oder die Weiterverbreitung übertragbarer Krankheiten zu verhindern.

§ 16 Abs. 6 bis 8 gilt entsprechend.

### § 40 Aufgaben des Umweltbundesamtes

Das Umweltbundesamt hat im Rahmen dieses Gesetzes die Aufgabe, Konzeptionen zur Vorbeugung, Erkennung und Verhinderung der Weiterverbreitung von durch Wasser übertragbaren Krankheiten zu entwickeln. Beim Umweltbundesamt können zur Erfüllung dieser Aufgaben beratende Fachkommissionen eingerichtet werden, die Empfehlungen zum Schutz der menschlichen Gesundheit hinsichtlich der Anforderungen an die Qualität des in § 37 Abs. 1 und 2 bezeichneten Wassers sowie der insoweit notwendigen Maßnahmen abgeben können. Die Mitglieder dieser Kommissionen werden vom Bundesministerium für Gesundheit im Benehmen mit dem Bundesministerium für Umwelt, Naturschutz und Reaktorsicherheit sowie im Benehmen mit den jeweils zuständigen obersten Landesbehörden berufen. Vertreter des Bundesministeriums für Gesundheit, des Bundesministeriums für Umwelt, Naturschutz und Reaktorsicherheit und des Umweltbundesamtes nehmen mit beratender Stimme an den Sitzungen teil. Weitere Vertreter von Bundes- und Landesbehörden können daran teilnehmen.

### § 41 Abwasser

(1) Die Abwasserbeseitigungspflichtigen haben darauf hinzuwirken, dass Abwasser so beseitigt wird, dass Gefahren für die menschliche Gesundheit durch Krankheitserreger nicht entstehen. Einrichtungen zur Beseitigung des in Satz 1 genannten Abwassers unterliegen der in-fektionshygienischen Überwachung durch die zuständige Behörde. Die Betreiber von Einrichtungen nach Satz 2 sind verpflichtet, den Beauftragten der zuständigen Behörde Grundstücke, Räume, Anlagen und Einrichtungen zugänglich zu machen und auf Verlangen Auskunft zu erteilen, soweit dies zur Überwachung erforderlich ist. Das Grundrecht der Unverletzlichkeit der Wohnung (Artikel 13 Abs. 1 Grundgesetz) wird insoweit eingeschränkt. § 16 Abs. 1 bis 3 findet Anwendung.

(2) Die Landesregierungen werden ermächtigt, bezüglich des Abwassers durch Rechtsverordnung entsprechende Gebote und Verbote zur Verhütung übertragbarer Krankheiten zu erlassen. Die Landesregierungen können die Ermächtigung durch Rechtsverordnung auf andere Stellen übertragen. Das Grundrecht der Unverletzlichkeit der Wohnung (Artikel 13 Abs. 1 Grundgesetz) kann insoweit eingeschränkt werden.

### 8. Abschnitt
### Gesundheitliche Anforderungen an das Personal beim Umgang mit Lebensmitteln

### § 42 Tätigkeits- und Beschäftigungsverbote

(1) Personen, die

1. an Typhus abdominalis, Paratyphus, Cholera, Shigellenruhr, Salmonellose, einer anderen infektiösen Gastroenteritis oder Virushepatitis A oder E erkrankt oder dessen verdächtig sind,

2. an infizierten Wunden oder an Hautkrankheiten erkrankt sind, bei denen die Möglichkeit besteht, dass deren Krankheitserreger über Lebensmittel übertragen werden können,

3. die Krankheitserreger Shigellen, Salmonellen, enterohämorrhagische Escherichia coli oder Choleravibrionen ausscheiden,

dürfen nicht tätig sein oder beschäftigt werden

a) beim Herstellen, Behandeln oder Inverkehrbringen der in Absatz 2 genannten Lebensmittel, wenn sie dabei mit diesen in Berührung kommen, oder

b) in Küchen von Gaststätten und sonstigen Einrichtungen mit oder zu Gemeinschaftsverpflegung.

Satz 1 gilt entsprechend für Personen, die mit Bedarfsgegenständen, die für die dort genannten Tätigkeiten verwendet werden, so in Berührung kommen, dass eine Übertragung von Krankheitserregern auf die Lebensmittel im Sinne des Absatzes 2 zu befürchten ist. Die Sätze 1 und 2 gelten nicht für den privaten hauswirtschaftlichen Bereich.

(2) Lebensmittel im Sinne des Absatzes 1 sind

1. Fleisch, Geflügelfleisch und Erzeugnisse daraus

2. Milch und Erzeugnisse auf Milchbasis

3. Fische, Krebse oder Weichtiere und Erzeugnisse daraus

4. Eiprodukte

5. Säuglings- und Kleinkindernahrung

6. Speiseeis und Speiseeishalberzeugnisse

7. Backwaren mit nicht durchgebackener oder durcherhitzter Füllung oder Auflage

8. Feinkost-, Rohkost- und Kartoffelsalate, Marinaden, Mayonnaisen, andere emulgierte Soßen, Nahrungshefen.

(3) Personen, die in amtlicher Eigenschaft, auch im Rahmen ihrer Ausbildung, mit den in Absatz 2 bezeichneten Lebensmitteln oder mit Bedarfsgegenständen im Sinne des Absatzes 1 Satz 2 in Berührung kommen, dürfen ihre Tätigkeit nicht ausüben, wenn sie an einer der in Absatz 1 Nr. 1 genannten Krankheiten erkrankt oder dessen verdächtig sind, an einer der in Absatz 1 Nr. 2 genannten Krankheiten erkrankt sind oder die in Absatz 1 Nr. 3 genannten Krankheitserreger ausscheiden.

(4) Das Gesundheitsamt kann Ausnahmen von den Verboten nach dieser Vorschrift zulassen, wenn Maßnahmen durchgeführt werden, mit denen eine Übertragung der aufgeführten Erkrankungen und Krankheitserreger verhütet werden kann.

(5) Das Bundesministerium für Gesundheit wird ermächtigt, durch Rechtsverordnung mit Zustimmung des Bundesrates den Kreis der in Absatz 1 Nr. 1 und 2 genannten Krankheiten, der in Absatz 1 Nr. 3 genannten Krankheitserreger und der in Absatz 2 genannten Lebensmittel einzuschränken, wenn epidemiologische Erkenntnisse dies zulassen, oder zu erweitern, wenn dies zum Schutz der menschlichen Gesundheit vor einer Gefährdung durch Krankheitserreger erforderlich ist. In dringenden Fällen kann zum Schutz der Bevölkerung die Rechtsverordnung ohne Zustimmung des Bundesrates erlassen werden. Eine auf der Grundlage des Satzes 2 erlassene Verordnung tritt ein Jahr nach ihrem Inkrafttreten außer Kraft; ihre Geltungsdauer kann mit Zustimmung des Bundesrates verlängert werden.

## § 43 Belehrung, Bescheinigung des Gesundheitsamtes

(1) Personen dürfen gewerbsmäßig die in § 42 Abs. 1 bezeichneten Tätigkeiten erstmalig nur dann ausüben und mit diesen Tätigkeiten erstmalig nur dann beschäftigt werden, wenn durch eine nicht mehr als drei Monate alte Bescheinigung des Gesundheitsamtes oder eines vom Gesundheitsamt beauftragten Arztes nachgewiesen ist, dass sie

1. über die in § 42 Abs. 1 genannten Tätigkeitsverbote und über die Verpflichtungen nach den Absätzen 2, 4 und 5 in mündlicher und schriftlicher Form vom Gesundheitsamt oder von einem durch das Gesundheitsamt beauftragten Arzt belehrt wurden und

2. nach der Belehrung im Sinne der Nummer 1 schriftlich erklärt haben, dass ihnen kei-

ne Tatsachen für ein Tätigkeitsverbot bei ihnen bekannt sind.

Liegen Anhaltspunkte vor, dass bei einer Person Hinderungsgründe nach § 42 Abs. 1 bestehen, so darf die Bescheinigung erst ausgestellt werden, wenn durch ein ärztliches Zeugnis nachgewiesen ist, dass Hinderungsgründe nicht oder nicht mehr bestehen.

(2) Treten bei Personen nach Aufnahme ihrer Tätigkeit Hinderungsgründe nach § 42 Abs. 1 auf, sind sie verpflichtet, dies ihrem Arbeitgeber oder Dienstherrn unverzüglich mitzuteilen.

(3) Werden dem Arbeitgeber oder Dienstherrn Anhaltspunkte oder Tatsachen bekannt, die ein Tätigkeitsverbot nach § 42 Abs. 1 begründen, so hat dieser unverzüglich die zur Verhinderung der Weiterverbreitung der Krankheitserreger erforderlichen Maßnahmen einzuleiten.

(4) Der Arbeitgeber hat Personen, die eine der in § 42 Abs. 1 Satz 1 oder 2 genannten Tätigkeiten ausüben, nach Aufnahme ihrer Tätigkeit und im Weiteren alle zwei Jahre über die in § 42 Abs. 1 genannten Tätigkeitsverbote und über die Verpflichtung nach Absatz 2 zu belehren. Die Teilnahme an der Belehrung ist zu dokumentieren. Die Sätze 1 und 2 finden für Dienstherrn entsprechende Anwendung.

(5) Die Bescheinigung nach Absatz 1 und die letzte Dokumentation der Belehrung nach Absatz 4 sind beim Arbeitgeber aufzubewahren. Der Arbeitgeber hat die Nachweise nach Satz 1 und, sofern er eine in § 42 Abs. 1 bezeichnete Tätigkeit selbst ausübt, die ihn betreffende Bescheinigung nach Absatz 1 Satz 1 an der Betriebsstätte verfügbar zu halten und der zuständigen Behörde und ihren Beauftragten auf Verlangen vorzulegen. Bei Tätigkeiten an wechselnden Standorten genügt die Vorlage einer beglaubigten Abschrift oder einer beglaubigten Kopie.

(6) Im Falle der Geschäftsunfähigkeit oder der beschränkten Geschäftsfähigkeit treffen die Verpflichtungen nach Absatz 1 Satz 1 Nr. 2 und Absatz 2 denjenigen, dem die Sorge für die Per-

son zusteht. Die gleiche Verpflichtung trifft auch den Betreuer, soweit die Sorge für die Person zu seinem Aufgabenkreis gehört. Die den Arbeitgeber oder Dienstherrn betreffenden Verpflichtungen nach dieser Vorschrift gelten entsprechend für Personen, die die in § 42 Abs. 1 genannten Tätigkeiten selbständig ausüben.

(7) Das Bundesministerium für Gesundheit wird ermächtigt, durch Rechtsverordnung mit Zustimmung des Bundesrates Untersuchungen und weitergehende Anforderungen vorzuschreiben oder Anforderungen einzuschränken, wenn Rechtsakte der Europäischen Gemeinschaft dies erfordern.

## 9. Abschnitt
## Tätigkeiten mit Krankheitserregern

### § 44 Erlaubnispflicht für Tätigkeiten mit Krankheitserregern

Wer Krankheitserreger in den Geltungsbereich dieses Gesetzes verbringen, sie ausführen, aufbewahren, abgeben oder mit ihnen arbeiten will, bedarf einer Erlaubnis der zuständigen Behörde.

### § 45 Ausnahmen

(1) Einer Erlaubnis nach § 44 bedürfen nicht Personen, die zur selbständigen Ausübung des Berufs als Arzt, Zahnarzt oder Tierarzt berechtigt sind, für mikrobiologische Untersuchungen zur orientierenden medizinischen und veterinärmedizinischen Diagnostik mittels solcher kulturellen Verfahren, die auf die primäre Anzucht und nachfolgender Subkultur zum Zwecke der Resistenzbestimmung beschränkt sind und bei denen die angewendeten Methoden nicht auf den spezifischen Nachweis meldepflichtiger Krankheitserreger gerichtet sind, soweit die Untersuchungen für die unmittelbare Behandlung der eigenen Patienten für die eigene Praxis durchgeführt werden.

(2) Eine Erlaubnis nach § 44 ist nicht erforderlich für

1. Sterilitätsprüfungen, Bestimmung der Kolo-
niezahl und sonstige Arbeiten zur mikrobiologischen Qualitätssicherung bei der Herstellung, Prüfung und der Überwachung des
Verkehrs mit

   a) Arzneimitteln,

   b) Medizinprodukten,

2. Sterilitätsprüfungen, Bestimmung der Kolo-
niezahl und sonstige Arbeiten zur mikrobiologischen Qualitätssicherung, soweit diese
nicht dem spezifischen Nachweis von
Krankheitserregern dienen und dazu Ver-
fahrensschritte zur gezielten Anreicherung
oder gezielten Vermehrung von Krankheitserregern beinhalten.

(3) Die zuständige Behörde hat Personen für
sonstige Arbeiten zur mikrobiologischen Qualitätssicherung, die auf die primäre Anzucht auf
Selektivmedien beschränkt sind, von der Er-
laubnispflicht nach § 44 freizustellen, wenn die
Personen im Rahmen einer mindestens zwei-
jährigen Tätigkeit auf dem Gebiet der mikrobiologischen Qualitätssicherung oder im Rahmen
einer staatlich geregelten Ausbildung die zur
Ausübung der beabsichtigten Tätigkeiten erforderliche Sachkunde erworben haben.

(4) Die zuständige Behörde hat Tätigkeiten im
Sinne der Absätze 1, 2 und 3 zu untersagen,
wenn eine Person, die die Arbeiten ausführt,
sich bezüglich der erlaubnisfreien Tätigkeiten
nach den Absätzen 1, 2 oder 3 als unzuverlässig erwiesen hat.

### § 46 Tätigkeit unter Aufsicht

Der Erlaubnis nach § 44 bedarf nicht, wer unter Aufsicht desjenigen, der eine Erlaubnis besitzt oder nach § 45 keiner Erlaubnis bedarf,
tätig ist.

### § 47 Versagungsgründe, Voraussetzungen für die Erlaubnis

(1) Die Erlaubnis ist zu versagen, wenn der Antragsteller

1. die erforderliche Sachkenntnis nicht besitzt
oder

2. sich als unzuverlässig in Bezug auf die
Tätigkeiten erwiesen hat, für deren Ausübung die Erlaubnis beantragt wird.

(2) Die erforderliche Sachkenntnis wird durch

1. den Abschluss eines Studiums der Human-,
Zahn- oder Veterinärmedizin, der Pharmazie
oder den Abschluss eines naturwissenschaftlichen Fachhochschul- oder Univer-
sitätsstudiums mit mikrobiologischen Inhalten und

2. eine mindestens zweijährige hauptberufliche Tätigkeit mit Krankheitserregern unter
Aufsicht einer Person, die im Besitz der Erlaubnis zum Arbeiten mit Krankheitserregern ist,

nachgewiesen. Die zuständige Behörde hat
auch eine andere, mindestens zweijährige
hauptberufliche Tätigkeit auf dem Gebiet der
Bakteriologie, Mykologie, Parasitologie oder Vi-
rologie als Nachweis der Sachkenntnis nach
Nummer 2 anzuerkennen, wenn der Antragsteller bei dieser Tätigkeit eine gleichwertige Sachkenntnis erworben hat.

(3) Die Erlaubnis ist auf bestimmte Tätigkeiten und auf bestimmte Krankheitserreger zu beschränken und mit Auflagen zu verbinden, soweit dies zur Verhütung übertragbarer Krankheiten erforderlich ist. Die zuständige Behörde
kann Personen, die ein naturwissenschaftli-
ches Fachhochschul- oder Universitätsstudium
ohne mikrobiologische Inhalte oder ein ingeni-
eurwissenschaftliches Fachhochschul- oder
Universitätsstudium mit mikrobiologischen Inhalten abgeschlossen haben oder die die Voraussetzungen nach Absatz 2 Satz 1 Nr. 2 nur
teilweise erfüllen, eine Erlaubnis nach Satz 1 erteilen, wenn der Antragsteller für den eingeschränkten Tätigkeitsbereich eine ausreichende Sachkenntnis erworben hat.

(4) Bei Antragstellern, die nicht die Approbati-
on oder Bestallung als Arzt, Zahnarzt oder Tierarzt besitzen, darf sich die Erlaubnis nicht auf

den direkten oder indirekten Nachweis eines Krankheitserregers für die Feststellung einer Infektion oder übertragbaren Krankheit erstrecken. Satz 1 gilt nicht für Antragsteller, die Arbeiten im Auftrag eines Arztes, Zahnarztes oder Tierarztes, die im Besitz der Erlaubnis sind, oder Untersuchungen in Krankenhäusern für die unmittelbare Behandlung der Patienten des Krankenhauses durchführen.

### § 48 Rücknahme und Widerruf

Die Erlaubnis nach § 44 kann außer nach den Vorschriften des Verwaltungsverfahrensgesetzes zurückgenommen oder widerrufen werden, wenn ein Versagungsgrund nach § 47 Abs. 1 vorliegt.

### § 49 Anzeigepflichten

(1) Wer Tätigkeiten im Sinne von § 44 erstmalig aufnehmen will, hat dies der zuständigen Behörde mindestens 30 Tage vor Aufnahme anzuzeigen. Die Anzeige nach Satz 1 muss enthalten:

1. eine beglaubigte Abschrift der Erlaubnis, soweit die Erlaubnis nicht von der Behörde nach Satz 1 ausgestellt wurde, oder Angaben zur Erlaubnisfreiheit im Sinne von § 45,

2. Angaben zu Art und Umfang der beabsichtigten Tätigkeiten sowie Entsorgungsmaßnahmen,

3. Angaben zur Beschaffenheit der Räume und Einrichtungen.

Soweit die Angaben in einem anderen durch Bundesrecht geregelten Verfahren bereits gemacht wurden, kann auf die dort vorgelegten Unterlagen Bezug genommen werden. Die Anzeigepflicht gilt nicht für Personen, die auf der Grundlage des § 46 tätig sind.

(2) Mit Zustimmung der zuständigen Behörde können die Tätigkeiten im Sinne von § 44 vor Ablauf der Frist aufgenommen werden.

(3) Die zuständige Behörde untersagt Tätigkeiten, wenn eine Gefährdung der Gesundheit der Bevölkerung zu besorgen ist, insbesondere weil

1. für Art und Umfang der Tätigkeiten geeignete Räume oder Einrichtungen nicht vorhanden sind oder

2. die Voraussetzungen für eine gefahrlose Entsorgung nicht gegeben sind.

### § 50 Veränderungsanzeige

Wer eine in § 44 genannte Tätigkeit ausübt, hat jede wesentliche Veränderung der Beschaffenheit der Räume und Einrichtungen, der Entsorgungsmaßnahmen sowie von Art und Umfang der Tätigkeit unverzüglich der zuständigen Behörde anzuzeigen. Anzuzeigen ist auch die Beendigung oder Wiederaufnahme der Tätigkeit. § 49 Abs. 1 Satz 3 gilt entsprechend. Die Anzeigepflicht gilt nicht für Personen, die auf der Grundlage des § 46 tätig sind.

### § 51 Aufsicht

Wer eine in § 44 genannte Tätigkeit ausübt, untersteht der Aufsicht der zuständigen Behörde. Er und der sonstige Berechtigte ist insoweit verpflichtet, den von der zuständigen Behörde beauftragten Personen Grundstücke, Räume, Anlagen und Einrichtungen zugänglich zu machen, auf Verlangen Bücher und sonstige Unterlagen vorzulegen, die Einsicht in diese zu gewähren und die notwendigen Prüfungen zu dulden. Das Grundrecht der Unverletzlichkeit der Wohnung (Artikel 13 Abs. 1 Grundgesetz) wird insoweit eingeschränkt.

### § 52 Abgabe

Krankheitserreger sowie Material, das Krankheitserreger enthält, dürfen nur an denjenigen abgegeben werden, der eine Erlaubnis besitzt, unter Aufsicht eines Erlaubnisinhabers tätig ist oder einer Erlaubnis nach § 45 Abs. 2 Nr. 1 nicht bedarf. Satz 1 gilt nicht für staatliche human- oder veterinärmedizinische Untersuchungseinrichtungen.

### § 53 Anforderungen an Räume und Einrichtungen, Gefahrenvorsorge

(1) Das Bundesministerium für Gesundheit wird ermächtigt, im Einvernehmen mit dem Bundesministerium für Arbeit und Soziales durch Rechtsverordnung mit Zustimmung des Bundesrates Vorschriften

1. über die an die Beschaffenheit der Räume und Einrichtungen zu stellenden Anforderungen sowie

2. über die Sicherheitsmaßnahmen, die bei Tätigkeiten nach § 44 zu treffen sind,

zu erlassen, soweit dies zum Schutz der Bevölkerung vor übertragbaren Krankheiten erforderlich ist.

(2) In der Rechtsverordnung nach Absatz 1 kann zum Zwecke der Überwachung der Tätigkeiten auch vorgeschrieben werden, dass bei bestimmten Tätigkeiten Verzeichnisse zu führen und Berichte über die durchgeführten Tätigkeiten der zuständigen Behörde vorzulegen sowie bestimmte Wahrnehmungen dem Gesundheitsamt zu melden sind, soweit dies zur Verhütung oder Bekämpfung übertragbarer Krankheiten erforderlich ist.

### § 53a Verfahren über eine einheitliche Stelle, Entscheidungsfrist

(1) Verwaltungsverfahren nach diesem Abschnitt können über eine einheitliche Stelle abgewickelt werden.

(2) Über Anträge auf Erteilung einer Erlaubnis nach § 44 entscheidet die zuständige Behörde innerhalb einer Frist von drei Monaten. § 42a Absatz 2 Satz 2 bis 4 des Verwaltungsverfahrensgesetzes gilt entsprechend.

### 10. Abschnitt
### Zuständige Behörde

### § 54 Benennung der Behörde

Die Landesregierungen bestimmen durch Rechtsverordnung die zuständigen Behörden im Sinne dieses Gesetzes, soweit eine landesrechtliche Regelung nicht besteht. Sie können ferner darin bestimmen, dass nach diesem Gesetz der obersten Landesgesundheitsbehörde oder der für die Kriegsopferversorgung zuständigen obersten Landesbehörde zugewiesene Aufgaben ganz oder im Einzelnen von einer diesen jeweils nachgeordneten Landesbehörde wahrgenommen werden und dass auf die Wahrnehmung von Zustimmungsvorbehalten der obersten Landesbehörden nach diesem Gesetz verzichtet wird.

### 11. Abschnitt
### Angleichung an Gemeinschaftsrecht

### § 55 Angleichung an Gemeinschaftsrecht

Rechtsverordnungen nach diesem Gesetz können auch zum Zwecke der Angleichung der Rechtsvorschriften der Mitgliedstaaten der Europäischen Union erlassen werden, soweit dies zur Durchführung von Verordnungen oder zur Umsetzung von Richtlinien oder Entscheidungen des Rates der Europäischen Union oder der Kommission der Europäischen Gemeinschaften, die Sachbereiche dieses Gesetzes betreffen, erforderlich ist.

### 12. Abschnitt
### Entschädigung in besonderen Fällen

### § 56 Entschädigung

(1) Wer auf Grund dieses Gesetzes als Ausscheider, Ansteckungsverdächtiger, Krankheitsverdächtiger oder als sonstiger Träger von Krankheitserregern im Sinne von § 31 Satz 2

Verboten in der Ausübung seiner bisherigen Erwerbstätigkeit unterliegt oder unterworfen wird und dadurch einen Verdienstausfall erleidet, erhält eine Entschädigung in Geld. Das Gleiche gilt für Personen, die als Ausscheider oder Ansteckungsverdächtige abgesondert wurden oder werden, bei Ausscheidern jedoch nur, wenn sie andere Schutzmaßnahmen nicht befolgen können.

(2) Die Entschädigung bemisst sich nach dem Verdienstausfall. Für die ersten sechs Wochen wird sie in Höhe des Verdienstausfalls gewährt. Vom Beginn der siebenten Woche an wird sie in Höhe des Krankengeldes nach § 47 Abs. 1 des Fünften Buches Sozialgesetzbuch gewährt, soweit der Verdienstausfall die für die gesetzliche Krankenversicherungspflicht maßgebende Jahresarbeitsentgeltgrenze nicht übersteigt.

(3) Als Verdienstausfall gilt das Arbeitsentgelt (§ 14 des Vierten Buches Sozialgesetzbuch), das dem Arbeitnehmer bei der für ihn maßgebenden regelmäßigen Arbeitszeit nach Abzug der Steuern und Beiträge zur Sozialversicherung und zur Arbeitsförderung oder entsprechenden Aufwendungen zur sozialen Sicherung in angemessenem Umfang zusteht (Netto-Arbeitsentgelt). Der Betrag erhöht sich um das Kurzarbeitergeld und um das Zuschuss-Wintergeld, auf das der Arbeitnehmer Anspruch hätte, wenn er nicht aus den in Absatz 1 genannten Gründen an der Arbeitsleistung verhindert wäre. Verbleibt dem Arbeitnehmer nach Einstellung der verbotenen Tätigkeit oder bei Absonderung ein Teil des bisherigen Arbeitsentgelts, so gilt als Verdienstausfall der Unterschiedsbetrag zwischen dem in Satz 1 genannten Netto-Arbeitsentgelt und dem in dem auf die Einstellung der verbotenen Tätigkeit oder der Absonderung folgenden Kalendermonat erzielten Netto-Arbeitsentgelt aus dem bisherigen Arbeitsverhältnis. Die Sätze 1 und 3 gelten für die Berechnung des Verdienstausfalls bei den in Heimarbeit Beschäftigten und bei Selbständigen entsprechend mit der Maßgabe, dass bei den in Heimarbeit Beschäftigten das im Durchschnitt des letzten Jahres vor Einstellung der verbotenen

Tätigkeit oder vor der Absonderung verdiente monatliche Arbeitsentgelt und bei Selbständigen ein Zwölftel des Arbeitseinkommens (§ 15 des Vierten Buches Sozialgesetzbuch) aus der entschädigungspflichtigen Tätigkeit zugrunde zu legen ist.

(4) Bei einer Existenzgefährdung können den Entschädigungsberechtigten die während der Verdienstausfallzeiten entstehenden Mehraufwendungen auf Antrag in angemessenem Umfang von der zuständigen Behörde erstattet werden. Selbständige, deren Betrieb oder Praxis während der Dauer einer Maßnahme nach Absatz 1 ruht, erhalten neben der Entschädigung nach den Absätzen 2 und 3 auf Antrag von der zuständigen Behörde Ersatz der in dieser Zeit weiterlaufenden nicht gedeckten Betriebsausgaben in angemessenem Umfang.

(5) Bei Arbeitnehmern hat der Arbeitgeber für die Dauer des Arbeitsverhältnisses, längstens für sechs Wochen, die Entschädigung für die zuständige Behörde auszuzahlen. Die ausgezahlten Beträge werden dem Arbeitgeber auf Antrag von der zuständigen Behörde erstattet. Im Übrigen wird die Entschädigung von der zuständigen Behörde auf Antrag gewährt.

(6) Bei Arbeitnehmern richtet sich die Fälligkeit der Entschädigungsleistungen nach der Fälligkeit des aus der bisherigen Tätigkeit erzielten Arbeitsentgelts. Bei sonstigen Entschädigungsberechtigten ist die Entschädigung jeweils zum Ersten eines Monats für den abgelaufenen Monat zu gewähren.

(7) Wird der Entschädigungsberechtigte arbeitsunfähig, so bleibt der Entschädigungsanspruch in Höhe des Betrages, der bei Eintritt der Arbeitsunfähigkeit an den Berechtigten auszuzahlen war, bestehen. Ansprüche, die Berechtigten nach Absatz 1 Satz 2 wegen des durch die Arbeitsunfähigkeit bedingten Verdienstausfalls auf Grund anderer gesetzlicher Vorschriften oder eines privaten Versicherungsverhältnisses zustehen, gehen insoweit auf das entschädigungspflichtige Land über.

(8) Auf die Entschädigung sind anzurechnen

1. Zuschüsse des Arbeitgebers, soweit sie zusammen mit der Entschädigung den tatsächlichen Verdienstausfall übersteigen,

2. das Netto-Arbeitsentgelt und das Arbeitseinkommen nach Absatz 3 aus einer Tätigkeit, die als Ersatz der verbotenen Tätigkeit ausgeübt wird, soweit es zusammen mit der Entschädigung den tatsächlichen Verdienstausfall übersteigt,

3. der Wert desjenigen, das der Entschädigungsberechtigte durch Ausübung einer anderen als der verbotenen Tätigkeit zu erwerben böswillig unterlässt, soweit es zusammen mit der Entschädigung den tatsächlichen Verdienstausfall übersteigt,

4. das Arbeitslosengeld in der Höhe, in der diese Leistung dem Entschädigungsberechtigten ohne Anwendung der Vorschriften über das Ruhen des Anspruchs auf Arbeitslosengeld bei Sperrzeit nach dem Dritten Buch Sozialgesetzbuch sowie des § 66 des Ersten Buches Sozialgesetzbuch in der jeweils geltenden Fassung hätten gewährt werden müssen.

Liegen die Voraussetzungen für eine Anrechnung sowohl nach Nummer 3 als auch nach Nummer 4 vor, so ist der höhere Betrag anzurechnen.

(9) Der Anspruch auf Entschädigung geht insoweit, als dem Entschädigungsberechtigten Arbeitslosengeld oder Kurzarbeitergeld für die gleiche Zeit zu gewähren ist, auf die Bundesagentur für Arbeit über.

(10) Ein auf anderen gesetzlichen Vorschriften beruhender Anspruch auf Ersatz des Verdienstausfalls, der dem Entschädigungsberechtigten durch das Verbot der Ausübung seiner Erwerbstätigkeit oder durch die Absonderung erwachsen ist, geht insoweit auf das zur Gewährung der Entschädigung verpflichtete Land über, als dieses dem Entschädigungsberechtigten nach diesem Gesetz Leistungen zu gewähren hat.

(11) Die Anträge nach Absatz 5 sind innerhalb einer Frist von drei Monaten nach Einstellung der verbotenen Tätigkeit oder dem Ende der Absonderung bei der zuständigen Behörde zu stellen. Dem Antrag ist von Arbeitnehmern eine Bescheinigung des Arbeitgebers und von den in Heimarbeit Beschäftigten eine Bescheinigung des Auftraggebers über die Höhe des in dem nach Absatz 3 für sie maßgeblichen Zeitraum verdienten Arbeitsentgelts und der gesetzlichen Abzüge, von Selbständigen eine Bescheinigung des Finanzamtes über die Höhe des letzten beim Finanzamt nachgewiesenen Arbeitseinkommens beizufügen. Ist ein solches Arbeitseinkommen noch nicht nachgewiesen oder ist ein Unterschiedsbetrag nach Absatz 3 zu errechnen, so kann die zuständige Behörde die Vorlage anderer oder weiterer Nachweise verlangen.

(12) Die zuständige Behörde hat auf Antrag dem Arbeitgeber einen Vorschuss in der voraussichtlichen Höhe des Erstattungsbetrages, den in Heimarbeit Beschäftigten und Selbständigen in der voraussichtlichen Höhe der Entschädigung zu gewähren.

### § 57 Verhältnis zur Sozialversicherung und zur Arbeitsförderung

(1) Für Personen, denen eine Entschädigung nach § 56 Abs. 1 zu gewähren ist, besteht eine Versicherungspflicht in der gesetzlichen Rentenversicherung fort. Bemessungsgrundlage für Beiträge sind

1. bei einer Entschädigung nach § 56 Abs. 2 Satz 2 das Arbeitsentgelt, das der Verdienstausfallentschädigung nach § 56 Abs. 3 vor Abzug von Steuern und Beitragsanteilen zur Sozialversicherung oder entsprechender Aufwendungen zur sozialen Sicherung zugrunde liegt,

2. bei einer Entschädigung nach § 56 Abs. 2 Satz 3 80 vom Hundert des dieser Ent-

schädigung zugrunde liegenden Arbeitsentgelts oder Arbeitseinkommens.

Das entschädigungspflichtige Land trägt die Beiträge zur gesetzlichen Rentenversicherung allein. Zahlt der Arbeitgeber für die zuständige Behörde die Entschädigung aus, gelten die Sätze 2 und 3 entsprechend; die zuständige Behörde hat ihm auf Antrag die entrichteten Beiträge zu erstatten.

(2) Für Personen, denen nach § 56 Abs. 1 Satz 2 eine Entschädigung zu gewähren ist, besteht eine Versicherungspflicht in der gesetzlichen Kranken- und in der sozialen Pflegeversicherung, sowie nach dem Dritten Buch Sozialgesetzbuch fort. Absatz 1 Satz 2 bis 4 gilt entsprechend.

(3) In der gesetzlichen Unfallversicherung wird, wenn es für den Berechtigten günstiger ist, der Berechnung des Jahresarbeitsverdienstes für Zeiten, in denen dem Verletzten im Jahr vor dem Arbeitsunfall eine Entschädigung nach § 56 Abs. 1 zu gewähren war, das Arbeitsentgelt oder Arbeitseinkommen zugrunde gelegt, das seinem durchschnittlichen Arbeitsentgelt oder Arbeitseinkommen in den mit Arbeitsentgelt oder Arbeitseinkommen belegten Zeiten dieses Zeitraums entspricht. § 82 Abs. 3 des Siebten Buches Sozialgesetzbuch gilt entsprechend. Die durch die Anwendung des Satzes 1 entstehenden Mehraufwendungen werden den Versicherungsträgern von der zuständigen Behörde erstattet.

(4) In der Krankenversicherung werden die Leistungen nach dem Arbeitsentgelt berechnet, das vor Beginn des Anspruchs auf Entschädigung gezahlt worden ist.

(5) Zeiten, in denen nach Absatz 1 eine Versicherungspflicht nach dem Dritten Buch Sozialgesetzbuch fortbesteht, bleiben bei der Feststellung des Bemessungszeitraums für einen Anspruch auf Arbeitslosengeld nach dem Dritten Buch Sozialgesetzbuch außer Betracht.

## § 58 Aufwendungserstattung

Entschädigungsberechtigte im Sinne des § 56 Abs. 1, die der Pflichtversicherung in der gesetzlichen Kranken-, Renten- sowie der sozialen Pflegeversicherung nicht unterliegen, haben gegenüber der zuständigen Behörde einen Anspruch auf Erstattung ihrer Aufwendungen für soziale Sicherung in angemessenem Umfang. In den Fällen, in denen sie Netto-Arbeitsentgelt und Arbeitseinkommen aus einer Tätigkeit beziehen, die als Ersatz der verbotenen Tätigkeit ausgeübt wird, mindert sich der Anspruch nach Satz 1 in dem Verhältnis dieses Einkommens zur ungekürzten Entschädigung.

## § 59 Sondervorschrift für Ausscheider

Ausscheider, die Anspruch auf eine Entschädigung nach § 56 haben, gelten als körperlich Behinderte im Sinne des Dritten Buches Sozialgesetzbuch.

## § 60 Versorgung bei Impfschaden und bei Gesundheitsschäden durch andere Maßnahmen der spezifischen Prophylaxe

(1) Wer durch eine Schutzimpfung oder durch eine andere Maßnahme der spezifischen Prophylaxe, die

1. von einer zuständigen Landesbehörde öffentlich empfohlen und in ihrem Bereich vorgenommen wurde,

2. auf Grund dieses Gesetzes angeordnet wurde,

3. gesetzlich vorgeschrieben war oder

4. auf Grund der Verordnungen zur Ausführung der Internationalen Gesundheitsvorschriften durchgeführt worden ist,

eine gesundheitliche Schädigung erlitten hat, erhält nach der Schutzimpfung wegen des Impfschadens im Sinne des § 2 Nr. 11 oder in dessen entsprechender Anwendung bei einer anderen Maßnahme wegen der gesundheitlichen und wirtschaftlichen Folgen der Schädigung auf

Antrag Versorgung in entsprechender Anwendung der Vorschriften des Bundesversorgungsgesetzes, soweit dieses Gesetz nichts Abweichendes bestimmt. Satz 1 Nr. 4 gilt nur für Personen, die zum Zwecke der Wiedereinreise in den Geltungsbereich dieses Gesetzes geimpft wurden und die ihren Wohnsitz oder gewöhnlichen Aufenthalt in diesem Gebiet haben oder nur vorübergehend aus beruflichen Gründen oder zum Zwecke der Ausbildung aufgegeben haben, sowie deren Angehörige, die mit ihnen in häuslicher Gemeinschaft leben. Als Angehörige gelten die in § 10 des Fünften Buches Sozialgesetzbuch genannten Personen.

(2) Versorgung im Sinne des Absatzes 1 erhält auch, wer als Deutscher außerhalb des Geltungsbereichs dieses Gesetzes einen Impfschaden durch eine Impfung erlitten hat, zu der er auf Grund des Impfgesetzes vom 8. April 1874 in der im Bundesgesetzblatt Teil III, Gliederungsnummer 2126-5, veröffentlichten bereinigten Fassung, bei einem Aufenthalt im Geltungsbereich dieses Gesetzes verpflichtet gewesen wäre. Die Versorgung wird nur gewährt, wenn der Geschädigte

1. nicht im Geltungsbereich dieses Gesetzes geimpft werden konnte,

2. von einem Arzt geimpft worden ist und

3. zur Zeit der Impfung in häuslicher Gemeinschaft mit einem Elternteil oder einem Sorgeberechtigten gelebt hat, der sich zur Zeit der Impfung aus beruflichen Gründen oder zur Ausbildung nicht nur vorübergehend außerhalb des Geltungsbereichs dieses Gesetzes aufgehalten hat.

(3) Versorgung im Sinne des Absatzes 1 erhält auch, wer außerhalb des Geltungsbereichs dieses Gesetzes einen Impfschaden erlitten hat infolge einer Pockenimpfung auf Grund des Impfgesetzes oder infolge einer Pockenimpfung, die in den in § 1 Abs. 2 Nr. 3 des Bundesvertriebenengesetzes bezeichneten Gebieten, in der Deutschen Demokratischen Republik oder in Berlin (Ost) gesetzlich vorgeschrieben oder auf Grund eines Gesetzes angeordnet worden ist

oder war, soweit nicht auf Grund anderer gesetzlicher Vorschriften Entschädigung gewährt wird. Ansprüche nach Satz 1 kann nur geltend machen, wer

1. als Deutscher bis zum 8. Mai 1945,

2. als Berechtigter nach den §§ 1 bis 4 des Bundesvertriebenengesetzes oder des § 1 des Flüchtlingshilfegesetzes in der Fassung der Bekanntmachung vom 15. Mai 1971 (BGBl. I S. 681), das zuletzt durch Artikel 24 des Gesetzes vom 26. Mai 1994 (BGBl. I S. 1014) geändert worden ist, in der jeweils geltenden Fassung,

3. als Ehegatte oder Abkömmling eines Spätaussiedlers im Sinne des § 7 Abs. 2 des Bundesvertriebenengesetzes oder

4. im Wege der Familienzusammenführung gemäß § 94 des Bundesvertriebenengesetzes in der vor dem 1. Januar 1993 geltenden Fassung

seinen ständigen Aufenthalt im Geltungsbereich dieses Gesetzes genommen hat oder nimmt.

(4) Die Hinterbliebenen eines Geschädigten im Sinne der Absätze 1 bis 3 erhalten auf Antrag Versorgung in entsprechender Anwendung der Vorschriften des Bundesversorgungsgesetzes. Partner einer eheähnlichen Gemeinschaft erhalten Leistungen in entsprechender Anwendung der §§ 40, 40a und 41 des Bundesversorgungsgesetzes, sofern ein Partner an den Schädigungsfolgen verstorben ist und der andere unter Verzicht auf eine Erwerbstätigkeit die Betreuung eines gemeinschaftlichen Kindes ausübt; dieser Anspruch ist auf die ersten drei Lebensjahre des Kindes beschränkt. Satz 2 gilt entsprechend, wenn ein Partner in der Zeit zwischen dem 1. November 1994 und dem 23. Juni 2006 an den Schädigungsfolgen verstorben ist.

(5) Als Impfschaden im Sinne des § 2 Nr. 11 gelten auch die Folgen einer gesundheitlichen Schädigung, die durch einen Unfall unter den Voraussetzungen des § 1 Abs. 2 Buchstabe e

oder f oder des § 8a des Bundesversorgungsgesetzes herbeigeführt worden sind. Einem Impfschaden im Sinne des Satzes 1 steht die Beschädigung eines am Körper getragenen Hilfsmittels, einer Brille, von Kontaktlinsen oder von Zahnersatz infolge eines Impfschadens im Sinne des Absatzes 1 oder eines Unfalls im Sinne des Satzes 1 gleich.

(6) Im Rahmen der Versorgung nach Absatz 1 bis 5 finden die Vorschriften des zweiten Kapitels des Zehnten Buches Sozialgesetzbuch über den Schutz der Sozialdaten Anwendung.

### § 61 Gesundheitsschadensanerkennung

Zur Anerkennung eines Gesundheitsschadens als Folge einer Schädigung im Sinne des § 60 Abs. 1 Satz 1 genügt die Wahrscheinlichkeit des ursächlichen Zusammenhangs. Wenn diese Wahrscheinlichkeit nur deshalb nicht gegeben ist, weil über die Ursache des festgestellten Leidens in der medizinischen Wissenschaft Ungewissheit besteht, kann mit Zustimmung der für die Kriegsopferversorgung zuständigen obersten Landesbehörde der Gesundheitsschaden als Folge einer Schädigung im Sinne des § 60 Abs. 1 Satz 1 anerkannt werden. Die Zustimmung kann allgemein erteilt werden.

### § 62 Heilbehandlung

Dem Geschädigten im Sinne von § 60 Abs. 1 bis 3 sind im Rahmen der Heilbehandlung auch heilpädagogische Behandlung, heilgymnastische und bewegungstherapeutische Übungen zu gewähren, wenn diese bei der Heilbehandlung notwendig sind.

### § 63 Konkurrenz von Ansprüchen, Anwendung der Vorschriften nach dem Bundesversorgungsgesetz, Übergangsregelungen zum Erstattungsverfahren an die Krankenkassen

(1) Treffen Ansprüche aus § 60 mit Ansprüchen aus § 1 des Bundesversorgungsgesetzes oder aus anderen Gesetzen zusammen, die eine entsprechende Anwendung des Bundesversorgungsgesetzes vorsehen, ist unter Berücksichtigung des durch die gesamten Schädigungsfolgen bedingten Grades der Schädigungsfolgen eine einheitliche Rente festzusetzen.

(2) Trifft ein Versorgungsanspruch nach § 60 mit einem Schadensersatzanspruch auf Grund fahrlässiger Amtspflichtverletzung zusammen, so wird der Anspruch nach § 839 Abs. 1 des Bürgerlichen Gesetzbuchs nicht dadurch ausgeschlossen, dass die Voraussetzungen des § 60 vorliegen.

(3) Bei Impfschäden gilt § 4 Abs. 1 Nr. 2 des Siebten Buches Sozialgesetzbuch nicht.

(4) § 81a des Bundesversorgungsgesetzes findet mit der Maßgabe Anwendung, dass der gegen Dritte bestehende gesetzliche Schadensersatzanspruch auf das zur Gewährung der Leistungen nach diesem Gesetz verpflichtete Land übergeht.

(5) Die §§ 64 bis 64d, 64f und 89 des Bundesversorgungsgesetzes sind entsprechend anzuwenden mit der Maßgabe, dass an die Stelle der Zustimmung des Bundesministeriums für Arbeit und Soziales die Zustimmung der für die Kriegsopferversorgung zuständigen obersten Landesbehörde tritt. Die Zustimmung ist bei entsprechender Anwendung des § 89 Abs. 2 des Bundesversorgungsgesetzes im Einvernehmen mit der obersten Landesgesundheitsbehörde zu erteilen.

(6) § 20 des Bundesversorgungsgesetzes ist mit den Maßgaben anzuwenden, dass an die Stelle der in Absatz 1 Satz 3 genannten Zahl die Zahl der rentenberechtigten Beschädigten und Hinterbliebenen nach diesem Gesetz im Vergleich zur Zahl des Vorjahres tritt, dass in Absatz 1 Satz 4 an die Stelle der dort genannten Ausgaben der Krankenkassen je Rentner die bundesweiten Ausgaben je Mitglied treten, dass Absatz 2 Satz 1 für die oberste Landesbehörde, die für die Kriegsopferversorgung zuständig ist, oder für die von ihr bestimmte Stelle gilt und dass in Absatz 3 an die Stelle der in

Satz 1 genannten Zahl die Zahl 1,3 tritt und die Sätze 2 bis 4 nicht gelten.

(7) Am 1. Januar 1998 noch nicht gezahlte Erstattungen von Aufwendungen für Leistungen, die von den Krankenkassen vor dem 1. Januar 1998 erbracht worden sind, werden nach den bis dahin geltenden Erstattungsregelungen abgerechnet.

(8) Für das Jahr 1998 wird der Pauschalbetrag nach § 20 des Bundesversorgungsgesetzes wie folgt ermittelt: Aus der Summe der Erstattungen des Landes an die Krankenkassen nach diesem Gesetz in den Jahren 1995 bis 1997, abzüglich der Erstattungen für Leistungen bei Pflegebedürftigkeit nach § 11 Abs. 4 und § 12 Abs. 5 des Bundesversorgungsgesetzes in der bis zum 31. März 1995 geltenden Fassung und abzüglich der Erstattungen nach § 19 Abs. 4 des Bundesversorgungsgesetzes in der bis zum 31. Dezember 1993 geltenden Fassung, wird der Jahresdurchschnitt ermittelt.

### § 64 Zuständige Behörde für die Versorgung

(1) Die Versorgung nach den §§ 60 bis 63 Abs. 1 wird von den für die Durchführung des Bundesversorgungsgesetzes zuständigen Behörden durchgeführt. Die örtliche Zuständigkeit der Behörden bestimmt die Regierung des Landes, das die Versorgung zu gewähren hat (§ 66 Abs. 2), durch Rechtsverordnung. Die Landesregierung ist befugt, die Ermächtigung durch Rechtsverordnung auf eine andere Stelle zu übertragen.

(2) Das Gesetz über das Verwaltungsverfahren der Kriegsopferversorgung in der Fassung der Bekanntmachung vom 6. Mai 1976 (BGBl. I S. 1169), zuletzt geändert durch das Gesetz vom 18. August 1980 (BGBl. I S. 1469), mit Ausnahme der §§ 3 und 4, die Vorschriften des ersten und dritten Kapitels des Zehnten Buches Sozialgesetzbuch sowie die Vorschriften des Sozialgerichtsgesetzes über das Vorverfahren sind anzuwenden.

(3) Absatz 2 gilt nicht, soweit die Versorgung in der Gewährung von Leistungen besteht, die den Leistungen der Kriegsopferfürsorge nach den §§ 25 bis 27j des Bundesversorgungsgesetzes entsprechen.

### § 65 Entschädigung bei behördlichen Maßnahmen

(1) Soweit auf Grund einer Maßnahme nach den §§ 16 und 17 Gegenstände vernichtet, beschädigt oder in sonstiger Weise in ihrem Wert gemindert werden oder ein anderer nicht nur unwesentlicher Vermögensnachteil verursacht wird, ist eine Entschädigung in Geld zu leisten; eine Entschädigung erhält jedoch nicht derjenige, dessen Gegenstände mit Krankheitserregern oder mit Gesundheitsschädlingen als vermutlichen Überträgern solcher Krankheitserreger behaftet oder dessen verdächtig sind. § 254 des Bürgerlichen Gesetzbuchs ist entsprechend anzuwenden.

(2) Die Höhe der Entschädigung nach Absatz 1 bemisst sich im Falle der Vernichtung eines Gegenstandes nach dessen gemeinem Wert, im Falle der Beschädigung oder sonstigen Wertminderung nach der Minderung des gemeinen Wertes. Kann die Wertminderung behoben werden, so bemisst sich die Entschädigung nach den hierfür erforderlichen Aufwendungen. Die Entschädigung darf den gemeinen Wert nicht übersteigen, den der Gegenstand ohne die Beschädigung oder Wertminderung gehabt hätte. Bei Bestimmung des gemeinen Wertes sind der Zustand und alle sonstigen den Wert des Gegenstandes bestimmenden Umstände in dem Zeitpunkt maßgeblich, in dem die Maßnahme getroffen wurde. Die Entschädigung für andere nicht nur unwesentliche Vermögensnachteile darf den Betroffenen nicht besser stellen, als er ohne die Maßnahme gestellt sein würde. Auf Grund der Maßnahme notwendige Aufwendungen sind zu erstatten.

## § 66 Zahlungsverpflichteter

(1) Verpflichtet zur Zahlung der Entschädigung nach § 56 ist das Land, in dem das Verbot erlassen worden ist, in den Fällen des § 34 Abs. 1 bis 3 und des § 42 das Land, in dem die verbotene Tätigkeit ausgeübt worden ist. Verpflichtet zur Zahlung der Entschädigung nach § 65 ist das Land, in dem der Schaden verursacht worden ist.

(2) Versorgung wegen eines Impfschadens nach den §§ 60 bis 63 ist zu gewähren

1. in den Fällen des § 60 Abs. 1 von dem Land, in dem der Schaden verursacht worden ist,

2. in den Fällen des § 60 Abs. 2

   a) von dem Land, in dem der Geschädigte bei Eintritt des Impfschadens im Geltungsbereich dieses Gesetzes seinen Wohnsitz oder gewöhnlichen Aufenthalt hat,

   b) wenn bei Eintritt des Schadens ein Wohnsitz oder gewöhnlicher Aufenthalt im Geltungsbereich dieses Gesetzes nicht vorhanden ist, von dem Land, in dem der Geschädigte zuletzt seinen Wohnsitz oder gewöhnlichen Aufenthalt gehabt hat oder

   c) bei minderjährigen Geschädigten, wenn die Wohnsitzvoraussetzungen der Buchstaben a oder b nicht gegeben sind, von dem Land, in dem der Elternteil oder Sorgeberechtigte des Geschädigten, mit dem der Geschädigte in häuslicher Gemeinschaft lebt, seinen Wohnsitz oder gewöhnlichen Aufenthalt im Geltungsbereich dieses Gesetzes hat oder, falls ein solcher Wohnsitz oder gewöhnlicher Aufenthalt nicht gegeben ist, zuletzt seinen Wohnsitz oder gewöhnlichen Aufenthalt gehabt hat,

3. in den Fällen des § 60 Abs. 3 von dem Land, in dem der Geschädigte seinen Wohnsitz oder gewöhnlichen Aufenthalt im Geltungsbereich dieses Gesetzes hat oder erstmalig nimmt. Die Zuständigkeit für bereits anerkannte Fälle bleibt unberührt.

(3) In den Fällen des § 63 Abs. 1 sind die Kosten, die durch das Hinzutreten der weiteren Schädigung verursacht werden, von dem Leistungsträger zu übernehmen, der für die Versorgung wegen der weiteren Schädigung zuständig ist.

## § 67 Pfändung

(1) Die nach § 56 Abs. 2 Satz 2 und 3 zu zahlenden Entschädigungen können nach den für das Arbeitseinkommen geltenden Vorschriften der Zivilprozessordnung gepfändet werden.

(2) Übertragung, Verpfändung und Pfändung der Ansprüche nach den §§ 60, 62 und 63 Abs. 1 richten sich nach den Vorschriften des Bundesversorgungsgesetzes.

## § 68 Rechtsweg

(1) Für Streitigkeiten über Entschädigungsansprüche nach den §§ 56 und 65 und für Streitigkeiten über Erstattungsansprüche nach § 56 Abs. 4 Satz 2, § 57 Abs. 1 Satz 3 und Abs. 3 Satz 3 sowie § 58 Satz 1 ist der ordentliche Rechtsweg gegeben.

(2) Für öffentlich-rechtliche Streitigkeiten in Angelegenheiten der §§ 60 bis 63 Abs. 1 ist der Rechtsweg vor den Sozialgerichten gegeben. Soweit das Sozialgerichtsgesetz besondere Vorschriften für die Kriegsopferversorgung enthält, gelten diese auch für Streitigkeiten nach Satz 1.

(3) Absatz 2 gilt nicht, soweit Versorgung entsprechend den Vorschriften der Kriegsopferfürsorge nach den §§ 25 bis 27j des Bundesversorgungsgesetzes gewährt wird. Insoweit ist der Rechtsweg vor den Verwaltungsgerichten gegeben.

## 13. Abschnitt
## Kosten

### § 69 Kosten

(1) Die Kosten für

1. die Übermittlung der Meldungen nach den §§ 6 und 7,

2. die Durchführung der Erhebungen nach § 14 Satz 2,

3. die Maßnahmen nach § 17 Abs. 1, auch in Verbindung mit Absatz 3, soweit sie von der zuständigen Behörde angeordnet worden sind und die Notwendigkeit der Maßnahmen nicht vorsätzlich herbeigeführt wurde,

4. Untersuchung und Behandlung nach § 19 Abs. 2 Nr. 2,

5. die Maßnahmen nach § 20 Abs. 5,

6. die Durchführung von Ermittlungen nach den §§ 25 und 26,

7. die Durchführung von Schutzmaßnahmen nach den §§ 29 und 30,

8. die Röntgenuntersuchungen nach § 36 Abs. 4 Satz 2

sind aus öffentlichen Mitteln zu bestreiten, soweit nicht auf Grund anderweitiger gesetzlicher Vorschriften oder auf Grund Vertrages Dritte zur Kostentragung verpflichtet sind. Im Übrigen richten sich die Gebührenpflicht und die Höhe der Gebühren unbeschadet der §§ 18 und 38 nach Landesrecht.

(2) Wer die öffentlichen Mittel aufzubringen hat, bleibt, soweit nicht bundesgesetzlich geregelt, der Regelung durch die Länder vorbehalten.

## 14. Abschnitt
## Sondervorschriften

### § 70 Aufgaben der Bundeswehr und des Gesundheitsamtes

(1) Im Geschäftsbereich des Bundesministeriums der Verteidigung obliegt der Vollzug dieses Gesetzes den zuständigen Stellen der Bundeswehr, soweit er betrifft

1. Personen, die in Unterkünften oder sonstigen Einrichtungen der Bundeswehr untergebracht sind,

2. Soldaten, die dauernd oder vorübergehend außerhalb der in Nummer 1 bezeichneten Einrichtungen wohnen,

3. Angehörige der Bundeswehr auf dem Transport, bei Märschen, in Manövern und Übungen,

4. die Belehrung nach § 43 bei Personen, die in Einrichtungen der Bundeswehr eine der in § 42 bezeichneten Tätigkeiten ausüben,

5. Grundstücke, Einrichtungen, Ausrüstungs- und Gebrauchsgegenstände der Bundeswehr,

6. im Bereich der Bundeswehr die Tätigkeiten mit Krankheitserregern.

Die Meldepflichten nach den §§ 6 und 7 obliegen dem Standortarzt.

(2) In den Fällen des Absatzes 1 Nr. 2 sind die Maßnahmen zur Bekämpfung übertragbarer Krankheiten im Benehmen mit dem zuständigen Gesundheitsamt zu treffen.

(3) Bei Zivilbediensteten, die außerhalb der in Absatz 1 Nr. 1 bezeichneten Einrichtungen wohnen, sind die Maßnahmen zur Bekämpfung übertragbarer Krankheiten im Benehmen mit der zuständigen Stelle der Bundeswehr zu treffen.

(4) In den Fällen des Absatzes 2 kann bei Gefahr im Verzug das Gesundheitsamt, in den Fällen des Absatzes 3 die zuständige Stelle der Bundeswehr vorläufige Maßnahmen treffen.

(5) Die Bundesregierung kann durch allgemeine Verwaltungsvorschriften mit Zustimmung des Bundesrates bestimmen, inwieweit sich die Gesundheitsämter und die zuständigen Stellen der Bundeswehr von dem Auftreten oder dem Verdacht des Auftretens einer übertragbaren Krankheit gegenseitig zu benachrichtigen und inwieweit sie sich bei den Ermittlungen gegenseitig zu unterstützen haben.

### § 71 Aufgaben nach dem Seemannsgesetz

Bei Besatzungsmitgliedern im Sinne des § 3 des Seemannsgesetzes, die an Bord von Kauffahrteischiffen eine der in § 42 Abs. 1 Satz 1 oder 2 bezeichneten Tätigkeiten ausüben, obliegen die Belehrungen nach § 43 Abs. 1 den nach § 81 Abs. 1 des Seemannsgesetzes zur Untersuchung auf Seediensttauglichkeit ermächtigten Ärzten.

### § 72 Aufgaben des Eisenbahn-Bundesamtes

Im Bereich der Eisenbahnen des Bundes und der Magnetschwebebahnen obliegt der Vollzug dieses Gesetzes für Schienenfahrzeuge sowie für ortsfeste Anlagen zur ausschließlichen Befüllung von Schienenfahrzeugen dem Eisenbahn-Bundesamt, soweit die Aufgaben des Gesundheitsamtes und der zuständigen Behörden nach den §§ 37 bis 39 und 41 betroffen sind.

### 15. Abschnitt
### Straf- und Bußgeldvorschriften

### § 73 Bußgeldvorschriften

(1) Ordnungswidrig handelt, wer vorsätzlich oder fahrlässig

1. entgegen § 6 Abs. 1 oder § 7, jeweils auch in Verbindung mit einer Rechtsverordnung nach § 15 Abs. 1, eine Meldung nicht, nicht richtig, nicht vollständig oder nicht rechtzeitig macht,

2. entgegen § 6 Abs. 2, § 34 Abs. 5 Satz 1 oder § 43 Abs. 2 eine Mitteilung nicht, nicht richtig, nicht vollständig oder nicht rechtzeitig macht,

3. entgegen § 16 Abs. 2 Satz 2, auch in Verbindung mit § 26 Abs. 1, § 36 Abs. 3 oder einer Rechtsverordnung nach § 17 Abs. 4 Satz 1, § 41 Abs. 1 Satz 3, auch in Verbindung mit einer Rechtsverordnung nach Abs. 2 Satz 1, oder § 51 Satz 2 ein Grundstück, einen Raum, eine Anlage, eine Einrichtung, ein Verkehrsmittel oder einen sonstigen Gegenstand nicht zugänglich macht,

4. entgegen § 16 Abs. 2 Satz 3, auch in Verbindung mit § 26 Abs. 1, § 36 Abs. 3 oder einer Rechtsverordnung nach § 17 Abs. 4 Satz 1, § 29 Abs. 2 Satz 3, auch in Verbindung mit einer Rechtsverordnung nach § 32 Satz 1, oder § 41 Abs. 1 Satz 3, auch in Verbindung mit einer Rechtsverordnung nach Abs. 2 Satz 1, eine Auskunft nicht, nicht richtig, nicht vollständig oder nicht rechtzeitig erteilt,

5. entgegen § 16 Abs. 2 Satz 3, auch in Verbindung mit § 26 Abs. 1, § 36 Abs. 3 oder einer Rechtsverordnung nach § 17 Abs. 4 Satz 1, eine Unterlage nicht, nicht richtig, nicht vollständig oder nicht rechtzeitig vorlegt,

6. einer vollziehbaren Anordnung nach § 17 Abs. 1, auch in Verbindung mit einer Rechtsverordnung nach Abs. 4 Satz 1, § 17 Abs. 3 Satz 1, § 26 Abs. 2 Satz 1 oder 2, auch in Verbindung mit § 29 Abs. 2 Satz 2, dieser auch in Verbindung mit einer Rechtsverordnung nach § 32 Satz 1, § 26 Abs. 3 Satz 2, § 28 Abs. 1 Satz 1, auch in Verbindung mit einer Rechtsverordnung nach § 32 Satz 1, oder § 34 Abs. 8 oder 9 zuwiderhandelt,

7. entgegen § 18 Abs. 1 Satz 1 ein Mittel oder ein Verfahren anwendet,

8. entgegen § 22 Abs. 1 Satz 1 oder 2 eine Eintragung nicht, nicht richtig, nicht vollständig oder nicht rechtzeitig vornimmt oder eine Impfbescheinigung nicht, nicht richtig, nicht vollständig oder nicht rechtzeitig ausstellt,

9. entgegen § 23 Absatz 4 Satz 1 nicht sicherstellt, dass die dort genannten Infektionen und das Auftreten von Krankheitserregern aufgezeichnet oder die Präventionsmaßnahmen mitgeteilt oder umgesetzt werden,

9a. entgegen § 23 Absatz 4 Satz 2 nicht sicherstellt, dass die dort genannten Daten aufgezeichnet oder die Anpassungen mitgeteilt oder umgesetzt werden,

9b. entgegen § 23 Absatz 4 Satz 3 eine Aufzeichnung nicht oder nicht mindestens zehn Jahre aufbewahrt

10. entgegen § 23 Abs. 4 Satz 4 Einsicht nicht gewährt,

10a. entgegen § 23 Absatz 5 Satz 1, auch in Verbindung mit einer Rechtsverordnung nach § 23 Absatz 5 Satz 2, nicht sicherstellt, dass die dort genannten Verfahrensweisen festgelegt sind,

11. entgegen § 26 Abs. 3 Satz 1 eine Untersuchung nicht gestattet,

12. entgegen § 29 Abs. 2 Satz 3, auch in Verbindung mit einer Rechtsverordnung nach § 32 Satz 1, Zutritt nicht gestattet,

13. entgegen § 29 Abs. 2 Satz 3, auch in Verbindung mit Satz 4 oder einer Rechtsverordnung nach § 32 Satz 1, § 49 Abs. 1 Satz 1 oder § 50 Satz 1 oder 2 eine Anzeige nicht, nicht richtig, nicht vollständig oder nicht rechtzeitig erstattet,

14. entgegen § 34 Abs. 1 Satz 1, auch in Verbindung mit Satz 2 oder Abs. 3, eine dort genannte Tätigkeit ausübt, einen Raum betritt, eine Einrichtung benutzt oder an einer Veranstaltung teilnimmt,

15. ohne Zustimmung nach § 34 Abs. 2 einen Raum betritt, eine Einrichtung benutzt oder an einer Veranstaltung teilnimmt,

16. entgegen § 34 Abs. 4 für die Einhaltung der dort genannten Verpflichtungen nicht sorgt,

17. entgegen § 34 Abs. 6 Satz 1, auch in Verbindung mit Satz 2, das Gesundheitsamt nicht, nicht richtig, nicht vollständig oder nicht rechtzeitig benachrichtigt,

18. entgegen § 35 Satz 1 oder § 43 Abs. 4 Satz 1 eine Belehrung nicht, nicht richtig, nicht vollständig oder nicht rechtzeitig durchführt,

19. entgegen § 36 Abs. 4 Satz 6 eine Untersuchung nicht duldet,

20. entgegen § 43 Abs. 1 Satz 1, auch in Verbindung mit einer Rechtsverordnung nach Abs. 7, eine Person beschäftigt,

21. entgegen § 43 Abs. 5 Satz 2 einen Nachweis oder eine Bescheinigung nicht oder nicht rechtzeitig vorlegt,

22. einer vollziehbaren Auflage nach § 47 Abs. 3 Satz 1 zuwiderhandelt,

23. entgegen § 51 Satz 2 ein Buch oder eine sonstige Unterlage nicht oder nicht rechtzeitig vorlegt, Einsicht nicht gewährt oder eine Prüfung nicht duldet oder

24. einer Rechtsverordnung nach § 17 Abs. 4 Satz 1 oder Absatz 5 Satz 1, § 20 Abs. 6 Satz 1 oder Abs. 7 Satz 1, § 23 Absatz 8 Satz 1 oder Satz 2, § 38 Abs. 1 Satz 1 Nr. 3 oder Abs. 2 Nr. 3 oder 5 oder § 53 Abs. 1 Nr. 2 oder einer vollziehbaren Anordnung auf Grund einer solchen Rechtsverordnung zuwiderhandelt, soweit die Rechtsverordnung für einen bestimmten Tatbestand auf diese Bußgeldvorschrift verweist.

(2) Die Ordnungswidrigkeit kann in den Fällen des Absatzes 1 Nr. 8, 9b und 21 mit einer Geldbuße bis zu zweitausendfünfhundert Euro, in

den übrigen Fällen mit einer Geldbuße bis zu fünfundzwanzigtausend Euro geahndet werden.

## § 74 Strafvorschriften

Wer vorsätzlich eine der in § 73 Abs. 1 Nr. 1 bis 7, 11 bis 20, 22, 23 oder 24 bezeichnete Handlung begeht und dadurch eine in § 6 Abs. 1 Nr. 1 genannte Krankheit oder einen in § 7 genannten Krankheitserreger verbreitet, wird mit Freiheitsstrafe bis zu fünf Jahren oder mit Geldstrafe bestraft.

## § 75 Weitere Strafvorschriften

(1) Mit Freiheitsstrafe bis zu zwei Jahren oder mit Geldstrafe wird bestraft, wer

1. einer vollziehbaren Anordnung nach § 28 Abs. 1 Satz 2, § 30 Abs. 1 oder § 31, jeweils auch in Verbindung mit einer Rechtsverordnung nach § 32 Satz 1, zuwiderhandelt,

2. entgegen § 42 Abs. 1 Satz 1, auch in Verbindung mit Satz 2, jeweils auch in Verbindung mit einer Rechtsverordnung nach § 42 Abs. 5 Satz 1, oder § 42 Abs. 3 eine Person beschäftigt oder eine Tätigkeit ausübt,

3. ohne Erlaubnis nach § 44 Krankheitserreger verbringt, ausführt, aufbewahrt, abgibt oder mit ihnen arbeitet oder

4. entgegen § 52 Satz 1 Krankheitserreger oder Material abgibt.

(2) Ebenso wird bestraft, wer einer Rechtsverordnung nach § 38 Abs. 1 Satz 1 Nr. 5 oder Abs. 2 Nr. 4 oder einer vollziehbaren Anordnung auf Grund einer solchen Rechtsverordnung zuwiderhandelt, soweit die Rechtsverordnung für einen bestimmten Tatbestand auf diese Strafvorschrift verweist.

(3) Wer durch eine in Absatz 1 bezeichnete Handlung eine in § 6 Abs. 1 Nr. 1 genannte Krankheit oder einen in § 7 genannten Krankheitserreger verbreitet, wird mit Freiheitsstrafe von drei Monaten bis zu fünf Jahren bestraft, soweit nicht die Tat in anderen Vorschriften mit einer schwereren Strafe bedroht ist.

(4) Handelt der Täter in den Fällen der Absätze 1 oder 2 fahrlässig, so ist die Strafe Freiheitsstrafe bis zu einem Jahr oder Geldstrafe.

(5) Mit Freiheitsstrafe bis zu einem Jahr oder mit Geldstrafe wird bestraft, wer entgegen § 24 Satz 1, auch in Verbindung mit Satz 2, dieser auch in Verbindung mit einer Rechtsverordnung nach § 15 Abs. 1, eine Person behandelt.

## § 76 Einziehung

Gegenstände, auf die sich eine Straftat nach § 75 Abs. 1 oder 3 bezieht, können eingezogen werden.

## 16. Abschnitt
## Übergangsvorschriften

## § 77 Übergangsvorschriften

(1) Die nach den Vorschriften des Bundes-Seuchengesetzes bestehende Erlaubnis für das Arbeiten und den Verkehr mit Krankheitserregern gilt im Geltungsbereich dieses Gesetzes als Erlaubnis im Sinne des § 44; bei juristischen Personen gilt dies bis fünf Jahre nach Inkrafttreten dieses Gesetzes mit der Maßgabe, dass die Erlaubnis nach § 48 zurückgenommen oder widerrufen werden kann, wenn ein Versagungsgrund nach § 47 Abs. 1 Nr. 2 bei den nach Gesetz oder Satzung zur Vertretung berufenen Personen vorliegt; die Maßgabe gilt auch, wenn der Erlaubnisinhaber nicht selbst die Leitung der Tätigkeiten übernommen hat und bei der von ihm mit der Leitung beauftragten Person ein Versagungsgrund nach § 47 Abs. 1 vorliegt. Die Beschränkung des § 47 Abs. 4 Satz 1 gilt nicht für die in § 22 Abs. 4 Satz 2 des Bundes-Seuchengesetzes genannten Personen, wenn bei Inkrafttreten dieses Gesetzes sie selbst oder diejenigen Personen, von denen sie mit der Leitung der Tätigkeiten beauftragt worden sind, Inhaber einer insoweit un-

beschränkten Erlaubnis sind. Bei Personen, die die in § 20 Abs. 1 Satz 1 des Bundes-Seuchengesetzes bezeichneten Arbeiten vor dem Inkrafttreten dieses Gesetzes berechtigt durchgeführt haben, bleibt die Befreiung von der Erlaubnis für diese Arbeiten fünf Jahre nach Inkrafttreten des Gesetzes bestehen; § 45 Abs. 4 findet entsprechend Anwendung.

(2) Ein Zeugnis nach § 18 des Bundes-Seuchengesetzes gilt als Bescheinigung nach § 43 Abs. 1.

# Kündigungsschutzgesetz

## (KSchG)

### Vom 10. August 1951

Neugefasst durch Bekanntmachung
vom 25. August 1969
(BGBl. I S. 1317)

Zuletzt geändert durch Artikel 3 des Gesetzes
vom 26. März 2008
(BGBl. I S. 444)

## Erster Abschnitt
## Allgemeiner Kündigungsschutz

### § 1 Sozial ungerechtfertigte Kündigungen

(1) Die Kündigung des Arbeitsverhältnisses gegenüber einem Arbeitnehmer, dessen Arbeitsverhältnis in demselben Betrieb oder Unternehmen ohne Unterbrechung länger als sechs Monate bestanden hat, ist rechtsunwirksam, wenn sie sozial ungerechtfertigt ist.

(2) Sozial ungerechtfertigt ist die Kündigung, wenn sie nicht durch Gründe, die in der Person oder in dem Verhalten des Arbeitnehmers liegen, oder durch dringende betriebliche Erfordernisse, die einer Weiterbeschäftigung des Arbeitnehmers in diesem Betrieb entgegenstehen, bedingt ist. Die Kündigung ist auch sozial ungerechtfertigt, wenn

1. in Betrieben des privaten Rechts

   a) die Kündigung gegen eine Richtlinie nach § 95 des Betriebsverfassungsgesetzes verstößt,

   b) der Arbeitnehmer an einem anderen Arbeitsplatz in demselben Betrieb oder in einem anderen Betrieb des Unternehmens weiterbeschäftigt werden kann und der Betriebsrat oder eine andere nach dem Betriebsverfassungsgesetz insoweit zuständige Vertretung der Arbeitnehmer aus einem dieser Gründe der Kündigung innerhalb der Frist des § 102 Abs. 2 Satz 1 des Betriebsverfassungsgesetzes schriftlich widersprochen hat,

2. in Betrieben und Verwaltungen des öffentlichen Rechts

   a) die Kündigung gegen eine Richtlinie über die personelle Auswahl bei Kündigungen verstößt,

   b) der Arbeitnehmer an einem anderen Arbeitsplatz in derselben Dienststelle oder in einer anderen Dienststelle desselben Verwaltungszweigs an demsel-

ben Dienstort einschließlich seines Einzugsgebiets weiterbeschäftigt werden kann und die zuständige Personalvertretung aus einem dieser Gründe fristgerecht gegen die Kündigung Einwendungen erhoben hat, es sei denn, daß die Stufenvertretung in der Verhandlung mit der übergeordneten Dienststelle die Einwendungen nicht aufrechterhalten hat.

Satz 2 gilt entsprechend, wenn die Weiterbeschäftigung des Arbeitnehmers nach zumutbaren Umschulungs- oder Fortbildungsmaßnahmen oder eine Weiterbeschäftigung des Arbeitnehmers unter geänderten Arbeitsbedingungen möglich ist und der Arbeitnehmer sein Einverständnis hiermit erklärt hat. Der Arbeitgeber hat die Tatsachen zu beweisen, die die Kündigung bedingen.

(3) Ist einem Arbeitnehmer aus dringenden betrieblichen Erfordernissen im Sinne des Absatzes 2 gekündigt worden, so ist die Kündigung trotzdem sozial ungerechtfertigt, wenn der Arbeitgeber bei der Auswahl des Arbeitnehmers die Dauer der Betriebszugehörigkeit, das Lebensalter, die Unterhaltspflichten und die Schwerbehinderung des Arbeitnehmers nicht oder nicht ausreichend berücksichtigt hat; auf Verlangen des Arbeitnehmers hat der Arbeitgeber dem Arbeitnehmer die Gründe anzugeben, die zu der getroffenen sozialen Auswahl geführt haben. In die soziale Auswahl nach Satz 1 sind Arbeitnehmer nicht einzubeziehen, deren Weiterbeschäftigung, insbesondere wegen ihrer Kenntnisse, Fähigkeiten und Leistungen oder zur Sicherung einer ausgewogenen Personalstruktur des Betriebes, im berechtigten betrieblichen Interesse liegt. Der Arbeitnehmer hat die Tatsachen zu beweisen, die die Kündigung als sozial ungerechtfertigt im Sinne des Satzes 1 erscheinen lassen.

(4) Ist in einem Tarifvertrag, in einer Betriebsvereinbarung nach § 95 des Betriebsverfassungsgesetzes oder in einer entsprechenden Richtlinie nach den Personalvertretungsgesetzen festgelegt, wie die sozialen Gesichtspunk-

te nach Absatz 3 Satz 1 im Verhältnis zueinander zu bewerten sind, so kann die Bewertung nur auf grobe Fehlerhaftigkeit überprüft werden.

(5) Sind bei einer Kündigung auf Grund einer Betriebsänderung nach § 111 des Betriebsverfassungsgesetzes die Arbeitnehmer, denen gekündigt werden soll, in einem Interessenausgleich zwischen Arbeitgeber und Betriebsrat namentlich bezeichnet, so wird vermutet, dass die Kündigung durch dringende betriebliche Erfordernisse im Sinne des Absatzes 2 bedingt ist. Die soziale Auswahl der Arbeitnehmer kann nur auf grobe Fehlerhaftigkeit überprüft werden. Die Sätze 1 und 2 gelten nicht, soweit sich die Sachlage nach Zustandekommen des Interessenausgleichs wesentlich geändert hat. Der Interessenausgleich nach Satz 1 ersetzt die Stellungnahme des Betriebsrates nach § 17 Abs. 3 Satz 2.

### § 1a Abfindungsanspruch bei betriebsbedingter Kündigung

(1) Kündigt der Arbeitgeber wegen dringender betrieblicher Erfordernisse nach § 1 Abs. 2 Satz 1 und erhebt der Arbeitnehmer bis zum Ablauf der Frist des § 4 Satz 1 keine Klage auf Feststellung, dass das Arbeitsverhältnis durch die Kündigung nicht aufgelöst ist, hat der Arbeitnehmer mit dem Ablauf der Kündigungsfrist Anspruch auf eine Abfindung. Der Anspruch setzt den Hinweis des Arbeitgebers in der Kündigungserklärung voraus, dass die Kündigung auf dringende betriebliche Erfordernisse gestützt ist und der Arbeitnehmer bei Verstreichenlassen der Klagefrist die Abfindung beanspruchen kann.

(2) Die Höhe der Abfindung beträgt 0,5 Monatsverdienste für jedes Jahr des Bestehens des Arbeitsverhältnisses. § 10 Abs. 3 gilt entsprechend. Bei der Ermittlung der Dauer des Arbeitsverhältnisses ist ein Zeitraum von mehr als sechs Monaten auf ein volles Jahr aufzurunden.

### § 2 Änderungskündigung

Kündigt der Arbeitgeber das Arbeitsverhältnis und bietet er dem Arbeitnehmer im Zusammenhang mit der Kündigung die Fortsetzung des Arbeitsverhältnisses zu geänderten Arbeitsbedingungen an, so kann der Arbeitnehmer dieses Angebot unter dem Vorbehalt annehmen, daß die Änderung der Arbeitsbedingungen nicht sozial ungerechtfertigt ist (§ 1 Abs. 2 Satz 1 bis 3, Abs. 3 Satz 1 und 2). Diesen Vorbehalt muß der Arbeitnehmer dem Arbeitgeber innerhalb der Kündigungsfrist, spätestens jedoch innerhalb von drei Wochen nach Zugang der Kündigung erklären.

### § 3 Kündigungseinspruch

Hält der Arbeitnehmer eine Kündigung für sozial ungerechtfertigt, so kann er binnen einer Woche nach der Kündigung Einspruch beim Betriebsrat einlegen. Erachtet der Betriebsrat den Einspruch für begründet, so hat er zu versuchen, eine Verständigung mit dem Arbeitgeber herbeizuführen. Er hat seine Stellungnahme zu dem Einspruch dem Arbeitnehmer und dem Arbeitgeber auf Verlangen schriftlich mitzuteilen.

### § 4 Anrufung des Arbeitsgerichts

Will ein Arbeitnehmer geltend machen, dass eine Kündigung sozial ungerechtfertigt oder aus anderen Gründen rechtsunwirksam ist, so muss er innerhalb von drei Wochen nach Zugang der schriftlichen Kündigung Klage beim Arbeitsgericht auf Feststellung erheben, dass das Arbeitsverhältnis durch die Kündigung nicht aufgelöst ist. Im Falle des § 2 ist die Klage auf Feststellung zu erheben, daß die Änderung der Arbeitsbedingungen sozial ungerechtfertigt oder aus anderen Gründen rechtsunwirksam ist. Hat der Arbeitnehmer Einspruch beim Betriebsrat eingelegt (§ 3), so soll er der Klage die Stellungnahme des Betriebsrats beifügen. Soweit die Kündigung der Zustimmung einer Behörde bedarf, läuft die Frist zur Anrufung des Arbeitsgerichts erst von der Bekanntgabe der

Entscheidung der Behörde an den Arbeitnehmer ab.

## § 5 Zulassung verspäteter Klagen

(1) War ein Arbeitnehmer nach erfolgter Kündigung trotz Anwendung aller ihm nach Lage der Umstände zuzumutenden Sorgfalt verhindert, die Klage innerhalb von drei Wochen nach Zugang der schriftlichen Kündigung zu erheben, so ist auf seinen Antrag die Klage nachträglich zuzulassen. Gleiches gilt, wenn eine Frau von ihrer Schwangerschaft aus einem von ihr nicht zu vertretenden Grund erst nach Ablauf der Frist des § 4 Satz 1 Kenntnis erlangt hat.

(2) Mit dem Antrag ist die Klageerhebung zu verbinden; ist die Klage bereits eingereicht, so ist auf sie im Antrag Bezug zu nehmen. Der Antrag muß ferner die Angabe der die nachträgliche Zulassung begründenden Tatsachen und der Mittel für deren Glaubhaftmachung enthalten.

(3) Der Antrag ist nur innerhalb von zwei Wochen nach Behebung des Hindernisses zulässig. Nach Ablauf von sechs Monaten, vom Ende der versäumten Frist an gerechnet, kann der Antrag nicht mehr gestellt werden.

(4) Das Verfahren über den Antrag auf nachträgliche Zulassung ist mit dem Verfahren über die Klage zu verbinden. Das Arbeitsgericht kann das Verfahren zunächst auf die Verhandlung und Entscheidung über den Antrag beschränken. In diesem Fall ergeht die Entscheidung durch Zwischenurteil, das wie ein Endurteil angefochten werden kann.

(5) Hat das Arbeitsgericht über einen Antrag auf nachträgliche Klagezulassung nicht entschieden oder wird ein solcher Antrag erstmals vor dem Landesarbeitsgericht gestellt, entscheidet hierüber die Kammer des Landesarbeitsgerichts. Absatz 4 gilt entsprechend.

## § 6 Verlängerte Anrufungsfrist

Hat ein Arbeitnehmer innerhalb von drei Wochen nach Zugang der schriftlichen Kündigung im Klagewege geltend gemacht, dass eine rechtswirksame Kündigung nicht vorliege, so kann er sich in diesem Verfahren bis zum Schluss der mündlichen Verhandlung erster Instanz zur Begründung der Unwirksamkeit der Kündigung auch auf innerhalb der Klagefrist nicht geltend gemachte Gründe berufen. Das Arbeitsgericht soll ihn hierauf hinweisen.

## § 7 Wirksamwerden der Kündigung

Wird die Rechtsunwirksamkeit einer Kündigung nicht rechtzeitig geltend gemacht (§ 4 Satz 1, §§ 5 und 6), so gilt die Kündigung als von Anfang an rechtswirksam; ein vom Arbeitnehmer nach § 2 erklärter Vorbehalt erlischt.

## § 8 Wiederherstellung der früheren Arbeitsbedingungen

Stellt das Gericht im Falle des § 2 fest, daß die Änderung der Arbeitsbedingungen sozial ungerechtfertigt ist, so gilt die Änderungskündigung als von Anfang an rechtsunwirksam.

## § 9 Auflösung des Arbeitsverhältnisses durch Urteil des Gerichts, Abfindung des Arbeitnehmers

(1) Stellt das Gericht fest, daß das Arbeitsverhältnis durch die Kündigung nicht aufgelöst ist, ist jedoch dem Arbeitnehmer die Fortsetzung des Arbeitsverhältnisses nicht zuzumuten, so hat das Gericht auf Antrag des Arbeitnehmers das Arbeitsverhältnis aufzulösen und den Arbeitgeber zur Zahlung einer angemessenen Abfindung zu verurteilen. Die gleiche Entscheidung hat das Gericht auf Antrag des Arbeitgebers zu treffen, wenn Gründe vorliegen, die eine den Betriebszwecken dienliche weitere Zusammenarbeit zwischen Arbeitgeber und Arbeitnehmer nicht erwarten lassen. Arbeitnehmer und Arbeitgeber können den Antrag auf Auflösung

des Arbeitsverhältnisses bis zum Schluß der letzten mündlichen Verhandlung in der Berufungsinstanz stellen.

(2) Das Gericht hat für die Auflösung des Arbeitsverhältnisses den Zeitpunkt festzusetzen, an dem es bei sozial gerechtfertigter Kündigung geendet hätte.

### § 10 Höhe der Abfindung

(1) Als Abfindung ist ein Betrag bis zu zwölf Monatsverdiensten festzusetzen.

(2) Hat der Arbeitnehmer das fünfzigste Lebensjahr vollendet und hat das Arbeitsverhältnis mindestens fünfzehn Jahre bestanden, so ist ein Betrag bis zu fünfzehn Monatsverdiensten, hat der Arbeitnehmer das fünfundfünfzigste Lebensjahr vollendet und hat das Arbeitsverhältnis mindestens zwanzig Jahre bestanden, so ist ein Betrag bis zu achtzehn Monatsverdiensten festzusetzen. Dies gilt nicht, wenn der Arbeitnehmer in dem Zeitpunkt, den das Gericht nach § 9 Abs. 2 für die Auflösung des Arbeitsverhältnisses festsetzt, das in der Vorschrift des Sechsten Buches Sozialgesetzbuch über die Regelaltersrente bezeichnete Lebensalter erreicht hat.

(3) Als Monatsverdienst gilt, was dem Arbeitnehmer bei der für ihn maßgebenden regelmäßigen Arbeitszeit in dem Monat, in dem das Arbeitsverhältnis endet (§ 9 Abs. 2), an Geld und Sachbezügen zusteht.

### § 11 Anrechnung auf entgangenen Zwischenverdienst

Besteht nach der Entscheidung des Gerichts das Arbeitsverhältnis fort, so muß sich der Arbeitnehmer auf das Arbeitsentgelt, das ihm der Arbeitgeber für die Zeit nach der Entlassung schuldet, anrechnen lassen,

1. was er durch anderweitige Arbeit verdient hat,

2. was er hätte verdienen können, wenn er es nicht böswillig unterlassen hätte, eine ihm zumutbare Arbeit anzunehmen,

3. was ihm an öffentlich-rechtlichen Leistungen infolge Arbeitslosigkeit aus der Sozialversicherung, der Arbeitslosenversicherung, der Sicherung des Lebensunterhalts nach dem Zweiten Buch Sozialgesetzbuch oder der Sozialhilfe für die Zwischenzeit gezahlt worden ist. Diese Beträge hat der Arbeitgeber der Stelle zu erstatten, die sie geleistet hat.

### § 12 Neues Arbeitsverhältnis des Arbeitnehmers, Auflösung des alten Arbeitsverhältnisses

Besteht nach der Entscheidung des Gerichts das Arbeitsverhältnis fort, ist jedoch der Arbeitnehmer inzwischen ein neues Arbeitsverhältnis eingegangen, so kann er binnen einer Woche nach der Rechtskraft des Urteils durch Erklärung gegenüber dem alten Arbeitgeber die Fortsetzung des Arbeitsverhältnisses bei diesem verweigern. Die Frist wird auch durch eine vor ihrem Ablauf zur Post gegebene schriftliche Erklärung gewahrt. Mit dem Zugang der Erklärung erlischt das Arbeitsverhältnis. Macht der Arbeitnehmer von seinem Verweigerungsrecht Gebrauch, so ist ihm entgangener Verdienst nur für die Zeit zwischen der Entlassung und dem Tag des Eintritts in das neue Arbeitsverhältnis zu gewähren. § 11 findet entsprechende Anwendung.

### § 13 Außerordentliche, sittenwidrige und sonstige Kündigungen

(1) Die Vorschriften über das Recht zur außerordentlichen Kündigung eines Arbeitsverhältnisses werden durch das vorliegende Gesetz nicht berührt. Die Rechtsunwirksamkeit einer außerordentlichen Kündigung kann jedoch nur nach Maßgabe des § 4 Satz 1 und der §§ 5 bis 7 geltend gemacht werden. Stellt das Gericht fest, dass die außerordentliche Kündigung un-

begründet ist, ist jedoch dem Arbeitnehmer die Fortsetzung des Arbeitsverhältnisses nicht zuzumuten, so hat auf seinen Antrag das Gericht das Arbeitsverhältnis aufzulösen und den Arbeitgeber zur Zahlung einer angemessenen Abfindung zu verurteilen. Das Gericht hat für die Auflösung des Arbeitsverhältnisses den Zeitpunkt festzulegen, zu dem die außerordentliche Kündigung ausgesprochen wurde. Die Vorschriften der §§ 10 bis 12 gelten entsprechend.

(2) Verstößt eine Kündigung gegen die guten Sitten, so finden die Vorschriften des § 9 Abs. 1 Satz 1 und Abs. 2 und der §§ 10 bis 12 entsprechende Anwendung.

(3) Im Übrigen finden die Vorschriften dieses Abschnitts mit Ausnahme der §§ 4 bis 7 auf eine Kündigung, die bereits aus anderen als den in § 1 Abs. 2 und 3 bezeichneten Gründen rechtsunwirksam ist, keine Anwendung.

### § 14 Angestellte in leitender Stellung

(1) Die Vorschriften dieses Abschnitts gelten nicht

1. in Betrieben einer juristischen Person für die Mitglieder des Organs, das zur gesetzlichen Vertretung der juristischen Person berufen ist,

2. in Betrieben einer Personengesamtheit für die durch Gesetz, Satzung oder Gesellschaftsvertrag zur Vertretung der Personengesamtheit berufenen Personen.

(2) Auf Geschäftsführer, Betriebsleiter und ähnliche leitende Angestellte, soweit diese zur selbständigen Einstellung oder Entlassung von Arbeitnehmern berechtigt sind, finden die Vorschriften dieses Abschnitts mit Ausnahme des § 3 Anwendung. § 9 Abs. 1 Satz 2 findet mit der Maßgabe Anwendung, daß der Antrag des Arbeitgebers auf Auflösung des Arbeitsverhältnisses keiner Begründung bedarf.

### Zweiter Abschnitt
### Kündigungsschutz im Rahmen der Betriebsverfassung und Personalvertretung

### § 15 Unzulässigkeit der Kündigung

(1) Die Kündigung eines Mitglieds eines Betriebsrats, einer Jugend- und Auszubildendenvertretung, einer Bordvertretung oder eines Seebetriebsrats ist unzulässig, es sei denn, daß Tatsachen vorliegen, die den Arbeitgeber zur Kündigung aus wichtigem Grund ohne Einhaltung einer Kündigungsfrist berechtigen, und daß die nach § 103 des Betriebsverfassungsgesetzes erforderliche Zustimmung vorliegt oder durch gerichtliche Entscheidung ersetzt ist. Nach Beendigung der Amtszeit ist die Kündigung eines Mitglieds eines Betriebsrats, einer Jugend- und Auszubildendenvertretung oder eines Seebetriebsrats innerhalb eines Jahres, die Kündigung eines Mitglieds einer Bordvertretung innerhalb von sechs Monaten, jeweils vom Zeitpunkt der Beendigung der Amtszeit an gerechnet, unzulässig, es sei denn, daß Tatsachen vorliegen, die den Arbeitgeber zur Kündigung aus wichtigem Grund ohne Einhaltung einer Kündigungsfrist berechtigen; dies gilt nicht, wenn die Beendigung der Mitgliedschaft auf einer gerichtlichen Entscheidung beruht.

(2) Die Kündigung eines Mitglieds einer Personalvertretung, einer Jugend- und Auszubildendenvertretung oder einer Jugendvertretung ist unzulässig, es sei denn, daß Tatsachen vorliegen, die den Arbeitgeber zur Kündigung aus wichtigem Grund ohne Einhaltung einer Kündigungsfrist berechtigen, und daß die nach dem Personalvertretungsrecht erforderliche Zustimmung vorliegt oder durch gerichtliche Entscheidung ersetzt ist. Nach Beendigung der Amtszeit der in Satz 1 genannten Personen ist ihre Kündigung innerhalb eines Jahres, vom Zeitpunkt der Beendigung der Amtszeit an gerechnet, unzulässig, es sei denn, daß Tatsachen vorliegen, die den Arbeitgeber zur Kündigung aus wichtigem Grund ohne Einhaltung einer Kündigungsfrist berechtigen; dies gilt nicht, wenn die Be-

endigung der Mitgliedschaft auf einer gerichtlichen Entscheidung beruht.

(3) Die Kündigung eines Mitglieds eines Wahlvorstands ist vom Zeitpunkt seiner Bestellung an, die Kündigung eines Wahlbewerbers vom Zeitpunkt der Aufstellung des Wahlvorschlags an, jeweils bis zur Bekanntgabe des Wahlergebnisses unzulässig, es sei denn, daß Tatsachen vorliegen, die den Arbeitgeber zur Kündigung aus wichtigem Grund ohne Einhaltung einer Kündigungsfrist berechtigen, und daß die nach § 103 des Betriebsverfassungsgesetzes oder nach dem Personalvertretungsrecht erforderliche Zustimmung vorliegt oder durch eine gerichtliche Entscheidung ersetzt ist. Innerhalb von sechs Monaten nach Bekanntgabe des Wahlergebnisses ist die Kündigung unzulässig, es sei denn, daß Tatsachen vorliegen, die den Arbeitgeber zur Kündigung aus wichtigem Grund ohne Einhaltung einer Kündigungsfrist berechtigen; dies gilt nicht für Mitglieder des Wahlvorstands, wenn dieser durch gerichtliche Entscheidung durch einen anderen Wahlvorstand ersetzt worden ist.

(3a) Die Kündigung eines Arbeitnehmers, der zu einer Betriebs-, Wahl- oder Bordversammlung nach § 17 Abs. 3, § 17a Nr. 3 Satz 2, § 115 Abs. 2 Nr. 8 Satz 1 des Betriebsverfassungsgesetzes einlädt oder die Bestellung eines Wahlvorstands nach § 16 Abs. 2 Satz 1, § 17 Abs. 4, § 17a Nr. 4, § 63 Abs. 3, § 115 Abs. 2 Nr. 8 Satz 2 oder § 116 Abs. 2 Nr. 7 Satz 5 des Betriebsverfassungsgesetzes beantragt, ist vom Zeitpunkt der Einladung oder Antragstellung an bis zur Bekanntgabe des Wahlergebnisses unzulässig, es sei denn, dass Tatsachen vorliegen, die den Arbeitgeber zur Kündigung aus wichtigem Grund ohne Einhaltung einer Kündigungsfrist berechtigen; der Kündigungsschutz gilt für die ersten drei in der Einladung oder Antragstellung aufgeführten Arbeitnehmer. Wird ein Betriebsrat, eine Jugend- und Auszubildendenvertretung, eine Bordvertretung oder ein Seebetriebsrat nicht gewählt, besteht der Kündigungsschutz nach Satz 1 vom Zeit-

punkt der Einladung oder Antragstellung an drei Monate.

(4) Wird der Betrieb stillgelegt, so ist die Kündigung der in den Absätzen 1 bis 3 genannten Personen frühestens zum Zeitpunkt der Stillegung zulässig, es sei denn, daß ihre Kündigung zu einem früheren Zeitpunkt durch zwingende betriebliche Erfordernisse bedingt ist.

(5) Wird eine der in den Absätzen 1 bis 3 genannten Personen in einer Betriebsabteilung beschäftigt, die stillgelegt wird, so ist sie in eine andere Betriebsabteilung zu übernehmen. Ist dies aus betrieblichen Gründen nicht möglich, so findet auf ihre Kündigung die Vorschrift des Absatzes 4 über die Kündigung bei Stillegung des Betriebs sinngemäß Anwendung.

### § 16 Neues Arbeitsverhältnis, Auflösung des alten Arbeitsverhältnisses

Stellt das Gericht die Unwirksamkeit der Kündigung einer der in § 15 Abs. 1 bis 3a genannten Personen fest, so kann diese Person, falls sie inzwischen ein neues Arbeitsverhältnis eingegangen ist, binnen einer Woche nach Rechtskraft des Urteils durch Erklärung gegenüber dem alten Arbeitgeber die Weiterbeschäftigung bei diesem verweigern. Im übrigen finden die Vorschriften des § 11 und des § 12 Satz 2 bis 4 entsprechende Anwendung.

### Dritter Abschnitt
### Anzeigepflichtige Entlassungen

### § 17 Anzeigepflicht

(1) Der Arbeitgeber ist verpflichtet, der Agentur für Arbeit Anzeige zu erstatten, bevor er

1. in Betrieben mit in der Regel mehr als 20 und weniger als 60 Arbeitnehmern mehr als 5 Arbeitnehmer,

2. in Betrieben mit in der Regel mindestens 60 und weniger als 500 Arbeitnehmern 10 vom Hundert der im Betrieb regelmäßig be-

schäftigten Arbeitnehmer oder aber mehr als 25 Arbeitnehmer,

3. in Betrieben mit in der Regel mindestens 500 Arbeitnehmern mindestens 30 Arbeitnehmer

innerhalb von 30 Kalendertagen entläßt. Den Entlassungen stehen andere Beendigungen des Arbeitsverhältnisses gleich, die vom Arbeitgeber veranlaßt werden.

(2) Beabsichtigt der Arbeitgeber, nach Absatz 1 anzeigepflichtige Entlassungen vorzunehmen, hat er dem Betriebsrat rechtzeitig die zweckdienlichen Auskünfte zu erteilen und ihn schriftlich insbesondere zu unterrichten über

1. die Gründe für die geplanten Entlassungen,

2. die Zahl und die Berufsgruppen der zu entlassenden Arbeitnehmer,

3. die Zahl und die Berufsgruppen der in der Regel beschäftigten Arbeitnehmer,

4. den Zeitraum, in dem die Entlassungen vorgenommen werden sollen,

5. die vorgesehenen Kriterien für die Auswahl der zu entlassenden Arbeitnehmer,

6. die für die Berechnung etwaiger Abfindungen vorgesehenen Kriterien.

Arbeitgeber und Betriebsrat haben insbesondere die Möglichkeiten zu beraten, Entlassungen zu vermeiden oder einzuschränken und ihre Folgen zu mildern.

(3) Der Arbeitgeber hat gleichzeitig der Agentur für Arbeit eine Abschrift der Mitteilung an den Betriebsrat zuzuleiten; sie muß zumindest die in Absatz 2 Satz 1 Nr. 1 bis 5 vorgeschriebenen Angaben enthalten. Die Anzeige nach Absatz 1 ist schriftlich unter Beifügung der Stellungnahme des Betriebsrats zu den Entlassungen zu erstatten. Liegt eine Stellungnahme des Betriebsrats nicht vor, so ist die Anzeige wirksam, wenn der Arbeitgeber glaubhaft macht, daß er den Betriebsrat mindestens zwei Wochen vor Erstattung der Anzeige nach Absatz 2

Satz 1 unterrichtet hat, und er den Stand der Beratungen darlegt. Die Anzeige muß Angaben über den Namen des Arbeitgebers, den Sitz und die Art des Betriebes enthalten, ferner die Gründe für die geplanten Entlassungen, die Zahl und die Berufsgruppen der zu entlassenden und der in der Regel beschäftigten Arbeitnehmer, den Zeitraum, in dem die Entlassungen vorgenommen werden sollen und die vorgesehenen Kriterien für die Auswahl der zu entlassenden Arbeitnehmer. In der Anzeige sollen ferner im Einvernehmen mit dem Betriebsrat für die Arbeitsvermittlung Angaben über Geschlecht, Alter, Beruf und Staatsangehörigkeit der zu entlassenden Arbeitnehmer gemacht werden. Der Arbeitgeber hat dem Betriebsrat eine Abschrift der Anzeige zuzuleiten. Der Betriebsrat kann gegenüber der Agentur für Arbeit weitere Stellungnahmen abgeben. Er hat dem Arbeitgeber eine Abschrift der Stellungnahme zuzuleiten.

(3a) Die Auskunfts-, Beratungs- und Anzeigepflichten nach den Absätzen 1 bis 3 gelten auch dann, wenn die Entscheidung über die Entlassungen von einem den Arbeitgeber beherrschenden Unternehmen getroffen wurde. Der Arbeitgeber kann sich nicht darauf berufen, daß das für die Entlassungen verantwortliche Unternehmen die notwendigen Auskünfte nicht übermittelt hat.

(4) Das Recht zur fristlosen Entlassung bleibt unberührt. Fristlose Entlassungen werden bei Berechnung der Mindestzahl der Entlassungen nach Absatz 1 nicht mitgerechnet.

(5) Als Arbeitnehmer im Sinne dieser Vorschrift gelten nicht

1. in Betrieben einer juristischen Person die Mitglieder des Organs, das zur gesetzlichen Vertretung der juristischen Person berufen ist,

2. in Betrieben einer Personengesamtheit die durch Gesetz, Satzung oder Gesellschaftsvertrag zur Vertretung der Personengesamtheit berufenen Personen,

3. Geschäftsführer, Betriebsleiter und ähnliche leitende Personen, soweit diese zur selbständigen Einstellung oder Entlassung von Arbeitnehmern berechtigt sind.

### § 18 Entlassungssperre

(1) Entlassungen, die nach § 17 anzuzeigen sind, werden vor Ablauf eines Monats nach Eingang der Anzeige bei der Agentur für Arbeit nur mit deren Zustimmung wirksam; die Zustimmung kann auch rückwirkend bis zum Tage der Antragstellung erteilt werden.

(2) Die Agentur für Arbeit kann im Einzelfall bestimmen, daß die Entlassungen nicht vor Ablauf von längstens zwei Monaten nach Eingang der Anzeige wirksam werden.

(3) (weggefallen)

(4) Soweit die Entlassungen nicht innerhalb von 90 Tagen nach dem Zeitpunkt, zu dem sie nach den Absätzen 1 und 2 zulässig sind, durchgeführt werden, bedarf es unter den Voraussetzungen des § 17 Abs. 1 einer erneuten Anzeige.

### § 19 Zulässigkeit von Kurzarbeit

(1) Ist der Arbeitgeber nicht in der Lage, die Arbeitnehmer bis zu dem in § 18 Abs. 1 und 2 bezeichneten Zeitpunkt voll zu beschäftigen, so kann die Bundesagentur für Arbeit zulassen, daß der Arbeitgeber für die Zwischenzeit Kurzarbeit einführt.

(2) Der Arbeitgeber ist im Falle der Kurzarbeit berechtigt, Lohn oder Gehalt der mit verkürzter Arbeitszeit beschäftigten Arbeitnehmer entsprechend zu kürzen; die Kürzung des Arbeitsentgelts wird jedoch erst von dem Zeitpunkt an wirksam, an dem das Arbeitsverhältnis nach den allgemeinen gesetzlichen oder den vereinbarten Bestimmungen enden würde.

(3) Tarifvertragliche Bestimmungen über die Einführung, das Ausmaß und die Bezahlung von Kurzarbeit werden durch die Absätze 1 und 2 nicht berührt.

### § 20 Entscheidungen der Agentur für Arbeit

(1) Die Entscheidungen der Agentur für Arbeit nach § 18 Abs. 1 und 2 trifft deren Geschäftsführung oder ein Ausschuß (Entscheidungsträger). Die Geschäftsführung darf nur dann entscheiden, wenn die Zahl der Entlassungen weniger als 50 beträgt.

(2) Der Ausschuß setzt sich aus dem Geschäftsführer, der Geschäftsführerin oder dem oder der Vorsitzenden der Geschäftsführung der Agentur für Arbeit oder einem von ihm oder ihr beauftragten Angehörigen der Agentur für Arbeit als Vorsitzenden und je zwei Vertretern der Arbeitnehmer, der Arbeitgeber und der öffentlichen Körperschaften zusammen, die von dem Verwaltungsausschuss der Agentur für Arbeit benannt werden. Er trifft seine Entscheidungen mit Stimmenmehrheit.

(3) Der Entscheidungsträger hat vor seiner Entscheidung von Arbeitgeber und den Betriebsrat anzuhören. Dem Entscheidungsträger sind, insbesondere vom Arbeitgeber und Betriebsrat, die von ihm für die Beurteilung des Falles erforderlich gehaltenen Auskünfte zu erteilen.

(4) Der Entscheidungsträger hat sowohl das Interesse des Arbeitgebers als auch das der zu entlassenden Arbeitnehmer, das öffentliche Interesse und die Lage des gesamten Arbeitsmarktes unter besonderer Beachtung des Wirtschaftszweiges, dem der Betrieb angehört, zu berücksichtigen.

### § 21 Entscheidungen der Zentrale der Bundesagentur für Arbeit

Für Betriebe, die zum Geschäftsbereich des Bundesministers für Verkehr oder des Bundesministers für Post und Telekommunikation gehören, trifft, wenn mehr als 500 Arbeitnehmer entlassen werden sollen, ein gemäß § 20 Abs. 1 bei der Zentrale der Bundesagentur für Arbeit zu bildender Ausschuß die Entscheidungen nach § 18 Abs. 1 und 2. Der zuständige Bundesminister kann zwei Vertreter mit beratender Stimme in den Ausschuß entsenden. Die Anzeigen nach § 17 sind in diesem Falle an die Zentrale der Bundesagentur für Arbeit zu erstatten. Im übrigen gilt § 20 Abs. 1 bis 3 entsprechend.

### § 22 Ausnahmebetriebe

(1) Auf Saisonbetriebe und Kampagne-Betriebe finden die Vorschriften dieses Abschnitts bei Entlassungen, die durch diese Eigenart der Betriebe bedingt sind, keine Anwendung.

(2) Keine Saisonbetriebe oder Kampagne-Betriebe sind Betriebe des Baugewerbes, in denen die ganzjährige Beschäftigung nach dem Dritten Buch Sozialgesetzbuch gefördert wird. Das Bundesministerium für Arbeit und Soziales wird ermächtigt, durch Rechtsverordnung Vorschriften zu erlassen, welche Betriebe als Saisonbetriebe oder Kampagne-Betriebe im Sinne des Absatzes 1 gelten.

### Vierter Abschnitt
### Schlußbestimmungen

### § 23 Geltungsbereich

(1) Die Vorschriften des Ersten und Zweiten Abschnitts gelten für Betriebe und Verwaltungen des privaten und des öffentlichen Rechts, vorbehaltlich der Vorschriften des § 24 für die Seeschiffahrts-, Binnenschiffahrts- und Luftverkehrsbetriebe. Die Vorschriften des Ersten Abschnitts gelten mit Ausnahme der §§ 4 bis 7 und des § 13 Abs. 1 Satz 1 und 2 nicht für Betriebe und Verwaltungen, in denen in der Regel fünf oder weniger Arbeitnehmer ausschließlich der zu ihrer Berufsbildung Beschäftigten beschäftigt werden. In Betrieben und Verwaltungen, in denen in der Regel zehn oder weniger Arbeitnehmer ausschließlich der zu ihrer Berufsbildung Beschäftigten beschäftigt werden, gelten die Vorschriften des Ersten Abschnitts mit Ausnahme der §§ 4 bis 7 und des § 13 Abs. 1 Satz 1 und 2 nicht für Arbeitnehmer, de-

ren Arbeitsverhältnis nach dem 31. Dezember 2003 begonnen hat; diese Arbeitnehmer sind bei der Feststellung der Zahl der beschäftigten Arbeitnehmer nach Satz 2 bis zur Beschäftigung von in der Regel zehn Arbeitnehmern nicht zu berücksichtigen. Bei der Feststellung der Zahl der beschäftigten Arbeitnehmer nach den Sätzen 2 und 3 sind teilzeitbeschäftigte Arbeitnehmer mit einer regelmäßigen wöchentlichen Arbeitszeit von nicht mehr als 20 Stunden mit 0,5 und nicht mehr als 30 Stunden mit 0,75 zu berücksichtigen.

(2) Die Vorschriften des Dritten Abschnitts gelten für Betriebe und Verwaltungen des privaten Rechts sowie für Betriebe, die von einer öffentlichen Verwaltung geführt werden, soweit sie wirtschaftliche Zwecke verfolgen. Sie gelten nicht für Seeschiffe und ihre Besatzung.

### § 24 Anwendung des Gesetzes auf Betriebe der Schiffahrt und des Luftverkehrs

(1) Die Vorschriften des Ersten und Zweiten Abschnitts finden nach Maßgabe der Absätze 2 bis 5 auf Arbeitsverhältnisse der Besatzung von Seeschiffen, Binnenschiffen und Luftfahrzeugen Anwendung. Als Betrieb im Sinne dieses Gesetzes gilt jeweils die Gesamtheit der Seeschiffe oder der Binnenschiffe eines Schiffahrtsbetriebs oder der Luftfahrzeuge eines Luftverkehrsbetriebs.

(2) Dauert die erste Reise eines Besatzungsmitglieds im Dienst einer Reederei oder eines Luftverkehrsbetriebs länger als sechs Monate, so verlängert sich die Sechsmonatsfrist des § 1 Abs. 1 bis drei Tage nach Beendigung dieser Reise.

(3) Die Klage nach § 4 ist binnen drei Wochen, nachdem das Besatzungsmitglied zum Sitz des Betriebs zurückgekehrt ist, zu erheben, spätestens jedoch binnen sechs Wochen nach Zugang der Kündigung. Wird die Kündigung während der Fahrt des Schiffes oder des Luftfahrzeugs ausgesprochen, so beginnt die sechswöchige Frist nicht vor dem Tage, an dem das Schiff oder das

Luftfahrzeug einen deutschen Hafen oder Liegeplatz erreicht. An die Stelle der Dreiwochenfrist in § 6 treten die hier in den Sätzen 1 und 2 bestimmten Fristen.

(4) Für Klagen der Kapitäne und der Besatzungsmitglieder im Sinne der §§ 2 und 3 des Seemannsgesetzes nach § 4 dieses Gesetzes tritt an die Stelle des Arbeitsgerichts das Gericht, das für Streitigkeiten aus dem Arbeitsverhältnis dieser Personen zuständig ist. Soweit in Vorschriften des Seemannsgesetzes für die Streitigkeiten aus dem Arbeitsverhältnis Zuständigkeiten des Seemannsamts begründet sind, finden die Vorschriften auf Streitigkeiten über Ansprüche aus diesem Gesetz keine Anwendung.

(5) Der Kündigungsschutz des Ersten Abschnitts gilt, abweichend von § 14, auch für den Kapitän und die übrigen als leitende Angestellte im Sinne des § 14 anzusehenden Angehörigen der Besatzung.

### § 25 Kündigung in Arbeitskämpfen

Die Vorschriften dieses Gesetzes finden keine Anwendung auf Kündigungen und Entlassungen, die lediglich als Maßnahmen in wirtschaftlichen Kämpfen zwischen Arbeitgebern und Arbeitnehmern vorgenommen werden.

### § 25a Berlin-Klausel

Dieses Gesetz gilt nach Maßgabe des § 13 Abs. 1 des Dritten Überleitungsgesetzes auch im Land Berlin. Rechtsverordnungen, die auf Grund dieses Gesetzes erlassen werden, gelten im Land Berlin nach § 14 des Dritten Überleitungsgesetzes.

### § 26 Inkrafttreten

Dieses Gesetz tritt am Tag nach seiner Verkündung in Kraft.

# Verordnung über das Errichten, Betreiben und Anwenden von Medizinprodukten

(Medizinprodukte-Betreiberverordnung – MPBetreibV)

Vom 21. August 2002
(BGBl. I S. 3396)

Zuletzt geändert durch Art. 4 des Gesetzes
vom 29. Juli 2009
(BGBl. I S. 2326)

## Abschnitt 1
## Anwendungsbereich und allgemeine Vorschriften

### § 1 Anwendungsbereich

(1) Diese Verordnung gilt für das Errichten, Betreiben, Anwenden und Instandhalten von Medizinprodukten nach § 3 des Medizinproduktegesetzes mit Ausnahme der Medizinprodukte zur klinischen Prüfung oder zur Leistungsbewertungsprüfung.

(2) Diese Verordnung gilt nicht für Medizinprodukte, die weder gewerblichen noch wirtschaftlichen Zwecken dienen und in deren Gefahrenbereich keine Arbeitnehmer beschäftigt sind.

### § 2 Allgemeine Anforderungen

(1) Medizinprodukte dürfen nur ihrer Zweckbestimmung entsprechend und nach den Vorschriften dieser Verordnung, den allgemein anerkannten Regeln der Technik sowie den Arbeitsschutz- und Unfallverhütungsvorschriften errichtet, betrieben, angewendet und in Stand gehalten werden.

(2) Medizinprodukte dürfen nur von Personen errichtet, betrieben, angewendet und in Stand gehalten werden, die dafür die erforderliche Ausbildung oder Kenntnis und Erfahrung besitzen.

(3) Miteinander verbundene Medizinprodukte sowie mit Zubehör einschließlich Software oder mit anderen Gegenständen verbundene Medizinprodukte dürfen nur betrieben und angewendet werden, wenn sie dazu unter Berücksichtigung der Zweckbestimmung und der Sicherheit der Patienten, Anwender, Beschäftigten oder Dritten geeignet sind.

(4) Der Betreiber darf nur Personen mit dem Errichten und Anwenden von Medizinprodukten beauftragen, die die in Absatz 2 genannten Voraussetzungen erfüllen.

(5) Der Anwender hat sich vor der Anwendung eines Medizinproduktes von der Funktionsfähigkeit und dem ordnungsgemäßen Zustand des Medizinproduktes zu überzeugen und die Gebrauchsanweisung sowie die sonstigen beigefügten sicherheitsbezogenen Informationen und Instandhaltungshinweise zu beachten. Satz 1 gilt entsprechend für die mit dem Medizinprodukt zur Anwendung miteinander verbundenen Medizinprodukte sowie Zubehör einschließlich Software und anderen Gegenständen.

(6) Medizinprodukte der Anlage 2 dürfen nur betrieben und angewendet werden, wenn sie die Fehlergrenzen nach § 11 Abs. 2 einhalten.

(7) Sofern Medizinprodukte in Bereichen errichtet, betrieben oder angewendet werden, in denen die Atmosphäre auf Grund der örtlichen oder betrieblichen Verhältnisse explosionsfähig werden kann, findet die Verordnung über elektrische Anlagen in explosionsgefährdeten Bereichen in der Fassung der Bekanntmachung vom 13. Dezember 1996 (BGBl I S. 1931) in der jeweils geltenden Fassung entsprechende Anwendung.

(8) Die Vorschriften zu den wiederkehrenden Prüfungen von Medizinprodukten nach den Unfallverhütungsvorschriften bleiben unberührt, es sei denn, der Prüfungsumfang ist in den sicherheitstechnischen Kontrollen nach § 6 enthalten.

### § 3 Meldung von Vorkommnissen

Die Meldepflichten und sonstigen Verpflichtungen für Betreiber und Anwender im Zusammenhang mit dem Medizinprodukte-Beobachtungs- und -Meldesystem ergeben sich aus der Medizinprodukte-Sicherheitsplanverordnung.

### § 4 Instandhaltung

(1) Der Betreiber darf nur Personen, Betriebe oder Einrichtungen mit der Instandhaltung (Wartung, Inspektion, Instandsetzung und Aufbereitung) von Medizinprodukten beauftragen,

die die Sachkenntnis, Voraussetzungen und die erforderlichen Mittel zur ordnungsgemäßen Ausführung dieser Aufgabe besitzen.

(2) Die Aufbereitung von bestimmungsgemäß keimarm oder steril zur Anwendung kommenden Medizinprodukten ist unter Berücksichtigung der Angaben des Herstellers mit geeigneten validierten Verfahren so durchzuführen, dass der Erfolg dieser Verfahren nachvollziehbar gewährleistet ist und die Sicherheit und Gesundheit von Patienten, Anwendern oder Dritten nicht gefährdet wird. Dies gilt auch für Medizinprodukte, die vor der erstmaligen Anwendung desinfiziert oder sterilisiert werden. Eine ordnungsgemäße Aufbereitung nach Satz 1 wird vermutet, wenn die gemeinsame Empfehlung der Kommission für Krankenhaushygiene und Infektionsprävention am Robert Koch-Institut und des Bundesinstitutes für Arzneimittel und Medizinprodukte zu den Anforderungen an die Hygiene bei der Aufbereitung von Medizinprodukten beachtet wird. Die Fundstelle wird vom Bundesministerium für Gesundheit im Bundesanzeiger bekannt gemacht.

(3) Die Voraussetzungen nach Absatz 1 werden erfüllt, wenn die mit der Instandhaltung Beauftragten

1. auf Grund ihrer Ausbildung und praktischen Tätigkeit über die erforderlichen Sachkenntnisse bei der Instandhaltung von Medizinprodukten und

2. über die hierfür erforderlichen Räume einschließlich deren Beschaffenheit, Größe, Ausstattung und Einrichtung sowie über die erforderlichen Geräte und sonstigen Arbeitsmittel

verfügen und in der Lage sind, diese nach Art und Umfang ordnungsgemäß und nachvollziehbar durchzuführen.

(4) Nach Wartung oder Instandsetzung an Medizinprodukten müssen die für die Sicherheit und Funktionstüchtigkeit wesentlichen konstruktiven und funktionellen Merkmale geprüft

werden, soweit sie durch die Instandhaltungsmaßnahmen beeinflusst werden können.

(5) Die durch den Betreiber mit den Prüfungen nach Absatz 4 beauftragten Personen, Betriebe oder Einrichtungen müssen die Voraussetzungen nach Absatz 3 erfüllen und bei der Durchführung und Auswertung der Prüfungen in ihrer fachlichen Beurteilung weisungsunabhängig sein.

## § 4a Qualitätssicherung in medizinischen Laboratorien

(1) Wer laboratoriumsmedizinische Untersuchungen durchführt, hat ein Qualitätssicherungssystem nach dem allgemein anerkannten Stand der medizinischen Wissenschaft und Technik zur Aufrechterhaltung der erforderlichen Qualität, Sicherheit und Leistung bei der Anwendung von In-vitro-Diagnostika sowie zur Sicherstellung der Zuverlässigkeit der damit erzielten Ergebnisse einzurichten. Eine ordnungsgemäße Qualitätssicherung in medizinischen Laboratorien wird vermutet, wenn die Teile A und B1 der Richtlinie der Bundesärztekammer zur Qualitätssicherung laboratoriumsmedizinischer Untersuchungen vom 23. November 2007 (Deutsches Ärzteblatt 105, S. A 341 bis 355) beachtet werden.

(2) Wer im Bereich der Heilkunde mit Ausnahme der Zahnheilkunde quantitative laboratoriumsmedizinische Untersuchungen durchführt, hat für die in der Anlage 1 der Richtlinie der Bundesärztekammer zur Qualitätssicherung quantitativer laboratoriumsmedizinischer Untersuchungen vom 24. August 2001 (Deutsches Ärzteblatt 98, S. A 2747), die zuletzt durch Beschluss des Vorstandes der Bundesärztekammer vom 14. November 2003 (Deutsches Ärzteblatt 100, S. A 3335) geändert worden ist, oder die in der Tabelle B1 der Richtlinie der Bundesärztekammer zur Qualitätssicherung laboratoriumsmedizinischer Untersuchungen vom 23. November 2007 (Deutsches Ärzteblatt 105, S. A 341 bis 355) aufgeführten

Messgrößen die Messergebnisse durch Kontrolluntersuchungen (interne Qualitätssicherung) und durch Teilnahme an einer Vergleichsuntersuchung je Messgröße pro Quartal (Ringversuche – externe Qualitätssicherung) gemäß der jeweiligen Richtlinie zu überwachen.

(3) Ab dem 1. April 2010 ist die interne und externe Qualitätssicherung gemäß Absatz 2 nur noch nach der in Absatz 1 Satz 2 genannten Richtlinie durchzuführen.

(4) Die Unterlagen über das eingerichtete Qualitätssicherungssystem, die durchgeführten Kontrolluntersuchungen und die Bescheinigungen über die Teilnahme an den Ringversuchen sowie die erteilten Ringversuchszertifikate sind für die Dauer von fünf Jahren aufzubewahren, sofern auf Grund anderer Vorschriften keine längere Aufbewahrungsfrist vorgeschrieben ist. Die Unterlagen sind der zuständigen Behörde auf Verlangen vorzulegen.

**Abschnitt 2**
**Spezielle Vorschriften für aktive**
**Medizinprodukte**

**§ 5 Betreiben und Anwenden**

(1) Der Betreiber darf ein in der Anlage 1 aufgeführtes Medizinprodukt nur betreiben, wenn zuvor der Hersteller oder eine dazu befugte Person, die im Einvernehmen mit dem Hersteller handelt,

1. dieses Medizinprodukt am Betriebsort einer Funktionsprüfung unterzogen hat und und

2. die vom Betreiber beauftragte Person anhand der Gebrauchsanweisung sowie beigefügter sicherheitsbezogener Informationen und Instandhaltungshinweise in die sachgerechte Handhabung und Anwendung und den Betrieb des Medizinproduktes sowie in die zulässige Verbindung mit anderen Medizinprodukten, Gegenständen und Zubehör eingewiesen hat.

Eine Einweisung nach Nummer 2 ist nicht erforderlich, sofern diese für ein baugleiches Medizinprodukt bereits erfolgt ist.

(2) In der Anlage 1 aufgeführte Medizinprodukte dürfen nur von Personen angewendet werden, die die Voraussetzungen nach § 2 Abs. 2 erfüllen und die durch den Hersteller oder durch eine nach Absatz 1 Nr. 2 vom Betreiber beauftragte Person unter Berücksichtigung der Gebrauchsanweisung in die sachgerechte Handhabung dieses Medizinproduktes eingewiesen worden sind.

(3) Die Durchführung der Funktionsprüfung nach Absatz 1 Nr. 1 und die Einweisung der vom Betreiber beauftragten Person nach Absatz 1 Nr. 2 sind zu belegen.

**§ 6 Sicherheitstechnische Kontrollen**

(1) Der Betreiber hat bei Medizinprodukten, für die der Hersteller sicherheitstechnische Kontrollen vorgeschrieben hat, diese nach den Angaben des Herstellers und den allgemein anerkannten Regeln der Technik sowie in den vom Hersteller angegebenen Fristen durchzuführen oder durchführen zu lassen. Soweit der Hersteller für die in der Anlage 1 aufgeführten Medizinprodukte keine sicherheitstechnischen Kontrollen vorgeschrieben und diese auch nicht ausdrücklich ausgeschlossen hat, hat der Betreiber sicherheitstechnische Kontrollen nach den allgemein anerkannten Regeln der Technik und zwar in solchen Fristen durchzuführen oder durchführen zu lassen, mit denen entsprechende Mängel, mit denen auf Grund der Erfahrungen gerechnet werden muss, rechtzeitig festgestellt werden können. Die Kontrollen nach Satz 2 sind jedoch spätestens alle zwei Jahre durchzuführen. Die sicherheitstechnischen Kontrollen schließen die Messfunktionen ein. Für andere Medizinprodukte, Zubehör, Software und andere Gegenstände, die der Betreiber bei Medizinprodukten nach den Sätzen 1 und 2 verbunden verwendet, gelten die Sätze 1 bis 4 entsprechend.

(2) Die zuständige Behörde kann im Einzelfall die Fristen nach Absatz 1 Satz 1 und 3 auf Antrag des Betreibers in begründeten Fällen verlängern, soweit die Sicherheit auf andere Weise gewährleistet ist.

(3) Über die sicherheitstechnische Kontrolle ist ein Protokoll anzufertigen, das das Datum der Durchführung und die Ergebnisse der sicherheitstechnischen Kontrolle unter Angabe der ermittelten Messwerte, der Messverfahren und sonstiger Beurteilungsergebnisse enthält. Das Protokoll hat der Betreiber zumindest bis zur nächsten sicherheitstechnischen Kontrolle aufzubewahren.

(4) Eine sicherheitstechnische Kontrolle darf nur durchführen, wer

1. auf Grund seiner Ausbildung, Kenntnisse und durch praktische Tätigkeit gewonnenen Erfahrungen die Gewähr für eine ordnungsgemäße Durchführung der sicherheitstechnischen Kontrollen bietet,

2. hinsichtlich der Kontrolltätigkeit keiner Weisung unterliegt und

3. über geeignete Mess- und Prüfeinrichtungen verfügt.

Die Voraussetzungen nach Satz 1 sind durch die Person, die sicherheitstechnische Kontrollen durchführt, auf Verlangen der zuständigen Behörde nachzuweisen.

(5) Der Betreiber darf nur Personen mit der Durchführung sicherheitstechnischer Kontrollen beauftragen, die die in Absatz 4 Satz 1 genannten Voraussetzungen erfüllen.

### § 7 Medizinproduktebuch

(1) Für die in den Anlagen 1 und 2 aufgeführten Medizinprodukte hat der Betreiber ein Medizinproduktebuch mit den Angaben nach Absatz 2 Satz 1 zu führen. Für das Medizinproduktebuch sind alle Datenträger zulässig, sofern die in Absatz 2 Satz 1 genannten Angaben während der Dauer der Aufbewahrungsfrist verfügbar sind. Ein Medizinproduktebuch nach

Satz 1 ist nicht für elektronische Fieberthermometer als Kompaktthermometer und Blutdruckmessgeräte mit Quecksilber- oder Aneroidmanometer zur nichtinvasiven Messung zu führen.

(2) In das Medizinproduktebuch sind folgende Angaben zu dem jeweiligen Medizinprodukt einzutragen:

1. Bezeichnung und sonstige Angaben zur Identifikation des Medizinproduktes,

2. Beleg über Funktionsprüfung und Einweisung nach § 5 Abs. 1,

3. Name des nach § 5 Abs. 1 Nr. 2 Beauftragten, Zeitpunkt der Einweisung sowie Namen der eingewiesenen Personen,

4. Fristen und Datum der Durchführung sowie das Ergebnis von vorgeschriebenen sicherheits- und messtechnischen Kontrollen und Datum von Instandhaltungen sowie der Name der verantwortlichen Person oder der Firma, die diese Maßnahme durchgeführt hat,

5. soweit mit Personen oder Institutionen Verträge zur Durchführung von sicherheits- oder messtechnischen Kontrollen oder Instandhaltungsmaßnahmen bestehen, deren Namen oder Firma sowie Anschrift,

6. Datum, Art und Folgen von Funktionsstörungen und wiederholten gleichartigen Bedienungsfehlern,

7. Meldungen von Vorkommnissen an Behörden und Hersteller.

Bei den Angaben nach Nummer 1 sollte die Bezeichnung nach der vom Deutschen Institut für medizinische Dokumentation und Information (DIMDI) veröffentlichten Nomenklatur für Medizinprodukte eingesetzt werden. Das Bundesministerium für Gesundheit macht die Bezugsquelle der jeweils geltenden Nomenklatur für Medizinprodukte im Bundesanzeiger bekannt.

(3) Der zuständigen Behörde ist auf Verlangen am Betriebsort jederzeit Einsicht in die Medizinproduktebücher zu gewähren.

## § 8 Bestandsverzeichnis

(1) Der Betreiber hat für alle aktiven nicht implantierbaren Medizinprodukte der jeweiligen Betriebsstätte ein Bestandsverzeichnis zu führen. Die Aufnahme in ein Verzeichnis, das auf Grund anderer Vorschriften geführt wird, ist zulässig.

(2) In das Bestandsverzeichnis sind für jedes Medizinprodukt nach Absatz 1 folgende Angaben einzutragen:

1. Bezeichnung, Art und Typ, Loscode oder die Seriennummer, Anschaffungsjahr des Medizinproduktes,

2. Name oder Firma und die Anschrift des für das jeweilige Medizinprodukt Verantwortlichen nach § 5 des Medizinproduktegesetzes,

3. die der CE-Kennzeichnung hinzugefügte Kennnummer der Benannten Stelle, soweit diese nach den Vorschriften des Medizinproduktegesetzes angegeben ist,

4. soweit vorhanden, betriebliche Identifikationsnummer,

5. Standort und betriebliche Zuordnung,

6. die vom Hersteller angegebene Frist für die sicherheitstechnische Kontrolle nach § 6 Abs. 1 Satz 1 oder die vom Betreiber nach § 6 Abs. 1 Satz 2 festgelegte Frist für die sicherheitstechnische Kontrolle.

Bei den Angaben nach Nummer 1 sollte zusätzlich die Bezeichnung nach der vom Deutschen Institut für medizinische Dokumentation und Information (DIMDI) veröffentlichten Nomenklatur für Medizinprodukte eingesetzt werden. § 7 Abs. 2 Satz 3 gilt entsprechend.

(3) Die zuständige Behörde kann Betreiber von der Pflicht zur Führung eines Bestandsverzeichnisses oder von der Aufnahme bestimmter Medizinprodukte in das Bestandsverzeichnis befreien. Die Notwendigkeit zur Befreiung ist vom Betreiber eingehend zu begründen.

(4) Für das Bestandsverzeichnis sind alle Datenträger zulässig, sofern die Angaben nach Absatz 2 Satz 1 innerhalb einer angemessenen Frist lesbar gemacht werden können.

(5) Der zuständigen Behörde ist auf Verlangen beim Betreiber jederzeit Einsicht in das Bestandsverzeichnis zu gewähren.

## § 9 Aufbewahrung der Gebrauchsanweisungen und der Medizinproduktebücher

(1) Die Gebrauchsanweisungen und die dem Medizinprodukt beigefügten Hinweise sind so aufzubewahren, dass die für die Anwendung des Medizinproduktes erforderlichen Angaben dem Anwender jederzeit zugänglich sind.

(2) Das Medizinproduktebuch ist so aufzubewahren, dass die Angaben dem Anwender während der Arbeitszeit zugänglich sind. Nach der Außerbetriebnahme des Medizinproduktes ist das Medizinproduk tebuch noch fünf Jahre aufzubewahren.

## § 10 Patienteninformation bei aktiven implantierbaren Medizinprodukten

(1) Die für die Implantation verantwortliche Person hat dem Patienten, dem ein aktives Medizinprodukt implantiert wurde, nach Abschluss der Implantation eine schriftliche Information auszuhändigen, in der die für die Sicherheit des Patienten nach der Implantation notwendigen Verhaltensanweisungen in allgemein verständlicher Weise enthalten sind. Außerdem müssen diese Informationen Angaben enthalten, welche Maßnahmen bei einem Vorkommnis mit dem Medizinprodukt zu treffen sind und in welchen Fällen der Patient einen Arzt aufsuchen sollte.

(2) Die für die Implantation eines aktiven Medizinproduktes verantwortliche Person hat folgende Daten zu dokumentieren und der Patienteninformation nach Absatz 1 beizufügen:

1. Name des Patienten,

2. Bezeichnung, Art und Typ, Loscode oder die Seriennummer des Medizinproduktes,

3. Name oder Firma des Herstellers des Medizinproduktes,

4. Datum der Implantation,

5. Name der verantwortlichen Person, die die Implantation durchgeführt hat,

6. Zeitpunkt der nachfolgenden Kontrolluntersuchungen.

Die wesentlichen Ergebnisse der Kontrolluntersuchungen sind in der Patienteninformation zu vermerken.

**Abschnitt 3**
**Medizinprodukte mit Messfunktion**

**§ 11 Messtechnische Kontrollen**

(1) Der Betreiber hat messtechnische Kontrollen

1. für die in der Anlage 2 aufgeführten Medizinprodukte,

2. für die Medizinprodukte, die nicht in der Anlage 2 aufgeführt sind und für die jedoch der Hersteller solche Kontrollen vorgesehen hat,

nach Maßgabe der Absätze 3 und 4 auf der Grundlage der anerkannten Regeln der Technik durchzuführen oder durchführen zu lassen. Messtechnische Kontrollen können auch in Form von Vergleichsmessungen durchgeführt werden, soweit diese in der Anlage 2 für bestimmte Medizinprodukte vorgesehen sind.

(2) Durch die messtechnischen Kontrollen wird festgestellt, ob das Medizinprodukt die zulässigen maximalen Messabweichungen (Fehlergrenzen) nach Satz 2 einhält. Bei den messtechnischen Kontrollen werden die Fehlergrenzen zugrunde gelegt, die der Hersteller in seiner Gebrauchsanweisung angegeben hat. Enthält eine Gebrauchsanweisung keine Angaben über Fehlergrenzen, sind in harmonisierten Normen festgelegte Fehlergrenzen einzuhalten.

Liegen dazu keine harmonisierten Normen vor, ist vom Stand der Technik auszugehen.

(3) Für die messtechnischen Kontrollen dürfen, sofern keine Vergleichsmessungen nach Absatz 1 Satz 2 durchgeführt werden, nur messtechnische Normale benutzt werden, die rückverfolgbar an ein nationales oder internationales Normal angeschlossen sind und hinreichend kleine Fehlergrenzen und Messunsicherheiten einhalten. Die Fehlergrenzen gelten als hinreichend klein, wenn sie ein Drittel der Fehlergrenzen des zu prüfenden Medizinproduktes nicht überschreiten.

(4) Die messtechnischen Kontrollen der Medizinprodukte nach Absatz 1 Satz 1 Nr. 1 sind, soweit vom Hersteller nicht anders angegeben, innerhalb der in Anlage 2 festgelegten Fristen und der Medizinprodukte nach Absatz 1 Satz 1 Nr. 2 nach den vom Hersteller vorgegebenen Fristen durchzuführen. Soweit der Hersteller keine Fristen bei den Medizinprodukten nach Absatz 1 Satz 1 Nr. 2 angegeben hat, hat der Betreiber messtechnische Kontrollen in solchen Fristen durchzuführen oder durchführen zu lassen, mit denen entsprechende Mängel, mit denen auf Grund der Erfahrungen gerechnet werden muss, rechtzeitig festgestellt werden können, mindestens jedoch alle zwei Jahre. Für die Wiederholungen der messtechnischen Kontrollen gelten dieselben Fristen. Die Fristen beginnen mit Ablauf des Jahres, in dem die Inbetriebnahme des Medizinproduktes erfolgte oder die letzte messtechnische Kontrolle durchgeführt wurde. Eine messtechnische Kontrolle ist unverzüglich durchzuführen, wenn

1. Anzeichen dafür vorliegen, dass das Medizinprodukt die Fehlergrenzen nach Absatz 2 nicht einhält oder

2. die messtechnischen Eigenschaften des Medizinproduktes durch einen Eingriff oder auf andere Weise beeinflusst worden sein könnten.

(5) Messtechnische Kontrollen dürfen nur durchführen

1. für das Messen zuständige Behörden oder

2. Personen, die die Voraussetzungen des § 6 Abs. 4 entsprechend für messtechnische Kontrollen erfüllen.

Personen, die messtechnische Kontrollen durchführen, haben vor Aufnahme ihrer Tätigkeit dies der zuständigen Behörde anzuzeigen und auf deren Verlangen das Vorliegen der Voraussetzungen nach Satz 1 Nr. 2 nachzuweisen.

(6) Der Betreiber darf mit der Durchführung der messtechnischen Kontrollen nur Behörden oder Personen beauftragen, die die Voraussetzungen nach Absatz 5 Satz 1 erfüllen.

(7) Derjenige, der messtechnische Kontrollen durchführt, hat die Ergebnisse der messtechnischen Kontrolle unter Angabe der ermittelten Messwerte, der Messverfahren und sonstiger Beurteilungsergebnisse in das Medizinproduktebuch unverzüglich einzutragen, soweit dieses nach § 7 Abs. 1 zu führen ist.

(8) Derjenige, der messtechnische Kontrollen durchführt, hat das Medizinprodukt nach erfolgreicher messtechnischer Kontrolle mit einem Zeichen zu kennzeichnen. Aus diesem muss das Jahr der nächsten messtechnischen Kontrolle und die Behörde oder Person, die die messtechnische Kontrolle durchgeführt hat, eindeutig und rückverfolgbar hervorgehen.

### Abschnitt 4
### Vorschriften für die Bundeswehr

#### § 12 Medizinprodukte der Bundeswehr

(1) Für Medizinprodukte im Bereich der Bundeswehr stehen die Befugnisse nach § 6 Abs. 2 und § 8 Abs. 3 sowie die Aufsicht über die Ausführung dieser Verordnung dem Bundesministerium der Verteidigung oder den von ihm bestimmten zuständigen Stellen und Sachverständigen zu.

(2) Das Bundesministerium der Verteidigung kann für Medizinprodukte im Bereich der Bun-

deswehr Ausnahmen von den Vorschriften dieser Verordnung zulassen, wenn

1. dies zur Durchführung der besonderen Aufgaben gerechtfertigt ist oder

2. die Besonderheiten eingelagerter Medizinprodukte dies erfordern oder

3. die Erfüllung zwischenstaatlicher Verpflichtungen der Bundesrepublik Deutschland dies erfordern

und die Sicherheit einschließlich der Messsicherheit auf andere Weise gewährleistet ist.

### Abschnitt 5
### Ordnungswidrigkeiten

#### § 13 Ordnungswidrigkeiten

Ordnungswidrig im Sinne des § 42 Abs. 2 Nr. 16 des Medizinproduktegesetzes handelt, wer vorsätzlich oder fahrlässig

1. entgegen § 2 Abs. 6 ein Medizinprodukt betreibt oder anwendet,

2. entgegen § 4 Abs. 1 eine Person, einen Betrieb oder eine Einrichtung beauftragt,

3. entgegen § 4 Abs. 2 Satz 1 die Aufbereitung eines dort genannten Medizinproduktes nicht richtig durchführt,

3a. entgegen § 4a Absatz 2 Messergebnisse nicht oder nicht in der vorgeschriebenen Weise überwacht,

3b. entgegen § 4a Satz 2 eine Unterlage oder eine Bescheinigung nicht oder nicht mindestens fünf Jahre aufbewahrt oder nicht oder nicht rechtzeitig vorlegt,

4. entgegen § 5 Abs. 1 Satz 1 oder Abs. 2 oder § 15 Nr. 5 Satz 1 ein Medizinprodukt betreibt oder anwendet,

5. entgegen § 6 Abs. 1 Satz 1, 2, 3 oder 4, jeweils auch in Verbindung mit Satz 5, oder § 11 Abs. 1 Satz 1 oder § 15 Nr. 6 eine

Kontrolle nicht, nicht richtig oder nicht rechtzeitig durchführt und nicht oder nicht rechtzeitig durchführen lässt,

6. entgegen § 6 Abs. 3 Satz 2 ein Protokoll nicht bis zur nächsten sicherheitstechnischen Kontrolle aufbewahrt,

7. entgegen § 6 Abs. 4 Satz 1 oder § 11 Abs. 5 Satz 1 Nr. 2 eine Kontrolle durchführt,

8. entgegen § 6 Abs. 5 oder § 11 Abs. 6 eine Person mit einer Kontrolle beauftragt,

9. entgegen § 7 Abs. 1 Satz 1 oder § 8 Abs. 1 Satz 1, jeweils in Verbindung mit § 15 Nr. 8 ein Medizinproduktebuch oder ein Bestandsverzeichnis gemäß § 8 Abs. 2 Satz 1 nicht, nicht richtig oder nicht vollständig führt,

10. entgegen § 10 Abs. 1 eine Information nicht, nicht richtig, nicht vollständig oder nicht rechtzeitig aushändigt,

11. entgegen § 11 Abs. 5 Satz 2 die Aufnahme der Tätigkeit nicht der zuständigen Behörde anzeigt,

12. entgegen § 11 Abs. 7 eine Eintragung nicht, nicht richtig, nicht vollständig oder nicht rechtzeitig macht,

13. entgegen § 11 Abs. 8 Medizinprodukte nicht, nicht richtig oder nicht vollständig kennzeichnet oder

14. entgegen § 15 Nr. 1 oder 2 Satz 1, auch in Verbindung mit Satz 2, ein Medizinprodukt betreibt oder weiterbetreibt.

## Abschnitt 6
## Übergangs- und Schlussbestimmungen

### § 14 Übergangsbestimmungen

(1) Soweit ein Medizinprodukt, das nach den §§ 8, 10, 11 Abs. 1 oder § 12 Abs. 1 des Me-

dizinproduktegesetzes in den Verkehr gebracht oder in Betrieb genommen wurde, vor dem 7. Juli 1998 betrieben oder angewendet wurde, müssen

1. die Funktionsprüfung und Einweisung nach § 5 Abs. 1,

2. die sicherheitstechnischen Kontrollen nach § 6 Abs. 1,

3. das Medizinproduktebuch nach § 7 Abs. 1 und das Bestandsverzeichnis nach § 8 Abs. 1 und

4. die messtechnischen Kontrollen nach § 11 Abs. 1

bis spätestens 1. Januar 1999 dieser Verordnung durchgeführt oder eingerichtet worden sein. Satz 1 gilt für die Nummern 2 und 4, soweit die in dieser Verordnung vorgeschriebenen Fristen bis zum 7. Juli 1998 abgelaufen sind.

(2) Soweit ein Betreiber vor dem 7. Juli 1998 ein Gerätebuch nach § 13 der Medizingeräteverordnung vom 14. Januar 1985 (BGBl I S. 93), die zuletzt durch Artikel 12 Abs. 56 des Gesetzes vom 14. September 1994 (BGBl I S. 2325) geändert worden ist, begonnen hat, darf dieses als Medizinproduktebuch im Sinne des § 7 weitergeführt werden.

(3) Für die in Anlage 2 aufgeführten medizinischen Messgeräte, die nach den Vorschriften der §§ 1, 2 und 77 Abs. 3 der Eichordnung vom 12. August 1988 (BGBl I S. 1657), die zuletzt durch die Verordnung vom 21. Juni 1994 (BGBl I S. 1293) geändert worden ist, am 31. Dezember 1994 geeicht oder gewartet sein mussten oder 11 für die die Übereinstimmung mit der Zulassung nach diesen Vorschriften bescheinigt sein mussten, gilt ab 14. Juni 1998 § 11 mit der Maßgabe, dass die messtechnischen Kontrollen nach den Anforderungen der Anlage 15 oder der Anlage 23 Abschnitt 4 der Eichordnung in der genannten Fassung durchgeführt werden.

## § 15 Sondervorschriften

Für Medizinprodukte, die nach den Vorschriften der Medizingeräteverordnung in Verkehr gebracht werden dürfen, gelten die Vorschriften dieser Verordnung mit folgenden Maßgaben:

1. Medizinprodukte nach § 2 Nr. 1 der Medizingeräteverordnung dürfen außer in den Fällen des § 5 Abs. 10 der Medizingeräteverordnung nur betrieben werden, wenn sie der Bauart nach zugelassen sind.

2. Ist die Bauartzulassung zurückgenommen oder widerrufen worden, dürfen vor der Bekanntmachung der Rücknahme oder des Widerrufs im Bundesanzeiger in Betrieb genommene Medizinprodukte nur weiterbetrieben werden, wenn sie der zurückgenommenen oder widerrufenen Zulassung entsprechen und in der Bekanntmachung nach § 5 Abs. 9 der Medizingeräteverordnung nicht festgestellt wird, dass Gefahren für Patienten, Beschäftigte oder Dritte zu befürchten sind. Dies gilt auch, wenn eine Bauartzulassung nach § 5 Abs. 8 Nr. 2 der Medizingeräteverordnung erloschen ist.

3. Medizinprodukte, für die dem Betreiber vor Inkrafttreten des Medizinproduktegesetzes eine Ausnahme nach § 8 Abs. 1 der Medizingeräteverordnung erteilt wurde, dürfen nach den in der Ausnahmezulassung festgelegten Maßnahmen weiterbetrieben werden.

4. Der Betreiber eines Medizinproduktes, der gemäß § 8 Abs. 2 der Medizingeräteverordnung von den allgemein anerkannten Regeln der Technik, soweit sie sich auf den Betrieb des Medizinproduktes beziehen, abweichen durfte, darf dieses Produkt in der bisherigen Form weiterbetreiben, wenn er eine ebenso wirksame Maßnahme trifft. Auf Verlangen der zuständigen Behörde hat der Betreiber nachzuweisen, dass die andere Maßnahme ebenso wirksam ist.

5. Medizinprodukte nach § 2 Nr. 1 und 3 der Medizingeräteverordnung dürfen nur von Personen angewendet werden, die am Medizinprodukt unter Berücksichtigung der Gebrauchsanweisung in die sachgerechte Handhabung eingewiesen worden sind. Werden solche Medizinprodukte mit Zusatzgeräten zu Gerätekombinationen erweitert, ist die Einweisung auf die Kombination und deren Besonderheiten zu erstrecken. Nur solche Personen dürfen einweisen, die auf Grund ihrer Kenntnisse und praktischen Erfahrungen für die Einweisung und die Handhabung dieser Medizinprodukte geeignet sind.

6. Der Betreiber eines Medizinproduktes nach § 2 Nr. 1 der Medizingeräteverordnung hat die in der Bauartzulassung festgelegten sicherheitstechnischen Kontrollen im dort vorgeschriebenen Umfang fristgerecht durchzuführen oder durchführen zu lassen. Bei Dialysegeräten, die mit ortsfesten Versorgungs- und Aufbereitungseinrichtungen verbunden sind, ist die sicherheitstechnische Kontrolle auch auf diese Einrichtungen zu erstrecken.

7. Für Medizinprodukte nach § 2 Nr. 1 der Medizingeräteverordnung, für die nach § 28 Abs. 1 der Medizingeräteverordnung Bauartzulassungen nicht erforderlich waren oder die nach § 28 Abs. 2 der Medizingeräteverordnung betrieben werden dürfen, gelten für Umfang und Fristen der sicherheitstechnischen Kontrollen die Angaben in den Prüfbescheinigungen nach § 28 Abs. 1 oder 2 der Medizingeräteverordnung.

8. Bestandsverzeichnisse und Gerätebücher nach den §§ 12 und 13 der Medizingeräteverordnung dürfen weitergeführt werden und gelten als Bestandsverzeichnis und Medizinproduktebuch entsprechend den §§ 8 und 7 dieser Verordnung.

9. Unbeschadet, ob Medizinprodukte die Anforderungen nach § 6 Abs. 1 Satz 1 der Medizingeräteverordnung im Einzelfall erfüllen, dürfen Medizinprodukte weiterbetrieben werden, wenn sie

a)  vor dem Wirksamwerden des Beitritts zulässigerweise in dem in Artikel 3 des Einigungsvertrages genannten Gebiet betrieben wurden,

b)  bis zum 31. Dezember 1991 errichtet und in Betrieb genommen wurden und den Vorschriften entsprechen, die am Tage vor dem Wirksamwerden des Beitritts in dem in Artikel 3 des Einigungsvertrages genannten Gebiet gegolten haben.

**§§ 16 und 17**
**(Änderung anderer Vorschriften)**

**§ 18**
**(Inkrafttreten)**

sein können, deren Einbringung mit einer Entnahmefunktion direkt gekoppelt ist,

1.5 maschinelle Beatmung mit oder ohne Anästhesie,

1.6 Diagnose mit bildgebenden Verfahren nach dem Prinzip der Kernspinresonanz,

1.7 Therapie mit Druckkammern,

1.8 Therapie mittels Hypothermie und

**2  Säuglingsinkubatoren sowie**

**3  externe aktive Komponenten aktiver Implantate.**

**Anlage 1**
(zu § 5 Abs. 1 und 2, § 6 Abs. 1 und § 7 Abs. 1)

**1  Nichtimplantierbare aktive Medizinprodukte zur**

1.1 Erzeugung und Anwendung elektrischer Energie zur unmittelbaren Beeinflussung der Funktion von Nerven und/oder Muskeln bzw. der Herztätigkeit einschließlich Defibrillatoren,

1.2 intrakardialen Messung elektrischer Größen oder Messung anderer Größen unter Verwendung elektrisch betriebener Messsonden in Blutgefäßen bzw. an freigelegten Blutgefäßen,

1.3 Erzeugung und Anwendung jeglicher Energie zur unmittelbaren Koagulation, Gewebezerstörung oder Zertrümmerung von Ablagerungen in Organen,

1.4 unmittelbare Einbringung von Substanzen und Flüssigkeiten in den Blutkreislauf unter potenziellem Druckaufbau, wobei die Substanzen und Flüssigkeiten auch aufbereitete oder speziell behandelte körpereigene

**Anlage 2**
(zu § 11 Abs. 1)

**1    Medizinprodukte, die messtechnischen Kontrollen nach § 11 Abs. 1 Satz 1 Nr. 1 unterliegen**

Nachprüffristen
in Jahren

1.1    Medizinprodukte zur Bestimmung der Hörfähigkeit
(Ton- und Sprachaudiometer)                                               1

1.2    Medizinprodukte zur Bestimmung von Körpertemperaturen
(mit Ausnahme von Quecksilberglasthermometern mit
Maximumvorrichtung)

1.2.1    –    medizinische Elektrothermometer                            2

1.2.2    –    mit austauschbaren Temperaturfühlern                       2

1.2.3    –    Infrarot-Strahlungsthermometer                            1

1.3    Messgeräte zur nichtinvasiven Blutdruckmessung                    2

1.4    Medizinprodukte zur Bestimmung des Augeninnendruckes
(Augentonometer)

1.4.1    allgemein                                                       2

1.4.2    zur Grenzwertprüfung                                            5

1.5    Therapiedosimeter bei der Behandlung von Patienten von außen

1.5.1    mit Photonenstrahlung im Energiebereich bis 1,33 MeV
–    allgemein                                                          2
–    mit geeigneter Kontrollvorrichtung, wenn der Betreiber in jedem
Messbereich des Dosimeters mindestens halbjährliche Kontroll-
messungen ausführt, ihre Ergebnisse aufzeichnet und die bestehenden
Anforderungen erfüllt werden                                           6

1.5.2    mit Photonenstrahlung im Energiebereich ab 1,33 MeV und mit
Elektronenstrahlung aus Beschleunigern mit messtechnischer Kontrolle
in Form von Vergleichsmessungen                                        2

1.5.3    mit Photonenstrahlung aus Co-60-Bestrahlungsanlagen wahlweise
nach 1.5.1 oder 1.5.2

1.6    Diagnostikdosimeter zur Durchführung von Mess- und Prüfaufgaben,
sofern sie nicht § 2 Abs. 1 Nr. 3 oder 4 der Eichordnung unterliegen    5

1.7    Tretkurbelergometer zur definierten physikalischen und reproduzierbaren
Belastung von Patienten                                                2

**2    Ausnahmen von messtechnischen Kontrollen**

Abweichend von 1.5.1 unterliegen keiner messtechnischen Kontrolle Therapiedosimeter, die nach jeder Einwirkung, die die Richtigkeit der Messung beeinflussen kann, sowie mindestens alle zwei Jahre in den verwendeten Messbereichen kalibriert und die Ergebnisse aufgezeichnet werden. Die Kalibrierung muss von fachkundigen Personen, die vom Betreiber bestimmt sind, mit einem Therapiedosimeter durchgeführt werden, dessen Richtigkeit entsprechend § 11 Abs. 2 sichergestellt worden ist und das bei der die Therapie durchführenden Stelle ständig verfügbar ist.

**3    Messtechnische Kontrollen in Form von Vergleichsmessungen**

Vergleichsmessungen nach 1.5.2 werden von einer durch die zuständige Behörde beauftragten Messstelle durchgeführt.

# Gesetz über Medizinprodukte

(Medizinproduktegesetz – MPG)

Vom 7. August 2002
(BGBl. I S. 3146)

Zuletzt geändert durch Art. 11a des Gesetzes
vom 19. Oktober 2012
(BGBl. I S. 2192)

## Erster Abschnitt
## Zweck, Anwendungsbereich des Gesetzes, Begriffsbestimmungen

### § 1 Zweck des Gesetzes

Zweck dieses Gesetzes ist es, den Verkehr mit Medizinprodukten zu regeln und dadurch für die Sicherheit, Eignung und Leistung der Medizinprodukte sowie die Gesundheit und den erforderlichen Schutz der Patienten, Anwender und Dritter zu sorgen.

### § 2 Anwendungsbereich des Gesetzes

(1) Dieses Gesetz gilt für Medizinprodukte und deren Zubehör. Zubehör wird als eigenständiges Medizinprodukt behandelt.

(2) Dieses Gesetz gilt auch für das Anwenden, Betreiben und Instandhalten von Produkten, die, ohne als Medizinprodukte in Verkehr gebracht worden zu sein, mit der Zweckbestimmung eines Medizinprodukts gemäß § 3 Nr. 1 eingesetzt werden. Sie gelten als Medizinprodukte im Sinne dieses Gesetzes.

(3) Dieses Gesetz gilt auch für Produkte, die dazu bestimmt sind, Arzneimittel im Sinne des § 2 Abs. 1 des Arzneimittelgesetzes zu verabreichen. Werden die Medizinprodukte nach Satz 1 so in den Verkehr gebracht, dass Medizinprodukt und Arzneimittel ein einheitliches, miteinander verbundenes Produkt bilden, das ausschließlich zur Anwendung in dieser Verbindung bestimmt und nicht wiederverwendbar ist, gilt dieses Gesetz nur insoweit, als das Medizinprodukt die Grundlegenden Anforderungen nach § 7 erfüllen muss, die sicherheits- und leistungsbezogene Produktfunktionen betreffen. Im Übrigen gelten die Vorschriften des Arzneimittelgesetzes.

(4) Die Vorschriften des Atomgesetzes, der Strahlenschutzverordnung, der Röntgenverordnung und des Strahlenschutzvorsorgegesetzes, des Chemikaliengesetzes, der Gefahrstoffverordnung, der Betriebssicherheitsverordnung, der Druckgeräteverordnung, der Aerosolverpackungsverordnung sowie die Rechtsvorschriften über Geheimhaltung und Datenschutz bleiben unberührt.

(4a) Dieses Gesetz gilt auch für Produkte, die vom Hersteller sowohl zur Verwendung entsprechend den Vorschriften über persönliche Schutzausrüstungen der Richtlinie 89/686/EWG des Rates vom 21. Dezember 1989 zur Angleichung der Rechtsvorschriften der Mitgliedstaaten für persönliche Schutzausrichtungen (ABl. L 399 vom 30.12.1989, S. 18) als auch der Richtlinie 93/42/EWG des Rates vom 14. Juni 1993 über Medizinprodukte (ABl. L 169 vom 12.7.1993, S. 1) bestimmt sind.

(5) Dieses Gesetz gilt nicht für

1. Arzneimittel im Sinne des § 2 des Arzneimittelgesetzes; die Entscheidung darüber, ob ein Produkt ein Arzneimittel oder ein Medizinprodukt ist, erfolgt insbesondere unter Berücksichtigung der hauptsächlichen Wirkungsweise des Produkts, es sei denn, es handelt sich um ein Arzneimittel im Sinne des § 2 Absatz 1 Nummer 2 Buchstabe b des Arzneimittelgesetzes,

2. kosmetische Mittel im Sinne des § 2 Absatz 5 des Lebensmittel-, Bedarfsgegenstände- und Futtermittelgesetzbuchs,

3. menschliches Blut, Produkte aus menschlichem Blut, menschliches Plasma oder Blutzellen menschlichen Ursprungs oder Produkte, die zum Zeitpunkt des Inverkehrbringens Bluterzeugnisse, -plasma oder -zellen dieser Art enthalten, soweit es sich nicht um Medizinprodukte nach § 3 Nr. 3 oder § 3 Nr. 4 handelt,

4. Transplantate oder Gewebe oder Zellen menschlichen Ursprungs und Produkte, die Gewebe oder Zellen menschlichen Ursprungs enthalten oder aus solchen Geweben oder Zellen gewonnen wurden, soweit es sich nicht um Medizinprodukte nach § 3 Nr. 4 handelt,

5. Transplantate oder Gewebe oder Zellen tierischen Ursprungs, es sei denn, ein Produkt

wird unter Verwendung von abgetötetem tierischen Gewebe oder von abgetöteten Erzeugnissen hergestellt, die aus tierischen Geweben gewonnen wurden, oder es handelt sich um Medizinprodukte nach § 3 Nr. 4.

## § 3 Begriffsbestimmungen

1. Medizinprodukte sind alle einzeln oder miteinander verbunden verwendeten Instrumente, Apparate, Vorrichtungen, Software, Stoffe und Zubereitungen aus Stoffen oder andere Gegenstände einschließlich der vom Hersteller speziell zur Anwendung für diagnostische oder therapeutische Zwecke bestimmten und für ein einwandfreies Funktionieren des Medizinproduktes eingesetzten Software, die vom Hersteller zur Anwendung für Menschen mittels ihrer Funktionen zum Zwecke

   a) der Erkennung, Verhütung, Überwachung, Behandlung oder Linderung von Krankheiten,

   b) der Erkennung, Überwachung, Behandlung, Linderung oder Kompensierung von Verletzungen oder Behinderungen,

   c) der Untersuchung, der Ersetzung oder der Veränderung des anatomischen Aufbaus oder eines physiologischen Vorgangs oder

   d) der Empfängnisregelung zu dienen bestimmt sind und deren bestimmungsgemäße Hauptwirkung im oder am menschlichen Körper weder durch pharmakologisch oder immunologisch wirkende Mittel noch durch Metabolismus erreicht wird, deren Wirkungsweise aber durch solche Mittel unterstützt werden kann.

2. Medizinprodukte sind auch Produkte nach Nummer 1, die einen Stoff oder eine Zubereitung aus Stoffen enthalten oder auf die solche aufgetragen sind, die bei gesonderter Verwendung als Arzneimittel im Sinne

des § 2 Abs. 1 des Arzneimittelgesetzes angesehen werden können und die in Ergänzung zu den Funktionen des Produktes eine Wirkung auf den menschlichen Körper entfalten können.

3. Medizinprodukte sind auch Produkte nach Nummer 1, die als Bestandteil einen Stoff enthalten, der gesondert verwendet als Bestandteil eines Arzneimittels oder Arzneimittel aus menschlichem Blut oder Blutplasma im Sinne des Artikels 1 der Richtlinie 2001/83/EG des Europäischen Parlaments und des Rates vom 6. November 2001 zur Schaffung eines Gemeinschaftskodexes für Humanarzneimittel (ABl. L 311 vom 28. 11. 2001, S. 67), die zuletzt durch die Verordnung (EG) Nr. 1394/2007 (ABl. L 324 vom 10. 12. 2007, S. 121) geändert worden ist, betrachtet werden und in Ergänzung zu dem Produkt eine Wirkung auf den menschlichen Körper entfalten kann.

4. In-vitro-Diagnostikum ist ein Medizinprodukt, das als Reagenz, Reagenzprodukt, Kalibriermaterial, Kontrollmaterial, Kit, Instrument, Apparat, Gerät oder System einzeln oder in Verbindung miteinander nach der vom Hersteller festgelegten Zweckbestimmung zur In-vitro-Untersuchung von aus dem menschlichen Körper stammenden Proben einschließlich Blut- und Gewebespenden bestimmt ist und ausschließlich oder hauptsächlich dazu dient, Informationen zu liefern

   a) über physiologische oder pathologische Zustände oder

   b) über angeborene Anomalien oder

   c) zur Prüfung auf Unbedenklichkeit oder Verträglichkeit bei den potentiellen Empfängern oder

   d) zur Überwachung therapeutischer Maßnahmen.

Probenbehältnisse gelten als In-vitro-Diagnostika. Probenbehältnisse sind luftleere oder sonstige Medizinprodukte, die von ihrem Hersteller speziell dafür gefertigt werden, aus dem menschlichen Körper stammende Proben unmittelbar nach ihrer Entnahme aufzunehmen und im Hinblick auf eine In-vitro-Untersuchung aufzubewahren. Erzeugnisse für den allgemeinen Laborbedarf gelten nicht als In-vitro-Diagnostika, es sei denn, sie sind auf Grund ihrer Merkmale nach der vom Hersteller festgelegten Zweckbestimmung speziell für In-vitro-Untersuchungen zu verwenden.

5. In-vitro-Diagnostikum zur Eigenanwendung ist ein In-vitro-Diagnostikum, das nach der vom Hersteller festgelegten Zweckbestimmung von Laien in der häuslichen Umgebung angewendet werden kann.

6. Neu im Sinne dieses Gesetzes ist ein In-vitro-Diagnostikum, wenn

   a) ein derartiges Medizinprodukt für den entsprechenden Analyten oder anderen Parameter während der vorangegangenen drei Jahre innerhalb des Europäischen Wirtschaftsraums nicht fortwährend verfügbar war oder

   b) das Verfahren mit einer Analysetechnik arbeitet, die innerhalb des Europäischen Wirtschaftsraums während der vorangegangenen drei Jahre nicht fortwährend in Verbindung mit einem bestimmten Analyten oder anderen Parameter verwendet worden ist.

7. Als Kalibrier- und Kontrollmaterial gelten Substanzen, Materialien und Gegenstände, die von ihrem Hersteller vorgesehen sind zum Vergleich von Messdaten oder zur Prüfung der Leistungsmerkmale eines In-vitro-Diagnostikums im Hinblick auf die bestimmungsgemäße Anwendung. Zertifizierte internationale Referenzmaterialien und Materialien, die für externe Qualitätsbewertungsprogramme verwendet werden, sind keine In-vitro-Diagnostika im Sinne dieses Gesetzes.

8. Sonderanfertigung ist ein Medizinprodukt, das nach schriftlicher Verordnung nach spezifischen Auslegungsmerkmalen eigens angefertigt wird und zur ausschließlichen Anwendung bei einem namentlich benannten Patienten bestimmt ist. Das serienmäßig hergestellte Medizinprodukt, das angepasst werden muss, um den spezifischen Anforderungen des Arztes, Zahnarztes oder des sonstigen beruflichen Anwenders zu entsprechen, gilt nicht als Sonderanfertigung.

9. Zubehör für Medizinprodukte sind Gegenstände, Stoffe sowie Zubereitungen aus Stoffen die selbst keine Medizinprodukte nach Nummer 1 sind, aber vom Hersteller dazu bestimmt sind, mit einem Medizinprodukt verwendet zu werden, damit dieses entsprechend der von ihm festgelegten Zweckbestimmung des Medizinproduktes angewendet werden kann. Invasive, zur Entnahme von Proben aus dem menschlichen Körper zur In-vitro-Untersuchung bestimmte Medizinprodukte sowie Medizinprodukte, die zum Zweck der Probenahme in unmittelbaren Kontakt mit dem menschlichen Körper kommen, gelten nicht als Zubehör für In-vitro-Diagnostika.

10. Zweckbestimmung ist die Verwendung, für die das Medizinprodukt in der Kennzeichnung, der Gebrauchsanweisung oder den Werbematerialien nach den Angaben des in Nummer 15 genannten Personenkreises bestimmt ist.

11. Inverkehrbringen ist jede entgeltliche oder unentgeltliche Abgabe von Medizinprodukten an andere. Erstmaliges Inverkehrbringen ist die erste Abgabe von neuen oder als neu aufbereiteten Medizinprodukten an andere im Europäischen Wirtschaftsraum. Als Inverkehrbringen nach diesem Gesetz gilt nicht

    a) die Abgabe von Medizinprodukten zum Zwecke der klinischen Prüfung,

b) die Abgabe von In-vitro-Diagnostika für Leistungsbewertungsprüfungen,

c) die erneute Abgabe eines Medizinproduktes nach seiner Inbetriebnahme an andere, es sei denn, dass es als neu aufbereitet oder wesentlich verändert worden ist.

Eine Abgabe an andere liegt nicht vor, wenn Medizinprodukte für einen anderen aufbereitet und an diesen zurückgegeben werden.

12. Inbetriebnahme ist der Zeitpunkt, zu dem das Medizinprodukt dem Endanwender als ein Erzeugnis zur Verfügung gestellt worden ist, das erstmals entsprechend seiner Zweckbestimmung im Europäischen Wirtschaftsraum angewendet werden kann. Bei aktiven implantierbaren Medizinprodukten gilt als Inbetriebnahme die Abgabe an das medizinische Personal zur Implantation.

13. Ausstellen ist das Aufstellen oder Vorführen von Medizinprodukten zum Zwecke der Werbung.

14. Die Aufbereitung von bestimmungsgemäß keimarm oder steril zur Anwendung kommenden Medizinprodukten ist die nach deren Inbetriebnahme zum Zwecke der erneuten Anwendung durchgeführte Reinigung, Desinfektion und Sterilisation einschließlich der damit zusammenhängenden Arbeitsschritte sowie die Prüfung und Wiederherstellung der technisch-funktionellen Sicherheit.

15. Hersteller ist die natürliche oder juristische Person, die für die Auslegung, Herstellung, Verpackung und Kennzeichnung eines Medizinproduktes im Hinblick auf das erstmalige Inverkehrbringen im eigenen Namen verantwortlich ist, unabhängig davon, ob diese Tätigkeiten von dieser Person oder stellvertretend für diese von einer dritten Person ausgeführt werden. Die dem Hersteller nach diesem Gesetz obliegenden Verpflichtungen gelten auch für die natürliche oder juristische Person, die ein oder mehrere vorgefertigte Medizinprodukte montiert, abpackt, behandelt, aufbereitet, kennzeichnet oder für die Festlegung der Zweckbestimmung als Medizinprodukt im Hinblick auf das erstmalige Inverkehrbringen im eigenen Namen verantwortlich ist. Dies gilt nicht für natürliche oder juristische Personen, die – ohne Hersteller im Sinne des Satzes 1 zu sein – bereits in Verkehr gebrachte Medizinprodukte für einen namentlich genannten Patienten entsprechend ihrer Zweckbestimmung montieren oder anpassen.

16. Bevollmächtigter ist die im Europäischen Wirtschaftsraum niedergelassene natürliche oder juristische Person, die vom Hersteller ausdrücklich dazu bestimmt wurde, im Hinblick auf seine Verpflichtungen nach diesem Gesetz in seinem Namen zu handeln und den Behörden und zuständigen Stellen zur Verfügung zu stehen.

17. Fachkreise sind Angehörige der Heilberufe, des Heilgewerbes oder von Einrichtungen, die der Gesundheit dienen, sowie sonstige Personen, soweit sie Medizinprodukte herstellen, prüfen, in der Ausübung ihres Berufes in den Verkehr bringen, implantieren, in Betrieb nehmen, betreiben oder anwenden.

18. Harmonisierte Normen sind solche Normen von Vertragsstaaten des Abkommens über den Europäischen Wirtschaftsraum, die den Normen entsprechen, deren Fundstellen als „harmonisierte Norm" für Medizinprodukte im Amtsblatt der Europäischen Union veröffentlicht wurden. Die Fundstellen der diesbezüglichen Normen werden vom Bundesinstitut für Arzneimittel und Medizinprodukte im Bundesanzeiger bekannt gemacht. Den Normen nach den Sätzen 1 und 2 sind die Medizinprodukte betreffenden Monografien des Europäischen Arzneibuches, deren Fundstellen im Amtsblatt der Europäischen Union veröffentlicht und die als Monografien des Europäischen Arznei-

buches, Amtliche deutsche Ausgabe, im Bundesanzeiger bekannt gemacht werden, gleichgestellt.

19. Gemeinsame Technische Spezifikationen sind solche Spezifikationen, die In-vitro-Diagnostika nach Anhang II Listen A und B der Richtlinie 98/79/EG des Europäischen Parlaments und des Rates vom 27. Oktober 1998 über In-vitro-Diagnostika (ABl. EG Nr. L 331 S. 1) in der jeweils geltenden Fassung betreffen und deren Fundstellen im Amtsblatt der Europäischen Union veröffentlicht und im Bundesanzeiger bekannt gemacht wurden. In diesen Spezifikationen werden Kriterien für die Bewertung und Neubewertung der Leistung, Chargenfreigabekriterien, Referenzmethoden und Referenzmaterialien festgelegt.

20. Benannte Stelle ist eine für die Durchführung von Prüfungen und Erteilung von Bescheinigungen im Zusammenhang mit Konformitätsbewertungsverfahren nach Maßgabe der Rechtsverordnung nach § 37 Abs. 1 vorgesehene Stelle, die der Europäischen Union und den Vertragsstaaten des Abkommens über den Europäischen Wirtschaftsraum von einem Vertragsstaat des Abkommens über den Europäischen Wirtschaftsraum benannt worden ist.

21. Medizinprodukte aus Eigenherstellung sind Medizinprodukte einschließlich Zubehör, die in einer Gesundheitseinrichtung hergestellt und angewendet werden, ohne das sie in den Verkehr gebracht werden oder die Voraussetzungen einer Sonderanfertigung nach Nummer 8 erfüllen.

22. In-vitro-Diagnostika aus Eigenherstellung sind In-vitro-Diagnostika, die in Laboratorien von Gesundheitseinrichtungen herstellt werden und in diesen Laboratorien oder in Räumen in unmittelbarer Nähe zu diesen angewendet werden, ohne dass sie in den Verkehr gebracht werden. Für In-vitro-Diagnostika, die im industriellen Maßstab hergestellt werden, sind die Vorschriften über

Eigenherstellung nicht anwendbar. Die Sätze 1 und 2 sind entsprechend anzuwenden auf in Blut-Sendeeinrichtungen dienen, sofern sie im Rahmen der arzneimittelrechtlichen Zulassung der Prüfung durch die zuständige Behörde des Bundes unterliegen.

23. Sponsor ist eine natürliche oder juristische Person, die die Verantwortung für die Veranlassung, Organisation und Finanzierung einer klinischen Prüfung bei Menschen oder einer Leistungsbewertungsprüfung von In-vitro-Diagnostika übernimmt.

24. Prüfer ist in der Regel ein für die Durchführung der klinischen Prüfung bei Menschen in einer Prüfstelle verantwortlicher Arzt oder in begründeten Ausnahmefällen eine andere Person, deren Beruf auf Grund seiner wissenschaftlichen Anforderungen und der seine Ausübung voraussetzenden Erfahrungen in der Patientenbetreuung für die Durchführung von Forschungen am Menschen qualifiziert. Wird eine Prüfung in einer Prüfstelle von mehreren Prüfern vorgenommen, so ist der verantwortliche Leiter der Gruppe der Hauptprüfer. Wird eine Prüfung in mehreren Prüfstellen durchgeführt, wird vom Sponsor ein Prüfer als Leiter der klinischen Prüfung benannt. Die Sätze 1 bis 3 gelten für genehmigungspflichtige Leistungsbewertungsprüfungen von In-vitro-Diagnostika entsprechend.

25. Klinische Daten sind Sicherheits- oder Leistungsangaben, die aus der Verwendung eines Medizinprodukts hervorgehen. Klinische Daten stammen aus folgenden Quellen:

a) einer klinischen Prüfung des betreffenden Medizinprodukts oder

b) klinischen Prüfungen oder sonstigen in der wissenschaftlichen Fachliteratur wiedergegebene Studien über ein ähnliches Produkt, dessen Gleichartigkeit mit dem betreffenden Medizinprodukt nachgewiesen werden kann, oder

c) veröffentlichten oder unveröffentlichten Berichten über sonstige klinische Erfahrungen entweder mit dem betreffenden Medizinprodukt oder einem ähnlichen Produkt, dessen Gleichartigkeit mit dem betreffenden Medizinprodukt nachgewiesen werden kann.

26. Einführer im Sinne dieses Gesetzes ist jede in der Europäischen Union ansässige natürliche oder juristische Person, die ein Medizinprodukt aus einem Drittstaat in der Europäischen Union in Verkehr bringt.

**Zweiter Abschnitt**
**Anforderungen an Medizinprodukte und deren Betrieb**

**§ 4 Verbote zum Schutz von Patienten, Anwendern und Dritten**

(1) Es ist verboten, Medizinprodukte in den Verkehr zu bringen, zu errichten, in Betrieb zu nehmen, zu betreiben oder anzuwenden, wenn

1. der begründete Verdacht besteht, dass sie die Sicherheit und die Gesundheit der Patienten, der Anwender oder Dritter bei sachgemäßer Anwendung, Instandhaltung und ihrer Zwecke-Stimmung entsprechender Verwendung über ein nach den Erkenntnissen der medizinischen Wissenschaften vertretbares Maß hinausgehend unmittelbar oder mittelbar gefährden oder

2. das Datum abgelaufen ist, bis zu dem eine gefahrlose Anwendung nachweislich möglich ist.

(2) Es ist ferner verboten, Medizinprodukte in den Verkehr zu bringen, wenn sie mit irreführender Bezeichnung, Angabe oder Aufmachung versehen sind. Eine Irreführung liegt insbesondere dann vor, wenn

1. Medizinprodukten eine Leistung beigelegt wird, die sie nicht haben,

2. fälschlich der Eindruck erweckt wird, dass ein Erfolg mit Sicherheit erwartet werden

kann oder dass nach bestimmungsgemäßem oder längerem Gebrauch keine schädlichen Wirkungen eintreten,

3. zur Täuschung über die in den Grundlegenden Anforderungen nach § 7 festgelegten Produkteigenschaften geeignete Bezeichnungen, Angaben oder Aufmachungen verwendet werden, die für die Bewertung des Medizinproduktes mitbestimmend sind.

**§ 5 Verantwortlicher für das erstmalige Inverkehrbringen**

Verantwortlicher für das erstmalige Inverkehrbringen von Medizinprodukten ist der Hersteller oder sein Bevollmächtigter. Werden Medizinprodukte nicht unter der Verantwortung des Bevollmächtigten in den Europäischen Wirtschaftsraum eingeführt, ist der Einführer Verantwortlicher. Der Name oder die Firma und die Anschrift des Verantwortlichen müssen in der Kennzeichnung oder Gebrauchsanweisung des Medizinproduktes enthalten sein.

**§ 6 Voraussetzungen für das Inverkehrbringen und die Inbetriebnahme**

(1) Medizinprodukte, mit Ausnahme von Sonderanfertigungen, Medizinprodukten aus In-Haus-Herstellung, Medizinprodukten gemäß § 11 Abs. 1 sowie Medizinprodukten, die zur klinischen Prüfung oder In-vitro-Diagnostika, die für Leistungsbewertungszwecke bestimmt sind, dürfen in Deutschland nur in den Verkehr gebracht oder in Betrieb genommen werden, wenn sie mit einer CE-Kennzeichnung nach Maßgabe des Absatzes 2 Satz 1 und des Absatzes 3 Satz 1 versehen sind. Über die Beschaffenheitsanforderungen hinausgehende Bestimmungen, die das Betreiben oder das Anwenden von Medizinprodukten betreffen, bleiben unberührt.

(2) Mit der CE-Kennzeichnung dürfen Medizinprodukte nur versehen werden, wenn die Grundlegenden Anforderungen nach § 7, die auf sie unter Berücksichtigung ihrer Zweckbestimmung

anwendbar sind, erfüllt sind und ein für das jeweilige Medizinprodukt vorgeschriebenes Konformitätsbewertungsverfahren nach Maßgabe der Rechtsverordnung nach § 37 Abs. 1 durchgeführt worden ist. Zwischenprodukte, die vom Hersteller spezifisch als Bestandteil für Sonderanfertigungen bestimmt sind, dürfen mit der CE-Kennzeichnung versehen werden, wenn die Voraussetzungen des Satzes 1 erfüllt sind. Hat der Hersteller seinen Sitz nicht im Europäischen Wirtschaftsraum, so darf das Medizinprodukt zusätzlich zu Satz 1 nur mit der CE-Kennzeichnung versehen werden, wenn der Hersteller einen einzigen für das jeweilige Medizinprodukt verantwortlichen Bevollmächtigten im Europäischen Wirtschaftsraum benannt hat.

(3) Gelten für das Medizinprodukt zusätzlich andere Rechtsvorschriften als die dieses Gesetzes, deren Einhaltung durch die CE-Kennzeichnung bestätigt wird, so darf der Hersteller das Medizinprodukt nur dann mit der CE-Kennzeichnung versehen, wenn auch diese anderen Rechtsvorschriften erfüllt sind. Steht dem Hersteller auf Grund einer oder mehrerer weiterer Rechtsvorschriften während einer Übergangszeit die Wahl der anzuwendenden Regelungen frei, so gibt er mit der CE-Kennzeichnung an, dass dieses Medizinprodukt nur den angewandten Rechtsvorschriften entspricht. In diesem Fall hat der Hersteller in den dem Medizinprodukt beiliegenden Unterlagen, Hinweisen oder Anleitungen die Nummern der mit den angewandten Rechtsvorschriften umgesetzten Richtlinien anzugeben, unter denen sie im Amtsblatt der Europäischen Union veröffentlicht sind. Bei sterilen Medizinprodukten müssen diese Unterlagen, Hinweise oder Anleitungen ohne Zerstörung der Verpackung, durch welche die Sterilität des Medizinproduktes gewährleistet wird, zugänglich sein.

(4) Die Durchführung von Konformitätsbewertungsverfahren lässt die zivil- und strafrechtliche Verantwortlichkeit des Verantwortlichen nach § 5 unberührt.

## § 7 Grundlegende Anforderungen

(1) Die grundlegenden Anforderungen sind für aktive implantierbare Medizinprodukte die Anforderungen des Anhangs 1 der Richtlinie 90/385/EWG des Rates vom 20. Juni 1990 zur Angleichung der Rechtsvorschriften der Mitgliedstaaten über aktive implantierbare medizinische Geräte (ABl. L 189 vom 20. 7. 1990, S. 17), die zuletzt durch die Richtlinie 2007/47/EG (ABl. L 247 vom 21. 9. 2007, S. 21) geändert worden ist, für In-vitro-Diagnostika die Anforderungen des Anhangs I der Richtlinie 98/79/EG und für die sonstigen Medizinprodukte die Anforderungen des Anhangs I der Richtlinie 93/42/EWG des Rates vom 14. Juni 1993 über Medizinprodukte (ABl. L 169 vom 12. 7. 1993, S. 1), die zuletzt durch Artikel 2 der Richtlinie 2007/47/EG (ABl. L 247 vom 21. 9. 2007, S. 21) geändert worden ist, in den jeweils geltenden Fassungen.

(2) Besteht ein einschlägiges Risiko, so müssen Medizinprodukte, die auch Maschinen im Sinne des Artikels 2 Buchstabe a der Richtlinie 2006/42/EG des Europäischen Parlaments und des Rates vom 17. Mai 2006 über Maschinen (ABl. L157 vom 9.6.2006, S. 24) sind, auch den grundlegenden Gesundheits- und Sicherheitsanforderungen gemäß Anhang I der genannten Richtlinie entsprechen, sofern diese grundlegenden Gesundheits- und Sicherheitsanforderungen spezifischer sind als die grundlegenden Anforderungen gemäß Anhang I der Richtlinie 93/42/EWG oder gemäß Anhang 1 der Richtlinie 90/385/EWG.

(3) Bei Produkten, die vom Hersteller nicht nur als Medizinprodukt, sondern auch zur Verwendung entsprechend den Vorschriften über persönliche Schutzausrüstungen der Richtlinie 89/686/EWG bestimmt sind, müssen auch die einschlägigen grundlegenden Gesundheits- und Sicherheitsanforderungen dieser Richtlinie erfüllt werden.

## § 8 Harmonisierte Normen, Gemeinsame Technische Spezifikationen

(1) Stimmen Medizinprodukte mit harmonisierten Normen oder ihnen gleichgestellten Monografien des Europäischen Arzneibuches oder Gemeinsamen Technischen Spezifikationen, die das jeweilige Medizinprodukt betreffen, überein, wird insoweit vermutet, dass sie die Bestimmungen dieses Gesetzes einhalten.

(2) Die Gemeinsamen Technischen Spezifikationen sind in der Regel einzuhalten. Kommt der Hersteller in hinreichend begründeten Fällen diesen Spezifikationen nicht nach, muss er Lösungen wählen, die dem Niveau der Spezifikationen zumindest gleichwertig sind.

## § 9 CE-Kennzeichnung

(1) Die CE-Kennzeichnung ist für aktive implantierbare Medizinprodukte gemäß Anhang 9 der Richtlinie 90/385/EWG, für In-vitro-Diagnostika gemäß Anhang X der Richtlinie 98/79/EG und für die sonstigen Medizinprodukte gemäß Anhang XII der Richtlinie 93/42/EWG zu verwenden. Zeichen oder Aufschriften, die geeignet sind, Dritte bezüglich der Bedeutung oder der graphischen Gestaltung der CE-Kennzeichnung in die Irre zu leiten, dürfen nicht angebracht werden. Alle sonstigen Zeichen dürfen auf dem Medizinprodukt, der Verpackung oder der Gebrauchsanweisung des Medizinproduktes angebracht werden, sofern sie die Sichtbarkeit, Lesbarkeit und Bedeutung der CE-Kennzeichnung nicht beeinträchtigen.

(2) Die CE-Kennzeichnung muss von der Person angebracht werden, die in den Vorschriften zu den Konformitätsbewertungsverfahren gemäß der Rechtsverordnung nach § 37 Abs. 1 dazu bestimmt ist.

(3) Die CE-Kennzeichnung nach Absatz 1 Satz 1 muss deutlich sichtbar, gut lesbar und dauerhaft auf dem Medizinprodukt und, falls vorhanden, auf der Handelspackung sowie auf der Gebrauchsanweisung angebracht werden. Auf dem Medizinprodukt muss die CE-Kennzeich-

nung nicht angebracht werden, wenn es zu klein ist, seine Beschaffenheit dies nicht zulässt oder es nicht zweckmäßig ist. Der CE-Kennzeichnung muss die Kennnummer der Benannten Stelle hinzugefügt werden, die an der Durchführung des Konformitätsbewertungsverfahrens nach den Anhängen 2, 4 und 5 der Richtlinie 90/385/EWG, den Anhängen II, IV, V und VI der Richtlinie 93/42/EWG sowie den Anhängen III, IV, VI und VII der Richtlinie 98/79/EG beteiligt war, das zur Berechtigung zur Anbringung der CE-Kennzeichnung geführt hat. Bei Medizinprodukten, die eine CE-Kennzeichnung tragen müssen und in sterilem Zustand in den Verkehr gebracht werden, muss die CE-Kennzeichnung auf der Steril-Verpackung und gegebenenfalls auf der Handelspackung angebracht sein. Ist für ein Medizinprodukt ein Konformitätsbewertungsverfahren vorgeschrieben, das nicht von einer Benannten Stelle durchgeführt werden muss, darf der CE-Kennzeichnung keine Kennnummer einer Benannten Stelle hinzugefügt werden.

## § 10 Voraussetzungen für das erstmalige Inverkehrbringen und die Inbetriebnahme von Systemen und Behandlungseinheiten sowie für das Sterilisieren von Medizinprodukten

(1) Medizinprodukte, die eine CE-Kennzeichnung tragen und die entsprechend ihrer Zweckbestimmung innerhalb der vom Hersteller vorgesehenen Anwendungsbeschränkungen zusammengesetzt werden, um in Form eines Systems oder einer Behandlungseinheit erstmalig in den Verkehr gebracht zu werden, müssen keinem Konformitätsbewertungsverfahren unterzogen werden. Wer für die Zusammensetzung des Systems oder der Behandlungseinheit verantwortlich ist, muss in diesem Fall eine Erklärung nach Maßgabe der Rechtsverordnung nach § 37 Abs. 1 abgeben.

(2) Enthalten das System oder die Behandlungseinheit Medizinprodukte oder sonstige Produkte, die keine CE-Kennzeichnung nach Maßgabe dieses Gesetzes tragen, oder ist die gewählte Kombination von Medizinprodukten

nicht mit deren ursprünglicher Zweckbestimmung vereinbar, muss das System oder die Behandlungseinheit einem Konformitätsbewertungsverfahren nach Maßgabe der Rechtsverordnung nach § 37 Abs. 1 unterzogen werden.

(3) Wer Systeme oder Behandlungseinheiten gemäß Absatz 1 oder 2 oder andere Medizinprodukte, die eine CE-Kennzeichnung tragen, für die der Hersteller eine Sterilisation vor ihrer Verwendung vorgesehen hat, für das erstmalige Inverkehrbringen sterilisiert, muss dafür nach Maßgabe der Rechtsverordnung nach § 37 Abs. 1 ein Konformitätsbewertungsverfahren durchführen und eine Erklärung abgeben. Dies gilt entsprechend, wenn Medizinprodukte, die steril angewendet werden, nach dem erstmaligen Inverkehrbringen aufbereitet und an andere abgegeben werden.

(4) Medizinprodukte, Systeme und Behandlungseinheiten gemäß der Absätze 1 und 3 sind nicht mit einer zusätzlichen CE-Kennzeichnung zu versehen. Wer Systeme oder Behandlungseinheiten nach Absatz 1 zusammensetzt oder diese sowie Medizinprodukte nach Absatz 3 sterilisiert, hat dem Medizinprodukt nach Maßgabe des § 7 die nach den Nummern 11 bis 15 des Anhangs 1 der Richtlinie 90/385/EWG, nach den Nummern 13.1, 13.3, 13.4 und 13.6 des Anhangs I der Richtlinie 93/42/EWG oder den Nummern 8.1, 8.3 bis 8.5 und 8.7 des Anhangs I der Richtlinie 98/79/EG erforderlichen Informationen beizufügen, die auch die von dem Hersteller der Produkte, die zu dem System oder der Behandlungseinheit zusammengesetzt wurden, mitgelieferten Hinweise enthalten müssen.

### § 11 Sondervorschriften für das Inverkehrbringen und die Inbetriebnahme

(1) Abweichend von den Vorschriften des § 6 Abs. 1 und 2 kann die zuständige Bundesoberbehörde auf begründeten Antrag das erstmalige Inverkehrbringen oder die Inbetriebnahme einzelner Medizinprodukte, bei denen die Verfahren nach Maßgabe der Rechtsverordnung nach § 37 Abs. 1 nicht durchgeführt wurden, in Deutschland befristet zulassen, wenn deren Anwendung im Interesse des Gesundheitsschutzes liegt. Die Zulassung kann auf begründeten Antrag verlängert werden.

(2) Medizinprodukte dürfen nur an den Anwender abgegeben werden, wenn die für ihn bestimmten Informationen in deutscher Sprache abgefasst sind. In begründeten Fällen kann eine andere für den Anwender des Medizinproduktes leicht verständliche Sprache vorgesehen oder die Unterrichtung des Anwenders durch andere Maßnahmen gewährleistet werden. Dabei müssen jedoch die sicherheitsbezogenen Informationen in deutscher Sprache oder in der Sprache des Anwenders vorliegen.

(3) Regelungen über die Verschreibungspflicht von Medizinprodukten können durch Rechtsverordnung nach § 37 Abs. 2, Regelungen über die Vertriebsrege von Medizinprodukten durch Rechtsverordnung nach § 37 Abs. 3 getroffen werden.

(3a) (aufgehoben)

(4) Durch Rechtsverordnung nach § 37 Abs. 4 können Regelungen für Betriebe und Einrichtungen erlassen werden, die Medizinprodukte in Deutschland in den Verkehr bringen oder lagern.

### § 12 Sonderanfertigungen, Medizinprodukte aus In-Haus-Herstellung, Medizinprodukte zur klinischen Prüfung oder für Leistungsbewertungszwecke, Ausstellen

(1) Sonderanfertigungen dürfen nur in den Verkehr gebracht oder in Betrieb genommen werden, wenn die Grundlegenden Anforderungen nach § 7, die auf sie unter Berücksichtigung ihrer Zweckbestimmung anwendbar sind, erfüllt sind und das für sie vorgesehene Konformitätsbewertungsverfahren nach Maßgabe der Rechtsverordnung nach § 37 Abs. 1 durchgeführt worden ist. Der Verantwortliche nach § 5 ist verpflichtet, der zuständigen Behörde auf Anforderung eine Liste der Sonderanfertigungen

vorzulegen. Für die Inbetriebnahme von Medizinprodukten aus Eigenherstellung nach § 3 Nr. 21 und 22 finden die Vorschriften des Satzes 1 entsprechende Anwendung.

(2) Medizinprodukte, die zur klinischen Prüfung bestimmt sind, dürfen zu diesem Zwecke an Ärzte, Zahnärzte oder sonstige Personen, die auf Grund ihrer beruflichen Qualifikation zur Durchführung dieser Prüfungen befugt sind, nur abgegeben werden, wenn bei aktiven implantierbaren Medizinprodukten die Anforderungen der Nummer 3.2 Satz 1 und 2 des Anhangs 6 der Richtlinie 90/385/EWG und bei sonstigen Medizinprodukten die Anforderungen der Nummer 3.2 des Anhangs VIII der Richtlinie 93/42/EWG erfüllt sind. Der Sponsor der klinischen Prüfung muss die Dokumentation nach Nummer 3.2 des Anhangs 6 der Richtlinie 90/385/EWG mindestens 15 Jahre und die Dokumentation nach Nummer 3.2 des Anhangs VIII der Richtlinie 93/42/EWG mindestens fünf und im Falle von implantierbaren Medizinprodukten mindestens 15 Jahre nach Beendigung der Prüfung aufbewahren.

(3) In-vitro-Diagnostika für Leistungsbewertungsprüfungen dürfen zu diesem Zwecke an Ärzte, Zahnärzte oder sonstige Personen, die auf Grund ihrer beruflichen Qualifikation zur Durchführung dieser Prüfungen befugt sind, nur abgegeben werden, wenn die Anforderungen der Nummer 3 des Anhangs VIII der Richtlinie 98/79/EG erfüllt sind. Der Sponsor der Leistungsbewertungsprüfung muss die Dokumentation nach Nummer 3 des Anhangs VIII der Richtlinie 98/79/EG mindestens fünf Jahre nach Beendigung der Prüfung aufbewahren.

(4) Medizinprodukte, die nicht den Voraussetzungen nach § 6 Abs. 1 und 2 oder § 10 entsprechen, dürfen nur ausgestellt werden, wenn ein sichtbares Schild deutlich darauf hinweist, dass sie nicht den Anforderungen entsprechen und erst erworben werden können, wenn die Übereinstimmung hergestellt ist. Bei Vorführungen sind die erforderlichen Vorkehrungen zum Schutz von Personen zu treffen. Nach Satz 1 ausgestellte In-vitro-Diagnostika dürfen an Proben, die von einem Besucher der Ausstellung stammen, nicht angewendet werden.

### § 13 Klassifizierung von Medizinprodukten, Abgrenzung zu anderen Produkten

(1) Medizinprodukte mit Ausnahme der In-vitro-Diagnostika und der aktiven implantierbaren Medizinprodukte werden Klassen zugeordnet. Die Klassifizierung erfolgt nach den Klassifizierungsregeln des Anhangs IX der Richtlinie 93/42/EWG.

(2) Bei Meinungsverschiedenheiten zwischen dem Hersteller und einer Benannten Stelle über die Anwendung der vorgenannten Regeln hat die Benannte Stelle der zuständigen Bundesbehörde die Angelegenheit zur Entscheidung vorzulegen.

(3) Die zuständige Bundesoberbehörde entscheidet ferner auf Antrag einer zuständigen Behörde oder des Herstellers über die Klassifizierung einzelner Medizinprodukte oder über die Abgrenzung von Medizinprodukten zu anderen Produkten.

(4) Die zuständige Behörde übermittelt alle Entscheidungen über die Klassifizierung von Medizinprodukten und zur Abgrenzung von Medizinprodukten zu anderen Produkten an das Deutsche Institut für Medizinische Dokumentation und Information zur zentralen Verarbeitung und Nutzung nach § 33 Abs. 1 Satz 1. Dies gilt für Entscheidungen der zuständigen Bundesbehörde nach Absatz 2 und 3 entsprechend.

### § 14 Errichten, Betreiben, Anwenden und Instandhalten von Medizinprodukten

Medizinprodukte dürfen nur nach Maßgabe der Rechtsverordnung nach § 37 Abs. 5 errichtet, betrieben, angewendet und in Stand gehalten werden. Sie dürfen nicht betrieben und angewendet werden, wenn sie Mängel aufweisen, durch die Patienten, Beschäftigte oder Dritte gefährdet werden können.

## Dritter Abschnitt
## Benannte Stellen und Bescheinigungen

### § 15 Benennung und Überwachung der Stellen, Anerkennung und Beauftragung von Prüflaboratorien

(1) Das Bundesministerium für Gesundheit teilt dem Bundesministerium für Wirtschaft und Technologie die von der zuständigen Behörde für die Durchführung von Aufgaben im Zusammenhang mit der Konformitätsbewertung nach Maßgabe der Rechtsverordnung nach § 37 Abs. 1 benannten Stellen und deren Aufgabengebiete mit, die von diesem an die Europäische Kommission und die anderen Vertragsstaaten des Abkommens über den Europäischen Wirtschaftsraum weitergeleitet werden. Bei der zuständigen Behörde kann ein Antrag auf Benennung als Benannte Stelle gestellt werden. Voraussetzung für die Benennung ist, dass die Befähigung der Stelle zur Wahrnehmung ihrer Aufgaben sowie die Einhaltung der Kriterien des Anhangs 8 der Richtlinie 90/385/EWG, des Anhangs XI der Richtlinie 93/42/EWG oder des Anhangs IX der Richtlinie 98/79/EG entsprechend den Verfahren, für die sie benannt werden soll, durch die zuständige Behörde in einem Benennungsverfahren festgestellt wurden. Von den Stellen, die den Kriterien entsprechen, welche in den zur Umsetzung der einschlägigen harmonisierten Normen erlassenen einzelstaatlichten Normen festgelegt sind, wird angenommen, dass sie den einschlägigen Kriterien entsprechen. Die Benennung kann unter Auflagen erteilt werden und ist zu befristen. Erteilung, Ablauf, Rücknahme, Widerruf und Erlöschen der Benennung sind dem Bundesministerium für Gesundheit unverzüglich anzuzeigen.

(2) Die zuständige Behörde überwacht die Einhaltung der in Absatz 1 für Benannte Stellen festgelegten Verpflichtungen und Anforderungen. Sie trifft die zur Beseitigung festgestellter Mängel oder zur Verhütung künftiger Verstöße notwendigen Anordnungen. Die Überwachung der Benannten Stellen, die an der Durchführung von Konformitätsbewertungsverfahren für Medizinprodukte, die ionisierende Strahlen erzeugen oder radioaktive Stoffe enthalten, beteiligt sind, wird insoweit im Auftrag des Bundes durch die Länder ausgeführt. Die zuständige Behörde kann von der Benannten Stelle und ihrem mit der Leitung und der Durchführung von Fachaufgaben beauftragten Personal die zur Erfüllung ihrer Überwachungsaufgaben erforderlichen Auskünfte und sonstige Unterstützung verlangen; sie ist befugt, die Benannte Stelle bei Überprüfungen zu begleiten. Ihre Beauftragten sind befugt, zu den Betriebs- und Geschäftszeiten Grundstücke und Geschäftsräume sowie Prüflaboratorien zu betreten und zu besichtigen und die Vorlage von Unterlagen insbesondere über die Erteilung der Bescheinigungen und zum Nachweis der Erfüllung der Anforderungen des Absatzes 1 Satz 2 zu verlangen. Das Betretungsrecht erstreckt sich auch auf Grundstücke des Herstellers, soweit die Überwachung dort erfolgt. § 26 Abs. 4 und 5 gilt entsprechend.

(3) Stellen, die der Europäische Kommission und den anderen Mitgliedstaaten der Europäischen Union auf Grund eines Rechtsaktes des Rates oder der Kommission der Europäischen Gemeinschaften von einem Vertragsstaat des Abkommens über den Europäischen Wirtschaftsraum mitgeteilt wurden, sind Benannten Stellen nach Absatz 1 gleichgestellt.

(4) Die deutschen benannten Stellen werden mit ihren jeweiligen Aufgaben und ihren Kennnummern von der zuständigen Behörde auf ihrer Internetseite bekannt gemacht.

(5) Soweit eine Benannte Stelle zur Erfüllung ihrer Aufgaben Prüflaboratorien beauftragt, muss sie sicherstellen, dass diese die Kriterien des Anhangs 8 der Richtlinie 90/385/EWG, des Anhangs XI der Richtlinie 93/42/EWG oder des Anhangs IX der Richtlinie 98/79/EG entsprechend den Verfahren, für die sie beauftragt werden sollen, erfüllen. Die Erfüllung der Mindestkriterien ist in einem Anerkennungverfahren durch die zuständige Behörde festzustellen.

## § 15a Benennung und Überwachung von Konformitätsbewertungsstellen für Drittstaaten

(1) Mit der Benennung als Konformitätsbewertungsstelle für Drittstaaten ist eine natürliche oder juristische Person oder eine rechtsfähige Personengesellschaft befugt, Aufgaben der Konformitätsbewertung im Bereich der Medizinprodukte für den oder die genannten Drittstaaten im Rahmen des jeweiligen Abkommens der Europäischen Gemeinschaft oder der Europäischen Union mit dritten Staaten oder Organisationen nach Artikel 216 des Vertrages über die Arbeitsweise der Europäischen Union. § 15 Absatz 1 und 2 gelten entsprechend.

(2) Grundlage für die Benennung als Konformitätsbewertungsstelle für Drittstaaten ist ein von der zuständigen Behörde durchgeführtes Benennungsverfahren, mit dem die Befähigung der Stelle zur Wahrnehmung ihrer Aufgaben gemäß den entsprechenden sektoralen Anforderungen der jeweiligen Abkommen festgestellt wird.

(3) Die Benennung als Konformitätsbewertungsstelle für Drittstaaten kann unter Auflagen erteilt werden und ist zu befristen. Erteilung, Ablauf, Rücknahme, Widerruf und Erlöschen der Benennung sind dem Bundesministerium für Gesundheit sowie den in den jeweiligen Abkommen genannten Institutionen unverzüglich anzuzeigen.

## § 16 Erlöschen, Rücknahme, Widerruf und Ruhen der Benennung

(1) Die Benennung erlischt mit Fristablauf, mit der Einstellung des Betriebs der Benannten Stelle oder durch Verzicht. Die Einstellung oder der Verzicht sind der zuständigen Behörde unverzüglich schriftlich mitzuteilen.

(2) Die zuständige Behörde nimmt die Benennung zurück, soweit nachträglich bekannt wird, dass eine Benannte Stelle bei der Benennung nicht die Voraussetzungen für eine Benennung erfüllt hat; sie widerruft die Benennung, soweit die Voraussetzungen für eine Benennung

nachträglich weggefallen sind. An Stelle des Widerrufs kann das Ruhen der Benennung angeordnet werden.

(3) In den Fällen der Absätze 1 und 2 ist die bisherige Benannte Stelle verpflichtet, alle einschlägigen Informationen und Unterlagen der Benannten Stelle zur Verfügung zu stellen, mit der der Hersteller die Fortführung der Konformitätsbewertungsverfahren vereinbart.

(4) Die zuständige Behörde teilt das Erlöschen, die Rücknahme und den Widerruf unverzüglich dem Bundesministerium für Gesundheit sowie den anderen zuständigen Behörden in Deutschland unter Angabe der Gründe und der für notwendig erachteten Maßnahmen mit. Das Bundesministerium für Gesundheit unterrichtet darüber unverzüglich das Bundesministerium für Wirtschaft und Technologie, das unverzüglich die Europäische Kommission und die anderen Vertragsstaaten des Abkommens über den Europäischen Wirtschaftsraum unterrichtet. Erlöschen, Rücknahme und Widerruf einer Benennung sind von der zuständigen Behörde auf deren Internetseite bekannt zu machen.

(5) Absätze 1, 2 und 4 gelten für Konformitätsbewertungsstellen für Drittstaaten entsprechend.

## § 17 Geltungsdauer von Bescheinigungen der Benannten Stellen

(1) Soweit die von einer Benannten Stelle im Rahmen eines Konformitätsbewertungsverfahrens nach Maßgabe der Rechtsverordnung nach § 37 Abs. 1 erteilte Bescheinigung eine begrenzte Geltungsdauer hat, kann die Geltungsdauer auf Antrag um jeweils höchstens fünf Jahre verlängert werden. Sollte diese Benannte Stelle nicht mehr bestehen oder andere Gründe den Wechsel der Benannten Stelle erfordern, kann der Antrag bei einer anderen Benannten Stelle gestellt werden.

(2) Mit dem Antrag auf Verlängerung ist ein Bericht einzureichen, der Angaben darüber ent-

hält, ob und in welchem Umfang sich die Beurteilungsmerkmale für die Konformitätsbewertung seit der Erteilung oder Verlängerung der Konformitätsbescheinigung geändert haben. Soweit nichts anderes mit der Benannten Stelle vereinbart wurde, ist der Antrag spätestens sechs Monate vor Ablauf der Gültigkeitsfrist zu stellen.

## § 18 Einschränkung, Aussetzung und Zurückziehung von Bescheinigungen, Unterrichtungspflichten

(1) Stellt eine Benannte Stelle fest, dass die Voraussetzungen zur Ausstellung einer Bescheinigung vom Hersteller nicht oder nicht mehr erfüllt werden oder die Bescheinigung nicht hätte ausgestellt werden dürfen, schränkt sie unter Berücksichtigung des Grundsatzes der Verhältnismäßigkeit die ausgestellte Bescheinigung ein, setzt sie aus oder zieht sie zurück, es sei denn, dass der Verantwortliche durch geeignete Abhilfemaßnahmen die Übereinstimmung mit den Voraussetzungen gewährleistet. Die Benannte Stelle trifft die erforderlichen Maßnahmen unverzüglich.

(2) Vor der Entscheidung über eine Maßnahme nach Absatz 1 ist der Hersteller von der Benannten Stelle anzuhören, es sei denn, dass eine solche Anhörung angesichts der Dringlichkeit der zu treffenden Entscheidung nicht möglich ist.

(3) Die Benannte Stelle unterrichtet

1. unverzüglich das Deutsche Institut für Medizinische Dokumentation und Information über alle ausgestellten, geänderten, ergänzten und, unter Angabe der Gründe, über alle abgelehnten, eingeschränkten, zurückgezogenen, ausgesetzten und wieder eingesetzten Bescheinigungen; § 25 Abs. 5 und 6 gilt entsprechend,

2. unverzüglich die für die zuständige Behörde in Fällen, in denen sich ein Eingreifen der zuständigen Behörde als erforderlich erweisen könnte,

3. auf Anfrage die anderen Benannten Stellen oder die zuständigen Behörden über ihre Bescheinigungen und stellt zusätzliche Informationen, soweit erforderlich, zur Verfügung,

4. auf Anfrage Dritte über Angaben in Bescheinigungen, die ausgestellt, geändert, ergänzt, ausgesetzt oder widerrufen wurden.

(4) Das Deutsche Institut für Medizinische Dokumentation und Information unterrichtet über eingeschränkte, verweigerte, ausgesetzte, wieder eingesetzte und zurückgezogenen Bescheinigungen elektronisch die für den Verantwortlichen nach § 5 zuständige Behörde, die zuständige Behörde des Bundes, die Kommission der Europäischen Gemeinschaften, die anderen Vertragsstaaten des Abkommens über den Europäischen Wirtschaftsraum und gewährt den Benannten Stellen eine Zugriffsmöglichkeit auf diese Informationen.

## Vierter Abschnitt
## Klinische Bewertung, Leistungsbewertung, klinische Prüfung, Leistungsbewertungsprüfung

## § 19 Klinische Bewertung, Leistungsbewertung

(1) Die Eignung von Medizinprodukten für den vorgesehenen Verwendungszweck ist durch eine klinische Bewertung anhand von klinischen Daten nach § 3 Nummer 25 zu belegen, soweit nicht in begründeten Ausnahmefällen andere Daten ausreichend sind. Die klinische Bewertung schließt die Beurteilung von unerwünschten Wirkungen sowie die Annehmbarkeit des in den grundlegenden Anforderungen der Richtlinien 90/385/EWG und 93/42/EWG genannten Nutzen-/Risiko-Verhältnisses ein. Die klinische Bewertung muss gemäß einem definierten und methodisch einwandfreien Verfahren erfolgen und gegebenenfalls einschlägige harmonisierte Normen berücksichtigen.

(2) Die Eignung von In-vitro-Diagnostika für den vorgesehenen Verwendungszweck ist durch eine Leistungsbewertung anhand geeigneter Daten zu belegen. Die Leistungsbewertung ist zu stützen auf

1. Daten aus der wissenschaftlichen Literatur, die die vorgesehene Anwendung des Medizinproduktes und die dabei zum Einsatz kommenden Techniken behandeln, sowie einen schriftlichen Bericht, der eine kritische Würdigung dieser Daten enthält, oder

2. die Ergebnisse aller Leistungsbewertungsprüfungen oder sonstigen geeigneten Prüfungen.

### § 20 Allgemeine Voraussetzungen zur klinischen Prüfung

(1) Mit der klinischen Prüfung eines Medizinproduktes darf in Deutschland erst begonnen werden, wenn die zuständige Ethik-Kommission diese nach Maßgabe des § 22 zustimmend bewertet und die zuständige Bundesoberbehörde diese nach Maßgabe des § 22a genehmigt hat. Bei klinischen Prüfungen von Medizinprodukten mit geringem Sicherheitsrisiko kann die zuständige Bundesoberbehörde von einer Genehmigung absehen. Das Nähere zu diesem Verfahren wir in einer Rechtsverordnung nach § 37 Absatz 2a geregelt. Die klinische Prüfung eines Medizinproduktes darf bei Menschen nur durchgeführt werden, wenn und solange

1. die Risiken, die mit ihr für die Person verbunden sind, bei der sie durchgeführt werden soll, gemessen an der voraussichtlichen Bedeutung des Medizinproduktes für die Heilkunde ärztlich vertretbar sind,

1a. ein Sponsor oder ein Vertreter des Sponsors vorhanden ist, der seinen Sitz in einem Mitgliedstaat der Europäischen Union oder in einem anderen Vertragsstaat des Abkommens über den Europäischen Wirtschaftsraum hat,

2. die Person, bei der sie durchgeführt werden soll, ihre Einwilligung hierzu erteilt hat, nachdem sie durch einen Arzt, bei für die Zahnheilkunde bestimmten Medizinprodukten auch durch einen Zahnarzt, über Wesen, Bedeutung und Tragweite der klinischen Prüfung aufgeklärt worden ist und mit dieser Einwilligung zugleich erklärt, dass sie mit der im Rahmen der klinischen Prüfung erfolgenden Aufzeichnung von Gesundheitsdaten und mit der Einsichtnahme zu Prüfungszwecken durch Beauftragte des Auftraggebers oder der zuständigen Behörde einverstanden ist,

3. die Person, bei der sie durchgeführt werden soll, nicht auf gerichtliche oder behördliche Anordnung in einer Anstalt verwahrt ist,

4. sie in einer geeigneten Einrichtung und einem angemessen qualifizierten Prüfer durchgeführt und von einem entsprechend qualifizierten und spezialisierten Arzt, bei für die Zahnheilkunde bestimmten Medizinprodukten auch von einem Zahnarzt, oder einer sonstigen entsprechend qualifizierten und befugten Person geleitet wird, die mindestens eine zweijährige Erfahrung in der klinischen Prüfung von Medizinprodukten nachweisen können,

5. soweit erforderlich, eine dem jeweiligen Stand der wissenschaftlichen Erkenntnisse entsprechende biologische Sicherheitsprüfung oder sonstige für die vorgesehene Zweckbestimmung des Medizinproduktes erforderliche Prüfung durchgeführt worden ist,

6. soweit erforderlich, die sicherheitstechnische Unbedenklichkeit für die Anwendung des Medizinproduktes unter Berücksichtigung des Standes der Technik sowie der Arbeitsschutz- und Unfallverhütungsvorschriften nachgewiesen wird,

7. die Prüfer über die Ergebnisse der biologischen Sicherheitsprüfung und der Prüfung der technischen Unbedenklichkeit sowie

die voraussichtlich mit der klinischen Prüfung verbundenen Risiken informiert worden sind,

8. ein dem jeweiligen Stand der wissenschaftlichen Erkenntnisse entsprechender Prüfplan vorhanden ist und

9. für den Fall, dass bei der Durchführung der klinischen Prüfung ein Mensch getötet oder der Körper oder die Gesundheit eines Menschen verletzt oder beeinträchtigt wird, eine Versicherung nach Maßgabe des Absatzes 3 besteht, die auch Leistungen gewährt, wenn kein anderer für den Schaden haftet.

(2) Eine Einwilligung nach Absatz 1 Nr. 2 ist nur wirksam, wenn die Person, die sie abgibt,

1. geschäftsfähig und in der Lage ist, Wesen, Risiken, Bedeutung und Tragweite der klinischen Prüfung einzusehen und ihren Willen hiernach zu bestimmen, und

2. die Einwilligung selbst und schriftlich erteilt hat.

Eine Einwilligung kann jederzeit widerrufen werden.

(3) Die Versicherung nach Absatz 1 Nr. 9 muss zugunsten der von der klinischen Prüfung betroffenen Person bei einem in Deutschland zum Geschäftsbetrieb befugten Versicherer genommen werden. Ihr Umfang muss in einem angemessenen Verhältnis zu den mit der klinischen Prüfung verbundenen Risiken stehen und auf der Grundlage der Risikoabschätzung so festgelegt werden, dass für jeden Fall des Todes oder der dauernden Erwerbsunfähigkeit einer von der klinischen Prüfung betroffenen Person mindestens 500.000 Euro zur Verfügung stehen. Soweit aus der Versicherung geleistet wird, erlischt ein Anspruch auf Schadensersatz.

(4) Auf eine klinische Prüfung bei Minderjährigen finden die Absätze 1 bis 3 mit folgender Maßgabe Anwendung:

1. Das Medizinprodukt muss zum Erkennen oder zum Verhüten von Krankheiten bei Minderjährigen bestimmt sein.

2. Die Anwendung des Medizinproduktes muss nach den Erkenntnissen der medizinischen Wissenschaft angezeigt sein, um bei dem Minderjährigen Krankheiten zu erkennen oder ihn vor Krankheiten zu schützen.

3. Die klinische Prüfung an Erwachsenen darf nach den Erkenntnissen der medizinischen Wissenschaft keine ausreichenden Prüfergebnisse erwarten lassen.

4. Die Einwilligung wird durch den gesetzlichen Vertreter oder Betreuer abgegeben. Sie ist nur wirksam, wenn dieser durch einen Arzt, bei für die Zahnheilkunde bestimmten Medizinprodukten auch durch einen Zahnarzt, über Wesen, Bedeutung und Tragweite der klinischen Prüfung aufgeklärt worden ist. Ist der Minderjährige in der Lage, Wesen, Bedeutung und Tragweite der klinischen Prüfung einzusehen und seinen Willen hiernach zu bestimmen, so ist auch seine schriftliche Einwilligung erforderlich.

(5) Auf eine klinische Prüfung bei Schwangeren oder Stillenden finden die Absätze 1 bis 4 mit folgender Maßgabe Anwendung: Die klinische Prüfung darf nur durchgeführt werden, wenn

1. das Medizinprodukt dazu bestimmt ist, bei schwangeren oder stillenden Frauen oder bei einem ungeborenen Kind Krankheiten zu verhüten, zu erkennen, zu heilen oder zu lindern,

2. die Anwendung des Medizinproduktes nach den Erkenntnissen der medizinischen Wissenschaft angezeigt ist, um bei der schwangeren oder stillenden Frau oder bei einem ungeborenen Kind Krankheiten oder deren Verlauf zu erkennen, Krankheiten zu heilen oder zu lindern oder die schwangere oder stillende Frau oder das ungeborene Kind vor Krankheiten zu schützen,

3. nach den Erkenntnissen der medizinischen Wissenschaft die Durchführung der klinischen Prüfung für das ungeborene Kind keine unvertretbaren Risiken erwarten lässt und

4. die klinische Prüfung nach den Erkenntnissen der medizinischen Wissenschaft nur dann ausreichende Prüfergebnisse erwarten lässt, wenn sie an schwangeren oder stillenden Frauen durchgeführt wird.

(6) aufgehoben

(7) aufgehoben

(8) aufgehoben

### § 21 Besondere Voraussetzungen zur klinischen Prüfung

Auf eine klinische Prüfung bei einer Person, die an einer Krankheit leidet, zu deren Behebung das zu prüfende Medizinprodukt angewendet werden soll, findet § 20 Abs. 1 bis 3 mit folgender Maßgabe Anwendung:

1. Die klinische Prüfung darf nur durchgeführt werden, wenn die Anwendung des zu prüfenden Medizinproduktes nach den Erkenntnissen der medizinischen Wissenschaft angezeigt ist, um das Leben des Kranken zu retten, seine Gesundheit wiederherzustellen oder sein Leiden zu erleichtern.

2. Die klinische Prüfung darf auch bei einer Person, die geschäftsunfähig oder in der Geschäftsfähigkeit beschränkt ist, durchgeführt werden. Sie bedarf der Einwilligung des gesetzlichen Vertreters. Daneben bedarf es auch der Einwilligung des Vertretenen, wenn er in der Lage ist, Wesen, Bedeutung und Tragweite der klinischen Prüfung einzusehen und seinen Willen hiernach zu bestimmen.

3. Die Einwilligung des gesetzlichen Vertreters ist nur wirksam, wenn dieser durch einen Arzt, bei für die Zahnheilkunde bestimmten

Medizinprodukten auch durch einen Zahnarzt, über Wesen, Bedeutung und Tragweite der klinischen Prüfung aufgeklärt worden ist. Auf den Widerruf findet § 20 Abs. 2 Satz 2 Anwendung. Der Einwilligung des gesetzlichen Vertreters bedarf es so lange nicht, als eine Behandlung ohne Aufschub erforderlich ist, um das Leben des Kranken zu retten, seine Gesundheit wiederherzustellen oder sein Leiden zu erleichtern, und eine Erklärung über die Einwilligung nicht herbeigeführt werden kann.

4. Die Einwilligung des Kranken oder des gesetzlichen Vertreters ist auch wirksam, wenn sie mündlich gegenüber dem behandelnden Arzt, bei für die Zahnheilkunde bestimmten Medizinprodukten auch gegenüber dem behandelnden Zahnarzt, in Gegenwart eines Zeugen abgegeben wird, der auch bei der Information der betroffenen Person einbezogen war. Der Zeuge darf keine bei der Prüfstelle beschäftigte Person und kein Mitglied der Prüfgruppe sein. Die mündlich erteilte Einwilligung ist schriftlich zu dokumentieren, zu datieren und von dem Zeugen zu unterschreiben.

5. aufgehoben

### § 22 Verfahren bei der Ethik-Kommission

(1) Die nach § 20 Absatz 1 Satz 1 erforderliche zustimmende Bewertung der Ethik-Kommission ist vom Sponsor bei der nach Landesrecht für den Prüfer zuständigen unabhängigen interdisziplinär besetzten Ethik-Kommission zu beantragen. Wird die klinische Prüfung von mehreren Prüfern durchgeführt, so ist der Antrag bei der für den Hauptprüfer oder Leiter der klinischen Prüfung zuständigen unabhängigen Ethik-Kommission zu stellen. Bei multizentrischen klinischen Prüfungen genügt ein Votum. Das Nähere zur Bildung, Zusammensetzung und Finanzierung der Ethik-Kommission wird durch Landesrecht bestimmt. Der Sponsor hat der Ethik-Kommission alle Angaben und Unterlagen vorzulegen, die diese zur Bewertung

benötigt. Zur Bewertung der Unterlagen kann die Ethik-Kommission eigene wissenschaftliche Erkenntnisse verwerten, Sachverständige beiziehen oder Gutachten anfordern. Sie hat Sachverständige beizuziehen oder Gutachten anzufordern, wenn es sich um eine klinische Prüfung bei Minderjährigen handelt und sie nicht über eigene Fachkenntnisse auf dem Gebiet der Kinderheilkunde, einschließlich ethischer und psycho-sozialer Fragen der Kinderheilkunde, verfügt. Das Nähere zum Verfahren wird in einer Rechtsverordnung nach § 37 Absatz 2a geregelt.

(2) Die Ethik-Kommission hat die Aufgabe, den Prüfplan und die erforderlichen Unterlagen, insbesondere nach ethischen und rechtlichen Gesichtspunkten, zu beraten und zu prüfen, ob die Voraussetzungen nach § 20 Absatz 1 Satz 4 Nummer 1 bis 4 und 7 bis 9 sowie Absatz 4 und 5 und nach § 21 erfüllt werden.

(3) Die zustimmende Bewertung darf nur versagt werden, wenn

1. die vorgelegten Unterlagen auch nach Ablauf einer dem Sponsor gesetzten angemessenen Frist zur Ergänzung unvollständig sind,

2. die vorgelegten Unterlagen einschließlich des Prüfplans, der Prüferinformation und der Modalitäten für die Auswahl der Probanden nicht dem Stand der wissenschaftlichen Erkenntnisse entsprechen, insbesondere die klinische Prüfung ungeeignet ist, den Nachweis der Unbedenklichkeit, Leistung oder Wirkung des Medizinproduktes zu erbringen, oder

3. die in § 20 Absatz 1 Satz 4 Nummer 1 bis 4 und 7 bis 9 sowie Absatz 4 und 5 und die in § 21 genannten Anforderungen nicht erfüllt sind.

(4) Die Ethik-Kommission hat eine Entscheidung über den Antrag nach Absatz 1 innerhalb einer Frist von 60 Tagen nach Eingang der erforderlichen Unterlagen zu übermitteln. Sie unterrichtet zusätzlich die zuständige Bundesoberbehörde über die Entscheidung.

## § 22a Genehmigungsverfahren bei der Bundesoberbehörde

(1) Die nach § 20 Absatz 1 Satz 1 erforderliche Genehmigung ist vom Sponsor bei der zuständigen Bundesoberbehörde zu beantragen. Der Antrag muss, jeweils mit Ausnahme der Stellungnahme der beteiligten Ethik-Kommission, bei aktiven implantierbaren Medizinprodukten die Angaben nach Nummer 2.2 des Anhangs 6 der Richtlinie 90/385/EWG und bei sonstigen Medizinprodukten die Angaben nach Nummer 2.2 des Anhangs VIII der Richtlinie 93/42/EWG enthalten. Zusätzlich hat der Sponsor alle Angaben und Unterlagen vorzulegen, die die zuständige Bundesoberbehörde zur Bewertung benötigt. Die Stellungnahme der Ethik-Kommission ist nachzureichen. Das Nähere zum Verfahren wird in einer Rechtsverordnung nach § 37 Absatz 2a geregelt.

(2) Die zuständige Bundesoberbehörde hat die Aufgabe, den Prüfplan und die erforderlichen Unterlagen, insbesondere nach wissenschaftlichen und technischen Gesichtspunkten zu prüfen, ob die Voraussetzungen nach § 20 Absatz 1 Satz 4 Nummer 1, 5, 6 und 8 erfüllt werden.

(3) Die Genehmigung darf nur versagt werden, wenn

1. die vorgelegten Unterlagen auch nach Ablauf einer dem Sponsor gesetzten angemessenen Frist zur Ergänzung unvollständig sind,

2. das Medizinprodukt oder die vorgelegten Unterlagen, insbesondere die Angaben zum Prüfplan einschließlich der Prüferinformation nicht dem Stand der wissenschaftlichen Erkenntnisse entsprechen, insbesondere die klinische Prüfung ungeeignet ist, den Nachweis der Unbedenklichkeit, Leistung oder Wirkung des Medizinproduktes zu erbringen oder

3. die in § 20 Absatz 1 Satz 4 Nummer 1, 5, 6 und 8 genannten Anforderungen nicht erfüllt sind,

(4) Die Genehmigung gilt als erteilt, wenn die zuständige Bundesoberbehörde dem Sponsor innerhalb von 30 Tagen nach Eingang der Antragsunterlagen keine mit Gründen versehenen Einwände übermittelt. Wenn der Sponsor auf mit Gründen versehene Einwände den Antrag nicht innerhalb einer Frist von 90 Tagen entsprechend abgeändert hat, gilt der Antrag als abgelehnt.

(5) Nach einer Entscheidung der zuständigen Bundesoberbehörde über den Genehmigungsantrag oder nach Ablauf der Frist nach Absatz 4 Satz 2 ist das Einreichen von Unterlagen zur Mängelbeseitigung ausgeschlossen.

(6) Die zuständige Bundesoberbehörde unterrichtet die zuständigen Behörden über genehmigte und abgelehnte klinische Prüfungen und Bewertungen der Ethik-Kommissionen und informiert die zuständigen Behörden der anderen Vertragsstaaten des Europäischen Wirtschaftsraums und die Europäische Kommission über abgelehnte klinische Prüfungen. Die Unterrichtung erfolgt automatisch über das Informationssystem des Deutschen Instituts für Medizinische Dokumentation und Information. § 25 Absatz 5 und 6 gilt entsprechend.

(7) Die für die Genehmigung einer klinischen Prüfung zuständige Bundesoberbehörde unterrichtet die zuständige Ethik-Kommission, sofern ihr Informationen zu anderen klinischen Prüfungen vorliegen, die für die Bewertung der von der Ethik-Kommission begutachteten Prüfung von Bedeutung sind; dies gilt insbesondere für Informationen über abgebrochene oder sonst vorzeitig beendete Prüfungen. Dabei unterbleibt die Übermittlung personenbezogener Daten, ferner sind Betriebs- und Geschäftsgeheimnisse dabei zu wahren. Absatz 6 Satz 2 und 3 gilt entsprechend.

## § 22b Rücknahme, Widerruf und Ruhen der Genehmigung oder der zustimmenden Bewertung

(1) Die Genehmigung nach § 22a ist zurückzunehmen, wenn bekannt wird, dass ein Versagungsgrund nach § 22a Absatz 3 bei der Erteilung vorgelegen hat. Sie ist zu widerrufen, wenn nachträglich Tatsachen eintreten, die die Versagung nach § 22a Absatz 3 Nummer 2 oder Nummer 3 rechtfertigen würden. In den Fällen des Satzes 1 kann auch das Ruhen der Genehmigung befristet angeordnet werden.

(2) Die zuständige Bundesoberbehörde kann die Genehmigung widerrufen, wenn die Gegebenheiten der klinischen Prüfung nicht mit den Angaben im Genehmigungsantrag übereinstimmen oder wenn Tatsachen Anlass zu Zweifeln an der Unbedenklichkeit oder der wissenschaftlichen Grundlage der klinischen Prüfung geben. In diesem Fall kann auch das Ruhen der Genehmigung befristet angeordnet werden.

(3) Vor einer Entscheidung nach den Absätzen 1 und 2 ist dem Sponsor Gelegenheit zur Stellungnahme innerhalb einer Frist von einer Woche zu geben. § 28 Absatz 2 Nummer 1 des Verwaltungsverfahrensgesetzes gilt entsprechend. Ordnet die zuständige Bundesoberbehörde den Widerruf, die Rücknahme oder das Ruhen der Genehmigung mit sofortiger Wirkung an, so übermittelt sie diese Anordnung unverzüglich dem Sponsor. Widerspruch und Anfechtungsklage haben keine aufschiebende Wirkung.

(4) Ist die Genehmigung einer klinischen Prüfung zurückgenommen oder widerrufen oder ruht sie, so darf die klinische Prüfung nicht fortgesetzt werden.

(5) Die zustimmende Bewertung durch die zuständige Ethik-Kommission ist zurückzunehmen, wenn die Ethik-Kommission nachträglich Kenntnis erlangt, dass ein Versagungsgrund nach § 22 Absatz 3 vorgelegen hat; sie ist zu widerrufen, wenn die Ethik-Kommission nachträglich Kenntnis erlangt, dass

1. die Anforderungen an die Eignung des Prüfers und der Prüfstelle nicht gegeben sind,

2. keine ordnungsgemäße Probandenversicherung besteht,

3. die Modalitäten für die Auswahl der Prüfungsteilnehmer nicht dem Stand der medizinischen Erkenntnisse entsprechen, insbesondere die klinische Prüfung ungeeignet ist, den Nachweis der Unbedenklichkeit, Leistung oder Wirkung des Medizinproduktes zu erbringen,

4. die Voraussetzungen für die Einbeziehung von Personen nach § 20 Absatz 4 und 5 oder § 21 nicht gegeben sind.

Die Absätze 3 und 4 gelten entsprechend. Die zuständige Ethik-Kommission unterrichtet unter Angabe von Gründen unverzüglich die zuständige Bundesoberbehörde und die anderen für die Überwachung zuständigen Behörden.

(6) Wird die Genehmigung einer klinischen Prüfung zurückgenommen, widerrufen oder das Ruhen einer Genehmigung angeordnet, so informiert die zuständige Bundesoberbehörde die zuständigen Behörden und die Behörden der anderen betroffenen Mitgliedstaaten des Europäischen Wirtschaftsraums über die getroffene Maßnahme und deren Gründe. § 22a Absatz 6 Satz 2 und 3 gilt entsprechend.

### § 22c Änderungen nach Genehmigung von klinischen Prüfungen

(1) Der Sponsor zeigt jede Änderung der Dokumentation der zuständigen Bundesoberbehörde an.

(2) Beabsichtigt der Sponsor nach Genehmigung der klinischen Prüfung eine wesentliche Änderungen vor, so beantragt er unter Angabe des Inhalts und der Gründe der Änderung

1. bei der zuständigen Bundesoberbehörde eine Begutachtung und

2. bei der zuständigen Ethik-Kommission eine Bewertung

der angezeigten Änderungen.

(3) Als wesentlich gelten insbesondere Änderungen, die

1. sich auf die Sicherheit der Probanden auswirken können,

2. die Auslegung der Dokumente beeinflussen, auf die die Durchführung der klinischen Prüfung gestützt wird oder

3. die anderen von der Ethik-Kommission beurteilten Anforderungen beeinflussen.

(4) Die Ethik-Kommission nimmt innerhalb von 30 Tagen nach Eingang des Änderungsantrags dazu Stellung. § 22 Absatz 4 Satz 2 gilt entsprechend.

(5) Stimmt die Ethik-Kommission dem Antrag zu und äußert die zuständige Bundesoberbehörde innerhalb von 30 Tagen nach Eingang des Änderungsantrags keine Einwände, so kann der Sponsor die klinische Prüfung nach dem geänderten Prüfplan durchführen. Im Falle von Auflagen muss der Sponsor diese beachten und die Dokumentation entsprechend anpassen oder seinen Änderungsantrag zurückziehen. § 22a Absatz 6 gilt entsprechend. Für Rücknahme, Widerruf und Ruhen der Genehmigung der Bundesoberbehörde nach Satz 1 findet § 22b entsprechende Anwendung.

(6) Werden wesentliche Änderungen auf Grund von Maßnahmen der zuständigen Bundesoberbehörde an einer klinischen Prüfung veranlasst, so informiert die zuständige Bundesoberbehörde die zuständigen Behörden und die zuständigen Behörden der anderen betroffenen Vertragsstaaten des Abkommens über den Europäischen Wirtschaftsraum über die getroffene Maßnahme und deren Gründe. § 22a Absatz 6 Satz 2 und 3 gilt entsprechend.

## § 23 Durchführung der klinischen Prüfung

Neben den §§ 20 bis 22c gelten für die Durchführung klinischer Prüfungen von aktiven implantierbaren Medizinprodukten auch die Bestimmungen der Nummer 2.3 des Anhangs 7 der Richtlinie 90/385/EWG und für die Durchführung klinischer Prüfungen von sonstigen Medizinprodukten die Bestimmungen der Nummer 2.3 des Anhangs X der Richtlinie 93/42/EWG.

### § 23a Meldungen über Beendigung oder Abbruch von klinischen Prüfungen

(1) Innerhalb von 90 Tagen nach Beendigung einer klinischen Prüfung meldet der Sponsor der zuständigen Bundesoberbehörde die Beendigung der klinischen Prüfung.

(2) Beim Abbruch der klinischen Prüfung verkürzt sich diese Frist auf 15 Tage. In der Meldung sind alle Gründe für den Abbruch anzugeben.

(3) Der Sponsor reicht der zuständigen Bundesoberbehörde innerhalb von zwölf Monaten nach Abbruch oder Abschluss der klinischen Prüfung den Schlussbericht ein.

(4) Im Falle eines Abbruchs der klinischen Prüfung aus Sicherheitsgründen informiert die zuständige Bundesoberbehörde alle zuständigen Behörden, die Behörden der Mitgliedstaaten des Europäischen Wirtschaftsraums und die Europäische Kommission. § 22a Absatz 6 Satz 2 und 3 gilt entsprechend.

### § 23b Ausnahmen zur klinischen Prüfung

Die §§ 20 bis 23a sind nicht anzuwenden, wenn eine klinische Prüfung mit Medizinprodukten durchgeführt wird, die nach den §§ 6 und 10 die CE-Kennzeichnung tragen dürfen, es sei denn, diese Prüfung hat eine andere Zweckbestimmung des Medizinproduktes zum Inhalt oder es werden zusätzlich invasive oder andere belastende Untersuchungen durchgeführt.

## § 24 Leistungsbewertungsprüfung

Auf Leistungsbewertungsprüfungen von In-vitro-Diagnostika sind die §§ 20 bis 23b entsprechend anzuwenden, wenn

1. eine invasive Probenahme ausschließlich oder in erheblicher zusätzlicher Menge zum Zwecke der Leistungsbewertung eines In-vitro-Diagnostikums erfolgt oder

2. im Rahmen der Leistungsbewertungsprüfung zusätzlich invasive oder andere belastende Untersuchungen durchgeführt werden oder

3. die im Rahmen der Leistungsbewertung erhaltenen Ergebnisse für die Diagnostik verwendet werden sollen, ohne dass sie mit etablierten Verfahren bestätigt werden können.

In den übrigen Fällen ist die Einwilligung der Person, von der die Proben entnommen werden, erforderlich, soweit das Persönlichkeitsrecht oder kommerzielle Interessen dieser Person berührt sind.

### Fünfter Abschnitt
### Überwachung und Schutz vor Risiken

## § 25 Allgemeine Anzeigepflicht

(1) Wer als Verantwortlicher im Sinne von § 5 Satz 1 und 2 seinen Sitz in Deutschland hat und Medizinprodukte mit Ausnahme derjenigen nach § 3 Nr. 8 erstmalig in den Verkehr bringt, hat dies vor Aufnahme der Tätigkeit unter Angabe seiner Anschrift der zuständigen Behörde anzuzeigen; dies gilt entsprechend für Betriebe und Einrichtungen, die Medizinprodukte, die bestimmungsgemäß keimarm oder steril zur Anwendung kommen, ausschließlich für andere aufbereiten.

(2) Wer Systeme oder Behandlungseinheiten nach § 10 Abs. 1 zusammensetzt oder diese sowie Medizinprodukte nach § 10 Abs. 3 steri-

lisiert und seinen Sitz in Deutschland hat, hat der zuständigen Behörde unter Angabe seiner Anschrift vor Aufnahme der Tätigkeit die Bezeichnung sowie bei Systemen oder Behandlungseinheiten die Beschreibung der betreffenden Medizinprodukte anzuzeigen.

(3) Wer als Verantwortlicher nach § 5 Satz 1 und 2 seinen Sitz in Deutschland hat und In-vitro-Diagnostika erstmalig in Verkehr bringt, hat der zuständigen Behörde unter Angabe seiner Anschrift vor Aufnahme der Tätigkeit anzuzeigen:

1. die die gemeinsamen technologischen Merkmale und Analyten betreffenden Angaben zu Reagenzien, Medizinprodukten mit Reagenzien und Kalibrier- und Kontrollmaterialien sowie bei sonstigen In-vitro-Diagnostika die geeigneten Angaben,

2. im Falle der In-vitro-Diagnostika gemäß Anhang II der Richtlinie 98/79/EG und der In-vitro-Diagnostika zur Eigenanwendung alle Angaben, die eine Identifizierung dieser In-vitro-Diagnostika ermöglichen, die analytischen und gegebenenfalls diagnostischen Leistungsdaten gemäß Anhang I Abschnitt A Nr. 3 der Richtlinie 98/79/EG, die Ergebnisse der Leistungsbewertung sowie Angaben zu Bescheinigungen,

3. bei einem „neuen In-vitro-Diagnostikum" im Sinne von § 3 Nr. 6 zusätzlich die Angabe, dass es sich um ein „neues In-vitro-Diagnostikum" handelt.

(4) Nachträgliche Änderungen der Angaben nach den Absätzen 1 bis 3 sowie eine Einstellung des Inverkehrbringens sind unverzüglich anzuzeigen.

(5) Die zuständige Behörde übermittelt die Daten gemäß den Absätzen 1 bis 4 dem Deutschen Institut für medizinische Dokumentation und Information zur zentralen Verarbeitung und Nutzung nach § 33. Dieses unterrichtet auf Anfrage die Kommission der Europäischen Gemeinschaften und die anderen Vertragsstaaten des Abkommens über den Europäischen Wirt-schaftsraum über Anzeigen nach den Absätzen 1 bis 4.

(6) Näheres zu den Absätzen 1 bis 5 regelt die Rechtsverordnung nach § 37 Abs. 8.

## § 26 Durchführung der Überwachung

(1) Betriebe und Einrichtungen mit Sitz in Deutschland, in denen Medizinprodukte hergestellt, klinisch geprüft, einer Leistungsbewertungsprüfung unterzogen, verpackt, ausgestellt, in den Verkehr gebracht, errichtet, betrieben, angewendet oder Medizinprodukte, die bestimmungsgemäß keimarm oder steril zur Anwendung kommen, aufbereitet werden, unterliegen insoweit der Überwachung durch die zuständigen Behörden. Dies gilt auch für Sponsoren und für Personen, die die in Satz 1 genannten Tätigkeiten geschäftsmäßig ausüben, sowie für Personen oder Personenvereinigungen, die Medizinprodukte für andere sammeln.

(2) Die zuständige Behörde hat sich davon zu überzeugen, dass die Vorschriften über Medizinprodukte und die Werbung auf dem Gebiet des Heilwesens beachtet werden. Sie prüft in angemessenem Umfang unter besonderer Berücksichtigung möglicher Risiken, ob die Voraussetzungen zum Inverkehrbringen, zur Inbetriebnahme, zum Errichten, Betreiben und Anwenden erfüllt sind. Satz 2 gilt entsprechend für die Überwachung von klinischen Prüfungen und von Leistungsbewertungsprüfungen sowie für die Überwachung der Aufbereitung von Medizinprodukten, die bestimmungsgemäß keimarm oder steril angewendet werden. Die zuständige Behörde ergreift die Maßnahmen, die notwendig sind, um festgestellte Verstöße zu beseitigen und künftigen Verstößen vorzubeugen. Sie kann bei hinreichenden Anhaltspunkten für eine unrechtmäßige CE-Kennzeichnung oder eine von dem Medizinprodukt ausgehende Gefahr verlangen, dass der Verantwortliche im Sinne von § 5 das Medizinprodukt von einem Sachverständigen überprüfen lässt. Bei einem In-vitro-Diagnostikum nach § 3 Nummer 6 kann sie zu jedem Zeitpunkt innerhalb von zwei

Jahren nach der Anzeige nach § 25 Absatz 3 und danach in begründeten Fällen die Vorlage eines Berichts über die Erkenntnisse aus den Erfahrungen mit dem neuen In-vitro-Diagnostikum nach dessen erstmaligem Inverkehrbringen verlangen.

(2a) Die zuständigen Behörden müssen über die zur Erfüllung ihrer Aufgaben notwendige personelle und sachliche Ausstattung verfügen sowie für eine dem allgemein anerkannten Stand der Wissenschaft und Technik entsprechende regelmäßige Fortbildung der überwachenden Mitarbeiter sorgen.

(2b) Die Einzelheiten zu den Absätzen 1 bis 2a, insbesondere zur Durchführung und Qualitätssicherung der Überwachung, regelt eine allgemeine Verwaltungsvorschrift nach § 37a.

(3) Die mit der Überwachung beauftragten Personen sind befugt,

1. Grundstücke, Geschäftsräume, Betriebsräume, Beförderungsmittel und zur Verhütung drohender Gefahr für die öffentliche Sicherheit und Ordnung auch Wohnräume zu den üblichen Geschäftszeiten zu betreten und zu besichtigen, in denen eine Tätigkeit nach Absatz 1 ausgeübt wird; das Grundrecht der Unverletzlichkeit der Wohnung (Artikel 13 des Grundgesetzes) wird insoweit eingeschränkt,

2. Medizinprodukte zu prüfen, insbesondere hierzu in Betrieb nehmen zu lassen, sowie Proben unentgeltlich zu entnehmen,

3. Unterlagen über die Entwicklung, Herstellung, Prüfung, klinische Prüfung, Leistungsbewertungsprüfung oder Erwerb, Aufbereitung, Lagerung, Verpackung, Inverkehrbringen und sonstigen Verbleib der Medizinprodukte sowie über das im Verkehr befindliche Werbematerial einzusehen und hieraus in begründeten Fällen Abschriften oder Ablichtungen anzufertigen,

4. alle erforderlichen Auskünfte, insbesondere über die in Nummer 3 genannten Betriebsvorgänge, zu verlangen.

Für Proben, die nicht bei dem Verantwortlichen nach § 5 entnommen werden, ist eine angemessene Entschädigung zu leisten, soweit nicht ausdrücklich darauf verzichtet wird.

(4) Wer der Überwachung nach Absatz 1 unterliegt, hat Maßnahmen nach Absatz 3 Satz 1 Nr. 1 bis 3 zu dulden und die beauftragten Personen sowie die sonstigen in der Überwachung tätigen Personen bei der Erfüllung ihrer Aufgaben zu unterstützen. Dies beinhaltet insbesondere die Verpflichtung, diesen Personen die Medizinprodukte zugänglich zu machen, erforderliche Prüfungen zu gestatten, hierfür benötigte Mitarbeiter und Hilfsmittel bereitzustellen, Auskünfte zu erteilen und Unterlagen vorzulegen.

(5) Der im Rahmen der Überwachung zur Auskunft Verpflichtete kann die Auskunft auf solche Fragen verweigern, deren Beantwortung ihn selbst oder einen seiner in § 383 Abs. 1 Nr. 1 bis 3 der Zivilprozessordnung bezeichneten Angehörigen der Gefahr strafrechtlicher Verfolgung oder eines Verfahrens nach dem Gesetz über Ordnungswidrigkeiten aussetzen würde.

(6) Sachverständige, die im Rahmen des Absatzes 2 prüfen, müssen die dafür notwendige Sachkenntnis besitzen. Die Sachkenntnis kann auch durch ein Zertifikat einer von der zuständigen Behörde akkreditierten Stelle nachgewiesen werden.

(7) Die zuständige Behörde unterrichtet auf Anfrage das Bundesministerium für Gesundheit sowie die zuständigen Behörden der anderen Vertragsstaaten des Abkommens über den Europäischen Wirtschaftsraum über durchgeführte Überprüfungen, deren Ergebnisse sowie die getroffenen Maßnahmen.

### § 27 Verfahren bei unrechtmäßiger und unzulässiger Anbringung der CE-Kennzeichnung

(1) Stellt die zuständige Behörde fest, dass die CE-Kennzeichnung auf einem Medizinprodukt unrechtmäßig angebracht worden ist, ist der Verantwortliche nach § 5 verpflichtet, die Voraussetzungen für das rechtmäßige Anbrin-

gen der CE-Kennzeichnung nach Weisung der zuständigen Behörde zu erfüllen. Werden diese Voraussetzungen nicht erfüllt, so hat die zuständige Behörde das Inverkehrbringen dieses Medizinproduktes einzuschränken, von der Einhaltung bestimmter Auflagen abhängig zu machen, zu untersagen oder zu veranlassen, dass das Medizinprodukt vom Markt genommen wird. Sie unterrichtet davon die übrigen zuständigen Behörden in Deutschland und das Bundesministerium für Gesundheit, das die Europäische Kommission und die anderen Vertragsstaaten des Abkommens über den Europäischen Wirtschaftsraum hiervon unterrichtet.

(2) Trägt ein Produkt unzulässigerweise die CE-Kennzeichnung als Medizinprodukt, trifft die zuständige Behörde die erforderlichen Maßnahmen nach Absatz 1 Satz 2. Absatz 1 Satz 3 gilt entsprechend.

### § 28 Verfahren zum Schutze vor Risiken

(1) Die nach diesem Gesetz zuständige Behörde trifft alle erforderlichen Maßnahmen zum Schutze der Gesundheit und zur Sicherheit von Patienten, Anwendern und Dritten vor Gefahren durch Medizinprodukte, soweit nicht das Atomgesetz oder eine darauf gestützte Rechtsverordnung für Medizinprodukte, die ionisierende Strahlen erzeugen oder radioaktive Stoffe enthalten, für die danach zuständige Behörde entsprechende Befugnisse vorsieht.

(2) Die zuständige Behörde ist insbesondere befugt, Anordnungen, auch über die Schließung des Betriebs oder der Einrichtung, zu treffen, soweit es zur Abwehr einer drohenden Gefahr für die öffentliche Gesundheit, Sicherheit oder Ordnung geboten ist. Sie kann das Inverkehrbringen, die Inbetriebnahme, das Betreiben, die Anwendung der Medizinprodukte sowie den Beginn oder die weitere Durchführung der klinischen Prüfung oder der Leistungsbewertungsprüfung untersagen, beschränken oder von der Einhaltung bestimmter Auflagen abhängig machen oder den Rückruf oder die Sicherstellung

der Medizinprodukte anordnen. Sie unterrichtet hiervon die übrigen zuständigen Behörden in Deutschland, die zuständige Bundesoberbehörde und das Bundesministerium für Gesundheit.

(3) Stellt die zuständige Behörde fest, dass CE-gekennzeichnete Medizinprodukte oder Sonderanfertigungen die Gesundheit oder Sicherheit von Patienten, Anwendern oder Dritten oder deren Eigentum gefährden können, auch wenn sie sachgemäß installiert, in Stand gehalten oder ihrer Zweckbestimmung entsprechend angewendet werden und trifft sie deshalb Maßnahmen mit dem Ziel, das Medizinprodukt vom Markt zu nehmen oder das Inverkehrbringen oder die Inbetriebnahme zu verbieten oder einzuschränken, teilt sie diese umgehend unter Angabe von Gründen dem Bundesministerium für Gesundheit zur Einleitung eines Schutzklauselverfahrens nach Artikel 7 der Richtlinie 90/385/EWG, Artikel 8 der Richtlinie 93/42/EWG oder Artikel 8 der Richtlinie 98/79/EG mit. In den Gründen ist insbesondere anzugeben, ob die Nichtübereinstimmung mit den Vorschriften dieses Gesetzes zurückzuführen ist auf

1. die Nichteinhaltung der Grundlegenden Anforderungen,

2. eine unzulängliche Anwendung harmonisierter Normen oder Gemeinsamer Technischer Spezifikationen, sofern deren Anwendung behauptet wird, oder

3. einen Mangel der harmonisierten Normen oder Gemeinsamen Technischen Spezifikationen selbst.

(4) Die zuständige Behörde kann veranlassen, dass alle, die einer von einem Medizinprodukt ausgehenden Gefahr ausgesetzt sein können, rechtzeitig in geeigneter Form auf diese Gefahr hingewiesen werden. Eine hoheitliche Warnung der Öffentlichkeit ist zulässig, wenn bei Gefahr im Verzug andere ebenso wirksame Maßnahmen nicht oder nicht rechtzeitig getroffen werden können.

(5) Maßnahmen nach Artikel 14b der Richtlinie 93/42/EWG und Artikel 13 der Richtlinie 98/79/EG trifft das Bundesministerium für Gesundheit durch Rechtsverordnung nach § 37 Abs. 6.

### § 29 Medizinprodukte-Beobachtungs- und -Meldesystem

(1) Die zuständige Bundesoberbehörde hat, soweit nicht eine oberste Bundesbehörde im Vollzug des Atomgesetzes oder der auf Grund dieses Gesetzes erlassenen Rechtsverordnungen zuständig ist, zur Verhütung einer Gefährdung der Gesundheit oder der Sicherheit von Patienten, Anwendern oder Dritten die bei der Anwendung oder Verwendung von Medizinprodukten auftretenden Risiken, insbesondere Nebenwirkungen, wechselseitige Beeinflussung mit anderen Stoffen oder Produkten, Gegenanzeigen, Verfälschungen, Funktionsfehler, Fehlfunktionen und technische Mängel zentral zu erfassen, auszuwerten und zu bewerten. Sie hat die zu ergreifenden Maßnahmen zu koordinieren, insbesondere, soweit sie alle schwerwiegenden unerwünschten Ereignisse während klinischer Prüfungen oder Leistungsbewertungsprüfungen von In-vitro-Diagnostika oder folgende Vorkommnisse betreffen.

1. jede Funktionsstörung, jeden Ausfall oder jede Änderung der Merkmale oder der Leistung eines Medizinproduktes sowie jede Unsachgemäßheit der Kennzeichnung oder Gebrauchsanweisung, die direkt oder indirekt zum Tod oder zu einer schwerwiegenden Verschlechterung des Gesundheitszustandes eines Patienten oder eines Anwenders oder einer anderen Person geführt haben oder hätten führen können,

2. jeden Grund technischer oder medizinischer Art, der auf Grund der in Nummer 1 genannten Ursachen durch die Merkmale und die Leistungen eines Medizinproduktes bedingt ist und zum systematischen Rückruf von Medizinprodukten desselben Typs durch den Hersteller geführt hat.

§ 26 Abs. 2 Satz 3 findet entsprechende Anwendung. Die zuständige Bundesoberbehörde teilt das Ergebnis der Bewertung der zuständigen Behörde mit, die über notwendige Maßnahmen entscheidet. Die zuständige Bundesoberbehörde übermittelt Daten aus der Beobachtung, Sammlung, Auswertung und Bewertung von Risiken in Verbindung mit Medizinprodukten an das Deutsche Institut für Medizinische Dokumentation und Information zur zentralen Verarbeitung und Nutzung nach § 33. Näheres regelt die Rechtsverordnung nach § 37 Abs. 8.

(2) Soweit dies zur Erfüllung der in Absatz 1 aufgeführten Aufgaben erforderlich ist, dürfen an die danach zuständigen Behörden auch Name, Anschrift und Geburtsdatum von Patienten, Anwendern oder Dritten übermittelt werden. Die nach Absatz 1 zuständige Behörde darf die nach Landesrecht zuständige Behörde auf Ersuchen über die von ihr gemeldeten Fälle und die festgestellten Erkenntnisse in Bezug auf personenbezogene Daten unterrichten. Bei der Zusammenarbeit nach Absatz 3 dürfen keine personenbezogenen Daten von Patienten übermittelt werden. Satz 3 gilt auch für die Übermittlung von Daten an das Informationssystem nach § 33.

(3) Die Behörde nach Absatz 1 wirkt bei der Erfüllung der dort genannten Aufgaben mit den Dienststellen der anderen Vertragsstaaten des Abkommens über den Europäischen Wirtschaftsraum und der Europäische Kommission, der Weltgesundheitsorganisation, den für die Gesundheit und den Arbeitsschutz zuständigen Behörden anderer Staaten, den für die Gesundheit, den Arbeitsschutz, den Strahlenschutz und das Mess- und Eichwesen zuständigen Behörden der Länder und den anderen fachlich berührten Bundesoberbehörden, Benannten Stellen in Deutschland, den zuständigen Trägern der gesetzlichen Unfallversicherung, dem Medizinischen Dienst des Spitzenverbandes Bund der Krankenkassen, den einschlägigen Fachgesellschaften, den Herstellern und Vertreibern sowie mit anderen Stellen zu-

sammen, die bei der Durchführung ihrer Aufgaben Risiken von Medizinprodukten erfassen. Besteht der Verdacht, dass ein Zwischenfall durch eine elektromagnetische Einwirkung eines anderen Gerätes als ein Medizinprodukt verursacht wurde, ist das Bundesamt für Post und Telekommunikation zu beteiligen.

(4) Einzelheiten zur Durchführung der Aufgaben nach § 29 regelt der Sicherheitsplan nach § 37 Abs. 7.

### § 30 Sicherheitsbeauftragter für Medizinprodukte

(1) Wer als Verantwortlicher nach § 5 Satz 1 und 2 seinen Sitz in Deutschland hat, hat unverzüglich nach Aufnahme der Tätigkeit eine Person mit der zur Ausübung ihrer Tätigkeit erforderlichen Sachkenntnis und der erforderlichen Zuverlässigkeit als Sicherheitsbeauftragten für Medizinprodukte zu bestimmen.

(2) Der Verantwortliche nach § 5 Satz 1 und 2 hat, soweit er nicht ausschließlich Medizinprodukte nach § 3 Nr. 8 erstmalig in den Verkehr bringt, der zuständigen Behörde den Sicherheitsbeauftragten sowie jeden Wechsel in der Person unverzüglich anzuzeigen. Die zuständige Behörde übermittelt die Daten nach Satz 1 an das Deutsche Institut für Medizinische Dokumentation und Information zur zentralen Verarbeitung und Nutzung nach § 33.

(3) Der Nachweis der erforderlichen Sachkenntnis als Sicherheitsbeauftragter für Medizinprodukte wird erbracht durch

1. das Zeugnis über eine abgeschlossene naturwissenschaftliche, medizinische oder technische Hochschulausbildung oder

2. eine andere Ausbildung, die zur Durchführung der unter Absatz 4 genannten Aufgaben befähigt, und eine mindestens zweijährige Berufserfahrung. Die Sachkenntnis ist auf Verlangen der zuständigen Behörde nachzuweisen.

(4) Der Sicherheitsbeauftragte für Medizinprodukte hat bekannt gewordene Meldungen über Risiken bei Medizinprodukten zu sammeln, zu bewerten und die notwendigen Maßnahmen zu koordinieren. Er ist für die Erfüllung von Anzeigepflichten verantwortlich, soweit sie Medizinprodukterisiken betreffen.

(5) Der Sicherheitsbeauftragte für Medizinprodukte darf wegen der Erfüllung der ihm übertragenen Aufgaben nicht benachteiligt werden.

### § 31 Medizinprodukteberater

(1) Wer berufsmäßig Fachkreise fachlich informiert oder in die sachgerechte Handhabung der Medizinprodukte einweist (Medizinprodukteberater), darf diese Tätigkeit nur ausüben, wenn er die für die jeweiligen Medizinprodukte erforderliche Sachkenntnis und Erfahrung für die Information und, soweit erforderlich, für die Einweisung in die Handhabung der jeweiligen Medizinprodukte besitzt. Dies gilt auch für die fernmündliche Information.

(2) Die Sachkenntnis besitzt, wer

1. eine Ausbildung in einem naturwissenschaftlichen, medizinischen oder technischen Beruf erfolgreich abgeschlossen hat und auf die jeweiligen Medizinprodukte bezogen geschult worden ist oder

2. durch eine mindestens einjährige Tätigkeit, die in begründeten Fällen auch kürzer sein kann, Erfahrungen in der Information über die jeweiligen Medizinprodukte und, soweit erforderlich, in der Einweisung in deren Handhabung erworben hat.

(3) Der Medizinprodukteberater hat der zuständigen Behörde auf Verlangen seine Sachkenntnis nachzuweisen. Er hält sich auf dem neuesten Erkenntnisstand über die jeweiligen Medizinprodukte, um sachkundig beraten zu können. Der Auftraggeber hat für eine regelmäßige Schulung des Medizinprodukteberaters zu sorgen.

(4) Der Medizinprodukteberater hat Mitteilungen von Angehörigen der Fachkreise über Nebenwirkungen, wechselseitige Beeinflussungen, Fehlfunktionen, technische Mängel, Gegenanzeigen, Verfälschungen oder sonstige Risiken bei Medizinprodukten schriftlich aufzuzeichnen und unverzüglich dem Verantwortlichen nach § 5 Satz 1 und 2 oder dessen Sicherheitsbeauftragten für Medizinprodukte schriftlich zu übermitteln.

**Sechster Abschnitt**
**Zuständige Behörden, Rechtsverordnungen, sonstige Bestimmungen**

**§ 32 Aufgaben und Zuständigkeiten der Bundesoberbehörden im Medizinproduktebereich**

(1) Das Bundesinstitut für Arzneimittel und Medizinprodukte ist insbesondere zuständig für

1. die Aufgaben nach § 29 Absatz 1 und 3,

2. die Bewertung hinsichtlich der technischen und medizinischen Anforderungen und der Sicherheit von Medizinprodukten, es sei denn, dass dieses Gesetz anderes vorschreibt oder andere Bundesoberbehörden zuständig sind,

3. Genehmigungen von klinischen Prüfungen und Leistungsbewertungsprüfungen nach den §§ 22a und 24,

4. Entscheidungen zur Abgrenzung und Klassifizierung von Medizinprodukten nach § 13 Absatz 2 und 3,

5. Sonderzulassungen nach § 11 Absatz 1 und

6. die Beratung der zuständigen Behörden, der Verantwortlichen nach § 5, von Sponsoren und Benannten Stellen.

(2) Das Paul-Ehrlich-Institut ist zuständig für die Aufgaben nach Absatz 1, soweit es sich um in Anhang II der Richtlinie 98/79/EG genannte In-vitro-Diagnostika handelt, die zur Prüfung der Unbedenklichkeit oder Verträglichkeit von Blut- oder Gewebespenden bestimmt sind oder Infektionskrankheiten betreffen. Beim Paul-Ehrlich-Institut kann ein fachlich unabhängiges Prüflabor eingerichtet werden, das mit Benannten Stellen und anderen Organisationen zusammenarbeiten kann.

(3) Die Physikalisch-Technische Bundesanstalt ist zuständig für die Sicherung der Einheitlichkeit des Messwesens in der Heilkunde und hat

1. Medizinprodukte mit Messfunktion gutachterlich zu bewerten und, soweit sie nach § 15 dafür benannt ist, Baumusterprüfungen durchzuführen,

2. Referenzmessverfahren, Normalmessgeräte und Prüfhilfsmittel zu entwickeln und auf Antrag zu prüfen und

3. die zuständigen Behörden und Benannten Stellen wissenschaftlich zu beraten.

**§ 33 Datenbankgestütztes Informationssystem, Europäische Datenbank**

(1) Das Deutsche Institut für medizinische Dokumentation und Information richtet ein Informationssystem über Medizinprodukte zur Unterstützung des Vollzugs dieses Gesetzes ein und stellt den für die Medizinprodukte zuständigen Behörden des Bundes und der Länder die hierfür erforderlichen Informationen zur Verfügung. Es stellt die erforderlichen Daten für die Europäische Datenbank im Sinne von Artikel 10b der Richtlinie 90/385/EWG, Artikel 14a der Richtlinie 93/42/EWG und Artikel 12 der Richtlinie 98/79/EG zur Verfügung. Eine Bereitstellung dieser Informationen für nicht-öffentliche Stellen ist zulässig, soweit dies die Rechtsverordnung nach § 37 Abs. 8 vorsieht. Für seine Leistungen kann es Entgelte verlangen. Diese werden in einem Entgeltkatalog festgelegt, der der Zustimmung des Bundesministeriums für Gesundheit bedarf.

(2) Im Sinne des Absatzes 1 hat das dort genannte Institut insbesondere folgende Aufgaben:

1. zentrale Verarbeitung und Nutzung von Informationen nach § 25 Abs. 5, auch in Verbindung mit § 18 Abs. 3, §§ 22a bis 23a und 24,

2. zentrale Verarbeitung und Nutzung von Basisinformationen der in Verkehr befindlichen Medizinprodukte,

3. zentrale Verarbeitung und Nutzung von Daten aus der Beobachtung, Sammlung, Auswertung und Bewertung von Risiken in Verbindung mit Medizinprodukten,

4. Informationsbeschaffung und Übermittlung von Daten an Datenbanken anderer Mitgliedstaaten und Institutionen der Europäischen Kommission und anderer Vertragsstaaten des Abkommens über den Europäischen Wirtschaftsraum, insbesondere im Zusammenhang mit der Erkennung und Abwehr von Risiken in Verbindung mit Medizinprodukten,

5. Aufbau und Unterhaltung von Zugängen zu Datenbanken, die einen Bezug zu Medizinprodukten haben.

(3) Das in Absatz 1 genannte Institut ergreift die notwendigen Maßnahmen, damit Daten nur dazu befugten Personen übermittelt werden oder diese Zugang zu diesen Daten erhalten.

### § 34 Ausfuhr

(1) Auf Antrag eines Herstellers oder Bevollmächtigten stellt die zuständige Behörde für die Ausfuhr eine Bescheinigung über die Verkehrsfähigkeit des Medizinproduktes in Deutschland aus.

(2) Medizinprodukte, die einem Verbot nach § 4 Abs. 1 unterliegen, dürfen nur ausgeführt werden, wenn die zuständige Behörde des Bestimmungslandes die Einfuhr genehmigt hat, nachdem sie von der zuständigen Behörde über die jeweiligen Verbotsgründe informiert wurde.

### § 35 Kosten

Für Amtshandlungen nach diesem Gesetz und den zur Durchführung dieses Gesetzes erlassenen Rechtsverordnungen sind Kosten (Gebühren und Auslagen) nach Maßgabe der Rechtsverordnung nach § 37 Abs. 9 zu erheben. Soweit das Bundesministerium für Gesundheit von der Ermächtigung keinen Gebrauch macht, werden die Landesregierungen ermächtigt, entsprechende Vorschriften zu erlassen. Das Verwaltungskostengesetz findet Anwendung.

### § 36 Zusammenarbeit der Behörden und Benannten Stellen im Europäischen Wirtschaftsraum und der Europäischen Kommission

Die für die Durchführung des Medizinprodukterechts zuständigen Behörden und Benannten Stellen arbeiten mit den zuständigen Behörden und Benannten Stellen der anderen Vertragsstaaten des Abkommens über den Europäischen Wirtschaftsraum und der Europäischen Kommission zusammen und erteilen einander die notwendigen Auskünfte, um eine einheitliche Anwendung der zur Umsetzung der Richtlinien 90/385/EWG, 93/42/EWG und 98/79/EG erlassenen Vorschriften zu erreichen.

### § 37 Verordnungsermächtigungen

(1) Das Bundesministerium für Gesundheit wird ermächtigt, zur Umsetzung von Rechtsakten der Europäischen Gemeinschaft oder der Europäischen Union durch Rechtsverordnung die Voraussetzungen für die Erteilung der Konformitätsbescheinigungen, die Durchführung der Konformitätsbewertungsverfahren und ihre Zuordnung zu Klassen von Medizinprodukten sowie Sonderverfahren für Systeme und Behandlungseinheiten zu regeln.

(2) Das Bundesministerium für Gesundheit wird ermächtigt, durch Rechtsverordnung für Medizinprodukte, die

1. die Gesundheit des Menschen auch bei bestimmungsgemäßer Anwendung unmittelbar oder mittelbar gefährden können, wenn sie ohne ärztliche oder zahnärztliche Überwachung angewendet werden, oder

2. häufig in erheblichem Umfang nicht bestimmungsgemäß angewendet werden, wenn dadurch die Gesundheit von Menschen unmittelbar oder mittelbar gefährdet wird, die Verschreibungspflicht vorzuschreiben. In der Rechtsverordnung nach Satz 1 können weiterhin Abgabebeschränkungen geregelt werden.

(2a) Das Bundesministerium für Gesundheit wird ermächtigt, durch Rechtsverordnung Regelungen zur ordnungsgemäßen Durchführung der klinischen Prüfung und der genehmigungspflichtigen Leistungsbewertungsprüfung sowie der Erzielung dem wissenschaftlichen Erkenntnisstand entsprechender Unterlagen zu treffen. In der Rechtsverordnung können insbesondere Regelungen getroffen werden über:

1. Aufgaben und Verantwortungsbereiche des Sponsors, der Prüfer oder anderer Personen, die die klinische Prüfung durchführen oder kontrollieren einschließlich von Anzeige-, Dokumentations- und Berichtspflichten insbesondere über schwerwiegende unerwünschte Ereignisse, die während der Prüfung auftreten und die Sicherheit der Studienteilnehmer oder die Durchführung der Studie beeinträchtigen könnten,

2. Aufgaben und Verfahren bei Ethik-Kommissionen einschließlich der einzureichenden Unterlagen, auch mit Angaben zur angemessenen Beteiligung von Frauen und Männern als Prüfungsteilnehmerinnen und Prüfungsteilnehmer, der Unterbrechung, Verlängerung oder Verkürzung der Bearbeitungsfrist und der besonderen Anforderungen an die Ethik-Kommissionen bei klinischen Prüfungen nach § 20 Absatz 4 und 5 sowie nach § 21,

3. die Aufgaben der zuständigen Behörden und das behördliche Genehmigungsverfahren einschließlich der einzureichenden Unterlagen, auch mit Angaben zur angemessenen Beteiligung von Frauen und Männern als Prüfungsteilnehmerinnen und Prüfungsteilnehmer und der Unterbrechung oder Verlängerung oder Verkürzung der Bearbeitungsfrist, das Verfahren zur Überprüfung von Unterlagen in Betrieben und Einrichtungen sowie die Voraussetzungen und das Verfahren für Rücknahme, Widerruf und Ruhen der Genehmigung oder Untersagung einer klinischen Prüfung,

4. die Anforderungen an die Prüfeinrichtung und an das Führen und Aufbewahren von Nachweisen,

5. die Übermittlung von Namen und Sitz des Sponsors und des verantwortlichen Prüfers und nicht personenbezogener Angaben zur klinischen Prüfung von der zuständigen Behörde an eine europäische Datenbank,

6. die Art und Weise der Weiterleitung von Unterlagen und Ausfertigung der Entscheidungen an die zuständigen Behörden und die für die Prüfer zuständigen Ethik-Kommissionen bestimmt werden,

7. Sonderregelungen für Medizinprodukte mit geringem Sicherheitsrisiko.

(3) Das Bundesministerium für Gesundheit wird ermächtigt, durch Rechtsverordnung Vertriebswege für Medizinprodukte vorzuschreiben, soweit es geboten ist, die erforderliche Qualität des Medizinproduktes zu erhalten oder die bei der Abgabe oder Anwendung von Medizinprodukten notwendigen Erfordernisse für die Sicherheit des Patienten, Anwenders oder Dritten zu erfüllen.

(4) Das Bundesministerium für Gesundheit wird ermächtigt, durch Rechtsverordnung Regelungen für Betriebe oder Einrichtungen zu erlassen (Betriebsverordnungen), die Medizinprodukte in Deutschland in den Verkehr bringen oder lagern, soweit es geboten ist, um einen ordnungsgemäßen Betrieb und die erforderliche Qualität, Sicherheit und Leistung der Medi-

zinprodukte sicherzustellen sowie die Sicherheit und Gesundheit der Patienten, der Anwender und Dritter nicht zu gefährden. In der Rechtsverordnung können insbesondere Regelungen getroffen werden über die Lagerung, den Erwerb, den Vertrieb, die Information und Beratung sowie die Einweisung in den Betrieb einschließlich Funktionsprüfung nach Installation und die Anwendung der Medizinprodukte. Die Regelungen können auch für Personen getroffen werden, die die genannten Tätigkeiten berufsmäßig ausüben.

(5) Das Bundesministerium für Gesundheit wird ermächtigt, durch Rechtsverordnung

1. Anforderungen an das Errichten, Betreiben, Anwenden und Instandhalten von Medizinprodukten festzulegen, Regelungen zu treffen über die Einweisung der Betreiber und Anwender, die sicherheitstechnischen Kontrollen, Funktionsprüfungen, Meldepflichten und Einzelheiten der Meldepflichten von Vorkommnissen und Risiken, das Bestandsverzeichnis und das Medizinproduktebuch sowie weitere Anforderungen festzulegen, soweit dies für das sichere Betreiben und die sichere Anwendung oder die ordnungsgemäße Instandhaltung notwendig ist,

1a. Anforderungen an die sichere Aufbereitung von bestimmungsgemäß-keimarm oder steril zur Anwendung kommenden Medizinprodukten festzulegen und Regelungen zu treffen über

   a) zusätzliche Anforderungen an Aufbereiter, die Medizinprodukte mit besonders hohen Anforderungen an die Aufbereitung aufbereiten,

   b) die Zertifizierung von Aufbereitern nach Buchstabe a,

   c) die Anforderungen an die von der zuständigen Behörde anerkannten Konformitätsbewertungsstellen, die Zertifizierungen nach Buchstabe b vornehmen,

2. a) Anforderungen an das Qualitätssicherungssystem beim Betreiben und Anwenden von In-vitro-Diagnostika festzulegen,

   b) Regelungen zu treffen über

      aa) die Feststellung und die Anwendung von Normen zur Qualitätssicherung, die Verfahren zur Erstellung von Richtlinien und Empfehlungen, die Anwendungsbereiche, Inhalte und Zuständigkeiten, die Beteiligung der betroffenen Kreise sowie

      bb) Umfang, Häufigkeit und Verfahren der Kontrolle sowie die Anforderungen an die für die Kontrolle zuständigen Stellen und das Verfahren ihrer Bestellung

   c) festzulegen, dass die Normen, Richtlinien und Empfehlungen oder deren Fundstellen vom Bundesministerium für Gesundheit im Bundesanzeiger bekannt gemacht werden,

3. zur Gewährleistung der Messsicherheit von Medizinprodukten mit Messfunktion diejenigen Medizinprodukte mit Messfunktion zu bestimmen, die messtechnischen Kontrollen unterliegen, und zu bestimmen, dass der Betreiber, eine geeignete Stelle oder die zuständige Behörde messtechnische Kontrollen durchzuführen hat sowie Vorschriften zu erlassen über den Umfang, die Häufigkeit und das Verfahren von messtechnischen Kontrollen, die Voraussetzungen, den Umfang und das Verfahren der Anerkennung und Überwachung mit der Durchführung messtechnischer Kontrollen betrauter Stellen sowie die Mitwirkungspflichten des Betreibers eines Medizinproduktes mit Messfunktion bei messtechnischen Kontrollen.

(6) Das Bundesministerium für Gesundheit wird ermächtigt, durch Rechtsverordnung ein bestimmtes Medizinprodukt oder eine Gruppe

von Medizinprodukten aus Gründen des Gesundheitsschutzes und der Sicherheit oder im Interesse der öffentlichen Gesundheit gemäß Artikel 36 des Vertrages über die Arbeitsweise der Europäischen Union zu verbieten oder deren Bereitstellung zu beschränken oder besonderen Bedingungen zu unterwerfen.

(7) Das Bundesministerium für Gesundheit wird ermächtigt, durch Rechtsverordnung zur Durchführung der Aufgaben im Zusammenhang mit dem Medizinprodukte-Beobachtungs- und -Meldesystem nach § 29 einen Sicherheitsplan für Medizinprodukte zu erstellen. In diesem werden insbesondere die Aufgaben und die Zusammenarbeit der beteiligten Behörden und Stellen sowie die Einschaltung der Hersteller und Bevollmächtigten, Einführer, Inverkehrbringer und sonstiger Händler, der Anwender und Betreiber, der Europäischen Kommission sowie der anderen Vertragsstaaten des Abkommens über den Europäischen Wirtschaftsraum näher geregelt und die jeweils zu ergreifenden Maßnahmen bestimmt. In dem Sicherheitsplan können ferner Einzelheiten zur Risikobewertung und deren Durchführung, Mitwirkungspflichten der Verantwortlichen nach § 5 Satz 1 und 2, sonstiger Händler, der Anwender, Betreiber und Instandhalter, Einzelheiten des Meldeverfahrens und deren Bekanntmachung, Melde-, Berichts-, Aufzeichnungs- und Aufbewahrungspflichten, Prüfungen und Produktionsüberwachungen, Einzelheiten der Durchführung von Maßnahmen zur Risikoabwehr und deren Überwachung sowie Informationspflichten, -mittel und -wege geregelt werden. Ferner können in dem Sicherheitsplan Regelungen zu personenbezogenen Daten getroffen werden, soweit diese im Rahmen der Risikoabwehr erfasst, verarbeitet und genutzt werden.

(8) Das Bundesministerium für Gesundheit wird ermächtigt, zur Gewährleistung einer ordnungsgemäßen Erhebung, Verarbeitung und Nutzung von Daten nach § 33 Abs. 1 und 2 durch Rechtsverordnung Näheres zu regeln, auch hinsichtlich der Art, des Umfangs und der Anforderungen an Daten. In dieser Rechtsver-

ordnung können auch die Gebühren für Handlungen dieses Institutes festgelegt werden.

(9) Das Bundesministerium für Gesundheit wird ermächtigt, durch Rechtsverordnung die gebührenpflichtigen Tatbestände nach § 35 zu bestimmen und dabei feste Sätze oder Rahmensätze vorzusehen. Die Gebührensätze sind so zu bemessen, dass der mit den Amtshandlungen verbundene Personal- und Sachaufwand abgedeckt ist. In der Rechtsverordnung kann bestimmt werden, dass eine Gebühr auch für eine Amtshandlung erhoben werden kann, die nicht zu Ende geführt worden ist, wenn die Gründe hierfür von demjenigen zu vertreten sind, der die Amtshandlung veranlasst hat.

(10) Das Bundesministerium für Gesundheit wird ermächtigt, durch Rechtsverordnung Regelungen zur Erfüllung von Verpflichtungen aus zwischenstaatlichen Vereinbarungen oder zur Durchführung von Rechtsakten des Rates oder der Europäischen Kommission, die Sachbereiche dieses Gesetzes betreffen, insbesondere sicherheitstechnische und medizinische Anforderungen, die Herstellung und sonstige Voraussetzungen des Inverkehrbringens, des Betreibens, des Anwendens, des Ausstellens, insbesondere Prüfungen, Produktionsüberwachung, Bescheinigungen, Kennzeichnung, Aufbewahrungs- und Mitteilungspflichten, behördliche Maßnahmen sowie Anforderungen an die Benennung und Überwachung von Benannten Stellen, zu treffen.

(11) Die Rechtsverordnungen nach den Absätzen 1 bis 10 ergehen mit Zustimmung des Bundesrates und im Einvernehmen mit dem Bundesministerium für Wirtschaft und Technologie. Sie ergehen im Einvernehmen mit dem Bundesministerium für Umwelt, Naturschutz und Reaktorsicherheit, soweit der Strahlenschutz betroffen ist oder es sich um Medizinprodukte handelt, bei deren Herstellung radioaktive Stoffe oder ionisierende Strahlen verwendet werden, und im Einvernehmen mit dem Bundesministerium für Arbeit und Soziales, soweit der Arbeitsschutz betroffen ist und im Ein-

vernehmen mit dem Bundesministerium des Innern, soweit der Datenschutz betroffen ist.

(12) Die Rechtsverordnungen nach den Absätzen 6 und 10 bedürfen nicht der Zustimmung des Bundesrates bei Gefahr im Verzug oder wenn ihr unverzügliches Inkrafttreten zur Durchführung von Rechtsakten der Europäischen Gemeinschaft oder der Europäischen Union erforderlich ist. Die Rechtsverordnungen nach den Absätzen 1 bis 3 können ohne Zustimmung des Bundesrates erlassen werden, wenn unvorhergesehene gesundheitliche Gefährdungen dies erfordern. Soweit die Rechtsverordnung nach Absatz 9 Kosten von Bundesbehörden betrifft, bedarf sie nicht der Zustimmung des Bundesrates. Die Rechtsverordnungen nach den Sätzen 1 und 2 bedürfen nicht des Einvernehmens mit den jeweils beteiligten Bundesministerien. Sie treten spätestens sechs Monate nach ihrem Inkrafttreten außer Kraft. Ihre Geltungsdauer kann nur mit Zustimmung des Bundesrates verlängert werden. Soweit der Strahlenschutz betroffen ist, bleibt Absatz 11 unberührt.

### § 37a Allgemeine Verwaltungsvorschriften

Die Bundesregierung erlässt mit Zustimmung des Bundesrates die zur Durchführung dieses Gesetzes erforderlichen allgemeinen Verwaltungsvorschriften insbesondere zur Durchführung und Qualitätssicherung der Überwachung, zur Sachkenntnis der mit der Überwachung beauftragten Personen, zur Ausstattung, zum Informationsaustausch und zur Zusammenarbeit der Behörden.

### Siebter Abschnitt
### Sondervorschriften für den Bereich der Bundeswehr

### § 38 Anwendung und Vollzug des Gesetzes

(1) Dieses Gesetz findet auf Einrichtungen, die der Versorgung der Bundeswehr mit Medizinprodukten dienen, entsprechende Anwendung.

(2) Im Bereich der Bundeswehr obliegt der Vollzug dieses Gesetzes und die Überwachung den jeweils zuständigen Stellen und Sachverständigen der Bundeswehr.

### § 39 Ausnahmen

(1) Schreiben die Grundlegenden Anforderungen nach § 7 die Angabe des Verfalldatums vor, kann diese bei Medizinprodukten entfallen, die an die Bundeswehr abgegeben werden. Das Bundesministerium der Verteidigung stellt sicher, dass Qualität, Leistung und Sicherheit der Medizinprodukte gewährleistet sind. Satz 1 gilt entsprechend für Medizinprodukte, die zum Zweck des Zivil- und Katastrophenschutzes an die zuständigen Behörden des Bundes oder der Länder abgegeben werden. Die zuständigen Behörden stellen sicher, dass Qualität, Leistung und Sicherheit der Medizinprodukte gewährleistet sind.

(2) Das Bundesministerium der Verteidigung kann für seinen Geschäftsbereich im Einvernehmen mit dem Bundesministerium für Gesundheit und, soweit der Arbeitsschutz betroffen ist, im Einvernehmen mit dem Bundesministerium für Arbeit und Soziales in Einzelfällen Ausnahmen von diesem Gesetz und auf Grund dieses Gesetzes erlassenen Rechtsverordnungen zulassen, wenn Rechtsakte der Europäischen Gemeinschaft oder der Europäischen Union dem nicht entgegenstehen und dies zur Durchführung der besonderen Aufgaben gerechtfertigt ist und der Schutz der Gesundheit gewahrt bleibt.

### Achter Abschnitt
### Straf- und Bußgeldvorschriften

### § 40 Strafvorschriften

(1) Mit Freiheitsstrafe bis zu drei Jahren oder mit Geldstrafe wird bestraft, wer

1. entgegen § 4 Abs. 1 Nr. 1 ein Medizinprodukt in den Verkehr bringt, errichtet, in Betrieb nimmt, betreibt oder anwendet,

2. entgegen § 6 Abs. 1 Satz 1 ein Medizinprodukt, das den Vorschriften der Strahlenschutzverordnung oder der Röntgenverordnung unterliegt oder bei dessen Herstellung ionisierende Strahlen verwendet wurden, in den Verkehr bringt oder in Betrieb nimmt,

3. entgegen § 6 Abs. 2 Satz 1 in Verbindung mit einer Rechtsverordnung nach § 37 Abs. 1 ein Medizinprodukt, das den Vorschriften der Strahlenschutzverordnung oder der Röntgenverordnung unterliegt oder bei dessen Herstellung ionisierende Strahlen verwendet wurden, mit der CE-Kennzeichnung versieht oder

4. entgegen § 14 Satz 2 ein Medizinprodukt betreibt oder anwendet.

(2) Der Versuch ist strafbar.

(3) In besonders schweren Fällen ist die Strafe Freiheitsstrafe von einem Jahr bis zu fünf Jahren. Ein besonders schwerer Fall liegt in der Regel vor, wenn der Täter durch eine der in Absatz 1 bezeichneten Handlungen

1. die Gesundheit einer großen Zahl von Menschen gefährdet,

2. einen anderen in die Gefahr des Todes oder einer schweren Schädigung an Körper oder Gesundheit bringt oder

3. aus grobem Eigennutz für sich oder einen anderen Vermögensvorteile großen Ausmaßes erlangt.

(4) Handelt der Täter in den Fällen des Absatzes 1 fahrlässig, so ist die Strafe Freiheitsstrafe bis zu einem Jahr oder Geldstrafe.

## § 41 Strafvorschriften

Mit Freiheitsstrafe bis zu einem Jahr oder mit Geldstrafe wird bestraft, wer

1. entgegen § 4 Abs. 2 Satz 1 in Verbindung mit Satz 2 ein Medizinprodukt in den Verkehr bringt,

2. entgegen § 6 Abs. 1 Satz 1 ein Medizinprodukt, das nicht den Vorschriften der Strahlenschutzverordnung oder der Röntgenverordnung unterliegt oder bei dessen Herstellung ionisierende Strahlen nicht verwendet wurden, in den Verkehr bringt oder in Betrieb nimmt,

3. entgegen § 6 Abs. 2 Satz 1 in Verbindung mit einer Rechtsverordnung nach § 37 Abs. 1 ein Medizinprodukt, das nicht den Vorschriften der Strahlenschutzverordnung oder der Röntgenverordnung unterliegt oder bei dessen Herstellung ionisierende Strahlen nicht verwendet wurden, mit der CE-Kennzeichnung versieht,

4. entgegen § 20 Absatz 1 Satz 1 oder Satz 4 Nummer 1 bis 6 oder Nummer 9, jeweils auch in Verbindung mit § 20 Absatz 4 oder Absatz 5 oder § 21 Nummer 1 oder entgegen § 22b Absatz 4 mit einer klinischen Prüfung beginnt, eine klinische Prüfung durchführt oder eine klinische Prüfung fortsetzt,

5. entgegen § 24 Satz 1 in Verbindung mit § 20 Absatz 1 Satz 1 oder Satz 4 Nummer 1 bis 6 oder Nummer 9, jeweils auch in Verbindung mit § 20 Absatz 4 oder Absatz 5, oder entgegen § 24 Satz 1 in Verbindung mit § 22b Absatz 4 mit einer Leistungsbewertungsprüfung beginnt, eine Leistungsbewertungsprüfung durchführt oder eine Leistungsbewertungsprüfung fortsetzt oder

6. einer Rechtsverordnung nach § 37 Abs. 2 Satz 2 zuwiderhandelt, soweit sie für einen bestimmten Tatbestand auf diese Strafvorschrift verweist.

## § 42 Bußgeldvorschriften

(1) Ordnungswidrig handelt, wer eine der in § 41 bezeichneten Handlungen fahrlässig begeht.

(2) Ordnungswidrig handelt, wer vorsätzlich oder fahrlässig

1. entgegen § 4 Abs. 1 Nr. 2 ein Medizinprodukt in den Verkehr bringt, errichtet, in Betrieb nimmt, betreibt oder anwendet,

2. entgegen § 9 Abs. 3 Satz 1 eine CE-Kennzeichnung nicht richtig oder nicht in der vorgeschriebenen Weise anbringt,

3. entgegen § 10 Abs. 1 Satz 2 oder Abs. 3 Satz 1, auch in Verbindung mit Satz 2, jeweils in Verbindung mit einer Rechtsverordnung nach § 37 Abs. 1, eine Erklärung nicht, nicht richtig, nicht vollständig oder nicht rechtzeitig abgibt,

4. entgegen § 10 Abs. 4 Satz 2 einem Medizinprodukt eine Information nicht beifügt,

5. entgegen § 11 Absatz 2 Satz 1 ein Medizinprodukt abgibt,

6. entgegen § 12 Abs. 1 Satz 1 in Verbindung mit einer Rechtsverordnung nach § 37 Abs. 1 eine Sonderanfertigung in den Verkehr bringt oder in Betrieb nimmt,

7. entgegen § 12 Abs. 2 Satz 1 oder Abs. 3 Satz 1 ein Medizinprodukt abgibt,

8. entgegen § 12 Abs. 4 Satz 1 ein Medizinprodukt ausstellt,

9. entgegen § 12 Abs. 4 Satz 3 ein In-vitro-Diagnostikum anwendet,

10. entgegen § 20 Abs. 1 Satz 4 Nr. 7 oder 8, jeweils auch in Verbindung mit § 21 Nr. 1, eine klinische Prüfung durchführt,

11. entgegen § 25 Abs. 1 Satz 1, Abs. 2, 3 oder 4 oder § 30 Abs. 2 Satz 1 eine Anzeige nicht, nicht richtig, nicht vollständig oder nicht rechtzeitig erstattet,

12. entgegen § 26 Abs. 4 Satz 1 eine Maßnahme nicht duldet oder eine Person nicht unterstützt,

13. entgegen § 30 Abs. 1 einen Sicherheitsbeauftragten nicht oder nicht rechtzeitig bestimmt,

14. entgegen § 31 Abs. 1 Satz 1, auch in Verbindung mit Satz 2, eine Tätigkeit ausübt,

15. entgegen § 31 Abs. 4 eine Mitteilung nicht, nicht richtig, nicht vollständig oder nicht in der vorgeschriebenen Weise aufzeichnet oder nicht oder nicht rechtzeitig übermittelt oder

16. einer Rechtsverordnung nach § 37 Abs. 1, 2a, 3, 4 Satz 1 oder 3, Abs. 5 Nr. 1, 2 Buchstabe a oder b Doppelbuchstabe bb oder Nr. 3, Abs. 7 oder 8 Satz 1 oder einer vollziehbaren Anordnung auf Grund einer solchen Rechtsverordnung zuwiderhandelt, soweit die Rechtsverordnung für einen bestimmten Tatbestand auf diese Bußgeldvorschrift verweist.

(3) Die Ordnungswidrigkeit kann mit einer Geldbuße bis zu fünfundzwanzigtausend Euro geahndet werden.

### § 43 Einziehung

Gegenstände, auf die sich eine Straftat nach § 40 oder § 41 oder eine Ordnungswidrigkeit nach § 42 bezieht, können eingezogen werden. § 74a des Strafgesetzbuches und § 23 des Gesetzes über Ordnungswidrigkeiten sind anzuwenden.

### Neunter Abschnitt
### Übergangsbestimmungen

### § 44 Übergangsbestimmungen

(1) Medizinprodukte mit Verfalldatum, die vor dem 30. Juni 2007 zum Zweck des Zivil- und Katastrophenschutzes an die zuständigen Behörden des Bundes oder der Länder oder zur Durchführung ihrer besonderen Aufgaben an die Bundeswehr abgegeben wurden, dürfen auch nach Ablauf des Verfallsdatums angewendet werden. Die zuständigen Behörden stellen sicher, dass Qualität, Leistung und Sicherheit der Medizinprodukte gewährleistet sind.

(2) Auf Medizinprodukte im Sinne des § 3 Nr. 3 sind die Vorschriften dieses Gesetzes ab dem 13. Juni 2002 anzuwenden. Medizinprodukte nach § 3 Nr. 3 dürfen noch bis zum 13. Dezember 2005 nach den am 13. Dezember 2000 in Deutschland geltenden Vorschriften in Deutschland erstmalig in Verkehr gebracht werden. Das weitere Inverkehrbringen und die Inbetriebnahme der danach erstmalig in Verkehr gebrachten Medizinprodukte ist bis zum 13. Dezember 2007 zulässig.

(3) Die Vorschriften des § 14 sowie der Rechtsverordnung nach § 37 Abs. 5 gelten unabhängig davon, nach welchen Vorschriften die Medizinprodukte erstmalig in den Verkehr gebracht wurden.

(4) Für klinische Prüfungen nach § 20 und Leistungsbewertungsprüfungen nach § 24 des Medizinproduktegesetzes, mit denen vor dem 20. März 2010 begonnen wurde, sind die §§ 19 bis 24 des Medizinproduktegesetzes in der Fassung der Bekanntmachung vom 7. August 2002 (BGBl. I S. 3146), das zuletzt durch Artikel 1 des Gesetzes vom 14. Juni 2007 (BGBl. I S. 1066) geändert worden ist, weiter anzuwenden.

(5) Für klinische Prüfungen und Leistungsbewertungsprüfungen nach Absatz 4 ist ab dem 21. März 2010 die Medizinprodukte-Sicherheitsplanverordnung vom 24. Juni 2002 (BGBl. I S. 2131), die zuletzt durch Artikel 3 des Gesetzes vom 14. Juni 2007 (BGBl. I S. 1066) geändert worden ist, in der jeweils geltenden Fassung entsprechend anzuwenden, die sie durch Artikel 3 des Gesetzes vom 29. Juli 2009 (BGBl. I S. 2326) erhält.

# Gesetz über Teilzeitarbeit und befristete Arbeitsverträge

## (Teilzeit- und Befristungsgesetz – TzBfG)

Vom 21. Dezember 2000
(BGBl. I S. 1966)

Zuletzt geändert durch Artikel 23 des Gesetzes
vom 20. Dezember 2011
(BGBl. I S. 2854)

## Erster Abschnitt
## Allgemeine Vorschriften
## Teilzeit- und Befristungsgesetz

### § 1 Zielsetzung

Ziel des Gesetzes ist, Teilzeitarbeit zu fördern, die Voraussetzungen für die Zulässigkeit befristeter Arbeitsverträge festzulegen und die Diskriminierung von teilzeitbeschäftigten und befristet beschäftigten Arbeitnehmern zu verhindern.

### § 2 Begriff des teilzeitbeschäftigten Arbeitnehmers

(1) Teilzeitbeschäftigt ist ein Arbeitnehmer, dessen regelmäßige Wochenarbeitszeit kürzer ist als die eines vergleichbaren vollzeitbeschäftigten Arbeitnehmers. Ist eine regelmäßige Wochenarbeitszeit nicht vereinbart, so ist ein Arbeitnehmer teilzeitbeschäftigt, wenn seine regelmäßige Arbeitszeit im Durchschnitt eines bis zu einem Jahr reichenden Beschäftigungszeitraums unter der eines vergleichbaren vollzeitbeschäftigten Arbeitnehmers liegt. Vergleichbar ist ein vollzeitbeschäftigter Arbeitnehmer des Betriebes mit derselben Art des Arbeitsverhältnisses und der gleichen oder einer ähnlichen Tätigkeit. Gibt es im Betrieb keinen vergleichbaren vollzeitbeschäftigten Arbeitnehmer, so ist der vergleichbare vollzeitbeschäftigte Arbeitnehmer auf Grund des anwendbaren Tarifvertrages zu bestimmen; in allen anderen Fällen ist darauf abzustellen, wer im jeweiligen Wirtschaftszweig üblicherweise als vergleichbarer vollzeitbeschäftigter Arbeitnehmer anzusehen ist.

(2) Teilzeitbeschäftigt ist auch ein Arbeitnehmer, der eine geringfügige Beschäftigung nach § 8 Abs. 1 Nr. 1 des Vierten Buches Sozialgesetzbuch ausübt.

### § 3 Begriff des befristet beschäftigten Arbeitnehmers

(1) Befristet beschäftigt ist ein Arbeitnehmer mit einem auf bestimmte Zeit geschlossenen Arbeitsvertrag. Ein auf bestimmte Zeit geschlossener Arbeitsvertrag (befristeter Arbeitsvertrag) liegt vor, wenn seine Dauer kalendermäßig bestimmt ist (kalendermäßig befristeter Arbeitsvertrag) oder sich aus Art, Zweck oder Beschaffenheit der Arbeitsleistung ergibt (zweckbefristeter Arbeitsvertrag).

(2) Vergleichbar ist ein unbefristet beschäftigter Arbeitnehmer des Betriebes mit der gleichen oder einer ähnlichen Tätigkeit. Gibt es im Betrieb keinen vergleichbaren unbefristet beschäftigten Arbeitnehmer, so ist der vergleichbare unbefristet beschäftigte Arbeitnehmer auf Grund des anwendbaren Tarifvertrages zu bestimmen; in allen anderen Fällen ist darauf abzustellen, wer im jeweiligen Wirtschaftszweig üblicherweise als vergleichbarer unbefristet beschäftigter Arbeitnehmer anzusehen ist.

### § 4 Verbot der Diskriminierung

(1) Ein teilzeitbeschäftigter Arbeitnehmer darf wegen der Teilzeitarbeit nicht schlechter behandelt werden als ein vergleichbarer vollzeitbeschäftigter Arbeitnehmer, es sei denn, dass sachliche Gründe eine unterschiedliche Behandlung rechtfertigen. Einem teilzeitbeschäftigten Arbeitnehmer ist Arbeitsentgelt oder eine andere teilbare geldwerte Leistung mindestens in dem Umfang zu gewähren, der dem Anteil seiner Arbeitszeit an der Arbeitszeit eines vergleichbaren vollzeitbeschäftigten Arbeitnehmers entspricht.

(2) Ein befristet beschäftigter Arbeitnehmer darf wegen der Befristung des Arbeitsvertrages nicht schlechter behandelt werden, als ein vergleichbarer unbefristet beschäftigter Arbeitnehmer, es sei denn, dass sachliche Gründe eine unterschiedliche Behandlung rechtfertigen. Einem befristet beschäftigten Arbeitnehmer ist Arbeitsentgelt oder eine andere teilbare geldwerte Leistung, die für einen bestimmten Bemessungszeitraum gewährt wird, mindestens in dem Umfang zu gewähren, der dem Anteil seiner Beschäftigungsdauer am Bemessungszeitraum entspricht. Sind bestimmte Beschäfti-

gungsbedingungen von der Dauer des Bestehens des Arbeitsverhältnisses in demselben Betrieb oder Unternehmen abhängig, so sind für befristet beschäftigte Arbeitnehmer dieselben Zeiten zu berücksichtigen wie für unbefristet beschäftigte Arbeitnehmer, es sei denn, dass eine unterschiedliche Berücksichtigung aus sachlichen Gründen gerechtfertigt ist.

### § 5 Benachteiligungsverbot

Der Arbeitgeber darf einen Arbeitnehmer nicht wegen der Inanspruchnahme von Rechten nach diesem Gesetz benachteiligen.

**Zweiter Abschnitt**
**Teilzeitarbeit**

### § 6 Förderung von Teilzeitarbeit

Der Arbeitgeber hat den Arbeitnehmern, auch in leitenden Positionen, Teilzeitarbeit nach Maßgabe dieses Gesetzes zu ermöglichen.

### § 7 Ausschreibung; Information über freie Arbeitsplätze

(1) Der Arbeitgeber hat einen Arbeitsplatz, den er öffentlich oder innerhalb des Betriebes ausschreibt, auch als Teilzeitarbeitsplatz auszuschreiben, wenn sich der Arbeitsplatz hierfür eignet.

(2) Der Arbeitgeber hat einen Arbeitnehmer, der ihm den Wunsch nach einer Veränderung von Dauer und Lage seiner vertraglich vereinbarten Arbeitszeit angezeigt hat, über entsprechende Arbeitsplätze zu informieren, die im Betrieb oder Unternehmen besetzt werden sollen.

(3) Der Arbeitgeber hat die Arbeitnehmervertretung über Teilzeitarbeit im Betrieb und Unternehmen zu informieren, insbesondere über vorhandene oder geplante Teilzeitarbeitsplätze und über die Umwandlung von Teilzeitarbeitsplätzen in Vollzeitarbeitsplätze oder umgekehrt. Der Arbeitnehmervertretung sind auf Verlangen

die erforderlichen Unterlagen zur Verfügung zu stellen; § 92 des Betriebsverfassungsgesetzes bleibt unberührt.

### § 8 Verringerung der Arbeitszeit

(1) Ein Arbeitnehmer, dessen Arbeitsverhältnis länger als sechs Monate bestanden hat, kann verlangen, dass seine vertraglich vereinbarte Arbeitszeit verringert wird.

(2) Der Arbeitnehmer muss die Verringerung seiner Arbeitszeit und den Umfang der Verringerung spätestens drei Monate vor deren Beginn geltend machen. Er soll dabei die gewünschte Verteilung der Arbeitszeit angeben.

(3) Der Arbeitgeber hat mit dem Arbeitnehmer die gewünschte Verringerung der Arbeitszeit mit dem Ziel zu erörtern, zu einer Vereinbarung zu gelangen. Er hat mit dem Arbeitnehmer Einvernehmen über die von ihm festzulegende Verteilung der Arbeitszeit zu erzielen.

(4) Der Arbeitgeber hat der Verringerung der Arbeitszeit zuzustimmen und ihre Verteilung entsprechend den Wünschen des Arbeitnehmers festzulegen, soweit betriebliche Gründe nicht entgegenstehen. Ein betrieblicher Grund liegt insbesondere vor, wenn die Verringerung der Arbeitszeit die Organisation, den Arbeitsablauf oder die Sicherheit im Betrieb wesentlich beeinträchtigt oder unverhältnismäßige Kosten verursacht. Die Ablehnungsgründe können durch Tarifvertrag festgelegt werden. Im Geltungsbereich eines solchen Tarifvertrages können nicht tarifgebundene Arbeitgeber und Arbeitnehmer die Anwendung der tariflichen Regelungen über die Ablehnungsgründe vereinbaren.

(5) Die Entscheidung über die Verringerung der Arbeitszeit und ihre Verteilung hat der Arbeitgeber dem Arbeitnehmer spätestens einen Monat vor dem gewünschten Beginn der Verringerung schriftlich mitzuteilen. Haben sich Arbeitgeber und Arbeitnehmer nicht nach Absatz 3 Satz 1 über die Verringerung der Arbeitszeit geeinigt und hat der Arbeitgeber die

Arbeitszeitverringerung nicht spätestens einen Monat vor deren gewünschtem Beginn schriftlich abgelehnt, verringert sich die Arbeitszeit in dem vom Arbeitnehmer gewünschten Umfang. Haben Arbeitgeber und Arbeitnehmer über die Verteilung der Arbeitszeit kein Einvernehmen nach Absatz 3 Satz 2 erzielt und hat der Arbeitgeber nicht spätestens einen Monat vor dem gewünschten Beginn der Arbeitszeitverringerung die gewünschte Verteilung der Arbeitszeit schriftlich abgelehnt, gilt die Verteilung der Arbeitszeit entsprechend den Wünschen des Arbeitnehmers als festgelegt. Der Arbeitgeber kann die nach Satz 3 oder Absatz 3 Satz 2 festgelegte Verteilung der Arbeitszeit wieder ändern, wenn das betriebliche Interesse daran das Interesse des Arbeitnehmers an der Beibehaltung erheblich überwiegt und der Arbeitgeber die Änderung spätestens einen Monat vorher angekündigt hat.

(6) Der Arbeitnehmer kann eine erneute Verringerung der Arbeitszeit frühestens nach Ablauf von zwei Jahren verlangen, nachdem der Arbeitgeber einer Verringerung zugestimmt oder sie berechtigt abgelehnt hat.

(7) Für den Anspruch auf Verringerung der Arbeitszeit gilt die Voraussetzung, dass der Arbeitgeber, unabhängig von der Anzahl der Personen in Berufsbildung, in der Regel mehr als 15 Arbeitnehmer beschäftigt.

### § 9 Verlängerung der Arbeitszeit

Der Arbeitgeber hat einen teilzeitbeschäftigten Arbeitnehmer, der ihm den Wunsch nach einer Verlängerung seiner vertraglich vereinbarten Arbeitszeit angezeigt hat, bei der Besetzung eines entsprechenden freien Arbeitsplatzes bei gleicher Eignung bevorzugt zu berücksichtigen, es sei denn, dass dringende betriebliche Gründe oder Arbeitszeitwünsche anderer teilzeitbeschäftigter Arbeitnehmer entgegenstehen.

### § 10 Aus- und Weiterbildung

Der Arbeitgeber hat Sorge zu tragen, dass auch teilzeitbeschäftigte Arbeitnehmer an Aus- und Weiterbildungsmaßnahmen zur Förderung der beruflichen Entwicklung und Mobilität teilnehmen können, es sei denn, dass dringende betriebliche Gründe oder Aus- und Weiterbildungswünsche anderer teilzeit- oder vollzeitbeschäftigter Arbeitnehmer entgegenstehen.

### § 11 Kündigungsverbot

Die Kündigung eines Arbeitsverhältnisses wegen der Weigerung eines Arbeitnehmers, von einem Vollzeit- in ein Teilzeitarbeitsverhältnis oder umgekehrt zu wechseln, ist unwirksam. Das Recht zur Kündigung des Arbeitsverhältnisses aus anderen Gründen bleibt unberührt.

### § 12 Arbeit auf Abruf

(1) Arbeitgeber und Arbeitnehmer können vereinbaren, dass der Arbeitnehmer seine Arbeitsleistung entsprechend dem Arbeitsanfall zu erbringen hat (Arbeit auf Abruf). Die Vereinbarung muss eine bestimmte Dauer der wöchentlichen und täglichen Arbeitszeit festlegen. Wenn die Dauer der wöchentlichen Arbeitszeit nicht festgelegt ist, gilt eine Arbeitszeit von zehn Stunden als vereinbart. Wenn die Dauer der täglichen Arbeitszeit nicht festgelegt ist, hat der Arbeitgeber die Arbeitsleistung des Arbeitnehmers jeweils für mindestens drei aufeinander folgende Stunden in Anspruch zu nehmen.

(2) Der Arbeitnehmer ist nur zur Arbeitsleistung verpflichtet, wenn der Arbeitgeber ihm die Lage seiner Arbeitszeit jeweils mindestens vier Tage im Voraus mitteilt.

(3) Durch Tarifvertrag kann von den Absätzen 1 und 2 auch zuungunsten des Arbeitnehmers abgewichen werden, wenn der Tarifvertrag Regelungen über die tägliche und wöchentliche Arbeitszeit und die Vorankündigungsfrist vorsieht. Im Geltungsbereich eines solchen Tarifvertrages können nicht tarifgebundene Arbeitgeber

und Arbeitnehmer die Anwendung der tariflichen Regelungen über die Arbeit auf Abruf vereinbaren.

## § 13 Arbeitsplatzteilung

(1) Arbeitgeber und Arbeitnehmer können vereinbaren, dass mehrere Arbeitnehmer sich die Arbeitszeit an einem Arbeitsplatz teilen (Arbeitsplatzteilung). Ist einer dieser Arbeitnehmer an der Arbeitsleistung verhindert, sind die anderen Arbeitnehmer zur Vertretung verpflichtet, wenn sie der Vertretung im Einzelfall zugestimmt haben. Eine Pflicht zur Vertretung besteht auch, wenn der Arbeitsvertrag bei Vorliegen dringender betrieblicher Gründe eine Vertretung vorsieht und diese im Einzelfall zumutbar ist.

(2) Scheidet ein Arbeitnehmer aus der Arbeitsplatzteilung aus, so ist die darauf gestützte Kündigung des Arbeitsverhältnisses eines anderen in die Arbeitsplatzteilung einbezogenen Arbeitnehmers durch den Arbeitgeber unwirksam. Das Recht zur Änderungskündigung aus diesem Anlass und zur Kündigung des Arbeitsverhältnisses aus anderen Gründen bleibt unberührt.

(3) Die Absätze 1 und 2 sind entsprechend anzuwenden, wenn sich Gruppen von Arbeitnehmern auf bestimmten Arbeitsplätzen in festgelegten Zeitabschnitten abwechseln, ohne dass eine Arbeitsplatzteilung im Sinne des Absatzes 1 vorliegt.

(4) Durch Tarifvertrag kann von den Absätzen 1 und 3 auch zuungunsten des Arbeitnehmers abgewichen werden, wenn der Tarifvertrag Regelungen über die Vertretung der Arbeitnehmer enthält. Im Geltungsbereich eines solchen Tarifvertrages können nicht tarifgebundene Arbeitgeber und Arbeitnehmer die Anwendung der tariflichen Regelungen über die Arbeitsplatzteilung vereinbaren.

## Dritter Abschnitt
## Befristete Arbeitsverträge

### § 14 Zulässigkeit der Befristung

(1) Die Befristung eines Arbeitsvertrages ist zulässig, wenn sie durch einen sachlichen Grund gerechtfertigt ist. Ein sachlicher Grund liegt insbesondere vor, wenn

1. der betriebliche Bedarf an der Arbeitsleistung nur vorübergehend besteht,

2. die Befristung im Anschluss an eine Ausbildung oder ein Studium erfolgt, um den Übergang des Arbeitnehmers in eine Anschlussbeschäftigung zu erleichtern,

3. der Arbeitnehmer zur Vertretung eines anderen Arbeitnehmers beschäftigt wird,

4. die Eigenart der Arbeitsleistung die Befristung rechtfertigt,

5. die Befristung zur Erprobung erfolgt,

6. in der Person des Arbeitnehmers liegende Gründe die Befristung rechtfertigen,

7. der Arbeitnehmer aus Haushaltsmitteln vergütet wird, die haushaltsrechtlich für eine befristete Beschäftigung bestimmt sind, und er entsprechend beschäftigt wird oder

8. die Befristung auf einem gerichtlichen Vergleich beruht.

(2) Die kalendermäßige Befristung eines Arbeitsvertrages ohne Vorliegen eines sachlichen Grundes ist bis zur Dauer von zwei Jahren zulässig; bis zu dieser Gesamtdauer von zwei Jahren ist auch die höchstens dreimalige Verlängerung eines kalendermäßig befristeten Arbeitsvertrages zulässig. Eine Befristung nach Satz 1 ist nicht zulässig, wenn mit demselben Arbeitgeber bereits zuvor ein befristetes oder unbefristetes Arbeitsverhältnis bestanden hat. Durch Tarifvertrag kann die Anzahl der Verlängerungen oder die Höchstdauer der Befristung abweichend von Satz 1 festgelegt werden. Im Geltungsbereich eines solchen Tarifvertrages können nicht tarifgebundene Arbeitgeber und

Arbeitnehmer die Anwendung der tariflichen Regelungen vereinbaren.

(2a) In den ersten vier Jahren nach der Gründung eines Unternehmens ist die kalendermäßige Befristung eines Arbeitsvertrages ohne Vorliegen eines sachlichen Grundes bis zur Dauer von vier Jahren zulässig; bis zu dieser Gesamtdauer von vier Jahren ist auch die mehrfache Verlängerung eines kalendermäßig befristeten Arbeitsvertrages zulässig. Dies gilt nicht für Neugründungen im Zusammenhang mit der rechtlichen Umstrukturierung von Unternehmen und Konzernen. Maßgebend für den Zeitpunkt der Gründung des Unternehmens ist die Aufnahme einer Erwerbstätigkeit, die nach § 138 der Abgabenordnung der Gemeinde oder dem Finanzamt mitzuteilen ist. Auf die Befristung eines Arbeitsvertrages nach Satz 1 findet Absatz 2 Satz 2 bis 4 entsprechende Anwendung.

(3) Die kalendermäßige Befristung eines Arbeitsvertrages ohne Vorliegen eines sachlichen Grundes ist bis zu einer Dauer von fünf Jahren zulässig, wenn der Arbeitnehmer bei Beginn des befristeten Arbeitsverhältnisses das 52. Lebensjahr vollendet hat und unmittelbar vor Beginn des befristeten Arbeitsverhältnisses mindestens vier Monate beschäftigungslos im Sinne des § 138 Absatz 1 Nummer 1 des Dritten Buches Sozialgesetzbuch gewesen ist, Transferkurzarbeitergeld bezogen oder an einer öffentlich geförderten Beschäftigungsmaßnahme nach dem Zweiten oder Dritten Buch Sozialgesetzbuch teilgenommen hat. Bis zu der Gesamtdauer von fünf Jahren ist auch die mehrfache Verlängerung des Arbeitsvertrages zulässig.

(4) Die Befristung eines Arbeitsvertrages bedarf zu ihrer Wirksamkeit der Schriftform.

### § 15 Ende des befristeten Arbeitsvertrages

(1) Ein kalendermäßig befristeter Arbeitsvertrag endet mit Ablauf der vereinbarten Zeit.

(2) Ein zweckbefristeter Arbeitsvertrag endet mit Erreichen des Zwecks, frühestens jedoch

zwei Wochen nach Zugang der schriftlichen Unterrichtung des Arbeitnehmers durch den Arbeitgeber über den Zeitpunkt der Zweckerreichung.

(3) Ein befristetes Arbeitsverhältnis unterliegt nur dann der ordentlichen Kündigung, wenn dies einzelvertraglich oder im anwendbaren Tarifvertrag vereinbart ist.

(4) Ist das Arbeitsverhältnis für die Lebenszeit einer Person oder für längere Zeit als fünf Jahre eingegangen, so kann es von dem Arbeitnehmer nach Ablauf von fünf Jahren gekündigt werden. Die Kündigungsfrist beträgt sechs Monate.

(5) Wird das Arbeitsverhältnis nach Ablauf der Zeit, für die es eingegangen ist, oder nach Zweckerreichung mit Wissen des Arbeitgebers fortgesetzt, so gilt es als auf unbestimmte Zeit verlängert, wenn der Arbeitgeber nicht unverzüglich widerspricht oder dem Arbeitnehmer die Zweckerreichung nicht unverzüglich mitteilt.

### § 16 Folgen unwirksamer Befristung

Ist die Befristung rechtsunwirksam, so gilt der befristete Arbeitsvertrag als auf unbestimmte Zeit geschlossen; er kann vom Arbeitgeber frühestens zum vereinbarten Ende ordentlich gekündigt werden, sofern nicht nach § 15 Abs. 3 die ordentliche Kündigung zu einem früheren Zeitpunkt möglich ist. Ist die Befristung nur wegen des Mangels der Schriftform unwirksam, kann der Arbeitsvertrag auch vor dem vereinbarten Ende ordentlich gekündigt werden.

### § 17 Anrufung des Arbeitsgerichts

Will der Arbeitnehmer geltend machen, dass die Befristung eines Arbeitsvertrages rechtsunwirksam ist, so muss er innerhalb von drei Wochen nach dem vereinbarten Ende des befristeten Arbeitsvertrages Klage beim Arbeitsgericht auf Feststellung erheben, dass das Arbeitsverhältnis auf Grund der Befristung nicht beendet ist. Die §§ 5 bis 7 des Kündigungsschutzgesetzes gelten entsprechend. Wird das Arbeitsverhältnis nach dem vereinbarten Ende fortgesetzt, so beginnt die Frist nach Satz 1 mit dem Zugang der schriftlichen Erklärung des Arbeitgebers, dass das Arbeitsverhältnis auf Grund der Befristung beendet sei.

## § 18 Information über unbefristete Arbeitsplätze

Der Arbeitgeber hat die befristet beschäftigten Arbeitnehmer über entsprechende unbefristete Arbeitsplätze zu informieren, die besetzt werden sollen. Die Information kann durch allgemeine Bekanntgabe an geeigneter, den Arbeitnehmern zugänglicher Stelle im Betrieb und Unternehmen erfolgen.

## § 19 Aus- und Weiterbildung

Der Arbeitgeber hat Sorge zu tragen, dass auch befristet beschäftigte Arbeitnehmer an angemessenen Aus- und Weiterbildungsmaßnahmen zur Förderung der beruflichen Entwicklung und Mobilität teilnehmen können, es sei denn, dass dringende betriebliche Gründe oder Aus- und Weiterbildungswünsche anderer Arbeitnehmer entgegenstehen.

## § 20 Information der Arbeitnehmervertretung

Der Arbeitgeber hat die Arbeitnehmervertretung über die Anzahl der befristet beschäftigten Arbeitnehmer und ihren Anteil an der Gesamtbelegschaft des Betriebes und des Unternehmens zu informieren.

## § 21 Auflösend bedingte Arbeitsverträge

Wird der Arbeitsvertrag unter einer auflösenden Bedingung geschlossen, gelten § 4 Abs. 2, § 5, § 14 Abs. 1 und 4, § 15 Abs. 2, 3 und 5 sowie die §§ 16 bis 20 entsprechend.

## Vierter Abschnitt
## Gemeinsame Vorschriften

## § 22 Abweichende Vereinbarungen

(1) Außer in den Fällen des § 12 Abs. 3, § 13 Abs. 4 und § 14 Abs. 2 Satz 3 und 4 kann von den Vorschriften dieses Gesetzes nicht zuungunsten des Arbeitnehmers abgewichen werden.

(2) Enthält ein Tarifvertrag für den öffentlichen Dienst Bestimmungen im Sinne des § 8 Abs. 4 Satz 3 und 4, § 12 Abs. 3, § 13 Abs. 4, § 14 Abs. 2 Satz 3 und 4 oder § 15 Abs. 3, so gelten diese Bestimmungen auch zwischen nicht tarifgebundenen Arbeitgebern und Arbeitnehmern außerhalb des öffentlichen Dienstes, wenn die Anwendung der für den öffentlichen Dienst geltenden tarifvertraglichen Bestimmungen zwischen ihnen vereinbart ist und die Arbeitgeber die Kosten des Betriebes überwiegend mit Zuwendungen im Sinne des Haushaltsrechts decken.

## § 23 Besondere gesetzliche Regelungen

Besondere Regelungen über Teilzeitarbeit und über die Befristung von Arbeitsverträgen nach anderen gesetzlichen Vorschriften bleiben unberührt.

# Verordnung zur arbeitsmedizinischen Vorsorge

### (ArbMedVV)

**Vom 18. Dezember 2008**
**(BGBl. I S. 2768)**

**Zuletzt geändert durch Art. 5 Abs. 8 der Verordnung**
**vom 26. November 2010**
**(BGBl. I S. 1643)**

## § 1 Ziel und Anwendungsbereich

(1) Ziel der Verordnung ist es, durch Maßnahmen der arbeitsmedizinischen Vorsorge arbeitsbedingte Erkrankungen einschließlich Berufskrankheiten frühzeitig zu erkennen und zu verhüten. Arbeitsmedizinische Vorsorge soll zugleich einen Beitrag zum Erhalt der Beschäftigungsfähigkeit und zur Fortentwicklung des betrieblichen Gesundheitsschutzes leisten.

(2) Diese Verordnung gilt für die arbeitsmedizinische Vorsorge im Geltungsbereich des Arbeitsschutzgesetzes.

(3) Diese Verordnung lässt sonstige arbeitsmedizinische Präventionsmaßnahmen, insbesondere nach dem Arbeitsschutzgesetz und dem Gesetz über Betriebsärzte, Sicherheitsingenieure und andere Fachkräfte für Arbeitssicherheit (Arbeitssicherheitsgesetz), unberührt.

## § 2 Begriffsbestimmungen

(1) Arbeitsmedizinische Vorsorge ist Teil der arbeitsmedizinischen Präventionsmaßnahmen im Betrieb. Sie umfasst die Beurteilung der individuellen Wechselwirkungen von Arbeit und Gesundheit, die individuelle arbeitsmedizinische Aufklärung und Beratung der Beschäftigten, arbeitsmedizinische Vorsorgeuntersuchungen sowie die Nutzung von Erkenntnissen aus diesen Untersuchungen für die Gefährdungsbeurteilung und für sonstige Maßnahmen des Arbeitsschutzes.

(2) Arbeitsmedizinische Vorsorgeuntersuchungen dienen der Früherkennung arbeitsbedingter Gesundheitsstörungen sowie der Feststellung, ob bei Ausübung einer bestimmten Tätigkeit eine erhöhte gesundheitliche Gefährdung besteht. Eine arbeitsmedizinische Vorsorgeuntersuchung kann sich auf ein Beratungsgespräch beschränken, wenn zur Beratung körperliche oder klinische Untersuchungen nicht erforderlich sind. Arbeitsmedizinische Vorsorgeuntersuchungen umfassen Pflichtuntersuchungen, Angebotsuntersuchungen und Wunschuntersuchungen.

(3) Pflichtuntersuchungen sind arbeitsmedizinische Vorsorgeuntersuchungen, die bei bestimmten besonders gefährdenden Tätigkeiten zu veranlassen sind.

(4) Angebotsuntersuchungen sind arbeitsmedizinische Vorsorgeuntersuchungen, die bei bestimmten gefährdenden Tätigkeiten anzubieten sind.

(5) Wunschuntersuchungen sind arbeitsmedizinische Vorsorgeuntersuchungen, die der Arbeitgeber den Beschäftigten nach § 11 des Arbeitsschutzgesetzes zu ermöglichen hat.

(6) Entsprechend dem Zeitpunkt ihrer Durchführung sind

1. Erstuntersuchungen arbeitsmedizinische Vorsorgeuntersuchungen vor Aufnahme einer bestimmten Tätigkeit,

2. Nachuntersuchungen arbeitsmedizinische Vorsorgeuntersuchungen während einer bestimmten Tätigkeit oder anlässlich ihrer Beendigung,

3. nachgehende Untersuchungen arbeitsmedizinische Vorsorgeuntersuchungen nach Beendigung bestimmter Tätigkeiten, bei denen nach längeren Latenzzeiten Gesundheitsstörungen auftreten können.

## § 3 Allgemeine Pflichten des Arbeitgebers

(1) Der Arbeitgeber hat auf der Grundlage der Gefährdungsbeurteilung für eine angemessene arbeitsmedizinische Vorsorge zu sorgen. Dabei hat er die Vorschriften dieser Verordnung einschließlich des Anhangs und die nach § 9 Abs. 4 bekannt gegebenen Regeln und Erkenntnisse zu berücksichtigen. Bei Einhaltung der Regeln und Erkenntnisse nach Satz 2 ist davon auszugehen, dass die gestellten Anforderungen erfüllt sind.

Arbeitsmedizinische Vorsorge kann auch weitere Maßnahmen der Gesundheitsvorsorge umfassen.

(2) Der Arbeitgeber hat zur Durchführung der arbeitsmedizinischen Vorsorge einen Arzt oder eine Ärztin nach § 7 zu beauftragen. Ist ein Betriebsarzt oder eine Betriebsärztin nach § 2 des Arbeitssicherheitsgesetzes bestellt, soll der Arbeitgeber vorrangig diesen oder diese auch mit der arbeitsmedizinischen Vorsorge beauftragen. Dem Arzt oder der Ärztin sind alle erforderlichen Auskünfte über die Arbeitsplatzverhältnisse, insbesondere über den Anlass der jeweiligen Untersuchung und die Ergebnisse der Gefährdungsbeurteilung, zu erteilen und die Begehung des Arbeitsplatzes zu ermöglichen.

Ihm oder ihr ist auf Verlangen Einsicht in die Unterlagen nach § 4 Abs. 3 Satz 1 zu gewähren.

(3) Arbeitsmedizinische Vorsorgeuntersuchungen sollen während der Arbeitszeit stattfinden. Sie sollen nicht zusammen mit Untersuchungen zur Feststellung der Eignung für berufliche Anforderungen nach sonstigen Rechtsvorschriften oder individual- oder kollektivrechtlichen Vereinbarungen durchgeführt werden, es sei denn, betriebliche Gründe erfordern dies; in diesem Falle sind die unterschiedlichen Zwecke der Untersuchungen offenzulegen.

### § 4 Pflichtuntersuchungen

(1) Der Arbeitgeber hat nach Maßgabe des Anhangs Pflichtuntersuchungen der Beschäftigten zu veranlassen. Pflichtuntersuchungen nach Satz 1 müssen als Erstuntersuchung und als Nachuntersuchungen in regelmäßigen Abständen veranlasst werden.

(2) Der Arbeitgeber darf eine Tätigkeit nur ausüben lassen, wenn die nach Absatz 1 erforderlichen Pflichtuntersuchungen zuvor durchgeführt worden sind. Die Bescheinigung der gesundheitlichen Unbedenklichkeit ist Tätigkeitsvoraussetzung, soweit der Anhang dies für einzelne Tätigkeiten besonders vorschreibt.

(3) Über Pflichtuntersuchungen hat der Arbeitgeber eine Vorsorgekartei mit Angaben über Anlass, Tag und Ergebnis jeder Untersuchung

zu führen; die Kartei kann automatisiert geführt werden. Die Angaben sind bis zur Beendigung des Beschäftigungsverhältnisses aufzubewahren und anschließend zu löschen, es sei denn, dass Rechtsvorschriften oder die nach § 9 Abs. 4 bekannt gegebenen Regeln etwas anderes bestimmen. Der Arbeitgeber hat der zuständigen Behörde auf Anordnung eine Kopie der Vorsorgekartei zu übermitteln. Bei Beendigung des Beschäftigungsverhältnisses hat der Arbeitgeber der betroffenen Person eine Kopie der sie betreffenden Angaben auszuhändigen; § 34 des Bundesdatenschutzgesetzes bleibt unberührt.

### § 5 Angebotsuntersuchungen

(1) Der Arbeitgeber hat den Beschäftigten Angebotsuntersuchungen nach Maßgabe des Anhangs anzubieten. Angebotsuntersuchungen nach Satz 1 müssen als Erstuntersuchung und anschließend als Nachuntersuchungen in regelmäßigen Abständen angeboten werden. Das Ausschlagen eines Angebots entbindet den Arbeitgeber nicht von der Verpflichtung, die Untersuchungen weiter regelmäßig anzubieten.

(2) Erhält der Arbeitgeber Kenntnis von einer Erkrankung, die im ursächlichen Zusammenhang mit der Tätigkeit des oder der Beschäftigten stehen kann, so hat er ihm oder ihr unverzüglich eine arbeitsmedizinische Vorsorgeuntersuchung anzubieten. Dies gilt auch für Beschäftigte mit vergleichbaren Tätigkeiten, wenn Anhaltspunkte dafür bestehen, dass sie ebenfalls gefährdet sein können.

(3) Der Arbeitgeber hat Beschäftigten sowie ehemals Beschäftigten nach Maßgabe des Anhangs nachgehende Untersuchungen anzubieten. Nach Beendigung des Beschäftigungsverhältnisses kann der Arbeitgeber diese Verpflichtung mit Einwilligung der betroffenen Person auf den zuständigen gesetzlichen Unfallversicherungsträger übertragen. Voraussetzung dafür ist, dass er dem Unfallversicherungsträger die erforderlichen Unterlagen in Kopie überlässt.

## § 6 Pflichten des Arztes oder der Ärztin

(1) Bei der arbeitsmedizinischen Vorsorge hat der Arzt oder die Ärztin die Vorschriften dieser Verordnung einschließlich des Anhangs und die dem Stand der Arbeitsmedizin entsprechenden Regeln und Erkenntnisse zu beachten. Vor Durchführung arbeitsmedizinischer Vorsorgeuntersuchungen muss er oder sie sich die notwendigen Kenntnisse über die Arbeitsplatzverhältnisse verschaffen und die zu untersuchende Person über die Untersuchungsinhalte und den Untersuchungszweck aufklären.

(2) Biomonitoring ist Bestandteil der arbeitsmedizinischen Vorsorgeuntersuchungen, soweit dafür arbeitsmedizinisch anerkannte Analyseverfahren und geeignete Werte zur Beurteilung zur Verfügung stehen.

(3) Der Arzt oder die Ärztin hat den Untersuchungsbefund und das Untersuchungsergebnis der arbeitsmedizinischen Vorsorgeuntersuchung schriftlich festzuhalten, die untersuchte Person darüber zu beraten und ihr eine Bescheinigung auszustellen. Diese enthält Angaben über den Untersuchungsanlass und den Tag der Untersuchung sowie die ärztliche Beurteilung, ob und inwieweit bei Ausübung einer bestimmten Tätigkeit gesundheitliche Bedenken bestehen. Nur im Falle einer Pflichtuntersuchung erhält der Arbeitgeber eine Kopie der Bescheinigung.

(4) Der Arzt oder die Ärztin hat die Erkenntnisse arbeitsmedizinischer Vorsorgeuntersuchungen auszuwerten. Ergibt die Auswertung Anhaltspunkte für unzureichende Schutzmaßnahmen, so hat der Arzt oder die Ärztin dies dem Arbeitgeber mitzuteilen und Schutzmaßnahmen vorzuschlagen.

## § 7 Anforderungen an den Arzt oder die Ärztin

(1) Unbeschadet anderer Bestimmungen im Anhang für einzelne Untersuchungsanlässe muss der Arzt oder die Ärztin berechtigt sein, die Gebietsbezeichnung „Arbeitsmedizin" oder die Zusatzbezeichnung „Betriebsmedizin" zu führen. Er oder sie darf selbst keine Arbeitgeberfunktion gegenüber den zu untersuchenden Beschäftigten ausüben. Verfügt der Arzt oder die Ärztin nach Satz 1 für bestimmte Untersuchungen nicht über die erforderlichen Fachkenntnisse oder die speziellen Anerkennungen oder Ausrüstungen, so hat er oder sie Ärzte oder Ärztinnen hinzuzuziehen, die diese Anforderungen erfüllen.

(2) Die zuständige Behörde kann für Ärzte oder Ärztinnen in begründeten Einzelfällen Ausnahmen von Absatz 1 Satz 1 zulassen.

## § 8 Maßnahmen bei gesundheitlichen Bedenken

(1) Ist dem Arbeitgeber bekannt, dass bei einem oder einer Beschäftigten gesundheitliche Bedenken gegen die Ausübung einer Tätigkeit bestehen, so hat er im Falle von § 6 Abs. 4 Satz 2 die Gefährdungsbeurteilung zu überprüfen und unverzüglich die erforderlichen zusätzlichen Schutzmaßnahmen zu treffen. Bleiben die gesundheitlichen Bedenken bestehen, so hat der Arbeitgeber nach Maßgabe der dienst- und arbeitsrechtlichen Regelungen dem oder der Beschäftigten eine andere Tätigkeit zuzuweisen, bei der diese Bedenken nicht bestehen. Dem Betriebs- oder Personalrat und der zuständigen Behörde sind die getroffenen Maßnahmen mitzuteilen.

(2) Halten die untersuchte Person oder der Arbeitgeber das Untersuchungsergebnis für unzutreffend, so entscheidet auf Antrag die zuständige Behörde.

## § 9 Ausschuss für Arbeitsmedizin

(1) Beim Bundesministerium für Arbeit und Soziales wird ein Ausschuss für Arbeitsmedizin gebildet, in dem fachkundige Vertreter der Arbeitgeber, der Gewerkschaften, der Länderbehörden, der gesetzlichen Unfallversicherung und weitere fachkundige Personen, insbesondere der Wissenschaft, vertreten sein sollen. Die Gesamtzahl der Mitglieder soll zwölf Perso-

nen nicht überschreiten. Für jedes Mitglied ist ein stellvertretendes Mitglied zu benennen. Die Mitgliedschaft im Ausschuss für Arbeitsmedizin ist ehrenamtlich.

(2) Das Bundesministerium für Arbeit und Soziales beruft die Mitglieder des Ausschusses und die stellvertretenden Mitglieder. Der Ausschuss gibt sich eine Geschäftsordnung und wählt den Vorsitzenden oder die Vorsitzende aus seiner Mitte. Die Geschäftsordnung und die Wahl des oder der Vorsitzenden bedürfen der Zustimmung des Bundesministeriums für Arbeit und Soziales.

(3) Zu den Aufgaben des Ausschusses gehört es,

1. dem Stand der Arbeitsmedizin entsprechende Regeln und sonstige gesicherte arbeitsmedizinische Erkenntnisse zu ermitteln,

2. Regeln und Erkenntnisse zu ermitteln, wie die in dieser Verordnung gestellten Anforderungen erfüllt werden können,

3. Empfehlungen für Wunschuntersuchungen aufzustellen,

4. Empfehlungen für weitere Maßnahmen der Gesundheitsvorsorge auszusprechen, insbesondere für betriebliche Gesundheitsprogramme,

5. Regeln und Erkenntnisse zu sonstigen arbeitsmedizinischen Präventionsmaßnahmen nach § 1 Abs. 3 zu ermitteln, insbesondere zur allgemeinen arbeitsmedizinischen Beratung der Beschäftigten,

6. das Bundesministerium für Arbeit und Soziales in allen Fragen der arbeitsmedizinischen Vorsorge sowie zu sonstigen Fragen des medizinischen Arbeitsschutzes zu beraten.

Das Arbeitsprogramm des Ausschusses für Arbeitsmedizin wird mit dem Bundesministerium für Arbeit und Soziales abgestimmt. Der Ausschuss arbeitet eng mit den anderen Ausschüssen beim Bundesministerium für Arbeit und Soziales zusammen.

(4) Das Bundesministerium für Arbeit und Soziales kann die vom Ausschuss für Arbeitsmedizin ermittelten Regeln und Erkenntnisse sowie Empfehlungen im Gemeinsamen Ministerialblatt bekannt geben.

(5) Die Bundesministerien sowie die obersten Landesbehörden können zu den Sitzungen des Ausschusses Vertreter entsenden. Auf Verlangen ist diesen in der Sitzung das Wort zu erteilen.

(6) Die Geschäfte des Ausschusses führt die Bundesanstalt für Arbeitsschutz und Arbeitsmedizin.

## § 10 Ordnungswidrigkeiten und Straftaten

(1) Ordnungswidrig im Sinne des § 25 Abs. 1 Nr. 1 des Arbeitsschutzgesetzes handelt, wer vorsätzlich oder fahrlässig

1. entgegen § 4 Abs. 1 eine Pflichtuntersuchung nicht oder nicht rechtzeitig veranlasst,

2. entgegen § 4 Abs. 2 Satz 1 eine Tätigkeit ausüben lässt,

3. entgegen § 4 Abs. 3 Satz 1 Halbsatz 1 eine Vorsorgekartei nicht, nicht richtig oder nicht vollständig führt oder

4. entgegen § 5 Abs. 1 Satz 1 eine Angebotsuntersuchung nicht oder nicht rechtzeitig anbietet.

(2) Wer durch eine in Absatz 1 bezeichnete vorsätzliche Handlung Leben oder Gesundheit eines oder einer Beschäftigten gefährdet, ist nach § 26 Nr. 2 des Arbeitsschutzgesetzes strafbar.

**Anhang Arbeitsmedizinische Pflicht- und Angebotsuntersuchungen sowie weitere Maßnahmen der arbeitsmedizinischen Vorsorge**

( Fundstelle: BGBl. I 2008, 2771 – 2775)

**Teil 1**
**Tätigkeiten mit Gefahrstoffen**

**(1) Pflichtuntersuchungen bei:**

1. Tätigkeiten mit den Gefahrstoffen:
   - Acrylnitril,
   - Alkylquecksilber,
   - Alveolengängiger Staub (A-Staub),
   - Aromatische Nitro- und Aminoverbindungen,
   - Arsen und Arsenverbindungen,
   - Asbest,
   - Benzol,
   - Beryllium,
   - Blei und anorganische Bleiverbindungen,
   - Bleitetraethyl und Bleitetramethyl,
   - Cadmium und Cadmiumverbindungen,
   - Chrom-VI-Verbindungen,
   - Dimethylformamid,
   - Einatembarer Staub (E-Staub),
   - Fluor und anorganische Fluorverbindungen,
   - Glycerintrinitrat und Glykoldinitrat (Nitroglycerin/Nitroglykol),
   - Hartholzstaub,
   - Kohlenstoffdisulfid,
   - Kohlenmonoxid,
   - Mehlstaub,
   - Methanol,
   - Nickel und Nickelverbindungen,
   - Polycyclische aromatische Kohlenwasserstoffe (Pyrolyseprodukte aus organischem Material),
   - weißer Phosphor (Tetraphosphor),
   - Platinverbindungen,
   - Quecksilber und anorganische Quecksilberverbindungen,
   - Schwefelwasserstoff,
   - Silikogener Staub,
   - Styrol,
   - Tetrachlorethen,
   - Toluol,
   - Trichlorethen,
   - Vinylchlorid,
   - Xylol,

   wenn der Arbeitsplatzgrenzwert nach der Gefahrstoffverordnung nicht eingehalten wird oder, soweit die genannten Gefahrstoffe hautresorptiv sind, eine Gesundheitsgefährdung durch direkten Hautkontakt besteht;

2. Sonstige Tätigkeiten mit Gefahrstoffen:

   a) Feuchtarbeit von regelmäßig vier Stunden oder mehr je Tag,

   b) Schweißen und Trennen von Metallen bei Überschreitung einer Luftkonzentration von 3 Milligramm pro Kubikmeter Schweißrauch,

   c) Tätigkeiten mit Exposition gegenüber Getreide- und Futtermittelstäuben bei Überschreitung einer Luftkonzentration von 4 Milligramm pro Kubikmeter einatembarem Staub,

   d) Tätigkeiten mit Exposition gegenüber Isocyanaten, bei denen ein regelmäßiger Hautkontakt nicht vermieden werden kann oder eine Luftkonzentration von 0,05 Milligramm pro Kubikmeter überschritten wird,

   e) Tätigkeiten mit einer Exposition mit Gesundheitsgefährdung durch Labortierstaub in Tierhaltungsräumen und -anlagen,

   f) Tätigkeiten mit Benutzung von Naturgummilatexhandschuhen mit mehr als 30 Mikrogramm Protein je Gramm im Handschuhmaterial,

   g) Tätigkeiten mit dermaler Gefährdung oder inhalativer Exposition mit Gesundheitsgefährdung, verursacht durch unausgehärtete Epoxidharze.

**(2) Angebotsuntersuchungen bei:**

1. Tätigkeiten mit den in Absatz 1 Nr. 1 genannten Gefahrstoffen, wenn eine Exposition besteht;

2. Sonstige Tätigkeiten mit Gefahrstoffen:

   a) Schädlingsbekämpfung nach Anhang I Nr. 3 der Gefahrstoffverordnung,

   b) Begasungen nach Anhang I Nr. 4 der Gefahrstoffverordnung,

   c) Tätigkeiten mit folgenden Stoffen oder deren Gemischen: n-Hexan, n-Heptan, 2- Butanon, 2-Hexanon, Methanol, Ethanol, 2-Methoxyethanol, Benzol, Toluol, Xylol, Styrol, Dichlormethan, 1,1,1-Trichlorethan, Trichlorethen, Tetrachlorethen,

   d) Tätigkeiten mit krebserzeugenden oder erbgutverändernden Stoffen oder Zubereitungen der Kategorie 1 oder 2 im Sinne der Gefahrstoffverordnung,

   e) Feuchtarbeit von regelmäßig mehr als zwei Stunden je Tag,

   f) Schweißen und Trennen von Metallen bei Einhaltung einer Luftkonzentration von 3 Milligramm pro Kubikmeter Schweißrauch,

   g) Tätigkeiten mit Exposition gegenüber Getreide- und Futtermittelstäuben bei Überschreitung einer Luftkonzentration von 1 Milligramm je Kubikmeter einatembarem Staub;

3. Untersuchungen nach den Nummern 1 und 2 müssen nicht angeboten werden, wenn nach der Gefährdungsbeurteilung die Voraussetzungen des § 6 Abs. 11 der Gefahrstoffverordnung vorliegen und die nach § 8 der Gefahrstoffverordnung ergriffenen Maßnahmen zum Schutz der Beschäftigten ausreichen.

**(3) Anlässe für nachgehende Untersuchungen:**

Tätigkeiten mit Exposition gegenüber krebserzeugenden oder erbgutverändernden Stoffen und Zubereitungen der Kategorie 1 oder 2 im Sinne der Gefahrstoffverordnung.

**Teil 2
Tätigkeiten mit biologischen Arbeitsstoffen einschließlich gentechnischen Arbeiten mit humanpathogenen Organismen**

**(1) Pflichtuntersuchungen bei:**

1. gezielten Tätigkeiten mit den in nachfolgender Tabelle, Spalte 1, genannten biologischen Arbeitsstoffen sowie

2. nicht gezielten Tätigkeiten der Schutzstufe 4 der Biostoffverordnung oder mit den in nachfolgender Tabelle genannten biologischen Arbeitsstoffen in den in Spalte 2 bezeichneten Bereichen unter den Expositionsbedingungen der Spalte 3.

Bei biologischen Arbeitsstoffen, die in nachfolgender Tabelle als impfpräventabel gekennzeichnet sind, hat der Arbeitgeber zu veranlassen, dass im Rahmen der Pflichtuntersuchung nach entsprechender ärztlicher Beratung ein Impfangebot unterbreitet wird. Eine Pflichtuntersuchung muss nicht durchgeführt werden, wenn der oder die Beschäftigte bereits über einen ausreichenden Immunschutz gegen diesen biologischen Arbeitsstoff verfügt. Die Ablehnung des Impfangebotes ist allein kein Grund, gesundheitliche Bedenken gegen die Ausübung einer Tätigkeit auszusprechen.

| Biologischer Arbeitsstoff | Bereich nicht gezielter Tätigkeiten | Expositionsbedingungen |
|---|---|---|
| Biologische Arbeitsstoffe der Risikogruppe 4 | Kompetenzzentren zur medizinischen Untersuchung, Behandlung und Pflege von Menschen | Tätigkeiten mit Kontakt zu erkrankten oder krankheitsverdächtigen Personen |
| | Pathologie | Obduktion, Sektion von verstorbenen Menschen oder Tieren, bei denen eine Erkrankung durch biologische Arbeitsstoffe der Risikogruppe 4 oder ein entsprechender Krankheitsverdacht vorlag |
| | Forschungseinrichtungen/ Laboratorien | regelmäßige Tätigkeiten mit Kontaktmöglichkeit zu infizierten Proben oder Verdachtsproben bzw. zu erregerhaltigen oder kontaminierten Gegenständen oder Materialien |
| Bordetella Pertussis*) Masernvirus*) Mumpsvirus*) Rubivirus*) Varizella-Zoster-Virus (VZV)*) | Einrichtungen zur medizinischen Untersuchung, Behandlung und Pflege von Kindern sowie zur vorschulischen Kinderbetreuung | regelmäßiger, direkter Kontakt zu Kindern |
| | Forschungseinrichtungen/ Laboratorien | regelmäßige Tätigkeiten mit Kontaktmöglichkeit zu infizierten Proben oder Verdachtsproben bzw. zu erregerhaltigen oder kontaminierten Gegenständen oder Materialien |
| Borrelia burgdorferi | Tätigkeiten als Wald- oder Forstarbeiter | Tätigkeiten in niederer Vegetation |
| Bacillus anthracis*) Bartonella – bacilliformis – quintana – henselae Borrelia burgdorferi sensu lato Brucella melitensis Burkholderia pseudomallei (Pseudomonas pseudomallei) Chlamydophila pneumoniae Chlamydophila psittaci (aviäre Stämme) Coxiella burnetii Francisella tularensis*) Gelbfieber-Virus Helicobacter pylori Influenza A+B-Virus*) Japanenzephalitisvirus*) Leptospira spp.*) Neisseria meningitidis*) Treponema pallidum (Lues) Tropheryma whipplei Trypanosoma cruzi Yersinia pestis*) Poliomyelitisvirus*) Schistosoma mansoni Streptococcus pneumoniae*) Vibrio cholerae*) | Forschungseinrichtungen/ Laboratorien | regelmäßige Tätigkeiten mit Kontaktmöglichkeiten zu infizierten Tieren/Proben, Verdachtsproben bzw. krankheitsverdächtigen Tieren sowie zu erregerhaltigen oder kontaminierten Gegenständen oder Materialien, wenn dabei der Übertragungsweg gegeben ist |

| Biologischer Arbeitsstoff | Bereich nicht gezielter Tätigkeiten | Expositionsbedingungen |
|---|---|---|
| Frühsommermeningoenzephalitis (FSME)-Virus*) | in Endemiegebieten: Land-, Forst- und Holzwirtschaft, Gartenbau, Tierhandel, Jagd | regelmäßige Tätigkeiten in niederer Vegetation und in Wäldern, Tätigkeiten mit regelmäßigem direkten Kontakt zu freilebenden Tieren |
| | Forschungseinrichtungen/ Laboratorien | regelmäßige Tätigkeiten mit Kontaktmöglichkeiten zu infizierten Proben oder Verdachtsproben bzw. zu erregerhaltigen oder kontaminierten Gegenständen oder Materialien, wenn der Übertragungsweg gegeben ist |
| Hepatitis-A-Virus (HAV)*) | Einrichtungen für behinderte Menschen, Kinderstationen | Tätigkeiten mit regelmäßigem Kontakt mit Stuhl im Rahmen<br>– der Pflege von Kleinkindern,<br>– der Betreuung von behinderten Menschen |
| | Stuhllaboratorien | regelmäßige Tätigkeiten mit Stuhlproben |
| | Kläranlagen Kanalisation | Tätigkeiten mit regelmäßigem Kontakt zu fäkalienhaltigen Abwässern oder mit fäkalienkontaminierten Gegenständen |
| | Forschungseinrichtungen/ Laboratorien | regelmäßige Tätigkeiten mit Kontaktmöglichkeit zu infizierten Proben oder Verdachtsproben bzw. zu erregerhaltigen oder kontaminierten Gegenständen oder Materialien |
| Hepatitis-B-Virus (HBV)*) Hepatitis-C-Virus (HCV) | Einrichtungen zur medizinischen Untersuchung, Behandlung und Pflege Tätigkeiten, bei denen es regelmäßig und von Menschen und Betreuung von behinderten Menschen einschließlich der Bereiche, die der Versorgung bzw. der Aufrechterhaltung dieser Einrichtungen dienen | Tätigkeiten, bei denen es regelmäßig und in größerem Umfang zu Kontakt mit Körperflüssigkeiten, -ausscheidungen oder -gewebe kommen kann; insbesondere Tätigkeiten mit erhöhter Verletzungsgefahr oder Gefahr von Verspritzen und Aerosolbildung |
| | Notfall- und Rettungsdienste | |
| | Pathologie | |
| | Forschungseinrichtungen/ Laboratorien | regelmäßige Tätigkeiten mit Kontaktmöglichkeit zu infizierten Proben oder Verdachtsproben bzw. zu erregerhaltigen oder kontaminierten Gegenständen oder Materialien |
| Mycobacterium – tuberculosis – bovis | Tuberkuloseabteilungen und andere pulmologische Einrichtungen | Tätigkeiten mit regelmäßigem Kontakt zu erkrankten oder krankheitsverdächtigten Personen |
| | Forschungseinrichtungen/ Laboratorien | regelmäßige Tätigkeiten mit Kontaktmöglichkeit zu infizierten Proben oder Verdachtsproben bzw. zu erregerhaltigen oder kontaminierten Gegenständen oder Materialien |

| Biologischer Arbeitsstoff | Bereich nicht gezielter Tätigkeiten | Expositionsbedingungen |
|---|---|---|
| Salmonella Typhi*) | Stuhllaboratorien | regelmäßige Tätigkeiten mit Stuhlproben |
| Tollwutvirus*) | Forschungseinrichtungen/ Laboratorien | Tätigkeiten mit regelmäßigem Kontakt zu erregerhaltigen oder kontaminierten Gegenständen, Materialien und Proben oder infizierten Tieren |
| | Gebiete mit Wildtollwut | Tätigkeiten mit regelmäßigem Kontakt zu freilebenden Tieren |

*) impfpräventabel

## (2) Angebotsuntersuchungen:

1. Hat der Arbeitgeber keine Untersuchungen nach Absatz 1 zu veranlassen, muss er den Beschäftigten Untersuchungen anbieten bei

   a) gezielten Tätigkeiten mit biologischen Arbeitsstoffen der Risikogruppe 3 der Biostoffverordnung und nicht gezielten Tätigkeiten, die der Schutzstufe 3 der Biostoffverordnung zuzuordnen sind,

   b) gezielten Tätigkeiten mit biologischen Arbeitsstoffen der Risikogruppe 2 der Biostoffverordnung und nicht gezielten Tätigkeiten, die der Schutzstufe 2 der Biostoffverordnung zuzuordnen sind, es sei denn, nach der Gefährdungsbeurteilung und auf Grund der getroffenen Schutzmaßnahmen ist nicht von einer Infektionsgefährdung auszugehen;

2. § 5 Abs. 2 gilt entsprechend, wenn als Folge einer Exposition gegenüber biologischen Arbeitsstoffen

   a) mit einer schweren Infektion oder Erkrankung gerechnet werden muss und Maßnahmen der postexpositionellen Prophylaxe möglich sind oder

   b) eine Infektion erfolgt ist;

3. Am Ende einer Tätigkeit, bei der eine Pflichtuntersuchung nach Absatz 1 zu veranlas-

sen war, hat der Arbeitgeber eine Nachuntersuchung anzubieten. Satz 1 gilt nicht für Tätigkeiten mit impfpräventablen biologischen Arbeitsstoffen, wenn der oder die Beschäftigte insoweit über einen ausreichenden Immunschutz verfügt.

## (3) Gentechnische Arbeiten mit humanpathogenen Organismen:

Die Absätze 1 und 2 zu Pflicht- und Angebotsuntersuchungen gelten entsprechend bei gentechnischen Arbeiten mit humanpathogenen Organismen.

## Teil 3
## Tätigkeiten mit physikalischen Einwirkungen

### (1) Pflichtuntersuchungen bei:

1. Tätigkeiten mit extremer Hitzebelastung, die zu einer besonderen Gefährdung führen können;

2. Tätigkeiten mit extremer Kältebelastung (-25° Celsius und kälter);

3. Tätigkeiten mit Lärmexposition, wenn die oberen Auslösewerte von $L_{ex,8h} = 85$ dB(A) beziehungsweise $L_{pC,peak} = 137$ dB(C) erreicht oder überschritten werden.

Bei der Anwendung der Auslösewerte nach Satz 1 wird die dämmende Wirkung eines persönlichen Gehörschutzes der Beschäftigten nicht berücksichtigt;

4. Tätigkeiten mit Exposition durch Vibrationen, wenn die Expositionsgrenzwerte

   a) $A(8) = 5$ m/s$^2$ für Tätigkeiten mit Hand-Arm-Vibrationen oder

   b) $A(8) = 1,15$ m/s$^2$ in X- und Y-Richtung und $A(8) = 0,8$ m/s$^2$ in Z-Richtung für Tätigkeiten mit Ganzkörper-Vibrationen erreicht oder überschritten werden;

5. Tätigkeiten in Druckluft (Luft mit einem Überdruck von mehr als 0,1 bar) Tätigkeitsvoraussetzung für Druckluftarbeiten im Sinne von § 1 Abs. 1 i. V. m. § 2 Abs. 2 der Druckluftverordnung ist, dass die gesundheitliche Unbedenklichkeit nach § 4 Abs. 2 Satz 2 innerhalb von zwölf Wochen vor der Aufnahme der Beschäftigung und anschließend vor Ablauf von zwölf Monaten bescheinigt ist. § 11 der Druckluftverordnung bleibt unberührt;

6. Tätigkeiten unter Wasser, bei denen der oder die Beschäftigte über ein Tauchgerät mit Atemgas versorgt wird (Taucherarbeiten).

**(2) Angebotsuntersuchungen bei:**

1. Tätigkeiten mit Lärmexposition, wenn die unteren Auslösewerte von $L_{ex,8h} = 80$ dB(A) beziehungsweise $L_{pC,peak} = 135$ dB(C) überschritten werden.

   Bei der Anwendung der Auslösewerte nach Satz 1 wird die dämmende Wirkung eines persönlichen Gehörschutzes der Beschäftigten nicht berücksichtigt;

2. Tätigkeiten mit Exposition durch Vibrationen, wenn die Auslösewerte von

   a) $A(8) = 2,5$ m/s$^2$ für Tätigkeiten mit Hand-Arm-Vibrationen oder

b) $A(8) = 0,5$ m/s$^2$ für Tätigkeiten mit Ganzkörper-Vibrationen überschritten werden.

**Teil 4**
**Sonstige Tätigkeiten**

**(1) Pflichtuntersuchungen bei:**

1. Tätigkeiten, die das Tragen von Atemschutzgeräten der Gruppen 2 und 3 erfordern;

2. Tätigkeiten in Tropen, Subtropen und sonstige Auslandsaufenthalte mit besonderen klimatischen Belastungen und Infektionsgefährdungen. Abweichend von § 3 Abs. 2 Satz 1 in Verbindung mit § 7 dürfen auch Ärzte oder Ärztinnen beauftragt werden, die zur Führung der Zusatzbezeichnung Tropenmedizin berechtigt sind.

**(2) Angebotsuntersuchungen bei:**

1. Tätigkeiten an Bildschirmgeräten
   Die Pflicht zum Angebot einer Untersuchung beschränkt sich auf eine angemessene Untersuchung der Augen und des Sehvermögens. Erweist sich auf Grund der Ergebnisse dieser Untersuchung eine augenärztliche Untersuchung als erforderlich, so ist diese zu ermöglichen. § 5 Abs. 2 gilt entsprechend für Sehbeschwerden. Abweichend von § 3 Abs. 2 Satz 1 in Verbindung mit § 7 Abs. 1 kann die Durchführung eines Sehtests auch durch andere fachkundige Personen erfolgen. Den Beschäftigten sind im erforderlichen Umfang spezielle Sehhilfen für ihre Arbeit an Bildschirmgeräten zur Verfügung zu stellen, wenn Untersuchungsergebnis ist, dass spezielle Sehhilfen notwendig und normale Sehhilfen nicht geeignet sind;

2. Tätigkeiten, die das Tragen von Atemschutzgeräten der Gruppe 1 erfordern.